Kenkyusha
English-Japanese Dictionary of Brand Names

# 英和ブランド名辞典

山田政美・田中芳文／編著

研究社

© 2011　KENKYUSHA Co., Ltd.

編 集 部
改田　宏　　黒澤孝一　　吉井瑠璃　　望月羔子
白崎政男　　菅田晶子　　小倉宏子

## まえがき

　20年経ってやっと『英和商品名辞典』が新しい形で姿を現わすことができた．この間，世の中の動きはあまりにも速く，次々と生まれる新しい商品とそのブランド名に取り囲まれてきた．歴史と伝統を誇る商品も数多く生き残ってはいるが，それを世に出した会社そのものが他の企業に吸収・合併されていう場合も少なくない．あるいは，知らぬうちに姿を消してしまったブランド名もまた多い．
　英語で書かれたものを読みながら，ブランド名を疎かにすると途方もない誤解の世界に落ち込んでしまう例に直面したのが『英和商品名辞典』誕生のきっかけであった．それは，アメリカの作家 Truman Capote の *Breakfast at Tiffany's* (邦訳『ティファニーで朝食を』) の中で，バーの店主 Joe Bell が口の中に入れていた，Tums というブランド名の物であった．邦訳ではわざわざ注釈を付け，「葉巻タバコ」のことであるとしていた．さして疑問を抱かれることもなく，この邦訳は長らく読まれてきた．2008年には新しい訳者による邦訳が出たが，そこでは Tums がブランド名のままで取り上げられることもなく邦訳からは消えて，「錠剤の胃薬」とされているだけである．このブランド名を取り巻く文化的コンテクストへの手掛かりはなくなってしまったままで読者は読むことになった．ブランド名は，実は，言語と文化がもっとも密接に関わっている世界のはずなのである．
　ブランド名を理解しようとしても，われわれにとってはなかなか厄介なものであることを示す例はいくらでもある．手に擦り傷ができて，うっすらと血が滲んでいるのを見た女性が，邦訳では「傷薬をつけたほうがいいわ」と言う場面がある．傷薬だとしても，原文には "I reckon you ought to put some Neosporin on that." とあるのだから，どんな傷薬なのか分からないといけない．"Her best Gingher scissors were in the tool caddy." とあれば，どんな種類のハサミのことで，この道具箱は裁縫道具が入った道具箱だと分からないといけない．ある男が "I wish I had a quarter of Go Fast." と叫んでいる場面があっても，一体何が欲しいと言っているのかが分からないといけない．オーストラリアの言語学者が "Mary washed the woollens with Softly in the Hoovermatic." という例文を挙げているが，Softly とか Hoovermatic とは何であるのかがわれわれにはすぐには分からない．
　ブランド名 Hoover がどんどん独り歩きをして，"I was Hoovering my passage." のように「～をフーバー電気掃除機で掃除する」という動詞用法はすでに1939年に生まれた．後には小文字で書かれて，使用する電気掃除機を Hoover 製品とは制限しないで「～を電気掃除機で掃除する」という意味での動詞 hoover も生まれた．ブランド名が動詞としても使われるようになった例は，Tipp-Ex や Xerox や FedEx，最近では Google の場合もよく知られている．この場合，どうしてももとのブランド名の正体が分かっていないといけない．
　ブランド名の命名にも，そのロゴマークの選定にも秘密が隠されている．
　広告に使われるキャッチフレーズが，ときにはコマーシャルソングに乗って，ある時代の文化になったものも少なくない．テレビコマーシャルで使われるキャラクターが視聴者と購買者を引きつけたものも少なくなかった．
　そういうブランド名に関することが，この1冊の辞典で氷解するはずである．

ブランド名の中には，この20年の間にさまざまな運命に遭遇したものも少なくなく，その都度メモを追加し，膨大な資料を収集してきた．重要な事柄は今回の記述に生かしたが，トリビア的な話題は，興味を引く面白い文化ではあっても，十分に記述するスペースがなかった．その分は，新しいブランド名の項目を増やすことに使った．もはやコレクションものになってしまった商品のブランド名も収録されている．それが持つ歴史的な意味もあり，深く文化に根付いているものだからである．食品から文房具，市販の薬品，家庭雑貨，電気製品，自動車，ファッション，レストラン，ホテルなど，多岐にわたるブランド名をこの1冊の中にできるだけ多く収め，利用できるように心がけた．20年前には予想もできなかったインターネットの発達で，当時のカードに書き込みながらの手仕事ははるかな時代のことになってしまった．Googleなどの検索エンジンやWikipediaなどが便利に利用できる時代になり，企業もまたそのWebsiteに社史やブランド名に関わる情報を載せるようになった．しかし，今度は，利用者がそれらの情報を正しく読み解くことを要求されている時代にもなった．可能な限り，新しい情報を書き入れ，ブランド名への手掛かりが得られるように製造企業名も書き込んである．これによって，諸々の制約もあって本辞典ではできなかった，興味深い商品のパッケージ・トレードマーク・ロゴタイプなどをインターネット上で確認できるはずであり，またそれぞれの企業にコンタクトを取ることもできるはずである．

　『英和商品名辞典』は，黒澤孝一氏が研究社にあって総指揮を執って，多くの編集協力者から貴重な情報を収集し，編集に苦心をされ，数年をかけて完成した．いずれ全面改訂の機会もあろうかと，出版後も絶えず資料収集や議論を続けてきたところであった．また，この間故池上勝之氏からは絶大なる励ましとご配慮をいただいていた．改めて，両氏に心からの感謝を申し上げたい．

　編者者二人のかなり長い年月にわたっての資料収集や探究の結果は，その過程で一部は研究論叢などの形で活字にして関心のある人たちには公にしてきたところではあったが，苦心の辞典であった『英和商品名辞典』を踏まえて，時代を反映した新しい内容の辞書ができないものかと願い続けていた．今回再び研究社のご理解とご協力を得て，そして編集部の改田　宏氏の総指揮の下ではじめてこれが実現したところである．改田氏には，膨大な資料の読み込みと整理，収録項目の内容についての的確な判断，情報の中身の細部に至るまでの綿密な検討をいただき，絶えず重要で的確な助言をいただき，編者者の足らざるを補っていただいた．さらには，編集部の多くの方々に閲読・校正でご協力をいただいて完成に至ったものである．すべての方々に心から感謝申し上げたい．予定を上回るページ数の増加となって研究社にはご迷惑をおかけすることになったが，必ずや多くの読者の方々の力になる辞書であると強く思っている．残念ながら，そうは言っても，手持ちの資料のある部分を使っただけであって，読者の方々のすべての希望を満たすだけの項目数にはなっていないかもしれない．収録しておきたかったブランド名はまだまだ無数に手元に眠っている．また，綿密な調査を行ったところではあるが，未だ不備であったり，ときには誤りがあったりするところもあるかもしれない．お許しいただいて，そしてその分野に詳しいお方もおいでになろうかと思われるので，ご教示をいただいて，よい機会に更に内容を充実させ，一層役に立つ辞典へと育て上げることができれば，望外の喜びである．

2011年7月

編著者

# 凡　　例

## 1　見出し語・語順

**1.1**　見出し語はすべてアルファベット順とした.
**1.2**　以下の様な場合，見出し語の配列の原則は以下の通り.
　　　　（1）Airlift　　　　　　　　（2）Mac
　　　　　　 Air-lift　　　　　　　　　 MAC
　　　　　　 Air lift
　　　　　　（「一語・ハイフン付き・　　（「大文字で始まる・すべて大文字」
　　　　　　　二語」の順）　　　　　　　　の順）
**1.3**　見出し語は，原則として，大文字で始めた。adidas や e.p.t. のように，ロゴが小文字で記されるブランド名も見出しは大文字で記し，説明文中に注記した.（例外: d-Con, pHisoderm.）
**1.4**　数字の，あるいは数字で始まる見出し語は，それを数詞として書いた[スペルアウトした]場合の配列とするか，あるいはそのブランド特有の読み方に基づいて配列した.（例: オーデコロンの 4711 は four seven eleven，たばこの 555 は three fives と読んだ語順で出している. どう引いてよいか判然としないときは，巻末の数字語表を参照のこと.）
**1.5**　ピリオドが付く見出し語は，ピリオドを考慮しない語順で配列した.（A.C. Bang は acbang と読んで引く.）
**1.6**　& は，英語の場合は and，フランス語の場合は et，ドイツ語の場合は und と読んだ場合の語順とした.
**1.7**　同一スペルでも，異種のブランドは，一般の英和辞典のように一つの見出しの元に語義番号を付けて列挙することはせず，各々別見出しとした. その場合，見出し語には肩番号は付けていない.
**1.8**　綴り方が二通りあるものは，一つを見出しに立て，他は説明文中に記した.
**1.9**　見出し語で省略しうる部分があるものは，その部分を（　）でくくった. この場合，対応するカタカナ書きの部分も（　）に入れた.
**1.10**　St., No., Mr., Mc., Dr. は，それぞれ Saint / Number / Mister / Mac / Doctor と綴った場合の順序とはせず，字面通り st / no / mr / mc / dr と読んだ語順とした.
**1.11**　定冠詞 The がつくブランド名は，「見出し語, The」とはせず，カタカナ書きの後に（The ～）と入れた.
**1.12**　会社名は，The および，社を示す語（Co. / Inc. / Co., Inc. / Ltd. / plc など）を外した形を見出しに立て，それらはカタカナ書きの後に（　）に入れて記した.（　）内の～(スワングダッシュ)に見出し語を当てはめた形が，会社名ということになる. なお，英国，スコットランド，アイルランド，オーストラリア，ニュージーランドなどの会社名の表記には（Co / Inc / Ltd）のようにピリオドをつけない形式を用いた.
**1.13**　服飾デザイナーの名前が事実上ブランドとなっているものは，通常の英和辞典の項目の出し方とは異なり，名を先に，姓を後にして見出しとすることを原則とした. ただし，名を付けて言わないことが通例になっている場合は，姓のみで

見出しを立てたケースもある．その場合は名—性の見出しからそちらを参照するよう指示した．工業デザイナーなどで，例外的に姓で見出しを設け，カタカナ部の後に名前を記したケースもある．(例: Giugiaro など)

**1.14** 本辞典には米国のブランドおよび英国・ヨーロッパのブランド，その他の国(カナダ・オーストラリアなど)のブランド名若干を収録した．日本のブランドは，英米に浸透しているものを，少数収録した．

**1.15** 原則として，一般の英米人の日常生活に関係するブランドを主に収録するという方針で見出し語の採否を決定した．

**1.16** 生産が中止されたブランドも収録した．⇒ 4.8.

**1.17** 前述のように，ブランド名の他に，必要に応じて会社名・店名も収録した．ブランドに関連した固有名詞(団体名など)で，収録されていたほうが読者にとって便利であろうと思われるものも，適宜収録した．

**1.18** ブランド名に準じるようなもの，ブランド名と一般に考えられているがそうではないものも，収録したものがある(一部のワインやチーズの名前など)．その場合は「商標ではない」と注記した．

**1.19** シラビケーション (syllabication; 綴りの切れ目) の表示は行なわなかった．

## 2　発　　音

**2.1** 発音は厳密な調査が不可能な商品名も多く，あえて今回は入れなかった．

## 3　カタカナ書き

**3.1** その商品が日本に輸入されている場合は，その輸入元が定めている表記を記したが，別の言い方が一般に通っている場合は，句点を用いて併記した．原音に比較して誤っているカタカナ書きであっても，それが輸入業者が決めている場合や，一般に通っている場合はそのまま記した．

**3.2** 略語などに由来し，英字そのままのアルファベット字読みがなされるものは，大文字の英字を記し，カタカナ書きはしていない．

**3.3** 見出し語にピリオドが付く場合は，カタカナ読みでもそのようにした．見出し語にダッシュがあるものは，カタカナ書きには原則としてダッシュを入れていない．

**3.4** 1.11 で述べた The が付くブランド名・会社名・店名は，カタカナ書きでは「ザ」を省いた．ただし，例外的に「ザ」をつけたものもある．(例: Body Shop, Ritz-Carlton など)

**3.5** 日本で省略されることの多いアポストロフィS ('s) のカタカナ読みは( )に入れた．

**3.6** カタカナ書きで省略しうる部分があるものは，その部分を( )でくくった．

**3.7** カタカナ書きの後半の一部の言い方の違いを示す場合は，言い換えを示す角かっこ[ ]を用いた．

**3.8** 必要と思われる場合は，カタカナ書き以外に，訳語的な言い方を入れた．

**3.9** 見出し語が2語でも，カタカナ書きは間を開けていない．

**3.10** 人名のカタカナ書きでは，姓名の間に・や＝を入れることはしていない．

**3.11** V は，通例ヴと表記したが，ハ行音での読み方を併記した場合もある．

# 4 説　　　明

**4.1**　米国では企業買収が盛んで，メーカー名・親会社名など，種々の変更が頻繁に見受けられ，全ブランドについてそのメーカーの現状を追いかけて記述することは完璧にはなしがたいが，執筆・編集の作業が終了するぎりぎりの時点まで，最新の情報を収録するようにした．本辞典では，メーカー名の後に(～ の一部門)，(～ 傘下)，あるいは(～ 系列)という形で親会社を示したが，その記述は一応 2010 年から 11 年の時点でのものである．既に一部の項目には変更の必要も生じていようが，やむを得ない事情とご寛容頂きたい．

**4.2**　同一デザイナーの作品で，ジャンルの異なる様々なブランドがある場合は，説明文中に列記し，1.7 で述べた見出し列挙は行なっていない(例外はある)．

**4.3**　本辞典中に見出し語として収録されている語が，説明文中に現われた時は，*(アステリスク)を付けて参照を促した．また，参照することが望ましい項目に関しては，説明文の末尾に，⇨(横向き矢印)を記し，その後にローマンで示した．

**4.4**　いわゆる子見出しあるいは空見出しを必要に応じて立て，そこにはカタカナ読みのみを記して，⇨(横向き矢印)で見るべき項目[親見出し]をローマンで示した．

**4.5**　医薬品・化学物質・素材名などの説明文中では，片仮名書きの語には，必要に応じ，対応する英語を双解の形で(　)に入れた．その他のジャンルでも，読者の理解を助けるために必要と判断された場合は，ブランドの一般的なカテゴリーを表わす語や，ブランドを説明する表現を，双解として入れた．また，一般の英和辞典を参照するとより分かりやすい，あるいはより詳しい情報が得られる可能性があるといった場合にも，双解を入れている．

**4.6**　本辞典では語源欄を独立させて設けてはいないが，語源[ブランド名(など)の由来]を記すのがよいと判断された場合は，極力説明文中に記した．

**4.7**　ブランド名と現在のメーカー名との間には関連はないが，もともとのメーカー名がブランド名の由来(または逆にブランド名が社名化したケース)であるものは，「もともとのメーカー名は…」と記した．そのほかの場合でも必要に応じてもとのメーカー名を記した．

**4.8**　既に生産が中止されている，あるいは中止されたと推定されるブランドは，「現在は生産されていない」，または「…の古い商標」と記した．ただし，これは，徹底した調査が不可能な面もあり，絶版ブランドであるにもかかわらずその旨注記がないということもあると考えられなくはない．

**4.9**　ある時期にブームとなったブランドは，その流行年代，あるいはそのエピソードなどを入れるようにした．

**4.10**　必要に応じ，製品の開発者名・開発年・製品誕生のエピソード・その発達史を記した．特に，長期にわたって生産が続けられているブランドは，それがいつから製造されているかを極力記すように務めた．

**4.11**　判明する限り，商標登録された年号を入れた．登録が英米両国でなされている場合は，各々の年号を記した．

**4.12**　メーカーの創業年は極力入れ，必要に応じその後の歴史にも言及した．

**4.13**　ブランド特性・他ブランドとの際立った差異・ブランド史に果たした役割なども必要に応じて記した．

**4.14**　ブランドの狙いが端的に分かるキャッチフレーズは，"　　"を使用して収録した．

**4.15**　特徴あるロゴ・シンボルマーク・エンブレム・パッケージデザインには

その解説を入れた.
**4.16** ブランドの浸透度・市場占有率についても,特に記すことが望ましいと思われる場合には入れた.
**4.17** 多国籍ブランドの場合は,必要に応じて第2国(以下)のメーカーなども記述した.
**4.18** 必要に応じ,単品ブランドか,またはシリーズ名かを書き分けた.
**4.19** ブランド名とは別に,愛称・あだ名・略称などがある場合は,それを記した.
**4.20** 可能なかぎり,実際に使ったり食べたりした印象を記述に盛り込んだ.
**4.21** 商標登録の権利が切れ,一般語化したものは,☆(白星印)の後にその旨記した.また,ブランド名は,ある程度ポピュラーになると一般語扱いされ,小文字で書かれたり,動詞として用いられたりする場合が(特に英国では)多い.この場合にも,同様に ☆ の後にその旨説明を入れた.
**4.22** ブランド名から派生的な意味が生じたり,派生的な語が作られた場合は,前項同様 ☆ の後にそれを記した.
**4.23** 英米以外の国で英米とは違う綴りが用いられている場合は,同様に ☆ の後に注記したケースもある.
**4.24** 補足的な説明,その他の雑学的情報(愛用者の歴史的有名人・そのブランドの登場した映画・文学作品その他)を,★(黒星印)の後に付け加えた.

## 5 用　　　例

**5.1** 用例は,当初は極力収録する方針であったが,ヴォリューム上の制約から,今回は最少限に止めた.

## 6 用 字 用 語

**6.1** 基本的には小社既刊の『リーダーズ英和辞典』・『リーダーズプラス』の方針を踏襲している.ただし,本辞典の幅広い読者層を予想して,一般的な慣用による表記を優先させた.
**6.2** 常用漢字以外の漢字は原則として使用を避け,止むを得ない場合はそれ以外の漢字を使用した.読みやすさという観点から,送りがなは多めに付けた.
**6.3** 動植物の和名・野菜名はカタカナ表記が原則だが,場合によっては(字面や文の流れから)漢字表記も行なった.
**6.4** 説明文中の人名・団体名等の固有名詞は,英字表記とした.
**6.5** 説明文中の地名は,国名はカタカナとし,それ以外は英字表記とした.米国・英国という書き方に統一し,アメリカ・イギリスという書き方はしていない.米国の都市名を説明文中に記す時は,州名を先に示すことを原則としている.New York 市と New York 州は,判明するかぎり書き分けるようにした.米国以外の国の都市名は,国名を前に記すのを原則とした.英国のブランドでは,スコットランドのウイスキーや羊毛製品の項では「スコットランド…製の」とし,その他の場合は「英国…製の」という書き方をとったものが多いが,特に必要と思われた場合は詳しい製造地を示した.ワインの原産地名は,原則として,原地語表記を優先し,(　)で英語表記を入れた.イタリアやフランスのファッション関連製品などの説明文中の地名は,例外的にカタカナ表記とした.

## 7 和英検索

**7.1** 巻末に「和英表」・「英字語表」・「数字語表」を設け,本辞書の見出しを和英辞典的に検索するための手がかりとした.

# A

**AAA** AAA
⇨ American Automobile Association.

**A&M** A アンド M
米国 A & M Records の略・通称, 同社のレコードレーベル. 創業者 Herb Alpert と Jerry Moss の姓の頭文字から.

**A&P** A アンド P
米国スーパーマーケット経営会社 The Great Atlantic and Pacific Tea Company の略・通称, その系列のチェーン店. 食品・雑貨小売りチェーン大手. 1859 年に George Hartford (1833–1917) が New York 市の Vesey Street で小さな紅茶の店を開いたのが起源で, 直接仕入れによる大量廉価販売や通信販売を行ない, その後徐々に扱う食料品の数を増やしていった. 社名は 1869 年に米国最初の大陸横断鉄道が開通したのにあやかって付けられたもので, チェーン店を太平洋岸まで拡げることが G. Hartford の夢であった (実現は彼の没後の 1917 年). 同社の歴史は: William I. Walsh, *The Rise and Decline of the Great Atlantic & Pacific Tea Company* (Lyle Stuart, 1986) に詳しい. 2010 年現在で全米に 435 店舗がある.

**A&S** A アンド S
米国 New York 市 Brooklyn にあった, 大衆向きデパート. 1983 年までの名は Abraham & Straus, その後この略称を正式採用した. 同店は 1919 年に世界初のエアコン付きのデパートになった. 1995 年 Macy's に吸収されこの名は消滅した. 創業者 Isidor Strauss と妻 Ida はタイタニック号に乗船して死亡.

**A&W** A アンド W
米国のもとは A&W Root Beer Co. の略・通称, 同社製のルートビアー (root beer). 後に Dr Pepper Snapple Group, Inc. の所有となった創業者 Roy Allen と Frank Wright の姓の頭文字をとったもの. 1919 年 Allen が道ばたの飲料スタンドで始めたルートビアー販売からの出発.

**A&W** A アンド W
米国 A&W Restaurants, Inc. の略・通称, 同社系列のファーストフードレストランチェーン店. 店内ではルートビアーが飲める. 1923 年に 1 号店が全米初のドライブインレストランを California 州 Sacramento で開設. 現在は Yum! Brands, Inc. 傘下.

**Abano** アバノ
米国 Prince Matchábelli* 製のバスオイル. ロシア語の「風呂」に由来. コロンやボディーパウダー (dusting powder) もある.

**Abbey National** アビーナショナル (**The ~**)
英国の住宅共済組合 (building society). 1944 年に, The Abbey Road Building Society と, The National Building Society の 2 組合の合併により設立. その後金融・保険業も手がける.

**Abbot's Choice** アボットチョイス (**The ~**)
スコットランド John McEwan & Co Ltd 製のブレンデッドウイスキー. 修道僧像形の瓶入りと陶製ジャグ入りの高級品もある.

**Abbott** アボット
米国大手医薬品メーカー Abbott Laboratories の略・通称. People's Drug Store の店主 Wallace C. Abbott 博士 (1921 年没) が, 1888 年に 30 歳で薬品の製造販売を始めたのが起源. 1900 年に Abbott Alkaloidal

# ABC

Co. の名となり，1915 年より現在名に．

**ABC** ABC
米国 3 大テレビ放送網 (major networks) の一つ American Broadcasting Co. の略．同社は 1986 年に買収され，Capital Cities/ABC, Inc. に，1996 年には The Walt Disney Company に買収され ABC, Inc. となった．★ 他の 2 つは NBC (National Broadcasting Co.), CBS (Columbia Broadcasting System).

**Abercrombie & Fitch** アバークロンビーアンドフィッチ
米国のカジュアルファッションブランド及び小売業者．ロゴマークはヘラジカ．もともとは New York 市 Madison Ave. にあった高級アウトドア用品・スポーツ用品店．David T. Abercrombie と Ezura H. Fitch が，1892 年に創業．狩猟・探検用品の品揃えで有名であった．1975 年に廃業し，名前の権利は 1978 年に，米国内最大のスポーツ用品専門小売り店チェーンをもつ Texas 州の Oshman's Sporting Goods, Inc. (1970 年創業で通称 Oshman's*) に移った．1988 年アパレル会社 Limited Brands が買収し 20 代の若者向けカジュアルファッションに方向転換した．1996 年 Limited Brands から独立．2009 年東京銀座に日本第 1 号店をオープン．

**Aberlour** アベラワー
スコットランド高地方産のモルトウイスキー．12 年熟成．厳密には Aberlour 12 years old V. O. H. M. (very old highland malt).

**Abolite** エイボライト
米国 Abolite Lighting, Inc. の略・通称，同社製の電灯．ほうろうびきの金属の傘をつけた吊り下げ式天井灯 RLM (Registered Luminaire Manufacturers Institute の略) の製造では，最も古くて大きなメーカーで，1900 年代初期より市場化．

**Absolut (Vodka)** アプソルート
(ウオッカ)
スェーデン製のウオッカ．

**A.C. Bang** A.C. バング
デンマークの毛皮商，そのブランド．1816 年に A.C. Bang が 25 才で創業．翌年，当時の国王 Frederick 6 世の戴冠式ガウンを製作して以来デンマーク王室御用達に指名された．社名の A. C. の上に王冠を描いたロゴ．日本では東京銀座に出店している．

**Accu Test** アキュテスト
米国 W. H. P. M., Inc. 製の早期妊娠判定試薬キット．3 分で判定．

**Accutron** アキュトロン
⇨ Bulova.

**Ace** エース
1952 年創業の米国 Ace Fastner Co. (American Brands, Inc. 傘下) の略・通称，同社製の，ステープラー (stapler)・ステープルリムーバー (staple remover)・はさみ・クリップなど．

**Ace** エース
米国製の伸縮性のある包帯などのブランド．"All Cotton Elastic" の頭文字からで商標名は ACE で使われる．1918 年から．2009 年に 3M* の登録商標となる．

**Ace Books** エースブックス
米国 Penguin Group (USA) の出版ブランドで，同社刊行のペーパーバックシリーズ．1952 年創刊．ミステリー・SF・ウェスタンなどが収められ，また元来 2 冊の本で刊行されたものを 1 冊に収めた「ダブルブック」(Ace Double) が初めてここから登場した．

**Acme** アクメ
米国 Acme Battery (Dynamics Corp. of America の一部門) の略・通称，同社製の家庭用電気製品．遠心分離方式によって果肉から果汁を取り出すジューサー Acme Supreme Juicerator が有名．同機は 1954 年に Moline Mfg. Co., Inc. が市場化．振動が少なく，耐久性に富む．秒速 60 回転で中のバスケットが回転する．

**Acme** アクメ

⇨ American Stores.

**Acoustat**　アクースタット
米国で Jim Strickland が 1972 年考案したスピーカー．現在は中国に本拠を置く．ついたて状のコンデンサースピーカーでは世界のリーダー的存在の一つ．

**Acoustic Research**　アコースティックリサーチ
米国のもと Acoustic Research, Inc. の略・通称，同社製のオーディオ機器．1957 年に市場化されたターンテーブル AR は，「本格的にデザインされた最初のターンテーブル」と評価され，簡素で低価格 (1970 年代初期まで 100 ドル以下) ながらも性能が良く，米国ではベストセラーとなった．現在は Audiovox Corp. ブランド．

**Acrilan**　アクリラン
米国 Monsanto Textiles Co. (Monsanto Co. の一部門) が開発したアクリル繊維，そのより糸など．アクリロニトリル (acrylonitrile) から造られ，手触りは羊毛に似て，柔らかく強く，またしわがよりにくい．毛布などの素材となる．1950 年 Chemstrand Corp. 主催の命名公募の結果名付けられた．"acrylic"＋*lana* (ラテン語 'wool' の意) から．

**Act**　アクト
米国 Chattem, Inc. 製のマウスウオッシュ (虫歯予防フッ化物入り)．ロゴは大文字 ACT．

**Actifed**　アクティフェッド
米国 McNeil-PPC, Inc. 製の充血緩和剤・抗ヒスタミン薬として使われる錠剤．

**Action Office**　アクションオフィス
米国の大手家具メーカー Herman Miller, Inc. (1905 年創業) 製の，頭脳労働者オフィス用の，可動間仕切りなどを含む家具システム．1968 年に Propst によって改良され，1970 年代—80 年代に発展を続け，同社のドル箱的存在となっている．⇨ Herman Miller.

**ActionPacker**　アクションパッカー
米国 Rubbermaid* 製の持ち運び可能な万能収納箱．

**Acura**　アキュラ
米国 Acura (1986 年創業．American Honda Motor Co. の一部門) 製の乗用車のブランド．Integra や Legend 名のセダンやクーペがある．

**Acushnet**　アクシュネット
米国 Acushnet Co. 製のゴルフクラブ・ゴルフボール．1910 年 Philip E. "Skipper" Young が創業．パターは定評がある．

**Acutrim**　アキュトリム
スイス Ciba-Geigy Ltd. (1859 年創業) 製の，ダイエットのための食欲抑制剤．Acutrim 16 Hour, Acutrim II, Acutrim Late Day など．2003 年 Amerifit Brands, Inc. が商標権を獲得．

**Acuvue**　アキュヴュー
米国の使い捨てコンタクトレンズ (Disposalens)．1 日使い捨て，2 週間交換用，乱視用などがある．1988 年発売．

**Adams**　アダムス
米国製のチューインガム．最初の製品は 1869 年に創業者 Thomas Adams が市場化した．⇨ Dentyne.

**Adams**　アダムス
米国 Washington 州 Tacoma のフットボールコーチであった Rex F. Adams が 1916 年創業した The Adams Peanut Butter Co. から出発し，現在は The J. M. Smucker Co. が所有．

**Addis**　アディス
英国 Addis Housewares Ltd の略・通称，同社製のプラスチック製家庭雑貨 (歯ブラシ・台所用品・バス用品(石鹸箱など)・ヘアブラシ・くし・ひげそりブラシなど)．同社は 1780 年に最初の歯ブラシを製造販売した William Addis が創業．

**A. de Luze et Fils**　アドリューズ

# Adidas

エフィス
⇨ De Luze.

## Adidas　アディダス
ドイツのスポーツシューズ・スポーツウェア・スポーツ用品のメーカー, そのブランド. ロゴは小文字で始める. Adolf (愛称 Adi) Dassler (1900–78) と Rudolf Dassler の兄弟が, 1920 年に室内履きのメーカー Dassler 社として創業, その後 Rudolf は独立し, 1948 年に Puma* を創った. 多くの国でライセンス生産されている商品も多い.

## Adio　アディオ
米国 Adio Footwear 製のスニーカー, スケートボードシューズ, スケートシューズ; アパレルなど. 英語読みでは「エイディーオ」. 1998 年創業.

## Adiprene　アジプレン
米国 Chemtura Corp. 製のポリウレタンゴム製品.

## Adirondack　アディロンダック
米国 Rawlings Sporting Goods, Co., Inc. 製の野球用バット. 大リーグで Louisville Slugger* に次ぎ 2 番目に使われている. 握る部分の上方に色つきのゴム帯がはめ込んであるのが特徴. 素材は北米原産の白西洋トネリコ (white ash).

## Admiral　アドミラル
米国 Whirlpool Corporation の低価格家電製品(冷凍庫・冷蔵庫・電子レンジ・食洗機・洗濯機・乾燥機・テレビなど)のブランド. 特に冷凍庫・冷蔵庫が有名. 1934 年 Ross Siragusa がガレージを利用した工場で創業し, 後に Chicago でラジオ・蓄音機を製造し, Admiral Corp. になったが, ブランド名は Whirlpool に売却され, 現在は The Home Depot の店舗で販売されている. ホッケーチーム The Milwaukee Admirals はこの名前から.

## Admiral　アドミラル
英国のスポーツシューズのメーカー. 1914 年英国海軍の制服のブランドが始まり. 海軍提督の袖章がロゴモチーフ. 英国クリケットチームのオフィシャルブランド(2000–2008 年).

## Admiralty Metal　アドミラルティーメタル
米国製の, 耐腐食性の合金の古くからある商標. メーカー名不詳.

## Adobe　アドビ
米国のコンピュータソフトウェア会社 Adobe Systems, Inc. の略・通称, 同社製のソフトウェア. 1982 年創立. DTP ソフトとして PageMaker, Illustrator, Photoshop, InDesign などを次々と開発・販売している.

## Adobe Acrobat　アドビアクロバット
米国のコンピュータソフトウェア会社 Adobe Systems, Inc. 製の PDF ファイル作成用のソフトウェア.

## Adolph's　アドルフス
米国の食肉軟化剤 (meat tenderizer)・マリネード (marinade) など. 現在は McCormick&Co., Inc. が所有する Lawry's の名をかぶせて売られている.

## ADS　ADS
米国 Analogue & Digital Systems, Inc. 製の音響機器(スピーカー・カーステレオ・エコーマシン・ステレオコンポーネントなど).

## Adurol　アデュロール
ドイツ製の, クロルハイドロキノン (chlorhydroquinon) の商品名で, 写真現像主薬の一種. 1897 年に Hauff が開発, 20 世紀初期まで用いられた.

## Advantage　アドバンテージ
ドイツ Bayer 製の犬・猫用の店頭販売ノミ駆除剤. チューブ入りで, 直接指定箇所の皮膚に塗布.

## Advent 400　アドヴェント 400
米国の元 Advent Corp. が 1970 年代半ばに売り出した FM 専用モノラルラジオ. 廉価で, 音量と低音高音の調整とチューニングのためのダイヤルだけがついているだけの簡素なものだが, 音質は高く評価された. 後に同社はコンポーネントシステムとして使う, 400 型とペアのスピーカーも発売.

## AfterThouhgts

**Advertising Age**　アドヴァタイジングエイジ
米国の Crain Communications, Inc. 刊行の,広告・マーケティングの専門誌.週2回発行.1930年創刊.★米国の出版社は同誌に全ページ広告が出せたら一人前という.

**Advil**　アドヴィル,アドビル
米国 Pfizer, Inc. 製の, ibprofen 配合の市販の鎮痛剤.頭痛・生理痛・筋肉痛などに効果がある. "advanced medicine for pain" とうたい,商品名もそれに由来.

**Aeolian**　エオリアン
米国 Tennessee 州にあったピアノメーカー (Aeolian Pianos, Inc.), そのブランド.1980年代に製造は中止されたが現在も多く使用されている.

**Aerifier**　エアリファイアー
米国製の,土中に空気を供給するために芝士を掘り起こしたり穴を開けたりする器具の古い商標.

**Aero**　エアロ
もともとは英国大手菓子メーカー Rowntree Mackintosh Confectionery が1935年特許を取った製造法によった小気泡のはいった (aerated) ミルクチョコレートバー.現在は英国では Nestlé UK が製造販売する.

**Aerobie**　エアロビー
米国 Aerobie, Inc. (Easton Aluminum, Inc. 傘下) 製の,投げて遊ぶ輪型の円盤.1980年代中期に開発.先行の同類商品 Frisbee* よりやや大きく, LP レコードぐらいのサイズ.プラスチック製で,外周に金属製の輪が埋め込まれていて,断面形が空力的に遠距離を飛ぶように設計されており,投げて飛ばす人工物では最も遠くまで飛ぶ.遠投記録は Guinness に更新登録される. Aerodynamics (空気力学) と Frisbee との合成による命名.

**Aerosoles.**　エアロソールズ
米国製の靴で,商品名の最後にピリオドがある.

**Aertex**　エアテックス
ガーゼのような目の粗い軽い綿織物, それから作られるシャツ・下着・ブラウス. 1888年米国の William Hollins & Co., Inc. が開発. 'airy texture' (空気のような織物) を縮めて名付けられた.

**Africar**　アフリカー
アフリカでの使用に適するよう設計された,軽量で悪路にも強い英国製の自動車.発明家 Tony Howarth が設計, 1986年秋から英国その他で量産.シャシーとボディーは合板製.

**Afrin**　アフリン
米国製の鼻充血解消用の点鼻薬 (nose drops)・スプレー (nasal spray)・充血緩和剤 (nasal decongestant).

**Afta**　アフタ
米国 Colgate-Palmolive 製のアフターシェーブローション.

**After Dark**　アフターダーク
米国 Danad Publishing Co., Inc. 刊行の, New York 市を中心とした映画・演劇・音楽・バレエなどを扱った雑誌. 多分にゲイ的な雰囲気に満ちていた. 1968年創刊. 1982年最終刊となり, 以後 Balloon Dance Magazine が取って代わった.

**After Eight**　アフターエイト
もともとは英国 Rowntree Mackintosh Confectionery が1962年に考案した (現在は Nestlé が製造), ミントクリームをやや苦みのあるチョコレートではさんだもの (dark chocolate covered thin mints). 正方形の薄板状. 子供が寝たあと夫婦で食べることをすすめた商品. パッケージの色は英国人の好む深緑.

**After Six**　アフターシックス
米国の衣料品メーカー (After Six, Inc.), 同社製の男性用フォーマルウェア.

**AfterThouhgts**　アフターソーツ
米国のファッションアクセサリー販売のチェーンストアで, Michigan 州 Ann Arbor に本店がある. Claire's が1999年に買収し, Icing by Claire's に包括されたが,名前はそのまま.全米

50州, Canada, Puerto Rico, Virgin Islandsの主要なショッピングセンターに768店舗を構え，10代の若者がターゲット．

**Aga** アーガ
英国 Aga Rangemaster Group plc 製のクッカー・冷凍冷蔵庫・ワインセラー・料理用具など．もとのメーカーであるスウェーデンの大手産業用ガスメーカー AGA AB (1904年創業) に由来．AGA は Svenska Aktiebolaget Gasaccumulator (=Swedish Gas Accumulator Company) の Aktiebolaget, Gas, accumulator の頭文字．⇨ Rayburn.

**Agar** アガー
米国製の食肉加工製品(ハム・ソーセージなど)．もとのメーカーは Illinois 州の Agar Food Products Co.

**AGATHA PARIS** アガタパリ
1974年パリで創業のジュエリーブランド．トレンドを取り入れた上品なデザインが受け入れられ，世界各国に200店舗を展開．スコティッシュテリアのモチーフで有名．

**Age Defying** エイジディファイニング
米国の重曹メーカー Arm & Hammer 製の練り歯磨き．歯のエナメル質の保護・再生に効果があるという．age defying は「年齢反抗の」といった意味で使われる語．⇨ Arm & Hammer.

**Agene** エイジーン
米国製の小麦粉漂白剤．

**Agfa** アグファ
ドイツ Agfa-Gevaert (もと Agfa) AG 製の写真用品(フィルム・X線写真用品など)．Agfa 社は1867年に Berlin 近郊で Aktiengesellschaft für Anilinfabrikation (limited company for dye manufacture) として創業．1873年から Agfa という略称を用いた．現在は Agfa-Gevaert AG となり写真事業から撤退し印刷機材や医療機器などを製造している．

**Agnès b.** アニエスベー
フランスのデザイナー Agnès B. (1941- ; 本名 Agnès de Fleurieu) のデザインした婦人・紳士・子供用衣料品．1975年にブティック1号店を開店．各国に直営店がある．

**Agnona** アニオナ
イタリアのミラノ近郊の生地メーカー，その製品．1953年に Francesco I. Mo が創業．Christian Dior, Givenchy, Hermès, Mila Schön, Yves Saint Laurent などの製品の生地は同社製．同社の婦人既製服のブランドは Arutuna といい，製造の全工程が同社内で行なわれている．デザインはシンプルでオーソドックス．

**Agoral** アゴラル
米国の Numark Laboratories, Inc. 製の緩下薬として使われる液体．

**Agree** アグリー
米国 S. C. Johnson & Son, Inc. 製のシャンプー・ヘアコンディショナーなど．

**Agusta** アグスタ
イタリアのヘリコプター・小型固定翼機の製造会社グループ Agusta Westland の略・通称，その製品．A 109 双発タービンエンジンヘリコプターを始めとするヘリコプターの開発・製造が中心．1907年に Giovanni Agusta が設立．1973年以後は，Finmeccanica S.p.A. グループの傘下に入る．

**Aich('s) metal** エイク(ズ)メタル
英国製の，銅・亜鉛・鉄の合金で，しんちゅうの一種の商標．銃の製造に使用．特許権所有者 Johann Aich にちなむ．

**Aigner** アイグナー
ドイツのバッグその他のファッション製品のメーカー Etienne Aigner 社 (1964年創業) の略・通称，そのブランド．革小物・靴・筆記具・家具・時計・アクセサリーなどを手がけている．ロゴは筆記体の Etienne Aigner, トレードマークは馬蹄形にデザインした A．

**Aim** エイム
米国 Church & Dwight* 製の練り歯

## Aladdin

磨き．1975年発売．

**Airborne Freight** エアボーンフレイト(社) (~ **Corp.**)
米国の航空宅配便会社．Airborne Express の名で知られる．1968年創業．100ポンド未満の小荷物・書類を，全米に翌朝配達．翌朝配達でなければ，より重い物も引き受ける．

**Air Cushion Sole** エアークッションソール
⇨ Dr Martens．

**Airdent** エアデント
米国製の，研磨剤を二酸化炭素ガス噴出によって歯の表面に射出して歯を磨くように設計された器具．

**Airfix** エアフィックス
英国の代表的なプラスチック製組み立て模型キット，そのメーカー (Airfix Industries)．現在は鉄道模型の Hornby Hobbies Ltd 傘下．⇨ Meccano．

**Airflow** エアフロー
米国の Chrysler* の社長であった Walter Percy Chrysler がコンセプトを作り，Carl Breer にデザインさせ，1935年に売り出した乗用車．流線形のスタイリングを優先したはしりの車で，内装も凝っていたが，時代の要求の先を行きすぎて一般受けせず，1937年に生産中止．しかしそのデザインはその後の Ford と GM の車に影響を与え，また，Ferdinand Porsche にも Porsche* 設計のヒントを与えた．

**Airfoam** エアフォーム
米国 The Goodyear Tire & Rubber Co. (1898年創業) 製の，マットレスやクッションの中身とされる細かい気泡のあるスポンジゴム．現在は製造されていない．

**Airfone** エアフォン
もとは米国の Fred Noble of Airfone, Inc. 製の旅客機内公衆電話 (on-board pay phone)．1984年から米国の主要航空会社が採用．9.11では機内から多くの乗客がこれによって連絡を取ったという．現在は Verizon Communications, Inc. が経営し，LiveTV Airfone を2008年に導入．

**Airstream** エアストリーム
米国の Airstream, Inc. 製の長距離旅行用大型トレーラー．1920年代後半に Wally Byam が裏庭でトレーラーを組み立て始めたのが起源．今日の Airstream の基本的なデザインの特徴を備えた 'Clipper' は1936年に市場化．空気抵抗を減らした曲面的な外形は牽引に最適，車体はさびず，軽くて強いアルミニウム製で，外面は無塗装．1986年型の Airstream Excella は全長が31 feet もあった．

**AirTrain** エアトレイン
米国 New York 市の John F. Kennedy International Airport と市内8.1マイルを結ぶ，無人の自動運転方式の高速軌道システム．Long Island Rail Road (LIRR) や MTA New York City Transit 地下鉄などと接続し，年中無休・24時間営業．2003年12月17日開業で，Bombardier Transportation が運航管理をする．治安対策が手薄だと危惧されている．カナダ Metro Vancouver では SkyTrain が運航されている．

**Air Wick** エアーウィック
米国製の消臭・芳香剤など．1943年発売．"It's Good to be Home" とうたう．

**Ajax** エージャックス
米国製の洗剤．Ajax はトロイ戦争でのギリシャの英雄の名．⇨ Colgate．

**AJW** AJW
英国製のオートバイ．1926年創業．創業者 Arthur John Wheaton の頭文字から．

**Ak-Mak** アクマク
米国製の小麦粉クラッカー．1893年 Massachusetts で Soojian 一家が米国へやって来る移民たちのために開いたベーカリーが始まり．ロゴマークは小文字 ak-mak．

**Aladdin** アラジン, アラディン
米国製のランチボックス・魔法瓶・石油

# Aladdin

ストーブなど．建設現場でヘルメットと同じくらいポピュラーな労働者向けランチボックスは，1921年より市場化．丸くなった上部には魔法瓶を入れることができ，その下にはサンドイッチやポテトチップス・果物などが入れられる．当初は金属で作られていたが，今では丈夫なプラスチック製．赤いタータンチェック模様の携帯用魔法瓶もごく一般的で，1958年発売．Blue Flameの愛称で知られる円筒形石油ストーブは，50年以上もマイナーチェンジのみで作られ続けているロングセラー．

**Aladdin** アラジン，アラディン
米国製の芝刈り機・刈り込み機などの刃．

**Alaïa** アライア
⇨ Azzedine Alaïa.

**Alain Mikli** アランミクリ
フランスの眼鏡デザイナーのAlain Mikliがデザインした眼鏡フレーム．

**Alamac** アラマック
米国製のサーキュラーニット織物 (circular knit fabric)．1946年創業時のパートナーAlan KaplanとMac Thalの名前から．

**Alan Flusser** アランフラッサー
米国のデザイナーAlan Flusser (1945– ) がデザインした紳士用衣料品，そのメーカー (1979年創業)．スーツは英国の伝統を基本に現代的洗練を加えたデザイン．婦人用衣料品も手がけている．米国を代表するBritish-American派のデザイナーの一人．服飾評論家としても著名で，*Making the Man* (1981) などの著書もある．

**Alan Paine** アランペイン
英国のニットウェアのメーカー (Alan Paine Ltd)，そのブランド．William Paineが1907年に創業．同社があるSurrey地方は13世紀頃から羊毛産業の発達したところで，同社のマークにも羊があしらわれている．素材は羊やアルパカなどの天然繊維のみ．

**Albatross Books** アルバトロスブックス
フランスParisで1932年に刊行された英語の軽装本のシリーズ．ペーパーバックの原型といわれ，判型も現行の基本的サイズと同一．Penguin Books* はこの模倣として創刊されたもの．Albatross Booksの創刊者は，第二次大戦が始まると米国に渡り，Penguin Booksの米国支社の主要メンバーとなった．

**Alberene** アルバリーン
米国The Alberene Soapstone Companyの略・通称．同社製の滑石 (soapstone)．磨いて浴槽やテーブル板に用いる．表面は酸にもアルカリにも耐性がある．

**Alberta Premium** アルバータプレミアム
カナダAlberta Distillers Ltd. 製のカナディアンウイスキー．

**Alberta Springs** アルバータスプリングス
カナダAlberta Distillers Ltd. 製のカナディアンウイスキー．Alberta Premium* より高級で，10年熟成．

**Albert Nipon** アルバートニポン
米国の若者向きカジュアルウェアのブランド，そのメーカー (Albert Nipon, Inc.)．1973年にAlbert Nipon (1927– ) と妻Pearl (1927– ) が設立．母体は1953年の2人の結婚当時に妻が経営していた小規模な衣料品会社．1980年代末に脱税・贈収賄でNiponが20か月刑務所に入った後Kasper A.S.L. が買収したが，商品名は残った．

**Alberto** アルバート
米国Alberto-Culver Co. (1955年創業．Unilever* の一部門) 製の一連のヘアケア製品 (整髪料・シャンプーなど)．同社は米国最大の美容製品販売チェーン店を経営する，整髪料と美容・健康用品の大手メーカー．Alberto VO5, Nexxus, TRESemmé, St. Ivesなどが有名．

**Albertsons** アルバートサンズ
米国Washington, Oregon, Idaho,

Montana, Wyoming, Nevada, 南California, Florida および Utah 州の一部で, 463 店舗を展開するグローサリーストアチェーン. 正式には New Albertsons, Inc. Albertsons, Shoppers Value, Homelife, Culinary Circle などのブランド品も販売する. 1939 年 Idaho 州 Boise で Joe Albertson が創業. SuperValu 傘下.

**Albert Thurston**　アルバートサーストン
英国 Albert Thurston Ltd 製のサスペンダー・財布・アームバンドなど. 1820 年創業.

**Albolene**　アルボリーン
米国 DSE Healthcare Solutions 製のクレンジングクリーム. 発汗量を高めるためボクサーが減量のために使うことでも有名.

**Alcan**　アルキャン
カナダの Alcan, Inc. の略・通称, 同社製のアルミニウム製品(アルミフォイルなど)のブランド. 1902 年に創業した, 世界最大のアルミ地金メーカー. Alcan は Alminium of Canada の省略. 2007 年 Rio Tinto が Alcan を統合し, Rio Tinto Alcan となる.

**Alden**　オールデン
米国 Alden Shoe Co. (Charles H. Alden が 1884 年創業) の略・通称, 同社製のトラディショナルな形の高級靴. Brooks Brothers* にコードヴァン素材のタッセルスリッポン (tassel moccasine) などを納入. 現在も製造を続ける "the only original New England shoe and bootmaker" という.

**Aldis (lamp)**　オルディス(ランプ)
英国製の, 船や飛行機に閃光でモールス信号を送るためのシグナルランプ. Arthur Cyril Webb Aldis が発明し, 第一次大戦中以降, 英国海軍で使用された.

**Aldomet**　アルドメット
医家向け薬品では世界屈指の, 米国の Merck & Co., Inc. (1891 年創業) の降圧剤(高血圧治療薬). 一般名 methyldopa をつづり変えて命名.

**Aldo Tura**　アルドツーラ
⇨ Tura.

**Alessi**　アレッシィ
イタリアのステンレス製調理器具(やかんなど)・台所用品・食器類・バー用品のメーカー (1921 年創業), そのブランド. 工業デザイナー Richard Sapper (1932- ) が, オンドリの頭をモチーフにデザインした, 1983 年発売の Amtrak* の汽車の汽笛にヒントを得たという笛吹きケトル Bollitore (9091) は有名.

**Aleve**　アリーブ
米国 Bayer Healthcare LLC 製の鎮痛薬・非ステロイド系抗炎症薬. "2 pills. All day relief." とうたう.

**Alexander Julian**　アレキサンダー ジュリアン
米国のデザイナー Alexander Julian (1948- ) がデザインし, New York 市の Alexander Julian, Inc. (1975 年創業) が製造・販売している紳士服・カジュアルウエア・ネクタイなど. スタイルはトラディショナルだが, 素材とその色彩が独特. 特に多くの色の糸を組み合わせて複雑で深みのある新しい色を作り上げる技法では定評がある.

**Alexander McQueen**　アレキサンダー マックイーン
英国の Alexander McQueen (1969-2010) のアパレルブランド. 2011 年 4 月 29 日, 英国 William 王子との結婚式で Kate Middleton さんが着用したウエディングドレスのデザイナーはこのブランドのデザイナー Sara Burton (McQueen のデザイン面での右腕として働き, 同氏の死後 2010 年クリエイティブディレクターに就任)であることが分かった. 当日まで極秘にされていた.

**Alexander Nicolette**　アレキサンダー ニコレット
イタリアの靴メーカー, そのブランド. 同社は紳士靴の Alexander 社と婦人

靴の Nicolette 社が 1958 年に合併して誕生したもの．手作り主体で，金具に至るまで全て自社生産．

## Alexander's　アレキサンダース，アレグザンダーズ
1928 年創業の米国 New York 市とその近郊に出店していたデパート．World Trade Center にも店舗があったが，1992 年倒産．

## Alexandra de Markoff　アレクサンドラドマルコフ
米国 New York 市の Yves Saint Laurent SA 製の化粧品．もと Charles of the Ritz* 製．

## Alex Moulton　アレックスモールトン
英国の自転車メーカー，そのブランド．自転車のフレームとしてポピュラーな菱形フレームは 1880 年代に開発されたもので，1962 年までほとんど変化がなかったが，同社が A を横にした形に似たフレームの自転車を出現させ，世界の自転車に影響を与えた．

## Alfa-Laval　アルファラヴァル
スウェーデンの大手プラントメーカー (Alfa-Laval AB)，そのブランド，特にその搾乳機．技師で遠心乳脂分離器を発明した Gustaf de Laval (1845–1913) に由来．1889 年に同機の性能向上のための Alfa disk という円錐形部品の特許を取得．Alfa-Laval の名は，1936 年に親会社が同部品名の前半と，Laval の名を合わせたもの．牛乳関連の器具やプラントおよび遠心分離機では世界トップクラス．

## Alfa Romeo　アルファロメオ
イタリアの自動車メーカー (Alfa Romeo S.p.A.)，同社製の乗用車．同社はミラノにあり，街の紋章が同社のエンブレム．前身の会社は 1906 年創業．第二次大戦後，社名が Alfa Romeo S.p.A. となった．1986 年にイタリア最大の自動車メーカー Fiat* に買収され，その一部門の Lancia* と統合されて Alfa Lancia となった．

## Alfasud　アルファスッド
イタリア Alfa Romeo* 製の小型高級車．車体デザインは G. Giugiaro の工房 Ital Design．1971–89 年の間製造され，同種車の手本とみなされた．

## Alfred Dunhill　アルフレッドダンヒル
⇨ Dunhill.

## Alfred Fiandaca　アルフレッドフィアンダカ
米国のデザイナー Alfred Fiandaca のデザインした婦人服．キャリアウーマンやミセス向き．

## Alfred Sergent　アルフレッドサージェント
英国で 1899 年創業の靴メーカー (Alfred Sergent & Sons Ltd) のブランド．

## Alka-Seltzer　アルカセルツァー
ドイツ Bayer* 製の鎮痛・制酸発泡錠．制酸剤とアスピリン (Aspirin*) が調合されており，胃酸過多などによる胸やけ・頭痛・二日酔いの胃や頭の不快症状を緩和する．1 袋に 2 錠ずつ入っていて，コップ 1 杯の水に入れると音を立てて泡を吹き上げるので完全に溶けて水が澄んだら飲む．1931 年に発売．alka は alkali (antacid)，seltzer はドイツ Wiesbaden の Nieder-Selters 産の天然ソーダ水 Selterser Wasser (water of Selters) にちなむ．

## Alkit　オールキット
英国製の熱帯地用衣類・紳士服，そのメーカー．all type of kit の短縮かとも思われるが不明．

## All　オール
米国 The Sun Products Corp. 製の洗濯用合成洗剤．漂白剤 (bleach)・つや出し剤 (brighteners)・硝石 (borax) を含有．

## All American　オールアメリカン
米国 Wisconsin Aluminum Foundry Co., Inc. 製の圧力なべ (pressure cooker)．1929 年に市場化されて以降，基本的には全く変わっていないロングセラー．米国の家庭 (特に非都市部) では，果物・野菜調理品の瓶詰めや

ジャムを作ることが非常に多く, 同製品はその用途に最適という.

**Allan & Davidson** アランアンドダヴィッドソン
英国の室内装飾専門店. 1953年創業. 1983年より英国王室御用達.

**All-Bran** オールブラン
米国 Kellogg's* 製のシリアル. 1916年から.

**All-Clad** オールクラッド
米国 All-Clad Metalcrafters LLC 製の料理器具 (cookware). 同社は "bonded metal" 関連の米国特許を50件も所有する. John Ulam が創業.

**Allegro** アレグロ
英国製の小型乗用車. 1973-83年の間生産された.「急速な, 活発な, きびきびした」の意のイタリア語から. ⇨ Austin.

**Allen-Edmonds** アレンエドモンズ
米国の紳士靴メーカー Allen-Edmonds Shoe Corp. (1922年 Elbert Allen が創業) の略・通称, そのブランド. トラディショナルなデザインで重厚なウイングティップは定評がある.

**Allen screw** アレンスクリュー
米国製の, 頭に六角形の孔のついたボルトの商標. 発明者名に由来する. ⇨ Allen wrench.

**Allen wrench** アレンレンチ
米国製の, Allen screw* 用の L 字型鋼鉄製六角棒の商標. もとは Connecticut にあった The Allen Manufacturing Co. の商標.

**Allerest** アレレスト, アラレスト
米国 Novartis Consumer Health, Inc. 製の充血緩和剤・抗ヒスタミン薬として使われる市販薬.

**Alligator tag** アリゲータータッグ
米国製の, 商品用電子防犯付け札 (electric security tag). 白色のプラスチック製で, 小さな半導体チップが組み込まれている. ワニが口を開けたような形をしているところから名付けられた. 未清算品を店から持ち出そうとすると, 店の出入口付近に設置したマイクロ波発信探知装置 (microwave-emitting scanner) の横を通過すると警報が鳴る仕組み. 万引き防止のために開発. ⇨ Sensormatic (System).

**Allinson** アリンソン
英国にある世界最大の製パン会社 Associated British Foods plc 製の全粒粉のパン. カナダの個人パン店が起源で, 1935年に Food Investment's Ltd として創業, 1960年に現在名となった.

**All-Star** オールスター
米国製のスポーツ用品.

**All Star** オールスター
⇨ Converse.

**Almacenista** アルマセニスタ
スペイン Sevilla (Seville) 地方南部の Jerez de la Frontera で生産されるシェリー. 商標ではない. 個人名を冠した熟成品で, 他のものと混和されずに瓶詰めされる. amontillado や oloroso の辛口・半辛口が生産の中心で, 高い品質を誇っている.

**Al Mar** アルマー
米国のカスタムナイフデザイナー Al Mar 製作のハンティングナイフ. 同氏は元 Gerber* 社のチーフデザイナーで, グリーンベレー出身の中国系米国人. ブレードが薄いのが特徴. 護身用に多く用いられる.

**Almay** アルメイ
米国製の化粧品. 化学者の Fanny May Woititz が 1930年, 夫でやはり化学者の Alfred に肌に合う化粧品を作るよう頼んだのがきっかけで生まれたもの. 1931年に2人の名を組み合わせた Almay を創立した. 最初の低刺激性 (hypoallergic) 化粧品で, 現在もアレルギー体質でも安全ということを売り物にしている.

**Almond Joy** アーモンドジョイ
もともとは米国 Peter Paul Cadbury, Inc. 製 (現在は The Hershey Co.) の

# Almond Roca

チョコレートバー．アーモンドをミルクチョコでくるんだもの．1948年より発売．Mounds* の姉妹品．

**Almond Roca**　アーモンドロカ
米国の Brown & Haley 製のキャンディー．Harry Brown が 1923 年から buttercrunch toffee を考案．スペイン語 roca ('rock') から命名．

**Alpen**　アルペン
英国最大のシリアルメーカー Weetabix Ltd 製のシリアル．小麦・大麦のフレークに，ヘーゼルナッツとレーズンを加え，赤砂糖で調味したもの．ミルクかヨーグルトをかけて食べる．スイスの Alps 地方に伝わる製法をもとに作られているというところからの命名．⇨ Weetabix．

**Alpha-Bits**　アルファビッツ
米国 Post Cereals 製のシリアル．Frosted Apple-Bits とも呼ぶ．1958年から．

**Alpha-Keri**　アルファケリ
米国 Bristol-Meyers Squibb* 製の乾燥肌用バスオイルなど．乾皮症・老人性掻痒症などの，皮膚のかゆみを柔らげる．

**Alpina**　アルピナ
ドイツの乗用車メーカー，その製品．4ドアセダンとしては世界でもトップクラスの高速性能を誇る．BMW をベースに，チューニングを施し，外観にも手を加えている．もともとはタイプライターなどを製造する事務機器メーカーだった．

**Alpine**　アルピーヌ
フランスのスポーツカーメーカー，その製品．1973年買収されてから Renault* 製のパーツを使用している．1956年より市場化．

**Alpine**　アルパイン
米国の Alpine Electronics of America, Inc. の略・通称，同社製のカーオーディオ．

**Alpine**　アルパイン
米国 Philip Morris, Co., Inc. 製の紙巻きたばこ．オーストラリアでも生産．⇨ Philip Morris．

**Alpo**　アルポ
米国 Nestlé Purina PetCare Co. 製の缶入りドッグフード．

**Alsons**　アルソンス
米国製の，角度を自由に変えられるハンドシャワー (hand-held flexible shower) のヘッド．

**Altec**　アルテック
米国の Altec Lansing Technologies, Inc. の略・通称．劇場用スピーカー A7 が有名であったが，現在は主に携帯音楽プレーヤー用スピーカーのブランド．⇨ JBL．

**Altec Lansing**　アルテックランシング
⇨ Altec．

**Altoids**　アルトイズ
英国 Callard & Browser 製のはっかトローチ (peppermint lozenge)．錠剤形で，四角い缶入り．1780 年以来同じ製法で作られており，人工甘味料・人工香料は一切用いられていない．

**Alundum**　アランダム
米国製の鋼玉 (corundum) に似た研磨材．電気溶鉱炉でアルミナ (alumina) を高温で融解させてつくる．耐火れんが素材ともされる．

**Alvis**　アルヴィス
英国の乗用車(後には軍用車輌も)メーカーで，Thomas George John が 1919 年に創業，翌年より同名の乗用車を製造．1967 年まで存続した．名称は 1914 年に創設された Alminium Alloy Pistons Ltd. 製のピストンに使われており，alminium の最初の2文字と，ラテン語で「勢い」・「力」を意味する vis との合体による命名．

**Always**　オールウェイズ
米国 Procter & Gamble* 製の生理用ナプキン．1983 年発売．英国へは 1992 年に導入．

**Amalie**　アマリー
米国製の潤滑油(モーターオイル・グリース・ミネラルオイルなど)．会社は 1903 年創立．

## Amana　アマナ
米国製の,冷蔵庫・電子レンジ・冷暖房機器などの大型家庭電化製品.冷蔵庫は 1934 年より製造.社名・商品名は Iowa 州の同社工場所在地に由来.

## Amaretto di Saronno　アマレットディサロンノ
イタリア Illva Saronno 製のアプリコットリキュール.56 proof.

## Amazon.com　アマゾンドットコム
米国の Seattle に本部があるアメリカ最大のインターネット通信販売会社 Amazon.com, Inc.　1994 年 Jeff Bezos (1964– ) が設立し当初は Cadabra, Inc. と名乗ったが, cadaver (死体)と聞き違えられるために世界最大の Amazon River にちなんで最大であることを示し, かつアルファベット順では最初に現れることもあって命名した.書籍のほかに, DVD・CD・MP3 ダウンロード・コンピューターソフトウエア・ビデオゲーム・電子機器・アパレル・家具・食品・おもちゃなど多様な商品を扱う.

## Ambassador　アンバサダー
スコットランドのブレンデッドウイスキー.一般品と, 8 年熟成の De Luxe, 12 年熟成の高級品 Royal, さらに 25 年熟成の超高級品 Twenty-Five とがある.今世紀初頭に Glasgow で駐英各国大使が英国を代表するウイスキーを選ぶ品評会を催した際にベストとされたのでこの名がついた.

## Ambi　アンビ
米国 Johnson & Johnson* 製の有色人種用化粧品.ロゴマークは AMBI. 肌の色を明るくする.英国人薬剤師 Harry Atkinson がローデシアで開発し販売し始めたころは白人向けだった.後に黒人向けに改められ, 1963 年からローデシア以外のアフリカ諸国でも売り出され, 米国にも進出した. Amalgamated Biochemical Division が売り出した際に, 社名の頭文字を取って命名.

## Ambrosia　アンブローシア
英国製のライスプディングを作るための即席粉末.1917 年に英国人と米国人が共同出資してライスプディングを作るための牛乳乾燥法を開発したのが起源.Ambrosia は 16 世紀に作られたラテン語で,「神の不死食物」(immortality foods of god) の意で, 文字通りの意味はギリシャ語の「不死」.⇨ Bovril.

## Ambush　アンブッシュ
オーストラリアの AgNova Technologies Pty Ltd 製の殺虫剤.柑橘類, 野菜, 穀物など用途が広い.

## AMC　AMC
米国の自動車メーカー American Motors Corp. の略・通称.同社は 1916 年創業.1954 年に中堅メーカーの Nash* および Hudson と合併.1978 年以降はフランスの Renault* の傘下, 1987 年に Chrysler 社に買い取られた.Jeep は AMC のドル箱で, 四輪駆動車 Eagle, Jeep Wrangler, Cherokee などが有名だった.⇨ Jeep.

## American　アメリカン
もとは米国 The American Crayon Co. (現在は Dixon Ticonderoga Co. 製)の略・通称, 同社製のクレヨン, 12 色の丸箱入り・80 色のケース入りなど.シャープナーが付いている.

## American Apparel　アメリカンアパレル
米国 Los Angeles で 1997 年に Dov Charney が創業したアパレルメーカー.世界 20 ケ国に 285 店舗, 従業員は約 1 万人.中国でも Made in USA 製品の販売を開始した.2010 年 4 月には, Michigan 州 Grand Rapids の Calvin College の学生たちが同社のオンライン広告には, シースルーシャツを着たモデルが使われたり, トップレスで下着をつけないモデルであったり, あまりにもセクシーすぎるとの理由で同社の製品購入をボイコットするなどして全米の話題になった.

## American Automobile Associ-

## American Beauty

**ation** アメリカンオートモビルアソシエーション，アメリカ自動車協会 略AAA. 日本のJAF (Japan Automobile Federation) に相当し，会員になると，車の故障修理・地図提供・旅行計画の作成・ホテル・モーテルの予約(後者にはAAAの特約店が多い)など各種のサービスが受けられる．

**American Beauty** アメリカンビューティー
米国製のパスタ(マカロニなど)．この名は創業時にあったAmerican Beauty Pasta Co.の社名から．

**American Custom** アメリカンカスタム
米国の自動車改造専門会社．顧客のオーダーによってどんな車でも改造する．主流はストレッチリムジン．全米に11の工場がある．

**American Express** アメリカンエキスプレス(カード)
米国American Express Co. (略Amex)の略・通称，および同社のクレジットカード．同社の前身は1841年に創業，1958年にAmerican Expressカードを世に送り出した．

**American Greetings** アメリカングリーティングズ
米国のAmerican Greetings Corp.の略・通称，同社製のグリーティングカード・贈り物用のラッピング用品(gift wraps).

**American Lock** アメリカンロック
1912年米国のJohn Junkunkが創業したロック製造会社American Lock Co.，そのソリッドスチール製の南京錠など．

**American Modern** アメリカンモダン
1937-39年に工業デザイナーRussel Wright (1904-76)がデザインし，米国L.Steubenville Pottery Co.が1939年より市場化した安価な陶製食器．1940年に注文が殺到し，以降ロングセラーとなった．曲線を多用し，ぬめっとした表面仕上げの，シンプルなデザインで単色．当初は黒・褐色，後にからし色・薄茶色・灰色・白・マガモのような緑色のものが加わった．現在はNew YorkのRussel Wright Studios LLCがライセンスなどを扱う．

**American-Standard** アメリカンスタンダード
米国のAmerican Standard, Inc. (1929年創業)の略・通称，同社製の高級バス・トイレ陶器・配管設備など．

**American Stores** アメリカンストアーズ(社) (~ Co.)
米国Utah州に本社があったスーパーマーケット(Acmeなど)とドラッグストア(Oscoなど)のチェーンを経営した会社．Albertsons*に吸収合併された．

**American Tourister** アメリカンツーリスター
米国のバッグ・旅行かばんメーカー，そのブランド．1933年移民だったSol Kofflerが'life savings'を注ぎ込んで創設．特に1953年末に市場化したTri-Taperが有名で，ロングセラー．1970年にゴリラのOofiが檻の中で同社製品の赤いトランクを投げつけるが壊れない映像コマーシャルを流して有名になった．

**Americruiser** アメリクルーザー
米国のバス会社Greyhound*がかつて使用した長距離旅客輸送用デラックスバスの一タイプ．Motor Coach Industries製．⇨ Scenicruiser.

**Ameripass** アメリパス
米国のバス会社Greyhound Lines, Inc.が発行している割引き周遊券．同社の全路線を距離無制限で利用できる．かつて「99ドル99日間」のうたい文句で発売されたが，現在は7日間・10日間・15日間・30日間・45日間・60日間通用の7種．カナダ東部・西部の特定路線にも使用できるがメキシコは不可．"Discover America! Go Greyhound and leave the driving to us."のキャッチフレーズで売り出し

た. ⇨ Greyhound.

### AMF　AMF
米国のスポーツ用品メーカー, そのブランド. AMFは, 同社の1900年創立時の旧称 American Machine and Foundry (アメリカ機械製作所) の略・通称. ロゴは1970年にデザインされ, 1971年にMの上に逆三角形が追加された. 現在はAMF Bowling Corporation だけが残っている. ⇨ Head.

### Amies　エイミス
⇨ Hardy Amies.

### Amigen　アミジェン
英国製の, 蛋白質を消化しやすいように調理したもの. 蛋白質の欠乏症治療に用いられるプディングを作るための即席粉末. ミルクや牛肉, その他の蛋白質食品を加水分解して造る.

### Amilcar　アミルカール
フランスの小型スポーツカーメーカー, その製品. 1921年より39年まで製造. この車の財政的後援者Lamyと Émile Akar の2名の名を合成して名付けられたものと思われる.

### Amity　アミティー
米国の Amity Leather Products Co. の略・通称, 同社製の革小物 (キーケース・札入れなど). 1996年 AR Accessories Group, Inc. と社名を変更.

### Amm-i-dent　アミデント
英国 Stafford-Miller Ltd 製の歯磨き. 同製品に虫歯予防のための薬剤として酸化アンモニウム (ammonium phosphate) が入っているところからの命名. 挿入辞 -i- は in の意と思われる. 米国でもかつて Block Drug Co., Inc. が製造していた.

### Amoco　アモコ
米国の大手総合石油会社 (Amoco Co.), 同社製のガソリン・石油製品. 同社は1889年創業. BP (British Petroleum) と合併後は BPAmoco. 旧名は Standard Oil Co. of Indiana. 世界中で原油・天然ガス開発を行ない, 石炭・非鉄金属も手がける.

### Ampad　アンパッド, アムパッド
米国の American Pad & Paper LLC の略・通称, 同社製のノート類のブランド. 創業者 Thomas W. Holley が 'legal pad' を発明したと主張しているが, その黄色の色の理由も含めて詳細不明.

### Ampex　アンペックス
米国 Ampex Corp. の略・通称. 子会社の Ampex Data System Corp. のビデオレコーダーなど. スローモーション再生技術の発明でも有名. 1944年創業. 同社の創業者で, ビデオテープ開発の先駆者であった技術者の, ロシアからの移民 Alexander Mathew Poniatoff の頭文字に, excellence の ex を加えて命名. オープンリールテープレコーダー Ampex 600 シリーズは1954年より発売, 当時としては小型・軽量で, 堅牢で信頼性が高く, 10年間のロングセラーとなった. ビデオテープレコーダーは1956年に公表. NASA は1958年データレコーダーと磁気テープを採用した. 高性能大容量コンピューターデータ保存システム (DSTR) を開発.

### Amphora　アンフォーラ
オランダ産パイプたばこ. キャッチフレーズは "Extra Mild Cavendish" (特にマイルドな味の粗刻みたばこ). 米国には輸入されなくなり, カナダでは手に入る.

### Amplex　アンプレックス
英国 Lornamead 製のデオドラント (deodorant). 1951年命名. 開発当時, この製品の主成分であるクロロフィル合成物は, complex (錯体) を縮めて Plex と社内で呼ばれていたので, それに, 朝起きたらすぐ付けるようにと a.m. (午前中) が付けられて命名された.

### Amplidyne　アンプリダイン
米国製の, 入力の小さな変化によって出力がただちに制御される直流電流発生装置. 1940年 Ernest Alexanderson が開発. 現在ではこの方式は古くなり MOSFET とか IGBT 装置が使わ

# Amplify

れる．amplifier と -dyne の合成による命名．

**Amplify**　アンプリファイ
米国 New York の Matrix 製のシャンプー，コンディショナーなどのヘアケア商品．ヘアサロンなどの業務用のみ．Matrix は 1980 年 Arnie and Sydell Miller が始めた．北米の 85,000 以上のヘアサロンで使われており，他にもヨーロッパ諸国，環太平洋諸国などで販売されている．同社製の商品には，Biolage, Vavoom, Matrix Essentials, Logics, Vital Nutrients がある．

**Amstel Light**　アムステルライト
オランダ Amstel Brewery 製ビール．同社は 1870 年，De Pester と J. H. van Marwijk Kooy が Amsterdam で創業しラガービールの醸造を開始した．Amstel Light は 1980 年に生まれた製品で，現在米国に輸入されるライトビールの中では最も多いという．ロゴは "The beer drinker's light beer." Amstel の語源は，Amsterdam の町を流れる Amstel River からで，醸造工場はその近くに位置し，ビールを冷やすのにその川の水を使ったという．Amstel ブランドにはこのほかにも数種のビールがある．

**Amsterdam News**　アムステルダムニュース
⇨ New York Amsterdam News.

**Amtrak**　アムトラック
米国の National Railroad Passenger Corp.（全国鉄道旅客公社，米国鉄道旅客輸送公団）の統轄する鉄道輸送．American travel track の略．鉄道離れした乗客を取り戻そうと，政府の援助を受けて，1970 年に設立，1971 年 3 月運行開始．鉄道会社識別記号 (reporting mark) は AMTK．

**Amway**　アムウェイ
米国 Michigan 州に本社と工場のある日用家庭雑貨の製造・販売会社 Amway Corp. の略・通称，そのブランド．Jan Van Andel と Richard Devos が 1959 年に創業．商品は洗濯用・住居用の各種洗剤・ステンレス調理なべ・ヘアケア用品・栄養剤・アクセサリーなど約 300 品目．店頭販売は行なわず，主婦などがアルバイトとして知人などを直接訪問し販売する方式．売り上げ高に応じて報奨金の率が高まる．世界有数の訪問販売会社ではあるが非上場．(株)日本アムウェイは 1979 年開業．2008 年ベトナムで開業し 58 ヶ国へ進出．

**Amytal**　アミタル，アミトール
米国製の鎮痛剤・鎮静剤・睡眠薬．ナトリウム塩 (sodium salt) の形で用いられる結晶状の白い粉末．1930 年商標登録．一般名 isoamyl ethmyl barbituric acid を縮めて命名．ストリートドラッグ (street drug) として乱用される危険性もある．

**Anacin**　アナシン
米国 Insight Pharmaceuticals 製の鎮痛剤．1918 年に Wisconsin 州の歯医者が開発．現在はアスピリン (Aspirin*) を含まない Anacin-3 がある．

**Anadin**　アナディン
英国製の鎮痛剤．Anacin* の英国名で，1931 年より発売．

**Anaïs Anaïs**　アナイスアナイス
フランス Parfums Cacharel Paris 製の香水・オードトワレ・石鹸など．ゾロアスター教の女神のギリシア語名アナイティスから．

**Analog**　アナログ
⇨ Astounding (Science Fiction).

**Anaprox**　アナプロックス
米国製の生理痛および軽い痛み用の鎮痛剤．処方薬．一般名は Naproxen sodium．

**Ancestor**　アンセスター
スコットランド John Dewar & Sons Ltd 製のブレンデッドウイスキー．厳密には Dewar's De Luxe Ancestor Scotch Whisky といい，日本では「デュワーズデラックス」と呼ばれる．
⇨ Dewar's.

**Anchor**　アンカー

ニュージーランド Fontera Co-operative Group 製のバター．もとはニュージーランドの酪農業者で英国からの移民の Henry Reynolds が，1886年に自家製のバターに命名．Anchor 名の包装された製品は 1924 年に売り出された．

**Anchor**　アンカー
シンガポールの Asia Pacific Breweries 製のピルゼン (Pilsen) 風ビール．錨が 2 個交差したロゴマーク．

**Anchor Steam**　アンカースティーム
米国 Anchor Brewing 製のビール．レーベルの中央に青の錨マーク．

**Ancient Age**　エンシェントエイジ
米国製のストレートバーボン．1789年より製造．略 AA．6 年熟成．86 proof．"If you can find better bourbon, buy it." という挑戦的な広告が有名．10 年熟成の Ancient Ancient Age もある．

**Andeker**　アンデカー
米国 Pabst Brewing Co. 製のビール．厳密には Andeker of America, A Superior Premium Lager Beer．独特のこくがある．

**Anderson & Sheppard**　アンダーソンアンドシェパード
英国で 1873 年創業のテーラー．Charles 皇太子のダブルのスーツの製作で著名．

**Andes**　アンデス
米国の Andes Candies, Inc. の略・通称，同社製のチョコレート．1921 年 Andrew Kanelos が創立し，当初は Andy's Candies と呼ばれた．現在は Tootsie Roll Industries 傘下．

**Andiamo**　アンディアモ
米国の 1974 年創業のバッグメーカー (Andiamo, Inc.)，そのブランド．Valorsa シリーズなど．Polo* ブランドのナイロンコーデュロイ製バッグも製造していた．現在は台湾企業に買収され，フィリピン製．

**Andrea**　アンドレア
米国製の化粧品・除毛剤・つけ爪・ヘアブラシなど．

**Andrea Pfister**　アンドレアフィステル
フランスのパリにある婦人靴店 (1967 年開業)，そのブランド．イタリア生まれの Andrea Pfister (1942- ) が，1960 年代後半に創業．イタリアで製造．デザインはオーソドックス．Elizabeth Taylor, Madonna などの靴をデザインした．

**André Collin**　アンドレコラン
フランスのバッグメーカー，そのブランド．ハンガリーの靴職人の息子で，もと革の裁断職人だった André Collin が 1945 年に創業．ワニ革ハンドバッグが評価され，オストリッチ・象革のものもある．デザインはクラシック．

**André Courrèges**　アンドレクレージュ
⇨ Courrèges．

**André Laug**　アンドレローグ
フランス生まれのイタリア人服飾デザイナー André Laug (1931-84) および彼の後継者 Olivie の作品．当初は注文服専門だったが，米国市場を狙って既製服に転向．ただし服はすべて 1 点もので高価．

**Andrew Grima**　アンドリューグリマ
英国の宝飾デザイナー Andrew Grima (1921-2007) の作品，その店．同氏はローマに生まれ英国で育ち，大学で金属学・機械工学を学んだが，1946 年に義父が開設した宝飾工房に勤め，デザインと細工を始めた．1966 年に London の Jermyn St. に自分の店を開き，同年 Queen's Award を受賞，1970 年以降英王室御用達商となった．

**Andrews**　アンドリューズ
英国製の緩下剤．1893 年より発売．名称は，Newcastle-upon-Tyne の同社社屋の近くの St. Andrews 教会にちなみ，1909 年に Andrews Liver Salt (アンドリューズの肝塩)の名で商標登録．

Newcastle 港に寄る船員たちの人気を得て事業が拡大した.

**Andrex**　アンドレックス
英国 Scott Ltd (もと Bowater-Scott Corp.) 製のトイレットペーパー. 1942 年より製造, ただし 54 年までの商標名は Androll. 開発した会社が London の Walthamstow の St. Andrews 通りにあったところからの命名. 現在は Kimberly-Clark 傘下.

**Android**　アンドロイド
米国の Open Handset Alliance (Google の呼びかけで情報技術や無線通信系の有力企業によって設立) が開発し, 2008 年発表したスマートフォンやタブレット PC などの携帯端末向けのプラットフォーム. スマートフォンのプラットフォームとしては世界で最も売れている.

**Angel Flake**　エンジェルフレーク
米国製のココナッツフレーク. ケーキなどに用いる. ⇨ Baker's.

**Angelo Litrico**　アンジェロリトリコ
シチリア生まれのイタリアのデザイナーでありテーラーの Angelo Litrico (1916–86) のデザインした紳士用衣料品(スーツ・ニットウェア・カラーシャツ・コートなど)・バッグなど. ロゴは全て小文字. トレードマークはグリフォン. 同氏は 10 歳でテーラーの見習い修業を始め, その天才ぶりが認められた. ローマ法王 Papa Paolo VI の服飾デザイナーも務めた.

**Angel Soft**　エンジェルソフト
米国の Georgia-Pacific LLC 製のトイレットペーパー (bath tissue).

**Angelo Tarlazzi**　アンジェロタルラッツィ
イタリアのデザイナー Angelo Tarlazzi (1945– ) のデザインした紳士・婦人服(既製服・フォーマルウエアなど). 同氏は 1966 年にパリに行き, Jean Patou* の店に勤め, 1978 年に独立. 奇抜さを狙うことのない現実派デザイナー.

**Angledozer**　アングルドーザー
米国製の, 整地機の一種の古い商標. 地面に水平に取り付けられたブレードに前進角をつけ, トラクターで押したり引いたりすることにより, 地面上に出っ張った土などをわきに押しのけるもの. 道路や滑走路の敷設などに用いられた. メーカー名不詳.

**Anglepoise**　アングルポイズ
英国のデザイナー George Carwardine が 1932 年にデザインした自在灯 (adjustable lamp). 2 組の 2 本の軸に 2 本のバネが付いたものの先に, 傘付きの白色電球が付いた形式.

**Angostura Bitters**　アンゴスチュラビターズ
トリニダードトバゴの Angostura Bitters Ltd. 製の苦い強壮飲料. 飲酒に起因する突発的な胃けいれんを即座に抑える効果があるともいわれ, また気付け薬としても用いられることがある. 厳密な成分配合は秘密とされているが, アルコールをベースに, ミカン科の熱帯植物の樹皮から採った油を主に加えたもので, 他の樹皮や根からのエキスも加えてあるもよう. Silesia 軍の軍医 Johann Gottlieb Benjamin Siegert が, ベネズエラの Angostura (現在の Ciudad Bolívar) の病院で働いていた際, 「消化を促進し, 胃腸障害を緩和する強壮剤」として 1824 年に開発した.

**Angostura Old Oak**　アンゴスチュラオールドオーク
トリニダードトバゴ Angostura Bitters Ltd. 製のラム(酒). 1958 年より製造, ボトルはドラマーを型取ったカラフルなもの.

**Anheuser-Busch**　アンホイザーブッシュ(社) (~ Cos., Inc.)
米国最大のビール会社. 米国内のビールの市場占有率第 1 位の Budweiser* の発売元. 他に, Bud Light*, Michelob*, Natural Light*, Michelob Light, Busch*, Classic Dark などを製造するほか, Anheuser ブランドでド

イツワインを販売．Missouri 州 St. Louis に本社があるほか，全米に 12 の醸造所をもつ．1852 年に George Schneider が作った小さな醸造所 Bavarian Brewery から始まり，Eberhard Anheuser が 1860 年に引き継ぎ，1864 年に娘婿 Adolphus Busch (1913 年没) が加わり Anheuser-Busch とした．A とワシを組み合わせたマークは，同社のビールのラベルに 1872 年に付けられ，1877 年に意匠登録された．デザインはそれ以来ほんの少し変わっただけで，同社製の Eagle* 印のスナック食品(プレッツェルなど)の商品群のパッケージに描かれていた．禁酒法時代 (1913-33) にノンアルコール飲料 Bevo を販売．禁酒法が廃止されると同時に，8 頭立ての Clydesdale 種の馬にビールを積んで New York の 5 番街をパレードさせた．2007 年 Chelda (Budweiser＋Bud Light＋Clamata Tomato juice) をテストマーケットへ導入．

### Animal Crackers　アニマルクラッカーズ
⇨ Barnum's Animals．

### ANNA SUI　アナスイ
米国のファッションデザイナー，ブランド，その店．Anna Sui (1964- ) は中国系二世の米国人で 1991 年 New York で創業後，30 か国以上 300 店舗で展開．アジア地域でも人気が高く，店舗はビクトリア朝とハードロックの要素が組み合わさったデザインで，化粧品や香水も取り扱う．黒と紫の色合いが特徴．

### Anne French　アンフレンチ
英国製の化粧品．1937 年命名．第二次大戦前に Radio Normandy 放送局から Anne French と名乗る女性を登場させてラジオ CM を行なった．

### Anne Klein　アンクライン
米国の服飾デザイナー Anne Klein (1921-74)，および彼女の後継者のデザインした衣料品(スポーツウェアなど)，そのメーカー(1968 年創業)．ブランドは Anne Klein New York と AK Anne Klein が中心．現在は Jones Apparel Group が所有．

### Anne Velerie Hash　アンヴァレリーアッシュ
フランスのファッションデザイナー (1971- )，2000 年に設立されたブランド．世界中のセレクトショップで取り扱いがある．古典的な紳士服を再構築する手法が特徴．

### Annie's　アニーズ
米国 Annie's, Inc. 製のマカロニチーズ・缶入りパスタミール・ウサギ型のチェダーチーズ入りのクラッカーやクッキーやシリアルなど．ロゴには Annie's Homegrown とある．姉妹会社 Annie's Naturals はサラダドレッシング・ソース・調味料などを製造．

### Annin　アニン(社) (～ & Co.)
米国 New Jersey 州にある米国最大の国旗製造メーカー．1847 年創業．

### Anschutz　アンシュッツ
ドイツのスポーツ用銃器メーカー J. G. Anschütz GmbH & Co. KG の略・通称，その商標．1856 年創業．

### Anson　アンソン
米国のアクセサリーメーカー (Anson, Inc.)，そのブランド．1936 年にスウェーデンからの移民 Olof Anderson が，男性用の宝石・アクセサリー製造会社 Anson Men's Jewery Products, Inc. として創業，創業者名を縮めてブランドとした．1967 年女性用宝石を加えた．

### Answer 2　アンサーツー
米国の Carter-Wallace, Inc. (前身は 1880 年創業) 製の家庭用早期妊娠判定キット．Answer Plus, Answer Plus 2, Answer Quick & Simple などもある．

### Antabuse　アンタビュース
米国製の，アルコール中毒治療に用いられる嫌酒薬 (antialcoholism aid)．
☆一般語として小文字でも用いられる．

### Antaeus　アンテウス
フランス Chanel* 製の男性用コロン・

オードトワレ・ヘアトニックなど．この名はギリシア神話の英雄から．

**Ant Farm** アントファーム
米国 Uncle Milton Industries がブランドを所有する，観察用のアリの巣を透明なガラスやプラスチックの箱に収めたもの．1956年から2000万個を売ったという．

**Anthony** アンソニー
⇒ T. Anthony.

**Antinori** アンティノーリ
イタリア中部トスカーナ州のワイン生産者兼ワイン商．14世紀からの歴史ある家系で，Chianti Classico の商いを中心に発展．

**Antiquary** アンティクエリー，アンチコリー，アンティクォリー
スコットランド J. & W. Hardie Ltd (1857年創業)製の，12年熟成のブレンデッドウイスキー．

**Antonella** アントネラ
イタリアのニットウェアのブランド，そのメーカー Creazioni Antonella srl.

**Antonio y Cleopatra** アントニオとクレオパトラ
米国製の細い葉巻．安価．キューバのたばこ製造業者から1879年に持ち込まれたもの．

**Antony Price** アントニープライス
英国の服飾デザイナー Antony Price (1945- )の作品，その注文服店．Rolling Stones のアメリカツアー衣裳や Bryan Ferry らのロックスターの派手な衣裳のデザインでも知られる．2006年 UK Fashion Awards で Red Carpet Designer にノミネート．

**Antron** アントロン
米国製のナイロン．軽くて強い．水着・ソファー外皮・カーテン・カーペットなどの素材になる．

**Anturane** アンツーラン
スイス製の尿酸排泄促進剤．痛風治療用．一般名は sulfinpyrazone.

**Anusol** エイナソール
英国 McNeil Healthcare (UK) Ltd 製の痔の痛み・痒み・腫れに効く軟膏．

**A.1.** A ワン
米国 Kraft* 製のステーキ用ソース．米国で最もポピュラーで，10 oz. 入りの小瓶が一般向けレストランなどでよく供される．1895年米国で商標登録．同社は英国の George 4世の元料理長の Henderson William Brand が始めた Brand & Co. 香辛料製造会社から始まった．カナダでは Heinz Canada 製で A1 (ピリオドなし)名．'A 1'とは「第一級の」の意で，George 4世がこのソースの原型を口にしたときに言ったという言い伝えから．'A 1' は当時の流行語で，もとは保険会社の Lloyd's が定めた船舶保険のための船の等級で最高ランクの船を指す記号．

**AOSEPT** エーオーセプト
米国 CIBA Vision 製のコンタクトレンズケア用品．日本でもチバビジョン株式会社が販売．

**A.P.C.** アーペーセー
1987年にチュニジア出身の Jean Toitou が創業したフランスのカジュアルファッションブランド．ブランド名は，「生産と創造の工房 (Atelier de Production et de Creation)」の略．

**Ape-A-Gram** エイプアグラム
ゴリラの格好をして結婚式場や誕生会などに祝電を届ける有料サービス．1980年代米国 Michigan 州の Ape-A-Gram 社が行なっていた．

**API** API
American Petroleum Institution (米国石油協会)の略・通称．同協会は，石油の掘削・生産機器や石油業界の関連技術の標準化を図っている国際的な団体．1919年設立．本部 Washington. 国際的に使われている原油の比重測定単位 API degree (華氏60度[摂氏15.6度]の水と同じ体積の原油の比重を元に計算される値)は，ここが定めた基準で，一般に比重が低いほど良質油とされる．

**Apiezon** アピエゾン
英国製の，真空工業で用いる極めて蒸

気圧の低い油製品．オイル・ワックス・グリース状のものなどがある．

## Apogee Ribbon Speaker System　アポジーリボンスピーカーシステム
米国製のスピーカー．従来のスピーカーとは違い，板枠にすだれ状にリボンが多数張られた独特な外観．1985年より市場化されたもので，世界初のフルレンジのリボンスピーカー．

## Apollinaris　アポリナリス
ドイツ製ミネラルウォーター．"The Queen of Table Waters"と呼ばれる．この炭酸入り鉱泉水が出る泉は，19世紀半ばにドイツ農民のGeorg Kreuzbergが，Bonnの南のBad Neuenahrの彼のぶどう園用の灌漑用水を掘っていたときに発見され，近くの礼拝所の名にちなんでApollinarisと名付けられ，のちに，その水もそう呼ばれるようになった．英国への輸出は1878年から．Pollyの愛称で呼ばれ，大戦間に，whiskey and Polly（ウイスキーのポリー割り）は上流階級で人気のある飲み物だった．

## Apollo Soyuz　アポロソユーズ
1975年に米国のPhilip Morris*と，ソ連のGlavtabakが，米国とソ連の合同宇宙ミッションを祝って市場化したたばこ．Moscow Yava Factoryで，米国たばこ75％とソ連たばこ25％を混ぜ，米国のフィルターを付けて製造．短期間で姿を消した．

## Apple　アップル
1968年the Beatlesが作った英国のレコード会社Apple Corps，そのレーベル．

## Apple　アップル
米国Apple Inc.の略・通称，そのブランド．1976年に電子工学関連企業Hewlett-Packard社でデザイナーとして働くかたわら，趣味として原型のパソコンを作り上げたStephen Gary Wozniak（1950-　）の作品を，友人のSteven Paul Jobs（1955-　）が，売れる可能性があると見てとり，Wozniakに会社を共同設立しようともちかけ，1977年に同社を創業，世界で初めてパーソナルコンピューターを売り出した．学校・家庭・小企業用パソコンApple IIや，オフィス用のMacintosh*をヒットさせた．Appleという名はJobsが「親しみやすくて恐ろしげでない」ところから考えついたという説と，彼が当時果物を常食としていたためという説とがある．Jobsは，1985年に内部対立で破れ失脚．1996年復帰し，2000年にCEOに就任．その後iPod, iPhone, iPadなどヒット商品を次々に量産している．

## Apple Jacks　アップルジャックス
米国Kellogg's*製のシリアル．1965年から．

## Appletiser　アップルタイザー
1965年Edmond Lombardiが開発した南アフリカ生まれで，英国のSAB-Miller plc所有の果汁100％の発泡性清涼飲料．"apple"と"appetizer"の混交語．他の国ではCoca-Cola*製．

## Appleton　アップルトン
ジャマイカ産のラム酒Appleton Estate．White（無色）とGold（金色）の2種がある．

## Aprica　アプリカ
米国Aprica USA LLC社製の折りたたみ式ベビーカー（baby stroller），ベビーキャリア（baby carrier, side carrier）．

## AP-24　エーピートゥエンティフォー
米国Nu Skin Enterprises, Inc.製の歯垢を除去しホワイトニング作用もある歯磨き・マウスウォッシュ．

## Aquabee　アクアビー
米国Bee Paper Co.製の，ノート類・紙類・トレーシングペーパー・画用紙・カリグラフィー用紙など．

## Aquadag　アクアダッグ
米国製の，黒鉛の微粒子（graphite）の膠[コロイド]状懸濁液の商標．伝導体としたり，また，潤滑剤として使われる．現在はドイツに本社がある

# Aqua di Selva

Henkel がブランド名を所有.

**Aqua di Selva** アクアディセルヴァ

イタリア G. Visconti di Modrone (1921 年創業) 製の男性用化粧水. 1946 年より製造.

**Aquafresh** アクアフレッシュ

英国の医薬品の大手メーカーである GlaxoSmithKline* 製の歯磨き. ペーストは白・緑・赤の3色出るが, チューブの口元が透明になっていて, この3色のそれぞれが出るのが見えるようになっているので, see-thru tube と称している. 虫歯を防ぎ (Fight cavities), さわやかな息を約束し (Freshens breath), 汚れの膜を除去する (Even cleans stained film) という "triple protection" をうたう. 白と緑の2色のタイプもある.

**Aqua-Lung** アクアラング

米国 Aqua Lung America 製の, 水中呼吸器などのダイビング用品. 同社は同種商品の草分け的存在で, Aqua-Lung は一般語扱いされるまでになった.

**Aqua Net** アクアネット

米国 Lornamead Inc. 製のヘアスプレー.

**Aquaphor** アクアフォー

米国 Beiersdorf, Inc. 製のスキンケア用軟膏.

**Aquascutum** アクアスキュータム

英国 London の Regent St. にある紳士服店 Aquascutum Ltd の略・通称, そのブランド. 世界で最初にウール製のレインコート地に防水加工をする方法を考案した John Emary が, 1851 年にその特許を取得. 社長の Ernest George Commin は, ラテン語の水 (aqua) と盾 (scutum) を合わせて防水ウール地の商品名とし, 1895 年に商標登録. 皇太子時代の Edward 7 世が, 側近の一人が着ていた同社製のコートに惚れ込み, 1897 年より王室御用達としたことから, ヨーロッパの王族に広まったといわれる. 1905 年には George 5 世の防水コートの御用達商と認定された. 同社はその後, ラグランの原型を生み出し, また初めてトレンチコートを作り, 婦人用のレインコートも手がけるようになった. 輸出の功績によって Queen's Award を受賞. ★ 映画 Casa Blanca (1943 年) で, Humphrey Bogart が着ているトレンチコートも同社製.

**Aquastat** アクアスタット

米国製の, ボイラーや炉によって温められる水の, 湯温自動調節装置の商標.

**Aqua Velva** アクアヴェルヴァ[ベルバ]

米国 Combe Inc. 製の安価な男性用化粧品. 特にアフターシェーブローションがポピュラーで, 通例 Aqua Velva というとこれを指す. 発売は 1918 年. "There's something about an Aqua Velva man" (アクアヴェルヴァをつけた男は何かが違う), 最近は "Men get it." のキャッチフレーズで, 男らしさを強調すると宣伝をしている.

**Arabella Pollen** アラベラポーレン[ポーレン]

英国のデザイナー Arabella Pollen (1961- ) のデザインした衣料品. 彼女は Diana 元皇太子妃の服のデザイナーの一人としても知られる (年齢も同妃と同じ). 19 歳でデビューし, 一躍スターダムにのし上がった.

**Arabia** アラビア

フィンランド唯一の製陶所で, 北欧最大の窯, そのブランド. 陶磁器の他に, ほうろう製鍋・やかんなどを製造. 1874 年にスウェーデンの Rörstrand 商会の子会社として設立. Arabia は, 社の所在地である Helsinki 郊外の地名. 1900 年パリ万国博でゴールドメダル. 1945 年に Kaj Frank がデザインを手がけるようになってから発展した.

**Araldite** アラルダイト

エポキシ樹脂. 2 液性の強力な接着剤・絶縁剤として用いられる. 1930 年

代に英国 Aero Research Ltd. が開発．同社は ARL として知られ，製品名はこれに由来するもよう．

**Aramis**　アラミス
米国 Estée Lauder, Inc. (1947 年創業) 製の男性化粧品(コロン・ヘアケア・ボディーケア・シェーブ・スキンケア用品・石鹸など)．1963 年より発売．皮革に似た香り．1970 年には Aramis 900 (無香料)，1977 年には Aramis Devin, 1985 年に Aramis Tuscany, 1986 年に Aramis Lab Series (無香料) という製品群を発売．育毛剤 Nutriplex は，1987 年に発売されヒット商品となった．Aramis とは Alexandre Dumas (1802-70) の「三銃士」(*Les Trois Mousquetaires*) に登場する主人公の一人．⇨ Estée Lauder.

**Ararat**　アララット
Armenia 共和国産のブランデー．3つ星が3年以上熟成，5つ星が5年以上．

**Arborite**　アーボライト
もともとは英国製の積層プラスチック (high-pressure laminate)，そのメーカー．台所の調理台や浴室で使われる．ラテン語の arbor (木)からの造語で，恐らく断面が年輪に似ているところから．強化合成樹脂の Formica に似ている．

**Arby's**　アービー(ズ)
米国 Arby's Restaurant Group, Inc. の略・通称，同社系列のサンドイッチ・ハンバーガーなどを売るファーストフードチェーン店．1964 年創業．カウボーイハットの看板が目印．名物「ローストビーフバーガー」は，注文を受けるとお客の前で大きな肉塊をナイフで切ってパンにはさむ．名前は創業者 Forrest and Leroy Raffel 兄弟 (Raffel Brothers) の頭文字の発音つづりから．"I'm thinking Arby's" が最近のスローガン．

**Archibald**　アーチボールド
英国の家具店．厳密には James L Archibald & Sons Ltd (1901 年創業)．家具・室内装飾品の総合メーカーとして，オフィスから教会・宮殿までに納品している．1956 年に英国女王より家具師と室内装飾業者としての御用達許可証を授与された．

**Arc'teryx**　アークテリクス
1989 年カナダで創業したアウトドアファッション・アウトドア用品・スポーツ用品のメーカーおよびそのブランド．Arc'teryx の名前は archaeopteryx (始祖鳥)に由来する．

**Arctic**　アークティック
米国製の雪かき用シャベル・氷落とし (ice scraper)・除雪具 (snow pusher) など．

**Arctic**　アークティック
米国 Rota Moulding 製のアイスボックス．

**Ardath**　アーダス
英国の Ardath Tobacco Co Ltd 製の紙巻きたばこ．★1941 年に英国空軍は，占領下のオランダに，Wilhemina 女王の誕生日を記念して，パラシュートで Ardath の小包みをいくつも投下した．⇨555 (Three Fives).

**Ardente**　アーデンテ
英国製の補聴器，そのメーカー．1919 年に Dent という一家が，ヨーロッパ大陸から輸入した補聴器を売る店 R. H. Dent for Deaf Ears として創業．その後，自社生産を始め，1938 年に社名を Ardente と簡素化．当時の補聴器やバッテリーは貴重なアンティーク．同社は警報装置も生産していた．

**Arflex**　アルフレックス
イタリアの家具メーカー (Arflex International S. p. A.)，そのブランド．建築家の Marco Zanuso らのデザインした現代的なデザインと新しい素材の家具を製造．ロゴは全て小文字．イタリア語 arredamenti (家具)＋英語 flexibility (柔軟性)の混交語から命名．

**Argo**　アーゴ
米国製のコーンスターチ (cornstarch)．1892 年に販売開始．コーンスターチのもう一方の雄は Kingsford's のブランドである．ロゴ

はすべて大文字．命名は不明．

**Argus**　アーガス
米国製の35ミリカメラ．1936年から．Fortune誌が激賞した(1945年)．ロゴは全て小文字．同ブランドでスライドプロジェクターも発売していた．現在は各種のデジタルカメラやデジタルビデオカメラを製造．

**Argyll**　アーガイル
スコットランド高地地方産のウイスキー．Tamma Vulin-Glenlivet Distillery蒸留の12年・15年熟成のものと，Tullibardine Distillery蒸留の17年熟成のものの計3種のモルトウイスキーがあり，ほかにブレンドもの2種もある．12年熟成品はQE2として豪華客船Queen Elizabeth 2世号の船内専用ウイスキーとされた．17年熟成品は蒸留のポットスチルを形取った陶製容器入り．

**Argyll**　アーガイル
米国Uniroyal, Inc.製の労働用安全ブーツ．

**Argyrol S.S.**　アージロールS.S.
米国製の目薬．炎症を起こした目の粘膜の防腐治療[消毒]用．銀と蛋白質の化合物（silver protein）で，ギリシャ語のárgyros（銀）からの造語．

**Arianespace**　アリアンスペース
欧州宇宙機関(ESA)が1980年米国の宇宙連絡船Space Shuttleに対抗して開発した衛星打上げ用3段式ロケットArianeを活用して衛星打上げ請負業を営む会社．Ariane 5, Soyuz, Vegaを打ち上げる．

**Aricept**　アリセプト
米国EisaiとPfizer US Pharmaceutical Group製処方薬．初期のアルツハイマー病（Alzheimer's disease）の症状を緩和する薬．米国ではすでに625,000人以上の患者がこの薬を使った治療を開始しているという．錠剤(tablet)．

**Ari D. Norman**　アリD. ノーマン
英国人のデザイナーAri D. Normanのデザインした，いぶし銀製の卓上食器類・ギフト・時計・宝石類など，とその会社Ari D. Norman London. 1974年創業．1989年Queen's Award for Export Achievementを授与された．

**Ariel**　アリエール
米国Procter & Gamble*製の洗濯用合成洗剤．2010年Web上でGeorge W. BushをAdolf Hitlerと比べてこの洗剤で"stains"を洗い落としてまともな人物にする風刺広告（ブラジルの広告会社Ponto de Criação製作）を放映して物議を醸した．

**Aris Isotoner (Gloves)**　アリスアイソトナー(グラヴズ)
米国の手袋専門メーカー，そのブランド．手袋の生産量では世界一．スリッパ・帽子・スカーフなども．O. J. Simpsonがこの手袋をはめて別れた妻とその友人を殺害したことでも知られている．

**Aristoc**　アリストック
英国製の女性用ストッキング，そのメーカー．1924年に前身のストッキング会社社長A. E. Allenに，仕事仲間がこの名を提案し，Allenは当日午後に商標登録手続きをしたという．

**Aristocrat**　アリストクラット
米国のCalifornia Wine Association製のブランデー．

**Aristocrat**　アリストクラット
米国のHeaven Hill Distillers, Inc.製のブランデー・ウォッカ・ジン．

**Arizona**　アリゾナ
米国の飲料メーカーThe Arizona Beverage Co.の略・通称．同社は紅茶飲料，アイスティー，グリーンティー，ジュース，スタミナドリンク(AZ Energy; Arizona Energy; Arizona Rescue Water)などが主力商品．

**ArmaLite**　アーマライト
米国の銃器メーカーArmaLite, Inc.の略・通称，その商標．現用の米軍ライフルM-16を設計．

**Arm & Hammer**　アームアンドハンマー
世界最大の重曹メーカーである米国の

Church & Dwight Co., Inc. の Arm & Hammer Div. 製の重曹 (baking soda) や洗濯用洗剤. 同社は 1867 年に James A. Church が, 父親が 1846 年以来義理の弟 John Dwight と一緒にやっていた重曹会社と, 自分が経営していた香辛料や辛子のメーカー Vulcan Spice Mills を合併して創業. その重曹会社のマークは牛で, Arm & Hammer のカナダ市場では引き続き用いられた(商品名は Cow Brand Baking Soda). Arm & Hammer の名は, Vulcan 社の工場の看板の図柄であったローマ神話の火と鍛冶の神 Vulcan の象徴たる「腕に槌」に由来し, 今もこの看板をデザインしたパッケージに入れられて売られている.

**Armani**　アルマーニ
⇨ Giorgio Armani.

**Armco**　アームコ
米国の鉄鋼・特殊金属メーカー (現在は Armco Holding Corp.), 同社製の自動車レースのサーキットのコーナーなどに立てる金属製安全障壁. 同社は 1917 年創業.

**Armitron**　アーミトロン
米国の Armitron Corp. の略・通称, 同社製の腕時計. 若者向けに Looney Tunes, Hot Wheels, Barbie, Betty Boop, Batman などのキャラクター物もある.

**Armonia**　アルモニア
イタリアの水着・リゾートウェア・ランジェリーのメーカー, そのブランド. 1944 年に Como 湖畔で創業. ランジェリーの素材は絹.

**Armor All**　アーマオール
米国製の, 自動車用のプロテクタント (protectant)(保護・つや出し・表面活性剤スプレー). タイヤ・バンパー・ダッシュボードなどのゴム・ビニール・皮革製の部品に吹き付けて退色や劣化を防止する. 1972 年市場化.

**Armour**　アーマー
米国 Armour-Eckrich Meats LLC のミートボール・ホットドッグ・ペパロニのブランド. もとは 1877 年 Philip Danforth Armour が興した Armour Meat Packing Co. の製品のブランド.

**Armour-Eckrich**　アーマーエクリッチ
米国の食肉加工品を提供する Armour-Eckrich LLC の略・通称. 南北戦争時代に遡る歴史を持つ 2 大ブランドが Armour (1877 年 Philip Danforth Armour が創業) と Eckrich (Peter Eckrich が 1894 年創業) であった. イタリア風味付けの Margherita や Mayrose, ドイツ風味付けの Schickhaus もある. ⇨ LunchMakers; Healthy Ones

**Armour Star**　アーマースター
米国製の食肉加工食品・食肉入り缶詰め(チリ料理缶詰めなど). 1867 年 Philip Danforth Armour (1832–1901) が創立した精肉会社が出発点.

**Armstrong**　アームストロング
米国の楽器メーカー W. T. Armstrong Co. の略・通称, 同社製のオーボエ・フルート・サクソフォーンなど. アマチュア向け量産品.

**Armstrong**　アームストロング
米国の Armstrong World Industries, Inc. の略・通称, 同社製の床材. Thomas M. Armstrong が 24 歳の時の 1860 年に, Pittsburg のガラス工場の出荷係の副業とするために, 貯金の 300 ドルをびん用のコルク栓を切り出す器具に投資したのが同社の起源で, 会社設立は 1891 年. 1908 年に, ビンの栓のコルクを切り出すときに出るコルクくずを利用して, コルク材で裏打ちしたリノリウムの床材 Linoleum Carpet を作って, ヒット商品とし, 床材メーカーとなった. 今日ではシートやタイルの弾性床材・音響効果[防音]天井や防火天井などの天井材・カーペット類・家具その他家庭用品全般を手がけ, 住宅用内装材の大手メーカーとなっている.

**Army Gear**　アーミーギア
米国の Lewis Galoob Toys, Inc. が

# Arnel

1988年に製造した15種類の戦争ものおもちゃ.

**Arnel** アーネル
米国 Celanese Corp. 製のトリアセテート (triacetate). しわ・縮みに強い合成繊維. シャツ・スーツ・その他の衣料品の素材. 1986年製造中止.

**Arnold** アーノルド
米国製の食パン. 個性的な味でファンを引きつけている. 1940年小麦粉アレルギーに苦しむ Dean Arnold が妻の Betty と工夫したレシピと技術を基に製パン工場を始めた.

**Arnold Palmer** アーノルドパーマー
米国製のゴルフ用品. プロゴルファー Arnold Palmer 関連の用品.

**Arnold Wiggins** アーノルドウィギンズ
英国の注文製作の額縁のメーカー. 時代物の額縁も販売. 世界中の主要美術館に納入しているという. 英王室御用達.

**Arnys** アルニス
フランスのパリにあるブティック, そのオリジナル商品(スーツ・ネクタイ・革製バッグ・ビジネスケース・靴など)のブランド. 1933年に Jankel Grimbert がメンズファッションと馬具の店として創業.

**Arp** アープ
米国製のシンセサイザー. ARP とも書く. 1981年倒産.

**Arrack** アラック
⇒ Batavia Arrack.

**Arrid** アーリッド
米国製の制汗・脱臭用製品. スプレーやロールオン, クリームタイプなどがある. "Get a Little Closer" がスローガン. 1930年わきの下の臭いを抑えるために製造されたのが始まり.

**Arrow** アロー
米国 Cluett, Peabody & Co., Inc. 製のワイシャツ. 1820年代に New York 州の Troy で, 元牧師で雑貨商の Ebenezer Brown が The Cluett Co. として創業. 当時は取り外し式のカラーを製造する会社だった. 取り外し式(detachable)のカラーは, 1820年に同地の鍛冶屋の妻 Orlando Montague 夫人が, 潔癖性の夫のワイシャツをしょっちゅう手洗いするのにいや気がさして, 半ばやけ気味に考案したもので, この工夫はすぐに Troy の主婦たちの間に広まった. Cluett 社の広告モデルは The Arrow Collar Man と呼ばれた. 1928年には, 同社の副社長であった Sanford Cluett が Sanforized* を考案し, 洗うとしわがよる[縮む]というそれまでのワイシャツの問題点を克服した. 同ブランドでスポーツウェアなども市場化している.

**Arrow** アロー
米国の Arrow Fastener Co., Inc. の略・通称, 同社製の手動・電動式鋲打ち器 (tacker)・リベット締め機 (rivet tool)・グルーガン (glue gun) など. 1929年創業.

**Arrow** アロー
米国 Heublein, Inc. 製の各種リキュール (cordial, creme)・香味ブランデー[ウォッカ・ジン]. ⇒ Heublein.

**Arrow** アロー
米国の Arrow Safety Device Co., Inc. の略・通称, 同社製の自転車用ライト・信号灯・ミラー.

**Arrow** アロー
米国製の原動機付き自転車[モペッド].

**Arrow** アロー
米国 Fleetwood Enterprises, Inc. 製の豪華なモーターホーム (motor home). ブランド名 Pace Arrow が通例.

**ArthriCare** アースリケア
米国製の関節炎 (arthritis) 用の局所用鎮痛薬. クリーム, ローションなどがある.

**Arthur Brett** アーサーブレット
英国製の高級家具, そのメーカー Arthur Brett & Sons Ltd 同社は John Brett が1815年に創業, 孫の Arthur Brett の時代に発展. デザインは今で

も初代の時代のものを踏襲し,受注・生産方式で標準ものは4か月.

**Arthur Price (of England)** アーサープライス(オブイングランド)
英国の銀製品メーカー,そのブランド. 1902年にArthur Priceが創業. 洗練されたデザインで機能性にすぐれ,銀食器を中心に製造. 手作りの工程が多い. 30年保証. 英王室御用達. 英国航空のファーストクラスや各国の英国大使館でも使用されている.

**Arutuna** アルツーナ, アルトゥーナ
⇨ Agnona.

**Ascona** アスコナ
ドイツ Adam Opel A G 製の小型乗用車. スイスマッジョーレ(Maggiore)湖畔,ロカルノ(Locarno)に近いリゾート地の名から. ⇨ Opel.

**Ascot** アスコット
英国製のガス湯沸かし器. 当初の会社はドイツ人 Bernard Friedman 博士が,ドイツの Junkers 社製の湯沸かし器を販売する代理店として London で設立したのが始まり. ★Ascot は Berkshire の地名で,競馬(Royal Ascot)は,社交界の一大行事.

**Ascriptin** アスクリプチン
米国の Novartis Pharmaceuticals Corp. 製の解熱薬・鎮痛薬・抗炎症薬.

**Ashbys** アシュビーズ
英国製の香茶(紅茶に花や果実の香りをつけたもの). James Ashby が 1850 年 Ashbys Tea firm を設立したのが起源.

**Ashley** アシュレイ
⇨ Laura Ashley.

**Ashley's** アシュレイ(ズ)
米国の Ashley's Division (Bruce Foods Corp. 傘下)の略・通称,同社製のメキシコ料理とそのソースなどの缶詰め・タコス(taco)用のシェル(皮)・トルティーヤチップスなど.

**Askit** アスキット
英国 Roche Consumer Health 製の鎮痛剤粉末. 英国 Glasgow の夫婦経営の薬局 Laidlaw's Pharmacy が,商品名を付けずに売っていたが,1919年に客の少女二人が "You ask it." "No, you ask it." と小声で論争していたところから Askit と命名された.

**Aspercreme** アスパークリーム
米国 Chattem, Inc. 製の筋肉・関節・その他の痛み止めのクリーム. ローションの Aspercreme Rub もある.

**Aspirin** アスピリン
ドイツ Bayer A G が商標権を所有するアセチルサリチル酸(acetylsalicylic acid; ASA)製剤. 鎮痛・解熱・消炎剤・血小板凝固抑制剤として使用されている. 1853年に,フランスでドイツ系の科学者 Charles Friedrich von Gerhardt が最初に合成. Bayer A G に勤めていた化学者で,父親の慢性関節リューマチの痛みを和らげる薬を調べ上げていた Felix Hoffmann が,Gerhardt の薬を見出し,1899年に同社が医療用に提供. Aspirin の名は,製品化を推進した Heinrich Dresser 博士が付けたもので,ドイツ語の Acetyl の a と,当初の原料のシモツケソウ *Spiräea ulmaria* の spir に,薬品的接尾辞 '-in' をつけたもの. 発売当時は散薬で,錠剤は1915年より市場化. 1921年に裁判の判決で一般語扱いされることになり,小文字でも書かれるようになった. ⇨ Sterling Drug.

**Asprey** アスプレイ
London の New Bond St. にある宝飾アクセサリーの老舗(Asprey & Co. plc),そのブランド. 1781年に細工物師 William Asprey が,更紗の捺染や,旅行用化粧品ケース・衣裳箱の製造の工房として創業. 1862年に Victoria 女王に宝石商として勅許を受けて以来,英王室御用達となっている. Ascot 競馬の女王杯も同社製.

**Aspro** アスプロ
英国の鎮痛剤. 開発されたのはオーストラリアで,1914年に第一次大戦勃発のため,ドイツ Bayer 製の Aspirin* が輸入されなくなった際,化学者 George Nicholas が翌年に Aspirin と

# Aston Martin

して売り出したが,「敵国」ドイツの製品と見なされ売れ行きが良くなかったため, 1917 年に Nicholas Product の中間の文字をとった名称に変更 (Aspirin の Asp と r に o を加えただけとも考えられる). ★ インドネシアでは Naspro の名で販売されている.

**Aston Martin**　アストンマーチン
英国の乗用車メーカー Aston Martin Lagonda Ltd の略・通称, 同社製の高級パーソナルカー. 注文生産で手作りの工程が多い. 1921 年より製造. Buckinghamshire の Aylesbury 近くの Aston Clinton 丘陵でのレースで再三優勝したカーレーサー Lionel Martin が創業. Lagonda*, V8 Vantage, DBS などの車種がある. ★ Aston Martin DB6 は Charles 皇太子の愛車で, Queen Elizabeth から 21 歳の誕生祝にもらった. 2011 年 4 月 29 日には, 結婚した William 王子がハンドルを握って青いオープンカーに Catherine 妃を乗せてバッキンガム宮殿から現れ, 沿道の観衆から大歓声が上がった. 車の前部には, 弟の Henry 王子が仕掛けたユーモアだという, 新婚カップルを表す L (初心者) マークを付け, 後ろには "JUST WED (結婚したばかり)" のナンバープレートが付けられていた. ★ 007 映画 *Goldfinger* では, Aston Martin の改造車 (DB5 と称する) が活躍し話題となった (Ian Fleming の原作では DB-35).

**Astorloid**　アスターロイド
米国製のドレッサー用具 (手鏡・ブラシ・くしなど)・鏡・宝石箱など.

**Astounding (Science Fiction)**　アスタウンディング (サイエンスフィクション)
米国の SF 専門月刊誌. 1930 年創刊. SF 史に残る作家を次々と世に送り出した. 1960 年に *Analog* と改称.

**Astra Firecat**　アストラファイアキャット
スペインの銃器メーカー Astra-Unceta y Cia. (1908 年 Unceta y Esperanza として創業) 製のセミ・オートマチック式の拳銃 model 200 のこと. 1920 年に製造が開始され, 米国では Firecat の名で販売されていたが, 1968 年の銃規制法 (Gun Control Act) によって米国への輸入が中止された. ヨーロッパでの製造と販売は継続している.

**Astra (Van)**　アストラ (バン [ヴァン])
英国 Vauxhall Motors Ltd 製のバン (車).

**Astronaut's Knife**　アストロノーツナイフ, 宇宙飛行士用ナイフ
米国の W. R. Case & Sons Cutlery Co. (American Brands, Inc. 系列) 製のサバイバルナイフ. 1966 年に Apollo 計画のおりに NASA が同社に発注し, 飛行士が不時着時に備えて宇宙船内に持ち込んだのと同一のものを市場化した製品. 峰側がのこぎりになっている. 当時 75 ドルで 2494 本作られた伝説のナイフ. ⇨ CaseXX.

**Astroseat**　アストロシート
米国製の, チャイルドシート. 姉妹品 Astrorider と共に現在はない.

**Astro Turf**　アストロターフ
米国製の人工芝 (artificial turf, synthetic turf). ときには人工芝一般のことを指して使われる. 製品第 1 号は 1964 年 Moses Brown School (Providence, RI) に設置された.

**A. Sulka**　A. サルカ
かつて米国 New York 市 5 番街に本店があった紳士用ワイシャツとネクタイの専門店, その系列店, そのブランド. A. Sulka が 1895 年に創業. The Duke of Windsor, Winston Churchill, Henry Ford, Clark Gable などが顧客であった. 2002 年に最後の系列店を閉店した.

**At-a-Glance**　アタグランス
米国 MWV (MeadWestvaco) 製のスケジュール手帳・カレンダーなど.

**AT & T**　ATT, 米国電話電信会社
米国最大手の電話会社で旧社名の

American Telephone & Telegraph Co. (1885年創業)の略・通称. 国際通信サービス・インターネット接続サービス・通信機器の製造・リースなど.
★ 同社のテレビCMの中の "When a faraway voice sounds as you feel, that's AT & T." "Reach Out and Touch Someone" は1979年から同社のCMに用いられ日常言語に深く浸透した. ⇒ Bell System.

### Atari　アタリ
米国のAtari Corp.の略・通称, 同社製のテレビゲーム・ゲーム用および一般用のパソコン. 1971年に, Uta大学で電子工学を学んで卒業したばかりの若い技術者Nolan Bushnellが, 世界で初めてのビデオコンピューターゲームPongを開発したのが起源で, 翌年に硬貨を入れると動くゲームとして発売し, 成功したので, Atari, Inc.を設立した. 日本語の「当たり」からの命名で, 同社のマークは富士山を形取ったもの.

### Atco　アトコ
英国製の電動芝刈機 (electric cylinder mower), そのメーカー. 1921年より前身のCharles H. Pugh Ltdが製造. 短くて受けのよさそうな商品名を捜し, 系列会社の自転車チェーンメーカー Atlas Chain Coの名を短縮して命名. The Balmoral, The Club, The Royale, The Windsorなどのブランドのほかに, シリンダー QX System (<Quick Exchangeから)がある.

### Atcost　アトコスト
英国Atcost Buildings Ltdの略・通称, 同社製のコンクリートビルディング. 1948年から使用された名で, 同社の建物が「原価で」(at cost)建てられることを示して命名されたものと推定されるが真偽不明.

### A. Testoni　アテストーニ, テストーニ
イタリアのボローニャ (Bologna) にある靴メーカー, そのブランド. なめし革職人の家系に生まれたAmedio Testoniが, 1929年に小さな靴工房として創業. 独自の「ボロネーズ製法」による手縫いによる少量生産 (1日400足ほど) で高価. ロゴは全て小文字. 靴の上部にはtを型取ったワンポイントとしての金具がついている. 革製バッグ・革小物・トランク・ベルト・ネクタイ・スカーフなども手がけている. ライセンス生産は一切認めていない.

### Athlete's Foot　アスリーツフット (The ～)
米国のThe Athlete's Footの略・通称, 同社製の, ジョギング用などのスポーツシューズ, その店. 1971年創業. "Athlete, Everyday." がロゴ. トレードマークは赤色の足に黄色い翼を付けたもの. ★ athlete's footは, 文字通りの意味は「陸上競技選手の足」だが, 「水虫」の意でもある.

### Atkins　アトキンス
米国Atkins Nutritionals, Inc.製のダイエット食品, 飲料, サプリメントなど. "Atkins® can help™" とうたう.

### Atkinsons　アトキンソン(ズ)
英国のネクタイメーカー Richard Atkinson & Co Ltdの略・通称, そのブランド. 1820年アイルランドのダブリンで創業. 縦糸に絹, 横糸に純毛のウーステッドを使用したアイリッシュポプリン ("Royal Irish Poplin") が素材のレジメンタルタイが有名だが, シルク・ウール・ポリエステルのネクタイも手がけている. 全工程が手作業.
★ Victoria女王は少女時代に同社製のアイリッシュポプリンの衣服を愛用し, 御用達に指名された.

### Atlantic Monthly　アトランティックマンスリー (The ～)
米国のThe Atlantic Media Co.刊の月刊総合誌. リベラルな政治評論と文芸作品が中心. 1857年創刊.

### Atlantic Records　アトランティックレコーズ
米国のAtlantic Recording Corp. (Warner Music Group 傘下)の略・通称, 同社のレコード・CDのレーベル.

ジャンルはジャズやロックなど.

### Atlas　アトラス
米国 Global Protection Corp. 製のコンドーム. 潤滑剤付き. ★ Atlas はギリシャ神話に登場する巨人神であるが, 米国のポピュラーな ICBM (大陸間弾道弾)の名でもあり, これとの形状的類似性からの命名とも思われる.

### At·Last　アトラスト
米国 Amira Medical 製の糖尿病患者用の血糖モニター (blood glucose monitor). 前腕, 上腕, 大腿のいずれかの部分から採血して測定する. 従来の指先 (fingertips) から採血する方法に比べて痛みが少ない.

### Atmos　アトモス
スイス Jaeger-Le Coultre* 製の, 気温による水銀柱の変化を利用して永久に動く置き時計. Atmos clock ともいう.

### Atomic　アトミック
オーストリア Amer Sports Corp. 製のスキー板・ストック. 同ブランドでスポーツウェアやアクセサリーも製造.

### Atomic Fireball　アトミックファイヤーボール
米国 Ferrara Pan Candy Co. 製の, シナモン味の固くて丸い, 大きなキャンディー (jawbreaker). 1954 年 Nello Ferrara が売り出した. 2層になっていて中は白く, 外側は赤い.

### Atora　アトーラ
英国製の刻んだスエット (shredded suet). 19 世紀末当時は刻んだスエットを作るために南米から牛脂を輸入していたので, それを現地の業者が 'from a bull' の意のスペイン語 'a toro' と呼んでいた. Premier Foods のブランド.

### Atra　アトラ
安全かみそり・替え刃では業界トップである米国の The Gillette Co. 製の首振り式二枚刃かみそりとその替え刃. 1977 年より発売した. Kansas City Royals の人気三塁手の George Brett が広告キャンペーンに起用されたことでも有名. ばねの作用により刃のカートリッジが顔の曲面に従って動く 'pivoting head' が特徴. Atra は, 'automatic tracking razor action' の頭文字であると宣伝されたが, 実は 1971 年以前にも同名のかみそりがあり, それがオーストラリアで消費者テストが行われたことから 'Australian test razor' の頭文字を取って命名されており, それを再使用したもの. ⇨ Gillette.

### Attends　アテンズ
米国 Procter & Gamble* 製の使い捨て失禁用パンツ (disposable incontinent briefs). Attends Briefs ともいう. 1978 年発売.

### Attwood　アットウッド
1957 年創業の英国最大級の宝飾品メーカー Attwood & Sawyer Ltd の略・通称, 同社製の the Attwood Collection の略. Swarovski* 製の素材を用いた宝飾品も評価が高い.

### Aubade　オーバド, オウバード
フランスの女性用下着メーカー, そのブランド. 1875 年に医療用コルセットメーカーとして創業. 1921 年よりランジェリーを市場化.

### Auburn　オーバーン
米国の乗用車メーカー Auburn Automobile Co. の略・通称, その製品. 1935 年に Cord 810, 1937 年にその速度性能向上型の Cord 812 を市場化. 1937 年に倒産. Cord は社長の E. L. Cord の姓から.

### Auchentoushan　オーヘントッシャン
スコットランド低地地方 Auchentoushan Distillery (1823 年創業) の略・通称, シングルモルトウイスキー. ゲール語で「野原の片隅」の意.

### Audemars Piguet　オーデマピゲ
スイスの時計メーカー, 同社製の宝飾腕時計・懐中時計・スケルトンウォッチなどのブランド. 同社は二人の時計工芸師 Jules Audemars と Edward Piguet が 1875 年に創業. 1889 年よ

り製造され続けている超複雑懐中時計 Grand Complication も有名. スケルトンウォッチは 1934 年より発売. トレードマークは AP.

## Audi　アウディ
ドイツの乗用車メーカー Audi AG の略・通称, 同社製の乗用車. 同社の前身は, 1909 年に August Horch 博士が創業. 博士の姓は hear (聞く) の意のドイツ語と同じスペルなので, そのラテン語訳である Audi を社名とした. 現在の社名は 1985 年から.

## Augarten　アウガルテン
オーストリアの磁器窯, そのブランド. 1717 年開窯. 1864 年に閉鎖されたが, 1924 年再開.

## Augier　オージェ
フランス Augier Frères & Co. の略・通称, 同社製のコニャック. 同社は Louis 14 世の即位した 1643 年に Philippe Augier が創業, コニャックメーカーとしては最古の歴史を持つ.

## Augusta　オーガスタ
米国製のスポーツウェアなどのメーカー, そのブランド.

## Aujard　オジャール
⇨ Christian Aujard.

## Aunt Jemima　アーントジャマイマ
米国の The Quaker Oats Co. 製の, パンケーキミックス ("Aunt Jemima Buttermilk Complete"), および焼き上がったパンケーキにかけるシロップ, 冷凍朝食製品, またそのシンボルとなっている黒人の婦人. パンケーキミックスは, 1889 年に Missouri 州 Saint Joseph で地方新聞の記者をしていた Christopher L. Rutt と, 製粉業者の Charles Underwood らが, 強力小麦粉・とうもろこし粉・リン酸石灰・重曹・塩を配合して開発した. 当初は商品には名前がなかったが, 翌年同地にやってきた Baker and Farrell というボードビリアンの 2 人組のケーキウォーク(cakewalk; ケーキを賞品として優美で独創性のある歩きぶりを競う黒人のダンス競技)のヒット曲のタイトルをとって商品名とし, パッケージにはその 2 人組の公演を宣伝するポスターに描かれた (Baker がその扮装をして踊っていた) 南部の黒人の女性料理人の顔の絵を利用した. しかし売り出し資金の調達難から, Rutt は新聞社に戻り, Underwood は製粉会社 R. T. Davis Mill and Manufacture Co. に務めることとなり, 同製品に興味をもった同社社長 R. T. Davis が, Rutt と Underwood の会社を吸収し, 製品の改良を行なった. 同社は 1893 年に Chicago で開かれた博覧会 Columbian Exposition で, 黒人女性のプロのコック Nancy Green を「ジャマイマおばさん」に仕立て, パンケーキの実演・試食会を盛大に行ない(焼いた数は 100 万枚), 同製品は一躍脚光を浴びることとなった. 以後 30 年間, 1923 年に 89 歳で交通事故で他界するまで, 彼女は「ジャマイマおばさん」として全米を回り, 販売促進活動を行なった. 1920 年代後半に応募の結果選ばれた体重 350 ポンド (約 159 キロ) の Anna Robinson も, 1951 年に亡くなるまで同じ仕事を行なった. シロップは 1964 年発売. 低カロリーのシロップ Aunt Jemima Lite もある. 他に 1960 年代以降, トースターで焼けばすぐ食べられる冷凍ワッフルや冷凍とうもろこしスティックなどの冷凍食品も, 同ブランドで発売している. また 1960 年代には「ジャマイマおばさん」の絵を掲げたファーストフードチェーン店 Aunt Jemima's Kitchen も作られ, ウェイトレスが「ジャマイマおばさん」に似たユニフォームを着ていた. ☆ Aunt Jemima は, 俗語で「白人に迎合する黒人女性」を指して用いられる. 2004 年 Madison の WTDY-AM ラジオ放送局のディレクター・パーソナリティーの John Sylvester が当時の Condoleezza Rice 国務長官を "Aunt Jemima" と呼んで物議を醸した.

## Aureomycin

**Aureomycin** オーレオマイシン
米国製の抗生物質軟膏．ある種の細菌による伝染病やウイルス性疾患を防いだり鎮めたりする．土中の微生物から作られる．

**Aurora** アウロラ
1919年創業のイタリア Torino (Turin) の万年筆・ボールペンメーカー，そのブランド．社名は「黎明」の意味．2005年85周年万年筆 'Mother of Pearl' は1本180万円で，99本製造された．

**Aurora** オーロラ
米国の Tonka Corp. 製の1980年代終わりに売り出された超合金人形シリーズ．

**Aussie** オーシー
米国 Redmond Products, Inc. (Bristol-Myers Squibb Worldwide Beauty Care Group) 製のシャンプー，コンディショナーなどのヘアケア商品．コンディショナーの商品名に 3 Minute Miracle がある．"Aussie. Because everyone's a hair different." とうたう．同社は，1979年米国人 Tom Redmond が設立した．

**Austin** オースチン，オースティン
もとは英国の自動車メーカー The Austin Motor Co Ltd の略・通称，その製品．同社は1905年に，Wolseley* を辞めて独立した Herbert Austin が創業．1952年他社に統合された．1922年に登場した Austin 7 は，小型乗用車の古典的名作といわれ，その後の世界の同種車に著しい影響を与えた．同社は紆余曲折を経て，現在は Nanjing Automobile (Group) Corporation (南京汽車集団有限公司) が商標名を所有．⇨ Mini, Morris, British Leyland, Vanden Plas, BMW.

**Austin Reed** オースティンリード
英国 London にあるヨーロッパで最大の紳士用品店 (Austin Reed Ltd)，そのブランド．1900年に Fenchurch St. で，シャツとカラーの小さな店として創業，1906年に売り出したスティフカラーのヒットで急成長し，1911年に 'Summit Shirts' (現在のワイシャツの原型) の大ヒットにより Regent St. に進出．Winston Churchill, the Beatles も顧客であった．英国王室御用達．

**Autobianchi Y10** アウトビアンキ Y10
イタリアの乗用車メーカー Fiat* の Lancia* 部門が開発した小型乗用車．豪華な内装が特徴．1985年発売．Lancia Y10 とも呼ばれる．

**Autocue** オートキュー
英国 Autocue Group Ltd の略・通称，同社製の，テレビの出演者に記憶の助けなどの目的で原稿を見せる，TelePrompTer* に似た装置 (teleprompting/presentation systems).

**Autogiro** オートジャイロ
動力付きの前進用プロペラと揚力発生用の無動力ローターをもつ回転翼航空機．☆元来商標だが，一般化して小文字で用いられる．

**Autoharp** オートハープ
米国製の，ツィター (zither) に似た楽器．ボタン操作式のダンパーを押すと，音を出す弦以外の弦が押さえられ，音を出す弦をかき鳴らすと単純な和音が出る．

**Auto-Mat** オートマット
米国製の，自動販売機のように硬貨を入れると食品の入っている箱の扉があき，中のものを取り出せるようになっている機械，それを設置した24時間営業のカフェテリア (cafeteria; セルフサービス式食堂)．Automat ともつづる．ギリシャ語の autó-matos (self-moving) からの造語．ドイツ語 Automat も同じ．一時期流行して，New York市内だけでも十数か所あったが，最後の1店は1991年に閉店．⇨ Horn & Hardart.

**Avanti** アヴァンティ
米国製のスポーツカー．工業デザイナー Raymond Loewy がデザインを手がけたものもあった．

### Aveeno アヴィーノ
米国 Johnson & Johnson Consumer Cos., Inc. 製のおむつかぶれ (diaper rash) 用クリーム，ベビー用クレンザー，シャンプー，ローションなど．天然コロイド状のオートミルを柔軟化粧水とブレンドした．低アレルギー誘発性で，香料を含まないので敏感な肌でも炎症を起こさない．

### Avent アヴェント
米国 Avent America, Inc. の略・通称，また同社製の哺乳瓶 (feeding bottle) などの授乳用品．

### Avert アヴァート
米国の Kimberly-Clark Corp. 製の殺菌剤入りティッシュ (virucidal tissues).

### Avery エーヴリー，アヴェリー
米国製のシール・ラベル・誤字修正テープなど．

### Avia エイヴィア
英国製の腕時計．名称は同社の重役と開発に協力したスイスの会社(現存せず)の重役達によって 'conjured out of the air' (ふってわいた)適当な名として案出されたもの．

### Avia エイヴィア
米国の Avia Athletic Footwear (1981年創業)の略・通称，同社製のスポーツシューズ．ランニング用・エアロビクス用など．

### Aviance エイヴィエンス
米国 Prince Matchábelli* 製の香水．

### Aviator アビエーター，エイヴィエイター
米国 The United States Playing Card Co. 製のトランプ．同社は世界最大のトランプメーカー．1880年から製造．Bee, Tally Ho, Bicycle ブランドもある．⇒ Bicycle.

### Avis エイヴィス，エイビス
米国のレンタカー会社 Avis Rent-A-Car System, Inc. の略・通称・商標．ラテン語の鳥を意味する avis による命名と思われるが，"all vehicles instantly supplied" の頭文字とする説もある．1946年 Warren Avis がわずか3台の車で Willow Run Airport (Ypsilanti, Michigan) でスタート．米国では同業で1位の Hertz* に後発の Avis が挑戦し，"We're only No.2. We Try Harder." (2位ですからより一生懸命やります)と広告したため Hertz 側は「我々は何故1位か」という応戦広告を出し，広告合戦を展開した話は有名．

### Avoca アボカ，アヴォカ
アイルランドの Avoca Handweavers Ltd の略・通称，同社製の，手織りウール素材によるベッドクロス・クッション・ひざかけ・マフラーなど．同社は1723年に創業．

### Avon エイボン，エイヴォン
米国の化粧品メーカー Avon Products, Inc. の略・通称，同社製の化粧品．女性の販売員 Avon Lady による Avon calling と称する訪問販売 ('door to door' sales) で売られる．本の訪問販売をしていた David H. McCornnel が，主婦がドアを開いてくれるよう香水の小瓶を景品として差し出したところ成果が上がったので，その後「香水を訪問販売で売ったほうが利益になる」と考えて，New York で妻と2人の会社 California Perfume Co. を1886年に設立した．現在の社名は W. Shakespeare 生誕の地 Stratford upon Avon から採られ，1939(36?)年につけられた．Avon Lady の第1号は P.F.E. Albee という未亡人．男性用のみだしなみ用品(シェービングクリームなど)・石鹸・ベビーパウダー・美容サプリメント・下着・アクセサリーなども商品としている．

### Avon エイボン，エイヴォン
英国 Avon Rubber plc の略・通称，およびその製品の防毒マスク・ホーバークラフトスカート・搾乳器など．かつてのタイヤ製造ラインは他社に売却．前身の紡績工場が Avon 川沿いに建てられていたことに由来する名．

### Avon アボン，アヴォン
イタリアのニットウェアメーカー

## Avon (Books)

Avon Celli (1922年創業), そのブランド. Cary Grant, Jimmy Stewart, Kathrine Hepburn などが愛用した.

**Avon (Books)** エイヴォン(ブックス)
米国の Avon Books 刊行のペーパーバックシリーズ. 同社は HarperCollins の出版ブランドでロマンスものが主流.

**Avro** アブロ, アヴロ
英国 A. V. Roe & Co の略・通称, 同社製の航空機. 同社は 1910 年に, 英国人の航空機設計家で, 自作の飛行機で飛んだ最初の英国人である Alliott Verdon Roe (1877-1958) が設立. 同氏が飛行テストをするため Brooklands の競走路横の納屋を借り, その一番上の切り妻に, A. V. Roe の文字を書こうとしたところ, 最後の字が入らなかったため, 社名が Avro になったといういきさつがある. 第一次大戦時には複葉練習機 Avro 504 を設計・製造. A. V. Roe 社は第二次大戦では重爆撃機 Lancaster, 戦後は核を搭載する大型爆撃機 Vulcan を設計・製造. 1963 年に閉鎖. ★A. V. Roe の結婚相手は女医の Marie Carmichael Stopes (1880-1958) で, 彼女は英国の産児制限運動の先駆者.

**Axminster** アクスミンスター
英国 Axminster Carpets Ltd の略・通称, 同社製のカーペット. 1755 年に最初のカーペットを製造した.

**Aynsley** エインズレー
英国の陶磁器メーカー (Aynsley China Ltd), そのブランド. 同社は 1775 年に John Aynsley が創業. Victoria 女王が愛用し, Elizabeth 2 世女王は結婚式の引き出物にしたという.

**Ayr** エアー
米国 B. F. Ascher and Company, Inc. 製の生理食塩水の鼻腔洗浄液・キット.

**Aziza** アザイザ
米国製のメーキャップ用化粧品・マニキュアなど.

**Azzaro** アザロ
⇨ Loris Azzaro.

**Azzedine Alaïa** アゼディンアライア
フランスのデザイナー Azzedine Alaïa (1940- ) のデザインした婦人服. ボディーコンシャスな(身体のアウトラインがはっきり出る)デザインのものが得意.

# B

**Babe** ベイブ
　米国 Fabergé 製の女性用香水. 1977年発売, 1992年販売終了. 小説家 E. Hemingway の孫娘でモデル・女優の Margaux Hemingway が 1970年代スポークスモデルであった.

**Babette Wasserman** バベット・ワッサーマン
　英国のデザイナー Babette Wasserman がデザインしたジュエリー・カフスボタン. ソーサーを移動して左右のどちらでも表に出来て2種類のデザインを楽しむ Reversible Saucer Cufflinks は彼女のアイディア商品.

**Bab-O** バボ
　米国 Custom Solutions Inc. 製の漂白剤入り粉末クレンザー.

**Babycham** ベビーシャム
　英国 Constellation Europe Ltd 製のペリー (perry; 洋ナシ発酵酒). 1949年に Francis Showering が, 透明なナシ酒を開発し, baby chamois (シャモア(スイスレイヨウ)の赤ちゃん)に基づいて命名.

**Baby Magic** ベビーマジック
　米国 Naterra International, Inc. 製のベビー用シャンプー, オイル, ローションなどケア製品のブランド. "Trusted by Moms for Generations" とうたう. 1951年から.

**Baby Ruth** ベビールース
　Nestlé* 製の, ソフトキャラメルがけピーナッツをミルクチョコレートでくるんだバー. 初めは Kandy Kate と名付けられていた. 名称変更の理由として第22代および第24代大統領 Grover Cleveland の長女(当時の米国民のアイドルだった)の愛称 Ruth にちなんだもので, 有名なホームラン王の野球選手 Babe Ruth とは無関係という説もある.

**Bacardi** バカルディ
　ラム(酒). Don Facundo Bacardí Massó が, 1862年にキューバでラム酒蒸留工場を設立したのが起源. シンボルマークは金縁の赤丸地に黒と金で描かれたコウモリ.

**Baccarat** バカラ
　フランスの高級クリスタル製品. 1764年に Louis 15世の勅命により, 王立企業としてロレーヌ (Lorraine) 地方の Baccarat 村に創業.

**Bach** バック
　米国 Conn-Selmer, Inc. の Bach Stradivarius ブランドのトランペット・トロンボーン, それらのアクセサリーなど. オーストリア生まれで, 1915年に米国 Boston 交響楽団の首席トランペッターとなった Vincent Bach (1890-1976) が, 1916年に自分のためのマウスピース (mouthpiece) を New York 州の Selmer* の修理工場で作ったのが起源.

**Bachelors** バチュラーズ, バチェラーズ
　英国 Premier Foods 製のインスタントスープ・ヌードルなど.

**Backpacker** バックパッカー
　米国で刊行されているバックパッキング専門誌. 1973年創刊. 地図と豊富な写真で紹介するバックパックの体験記と, アウトドアライフ用品の新製品紹介・比較検討が中心.

**Bac-Os** バックオーズ
　米国 General Mills 製のサラダやスープのトッピング用のベーコン風味の粒. ロゴは Back~Os. 冠ブランドは Betty Crocker. "Bac~Os makes every bite better!" とうたう.

**Bactine** バクチン
　米国 Bayer HealthCare LLC 製の局所麻酔薬. 切り傷・擦り傷・火傷に

# Badedas

よる痛みや痒みを抑え, 細菌感染を予防するのに使われる市販薬. スプレーと液体がある.

**Badedas** バデダス
英国製のバス・シャワー用の浴用剤 (bath additive). the bath を意味するドイツ語の das Bad のつづりかえ, および製造会社があったドイツの地名 Baden にちなむ命名と思われる.

**Badger** バジャー, バッジャー
米国の Badger Air-Brush Co. の略・通称, 同社製のエアブラシ[吹き付け塗装器]・そのコンプレッサー・付属部品.

**Bagagerie** バガジェリー
フランスのカジュアルなバッグメーカー, そのブランド. 同社はもと旅行かばん専門店で, 1952年よりハンドバッグを手がけ始めた. 素材は山羊革が主. 正しくは La Bagagerie.

**Bagel Bites** ベーグルバイツ
米国 H.J. Heinz Co. 製のオーブンや電子レンジで作るピザベーグル. 1985年に Bob Mosher と Stan Garczynski が考案.

**Bahco** バーコ
スウェーデンの工具類メーカー B. A. Hjorth & Co. の略・通称, その製品. 同社は1889年に B. A. Hjorth が工具・技術店として創業, 1890年に世界で最初にモンキーレンチを作った. ⇒ Primus.

**Baileys** ベイリーズ
アイリッシュウイスキーとクリームを混合し, ココナツ・コーヒーその他の天然香料を隠し味としたアイルランド産のリキュール. 厳密には Baileys (Original) Irish Cream. R. A. Bailey が考案し, 1974年より発売.

**Bain de Soleil** バンドソレイユ
米国 Merck & Co., Inc. 製の日焼け用または日焼け止め用のボディローション・スプレー. "Welcom to a place more colorful." とうたう. Bain de Soleil とは "sun bathing" の意味のフランス語.

**Bakelite** ベークライト

米国の大手総合化学企業である Union Carbide Corp. 製の熱硬化性合成樹脂. もともとのメーカーは Bakelite Xylonite Laboratories. 1907-09年に, ベルギー系米国人科学者 Leo Henri Baekeland (1863-1944) が開発, 自分の名をとってドイツ語名 Bakelit とした. フェノールまたは他のフェノール体 (cresol など)と, ホルムアルデヒドとアンモニアを圧力を加えて縮合させたもの. 当初は電気工学分野で絶縁材として用いられたが, その後, 大衆向け商品の鋳型素材として, ビーズ・パイプ・傘の柄・万年筆の軸・電話機・ラジオの外箱・文房具・アクセサリーなどとされ, 初期の合成樹脂の代表的なものとなり, 特に1930年代から40年代に多用された. ☆ しばしば小文字で, 初期の類似の合成樹脂についても一般化して用いられた.

**Baker's** ベイカーズ
米国 Kraft* 製のチョコレート. James Baker 博士が, アイルランド移民のチョコレート製造業者 John Hannon に資金面などで協力して, 1765年より製造・販売.

**Baker's Joy** ベーカーズジョイ
米国 Alberto-Culver Co. 製の心臓にやさしい大豆油を含むベーキングスプレー (baking spray).

**Baldwin** ボールドウィン
米国最大手の鍵盤楽器メーカー Baldwin Piano Co. (1862年創業) の略・通称, 同社製のピアノ・オルガン・電子鍵盤楽器. 現在は Gibson Guitar Corp. の小会社となり, 2008年末に米国内でのピアノの生産を中止した.

**Balenciaga** バレンシアガ
スペインの Basque 地方で船長の息子として生まれたデザイナー Cristobal Balenciaga (1895-1972) が創業した衣料品・バッグ・革小物・靴・香水などのメーカー.

**Balestra** バレストラ
⇒ Renato Balestra.

**Bali** バリ

米国 Bali 製の女性用下着. 1980 年代には "Bras That Fit Your Shape, Not Your Size." とうたった. 2000 年代に入り, "Live Beautifully." とうたう.

**Ball**　ボール
米国の Ball Corp. の略・通称, 同社製の金属製・プラスチック製容器. 1880 年 New York 州 Buffalo の Ball 家の 5 人兄弟が創業.

**Ballantine Books**　バランタインブックス
米国 Ballantine Books (, Inc.) (Random House, Inc. の一部門)で刊行のペーパーバックシリーズ. Bantam Books* の創設者 Ian Ballantine が, 1952 年に独立して Ballantine Books, Inc. を創業.　トレードマークは背中合わせの B.

**Ballantine's**　バランタイン(ズ)
スコッチウイスキー. 1827 年 George Ballantine が創業.

**Ball Park**　ボールパーク
米国 Sara Lee Corp. 製ホットドッグのブランド. 1957 年大リーグ Detroit Tigers のオーナーの要望を受けて発売開始.

**Bally**　バリー
スイスのトータルファッションブランド, その店. 1851 年に靴下留めとズボン吊りの製造業者であった Carl Franz Bally (1821–1899) が靴メーカーとして創業.

**Balmain**　バルマン
⇨ Pierre Balmain.

**Balneol**　バルネオール
米国 Alaven Consumer Healthcare, Inc. 製の皮膚軟化薬・保護剤として使う市販薬. 肛門周辺や膣の外部を清潔にして痒みや不快感を抑えるためのクレンジングローション. "Soothing relief for 'down there'" とうたうが, "down there" (下のほう)は, 女性性器(ときに男性性器)を指す婉曲表現.

**Balsam-Wool**　バルサムウール
米国製の, 木の繊維を細かく刻んだものを板状に加工した断熱防音材.

**B. Altman**　B. アルトマン
米国 New York 市 5 番街にあった主に中高年の富裕階層向けの高級デパート. 厳密には B. Altman & Co. 1865 年 Benjamin Altman が創業. 1989 年 12 月 31 日に閉店.

**Balvenie**　バルヴェニー
スコットランド製のピュアモルトウイスキー. 1893 年から.

**Bamberger's**　バンバーガー(ズ)
米国 New Jersey 州 Newark などにあったデパート. 厳密には L. Bamberger & Co. New York 市に本社のある R. H. Macy & Co., Inc. に 1986 年に統合された. ⇨ Macy's.

**Ban**　バン
米国 Kao Brands Co. 製の制汗剤 (antiperspirant)・体臭抑制剤 (deodorant). "Don't Sweat the Small Stuff" とうたう.

**Banana Republic**　バナナリパブリック
米国のカジュアルファッションのチェーン店(Gap* 傘下). 1978 年に創業. 当初はサファリルック・登山ハンティング衣料専門店だった.

**Band-Aid**　バンドエイド
米国の Johnson & Johnson Consumer Cos., Inc. 製の救急ばん(滅菌ガーゼ付き救急ばんそうこう). 1920 年に同社の社員 Earle E. Dickson が, 新妻が台所仕事で傷を作った際の応急処置用として考案した.

**B & B Italia**　B アンド B イタリア
イタリアの現代的デザインの家具メーカー, そのブランド. 1966 年創業.

**B & M**　B アンド M
英国 B & M Frozen Foods Ltd の略・通称, 同社製の冷凍食品.

**B & W**　B アンド W
英国製のスピーカー. John Bowers と Peter Hayward が 1966 年に創業.

**Bang & Olufsen**　バングアンドオルフセン
デンマーク最大手のオーディオ製品メーカー, そのブランド. Peter Bang

(1900–1957) と Svend Olufsen (1897–1949) の 2 人の技師が, 1925 年にラジオ製造所として Olufsen の実家の屋根裏部屋で創業.

**Banks** バンクス
⇨ Jeffrey Banks.

**Banquet** バンケット
米国 ConAgra Foods, Inc. 製の冷凍食品など.

**Banquet Brown 'N Serve** バンケットブラウンアンドサーヴ
米国 ConAgra Foods, Inc. 製の冷凍食品, ソーセージやハムのパテ.

**Bantam Books** バンタムブックス
米国 Random House Publishing Group 刊行のペーパーバックシリーズ. 1945 年 12 月創刊. 先行の Pocket (Books)* が, カンガルーをトレードマークにしていたので, それに挑戦するため, けんかっ早い鳥であるチャボの雄をブランドにしたものと思われる. また創業者 Ian Ballantine がもと Penguin (Books)* の米国支店長(同支店は 1939 年設立)であったことも, 鳥を選んだ理由の一つと考えられる. ⇨ Ballantine Books.

**Baracuta** バラクータ
1937 年創業の, 英国の紳士用ジャンパー・レインコート・セーター・シャツ・ジャケット・スラックスのメーカー, そのブランド. 特に G9 という名の木綿ジャンパー(スイングトップ)が有名で, 1948 年にゴルフウェアとしてデザインされた. G は golf の頭文字. 1960 年代のテレビドラマの主人公 Rodney Harrington が着用していたため G9 Harrington Jacket とも呼ばれる.

**Barbancourt** ババンクール
サトウキビから造るハイチ産のラム酒. Rhum Barbancourt ともいう.

**Barbaresco** バルバレスコ
イタリア Barbaresco 村を中心に生産される保証付き原産地統制呼称赤ワイン (D.O.C.G.).

**Barbasol** バーバソル
米国 Perio, Inc. 製のシェービングクリーム. "Beard Buster" だとうたう. 1919 年発売. 1923 年には大リーガー Babe Ruth (1895–1948) が宣伝に起用された. ⇨ Pure Silk.

**Barbera** バルベラ
⇨ Luciano Barbera.

**Barbie** バービー
米国の Mattel, Inc. 製の人形. 1959 年より発売. Barbie は, 1948 年に Mattel 社を創業した Eliott Handler と妻の Ruth Handler の娘の名 Barbara からとられ Ruth Handler が考案した. 時代を反映して作られた (Barbie) Video Girl は, ネックレスの部分にカメラとマイクロフォンをはめ込み, 背部には映像を見ることができる画面がフードに隠れるように設置され, 撮った映像はパソコンに送り込むこともできる. しかし, FBI が小児性愛症者 (pedophile) がチャイルドポルノ作製に使用する恐れがあるとして 2010 年 12 月に警告を出した.

**Barbour** バーブア
英国 J. Barbour & Sons Ltd 製の狩猟・釣用バッグ類・防水服類・オートバイ用ウェアなど.

**Bar-B-Q Paint** バーベキューペイント
米国 Forest Paint Co. 製のバーベキューグリルのさび・すす止めのスプレー.

**Barcalounger** バーカラウンジャー
米国製のリクライニングチェア. 1940 年 Edward J. Barcolo が創業.

**Barclay** バークレイ
米国 R. J. Reynolds Tobacco Co. 製の, フィルター付き低タール低ニコチンの紙巻きたばこ. キャッチフレーズは "99% tar free". 1978 年に 1 億 5 千万ドルが投じられて, 都会のインテリ層をターゲットにして売り出され, ヒット商品となった.

**Barclaycard** バークレーカード
英国 Barclays Bank (1896 年創立) が

1966年にはじめて発行したクレジットカード．

**Barco** バーコ，バルコ
ベルギーに本社をおくディスプレイメーカー Barco N. V.の略・通称，そのブランド．同社の前身は，米国から輸入したラジオ部品を組み立てる工場として，1934年に創立された Belgian American Radio Corp. である．

**Bardolino Novello** バルドリーノノヴェロ
イタリア北東部，Garda 湖に面する Bardolino を中心に造られる赤ワイン．

**Bare Elegance** ベアーエレガンス
米国 The Gillette Co. 製の女性用ボディーシャンプー．

**Barigo** バリゴ
ドイツの気圧計などのメーカーの略・通称，同社製の気圧計・温度計など．1926年創業．

**Barilla** バリラ
イタリアの食品会社，同社製のパスタなど．1877年 Pietro Barilla (1845-1912) が創業．

**Barker** バーカー
英国の高級紳士靴メーカーの略・通称，そのブランド．トラディショナルなデザイン．1880年 Arthur Barker により創業．

**Barnes** バーンズ
⇨ Jhane Barnes.

**Barnes & Noble** バーンズアンドノーブル
米国の出版社，そのブランド，同社系列の書店チェーン店．割引き販売で有名．New York University の書店で働いた経験のある Leonard Riggio が創業．2010年8月に身売りを検討している報道が出た．

**Barneys New York** バーニーズニューヨーク
1923年，米国 New York で Barney Pressman が紳士服販売店として創業．現在，婦人服，アクセサリー，靴，バッグ等も扱う高級セレクトショップ．米国に34店舗，日本に4店舗展開．

**Barnum's Animals** バーナムズアニマルズ
米国 Nabisco* 製の動物形クッキー (cracker)．通称 Animal Crackers. サーカス王 P. T. Barnum にちなんだ命名で，パッケージも檻ワゴンに入った4頭の猛獣の絵が描かれている．1902年より製造．当初はクリスマスシーズンのみに売られる商品であったが，人気の上昇と共に通年で売られるようになった．

**Barolo** バローロ
イタリアの Barolo 村を中心に生産される保証付き原産地統制呼称赤ワイン (D.O.C.G.)．

**Barq's** バークス
米国製のルートビア (root beer)．1890年代に Edward Charles Edmond Barq たち兄弟が創業．現在は The Coca-Cola Co. のブランド．"Barq's Has Bite!" がうたい文句．

**Barrie** バリー
スコットランド製のニットウエア．素材はカシミヤが主．シンプルでクラシックなデザイン．同社は1903年に，Hawick 市長でもあった Walter Barrie と Robert Kersel により，ウールの靴下・肌着のメーカーとして創業，1920年代よりニットウエアを製造．ロゴは全て小文字．

**Barrilito** バリリト
プエルトリコ産のラム酒．Ron del Barrilito ともいう．

**BART** バート
米国 San Francisco の湾岸を結ぶ地下鉄．Bay Area Rapid Transit (湾岸地域高速交通) の略．1972年運行開始．

**Bartles & Jaymes** バートルズアンドジェイムス
米国製の，柑橘類味の清涼飲料 (citrus cooler)．ワインをベースとしており，若干のアルコール分を含む．Frank Bartles と Ed Jaymes という名前の2人の中年男性が登場するテレビコマーシャルで大々的に宣伝され，急速に売

り上げを伸ばした.

**BASF** BASF
ドイツに本社がある世界屈指の総合化学メーカー. 合成樹脂の製造ではドイツ最大, 合成繊維原料の製造ではヨーロッパ最大. 1865年に Badische Anilin- und Soda-Fabrik として創業.

**Basildon Bond** バジルドンボンド
英国製の便箋や封筒など. 1911年より製造. Basildon は, Berkshire 州の Pangbourne 近くの村の名に由来し, 債券などに使用されていた強い上質な白紙を指す bond と頭韻を踏ませることを思いついて命名された.

**Basile** バジーレ
イタリアの, 婦人服(スーツ・フォーマルウェア・ニットウェア・コートなど)・紳士服(フォーマルウェア・コート・カジュアルウェア・カラーシャツ・ネクタイなど)のメーカー, そのブランド. 1969年に創業, 当時は小規模な紳士服の仕立て工場で, 翌年その生地を用いた Basile ブランドの婦人用スーツを発表, 1972年にミラノで Walter Albini のデザインによる5つのラインのコレクションを発表し, 注目を浴びた. ロゴは全て大文字.

**Baskin-Robbins** バスキンロビンズ
米国の Baskin-Robbins Ice Cream Co. (もと Baskin-Robbins 31 Ice Cream) の略・通称, 同社製のアイスクリームおよびそれを売るチェーン店. 1945年より発売. 創業者 Burton 'Burt' Baskin (1913–1967) と Irvine 'Irv' Robbins (1917–2008) に由来. 1か月の31日, 毎日異なった味が味わえるということで, 31 Flavors をキャッチフレーズにした. 日本では「サーティワンアイスクリーム」を商標としている.

**Bass** バース, バス
米国 G. H. Bass & Co. 製のカジュアルシューズなど. George Henry Bass が1876年に創業. 1936年より製造されている Weejuns と名付けられたコ

インローファー (penny loafers) も有名. 1980年代には Michael Jackson が白いソックスに黒い Weejuns をはいて踊るプロモーションビデオが人気となり, 再びこの靴が注目された. 南極探検の Byrd 提督や大西洋無着陸[水]単独横断飛行の Lindbergh のブーツも同社製.

**Bass** バース, バス
英国のビール醸造会社 Bass Brewery の略・通称, 同社製のエールやビールのブランド. トレードマークは赤色三角形. 同社は1777年に William Bass が創業. Bass ブランドは2000年に Anheuser-Busch InBev が買収.

**Bassett** バセット
米国の大手木製家具メーカーの略・通称, 同社製の家庭用木製家具・布または革張り家具など. 1902年 John David Bassett らによって創業.

**Bata** バータ
チェコスロヴァキアの Zlín で1894年に Thomáš Bata, Anna Bata, Antonín Bata 兄弟が創業.

**Batavia Arrack** バタヴィアアラック
インドネシア産のラム酒で.「一度アラックを味わったら, その味を一生忘れない」というフランスのことわざがあるくらい強烈な味.

**BAT Industries** BAT インダストリーズ(社)(〜 plc)
英国に本社のあるたばこメーカー. 1902年 Imperial Tobacco Co. と American Tobacco Co. が合併してできた British American Tobacco がはじまり.

**Battistoni** バティストーニ
イタリアのブティック, そのブランド. 第二次大戦後の1946年に, ワイシャツの注文製作の専門店として先代の G. Battistoni が創業. 1970年ごろからスーツ・ニットウェア・ネクタイなど衣料品全般を扱うようになり, 婦人服・婦人用シャツ・コートなども手がけている.

## Baume & Mercier　ボームアンドメルシエ
スイスの時計メーカー，同社製の宝飾腕時計などのブランド．1830 年創業．

## Bausch & Lomb　ボシュロム
米国の大手光学製品メーカー，その製品のサングラス・光学製品(望遠鏡・双眼鏡・ライフルスコープ・拡大鏡など)・コンタクトレンズとその洗浄液などのブランド．1853 年 John Jacob Bausch が創業，友人の Henry Lomb とともに成長させた．

## Baxters　バクスター(ズ)
スコットランドの食品メーカーの略・通称，同社製の缶詰め(スープ)・びん詰め(マーマレード・チャツネ・ビートの根・ソースなど)．1868 年に George Baxter が開いた食品雑貨店が起源．

## Bayer　バイエル(社) (〜 AG)
ドイツに本部をおき全世界に展開する総合化学・医薬品会社．1863 年創業．"Bayer: Science for a Better Life" がスローガン．

## Bays　ベイズ
1933 年 George W. Bay が創業した米国の Bays Corp. の略・通称，同社製のイングリッシュマフィン．

## Bazaar　バザー
⇨ Harper's Bazaar.

## Bazooka　バズーカ
米国 The Topps Co., Inc. 製の風船ガム．1947 年発売．ガムの中に入っている漫画のキャラクターが右目に黒の眼帯をした Bazooka Joe.

## Bburago　ブラーゴ
イタリア Burago 製のダイキャスト製ミニカー(自動車縮小模型)．縮尺 1/14・1/18・1/24・1/43 のシリーズがある．

## BC Powder　BC パウダー
英国 GlaxoSmithKline* 製の鎮痛薬・解熱薬・抗炎症薬などとして使われる市販薬．

## B. Dalton　B. ダルトン
米国の Dayton Hudson Corp. (1902 年創業) 系列の小売り書店チェーン店．1987 年 Barnes & Noble* に売却されその傘下に入ったが 2010 年廃業．

## Beam's Choice　ビームズチョイス
米国 Kentucky 州 Bourbon にある James B. Beams Distilling Co. (American Brands, Inc. 傘下) 製のストレートバーボン．8 年熟成，90 proof．Jim Beam* の原酒を長期熟成させ，チャコールフィルターでろ過したもの．

## Beanie Babies　ビーニーベイビーズ
米国 Ty Inc. 製のさまざまな動物の赤ちゃんの縫いぐるみ．中に 'beans' が入っている．数ドルのものから，製造が中止され高額な値がついているものもある．1993 年発売．

## Beano　ビーノ
英国 GlaxoSmithKline* 製の腸内ガス抑制のダイエットサプリメント．

## Beaulieu Vineyard　ボーリューブドウ園
米国 California 州 Napa 渓谷の Rutherford 村にあるブドウ園．1900 年創業．Pinot Noir 種のブドウによる樽発酵赤ワインを生産．

## Beautyrest　ビューティーレスト
米国 Simmons Bedding Co. 製のベッド用マットレス．1925 年から，本格的に売り出された．

## Beaverboard　ビーヴァーボード
米国製の建材用合板．木繊維から作った軽くて硬い代用板で，間仕切りや天井板に用いる．メーカー名不詳．☆ もとは商標だが，今は一般名詞化して小文字で用いられる．

## Bechstein　ベヒシュタイン
ドイツの世界有数のピアノメーカー，そのブランド．同社は 1853 年に Carl Bechstein がベルリンで創業．第 1 台目は 1856 年にデビュー．

## Beck's　ベックス
ドイツ Beck's Brewery 製のビール．1873 年に Luder Rutenberg, Thomas May, Heinrich Beck (醸造責任者) が創業．

## Bee　ビー

# Beecham Group

米国 The United States Playing Card Co. 製の主にカジノで使用されるトランプ．1892年より発売．Nevada 州の全てのカジノで用いられている．厚さ 0.26 mm．

## Beecham Group　ビーチャムグループ (～ plc)
医薬品およびトイレタリー・家庭用品・化粧品・清涼飲料などの消費者向け製品を製造する英国の大手企業．医療・ヘルスケア分野にも進出．2000年にGlaxoSmithKline* に吸収合併された．

## Beechcraft　ビーチクラフト
米国の飛行機メーカーの略・通称・商標．Beech と略されて呼ばれることもある．同社は1932年に，Walter H. Beech (1891–1950) と妻 Olive Ann Beech (1904–93) が設立．

## Beech-Nut　ビーチナット
米国製のベビーフード．

## Beech-Nut　ビーチナット
米国 National Tobacco Co., L.P. 製の噛みタバコ．

## Beefeater　ビーフイーター
英国製のジン．1820年創業．beefeater とは「London 塔の守衛」の意で，ラベルにその絵が描かれている．

## Beefsteak Charlie's　ビーフステーキチャーリー(ズ)
米国のファミリーレストランチェーン店．

## Beeman's　ビーマン(ズ)
米国製のガム．厳密には 'Beeman's Original Pepsin Chewing Gum'．ペプシン (pepsin) 入りで，消化を助けると宣伝された．1879年に，医師の Edward Beeman (1840–1906) が考案．現在は生産されていない．

## Beene　ビーン
⇨ Geoffrey Beene.

## Beer Nuts　ビアナッツ
米国 Beer Nuts, Inc. 製の，塩と砂糖で味付けした皮付きピーナッツ．1937年 Arlo Shark と父親の Edward G. Shark が製造開始．

## Beetle　ビートル
ドイツ Volkswagen* 製の小型大衆車．

## Begg Scotland　ベグスコットランド
英国 Alex Begg & Co 製の手織りスカーフ・ショール．1869年 Alexander Begg が創業．素材にはカシミア，ラムズウール，アンゴラ，シルクなど天然繊維のみを使用．

## Bejam　ビージャム
英国製の冷凍食品とその冷凍庫，そのメーカー (Bejam Group)．1989年ライバルの Iceland に買収された．

## Bell　ベル
米国の航空機メーカー Bell Aerospace Corp. の略・通称・商標．1935年に Lawrence Bell (1894–1956) が設立．ヘリコプターの設計・生産で世界のトップメーカーの一つ．同社は1960年以降 Textron, Inc. 傘下．

## Belleek　ベリーク
米国の Belleek Ireland, Inc. (Belleek Pottery 傘下) の略・通称，同社製の装飾の多い白色陶磁器 (Parian china)．真珠に似た強い光沢をもつ製品が多い．

## Bell's　ベル(ズ)
スコットランド製のブレンデッドウイスキー．同社は1825年創業．名称は1851年に入社した名ブレンダー Arthur Bell (1900年没) に由来．

## Bell System　ベルシステム
米国で1877–1984年の間，電話サービスを行っていた American Bell Telephone Co. のこと．あだ名は Ma Bell* で，トレードマークは小さなベル．今日でも AT & T のほか数社がこのマークを使用している．⇨ AT & T

## Belstaff　ベルスタッフ
イタリア Belstaff Clothing Co. SpA 製のジャケット・ブルゾン・ブレザー・セーター・スウェットシャツ・T シャツなど．1924年英国で創業．防水服の製造から始め，後に完全防水・通気性がある繊維ワックスコットンを使用．後に生産がイタリアに移された．

ハリウッドスターに愛用されている.

**Belvest**　ベルヴェスト
イタリアの衣料品メーカー, その製品（紳士服・フォーマルウエア・コート・カラーシャツ・ネクタイ・ニットウェア・ベルトなど）のブランド. 同社は1964年創業. 社名は, イタリア語の belle（美しい）と vestito（服）から.

**Benadryl**　ベナドリル
米国 McNEIL-PPC, Inc. 製の抗ヒスタミン剤. 充血緩和剤・睡眠補助剤など.

**Ben & Jerry's**　ベンアンドジェリーズ
米国 Ben & Jerry's Homemade Holdings, Inc.（Unilever* の子会社）製のアイスクリーム. 幼少時代からの友人 Ben Cohen と Jerry Greenfield が 1978 年に創業.

**Benchmark**　ベンチマーク
米国製の高級ストレートバーボン. benchmark（「原点」）の名はバーボンの「原点」の意味で命名.

**Bendaroos**　ベンダルーズ
米国 Merchant Media LLC 製の子供の工作遊び用の細い8インチの長さのワックス棒. 各種の色の棒をより合わせたり組み合わせて花や動物などが作れる. 1セットで200本または500本入っている.

**Bendicks**　ベンディックス
英国製のチョコレート. 1930年に, Oscar Benson と Colonel 'Bertie' Dickson が創業. 2009 年社名は Bendicks Ltd から Storck UK Ltd になったがこのブランド名はそのまま.

**Bendix**　ベンディックス
米国製の洗濯機. 自動車と航空機の技術に貢献した発明家・事業家の Vincent Bendix（1882-1945）に由来.

**Bénédictine (D.O.M.)**　ベネディクティン (D.O.M.)
フランス製の甘口リキュール. 1510 年に Fécamp の Benedict 修道院で造られたのが始まり. 現在の製品はその当時の古文書を元にしたものといわれ, 1863 年から製品化されたもので, 修道院とは無関係だが, Domination Order of Monks の頭文字 D. O. M. がボトルに記されている.

**BeneFit**　ベネフィット
米国 Benedent Corp. 製の歯ブラシ. 手が不自由な人や歯ブラシを嫌がる子供用に, ブラシが3本組み合わさった特異な形状をしている.

**Benelli**　ベネッリ
イタリアの銃器メーカー Benelli Armi SpA の略・通称, その商標. 1967年創業.

**Benemid**　ベネミッド
米国 Merck & Co, Inc. 製の, 痛風治療薬（antigout）・尿酸排泄剤（uricosuric）.

**Benetton**　ベネトン
イタリアで, 1960年に Luciano Benetton が創業した衣料品メーカー, そのブランド. 1978年より世界を市場とする戦略を展開して成功.

**Ben-Gay**　ベンゲイ
米国 Johnson & Johnson* 製の鎮痛薬・止痒剤（軟膏・クリーム・ジェル）.

**Benge**　ベンジ
米国製のトランペット. もともとのメーカーは Benge Trumpet Co. で Elden Benge（1904-60）が創業. 現在は Conn-Selmer, Inc. のブランド.

**Ben Hogan**　ベンホーガン
米国の AMF, Inc. 製のゴルフ用品. もとはプロゴルファー Ben Hogan が 1940 年に設立した会社が製造. 2008年製造中止.

**Benjamin Moore**　ベンジャミンムーア
米国のペンキ・刷毛のメーカー Benjamin Moore & Co. の略・通称. 1883 年 Benjamin Moore が創業. ブランドには, Aura, ben, Green Promise, Natura, Regal などがある.

**Benny Ong**　ベニーオン
英国の服飾デザイナー Benny Ong（1949- ）のデザインした婦人服, その注文服店. 同氏はシンガポール生ま

## Benoist

れの中国系男性で, 1968年に服飾デザインを学ぶために英国に渡った. 1974年に最初のコレクションを発表. 高価なイブニングドレスから若い層向きのレジャーウェアまでを手がけている.

**Benoist** ベノア
もと英国 V. Benoist Ltd 製のジャム・マーマレード・紅茶など. 人工着色料・保存料は使用していない. 1880年代に創業. 現在は株式会社ベノアが製造・販売.

**Ben Sayers** ベンセイヤーズ
1873年創業の英国のゴルフ用品メーカー. 英国出身のプロゴルファー Ben Sayers (1856-1924) が開発.

**Benson & Hedges** ベンソンアンドヘッジズ
英国 Gallaher Group 製の紙巻きたばこ. 1873年の創業者の名前が Richard Benson と William Hedges.

**Bentley** ベントレー, ベントリー
英国製の乗用車. 1919年 W. O. Bentley が創業. 1998年からドイツの Volkswagen Group の傘下にある.

**Benylin** ベニリン
米国 Johnson & Johnson* 製の鎮咳薬 (antitussive). 去痰薬 (expectorant) として使うシロップなど.

**Benz** ベンツ
1883年に Karl Benz (1844-1929) が創業したドイツの自動車メーカー Benz & Co., Rheinische Gasmotorenfabrik の略・通称, 同社製の車. ⇨ Mercedes, Mercedes-Benz.

**Benzamycin** ベンザマイシン
米国 Dermik Laboratories 製のにきび (痤瘡) 治療薬として使用する抗生物質のジェル.

**Beretta** ベレッタ
イタリアの銃器メーカーの略・通称, その商標. ★ Ian Fleming 原作の 007 小説で, James Bond は 15年間 (Doctor No まで) Beretta. 25 を愛用.

**Bergdorf Goodman** バーグドーフグッドマン
米国 New York 市 5 番街にある同市一の高級衣料品デパート, そのオリジナルの製品などのブランド. 1899年創業. 創業者は Herman Bergdorf, その後 Edwin Goodman が継いだ.

**Beringer/Los Hermanos Vineyards** ベリンジャー/ロスヘルマノスブドウ園
米国 California 州 Napa 渓谷の St. Helena にあるブドウ園・醸造場. 1876年創業. ブドウ園の広さは 320 ヘクタールに及ぶ. 多くの種類のワインを生産. 現在は Nestlé* が所有.

**Berio** ベリオ
イタリア製のオリーブオイル. 1850年代から販売 Fillippo Berio (1829-94) が創業. トレードマークは蜂.

**Berkley (Books)** バークレー(ブックス)
米国で 1955年刊行のペーパーバックシリーズ.

**Berlei** バーレイ
オーストラリアの女性用下着類メーカー, そのブランド. Fred Burley と Arthur Burley の兄弟が 1910年に Sydney の小さなコルセット製造会社を買収したのが起源で, 1919年に現在名となったが, Berlei は Burley から造られたもの.

**Bernardaud** ベルナルド
フランスの陶磁器メーカー, そのブランド. 1863年に Léonard Bernardaud (1856-1923) が創業, 創立直後より Napoléon 3世により王室御用達となる.

**Bernard Perris** ベルナールペリス
フランスのデザイナー Bernard Perris (1936- ) のデザインした婦人服.

**Be-Ro** ビーロー
英国 Ranks Hovis McDougall plc 製の小麦粉. 1880年ごろに Thomas Bell が創業. Be-Ro は同社の小麦粉 Bells-Royal の短縮. Edward VII の死後 "Royal" を名前に使うことが違法となったために考案したブランド名.

**Berol** ベロール

英国製の鉛筆・色鉛筆・文具など.
Daniel Berolzheimer が米国 New
York 州に創業した Eagle Pencil Co.
が始まり.

**Bertolli** ベルトーリ
パスタソース・冷凍食品・オリーブオイル. 1865 年 Francesco Bertolli がイタリアでワイン・チーズ・オリーブオイルを売る小さな店を開いたのが起源. 現在は Unilever* のブランド.

**Best Buy** ベストバイ
米国の家電用品販売会社 Best Buy Co., Inc. の略・通称. メキシコ・カナダ・中国・トルコ・英国でも展開し,子会社には Geek Squad, Magnolia Audio Video, Pacific Sales, Future Shop (カナダ) がある. 1966 年オーディオ店 Sound of Music として創業.

**Best Foods** ベストフーズ
米国製の,マヨネーズ・マスタードなど. 2000 年に Unilever* が買収. Hellmann's ブランドと同一製品で販売地域を異にする.

**Best Western** ベストウェスタン
世界中に展開する米国のホテルチェーン. 1946 年 M. K. Guertin が創業.

**Beswick** ベスウィック
1892 年に James Wright Beswick が息子と共に Stokes-on-Trent で創業した英国の陶製動物メーカー,そのブランド. 2002 年まで Royal Doulton* のグループの一員だった.

**Beta** ベータ
⇨ Betamax.

**Beta** ベータ
米国のグラスファイバーの大手メーカー Owens Corning Corp. (1938 年創業) 製の,繊維や断熱防音材として用いるグラスファイバー. Beta fiber ともいう.

**BetaCell** ベタセル
米国 Michelle Laboratories 製のオーラルリンス. 入れ歯・ブレースなどから生ずる炎症・口内の傷・口内の潰瘍・ドライマウスなどに効く.

**Betadine** ベータダイン
米国 Purdue Pharma 製の防腐剤・消毒薬. 市販薬.

**Betamax** ベータマックス
日本の SONY のビデオ方式の名称. 単に Beta, ß ともいう. 2002 年ベータマックスの製品は生産終了.

**Beta Utensili** ベータウテンシリ
イタリアの自動車専用工具のメーカー. 1923 年創業.

**Bethlehem Steel** ベツレヘムスティール(社) (~ Corp.)
米国 Pennsylvania 州 Bethlehem にあった鉄鋼メーカー. 1904 年に Charles Schwab が設立. 2003 年倒産.

**Better Homes & Gardens New Cook Book** ベターホームズアンドガーデンズニュークックブック
米国 Meredith Corp. 刊行の料理書. 初版は 1930 年で(当時の書名は *My Better Homes & Garden Cook Book*, 5 年後の大改訂の際 *My New Better Homes and Gardens Cook Book* となり,その後現在名となった).以降版を重ね,1978 年に 2000 万部を突破した超ベストセラー. 2010 年に第 15 版が刊行.

**Bettina** ベッティーナ
モナコの婦人服・婦人および紳士もののニットウェアのメーカー,そのブランド. 創業者はもとハンガリーの弁護士で,1948 年にパリに亡命,その後身体をこわし,転地療養でモナコに移住し,同社を 1954 年に創業. 紳士ものへの進出は 1960 年. Bettina とは,創業当時,世界的に有名だったパリのモデルの名. ネクタイも手がける.

**Betty Crocker** ベティークロッカー
米国 Kenner Parker Toys, Inc. 製の,ままごと用調理器具各種. オーブン (Easy-Bake Oven) は,100 ワットの電球を内蔵し,実際に食べられるケーキ・クッキー・ブラウニーなどが作れる. 1964 年より発売.

**Betty Crocker** ベティークロッ

カー
米国 General Mills, Inc. (1928年創業) 製のインスタント食品・ケーキミックス粉など. Betty Crocker は, 同社が, 料理に関する利用者からの質問に手紙で回答する時のサインの名および宣伝用のキャラクター(米国人でも誤解していることがあるが, 実在の人物ではない)として, 1921年に案出されたもの. 姓は, 同社に以前に在籍していて信望が厚かった総務部長 William G. Crocker にちなみ, また初めて Minneapolis に作られた同社の製粉工場の名でもある. Betty という名は「暖かくて親しみやすい響きがある」という理由で選ばれた. 同社は Betty Crocker のサインの筆跡コンテストを女性社員間で行ない, それに優勝した秘書のサインが, 今もロゴとして同社の全製品に使われている.

**Betty Jackson** ベティージャクソン
英国のデザイナー Betty Jackson (1949– ) のデザインした衣料品. Betty Jackson Ltd (1981年創業) が製造.

**Bevan Funnel** ベヴァンファネル
英国の家具メーカー Bevan Funnel Ltd のこと. 1945年創業.

**BFGoodrich** BFグッドリッチ
米国製のタイヤ. 医師から実業家に転身した Benjamin Franklin Goodrich が, 1870年に創業. 最初の製品は, 世界初の消防用の綿布巻きゴムホース. タイヤの市場化は1896年から. ★同社は, タイヤ業界最大手の Goodyear* と混同されることを嫌がって, 差異付けを明確にさせる宣伝をしばしば行なっており "We're the guys without the blimp." をキャッチフレーズとした (Goodyear は宣伝用飛行船 (blimp) で有名). ⇨ Uniroyal.

**Biagiotti**
⇨ Laura Biagiotti.

**Biba** ビバ
英国 London のブティック. 1960年代に Barbara Hulanicki が設立, 彼女の末妹 Biruta の愛称を店名とした. 1970年代に破産のため閉鎖された. 1978年には Barbara 自身も London に新しいブティック Barbara Hulanicki's を開いた. 2009年 Biba は House of Fraser により再開された.

**BiC** ビック
⇨ Biro.

**Bicycle** バイシクル
米国 The United States Playing Card Co. 製のトランプ. 1885年から発売.

**Bifera** ビフェラ
米国 Alaven Consumer Healthcare 製の鉄分サプリメント (iron supplement).

**Big Bird** ビッグバード
アメリカの幼児向けテレビ番組 *Sesame Street* に登場する大きな黄色い鳥. 中に入って演じているのは Carroll Spinney. 同番組は Sesame Workshop (元は Children's Television Workshop) が製作.

**Big Blue** ビッグブルー
⇨ IBM.

**Big Boy** ビッグボーイ
米国のファミリーレストランチェーン店. 右手にハンバーガーの載ったトレーを運ぶ男の子がシンボルマーク.

**Big Five** ビッグファイブ
米国のスポーツ用品販売を手掛ける Big Five Sporting Goods, Inc. の略・通称. 米国本土のほぼ西側半分の諸州で400に近い店舗を展開. 1955年創業.

**Big G** ビッグG
米国の General Mills, Inc. (1928年創業) 製の全粒粉で作られたシリアル.

**Big Gulp** ビッグガルプ
米国 7-Eleven, Inc. 製の蛇口の付いた容器で売られるソーダ水 (fountain soft drink).

**Big Little Book** ビッグリトルブック
米国で1930年代に人気のあった児童書. Whitman Publishing Co. 刊. 日

本の文庫本より一回り小さいサイズで，ハードカバー．当時の映画やラジオの人気者を主人公にした色刷りの絵や漫画を入れた物語の本．

### Big Mac　ビッグマック
米国のハンバーガーチェーン店McDonald's* で売られている大型ハンバーガー．3枚にスライスされた白ゴマ付きの丸パン (bun) の間に，100%ビーフのハンバーグ2枚・アメリカンプロセスチーズ1枚・刻みタマネギ・レタス・ピクルスをはさみ，マヨネーズベースのソースで調味して温めたもの．1968年に登場．"The Big Mac is McDonald's flagship product." という．

### Big Red　ビッグレッド
米国 The Wrigley Co. 製の，シナモン味のチューインガム．1976年に，それまで唯一かつ最大のシナモン味のガムだった Dentyne* の対抗商品として発売．"Kiss a Little Longer" とうたう．

### Big Steel　ビッグスチール
⇨ U. S. Steel

### Big Yank　ビッグヤンク
米国製のワークシャツなど，ヴィンテージウェア．

### Bikini Bare　ビキニベア
米国の Longview Products(, Inc.) 製の，ビキニの下のまわりの余分な毛を取り除くためのヘアリムーバー (cream depilatory) と仕上げのクリームのセット．キャッチフレーズは'Go as bare as you dare'．脚毛除去用の Bikini Bare for Legs (ローション) もある．

### Bile Beans　バイルビーンズ
オーストラリアの下剤および強壮剤．1898年に Charles Fulton が開発，命名．元来豆 (bean) に似た楕円形だった．英国で大ヒット 1980年代半ばまで生産．

### Bill Amberg　ビルアンバーグ
英国のバッグデザイナー Bill Amberg のレザーを中心としたブリーフケースなどのバッグ．ナイロンやキャンバスを使ったものもある．London の Burlington Arcade にある新しい店には全ての商品がある．

### Bill Blass　ビルブラス
米国のデザイナー Bill [William] (Ralph) Blass (1922–2002) のデザインした紳士既製服・シャツ・婦人服など，そのブティック，そのメーカー．1970年創業．トレードマークは背中合わせの B.

### Billboard　ビルボード
米国で最も歴史と権威のある音楽業界誌．新聞の体裁で，週刊．1894年創刊．ヒット曲のチャート Billboard Hot 100 やアルバムチャート Billboard 200 などが売り物．

### Bill Kaiserman　ビルカイザーマン
米国の紳士服デザイナー Bill Kaiserman (1942– ) の作品のブランド．

### Bill Tice　ビルタイス
米国のデザイナー Bill Tice (1943–95) のデザインしたナイトウェアなど．現在は製造されていない．

### Binaca　ビナカ
米国 Dr. Fresh, Inc. 製の，口臭抑制スプレー (breath spray)．ペパーミント，スペアミント，シナモンなどの風味がある．"A Binaca Blast That Lasts!" とうたう．

### Bineca　ビネカ
英国 GlaxoSmithKline* 製の Aquafresh ブランドのスペイン国内でのブランド名.

### Bing & Grøndahl　ビングオーグレンダール
デンマークの陶磁器メーカー，そのブランド．1853年に造型作家の Grøndahl と商人 Bing が創業．白地に紺の紋様のものが主．陶製人形や動物も製造．略 B & G..　クリスマスプレートは1895年以来の伝統．1987年 Royal Copenhagen に買収された．収集品として製造されている．

### Bintang　ビンタン
インドネシア製のビール．インドネシア語で「星」の意．

### Bio-Strath バイオストラース
スイス製の食品サプリメント (food supplement). ギリシャ語の bios (生命)と,調合師のドイツ人の Strathmeyer 博士の名を合成して命名. 1961 年 Fred Pestalozzi が創業. 動物用の Anima-Strath などもある.

### Birds バーズ
Birds Eye* の略されたいい方.

### Bird's バーズ, バード
英国 Premier Foods 製のブランド Bird's Custard. 化学者 Alfred Bird (1811-78) が設立した工場で最初に作られたカスタードパウダー.

### Birds Eye バーズアイ
米国の Pinnacle Foods Group LLC 製の冷凍食品. 米国の同種商品の草分けで代表的存在. 創業者は発明家の Clarence Bob Birdseye (1886-1956).

### Birger Christensen ビアワークリステンセン, ビワークリステンセン
デンマークで最も歴史のある毛皮製品・革製ブルゾンなどの専門店, そのブランド. 1869 年創業, 現在の社名は 1922 年からで, 2代目社長の名.

### Biro バイロゥ, バイロー
世界最大手の使い捨てボールペンメーカーであるフランス Société Bic, その系列の米国の Bic Corp. (もと Bic Pen Corp. 1958 年創業), および英国の Biro Bic Ltd 製の使い捨てボールペン. ハンガリーのジャーナリスト・発明家でアルゼンチンに移住した László József Biró (1899-1985) が 1938 年に発明, 1943 年に特許を取得, 1945 年に商品化. 英国 Biro Bic Ltd. の製品のうち, Biro の商標を付けたボールペンは Biro Mino が唯一で, 他はすべて BiC* の商標を付けている. BiC ブランドで 1973 年より使い捨てライターも発売, 世界的なヒット商品となった. ☆ 英国では非常にポピュラーなため, 小文字でボールペン一般を指すこともある.

### Bismag ビスマグ
英国 Whitehall Laboratories Inc. 製の消化薬. 主成分の bismuth と magnesia から命名.

### Bisodol バイソドル
英国 Forest Laboratories UK Ltd 製制酸剤.

### Bisquick ビスクイック
米国 General Mills, Inc. 製の, ビスケットなどを焼くための小麦粉ミックス. 1931 年発売. 1950 年代にはビスケットの素材だけでなく, 応用次第でパンケーキ・ダンプリング・パン・種々のケーキ・ミートパイ・ワッフル・クッキー・マフィンなどを作ることもできるとして '12-in-1 mix' (一石十二鳥のミックス) と呼ばれた.

### Bisquit ビスキー
フランス製のコニャック. 1819 年 Alexandre Bisquit が創業.

### Bissell ビッセル
米国のじゅうたん用の掃除機などを製造する会社, その製品. 陶器やガラス製品の店を営んでいた Anna Bissell と夫の Melville が, 梱包用のおがくずやわらが, じゅうたんに入り込むのに悩んだ末に考案し, 1876 年に特許を取得. Anna は 1889 年の夫の死後, 米国で最初の女性代表取締役となった. "We Mean Clean" とうたう.

### Bisto ビスト
英国 Premier Foods 製の肉汁粉末 (gravy powder). 1908 年より市場化. 宣伝キャラクターの腕白小僧たち 'BistoKids' とその 'Aah! Bisto!' の科白とによって, 英国でポピュラーになった. Bisto の名は, 発売以来の宣伝文句である 'Browns, Seasons, Thickens In One' のアナグラム.

### Bit-O-Honey ビットオハニー
Nestlé* 製のキャンディーバー. アーモンドの砕片と蜂蜜で香りをつけたタフィーのバー. 1924 年より発売.

### Bittermints ビターミンツ
英国の Bendicks* 製の高級チョコレート. Bitteroranges や Bittergingers もある.

## Biz　ビズ
米国 CR Brands 製の, 洗濯物のしみ取り洗剤. 液体と粉末がある. "Stain Fighter" と呼ばれる.

## BL　BL（社）（〜 plc）
⇨ British Leyland.

## Black & Decker　ブラックアンドデッカー
米国にある世界最大の電動工具メーカーの略・通称, 同社製の家庭用[日曜大工用]電動工具など. 1910年に S. Duncan Black と Alonzo G. Decker とが創業. 同社は 2010 年統合によって Stanley Black & Decker となった.

## Black & White　ブラックアンドホワイト
スコットランド製のブレンデッドウイスキー. シンボルマークは黒と白のスコッチテリア. 1884 年から発売.

## BlackBerry　ブラックベリー
カナダに本拠地を置く Research In Motion 製の 1999 年発売のスマートフォン. Barack Obama 米国大統領も愛用する.

## Black Cat　ブラックキャット
英国 Carreras Tobacco Co. 製の紙巻きたばこ. 1910 年ごろ発売の前身の紙巻きたばこは Chick の名で, 黒猫の顔のトレードマークが描かれており, そのマークが知れ渡ることにより, 1915 年ごろに Black Cat となった.

## Blacker　ブラッカー
⇨ Stanley Blacker.

## Black Flag　ブラックフラッグ
米国製の殺虫剤など. 1833 年発売. Fly Motel Window Traps 名のハエ取り用のわなや Roach Motel 名のゴキブリ捕獲用の箱型のわな (roach trap) もある.

## Black Hawk　ブラックホーク
米国 Sikorsky Aircraft Corp. 製のヘリコプター. 米国陸軍が使用. 米国海軍や沿岸警備隊などが使用するのは Seahawk.

## Black Horse Ale　ブラックホースエール
米国製のエール. 現在は生産されていない.

## Black Label　ブラックラベル
米国 Hormel Foods Corp. 製のベーコン.

## Black Label　ブラックラベル
カナダの Molson Coors Brewing Co. 製のライトタイプのビール. オーストラリア・英国・アイルランド・南アフリカでは Carling Black Label のブランド名.

## Black Sheep　ブラックシープ
英国 Black Sheep Ltd 製の保温性, 撥水性に優れたブラックシープの毛糸を使用して作られたニットウェア. スカーフ・手袋・ミトン・ヘッドバンドなど. また, Keen ブランドの靴.

## Black Velvet　ブラックヴェルヴェット, ブラックベルベット
カナディアンウイスキー.

## Blair　ブレア
米国製の, 中・低価格の紳士・婦人用衣料品. カタログ販売では大手. 創業者は John Leo Blair.

## Blaisdell　ブレイズデル
米国製鉛筆(芯に巻かれた紙をむいて芯を出していくもの)(paper pencil). Frederick E. Blaisdell が 1895 年に特許取得.

## Blancpain　ブランパン
スイスの高級腕時計メーカー, そのブランド. 1735 年に Jean-Jacques Blancpain が創業.

## Blanquette de Limoux　ブランケットドリムー
フランス, Limoux の町を中心に生産される発泡ワイン.

## Blass　ブラス
⇨ Bill Blass.

## Blast　ブラスト
米国 Pabst Brewing Co. (1844 年創業) 製の Colt45 (麦芽酒 (malt liquor)) ビールのフルーティー味版. ソーダポップ (soda pop) に似ているがアルコール分 12%. ラッパーの Snoop Dogg が若者をターゲットに宣伝するため,

未成年者への飲酒を助長するとして物議をかもしている.

**Blattnerphone** ブラットナーフォン
英国製の, 磁気テープまたは鋼線を利用した録音機の一種の商品名. 1931年より実用化. 1932年にBBCが採用. 発明者L. Blattner (1881-1935)の名に -phone を合わせて命名.

**Blatz** ブラッツ
米国 Miller Brewing Co. 製のビール. 創業者の名前が Valentine Blatz.

**Blendtec** ブレンドテック
米国の業務用・家庭用ミキサー (blender). 1975年 Tom Dickson が創業. 商品ブランドの Total Blender と, その動画コマーシャル (viral marketing) Will It Blend? が有名.

**Bliss** ブリス
米国の The Hershey Co. 製のチョコレート. bliss は「無上の喜び, 至福」という意味.

**Bloo** ブルー
英国製のトイレクリーナー・トイレフレッシュナーなど. "blue"+"loo"(「トイレ」)からか.

**Bloomberg Businessweek** ブルームバーグビジネスウィーク
⇒ Business Week.

**Bloomfield** ブルームフィールド
米国のもとは Bloomfield Industries, Inc. (買収後は Wells Bloomfield, LLC)が1968年から作っていた砂糖入れ (sugar dispenser). 米国の簡易食堂では非常にポピュラー. 本体はガラス製の筒で, 古代ギリシアの宮殿の柱を思わせるへこみがつけてあり, 持ちやすさと装飾性を合わせもたせている. ふたはクロームメッキが施されており, 砂糖の出る口にはねぶたがついていて, 出る量を調節し, また湿気を防ぐ. ガラス筒のメーカーは Pierce Glass Co.

**Bloomingdale's** ブルーミングデール(ズ)
米国 New York 市 にあるデパート. 愛称 Bloomie's. New York 最初のネオンサインも, 店内にエスカレーターを最初に設置したのも同店であった. Blooming 家の Lyman, Joseph の2兄弟が経営する洋品店として, 1872年に発足したもの.

**Blue** ブルー
米国 The Blue Buffalo Co. 製のドッグフード・キャットフードのブランド.

**Blue Band** ブルーバンド
Unilever* 製のマーガリン.

**Blue Bonnet** ブルーボンネット
米国 ConAgra Foods 製のマーガリン.

**Blue Circle** ブルーサークル
英国のセメント製造会社グループ Blue Circle Industries plc (Blue Circle Cement) の略・通称, 同社製のポルトランドセメント (portland cement). セメント・建材の製造では世界でトップクラスだった. 2001年フランスの Lafarge に買収されたが Blue Circle のブランド名は残された.

**Blue Cross and Blue Shield Association** ブルークロスアンドブルーシールドアソシエーション
米国の非営利的な健康保健組合 Blue Cross and Blue Shield Association の健康保険. 1982年に Blue Cross と Blue Shield が合併した. ロゴは BlueCross BlueShield Association.

**Blue Diamond** ブルーダイヤモンド
米国 Blue Diamond Growers (1910年創業)製のアーモンドなど.

**Blue Flame** ブルーフレーム
⇒ Aladdin.

**Blue Moon** ブルームーン
米国 Molson Coors Brewing Co. 製のビール. 1995年発売.

**Blüthner** ブリュートナー
1853年 Julius Ferdinand Blüthner (1824-1910) が創業したドイツのピアノメーカー, そのブランド.

**BMG** BMG
米国 New York 市の, 音楽と映像の産業である Bertelsmann Music Group

の略・通称,そのブランド. 1986年にGEが,傘下のRCA Records (RCA Corp.の一部門)を, Bertelsmann AGに売却したことに併い,名称変更が行なわれたもの. 2008年解散.

**BMW** BMW, ベーエムヴェイ
ドイツの乗用車メーカー Bayerische Motoren Werke AG の略・通称,その製品. 同社は1916年に航空機メーカーとエンジンメーカーが合併してBFW (Bayerische Flugzeugwerke AG) として創業し,航空機エンジンを製造. 1917年に現社名に変更. マークは白と青の4分割円で「アルプスの雪とバイエルンの青空にプロペラが回っている様子」を現わしたもの. 車のラジエーターグリルの中央の形状は'kidney' (腎臓)の愛称で呼ばれる. 愛称はBeamerまたはBeemer.

**Bob Evans** ボブエヴァンズ
米国 Bob Evans Farms, Inc. 製の豚肉加工製品,同社経営のファミリーレストランチェーン店. 1948年創業. 創業者は Bob Evans (1918-2007). レストラン経営は1962年から. Mimi's Cafe チェーンも傘下.

**Bodley Head** ボドリーヘッド
(The ~)
英国の出版社. 1887年に Elkin Matthews と John Lane が創業. たまたま下がっていた看板に, Oxford の Bodleian Library の創設者 Thomas Bodley 卿の顔があったところからの命名.

**Body Boggle** ボディボグル
米国製のゲーム. アルファベット26文字が書かれたマットの上で2人のゲーマー(男女が望ましい)が指定された単語のスペルを手足で押さえるもので,下手をすると折り重なって倒れる. パーティー向き. アルファベットが書かれたダイスを使う卓上ゲームはParker Brothers 製で単に Boggle の名.

**Body Shop** ザボディショップ
(The ~)
英国の化粧品ブランド,その店. 1976年英国の Anita Roddick が創業. 動物愛護,環境保護,人権擁護の精神で世界各地の天然原料をベースにしたスキンケア,ボディケア,メイクアップ,フレグランス,ヘアケアなどの製品を取り扱う. 現在では世界64カ国に,2500以上の店舗を展開.

**Boehm** ビーム,ベーム
米国 Boehm Porcelain, LLC 製の陶花・陶製動物・陶製ブライダル用アクセサリーなど. 1950年 Edward Boehm と妻の Helen Boehm が創業.

**Boeing** ボーイング(社)(The ~ Co.)
米国の航空機メーカー. 1916年に William E. Boeing (1881-1956) と海軍士官 Conrad Westervelt が, Pacific Aero Products の名で創業. 1917年に The Boeing Airplane Co. と社名変更. 民間航空機部門(現在まで15,000機以上を生産),防衛・宇宙・安全保障部門(約7万人の従業員)がある. ⇨ Vertol.

**Bojangles'** ボージャングルス
米国のファーストフードチェーン店. 中心メニューはビスケットサンドイッチや米国南部風チキン. 1977年に Jack Fulk と Richard Thomas が創業. 正式名称は Bojangles' Famous Chicken 'n Biscuits.

**Bolex** ボレックス
スイス製の16mmまたは8mm映画撮影機. 1930年代より発売.

**Bolla** ボーラ
イタリアのワイン. 1883年 Abele Bolla が創業.

**Bols** ボルス
オランダ製のジン. 1575年 Lucas Bols が創業.

**Bombay Sapphire** ボンベイサファイア
英国のジン. 1987年発売.

**Bon Ami** ボンアミ,ボナミ
米国 Faultless Starch/Bon Ami Co. 製の,窓・ステンレスなどの金属・陶製タイル・磁器などを磨くためのクレン

ザー．1886年に発売開始．Bon Ami はフランス語で"Good Friend"の意味．

**Bonanza** ボナンザ
米国 Hawker Beechcraft 製の単発軽飛行機．1947年より販売．現在も生産され続けているロングセラー．

**Bon Appétit** ボナペティ
米国 Condé Nast Publications 刊行の, 料理を趣味とする人のための月刊誌．1956年創刊．

**Bond Street** ボンドストリート
米国 Philip Morris International 製のたばこ．⇨ Philip Morris.

**Bonine** ボナイン
米国製の乗物酔い予防薬・吐き気止めとして使われる市販薬．子ども用 Bonine for Kids もある．

**Bonjela** ボンジェラ
英国製口腔内潰瘍 (mouth ulcer) 治療薬・ジェル状の塗り薬．1938年に商標登録．フランス語の bon (良い) にジェリーやゲル状を暗示する要素を合成して命名．

**Bonne Bell** ボンネベル
米国の化粧品会社, 同社製の化粧品．1927年創業．Jesse G. Bell とその妻は, Emerson Hough の小説 *The Man Next Door* に登場するヒロイン Bonne Bell が気に入り, 自分たちの娘に同じ名前を付け, 1927年の創業時に会社名にした．

**Bonneville** ボンネビル
英国 Triumph Engineering 製のオートバイで, 1959–83年の間生産．愛称 Bonnie.

**Bonwit Teller** ボンウィットテラー
米国 New York 市にあった高級ファッション商品専門のデパート (Bonwit Teller & Co.), その自社ブランド．1990年倒産．

**Boodles** ブードルズ
スコットランド製のジン．厳密には Boodles British Gin．1845年発売．

**Boogie (Board)** ブギー (ボード)
米国のおもちゃメーカー Wham-O, Inc. 製のボディーボーディング用のサーフボード Boogie Board．これでサーフボードをすることを Boogie Boarding, Boogieboarding (また bodyboarding) と呼ぶ．同社は Frisbee や Hula Hoop の発売元．

**Boogie Board** ブギーボード
米国 Improve Electronics (Kent Displays, Inc. の子会社) 製の電子メモパッド．感圧式の液晶画面を採用し, 付属のステンレス製のスタイラス(描画用ペン)の他, 指先でも描画が可能．ほぼ A5 サイズで重さ 115.8 グラムの軽量．2010年1月発売の人気商品．

**Booth's** ブース, ブースス
英国製のドライジン (High & Dry Gin)．1740年より製造．

**Boots** ブーツ
英国の大型薬局チェーン店．Jesse Boot (1850–1931) は, 1849年に父の John Boot が創業した店を大きく発展させた．

**Boppy** ボッピー
米国 The Boppy Co. 製の授乳時に赤ちゃんのために使用する枕など．

**Borazon** ボラゾン
米国製の, 窒化ホウ素 (boron nitride) を素材とした極度に固い立方体．高温・高圧で製造され, 研磨用材・砥石として用いられる．General Electric 社が商標登録．

**Borbonese** ボルボネーゼ
イタリア製皮革製品の老舗ブランド, そのバッグなど．

**Borden** ボーデン
米国 Dairy Farmers of America, Inc. 製のチーズ・バター．パッケージに描かれた雌牛の Elsie* は米国でよく知られているシンボルマーク．コンデンスミルクを発明した Gail Borden (1801–74) の名から．

**Borders** ボーダーズ
米国 Michigan 州 Ann Arbor に拠点を置く国際的な書店チェーン Borders Group の略・通称, その書店．約500

の国内店舗の他に Borders Express, Waldenbooks などをショッピングモールで営業. 1971 年 Tom Borders, Louis Borders 兄弟がミシガン大学学生の時に創業した. 2011 年 2 月連邦破産法の申請をしていることが明らかになった.

**Borghese** ボルゲーゼ
イタリアの化粧品メーカーの略・通称,同社製の化粧品. スキンケア術の伝統で知られるイタリアの名家 Borghese 家の Marcella Borghese (1911-2002) が, 市場化.

**Borkum Riff** ボーカムリフ
スウェーデンの Swedish Match 製のパイプたばこ.

**Borsalino** ボルサリーノ
1857 年に帽子職人 Giuseppe Borsalino (1834-1900) が創業したイタリアの代表的な紳士用帽子メーカー, その商品. 特に中折れ帽・鳥打ち帽などでは定評がある.

**Borzoi** ボルゾイ
英国産のウオッカ. 80 proof, 100 proof. 91.5 proof にして Burrough's English Vodka として米国に輸出している.

**Bosch** ボッシュ
世界最大の自動車部品とアクセサリーのメーカーの略・通称, そのブランド. 電装品・プラグなどが有名. 1886 年に Robert Bosch (1861-1942) が創業.

**Bose** ボーズ
米国のスピーカー・PA 装置・アンプなどのメーカーの略・通称, そのブランド. 同社は, もと MIT の電子工学・音響心理学学者 Amar Gopal Bose (1929- ) 博士が 1964 年に創業.

**Bösendorfer** ベーゼンドルファー
オーストリアのピアノメーカーの略・通称, 同社製のピアノ. 世界のピアノの最高峰といわれる. 創設者の Ignaz Bösendorfer (1794-1859) は, 19 才でピアノ・オルガン職人に弟子入りし, 1828 年に独立. 現在は The Yamaha Corp. (ヤマハ株式会社) の子会社.

**Boss** ボス
英国の猟銃メーカー, その銃. 1812 年 Thomas Boss (1790-1857) が創業.

**Boss** ボス
⇒ Hugo Boss.

**Bostik** ボスティック
英国の接着剤メーカー, そのブランド. 米国の Boston Blacking Co. (1889 年創業) 製の接着剤を英国でライセンス生産するために 1961 年に改名したもので, Boston と stick の合成による命名.

**Boston** ボストン
米国製の手回し式卓上鉛筆削り (manual pencil sharpener). クロームメッキのボディーでナス形のデザインのものがロングセラー. 1899 年創業の Boston Pencil Sharpner Co. 製. 現在は X-Acto 製.

**Boston Acoustics** ボストンアコースティックス
米国のオーディオ機器メーカーの略・通称, 同社製の製品. 1979 年創業.

**Boston Globe** ボストングローブ (The ～)
米国 Boston の日刊新聞. 1872 年創刊. New England 地方では最大の発行部数. 1993 年以来 The New York Times Co. の傘下にある.

**Bostonian** ボストニアン
米国製の男性用ドレスシューズ.

**Botox** ボトックス
米国製の処方薬. 頸部の緊張異常 (cervical dystonia) 治療用の Botox と, 眉間の皺 (glabellar lines) 取り用の Botox Cosmetic がある. 皺取りのために Botox Cosmetic を医師に注射してもらい, お互いにサポートしあう集まりは Botox party と呼ばれる.

**Bottega Veneta** ボッテガヴェネタ
イタリアのバッグ・婦人靴・革小物などのメーカー, そのブランド. 同社は 1966 年創業.

**Boucheron** ブシュロン
フランスの代表的な宝飾店, そのブラ

## Bounce

ンド．1858年に宝石細工職人Frederick Boucheron (1902年没) が創業．

### Bounce　バウンス
米国 Procter & Gamble* 製の，洗濯後の繊維柔軟仕上げ剤として使う乾燥機用シート (dryer sheets) など．織物軟化剤を不織のレーヨン地にしみ込ませ，1枚ずつ洗濯物乾燥機に入れて使用できるようにしたもの．香料入り．1975年発売．

### Bounty　バウンティ
米国 Procter & Gamble* 製のペーパータオル．1965年発売．吸水性に優れ，強くかつ柔らかい品質のものを望む消費者の要求に応えるため開発されたという．有名なキャッチフレーズに "The Quicker Picker-Upper", がある．2010年ヨーロッパでの販売権が CAS (Svenska Cellulosa Aktiebolaget, Stockholm, Sweden) に移ってから，Plenty に改名．

### Bournville　バーンヴィル
英国 Cadbury-UK 製のチョコレート．1879年に工場が建設された区画が Bournville と命名された．フランス語的語感を付けたのは，当時フランスのチョコレートが最高とされていたため．

### Bournvita　バーンヴィタ
もとは英国の Cadbury plc 製，現在は Cadbury India 製のチョコレート飲料．Bournville* とラテン語の vita (「生」) との合成語．英国での販売は2008年に中止．アフリカ諸国で販売されている．

### Boursin　ブルサン
フランス Normandy 産の脂肪分の多い濃厚なクリームチーズ．1957年 Francois Boursin が考案した．

### Bovis　ボービス，ボウヴィス
英国の大手の建築会社 Bovis Homes Group plc の略・通称．1885年に Charles William Bovis が創業したのが起源．

### Bovril　ボヴリル
英国の濃縮された牛肉と野菜のエキス．英国では非常にポピュラー．スープの素[ブイヨン]，または調味ベースとして用いられる．スコットランド人 John Lawson Johnston が Johnston's Fluid Beef として市場化していたが，1886年に Bovril と命名された．ラテン語 bovi- (bos「牛」の連結形) と 1870年の人気小説に現われた想像上のエネルギー源 Vril からの合成．

### Böwe Bell & Howell　ボウベルハウエル，ボウベルアンドハウエル
米国 Illinois 州の Bell & Howell Co. (1907年創業) と Böwe Systec, Inc. が2003年に統合してできた文書処理，文書管理スキャナー製品などのメーカー．

### Bowman's Vodka　ボウマンズウオッカ
米国 A Smith Bowman Distillery 製のウォッカ．

### Boyd　ボイド
⇨ John Boyd.

### BP　ビーピー
英国の国際石油資本．1909年に Anglo-Persian Oil Co., Ltd. の名で創業，1954年に British Petroleum Co., Ltd. となり，2001年に BP p.l.c. に変更．

### Brach's　ブラークス
米国製のキャンディー・チョコレートなど．キャンディーコーンの売上げは米国第1位．1904年より製造．創業者は Emil J. Brach (1859–1947).

### Bradenham　ブラデナム
英国製の，塩漬けにせず糖蜜で保存処理された黒色のハム．Bradenham Ham ともいう．

### Bradley　ブラッドリー
もとは米国の Bradley Time (Elgin National Industries, Inc. の一部門) の略・通称，同社製の時計類．漫画のキャラクターが文字盤についた子供用腕時計が人気商品であった．

### Brady　ブレイディー
英国のバッグメーカーの略・通称，同

社製のバッグ類など．John Brady と Albert Brady の兄弟が 1877 年に革製の銃ケースを作ったのが起源．

**Braemar** ブレーマー
スコットランド製のカシミヤなどのセーター類．1868 年創業．

**Brahms Mount** ブラームズマウント
米国で 1800 年代にまで遡る織物の伝統技術を持つ Maine 州で，それを生かして Claudia Brahms と Noel Mount が創業した織物ブランド，それを使ったスカーフ・タオル・ブランケットなどの製品．

**Bran Buds** ブランバッズ
米国製の食物繊維のシリアル．Kellogg's* 製 All-Bran ブランドの一つ．

**Bran Chex**
⇒ Chex.

**Brannam** ブラナム
⇒ C. H. Brannam.

**Brannigans** ブラニガンズ
英国 KP Snacks 製のポテトチップス (crisps)．Lam & Mint, Beef & Mustard, Ham & Pickle などのフレーバーがある．⇒ KP Snacks

**Branston** ブランストン
英国 Premier Foods plc 製の食品ブランド．特に 1922 年に Burton upon Trent の Burton 郊外で Crosse & Blackwell 社によって始まった瓶詰めのピックル Branston Pickle が有名．

**Brasso** ブラッソ
英国 Reckitt Benickiser* 製の，しんちゅう (brass) などに用いる金属磨き剤 (metal polish)．1905 年に商標登録．

**Braun** ブラウン
ドイツの小型電気器具メーカーの略・通称，同社製の電気かみそり・時計・電卓・美容器具など．同社は 1921 年にプロシア人の錠前工兼技術者 Max Braun が，家内工業の小さなラジオ製造所として創業．同社の代名詞的商品である電気かみそりは，1938 年から開発が始められ，S50 が 1954 年に市場化，一気に同社の代表的商品となった．

**Brause** ブラウゼ
ドイツのペン先・ペン軸メーカー，そのブランド．1850 年創業．

**Brawny** ブローニー
米国 Georgia-Pacific LLC 製のペーパータオル．

**Breakstone's** ブレークストーンズ
米国 Kraft* 製のサワークリーム・カッテージチーズなど．

**Breathalyzer** ブリーザライザー
米国製の酒酔い度測定機．息を分析して飲酒の度合いを調べる．現在では一般的に小文字で酒酔い度測定機のこと．

**Breathe Right** ブリーズライト
米国 GlaxoSmithKline Consumer Healthcare, L. P. 製の鼻孔拡張テープ (nasal strips)．鼻の通りをよくするプラスチックバー入りのテープで，鼻に貼ることによって鼻孔での通気率が約 30% 高まるという．発明者は Bruce Johnson．季節の変わり目の鼻づまりや鼻づまりが原因のいびきなどに効果がある．また，スポーツ選手の酸素摂取量を増やしたい場合などにも使う．馬の疲労回復を早め，肺のストレスを減らすための馬用の鼻孔拡張テープ (equine nasal strips) は Flair.

**Breath O'Pine** ブレスオパイン
米国 Brondow, Inc. 製の，家庭用・消毒剤・洗浄剤・防腐剤．松根油 (pine oil) が成分に含まれる．元の名前は No GHt で 1943 年に現在の名前になった．

**Breguet** ブレゲ
スイスの時計メーカー，同社製の宝飾腕時計・懐中腕時計・スケルトン腕時計などのブランド．同社は 1775 年にスイス生まれの Abraan Louis Breguet (1747–1823) が Paris で時計店として創業，1970 年に Paris の宝石貴金属商 Chaumet* が復活させた．

**Breil** ブレイル
イタリアの時計メーカー，そのブラン

# Breitling

ド．同社は 1942 年創業．

**Breitling**　ブライトリング
スイスの時計メーカー，同社製の腕時計．同社は 1884 年に Leon Breitling が創業．航空機用時計が有名．

**Brer Rabbit**　ブラーラビット
米国 B&G Foods, Inc. 製の糖蜜・シロップ．

**Brexton**　ブレクストン
英国製のピクニックセット．Brookes and Sexton という名前の会社のブランドであった．

**Breyers**　ブレイヤーズ，ブライヤーズ
米国製のアイスクリーム・ヨーグルトなど．William A. Breyer が 1866 年にアイスクリームを作ったのが始まり．現在は Unilever* が所有．

**Brie**　ブリー
フランス北部の農業地域 Brie(Saine 川と Marne 川にはさまれた地域)で生産されるナチュラルチーズの一種．外側が白かびでおおわれた柔らかいもので美味．

**Brigg**　ブリッグ
英国 Swaine Adeney Brigg* 製の傘・杖・ステッキ・帽子など．1750 年から．

**Bright & Early**　ブライトアンドアーリー
米国 The Coca-Cola Co. 製の(朝食用)オレンジジュース．bright and early は「(余裕をもって)朝早く」の意味のイディオム．

**Brigitte**　ブリジット
ドイツ Gruner＋Jahr 刊行の女性誌．1886 年に創刊された伝統のある雑誌で，現在の誌名は 1954 年から．2009 年には表紙を飾るプロのモデルの体型が不自然すぎるとして起用中止を発表して話題になった．

**Brillo**　ブリロ
米国製の，ピンク色の石鹸がついている鋼鉄繊維製のたわし (steel wool soap pads)．1913 年発売．スポンジメーカーとして有名な Armaly Brands が 2010 年に買収した．

**Brintons**　ブリントンズ
英国のじゅうたんメーカー，そのブランド．同社は 1783 年に William Brinton が創業．英王室御用達であり，また世界各国の有名ホテル・政府の建物・空港・宮殿で使用されている．

**Brioni**　ブリオーニ
イタリアのデザイナー Gaetano Savini Brioni のデザインした紳士用衣料品(スーツ・ネクタイ・ソックス・マフラー・カラーシャツ・ニットウエア・ベルト・靴など)のブランド，そのメーカー(1945 年創業)．

**Bristol-Myers Squibb**　ブリストルマイヤーズスクイブ(社)(〜 Co.)
米国の大手の医薬品メーカー．1887 年に William M. Bristol と John R. Myers が創業した Bristol-Myers が 1989 年に Squibb と合併．

**Brita**　ブリタ
ドイツに本拠地を置く家庭用浄水器やフィルターのメーカー，そのブランド．1966 年に創業したドイツ人 Heinz Hankammer が娘の名前 Brita にちなんで命名．

**Britax**　ブリタックス
英国に本拠地をおくチャイルドシート・ベビーカーなどのメーカー，その製品．1939 年創業のもともとのメーカー名 British Accessories の短縮．

**British Gas**　ブリティッシュガス
英国のガス会社．1986 年末民営化．

**British Home Stores**　ブリティッシュホームストアーズ
英国の大衆向き小売りチェーン店．略称は BHS; 1928 年創業．

**British Leyland**　ブリティッシュレイランド
英国の自動車メーカーの略・通称．同社は 1968 年に British Motor Holdings と Leyland Motor Corp (1919 年創業)の合弁で誕生．これによって，Austin, Morris, Rover, Triumph, Jaguar などの計 126 の組み立てラインの合理化が行なわれることになった．業績悪化のため 1975 年に国有化

されて British Leyland Ltd となり, 1977 年に BL plc と社名変更. その後も売却や民営化などをくり返しブランド商標権もいくつかの会社に分散した. いずれの場合も BL の略称でも呼ばれる. ⇨ Austin, Mini, Rover.

**British Nova** ブリティッシュノヴァ
英国 British Nova Works Ltd 製の床磨き剤・じゅうたんやビルの清掃剤など.

**British Steel** ブリティッシュスチール[スティール](社), 英国鉄鋼(公社) (~ **Corp.**)
英国の国営鉄鋼メーカー. 略 BSC. 1967 年に民間鉄鋼会社 13 社と国有鉄鋼会社 1 社が統合されて設立された. 1999 年オランダの鉄鋼メーカー Koninklijke Hoogovens と合併し Corus Group (現在は Tata Steel Europe) となった.

**British Telecommunications** ブリティッシュテレコミュニケーションズ(社) (~ **plc**)
⇨ BT Group.

**Britoil** ブリトイル
英国 British National Oil Corp の略・通称. 国有の英国石油公社の生産・探鉱部門を担当する会社. 1988 年 BP* に買収されその傘下に入った.

**Britvic** ブリトヴィック
英国製の清涼飲料メーカー, そのブランド. もともとのメーカーは 19 世紀半ばに設立された The British Vitamin Products Co. で, Britvic はその社名を縮めたもの.

**Broadwood** ブロードウッド
英国のピアノ職人 John Broadwood (1732-1812) が手作りした, または彼が設立した会社が製造したピアノ, その会社の略称. 同社は Burkat Shudi が 1728 年創業した世界で最も古い歴史を持つ英国の代表的ピアノメーカー.

**Brolac** ブロラック
英国 Brolac/Berger Ltd-U.K. 製の塗料. 1920 年代に Broadmead Lacquer Paint として売られていたものが, 短縮されて出来た名称.

**Bromo(-)Seltzer** ブロモセルツァー
米国製の制酸剤・鎮痛剤・解熱剤. bromide (臭化物)入りの発泡性水薬. 1887 年から製造. Isaac E. Emerson が発明.

**Bronkaid** ブロンケイド
米国の Bayer Consumer Care 製の気管支拡張薬・充血緩和剤・去痰薬として使われる市販薬.

**Brooke Bond** ブルックボンド
紅茶のブランド. 創業者 Arthur Brooke の Brooke と「響きが良い」という理由で加えられた Bond から. 同社は 1984 年より Unilever* 傘下.

**Brooklyn** ブルックリン
1987 年米国 New York 州 Brooklyn に創業の The Brooklyn Brewery 製ビールのブランド. Brooklyn Lager, Brown Ale, Pilsner など.

**Brooks** ブルックス
米国 Brooks Sports, Inc. 製のランニングシューズなど. 1914 年創業.

**Brooks Brothers** ブルックスブラザーズ
米国最初の紳士既製服専門店, 同店のオリジナル商品のブランド. 同店は 1818 年にもと食料品輸入商人の Henry Sands Brooks (1772-1833) が Henry S. Brooks Co. として創立. Golden Fleece (金の羊)をシンボルマークとした(登録は 1915 年). Lincoln, Roosevelt ら歴代の大統領が同社製品を愛用, また Scott Fitzgerald の小説には同店の名がよく登場する. 同社は 2001 年イタリアの富豪 Claudio del Vecchio の所有する Retail Brand Alliance 社がオーナーになった.

**Brownberry** ブラウンベリー
米国製のスライス食パン・ロールパンなど. 1946 年 Catherine Clark が創業. Bimbo Bakeries USA の一部門.

**Brownie** ブローニー

米国 New York 州の Eastman Kodak Co. 製の, 安価で撮影が簡単な小型箱形カメラ. 写真関連品の発明家であり同社創業者の George Eastman が開発. カナダの作家で挿し絵画家の Palmar Cox の本と詩に登場する快活で有能な小人の名からの命名で, その絵は同製品の広告やパッケージに用いられた. 開発担当者の一人の Frank Brownel の名が影響しているとする説もある. 最初の型は 1900 年に発売され, 当時の価格は 1 ドル, フィルムが 15 セント. 6 センチ四方の写真 6 枚が撮れた. 厚手のボール紙製で, 木で補強されており, 表面は黒の人工皮革でおおわれている. 長い間米国で最も有名な家庭の日常用のカメラの地位にあった. このシリーズは米国では 1962 年まで(最初の型は 1915 年まで), 英国では 1967 年まで生産された. Brownie の名は同社の初期の 8 ミリカメラにも使用された. 同社は箱形でない今日の普通の形のカメラや二眼レフには Kodak* のブランドを用いた.

**Browning** ブローニング, ブラウニング
米国のスポーツ銃器などのメーカー, そのブランド.

**Browns** ブラウンズ
英国 London の South Molton St. にある百貨店. Joan Burstein と夫の Sidney が紳士服ブティックとして 1910 年に創業したのが起源.

**Broxodent** ブロクソデント
米国の Squibb Corp. (1968 年創業) 製の電動歯ブラシ. 1 秒間に上下に 120 回振動. 同種商品のはしりで, 1961 年発売. 当時はコード付き, 後にコードレス型も生まれた.

**Broyhill** ブロイヒル
米国の家具メーカーの略・通称, そのブランド. 創業者 Thomas H. Broyhill が 1905 年に家具製造に資金を投入したのがはじまり.

**Bruce Oldfield** ブルースオールドフィールド
英国の服飾デザイナー Bruce Oldfield (1950- ) の作品, その注文服店. 同氏は 1975 年にデビュー. 婚約時代以降の故 Diana 妃お気に入りのデザイナーの一人.

**Bruichladdich** ブルイクラディック, ブルアホラディッヒ
スコットランド製のモルトウイスキー. 1881 年からゲール語で「海辺」の意.

**Bruno Magli** ブルーノマリ
イタリアの婦人靴デザイナー Bruno Magli ら 3 兄弟が, 1936 年に Bologna で創業した婦人靴メーカー, そのブランド. 現在は婦人用バッグ, 紳士靴も扱っている.

**Brunswick** ブランズウィック
米国の家具などのブランド. ビリヤードテーブルが有名. 1845 年創業.

**Brush 'n Leaf** ブラッシュンリーフ
米国 American Art Clay Co., Inc. 製の金属色仕上げ塗料. Rub 'n Buff* ブランドもある.

**Brut** ブルート
米国の Fabergé, Inc. 製の男性用化粧品(アフターシェーブローション・コロンなど).

**Brutus Jeans** ブルータスジーンズ
英国製シャツ・ジーンズのメーカーの略. そのブランド. 1966 年 Keith Freedman と Alan Freedman の兄弟が当時人気のアフターシェーブローションの Brut と "us" からの命名.

**Bryant & May** ブライアントアンドメイ
⇨ Swan Vestas.

**Brylcreem** ブリルクリーム
英国の男性用ヘアクリーム. 1928 年に製品化. 当初は理髪店にだけ売られた. brilliantine (頭髪用香油)と cream の合成による命名. 第二次大戦後米国に進出し, 1960 年までに非常にポピュラーになった.

**BSA** BSA

英国の銃器メーカー Birmingham Small Arms Co の略・通称, その商標. 1861 年創業.

**BT Group**　ビーティーグループ (~ plc)
英国最大の電気通信事業者・インターネットプロバイダー. もとは郵政省の一機関で, 1984 年に British Telecommunications plc として民営・株式会社化された. 1991 年に BT Group に社名変更.

**Bubble Up**　バブルアップ
米国 The Dad's Root Beer Co., LLC 製のレモンライム風味の清涼飲料. もとは別の会社が 1917 年発売.

**Bubble Yum**　バブルヤム
米国 The Hershey Co. 製の, 風船ガム. 1975 年発売開始.

**Bubblicious**　バブリシャス
米国 Cadbury Adams 製の風船ガム. 1977 年発売開始.

**Buck**　バック
米国製のアウトドア用ナイフ類. 鍛冶職人 Hoyt Buck が 1902 年にナイフを作ったのが起源.

**Buckhorn**　バックホーン
米国製のビール. ⇨ Hamm's.

**Bucky**　バッキー
米国の枕などのメーカー Bucky, Inc. (1992 年創業), 同社製の枕・旅行用枕 (neck pillow)・アイマスク (sleep mask) などのブランド.

**Buddig**　バディッグ
米国製の食肉加工食品 (コンビーフなど). Carl Buddig が 1886 年創業.

**Budget**　バジェット
米国のレンタカー会社の略・通称・商標. 1958 年当時, Hertz* や Avis* が 1 日 10 ドル・1 マイル 10 セントの料金であったとき, 1 日 4 ドル・1 マイル 4 セントで, Los Angels の店で, Morris Mirkin が始めた. "budget-minded" (予算に関心のある) 利用者にアピールする意図で命名.

**Budget Gourmet**　バジェットグルメ
米国 Bellisio Foods, Inc. 製の冷凍アントレ (frozen entrees). Michelina's の冠ブランド.

**Bud Light**　バドライト
米国 Anheuser-Busch Cos., Inc. 製の低アルコール・低カロリービール. Miller* 社の Lite* のヒットに対抗して生まれた製品. 1982 より発売. Bud は Budweiser* の略. Bud Light Lime (2008 年発売) や Bud Light Golden Wheat (2009 年発売) もある.

**Budweiser**　バドワイザー
米国 Anheuser-Busch Cos., Inc. 製のラガービール. 1876 年より製造. "The Great American Lager" とうたう. 米国で最初に全国的に販売を始めたビール. 愛称 Bud. ⇨ Anheuser-Busch, Bud Light.

**Buena Vista Carneros Winery**　ブエナヴィスタカルネロスワイナリー
米国 California 州 Sonoma にある歴史的醸造場. 1857 年に同州におけるブドウ栽培の父親とされる Agoston Haraszthy (1812–69) が創設.

**Bufferin**　バファリン
米国 Bristol-Myers Squibb 製の鎮痛薬・解熱薬・抗炎症薬・抗リウマチ薬. 1950 年代に開発・発売.

**Buick**　ビュイック
米国 GM 製の乗用車のブランド. 1903 年から生産.

**Buitoni**　ブイトーニ
イタリア製のパスタ類 (スパゲッティ・マカロニなど), そのメーカー. 1827 年に創業.

**Bukta**　バクタ
英国製のスポーツウェア・バッグのメーカー. 社名は 1879 年代に同社を創業した Edward Robinson Buck の姓に由来.

**Bulgari**　ブルガリ
イタリアの宝飾アクセサリーと時計の店, そのブランド. 1884 年にギリシャ人 S. Bulgari が, 自作の金銀細工を売る小さな店として開店. 社名ロゴは BVLGARI と書く.

## Bulmers

**Bulmers** ブルマーズ
英国 H. P. Bulmer Ltd の略・通称, 同社製のリンゴ果汁素材の弱発泡性低アルコール飲料 (cider). 1887 年 Percy Bulmer により創業.

**Bulova** ブローヴァ, ブローバ
米国の時計メーカー Bulova Corp. の略・通称, 同社製の時計類各種のブランド. 同社は 1875 年に Joseph Bulova (1851-1936) が設立. 1960 年に世界初の非機械式の時計として開発された音叉式電子腕時計 Bulova Accutron が有名.

**Bumble Bee** バンブルビー
米国の Bumble Bee Seafoods, LLC の略・通称, 同社製の海産物食品. 1899 年 7 人の缶詰め業者でサーモン缶詰めを製造したのがはじまり. "Yum Yum Bumble Bee" のコマーシャルソングで有名.

**Burberry** バーバリー
英国 London にある衣料品店, その製品. コート・紳士服・婦人服・ニットウエア・アクセサリー・スカーフ・ゴルフバッグなど. 1856 年に Thomas Burberry (1835-1926) が創業. 1911 年にソリで南極点に到達したノルウェーの Amnsen のテント・防風服は同社製.

**Burfield** バーフィールド
英国 Burfield & Co (Gloves) Ltd 製の手袋 Burfield Gloves. 同社にはグローブカッターと呼ばれる貴重な技術継承者がいる. 素材はヘアシープで, アフリカやインドなどを原産地とする, 主に食肉用・採乳用に家畜化された原種に近い羊の革を使う.

**Burger King** バーガーキング
米国の Burger King Corp. 系列のハンバーガーのチェーン店, そのブランド. 同社は 1955 年に James W. McLamore と David R. Edgerton が設立. ⇨ Whopper.

**Burmah Oil** バーマオイル
英国 The Burmah Oil plc (1902 年創業) の略・通称, およびその系列の米国 Castrol, Inc. (⇨ Castrol) 製の石油製品のブランド. 業績不振のため 2000 年 BP Amoco へ売却された.

**Burma-Shave** バーマシェーブ [シェーヴ]
米国の American Safety Razor Co. 製のシェービングクリーム. 1925 年に Clinton Odell が, 医者のすすめで本業の保険の仕事を休んでいた際, 家に伝わる何にでも効く湿布薬の転用を思いつき, 土地の薬剤師の協力を得て開発. 開発当時の社名は Burma-Vita. Burma は主成分の油の産地のビルマ, vita はラテン語で「生命」の意. 1926 年から, 息子の Allan の着想に基づき, Minnesota 州を皮切りに, 道路沿いに一見詩的な, 交通標語のような, 冗談まじりの文を書いた連続看板を大量に立てて宣伝し, 売り上げを飛躍的に伸ばした. その後道路法の改正でこの種の看板は禁止され売り上げは下降した.

**Burpee** バーピー
米国の W. Atlee Burpee Co. の略・通称, 同社製の家庭園芸用の花と野菜などの種. 養鶏・養畜業者 Washington Atlee Burpee (1858-1915) が, 1878 年創業.

**Burrough's English Vodka** バロウズイングリッシュウオッカ
⇨ Borzoi.

**Burton** バートン
英国の紳士服のブランド. 1903 年 Montague Burton (1885-1952) が創業.

**Burton's Foods** バートンズフーズ
英国 Burton's Gold Medal Biscuits Ltd と Horizon Biscuit Co が 2000 年に合併してできた食品メーカー. 主力商品はビスケット.

**Burt's Bees** バーツビーズ
米国 Maine 州で 1984 年に生まれた, 天然由来の成分で作ったナチュラル・パーソナルケア化粧品ブランド. 蜂蜜職人になった Roxanne Quimby と Burt Shavitz が創業し, "Earth

friendly, Natural Personal Care Company" とうたう.

**Busch** ブッシュ
米国 Anheuser-Busch Cos., Inc. 製のビール. 1955 年に発売, ヒット商品となった. 低カロリータイプの Busch Light (1989 年発売) もある.

**Bush** ブッシュ
英国の Bush Radio plc の略・通称, 同社製のラジオ・テレビなど. 同社は Bush Radio Ltd の名で 1932 年に創業, 1942 年に Rank Group の一部となり, 2008 年に Home Retail Group に売却されその傘下となった. 同ブランドで他に DVD プレーヤー・MP3 プレーヤーなども販売.

**Bushmills** ブッシュミルズ
アイルランド製のウイスキー. 1608 年から.

**Bushnell** ブッシュネル
米国の光学機器メーカーの略・通称, 同社製の双眼鏡など 1948 年創業.

**Business Week** ビジネスウィーク
米国のビジネス週刊誌. 現在は Bloomberg が刊行. 正式名称は Bloomberg Businessweek. 毎年 The 100 Best Global Brands を発表. 1929 年創刊.

**BuSpar** ビュースパー
米国 Bristol-Myers Squibb* 製の不安緩解薬 (anxiolytic).

**Buster Brown** バスターブラウン
George Warren Brown が 1878 年に創業した米国屈指の靴メーカー Brown Shoe Co., Inc. 製の子供靴. Buster Brown とは, 1902 年に米国で初めて新聞のページいっぱいにオールカラー 4 色刷りで登場した漫画の主人公の少年の名前.

**Butazolidin** ブタゾリジン
スイス製の関節炎・痛風用の鎮痛・解熱・消炎剤.

**Buti** ブーティ
イタリアの革製カジュアルバッグ・旅行かばんのメーカー, そのブランド. 素材はエチオピアンシープ革, またはインクロシャート (山羊と羊の混血種) 革で, 特殊な圧縮加工を施した硬質皮革を, 留め具やアクセントに用いている. 手作りで多品種少量生産.

**Butler** バトラー
もとは米国の歯ブラシのブランド. 1923 年に米国の歯科医 John O. Butler が歯ブラシを市場化したのが起源. 現在は日本のサンスター (Sunstar, Inc.) のブランド.

**Butterball** バターボール
米国 Butterball LLC 製の冷凍の七面鳥肉など. 1954 年創業. 幅広の胸肉の丸々と太った形から命名.

**Butter Buds** バターバッズ
米国 Butter Buds Food Ingredients 製の脂肪・コレステロールを含まないバター風味の顆粒. ロゴは ButterBuds.

**Butterfinger** バターフィンガー
Nestlé* 製のチョコレートバー. "Nobody's Gonna Lay a Finger on My Butterfinger" とうたう.

**BVD** BVD
米国製の男性用下着. 通常は BVDs で使う. 1876 年創業. 創業者である 3 人の男性 Bradley, Voorhees, Day の頭文字を取ったもの. "Next to myself, I like BVD best" とうたう.

**Byblos** ビブロス
イタリアの人気ファッションブランド. 1973 年設立. Byblos はフランスのホテルの名前から.

**Byford** バイフォード
英国の高級紳士物ブランド (セーター・ニットシャツなど). 1919 年に Donald Byford がウール製靴下のメーカーとして創業.

**BYTE** バイト
米国 CMP Media 発行の月刊コンピューター雑誌. 1975 年 9 月から 1998 年 7 月まで刊行.

# C

**Caballero** カバレロ
英国の大手たばこメーカー Rothmans International plc 製の紙巻きたばこ. ⇨ Rothmans.

**Cabbage Patch Kids** キャベツ畑人形, キャベッジパッチキッズ
1983年秋から1984年初頭に, 米国で大流行した, とぼけた顔をした赤ん坊の縫いぐるみ人形. 米国製で, 考案者は Xavier Roberts. 子供に対して「赤ん坊はキャベツから生まれる」と説明することがあるところからの命名. 顔が少しずつ変えてあり, 同じものが2つとない. Cabbage Patch Dolls とも呼ばれた. ⇨ Furskins, Koosa.

**Cabela's** キャベラズ
米国の釣具・ハンティング用品・アウトドア用品メーカー, そのブランド. ルアー (lure) 釣用品が充実. Dick Cabela が1961年創業. "World's Foremost Outfitter" がロゴ. 日本ではカベラス.

**Cabernet Sauvignon** カベルネソーヴィニヨン
フランス Bordeaux 地域の Médoc, Graves 地域の公式格付けワインの主要品種であるブドウ品種名. 商標ではない. 米国の California 州・オーストラリア南部の州では, 同品種を用いて, 単一品種で赤ワインを生産している.

**Cabin Crafts** キャビンクラフツ
米国製のカーペット.

**Cable Car Clothiers** ケーブルカークロジャーズ
米国 San Francisco にある紳士用品店. 英国および英国風のトラディショナルなスタイルの衣料品を販売. Burberry* 製品の特約店でもある.

**Cabochard** カボシャール
フランス Grès* の香水・オードトワレなどのシリーズ. 意味は「手に負えない[強情っぱりの]人(特に女性)」.

**Cacharel** キャシャレル
フランスの既製カジュアルウェアメーカー, そのブランド. デザイナー Jean Henri Bousquet (1932– ) が1958年にパリで小さな男性用シャツの店を開き, 60年代始めに女性用シャツで脚光を浴びた. ロゴは全て小文字. 女性用の商品の広告写真は, Elle 誌の広告写真の人気投票で最多回数, 賞を得ている. この名はマガモ属のシマアジ (garganey) の地方での呼び名から.

**Cacique** カチーク
米国のチーズメーカー Cacique Cheese の略・通称, 同社製のチーズ.

**Cadbury** キャドバリー
英国の大手総合食品メーカー Cadbury plc (2010年 Kraft Foods の小会社となる) 製のチョコレートなど. Cadbury 社の前身は, 1824年に24歳のクエーカー教徒 John Cadbury が開店した食料品雑貨店で, その後飲料チョコレートやココアの製造を始めた. 菓子の製造は1866年から. 日本では日本クラフツ株式会社名で展開.

**Caddie** キャディー
米国車 Cadillac* の愛称. Caddy とも綴る.

**Cadets** キャデッツ
米国製の葉巻.

**Cadillac** キャデラック
米国 Cadillac Motor Car Div. (General Motors Corp. の一部門) の略・通称, 同社製の乗用車. 同部門はもと Cadillac Automobile Co. といい, 1902年より同車を製造. その名は, 1701年に Detroit の都市建設事業を行なったフランス人冒険家 Antoine de La Mothe, sieur de Cadillac に由来. ☆ Caddie [Caddy] の愛称でも呼

ばれる.

**Cagiva** カジバ
イタリアのオートバイメーカー, その製品.

**Cagle's** ケーグルズ
米国の, 鶏肉を中心とした食肉製品の大手メーカー (Cagle's, Inc.), 同社製の鶏肉など. 同社は1959年創業.

**Caithness** ケイスネス
英国のガラス器製造会社 Caithness Glass (Dartington Crystal (Torrrington) Ltd の一部門) の略・通称, そのブランド. 同社は1960年創業, ボウル・花瓶・ペーパーウェイト・香水瓶などを製造. 1970年代初頭に女王の母から御用達の証が同社に与えられた.

**Calavo** カラヴォ
米国 Calavo Growers, Inc. の略・通称, 同社製のココナツ・アボカド・ライムなどの果実, およびそれを加工した冷凍食品. 創業は1924年.

**Caldecort** カルデコート, コールドコート
米国 Novartis 製のかぶれ・虫さされ・発疹・かゆみ止めスプレーの市販薬.

**Caldesene** カルデシーン
米国 Insight 製のおむつかぶれ予防・治療用のパウダーや軟膏.

**Calèche** カレーシュ
フランス Hermès* 製の香水・パルファンドトワレット. 1961年 Guy Robert の調香で発表.

**Caleys** ケイリーズ
英国 Berkshire の, Windsor 城の正門の向かいにあったデパート(Caleys Ltd.). 3階建ての小規模なものだったが伝統があり, 英王室の人々も利用した. 1824年開店(前身の店はそれ以前から別の場所にあったが創業年は不明). 創業者は王室御用達の帽子製造業者と, 洋裁用小間物・絹織物・レース製造業者の Caley 兄弟. 2006年閉店.

**Calgon** カルゴン
英国 Albright & Wilson Ltd (1892年創業) および米国 Calgon Corp. (Merck & Co., Inc. (1934年創業) の一部門) 製の硬水軟化剤 (water softener). 洗浄剤・革なめし剤・懸濁液の解膠剤などとしても使用される. 同ブランドでバブルバス剤・バスオイル球などもある. 硬水軟化剤は "Ancient Chinese secret, huh?", 入浴剤は "Calgon, take me away!" のCMで知られる.

**California Cooler** カリフォルニアクーラー
米国の California Cooler Co. (Brown-Forman Corp. 傘下) 製のワインクーラー (wine cooler). California 産の白ワインをベースに, レモン・ライム・パイナップル・グレープフルーツの天然果汁・果肉を加え, 炭酸で割ったアルコール含有清涼飲料. アルコール分6%. 白ワインと果汁とソーダで作るパーティー用のパンチをヒントに, Michael Crete と R. Stuart Bewley が1981年に考案し, 1985年に製造権と設備は Brown-Forman, Inc. に売却された.

**California Surf** カリフォルニアサーフ (~Co)
英国 Oxford で1999年に創業した T シャツやフードスウェット・ショーツなどのブランド. フェルトやアップリケなどを施し, ダメージ加工をしている. バイオウォッシュ加工を施し, 古着の風合いを再現しているので, ソフトな肌触りに仕上がる.

**Callaghan** カラガン
イタリア製の婦人既製服・ニットウェアのブランド.

**Calman Links** カルマンリンクス
英国 London の Brompton Rd にある英国最古の毛皮店 (Calman Links (Trading) Ltd), その製品. ハンガリー生まれの Calman Links (1868–1925) が1893年に創業. 1953年より毛皮商で唯一の英王室御用達. 素材はロシアンセーブルやミンクが主.

**Calor** ケイラー
英国 Calor Gas Ltd の略・通称, 同社製の液化天然ガス. 成分はブタンガス.

## Calphalon (Cookware)

通例 Calor gas [Gas] ともいい, 姉妹品のプロパンガスは Calor Propane という. 小型ボンベに入れられて供給されており, 家庭用ガス台やストーブ (Calor gas stove) などに用いられる. 1936 年より製造. 商標登録は 1938 年. Calor はラテン語で「熱」の意.

**Calphalon (Cookware)** カルファロン(クックウェア)
米国製の鍋・フライパンなど. 素材は陽極酸化処理をした (anodized) アルミニウムで, 独特の黒色をしており, 陽極処理をしないものに比べて緻密で堅く, すり減りにくい表面になっている. 取っ手は鋳鉄製で, 強固にリベット止めされ, 耐久性が高い. 2005 年から日本の刀にちなんで Katana Series の刃物類を製造.

**Caltrate** カルトレート
米国 Wyeth 製のカルシウムなどの補給物. ダイエット中の人に最適で, カロリーはなく, 半クォート分のミルク相当のカルシウムを補えるという. "When you stopped drinking milk.... you didn't stop needing calcium." と宣伝した.

**Calumet** キャリュメット, カルメット
米国で 1889 年当時は Calumet Baking Powder Co. が製造, 現在は Kraft* 製のベーキングパウダー. パウダーの容器には羽根のついた帽子をかぶった北米先住民の横顔が描かれている. 1889 年に William Wright が Chicago で開発. calumet は北米先住民の平和友好のパイプ (peace pipe) の意だが, Chicago には同名の公園・川・湖・港がある.

**Calvert Extra** カルヴァートエクストラ
米国製のブレンデッドウイスキー. 80 proof. もと Calvert Distillers Co. 製.

**Calvet** カルヴェ(社) ( ~ et Cie)
フランス Gironde 県 Bordeaux 市のワイン商. Bordeaux 産・Loire 産・Burgogne (Burgundy)産・Rhône 産などの原産地統制呼称ワインと商標テーブルワインを販売.

**Calvin Cooler** カルヴィンクーラー
米国のワインベースの清涼飲料. 低アルコールで, 柑橘類風味.

**Calvin Klein** カルヴァンクライン, カルバンクライン
米国のデザイナー Calvin (Richard) Klein (1942– ) のデザインした衣料品, New York 市の 39th St. にあるその店, その製品の製造・販売会社 (Calvin Klein Ltd.; 前身は 1968 年設立). 化粧品は Calvin Klein Cosmetics Corp. (Minnetonka Corp. の一部門) が製造・販売.

**Camaro** カマロ
米国 Chevrolet Motor Div. (General Motors Corp. の一部門) 製の乗用車 Chevrolet* の一車種. Corvette* の廉価版といったところ. 1966 年発売.

**Camay** キャメイ
米国家庭用品の大手メーカー Procter & Gamble* 製の石鹸. 1926 年発売. フランス語の camée (cameo) からの造語によって命名. cameo に似た刻印が押してある. 世界 60 か国以上で売られている人気商品で, 1986 年には Egypt に進出. 過去の有名なスローガンは: "You are in a beauty contest every day of your life." "You'll be lovelier each day, with fabulous pink Camay." 'Camay Brides' も人気広告だった.

**Cambridge** ケンブリッジ
米国製の男性化粧品. 球型のキャップが付いた, なで肩のスマートなびん入り.

**Cambridge** ケンブリッジ
米国製のフィルター付き紙巻き低タールたばこ. ⇒ Philip Morris.

**Camcorder** カムコーダー
日本の Sony 製の録画・再生一体型 8 ミリビデオカメラの米国での商標. ☆ 一般語化して小文字でも用いられ

る．☆日本国内ではカムコーダーは一体型カメラの一般名称．

### Camel　キャメル
米国製の両切り紙巻きたばこ．トルコと米国産の葉のブレンドで，世界初の混合葉の紙巻きたばこ．1913年より発売，当時の定価は10セント（当時他のほとんどの銘柄が15セント—20セントであった）．1921年までCamelの売り上げは，米国紙巻きたばこ市場全体の半分を占めていた．売り上げは1960年まで1位(2位はLucky Strike*で，1929-34には1位だった)．発売当時エキゾチックな商品名が流行していたので，社長のRichard Joshua Reynolds (1918年没)は，当初の候補名Kaiser Wilhelm Cigarettesを廃案にして，Camelの名を選んだ．偶然Barnum and Bailey Circusが，Old Joeという名前のアラビア産のヒトコブラクダを連れて米国巡業に来たので，その写真を撮って，それから起こした絵をパッケージに描き，サーカスの巡業に便乗して"The Camels Are Coming!"というキャッチフレーズをつけた広告を出した．Old Joeは世界の歴史の中で最も多く印刷された動物となった．

### Camel　キャメル
ドイツKempel製の紳士用カジュアルウェアのブランド．素材は綿が主．

### Camelot Books　キャメロットブックス
米国Avon Books (HarperCollinsの一部門) 刊行のペーパーバックシリーズ．

### Camembert　カマンベール
フランスNormandy地方の農村で造られる無殺菌牛乳を原料としたチーズ．商標ではない．フランス産チーズでは最も知名度が高いため，他地域[他国]や工場で生産されたチーズでも類似品にこの名を付けている．チーズの表面が白カビで覆われているのが特徴だが，これは1910年に初めて行なわれたもの．

### Cameo　カメオ
カナダImperial Tobacco Ltd.製のフィルター付きキングサイズのメンソール入り紙巻きたばこ．非常に軽いCameo Frostもある．

### Camillus　カミラス
米国Camillus Cutlery Co. (1876年創業) 製のナイフ類 (折畳み式軍用多用途ポケットナイフ，米空軍・海兵隊のサバイバルナイフ，魚をさばくフィレナイフなど)．

### Camp　キャンプ
英国Paterson Jenks plc製の，瓶入り濃縮即席コーヒー液．chicory (キクニガナ)の根を煎ったものを添加している．スコットランド人Campbell Patersonが，インド駐留のスコットランド軍のGordon Highlandersのために作り，1885年に市場化．軍の野営と開発者名の一部とをかけて命名したものと思われる．同種商品は1850年代より作られていたが，Campの登場で急速に人気が高まった．

### Campagnolo　カンパニョーロ
イタリアの競技用自転車用部品のブランド，そのメーカー．創業者T. Campagnoloは元アマチュアレーサー．1933年に自転車用変速器Quick Releaseを開発して脚光を浴びることになった．自動車用ホイールも製造しており，素材はマグネシウム合金などで，ヨーロッパの高性能車が標準装備としている．

### Campanile　カンパニーレ
イタリアの紳士靴メーカー，そのブランド．19世紀後半にCampanile兄弟が創業．

### Campar　カンペール
1975年スペインのマヨルカ島で家族経営の靴メーカーとして創業．1981年バルセロナに1号店をオープンしてから，世界70カ国に展開．デザイン性のある革靴を中心に扱う．

### Campari　カンパリ
イタリアのCampari製の一種のリキュール．1860年より製造．主原料はビターオレンジ果皮で，キャラウェ

イ・コリアンダーの種子・りんどうの根のエキスなどを加えている．48 proof．考案者 G. Campari に由来．

## Campbell's　キャンベル(ズ)

米国の Campbell Soup Co. の略・通称，同社製の缶入り濃縮スープ・ポークアンドビーンズ・野菜ジュースなどのブランド．果物商だった Joseph A. Campbell (1900 年没) が 1869 年に，Joseph Campbell Preserve Co. の名で創業．缶入り濃縮スープは 1897 年以来看板商品．ヨーロッパ留学から帰国した社長の甥の John Thompson Dorrance (同社社員で，化学博士；1914 年に同社社長となった；1930 年没) の発案によるもの．今日でも人気 No. 1 のトマトスープは 1898 年に，Cornell College のフットボールチームのユニフォームからヒントを得て，赤と白の二分割の缶ラベルがデザインされた．この缶は米国では非常にポピュラーで，1960 年代にポップアーティストの Andy Warhol が，米国の象徴としてそのトマトスープ缶をポスターなどに用いた．人気商品 No. 2 はトマト味のポークアンドビーンズで 1904 年発売．

## Campfire　キャンプファイア

米国 Doumak, Inc. 所有ブランドの 1 つ．同社製のマシュマロ．米国ではキャンプなどでマシュマロをたき火であぶって (roast) 食べることに由来する名．1917 年より製造．

## Campho-Phenique　キャンフォフェニーク

米国の Bayer Consumer 製の camphor と phenol の配合剤．口唇ヘルペス (cold sore)・虫さされなどによる痛みやかゆみに使用．軟膏，液剤，ジェルがある．

## CAMRA　カムラ

純生ビールの醸造と愛飲を守り，その普及を目的とした，英国の任意加入の組合 the Campaign for Real Ale の略・通称．1971 年結成．そのようなビールを販売しているパブを助成・奨励している．

## Camus　カミュ

フランス Camus La Grande Marque S.A. の略・通称，同社製のコニャック．同社は 1863 年に Jean Baptiste Camus が創業．Camus のブランドを用いるようになったのは 1934 年．製品の 8 割が輸出される．

## Canada Dry　カナダドライ

米国製のジンジャーエール (ginger ale)・トニックウォーター・クラブソーダなど．薬剤師・化学者 John J. McLaughlin が 1904 年に開発．世界で最も売れているジンジャーエール．カフェイン・アルコール分はない．人工甘味料 aspartame を用いて 100 ml あたり 1 カロリーに抑えた Diet Canada Dry Ginger Ale もある．現在は Dr Pepper Snapple Group の所有．

## Canadian Club　カナディアンクラブ

カナダの Hiram Walker-Gooderham & Worts Ltd. (もと Hiram Walker & Sons, Ltd.) が，創業当時から販売していた主力商品であるカナディアンウイスキー．86.6 proof．6 年熟成．愛称は C.C. 上級品として 12 年熟成の Canadian Club Classic もある．Hiram Walker 社は，米国 Massachusetts 州生まれの Hiram Walker が，1858 年にカナダの Ontario で始めた個人営業のウイスキー醸造所．1879 年に当時常識だった計量売りをやめ，ベルギーから輸入した手吹きのボトルに詰めて自分の名を書いたラベルをつけて売るようになった．現在は Beam Global Spirits & Wine, Inc. (Fortune Brands, Inc. 傘下)．⇒ Hiram Walker's Crystal Palace．

## Canadian Mist　カナディアンミスト

カナディアンウイスキー．米国の Brown-Forman Corp. が販売．3 年熟成．80 proof．カナダから樽詰めで輸出され，輸出先でボトル詰めされることが多い．1980 年代末に導入された

キャッチフレーズは "Canada at its best". ★ Wilson Bryan Key 著の *Media Sexploitation* は, この句は "Canada a tits best" (最良の乳房のカナダ) とのかけ言葉で, ウイスキーを母乳と同一視することを潜在意識に訴える広告であるとしている.

**Canandaigua** カナンダイガ, カナンデイグア
米国の酒類メーカー Canandaigua Wine Co., Inc. (1945 年創業) の略・通称. デザートワインの Richard's Wild Irish Rose*, テーブルワインの Vino Casata, Virginia Dare などを製造.

**Canda** カンダ
⇨ C & A.

**C & A** C アンド A
英国に 1922 年に開店した衣料品店チェーン. 1841 年にオランダで Clemens と August の Brennink-meyer 兄弟が創業. 商標名は兄弟の頭文字の C と A から. ヨーロッパに 1192 支店と, 別に子供服, 婦人服店, ランジェリー店などの専門店があり, COFRA Holding AG 傘下. Clockhouse, Westbury, Your Six Sense などのブランド品がある. Canda は自社ブランド. ☆ 英国では俗に「コートと帽子」(coats and 'ats) の略とも考えられている.

**C & C** C アンド C
米国の C & C Beverages, Inc. の略・通称, 同社製 のコーラ飲料. Coke, Pepsi に次いで米国ではポピュラー. 生まれはアイルランドの Belfast で 1865 年. 1955 年に米国に入りヒットした. 当時の "cone top can" の容器の省略名称.

**Candie's** キャンディー(ズ)
米国の, 8 歳の女児から 24 歳までの女性向けの, 靴・化粧品・スポーツウェア・ドレス・靴下・下着など. Candy Girl と呼ぶ自立した若い女性のライフスタイルをうたいあげる宣伝が功を奏し, Britney Spears がキャンペーンに加わり驚異的に売り上げを伸ばした.

**Candlelight (Romance)** キャンドルライト(ロマンス)
Harlequin Romance* のヒットにあやかって米国 New York 市の Dell Publishing Co., Inc. が刊行した恋愛小説のペーパーバックシリーズ. ⇨ Dell (Books).

**Candygram** キャンディーグラム
米国 Western Union が 1960 年代に提供した電報サービスの一つで, 祝う人が電話で依頼し, 誕生日や記念日などに祝いの言葉を添えたキャンディーを届けるものだったが, 現在は電報業務そのものが終了. 現在は別にこれを商標としたキャンディー配送業者がある.

**Candy Land** キャンディランド
米国 Milton Bradley Co. (Hasbro, Inc. 傘下) が 1949 年から製造しているボードゲーム.

**Cannon** キャノン
米国の寝室・浴室用繊維製品の大手メーカー Fieldcrest-Cannon, Inc. 製の, タオル・毛布・シーツ・ベッドカバーなど. 前身の会社である Cannon Mills Co. (North Carolina 州) は 1887 年創業, 1928 年に世界で初めて色もののタオルを作った. 家庭用繊維製品の製造では世界のリーダー的存在であったが, 1986 年に競合メーカーであった Fieldcrest* に買収され, Fieldcrest-Cannon は 1997 年に Pillowtex Corp. に売却され 2003 年倒産.

**Canteen** キャンティーン
米国自動販売機の最大手メーカー Canteen Corp. の略・通称・商標. フードサービス業も行なっている. 1929 年 Canteen Vending Co. が設立されたのが始まり. 現在は Compass Group の一員.

**Canton** カントン
ドイツのスピーカー専業メーカー Canton Elektronik GmbH+Co. KG, そのブランド.「私は歌う」の意のラテン語 canto と,「音・音質」の意のド

イツ語 Ton を合わせて，創業者が命名．トールボーイ型の CA30，フロア型の代表機種 CT120・CT90，ブックシェルフ型の Karat 60・40・30・20，小型スピーカー Plus S・同 D，スーパーウーハーの Plus C，新しく Movie Series もある．1972 年に，もと Braun* のスピーカー部門に在籍していた O. Sandig と W. Seikritt 他 2 名で創業．

**Caplet**　キャプレット
のみ込みやすくするため細長い俵形にした錠剤．capsule と tablet の合成語．1936 年に米国で商標登録され，SmithKline Beecham plc が所有していたが 2008 年に登録抹消．☆小文字で一般語扱いされてもいる．

**Cap'n Crunch**　キャプンクランチ
米国 Quaker Oats* (PepsiCo, Inc. の一部門) 製のシリアル．1963 年発売開始．漫画のキャラクター Cap'n Crunch でも馴染みの商品．

**Capoten**　カポテン
米国 Par 製の高血圧治療薬などとして使われる処方薬．

**Capri**　カプリ
⇒ Chris-Craft．

**Capstan**　キャプスタン
もとは英国 W.D. & H.O. Wills (現在は Imperial Tobacco) 製の中級価格の紙巻きたばこ．1893 年に Royal George の名 (未来の George 5 世にあやかった名と思われる) で市場化しようとしたが，その名が認可されなかったので，Capstan に改名した．元来は capstan (車地，錨巻き上げ装置) の絵が大きく描かれていたが，1960 年代初頭にロゴ主体のものに変えられた．

**Captain D's**　キャプテン D (ズ)
米国の，シーフードとハンバーガーのファーストフードチェーン店．セルフサービス方式で低価格．1969 年 Tennessee 州で Mr. D's として開店．23 州にほぼ 600 店と，海外に数店舗を展開．赤い魚のマークが目印．

**Captain Morgan**　キャプテンモーガン
プエルトリコ Captain Morgan Rum Co. の略・通称，同社製のラム酒．金色でスパイス入り．80 proof．同社はカナダの Seagram 傘下．

**Captain's Table**　キャプテンズテーブル
カナダ MacGuinness Distillers Ltd. 製の高級ウイスキー．船では船長の食卓で主客がもてなされるところから来た名で，船が揺れても倒れないように配慮したという重心の低いデザインのボトルに入れられている．

**Capucci**　カプッチ
⇒ Roberto Capucci．

**Cara Mia**　カラミア
米国の Fleischmann Distilling Corp. 製のアマレット (amaretto) 風味 (アーモンド風味) のクリームリキュール．

**Caran d'Ache**　カランダッシュ
スイスの筆記具・画材メーカー，その製品．万年筆・ボールペン・シャープペンシルは 1907 年より発売．色鉛筆・クレヨン・絵の具も評価が高い．1924 年にスイスの株式仲買人 Arnold Schweitzer が創業 (前身の鉛筆メーカー Gerevan は 1915 年創業，1922 年倒産)．Caran d'Ache とは，アール・ヌーボーの時代の人気風刺戯画家であった，モスクワ生まれのフランス人 Emmanuel Poiré (1859-1909) のペンネームで，ロシア語 Karandash (黒鉛，転じて鉛筆) のもじり．そのサインの独特の字体もそのまま借用し，社名ロゴに使った．

**Carando**　カランド
米国の Carando Gourmet Foods の略・通称，同社製のイタリア風肉野菜料理．

**Carapace**　カラパス
英国の皮革衣料品メーカー，そのブランド．大胆な色使いとデザインで有名．素材はシープスキンが多い．なめしと染色はイタリアで行なっている．

**Carbofrax**　カーボフラックス

米国製の, 耐酸・耐熱セメント. メーカー名不詳.

## Carbolineum　カーボリニアム
米国 Carbolineum Wood Preserving Co. 製の, コールタールの留分のアントラセン油やクレオソート油から抽出される重い油状液. 木材に塗付すると風雨に強くなり, また殺虫・防虫効果がある. 改良タイプも多い.

## Carboloy　カーボロイ
米国 Carboloy, Inc. 製の, タングステン・炭素・コバルトを含む非常に固い合金の商標. 雄ねじ切り (die)・切削工具・鋭利な刃物・磨耗表面を作るのに用いられる.

## Carborundum　カーボランダム
米国 Carborundum Abrasives Products. (もと Carborundum Co.) の略・通称, 同社製の研磨剤. 炭化珪素 (silicon carbide) の微粒子で非常に硬い. サンドペーパーや研磨剤粉末として用いられる. 1892 年に E. G. Acheson が特許をとり, 商標登録. carbon (炭素) と corundum (鋼玉) からの造語. 耐火材 (refractory) としても使用.

## Carbowax　カーボワックス
米国製のポリエチレングリコールの液体や固体.

## Cardhu　カードゥー, カーデュ
スコットランド高地地方 Cardhu [Cardow] Distillery の略・通称, 同社製の 12 年熟成のピュアモルトウイスキー. ゲール語で「黒い岩」の意. 同蒸留所は 1824 年創業, 1893 年に John Walker & Sons Ltd に買収され, そのモルトの多くが Johnny Walker* の赤・黒の原酒となっている.

## Cardin　カルダン
⇨ Pierre Cardin.

## Care Bears　ケアベアーズ
米国 Kenner Parker Toys, Inc. (1964 年創業. Hasbro* が買収) 製の縫いぐるみのクマ (1983 年誕生).

## Care Bears　ケアベアーズ
米国 American Greetings 製のグリーティングカード, テディベアのキャラクター (1981 年誕生). 本, CD, テレビゲーム, おもちゃなども製品化されている.

## Carefree　ケアフリー
米国 Personal Products Co. (Johnson & Johnson* の一部門) 製の薄手のナプキン. 厳密には Carefree Panty Shield. 経血量の少ない時, タンポンの補助, または生理期間以外でも下着の汚れを防ぐ目的で用いる.

## Carefree　ケアフリー
米国 Nabisco Group Holdings Corp. 製のシュガーレスチューインガム.

## Caress　ケレス
米国 Lever Bros. Co. (Unilever* 傘下) 製の化粧石鹸.

## Caridex　ケアリデックス, カリデックス
英国で考案された, 虫歯の孔に, 酸性の薬液 monochloroaminobutyric acid をペンのような器具で塗って溶かす方法の商標. これによりドリル刃で孔を掘る作業をなくすか少なくすることができる. 1980 年代中期に開発.

## Carioca　カリオカ
Virgin Islands の Carioca Rum Co. 製のラム酒で輸出用. Ron Carioca ともいう. 80 proof. white と gold (oro) の 2 種がある. Carioca とは「Rio de Janeiro 生まれの人」の意.

## Carita　カリタ
フランスの, Maria と Rosy の Carita 姉妹が, 1943 年に Tourouse で開店し, のちにパリに進出した美容室, および同店が 1960 年より製造販売している女性用スキンケア用品・基礎化粧品など. Carita 姉妹は 1958 年に Givenchy のコレクションのためにショートヘアをデザインして一躍有名になった.

## Carl Hansen & Son　カールハンセン & サン
1908 年創業のデンマークの家具メーカーの製品. 1950 年より発売のロングセラーで, 背板が Y 字型をしたダイニングチェア Y chair (通称) または

"The Wishbone Chair" が有名.

### Carling　カーリング
カナダのビール会社 Carling O'Keefe Ltd. の略・通称, そのブランド. 同社は Thomas Carling による 1840 年創業で, 2005 年に Molson Coors Brewing Co. 傘下になった. Black Label* が米国では Heileman 社, 英国では Bass 社でライセンス生産されており, 人気があるが, 本国ではより甘口の Old Vienna のほうがポピュラー. よりアルコール度の高い Carlsburg Gold もある. 1950 年代に使われた "Hey Mabel, Black Label!" のスローガンは有名.

### Carlo Palazzi　カルロパラッツィ
イタリアのデザイナー Carlo Palazzi (1928–2000) のデザインした紳士物衣料品(スーツ・ネクタイ・シャツ・ポロシャツ・ニットウェアなど)のブランド, ローマにあるそのブティック. 同氏は 1952 年に高級シャツ専門店 Battistoni* に仕立て職人見習いとして入社し, 15 年働いて服作りのノウハウを体得した後独立し, 1965 年に店を設立, 1968 年にコレクションを発表, 米国にも進出. ロゴは全て大文字, マークは C と P をデザインしたもの.

### Carlos Falchi　カルロスファルチ
ブラジル生まれで米国に移住したデザイナー Carlos Falchi (1944– ) のデザインによる, ラグジュアリーバッグブランド. 爬虫類の皮革を素材とする華やかなものが多い.

### Carlos I　カルロスプリモ, カルロス I 世
スペイン Pedro Domecq S.A. 製のブランデー. Carlos I は Emperor Charles V のこと.

### Carlowitz　カルロヴィッツ
クロアチア Donau (Danube) 川沿い Belgrade 上流の Karlovac (Karlowitz) の赤白ワインの産地名. 同地産ワインの商標だが, 商標ではない. ☆ Karlowitz(er) ともつづる.

### Carlsberg　カールスバーグ
デンマーク最大のビール会社 Carlsberg Group 製のラガービール. 1847 年に醸造業者 J. C. Jacobsen が, Copenhagen の郊外の丘陵に新しい醸造所を創設したが, それと時を同じくして息子 Carl が生まれたので, その名にデンマーク語の berg (丘)を足した名を, 醸造所の名 (The Carlsberg Breweries) に選んだ(別の説によると醸造所の名を Carl としたところ, その丘が Carlsberg の通称で呼ばれるようになった). 米国では Carlsberg Pilsner, Carlsberg Elephant など. 輸入ビールとしてポピュラー. ⇨ Tuborg.

### Carl's Jr.　カールズジュニア
米国 California 州の CKE Restaurants (1964 年創業) 系列のファーストフードチェーン店. 1941 年 Carl N. Karcher と妻がホットドックカート 1 台から始めた. California 州・Nevada 州・Texas 州・Arizona 州に 1,000 店舗以上展開. ハンバーグ・ローストビーフ・ステーキなどを供する他, 朝食メニューもある. 2001 年に Six Dollar Burger を導入し業績が飛躍した. 半数近くはドライブスルー方式.

### Carlton　カールトン
もとは米国 The American Tobacco Co. (American Brands, Inc. の一部門) 製 (現在は Reynolds American) の, フィルター付きキングサイズの紙巻たばこ. 同メンソール入り, ならびに 100 mm の Carlton 100's, Carlton Slims 100's と, 同メンソール入りとがある. ⇨ Lucky Strike.

### Carlton　カールトン
オーストラリアの Carlton & United Breweries (略称 CUB) 製のビール. オーストラリアで最も売れている. Foster という製品が主力. 同社は 1983 年より Foster's Group 傘下.

### Carlton　カールトン
英国 Vauxhall Motors Ltd. 製の高級車 (executive car). Vauxhall Carlton とも呼ぶ. 1978 年発表され 94 年まで

製造された．その開発に資金援助をした人の姓にちなんで命名．

**Carl Zeiss**　カールツァイス
⇨ Zeiss.

**Carmel Winery**　カルメルワイナリー
イスラエルのワイン生産会社名．1882年 Edmond de Rothschild 男爵により設立され，英米を中心に40か国以上に販売．

**Carnation**　カーネーション
米国 Carnation Co. の略・通称，同社製の無糖練乳［濃縮乳］(evaporated milk)．同社は1899年に Elbridge Amos Stuart が Washington 州で Pacific Coast Condensed Milk Co. として創業．Stuart が仕事で Seattle の近くのダウンタウンを訪れた際，あるたばこ屋の店先で 'Carnation Cigars' という不釣り合いな名をつけた葉巻の箱の山積みを見つけたことから命名．スキムミルクなどの乳製品や，自然食品の製品群（'Country Foods'）なども販売．同社は1985年より Nestlé* 傘下．

**Carolina Herrera**　キャロリーナヘレラ
米国のデザイナー Carolina Herrera (Venezuela の Caracas 生まれ) の作品，New York 57th St. にあるそのブティック．夫は南米の大富豪．パーティー用の華やかな服が多い．1987年から香水も手がける．

**Caroline Charles**　キャロラインチャールズ
英国の服飾デザイナー Caroline Charles のデザインした婦人服，London の Beauchamp Place にあるそのブティック．同店は Diana 元妃のごひいきの店の一つだった．

**Caron**　キャロン
1904年 Ernest Daltoff が創業したフランスの香水メーカー，そのブランド．1911年に Le Narciss Noir（黒水仙）を発表，一躍名声を得た．他に1930年発表の Fleur de Rocaille や Infini, Noctunes (de Caron) が有名．男性用のオードトワレ Le 3$^e$ Homme de Caron もある．

**Carousel**　カルーセル, カラセル
米国 Eastman Kodak Co. 製の, 回転トレイ方式による全自動の35mm スライド映写機 (slide projector)．1961年市場化．映写するスライドが一枚一枚順に下りる方式で, 81枚の自動連続映写・リモートコントロールによるピント合わせ・スライドの前送り・逆送りなどが可能．直方体の本体の上に回転するトレイを水平に取り付けるというアレンジは同社の特許．2004年に製造中止．回転木馬 (carousel) に乗ってスライドに写った世界のメモリーを回想するところからの命名．改良型は Ektagraphic と呼ばれた．

**Carrera GT**　カレラ GT
ドイツ製のスポーツカー Porsche 911 の一車種．⇨ Porsche.

**Carrera**　カレラ
オーストリアのデザイナー集団 Porsche Design* がデザインしたサングラス．中央で二つ折りにできるものもある．

**Carriage Court**　キャリエッジコート
米国 Sears, Roebuck & Co. 製のハンドバッグ・財布・傘・靴など．⇨ Sears.

**Carroll (and Company)**　キャロル（アンドカンパニー）
米国 Los Angeles の Beverly Hills にある高級トラディショナル紳士洋品店，およびそのオリジナル商品のブランド．靴やアクセサリーもある．Warner Bros. Studios の広報係だった Richard Carroll が1949年に開店．Pasadena と Montecito にも開店．

**Carr's**　カー（ズ）
英国 Carr's of Carlisle Ltd の略・通称，同社製のビスケット・クラッカーなど．Jonathan Dodgson Carr が1831年創業．同氏はビスケットの量産機を発明し，それで作った英字ビスケット 'Carr's Alphabet biscuits' は，たくさ

んの子供たちに字を覚えさせたといわれる．英王室御用達となった最初のビスケットメーカーで，1841 年に Victoria 女王の御用達となった．今日でも 'table water biscuits' という名の品を納入している．現在は The United Biscuits の一部．

**Carte Blanche**　カルトブランシュ
もとは米国 Hilton Hotels が所有し American Express や Diners Club に対抗していたクレジットカード．Diners Club Carte Blanche Card として復活．

**Carte D'Or**　カルトドール
英国 Wall's (Unilever 傘下) 製のアイスクリーム．

**Carter**　カーター
米国 H. W. Carter & Sons, Inc. (Gladding Corp. の一部門) の略・通称，同社製の労働用ジーンズとオーバーオール，塗装工用ズボン (painter's pants) などが知られる．ポケットの縁などの力のかかる部分が色糸で補強されているのが特徴．縫製は全てダブルスティッチ仕上げ．

**Carter's**　カーターズ
米国 1865 年創業の Carter's, Inc. 製のベビー・子供用衣類・ギフト・アクセサリー．ほかに，Just One Year, Child of Mine, OshKosh B'gosh, Genuine Kids のブランドを持つ．

**Cartier**　カルティエ
フランスの宝飾店，同店製のアクセサリー・宝飾時計・革製品 (バッグ各種・旅行かばん・小物・革製文具など)・喫煙具 (ライターなど)・香水・筆記具などのブランド．宝飾職人で当時 18 歳の Louis François Cartier が，1847 年に宝飾店として創業．ライターは 1968 年から市場化．革製品は Cartier red と呼ばれる深みのある赤ワイン色のものが有名で，カーフ素材のものが多い．

**Cartwheel Books**　カートホイールブックス
米国の 8 歳までの子供向けの本．Scholastic, Inc. の子会社 Cartwheel が出版．

**Carven**　カルヴァン
フランスのデザイナー Carven およびその後継者がデザインした衣料品・毛皮などのブランド，その店．注文服のサロンは，1945 年にパリで開店．身長 155cm の Carven 女史は，自分の身長に合う既製服がなかったため，自分で作ったのがデザインを始めたきっかけといわれ，小柄な女性用の衣服を専門に作った．紳士もののブランドは Monsieur Carven．香水・オードトワレ・石鹸なども販売している．

**Carver**　カーヴァー，カーバー
米国 Carver Boat Corp. の略・通称，同社製のモーターヨット・パワーボート．

**Carver**　カーヴァー，カーバー
米国 Carver Corp. の略・通称，同社製のオーディオ機器．同社は 1979 年に R.W. Carver が創業．低価格化・量産化とは一線を画し，新技術開発による高品質化を追求している．

**CasaBlanca**　カサブランカ
米国 CasaBlanca Industries, Inc. の略・通称，同社製の天井扇 (ceiling fans; 天井設置式扇風機)．Casablanca ともつづる．羽根には天然木を使用．

**Casablanca Records**　カサブランカレコード
1970 年代に多くのヒット曲を量産した米国のレコードレーベル．Kiss や Donna Summer などロックやディスコサウンドで人気を獲得．

**Casa Bonita**　カサボニタ
米国のメキシコ料理レストランチェーン．Oklahoma City で誕生．現在は Oklahoma と Colorado に 2 店のみ．Arizona に同名のチェーン店が 2003 年から展開しているが関連はない．スペイン語で "beautiful house" の意味．

**Cascade**　カスケード
米国家庭用品の大手メーカー Procter & Gamble* 製の自動食器洗い機専用洗剤 (dishwasher detergent)． "For

virtually spotless dishes" とある.
1953年発売. 液状の Liquid Cascade も 1986年より発売. ジェルやリンス液もある.

**Case XX**　ケース XX
米国最大の刃物メーカー W. R. Case & Sons Cutlery Co. (Zippo Manufacturing が所有) 製の包丁・ナイフ類. 同社は 1889 年 William Russell ("W. R."), Jean, John and Andrew Case が創業. XX は工程の二重チェックを示し, 金属を打ち出した時に最初の X が, 鋼を焼き戻した時に2番目の X が刻印される. ★ Apollo, Gemini 両宇宙船の飛行士のサバイバルナイフにも同社製品が採用された. ⇨ Astronaut's Knife.

**Cashmere Bouquet**　キャジュミアブーケイ
米国 Colgate-Palmolive Co. 製の石鹸・香水・パウダー. 石鹸は 1872 年発売という歴史がある.

**Casoron**　キャソロン, カソロン
米国製の雑草を枯らす薬剤.

**Cassandre**　カッサンドレ, カサンドル
フランスの靴・革製バッグ・革小物・衣料品・アクセサリーなどのメーカー, そのブランド, パリのブティック. 靴の製造業者の子 Marc と Simon の Goldstein 兄弟が, 1956 年に小さな婦人靴店として創業. Cassandre はギリシャ神話に登場する予言の女神の名.

**Cassina**　カッシーナ
イタリアの代表的な家具メーカー, そのブランド. 1927 年にミラノで, Cesare Cassina (1909–79) が, 兄の Umberto と設立した工房が起源. Cassina 家は 18 世紀から続く家具職人家系.

**Castagnon**　カスタニョン
1884 年創業のフランス Les Chais de Grands Armagnacs (略 CGA) 製のアルマニャック (ブランデー). 騎士を形取ったガラスまたは陶製のボトルに入っているものもある.

**Castelbajac**　カステルバジャック
モロッコ生まれのフランスのデザイナー Jean-Charles de Castelbajac (1949– ) のデザインした既製服. 1950 年代半ばにフランスに移住, 1968 年からデザインを始め, 1977 年にブティックを開設. 1980 年代より紳士物を手がけるようになった.

**Castillo**　カスティーリョ
プエルトリコの Bacardi Corp. 製のラム酒. Ron Castillo ともいう. 80 proof. ⇨ Bacardi.

**Castleberry Knits**　キャッスルベリーニッツ (社) (~ Ltd.)
米国のニットウェアメーカー, そのブランド. 同社は The Leslie Fay Co. の一部門.

**Castleton**　キャスルトン
米国 Interpace Corp. 製の陶器. 1941 年以降, New York の MOMA 選定のシンプルなデザインの白い食器 'Museum White Dinnerware' の製造で知られる. Mamie Eisenhower 大統領夫人がホワイトハウスコレクション用に当時の Castleton China 社から 120 枚の皿を $3,606.40 で購入した.

**Castro (Convertible)**　カストロ (コンヴァーティブル [コンバーチブル])
米国のソファー兼用の折り畳み式ベッド (sofa-sleeper) のメーカー (Castro Convertible Corp. (1993 年に Krause's Furniture に売却)), そのブランド. 1948 年に Bernard Castro が, 4 才の娘の Bernardette のために作り上げたのが起源. 娘自身が Castro を操作するテレビコマーシャルを作って宣伝し急速に売り上げが伸びた. 鉄製でありながら子供でも扱える 'Feather lift' 機構を考案した.

**Castrol**　カストロール
英国の大手石油会社 BP およびその系列会社である米国 BP Lubricants USA Inc. 製の, 自動車・航空機・船舶のエンジン用の潤滑油. 1906 年に, 創業者 Charles Wakefield によってひまし

油 (castor oil) から作られ, Wakefield Motor Oil と名付けられたものが起源. ⇨ Burmah Oil.

## Casual Corner　カジュアルコーナー
米国 Casual Corner Group, Inc. の女性用衣料品店. 全米 45 州に約 950 店舗が主にショッピングモールで展開.

## Caswell-Massey　キャズウェルマッシー
米国 New York 市 Lexington Ave. にある北米で最も古い薬局兼化粧品店, そのオリジナル商品(オーデコロンや石鹸など)のブランド. John F. Kennedy は Jockey Club ブランド(アフターシェーブ・コロン・バス石鹸など 1840 年からのブランド)を使っていたと噂される. 同店は Rhode Island の Newport で Dr. William Hunter が 1752 年開店.

## Cat　キャット
⇨ Caterpillar.

## Cat Chow　キャットチャウ
米国 Nestlé Purina PetCare Co. 製の猫用のペットフード. 子猫用は Kitten Chow.

## Caterpillar　キャタピラ
米国 Caterpillar, Inc. (もと Caterpillar Tractors Co.) の略・通称, 同社で開発・実用化された鋼鉄製の無限軌道[履帯・装軌] (track, crawler) を持つトラクター.

## Cath Kidston　キャスキッドソン
英国の, 特に花柄で有名なテキスタイルブランド. デザイナー Cath Kidston (1958- ) が 1993 年創業の Cath Kidston Ltd から, 生地のほかに, アクセサリー・バッグ・衣服・キッチン用品などを製造販売.

## Catto's　カトス
スコットランド James Catto & Co Ltd 製のブレンデッドウイスキー. 一般品と 12 年熟成の高級品がある.

## Cavalier　キャヴァリエ
英国 Vauxhall Motors Ltd 製の乗用車. 同社のディーラー K. J. Motors/Magraw Engineering によって改装された同車は Centaur と呼ばれた.

## Cavalier　キャヴァリエ
⇨ Chevrolet.

## Cavendish & Harvey　キャヴェンディッシュアンドハーヴェイ
もとは英国の菓子メーカー (Cavendish & Harvey Ltd 工場はドイツに移り Cavendish & Harvey Confectionary GmbH となり, その後も合併が続いた), そのブランド. ドロップが人気商品. Bona Dea, Heller & Strauss, Sky Candy ブランドもある.

## Cazal　カザール
ドイツ製のサングラス・眼鏡枠, そのメーカー・デザイナーである Carl Zalloni (1937- ) の名を縮めて命名.

## C. Bechstein　C. ベヒシュタイン
⇨ Bechstein.

## C. C. Filson　C. C. フィルソン
⇨ Filson.

## C.D. Peacock　C.D. ピーコック
米国 Chicago にある宝飾店. 1837 年時計・宝石職人 Elijah Peacock が The House of Peacock を創業. 現名は息子 Charles Daniel の名を入れたもの. Mary Todd Lincoln 大統領夫人もここで買物をしたと宣伝している.

## Cecil Gee　セシルジー
英国のデザイナー Cecil Gee のデザインした若い男性用の高級紳士服, それを売る専門店, そのブランド. カジュアルなコート・ブルゾン・ジャケットその他の洋品がある. 同店は 1930 年に創業. ★ Moss Bros Group PLC 傘下. The Beatles の衣裳を作ったことで知名度を上げた.

## Cedar Crest　セダークレスト
米国 Cedar Crest Boot Co. (Genesco, Inc. の一部門) の略・通称, 同社製の紳士用カジュアルシューズ. ロゴマークは 3 本の頂上 (crest) を目指す杉 (cedar). 1925 年創業.

## Celanese　セラニーズ
人造絹糸, その織布. アセテートレーヨンの一種. Henri and Camille

Dreyfus 兄弟が 1918 年 British Celanese Ltd. で開発を始め、後に米国・カナダなどでも製造．商品化・商標登録は 1921 年で、当時は主に女性の下着用に使用．商品名は、1923 年に社内コンテストで、Henri Dreyfus 博士の案が採用された結果で、素材の cellulose と着やすさを表わす ease を合体させたもの．

**Celebrex**　セレブレックス
米国 Searle 製の非ステロイド系抗炎症鎮痛薬．関節炎などに使われる．

**Celebrity**　セレブリティー
⇨ Swing.

**Celeste**　セレステ
米国 Pinnacle Foods Group LLC 製の冷凍ピザ．昔は "Mama Celeste" と呼ばれていた．1930 年代南イタリアからの移民 Celeste Lizio がシカゴでピザ専門店を開いて始まった．

**Celestial Seasonings**　セレスチャルシーズニングス
米国 Celestial Seasonings, Inc. (Kraft, Inc. の一部門) の略・通称、同社製のハーブティー．約 40 種．

**Celestion**　セレッション
英国のスピーカーメーカー Celestion International Ltd の略・通称、そのブランド．1924 年創業．ブックシェルフ型の高級機 SL700 や普及版の SL6S などがある．Graham Bank が開発．

**Celine**　セリーヌ
フランスのバッグその他の主に若い女性向けファッション製品のメーカー、その店、そのブランド．婦人靴・バッグ・革小物・ベルト・紳士服・スポーツウェア・カラーシャツ・セーター・帽子・ネクタイ・アクセサリー・カフス・タイピン・スカーフ・食器などを手がける．1945 年の創業当時はベビー靴専門、その後婦人靴、さらにバッグに進出．衣料品は 1968 年から．社名は創業者でデザイナーの女性の名から．

**Cellophane**　セロファン
英国製のセルロースフィルム (cellulose film)．もと British Cellophane Ltd (略 BCL) (現在は Innovia Films Ltd) 製．1869 年にフランスで、スイス人の発明家 Jacques Edwin Brandenberger が発明、1913 年にこの名でパリで製造された．命名は cellulose, -o- とギリシャ語語尾 -phainō (「透けて見える」の意) を合成したもの．☆英米で小文字でも用いられるが、英国では今も登録商標．

**Cellucotton**　セルコットン
米国 Kimberly-Clark Corp. 製の、外科治療などの際に用いられる柔らかく吸収性の良い層状綿．生理用ナプキン Kotex の素材．⇨ Kleenex.

**Celluloid**　セルロイド
米国で開発された熱可塑性合成樹脂の一種．元来 Celluloid Manufacturing Co. の商標であった．1850 年ごろ、英国の科学者 Alexander Parkes (1813-90) がニトロセルロース (cellulose nitrate) と樟脳 (camphor) を混ぜて作り出した．この特許権を 1868 年に New York の印刷工・発明家 John Wesley Hyatt (1837-1920) が買い取り、1870 年に特許取得、商標登録．象牙でビリヤード玉を作っていた会社が、深刻な材料不足に対処するため 1 万ドルの懸賞金を出すと発表したところ Wesley は Celluloid を応募してそれを獲得した．☆一般語として小文字で綴られる．

**Celotex**　セロテックス
米国 The Celotex Corp. (2001 年 Dow Chemical に売却) の略・通称、同社製の、籐類の繊維を石膏で固めて作られる繊維板．絶縁物・蒸気の漏れ止め・屋根の雨漏り防止シート・羽目板・防音ボードなどに用いられる．

**Centaur**　セントー
⇨ Cavalier.

**Centrum**　セントラム
米国 Wyeth 製のマルチビタミン・ミネラル補給物．

**Century Graphic (Press Camera)**　センチュリーグラフィック (報道カメラ)

米国 Graflex, Inc. 製の大型蛇腹式カメラ．1946-47 年にデザインされたもので，新聞記者などの取材用としてポピュラーだった．現在は生産されていない．⇨ Speed Graphic.

**Century 21** センチュリー 21
米国 New York 市内で展開する衣服・靴を扱う百貨店．デザイナー物などのブランド物なども安価で購入できる大型ディスカウントデパート．

**Cēpacol** シーパコール
米国 Combe 製の喉の痛みを抑える抗菌性マウスウォッシュ．薬用ドロップ (lozenges)・舌の上でシューと音を立てて溶解する錠剤 (fizzlers) (子供用)・スプレーもある．

**Cerebos** セレボス
英国の食卓塩．1894 年 Cerbos Ltd から発売．化学者 George Weddel が娘の歯と骨を強化できるものを狙って開発したものとされている．ラテン語の「脳」(cerebrum) と「骨」(os) をかけたものと推測されるが，ギリシャ神話の「農業の女神」Ceres とラテン語で「牛」の意の bos, bovis の合成の意味もあるとする説もある．

**Ceresa** チェレーザ
イタリアのローマにある布製・革製バッグ・毛皮製品・婦人服のメーカー，そのブランド，直営ブティック．1878 年に，馬具製造および皮革工芸工房として，A. Ceresa が Bologna で創業．店は 1912 年に 2 代目 V. Ceresa が開店．自家工場を持たず，外注の工房に依頼して製造．キュプラとアクリルの交織の，上品なカジュアルバッグ(ボストン・ショルダー・クラッチ型など)が人気商品．ロゴは全て小文字．

**Ceresota** セレソタ
米国製の無漂白小麦粉．

**Cerruti 1881** セルッティ 1881，チェルッティ 1881
イタリア系フランス人のデザイナー Nino (Antonio) Cerruti がデザインした衣料品(主に紳士服)・服地・ニットウェアなどのブランド，その直営ブティック．1881 年創立．現デザイナーはベルギー生まれの Jean-Paul Knott．ロゴはすべて小文字，マークは C の中に背中合わせの R 二つ．

**Certs** サーツ
米国製のキャンディーと口臭消しミンツ (breath mints).

**Cervarix** サーバリックス
英国 GlaxoSmithKline* 製の子宮頸がん予防ワクチン．

**Cer-Vit** サーヴィット
米国製の，二酸化珪素を溶融させて製造する超耐熱製のガラス．

**Cesarani** セサラーニ
米国 New York 市生まれのイタリア系の米国人デザイナー Sal Cesarani (1939- ) のデザインした紳士服．天然素材のみを使用．スタイルはトラディショナル．1972 年に自分のデザインハウス Cesarani 社を設立．

**Cessna** セスナ
米国の軽飛行機メーカー Cessna Aircraft Co. の略・通称・商標．同社は 1911 年に Kansas 州で，米国の航空界のパイオニアの一人 Clyde V. Cessna が設立．ビジネスジェット機 Citation なども製造．

**Cetaphil** セタフィル
米国製のスキンケア用品．保湿用クリーム・ローションや抗菌性クレンザーなどがある．"Every Age. Every Stage. Every Day." とうたう．

**C.F. Martin** C.F. マーティン
⇨ Martin.

**Chablis** シャブリ
フランス北東部 Yonne 県の Burgogne (Burgandy) ワインの最北端生産地．Chardonnay 種のブドウによる白辛口ワインが知られる．

**Chabot** シャボー
フランス Compagnie Viticole des Grands Armagnacs 製のアルマニャック(ブランデー)．創始者で 16 世紀のフランスの初代海軍元帥 Admiral Philippe Chabot (1480-1543) にちな

# ChapStick

む.

**Chad Valley** チャドヴァレイ, チャドバレー
英国製のおもちゃとゲーム. The Chad Valley Toy Co (1820年頃) が最初で, 同社の本部がある Birmingham の都市中心部から南西2マイルにある谷の名にちなむ.

**Chalone Vineyard** シャロンブドウ園
米国 California 州 Monterey 郡の Soledad にあるブドウ園. 1919年から, Pinnacles 国定記念物に面した石灰土壌での栽培を Charles Tamm が始めた. California における Pinot Noir 種のワインの位置を高めた.

**Chambertin** シャンベルタン
フランス東部 Côte-d'Or 県, Bur-gogne (Burgundy) 地域の Côte de Nuits 地区の Gevrey-Chambertin 村で生産される特級畑格付けの原産地名の赤ワイン. ★Napoléon の愛飲ワインとして知られる.

**Champale** シャンペール
米国製のモルトリカー (malt liquor; ビールに似た飲料). 現在は Pabst Brewing Co. が製造.

**Champion** チャンピオン
米国 Champion Spark Plug Co. (1938年創業) 製の自動車用スパークプラグ, その他の自動車補修用部品. プラグでは米国最大手.

**Champion** チャンピオン
米国 Champion Home Builders Co. 製のモーターホーム. 中型バス車体やプレハブ住宅も製造. 現在は個人住宅建築・販売が主体.

**Champion** チャンピオン
米国 Hanesbrands Inc. 製のスポーツウェア・スウェットスーツ・トレーニング用パーカなど.

**Champion Oxford** チャンピオンオックスフォード
⇨ Keds.

**Chanel** シャネル
フランスの服飾デザイナー Gabrielle (愛称 Coco (メンドリの意)) Chanel (1883–1971) および彼女の後継者 Karl Lagerfeld らがデザインした婦人用衣料品・バッグ・革小物・靴・ベルト・アクセサリー・腕時計・ネクタイなどのブランド, そのメーカー, その店, ならびに関連会社の香水メーカー Chanel 社製の香水・化粧品・スキンケア用品などのブランド. Coco Chanel は 1910 年に帽子店で働くようになり, 1913 年にブティックを開店. 香水では 1924 年に市場化された Chanel No. 5 が特に名が知られておりロングセラー.

**Channellock** チャンネルロック
米国の工具類メーカー (Channellock, Inc.), その製品. 工事現場用の手押し一輪車 (dump cart [wheelbarrow]) やフロア掃除用ウェット・アンド・ドライ掃除機 (wet and dry vac) も製造. 1886 年 George B. DeArment が始めた小さな工場が最初.

**Chantelle** シャンテル
フランスのファンデーション(女性用下着)メーカー, その製品. 1876 年創業の老舗. 素材はナイロンまたはコットンが主. サイズが豊富. 一般向きから高級品まである.

**Chantilly Silver** シャンティリーシルバー
米国 Gorham 製の銀器. 1813 年 Jabez Gorham が創業. Louis 15 世風の組み合わさった曲線模様のデザイン. 同社は陶器やガラス器も製造.

**Chaps** チャップス
米国のデザイナー Ralph Lauren によるトラディショナル型の紳士既製服 (1970 年より発売)・ジャケット・ネクタイなど. ⇨ Robert Stock, Polo Ralph Lauren.

**Chap-et** チャッペット
英国 GlaxoSmithKline* 製の薬用リップクリーム. 口唇ヘルペス (fever blister; cold sore) 用.

**ChapStick** チャップスティック
米国 Wyeth 製の, 日焼けによる唇の荒れを防ぐための塗布剤 (lip balm).

77

ひび割れた唇 (chapped lips) のための口紅 (lipstick) と chopstick をかけた名と思われる. 1910 年代に John Morton がわずか 5 ドルでこのブランドを手に入れて始まった. ロゴは "So many ways to keep lips healthy."

## Charbonnel Walker　シャーボンネルウォーカー
英国 London の Old Bond St. にある高級チョコレート店. 厳密には Charbonnel et Walker Ltd. パリのチョコレート業者で 1875 年に Prince of Wales, 後の Edward 7 世のコネで London にやってきた Mademoiselle Charbonnel が開店. 英王室御用達.

## Charles　チャールズ
⇨ Caroline Charles.

## Charles Farris　チャールズファリス(社)(~ Ltd)
英国のろうそくメーカー. 英国国教会に祭壇用ろうそく・ワイン・聖餅・香などを納入. 英王室御用達.

## Charles Jourdan　シャルルジョルダン
フランスの靴店, そのブランド, そのメーカー. 同社は 1921 年に小さな靴工房として創業, 1957 年にパリに進出して最初の店が開店.

## Charles Krug Winery　チャールズクルーグワイナリー
米国 California 州 Napa 渓谷の St. Helena にある C. Mondavi & Son 社所有のワイン醸造場. 1861 年創業. 創業者で California ワインのリーダーの一人 Charles Krug に由来. 赤白ワインを生産・販売.

## Charles of the Ritz　チャールズオブザリッツ
米国 Yves Saint Laurent SA 製の化粧品・香水. 同製品はもと Charles of the Ritz Group Ltd. が製造していたが, 1986 年末に Y.S.L. に売却された.

## Charleston Chew　チャールストンチュー
米国 Tootsie Roll Industries 製のチョコレートバー. 当初のメーカーは Fox-Cross Candy Co. で 1922 年より発売. 中身はバニラヌガー. 当時流行のダンス Charleston からの命名.

## Charlie　チャーリー
米国 Revlon, Inc. 製の香水. 1973 年発売. フランス製品のシェアが圧倒的だった米国の香水市場で, 米国製品として初めて成功した. "You wear the fragrance, the fragrance doesn't wear you" とうたう. 広告部門で, 香水界のオスカー賞である FiFi Awards を 1974 年に受賞. ⇨ Revlon.

## Charmeuse　シャルムーズ
米国製のしゅす織りでやや光沢のある絹ちりめんの商品名. メーカー名不詳. フランス語で 'charmer' の意味.

## Charmin　シャーミン, チャーミン
米国家庭用品の大手メーカー Procter & Gamble* 製のトイレットペーパー (bathroom tissue). 1928 年発売. 1964 年–85 年の長期間この製品の広告に登場した Mr. Whipple 役の Dick Wilson が 91 歳で 2007 年に亡くなった. 2001 年からアニメ広告では可愛い子熊が登場し, Charmin Bear と呼ばれた. 2010 年ヨーロッパでの販売権は SCA (Svenska Cellulosa Aktiebolaget, Stockholm, Sweden) の手に移り, 製品名は Cushell, キャラクターはコアラ (Cushell Koala) に代わった. "Cha-cha-cha Charmin" は 1999 年–2007 年に使われたスローガン. 2009 年から "Enjoy the go."

## Charming Charlie　チャーミングチャーリー
米国 Texas 州 Houston に本部があるファッションアクセサリーのチェーン店で, 南部諸州に 2004 年から展開.

## Charta Wine Estates　カルタワインエステーツ
ドイツ Hessen (Hesse) 州 Rheingau 地域の Reisling 種のブドウによるワイン生産者団体のワイン. Qualitätswein, Kabinett, Spätlese の格付けワインで, ワイン法よりも糖度を各 8 エクスル (Öchsle)・5 エクスル・3 エクス

ル高くし, Medium Dry (Halbtrocken) で最低0.75%の酸度を有するワインを指定している. 3つのアーチがシンボルマーク.

**Charvet** シャルヴェ
フランス パリにあるブティック, そのブランド. 1838年に, Edward Charvetが紳士用注文ワイシャツ専門店として創業.

**Chase & Sanborn Coffee** チェイスアンドサンボーンコーヒー
米国の有名コーヒー業者Caleb ChaseとJames Sanbornが1862年からブレンドし造っているコーヒー. コーヒーリキュールもある. 2006年からMassimo Zanetti Beverage Group 傘下.

**Chase Manhattan** チェースマンハッタン(銀行)(～ **Bank**)
米国の銀行. 1955年にBank of Manhattan (1799年設立) とChase National Bank of the City of New York (1877年設立) との合弁により誕生. 後者は米国の弁護士・政治家で, 1863年に国立銀行システムの基礎を築いたSalmon Portland Chase (1807-73) にちなむ. 1970年代から80年代にかけてDavid Rockefeller, Sr.が頭取を務める名門銀行であった. 2000年J. P. Morgan & Co.と合併しJP Morgan Chaseとなる.

**Château d'Yquem** シャトーディケム
フランス西部Gironde県, Bordeaux市の北, Sauternes地区のPreignac村にある, 1855年政府公式格付け特1級シャトー. 貴腐果を生じたブドウ果による天然甘口ワインの超一級品を造っている.「Y」マークのBordeaux呼称の辛口白ワインも製造.

**Château Lafite-Rothschild** シャトーラフィットロートシルド
フランス西部Gironde県Bordeaux市の北, Haut-Médoc地区のPauillac村にある, 1855年および1973年の政府公式格付け第1級シャトー. 1799年からの古い歴史があり, 超一流の赤ワインを造り続けている. パリ銀行のRothschild家が, 1868年にChâteau Lafiteを買収し, 以後現在名となった. ワインはPauillac呼称の原産地統制呼称ワイン.

**Château Latour** シャトーラトゥール
フランス西部Gironde県Bordeaux市の北, Haut-Médoc地区のPauillac村にある, 1855年の政府公式格付け1級シャトー. 1680年に建てられた. 高品質で定評があるワインを生産.

**Château Margaux** シャトーマルゴー
フランス西部Gironde県Bordeaux地域のワイン産地Haut-Médoc地区のMargaux村にある, 1855年政府公式格付けの1級シャトー. Margaux原産地名称の赤ワインを生産.

**Château Mouton-Rothschild** シャトームートンロートシルド
フランス西部Gironde県Bordeaux市の北, Haut-Médoc地区のPauillac村にあるシャトー. 1973年に政府公式格付けシャトーとして2級から1級に昇格. 1926年にPhilippe de Rothschildが買収. Cabernet Sauvignon種のブドウを85%以上用いた特徴あるスタイルが売り物の, Pauillac呼称の原産地統制呼称ワインを生産.

**Château Pétrus** シャトーペトリュス
フランス西部Gironde県Bordeaux市の東, Pomerol村にあるシャトー. Pomerol呼称の原産地統制呼称赤ワインを産出. 政府公式格付けは行なわれていないが, Bordeaux産の赤のシャトーワインの生産者として別格な扱いを受けている.

**Chaumet** ショーメ
フランス屈指の宝飾店, そのブランド. 製品は全て手作り. 1780年にNapoléonが青年将校だったころ, 同店の店先でその馬車が暴走した際にそれを店員が止めたことが縁で, 1804年に

Napoléon の発注で皇帝戴冠式用の王冠と剣を作ったことをきっかけに, ヨーロッパ上流階級の特注宝飾品を作る店としての地位を築いた. 1810 年に Napoléon とオーストリア皇帝の娘 Marie Luise が結婚した際, 妃の頭上を飾った宝冠も同店が製作した. 1885 年に Joseph Chaumet が婿養子となり, 店名を Chaumet とした. 現在の店は 1907 年に開店.

## C. H. Brannam  C. H. ブラナム(社) (~ Ltd)

英国 Devon の陶器メーカー. 1847 年 Thomas Brannam が創業. 息子が Charles Hubert Brannam. 植木鉢・陶製テーブル・花瓶・ポット・陶製広口瓶・カップとソーサー・ワインクーラーなどを製造. 顧客には Victoria 女王などヨーロッパの君主たちが多くいた.

## Cheaney  チーニー

英国の Cheaney Shoes Ltd 製の靴. 1886 年創業. 1964 年 Church's に買収され, その後 Prada 傘下.

## Checker cab  チェッカーキャブ

米国 Michigan 州に本社がある Checker Motors Corp. (2010 年廃業) が, 1921 年から生産したタクシー用車輌の通称. 単に Checker で商標登録されている. 車体に白と黒の市松模様の帯があることから命名. 特に New York 市では, 黄色の車体に市松模様の入ったタクシーは, 非常にポピュラーだったが, 1956 年からモデルチェンジをしておらず, 大きく頑丈で乗りやすい反面, 燃費・走行性能が悪く, 1982 年に生産中止となり, 徐々に姿を消した. Checker Car Club of America, Inc. がある. ⇨ Yellow Cab.

## Check-up  チェックアップ

ドイツで開発され米国の Minnetonka, Inc. がライセンス生産していた練り歯磨き. チューブは円筒状で, 下から底板を押し上げて歯磨きを出す方式が画期的であった.

## Chedarella  チェダレラ

米国 Land O'Lakes 製のチーズ.

## Cheer  チアー

米国製の洗濯用合成洗剤. 麻・木綿・化繊用. "all temperature Cheer" と書かれ, "Great Cleaning in Hot, Warm and Cold Water" と洗濯対象を 3 分割して各々に合った温度で洗うことを勧めている. 粉末は 1950 年発売. 1986 年に液状の Liquid Cheer も発売.

## Cheerios  チーリオズ, チアリアズ

米国製の即席オート麦シリアル (ready-to-eat oat cereal). 小さなリング状. 1940 年代初めに開発され, 最初は 'Cheerioats' と呼ばれていたが, 発売開始 3 年後に今の名に変更. 当時, この製品の宣伝に, 最も人気があったラジオの連続番組 *The Lone Ranger* のヒーローを起用した. 外箱の Cheerios の文字の i の点には, この Cheerios の一個の絵が使われている.

## Cheese Whiz  チーズウィズ

米国 Kraft* 製のプロセスチーズ. この商品は, チーズの塊 (cheese loaves) やスライス (cheese slices) ではなく, チーズソース (cheese sauce) で, 1950 年代から製造販売.

## Cheetos  チートス

米国 Frito-Lay* 製のチーズ風味のスナック菓子.

## Cheez Doodles  チーズドゥードルズ

米国製の, チーズ味のコーンパフ(トウモロコシを原料としたスナック菓子の一種).

## Cheez-It  チーズイット

米国製のチーズクラッカー. 1920 年代初期より製造. 人工香料をいっさい使用していない.

## Chef Boy-ar-dee  シェフボイアーディー

米国製の, パスタ料理やスパゲッティソースの缶詰め. 特にスパゲッティとミートボールのトマトソースあえが人気商品. イタリア生まれで米国に移住したコック Hector Boiardi が

1929年より作り始めた．当初はOhio州の彼のレストランで「お持ち帰り商品」として売られていたが，好評を博したため，企業化された．

**Chef's Blend**　シェフスブレンド
米国製のキャットフード．

**Chelsea**　チェルシー
米国 Massachusetts 州の Chelsea にある Chelsea Clocks Co. の略・通称，同社製の時計．船舶用時計では世界のトップメーカー．米海軍でも採用．

**Chemex**　ケメックス
米国の Chemex Corp. (International Housewares Corp. 傘下) の略・通称，同社製のドリップ式コーヒーメーカー．Chemex Coffee Maker ともいう．ドイツ生まれで1935年に米国に渡った発明マニアの Peter Schlumbohm 博士 (1962年没) が，1938年から開発を始め，1941年に完成．砂時計型の Pyrex* 素材のフラスコで，上部にフィルターの紙を入れる．Pyrex のメーカーである Corning Glass Works が製造を承知したが戦時下のため，戦時生産局の許可がなくては製造ができないことが判明すると，Schlumbohm は Roosevelt 大統領に直訴状を送り，コーヒー好きの大統領が許可した．

**Chemical Mace**　ケミカルメース
⇒ Mace.

**Chequers**　チェッカーズ
スコットランド John McEwan & Co, Ltd (1863年創業) 製のブレンデッドウイスキー．12年熟成．ボトル入りと陶製のフラゴン (flagon) 入り．

**Chereskin**　チェレスキン
米国のデザイナー Ron Chereskin がデザインした男物のカラーワイシャツ・ネクタイ・セーターなど．Ron Chereskin Studio で製造．ロゴは大文字でRだけが○で囲まれている．

**Cherokee**　チェロキー
米国 The New Piper Aircraft, Inc. 製の機体 (airframe) の名称．この機体は同社製の軽飛行機 Warrior, Arrow, Archer に使われている．"Henry Ford of Aviation" と呼ばれた William T. Piper が1937年に創立した Piper Aircraft Corp. が1995年に同社となった．

**Cherokee**　チェロキー
米国製のトラベルトレーラー．

**Cherokee**　チェロキー
米国 Chrysler Corp. 製のジープ．Jeep Cherokee, Jeep Grand Cherokee など．

**Cherokee**　チェロキー
米国 The Cherokee Group (1973年創業) の略・通称，同社製の婦人靴・衣料品．

**Cherry Blossom**　チェリーブロッサム
英国製の靴墨 (shoe polish)．もともと Chiswick Soap Co が，缶入りの芳香化粧石鹸に使っていた名が，後に缶入りの靴墨の名とされ，1903年に商標登録．同社はその後 Reckitt & Colman に買収された．チェリー3個がついた1房の絵がロゴマークに付いている．

**Cherry Coke**　チェリーコーク
米国 The Coca-Cola Co. 製の清涼飲料．チェリーに似せた味で無果汁．1985年–2006年に販売された．

**Cherry Garcia**　チェリーガルシア
米国 Ben & Jerry's Homemade, Inc. 製の "chocolate chip cookie dough" アイスクリーム．ギタリストとそのバンド Jerry Garcia & the Grateful Dead にちなんで命名．

**Cherry Marnier**　シェリーマルニエ，チェリーマルニエ
フランス Marnier-Lapostolle 製のサクランボリキュール．アーモンド核が隠し味．60 proof.

**Cherry Rocher**　シェリーロシェ
フランス産のサクランボリキュール (cherry brandy)．アーモンド核が隠し味．メーカー名不詳．

**Chester Barrie**　チェスターバリー
英国 London にある紳士服店，同店製の高級紳士服・コート・ワイシャツ・カ

# Chesterfield

ラーシャツ・セーター・ネクタイなど. 1935年にユダヤ系の米国人 Simon Ackerman が, 米国では腕の良い職人を求めにくいと考えて, 英国中部の Cheshire 州の Crewe 市に設立.

## Chesterfield　チェスターフィールド
米国 Altria Group, Inc. 製のフィルター付き紙巻きたばこ. トルコ葉と米国葉のブレンド. 1920年代に, Lucky Strike* や Camel* に追い付こうと(当時はこの3つで米国のたばこの95%を占めた), パッケージを箱式からソフトパックに替えた. 1926年に, たばこに火をつけようとしている男性に女性が「私にも香りを分けて」とささやいているポスターが大反響となり, 女性がたばこを吸うことが社会的タブーでなくなる発端ともなった.

## Chevalier Montrachet　シェヴァリエモンラッシェ
フランス東部 Côte-d'Or 県 Côte de Beaune 地区の Puligny-Montrachet 村にある特級格付けブドウ園. 偉大な白辛口ワインのひとつを産し, 近年の評価が高い.

## Chevrolet　シボレー, シヴォレー
米国 General Motors Corp. 製の乗用車・四輪駆動式小型トラック (pick-up)・バン・トラックなど. 同社は1911年にカーレーサー Louis Chevrolet が, Chevrolet Motor Co. として創業. 同氏はもとスイス在住の技術者で, フランスで自転車業を営んでいたが, 1901年にカーレース出場のため渡米, 1909年までにレーサーオーナーの William Crapo Durant に雇われて, 6気筒エンジン搭載車の実験をし, またレーサーとして働いていた. ⇨ AMC.

## Chevron　シェヴロン
米国の石油関連企業 Chevron Corp. の略・通称, 同社製のガソリン・モーターオイル・タイヤなど. 同社は1926年創業で, メジャーの一つ. 合併や買収で何度か社名を変更したが2005年から現在の社名に戻った.

## Chevy II　シェヴィーツー
米国 Chevrolet* 製の乗用車. 1961年発売. 現在は生産されていない. ★ 他の車種もふくめて Chevrolet 製の乗用車はしばしば Chevy の愛称で呼ばれる.

## Chex　シェックス, チェックス
米国の General Mills, Inc. 製の各種のシリアル. 'Corn Chex', 'Rice Chex', 'Bran Chex', 'Wheat Chex', Chex Mix などがある.

## Chianti　キアンティ, キャンテイ
イタリア中部 Toscana (Tuscany) 州の Firenze 県・Siena 県で生産される保証付き原産地統制呼称 Chianti の赤ワイン. Sangiovese 種のブドウが主原料. ★ Chiani は Toscana の山脈の名.

## Chia Pet　チーアペット
米国 Joseph Enterprises, Inc. 製のメキシコ風の動物の形をした素焼き (terracotta) の小立像 (figurines) でチーア (chia) を発芽させるために使う.

## Chicago Cutlery　シカゴカトラリー
米国製のカトラリー(ナイフ・包丁・フォーク・スプーン・包丁収納箱など).

## Chicco　チコ
玩具やベビーカー (stroller) などのベビー用品や子ども用品を扱う会社. 本部はイタリア. Chicco は創業者の息子のニックネームから. 米国内は New Jersey 州の Chicco USA, Inc.

## Chi-Chi's　チチ(ズ)
もとは米国 Chi-Chi's, Inc. (1975年創業) 系列の, メキシコ料理を供するファミリーレストランチェーン店. 米国内では2004年までに閉店したが, ベルギー・ドイツ・アラブ首長国連邦・クウェート・インドネシアなどで営業.

## Chicken of the Sea　チキンオブザシー
米国製のマグロ (tuna) の缶詰め. 同ブランドでカキやエビもある. ト

レードマークは人魚姫.

**Chiclets** チクレッツ
米国製の, 砂糖がけした小さな長方形のハッカ味のチューインガム. 1914年より発売.

**Chiffon** シフォン
米国製の1990年代まであったマーガリン.

**Chik Chek** チックチェック
米国製の, 肉類のサルモネラ菌のdo-it-yourself式検査キット. 15分で結果が出る. 肉による食中毒が多いために開発された.

**Chimay** シメイ
ベルギーChimay修道院製のビール. 一般販売用にクロスグリの香りのRed・苦みのあるWhite・黒ぶどうの一種zinfandelの香りのBlueの3種があり, それぞれアルコール分6.6%, 7.5%, 8.75%. 修道院内で飲めるBlackもある.

**Chinagraph** チャイナグラフ
英国製の, 陶磁器・ガラスなどに書ける色鉛筆. Chinagraph pencilともいう. 第二次大戦中から使用されているロングセラー. ☆英国で商標登録されていると思われるが, メーカー名は不明で, 一般語化してしばしば小文字でも書かれる. grease pencil, wax pencil, china markerなどとも呼ぶ.

**Chipie** シピー
フランス製のジーンズ. 1967年より市場化された.

**Chippendales** チッペンデールズ
1979年設立の米国の興業会社 (本部New York市). Las VegasとLondonにオフィスがある. 男性ストリップが売り物. 客は女性に限られる.

**Chippewa** チペワ, チッパワ
米国Chippewa Shoe Co. (1901年創業) の略・通称, 同社製のワークブーツ・登山靴・ハンティングブーツなど. 特にスチール底が入っているlogger's boots, engineer's boots, lineman's bootsなど, 各種の職業の人々に適したものが知られる. トレードマークは北米先住民の横顔. ★ ChippewaはAlgonquian語族に属する北米先住民の大種族.

**Chip 2** チップツー
犬の品種別のデザインをしたネクタイ・ベルト・サスペンダー・時計・化粧品用バッグ・まくら・財布などの製造販売会社. New York市にある. 毎年Westminster Kennnel Club Showで展示をし, 高い評価を受けている.

**Chips Ahoy** チップスアホイ
米国Nabisco*製のチョコレートチップクッキー. 1963年に発売開始.

**Chipwich** チップウイッチ
米国Dreyer's (Grand Ice Cream Holdings, Inc.) 製のアイスクリーム. もとはNew York市のRichard La-Motta (1942–2010) が考案. バニラアイスクリームを2枚のチョコレートチップクッキーで挟んだものだった. New Jersey州Englewoodの女子学生が命名. 賞金は4年間の学費だった.

**Chiquita** チキータ
米国Chiquita Brands International, Inc.の略・通称, 同社が販売しているバナナ. 1899年創業.

**Chivas Regal** シーヴァスリーガル, シバスリーガル
スコットランドのChivas Brothers Ltd製の, 12年熟成のブレンデッドウイスキー. 「Chivas家の王者」の意. 同社は1801年創業. 1843年よりVictoria女王御用達. ★米国第34代大統領Eisenhowerが愛飲した.

**Chloé** クロエ
フランスの婦人既製服・毛皮・ニットウェア・香水・アクセサリーなどのメーカー, そのブランド, その直営ブティック. 同社はChanelの既製服部門で, 1952年Gaby Aghionが創立. 社名はギリシャ神話の「ダフネスとクロエ」から取ったもの. 「成熟した女性の美しさ」がコンセプト. デザインは1963年Karl Lagerfeldが担当して名声を高めた. 2008年Hannah McGibbonがクリエイティブディレ

クターに就任．香水は 1975 年に米国 Elizabeth Arden* と契約を結んで製造を開始．米国では同社が販売，Lagerfeld が調香した Chloé や KL などがある．Chloé Eau de Parfum Intense を 2009 年に，2010 年に Chloé Love を発売．びんは Lalique 製．

**Chloraseptic**　クロラセプティック
米国 Prestige Brands, Inc. 製の，のどの痛み (sore throat) 止め．トローチ剤 (lozenges) やスプレーなどがある．1957 年に発売．ロゴは One Touch Relief. The Chloraseptic Touch.

**Choco-Bake**　チョコベイク
米国 Nestlé Toll House ブランドのチョコレートケーキミックス．

**ChocoHot**　チョコホット
Nestlé* 製のインスタントココア．

**Choco Taco**　チョコタコ
米国 Good Humor-Breyers (Unilever 傘下) 製のタコス (taco) に似たデザート．タコスのパイ皮に似たワッフルコーンと低脂肪のバニラアイスクリームを挟みファッジ・ピーナツ・チョコレートでコーティングしたもの．1980 年代に Jack and Jill Ice Cream Co. が考案した．Good Humor-Breyers が全米に広めた．

**Choice**　チョイス
南アフリカでコンドームや医療機器製造の代表的企業 Latex Surgical Products (pty) Ltd 製のコンドーム．南アフリカ政府が性感染症 (STD)，特にエイズ対策として無料で配布しているもので，濃紺に黄色い円の中央に choice の文字がある．

**Chombert**　ションベール
フランスの代表的な毛皮専門店，そのブランド．1930 年創業で，2 代目 Henri Chombert の死後閉店．1997 年にその娘 Dominique がメーカーとして再開．

**Chopard**　ショパール
スイスの時計メーカー L. U. Chopard & Cie S. A. の略・通称，同社製の宝飾腕時計・懐中時計などのブランド．1860 年に Ulysse Chopard が創業．

**Chopper**　チョッパー
Raleigh Chopper ともいう．英国 Raleigh Bicycle Co. 製の少年用自転車．デザインは arrow wedge 型と称し，オートバイのチョッパーを模して高いハンドルをつけている．1967 年に Raleigh* の設計次長 Alan Oakley が訪米した際に着想，1969 年に米国で市場化 (英国では翌年)．

**Chow**　チャウ
⇨ Dog Chow.

**Chris-Craft**　クリスクラフト
米国にかつてあったモーターボートメーカー Chris-Craft Corp. そのブランド．グラスファイバーが艇の主流的素材となって以降も，数少ない木製艇のメーカーとして知られていた．Capri が代表的な木製艇だった．現在もブランド名は残されている．

**Christal Lalique**　クリスタルラリック
⇨ Lalique.

**Christal Light**　クリスタルライト
米国 Kraft* 製のシュガーフリーのソフトドリンク，粉末ジュースの素．合成甘味料アスパルテーム (aspartame) 入り．Christal Light Energy も発売．

**Christensen**　クリステンセン
⇨ Birger Christensen.

**Christian Aujard**　クリスチャンオジャール
フランスのデザイナー Christian Aujard およびその後継者のデザインした衣料品．紳士物は Christian Aujard Homme と呼ぶ．

**Christian Brothers**　クリスチャンブラザース (The ～)
米国 California 州 Napa 渓谷の Mount La Salle にある醸造場．1882 年創立．1868 年設立のフランスのカトリックの Baptist 派修道院の教会・学校のブドウ園で，Napa におけるワイン産業に重要な役割をはたしている．テーブルワイン・酒精強化ワイン・ブランデー・カリフォルニアシャン

パン(瓶発酵)・シェリーも生産. 1990年代に閉鎖された.

### Christian Dior　クリスチャンディオール
フランスのデザイナー Christian Dior (1905-57) のデザインした婦人服, および同氏の後継者 Marc Bohan (1926- ) のデザインした婦人衣料品・毛皮製品・子供服のブランド, その他, その関連会社が製造している香水・オードトワレ・化粧品・スキンケア用品のブランド. 1935年から服飾デザインを始め, 1946年に小さなブティックを開店. 1947年に香水製造会社として Parfums Christian Dior を設立して, Miss Dior を発表.

### Christian Lacroix　クリスチャンラクロワ
フランスの服飾デザイナー Christian Lacroix (1951- ) の作品. 同氏は1981年から Jean Patou* の店に勤め, 83年からその後継者としてデザインをしていた. 1987年独立, コレクションを発表. エールフランスの制服デザイン (2005年). 高速鉄道 TGV の内装をデザイン. 香水で失敗. 2009年社は自己破産.

### Christian Louboutin　クリスチャンルブタン
フランスのパリ生まれの婦人靴デザイナー Christian Louboutin (1964- ) のシューズブランド. 1992年ブランド設立. 高いヒール(製作に使われる金属製のヒール芯は16.5センチ)と赤い靴底で有名. 平均1足700ドル. 歌手や女優の愛用者が多い.

### Christie's　クリスティーズ(社)
英国 London の競売会社 Christie's International plc の略・通称. 1766年 James Christie が設立. Sotheby's と互角. ★1987年3月に同社で行なわれた競売で, Vincent van Gogh の「ひまわり」(Gogh が描いた7枚のその絵のうちの最後のもの)が, 手数料を含めて約58億円という史上最高価格で, 日本の安田火災海上保険(現在の損害保険ジャパン)に, 入札開始後わずか4分30秒で, 電話で競り落とされ話題となった.

### Christies　クリスティー(ズ)
1979年創業のイタリアのファンデーション(女性下着)メーカー, そのブランド.

### Christofle　クリストフル
フランスを代表する銀食器・カトラリーの店, その製品. 1830年に, 絹商人の息子で24歳の貴金属細工師 Charles Christofle (1805-63) が義兄の宝石商 Joseph Albert Bouihet と共に創業.

### Christopher Street　クリストファーストリート
ゲイ文化とゲイ開放の問題を扱う米国のハイブラウな月刊誌. New York 市の The New Magazine, Inc. 刊, 1976年創刊. 1995年の廃刊まで231号を発刊. ★ Christopher Street とは New York 市にある世界的に有名なゲイディストリクトの通り.

### Christoph Widmann　クリストフウィドマン
ドイツの銀製カトラリー(ナイフ, フォーク, スプーンなど)メーカー, その製品. 古風なデザイン. 1919年創業. スプーンやフォークの柄に使われる Hildesheimer Rose (バラのパターン)が有名. 著名なホテルやレストランで使われている hotel silver もものもある.

### Christy　クリスティー
英国の代表的な紳士用帽子メーカー (Christy & Co Ltd), その製品. 同社は1873年創業.

### Chromatic　クロマチック, クロマティック
米国のボールペンメーカー, その2色ボールペン. 右に回すと黒芯, 左に回すと赤芯が出る. chrom-(color) と automatic の合成による命名.

### Chrysler　クライスラー
米国の自動車メーカー Chrysler Corp. の略・通称, 同社製の乗用車・レ

ジャー用車・トラックなど．1916年から4年間 GM 傘下の Buick Motor Co. の社長を務めた Walter Percy Chrysler (1875-1940) が，GM の副社長を務め，1919年に辞職後，1925年に創業．★同社のシンボルマークは五角星 (penta star).

## Chubb　チャッブ
英国製の，シリンダー錠の中に回転する金具 (tumbler) がついているタイプの錠．こじあけようとするとボルトが動かないように固定してしまう装置がついている．発明者の Jeremiah Chubb の名にちなむ (1818年特許)．Chubb lock ともいう．また，金庫は Chubbsafes ブランドを製造．

## Chubby Hubby　チャビーハビー
米国 Ben & Jerry's Homemade Holdings, Inc. 製のアイスクリーム．一時は英国でも販売された．バニラモルトアイスクリームをベースにプレッツェル・ピーナッツバター・チョコレートが入ったもの．バナナ味でウオールナッツ入りの Chunky Monkey もある．⇨ Hubby Hubby; Ben & Jerry's.

## Chu-Bops　チューボップス
米国製の直径7センチのミニレコード状の風船ガム．パッケージはレコードジャケットを精密に模写した凝ったもの．1980年に発売，現在は製造されていない．

## Chuck E. Cheese's　チャックイーチーズィズ
米国の，ピザパーラーとゲームセンターを合体させたチェーン店．元 Atari* 社の社長 Nolan Bushnell が創業．厳密には Chuck E. Cheese's Pizza Time Theatre と名乗っていた．1号店は California 州 San Jose で1977年開店，その後 ShowBiz Pizza との合併で一時名前が変った．2009年現在542店．同店内ではピザが焼き上がるまでの15-20分の間，テレビゲームができることが売り物で，特に子供連れの若い夫婦が顧客ターゲット．ハンバーガー・チリドッグ・清涼飲料などもある．

## Chuckit!　チャッキット
米国 Canine Hardware, Inc. 製の，投げたボールを拾って帰らせる犬の運動をさせるための，先端にボールを挟むようになった長い柄のボール投げ道具 (ball launcher)・そのボール．

## Chuckles　チャックルズ
米国製のキャンディーバー．砂糖の結晶でおおったゼリー．Fred W. Amend が1921年に開発．命名は Fred の妻によるもの．ロゴは "Even the name says fun."

## Chuck Taylor (All Star)　チャックテイラー(オールスター)
米国 Converse, Inc. 製のスニーカー．Chuck Taylor はこの靴を使ったバスケットボールプレーヤーで，アンクルパッチ[星のマーク]にはそのサインが入っている．

## Chum　チャム
英国 Pedigree 製の缶入りドッグフード．Pedigree Chum ともいう．

## Chunky　チャンキー
米国製のチョコレート．ブラジルナッツ・カシュー・干しブドウが入ったもので，形状は四角．1930年代に New York の Philip Silvershein が考案．自分の小さな娘が chunky (ぽっちゃりした・ずんぐりした) であるところから命名．現在は Nestlé から発売．

## Chunky Monkey　チャンキーマンキー
米国 Ben & Jerry's Homemade Holdings, Inc. 製のアイスクリーム．

## Chupa Chups　チュパチャップス，チャパチャップス，チュパチュップス
Perfetti Van Melle (イタリアとオランダに本部) 製の棒付きキャンディー．元はスペイン人 Enric Bernat が創業した会社が製造販売していたため，スペイン語 chupar ('to suck') から命名したもの．⇨ Frisk, Mentos.

## Church & Dwight　チャーチアンドドワイト(社) (~ Co., Inc.)
⇨ Arm & Hammer.

**Church's**　チャーチ(ズ)
　London にある英国の代表的な高級紳士靴店 Church's English Shoes の略・通称, そのブランド, そのメーカー Church & Co. plc の略・通称. 同店は Alfred, Thomas, William の Church 3兄弟が 1873 年に創業. Prada 傘下.

**Church's Chicken**　チャーチズチキン
　米国 Church's Fried Chicken, Inc. 系列の, フライドチキンが中心のファーストフードチェーン店. G. W. Church, Sr. が 1952 年に Texas 州 San Antonio で開店した店が起源. Texas 州を中心に南部・中西部に展開し, 全米と外国に 1700 店以上の支店がある. チキンを 28 時間もスパイス液につけておく調理法が特徴.

**Ciba**　チバ
　1859 年にスイス Basel に設立されたスイス最大の化学物質製造会社 Chemische Industrie Basel Aktiengesellschaft (Chemical Industries of Basel Co.) の略・通称. 略形は 1904 年に商標登録. 1970 年に同社は J. R. Geigy (1758 年設立)と合併し Ciba-Geigy Ltd. となった.

**Cibié**　シビエ
　フランスの自動車用ライトのメーカー, そのブランド. Léon Cibié (1873 年生まれ)が 1919 年専用工場を設立して始まった.

**Ciesse Piumini**　チェッセピューミニ
　イタリア製のカジュアルウェア・ダウンウェアなど. ウールコート・ウールパーカはイタリア海軍が採用しており, ほぼ同一のものを市販もしている. ダウンウェアは品質の高さと, 外側の綿素材への独特な染色技術による色で高く評価されている. ロゴマークはケニアのライオンとベンガルトラの間に生まれた ligrone で, 強靭と独創性を表すという.

**Cinch Sak**　シンチサック
　米国 Hefty Consumer Products (Pactiv Corp. 傘下) 製のポリ袋.

**Cinelli**　チネリ
　イタリアのレース用自転車メーカー, その製品. 元レーサーの Cino Cinelli (1916-2001) が創業, 1950 年代にプロ用自転車を売り出した. トライアスロン用の高級車などで定評がある.

**CinemaScope**　シネマスコープ
　米国の, 大型のスクリーンを用いる映画上映方式の一つ, その映写装置, その映画. 商標所有者は Twentieth Century Fox Film (Corp.). cinema (映画) と scope (見る機器) の合成語で, 1953 年命名. システム自体は米国人 Henri Chrétien によって数年前に発明されていたもの.

**Cinemax**　シネマックス
　米国 New York 州の Home Box Office, Inc. (Time Warner 傘下) によるケーブル TV の映画チャンネル. 加入者は 2006 年末で約 4,000 万人. スローガンは "It's More Than You Imagined. It's HBO."

**Cinerama**　シネラマ
　米国の, 3 台の映写機と凹面の横広大型スクリーンを用いる映画上映方式, その映写装置. cinema と panorama の合成語で, 1951 年命名. 映像技師 Fred Waller が開発. Cinerama を使った最初の映画 *This is Cinerama* は, 1952 年に New York で上映され, 観衆の度胆を抜いた.

**Cinnamon Toast Crunch**　シナモントーストクランチ
　米国 General Mills, Inc. 製のシリアル. 1984 年から発売. 英国では Nestlé 製で Curiously Cinnamon, フレンチカナダでは Croc-en-cannelle のブランド名で販売されている.

**Cinzano**　チンザノ
　イタリア Francesco Cinzano C.S.p.-A. の略・通称, 同社製のヴェルモット (食前酒の一種). rose, bianco, rosso, the dry, formula antica (5 年熟成) の 5 種がある. 同社は 1757 年に Carlo Stefano Cinzano と Giovanni Giaco-

# Circle K

mo Cinzano の兄弟が, トリノの近くの Pecetto 村で創業.

**Circle K**　サークル K
全米2位の地位にあるコンビニエンスストアチェーン店. 1951年 Fred Hervey が創業. 全米に 3,300 店舗以上, 海外に 4,000 店舗以上を展開.

**Circuit City**　サーキットシティー
米国2位の量販店 Circuit City Stores, Inc. (1949年創業) の略・通称, 同社系列の AV 機器・家電製品の小売り専門チェーン店. 2008年破産.

**Circulon**　サーキュロン
米国に本拠地を置き "A world leader in cookware" とうたう Meyer Corp. 製の調理器具のブランド.

**Cirque du Soleil**　シルクドゥソレイユ
カナダで Guy Laliberté (1959– ) が 1984年創設したサーカス. 総観客動員数は世界で 8000 万人 (1984-2007). ラスベガス, フロリダのウォルト・ディズニー・ワールド・リゾート, マカオに常設劇場. 1997年 Montreal に国際本部を開設.

**Cirrus**　シーラス
世界的な銀行オンラインサービス. MasterCard が中心になって運営し, VISA の PLUS と並ぶ.

**Cisitalia**　チシタリア
イタリアで 1946-49 年に 200 台が生産された Pininfarina* デザインによるスポーツカー. 近代的な自動車デザインの模範となったといわれる. Consorzio Industriale Sportive Italia から.

**CITGO**
米国 PDV America, Inc. (Petróleos de Venezuela, S.A. の子会社) が経営する CITGO Petroleum Corp. のガソリンスタンド・関連サービス. 1910年 Henry L. Doherty が Cities Service Co. を設立し, 1965年に Cities の名前の一部と, 力とエネルギーと前進を表すために動詞の "go" を組み合わせて CITGO と改名.

**Citicorp**　シティーコープ
米国 New York 市に本社がある banking giant と呼ばれる商業銀行で Travelers Group と共に 1998年 Citigroup, Inc. を形成. 1812年創業の City Bank of New York から始まった.

**Citroën**　シトロエン
1919年創業のフランスの代表的な自動車メーカー (Automobiles Citroën (持ち株会社 Peugeot S.A. 傘下)), の製品. 同社は, 技師・事業家の André-Gustave Citroën (1878-1935) が, 第一次大戦が始まったころに兵器工場として創業. 戦後, 工場設備を利用して自動車産業に転向. 1939年には小型大衆車のロングセラーで個性と機能美にあふれた Citroën 2CV (Deux Chevaux) を市場化.

**Citrucel**　シトルセル
米国の GlaxoSmithKline 製の緩下薬として使われる市販薬.

**Citrus Hill**　シトラスヒル
米国 Procter & Gamble* が 1983年に発売したオレンジジュース. しかし, Citrus Hill Fresh Choice ブランドが米国 FDA から 1991年に "fresh" ではないとして 12,000 ガロンを没収され, その後落ち目になり姿を消した.

**Citrus Magic**　シトラスマジック
米国 Beaumont Products, Inc. 製のハンドソープ・ローション・多用途クリーナー・食器洗い洗剤・エアーフレッシュナーなどのブランド.

**CK One**　シーケーワン
Calvin Klein (1942– ) ブランドを扱う米国 Calvin Klein, Inc. のオードトワレ (eau de toilette).

**Clairol**　クレイロール
米国製のヘアケア製品・化粧品. Clairol 社は 1931年創業, 現在は Procter & Gamble* 傘下. もともとフランスの会社が Clairol という名でヘアカラーを発売していたのが起源. 特に 1950年に発売開始された白髪染めやブロンドに染める毛染めのヘアカラー Miss Clairol が有名. Nice'n Easy,

Herbal Essences, Balsam, Hydrience, Natural Instincts, Perfect 10 などのブランドがある.

**Clamato**　クラメイトウ
米国 Mott's, Inc. (Dr Pepper Snapple Group) が作ったトマトジュースで, クラムブロス (clam broth) とスパイスの味付けであるところから clam + tomato のかばん語 [混成語] の命名. Mott's は Samuel R. Mott が 1842 年に創った会社. カクテルにも使う. 日本ではクラマト.

**Clan MacGregor**　クランマグレガー
スコットランド産のブレンデッドウイスキー.

**Clarins**　クラランス
フランスの Jacques Courtin-Clarins (1921–2007) が創設した Clarins Group の略・通称, そのフェイスケア・ボディケア・サンケア・香水などの製品. 1954 年にパリにマッサージセンターを開店させたのが始まり.

**Claritin**　クラリティン
米国 Schering-Plough 製の抗ヒスタミン薬. 花粉症・アレルギー性鼻炎などに効果のある市販薬.

**Clark**　クラーク
米国 NECCO (New England Confectionary Co.) 製のミルクチョコレートバー. 中身はピーナツ. 1917 年発売. もとのメーカーである D. L. Clark Co. はアイルランド生まれの David L. Clark が 1886 年に創業. Clark Bar [bar] と呼ばれることも多い.

**Clarks (Shoes)**　クラークス (シューズ)
英国 Clarks Shoes Ltd の略・通称, 同社製のカジュアルシューズ・子供靴・オリジナル靴. 同社は 1825 年に Cirrus と James の Clark 兄弟が, スリッポン製造会社として創業. 'Desert Boots' と 'Wallabee' が人気商品. 前者は第一次世界大戦中に砂漠を行軍する英国兵士のために作られたもので, 以後 70 年以上もの間モデルチェンジをしていない. 靴ひも付きのかかとの高さまでの短ブーツで, 素材は柔らかなスエード, 底はゴムのクレープソール. 後者は 1970 年代前半より作られている一種のモカシン.

**Classic Dark**　クラシックダーク
⇨ Anheuser-Busch.

**Classico**　クラシコ
H. J. Heinz Co. の北米生産品の一つで, パスタとソース.

**Claude Montana**　クロードモンタナ
フランスのデザイナー Claude Montana (1949– ) のデザインしたアパレルブランド衣料品. 同氏は皮革製品会社に務めた後, 1977 年に自分の名でコレクションを発表. 1980 年代初頭より紳士服も手がける. 1986 年に香水 Montana を発表. スキンケア用品・化粧品も市場化されている. ⇨ Complice.

**Claude Terrail**　クロードテレイユ
フランスのデザイナー Claude Terrail (1917–2006) の作品. 革小物・ナイロンタフタ製バッグ・ベルト・ネクタイ・ハンカチーフ・スカーフ・食器・カトラリー (ナイフ・フォーク類) など. 同氏は 1582 年創業の超高級レストラン 'La Tour d'Argent' (「銀の塔」の意) の主人.

**Claudio Laviola**　クラウディオラヴィオラ
⇨ Laviola.

**Claussen**　クラウセン
米国の Kraft* 製のピクルス. "The World's Most Excellent Pickle." とうたう.

**Claymore**　クレイモア
スコットランド A. Ferguson & Co Ltd 製のブレンデッドウイスキー.

**Clean-Ezy**　クリーンイージー
英国 Manchester のビルなどの窓ガラス清掃の専門会社.

**Clean²O**　クリーンツーオー
米国の Applica Water Products, LLC 製の飲料水濾過器付きの水差し

# Clearasil

(water filtration pitcher) など. "Better Water By Design" とうたう.

**Clearasil** クレアラシル
米国 Reckitt Benckiser* 製のニキビ治療用のクリームなど. 1950 年 Ivan Combe が薬剤師 Kedzie Teller の協力で開発. ABC テレビで当時ティーンエージャーの人気ダンスショー American Bandstand のスポンサーになってから人気商品になった. clear (クリアな肌)+sil (薬) から.

**Clearblue Easy** クリアブルーイージー
米国 Inverness 製の妊娠検査 (pregnancy test) キット.

**Clear Channel Outdoor** クリアチャンネルアウトドア
米国 Arizona 州 Phoenix に本部を置く各種屋外広告を扱う大手企業. O'Hare 国際空港のトイレの鏡を使った特殊広告を Mirrus 社と開発・設置.

**Clear Eyes** クリアアイズ
米国の Prestige Brands, Inc. 製の点眼薬. "For Eyes the Way Nature Intended" とうたう.

**Cleeve of London** クリーブオブロンドン
英国 Cleeve of London Ltd 製のワイシャツ. 1983 年創業.

**Clement** クレマン
サトウキビから造る西インド諸島 Martinique 島産のラム酒. 80 proof. Rhum Clement ともいう.

**Clés des Ducs** クレデデュク
フランス Izara D.C.B. (1835 年創業) 製のアルマニャック (ブランデー). 日本では単に「デュク」とも呼ばれる.

**Cliffs Notes** クリフスノーツ
米国の Cliffs Notes, Inc. 発行の, 世界文学作品・外国語学習・数学・科学・経済学・作文などの学習ガイドブック (study aids) など. 数百点が発行されていて, 同社はこの分野で米国最大の出版社.

**Cling Free** クリングフリー
英国 Reckitt Benckiser* 製の静電気防止の柔軟仕上げ剤.

**Clinique** クリニーク
米国の Clinique Laboratories, Inc. (Estée Lauder, Inc. 傘下) の略・通称, そのブランド. 同社は女性用および男性用の総合化粧品メーカーで, 1968 年に皮膚医学の理論に基づき, 肌の健康を考えた全製品無香料・アレルギーテスト済みの女性用化粧品を発売.

**Clipper** クリッパー
⇨ Airstream.

**Clopay** クロペイ
家庭用ガレージのドアなどを製造販売する米国 Clopay Building Products の略・通称. 1859 年, 主に紙製品を販売する会社 Seinsheimer Paper Co. として創業. 20 世紀初期に "clothpaper" から Clopay という社名が生まれた. 1964 年に現在の家庭用ガレージドアの製造販売を開始.

**Clorets** クロレッツ
米国の Cadbury Adams (Pfizer の一部門) 製のチューインガム・ミンツ. 口臭消し (breath deodorant) のためによく噛まれる. 小さなサイズのガムで 12 個入り.

**Clorox** クロロックス
米国の The Clorox Co. (1913 年創業) の略・通称, 同社製の漂白剤 (bleach). 用途により 40 種近い製品がある.

**Clos de Vougeot** クロドヴージョ
フランス東部 Côte-d'Or 県 Burgogne (Burgundy) 地域, Côte de Nuits 地区の Vougeot 村で生産される, 特級畑格付けの原産地名の赤ワイン.

**Close-Up** クローズアップ
Unilever* 製の練り歯磨き. マウスウォッシュと歯みがきを同一フォーミュラに組み入れ, 透明な赤いゲル状歯磨きの最初の製品. 2003 年に Church & Dwight* が米国・カナダでのライセンシングを同社から取得.
⇨ Pepsodent.

**Cloud Star** クラウドスター
米国 Cloud Star Corp. 製のドッグフード・ドッグトリート (dog treats)・

グルーミング用品.

**Club** クラブ
英国 Paul Raymond Publications Ltd 刊の男性誌. 同社刊先行誌 *Men Only* (1971年から) よりも露骨度が高い. 国際版 *Club International* も発行.

**Clydella** クライデラ
英国の William Hollins & Co Ltd 製の生地. 81%の綿と19%の羊毛との混紡. 第一次大戦中, 軍用の軽いワイシャツ地として開発された. 工場近くの Clyde 川の名と, 同社の先行商品 Viyella* からの命名. Viyella よりも少し軽い. 長持ちして軟らかく暖かく洗いがよくきくため, ブラウス・シャツ・パジャマ・乳幼児の衣類などに使われる. 英国で 1894 年, 米国で 1907 年に商標登録.

**CNN** CNN
米国の Cable News Network の略・通称. 24時間放送のニュース専門のケーブルテレビ放送局として 1980 年 Ted Turner (1939- ) が設立. Turner Broadcasting Systems, Inc. が所有. 三大ニュース専門ネットワーク (CNN, Fox News, MSNBC) の中で Fox News に次ぐ No. 2.

**CN Tower** CN タワー
カナダの McGuinness Distillers Ltd. 製のウイスキー. 40度. タワーを模したユニークな形状のボトルに入っている.

**Coach** コーチ
米国の皮革製品メーカー (Coach, Inc.), そのブランド. 1941 年創業. 皮革および布製のバッグ類・ベルト・財布・システム手帳バインダーなど.

**Coachmen** コーチメン
米国レジャー用自動車メーカー (RVs) の最大手 Coachmen Industries, Inc. (1964 年創業) の略・通称, 同社製の移動住宅 (モーターホーム)・トレイラー・キャンピングカーなど.

**Coalite** コーライト
英国製の暖房用・料理用無煙燃料. 有煙炭を加熱した後に精製し, 煙を発生させる成分を除去した 軟炭 (bituminous coal). Thomas Parker が発明. 1906 年商標登録. 現在英国の Maxibrite Ltd. が Coalite Newflame, Coalite Ovals ブランドで販売.

**Coalport** コールポート
英国の陶磁器メーカー, その製品. 1795 年頃に John Rose によって Coalport Porcelain Works が創業. 油絵のような凝った手描きで果物を描いた製品群が代表的. 1841 年にビクトリア女王の命によりロシア皇帝献上用デザートセットを製造. 陶磁製の人形・家・花も手がけている. 1967 年から Wedgwood* 傘下.

**Coast** コースト
米国家庭用品の大手メーカー Procter & Gamble* 製の体臭抑制石鹸. 1974 年発売.

**Cobra** コブラ
米国 Cobra Electronics Corp. の略・通称, 同社製のモバイルコミュニケーション製品. ナビゲーション器機・レーダー/レーザー探知機など.

**Cobra** コブラ
米国 Cobra Products, Inc. の略・通称, 排水管掃除用機械と手動道具のブランド. ロゴマークにコブラ.

**Coca-Cola** コカコーラ
世界最大の清涼飲料会社である米国 The Coca-Cola Co. 製の清涼飲料. 売り上げで全米1位. 1886 年に南軍の退役軍人で薬剤師の John Styth Pemberton 博士 (1831-88) が, coca の葉と cola の実の抽出物から調合. 1888 年, 死の直前に, Pemberton は Coca-Cola の諸権利を, 1750 ドルで医薬品販売業者である友人の Asa G. Candler に売り渡した. 同氏は, Coca-Cola を頭痛と消化不良の治療薬として売れると考え, 1892 年に The Coca-Cola Co.を設立, 1893 年に商標として登録し, 翌年より市場化. 1955 年より幾種かの大瓶・合成樹脂容器・缶, そして各種の自動販売機でも買えるようになった. 1960 年代・70 年代

には同社は Fanta, Sprite, Tab, Mr. Pibb, Mellow Yellow, Cherry Coke, Fresca, Minutes Maid Soda など数多くの清涼飲料を製造するようになり現在は500以上のブランド名があるという．今日米国内等の瓶詰め作業は，同社から1986年に分離・独立した Coca-Cola Enterprise, Inc. が行なっており，同社は世界最大の清涼飲料ボトラーである．

## Coca-Cola Classic　コカコーラクラシック

米国 The Coca-Cola Co. 製の清涼飲料．1985年4月に同社が，99年間守られてきた Coca-Cola* の味を全面的に変更した New Coke を発売するや，全米のコークマニア (Cokeaholic) が，反対運動に立ち上がったため，3ヵ月後，従来通りの味の Coca-Cola を復活させたもの．

## Cockburn's　コックバーン(ズ)

英国 Allied-Lyons plc 製のポートワイン．

## Cocktail　カクテル

英国 Sobranie 社の紙巻きたばこ．吸い口が金色で，巻紙が色鮮かな5色が特徴．ロゴは "Quality comes in many different colours."

## Cocoa Krispies　ココアクリスピーズ

米国 Kellogg's 製のシリアル．Rice Krispies のココアフレーバー版．

## Cocoa Puffs　ココアパフス

米国 General Mills, Inc. 製のチョコレートフレーバーのふくらませた穀粒のシリアル．1958年から販売．

## Codis　コーディス

英国 Reckitt Benckiser* 製の鎮痛剤．鎮痛・咳止め・催眠薬 codeine を dissolve (溶解) したものであるところからの命名で，1949年に商標登録．

## Coffee-mate　コーヒーメイト

Nestlé* 製の植物性クリーム粉末・液．コーヒー・紅茶・ココアなどに入れる．

## Cointreau　コアントロー

フランス Cointreau Père et Fils の略・通称，同社製のホワイトキュラソー (リキュール)．オレンジ果皮を水とアルコールに漬け，蒸留して作る．無色，80 proof．1849年に Adolf と Edward Cointreau が考案．

## Coke　コーク

米国製の清涼飲料 Coca-Cola* の別名．商品名としても使われる．第一次大戦前から Coca-Cola および類似の清涼飲料の一般名称として使われていたが，1920年に最高裁が The Coca-Cola Co. の独占商標であるとの判決を下した．Coke の名は1941年に最初に瓶に書かれ，1945年に商標登録．

## Colace　コーレース

米国 Purdue Products L.P. 製の緩下薬として使われる市販薬．姉妹品は Peri-Colace.

## Coldrex　コールドレックス

英国 GlaxoSmithKline* 製の風邪薬で，東ヨーロッパ・ニュージーランド・香港で販売．

## Coldspot　コールドスポット

米国 Sears, Roebuck & Co. 製の冷蔵庫．1928年にデビュー，1934年より．工業デザイナー Raymond Loewy がデザイン．曲線を用いた外形と，フットペダルでドアが開くというのが2大特徴．1937年にモデルチェンジされ，中心線に峰の立った現代的なデザインになった．1976年まで販売．その後は同ブランドの Kenmore に移った．⇒ Sears-Roebuck.

## Cole-Haan, Cole Haan　コールハーン

米国の靴を中心に，ベルト・ハンドバッグその他のメーカー (Cole-Haan)，そのブランド．同社は1928年靴職人の Trafton Cole と Eddie Haan が創業 (現在は Nike 傘下)．トラディショナルスタイルの服によく似合うものとされる．ロゴでは2語の間に・が入る．

## Coleman　コールマン

米国のアウトドアライフ用品メーカー The Coleman Co., Inc. の略・通称，そ

の製品．キャンプ用品・冷暖房機・空調装置・トレーラー・ヨット・カヌー・セイルボード・釣り用ボート・水上スキー・空気銃・クーラーボックスなど．特にランタンと，ガソリン利用の小型野外ストーブが有名．創業者 William Coffin Coleman (1870-1957) は，Kansas 州の教師であり，パートタイムのセールスマンだった．

**Col-Erase** カルイレイズ
米国 Sanford L.P. 製の，Prismacolor ブランドの消しゴムで消せる色鉛筆．重ね塗りも可能．水溶性であるため水彩絵具のようにも使える．

**Colgate** コルゲート
米国 Colgate-Palmolive Co. 製の歯みがき・シェービングクリーム・石鹸・洗顔剤など．獣脂ろうそくと石鹸の製造業を営んでいた英国生まれの米国人 William Colgate (1783-1857) が，Colgate Co. の名で 1806 年に創業．

**Colibri** コリブリ
英国のたばこ用ライターの製造会社，そのブランド．1927 年に Julius Lowenthal が，前年に自分が発明した着火の楽なライターを市場化するために創業．Colibri はカリブ語で，ハチドリ (humming bird) の意．トレードマークはハチドリと火を吹くライオン．

**Colman's** コルマン(ズ)
英国製のマスタード．現在は Unilever* が扱うブランド．Jeremiah Colman が 1814 年に考案．1866 年 Victoria 女王が王室御用達認可証 (Royal Warrant) を与えた．トレードマークの雄牛の頭部は 1855 年から採用．それまではマスタードはオークの樽に入れられて売られていたが，同年から缶入りで売られるようになった．

**Colnago** コルナゴ
イタリアのレース用自転車のフレームを専門とするメーカー，その製品．ハンドルなどのパーツ類も製造．トレードマークはクローバー．

**Colony House** コロニーハウス
カナダの Palliser Distillers Ltd. (1973 年創業) 製のウイスキー．

**Colorforms** カラーフォームズ
米国 The Colorforms Corp. (University Games Corp. の子会社) の，ダイカットした人や動物，物などを切り抜いてあるビニールシートをいろいろなシナリオ場面の表面がつるつるしたカードボード上に張り付けて物語を作って遊ぶもの．Ogden Kniffin が 1950 年代初めに考案．

**Colortex** カラーテックス
米国 Orchids Paper Products Co. 製のトイレットペーパーなどの紙製品．

**Color-Tex** カラーテックス
米国 General Pencil Co. 製の色鉛筆．

**Colt** コルト
米国の Samuel Colt (1814-62) が発明し，同氏が 1850 年代半ばに設立した Colt Co. が製造した銃砲，および同社の後身である Connecticut 州の Colt's Manufacturing Co. (Colt Industries, Inc. の Firearms Div.) 製の様々な小火器．特に，1835 年に特許を取得したリボルバー (revolver；輪胴式拳銃) の改良型で，1873 年より市場化され，西部開拓時代にベストセラーになった Colt .45 (愛称 Peacemaker)，および米軍で 75 年以上も使用された弾倉式オートマチック拳銃 Colt .45 Cal. automatic (制式名 M-1911) が有名．

**Colt** コルト
英国 Colt International Ltd. の略・通称，同社製の換気装置・煙制御システム・気候制御システムなど．同社は 1931 年に Jack O'Hea が創業．かつての仕事仲間 William H. Colt の姓を商標にしたのは，彼自身の名が商標としてはふさわしくないと判断したため．

**Colt 45** コルト 45
米国 Pabst Brewing Co. 製の malt liquor (ビールに似た飲料)．1963 年発売開始．

## Columbia

**Columbia** コロンビア
米国 Columbia Manufacturing, Inc. の略・通称,同社製の自転車・学校用備品 (school furniture). 1877 年に小さな金属部品の製造業者の Albert Augustus Pope が創業. 米国最初のチェーン伝動式自転車を市場化した (同種の自転車は 1876 年に英国で H. J. Lawson が発明). この製品は工学技術の金字塔と評価された. 1976 年に同社は米国で最初の原動機付自転車 (moped) のメーカーにもなった.

**Columbia** コロンビア
米国 New York 市にある映画・テレビ映画の製作・配給会社 Columbia Pictures Industries, Inc. の略・通称. 1989 年に日本の Sony に買収された.

**Columbia Records** コロンビアレコード
米国のレコードレーベル. 現在は Sony Music Entertainment, Inc. の一部門.

**Columbia Journalism Review** コロンビアジャーナリズムレヴュー
米国 Columbia University Graduate School of Journalism が発行している隔月刊の非営利刊行物. すべてのジャーナリズム活動を評価し,なにが正しく公正で分別のある報道であるかを明示することを狙いとしている.

**Columbia (Sportswear)** コロンビア (スポーツウェア)
米国のアウトドアスポーツウェアの店 Columbia Sportswear Co. の略・通称,そのブランド. 同店は 1937 年に帽子店として創業.

**Combat** コンバット
米国製の殺虫剤. アリ用・ゴキブリ用があり,チューブ入りゲルやエサ箱 (bait tray) 状のものがある.

**Comet** コメット
米国製の粉末・スプレー・クリーム状などのクレンザー. 塩素系洗浄滅菌剤入り. 1956 年発売. スピーディに汚れを落とすことを連想させ,呼びやすく覚えやすいためにこの名を採用したという. ロゴは "America's #1 Scrubbing Cleanser".

**Comet** コメット
米国 Lincoln-Mercury Div. 製の乗用車. 現在は製造されていない.

**Comet** コメット
米国 American Rice, Inc. 製の米. 1902 年 Texas 州 Galveston で馬車で配達を始めたのが最初. 南東部,南西部が主な市場.

**Comet** コメット
米国製の,自動インク補給式 (self-inking) の日付・番号・時刻などの印字器.

**Comfort Inn** コンフォートイン
米国 Choice Hotels International が経営するモーテルのブランド.

**Commandaria** コマンダリア
キプロス (Cyprus) 島産の琥珀色のデザートワイン.

**Commer** コマー
1905 年に英国 London で設立された Commercial Cars Ltd 製の商業用運搬車. 1905 年から 79 年まで生産.

**Commit** コミット
英国 GlaxoSmithKline plc 製の禁煙用薬用ドロップ (lozenge). 米国 FDA 承認薬.

**Community** コミュニティー
米国の共同社会 Oneida Community で製造が始められた銀食器. Community Plate ともいう. 現在は Oneida Ltd. 製. 第 1 作は錫めっきの鉄製スプーンで 1877 年より製造. Oneida Community は,共同社会構想が挫折,創立者 John Noise の息子 Piapont Noise が中心となって銀食器製造を持続させ,品質向上とユニークな宣伝により業績を急成長させた. 現在も米国を代表する銀食器の一つ.

**Compact Disc** コンパクトディスク
デジタル記録された音楽プログラム・データなどをレーザーによる読み取りで再生できる直径 12 センチほどのプラスチック円盤. 略 CD. オランダの

Philips* が開発したもの．☆本来は商標だが一般語化して小文字でも用いられる．

**Complete** コンプリート
米国 Advanced Medical Optics, Inc. 製のソフトコンタクトレンズケア溶液 (contact lens solution)．

**Complete** コンプリート
米国 Kellogg's* 製のシリアル．正確には All-Bran Complete Wheat Flakes．

**Complice** コンプリーチェ
イタリアの Genny* が 1975 年に Gianni Versace をデザイナーに迎え，従来の Genny よりファッション性を強調した路線を狙った婦人服のブランド．1980 年から 87 年まではフランスの Claude Montana* がデザインを手がけ，一層人気が出た．

**Compoz** コンポーズ
米国の Medtech 製の抗ヒスタミン薬．睡眠薬としても使用される市販薬．

**Comptometer** コンプトメーター
英国 Victor Comptometer Corp. 製の，キー操作で加減乗除ができる計算器．19 世紀から市場化されていたが，商標登録は 1935 年．米国では Victor Technologies が製造．

**CompuServe** コンピュサーブ
米国最大のコンピュータオンライン情報サービス会社 CompuServe Information Service (H & R Block 傘下) の略・通称．本社は Ohio 州 Columbus．

**Comsat, COMSAT** コムサット，通信衛星会社，米国商業通信衛星会社
米国大統領・NASA・連邦通信委員会の監督下に置かれている半官半民の通信衛星会社．全て大文字でも書かれる．Communication Satellite Act of 1962 により 1963 年に開設．Communication Satellite Corp. が正式名．2004 年 Intelsat Ltd. が買収．

**Comtesse** コンテス
ドイツのバッグメーカー，そのブランド．同社は 1929 年に Adolf D. Kop が 21 才で創業．中国産の白馬の尻尾から選んだ白毛を染色して縦糸とし，強い綿糸を横糸にして織り上げたホースヘアバッグ Comtesse Lecrin (ルクラン) では定評があり，30 年以上の歴史を持つ．オストリッチ素材のものも有名．ネクタイ・スカーフ・紳士用革小物・ベルト・ビジネスケース・机上小物なども製造．ロゴはすべて小文字，トレードマークは C の上に冠．

**Comtrex** コムトレックス
米国 Novartis Consumer 製の咳止め薬・解熱薬・抗ヒスタミン薬などとして使用される市販薬．

**Cona** コナ
英国 Cona Group (1910 年創業) の略・通称，同社製のコーヒーサイホン．創立者 Alfred Cohn の姓の 'h' を落とし，名前の頭文字を加えたもの．同社は現在 Cona Ltd といい，同ブランドでトースター・温水器なども製造．

**Conair** コンエア
米国 Conair Corp. の略・通称，同社製のカーリングアイロン・ヘアドライヤーなどのヘアケア・身だしなみ (personal grooming) 浴室用品・衣類とホームケア・オーラルケア旅行用品などの製品．

**Conceptrol** コンセプトロール
米国 Johnson & Johnson* 製の避妊ゼリー．厳密には Conceptrol Disposable Contraceptive．

**Concord** コンコード
スイスの 1908 年創業の時計メーカー，同社製の宝飾超薄型クォーツ腕時計・置き時計などのブランド．

**Concrobium Mold Control** コンクロビーアムモールドコントロール
米国製のカビ取り剤．"Wherever mold takes hold." とうたう．

**Condor** コンドア，コンドル
英国のたばこメーカー Gallaher Group Ltd (日本の JT が 2007 年買収) 製のパイプたばこ．

**Condulet** コンデュレット
米国 Cooper-Hinds Crouse 製の，電気配線のアクセスのための，取り外し可

能なカバーのついたパイプ状または箱状の部品の商標. 1900年代初めにMorton Havens, Jr. が考案し, Crouse-Hinds Electric Co. から売り出した.

**Con Ed** コンエド
米国 Consolidated Edison Co. of New York の略・通称. 同社は New York 市とその近郊の Westchester 郡に電力を供給している巨大な公益事業会社. 一部の地域ではガス・スチームも供給.

**Congloleum** コングロリューム
米国 Congloleum Corp. の略・通称, その床・壁・カウンタートップ保護シート, タイルフローリング.

**Congress** コングレス
世界最大のトランプメーカーである米国の The United States Playing Cards Co. 製のブリッジ用トランプ. ⇨ Bicycle.

**Conklin** コンクリン
米国の1898年創業の万年筆メーカー Conklin Pen Co. の略・通称, そのブランド. 今世紀初頭に製造された胴軸の横に三日月形のコブ状のインク吸入機構 (Crescent Filler で特許. Mark Twain が愛用) がついているものが代表的. その後通常のレバー吸入式 (self-filling) のものも製造.

**Conn** コーン
米国の管楽器メーカー C. G. Conn Ltd. の略・通称, そのブランド. 1870年代に Charles Gerald Conn が創業. 特にフレンチホルンのメーカーとして有名.

**Connie** コニー
米国 Brown Shoe Co. 製の各種の靴.

**Conqueror** コンカラー, コンケラー
英国 Arjowiggins Fine Papers 製の事務用紙 (business paper)・便箋・封筒.

**ConRail** コンレール
米国 The Consolidated Rail Corp. の略・通称. 1972年に破産した Penn Central など, 倒産した7つの鉄道会社が, 政府からの援助を受けて1976年に統合再出発したもの. 米国北東部・中西部で営業. 1999年 Norfolk Southern Railways, CSK Transportation, Cornrail Shared Assets Operation に分割吸収された.

**Conran** コンラン
⇨ Jasper Conran.

**Conran Shop** コンランショップ (The ~)
米国 New York 市にある, シンプルで機能本位の, 現代風のデザインの家具の店. 英国で Habitat* を創った Terence Conran の米国の店.

**CONS** コンズ
米国 Coverse, Inc. 製のスケートボード用スニーカー.

**Conserv** コンサーヴ
オーストラリアの Con-Serv Corp. Australia Pty. Ltd. 製の浴室備品など.

**Consort** コンソート
米国 Alberto-Culver Co. (1955年創業) 製の男性用ヘアケア用品 (ヘアスプレーなど)・体臭抑制剤. ⇨ Alberto.

**Constant Comment** コンスタントコメント
米国 R. C. Bigelow, Inc. 製のフレーバーティー. 紅茶にオレンジ皮とシナモンが加えられている. 60年前 Ruth Campbell Bigelow が試行錯誤の結果考案したフレーバーで, 味の批評 (comment) が変わらないことが分かって命名した.

**Consul** コンサル
British Ford 製の乗用車.「領事」・「総裁」の意. 1951-62, 1972-75年の間製造.

**Consulate** コンシュレート
英国 Rothmans* 製のたばこ. 1938年より発売. 英国最初のメンソール入りたばこ.

**Consumer Reports** コンシューマーリポツ
米国 Consumers Union 刊行の, 消費者のための商品テスト専門月刊誌. 毎月730万部売る. 1936年創刊. 記事の公正さを保持する意味から広告は

いっさい掲載しない．

**Contac** コンタック
米国 GlaxoSmithKline* 製の，充血緩和剤・解熱剤などとして使われる市販薬． continuous action を縮めた造語．

**Conté** コンテ
フランスの画材メーカー，同社製の画材・色鉛筆・炭素棒（黒鉛粉に粘土を加え棒状に焼いたもの；日本で普通名詞化してコンテといっている）・消しゴムなど．創業者 Nicholas Jacques Conté (1755–1805) に由来．

**Continental** コンチネンタル
ドイツのタイヤ・自動車関連部品のグローバルサプライヤー Continental AG の略・通称・商標．トレードマークは馬．同社は 1871 年創業．

**Conti-Royale** コンティローヤル
米国 California 州の Oak Ridge Vineyards 製のワインおよび 10 年熟成のブランデー．

**Contour** コンツアー
英国製の生理用タンポン．タンポンおよび軟質合成樹脂製アプリケーターの先端が丸いのが特徴．

**Converse** コンバース，コンヴァース
米国のスポーツシューズ（バスケット用・ランニング用など）のメーカー (Converse, Inc.)，そのブランド．同社は Marquis M. Converse が 1908 年に Converse Rubber Co. の名で創業． Converse All Star というバスケットボール用シューズが人気があり，同社のドル箱的存在で，1918(17?) 年より大きなモデルチェンジなしに生産されている超ロングセラー．★映画 *Back to the Future* で，主人公は現代では Nike* をはいているが，30 年前の過去の時代のシーンでは Converse All Star をはいている．⇨ Jack Purcell.

**Converted** コンヴァーテッド
米国 Mars, Inc 製の Uncle Ben's ブランドの米．

**Cookeen** クッキーン
英国 Edible Oils Ltd 製の植物油ブロックで，ペストリー (pastry) を作るときに使う．

**Cookin' Good** クッキングッド
米国 Showell Farms, Inc. 製の鶏肉．同社は合併吸収され営業していない．

**Coolerator** クーラレイター
米国 Whirlpool Corp. 製のエアコン．

**Cool Whip** クールホイップ
米国 Kraft* 製の，乳脂肪のない［植物性の］ホイップクリーム (whipped cream; whipped topping).

**Coors** クアーズ
米国第 2 位のビール会社 Molson Coors Brewing Co. の略・通称，同社製の生ビール．アルコール分 3.6%．米国で最初のアルミ缶入りビール．1868 年にドイツから米国に移住した Adolf Coors が 1873 年に創業．他社と違って醸造所が一ヵ所 (Colorado 州 Golden) しかないが，その規模は世界一．Coors Light や Zima もある．

**Copains** コパン
⇨ Les Copains.

**Copenhagen** コペンハーゲン
米国 U.S. Smokeless Tobacco Co. 製の嗅ぎたばこ (dipping tobacco; moist snuff; spit tabacco). 同社の Skoal* と並び同種商品のベストセラー．

**Coppertone** コパトーン
米国 The Coppertone Corp. (Schering-Plough Corp. 傘下) の略・通称，および同社製の日焼け用または日焼け止めのオイルやローション．第二次大戦中，南太平洋戦線で空中脱出し漂流するパイロットの皮膚保護剤として，薬剤師 Benjamin Green 博士が 1944 年に開発．戦後，肌が Copper (銅) の tone (色) になるものとして名を付けて，市場化．

**Copydex** コピーデックス
英国 Henkel UK & Ireland 製の接着剤 (adhesives)・粘着テープ・修正液・シーラント (sealants) など．

**Coquette** コケッティ
1961 年創業のイタリアのバッグメーカー，そのブランド．皮革製または

# Coral

コート布製のバッグが主で，カモシカのスウェードの上に，L と C の文字をプリントしたバッグが有名．正しくは La Coquette．

**Coral** コラール
米国 Decca Records, Inc. (Universal Music Group の一部門) のレコードレーベル．

**Cord** コード
⇨ Auburn．

**Cordon Rouge** コルドンルージュ
フランス G. H. Mumm & Cie 製のシャンパン．レジオン・ドヌール勲章をモチーフとし赤いリボンをラベルにデザインしている．

**Cordtex** コードテックス
英国 Nobel's Explosives Co Ltd 製の，芯を布や合成樹脂でおおった爆薬導火線の一種．1935 年商標登録．

**Cordura** コーデュラ
米国製の頑丈な生地で，バッグ・バックパック・ブーツ・軍用服・興行用などのアパレルに使用される．

**Corelle** コレール
米国 World Kitchen, LLC 製のガラス食器．軽く，割れにくく，耐熱性も高い．1970 年に発売開始．

**Corelle (Livingware)** コレル (リヴィングウェア)
米国 World Kitchen, LLC 製の陶器製食器類．

**Corfam** コーファム
米国製の，丈夫でよく曲がり軽く多孔性の，革に似た合成樹脂．革の代用として，靴を始めとし，ハンドバッグ・ベルト・旅行かばんの製造に多く用いられる．

**Corgi** コーギー
英国 Wales にあるニットウエア・ソックス類のメーカー Corgi Hosiery Ltd の略・通称，そのブランド．素材はカシミアが主．1892 年にソックスメーカーとして創業．

**Corgi (Books)** コーギー (ブックス)
英国のペーパーバックシリーズ．1951 年より刊行．100 以上の動物・鳥その他の候補名の中から，Elizabeth 2 世女王がコーギー犬 (corgi) を愛犬にしていたためもあって，Corgi が選ばれた．シンボルマークは白黒 2 頭のコーギー犬の横顔．

**Corgi Toys** コーギートイズ
英国 Mettoy Playcraft Ltd 製のダイキャスト (die-cast) 製ミニチュアカー．コーギー (corgi) 犬は Wales 産の Welsh 種の小型犬で，同社の工場が South Wales にあるところから命名された．

**Cornetto** コルネット
オーストラリアの Streets Ice Cream Pty Ltd, Inc. (Unilever* 傘下) 製アイスクリーム．コーンに入っており，チョコレート・ピーナッツなどのトッピングがかけられている．

**Cornetto** コーネット
英国 Wall's (Unilever* 傘下) 製のアイスクリーム．

**Corn Flakes** コーンフレークス
米国 Kellogg's* 製のトウモロコシ原料のシリアル．原型が開発されたのは 1898 年, 製品化は 1906 年．☆Corn Flakes は元来は同社の商標であったが，商標として認可されなくなったため，現在は一般名称となっている．

**Corn Pops** コーンポップス
米国 Kellogg's 製のシリアル．発売時の 1951 年には Sugar Pops の名前であった．最近のスローガンは "It's pop-pop-popnetic." (2009–10)．

**CorningWare** コーニングウェア
もとは米国 Corning Glass Works が 1958 年に製造販売を始めた耐熱ガラスの調理用器．商標名は現在 World Kitchens Inc. が所有．

**Corona** コロナ
かつての英国 Britvik Soft Drinks 製の清涼飲料．Wales の食料品商の William Evans が開発, 1927 年に発売．当初は Welsh Hills drinks と呼ばれていた．1970 年代が最盛期で "the Corona Man" と呼ばれる配達人が 1 軒 1 軒届けた．

**Corona** コロナ
ハバナ産の葉巻. ☆ しばしば小文字で書かれ, 葉巻一般を指す.

**Corona beer** コロナビール
メキシコ Grupo Modelo 製のビール. ふつうはジョッキなどに注がず, ライムを瓶の中に入れてラッパ飲みすることが多い.

**Coronet Books** コロネットブックス
英国 Hodder and Stoughton Ltd 刊行のペーパーバックシリーズ.

**Correctol** コレクトール
米国 Shering-Plough 製の便秘解消のための緩下剤. 市販薬.

**Corselette** コースレット
ガードルとブラジャーがひと続きになったいわゆるオールインワン (all-in-one) 型のファンデーション. ☆ もと商標だが一般化して小文字で用いられ, corselet ともつづられる. girdle bra とも呼ぶもの.

**Cortizone-5** コーティゾン 5, コルチゾン 5
米国 Pfizer Consumer Healthcare 製のかゆみ止め軟膏.

**Cortland** コートランド
米国の世界最大の釣糸メーカー (Cortland Line Co.), 同社製の釣糸. 1915 年創業. Cortland は同社がある New York 州の地名.

**Corton** コルトン
フランス東部 Côte-d'Or 県 Côte de Beaune 地区最北にあるブドウ園. Chardonnay 種のブドウによる白辛口, Pinot Noir 種による赤の原産地統制呼称ワインを産出し, 特級畑格付けとなっている.

**Corton-Charlemagne** コルトンシャルルマーニュ
フランス東部 Côte-d'Or 県 Côte de Beaune 地区最北にあるブドウ園. Chardonnay 種のブドウを用いた白辛口の原産地統制呼称ワインを産出し, 特級畑格付けとなっている. 昔, Charlemagne 帝の所有であったことに由来する名.

**Corum** コルム
スイスの時計メーカー, 同社製の腕時計・宝飾時計などのブランド. 同社は 1924 年創業. Corum を商標とし, 鍵のシンボルマーク (「完全なる刻への鍵」を意味するという) を採用したのは 1955 年. 1956 年に文字盤の納入が間に合わなくなったことの苦肉の策で, 時文字のない No Marker Dial を発売したところ話題となった. ラテン語の quorum (「議会で多数の賛同を得る」・「表決に必要な定数を満たす」の意) の綴り変え.

**Corvette** コルベット, コーヴェット
米国 Chevrolet Motor Div. (General Motors Corp. の一部門) 製の乗用車. 1953 年より発売. FRP (ガラス繊維強化合成樹脂) 製のボディーをもつ最初の車. ★ Corvette は「輸送船団護衛用の小型快速艦」の意, 語源的には「小さな korf (船の一種)」の意.

**Cory** コリー
米国 Cory Food Services, Inc. (Hershey Foods Corp. 傘下) の, オフィス向けコーヒー供給システム. 同社は 1933 年に Harvey Cory が, ガラス部品メーカーとして創業.

**Cosby** コズビー
米国 New York 市の Madison Square Garden 近くにあるスポーツ用品専門店 Gerry Cosby & Co., Inc. の略・通称, そのオリジナル商品.

**Cosco** コスコ
米国 Consolidated Stamp Mfg. Co., Inc. の略・通称, 同社製のエンブレム刻印器 (embosser) など.

**Cosco** コスコ
米国 Cosco Home and Office Products 製の折りたたみ椅子・踏み段・テーブルなど. 1939 年創業.

**Cosco** コスコ
米国 Dorel Juvenile Group 製の乳母車 (baby stroller)・ハイチェアー・プレーヤード・ぶらんこ・ウォーカーな

**Cosmoline**

ど.

**Cosmoline** コスモリン, コズモリン
英国 Edgar Vaughan & Co Ltd および米国 E. F. Houghton & Co. 製のワセリン (petrolatum, Vaseline*). 新品あるいは長期保管の野砲や銃器類のさび止め剤・潤滑剤・防水剤を指す.

**Cosmopolitan** コスモポリタン
米国 Hearst Corp. 刊の女性大衆月刊誌. 1886年の創刊.

**Cossack** コサック
英国製のウオッカ.

**Côte d'Or** コートドール
ベルギーのチョコレートとキャンディーのメーカー (S. A. Côte d'Or N. V.), そのブランド. 同社は1883年創業. シンボルマークは象.

**Coty** コティー
米国の化粧品メーカー Coty, Inc., 同社製の香水・スキンケア用品・トリートメント・メーキャップ用品・男性用化粧品など. コルシカ島出身で Napoléon Bonaparte の遠縁にあたる François Coty (1876-1934) が, 1906年にパリで香水店を開いたのが起源. ★日本へは明治時代に初の舶来化粧品として輸入され, その白粉はコピー商品が盛んに作られた.

**CoTylenol** コタイレノール
米国 McNeil Consumer Healthcare 製の, Tylenol* の姉妹品の風邪薬. Co は cold remedy の略.

**Counselor** カウンセラー
米国 Counselor Co. の略・通称, 同社製の家庭用体重計 (bath scale)・洗いものかご (hamper)・くずかごなど.

**Countach** カウンタック
⇒ Lamborghini.

**Count Chocula** カウントチョキュラ
米国 General Mills* 製のシリアル. 1971年発売. モンスターテーマのシリアルの一つで, Count Dracula (ドラキュラ伯爵) をもじった命名.

**Countess Mara** カンタスマーラ, コンテスマーラ
Lucila Mara de Vesovi が1938年に New York 市に開いたメンズショップ (Countess Mara, Inc.), 同店オリジナルの紳士服・ネクタイ・アクセサリーなどのブランド. 1998年から Randa Accessories が商標を使用.

**Country Casuals** カントリーカジュアルズ
1970年代に創業したスコットランドの婦人服チェーン店, そのブランド. 1998年 Austin Reed Group に買収され, 2005年からは CC ブランド名を使用.

**Country Club** カントリークラブ
米国 Country Club Soda Co., Inc. 製の清涼飲料.

**Country Club** カントリークラブ
米国 Miller Brewing Co. 製のモルトリカー (malt liquor).

**Country Life** カントリーライフ
英国 IPC Media Ltd 刊の, 上流階級向け週刊誌. 1897年創刊. 地方史・社会史・博物史・建築・美術・造園など, カントリー生活の様々な側面を扱う.

**Country Morning** カントリーモーニング
米国の最大手シリアルメーカー Kellogg's* 製のシリアル. 小麦と米のフレークに, アーモンド・小麦胚芽・蜂蜜・乾しぶどう・乾燥アンズ片を加えたもの.

**Courrèges** クレージュ
フランスのデザイナー André Courrèges (1923- ) のデザインした婦人・紳士・子供用衣料品・洋品類・バッグ類・ライター・時計・筆記具・陶器・自動車用品・台所用品・雑貨・家電製品・家具・スポーツ用品・自転車その他の多種多様なファッション商品のブランド, そのブティック, および彼との契約により香水会社が製造している香水・化粧品類のブランド. 同氏は, 1961年に独立しブティックを開店. 1964年にパンタロンスーツ, 1965年にミニドレスを発表. 1960年代末に既製服に進出.

トレードマークはaとcのデザイン化で.

**Courtelle** クールテル
世界有数の繊維メーカーであった英国 Courtaulds plc (1913年創業) 製のアクリル系合成繊維, その加工品であるニットウェア・ドレス用布・カーペットなどのブランド. 同社は世界で最初に合成繊維を商品化.

**Courvoisier** クルボアジェ
1805年創業のフランス Courvoisier Ltd. の略・通称, 同社製のコニャック. ブランデーにポピュラーな Napoléon という名は, 19世紀初めに同社の初代製造者の Emmanuel Courvoisier が Napoléon Bonaparte にその酒を献上したことにちなむといわれる.

**CoverGirl, COVERGIRL** カバーガール, カヴァーガール
米国 Noxell Co. (1917年創業, 1989年 The Procter & Gamble Co. が買収) 製の女性用化粧品. やや年配の婦人向けの Moisture Wear などのシリーズがある. 同社製の化粧用小道具は Makeup Mates と呼ばれる. 扇型のブラシ (fan brush) など.

**Coveri** コーヴェリ
⇒ Enrico Coveri.

**Cow Gum** カウガム
19世紀から作られている英国 Cow Proofings Ltd (もと Cow Industrial Polymers) 製の粘着テープ・ゴム溶液 (rubber solution). 今は製造されていない. 創業者 Peter Brusey Cow に由来.

**Cox** コックス
米国の Cox Hobbies, Inc. の略・通称, 同社製の U コントロール・ラジオコントロールの模型飛行機用のエンジンなど.

**Coxmoore** コックスムーア
英国の, ウール素材の高級紳士用靴下・紳士ニットウェア・スポーツシャツなど, そのメーカーである Coxmoore PLC の略・通称. 1925年に H. H. Cox と Arthur James Moore と Wm Shipstone が設立. 1968年に Queen's Award を受賞.

**C.P. Company** C.P.カンパニー
「イタリアンカジュアル」の代表的な店. 社名は, 漫画 Charlie Brown 中の架空の会社 Chester Perry の頭文字. 1975年創業.

**Crabtree & Evelyn** クラブツリーアンドエヴェリン
英国 Crabtree & Evelyn Ltd の略・通称, 同社製の石鹸・バスオイル・ポプリ・香味料入りクッキー・ミントティーなど. 1972年 Cyrus Harvey が世界の石鹸を売る個人店を創業. 17世紀英国日記作家 John Evelyn と, 木の名 crab apple から.

**Cracker Barrel** クラッカーバレル
米国 Cracker Barrel Old Country Store, Inc. の略・通称, そのチェーン店. 1969年から南部風の 'comfort food' を提供するレストラン.

**Cracker Barrel** クラッカーバレル
米国の乳製品・包装食品の大手メーカー Kraft* 製のチーズ.

**Cracker Jack** クラッカージャック
米国 Frito-Lay* 製のタフィーシロップがけポップコーン (candied popcorn). 塩味の皮付きピーナッツが混ぜられている. 米国で最もポピュラーなスナック菓子. ドイツからの移民 F. W. Rueckheim が1872年に弟と創業した F. W. Rueckheim & Bros. が, 1893年に Columbia の万博で作って売ったのが始まり. 商品名は1896年に, コーンがタフィーシロップでくっつく問題を解決した製品を試食したセールスマンが "That's a crackerjack!" (こいつぁあいい!) と叫んだところから来ており, 同年登録. トレードマークの小さな水兵 Jack と白黒まだら犬の Bingo は, 1916年に販売促進用のパンフレットや広告に登場, 3年後にパッケージに描かれるようになった. ★米国大リーグの野球場で試合の7回表が終了したときに観客が皆で歌う "Take Me Out to the

Ball Game"(邦題:「私を野球に連れてって」)という歌の一節に Cracker Jack が出てくる.

**Crados** クラドス (Les ~)
⇨ Garbage Pail Kids.

**Craftint** クラフティント
もとは米国 Craftint Corp. 製の, 透明合成樹脂フィルム上に種々の模様が印刷されたシート.

**Craftmatic** クラフトマティック
米国 Elevation Bed LLC 製の電動式調節自由なベッドで, 正確には Craftmatic Adjustable Bed.

**Craftsman** クラフツマン
米国 Sears, Roebuck & Co. 製の機械整備工具・電動工具.

**Cragganmore** クラガンモーア
スコットランド Cragganmore Distillery 製の 12 年熟成のモルトウイスキー.

**Crain** クレイン
米国のカスタムナイフ制作者 Jack Crain の作ったナイフ. ★ Arnold Schwarzenegger が, 映画 *Commando*, *Predator* で使用した.

**Craisinz** クレイジンズ
米国 Ocean Spray Cranberries, Inc. 製の甘みを付けて乾燥処理したクランベリー.

**Cranapple** クランアップル, クラナップル
米国 Ocean Spray Cranberries, Inc. 製の, リンゴ味のフルーツドリンク.

**Crane** クレーン
米国 Crane & Co., Inc. の略・通称, 同社製の, 紙製品を中心とする文房具類. 同社は 1801 年創業. 米ドル札用の紙を製造していることでも知られる.

**Cravats of London** クラバッツオブロンドン
英国 Cravats of London Ltd (1949 年創業) 製のネクタイ.

**Craven A** クレイヴン A
カナダ Rothmans, Benson & Hedges Inc. 製のたばこ. 1921 年発売. 1930 年代によく売れた. 1860 年 Earl of Craven にちなんで命名.

**Cravenette** クラヴェネット
もとは英国にあった Cravenette Co 製の, 特にレインコート・トップコート等のコート類の素材となる防水布・その防水加工. London の Craven St. にちなんで命名. ☆元来商標だが, 現在は「防水布・防水コート」の意で一般語として小文字で用いられ, また「布に防水加工を施す」の意で他動詞としても使われる.

**Crawfords** クロフォード[ズ]
英国のもとは Crawfords Biscuits, 現在は United Biscuits (UK) Ltd 製のビスケット.

**Crayola** クレイヨーラ, クレオラ, クレイオウラ
米国 Binney & Smith, Inc. 製のクレヨン (Crayola crayons). 米国ではクレヨンの代名詞的存在. マジックマーカー・チョーク・色鉛筆・ペイント・粘土・絵本などもある. 同社の前身は, クリミア戦争の復役軍人 Joseph W. Binney が, 黒色顔料 lamp black (印刷用黒インク・ゴム長靴・カーボン紙・タイプ用インクリボンなどの原料となる炭素粉)のメーカーとして, 1864 年に創業. Crayola の名はチョークを意味するフランス語の craie と, 油の意味の英語 oil とを組み合せて命名. 現在のパッケージは 1960 年代初頭のデザインを小変更したもので, 米国では非常にポピュラー.

**Cray-1** クレイワン
米国 Cray Research, Inc. (1972 年創業) 製のスーパーコンピューター. Seymour Cray 博士が開発. 一秒間に 1 億 5000 万回の計算をする能力をもつ. 同社はスーパーコンピューターのトップメーカーだったが, Cray-4 を計画中に倒産.

**CRC** CRC
米国 Pennsylvania 州の CRC Industries, Inc. USA の略・通称, 同社製の被覆剤・クリーナー・カーワックス・潤滑剤・電気接点用通電性向上剤など.

**Creametts** クリーメッツ
米国 The Creamette Co. (Borden, Inc. 系列) 製のパスタ類. James T. Williams が 1912 年に考案した料理が早くできるパスタ.

**Cream of Wheat** クリームオブホウィート
米国 B&G Foods. 製の, 小麦の粗粉を原料としたシリアル. 1893 年に North Dakota の小さな製粉所が作ってヒット商品となった.

**Creamsicle** クリームシクル
Unilever* 製のアイスキャンディー (ice pop) に似た冷凍デザート. 棒付きで, 中心部はバニラアイスクリーム, その外側を味を付けたアイスで覆ったもの. 米国では毎年 8 月 14 日は非公式な National Creamsicle Day.

**Creda** クレダ
英国の, 家庭用の電気またはガス器具メーカー・洗濯物乾燥機, そのブランド. 旧社名 Credenda の略.

**Cremora** クレモーラ
米国 Bay Valley Foods, LLC 傘下のミルクを含まないクリーマー (non-dairy creamer) だが, 元のブランド名 Borden がついている.

**Crescent** クレセント
米国 Cooper Industries 製の自在スパナ (adjustable wrench) とパーツ. 1907 年の創業当時は Crescent Tool Co. であった.

**Crescent Board** クレセントボード
米国 Crescent Cardboard Co., LLC 製の, デザイン画用繊維ボード.

**Crest** クレスト
米国家庭用品の大手メーカー Procter & Gamble* 製のフッソ入り練り歯磨き. 1955 年発売. 虫歯を防ぐ歯磨きとして人気がある.

**Crest Glide** クレストグライド
米国 W. L. Gore and Associates, Inc. が The Procter & Gamble Co. のために製造するデンタルフロス. 以前は単に Glide と呼ばれていた.

**Creuset** クルーゼ
⇒ Le Creuset.

**C.R. Gibson** C.R. ギブソン(社) (**The ~ Co.**)
米国の, 文房具・事務用紙・日記・結婚記録帳・ギフト用の本・ギフト用品などのメーカー. 1870 年創業の老舗.

**Cricket** クリケット
スイス Swedish Match AB. 製の使い切りライター. ⇒ Gillette.

**Cricketeer** クリケッティーア
米国 The Joseph & Feiss Co. (Phillips-Van Heusen Corp. の一部門) 製の紳士服・婦人服. もともとのメーカーは New York 市の Cricketeer, Inc.

**Crimplene** クリンプリン
英国 Imperial Chemical Industries plc (ICI) (廃業) 製の合成繊維. 防皺加工が特色の Terylene 繊維の改良品. 1950 年代初めに開発され, 会社があった Crimple Valley にちなんで命名.

**Crisco** クリスコ
米国 The J. M. Smucker Co. 製のショートニング(菓子製造用可塑性油脂). 1911 年発売.

**Crisco Oil** クリスコオイル
米国 The J. M. Smucker Co. 製のサラダ用・調理用オイル. 1960 年発売.

**Crispers** クリスパーズ
米国 Florida 州で 1989 年 Bill and Vanessa Whitaker 夫妻が始めたファーストカジュアル (fast casual) レストランチェーン. 州内に 41 店舗ある. 現在は Publix Supermarkets 傘下.

**Crispers!** クリスパーズ!
米国 Ore-Ida 製の冷凍フレンチフライドポテト.

**Crispix** クリスピックス
米国 Kellogg's* のシリアル. 1983 年から発売. 一方の面は crispy rice, 反対側は crunchy corn でできていると箱には書いてある. 網目の六角形. カナダでは Crispix Krispies 名.

**Cristal de Sèvres** クリスタルドセーヴル

# Cristobal Balenciaga

フランスのクリスタルガラス器メーカー, そのブランド. 磁器の Sèvres* より古い歴史をもち, 1688 年に Louis 14 世が設立した王立ガラス製造所が起源.

**Cristobal Balenciaga** クリストバルバレンシアガ
⇨ Balenciaga.

**Crockett & Jones** クロケットアンドジョーンズ
英国の紳士靴メーカー (Crockett & Jones Ltd), 同社製のトラディショナルなデザインの高級紳士靴. 1879 年創業の老舗. 創業者の二人 Thomas Crockett とその義兄 Charles Jones に由来. 1921 年に靴産業への功績大として Knight の称号が与えられた.

**Crock-Pot** クロックポット
米国 Sunbeam Products, Inc. (Jarden Corp. の一部門) 製の, 低恒温調理用の陶器製電気鍋 (electric slow cooker). crockery と pot-like shape であるところからの命名.

**Crocs** クロックス
米国のシューズメーカー Crocs, Inc. の略・通称, その製品の合成樹脂製のサンダル. 各種の色が選べる軽い素材もので, その通気孔にはめる Jibbits と呼ばれる飾りで履く人が楽しめる. 社名は crocodile からで, ロゴマークは黒地に白いワニの上半身. 2002 年 George B. Boedecker, Jr. が創業した.

**Croizet** クロアーゼ
フランス B.L. Croizet Eymard の略・通称, 同社製のコニャック. 同社は Napoléon Bonaparte の近衛兵 Croizet が 1805 年に創業.

**Crombie** クロンビー
スコットランドのカシミア生地メーカー J & J Crombie Ltd の略・通称, そのブランド. 紳士・婦人スーツ・コート・スカーフ・ニットウェア・スカート・ワンピースなども製造.

**Cromwell** クロムウェル
英国 Cromwell Helmets Ltd 製の, オートバイ用のおわん形ヘルメット, そのメーカー. 1960 年代に流行. Charles 一世の首をはねた Oliver Cromwell の名から.

**Crosley** クロスリー
米国 Crosley Corp. の略・通称, その家庭用電気製品. 台所用・洗濯用の各種電化商品からエアコンやテレビまで.

**Crosman** クロスマン
米国 Crosman Corp. の略・通称, その製品 (空気銃 (air gun)・ガス銃 (gas gun) など).

**Cross** クロス
米国の筆記具メーカー A. T. Cross Co. の略・通称, その製品 (ボールペン・シャープペンシル・万年筆・リフィルなど). 英国生まれの発明家であり, 機械工であった Aronzo T. Cross が 1846 年に創業.

**Crosse & Blackwell** クロスアンドブラックウェル
英国の加工食品 (即席スープ・スパゲッティー類や豆の缶詰めなど) のメーカー (1706 年 Edmund Crosse と Thomas Blackwell が創業) (The J. M. Smucker Co. 傘下), そのブランド.

**Crouch & Fitzgerald** クラウチアンドフィッツジェラルド
米国 New York 市にある高級革製かばん店, そのブランド. 1839 年創業. 特にビジネスケース (アタッシェやブリーフケース) の品揃えで有名.

**Crown Royal** クラウンローヤル
カナダの The Crown Royal Distilling Co. 製の高級カナディアンウイスキー. 80 proof. 1939 年の英国王 George 6 世の初のカナダ訪問を祝して, 特別にブレンドされ献上された. 王冠を形どったボトル入りで, 紫色のベルベットの袋に入っている.

**Cruex** クルエックス
米国 Novartis 製の, 男性の股間のかゆみ (jock itch) または水虫などのかゆみを止めるためのエアゾールパウダーやクリーム.

**Cruiser** クルーザー

**Cruismaster**　クルーズマスター
　米国 Gulf Oil Corp. 製の自動車保守用化学物質（不凍液・ブレーキオイル・窓のくもり止めなど）・保守部品（各種フィルターなど）．

**Crunchie**　クランチー
　英国の大手総合食品会社である Cadbury plc 製の子供向きチョコレート．⇨ Cadbury.

**Crunch'n Munch**　クランチンマンチ
　米国 ConAgra Foods, Inc. 製のポップコーンとピーナッツをキャラメルでコーティングしたスナックミックス．New York Yankees のホームゲームで短期間（2004 年）この菓子が売られていたが，再び Cracker Jack に戻った．

**Crush**　クラッシュ
　米国 Dr Pepper Snapple Group の清涼飲料．1916 年発売．

**Cruvinet**　クラビネット
　米国 Cruvinet Winebar Co., LLC 製のワインディスペンサー．

**Cruzan**　クルーザン
　Virgin Islands 産のラム酒で輸出用．Cruzan Rum ともいう．80 proof.

**Crystal**　クリスタル
　フランス Louis Roederer 製のシャンパン．ロシアの Alexander 2 世のために 1876 年に醸造されたのが始まり．

**Crystal Geyser**　クリスタルガイザー
　米国の Crystal Geyser Water Co. が販売するミネラルウォーター．

**Crystal Light**　クリスタルライト
　米国 Kraft Foods, Inc. 製のソフトドリンク粉末（soft drink mix）．1984 年発売．フルーツドリンク，レモネード，ティーなどがある．1995 年にはそのまま飲めるボトルタイプ（Crystal Light Bottles）も発売された．

**Crystallose**　クリスタロース
　米国製の人工甘味料のサッカリンナトリウム塩（saccharin sodium）．

**Crystal Palace**　クリスタルパレス
⇨ Hiram Walker's Crystal Palace.

**Crystal White**　クリスタルホワイト
　米国 Colgate-Palmolive Co. 製の食器用洗剤．正確には Octagon Crystal White.

**C-Span**　C スパン
　米国の議会中継・大統領一般教書演説・民主党と共和党全国大会などの生中継を行う政治専門のケーブルチャンネル Cable-Satellite Public Affairs Network の略・通称．1979 年開局．Washington, D.C. の Capitol Hill に本部があり，C-Span2（1986 年開局），C-Span3（2001 年開局），C-Span Radio（24 時間放送），C-Span Video Library などがある．National Cable Satellite Corporation (non-profit) が所有．

**Cub**　カブ
　米国 Piper Aircraft Inc. 製の低馬力の高翼型軽飛行機．Taylor Brothers Aircraft Co. の経営者の C. G. Taylor が設計したもの．当初エンジンは 37 馬力，のちに改良されて 65 馬力となった．第二次大戦を控えた米軍のパイロット育成の際に，最初に乗る練習機として多用され，大戦中は L-4 Air Observation Post の名で観測機・連絡機・高官輸送機として用いられた．⇨ Piper.

**Cubs**　カブス
　米国 Nabisco, Inc. 製のシリアル．1938 年に登録商標とされたが，製品が出たのは 1957 年．大人向けの Shredded Wheat* の子供用で，'cub-sized biscuits' というところからの命名．

**Cuervo**　クエルヴォ
　メキシコ Jose Cuervo S.A. の略・通称，同社製のテキーラ．80 proof. cuervo はスペイン語で「カラス」の意だが，創業者 José Cuervo に由来．

**Cuesta-Rey**　クエスタレイ
　米国 M & N Cigar Manufacturers, Inc. 製の葉巻．

**Cuisenaire Rods**　キュイズネールロッズ，クウィズネア棒

棒状の初歩算数教材．径が1cm, 長さが1-10cmの, 10本のそれぞれ違った色のついた棒で, 各々が数を表わしている．1950年代前半に, ベルギーの教育家 Georges Cuisenaire (1891–1976) が考案．米国では ETA/Cuisenaire が商標を所有．

**Cuisinart** クイジナート
米国 Cuisinarts, Inc. の略・通称, 同社製のフードプロセッサー (food processor; 万能食品加工器)．引退した電子工学技術者で, 料理を趣味としていた Carl G. Sontheimer が, 1971年にパリで開かれた家庭用品展示会で, フードプロセッサーを見出し, Cuisinart の名で米国内で販売．フードプロセッサーを米国の家庭の必需品として浸透させることになった．

**Culligan** カリガン
米国の Culligan International Co. (1936年 Emmett Culligan が創業) 製の家庭用軟水器 (water softener) など．"better water, pure and simple." とうたう．

**Cumberland** カンバーランド
英国 Derwent Cumberland Pencil Co 製の鉛筆・ペンなど．同社は1830年代に Cumberland Pencil Co として創業．

**Cup-a-Soup** カップアスープ
インスタントスープ．米国とカナダでは Unilever* の Lipton ブランドで, オーストラリアでは Continental ブランド．英国では Bachelors Cup-a-Soup (Premier Foods 製) で売られている．

**Cuprinol** キュープリノール
英国 Imperial Chemical Industries Ltd 製の, 木の防腐剤 (wood preservatives)．

**Curad** キュアアド
米国 Medline Industries, Inc. 製の傷口などに貼る絆創膏やテープなどの救急薬品．

**Cure 81** キュアー81
米国 Hormel Foods Corp. (1891年創業) 製のハム．

**Curemaster** キュアマスター
米国 Hormel Foods Corp. (1891年創業) 製のハム．

**Curly Q** カーリーQ
米国製のヘアカール用のアイロン．

**Curly Q** カーリーQ
米国製のコイル状になった延長コード．

**Curvation** カーベーション
米国製のブラジャーなどのブランド．

**Cushman** クッシュマン
米国 Textron Inc. 傘下の Cushman 製の小型オート三輪．ゴルフ場のバッグ運搬用カート・大学構内では駐車違反の取り締まりや交通整理を行なう守衛 (campus police) 用, 郵便物・小荷物の配送などに活用．パーキングメーターのある地域を巡回して駐車違反の取り締まりを行なう婦人警官 (meter maid) が使用しているタイプは Cushman Police Vehicle と呼ばれる．Everett and Clinton Cushman が創業．
⇒ Evinrude.

**Cushelle** クシェール
スウェーデンの SCA 製のトイレットペーパー．音の響きから, 紙の柔らかさを連想させるとして作った名前．
⇒ Charmin.

**Cutex** キューテックス
米国 Prestige Brands, Inc. 製のマニキュアとその除光液 (remover)．1911年にあま皮取り (cuticle remover) を売り出した米国人 Northam Warren が, 1916年に米国最初のマニキュア液として売り出した (もとの会社は Northam Warren Corp.)．cuticle remover にちなんで Cutex と名付けたもの (ex は「外・無」の意の接頭辞から)．

**Cuticura** キューティクラ
米国 Cuticura Laboratories の略・通称, 同社製のスキンケア製品．1865年より商品化．もともとの製品は, Newfoundland 島の漁師達の手荒れ治療用軟膏．「肌」の意のラテン語 cutis

と「保護」の意のcuraの合成語．日本ではクチクラ軟膏と呼ばれる．

**Cut-Rite**　カットライト
米国Reynolds Kitchens製のワックスペーパー．切り取って使う物や，サンドイッチバッグもある．

**Cutter**　カッター
米国Spectrum Brands, Inc.製の虫除け塗布剤 (insect repellent)．

**Cutty Sark**　カティーサーク
スコットランドBerry Brothers & Rudd Ltd製のブレンデッドウイスキー．1872年「その年とれた中国茶を満載して1番にLondonに到着する快速帆船 (tea-clipper) はどれか」を当てる賭けで，Cutty Sark号の優勝を当てて大もうけした客がいて，その名前に決定したという説がある．★ Cutty Sark号は1869年に建造された木鉄交造の3本マスト船．1897年に引退し，現在はGreenwich近くのThames川のほとりに錨泊されており，一般公開されている．

**Cybex**　サイベックス
米国Cybex International, Inc.製のフィットネス機器．"cardiovascular equipment"と"strength training equipment"がある．

**Cybex**　サイベックス
ドイツCybex Industrial Ltd.製のベビーカー (pushchair)・チャイルドシート (car seat)・ベビーキャリアー (baby carrier)．ブランド名OnyxとRubyの両ベビーカーの開閉ヒンジで怪我をする事例があり，米国とカナダで話題になった．

**Cyclone**　サイクロン
米国New York市Coney Islandの遊園地Astrolandの呼び物の一つのジェットコースター (roller coaster)．1927年に作られ，木製．1991年National Historic Landmarkに認定．

**Cyclone (Fence[fence])**　サイクロン（フェンス）
米国製の金網垣 (chain-link fence)，その支柱などの関連製品．もとは商標名．頑丈なための命名か．Wisconsin州にはCyclone Fence Inc.がある．Hurricane fenceとも呼ぶ．オーストラリアでは1898年に同名のブランドが導入され，1980年代のCyclone Co.のTVコマーシャルに頻出．2002年Smorgon Steelが商標を獲得した．

**Cydrax**　サイドラックス
英国のノンアルコールの発泡リンゴジュース．もとは1890年代にHenry Whitewayが設立したWhiteways of Whimple製．現在はTrinidadでライセンス製造されてこのブランド名が続いている．洋梨のフレーバー，Peardraxのほうが人気がある．

**Cymalon**　サイマロン，シマロン
英国Actavis UK Ltd製の，女性の膀胱炎 (cystitis) の痛みを和らげる薬．

**Cymbalta**　シンバルタ
米国Eli Lilly and Co.製の抗鬱薬．"Depression hurts. Cymbalta can help."とうたう．

# D

**Dab** ダブ
ドイツの Dortmunder Actien Brauerei 社 (1868 年創業) 製のビール. ロゴは DAB.

**Dacron** ダクロン
米国に本部を置く Invista, Inc. が商標を持ち, Unifi, Inc. がライセンス生産するポリエステル繊維. しわになりにくく, 色あせもしにくい. シャツ・ドレス・スーツ等の素材. 1959 年から市場に出た.

**Dad's** ダッツ, ダッズ
米国で 1937 年に創業したルートビアー (root beer) メーカーの略・通称, 同社製のルートビアー. 同社はソーダポップの Bubble Up・ソフトドリンクの Dr. Wells・オレンジソーダの Sun Crest も製造.

**DAF** DAF
オランダのトラック製造メーカー DAF Trucks N. V. の略・通称, その製品. DAF はかつての社名 Van Doorne's Aanhangwagen Fabriek から. 同社は 1928 年に, Hub と Wim van Doorne の兄弟が創業.

**Daily** デイリー (The 〜), ザデイリー
米国メディア大手 News Corp. が配信する Apple の多機能端末 iPad 向けの電子新聞. 購読料は 1 週間 99 セント. 一般ニュース・文化・エンターテインメントをカバーしビデオも含む.

**Daily News Record** デイリーニューズレコード
米国 New York 市の Fairchild 社刊の日刊メンズファッション業界誌. 2008 年廃刊. 現在はオンラインで Women's Wear Daily がある.

**Daimler** ダイムラー
英国製の乗用車. ドイツ人技師で発明家の Gottfried Daimler (1834–1900) 設計のエンジンをライセンス生産するために, 1896 年に English Daimler Motor Co が設立され, のちに同車を製造. 同社はその後 British Motor Holdings に吸収され, Daimler の名は Jaguar* の一シリーズの名として引き継がれた.

**Daimler** ダイムラー
ドイツの Daimler-Motoren-Gesellschaft の略・通称. 1890–1926 年の間操業. ⇨ Mercedes.

**Daimler-Benz** ダイムラーベンツ (社)(〜 AG)
⇨ Mercedes.

**Daines & Hathaway** デインズアンドハザウェイ
英国の Daines & Hathaway Ltd 製の高級皮革製品 (ベルト・財布・バッグ・レザーアクセサリーなど).

**Dairy Milk** デアリーミルク
英国 Cadbury* 製のミルクチョコレート. 1905 年より販売. ⇨ Cadbury.

**Dairy Queen** デイリークイーン, デアリークイーン
米国 Minnesota 州に本部をもつファーストフードチェーン店. この名は同社のソフトクリーム (soft serve) の名前であった. 1940 年 Illinois 州に 1 号店がオープン. ハンバーガー・ホットドッグ・清涼飲料・ケーキなどを売る. DQ と略される.

**Daisy** デイジー
安全かみそり・替え刃では業界トップの米国 The Gillette Co. 製の女性用使い捨てかみそり. ⇨ Gillette.

**Daks** ダックス
英国の代表的なファッションブランド. 1894 年に, Simeon Simpson が, ロンドンで紳士用注文服店 House of Simpson を創業したのが起源. 世界で初めてベルトレスのスラックスを考案した. Daks とは daddy と slacks か

ら. 英王室御用達.

**Daler-Rowney** デーラーラウニー
英国 Daler-Rowney Ltd の略・通称, その製品の絵の具・絵筆などの画材のブランド. 1983年 Daler Board Co が Roweney Co (1783年創業) を買収して生まれた.

**Dana** ダナ
米国 Dana Perfumes Corp. (1932年創業) の略・通称, 同社製の化粧品のブランド. 同社の香水 Tabu* やオーデコロン Canoë (1935年より発売) は, フランスの調香師 Jean Carles (1966年没) が創作したもの.

**Dan-Air** ダンエアー
英国の国内線民間航空会社. 同社の前身は Danies & Newman Ltd という London の船舶仲買い会社で, 1950年代始めに航空機仲買いに進出, 1953年に航空輸送を開始した. 1992年 British Airways に吸収合併された.

**Danablu** ダナブルー
デンマーク製のブルー チーズ. フランスのロックフォール (Roquefort) を参考に作られた. Danish Blue とも呼ぶ.

**Daniel Hechter** ダニエルエシュテル
フランスのデザイナー Daniel Hechter (1938– ) のデザインした衣料品. 1998年から Otto Aurach Ltd. が商標権を所有.

**Danilo** ダニーロ
イタリアのカジュアルバッグメーカー, そのブランド. スペイン産の柳の枝を4等分に割って編んだものが主力商品.

**Danimals** ダニマルズ
米国 The Dannon Co., Inc. 製の低脂肪 (low fat) ヨーグルト. 飲むヨーグルトの Danimals Drinkables もある.

**Danner** ダナー
米国のアウトドアブーツメーカー (1932年創業) の略・通称, 同社製のブーツ.

**Dannimac** ダンニマック
英国製のレインコート, そのメーカー.

**Danny** ダニー
米国 The Dannon Co., Inc. 製のスティックタイプのフローズンヨーグルト.

**Danone** ダノン
フランスに本社を置く食品グループ. Danone は "Little Daniel" の意味. 1919年に創業した Issac Carasso が息子の名前にちなんで命名.

**Dansk** ダンスク
米国の食器・ナイフ・フォーク・スプーンなどのメーカー, そのブランド. Dansk はデンマーク語で「デンマークの」の意. 北欧旅行をしていた米国人 Ted Neirenberg と Martha Neirenberg が, Copenhagen の博物館で手作りのスプーンを見てそのデザインの良さに感動し, 「ドイツのステンレス食器製造技術を使ってこれを量産し, 米国で売れば成功するだろう」と直感し, 1954年に創業.

**Danskin** ダンスキン
米国の女性のためのフィットネス・ダンス・ヨガ用アパレルメーカーの略・通称, 同社製のレオタード・タイツ・ストッキングなど. 洋品雑貨店として 1882年創業. Danskin ブランドは, 1950年代に世界初のレオタードを作った時から使われた.

**Darigold** ダリゴールド
米国の酪農製品会社, 同社製のミルク・チーズ・バター・ヨーグルトなど. 1918年創業.

**Dartimon** ダルティモン
フランス Dartimon & Co. (1853年創業) 製のコニャック.

**Dasani** ダサニ, ダサーニ
米国 The Coca-Cola Co. 製のボトル入りの水 (bottled water). 天然水 (source water) ではない. 1993年発売.

**Dash** ダッシュ
米国の家庭用品の大手メーカー Procter & Gamble* 製の洗濯用洗剤. 1954年発売.

### Dasher ダッシャー
ドイツ Volkswagen* 製の中型乗用車を指して使われていた米国内での名称.他国では Passat*. Rabbit* (Golf* の米国内名称)より一ランク上の車.

### Data-Phone データホン,データフォン
米国 AT & T* が提供していた情報伝達サービス.電話電信網を用いてデータ伝達を高速で行なうもの.

### Datel デイテル
英国のコンピュータゲームの周辺機器製造会社.創業時 1980 年代には AM ラジオを製造していた Mike Connors が創業.コンピューターゲームの改造ツール Action Replay シリーズを発売.

### Daum ドーム
フランスのガラス器・ガラス工芸品メーカー,その直営店,そのブランド. Alsace からの移住者で, Nancy のガラス工場の公証人だった Jean Daum (1825-85) が,工場の経営不振を救おうと, 1875 年に買収,息子の Auguste や Antnin らと共に再建した. Antnin は, 19 世紀末のアールヌーヴォー運動の高揚時,同じ Nancy に 1890 年に工房を開いた Emile Gallé と覇を競い, 1900 年の Paris 万国博で, 2 人はグランプリを受賞した.

### David Hicks デイヴィッドヒックス,デービッドヒックス
英国のデザイナー David Hicks (1929-98) がデザインした衣料品・室内装飾品など,そのメーカー.同社は 1959 年創業.後継者は息子の Ashley Hicks.

### Davidoff ダヴィドフ
スイスの葉巻・たばこなどのメーカーの略・通称,そのブランド.ドミニカ共和国 Kelner 家が生産にあたる. Zino Davidoff (1906-94) が創業.現在は Imperial Tobacco Group PLC のブランド.

### David's デイヴィッズ,デービッドクッキー. David's Cookies とも呼ばれる. Fairfield Gourmet Foods Corp. の一部門. 1979 年 New York のシェフ David Liederman がつくり出した.

### Davis デイヴィス,デービス
⇨ Donald Davis.

### Daw (Books) ドウ(ブックス)
米国 New York 市の Daw Books, Inc. 刊行のペーパーバックシリーズ. 1971 年同社の Donald A. Wollheim が妻とともに創業. SF とファンタジー作品が中心.

### Dawn ドーン
米国 The Procter & Gamble Co. 製の食器用洗剤. 1973 年発売.

### DayGlo デイグロウ,デイグロー
米国の DayGlo Color Corp. の略・通称,同社製の蛍光塗料・蛍光染料. 1930 年代に Bob Switzer と Joe Switzer 兄弟が開発.「日中でも光る」('glow in daylight') から. ☆ しばしば蛍光塗料・染料の一般名称として用いられ, day-glow, daglo などのようにさまざまに綴られる.

### DayQuil デイキル
米国 Vicks* 製の充血緩和剤・鎮静剤・鎮咳薬・解熱薬などとして使用される市販薬. "Treat the cold. Replenish the body." とうたう.夜間用は NyQuil.

### Day Runner デイランナー
米国 MWV (MeadWestvaco Corp.) 製のシステム手帳 ("personal organizer" と称する).映画とテレビの世界で働いていた Boyd と Felice Willat 夫妻が,共稼ぎ夫婦の公私のスケジュール記録の必要性から 1980 年に開発.

### Days Inn デイズイン
米国に本拠地を置くモーテルチェーン. 1970 年に Cecil B. Day が創業. "The Best Value Under the Sun." とうたう.

### d-Con ディーコン
米国 Reckitt Benckiser* 製の殺鼠剤 (baits) やわな (traps). "America's #1

Brand of Mouse Killer" とうたう.

**Dean & DeLuca**　ディーンアンドデルーカ
米国 Kansas 州 Wichita に本拠地をおく輸入・加工食料品店・カフェのチェーン．1977 年に Joel Dean, Giorgio DeLuca, Jack Ceglic が New York 市 SoHo で創業.

**Dean's**　ディーン(ズ)
米国 Dean Foods Co. の液状乳製品などのブランド．1925 年 Samuel E. Dean Sr. が創業.

**Deardorff**　ディアドルフ
米国 L. F. Deardorff & Sons, Inc. の略・通称，同社製の，手作りのプロ用高級蛇腹式ビューカメラ (view camera) およびその関連製品のブランド．創立者 Laben F. Deardorff の設計により，1923 年より 8×10 in. カメラが製造されており，その後同型式の 4×5 in. カメラが加わった．素材は共にホンジュラス産のマホガニー材とステンレススチールを使用．見た目はデザインが古く武骨だが，意外に軽く丈夫で，信頼性が高い．米国のプロの写真家の大半が所有するといわれた．1988 年製造終了.

**De Beers**　デビアス
南アフリカに本社があるダイヤモンドの採鉱，流通，加工，卸売会社．1888 年創業．ロゴはすべて大文字.

**Decca**　デッカ
英国のレコードレーベル Decca Records，その会社 Decca International の略・通称．1934 年子会社として American Decca が設立された．現在は英米共に Universal Music Group の一部門のレーベル．★ この名は 1913 年に London の Barnett Samuel & Co が製造したポータブル蓄音器 Decca Portable に使用されたのが最初.

**De Cecco**　ディチェコ
イタリアの代表的なパスタ製造会社，そのブランド．同社は 1886 年に De Cecco 兄弟が創業.

**Decot**　デコット
米国製の射撃競技者用や，一般用の偏光調光クリップオンサングラス．1950 年にクレー射撃のマニアである父のために，創業者 Bud Decot が手作りしたのが始まり．Decot の父は眼科医で，従来のスポーツサングラスは汗や衝撃でずれ落ちることに不満を感じていた.

**Deeko**　ディーコ
英国製の台所用紙製品(紙製小型装飾ナプキン (paper doyley) など).

**Deepfreeze**　ディープフリーズ
米国 Amana Corp. 製の(食品を急速冷凍して，長期間非常に低い温度で保存できる)冷凍庫．1956 年発売.

**Deere**　ディーア(社) (~ & Co.)
米国にある世界最大の農場・建設機械などのメーカー．1837 年 John Deere (1804–1886) が創業.

**Dee's Drive-In**　ディーズドライブイン
米国 Utah 州 Salt Lake City に本部があるファーストフードチェーン店．1932 年 Dee Frederick Anderson が創業.

**DEET**　ディート
米国製の除虫・殺虫剤として使用される化合物．一般名 diethyl toluamide の略 d.t. から．米国陸軍が開発し，ベトナムなどで使われた．Vertellus 製.

**Dee Zee**　ディージー
米国 Dee Zee, Inc. 製の，トラックや SUV 用の各種アクセサリー(道具箱・フロアマット・ランプ (ramp) など).

**Deflandre**　ドフランドル
⇒ Yves Deflandre.

**Dege & Skinner**　ディーゲアンドスキナー
英国 Savile Row のテーラー．もともとは狩猟服や軍服を得意としていたが，現在はスーツ・ジャケット・ドレスシャツなど．英国国内だけでなくサウジアラビアやアブダビなどの湾岸諸国へも商品が出ていて，バーレーンやオマーンなどの王室の御用達．ロゴはすべて大文字.

**de Havilland** デハヴィランド
英国の航空機および航空機用エンジンのメーカー de Havilland Aircraft Co Ltd の略・通称・商標. 1920年に Geoffrey de Havilland (1882-1965) が設立. 1964年廃業. 第二次大戦中の Mosquito 軽爆撃機[戦闘機]など, 数々の傑作機を生み出した.

**Dekatron** デカトロン
英国製の計数表示用電気管の商標. 電子[電気]機器などに, 液晶による数字などの表示が実用化される以前に用いられた方式で, 1本の陽極と相互につながった10本の陰極のセット3組からなる. 数字などの形に曲げられガスが封入された各管が, ネオンサインのように発光する. 1950年代(あるいは若干以前に)開発. メーカー名不詳.

**DeKuyper** ドキュイペール, デカイパー
オランダ DeKuyper Royal Distillers 製のリキュール.

**Delamain** デラマン
フランスのコニャック. James Delamain が1759年創業.

**Delfen** デルフェン
米国 Johnson & Johnson Healthcare 製の市販避妊薬. Ortho Options の冠ブランド.

**Delfield** デルフィールド
米国の業務用食品サービス機器のメーカー (The Manitowoc Co. の一部門). カフェテリアなどの食品給仕用の台 (serving line)・冷蔵庫・エアーカーテンなど多種にわたる.

**Delft** デルフト
⇒ Royal Delft.

**Deli・Creations** デリクリエーションズ
米国 Oscar Mayer* 製の電子レンジで調理するサンドイッチ. パッケージの中にサンドイッチの材料が入っている.

**Dell (Books)** デル(ブックス)
米国 New York 市の Random House Publishing Group の一部門である Dell Publishing Co., Inc. (もと Dell Distributing, Inc. (1897年創業)) 刊行のペーパーバックシリーズ. ★1950年代の Keyhole (鍵穴) シリーズでは, 表紙に鍵穴を描き, その中の図によって本のジャンルを示した. 羽根ペンは歴史, 目はミステリー, 船は冒険もの, 牛の頭蓋骨は西部もの, ハートは恋愛もの.

**Dell'Ga** デルガ
イタリア Milano にある革製ビジネスケースメーカー, そのブランド. 同社は19世紀には貴族のために高級な馬具を製造していた. 1800年創業.

**Delmonico's** デルモニコ(ズ)
米国 New York 市のレストラン, その支店のチェーン店. 最初の店は1827年に Manhattan 島先端付近のビルで開業. 同店を有名にした Lorenzo Delmonico はスイス生まれで, 1832年に経営者の二人のおじ John Delmonico と Peter Delmonico に呼ばれて19歳で渡米し, レストラン事業に参加した. 1848年に同氏が実質責任者になると, 本格的フランス料理を中心とする独特のメニューで一躍有名になり, 上流階級の人々で賑わうようになった. この後何度も場所を変えて開店・閉店の歴史を経て, 1923年に5番街と44丁目の交差する場所にあった系列最後のレストランが閉店. 1998年に開業した現在の店は Manhattan の金融街 56 Beaver Street で営業 (同店の Web サイトには 'since 1837' とある). Delmonico Steak, Delmonico Potatoes, Eggs Benedict, Lobster Newburg, Baked Alaska などが生まれた店. ★à la mode (流行の) というフランス語が米国で広く知れ渡ったのは, このレストランのメニューで用いられてからで, pie à la mode (アイスクリームをのせたパイ) は1880年代からあった.

**Del Monte** デルモンテ
米国の Del Monte Foods (1916年創業) の略・通称, 同社製の果物や野菜の

缶詰めなどのブランド．Del Monte のブランド名は 1892 年から使用されている．

**De'Longhi**　デロンギ
イタリアの電気機器製造会社．1902 年交換部品製造の小工場から出発，1950 年から電気機器の製造を始めた．もともとは暖房機器と空調機の製造に重点を置いていたが，現在はコードレスケトル・コーヒーマシーン・アイスクリームマシーンなど多くの製品がある．

**Delsey**　デルジー
米国 Kimberly-Clark Corp. 製のトイレットペーパー．1950 年より発売．同社製品 Kleenex* のロール紙版といえ，2 枚重ねで吸湿性に富み，特に女性に歓迎されるよう開発されたという．

**Delsym**　デルシム
米国 Reckitt Benckiser* 製の咳止め薬．オレンジ風味とグレープ風味がある飲み薬．12 時間効き目が持続すると宣伝する．市販薬

**De Luze**　ドリューズ
フランスのコニャック生産メーカー A de Luze et Fils SA (1820 年創業) の略・通称，その製品．デンマーク王室御用達．

**Delva**　デルバ，デルヴァ
イタリアの Milano 近郊にある毛皮製品のメーカー，その製品．1965 年にシルクのコートを売り出したのに端を発する．表地はシルクで，えり，裏地に毛皮を用いたレインコートが中心．色合いは明るく，カジュアルなデザイン．

**Delvaux**　デルボー，デルヴォー
ベルギーの皮革製品のメーカー，そのブランド．同社は 1829 年 Charles Delvaux が創業．ベルギー王室御用達．

**Demerol**　デメロール
米国 Sanofi-aventis U.S. 製の麻薬性鎮痛剤．ストリートドラッグ (street drug) として悪用されることもある．Michael Jackson が歌った "Morphine" の歌詞に登場する．

**Deming's**　デミング(ズ)
米国 Peter Pan Seafoods, Inc. 製の魚介類(サケなど)の缶詰め．同社は日魯漁業傘下となっている．

**Demi-Tasse**　デミタス
アイルランド Lacoste and Co Ltd 製のコーヒークリームリキュール．フランス産の穀物蒸留酒をベースに，コニャックを加え，コーヒーで味付けをしたもの．

**Dem-Kote**　デムコート
米国製のスプレー塗料．Dem は元のメーカー名 Dayton Electric Manufacturing Co. の頭文字から．

**Denis Mounie**　ドゥニムニエ
フランス製のコニャック．1903 年より英王室御用達．

**Denman**　デンマン
英国製のヘアブラシ・くしなど．1938 年 Jack Denman Dean がヘアブラシを考案して特許を取得．

**Denny's**　デニーズ
米国の 24 時間営業のファミリーレストランチェーン店．1953 年 Harold Butler (1921-98) が 1 号店を California 州 Lakewood で Danny's Donut としてオープン．

**Dents**　デンツ
英国製のペッカリーなどを素材とした高級革製手袋．1777 年 John Dent が創業．

**Dentyne**　デンティーン
米国 Cadbury Adams 製のガム．1899 年 New York のドラッグストアのマネージャー，Frankling V. Canning が考案．dental hygiene を縮めて命名．Dentyne Pure, Dentyne Ice, Dentyne Fire などがある．

**Depend**　デペンド
米国 Kimberly-Clark Corp. 製の大人用使い捨てパンツ型おむつ．1980 年に発売．

**De Pietri**　デピエトリ
イタリアのニットウェアのメーカー (1935 年創業)，そのブランド．ニット

と羊毛・皮革など異素材の組み合わせが得意. De Pietri とは創業者の姓.

**Dequadin** デクアディン
英国 Reckitt Benckiser* 製のトローチ剤 (lozenge). 口内炎・口腔ガンジダ・咽喉炎などに効く. 1955年発売. 名称は dequalinium chloride (抗バクテリアおよび抗菌特性を持った化合物)に基づく命名.

**Dermarest** ダーマレスト
米国製の乾癬 (psoriasis), 湿疹 (eczema) など皮膚病治療に使用する抗ヒスタミン薬・抗真菌薬・かゆみ止め薬. 市販薬.

**De Rosa** デローザ
イタリアの競技用自転車メーカー, その製品. 同社は Ugo de Rosa が1950年代初めにミラノ近郊に工房を開いたのが始まり.

**Desenex** デセネックス
米国 Novartis 製の水虫薬. スプレー, クリーム, パウダーなどの種類がある市販薬.

**Desert Boots** デザートブーツ
⇨ Clarks (Shoes).

**Desitin** デシティン, デシチン
米国 Johnson & Johnson* 製の, おむつかぶれ (diaper rash) 治療薬.

**Desmond & Duff** デスモンドアンドダフ
米国製のスコッチウイスキー. 1970年発売.

**De Soto** デソート
米国 De Soto Div. (Chrysler Corp. の一部門) 製の乗用車. 1950年代の車で, 現在は製造されていない.

**DeTomaso Pantera** デトマソパンテーラ
G. Giugiaro のデザインしたイタリア車 DeTomaso Mangusta を, 米国の Ford Motor Co. で改造した乗用車. 1974年に一旦生産中止となり, '83年にモデルチェンジされて復活. 現在は生産されていない. エンジンは Ford 製の V-8* で, 運転席直後に内蔵されている.

**Dettol** デトール
英国 Reckitt Benckiser* 製の消毒剤. 1933年より発売. disinfectant (消毒剤)を基にした Disinfectol という発売前の候補名を縮めたもの.

**Devil Dogs** デヴィルドッグズ
米国 Drake's (Hostess Brands, Inc. 傘下) 製の, ホットドッグ型のココア味のスポンジケーキに生クリームをはさんだ菓子. 1932年発売. devil's food cake (味・色ともに濃厚なチョコレートケーキ)と hot dogs を合成して命名.

**Devoe's Eagle** ディヴォーズイーグル
米国製の嗅ぎたばこ (snuff).

**Dewar's** デュワーズ
ブレンデッドスコッチウイスキー. 1846年に John Dewar (1805-1880) が創業. Victoria 女王以来, 英王室御用達.

**Dexatrim** デクサトリム
米国 Chatten, Inc. 製の食欲抑制剤として使うサプリメント. "Max Out Your Weight Loss" とうたう.

**Dexedrine** デキセドリン
米国製の中枢神経興奮剤・アンフェタミン. 1942年に, 主成分の dexamphetamine sulfate の 'dex' に, Benzedrine の 'edrine' を合成して命名. ★しばしばストリートドラッグ (street drug) として濫用される. 俗語でこの錠剤は dex と呼ばれる.

**Dexion** デクシオン, デキション
英国 Dexion Comino Ltd 製の, オフィス用のラック・部品収納保管設備など. ギリシャ系オーストラリア人 Demetrius Comino が1947年創業. ギリシャ語の「正しい」に当たる語からの造語. 現在 Constructor Group AS 傘下.

**Dexter** デクスター
米国のシューズメーカーの略・通称, 同社製の靴. ボウリング用もある. 1957年に Harold Alford (1914-2007) が創業.

**Dextri-Maltose** デクストリモル

トース
米国の, 麦芽糖と糊糖の水溶性粉末. 幼児用調合乳 (formula) の栄養剤として用いられる. ⇨ Bristol-Myers Squibb.

**DFV**　DFV
米国 Ford Motor Co. 製のレーサー用エンジン. Double Four Valves の略. 90 度バンクをもつ 8 気筒, 2933cc, 400-470 馬力. 1967 年より F1 用として, また 1986 年より F3000 用として使用されている. 小型・軽量で, 抜群に信頼性が高い.

**DHL (Express)**　DHL (エクスプレス)
国際宅配便・物流ロジスティックス事業会社. 1969 年に創業した Adrian Dalsey, Larry Hillblom, Robert Lynn の 3 人の頭文字から. 現在 Deutsche Post DHL の傘下.

**Dial**　ダイアル
米国 Dial Corp. 製のボディー用・ハンド用ソープ. 固形と液状の 2 種類のタイプがある. 1948 年発売.

**Dial-A-Teacher**　ダイアルアティーチャー
米国の Video Technology U.S., Inc. がかつて製造していた教育用おもちゃ. ダイアルを回すと「先生」の声が聞こえる. "It talks 'computer talk' for 3-year-old." と宣伝されている.

**Diamond**　ダイアモンド
米国の食品メーカー Diamond Foods, Inc. の略・通称, 同社製のナッツ類のブランド Diamond of California. 同社は 1912 年創業.

**Diamond**　ダイアモンド
米国 Diamond Match Co. (1881 年創業) 製のマッチ・つまようじ. 現在は Jarden Home Brands (Jarden Corp. の一部) のブランド.

**Diaparene**　ダイアパリーン, ダイアパレン
米国製のおむつかぶれ (diaper rash) 治療用のパウダー・軟膏など.

**Dictaphone**　ディクタフォン
米国製の医療産業向け口述・転写・音声認識システム. dictate と phone の合成による命名. 現在は米国 Nuance 社のブランド.

**Dictograph**　ディクトグラフ
米国で製造されていた建物内用の音声伝達装置. 送信器や受信器はなく, ある部屋での音声が, 非常に感度のよいマイクで受信され, そのビル内の他の場所で, 拡声器を通して再生. 一つの部屋で, 別の部屋の音声を録音することにも使用. 社長がその指示を速記で記録する社員に, お互いの持ち場を離れないままで, 指示を伝えるなどの用途にも使われた. 盗聴器としても利用された. 米国で 1907 年に New York の K.M. Turner が考案し, 特許を得た. 1921 年に英国で Dictograph Telephone Ltd が商標登録. dictation と -o- と -graph との合成で命名. Dictograph telephone [Telephone] ともいわれ, また Dictagraph ともつづられた.

**Di-dier Aaron**　ディディエアーロン
フランスのアンティーク家具専門店. 1977 年に New York 支店が開店.

**Didier Lamarthe**　ディディエラマルト
フランスのカジュアルバッグ・革小物のブランド. 塩化ビニール製で, 縁が皮革・ビニール・なめし革の 3 つのラインがある. 前身は Alfred Lamarthe 社といい, 1931 年創業で, Lancel* や Philippe Venet* などの高級ブランドの下請け生産をしていた. Didier Lamarthe 社長が自分の名前を冠してブランド化. トレードマークは 2 頭の一角獣 (unicorn).

**Diener Industries**　ディーナーインダストリーズ(社)(~,Inc.)
米国の文房具メーカー. Big Bird, Yogi Bear, Popeye, Porky Pig など, 子供たちに人気のあるキャラクターを模した消しゴムを売り出し, 1980 年代前半に大ヒット商品とした. Win-

Craft Inc. の一部門.

**DIESEL**　ディーゼル
1978年, イタリアで Renzo Rosso らが創業した高級志向のカジュアルファッションブランド, その店. 世界80カ国に展開. 革新的な経営手法や斬新な広告手法も特徴.

**Diet Coke**　ダイエットコーク
米国 The Coca-Cola Co. 製の低カロリーコーラ飲料. 1982年発売. 翌年カフェインフリーの製品を発売. ライムやチェリー風味の製品もある.

**Diet Rite**　ダイエットライト
米国 Royal Crown Co. 製の低カロリーコーラ飲料. 1962発売. "Live well. Live RITE" がうたい文句.

**Di-Gel**　ダイジェル
米国 Schering-Plough Healthcare Products, Inc. 製の制酸剤・抗膨満薬. 液体 (suspension) とチュアブル錠がある.

**Digel**　ディゲル
ドイツ Gustav Digel GmbH & Co, KG 製の紳士服. 1939年創業. ヨーロッパで NOS (never-out-of-order) システムを採用した.

**Digitron**　ディジトロン
英国 Ericsson Telephone Ltd 製の, 冷陰極 (cold-cathode) を利用した, 文字表示用電気管. 電子[電気]機器などに, 液晶などによる文字表示が実用化される以前に用いられた方式で, 数字・文字・記号などの形に曲げられガスが封入された細い陰極管が, ネオンサインのように発光する. 1958年商標登録.

**Dillard's**　ディラーズ
米国のデパートチェーン. 1938年 William T. Dillard が創業.

**Dilroyd**　ディルロイド
英国製の紳士服地, そのメーカー.

**Dimension**　ディメンション
米国 Lever Brothers Co. (Unilever* 傘下) 製の非常に香りの強いシャンプー. 1980年代前半人気ブランドだった. 現在は製造されていない.

**Dimple**　ディンプル
1627年創業のスコットランドの John Haig & Co Ltd 製のブレンデッドウイスキー. 12年熟成. 名称の由来は, 丸いボトルを3方からつまんだ (pinch) ような形が, えくぼ (dimple) のようにみえることから.

**Dimplex**　ディンプレックス
アイルランドに本拠地を置く Glen Dimplex Group の電気暖房器のブランド. 1949年より市場化.

**Diners Club (International)**　ダイナースクラブ(インターナショナル)
米国を中心に全世界に展開するクレジットカード, それを運営する企業. 1950年 Frank X. McNamara, Ralph Schneider, Matty Simmons が設立.

**Ding Dongs**　ディンドンズ
米国 Hostess Brands, Inc. 製の, まん中にクリームの入ったココア味のスポンジケーキをチョコレートで包んだ菓子. キャッチフレーズは "Freshness newer tasted so good!". 命名は, 同社の TV コマーシャルの中でのチャイムの音から.

**Dinky Toys**　ディンキー(トーイズ)
英国 Meccano Ltd が1934年から1980年ごろまで製造したダイキャスト素材のミニカー(自動車縮小模型). 後に, 商標は Match Box Toys (Mattel, Inc. 傘下)に移った. 単に Dinky ともいう. dinky は口語で「小さい・こぎれいな・かわいい」の意.

**Dinty Moore**　ディンティームーア
米国 Hormel Foods Corp. 製のシチュー缶詰めなど. 1935年発売.

**Dior**　ディオール
⇒ Christian Dior.

**Discos**　ディスコズ
英国 KP Snacks 製のポテトチップ (crisps). Cheese & Onion, Salt & Vinegar フレーバーがある. ⇒KP.

**Discover**　ディスカヴァー
米国の Kalmbach Publishing Co. 刊の科学雑誌. 1980年創刊. 科学や科

学技術の幅広い知識を，一般読者に平易な言葉で伝える．

**Discover Card** ディスカバーカード
主に米国 Discover Financial Services が発行しているクレジットカード．もともとは1985年に Sears が導入した．

**Dispoz-All** ディスポーズオール
米国 Almin-Nu Corp. 製の排水管クリーナー．微生物を含む液状のもの．

**Disprin** ディスプリン
英国 Reckitt Benckiser* 製の鎮痛剤．1948年発売．dissolvable aspirine (溶解性アスピリン)を短縮して命名．

**Disston** ディストン
米国の電動工具などのメーカーの略・通称，同社製の電動工具など．Henry Disston (1819–1878) が1840年に創業．

**Ditto** ディット
米国製のタイプされたか，書かれた文・図面などを，インク転写法 (ink-transfer process) によって複写する機械．Ditto machine ともいったが，英国では Banda machine と呼んだ．

**Diva** ディーバ，ディーヴァ
イタリア Milano のネクタイ・スカーフ・ハンカチーフのメーカー，そのブランド．同社は1921年創業．素材は絹でプリントものが主．

**Dixie** ディキシー，ディクシー
米国 Georgia-Pacific LLC 製の使い捨て紙コップ．当初は Health Kup という名前だったが1919年に Dixie の名前が付いた．紙コップ製造所だった屋根裏部屋の隣の部屋が，Dixie Doll Co. という人形製造所だったことから．使い捨ての紙皿，ボウル，ナプキンなどもある．プラスチック製もある．"Built strong for heavy, messy meals!" とうたう．

**Dixie Crystals** ディキシークリスタルズ
米国 Imperial Sugar Co. 製の砂糖などのブランド．1917年発売．

**Dixie Cup** ディキシーカップ
⇒ Dixie．★紙コップの形から，米海軍俗語で「水兵がかぶる丸い白い縁付き帽」を指す．

**Dixon** ディクソン
米国の鉛筆・マーカー・画材などのメーカー Dixon Ticonderoga Co. の略・通称，同社製の製品．1795年創業．

**DJN/R** DJNR
⇒ Dow Jones News/Retrieval．

**DKNY** DKNY
米国のファッションブランド．Donna Karan New York のセカンドライン．

**DKW** DKW
ドイツの自動車およびバイクのメーカー，その製品．Dampf-Kraft-Wagen の略．同社は1916年にデンマーク人 Jorgen Rasmussen が，蒸気エンジンメーカーとして創業．

**Dobro** ドブロ
米国 Gibson Guitar Corp. 製の，ボディー中央部に大きな丸型の金属製共鳴器 (resonator) を持つアコースティックギター (resophonic guitar)．カントリーミュージックでよく使用．ボディーは木製のものとスチール製のものとがある．☆同種のギター一般を指して小文字でも用いられる．

**Dockers** ドッカーズ
米国 Levi Strauss & Co. が1986年から販売しているパンツ，シャツ，ショーツなどのブランド．"Wear the Pants." とうたう．

**Docksides** ドックサイズ
⇒ Sebago．

**Doctor's** ドクターズ
米国 Medtech Products, Inc. 製の歯ぎしり (bruxism) による歯の障害を防ぐために睡眠中に装着するナイトガード．NightGuard も商標．

**Dodge** ダッジ
米国の自動車ブランド．同社は Chrysler Group LLC の一部門．1914年 John Dodge と Horace Dodge 兄弟が創業．

**Dodg'em** ドッジェム

## DOFO

米国製のバンパーカー (bumper car; 遊園地にあるぶつけ合いをして遊ぶ小型電気自動車). メーカー名不詳. 1921年の文献に見られるロングセラー. dodge (身をかわす) と 'em (them) の合成語. Dodge-Em, Dodgem ともつづる.

### DOFO　ドフォ
デンマーク DOFO (Dansk Ostemjeriers Faellessalg og Osteeksport (= Danish Dairies' Cheese Export Association) の略) 販売のチーズ. ブルーチーズが日本ではポピュラー.

### Dog Chow　ドッグチャウ
米国 Nestlé Purina PetCare Co. 製の家庭犬用ドライドッグフード. オーストラリアの Arnott Harpers が開発したもの. 1957年発売. 1962年には姉妹品の Cat Chow を発売. 子犬用 Puppy Chow, 子猫用 Kitten Chow もある.

### Doggie Dooley　ドギードゥーリー
米国製のペット犬の汚物処理システム. 1968年発売. "The Original In-Ground Pet Waste Toilet" と称する.

### Dolby　ドルビー
録音・再生中にオーディオテープの高周波音 [ノイズ] を除去する方式の一つ. 米国 Dolby Laboratories, Inc. が開発.

### Dolby　ドルビー
米国 Dolby Laboratories, Inc. が開発した, 映画の立体音響再生方式の一つ. これを発展させた, より遠近感のある音場再生方式として Dolby ProLogic, デジタルシネマ立体映像の Dolby 3D がある.

### Dolce & Gabbana　ドルチェアンドガッバーナ
1982年, イタリアで Domenico Dolce と Stefano Gabbana の二人が創業した高級ファッションブランド. 官能的でパワフルな女性をイメージさせるデザインに特徴がある.

### Dolcis　ドルシス
英国製の靴, そのメーカー. ラテン語の dulcis (「楽しい・うれしい」) のつづり変え. 2008年ブランド名消失.

### Dole　ドール
米国の Dole Food Company, Inc. の略・通称. 同社が販売しているフルーツ, 野菜, 食品など. James Drummond Dole が 1851年 Hawaii で創業.

### Dolomite　ドロマイト
正確には Triumph Dolomite. 英国の Triumph Motor Co が 1972–80年の間に生産した小型乗用車. 204,003台生産された.

### Dolomite　ドロミテ
イタリアの靴メーカー (1897年創業), 同社製のモカシン型ハイキング(チロリアン)シューズ. チロル地方の牧童用として 1910年代より製造, 靴底は Vibram*. 他にスキー靴などもある.

### Dolophine　ドロフィン
米国製の麻酔性鎮痛薬. 正式には Dolophine Hydrochloride. しばしばストリートドラッグ (street drug) として濫用される.

### Domaine de Chevalier　ドメーヌドシュヴァリエ
フランス西部 Gironde 県 Bordeaux 市の南, Léognan 村にあるワイン醸造場. Graves 呼称の原産地統制呼称赤・白ワインを生産. 政府公式格付きシャトーで, 赤・白ワインが指定されている. 品格の高い Graves ワインとして定評を得ている.

### Domänenweingut Schloss Schönborn　ドメーネンヴァイングートシュロスシェーンボルン
ドイツ Hessen (Hesse) 州 Rheingau 地域の, Hattenheim 村にある Rheingau 有数のワイン醸造会社. 1349年の創業で, 地域の政治・文化に大きな足跡を残している.

### Domestos　ドメストス
1929年に発売された液状漂白剤・殺菌剤. 現在は Unilever* のブランド.

### Dominique France　ドミニクフランス
フランスの代表的な中・高年向紳士

洋品店, そのブランド. 店の広さは10坪ほど. 特に手作りのネクタイが有名だが, 他にワイシャツ・セーター・ブルゾン・パジャマ・ガウン・手袋・手縫いのハンカチ・アクセサリー(カフス・タイピンなど)などもある. 1939年にRené Brindese (1902-87) が創業, 第二次大戦の勃発で一旦休業したが, 1942年再開. ネクタイは中国産の絹糸をLyonで目の詰まった厚手の絹布に織り上げたものを使用しており, 1柄140本の限定生産で高価.

**Domino** ドミノ
米国 Domino Foods, Inc. 製の砂糖のブランド. "We'll Always Be Your Sugar!" とうたう. 同社はC & H, Florida Crystals ブランド傘下.

**Domino's** ドミノ(ピザ), ドミノズ
米国のピザチェーン店. Domino's Pizza ともいう. 1960年 Tom Monaghan と James Monaghan 兄弟が DomiNick's という名前のピザ店を買収して創業, 1965年に Domino's Pizza, Inc. と社名を変更.

**Domke** ドンケ
米国製のカメラバッグ. 素材は全て綿100％の帆布. The Philadelphia Inquirer 紙専属の報道カメラマンだった Jim Domke が, 1970年代にデザインしたもの.

**Dom Pérignon** ドンペリニョン
フランス製のシャンパン. Champagne 地方の Benedict 派 Hautvillers 修道院の醸造主任 Pierre Pérignon 神父 (1638-1715) にちなむ.

**Donald Davies** ドナルドデイヴィス[デービス]
アイルランドのデザイナー Donald Davies とその妻 Mary らのデザインした婦人服(シャツ・シャツウエストなど), そのメーカー. 同社は1945年設立で, 社屋は1792年に建てられた古城.

**Donnachie** ドナシー
スコットランドの Robertson of Dumfries Ltd 製のニットウェア. super Geelong lamb's wool という細い糸を使用.

**Donna Karan New York** ダナキャランニューヨーク
米国のファッションデザイナーDonna Karan (1948- )のファッションブランド, その店. 1985年に夫 Weiss とともに創業.「仕事先からパーティーに直行できる服」というコンセプトで, ニューヨークのキャリアウーマンの支持を得る. ⇨ DKNY.

**Donnay** ドネー
テニスラケットのブランド. Emile Donnay が, 1910年ベルギーに創業した Donnay Company が1934年よりテニスラケットを手がけるようになったのが起源. Bjorn Brog や Andre Agassi が使用していたことで有名.

**DonQ** ドンQ
プエルトリコ産のラム酒. 80 proof. 米国では Serrallés USA が販売.

**Don Tomas** ドントーマス
ホンジュラス共和国の Centro American Cigars, S.A. で手作りされる葉巻.

**Dooney & Bourke** ドゥーニーアンドバーク
米国製のハンドバッグやアクセサリー. 1975年 Peter Dooney と Frederic Bourke が創業. トレードマークは振り向いたアヒル.

**Doral** ドーラル
米国 R.J. Reynolds Tobacco 製の紙巻きたばこ. 1969年発売. 以前のスローガン "Taste me!" はスタンダップコメディアン George Carlin が笑いの種にした.

**Dorian Niederhauser** ドリアンニーデルハウザー
ドイツ系フランス人のデザイナー Dorian Niederhauser のデザインした衣料品・ウレタンコーティング布製バッグなど.

**Doritos** ドリトス
米国 Frito-Lay* 製のトウモロコシチップス. 1964年発売. Doritos とはスペイン語で "little bits of gold" の

意味.

**Dormeuil** ドーメル
英国の紳士服地メーカー, そのブランド. 1842 年 Jules Dormeuil が創業.

**Dormobile** ドーモービル
英国製の, 1960 年代の横開き式ポップアップルーフ付きキャンピングカー. 1990 年代半ばに会社は倒産.

**Dornkaat** ドルンカート
ドイツ製の, 小麦を原料としたジン.

**Dorothy Gray** ドロシーグレイ
米国のかつての化粧品メーカー, その化粧品のブランド. Elizabeth Arden の店に務めていた Dorothy Gray (1867-1948) が, 1916 年に美容マッサージの店を開いたのが起源.

**Dorothy Perkins** ドロシーパーキンス
英国のファッション小売業者, 同社系列の婦人服・靴・ブーツ・アクセサリーなどのチェーンストア. 1909 年創業. その起源となった店が, 赤瓦ぶきに切妻屋根の田舎家で, 創業者の協力者の一人の妻が,「赤いツルバラ Dorothy Perkins 種がその外観によく似合いそう」といったところから. 英国内に 600 を超える店舗を展開, 海外のアウトレットが 50 店舗を超える.

**Dortmunder Export** ドルトムンダーエクスポート
ドイツ Dortmund で生まれたペールラガー. 1873 年 Dortmunder Union が醸造. 1970 年までは最も人気のある銘柄だったが, 2008 年には国内売り上げは 10% 以下.

**Dos Equis** ドスエキス
メキシコ Cuauhtémoc-Moctezuma Brewery 製のビール. 米国でよく飲まれる. トレードマークは赤い XX.

**Double Century** ダブルセンチュリー
英国 Pedro Domecq 社製の, 金色のデザート用シェリー酒 (oloroso). 1930 年に同社の創業 200 年を祝って特別にブレンドされた.

**Double-Crostic** ダブルクロスティック
米国製の, クロスワードパズルの一変型の古い商標. 定義から推測される単語で数字付きの欄を埋めて引用句を作る. 定義の頭文字がその引用句の著者と原典の名を示す. 1997 年商標権消滅.

**Doubleday** ダブルデイ
米国の出版社 Doubleday Publishing Group. の略・通称. 1897 年創業. 現在は Random House の傘下となっている.

**Double Decker** ダブルデッカー
英国 Cadbury UK 製のチョコレートバー. 1976 年発売.

**Double-H Boots** ダブルHブーツ
米国 H. H. Brown Shoe Co., Inc. 製のウエスタンブーツメーカーの通称, そのブランド. 1955 年 Pennsylvania 州 Richmond で創業. 2002 年には Acme Boot C. を買収し, Acme ブランドで紳士用・婦人用・子供用ブーツを製造販売している.

**Double Q** ダブル Q
米国 Peter Pan Seafoods, Inc. 製の主にアラスカ産魚介類(サケなど)の缶詰め. ロゴは Double "Q".

**Douglas** ダグラス(社)
1920 年創業の米国の航空機メーカー Douglas Aircraft Co. の略・通称・商標. 第二次大戦中の SBD-1 Dauntless 急降下爆撃機, 戦後の A-4 Skyhawk 攻撃機, DC-1 から -10 までの旅客機などの傑作機を生み出した. 1967 年に McDonnell 社と合併, その一事業部となっている. 1997 年に Boeing 社に吸収合併され名前は消滅.

**Dove** ダヴ, ダブ
米国製の石鹸・シャンプー・クレンジングなど. Unilever* のブランド. dove は「ハト」の意. 日本では, 固形洗浄料 (bar) 以外は, 独自の成分配合で製造している.

**Dow Chemical** ダウケミカル(社) (The ~ Co.)
米国にある多国籍総合化学会社.

1897年創業.

**Dow Corning** ダウコーニング
米国の Dow Corning Corp. の略・通称, 同社製のシリコンラバー素材のパテ・接着剤・コート剤など. 1943年創業.

**Dowell** ドーウェル, ドーエル
米国のカスタムナイフデザイナー T. M. Dowell 製作のナイフ. 同氏は Oregon 大学で数学を教えており, 趣味がアウトドアスポーツ.

**Dow Jones Average** ダウジョーンズアベレージ, ダウ平均株価
米国 New York 市の金融関係出版社 Dow Jones & Co. (1949年創業) が発表する平均株価指標. 代表的な工業株30・輸送株20, または公益株15の平均の終り値を示す. 同社は *The Wall Street Journal* の発行元. Charles Dow と Edward Jones の2人の名から.

**Dow Jones News/Retrieval** ダウジョーンズニューズリトリーヴァル
米国 'Dow Jones News Service', 'The Wall Street Journal' などからの毎日更新される経済情報を主としたデータベースに基づくオンライン情報検索サービス. 1973年に始まり, 改名を経て Factiva に統合された.

**Dow metal** ダウメタル
米国製の, 少なくとも85%のマグネシウムを含む, 様々なマグネシウム合金数種の商品名. 軽くて, 加工しやすく, 高い引っ張り強さをもつ.

**Downy** ダウニイ
米国 Procter & Gamble* 製の衣類の柔軟剤 (fabric softener). 1960年より発売. シート状のものは1987年発売. ヨーロッパ, ロシア, 中国などでは同社の Lenor ブランドが販売されている.

**Dozzzy** ドッジー
米国の Lewis Galoob Toys, Inc. (1957年創業) 製の, 物語が吹き込まれたテープが組み込まれている人形と熊. 子供を寝かせるときに一緒にベッドに入れてやる.

**DR** DR
1960年代に Harvard 大学の建築学部長 Benjamin Thompson が創始したデザイン研究集団 Design Research の直営店. DR はその略. Cambridge, New York, London その他にあったが1979年倒産. スカンジナビアなどのデザイナーの作品や民芸品の紹介, オリジナル商品の開発などを行ない, インテリア・工芸デザイン・クラフトデザインなどの分野に大きな影響を与えた.

**Dracone** ドラコーン
米国製の, ゴムびきのナイロンで出来たコンテナの商標 (また Dracone Barge). ボートくらいの大きさで, 使用しないときは折りたたんだり曲げたりできる. 液体の大量輸送用に使われ, 通例小型船で牽引する. 水に浮いている様子からギリシャ神話の drákōn (「龍」) をつづりかえて命名. メーカー名不詳.

**Drain Eze** ドレインイーズ
米国 Beaver Research Co. 製の排水管洗浄剤.

**Drain King** ドレインキング
米国の G. T. Water Products, Inc. (1970年 George Tash が創業) 製の排水管掃除器具. 水道管からのホースにつないで水圧を利用して詰まりを押し流すもの.

**Drake's** ドレイクス
米国の Drake's (Hostess Brands, Inc. 傘下) 製の各種のケーキ. ⇨ Devil Dogs.

**Drakes** ドレイクス
英国 Drakes London 製のネクタイ・スカーフなど. 同社は1977年に Michael Drake, Jeremy Hull, Isabel Dickson により創設された.

**Dralon** ドラロン
ドイツ製のアクリル繊維. ドイツ語で「ワイヤー・糸・より糸」の意の Draft に, Nylon の lon を合わせた名.

## Dramamine ドラマミン
米国 McNeil Consumer Healthcare 製の乗物酔い防止薬・制吐剤. 主成分は dimenhydrinate (別名 diphenhydramine theoclate で, 商品名はこれを短縮したもの). 1949 年以来売られており, 英国での登録は 1950 年.

## Drambuie ドランビュイ, ドランブイ
英国製の, ウイスキーにヒースの花の蜂蜜を加え香草で調味したリキュール. 1745 年に英国王位の継承権を主張して兵を起こした Charles Edward Stuart 王子 (Bonnie Prince Charlie) が, 戦に破れフランスに亡命する際, 安全な隠れ場へと導いてくれた英国 Skye 島の豪族 Mackinnon of Strathaird に, 忠誠の恩賞として, 英国王家伝来の秘酒製造法を伝えたのが起源. James Ross が 1893 年に商標登録, 企業化は 1906 年より豪族の子孫でウイスキーブレンダーの Malcolm Mackinnon によって行なわれた. Drambuie とはゲール古語の an dram buidheach (満足すべき飲物) を縮めたもの.

## Drano ドラノ
米国 S.C. Johnson & Son, Inc. 製の clog remover と呼ばれる排水管洗浄剤. 1923 年発売. ロゴは Drāno.

## Dr. Best ドクターベスト
英国 GlaxoSmithKline* 製の歯ブラシで, 主にドイツで販売. 首の部分がフレキシブル. ロゴは Dr. BEST.

## Dr. Brown's Cel-Ray ドクターブラウンズセルレイ
米国 Pepsi-Cola Bottling Company 製の, セロリ風味の清涼飲料. 1868 年より発売. 特に New York 市のユダヤ人社会でポピュラー. 当初は Dr. Brown's Celery Tonic と呼ばれていたが, 米国食品医薬品局 (FDA) が "tonic" と呼ぶことに反対したため名称を変更した.

## Dreamfields ドリームフィールズ
"Your Source For Premium Pasta." とうとう米国の Dakota Growers Pasta Co. (1993 年創業) 製のパスタ類.

## Dream Whip ドリームホイップ
米国製の冠ブランド Kraft* のホイップクリーム粉末.

## Dreft ドレフト
米国 Procter & Gamble* 製の乳児用衣類洗濯用洗剤. "Gentle as a Mother's Touch" がうたい文句. 1933 年発売.

## 3-Tannen ドライタンネン
ドイツ製のさくらんぼ (キルシュヴァッサー) リキュール.

## Dremel ドレメル
米国製の小型電動工具のブランド. 1932 年 Albert J. Dremel が創業した.

## Drene ドリーン
米国 Procter & Gamble* 製のシャンプー. 米国最初のシャンプーで 1933 年に発売. 現在は製造されていない.

## Dresden Kristall ドレスデンクリスタル
ドイツのクリスタルガラスメーカー, そのブランド. 18 世紀はじめ Duke "August the Strong" により設立.

## Drexel ドレクセル
米国の木製家具メーカーの略・通称, その製品. 同社は 1903 年創業. 素材はマホガニー・クルミ・ペカンなどで, ヨーロッパの伝統美を踏襲したものと, それに米国調の骨っぽさを加えたものなど. 超高級品ブランドは Heritage.

## Dreyer's ドライヤーズ
米国 Dreyer's Grand Ice Cream, Inc. (Nestlé* 傘下) 製アイスクリームのブランド. 1928 年 William Dreyer が, Joseph Edy とともに創業. 米国西部ではこのブランド名だが, 東部や中西部では Edy's のブランド名で販売されている. キャッチフレーズは "Give 'em the good stuff."

## Dr. Fresh ドクターフレッシュ
米国 Dr. Fresh, Inc. 製の子供用・大人用歯ブラシ. 同社の本部は米国 Los

Angeles にあるが世界に展開している.

**Dr. Grabow**　ドクターグラボー
米国製のパイプ. シカゴの医師 Dr. Paul E. Grabow (1868-1965) の名前に由来.

**Dries Van Noten**　ドリス ヴァン ノッテン
ベルギーの男性ファッションデザイナー (1958- ), ファッションブランド, その店. フリーランスでコレクションを発表していたが, 1986年にベルギーのアントワープでブティックを開店し, 東京, ロンドン等世界的に展開. Antwerp Six のひとり.

**DrinkMaster**　ドリンクマスター
⇨ Hamilton Beach.

**Dristan**　ドリスタン
米国 Pfizer, Inc. 製の抗ヒスタミン薬・充血除去薬・解熱薬などとして使われる市販薬. 錠剤や鼻腔スプレーがある.

**Drixoral**　ドリックスオラール, ドリクソラル
米国製の, 抗ヒスタミン剤・充血[うっ血]除去剤.

**Dr Martens**　ドクターマーテン(ズ), ドクターマーチン
英国製の靴底. 'Air Cushion Sole' と称し, 歩くときの衝撃が吸収され, 長時間歩行における足への負担が軽減される. ドイツの Klaus Märtens 博士が1940年代に開発したもので, 柔らかいゴムを素材としており, 内部はハニカム[蜂の巣]構造. 素材は塩化ビニールで, 酸・アルカリなどの薬品や油にも強い.

**Dr. Martin**　ドクターマーチン
⇨ Dr. Ph. Martin's.

**Dr Pepper**　ドクターペッパー
米国 Dr Pepper Snapple Group Inc. 製の清涼飲料. 甘口ルートビアの一種. 1885年発売. Wade B. Morrison が経営する Old Corner Drug Store で最初に作られた. Morrison がかつて恋をしていた娘の父 Dr. Charles Pepper にちなんで命名した. Dr. のピリオドは1950年代に消えた.

**Dr.Ph. Martin's**　ドクターマーチン(ズ)
米国 Salis International, Inc. 製の水性カラーインク. Ben Salis (1919-96) が1934年創業.

**Dr Scholl's**　ドクターショール(ズ)
米国製の, 足の裏の不快を和らげるため, または足の手入れ用の各種商品 (footcare products) のブランド. 創業者はもと靴店店員で, 足の研究で医学博士号を取った William M. Scholl (1882-1968). 1903年に靴の中敷き(土踏まず支え) 'Foot-Eazer' を開発し, 1906年創業.

**Dr. Teal's**　ドクターティールズ
米国 Advanced Beauty Systems, Inc. (2003年創業) 製のボディーローション・入浴用エプソム塩など

**Drumohr**　ドルモア
スコットランドで1770年 James Paterson が創業した最古参のニットメーカー, そのニットウエアブランド. 現在は生産はイタリアに移した.

**Drumstick**　ドラムスティック
米国製のチョコレートとピーナッツがかかったアイスクリームコーンのブランド. 考案者の妻がフライドチキンの脚の部分 (drumstick) に似ていると考えたところからの命名. 1928年 The Drumstick Co. の I.C. Parker が考案・発売. "The Original Sundae Cone" だと宣伝する. 1991年 Nestlé が買収し, Nestlé の冠ブランドになった.

**Dr. Watt**　ドクターワット
米国 Enercon, Inc. 製の消電力エネルギー機器. もともと NASA が開発したものを同社が家庭電気製品に利用できるようにした製品で, 電気器具とコンセントの間にこの製品をつなぐと, この器具が必要最低限の電気量のみを流す.

**Dr. West's**　ドクターウエスト
米国でかつて製造販売されていた歯ブ

ラシ．du Pont* が開発したナイロン (Nylon*) を使用した世界初のナイロン歯ブラシ Dr. West's Miracle Tuft Toothbrush は，1938 年に市場化された．

**Drygas**　ドライガス
米国 Cristy Corp. 製の，ガソリンの不凍液．Quintin J. Cristy が 1942 年に考案．

**Dry Ice**　ドライアイス
昇華凍結させた二酸化炭素．マイナス 78.48 度．★ 本来は米国 Dry Ice Corp. of America の商標であったが，権利は切れており，一般語となっている．

**d3o**　ディースリーオー
英国の d3o Lab (Richard Palmer が 2001 年に創業) 製の衝撃吸収材 (impact protection solutions/materials). "intelligent shock absorption" と呼ばれ，通常は好きなように動いている分子が，衝撃を受けると瞬間に分子同士で結合し衝撃エネルギーを吸収・拡散するもの．ベース剤は，オレンジ色のべとべとした粘土のようなもので，成型して防護服やスポーツウェアに使われる．2006 年の冬季オリンピックで米国・カナダのスキーヤーのウェアに使われた．

**Duane Reade**　ドゥエインリード
米国のドラッグストアチェーン (Walgreens* 傘下)．キャッチフレーズは "Your City. Your Drugstore". ロゴマークは，円の中に DR の文字．

**Dubble Bubble**　ダブルバブル
米国製の風船ガム．1928 年に Fleer 社から売り出されて爆発的にヒットした．それまでの風船ガムよりもこしが強くて噛み応えがあり，大きくふくらませることができることからの命名．現在は Tootsie Roll Industries のブランド．

**Dubonnet**　デュボネ
フランス産の甘口食前酒・食前カクテル用基酒．芳香性のある植物やスパイスを加えた甘いフランスワイン (一種のベルモット)．1846 年にキナ (quinquina) 皮入りのワインを造った Paris のワイン商の Joseph Dubonnet にちなむ．キナ皮は南米産の木から採れ，強壮剤または下熱剤として知られる．1913 年に英国で La Société Anonyme Dubonnet が商標登録．1920 年代に有名なキャッチフレーズ "Dubo, Dubon, Dubonnet" が登場した．

**Ducati**　ドゥカティ
イタリア製のオートバイ，そのメーカー Ducati Motor Holding S.p.A. 1926 年に Ducati 3 兄弟が Bologna で，カーラジオなどの電装品のメーカーとして創業．1946 年にオートバイの生産に着手．

**Duchamp**　ドゥシャン
英国人デザイナー Mitchell Jacobs が 1988 年から始めたカフリンクス・ネクタイのブランド．カフリンクスは職人による手作業．ブランド名はフランス人前衛芸術家 Marcel Duchamp から．

**Duckster**　ダックスター
米国の Duckster Sportswear, Inc. が製造していたゴルフ用などのスポーツウェア．

**Duesenberg**　デューゼンバーグ
1910 年代-1937 年に存在した米国の自動車メーカー，そのブランド．同社は自動車黎明期に名車を生み出した．

**Dufftown-Glenlivet**　ダフタン [ダフタウン]グレンリヴェット
スコットランド高地地方のモルトウイスキー．

**Dulux**　デューラックス
オランダの多国籍企業 Akzo Nobel N.V. 製ペンキのブランド．

**du Maurier**　デュモリエール
カナダ Imperial Tobacco 製のフィルター付き紙巻きたばこ．1929 年に俳優の Gerald du Maurier が「よりのどを刺激しないたばこ」を望んだのを受けて，Peter Jackson Ltd. が製造したもので，フィルターたばこのはしり．

**DuMont** デューモント
米国の DuMont Consumer Products Co. 製のテレビで 1970 年代までブランド名が残っていた.

**Dumpster** ダンプスター
米国製の, 金属製大型ごみ収集箱. ☆現在では小文字で一般化して使われていることも多い. Dempster Brothers, Inc. が 1937 年に特許を取り, 清掃トラック名 Dempster Dumpster から.

**Duncan Hines** ダンカンハインズ
米国製の, ケーキ用・マフィン用・ブラウニーズ用などの調整ミックス粉・フローズンブラウニーなど. 創業者の名前が Duncan Hines (1880–1959). 現在は Pinnacle Foods Group LLC のブランド.

**Dundee** ダンディー
スコットランドの都市で Tay の入り江にある Dundee で製造されるマーマレードの一種. Dundee marmalade とも呼ばれる. 1880 年に James Keiller & Sons が商標登録.

**Dungeons & Dragons** ダンジョンズアンドドラゴンズ
米国製の世界初のロールプレイングゲーム (role-playing game; 略 RPG). 1974 年に開発. 略 D & D. ゲームの進行役が, 戦士・魔法使い・修道士・泥棒・妖精・小人らの役と共に, 財宝を目指して剣と魔法で敵を倒しながら, 竜のいる洞窟や城で冒険を繰り広げるというもの.

**Dunham** ダンハム
米国製のブーツ・シューズ・サンダルなどのブランド. 1885 年 George Dunham と Charles Dunham が Dunham Brothers という店で手作りのブーツを売ったのが始まり. 1998 年から New Balance Athletic Shoe, Inc. 傘下.

**Dunhill** ダンヒル
英国 Alfred Dunhill, Ltd 製の紳士用高級革製品・ペン・ライター・カフリンクス・時計・香水・衣服など. 1893 年創業.

**Dunkin' Donuts** ダンキンドーナツ
米国のドーナツやコーヒー販売チェーン店. 1950 年 William Rosenberg が 1 号店をオープン. 米国人はよくドーナツをシロップやクリームなどに浸して (dunk) 食べることからの命名. "America Runs on Dunkin'" とうたう.

**Dunlop** ダンロップ
英国で生まれたタイヤメーカー, 自動車用タイヤなどのブランド. 1888 年にアイルランドの獣医師 John B. Dunlop が, 息子の三輪車のタイヤのために開発したのが起源.

**Dunphy's** ダンフィーズ
アイルランド Irish Distillers Group 製のアイリッシュウイスキー. 同ブランドでクリームリキュール (Dunphy's Cream Liqueur) もあり, アイルランド産の蒸留酒をベースにバニラで味付けをしたもの.

**Duofold** デュオフォールド
米国 The Parker Pen Co. が 1921–36 年の間に生産した万年筆. Duofold pen ともいう. Parker* の 100 周年を記念して 1987 年に 1927 年製の Duofold の復刻版が発売された.

**Duplex** デュプレックス
米国 West Point Pepperell, Inc. (1955 年創業) 製のニット織物.

**DuPont** デュポン
米国 Delaware 州にある米国第 2 位の総合化学メーカー E.I. du Pont de Nemours & Co. (1802 年創業) の略・通称. 正しくは du Pont. 製品とサービスは, 安全防護関連・一般工業用材料・エレクトロニクス関連・建築素材・自動車関連・農業製品関連・食品関連・特殊化学薬品・印刷・燃料電池・バイオ関連・メディカル関連・冷媒など多岐にわたる.

**Durabeam** デュラビーム
米国 Duracell (The Procter & Gamble Co. 系列) 製の, Daylight シ

# Duracell

リーズ以前に製造されていた懐中電灯. ⇨ Duracell.

**Duracell** デュラセル
米国製の各種電池・懐中電灯などのブランド.（「長持ちする」+「電池」）durable+cell から命名. 現在 P＆G 傘下.

**Durex** デュレックス
英国 Reckitt Benckiser* 製のコンドーム. 1929 年に商標登録. DUrability, Reliability & EXcellence から命名. ⇨ Trojan.

**Duriron** デュリロン, ジュリロン
米国 The Duriron Co., Inc.（1912 年創業）の略・通称, 同社製の酸, 特に硫酸に強い高珪素鋼. 約 14 パーセントのシリコンを含む鉄の合金で, 酸を扱う産業向けに, パイプ・バルブ・その他の関連製品として鋳造される.

**Durkee** ダーキー
米国 Durkee Foodservice Products (ACH Food Cos., Inc. 傘下) 製の, スパイス・調味料のブランド. 1850 年 Eugene Durkee が New York で創業したのが始まり. "Making Life More Flavorful" とうたう.

**Duro-Test** デュロテスト
米国の電球などのメーカーの略・通称, 同社製の蛍光灯 (Vita-Lite や Optima ブランド)・ハロゲンランプ・白熱灯など.

**DustBuster** ダストバスター
米国 Black & Decker* 製の, 充電式でコードレスの携帯用電気掃除機. 1971 年のアポロ 15 号のミッションのために開発されたコードレスとバッテリー技術を使って 1979 年から市場化. ⇨ Black & Decker.

**Dust-Off** ダストオフ
米国 Falcon Safety Products, Inc. 製のほこり除去用スプレー. コンピューターその他の電子機器などに用いる. 1970 年はじめに考案された. 10 代の子どもたちが吸入剤 (inhalant) として濫用するとして社会問題になった.

**Duvetyn** デュヴェティン
英国製の, うぶ毛のようなけばのある, 毛織物と絹でできている柔らかい布. 女性用のコート・ドレス・帽子などの素材となる. 1913 年登録. フランス語の duvet (down の意) より.

**Dux** ダックス
ドイツ DUX（1908 年創業）製の手動式鉛筆削り. 約 40 種. ロゴは DUX. トレードマークは削りかけの鉛筆のデザイン化. 発明マニアの T. P. Möbius が考案. 本体はマグネシウム合金が主体, 芯の先端形状がダイヤル一つで 3 種作れるものが人気.

**Duxeen** ダクシーン
英国製の, 本のカバー・製本素材として使われる丈夫な紙. 製本で使われる布地を真似て作られた. Dux Chemical Solutions Co が特許を得, 1920 年に商標登録.

**Dvorak Keyboard** ドボラックキーボード, ドヴォラックキーボード
米国製の, 打鍵速度を速めるため, よく使う文字を中心に, 母音を左側に配したタイプライターやコンピューター用のキーボード. ☆このキーボードを開発した August Dvorak (1894-1975) 博士の名前に由来する. Dvorak Simplified Keyboard とも呼ぶ.

**Dymo** ダイモ
米国製の, 文字型押し表示ラベルテープ印字器とそのテープなど. ロゴは DYMO. 1958 年 Rudolph Hurwich が創業. 現在は Newell Rubbermaid のブランド.

**Dynamints** ダイナミンツ
米国の Dentyne* ブランドのペパーミント味の口臭消しミンツ (breath mints). 1970 年代, 1980 年代にポピュラーであった. ⇨ Dentyne.

**Dynastar** ディナスター
フランス最大のスキーメーカー Skis Rossignol S. A.（1947 年創業）製のスキー用具.

**Dyson** ダイソン
英国の家庭用電化製品製造会社 Dyson, Ltd の略・通称, その製品ブラ

ンド.特に,独自の特許技術ルートサイクロン (Root Cyclone) を使って遠心力でゴミやホコリを分離する,紙パック不要のサイクロン式掃除機を開発・発売したことで知られる.また,羽根のない扇風機 Air Multiplier を 2009 年発売し話題になった.1992 年 James Dyson が創業.

# E

**Eagle** イーグル
米国製の塩味のスナック (salty snack). 現在は Reserve Brands, Inc. から.

**Eagle** イーグル
もとは 米国 Eagle Shirtmakers の略・通称. 同社は米国で最も古いシャツのメーカーの一つで 1867 年設立. 現在は PVH (Phillips-Van Hausen Corp.) から.

**Eagle** イーグル
米国 Chrysler Corp. の Jeep/Eagle Div. 製の, Jeep 型の四輪駆動車. 1997 年まで生産.

**Eagle Brand** イーグルブランド
米国 The J.M. Smucker Co. 製の濃縮乳・練乳[砂糖を加えた濃縮乳]など. もとは Borden, Inc. 製であるため, 冠ブランドに Borden が付いている. 1856 年より発売. "America's Most Trusted" とうたう.

**Eagle Color** イーグルカラー
米国 Berol Corp. (Sanford L.P. 所有) 製の色鉛筆. プロ用の世界最高クラス品といわれる. 無彩色(白—黒)にも 11 段階があり, 金・銀・銅などのメタリックカラーも 9 種類がある. 消しゴムで消せる. ⇨ Berol.

**Eagle Rare** イーグルレアー
米国 Buffalo Trace Distillery 製のバーボンウイスキー.

**Eames** イームス, イームズ
米国の工業デザイナー Charles Eames (1907-78) がデザインし, Herman Miller, Inc. が製造した椅子. Eames Lounge Chair [chair] ともいう. 商標ではなく通称. ⇨ Herman Miller.

**E & J Gallo Winery** E アンド J ガロウワイナリー
米国 California 州最大のワイン醸造会社. Earnest Gallo と Julio Gallo の兄弟が 1933 年創業.

**Earex** イアレックス
耳あかを取るために使う英国 SSL International 製の点耳薬 (ear drops).

**Earl Grey** アールグレイ
英国の Jacksons* (Twinings の所有) の紅茶の一種. 1830 年に Jackson's が, 中国から帰任した Grey 伯爵から中国茶のブレンド法を入手して製造.

**Earl Grey** アールグレイ
英国 Twinings* 製・Fortnum & Mason 製の紅茶.

**Earl Scheib** アールシャイブ
米国 Earl Scheib, Inc. の略・通称, 同社系列の, 自動車車体の塗装とボディー修復のチェーン店. カナダ・英国にも展開. Earl A. Scheib (1908-92) が 1961 年に創業(前身は 1937 年創業). 2010 年廃業.

**Early Times** アーリータイムズ
米国製のストレートバーボン. Kentucky 州 Early Times Station と呼ばれる場所で 1860 年より製造. "Great Whisky. Great Times." とうたう.

**Early Winters** アーリーウインターズ
米国の 1972 年創業のアウトドア用品店(Early Winters Ltd.), 同店のオリジナルブランド. 現在は Sahalie 社が販売.

**EarthGrains** アースグレインズ
米国 EarthGrains Baking Companies, Inc. (1936 年創業で, Sara Lee Bakery Group) の略・通称, その製品の食パンのブランド. Wide-Pan と Thin Buns の 2 種類の食パンがあり, 土壌の栄養管理が行き届いた Eco-Grain 小麦粉を使用. ⇨ Taystee.

**Eastern Counties** イースタンカウンティーズ

英国の，羊皮を素材としたセーム革・革手袋・コートなどのメーカー Eastern Counties Leather Co plc の略・通称．1879年創業．1976年以来，英王室御用達．

**Eastern Mountain Sports** イースタンマウンテンスポーツ
米国のアウトドア・キャンピング用品などの小売店．1967年ロッククライマーの Alan McDonough と Roger Furst が Massachusetts 州に登山用品店をオープンしたのが起源．

**Eastland** イーストランド
米国 Eastland Shoe Corp. (1955年創業) 製のシューズ・ブーツ・サンダルなど．"For feet with a life." とうたう．

**Eastman Kodak** イーストマンコダック(社)(~ Co.)
⇨ Kodak.

**Easy-Bake Oven** イージーベークオーブン
⇨ Betty Crocker.

**Easy Mac** イージーマック
米国 Kraft* 製の電子レンジで作るカップ入りチーズ味のマカロニ．家庭雑誌の広告にはクーポン券が付いている．

**Easy-Off** イージーオフ
英国 Reckitt Benckiser* 製の，キッチン用スプレー洗剤など．

**Eat'n Park** イートゥンパーク
米国のレストランチェーン．1949年 Pennsylvania 州 Pittsburgh で創業．創業当時の米国社会では「車を駐車してから食べる」(Park & Eat) というのはありふれた風景だったため，逆の発想で命名．"the place for smiles" とうたう．マスコットの名前は Smiley．

**Eau Sauvage** オーソバージュ
フランス Christian Dior* 製の男性用フレグランス (アフターシェーブローション・オードトワレなど)．「野生の水」の意．1966年発売．

**Ebel** エベル
スイスの時計メーカー，同社製の腕時計・懐中時計などのブランド．

Eugene Blum と妻の Alice Levy が 1911年に創業．Eugene Blum Et Levy の頭文字から．

**Eberhard Faber** エバーハードファーバー
米国製の鉛筆・消しゴム・ボールペンなど．現在は PaperMate ブランドに統合された．ヨーロッパの鉛筆会社の販売代理者として New York に渡った，Bayern 生まれの Eberhard Faber が 1861年に創業．1900年に，鮮やかな黄色の軸の The Mongol を発売．消しゴムは生ゴム素材の Pink Pearl．

**Ebony** エボニー
米国で刊行の，スポーツ・芸能・ビジネス界などで成功した有名黒人を扱う月刊グラフ誌．1945年創刊．ポケット雑誌の姉妹誌 *Jet* (週刊) は 1951年に創刊．Johnson Publishing Co. 刊．

**Echo** エコー
オランダの Margarine Unie で製造が始められ，Unilever* から市場化されているマーガリン．echo とは「模倣」の意．★ 1869年にフランスの化学者が人造バターの製造法を発明しマーガリン (margarine) と名付けた．

**Eckerd** エッカード
米国のドラッグストアチェーン．1898年に J. Milton Eckerd が創業．2006年には，同じドラッグストアチェーンを展開する Rite Aid* に買収された．

**Eckrich** エクリッチ
米国 Armour-Eckrich Meats LLC 製のスモークソーセージ・ベーコン・スライスランチミート・フランクフルトソーセージなどのブランド．もとは 1894年に Peter Eckrich が興した小さなミートマーケットから始まって，後の Peter Eckrich & Sons の製品のブランド．

**Eclectic Readers** エクレクティックリーダーズ
⇨ McGuffey's Readers.

**Eclipse MV** エクリプス MV
米国の Data General Corp. (1968年

創業)製の1980年代に製造された32ビットスーパーコンピューター.

**Econoline** エコノライン
1961年に米国Ford Motor Co. が市場化したバン(van). バン型車のはしりで,業務用・レジャー用としてヒットした.

**Economist** エコノミスト(The ~)
英国The Economist Newspaper Ltdが発行している経済専門週刊新聞. 1843年創刊.

**Ecotrin** エコトリン
英国GlaxoSmithKline* 製の鎮痛薬・解熱薬・抗炎症薬・抗関節炎薬として使われる市販薬. ⇨ Aspirin.

**Eddie Bauer** エディーバウアー
1920年米国シアトルでEddie Bauerが創業したアウトドア, カジュアルウェアブランド. アメリカで初めてのダウンウェア, The Skylinerを誕生させるなどダウンを使用した商品が有名.

**Edelweiss** エーデルワイス
オーストリア製のホワイトビール. 1986年発売.

**Eden Vale** イーデンヴェイル, エデンヴェール
英国Eden Vale製(Northern Foods plcの子会社)の乳製品.

**Edsel** エゼル, エドセル
米国Ford Motor Co. 製の乗用車. デザインはカナダ人のRoy Brownで, 独特のフロントグリルを持つあくの強いもの. 1957年に登場. 売れ行き不振のため3年で生産打ち切りとなった. Henry Fordが, 彼の息子Edsel Bryant Fordにちなんで命名. ⇨ Falcon.

**Edsor Kronen** エドソークローネン
ドイツ製のネクタイ・スカーフなど. 1909年にBerlinで創業.

**Edward Green** エドワードグリーン
英国で1890年にEdward Greenが創業した紳士靴メーカー. 形はPorsche 211がベースだと言われる.

**Edwin** エドウィン
1947年に米軍払い下げ衣料品や中古ジーンズの輸入を扱う商店として創業. 現在は日本で縫製も行う日本のデニムウェアブランド. ジーンズに色落ちという発想を初めて取り入れた. 香港, 台湾, 中国, ヨーロッパにも展開. ロゴはEDWIN. ⇨ Fiorucci.

**Effexor** エフェクサー
米国Pfizer, Inc. 製の抗鬱薬. 家庭雑誌の広告では"The change you deserve." とうたう.

**Eggland's Best** エッグランズベスト
米国製の卵・剝いてある固ゆで卵(hard-cooked peeled)・カートン入りの液卵(liquid eggs). "Better taste. Better nutrition. Better eggs." とうたう. ロゴはEGG・LAND'S BEST.

**Eggo** エッゴ
米国Kellogg's* 製の冷凍ワッフル. トースターで焼くだけで簡単にさくっとしたワッフルを作ることができる. 1935年より製造. eggy batter(卵を含む生地)を使っていることからの命名. 同ブランドにはパンケーキ・フルーツピザ・シロップもある.

**Egri Bikavér** エグリビカヴェール
ハンガリー北東部Egerを中心として生産される赤ワイン. Bikavérは「牛の赤い血」の意.

**18 Hour** エイティーンアワー
米国Playtex, Inc. 製のフルカップブラジャー. しっかりしたストラップで運動する女性に最適なもの.

**Ekco** エッコ
英国Eric Kirkham Cole Ltd製のラジオ. 同社はEric Kirkhm Cole (1901-65)が1921年に創業. 1970年代にこのブランドは消滅.

**Ekco** エッコ
米国EKCO Housewares Co. 製の台所用品のブランド. 1888年Edward KatzingerがChicagoでcommercial baking pan (商業用天火調理用平皿)

の会社を設立したのが起源.

**Ektachrome**　エクタクローム
米国 Eastman Kodak Co. 製のカラーリバーサル[スライド用]フィルム. 名称の前半部はスウェーデン語の ekt (本物の, 正真の)からきているのではないかと思われる. -chrome はギリシャ語で「色」の意.

**Ektagraphic**　エクタグラフィック
米国 Eastman Kodak Co. 製の, 35 mm のスライドおよび映画の映写機 (projector). ⇨ Carousel, Ektachrome.

**Ektra**　エクトラ
米国 Eastman Kodak Co. 製のポケットカメラ (1941–48 年). 135 フィルムを使用. ⇨ Ektachrome.

**Elastoplast**　エラストプラスト
もとは英国製の, 伸縮性のある絆創膏. 1928 年ごろ Elastic Adhesive Bandage という名で市場化. 現在はドイツの多国籍企業 Beiersdorf AG のブランド. 国によっては Hansaplast のブランド名.

**Elderhostel**　エルダーホステル
大学のキャンパスや校舎などを利用して, 老人に短期間・低価格の講座を開いたり, 食事や宿泊場所を提供したりする国際的非営利組織.

**Electra Glide**　エレクトラグライド
米国 Harley-Davidson* 製の大型オートバイ.

**Electrolux**　エレクトロラックス
スウェーデン最大の家庭用・業務用電気製品メーカー, そのブランド. 2010 年現在で Whirlpool に次いで世界第 2 位. 1912 年に電気掃除機を世界で初めて発売したことで知られる.

**Electro-Voice**　エレクトロボイス[ヴォイス]
米国のプロ用オーディオ機器のメーカー, そのブランド. 1930 年創業.

**Elégance**　エレガンス
ドイツ人兄弟が 1960 年に創業した婦人服・紳士服地メーカー, そのブランド. 婦人服店は Paris にある. 雑誌 *Elégance* や自社カタログを通じて通信販売を行なう.

**Elektra Records**　エレクトラレコーズ
米国のレコードレーベル. 1950 年から. Warner Music Group 傘下.

**Elementary Spelling Book**　エレメンタリースペリングブック
米国のつづり字教本. Noah Webster の *An American Dictionary of the English Language* の第一部として, 1828 年に出版された. 通称 The Blue-Backed Speller. 開拓者家族のほとんどすべてがこの本を家庭の蔵書としていたという. 25 年にも及ぶ準備期間を経て, 著者が 67 歳の時にやっと完成させたもので, 見出し語はおよそ 7 万語にも及び, それまで刊行された辞書の中でも最大の規模で, 語源説明や用例も収録されている.

**Elers ware**　エラーズウェア
英国製の赤い炻器(せっき) (stoneware) の一種 (ティーポットなど). 1690–1700 年頃, David (1656–1742) と John Philip (1664–1738) の Elers 兄弟により Staffordshire で作られた. 商標ではない. Elers' ware とも書く.

**Elgin**　エルジン
米国の腕時計のブランド. 1864 年に Chicago 郊外の町 Elgin で創業したことからの命名.

**Elio Fiorucci**　エリオフィオルッチ
⇨ Fiorucci.

**Elizabeth Arden**　エリザベスアーデン
米国製の化粧品・香水などのブランド. カナダ生まれの Florence Nightingale Graham (1878–1966) が, New York に移住して 1910 年に New York 5 番街に美容サロンを開店させたのが始まり. 開店に際して彼女は自らを Elizabeth Arden と名乗るようになり, 店名も同様にした. それまでの仕事仲間の名前 Elizabeth Hubbard と詩 'Enoch Arden' からとったもの.

**Elizabeth Parker**　エリザベス

パーカー
英国でカフリンクス・ネクタイ・ワッペン・バッジ・傘などのメーカーとして1995年に設立.1996年オックスフォード大学のネクタイの公式サプライヤーになった.

**ELLE** エル
女性月刊誌.ファッションを中心に,女性の生き方の問題など幅広い記事が掲載されている雑誌で世界60か国で発刊されている.1945年フランスで創刊.現在は Hachette Filipacchi Media U.S. のブランド.Elle とはフランス語で "She" の意味.また,シンプルで洗練されたスタイルをコンセプトに,洋服,インテリア,家庭用品等のブランドも展開している.

**Ellery Queen's Mystery Magazine** エラリークイーンズミステリーマガジン
米国の Dell Magazines 刊の,著名作家および新人のミステリー10数篇を掲載する雑誌.年13回(4週ごと)刊行.1941年創刊.Ellery Queen は二人組のミステリー作家 Frederic Dannay と Manfred B. Lee の筆名.

**Ellesse** エレッセ
1959年,Leonardo Servadio によってイタリアで創業された,スポーツウェアのブランド,そのメーカー.創業者の頭文字 L. S. から命名.

**Ellis** エリス
⇨ Perry Ellis.

**Elmer's** エルマー(ズ)
米国の糊・接着剤 Elmer's Glue-All, Krazy Glue などのメーカー Elmer's Product, Inc. の略・通称,そのブランド.Elmer はトレードマークの雄牛の名.

**El Pollo Loco** エルポヨロコ
グリルドチキン (grilled chicken) で有名なファーストフードレストラン.El Pollo Loco はスペイン語で "The Crazy Chicken" という意味.1975年Mexico で創業.1980年に米国1号店が California 州 Los Angeles にオープン.

**Elsan** エルサン
英国の衛生設備メーカー,同社製の汚水を殺菌・分解し悪臭を防ぐ化学薬品溶液・移動式便器など.航空機・船・列車・キャンピングカー内などで使用される.1924年に同製品を発明し,商品化のため Elsan Co. を設立した Ephraim Louis Jackson の2つの頭文字と,sanitation(「衛生設備」の意)の san を合体させて命名.

**Elsa Schiaparelli** エルサスキャパレリ
⇨ Schiaparelli.

**Elsie** エルシー
米国の Borden, Inc. の乳製品のシンボルマークとされている牝牛.厳密には Elsie the Cow.当初 Elsie は,同社の宣伝広告文で会社を擬人化して使われた架空の名だったが,その宣伝に多数の牛の絵が描かれていたので誤解が生じ,1939年の New York の World Fair で,Borden が自動搾乳機と一群の乳牛を展示したところ,「どの牛が Elsie なのか」と話題となった.Borden はそのうちの一頭を Elsie として,見本市終了後,Borden の牛乳を宣伝しながら,戦時国債募金を集めたり,各種施設を訪ねたりするキャンペーンで全米を巡回させたところ,大人気となり,数本の映画・テレビ・慈善団体のパーティーなどに出演するまでになった.同牛は,1932年に Massachusetts 州の Elm Hill 農場で生まれた.本名は You'll Do Lobelia.初代は1941年に事故死したが,何代もの牛が後を継ぎ,特に1940年代には大統領よりも知名度が高かったといわれる.⇨ Borden, Elmers.

**El Trelles** エルトレルズ
米国の Swisher International, Inc. 製の葉巻.

**Emanuel Ungaro** エマニュエルウンガロ
フランスのデザイナー (1933– ),またそのファッションブランド.アクセ

サリーや香水も有名. 2005年に米国の事業家 Asim Abdullah が買収後は急速に各国に進出.

**Embassy**　エンバシー
英国製の, フィルター付き紙巻きたばこ.

**Emergency Bra**　エマージェンシーブラ
米国で Dr. Elena Bodnar が発明し, ユーモアの研究に贈られる Ig Nobel 賞を受賞した B カップと C カップの深紅のブラジャー. 緊急時にはカップを1つずつに分離してガスマスクとして使用できるもの. ネット販売 (ebbra.com) されている. 女性向けの "EMERGENCY BRA UNDER HERE." (この下に緊急用ブラあり) T シャツと, 男性用の "SHE TAKES HER BRA OFF FOR ME." (彼女はボクのためにブラを外してくれるんだぜ) T シャツも販売.

**Emerson**　エマーソン
米国の Emerson Radio Corp. (1948年創業) の略・通称, および同社が販売しているラジオ・オーディオ製品など.

**Emery Worldwide**　エメリーワールドワイド
1946年創業した米国の航空貨物輸送会社. UPS に買収され, UPS Supply Chain Solutions の国際貨物サービスにこの名が残されている.

**EMI**　EMI
英国の大手家電メーカーである Thorn EMI plc のレコード部門のレコードレーベル. 同社は1931年に, The Gramophone Co. が, Columbia Graphophone Co. と合併して結成した Electrical and Musical Industries (略 EMI) が前身. The Gramophone Co. は, そのレコードレーベルとレードマークの His Master's Voice* で有名であったが, EMI 内の私有会社となり, レーベルとマークは EMI に引き継がれた. 米国の Capitol Records, Inc. は EMI の子会社. ⇨ Gramophone.

**Emilio Pucci**　エミリオプッチ
イタリアのデザイナー Emilio Pucci (1914-92) がデザインした紳士服・婦人服・水着・スポーツウェア・ネクタイ・アクセサリー・革小物・革製またはビニールコートしたジャガード地のバッグなど. LVMH Moet Hennessy Louis Vuitton S.A. 傘下.

**Emily Post's Etiquette**　エミリーポストのエチケット
米国の新聞記者・著述家である Emily Post (1873-1960) が執筆したエチケット読本. 1922年初版刊行. 米国流の実践的なものであった点が大衆の支持を得, エチケットの権威とされ版を重ねている.

**Emmental**　エメンタール
スイス Bern 州の Emme 渓谷地域産のチーズ. 商標ではない. Emmenthal ともつづる. 同国ではチーズフォンデュに多用され, 16世紀から造られている. 中に丸孔があいているのが特徴 (スイス産のチーズで創始された技術). 一つが, 1トン以上もの無殺菌牛乳から作られ, 重さは約66kg—100kg もある.

**Emmets**　エメッツ
アイルランド産の蒸留酒にチョコレートと蜂蜜で味付したクリームリキュール. 厳密には Emmets Ireland's Cream.

**Emmons**　エモンズ
米国 Emmons Guitar Co., Inc. の略・通称, 同社製のスチールギター, およびその弦などのアクセサリー.

**Emperor**　エンペラー
米国 Emperor Clock, LLC 製の大型床置き時計.

**Empire Diner**　エンパイアダイナー
米国 New York 市10番街にあったダイナー (食堂車の内装を模した小規模なレストラン). Nothing Heavy, Inc. が経営. Francis Coppola 監督の映画 *Cotton Club* ほか, いくつかの映画に登場した有名な店. 一時閉鎖された

が1976年に再開店. 2010年閉店. 料理は安く量があり, 24時間営業. アールデコ調の凝った内装. 夜には有名ジャズピアニストの生演奏も聞けた. ダイナーは1920年代に登場したレストラン形態.

**Empirin** エンピリン
米国製の鎮痛薬・解熱薬・抗炎症薬・抗リウマチ薬として使われる市販薬.

**Encare** エンケア
米国 Blairex Laboratories, Inc. 製の, 膣内に挿入する避妊薬 (vaginal contraceptive).

**Endust** エンダスト
米国 Sara Lee Corp. 製の家具や電気製品などのほこり取り・磨き用のスプレー・ダストクロス (dust cloth)・ダスターモップ (duster). スプレーの Endust Free はアレルギーや喘息にやさしい低刺激性 (hypoallergenic)・無香料.

**Energizer** エナージャイザー
米国 Everyday Battery Co., Inc. (Energizer Holdings, Inc. の子会社) 製の電池. 普及価格帯の電池製品としては Everyday を販売する.

**Enfamil** エンファミル
米国 Mead Johnson & Co. 製の, 大豆を原料とした乳児用植物性調整乳 (infant formula products).

**England's Glory** イングランズグローリー
英国で販売されているマッチ. 箱絵に描かれている軍艦 HMS Devastation のあだ名に由来. 現在はスウェーデンの Swedish Match が製造.

**English Leather** イングリッシュレザー
米国の New Dana Perfume Co. 製のオーデコロン・アフターシェーブローション. アフターシェーブローションは1952年に商品化, ロシア革 (Russian leather) に特有の香りがしたため Russian Leather の名で売られた. しかし, 米ソの冷戦時代という背景があって一般の受けが悪くなったため English Leather と改称.

**English Ovals** イングリッシュオーヴァルズ
米国 Philip Morris, USA, Inc. 製の紙巻きたばこ. キングサイズで断面が楕円形. ⇨ Philip Morris.

**Enny** エニー
1962年創業のイタリアの革製カジュアルバッグのメーカー, そのブランド. 素材はカーフ.

**Eno** イーノウ
英国 GlaxoSmithKline* 製の制酸剤 (antacid). 胸やけや胃の不調の際に使う. スペイン・インド・メキシコ・アジア・オーストラリア・英国・中東・アフリカ・パキスタン・香港で販売. 1850年代に New Castle の薬剤師 James Crossley Eno が製造を始めたもので, 同地の港を訪れて過度の飲食をする船員の間で評判となった.

**Enrica Massei** エンリカマッセイ
イタリア Milano のデザイナー Enrica Massei のデザインした婦人既製服. 1968年に母の経営するブティックのデザイナーとしてデビュー, 1979年にその店は妹にまかせて独立. 鮮やかで明るい色彩の組み合わせが得意. ロゴは全て大文字をデザインしたもの.

**Enrico Coveri** エンリココーヴェリ
イタリアのデザイナー Enrico Coveri (1952-90) のデザインした婦人服・紳士服・ニットウェア・ネクタイ・子供服・パラシュート布素材のバッグ・アクセサリーなど, それらを売るミラノ, パリなどヨーロッパ7ヶ所にあるブティック. 同氏は1973年からデザイナーの仕事を始め, 1977年にパリでコレクションを発表. 最初の店は1982年開店. ユーモアとスポーツ感覚にあふれたカジュアルウェアが得意.

**Ensolite** エンソライト
ドイツ Armacell Enterprize GmbH 製の発泡合成樹脂. 緩衝材として用途が広く, 科学用品・救命胴衣・フット

ボールのプロテクターなどに用いられる.

**Ensure** エンシュア
米国 Abbott Laboratories 製の栄養補助飲料. "Nutrition in Charge!" がうたい文句.

**Entenmann's** エンテンマンズ
米国製のドーナッツ・ケーキ・パイ・クッキーなど. もともとは 1898 年に William Entenmann が New York 市 Brooklyn で開業したパン屋. 現在は Bimbo Bakeries USA 傘下.

**Entertainment Weekly** エンターテインメントウイークリー
映画やテレビの話題を扱う米国の週刊誌. 1990 年創刊. Time Warner の Time, Inc. が刊行.

**En-Tout-Cas** アンツーカー
英国の全天候型の硬式テニスコート・陸上競技用トラックなどの素材, そのメーカー (En-Tout-Cas plc). 特許取得は 1910 年. 最初に売り出された赤茶色のテニスコート素材は, Red Championship という名で市場化され, 世界中で売れた. 名称はフランス語の「どんな場合でも」(in any case), つまり「どんな天候でも使用可」の意. 1919 年に George 5 世より王室御用達商に任ぜられ, 以降英王室のテニスコートのメーカーとなっている. 高価な人工芝コート素材 Savanna もある.

**EPI** EPI
1950 年創業の英国 EPIgas International 社の略・通称, 同社製のアウトドア用ガスこんろ・ランタンなど. ロゴは EPIgas.

**E.P.T.** E.P.T.
米国 Pfizer, Inc. 製の家庭用早期妊娠判定試薬キット. 商標名は (in-home) early pregnancy test の頭文字を取ったもので, ロゴは小文字.

**Equal** イークォール, イコール
米国 Merisant Co. 製の人工甘味料.

**Equifax** エキファックス(社)(~ Inc.)
米国の, クレジットカード所有者に関する情報を供給している会社. 1899 年設立. 本部は Georgia 州 Atlanta.

**Equipto** エクイプト
米国のスチール製ロッカー・ラック・棚類のメーカー, そのブランド.

**Era** イーラ
米国 Procter & Gamble* 製の洗濯用液体洗剤. 1959 年商標登録.

**Eraser Mate** イレーザーメイト
米国 Paper Mate Products, Inc. 製の, 消せるインク入りのペン (erasable pen).

**Erasmic (Supreme)** エラスミック(スプリーム)
英国製のシェービングクリーム・ジェルなどのブランド. 1869 年から.

**Erco** エルコ
ドイツに本拠地を置く照明器具などのメーカー Erco GmbH の略・通称, そのブランド. 1934 年に Arnold Reinghaus らが, Reininghaus & Co. として創業.

**Ercol** アーコール
英国 Ercol Furniture Ltd の略・通称, 同社製の家具. 同社は, イタリアに生まれて 1887 年に 7才で両親とともに英国に移り住んだ Lucian Ercolani が 1920 年に創業. 伝統的なウインザーチェア (Windsor chair) と, 素朴なニレ (elm) 素材の家具を得意とし, 1950 年代にはコンテンポラリースタイルの家具で英国の代表的なメーカーとなった.

**Ercuis** エルキューイ
フランスの銀食器のメーカー, そのブランド. 1867 年創業.

**Erector (Set)** エレクター(セット)
米国の組み立て玩具のブランド. 1911 年に Alfred C. Gilvert (Yale 大学で医学を修め, 1908 年にはオリンピックの棒高跳びで金メダルを取り, 手品用品メーカーを経営していた才人)が, 電車の保線工事のための高圧電線の塔の建設現場を見て思いついた. 1913 年に New York の玩具見本市で

注目を浴びた．現在，米国以外でのブランド名は Meccano．

**Ereuil**　エロール
⇒ Joseph Ereuil.

**ERF**　ERF
英国製のトラック，そのメーカー (1933年創業)．創業者 Edwin Richard Foden の頭文字．2002年いったんはMAN Group 傘下にあったが，2007年消滅．

**Ergorapido Plus**　エルゴラピードプラス
スウェーデン Electrolux Group 製のスティック型コードレス電気掃除機．リチューム電池を使用して充電時間を短縮し，長時間使用が可能になった．

**Ermenegildo Zegna**　エルメネジルドゼニア
イタリアの衣料品メーカー，同社製の服地・紳士既製服・カジュアルウエア・ニットウェアなど．E. Zegna (1892–1967) が1910年に毛織物工場としてAlps 山脈の麓の小さな町 Trivero に創業．

**Erno Laszlo**　アーノラズロ
米国の Erno Laszlo, Inc. 製のスキンケア用品．同社はハンガリーの皮膚科学者 Erno Laszlo (1897–1973) が1927年に Budapest で創設，1939年に New York に進出．

**Erreuno**　エレウノ
イタリア Milano にあるブティック，そのブランド．同社は1971年にErmanno Ronchi と Graziella Ponchi が創業．

**Erwin Pearl**　アーウィンパール
米国の宝飾デザイナー Erwin Pearl の作品であるファッションジュエリー，その会社．1952年創業．

**Escada**　エスカーダ
ドイツに本拠地を置く女性向けファッションブランド．1976年に創業．escada とは創業者の Margaretha Ley, Wolfgang Ley 夫婦がポルトガル旅行の際に競馬場で賭けた馬の名前 (ポルトガル語で「階段」の意味)．

**ESCI**　エッシー
イタリアのプラモデルメーカーの略・通称，そのブランド．飛行機模型が主で，縮尺は72分の1と48分の1．その原型の木型・金型が日本で作られているものが多く，その品質が高く評価されている．すでに廃業．

**Escort**　エスコート
米国製の，自動車用レーダー探知機．1978年創業．"Drive Smarter" とうたう．

**Eskimo Pie**　エスキモーパイ
Nestlé* 製のチョコレートがけのアイスクリームバー．細い棒に付いている．1921年 Christian Kent Nelson が考案．★ Eskimo pie は，1970年代から俗語で，「冷感症[不感症]の女性」(frigid woman) を指す．

**Esmond**　エズモンド
かつて米国の Chatham Manufacturing Co. (1894年創業) (Interface Fabrics, Inc. が2000年に売却)が製造していた毛布．合成繊維の物が主．

**Esotérica**　エソテリカ
米国製のモイスチャライザー・皮膚軟化薬などとして使用される市販薬．

**ESPN**　ESPN
米国の，スポーツ番組専門のケーブルテレビ放送．無料．Entertainment and Sports Program Network の略．

**Esquire**　エスクワイア
米国の Hearst Corp. が発行している都会派高級文芸メンズマガジン．1933年創刊の月刊誌．

**Esse**　エセ
英国の ESSE Engineering Ltd の略・通称，同社製のストーブなど．ストーブは1854年から手作りされてきた．創業者 James Smith と Stephen Wellstood の名前にフランス語らしく聞こえるように Esse をつけて命名．

**Esselte**　エセルテ
スウェーデン生まれで現在米国に本拠地を置く事務用文房具メーカーの略・通称; そのブランド．1913年 SLT の名で創業．1970年に SLT の発音をも

とに Esselte へ社名変更.

**Essence** エッセンス
アフリカ系米国人女性を対象にした米国の月刊誌. 1970 年創刊, Essence Communications, Inc. 刊.

**Essentials** エッセンシャルズ
米国製の洗濯用洗剤・柔軟仕上げ剤のブランド. Church & Dwight Co., Inc. (Dr. Austin Church と John Dwight が 1846 年に創業) の主力ブランド Arm & Hammer の製品.

**Esso** エッソ
米国 New York 市の ExxonMobil Corp. (1882 年創業) 製の軽油・ガソリンなど. 旧社名の Standard Oil Co. of New Jersey の短縮形 'SO' の変形. 同社は米国で 1888 年に Rockefeller が設立した Oil Trust の中心的会社であったが, 同トラストは 1911 年に解体した. ⇨ Exxon.

**Estée Lauder** エスティローダー
米国 New York 市に本社をもつ化粧品メーカーの略・通称, そのブランド. 同社は皮膚科医の叔父に影響を受けた Estée Lauder 夫人が, 夫の Joseph Lauder の協力を得て 1946 年に設立.

**Estes** エステス
米国の Estes Rockets の略・通称, 同社製のロケットなどの模型. 1958 年創業.

**Estron** エストロン
米国の Eastman Chemical Co. 製の, 酢酸繊維素エステルで製造する半合成繊維, 同繊維でできた毛糸あるいは布. アセテートの一種. 繊維として使われる (acetate rayon).

**Estwing** エストウィング
米国の Estwing Manufacturing Co. (1923 年創業) の略・通称, 同社製のハンマー, 釘ぬきなどの工具類.

**Etam** エタム, イータム
フランスに本社をもつ婦人服メーカー Etam Group の略・通称, その製品. ストッキング販売店として 1915 年ドイツで創業.

**Etch a Sketch** エッチアスケッチ
米国 The Ohio Art Co. (1908 年創業) 製のお絵かきボード. 2 つのダイヤルを動かしてスクリーンに絵や文字を描く. 本体中に細かいアルミの粉がつまっている. 1960 年発売.

**Eterna** エテルナ
スイスの時計メーカー, 同社製の腕時計などのブランド. 1856 年創業. 1908 年に世界で最初にアラーム付き腕時計を作った.

**Ethan Allen** イーセンアーレン, イーサンアレン
1932 年創業の米国の家具メーカー (Ethan Allen Global, Inc.) の略・通称, そのブランド, チェーン店.

**Ethrel** エスレル
カナダ Bayer CropScience, Inc. 製の, エタン (ethane)・塩素・燐酸の化合物の商標. ある種の植物 (キュウリ・パイナップルなど) の生長 (開花・結実・収穫時期など) を調節する.

**Etonic** エトニック
米国製のゴルフシューズ・ランニングシューズ・ボーリングシューズのブランド. 1876 年に Charles A. Eaton が創業.

**Etro** エトロ
イタリアの生地メーカー, その生地および加工品のファッションブランド. Gimmo Etro が, 1968 年に創業. ペガサスがトレードマーク.

**Eucerin** ユーサリン
ドイツ Beiersdorf AG 製の皮膚軟化薬のローション, クリーム, スプレー. 洗顔乳液や日焼け止めローションもある.

**Eucryl** ユークリル
英国製の歯みがき. 元来この名は 1899 年に北イングランドの化学者が 3 種の消毒剤を調合して作った洗面用剤に付けられていた.

**Eucryl** ユークリル
英国 Thornton & Ross Ltd 製のたばこ, 赤ワイン, コーヒーが原因のよごれを除くために使用する歯磨き粉, 練り歯磨き. 1900 年発売.

## Eukanuba ユーカヌバ
米国 Procter & Gamble Pet Care 製ドッグフードのブランド．1969年発売．"Make a Good Dog Great." とうたう．Eukanuba とは，ジャズ文化で "the tops" とか "supreme" の意味．キャットフードもある．☆Eukanuba は，ジャズのスタンダードナンバー "Stardust" の作曲家 Hoagy Carmichael が流行らせた "You can noo'bah."（1940年代に流行った言い方で，"You cannot beat us." の訛ったもの）から商品に付けた名前．

## Eumovate ユーモベイト
英国 GlaxoSmithKline* 製の湿疹・皮膚炎に使われるチューブ入りクリーム状塗布薬．痒みを抑える．

## Eureka ユリーカ，エウレカ，ユーレカ
米国製の電気掃除機のブランド．1909年に Fred Wardell が創業．親会社はスウェーデンの AB Electrolux．Eureka はギリシャ語で "I found it." の意味．ロゴは eureka!

## Euthymol ユーシモール
1898年ごろ発売の歯磨き．Johnson & Johnson* が発売．ギリシャ語の要素 eu-（良い）と thymol（同じくギリシャ語で防腐フェノールをあらわす語）の合成語．

## Evan-Picone エヴァンピッコーネ
米国の女性用衣料品のブランド．Joseph Picone と Charles Evans が創業．

## Evan-Picone エヴァンピッコーネ
米国 Marx & Newman Co., Inc. 製の靴．

## Evan Williams エヴァンウィリアムズ
米国製のケンタッキー州製ストレートバーボン．1783年，創業者の名前から命名．

## Eve イヴ
米国 Liggett Group 製のフィルター付き紙巻きたばこ．鮮かな細かい花柄のパッケージに，細くて長いたばこが入っていて女性向き．

## Eveready エヴァーレディー，エバレディー
米国 Eveready Battery Co., Inc.（Energizer Holdings, Inc. の子会社）製の懐中電燈・電池など．同社の起源である Eveready Flashlight Co. は，Joshua Lionel Corwen が発明した，観葉植物の植木鉢に装着する照明用の電池と電球の入った管を企業化するために，元レストラン経営者の Conrad Hubert が設立した会社．⇨ Energizer,．

## Everfresh エヴァーフレッシュ
米国 Everfresh Beverages, Inc. 製のボトル入りフルーツジュース．"Nature's Refreshment" がうたい文句．

## Evergreen (Books) エヴァーグリーン (ブックス)
⇨ Grove Press．

## Everlast エヴァーラスト
米国製のボクシング用具などのブランド．もとは水着メーカーとして1910年創業．

## Ever Ready エヴァーレディー，エバレディー
英国最大の電池メーカー British Ever Ready Ltd (Hanson plc 傘下) の略・通称，同社製の乾電池．1906年米国 Eveready 社の輸出会社として設立され，後に独立した．Energizer Holdings, Inc. に吸収されたが，1996年最後の英国工場も閉鎖された．

## Eversharp エヴァーシャープ
米国 Wahl Adding Machine Co.（1905年に J. C. Wahl が創業）が，1915年から売り出したシャープペンシル（mechanical pen）．年間1000万-1200万本を売った．その後，同ブランドで万年筆の製造も始め，1920-30年代には Waterman, Parker, Sheaffer に次ぎ第4位の筆記具メーカーの地位にあったが，1957年に経営不振のため筆記具部門は Parker* に吸収された．Parker は Eversharp の名

# Express Mail

をしばらく引き継いだ後に生産終了．
⇨ Schick．

**Eversharp**　エヴァーシャープ
もとは米国 Acme United Corp. 製の
はさみ．同社は 1867 年創業の老舗で，
使い捨ての金属製外科用器具と家庭用
はさみ・定規では米国最大手であった
が，現在は Eversharp-ChangCo. USA
が製造販売する．

**Everyman's Library**　エヴリマン
叢書
古典の翻刻版の廉価版シリーズ．
1906 年創刊．現在は Random House,
Inc. から刊行．

**Evian**　エビアン
フランスの Évian (厳密には Évian-
les-Bains) 近郊の泉から採れるアルプ
スからわき出した自然水を，熱殺菌処
理しないで瓶詰めしたミネラルウォー
ター．ロゴはすべて小文字．Groupe
Danone が所有するブランド．

**Evinrude**　エビンルード, エヴィン
ルード
米国 Evinrude Outboard Motors 製の
船外モーターのブランド．同社の前
身は，1907 年ノルウェー系アメリカ人
発明家 Ole Evinrude が創業．"Spend
moretime on the water." とうたう．

**Evo-Stik**　イーヴォスティック, エ
ヴォスチック
英国製の接着剤・密閉剤のブランド．

**Exaltolide**　エクザルトライド
米国製の，香水に使われる大環状のラ
クトン (lactone) の結晶の古い商品名．
メーカー名不詳．

**Excalibur**　エクスキャリバー
英国製のブレンデッドウイスキー．

**Excedrin**　エキセドリン
米国 Novartis Consumer Health, Inc.
製の鎮痛薬・解熱薬・抗炎症薬として使
われる市販薬．Excedrin Extra
Strength は，Extra Strength Tylenol
や Advil よりも早く効くと，他社製品
を引き合いに出して宣伝している．

**Excel**　エクセル
米国 Microsoft* 製の表計算ソフト．

商標．

**Exercycle**　エクササイクル
米国製の，車輪を外した自転車に似た
形状で，ペダルを踏む屋内運動器械．
1932 年から．リハビリ用やパーキン
ソン病患者用に，電動モーター付きの
Theracycle も発売．

**Exide**　エキサイド
米国 Exide Technologies の略・通称，
同社製の蓄電池．同名は 1900 年から
ESB, Inc. (ESB は electric storage
batteries (蓄電池) の略) により使われ
た．electric (電気) と oxide (酸化物) の
合成語と思われる．インド最大の蓄
電池製造会社に Exide Industries があ
る．

**Ex-Lax**　エクスラクス
米国 Novartis Consumer Health, Inc.
製のチョコレート風味付きの緩下剤
(laxative)．フェノールフタレインを
チョコレートに混ぜたもの．ハンガ
リー生まれの薬屋 Max Kiss が，1906
年に New York で調合．当初の名は
Bo-Bo (bonbon より) であったが，俗
語の boo-boo に似ていてイメージが
良くなかったので改名した．

**Exocet**　エクゾセ
フランスのもと Aérospatiale* (現在は
3 社が統合して英国に本部がある
MBDA) 製の，空対艦 [地対艦・艦対艦]
レーダー誘導ミサイル．1970 年から
72 年に開発．海面スレスレを約マッ
ハ 1 で飛ぶ．

**Explorer 1**　エクスプローラーワン
米国 Cosco, Inc. (Dorel Juvenile
Group 傘下) 製のカーシート．社名は
Cosco/Peterson とも記されている．
Explorer II もある．

**Expo**　エクスポ
米国 Sanford Corp. 製の，ホワイト
ボードなどに使って消すことのできる
マーカーのブランド．"Life. ReMark-
able." がうたい文句．

**Express Mail**　エクスプレスメール
米国 United States Postal Service (米
国郵便公社) により，1977 年から常設

となった速達郵便サービス (guaranteed overnight delivery).

**Expresso** エクスプレッソ
米国 Sanford Corp. 製のプラスチックポイント (polymer point) のペン. キャップを付けるのを忘れてもインクが乾燥しないことで売り出した. 11色ある.

**Exshaw** エクショー, エクスショー
フランス John Exshaw の略・通称, 同社製のコニャック.

**Exxon Mobil** エクソンモービル
米国 Texas 州を本拠地とする世界最大の総合エネルギー多国籍企業. 1999年 Exxon と Mobil が合併して生まれた.

**E-Z-Bake** イージーベイク
米国 Prairie Mills Products, LLC 製の小麦粉のブランド. 1898年から.

**E-ZPass** イージーパス
電子料金徴収システム (electronic toll collection system). ドライバーが料金を前払いして車に小さな電子タグを装着しておくと, 渋滞に巻き込まれることなく料金所を通過できる. このシステムに加入しているのは, New York 州ほか主に東部10数州の有料道路施設.

**Ezra Brooks** エズラブルックス
米国 Kentucky 州製のストレートバーボン. 1783年から. この名は架空の人物名で, 蒸留所名ではない.

# F

**Fa** ファ
ドイツ Henkel AG & Co. KGaA 製のシャワージェル (shower gel)・バブルバス・石鹸・デオドラント.

**Fab** ファブ
米国 Colgate-Palmolive Co. 製の洗濯洗剤.

**Faber-Castell** ファーバーカステル
ドイツの文具・製図・画材用具メーカー, 同社製の鉛筆・色鉛筆・鉛筆削り・シャープペンシル・製図ペン・絵の具・パステル (商品名 Pastell-pastels) など. 1761 年に Kasper Faber が, A. W. Faber の社名で鉛筆メーカーとして創業. 1839 年に世界で初めて六角形の鉛筆を考案. 1898 年に Faber 家と Castell 家の婚姻の結果, A. W. Faber-Castell と社名を改めた.

**Fabergé** フェイバージュ, ファベルジュ
米国の化粧品. 男性用オーデコロン・スキンケア・ヘアケア用品(アロエ抽出液を原料にしたものなど).

**Fabio Papucci** ファビオパプッチ
イタリアのデザイナー Fabio Papucci (1951– ) のデザインしたバッグ・ネクタイ・カジュアルウェアなど. ネクタイは一般向き価格.

**Fablon** ファブロン
英国の H-A Interiors Ltd (1947 年創業) 製の, 裏面に糊の付いたビニールシート (adhesive sticky back plastic). 1957 年発売.

**Fabrikoid** ファブリコイド
米国 E. I. du Pont de Nemours & Co., Inc. 製の, 革に似せた防水織物. 布地の表面を pyroxylin でおおった一種の合成皮革. 1920～30 年代に本の装丁・旅行用バッグ・椅子張り・車の座席カバーなどによく用いられた.

**Facebook** フェイスブック
米国の Facebook, Inc. が運営する大学・高校の学生(現在は 13 歳以上であればよい)を対象にした会員制交流サイト (SOCIAL NETWORKING SITE) の一つ. 今日では 5 億人以上の会員を抱え一般にも広く利用されている. 2004 年 Mark Zuckerberg (1984– ) が大学生仲間と設立. 当初は Harvard の学生だけを対象にしていた. 2011 年 1 月企業価値が未上場だが約 500 億ドルになったと公表. 投資家は 2011 年中に 500 人を超えるという. ヨーロッパ・アフリカ・中東管轄はアイルランド Dublin に, アジア管轄は韓国 Seoul に, オセニア管轄はニュージーランド Wellington に, 南アジア管轄はインド Hyderabad にそれぞれ本部がある.

**Fact** ファクト
米国 New Century Tobacco Group 製の紙巻きたばこ. 2005 年の Products of the Year.

**Fact Plus** ファクトプラス
家庭用早期妊娠判定キット. スイスの SPD Swiss Precision Diagnostics GmbH の登録ブランド. "As Accurate as a Doctor's Test" と宣伝する.

**Fade-Ometer** フェードメーター, フェイドオメーター
米国 Atlas Electric Devices Co. 製の, 色素の固着性[堅牢度]を試験するための器具. 強い光が当たり続けることによる色あせ[退色]度を調べるため, 太陽光線を長期間当てる方法の代わりに使用. 光源は炭素アーク灯. 1925 年に英国で商標登録. Color Fade-Ometer ともいい, また Fadeometer, Fadometer, Fade-ometer ともつづる.

**Fahrenheit** ファーレンハイト
1988 年発売の Christian Dior* の男性

**Fairlane** フェアレーン
米国 Ford Motor Co. 製の中型乗用車. 1955〜71年まで販売. Henry Ford が彼の祖母の誕生地にちなんで命名した. ⇨ Ford.

**Fairmont** フェアモント
米国 Ford Motor Co. が 1978〜83年に販売した小型車. EPA (Environmental Protection Agency 環境保護局) が 1970年に作った新しい排ガス規制をクリアーした最初の車.

**Falcon** ファルコン
米国 Ford Motor Co. 製の小型乗用車. Edsel* の失敗の後, Ford がその生産設備を利用して製造. 1959年に市場化され, ベストセラーになり, 1960年初頭のコンパクトカーブームの先駆け的存在となった. 現在は製造されていない.

**Falls City** フォールズシティー
米国 Falls City Brewing Co. (1905年創業) 製のビール. 1978年に生産中止. 2009年に復活.

**Falmer** ファルマー
英国 Falmer International Ltd 製のジーンズ・カジュアルウェア.

**Familia** ファミリア
スイス Bio-Familia AG 製の Swiss Müesli 名のミューズリー(穀物とドライフルーツなどを混ぜたシリアルの一種).

**Family Circle** ファミリーサークル
主に若い主婦を対象にした米国 Meredith Corp. 刊の家庭実用誌. 年15回刊行. 1932年創刊. 婦人雑誌中最大の発行部数を誇り(約400万部), その大半はスーパーのレジ脇で売られている.

**Family Weekly** ファミリーウィークリー
米国 Family Weekly 社が発行の, 全米の多くの新聞の日曜版に付録としてはさみ込まれていた30ページ余りのニュースペーパーマガジン(1953年創刊). 1985年 Gannet Co., Inc. が買収して USA Weekend に改名. 全米600以上の新聞に配給.

**Famous Amos** フェイマスエイマス
米国 Kellogg's* 製のチョコレートチップス入りクッキー. 1975年に発売され爆発的に売れた. 開発者の, 鬚をたくわえ帽子を被った Wallie Amos が, 大きなこのクッキーを人指し指で支えている写真が印刷されていた. Amos は元芸能マネージャー.

**Famous Grouse** フェイマスグラウス
スコットランドの Erdington Group 製のブレンデッドウイスキー. 国鳥 Red Grouse にちなんで命名. 1896年に初蒸留.

**Fancher** ファンチャー
米国 Fancher Chair Co. の略・通称, その各種の椅子のブランド. 1807年創業.

**Fannie Farmer** ファニーファーマー
米国の料理書. The Fannie Farmer Cookbook の略・通称. 正式には The Boston Cooking-School Cook Book. 料理教師 (1902年からは料理学校校長) の Fannie Merritt Farmer (1857–1915) が, 1896年に Little, Brown and Co. に出版を提案したところ断られたので, 費用は自己負担で3000部印刷という条件で了解を取り付けた. 今日まで400万部以上が売れている. 同書の特徴は, 材料の量などの記述であいまいな表現を避け, 小さじ・大さじ・カップなどによる計量を明文化したことにあり, Farmer 女史はしばしば 'the mother of level judgement' (基準計量の母)と呼ばれる.

**Fanta** ファンタ
米国 Coca-Cola* の Foods Div. 製の清涼飲料. 1960年発売. オレンジ・グレープ・レモンなどの色と風味のものがあるが無果汁. fantasy または fantastic からの命名と思われる.

**Fantastick** ファンタスティック
米国 S. C. Johnson & Son, Inc. 製の,家庭用のスプレー状クリーナー (spray cleaner).

**Fantom** ファントム
カナダの Euro-Pro Corp. 製で北米で販売する,サイクロン式の集じん袋のない縦型(cyclonic bagless stick) 電気掃除機.

**F.A.O. Schwarz** F.A.O. シュワルツ
米国 New York 市などにある北米最古の玩具店. 1862 年創業. 揺り木馬をデザインし,店名をそえたトレードマーク. ドイツからの移民で創設者の Frederick August Otto Schwarz の名に由来. 2009 年 Toys "R" Us* が買収.

**Farah** ファラー
米国の衣料品メーカー (Farah, Inc.; レバノン人の移民 Mansour Farah が 1947 年創業), 同社製の男女・小児用衣料品.

**Farberware** ファーバーウェア
米国 Farberware Licensing Co., LLC 製の電気調理器具・台所用品(鍋など). 同社は S. W. Farber が創業. 1955 年以来売られているコーヒー沸かし (percolator) が米国では非常にポピュラー. Coffee Robot は同社の発明品.

**Farley's Rusks** ファーレイズラスクス
また Heinz Farley's Rusks. 英国で 1880 年代に Farley's 社が製造を始め, 1994 年から H. J. Heinz Co. が製造を引き継いだ幼児用のドライビスケット. 牛乳に浸してどろどろにして与える.

**Farola** ファローラ
英国製の, 麦を原料としたプディング. 1885 年商標登録. far はラテン語で穀物の意.

**Farris** ファリス
ノルウェーの Frydenlund Ringnes Bryggerier A/S 製のミネラルウォーター.

**Fashion Bug** ファッションバグ
米国 Fashion Bug Retail Cos., Inc. の大衆向き婦人服チェーン店. 東部・南東部・中西部を中心に 43 州で展開. プラスサイズ (plus size) も豊富.

**Fashion Seal** ファッションシール
米国 Superior Uniform Group (1920 年創業)の制服類. 医療と保健(Fashion Seal Healthcare ブランド)・保安・レストランなど多方面の分野のもの.

**Fathometer** ファゾメーター
米国製の音響測深機. 音波を出して水底から返ってくるまでの時間によって水深を測る. カナダ生まれの Reginald Fessenden (1866-1931) の 1919 年の発明品. ☆ 小文字で書かれ,音響測深機一般を指すこともある.

**Fauchon** フォション
フランスの食料品店, またそのオリジナル商品の缶詰め・ワイン・紅茶・フレーバーティー・マスタード・スパイス・チョコレート・マロングラッセ・ジャムなどのブランド. 同店は 1886 年に Auguste Fauchon が創業.

**Favor** フェイヴァー
1984 年創業の米国 Advanced Tobacco Products 製の煙の出ないたばこ (smoke free cigarettes). 見かけも感じも味も普通のたばこと全く同じ. 禁煙場所でもたばこを吸いたいという人向け. 1985 年に試験的に販売しただけで同社の株価は 2 倍にはね上がったという.

**Favor** フェイバー
米国 Johnson & Johnson* 製の家具・床磨きスプレー.

**Favrile** ファヴリール
米国 Tiffany* 製の, 表面が虹色[真珠色]の繊細なデザインのガラス器. 花びん・一輪差し用. Favrile glass ともいう. L. C. Tiffany が 1890 年に創出. 1894 年商標登録.

**Fawcett (Books)** フォーセット(ブックス)
米国 Ballantine Books (Random House, Inc. の一部門) 刊行のペー

パーバックシリーズ. もと Fawcett Books Group 刊.

**Fawcett Crest (Book)** フォーセットクレスト(ブック)
米国 Ballantine Books (Random House, Inc. の一部門) 刊行のペーパーバックシリーズ. もと Fawcett Books Group 刊.

**Faygo** フェイゴ
米国 National Beverage Corp. 製の清涼飲料. Faygo Pop とも呼ぶ.

**FDS** FDS
米国 Alberto-Culver Co. (1955 年創業) 製の女性用体臭抑制スプレー. feminine deodorant spray の頭文字による命名. ⇨ Alberto.

**Feathermark** フェザーマーク
⇨ Magic Marker.

**Febreze** ファブリーズ
米国 Procter & Gamble* 製の衣類や布などの消臭 (odor eliminator) スプレー. 1998 年発売. fabric と breeze からの命名. 主要成分はベータシクロデキストリン (betacyclodextrin).

**Fedders** フェダーズ
米国のルームエアコンメーカー (Airwell-Fedders North America, Inc.), そのブランド. Fedders 社は 2008 年フランスの Airwell Group に買収され現社名になった.

**Federal Express** フェデラルエクスプレス
米国の宅配便会社. 1971 年創業. FedEx Corp. の子会社.

**FedEx** フェデックス
米国 Tennessee 州 Memphis に本部を置き, ドアツードアの物流サービスを提供する世界最大手の綜合航空輸送会社 FedEx Corp. の略・通称. 1971 年元海兵隊員の Frederick W. Smith が Federal Express として設立. 自社運航機 654 機・配送車約 43,000 台で世界 220 か国以上の国と地域へ配送サービスを提供する. FedEx Corp. の社名は 2000 年から. 複数の運用部門がある. FedEx Express は貨物航空部門で Tennessee 州 Memphis にハブ空港を持つ. ロゴの Fed は紫色で, 部門によって Ex の色が異なる. ☆「FedEx で送る」の意味での動詞用法が生まれた.

**Feen-a-mint** フィーナミント
米国 Schering-Plough 製の便秘薬[緩下剤]. 錠剤やチューインガムもある.

**Feldene** フェルディーン
米国の医家向け薬品の大手メーカーである Pfizer, Inc. (1942 年創業) 製の関節炎治療などに使われる非ステロイド抗炎症薬のカプセル錠.

**Felipe II** フェリペ 2 世
スペイン産のブランデー.

**Felix** フィーリックス
英国の Nestlé Purina PetCare UK Ltd 製の缶入り乾燥キャットフード. Felix は, 1921 年より作られた Pat Sullivan (1887–1933) 作の漫画映画 *Felix the Cat* の主人公の明るく強い猫の名で, もともとのメーカーの Felix Cat Food Ltd が第二次大戦前にキャットフードの製造を開始した当時, 猫の普通名詞といえるほどにポピュラーな名となっていた. Felix は猫のラテン語の属名 Felis と男子名をかけたものと思われる.

**Fellowes** フェローズ
米国 Fellowes, Inc. の略・通称, その製品. パーソナルシュレッダー・バンカーズボックス (bankers box)・ラミネーター・ペーパーカッターなどのオフィス用品. 1917 年 Harry Fellowes が創業. 世界各国で営業を展開する企業.

**Femfresh** フェムフレッシュ
英国 Church & Dwight UK Ltd 製の女性用ボディーケア用品(フォームバス剤・タルカムパウダー・ボディーシャンプー・ヘアリムーバー・クレンジングティッシュなど).

**Fender** フェンダー
米国 Fender Musical Instruments の略・通称, 同社製のエレキギターなど. Gibson* と並び同種商品の代表ブラ

ンド．電気製品の修理屋だった Leo Fender がデザインした，1948 年発売の Fender Broadcaster エレキギターが第1作．同製品は世界で初めて量産化されたソリッドボディーの(中空でない)エレキギター．同製品は 1950 年に Telecaster に発展．1954 年にはエレキギターの名器中の名器として定評がある Stratocaster を世に送り出した．Eric Clapton, Jimi Hendrix らが愛用．

**Fendi**　フェンディ
イタリアの毛皮製品専門店，その毛皮製品・婦人服・バッグ・小物類・婦人用カジュアルシューズ・ネクタイ・傘・ベルトなどのブランド．1918 年からベチアで皮革製品の小さな店を開いていた Adele Casangrande (1978 年没) が，E. Fendi と結婚後，1925 年にローマで毛皮製品店として創業．現在の店は 1961 年開店．1970 年ごろ，正逆組み合わせの FF マークをロゴにした．また，毛皮製品の裏地のジャガード織りの絹に，ビニールコートをしたバッグ・小物類を売り出し，バッグメーカーとしても人気を得るようになった．現在はキャンバス地にビニールコートをした素材のものが主．

**Fenwick**　フェニック
J. J. Fenwick が 1882 年創業した英国最大の百貨店．Newcastle upon Tyne に本店．Fenwick's とも呼ばれる．Bentalls と Williams & Griffin 両百貨店を傘下に収めている．

**Féraud**　フェロー
⇒ Louis Féraud.

**Fernet-Branca**　フェルネブランカ
イタリア Fratelli Branca 製のビターズ (bitters)．食欲増進のため食前酒 (digestif) として飲む．

**Ferodo**　フェロド
英国製のブレーキライニング・クラッチ面・ファンベルト・甲板や階段のすべり止め．そのメーカー Federal-Mogul Friction Products Ltd は 1897 年に Herbert Frood が設立．Ferodo は Frood のアナグラムに e をつけたもの．

**Ferragamo**　フェラガモ
⇒ Salvatore Ferragamo.

**Ferrara**　フェララ
1892 年創業の米国 New York 市の Little Italy にある菓子店 Ferrara Bakery & Cafe.

**Ferrari**　フェ(ッ)ラーリ
イタリアのレーシングカー・スポーツカーメーカー，そのブランド．シンボルマークは後ろ足で立つ馬．Alfa Romeo* 所属のレーサー Enzo Ferrari が，引退後の 1929 年にレースカーのチームおよび工房を設立したのが起源．この車をテーマにした屋内遊園地がアラブ首長国連邦の Ab Dhabi の Yas Island で 2010 年 11 月に開業．F1 マシンの速さを体験できるジェットコースターがある．インドのニューデリーに 2011 年 5 月 1 号店をオープンした．

**Ferrari**　フェ(ッ)ラーリ
イタリア北部 Trento (Trent) 地方産の発泡ワイン (Spumante)．Ferrali F. Lli Lunelli S.p.A. 社が生産・販売．

**Ferre**　フェレ
⇒ Gianfranco Ferre.

**Ferrero Rocher**　フェレロロシェ
イタリアの Ferrero S.p.A. (1946 年 Pietro Ferrero が創業) が米国で 1969 年 Ferrero U.S.A., Inc. を設立して以来人気の丸い玉のチョコレート．Tic Tac* や Nutella (ヘーゼルナッツ入りのパンなどに塗るスプレッド) ブランドも有名．

**Fetzer**　フェッツァー
米国 California 州の Fitzer Vineyards 醸造ワイン．1968 年創業．Brown Forman Corp. 傘下．

**Fiandaca**　フィアンダカ
⇒ Alfred Fiandaca.

**Fiat**　フィアット
イタリア最大の工業企業グループ Fiat Group の乗用車部門 Fiat Auto S.p.A の略・通称，同社製の乗用車．

Fiat は, Fabbrica Italiana Automobili Torino の略. 同社は 1899 年に Giovanni Agnelli が Torino (Turin) 郊外で創業, 以降 Agnelli 家の同族会社. 1926 年に入社した Dante Giacosa (1905-96) が, その後 50 年近くもの間チーフデザイナーを務め, 彼のもとで Pininfarina* や Giugiaro* などの有名カーデザイナーがデザインを手がけた. 1936 年の 500 (愛称 Topolino (小さなネズミ)) は, Austin 7 以来の小型車のデザインの革命児といわれた. 同車は 1938-39 年に米国で最も多く売れた輸入車となった. その改良型の 500B (1948 年発売) は, 世界中で戦後イタリアデザインの代表的傑作と評価された. 1957 年の Nuova 500, またチーフデザイナーが変わって以降の, 1972 年の 127, 1984 年の Uno* も, 小型車のデザインの分野で先駆的なものと評価された. 同社は 1986 年にイタリア 2 位の自動車メーカー Alfa Romeo* を買収, 傘下の Lancia* と統合して Alfa Lancia を設立した. 1993 年 Maserati を買収. ⇨ Ferrari.

## Fiberall ファイバーオール
米国製の緩下薬として使われる市販薬の粉末など.

## Fiberglas ファイバーグラス
米国 Owens-Corning Corp. (1938 年創業) 製のグラスファイバー. 断熱防音材などとされる.

## Fiber One ファイバーワン
米国 General Mills, Inc. 製の, 繊維が多く糖分が少ない ("highest in fiber, low in sugar") シリアル. ⇨ General Mills.

## FiberPlus ファイバープラス
米国 Kellogg's* 製のシリアル・バー. 老化防止 (antioxidants 入り) が売り.

## Field フィールド (The ~)
英国の London の IPC Media 発行の田園生活や仕事などに関する記事を載せている週刊誌. 特に自然史・フィールドスポーツ・園芸・農耕の記事が充実. 1853 年創刊.

## Field & Stream フィールドアンドストリーム
スウェーデンの Bonnier Group 刊行の, スポーツフィッシングを中心に, 狩猟・キャンプなども扱う米国アウトドアライフ専門月刊誌. 1895 年創刊.

## Fieldcrest フィールドクレスト
米国の Target Corp. が保有するタオル・シーツ・バスローブ・カーペット・毛布など. もともとの会社は残っていない. ⇨ Cannon.

## Field of Dreams フィールドオブドリームズ
米国のスポーツギフト専門チェーン店. 大リーグの球団グッズなど. 1989 年に同名の米国映画があった.

## Fiero フィエロ
米国 Pontiac Motor Div. (General Motors Corp. の一部門) 製のミッドシップ型 (エンジンが後輪軸の前方に位置する) のスポーツカー. 曲線を帯びたくさび型の外形が美しい. 1988 年生産終了 ⇨ Pontiac.

## Fiesta フィエスタ
米国 Ford* のヨーロッパ支社 Ford of Europe, Inc. が「世界に売れる小型車」を目指して開発した乗用車. 1976 年市場化. B クラスの小型車であるところから, 開発当時社内では Bobcat と呼ばれていたが, 同名が既に使用されていたため変更を余儀なくされ, 数多くの候補の中から, 社長の Henry Ford 2 世自身が, Ford Fiesta と頭韻があるのを気に入って決定を下した. 発売後 1 年間で 50 万台以上が売れ, ヨーロッパ自動車史上最も成功した新型車となった. 米国では本社の Ford Motor Co. が製造販売.

## 5th Avenue フィフスアヴェニュー
米国 Hershey's* 製のミルクチョコレートバー. 中身はピーナッツバターとナッツ. 1936 年に William H. Luden が考案. 5th Avenue Candy Bar ともいう.

## 5th Avenue Chocolatiere

フィフスアヴェニューショコラティア
米国 New York 市の5番街で1973年 John Whaley が創業したチョコレートの店. 生チョコ(truffles)が有名.

### 57 (**Varieties**) フィフティーセヴン(ヴァラエティーズ)
米国の大手食品メーカー H. J. Heinz Co. 製の香辛料・ソース・加工食品など. 57の由来は, 1896年に創業者 Henry J. Heinz が New York の地下鉄の高架路線を通過していたとき,「21のスタイル」の靴という広告を見,「うちの会社の製品にはスタイルはないが, ヴァラエティーならある」と考え, 自社製品を思いつくままに数えてみたところ57種ほどあり(実際は65品目あった), しかも響きや字の形がよかったところから. Heinz は汽車から降りるや石版屋へ行き, 市街電車の正面形をモチーフにした57のマークをデザインした. Heinz 57 とも呼ぶ. ⇒ Heinz.

### Fig Newtons フィッグニュートンズ
米国 Nabisco* 製の, イチジク(fig)の果肉のジャムが入った棒状クッキー. 1892年発明家 James Henry Mitchell が, クッキー生地に中身をサンドイッチ状にはさんで量産する機械を考案し, Massachusetts 州の Kennedy Biscuits Co. に持ち込んだ結果, 同社はイチジクジャムクッキーを1895年より市場化し, ヒット商品とした. Newton は, 当時の工場の近くの町名で, 同社の社員の一人が, 自分の住んでいるところの名前が響きが良くておいしそうだと提案したもの.

### Fiji Water フィージーウォーター
南太平洋上のフィージー共和国で米国人億万長者 Stewart and Lynda Rae Resnick 夫妻が所有する Fiji Water Co. LLC (Los Angeles に本社)が製造する瓶詰めの自噴水(artesian aquifer)で, 世界40カ国で販売. Obama 大統領も愛飲という.

### Fila フィラ
イタリアのスポーツウェア・シューズなどのメーカー(Fila Ltd.), そのブランド. 1911年 Fila 兄弟が創業. テニスウェアは白を基調に, 鮮やかな青と赤または赤と緑を配したデザインが主で, B. Borg のウェアとして脚光を浴びた. テニスラケット・革小物・バッグ類・ベルト・ネクタイなども手がけている. 2007年 Fila Korea へ売却.

### Filet-O-Fish フィレオフィッシュ
米国 McDonald's* のフィッシュバーガー. 1963年導入で, 命名は同社の広告代理店 Cye Landy Advertising Agency の Cye Landy. 金曜日には肉を食べないカトリック教徒のために考えられた. もともとは鱈(cod)が使われていたが, 現在はホキ(hoki)が主流.

### Filippo Berio フィリッポベリオ
米国 Berio Importing Corp. が米国に輸入販売しているイタリア産オリーブオイル・ワインビネガーなど. 創業者の名前からの命名.

### Film Comment フィルムコメント
米国の本格的映画評論誌で隔月刊(1972年以前は季刊). New York 市の Film Society of Lincoln Center 刊.

### Filofax ファイロファックス
英国 Filofax Ltd 製のシステム手帳. バインダー式の多機能手帳で, リフィルとして, 使用者の職業や用途に対応する様々な挿入用紙(日記帳・住所録・電話番号簿・金銭出納簿・ゴルフのスコア表・五線紙・生理日周期表・London などのガイド・データ録など)が揃っている. 表紙は革製. サイズは 7in×5in (17.5 cm×12.5 cm). 正式名は The British Filofax System. 英国陸軍将校 Disney の発案で1920年に開発され, Rolls-Royce の内装を手がけた革職人によって手作りで製造された. 1926年商標登録. ロゴは, 前の F が小文字で大きく書かれ, 他は大文字. Filofax の名は file of facts から来たもので fax (facsimile) とは無関係.

### Filson フィルソン

# Fimo

米国 C.C. Filson Co. の略・通称, 同社製のアウトドアウェア. 同社は 1897 年 Clinton C. Filson (1850 年生まれ) が創業. Oregon 州産の最上質バージンウールを素材にした, 耐水・防風・保温性の優れた Mackinaw Coat, Mackinaw Cruiser が, 創立当初からの代表的商品. 同社は米陸軍・空軍・カナダ森林警備隊にも製品を納入. 製品第 1 号は Tin Pants で, 綿 100% の「ブリキのように丈夫な」ズボン. gold rush で Alaska に集まる人々に向けて市場化され, 今だに販売されているロングセラー.

**Fimo**　フィモウ
米国 Fimo & Co. (Staedtler Mars GmbH & Co. KG 傘下) の工作用粘土 (modelling clay) と付属用品. 1939 年人形制作者 Kaethe Kruse に始まるが, 娘の Sophie Rehbinder-Kruse が自分のあだ名の Fifi を入れて Fifi＋modelling＋mosaic の 3 語から Fimoik というブランド名を考えたが, 後に語呂のよい現在のブランド名にした.

**Fina**　フィーナ
ベルギーの石油会社 Petrofina S. A. (1920 年創業) の略・通称, 同社製の石油製品. 合併を何度かくり返し, 現在は Total S.A. (2003 年から).

**Final Net**　ファイナルネット
米国 P&G-Clairol, Inc. 製のヘアスタイリング剤. 特にノンエアゾールヘアスプレーが有名.

**Final Touch**　ファイナルタッチ
米国 Phoenix Brands LLC 製の生地の柔軟仕上げ剤. 乾燥機に入れるシートもある.

**Financial Times**　ファイナンシャルタイムズ (**The** ～)
英国 London の The Financial Times 発行の全国版高級日刊紙. 企業のニュースや株式などの経済情報が中心で, 特に the City のビジネスマン中心に読まれている. 1888 年創刊以来, ピンクの紙面に印刷されている. 略で FT. モットーの "Without fear and without favour" は, Pearson PLC 経営傘下になって "We Live in Financial Times" になった.

**Findlater's**　フィンドレーター(ズ)
スコットランド Findlater Mackie Todd & Co Ltd 製のソフトな味のブレンデッドウイスキー. 5 年・8 年・12 年・15 年 (Findlater's Superb Old Scotch Whisky Aged 15 Years)・17 年・さらに 21 年熟成の超高級品 (Findlaters Finest 21 Years Old Scotch Whisky) もあり, 他に Marlodge と Founders (8 年熟成) もある. 同社は Alexander Findlater が 1829 年に創業. Findlater は製造元の一家の姓だが, 語源的にはフランス語 fin de la terre (地の果て) が変化したもの. 本社は London. 英国王室御用達.

**Findus**　フィンダス
スウェーデンの冷凍食品会社 Fruit Industries の略・通称, その製品. 同社は同国のチョコレート会社 Marabou と Freia が出資して, 1941 年に果物と野菜の缶詰工場を手に入れたのが起源で, 1959 年までに会社形態を整えた. Crispy Pancakes は英国でパッケージされ英国, アイルランド, イタリア (Sofficini 名) で販売されている. パスタ類やカレー類も手がけている.

**Finesse**　フィネス
米国 Lornamead, Inc. 製のヘアケア用品のブランド.

**Finger Foods**　フィンガーフーズ
米国 Gerber Products Co. 製の手で食べられるベビーフード. 赤ちゃんが掴みやすい大きさと, 嚙みやすい柔らかさで, 自分で食べる練習には最適だという. 広告では, "Practice Made Perfect." (諺は "Practice makes perfect." のもじり).

**Finish**　フィニッシュ
英国 Reckitt Benckiser* 製の自動食器洗い機専用洗剤 (automatic dishwashing detergent).

**Finlandia**　フィンランディア
Finlandia Cheese Inc. が米国内で輸

入販売するスイスチーズ.

**Finlandia** フィンランディア
フィンランドの最大の酒類メーカーで国営企業の Altia Oyj (または Altia Corp.) の代表的商品である小麦原料のウオッカ. 70 proof, 80 proof, 100 proof の3種. 氷堆石で自然に濾過された天然水を地下18mからくみ上げて原料水としている.

**Fintex** フィンテックス
英国 Pendle & Rivett Ltd 製のウールなどの天然素材の紳士服地. 同社は1881年創業, 商標登録は1921年で, その年世界で初めて生地の耳に自ブランドの名などの文字を織り込んだ. fine texture を縮めて命名.

**Fioravanti** フィオラヴァンティ
米国 New York 市にある紳士服テイラー Fioravanti William Inc. の略・通称. 店長 William Fioravanti がデザインしており, 非常に派手で常識破りのものも多い. 仕立て技術は高い.

**Fiorucci** フィオルッチ
イタリアのデザイナー Elio Fiorucci が, 1967年にミラノで創業した女性向けの世界的ファッションブランド. 1990年に日本の EDWIN* が買収した. ブランドのロゴは二人の天使.

**Firebird** ファイアバード
米国 Pontiac Motor Div. (General Motors Corp. の一部門) 製の大衆向き乗用車.

**Firestone** ファイアストーン
米国 The Firestone Tire & Rubber Co. の略・通称, 同社製のタイヤ. 同社は Harvey Samuel Firestone (1868–1938) が1900年創業. 1988年3月に日本のブリジストンによる買収に合意した. 1960-70年代のコマーシャルソング Where the Rubber Meets the Road はよく知られていた.

**First Alert** ファーストアラート
米国 BRK Brands, Inc. (First Alert, Inc. 傘下) 製の, 家庭向けの煙探知器・火災報知器・消火器・監視カメラ・安全ドアその他防犯製品. "for what matters most" とうたう. 家庭用消火スプレーに Tundra がある.

**First Response** ファーストレスポンス
米国 Church & Dwight* 製の家庭用妊娠判定キット (rapid result pregnancy test). 1分で結果が分かる.

**First Solar** ファーストソーラー
米国 Arizona 州 Tempe に本部がある, 太陽光を電力に変換する低コストの薄膜太陽電池モジュール (ソーラーパネル) (thin film solar module) の製造・販売企業 First Solar, Inc. (1999年創業) の略・通称. 同社は, 発電能力1ワット当たりの製造コストを1ドル未満にした初めての企業で, 太陽光発電産業の転換点となった. 1984年, 発明家・起業家 Harold McMaster (1916–2003) が Solar Cells, Inc. を起業して始まった.

**Fisher** フィッシャー
米国のボールペンメーカー Fisher Space Pen Co. の略・通称, 同社製のペンと附属品. 同社は Paul C. Fisher (1913–2006) が1948年に創業. 同社の Silver Ink 名のボールペンはインクが銀色であるため, 黒地の紙や印刷面に書いてもはっきり書けるもの. 1965年 AG7 ("anti gravity") pen を発明. 無重力でも, 上向きでも水中でも, 濡れた紙の表面でも書けるボールペンで, Apollo 7 で使われた. ⇨ Space Pen.

**Fisher** フィッシャー
米国 John B. Sanfilippo & Son, Inc. 製のスナックナッツやクッキング・ベーキング用のナッツ類.

**Fisherman's Friend** フィッシャーマンズフレンド
英国 Lofthouse 製のメントール薬用ドロップ (lozenges). 1865年港町 Fleetwood で薬剤師 James Lofthouse が開発した. 成分は砂糖・カンゾウ末エキス・ユーカリ油・メントールで, ベージュ色・小判型. 若干苦みがある. 船酔い止めとして効く.

## Fisher-Price (Toys) フィッシャープライス(トーイズ)
米国 Fisher-Price, Inc. (Mattel Inc. の子会社) 製の, 乳幼児・未就学児童用のプラスチックまたは木製の知育玩具など. Herman Fisher, Irving Price, Margaret Evans Price, Helen Schelle が1930年創業.

## FitBALL フィットボール
米国 Ball Dynamics International, LLC 製のエクササイズやリハビリ用のボールで, 大きさは身長に合わせて直径45～75 cm の各種がある. 一般には exercise ball, Swiss ball, birthing ball, fitness ball, gym ball, stability ball, therapy ball, yoga ball などいろいろな呼び名がある.

## Fit & Trim フィットアンドトリム
米国 Nestlé Purina PetCare Co. 製の低カロリードッグフード. ビーフ味 (beefy-flavored). 家の中で飼う犬は運動量も少ないため, 必要以上に栄養価の高いものを与えて犬の健康を害し短命に終わらせることがないように工夫されたもの. 犬が7-8歳になって, カロリーの取り過ぎで太って不活発になったときに最適のドッグフード. ⇒ Purina.

## Five Alive ファイヴアライヴ
米国 The Minute Maid Co. (The Coca-Cola Co. の所有会社) 製のフルーツジュース. オレンジ・レモン・グレープフルーツ・タンジェリン・ライムの5種類のフルーツが使われていたことからの命名. 現在は他の5種類のフルーツが使われているものもある.

## Five Below ファイブビロウ
米国 Pennsylvania 州 Philadelphia に本部がある, 10代や10代少し前の子供向けに1～5ドル程度の安価な商品を売るチェーン店 (Five Below, Inc.). 文具類・部屋飾り・DVD・女の子のヘアアクセサリー・菓子類など様々な商品を扱う. 2002年 David Schlessinger が創業. 13州に140店舗を展開.

## Fixodent フィクソデント
米国 Procter & Gamble* 製の入れ歯接着剤 (denture adhesive cream). 1936年発売.

## Flair フレアー
米国 Sanford L.P. 製のポーラスペン (porous pen; サインペンの一種).

## Flake フレイク
英国 Cadbury* 製のチョコレートバー. チョコレートを薄い帯状の層にして棒にしたもの.

## Flame-Glo フレームグロー
米国 Del Laboratories, Inc. が所有するアイライナー・アイシャドー・リップスティックなどのブランド.

## Flameglow フレームグロー
オーストラリア製の電気ストーブ. まるで炎が出ているかのように設計されている.

## Flavi Vismano フラヴィヴィスマノ
1959年創業のイタリアのフィレンツェのバッグメーカー, 同社製の塩ビコート布素材のカジュアルバッグ・メンズバッグ・ビジネスケース・旅行かばんなどのブランド. トレードマークはハンティングホーン (hunting horn) で, バッグ地の小紋もその柄. 革小物も製造.

## Flavor Tree フレーヴァーツリー
米国 John B. Sanfilippo & Son Inc. 製のピーナッツ類. もっぱら Whole Foods Market の系列店で売られている. 同社は, Sunshine Country, Evon's, Texas Pride, Tom Scott などのブランドも所有.

## Fleet Pain-Relief フリートペインレリーフ
米国 C.B. Fleet Co., Inc. 製の, 痔の痛み止め軟膏・パッド.

## Fleischmann's Yeast フライシュマン(ズ)イースト
米国 AB Mauri Fleischmann's (Associated British Foods plc 傘下) 製のパン用イースト菌. オーストリア生まれの米国移民 Charles Louis Fleisch-

mann が, 弟の Maximilian とともに, Cincinati の有力蒸留業者 James M. Gaff に, ヨーロッパ産のイースト菌の効果を説いて, 3人で会社を興し, 1868年より量産を始めた. 米国ではそれまで, ジャガイモの皮を発酵させて作ったイースト菌を使ってパンを作っていたが, 同社製イースト菌の登場により, 誰でも確実にパンが作れるようになった. 1870年に米国で初めてのジンを製造した. ウィスキー (Fleischmann's Preferred)・ウオツカ (Fleischmann's Royal)・ラム・リキュールなども手がけるようになった.

**Flexible Flyer**　フレキシブルフライヤー
米国 Paricon, Inc. 製のそり (sled). 同社は 1861 年以来のそりの製造業者.

**Flexible Flyer**　フレキシブルフライヤー
米国 Flexible Flyer 製の遊園地などのブランコのセット遊具・ホビーホース (塗装は手塗り).

**Flint**　フリント
米国 Ekco Housewares Inc. 製のステンレス製台所用品.

**Flintstones**　フリントストーンズ
米国 Bayer Consumer Care (Bayer HealthCare の一部門) 製の子ども用ビタミン・ミネラル補給剤. 1968年発売開始. パッケージには米国のアニメ *The Flintstones* のキャラクターが描かれている. "The Leading Brand Moms Trust and Kids Love!" とうたう.

**Flip-Top**　フリップトップ
米国の Reeve & Mitchell Co., Inc. 製の, 頂蓋に蝶番が付き, ポップトップ (pop-top) 式になったシガレットケース. 現在は製造されていない. ☆小文字で「ポップトップ式(の)」という名詞・形容詞としても使われる.

**Flit**　フリット
米国で1923年に発売されたものだが, 現在は Clarke Mosquito Control Products, Inc. 製の蚊の殺虫剤.

**Flood Guard**　フラッドガード
米国 Pentair Pump Group 製の持ち運び式排水ポンプ (hydromatic back-up pump). 家庭などでプール・池の排水・水の循環・地下室浸水の排水などに用いる.

**Flora**　フローラ
オランダ Margarine Unie で製造が始まり, 今日 Unilever* が市場化しているソフトマーガリン. 冷蔵庫から取り出してそのままパンに塗れる柔らかさ. Flora はローマ神話中の花と春と豊穣の女神. ⇒ Echo.

**Flora Danica**　フローラダニカ
⇒ Royal Copenhagen.

**Florida's Natural**　フロリダズナチュラル
米国 Florida's Natural Growers 製のジュース. 水, 砂糖, 保存料 (preservatives) は一切加えていない 100% 純粋なジュース. NFC (NOT-from Concentrate) Juice と呼び, 濃縮ジュースではない. 同社は, 1933年 Florida Citrus Canners Coop. として創業.

**Floris**　フローリス
英国の香水・香料入り石鹸・ポプリなどの店 J. Floris Ltd の略・通称, そのブランド. 1730年にスペイン人 Juan Famenia Floris が床屋として開店, 店の奥で客の注文に応じてフレグランス類を作ったのがはじまり. 1821年に王室御用達の指定を受けた.

**Florsheim**　フローシャイム
米国の代表的な靴のブランド. 現在は Weyco Group がこのブランドを所有し, 製造する. サラリーマン向きが主で実用的. 1892年に Milton S. Florsheim が創業. ブランドの名を表に出して売り出した靴のはしり.

**Flo-Thru**　フロースルー
⇒ Lipton's.

**Fluon**　フルオン
英国で Imperial Chemical Industries, Ltd が 1940 年代に開発した. こげつき防止仕上げ面 (nonstic surface) で,

Teflon として 1960 年代に導入された.

**Flusser** フラッサー
⇨ Alan Flusser.

**Fly Fisherman** フライフィッシャーマン
米国 InterMedia Outdoors 刊の, 毛針釣り専門誌. 年7回発行. 1970年創刊.

**Flying Pasties** フライングペイスティーズ
米国の空港での乗客の体が透けて見えるスキャナー検査に対抗して, 大事な部分を隠せるという, 下着などに貼り付けて使う再利用可能なパッド. 米国 Rocky Flats Gear 製.

**Flymo** フライモ
スウェーデンの Husqvama AB 製のエアクッション式芝刈り草刈り機 (hover mower). flying mower の短縮と思われる. ホバークラフト (Hovercraft) のように下方放出空気により浮上して動く. 1964 年 Karl Dahlman が発明.

**Foamy** フォーミイ
米国 The Gillette Co. 製のシェービングフォーム. レギュラー・レモンライム・メンソールの3種類の香りがある. 1950 年代に生産開始. ⇨ Gillette.

**Focus** フォーカス
英国 Bristol Magazines Ltd (BBC Magazines Bristol) 刊行の科学雑誌.

**Focus** フォーカス
スウェーデンのカトラリーメーカー Gense (1856 年 Gustav Eriksson が創立) が, 1955 年に発売したステンレス製カトラリー(ナイフ・フォーク類).

**Foden Trucks** フォーデントラックス
英国 Paccar U.K., Ltd の一部門になった Forden Trucks 製のトラック. Edwin Foden (1841-1911) にちなむ. ★foden はポルトガル語ではひわいな意味の foder を連想させるので, 同国には Poden の名で売られた.

**Fogal** フォーガル
スイスのストッキング専業メーカー (Fogal AG), そのブランド. 同社は 1921 年に Léon Fogal が創業.

**Foley** フォレイ, フォリー
米国 C. R. Bard, Inc. (1923 年創業) 製の導尿カテーテル (catheter). 同社は同製品では世界のトップメーカー. 米国の泌尿器科医 Frederic E. B. Foley (1891-1966) の名前から.

**Folgers** フォルジャー(ズ)
米国 The Folger Coffee Co. (The J. M. Smucker Co. の子会社) 製のコーヒー粉末. 真空パックは 1850 年, カフェインレスのものは 1984 年, フレークコーヒーは 1986 年にそれぞれ発売. 同ブランドでインスタントコーヒー ('Instant Folgers') も 1963 年に発売. 同カフェインレスは 1984 年発売. ⇨ Maxwell House.

**Folli Follie** フォリフォリ
1982 年ギリシャでジュエリーブランドとして創業. 現在では時計やバッグ等も扱い世界 25 ヶ国に展開. トレンドを取り入れた若者向けの商品を提供. テーマカラーはオレンジ.

**Fontana di Trebbia** フォンタナディトレビア
イタリアのミラノにある革製バッグのメーカー (1915 年の創業), そのブランド. 素材はカーフ・オストリッチ・チンギャーレ(豚革の一種にペインティング加工をしたもの)など. マークは f のデザイン化.

**Food Lion** フードライオン
米国 Food Lion LLC (1957 年創業)系列のスーパーマーケットチェーン店, その自社ブランド. North Carolina 州を中心に 11 州に 2009 年現在で 1169 店舗を展開.

**Foot-Eazer** フットイーザー
⇨ Dr Scholl's.

**FootJoy** フットジョイ
米国 Acushnet Co. 製の高級ゴルフシューズ・手袋などのブランド. 前身の会社は 1857 年創業.

## Foot Locker　フットロッカー
米国 Foot Locker, Inc. の略・通称, その製品のシューズ・スポーツウェア・スポーツ用品.

## Forbes　フォーブズ
米国 Forbes, Inc. 刊のビジネス誌. *Business Week, Fortune* と並ぶ米国の三大ビジネス誌の一つ. 隔週刊. 1917年創刊. 北米だけで90万部発行. *Forbes Asia, ForbesLife, Forbes-Woman* などがある.

## Ford　フォード
米国の自動車メーカー Ford Motor Co. の略・通称, その製品の乗用車・トラック・トラクターなど. Ford Model T の大ヒットにより, 同社は一躍米国第1位の自動車メーカーとなった. 同社は今日, 鉄鋼・ガラス・ビニール・塗料・航空・宇宙産業・土地開発などの事業も行なっている.

## Ford Model T　T型フォード, フォードモデルT
米国の Ford* 社が 1908 年から 1927 年まで生産した大衆車. 総計 1550 万台近くが製造された. ライン組み立て方式による大量生産を 1913 年から始め, その方式の草分けとなった. 量産のため 1923 年には 265 ドルまで値下げが出来, 自動車の大衆化に計り知れない貢献をした. Model T の名は, 同社で最初に製造された車が Model A で, 以降に設計されたものが, アルファベット順に名付けられたため. ☆同車は Tin Lizzie (ブリキのリジーちゃん) の愛称で呼ばれた. Lizzie は, 当時, お手伝いさんの愛称としてポピュラーだった名. 今日この語は小文字で使われ, 「小型安物自動車・ガタガタカー・ボロ飛行機・初期の[時代遅れの]機械など」を指す俗語.

## Forever 21　フォーエバートゥエンティーワン
米国 Los Angeles で 1984 年1号店を開店したファストファッション (fast fashion) の店 Forever 21, Inc. の略・通称, そのブランド. 世界で 500 以上の店舗を展開; トレンドを抑えた服・服飾雑貨を低価格で販売する.

## Formica　フォーミカ, フォーマイカ
米国 Formica Corp. の略・通称, 同社が製造している熱硬化性合成樹脂, その積層薄板, その化粧合板, その加工製品. モーターの整流リングの絶縁素材として「雲母に代る」(for mica) 樹脂の研究をしていた Westinghouse 社の技師 Daniel J. O'Connor が, 同僚の Herbart A. Faber と組んで, 1913 年に開発・特許取得. 二人は退職して, Ohio 州に The Formica Insulation Co. を設立し, 1914 年に市場化. 1922 年に絶縁材として商標登録. 1920 年代半ばより, 木・布・紙に同樹脂を染み込ませ, 熱と圧力をかけて強化した化粧合板を作り始め, 1938 年に今日の製品と同じ化粧合板を作り出し, 同樹脂製の電気器具の部品などを作り始めた. 1946 年には化粧合板の名として再登録. 同板は固くて丈夫で, 水・熱・大部分の化学薬品に耐性があり, テーブルその他の家具やキッチン・バスルームなどの壁面パネルの表面などを仕上げるためなどに使用される.

## Formula 409　フォーミュラ409
米国 The Clorox Co. (1957年創業) 製の液状クレンザー. 開発にあたった2人の科学者が 409 番目の実験で成功したところからの命名.

## Forta　フォルタ
米国 Abbott* 製の, 患者のカロリーや蛋白質の摂取量を増やすために栄養価を高めた栄養補給剤. 1987年発売.

## Fortnum & Mason　フォートナムアンドメーソン, フォートナムメイソン
英国の食料品を中心とするデパート (Fortnum & Mason plc). Anne 女王の宮廷の馬丁として王室に仕えていた William Fortnum が, 副業として, 友人である地元の食料店主 Hugh Mason を説いて, 1707 年に開店. 1836 年に Victoria 女王が認可を与えて以来, 英王室御用達. 自社ブランド

品の紅茶が有名.

**Fortune** フォーチュン
米国 New York 市の Time, Inc. が刊行しているビジネス誌. 隔週刊. Time* からのスピンオフで, 1930 年に創刊. 装丁・印刷・レイアウトが美しく, 文章も格調が高く, 全体に費用と時間をかけた造り. 読者層は企業のトップ・幹部クラスのインテリ. 85 万部近い刊行部数がある.

**Fossil** フォッシル
米国で 1984 年創業の Fossile, Inc. 製の最初のアメリカンブランド時計. 現在は衣類・ハンドバッグ・靴・宝石類も扱う.

**Foster Grant** フォスターグラント
米国のサングラスメーカー (Foster Grant), 同社製のサングラスなど. 同社は 1919 年にくしと髪飾りのメーカーとして Samuel Foster が創業. Foster Grant は米国ではサングラスの一般名称であるかのごとく使われるほどポピュラーな名前.

**Foster's Lager** フォスターズラガー
オーストラリア Carlton & United Breweries Ltd (CUB) 製のビール. アルコール分 4.9%.

**Fotomat** フォトマット
かつてあった米国 Fotomat Corp. の略・通称, 同社製の写真用フィルム・DPE サービス, それを行なうチェーン店 (表示は DPO で, O は option (2 枚以上の引き伸ばしは特別料金)の意).

**Four Loko** フォーロコ
米国 Phusion Projects LLC (同社はまた Drink Four Brewing Co. も名乗る) 製の缶入りのアルコール入りエネルギードリンクで, 2005 年に発売開始. "Four" とは caffeine, taurine, guarana, alcohol が含まれているところから. これを飲んで意識がもうろうとして病院へ運び込まれる大学生の事件が頻発し, 飲用禁止にする大学も出た. Four MaXed ブランドもある. "blackout in a can" とか "liquid co-caine" と呼ばれる.

**Four Roses** フォアローゼズ
米国 Four Roses Distillery LLC, Co. の略・通称, 同社製のストレートバーボン. 6 年熟成, 86 proof.

**4safety** フォーセーフティー
スウェーデン Electrolux Group 製のスチームアイロン. 頑固なしわを伸ばす強力なスチームショット構造で, 立てて置いたときにアイロン台からの滑り落ちを防ぐ同社独特のノンスリップラバースタンド (rubberized cushion) を採用. 一定時間電源が入ったままの場合には, 自動的に電源が切れる自動オフシステムになっている.

**4711** フォーセブンイレブン, フォーセヴンイレヴン, 4711
ドイツのケルンの Glockengasse No. 4711 (The House of No. 4711) の略・通称, 同社製の, 柑橘系の香りの男性用オーデコロン. No. 4711 とも呼ばれる. 1792 年にケルンの銀行家 Wilhelm Muhlens は, その成婚の儀に際して, 修道僧から「奇跡の水」(aqua mirabilis) と記された羊皮紙の処方箋を贈られた. Muhlens は自宅に小さな工場を作り, その香りの液体を「ケルンの水」(Kölnisch Wasser) と名付けて生産を開始. 1794 年, ケルンは Napoléon 軍に占領され, 司令官は町の区画整理のためにすべての家々に番号をつけた. Muhlens 家は No. 4711 を与えられた.

**Fox** フォックス
米国 Fox Products Inc. の略・通称, 同社製の, プロ用のバスーン [ファゴット]・コントラバス・オーボエなど.

**Fox** フォックス
⇨ Fox Umbrellas.

**Fox** フォックス
米国 A. H. Fox Gun Co. が開発し, 1903 年以降は Savage Arms Co. で製造されているショットガン. ⇨ Savage.

**Fox Brothers** フォックスブラザース

英国のウールとウーステッド布のメーカー (Fox Brothers & Co Ltd), そのブランド. 同社は1772年創業. 単にFoxともいう.

**Fox Knapp** フォックスナップ
米国New York市の衣料品メーカー (Fox-Knapp, Inc.), 同社製のC.P.O.シャツ (chief petty officer shirt)・ピーコートなど. シャツは第二次大戦中に米国海軍下士官が艦上で着た略式の制服を戦後市場化したもので, 裏地なしの一枚仕立て・前立て付き・ボタンで留めるフラップの付いた2つの胸ポケット. 色はネービーブルー. スラックスの外に出して着るものだが, ワイシャツ形のカーブした裾をもつ. コートは厚手のメルトン地・ダブルブレストで, 船員に愛用される.

**Fox News** フォックスニュース
米国のFox Entertainment Group (News Corp. 傘下) が所有するケーブルテレビのニュース専門放送局. 正式名称はFox News Channel. オーストラリア生まれの米国人メディア王Rupert Murdoch (1931- ) が1996年に創立した.

**Fox Police Lock** フォックスポリスロック
かつて米国The Fox Police Lock Co. 製の, ドアの内側に立て掛けて外部からの侵入を防ぐ鉄棒状の仕掛けだった. ★New York Lockとも呼ばれている.

**Fox's** フォックス(ズ), フォックセズ
英国のビスケット製造業者で1853年創業. Rocky, Echo, Crunch Creams, Party Ringsなどのブランドがある.

**Fox Umbrellas** フォックスアンブレラズ
英国の1868年Thomas Foxが創業した傘専門製造会社Fox Umbrellas Ltd. 同社のSamuel Foxが1880年代に考案した角断面パイプのスティールフレーム, その改良型のU字断面の部材のフレームが特徴. 世界で初めて化学繊維を使った傘を発売した. 8本骨. ハンドルの素材も特徴がある. シンボルマークはキツネ.

**Foyles** フォイルズ (書店)
英国London最大の書店. 新刊書・古書ともに扱い, 店頭にならぶ書籍数は世界一. 店名は創業者William A. Foyleに由来.

**Franca von Wunster** フランカフォンヴンスター
イタリアのデザイナーでドイツ貴族の妻Franca von Wunsterのデザインしたナイトウェア・パジャマ・水着・リゾートウェアなどのブランド. 発売元はIMEC社.

**Francesco Rinaldi** フランチェスコリナルディ
米国LiDestri Foods, Inc. (1937年創業) 製のパスタソース・オリーブオイル・料理用ワイン. "Made By Italians. Enjoyed By Everyone!" とうたう.

**Francesco Smalto** フランチェスコスマルト
イタリア生まれのフランスのデザイナーFrancesco Smalto (1930- ) のデザインした紳士既製服・注文服・フォーマルウェア・コート・ニットウェア・カラーシャツ・ネクタイなど, それを売るParisの直営ブティック, そのメーカー (Francesco Smalto & Cie SA).

**Franchi** フランキ
イタリアの銃器メーカーLuigi Franchi SpAの略・通称, その商標.

**Franco-American** フランコアメリカン
米国Campbell Soup Co. 製の缶詰めスパゲッティアンドミートボール・グレービーなど. もともとのメーカーFranco-American社は, 米国で最初に缶入りスープを作った会社で, 1915年にCampbell's*が買収した.

**François Marot** フランソワマロ
1982年創業の, パリにある革製またはナイロン製などのバッグのメーカー, そのブランド. 前身はブティック. シンボルマークは犬.

**François Villon** フランソワヴィ

## Franco Pugi

ヨン
調香師から転業したフランスの婦人靴デザイナー François Villon (1921- ) の作品, そのメーカー, その店 (1962年開店).

**Franco Pugi** フランコプジ
イタリアの革製バッグ・ビジネスケースのメーカー, そのブランド. 素材は鹿革が主. ベルトも製造.

**Frangelico** フランジェリコ
アイルランド C&C International 製のヘーゼルナッツクリームリキュール.

**Frankly Feminine** フランクリーフェミニン
米国 Munsingwear, Inc. 製の婦人用下着.

**Frank Smythson** フランクスマイソン
⇨ Smythson.

**Frapin** フラパン
フランス産のコニャック. Cognac Frapin 社製. 少量生産. 厳密には Frapin Château de Fontpinot.

**Frappuccino** フラペチーノ
米国 Starbucks* で売られるブレンデッドアイス飲料. また, 一般には瓶詰めで売られるコーヒー飲料. Frappe＋cappuccino の混成語で, フロスしたミルクでトッピングしたイタリア風アイスコーヒー. 商標.

**Fratelli Prada** フラテリプラダ
⇨ Prada.

**Fray Bentos** フレイベントス
英国 Premier Foods plc が所有するブランドの1つで, 肉加工製品(コンビーフなど)の缶詰め. 1861年にウルグアイ (Uruguai) 最初の近代的肉包装加工工場が作られた小都市名にちなむ.

**Freddo Frog** フレッドフロッグ
オーストラリア Cadbury Australia (Kraft Foods, Inc. の子会社で, 本社は英国 Cadbury plc) 製の同国で最も人気があるカエルの形のチョコレート. 1930年 Harry Melbourne が考案した. ニュージーランド, アイルランド, 英国, ジンバブエでも販売. コアラの形の Caramello Koala もある.

**Frederick's of Hollywood** フレデリックスオブハリウッド
米国婦人衣料品製造・小売り・カタログによる通信販売の業者 (Frederick's of Hollywood, Inc.), そのブランド, そのブティック. 同社は1962年創業. 単に Frederick's とも呼ばれる. ロゴの F は小文字を大きく書く.

**Fred Perry** フレッドペリー
英国 Fred Perry Sportswear の略・通称, 同社製のテニスウェアなど. Fred Perry (Frederick John Perry, 1909-95) は英国の往年の名テニスプレイヤーで, 1934年から Wimbledon 3連勝, Davis Cup では52試合中42勝という記録を残し, 引退後同社を設立した. トレードマークは月桂樹. 米国では Fred Perry Sportswear North America が製造.

**Freedent** フリーデント
米国 William Wrigley Jr. Co. 製の入れ歯の人用のチューインガム. スペアミント・ペパーミント・シナモン味の3種がある. 1975年発売. ⇨ Wrigley's.

**Freedman** フリードマン
カナダのバンクーバーを拠点とし創業70年以上の歴史をもつ靴店.

**Freihofer's** フライホファーズ
米国のパン・バン (bun)・ロールパン・クルトン (cruton) のブランド. 1884年ドイツからの移民の息子 Charles Freihofer が Freihofer's Baking Co. を創業した. 現在は Bimbo Bakeries USA の一部門. Freihofer's Run for Women を後援していることでも有名.

**French's** フレンチ(ズ)
米国 R. T. French Co. 製の香辛料・プディング・ポテト製品・ウスターソースなど. 創業者 George J. French に由来. 赤い旗のマークは1915年のデザイン. 特に1904年より製造されているマスタード French's Mustard (厳密

には French's Pure Prepared Mustard) が有名で, ホットドッグには欠かせない.

**Freon** フロン(ガス), フレオン
米国 E. I. du Pont de Nemours & Co., Inc. (1915 年創業) 製の, フッ化物ガスの一種. 一般名は chlorofluorocarbon で, CFC と略される. 冷蔵・冷凍庫・クーラー内部の熱交換剤[冷媒]・スプレーの噴射用ガス・溶剤などとして多用されてきた.

**Fresca** フレスカ
米国 Coca-Cola* 製の清涼飲料. 1966 年発売. これに相当する Pepsi* 商品はない. ポルトガル語・スペイン語・イタリア語で "fresh" の意味.

**Freshen-Up** フレッシュンアップ
ブラジルの Cadbury Adams が製造し北米市場へ輸出する香料入りジェル入りのガム. 1975 年発売.

**Fresh Lash** フレッシュラッシュ
米国 Maybelline LLC. (L'Oreal SA 傘下) 製のウォータープルーフマスカラ (waterproof mascara). 同社の有名なスローガンに "Maybe She's Born With It. Maybe It's Maybelline" がある.

**Fresh Step** フレッシュステップ
米国 The Clorox Co. 製の, 猫の足元をきれいにするために敷いてその上を歩かせる一種の寝わら (cat-box filler). cat litter と呼ぶ.

**Frico** フリコ
オランダ Royal FrieslandCampina 製のチーズ.

**Fridge Fresh** フリッジフレッシュ
米国製の Arm & Hammer* ブランドの冷蔵庫の脱臭用エアフィルター. "It's Like A Fridge Full of Fresh Air." とうたう.

**Friendly's** フレンドリーズ
米国 Friendly Ice Cream Corp. が経営する, レストランチェーン店. 主に米国北東部・中西部に 500 店舗以上を展開. 1935 年に S. Prestly Blake, Curtis Blake の兄弟が, Massachusetts 州 Springfield で創業した小さなアイスクリーム店が基礎. 顧客と 'friendly' でありたいところからの命名.

**Frigidaire** フリジデア
米国 Frigidaire Appliance Co. 製の家庭用電気冷蔵庫. General Motors* 社の設立者 William C. Durant が, 1918 年に彼自身の資金で Guardian Frigerator Co. という小会社を買い取った際, frigid air (冷気) から命名. 1924 年に英国に輸出され, 最初の電気冷蔵庫として売られ, 世界で最も売れた冷蔵庫となった. 同社製品では他に, 調理台上の前方の壁面に設置される折り畳み式ガスレンジ (wall oven) もポピュラーで, 1955 年発表. ☆ 愛称は Fridge. ☆ フランスでは le frigidaire は電気冷蔵庫を指す普通名詞.

**Frisbee** フリスビー
米国の Wham-O Manufacturing Co. 製の, 投げ合って遊ぶ軟質プラスチック製円盤 (flying disc). 1957 年に商品化, 商標登録は 1959 年.

**Frisk** フリスク
Perfetti Van Melle (イタリアとオランダに本部がある) 製のミント風味のシュガーレス菓子. "Frisk Sharpens You Up!" とうたう. 同社はキャンディやガムを世界 150 カ国以上で生産販売. ⇒ Chupa Chups, Mentos.

**Friskies** フリスキーズ
米国 Nestlé Purina PetCare Co. 製のキャットフード. Purina* が冠ブランドで付いている.

**Frito-Lay** フリトレー(社) (**North America, Inc.**)
米国の塩味スナック食品製造会社. 同種商品では米国最大の販売量. 同社は Fritos* の会社 The Frito Company と, Lay's* の会社 H. W. Lay & Co. が, 1961 年に合併したもの. 同社は 1965 年に Pepsi(-Cola)* と合併し, 現在の PepsiCo, Inc. を構成する大きな柱の一つとなった. Frito Lay ともつづる. ⇒ Doritos.

### Fritos フリトス
米国の Frito-Lay* 製のトウモロコシチップス (corn chips)・ディップ (dip). 元来はメキシコの伝統料理トルティーヤの一種で, Texas 州の青年 Elmer Doolin が, 製造法・設備・商標等をメキシコ人から, 借金の 100 ドルで買って, 1932 年から自宅の台所で製造を始め, 自分の車の Ford Model T* の後席に積んで売り歩いたのが起源. Fritos はスペイン語の「揚げたもの」の意味の語をもじったもの.

### Frontline フロントライン
米国 Merial 製のペットの犬猫に寄生するノミ (fleas) やダニ (ticks) を駆除する液剤.

### Froot Loops フルーツループス
米国 Kellogg's* 製の, コーン・オーツ・小麦の粉に色素・香料・ビタミン・ミネラルを添加し, ごく小さなドーナツ型にして砂糖をまぶしたシリアル. 1963 年より製造. fruit loops のつづり変え. ★ CM に登場するシンボルの漫画の鳥の名は Toucan Sam.

### Frost & Tip フロストアンドティップ
米国 Clairol, Inc. 製の粉末状の毛髪用ブリーチ剤.

### Frosted Flakes フロステッドフレークス
米国 Kellogg's* 製の砂糖がけコーンフレークで正確には Kellogg's Frosted Flakes. 1952 年 Sugar Frosted Flakes として登場. 箱絵や CM に登場する漫画のトラの名は Tony the Tiger.

### Frosted Mini-Wheats フロステッドミニウイーツ
米国 Kellogg's* 製のシリアル. カナダでは Mini-Wheats, 英国では Frosted Wheats と呼ばれる. ドイツやオーストリアでは Toppas.

### Frostie フロスティー
米国 Leading Edge Brands 製のルートビア. もと New Jersey 州の Frostie Root Beer Bottling Co. (The Frostie Co.) 製.

### Frosties フロスティーズ
米国 Kellogg's* 製のシリアル. バー状になった Frosties Cereal & Milk Bar もある.

### Frosty フロスティー
米国 Wendy's* で販売する冷凍デザート乳製品, Frosty Shake Frosty Float などがある. 商標.

### Frozfruit フローズフルーツ
米国 Wells' Dairy, Inc. 製の冠ブランド Blue Bunny の冷凍フルーツバー.

### Fruit 'n Fibre フルーツンファイバー
米国 Kellogg's* が英国を中心に製造する全粒粉フレークで, raisins, coconut, banana, apple, hazelnuts 入り.

### Fruit of the Loom フルーツオブザルーム
米国最大の下着メーカーである Fruit of the Loom, Inc. (2002 年倒産した同社を Berkshire Hathaway が買収) の略・通称, 同社製の男性用・男児用下着. 同社のもう一つのブランド BVD* と共に, 米国では非常にポピュラー. 美しい果物のトレードマークは, 創業者 Robert Knight の友人 Rufus Skeel の 7 歳の娘が描いたクレヨン画がもとになっているという.

### Fruit Roll-Ups フルーツロールアップス
米国 General Mills, Inc. 製のフルーツスナック (fruit snack). リンゴ・アプリコット・チェリー・グレープ・オレンジ・ストローベリーなどの各種の味が付いた, 薄く伸ばした板状のものを巻いて, 1 本にした巻き菓子 (fruit rolls). 1983 年発売. ⇨ General Mills.

### Fry Baby フライベービー
米国 National PrestoIndustries, Inc. 製の深いフライなべ (deep fryer).

### FryDaddy フライダディー
米国 National PrestoIndustries, Inc. 製の深い電気フライなべ (deep fryer).

### Frydenlund フライデンルンド

ノルウェーの Frydenlund Brigeri の略・通称, 同社製のビール. アルコール分 4%.

**Frye**　フライ
米国 The Frye Co. (1998 年 Jimlar Corp. が買収) の略・通称, 同社製のカジュアルシューズ・ブーツ・バッグ. 同社は 1863 年創業, 旧社名は創業者の名前の John A. Frye Shoe Co. 革ジャケットやベルトも手がけている.

**FTD**　FTD
米国の, 花屋のネットワークによる花の電話宅配組織 Florists' Transworld Delivery (また FTD Group, Inc.) の略. 前身は 1910 年創業の Florists' Telegraph Delivery.

**Fudge**　ファッジ
正確には Cadbury Fudge. 英国の大手総合食品会社である Cadbury* 製のミルクチョコレートバー. ⇨ Cadbury.

**Fudgsicle**　ファッジシクル
Unilever* 製のチョコレート風味のアイスキャンディー. ほかに Popsicle*, Creamsicle* がある.

**Fuller**　フラー
米国 The Fuller Brush Co. の略・通称, 同社製のブラシ・浴室用洗剤・台所用洗剤その他家庭で使用する各種の清掃品. 1905 年から Alfred Carl Fuller が, 訪問販売で住宅掃除用のブラシを 1 本 50 セントで売ったのが起源で, その後ほうきその他の家庭清掃用品を訪問販売する大規模な会社に成長した. 訪問販売人は 1948 年の Red Skelton 主演のコメディー映画 *The Fuller Brush Man* で脚光を浴びた.

**Fun Pak**　ファンパック
米国 Kellogg's* 製の 1 食分のシリアルが 8 個入ったパッケージ. Frosted Flakes (3 個)+Apple Jacks (1 個)+Froot Loops (2 個)+Cocoa Krispies (1 個)+Corn Pops (1 個).

**Funyuns**　ファニヤンズ
米国 Frito-Lay* 製のオニオン味の揚げたコーンチップスでリング状.

1969 年発売. 当初は OnYums と命名しようとしたがすでにこの商品名が存在 (現在も Rudolph Foods Co., Inc. の製品) していることが分かり, University of North Texas の教授とコピーライター Jim Albright が現在の名前を考えた.

**Fur Fighter**　ファーファイター
米国 3M* 製の, ソファーなどの家具や車のシートに付着したペットの毛を取るための道具 (hair remover). "Take the FUR out of FURNITURE!" とうたう.

**Furla**　フルラ
Aldo Furlanetto と妻, Margherita がイタリアのボローニャで 1927 年に設立したレザーグッズブランド. 世界 64 カ国に展開. 創業者一族が経営を担当している. イタリアの伝統的な革職人の技術を使用することに特徴がある.

**Furskins**　ファースキンズ
米国製の, 本物の毛皮を用いたクマの縫いぐるみ. 当時の Coleco Industries, Inc. が製造し, 1986 年に発売. 1980 年代終わりまで売られた. 考案者 Xavier Roberts は大ブーム商品 Cabbage Patch Kids* と同じ. 高さは 14 インチ. Furskin teddy bears ともいう.

**Future**　フューチャー
米国 S. C. Johnson & Son, Inc. 製の床磨きワックス (floor polish).

**Future Shop**　フューチャーショップ
カナダで 1982 年に創業した最大の家電商品販売会社. 2008 年時点でカナダ国内で約 140 店舗を営業. 2001 年米国 Best Buy Co., Inc. に買収され Best Buy Canada Ltd. の名前で子会社になったが, 独立した部門として元の名前で展開している. 2008 年に Edmonton に同国最大の旗艦店を開店した.

**Fuzzbuster**　ファズバスター
米国 Electrolert, Inc. 製の, 警察のス

159

# Fyffes

ピード違反取り締まり[ネズミ捕り] (speed trap) のレーダーを逆探知してドライバーに警告音を出す装置 (radar detector; 俗に smokey detector ともいう)のはしり. 米空軍のレーダー技師 Dale T. Smith が, 1967 年に警察の誤認によりスピード違反容疑で捕まったことを契機に開発し, 億万長者となった. fuzz (警察の蔑称)と buster (ぶちこわし屋)の合成による命名.

**Fyffes** ファイフス
アイルランドのバナナ・パイナップル・メロンの一切を扱う国際的な輸入販売会社 Fyffes plc の略・通称, 同社が扱う果物のブランド. ヨーロッパ, 米国, 中米, 南米で事業を展開.

# G

**Gabardine** ギャバジン
英国の Thomas Burberry が 1888 年に特許を取得した木綿生地. 1902 年商標登録. 羊飼いが防寒用の野良着として着ていた短いリネンのスモックの素材にヒントを得たもので, 丈夫で防水・防寒性に優れ着やすい. レインコート・レジャーウェアなどの素材とされ, Burberry の会社はそれによって急成長した. 1918 年には同社が開発したトレンチコートの素材とされ, 同コートは英国陸軍の軍用コートに採用されて, 当時約 50 万着が生産された. ☆ 小文字でも書かれる. ⇒ Burberrys.

**Gaetano Brioni** ガエタノブリオーニ
⇒ Brioni.

**Gain** ゲイン
米国 Procter & Gamble* 製の洗濯用洗剤・柔軟仕上げ剤・食器洗い用洗剤など. 1966 年発売.

**Gaines** ゲインズ
米国の General Foods Corp.(後に吸収合併され Kraft* になった) 製のドッグフードで, 1961 年から 1990 年代まで製造され人気のあったもの. ハンバーガーに似たしっとりしたパテが 1 個ずつ包装されていた. 正確には Gaines-Burgers と呼んだ. もとの製造会社 Gaines Food Co. の名前から.

**Galaxie** ギャラクシー
米国 Ford* 製の大型乗用車. Galaxie 500 など. 現在は生産されていない.

**Galbani** ガルバーニ
イタリアチーズのブランド. 1882 年 Egidio Galbani が創業. 現在 The Galbani Group は乳製品の販売だけでなく, 加工肉の市場にも進出.

**Gale's** ゲール(ズ)
英国 Premier Foods plc 製のハチミツ・レモンカード (lemon curd). 1919 年発売.

**Galliano** ガリアノ
イタリア製の, アニス・バニラその他の香草・薬草で風味付けした黄色いリキュール. 独特の細長い円錐形のビン入り. 19 世紀末エチオピア帝国とイタリア王国の間の第一次エチオピア戦争で活躍したイタリアの英雄 Giuseppe Galliano にちなんで命名.

**Galliano** ガリアノ
⇒ John Galliano.

**Gallieni** ガリエニ
⇒ R. V. Gallieni.

**Gallotex** ギャロテックス
イタリアの婦人既製服のブランド. 夏物ブラウスが得意. 素材はコットン・ウールなど天然のものに限っている.

**Gallo (Winery)** ガロー(ワイナリー)
⇒ E. & J. Gallo Winery.

**Game of Life** 人生ゲーム (The ~)
米国 Hasbro* 製の人の一生をシミュレートした家庭用ボードゲーム. 一種のすごろく. 1860 年に考案されたときの名前は The Checkered Game of Life. 英国の数学者 John Horton Conway が考案した生命の誕生・進化・陶汰のプロセスを簡易モデルで再現したシミュレーションゲームも同名であり, 混乱をさけて Conway's Game of Life と呼ぶ. ⇒ Milton Bradley.

**Gancia** ガンチア
イタリアのワインメーカーの略・通称, 同社製のワイン. 1850 年 Carlo Gancia が創業.

**Gannex** ガネックス, ギャネックス
英国 Kagan Textiles Ltd 製の布地と服. 1951 年に同社を設立した Joseph Kagan (後の Kagan 卿) の名と textiles

(織物)との合成語.

**Gap** ギャップ
米国 Gap, Inc. の略・通称, そのカジュアル衣料のブランド. 1969 年 Donald G. Fisher と Doris F. Fisher が創業し, 世界に 3,000 (内 2,600 店舗近くは米国内) を越える店舗を展開. 同社はほかに Banana Republic* Old Navy, Piperlime, Athleta のブランドも持つ. ロゴは紺地を背景の四角に白字抜きの大文字. 2010 年 10 月にこのロゴを変更するとインターネット上で発表したが不人気で撤回した. 米誌 *Vanity Fair* には, 新ロゴが「ツイッターの辛口コメントと, ブランド戦略の失敗例を挙げるスライドショーの形で歴史に名を残し」つつ, 天に召されたとする「死亡記事」まで掲載された.

**Garanimals** ギャラニマルズ
米国の衣料品メーカー Garan, Inc. 製の子供服. 1972 年発売.

**Garavani** ガラヴァーニ
⇨ Valentino Garavani.

**Garbage Pail Kids** ガーベージペイルキッズ, ゴミバケツ野郎
米国の The Topps Co., Inc. (1938 年創業) 製の, トレーディングカード. 1983 年に流行した Cabbage Patch Kids* をもじった名で 1985 年に発売. 漫画家 Mark Newgarden の創作.

**Garcia y Vega** ガルシアイヴェガ
米国製の細巻き葉巻. 1882 年から.

**Gardasil** ガーダジル
米国 Merck Sharp & Dohme Corp. 社製の子宮頸がん予防ワクチン.

**Gargoyles** ガーゴイルズ
米国製のサングラスのブランド. 1979 年から. 映画 *Dirty Harry* の Clint Eastwood や *Terminator* の Arnold Schwarzenegger がかけていたことで知られる.

**Garnier** ガルニエ
スキンケア・ヘアケア製品. "Take care." とうたう. フランスに本拠地を置く L'Oréal のブランド.

**Garrard** ガラード
英国の宝飾品会社 Garrard & Co. の略・通称, そのブランド. George Wickes が 1735 年に創業.

**Gas-X** ガス X
米国 Novartis Consumer Health, Inc. 製の抗膨満薬. 胃腸管内のガスを排出しやすくするための市販薬.

**Gates** ゲイツ
米国 Gates-Mills, Inc. の略・通称, 同社製の手袋.

**Gatorade** ゲータレード
米国 PepsiCo 製のスポーツドリンク, およびその粉末. 1965 年に Florida 大学の Robert Cade 博士らが, 自校のフットボールチーム Gators のために水分補給用飲料として開発. Gator に「甘い飲料」を表す接尾辞 -ade を加えて命名.

**Gauloises** ゴロワーズ
フランス製の紙巻きたばこ. 1910 年発売. gaulois は「ガリア (ゴール) 人の」(Gallic) の意.

**Gaultier** ゴルティエ
⇨ Jean-Paul Gaultier.

**Gautier** ゴーティエ
フランス製のコニャック. ゴーティエ家は 1644 年からぶどう園を経営. 1755 年から会社組織でコニャックを生産 (現在は Marie Brizard & Roger International 傘下).

**Gaviscon** ギャヴィスコン
米国製の制酸剤. かみくだいて飲むチュアブル錠 (chewable tablet)・液体の 2 種. 市販薬. 英国では Reckitt Benkiser, 米国・カナダでは Glaxo-SmithKline* が製造販売.

**Gay Community News** ゲイコミュニティーニューズ
ゲイ文化とゲイ開放の問題を扱う米国の週刊誌. Boston 市の Bromfield Street Educational Foundation, Inc. 刊で, 1973 年創刊, 1992 年まで. 文通・求人・求職欄も充実.

**Gay Community News** ゲイコミュニティーニューズ
アイルランドの Dublin で 1988 年か

ら National Lesbian and Gay Federation が刊行．月刊．国内に 33,000 人の購読者がいる．

**Gee** ジー
⇨ Cecil Gee．

**Geisha** ゲイシャ
日本の川商フーズ株式会社 (Kawasho Foods Corp.) (米国での販売は JFE Shoji Trade America, Inc.) の輸出専用缶詰めのブランド．米国で非常にポピュラー．ツナ・カニなどの魚介類・オレンジ・パインなどの果物・マッシュルームなどがある．1911 年に Geisha Brand King Crabmeat を市場に出したのが始まり．

**Gel-Gloss** ジェルグロス
米国 TR Industries 製の家庭用表面磨き剤のブランド．

**Gemeinhardt** ゲマインハート
米国製のフルート・ピッコロのブランド．1948 年にドイツからの移民 Kurt Gemeinhardt が創業．

**Geminesse** ジェミネス
米国 Max Factor* が 1965 年に導入した香水・オーデコロン・バスパウダー・メーキャップ用品・スキンケア用品など．

**Generac** ジェネラック
米国の発電機メーカー Generac Power Systems, そのブランド．1959 年創業．"Never feel powerless." とうたう．

**General Electric** ゼネラルエレクトリック(社)(**The ~ Co., plc**)
英国最大の総合電機メーカー．略 GEC．1900 年創業．他の会社に買収され 1999 年に消滅．

**General Electric** ゼネラルエレクトリック(社)
米国 Connecticut 州に本社のある世界最大の複合企業体 (General Electric Co.)．略 GE．1892 年創業，前身は Thomas Edison の発明品を市場化した Edison General Electric など．

**General Foods International** ゼネラルフーズインターナショナル
米国製インスタントコーヒーなどのブランド．Kraft* の傘下にある．

**General Mills** ゼネラルミルズ
米国の Minnesota 州 Golden Valley に本社がある General Mills, Inc. の略・通称．米国で最も多くの消費者を持つ食品会社で，シリアル事業では全米 2 位の競争市場のポジションにある．Betty Crocker, Yoplait, Pillsbury, Green Giant, Old El Paso, Häagen-Dazs, Cheerios, Lucky Charms, Wheaties, Trix など多くの有名ブランドを市場に出している．1856 年に設立された Minneapolis Milling Co. が起源．

**General Motors** ゼネラルモーターズ
米国の自動車メーカー (General Motors Co.)．1908 年に創業．2009 年経営不振で倒産するが米国政府が一時国有化の後，2010 年再び株式を上場した．

**General Nutrition Center** ゼネラルヌートリションセンター
米国 Pennsylvania 州 Pittsburgh に本拠を置く General Nutrition Centers, Inc. (1935 年創業) 直営のビタミン・ミネラル・栄養補助食品・ダイエット食品・飲料・保健製品などの小売りチェーン店．店名には GNC の頭文字，あるいはロゴと一緒に GNC Live Well と表示．

**General Tire** ゼネラルタイヤ
米国製のタイヤ，1915 年創業．現在はドイツのタイヤメーカー Continental AG の一部門．⇨ Continental．

**Genny** ジェニー
1961 年 Arnold Girombelli 創業のイタリアのミラノの衣料品メーカー (Genny Holding SpA), 同社製の婦人既製服．夫妻の子供の名前から．着る女性の知性と個性を引き立てる服といわれる．Gianni Versace* が初期にチーフデザイナーを務めた．⇨ Complice．

**Gentleman's Relish** ジェントル

# Geodesic Dome

マンズレリッシュ, 紳士のオードブル英国製の食品 Patum Peperium* の別名. 1907年にトースト・ビスケットにつけるポット入りの肉として Patum Peperium The Gentleman's Relish 名で商標登録. 1950年にアンチョビーペーストとして The Gentleman's Relish の名で再登録.

**Geodesic Dome** ジオデシックドーム, 測地線ドーム
米国の建築家・技術者の Richard Buckminster Fuller (1895–1983) が考案した球形建築. 1954年にその構造の特許を得た. 今日まで世界中でおびただしい数の球形建築が, この構造で建造されている. ☆ しばしば小文字で書かれ, また geodetic dome とも呼ばれることがある.

**Geodimeter** ジオディメーター
米国 AGA Corp. 製の, 光を利用した測距装置. 測量などに利用. 遠くの目標に向け光を発射し, 反射光が戻って来る際の相の違いで距離を測定する. ☆ 小文字で書かれて光測距装置一般も指す.

**Geoffrey Beene** ジェフリービーン
米国のデザイナー Geoffrey Beene (1927–2004) のデザインした紳士服・アウターウェア・ラウンジウェア・下着・くつ下・かばんなど, そのメーカー. ⇨ Grey Flannel.

**Geoffrey Parker** ジェフリーパーカー
英国の代表的なゲーム製品メーカー, その商品のブランド. 1958年 Geoffrey Parker が創業.

**George Cleverly** ジョージクレバリー
英国のビスポーク (bespoke) 靴メーカー (G. J. Cleverly & Co Ltd). George Cleverly (1898–1991) が創業.

**George Dickel** ジョージディッケル
米国の George A. Dickel & Co. の略・通称, 同社製のテネシーウイスキー. George A. Dickel (1818–94) が, 1870年より製造.

**Georges Boyer** ジョルジュボワイエ
フランスの陶磁器メーカー, そのブランド. 同社は Georges Boyer が 1934年に創業. 前身の窯は, その父 Jean Boyer が 1910 年ごろに開いた.

**Georges Rech** ジョルジュレッシュ
フランスのデザイナー Georges Rech が 1960 年に創立したパリのアパレルブランド. シンプルでアクティブなスタイルを提案. ヨーロッパに 90 店舗, そのほか世界的にショップを展開.

**Georgette** ジョーゼット
強くよった糸で織られた表面に細かいざらざらのある薄くて丈夫な絹またはレーヨンのクレープ布. パリの裁縫師 Georgette 夫人に由来. ☆ 本来は商標だが現在は一般語化して小文字でも用いられる.

**Georgia Boot** ジョージアブーツ
米国 Rocky Brands, Inc. 製のワークブーツ. "America's Hardest Working Boot" とうたう. 1937年から.

**Georgian** ジョージアン
米国 Georgia 州の West Point Pepperell, Inc. (1955年創業) 製のカーペット. 1976年発売.

**Georg Jensen** ジョージジェンセン
デンマークに本拠地を置くジュエリーなどの製造・販売企業. 同社製のアクセサリーなどのブランド. 1904年に銀細工職人 Georg Jensen (1866–1935) が, 銀製アクセサリーの個人工房として創業.

**Gérald Genta** ジェラルドジェンタ
スイス製高級時計のブランド. 1969年に創業した時計デザイナー Charles Gérald Genta (1931–  ) の名に由来. 同氏は 2001 年に新会社 Gérald Charles を設立.

**Geox** ジェオックス

Mario Moretti Polegato (1952- )が，1990年にイタリアで「呼吸する靴」を開発し創業した靴メーカー．ラバーソールでも，不快な靴内の湿気を呼吸するように放出できる技術で特許を取得し，世界的にショップを展開．大学等と共同の技術開発施設を持っているのが特徴．

**Geramoda**　ジェラモーダ
イタリアのフィレンツェにあるファッション製品メーカー，そのブランド．1968年に Gerald の店名で創業，イタリアンカジュアルの源流を作り出した．

**Gerber**　ガーバー
米国 Gerber Legendary Blades (Fiskars Corp. の一部門) 製のナイフ類．1939年創業．トレードマークは岩に立つ剣で，Arthur 王伝説に出てくる名剣 Excalibur のデザイン化．

**Gerber**　ガーバー
米国のベビーフード・赤ちゃん用品メーカー Gerber Products Co. の略・通称，同社製のベビーフード．米国内でのシェアは8割近い．1901年創業の缶詰め会社 Freemont Canning Co. の経営者 Daniel Frank Gerber (1898-1974) とその妻が，1927年に，娘の Sally の離乳食を作っていて，ベビーフード市場の可能性に着目したのが始まり．"Start Healthy. Stay Healthy." とうたう．

**German's**　ジャーマン(ズ)
米国製の料理用チョコレートのブランド．Baker's German's Sweet Chocolate のこと．Baker's は現在の Kraft* のチョコレートのブランド．⇒ Baker's.

**Germolene**　ジャーモリーン
英国 Bayer plc がライセンスを保有し Wrafton Laboratories Ltd が製造する消毒薬．軟膏・クリーム・液体など．

**Gerry**　ジェリー
米国のアウトドアスポーツ用品ブランド．ブランド創業者は Gerald "Gerry" Arthur Cunningham (2010年没) であったが，会社を手離し，Amerex Group Inc. の手に渡った．

**Gerry Cosby**　ジェリーコスビー
⇒ Cosby.

**Gerstel**　ゲステル
ドイツ Henninger* 製のアルコール分0.5％以下の，ビールに似た清涼飲料．

**Gestetner**　ゲステットナー
デジタルコピー機などのブランド．ハンガリーからの移民で発明家の David Gestetner (1854-1939) が謄写版原紙・謄写版印刷機・複写機 (copier)・書類複製機 (duplicator)・簡易印刷機のメーカーを19世紀末に英国に設立したのが起源．日本のリコーが1995年に英国 Gestetner Holdings PLC を100％子会社にした．

**G. Ettinger**　(ジー)エッティンガー
英国で1934年設立された革製品と贈り物のメーカー．約400種もの製品がある．2000年に Gift of the Year を受賞．

**Getty**　ゲッティー
米国の Getty Petroleum Marketing Inc. (1971年創業) の略・通称，同社系列のガソリンスタンド，その商品のエンジンオイルなど．現在はロシア最大の石油会社 Lukoil の傘下．

**Getzen**　ゲッツェン
米国 Getzen Co. 製のトランペット・コルネット・フリューゲルホルン (flügelhorn)・トロンボーンなど．1939年 T. J. Getzen (1968年没) が創業．

**Gevalia**　ゲバリア
米国製のコーヒー・紅茶などのブランド．1853年スウェーデンの港湾都市イェーヴレ (Gävle) で，Victor Theodore Engwall が違いの分かるヨーロッパ人のために新しいコーヒーを求めようとして輸入会社を設立したのが起源．数年後，スウェーデンの King Gustav がバルト海を航海中に Gevalia の香りただようイェーヴレ港に立ち寄ることとなり，このコーヒーがたいそう気に入り，王室御用達に指名し，

その後歴代の王が royal seal を与えた．米国へは 1983 年に導入された．

**Gherardini** ゲラルディーニ
イタリアの革製バッグ・小物メーカー，そのブランド．1885 年に Garibaldi Gherardini (1817–94) がフィレンツェで創業．

**Ghirardelli (Chocolate)** ギラデリー(チョコレート)
米国の Ghirardelli Chocolate Co. の略・通称，同社製のチョコレート．1852 年イタリアからの移民 Domingo Ghirardelli が創業．

**Gianfranco Ferre** ジャンフランコフェレ
1978 年創立のイタリアのアパレルブランド．ミラノの服飾デザイナー Gianfranco Ferre (1944–2007) のデザインした既製服(スーツ・ニットウェアなど)・毛皮・スカーフ・革製ハンドバッグ・靴・ベルト・アクセサリー・眼鏡枠・傘・時計など，ミラノにあるその店．

**Gianfranco Lotti** ジャンフランコロッティ
イタリアの皮革製品のデザイナー Gianfranco Lotti のデザインした革製バッグ・革小物・ネクタイ・ベルトなど．

**Gianfranco Ruffini** ジャンフランコルッフィーニ
イタリアのカジュアルウェアのデザイナー Gianfranco Ruffini の作品．

**Gian Marco Venturi** ジャンマルコベンチューリ
イタリアのミラノのデザイナー Gian Marco Venturi のデザインした紳士物カジュアルウェア・皮革衣料・ネクタイ・バッグ・アクセサリーなど．

**Gianmaria Buccellati** ジャンマリアブチェラッティ
イタリアの宝飾デザイナー Gianmaria Buccellati (1929– ) の作品．宝石商だった父 Mario が，1919 年に開いた金細工のアトリエを引き継いだもの．

**Gianni Versace** ジャンニヴェルサーチ
⇨ Versace．

**Giant** ジャイアント
米国 Maryland 州 Landover に本部を置くスーパーマーケットチェーン Giant Food LLC．1936 年創業で Washington, D.C., Virginia, Delaware, Maryland 州で 202 店舗を展開．オランダの Royal Ahold 傘下．

**Giant Eagle** ジャイアントイーグル
米国のスーパーマーケットチェーン．1918 年 Pennsylvania 州 Pittsburgh で創業．Eagle Grocery と OK Grocery が合体して誕生．

**Gibson** ギブソン
米国の楽器メーカー Gibson Guitar Corp. の略・通称，同社製のエレキギター・アコースティックギター・バンジョー・マンドリンなど．Orville Henry Gibson (1856–1918) が 1902 年に創業．名器として世界中のロックミュージシャンに絶賛された Les Paul は, 1952 年発売．ジャズ・ギタリスト Les Paul (1915–2009) にちなむ．

**Gieves and Hawkes** ギーヴスアンドホークス
英国 London の Savile Row 1 番地(もと王立地理院のあった 17 世紀に建てられた貴族の住居)に本店がある紳士服店，そのブランド．Gieves (1785 年 James Watson Gieve が創業)と Hawkes (1771 年 Thomas Hawkes が創業)が合併して 1975 年にできた．

**GI Joe** GI ジョー
米国最大手の玩具メーカーである Hasbro* 製の, 男児向きの兵士の着せかえ人形, その服装・装具・乗り物などのブランド．1964 年発売．

**Gilbey's Gin** ギルビーズジン
Walter Gilbey と Alfred Gilbey 兄弟が 1857 年英国に設立した W. & A. Gilbey, Ltd 製のジン．1872 年より製造．Gilbey's Vodka もある．

**Gilden Kölsch** ギルデンケルシュ
ドイツ Kölner Verbund Brauereien GmbH 製のビール．ケルンを中心に

### Giulietta (Sprint)

売られている.

**Gillette** ジレット
米国製の安全かみそり・替え刃など. King Camp Gillette (1855–1932) が 1901 年に創業. 現在は Procter & Gamble* のブランド.

**Gilsonite** ギルソナイト
米国産のユインター石 (uintahite) の商品名. 19 世紀の米国人で発見者の S. H. Gilson に由来. Utah 州・Colorado 州産の, 例外的に不純物の少ない天然アスファルト. 固いがもろく, つやのある黒い固体で掘り出される. 耐熱・耐酸・耐アルカリ・絶縁性があって, 防水・被覆作用があり, 塗料・ニス・印刷用インクの原料とされる. ☆時に小文字で書かれる. ★ uintahite は, 産地である Utah 州の Uintah 山脈にちなむ.

**Gimbels, Gimbel's** ギンベル(ズ)
米国 New York 市 Herald Square にあったデパートと支店. Macy's* の向かいにあり, Macy's より大衆向きであった. Gimbels Thanksgiving Day Parade で知られた. 1987 年に閉店.

**Gingher** ギンガー
米国の老舗のハサミメーカー, そのブランド. 刺しゅう用ハサミ・ロータリーカッターなど種類も多い.

**Ginocchietti** ジノケッティ, ジノキエッティ
⇨ Umberto Ginocchietti.

**Gino Ferruzzi** ジーノフェルッチ
イタリアのフィレンツェの革製・布製バッグ・革小物のブランド.

**Ginori** ジノリ
⇨ Richard Ginori.

**Ginsu** ギンス
米国の Rode Island 州にあるナイフブランドの会社. 1970 年代にテレビを使った独特の販売方法で一躍有名になった. "How much would you pay? Don't answer!", "Call now! Operators are standing by!" "But wait! There's more!" と視聴者に呼びかけ

た. 1978–1984 年間に 200 万から 300 万に近いセットが売れたと言われる. 名前は日本語を想像させるもので, foreign branding と呼ばれるもの.

**Giorgio Armani** ジョルジオアルマーニ
イタリアミラノのデザイナー Giorgio Armani (1934– ) のデザインした紳士・婦人既製服その他の衣料品・靴・革製バッグ・革小物・ベルト・香水など, そのメーカー, そのブティック. フォーマルからカジュアルまで様々なラインがあり, 1980 年代後半にソフトスーツを考案して大ブームを起こし, 紳士服のパターンを活かした婦人服でキャリアウーマンをリードした. ★ 映画 *Saturday Night Fever, American Gigolo, The Untouchables* で衣裳デザインを担当.

**Girard-Perregaux** ジラールペルゴ
1791 年創業のスイスの時計メーカー, 同社製の腕時計のブランド.

**Gitanes** ジタン
フランス製の紙巻きたばこ. Gitane とはフランス語で「(スペイン人の)ジプシー女性」の意. 現在は Imperial Tobacco Group plc 所有.

**Gitzo** ジッツォ
フランスで 1917 年に生まれた写真用品メーカーのブランド. Arsène Gitzhoven が創業. 高品質の三脚が特に有名.

**Giugiaro** ジウジアーロ (**Giorgetto** ~)
イタリアの著名なカーデザイナー (1938– ). 1968 年にデザイン工房 Ital Design を設立. Alfasud* (1971 年), Golf* (1974 年), Fiat* の Panda (1980 年) などをデザイン. 1982 年に日本の Nikon の F3 カメラ, Necchi の Logica ミシン(その 25 年前の古典的名作 Mirella* の改良版), 1983 年にはパスタの Voiello もデザインするなど幅広い活躍をしている.

**Giulietta (Sprint)** ジュリエッタ

(スプリント)
イタリア Alfa Romeo S.p.A. 製の小型スポーツクーペ．車体デザインは Bertone*．Romeo and Juliet にかけた名．1954 年より市場化され，同社にとって最初の大ヒット作となって 10 年間ほど売れ続け，同種車の手本と考えられた．⇨ Alfa Romeo.

**Give-A-Show** ギヴアショウ
米国 Kenner Products (1964 年からは Kenner Parker Toys, Inc.) 製の子供用スライド映写機[幻灯機] (projector)．1962 年より発売し人気があった．

**Givenchy** ジバンシイ，ジヴァンシー
フランスのデザイナー Hubert de Givenchy (1927- ) のデザインした衣料品・装飾品・香水などのブランド．1952 年創立．

**Glad** グラッド
米国 The Glad Products Co. 製のポリラップ・容器・ごみ袋など．1963 年から．

**Glade** グレード
米国 S. C. Johnson & Son, Inc. 製の室内芳香剤 (air freshener)．

**Glamis Castle** グラミスキャッスル
スコットランド製の高級ブレンデッドウイスキー．史劇 Macbeth の舞台となった Scotland の名城 Glamis の城主 Strathmore 伯爵のためにブレンドされたものと称する．

**Glamour** グラマー
米国 Condé Nast Publications 刊の月刊ファッション雑誌．1939 年創刊．

**Glass Dharma** グラスダーマ
米国 California 州 Fort Bragg で手作りされている飲み物を飲むためのガラス製のストロー．

**Glass Mates** グラスメイツ
米国 Reckitt Benckiser, Inc. 製の掃除用使い捨てウェットタオル (cleaning wipes)．

**Glass Plus** グラスプラス
英国 Reckitt Benckiser* 製のガラス・鏡ほか家庭用器具やセラミックタイル・コンピューター・テレビ用クリーナー．スプレーとワイプなどがある．"Clean Glass ... Plus a Whole Lot More!" とうたう．

**GlaxoSmithKline** グラクソスミスクライン
英国に本拠地を置く世界的な医薬品メーカー．2000 年に Glaxo Wellcome と SmithKline Beecham が合併して誕生．"Do more, feel better, live longer" とうたう．

**Glayva** グレイヴァ
スコッチウイスキーをベースに薬草と蜂蜜で味付けしたスコットランド Whyte and Mackay Ltd 製のリキュール．この名は 'very good' の意味のゲール語の英語つづり．'The Best Liqueur in the World' がトレードマーク．

**Gleem** グリーム
米国 Procter & Gamble* 製の練り歯みがき．1952 年発売．

**Glen Deveron** グレンデヴェロン
スコットランド製シングルモルトウイスキー．蒸留所近くの川の名にちなむ．

**Glendronach** グレンドロナック
スコットランド産のシングルモルトウイスキーのブランド．1826 年から．水源の小川である Dronach burn に由来．

**Gleneagles** グレニーグルズ
米国のかつての衣料品メーカー Gleneagles, Inc. 製の男性用レインコート・トレンチコートなど．

**Glenesk** グレンエスク，グレネスク
スコットランド製のシングルモルトウイスキーのブランド．蒸留所近くの河畔の名に由来．

**Glenfarclas** グレンファークラス
スコットランド製モルトウイスキーのブランド．ゲール語で「緑草の茂る土地」の意．

**Glenfiddich** グレンフィディック
スコットランド The Glenfiddich Dis-

tillery (1886年創業) 製のシングルモルトウイスキー. 現在は William Grant & Sons Ltd. のブランド. Glenfiddich とはゲール語で「鹿のいる谷」の意.

**Glen Grant** グレングラント
スコットランドの The Glen Grant Distillery の略・通称, 同社製のシングルモルトウイスキー. 同社は1840年に John Grant と James Grant 兄弟が創業.

**Glenlivet** (ザ)グレンリヴェット (The ~)
スコットランド The Glenlivet Distillery 製のシングルモルトウイスキーのブランド.

**Glenmac** グレンマック
英国 Glenmac Knitwear (Hawick) Ltd の略・通称, 同社製のニットウェア類. 素材はカシミアと super geelong. 手作りのため生産量が少ない. 同社は1946年創業. トレードマークはアザミ.

**Glenmorangie** グレンモーレンジ
スコットランドの The Glenmorangie Distillery Co (1843年創業) の略・通称, 同社製のシングルモルトウイスキー.

**Glen Moray** グレンマレイ
スコットランド製のピュアモルトウイスキー. 1897年から.

**Glenmore** グレンモア
米国 Glenmore Distilleries Co. (1943年創業) の略・通称, 同社製のジン・ウォッカ・ラム.

**Glenny's** グレニーズ
米国の1979年創業のスナックメーカー, そのブランド. Glenny's Soy Crisps, Glenny's Soy Chips, Glenny's Fruit & Nut Energy Bars など.

**Glenroyal** グレンロイヤル
スコットランド Glenroyal Ltd 製のブリーフケース・レザー小物. 牛皮をワックス/蜜蠟及び牛脂で最終仕上げをした, Vegetable Tan 法でなめされた革 (Bridle Leather) を使用した高品質の製品.

**Glen Stag** グレンスタッグ
スコットランド製のウイスキー.

**Glen Turner** グレンターナー
スコットランド製のピュアモルトウイスキー.

**Global Express Guaranteed** グローバルエクスプレスギャランティード
米国郵政公社 (USPS) の, 1～3日以内の配達を保証している, 最も早い国際郵便. 価格も最も高い. 日数以内に配達できなかったら, 返金制度がある. 事故には自動的に最大$100まで保証. 保険はオプショナルで$2,499までかけることができる. 専用の送付状シートがあり, 内容物, サイズ, 重量制限がある.

**Globe-Trotter** グローブトロッター
英国のスーツケースメーカー. 特殊紙を何層にも重ね, 樹脂でコーティングして作られた「ヴァルカン・ファイバー」(Vulcan Fibre) の使用で有名な手composeスーツケース. もとは英国人 David Nelkin がドイツで1897年創業し, 後にロンドンに移った.

**Glock** グロック
セミオートマチック銃. 1963年 Gaston Glock がオーストリアに設立した Glock Inc. は, オーストリア軍のために9ミリ径のセミオートマチック銃を製造していた. 1985年に米国に進出し, Georgia 州で9ミリ径の Glock 17を警察や一般市民のために製造しはじめた.

**Glo-Coat** グローコート
米国 S. C. Johnson & Son, Inc. 製の床用ワックス (floor wax). 1934年に発売. 現在はない.

**Glomesh** グローメッシュ
オーストラリア製のメタルメッシュ (metal mesh; 金属小片網) 製パーティーバッグのブランド. 会社は1960年に合成皮革製バッグのメー

カーとして創業．現在はオークション物．

**G. Lorenzi**　G. ロレンツィ
イタリアのカトラリー（ナイフ・フォーク類）・はさみ・栓抜き・ワインオープナーなどの店，そのブランド．ドイツで修業した刃物研ぎ師 Giovanni Lorenzi (1899–1992) が，1929年に創業．

**Gloria Vanderbilt**　グロリアヴァンダービルト
米国のデザイナーで実業家の Gloria Vanderbilt (1924– ) の作品．特に1977年に発売されて，いわゆるデザイナーズジーンズのはしりとなってヒットしたジーンズが有名．Gloria Vanderbilt はそれ以降「ジーンズの女王」と称されるようになった．米国でライセンス生産されている（親会社はフランスの L'Oréal）香水もある．

**Gloria Vanderbilt (Glacée)**　グロリアヴァンダービルト（グラッセ）
米国製の，豆腐から作ったアイスクリーム風デザート．服飾デザイナー Gloria Vanderbilt* が，1984年11月に，高級アイスクリームで知られる Frusen Glädjé* の一ブランドとして，全米向けに販売を始めたもの．これより先に売り出された人気商品 Tofutti* の対抗商品．

**Gloverall**　グローヴァーオール
1951年創業の英国のコートメーカー (Gloverall Plc)，そのブランド．特にダッフルコート (duffle coat) が有名で，第二次大戦中に英国海軍に納入されていたものにならい，その素材とデザインを模して一般用として売り出した製品．

**Gloy**　グロイ
英国 Henkel Consumer Adhesives 製のスティック糊 (glue stick)．もとのメーカーは A. Wilme Collier Ltd. で，1930年以前に商標登録された．

**Glucophage**　グルコファージ
米国製の抗糖尿病薬 (antidiabetic)．処方薬．

**Glucovance**　グルコヴァンス
米国製の抗糖尿病薬 (antidiabetic)．処方薬．

**Glynwed**　グリンウェッド
英国 Pipe Systems, Ltd 製のポリエチレン製ガス・水道配管部品．1953年創業．

**Gly-Oxide**　グライオキサイド
英国 GlaxoSmithKline* 製の口内殺菌クレンザー．鵞口瘡（がこうそう）(canker sore) や口内の傷の消毒などに使われる．

**GM**　GM
⇨ General Motors.

**GMAC Insurance**　GMAC 保険
米国 North Carolina 州 Winston Salem に本部がある，1939年創業の自動車保険会社．

**GMC**　GMC
米国製のトラック・バン・SUV（スポーツ用多目的車）などで General Motors* Co. のブランド．

**G 9**　G ナイン
⇨ Baracuta.

**Gobot**　ゴーボット
日本の玩具製造会社タカラ製の変身ロボット玩具の米国内名称．米国の大手玩具製造会社である Tonka Corp. (1946年創業) が販売．ロボットの手足などを折り畳むと自動車・飛行機などに変形できる．1985年に米国で大ブームになった．GoBot ともつづる．1987年生産終了．

**Goddard's**　ゴダーズ
英国 Goddard's 製の銅・真鍮用磨き剤・磨き綿布などのブランド．もとは J. Goddard & Sons Ltd (1839年創業) 製．

**Godiva**　ゴディバ
ベルギーの高級チョコレートのメーカー Godiva Chocolatier, Inc. の略・通称，そのブランド．1926年の創業者 Joseph Draps が，領民への重税免除と引き換えに裸のまま馬で町を駆け抜けた11世紀の英国 Coventry の領主夫人 Lady Godiva の伝説にちなんで命

**Go Fast** ゴーファースト
　米国 Go Fast Sports and Beverage Co. 製のエネルギードリンク．チューインガムもある．もともと同社のスカイダイバー用のアクセサリーがよく知られている．

**Go Fruity** ゴーフルーティ
　ニュージーランドの Heinz Wattie's Ltd 製のフルーツスナック．さいころ形のピーチ入りジュース．

**Gold** ゴールド
　米国 Colgate-Palmolive Co. 製の体臭抑制石鹸 (deodorant soap). ⇨ Colgate.

**Gold Bond** ゴールドボンド
　米国 Chattem, Inc. 製の薬用ボディーパウダー．1908 年発売．ローション・スプレー・クリームもある．同社は筋肉痛に効く貼り薬 (patch)・スプレーの Icy Hot ブランドでも知られる．

**Gold Card** ゴールドカード
　米国 New York 市の American Express Co. が発行しているクレジットカードの一種．⇨ American Express.

**Golden Books** ゴールデンブックス
　米国 Western Publishing Co., Inc. 製の児童向き絵本．同社は 1910 年創業, 1984 年に Western Publishing Group, Inc. が買収するまで, 5 年間, Mattel, Inc. の子会社だった．薄くて安価な Little Golden Books のシリーズが主力で, 1942 年創刊以来, 全世界で 10 億冊が売れたとうたっている．

**Golden Dipt** ゴールデンディプト
　米国製の揚げ物用のパン粉・ころもなどのブランド．"Make it fresh. Make it yours. Make it Golden." とうたう．

**Golden Grahams** ゴールデングラハムズ
　米国 General Mills, Inc. 製のシリアル．全粒小麦粉 (whole wheat) とコーンで作られ, 蜜とブラウンシュガーの味付け．

**Golden Grain** ゴールデングレイン名．
　米国 Golden Grain-Mission Co. (American Italian Pasta Co. 傘下) の略・通称, 同社製のマカロニ．

**Golden Griddle** ゴールデングリドル
　米国 ACH Food Cos., Inc. 製のパンケーキ用シロップ．

**Golden Lights** ゴールデンライツ
　米国 New York 市の, Lorillard Tobacco Co. 製の紙巻きたばこで, Kent* の姉妹品．タールとニコチンが少ない．Kent Golden Lights の名で 1975 年に発売．

**Golden Wonder** ゴールデンワンダー
　英国の GW Trading Ltd (Tayto Ltd の一部門) 製のポテトチップ．スコットランド Edinburgh のパン屋のオーナー William Alexander が, 1947 年に創業．

**Gold Fibre** ゴールドファイバー
　米国の Ampad (1888 年創業) 製の, メモパッドなどのブランド．同社は 2010 年 Esselte に買収された．

**Goldfish** ゴールドフィッシュ
　米国 Pepperidge Farm* 製の金魚の形のクラッカー．同社の創業者 Margaret Rudkin がスイスを旅行中にレシピを持ち帰り, 1962 年に発売．

**Gold Flake** ゴールドフレーク
　英国 W.D. & H.O. Wills 製の紙巻きたばこ．1930 年代によく売れた．★ Gold Flake 名のたばこは, 英国では他に Churchman, Quinton, King Bruce, Salmon & Gluckstein, Opals, Bacons などからも出された．

**Gold Medal** ゴールドメダル
　米国 General Mills, Inc. 製の小麦粉. 同社の前身の Washburn Crosby Co. が 1880 年に国際製粉業者展示会で金賞を獲得したことから名付けられた．

**Gold Medal** ゴールドメダル
　1950 年創刊の米国 New York 市の Fawcett Books Group 刊行のペーパーバックシリーズ．ペーパーバックで初めてハードカバーからの移植で

はない作品を収めた．煽情的な表紙のミステリー・ウエスタン・スリラー・冒険小説などを出したが，同社は経営不振に陥り，Ballantine Books* に吸収された．

**Gold Peak**　ゴールドピーク
米国 The Coca-Cola Co. 製のボトル入りアイスティー．2006年発売．

**Goldpfeil**　ゴールドファイル
ドイツの革製バッグ・革小物などのメーカー　Goldpfeil Ludwig Krumm AG の略・通称，そのブランド．同社は1856年に札入れなどを作る小工場として創業．トレードマークの黄金の矢は，1929年に2代目の社長である Heinrich Krumm が London を訪れた際，英国とヨーロッパ大陸を結ぶ鉄道 Golden Arrow Express 号を見てヒントを得て考案．ロゴは全て大文字．2008年倒産．

**Goldschläger**　ゴールドシュレーガー
イタリアで醸造され，英国の Diageo plc がブランドを所有するスイスリキュールで，強烈なシナモン味と甘味 (cinnamon schnapps)．

**Gold Seal Vineyards**　ゴールドシールブドウ園(社)(~, Inc.)
米国 New York 州 Hammondsport のワイン醸造会社．1865年創業．現在は North Lake Wines 傘下．Great Western 社とともに草分け．

**Goldstar**　ゴールドスター
英国 BSA* 製のオートバイ．排気量500cc，単気筒．60年代には人気車種であったが，日本製オートバイなどの勢力拡大によって市場が狭められ，現在は生産されていない．2気筒の Rocket Goldstar もあった．

**Golf**　ゴルフ
ドイツ Volkswagen AG 製の小型乗用車．1974年に登場し，世界中の FF (エンジン前部配置・前輪駆動)小型車の手本的存在となった．燃費が良いのも大きな特徴．車種別歴代総生産台数はトヨタのカローラに次ぎ世界第2位，ドイツ国内では Kadett* と首位を争っていた．米国での名称は Rabbit*．

**Goliath**　ゴライアス
米国 Faber-Castell Corp. 製の太軸 (lustrous barrel) の鉛筆．小学校児童用に握りやすくしたもので "Big pencils for little hands" とうたう．硬さは No. 2, 軸は毒性のない仕上げ (non-toxic finish)．聖書に出るペリシテ人の巨人戦士の名から取られた名．

**G-1**　G ワン
第二次大戦中に米海軍が飛行士に支給したフライトジャケットの革ジャンパー．山羊革製で羊毛の衿付き．1942年ごろ初めて作られた．デザインの明細は米海軍が決め，政府と契約した複数の業者が生産．裏地はサテンで，地図を入れるためのポケットがついている．

**Gonzalez Byass**　ゴンザレスビアス
スペインのシェリー酒メーカー．1835年 Maria Gonzalez が創業．

**Goobers**　グーバーズ
米国製の，ピーナッツをミルクチョコレートでくるんだもの．1924年より製造．Goober は Bantu 語の nguba (peanut の意)からの造語．

**Good & Plenty**　グッドアンドプレンティ
米国 Hershey's* 製のリコリス (licorice) キャンディー．もとは1893年に Quaker City Confectionery Co. が製造販売していたもので，米国で最も古いキャンディーブランド．

**Good Breath**　グッドブレス
米国 Scandinavian Formulas, Inc. 製のブレスミント．砂糖・スターチ・人工香料などは一切含まれていない．

**Goodhew**　グッドヒュー
米国製の丈夫で，履きごこちのよい織物材料を使ったソックス．

**Good Housekeeping**　グッドハウスキーピング
米国 Hearst Corp. 刊行の，主婦向けの

月刊家庭実用誌. 1885年創刊.

**Good Humor**　グッドヒューモア
米国製アイスクリームのブランド. 名前の由来は，人間の気質(humor)はその人の味覚(humor of the palate)に関係する，つまり味の良し悪しが分かる人間は性格も良い，といった考えからであるという．このアイスクリームの販売開始にあたっては，ベルの付いた12台のトラックが使用され，そのアイスクリーム売りをGood Humor Manと呼んだ．1950年代から60年代にかけてこのトラックの台数は増やされGood Humor Manは名物になった．1976年にトラックによる直接販売は中止されたが，現在でもこのトラックのおもちゃが製造販売されている．

**Goodlife Recipe, The**　(ザ)グッドライフレシピ
米国 Mars, Inc. 製のペットフード. 犬用のトリーツ (ビスケットやボーン)・猫用のドライフードなど.

**Goodman's**　グッドマンズ
米国製のヌードル類.

**Good News!**　グッドニュース
米国製の使い捨てかみそり．1976年発売．

**GoodNites**　グッドナイツ
米国 Kimberly-Clark* 製のおねしょに悩む子ども用の使い捨て吸収性アンダーパンツ (disposable absorbent underpants). "GoodNites Mean Good Mornings." とか "Lighten The Night" とうたう．

**Goodwill**　グッドウィル
米国の非営利福祉団体 Goodwill Industries International の略．家庭で不要になった衣類・家具・書籍・陶器・道具・台所用品などの寄付を受け，補修・加工などの後に格安の値段で販売し，収益は貧民救済などの福祉事業に充てようというもの．障害者やホームレスなど社会的に不利な立場の人たちのための職業訓練や雇用サービスも行う．1902年設立．

**Goody**　グッディー
米国製のヘアースタイリング用品. 1907年 Henry Goodman とその息子たちが創業. 現在は Newell Rubbermaid のブランド.

**Goodyear**　グッドイヤー
米国 Ohio 州に本拠地を置くタイヤメーカー The Goodyear Tire & Rubber Co. の略・通称，そのブランド. 1898年創業.

**Google**　グーグル
米国のコンピューターソフトウェア会社 Google Inc. の略・通称．または同社が運営する検索エンジンの一つ．1998年 Sergey Brin と Larry Page により設立された．2006年 YouTube を買収し，傘下に収める．

**Goo Gone**　グーゴン
米国 Magic American Chemical Corp. 製の，油汚れ落としと除菌のクリーナー．用途によりいくつかの種類がある．

**Goo Goo**　グーグー
⇒ Goo Goo Cluster.

**Goo Goo Cluster**　グーグークラスター
1912年に米国 Standard Candy Co. が発売したミルクチョコレートバー．考案者 Howell Campbell の生まれたばかりの息子が最初に話した言葉 "goo goo" から命名されたと言われている．

**Goold**　グールド
⇒ W. A. Goold.

**Gordon's Gin**　ゴードンズジン
英国酒類メーカー Diageo plc が所有するドライジンのブランド．年間100万ケース以上，英国では毎分11本が売れるという．1769年 Alexander Gordon が創業．⇒ Tanqueray.

**Gordon's Vodka**　ゴードン(ズ)ウオツカ
英国製のウオツカ．⇒ Gordon's Gin.

**Gore-Tex**　ゴアテックス
米国の W. L. Gore & Associates, Inc. (Willbert L. Gore と Genevieve

## Gorgonzola

Gore が 1958 年に創業) 製の, アウトドア衣料などに使用される防水透湿性素材. "Guaranteed to Keep You Dry." とうたう. 1969 年に開発.

**Gorgonzola** ゴルゴンゾーラ
イタリア産のブルー チーズ (青カビ入り山羊乳チーズ). Roquefort*, Stilton* と共に, 世界の三大ブルーチーズといわれる. 商標ではなく, 北イタリアのミラノ近郊の Gorgonzola 村で造られ始めたためにこの名があるが, 今はミラノとその周辺で造られている.

**Gorham** ゴーハム
米国製の陶器・ガラス器・銀製品などのブランド. 1831 年 Jabez Gorham が創業.

**Gorilla Glue** ゴリラグルー
米国製の接着剤メーカー, その多用途接着剤. 木材・石・金属・セラミック・発泡プラスチック・ガラスなどに対して屋内でも屋外でも使用可能. 同社の製品には Gorilla Tape もある. "For the Toughest Jobs on Planet Earth." とうたう.

**Gor-Ray** ゴーレイ
英国製のスカート, そのメーカー. 同社は 1930 年代後半 C. Joseph Stillitz と Louis Stillitz の兄弟により, C. Stillitz Ltd として創業. gored (三角布[まち]のついた)スタイルと sunray (プリーツが放射状の)スタイルの 2 種のプリーツスカートを販売し, その 2 語の合成を商品名とした.

**Gorton's** ゴートンズ
米国製のフィッシュスティック (fish stick)・冷凍シーフード. 1849 年から, 日本水産株式会社の子会社.

**Gott** ゴット
米国 Newell Rubbermaid Inc. 製のクーラーボックス (ice chest) のブランド.

**Gouda (cheese)** ゴーダ(チーズ)
オランダの Gouda で最初に作られたチーズ. 原料は牛乳. 商標ではない.

**Gourmet** グルメ
米国 Condé Nast Publications 刊行の食通向き高級料理雑誌. 1941 年創刊, 2009 年 11 月に最終号が出た月刊誌.

**Goya** ゴヤ
米国 Goya Foods, Inc. の略・通称, 同社製の食品 (豆・ライス・調味料・飲料・小麦粉・冷凍食品など). 1936 年スペイン出身の Don Prudencio Unanue と妻 Carolina が New York の Lower Manhattan の小さな店先で創業. "If it's GOYA, it has to be good" とうたう.

**GP** ジーピー
米国シリコンバレーのベンチャー企業 Anybots が開発し, 2011 年 1 月から発売を始めたテレプレゼンスロボット (telepresence robot). 離れた場所にいる人がインターネットを通じて操作し, このロボットがいる場所の人と話ができる(このため代理ロボット (robot surrogate) とも呼ばれる). オフィスを歩き回ったり, 会議に参加する. GP の左上にカメラが設置され, ロボットの頭部の画面に操作している人が映っている. 時速 5.6 キロで人と共に移動可能. ⇨ Vgo.

**G.P. & J. Baker** G. P. アンド J. ベイカー(社) (~ Ltd)
英国のプリント織物と絨毯の店. 在トルコ英国大使館の庭園設計家として同地に派遣された英国人 George Baker の二人の息子 George Percival と James が, ペルシャ風のプリント織物を英国で輸入・複製して販売したのが起源で, 創業は 1884 年. 1982 年より英王室御用達.

**G Plan** G プラン
英国の家具メーカー G Plan Cabinets, 同社製の家具. 1898 年に Ebenezer Gomme が手作りで家具を作り始めたのが起源.

**GQ** GQ
米国 Condé Nast Publications 刊行の月刊男性ファッション総合誌. 1957 年創刊. *Gentlemen's Quarterly* の略. 毎月 82 万部以上が売れているという. 米国以外でも各国語版で刊行.

## Grace グレース
カリブおよびジャマイカ料理を製造販売するジャマイカの GraceKennedy Ltd. (1922 年創業) の商品名. 2010 年 5 月にコーンビーフ缶詰に使用した牛肉の牛の寄生虫駆除のために使われた薬品が基準値を超えていたためにリコールされた.

## Gradall グレイドール
米国 Gradall Industries, Inc. 製の掘削機 (excavator) のブランド. 第 2 次世界大戦中, 人手不足に悩んでいた米国内のハイウェー工事のために, オランダからの移民 Ray and Koop Ferwerda 兄弟が考案して 1940 年に特許申請. grade (勾配をゆるくする)+all から.

## Graduates グラジュエイツ
カナダの Nestlé Canada 製の冠ブランド Gerber の幼児 (toddlers) 用食品のブランド.

## Grafton (Books) グラフトン(ブックス)
英国 William Collins plc 刊行のペーパーバックシリーズ.

## Grain Belt グレインベルト
米国 August Schell Brewing Co. 製のビール. 3 種類あり, 最も古い歴史を持つ Golden Belt Golden は 1893 年発売.

## GraLab グララブ
米国 DimoGray Corp. 製のキッチン用・プール用などの各種タイマー.

## Gramophone グラモフォン
米国で発明され, 米国・英国・ドイツで製造された蓄音器. 1887 年に Washington D.C. のドイツ移民 Emile Berliner が特許申請, のちに The Gramophone Co. を設立して製造を始めた. 世界初の蓄音機は 1877 年に Edison が開発し, Phonograph と名付けて英米で特許を申請しており (認可は翌年), 録音媒体として錫箔を巻いた円筒を用いたものだったが, Gramophone は初めて円盤 (レコード) を使用するものだった. phonogram を前後逆にして命名. 英国では米国人 Owen が支配人となって, 1890 年に英国 Gramophone 社が設立された. 1892 年に米国本社は Berliner Gramophone と社名を変更, 1894 年からは United States Gramophone として製品を市場化. 1897 年に Owen が英国での特許を Berliner から買い取り, 製品およびレコードを英国で生産し, ヨーロッパ全域で独占販売する権利を得て, The Gramophone Co. を設立 (正式スタートは翌年). ドイツの Gramophone 社 (Deutsche Gramophone Gesellschaft; 略 DGG) は, 1898 年に Berliner が設立. 1899 年に米国で Berliner が商標登録をしようとしたところ, 一般名称であるとされて許可が下りず, 逆に Gramophone の名を使用することも止められ, 社名は Consolidated Talking Machine Co. となった. 今日でも Gramophone の名は, 一般名称とみなされ, 小文字でも書かれる. 英国社は 1931 年に Columbia Graphophone Co. と合併し, EMI* を結成, EMI 内の私有会社として存続し, 1973 年に新会社として再設立された. ⇨ RCA.

## Gramophone グラモフォン
英国 Haymarket Media Group 刊行のクラシック音楽専門月刊誌. 1923 年創刊.

## Grand-Dad Barrel Proof グランダッドバレルプルーフ
⇨ Old Grand-Dad.

## Grand Empereur グランドエンペラー, グランエンペルール
フランス製のブランデー, そのメーカー. 1712 年創立.

## Grand Marnier グランマルニエ
コニャックをベースにしたフランス製のオレンジキュラソー (リキュールの一種). Alexandre Marnier-Lapostole が 1880 年より製造.

## Grandma's グランマ(ズ)
米国製の糖蜜 (molasses). Original と Robust と 2 種類がある. B&G

## Grandma's

Foods, Inc. のブランド.

**Grandma's**　グランマズ
米国 Frito-Lay® 製の各種のクッキー. Chocolate Mini Sandwich Crème Cookies など, 10種類近くある.

**Grand Mouton**　グランムートン
フランス原産の白辛ロワイン.

**Grandpa John's**　グランパジョンズ
米国 Rudolph Food Cos., Inc. 製のポークリンド・ポーククラックリン (pork rinds and cracklins [=cracklings]). 創業者 John Rudolph が父を "Grandpa John" と呼んでいたことから.

**Grandpa's**　グランパ(ズ)
米国 Grandpa Brands Co. 製の石鹸・シャンプー・コンディショナー・シャワージェル. 1878年創業. 松やに (pine tar) などの天然素材を配合.

**Grand Slam**　グランドスラム
米国製の紳士用ゴルフウェア. 1951年発売. 現在は Perry Ellis International, Inc. 製.

**Grandy's**　グランディー(ズ)
米国 Texas 州 San Antonio に本部を置くファミリーレストランチェーン店. 2010年8月現在で国内8州に66店舗も展開. 1972年創業.

**Granny Goose**　グラニーグース
米国 Granny Goose Foods, Inc. の略・通称, 同社製のポテトチップスなどのスナック類. 1946年創業. マスコットは漫画の Granny Goose.

**Grant's**　グランツ
スコットランドの William Grant & Sons Ltd 製のブレンデッドウイスキー. 1887年創業.

**Grape-Nuts**　グレープナッツ
米国 Post Foods, LLC 製の, 小麦原料のシリアル. 1908年発売のロングセラー. ブドウ糖 (grape sugar) を含んでいて, ナッツのような風味をもっているというところから名付けられた. パッケージの表記はすべて小文字.
⇨ Postum.

**Gravati**　グラヴァティー
イタリアの靴メーカー, そのブランド. 1909年創業.

**Gravitron**　グラヴィトロン
米国製の, 主に上半身の強化を目的とするフィットネス器械のブランド.

**Gravymaster**　グレイビーマスター
米国 Richardson Brands Co. 製のブラウニング・シーズニングソース (browning and seasoning sauce). 1935年から発売. 発売して間もなく "From Maine to Florida, gravies weren't complete without adding the Gravymaster." であったと商品説明がある.

**Gray Line**　グレイライン
米国で1910年料理店主であった Louis Bush が創業した大手の観光バス会社 Gray Line Worldwide の略・通称. 世界150カ所でフランチャイズ展開. 本部は Colorado 州 Denver. "Truly the Local Experts!" とうたう.

**Gray's**　グレイ(ズ)
英国 Edinburgh にあった金物・家庭雑貨・園芸用具・電気器具・台所用品などの専門店 James Gray & Son Ironmongers & Electricians Ltd の略・通称. 1899年にランプと灯油で英王室御用達商となったが, 2009年廃業.

**Great Beginnings**　グレートビギニングズ
米国 Maryland 州 Gaithersburg にある米国最大のベビーからティーン用家具, 幼児用品店.

**Great Lash**　グレートラッシュ
米国 Maybelline LLC 製のマスカラ (mascara). 1971年発売. lash は「まつ毛」(eyelash). 水で落ちて, コンタクトレンズにも安全.

**Great Stuff**　グレートスタッフ
米国 The Dow Chemical Co. 製の家屋にできた隙間・割れ目・穴などを塞ぐための密閉剤 (sealant).

**Green Bacchus**　グリーンバッカス
デンマーク製のグリーンのビール.

**Greyhound**

**Green Giant** グリーンジャイアント
米国製の, 缶詰め・冷凍加工野菜などの加工食品のブランド. 1903年創業. "Picked at the Peak of Perfection" とうたう. 現在は General Mills, Inc. のブランド.

**Green Rooster** グリーンルースター
デンマーク製のグリーンのビール.

**Green Shield** グリーンシールド
英国 Green Shield Trading Stamp Co の商品スタンプ. 創始者は Richard Tompkins で, 同氏は米国の Green Stamp* が英国に上陸する前に先回りして登録しようと考え, 既に Green Shield という商標を所有していた North London Co. から権利を買い取って, 1957年商標登録. 1991年に終了.

**Green Stamp** グリーンスタンプ
⇨ S & H.

**Green Thumb** グリーンサム
米国 True Value Co. 製の, 芝生・庭園用のグラスシード (grass seed)・肥料・器具などのブランド. 手押し車 (wheelbarrow)・竹製落葉かき・剪定ばさみ・芝生用肥料・鉢用の土などもある.

**GreenThumb** グリーンサム
英国北 Wales の Denbighshire に本部がある芝生管理会社. 1986年米国で修行した Stephen Waring が創業.

**Green Toys** グリーントイズ
米国のおもちゃメーカー, そのブランド. ブロックや園芸キット, 料理キット, なわとびキットなど種類が多い.

**Gregory** グレゴリー
米国 Gregory Mountain Products の略・通称, 同社製の登山・ハイキング用バックパックなど. 1977年 Wayne Gregory が創業.

**Grenfell** グレンフェル
英国 Haythornthwaite & Son Ltd 製のコート・スポーツウェア・アウトドアウェア・レインウェアなど, その素材のコットン生地 ('Grenfell Cloth'). 同社は1887年創業. 登山用のフード付きパーカとステンカラーコートが特に有名. 1958年より英王室御用達. 探検家の貴族 Sir Wilfred Thomason Grenfell (1865–1940) の名に由来.

**Grenson** グレンソン
英国製のトラディショナルなスタイルの高級靴. 1866年に William Green が William Green & Son Ltd として創業.

**Grès** グレ
フランスのデザイナー Madame (Alix) Grès (本名 Germaine Krebs (Czerefkow)) (1899–1993) のデザインした衣料品, そのメゾン (1980年代に売却). Cabochard などの香水やオードトワレはスイスに現存. ナチ占領下の1942年のパリで, 三色旗のドレスを発表して華麗なレジスタンスを行なった話は有名.

**Gretsch** グレッチ
米国の楽器メーカー The Gretch Co. の略・通称, 同社製のエレキギター・ドラム. 1883年 Friedrich Gretsch が創業.

**Grey Flannel** グレイフランネル
米国 Geoffrey Beene, LLC 製の男性用香水など.

**Grey Goose** グレイグース
米国で1997年に発売されたフランス産高級ウオッカの世界最大ブランド. フランス産高級小麦とコニャック地方の天然湧水を使用. 2004年に Bacardi Ltd. (バーミューダ諸島 Hamilton; 米国の本部は Florida 州 Coral Gables) が22億ドルでブランドの製造販売権を取得.

**Greyhound** グレイハウンド
米国 Texas 州 Dallas に本社のある米国最大のバス路線会社 Greyhound Lines, Inc. (FirstGroup America の一部門), そのバス. 米国, カナダ, メキシコに130路線以上が展開されている. 1914年 Carl Wickman (1887–1954) が創業. "Go Greyhound—and

leave the driving to us" のスローガンが有名. ⇒ Americruiser, Ameripass, Scenicruiser.

**Grid Notebook** グリッドノートブック
米国 BookFactory や Little Otsu 製のマス目入りデザイン用紙帳.

**Grima** グリマ
⇒ Andrew Grima.

**Gro** グロウ
英国製の乳幼児用寝具・うぶ着 (swaddle)・スリープバッグ (Grobag)・特殊電球 (Gro-light)・室温を色で表示する温度計 (Gro-egg)・幼児に起床と睡眠の習慣をつけさせるための特殊時計 (Gro-clock) などを製造販売する会社, そのブランド. Rob Holmes, Ouvrielle Holmes 夫妻が創業.

**Grolsch** グロールシュ
オランダ Royal Grolsch N.V. 製のビール. 1615 年から. Premium Lager は "Swingtop" と呼ばれる王冠ではない金具付きの栓を使用しているため, 一度開けても閉めることが可能.

**Groom & Clean** グルームアンドクリーン
Unilever* 製の Suave ブランドのヘアケア用品. 頭髪の油分, 汚れ, ふけを取り除いて整髪するのに使用する.

**Ground Round** グランドラウンド
米国のレストランチェーン Ground Round Grill & Bar. 1969 年創業.

**Groupon** グルーポン
米国の The Point, Inc. が所有する共同購入型クーポンを提供する会社で世界 27 カ国で展開. 2008 年 Chicago で Andrew Mason が考案して始めたのが最初. 商品やサービスの提供にあたり, 割引価格や特典がついたクーポンを期間限定でインターネット上で販売するフラッシュマーケティングと呼ばれるもの.

**Grove Press** グローヴプレス(社) (~, Inc.)
米国 New York 市の出版社. 1952 年に Barney Rosset が創業. 進歩的または前衛的な内容の本, 性を本格的に扱った本の出版で知られる. 『チャタレー夫人の恋人』の完全版を初めて米国で出版し, 郵送禁止に対抗して, 裁判に勝った. Henry Miller の諸作を刊行. 月刊誌 *Evergreen Review* (オンライン版) Evergreen Books などを出す. Grove/Atlantic, Inc. のインプリント (imprint).

**Grumman** グラマン(社) (~ Corp.)
1929 年に Leroy Grumman が創業した米国の航空機メーカー. 両大戦間より今日まで米海軍の艦上機を多く手がけており, 第二次大戦中の F6F Hellcat 戦闘機, TBF Avenger 雷撃機, 朝鮮戦争の F9F Panther/Cougar 戦闘機, 1950 年代半ばの F11F Tiger 超音速戦闘機, 現代の F-14 Tomcat 戦闘機, A-6 Intruder 攻撃機, E-2 Hawkeye 早期警戒機などを生産.

**Gruyère** グリュイエール
スイス産のチーズ. Fribourg 州の Gruyère 渓谷地域で, 数世紀前より製造されている. 商標ではない. Emmental* に似たタイプで, 混同されることがあるが, 大きさは半分くらいで, 丸孔の数は少なく, やや柔らかい.

**Guardsman** ガーズマン
米国 W. R. Grace & Co. (1899 年創業) 製のドアロック. 現在は Master Lock Co. LLC が商標所有.

**Gucci** グッチ
イタリアのバッグ・衣料品・小物類・時計・香水などのメーカー, そのブランド, その直営店. 1921 年 Guccio Gucci (1881–1953) が創業.

**Guerlain** ゲラン
フランスの香水・化粧品スキンケア用品店, その製品である香水・化粧品・スキンケア用品のブランド, そのメーカー. 1828 年に薬剤師で調香師の Pierre François Pascal Guerlain が創業. エステサロンも経営.

**Guess** ゲス
米国で Maurice Marciano, Paul Marciano, Armand Marciano, Georges

Marciano 兄弟が 1981 年創立したアパレルブランド．

**Gueze Becasse** グーズベカセ
ベルギー Saint Guilvert SA 製のビール．

**Guidesman** ガイズマン
米国 Menard, Inc. 製の懐中電灯・手動式懐中電灯・ヘッドライト・読書灯など．

**Guild** ギルド
米国のギターメーカー Guild Guitar Co. の略・通称，同製社のギター．1952 年 Alfred Dronge が創業．1995 年より Fender Musical Instruments Corp. 傘下．

**Guinness** ギネス
英国の Guinness & Co の略・通称，同社製のスタウト(ビールの一種)．1759 年に Arthur Guinness (1725–1803) が創業．かつての有名なキャッチフレーズは "Guinness is Good for You.", 現在は "Good things come to those who wait." などがよく知られている．⇨ Harp.

**Gulden's** ガルデン(ズ)
米国 ConAgra Foods, Inc. 製のマスタード．1862 年 Charles Gulden が創業．米国では French's, Plochman's に次いで 3 番目に大きなマスタード製造会社．

**Gulf** ガルフ
米国の石油製品卸売り業 Gulf Oil Ltd. Partnership, そのブランド．1901 年創業．

**Gulfstar** ガルフスター
米国 Florida 州のファイバーグラスヨットメーカー，そのヨット．1990 年 Viking Yacht Co. に買収された．

**GUM** グム
ロシアのモスクワの赤の広場に面した位置にあるデパート．もとはロシア語の Gosudarstvenni Universalni Magazin (State Universal Store; 国営百貨店の意)の略．1890–93 年に建設された．デパート内に 200 店舗が営業．

**GUM** GUM, ガム
米国 Sunstar Americas, Inc. 製の歯ブラシ・デンタルフロスなど．ロゴは G·U·M．"Healthy Gums. Healthy Life." とうたう．⇨ Butler.

**Gumption** ガンプション
米国 The Clorox Co. 製の多用途クレンザー．gumption は口語で「積極性，ガッツ，やりくり上手」の意．

**Gunite** ガナイト
米国製の，特殊なホースから加圧空気を噴出させてセメント・砂・水を混ぜ合わせる機械，およびその混合物の古い商標．プールを造る工事などで用いる．現在は Gunite Supply and Equipment (Mesa Industries の一部門) が製造．

**Gunk** ガンク
米国 Radiator Specialty Co. 製の油分除去洗剤 (degreasing compound)．☆第二次大戦中，英国駐留の米国陸軍航空隊が，飛行機のエンジンの汚れを指して，この語を使ったことから，英国に広まり，今日では英米で俗語として，種々の「ぬるぬる・ねばねば・べたべた・どろどろした粘着体や液体」を指す．

**Günther** ギュンター，グンター
ドイツ Paul Günther GmbH & Co. KG 製の，飛ばすことのできる模型飛行機・ヘリコプター・凧など．創業者 Günther は，第二次大戦中にパイロットで，戦後ドイツ国内で飛行機の製造が禁止された時期に，空への想いを玩具に託した．

**Gutter Topper** ガタートッパー
米国製の雨樋 (gutter) 保護製品．既存の雨樋に取り付ける．葉や小枝・小動物や鳥が入り込むのを防止することで詰まったり溢れたりすることがなくなる．屋根に登って掃除する必要もないという．"When It Pours, It Reigns." (諺の "When it rains, it pours." をもとにした言い方) とうたう．

**Guy** ガイ
英国 Guy Motors Ltd の略・通称，同社

## Guy Laroche

製の商用車(トラックなど). 同社は Sydney S. Guy が設立. BL* に吸収された.

**Guy Laroche**　ギラロッシュ
フランスのオートクチュールデザイナー Guy Laroche (1921-89) の作品, およびその後継者らによってその名で展開されているアパレルブランド. 1957 年創立.

**G. Visconti di Modrone**　G. ヴィスコンティディモドローネ
イタリアミラノにある化粧品メーカー, その香水ブランド. 1921 年創業.

**Gwaltney**　グワルトニー
米国製の食肉加工製品(ハム・フランクフルトソーセージ・ランチョンミート・ソーセージ・ベーコンなど). 1870 年 P. D. Gwaltney が創業. 1983 年 Smithfield Foods, Inc. に吸収された.

**Gyne-Lotrimin**　ガイネロトリミン
米国 Merck & Co., Inc. 製の抗真菌薬. 膣炎の治療に使うクリームなどの市販薬.

**Gyro Flux Gate**　ジャイロフラックスゲート
米国製の, ジャイロスコープにより水平安定を保つ飛行機の羅針盤[磁石]の古い商標. 1942 年, 当時の The Bendix Corp. (現在は Honeywell International, Inc.) が商標登録した. 地球の磁場の方向・強さを示す装置フラックスゲート (flux gate) によって方向を測定する.

**Gyropilot**　ジャイロパイロット
米国製の, 飛行機の自動操縦装置 (autopilot) の古い商標. 1949 年, 当時の The Sperry Corp. が商標登録した.

# H

**Häagen-Dazs** ハーゲンダッツ
米国 The Häagen-Dazs Co., Inc. の略・通称. 同社製の天然原料100％のアイスクリーム,およびそれを主力商品とするチェーン店. デンマーク風の名前だが,同国とは何の関係もなく,ヨーロッパの酪農国のイメージを醸し出させるために命名された.

**Habicht** ハビヒト
オーストリア Swarovski Optic 製の双眼鏡. 防水性・対衝撃性に優れる.

**Habitat** ハビタット
英国のポップな家具・インテリア用品・調理器具・家電製品・陶器・ガラス器・照明器具・タイル・カーテンなど生活全般の製品のチェーン店,そのオリジナル商品のブランド. 1955年からデザインコンサルタント業を営んでいた Terence Conran (1931- ) が,1964年に最初の店を London の Fulham Road に開店,大衆市場に向けて洗練されたポップカルチャー志向のデザインの製品を売る店として人気を得,以後フランス・米国・日本・ベルギー・アイスランドなどに支店を持つに至った.

**Habit Rouge** アビルージュ
フランスの香水・化粧品ブランド Guerlain の男性用スキンケア用品.

**Hacker-Pschorr** ハッカープショール
ドイツ Hacker Pschorr Bräu GmbH 製のビール. 1477年より製造. Hacker-Pschorr Munich Gold など.

**Hackett** ハケット
英国の紳士服製造会社 Hackett London. 紳士服デザイナー Jeremy Hackett が主宰. 1983年,New King's Road にハケットの1号店を開店.

**Hacky Sack** ハッキーサック
お手玉のように豆などを中に詰め足で蹴るボール,またはそれを使うゲーム. "footbag" の商標名. 発明者の一人 John Stalberger はその商標を後に米国 Wham-O, Inc. に売却した.

**HAG** HAG
ドイツの Kaffee-Handels-Aktiengesellschaft の略・通称. 同社製のカフェインレスコーヒー. 同社は,ドイツの実業家で同製品を発明した Ludwig Roselius (1874-1943) が1906年に創業. 社名の短縮形 Kaffee HAG の後半が商品名とされた. 現在は Kraft* 傘下.

**Haggar** ハガー
米国の1926年創業のスラックスメーカー (Haggar Clothing Co.), そのブランド. スラックスのほかに,シャツ・スーツ,ネクタイ・靴下・財布・ベルトなどもある. J. C. Penney 系列店でスラックスを扱っている.

**Hagner** ハグネル
ドイツ Heinrich Hagner GmbH & Co. (1942年 Heinrich Hagner が創業) 製のヘアケア・ボディーケア用品・浴用製品・洗剤・香水類など. バブルバス剤が有名.

**Hagstrom** ハグストロム
ドイツの Langenscheidts Publishing Group が米国で発行する地図のブランドで,New York, New Jersey, Connecticut 州を扱う. New York 市の Rapid Transit System の地図も最初に作った. 同社の American Map ブランドでは,全米や世界の主な国々のロードマップを刊行.

**Haier** ハイアール
中国山東省青島に本拠を置く家電メーカーのグローバル企業 Haier Group (海尔集団). 主な製品は冷蔵庫や洗濯機などの白物家電・テレビ・エアコン・ラップトップパソコンなどで,世界165カ国以上で生産・販売している.

## Haig ヘイグ
スコットランド John Haig & Co Ltd の略・通称、同社製のブレンデッドウイスキー. 英国で一番売れているスコッチ. John Haig が 1827 年に政府登録蒸留所を作って正式創業. スタンダードの Haig と,より上級の Dimple*, 12 年熟成の Glenleven など. 英王室御用達.

## Hai Karate ハイカラテ
英国 Miners International (もとのメーカーは Uniclift) 製のアフターシェーブローション. 日本語を取り入れた珍しい商品名.

## Hain ヘイン,ハイン
米国 The Hain Celestial Group の略・通称,同社製のビタミン剤・自然食品・低カロリー食品・化粧品など. ロゴマークには Hain Foods とある.

## Hair Off ヘアオフ
米国製の除毛クリームや脱毛キット.

## Hair-snare ヘアスネア
米国 O'Malley Valve Co. 製の,洗髪で抜けた毛髪が排水管に詰まらないようにするための濾過具. 排水管の上部に取り付けるだけの簡単な装置.

## Halcion ハルシオン
米国 Pfizer, Inc. 製の催眠薬・鎮静剤の錠剤. 処方薬.

## Halex ヘイレックス
英国 Halex Table Tennis の略・通称,同社製のピンポン球. このほか, Halex ブランドで horseshoe set, shuttlecock, croquet set, bocce set, dart set, dartboard など数多い製品がある.

## Hall ホール
米国 The Hall China Co. の略・通称,同社製の陶器. 美しい外形の水差し Aristocrat Refrigerator Pitcher がポピュラーで, 1940 年代初頭に原型がデザインされた.

## Hallmark ホールマーク
米国 Hallmark Cards, Inc. の略・通称,同社製の絵葉書・グリーティングカードなど. 同社は 1910 年に Joyce Clyde Hall (1891-1982 年) が,弟の Rollie とともに,絵葉書・ギフト用品・本・文房具の専門店 Hall Brothers, Inc. (1954 年までの社名)として創業. 1915 年より,自社製のグリーティングカードを市場化.

## Halls ホールズ
英国 Cadbury Adams USA LLC 製のミントの味の咳止めドロップ (throat lozenge; cough drop).

## Halma ハルマ
256 (=16×16) のます目のある盤を使って 2 人から 4 人で遊ぶゲーム. 「ダイヤモンドゲーム」に似ている. 自軍コーナーから,対応する反対側のコーナーへ,一歩ずつ,あるいは敵や味方の駒を跳び越えて,駒を進める. Halma とはギリシャ語で跳躍 (jump) の意. 商標所有者名不詳.

## Halston ホルストン,ホーストン
米国のデザイナー Roy Halston Frowick (1932-90) のデザインした既製服・帽子など. 1961 年の Kennedy 大統領の就任式に, Jacqueline 夫人の帽子をデザインして一躍注目された. 1966 年から既製服を作り始め,女優 Liza Minnelli の衣裳も数多く手がけた.

## Hamburger Helper ハンバーガーヘルパー
米国 General Mills* 製のパッケージ詰めのディナーミックスで,パスタやライスやポテトが主体のいくつかの種類がある. マスコットは大きな 4 本指の白いグローブに目と赤い鼻・口が付いている. TV コマーシャルに登場したり,箱の表に印刷されている.

## Hamburger University ハンバーガー大学
米国のハンバーガーチェーン McDonald's* のフランチャイズ運営者養成用の学校. 同チェーンの創立者 Ray Kroc が 1961 年設立. 製造技術から接客法・運営法などの 'hamburgerology' (ハンバーガー学)が教えられる. Illinois 州 Oak Brook にあり世界 119 か国以上から毎年 5,000 人を超える学生が学んでいる.

### Hamilton ハミルトン
米国の時計メーカー Hamilton International Ltd. (The Swatch Group Ltd. 傘下) の略・通称, 同社製の懐中時計・腕時計のブランド. 1891 年に Ohio 州で Michigan 鉄道の乗務員らの不正確な時計が原因で列車事故が相次いで起こったことが, 同社設立のきっかけになり, 同社は創業年の 1892 年から 1925 年まで, 鉄道用の懐中時計を生産し, 同製品は turnip (カブ) の愛称で呼ばれた. 英軍の W10 や米軍の Hack などの軍用腕時計 (いずれも 24 時間ごとの手巻き式) を手がけた. 1957 年市場化の世界初の電池式腕時計 Electric 500 も有名.

### Hamilton Beach ハミルトンビーチ
米国の Hamilton Beach Brands, Inc. 製の家庭用電気調理器具・コーヒーメーカー・空気洗浄機など. 特に 1911 年に第 1 号機の作られた DrinkMaster という名の飲料撹拌器がポピュラーで, 麦芽飲料 (malt) やミルクセーキを撹拌するのに役立つもの. 創業者 L. H. Hamilton, Chester Beach の 2 人の名から.

### Hamleys ハムリーズ
英国 London にある, 人形から模型, ゲーム用コンピューターまで揃えている世界一の規模のおもちゃのデパート Hamleys of Regent Street Ltd の略・通称. 1760 年に William Hamley が, Noah's Ark という名の店を開いたのが起源で, 一世紀後, 彼の子孫が会社名を Hamley Brothers と改名した. 1938 年に, 最初の王室御用達の認可を Mary 王女から授与された.

### Hammacher Schlemmer ハンマシャーシュレマー
米国 New York 市にある家庭用品・電気製品・雑貨・スポーツ用品の専門店 Hammacher, Schlemmer & Co., Inc. の略・通称, そのブランド. 自動撹拌フライパン・電気靴磨き機などユニークなアイディア商品で有名. スチームアイロン・圧力鍋・電気かみそりを初めて売り出した.

### Hämmerli ヘンマーリ
スイスのスポーツ用銃器メーカー Hämmerli AG Jagd-und Sportwaffenfabrik の略・通称, その商標.

### Hammond organ ハモンドオルガン
米国 Hammond Organ Co. (Hammond Corp. の一部門) の略・通称, 同社製の, 二段鍵で各種楽器の擬似音が出せる電子オルガン. 1934 年に Laurens Hammond (1895–1973) が発明. 当初は電子発振ではなく, 機械的発振であり, 1940–50 年代に改良された. 現在は Hammond Suzuki の商標.

### Hamm's ハム(ズ)
米国 Miller Brewing Co. が販売するビール. 姉妹品に Hamm's Golden Draft, Hamm's Special Light がある. トレードマークになっている漫画のクマの名は Theodore.

### Hamnett ハムネット
⇨ Katharine Hamnett.

### Hampton Inn ハンプトンイン
米国 Hilton Worldwide がブランドを所有するホテルブランド.

### Handie-Talkie ハンディートーキー
米国 Motorola, Inc. (前身は Galvin Manufacturing Co.) が 1940 年に導入した重さ 5 ポンドの近距離通信用小型携帯無線器. 1940 年代に第二次世界大戦で需要が高まった. ☆ 元来商標だが, 一般語化して小文字で同種の小型無線器を指して用いられる.

### Handi Wipes ハンディワイプス
米国 The Clorox Co. の Clorox 冠ブランドの何度でも洗って使える布で, 家具・皿・車・レンジ・窓・靴・浴室・コンピュータ・机・銀食器などのほこり取り・磨きなどに使う.

### H&M H アンド M
スウェーデンのファストファッション (fast fashion) 衣料品・化粧品の会社 H & M Hennes & Mauritz AB の略・通

## HandSaver

称．世界37カ国に2,000店舗以上が展開．前身の婦人服会社Hennes（スウェーデン語で"hers"の意味）と，狩猟用装備品会社Mauritz Widdforrisの2つの会社名から．1947年設立．

## HandSaver　ハンドセイバー
米国Playtex Products, Inc. 製の皿洗い・車洗い・ペンキ塗り・花植え用に家庭で使うゴム手袋．Playtex*の冠ブランド．

## Handy Andies　ハンディーアンディーズ
英国のもとBowater-Scott Corp Ltd製のペーパーハンカチーフ[ティッシュ]．先行商品のAndrex*に影響されて命名されたものと思われる．

## Handy Andy　ハンディーアンディー
オーストラリアClorox Australia Pty Ltd製のクリーナー．1842年刊のSamuel Loverの同名作品のヒーロー名から取ったものと思われる．

## Hanes　ヘインズ
米国Hanesbrands, Inc. の略・通称，同社製のTシャツ・男性用下着・女性用パンティストッキングなど．同社は1901年にHanes兄弟が創業．旧社名はHanes Hosiery, Inc.

## Hanes Alive　ヘインズアライヴ
米国Hanesbrands, Inc. 製のパンティストッキング（panty hose）．⇨ Hanes.

## Hankey Bannister　ハンキーバニスター
スコットランド産のブレンデッドウイスキー．1757年最初に醸造したMr HankeyとMr Bannisterの名から．Winston Churchillの愛飲ウイスキーと言われた．現在はInver House Distillers Ltdがブランドを保有．4年熟成の一般品のほかに8年・12年熟成の高級品，さらに21年熟成の超高級品De Luxeがある．1839年にVictoria女王御用達となった．英国海軍専用のスコッチとしても愛飲された．

## Hannaford　ハナフォード
米国Maine州Scarboroughに本部を置くスーパーマーケットチェーンHannaford Bros. Co. の略・通称．1883年創業で，New EnglandとNew York州北部で175店舗を展開．ベルギーのDelhaize Group傘下．

## Hannen Alt　ハンネンアルト
ドイツのHannen Brauerei GmbHの略・通称，同社製のビール．アルコール分6%未満．

## Hanover　ハノーヴァー
英国C. & J. Clark International Ltd製の紳士用カジュアルシューズ．

## Hanro　ハンロ
スイスのランジェリー（女性用下着）メーカー，そのブランド．素材は綿・絹・ウール．創業者のHandschinとRonusの名の頭部分の組み合わせから．1884年創業．ロゴは全て大文字．

## Hans Hansen　ハンスハンセン
デンマークの銀製カトラリー（ナイフ・フォーク類）・金銀アクセサリーのメーカー，そのブランド．同社は1906年にHans Hansen（1940年没）が，銀細工の店として創業．

## Happy Days　ハッピーデイズ
米国製の噛みたばこ（dipping tobacco）．現在は製造されていない．

## Happy Meal　ハッピーミール
米国McDonald's*系列店で子供向けに1979年以来販売しているミールセット．おもちゃ付き．

## Hard Candy　ハードキャンデー
米国で1995年に設立された化粧品会社．最初の製品はネイルポリッシュ．Kaleyedescope Baked Eyeshadow, Eye Tattoo, Press-On Eyeshadow, Take Me Out Eyelinerなどの新しいブランドを売り出した．ロゴマークにはピンク色のハートが使われている．

## Hardee's　ハーディー（ズ）
米国に展開しているHardee's Food Systems, Inc. （CKE Restaurants, Inc. の子会社）系列のハンバーガー・ローストビーフ・ステーキのサンドイッチ

などを供するファーストフードレストランチェーン店. ハンバーガーでは, McDonald's*, Burger King*, Wendy's* に次ぎ, 米国で第4位. Monster Thickburger (1,410 カロリー) で有名.

### Hard Rock Cafe　ハードロックカフェ
英国 London で 1971 年米国人の Peter Morton と Isaac Tigrett が開店し, 現在世界中に展開するカフェレストランチェーン. 2007 年 Seminole Tribe of Florida が買収し, 本部は Florida 州 Orlando.

### Hardwick　ハードウィック
米国 Maytag Cleveland Cooking Products (創業時は Hardwick Stove Co.) 製のガスレンジ・ガスグリル・電子レンジなど.

### Hardy　ハーディー
英国の代表的な釣り具会社 Hardy & Greys Ltd の略・通称, その自社ブランド. フライフィッシング用をはじめ, あらゆる種類の釣り竿の他に, 釣り針用の砥石から魚の燻製器まで, 広範囲の釣り用品を扱う. 1872 年に William と John James Hardy の兄弟が, 鉄砲鍛冶として創業, 間もなく釣り具で知られるようになった. 1910 年に当時の Prince of Wales, 後の George 5 世から最初に御用達の認可証を受け, 1980 年には Charles 皇太子からそれを授与された.

### Hardy Amies　ハーディーエイミス
英国の服飾デザイナー Hardy (Edwin) Amies (1909–2003) の作品, およびその量産メーカー Hardy Amies Ltd 製の衣料品 (婦人ものの注文服・既製服・ランジェリー・紳士服など), Savile Row にあるその直営ブティック. 1955 年以降, 英王室直属デザイナーとなり, Elizabeth 2 世女王の服を数多く手がけた. 紳士服のデザインは特にグレンチェックのダブルスーツが知られる. ★1968 年の名作 SF 映画 *2001: A Space Odyssey* の衣裳をデザインした. Wimbledon のテニス大会の役員・英国航空の Concord 乗務員のユニフォームのデザインも手がけた. 1989 年ナイト爵を授与された.

### Haribo　ハリボー
ドイツの Bonn で 1920 年 Hans Riegel Sr. が設立した菓子会社, その製品. 社名は Hans Riegel, Bonn の頭文字を組み合わせたもの. グミ (gummy) とジェリー菓子の製造では世界でもトップ企業.

### Harlequin Romance　ハーレクインロマンス
カナダの Harlequin Enterprises Ltd. 刊行の, 若い女性向き恋愛小説のペーパーバックシリーズ.

### Harley-Davidson　ハーレーダビッドソン[ダヴィッドソン]
米国唯一のオートバイメーカー Harley Davidson, Inc., その製品. 単に Harley とも呼ばれる. William Harley と Arthur Davidson とその 2 人の兄弟がオートバイを造るために協力した 1903 年以来の伝統. *Easy Rider, Electra Glide in Blue* などの米国映画で主役級の役割を果たした. V 型 2 気筒エンジンのレイアウトは, 1911 年に最初に登場し, 現在まで踏襲されているもので, 外形の基本的なデザインは 1930–40 年代のものからほとんど変化していない. 現在の主力は排気量 1340cc の製品群であるが, 他に 1200cc, 883cc の型がある. ⇨ Electra Glide.

### Harman Kardon　ハーマンカードン
米国最大手のオーディオ製品メーカーである Harman International Industries, Inc. の一部門 Harman Kardon 製の, ステレオ・CD プレーヤー・カセットデッキ・ビデオ機器・モニターなど. 同社は 1953 年に Sidney Harman 博士 (1918–2011) が創業. ⇨ JBL.

### Harp　ハープ
英国 Diageo plc 製のラガービール. 1960 年発売. Harp Lager ともいう.

# Harper's

創設メンバーの一社である Arthur Guinness & Son Ltd (現 Guinness*) がアイルランドの会社であり、ハープがアイルランドの伝統的楽器であるところから命名された。トレードマークはハープのデザイン。

**Harper's**　ハーパーズ
米国 Harper's Magazine Foundation が発行している、エッセイ中心の月刊総合誌。1850年創刊。22万部発行。

**Harper's Bazaar**　ハーパーズバザー
米国 Hearst Corp. が発行している、若いキャリアウーマンを対象としたファッション雑誌。1867年創刊。

**Harpic**　ハーピック
英国 Reckitt Benckiser* 製のトイレクレンザー (toilet bowl cleaner)。開発者 Harry Pickup の姓名に由来。

**Harrington and Richardson**　ハリントンアンドリチャードソン
米国の銃器メーカー H&R 1871, LLC の略・通称、その商標。H & R と略されることもある。

**Harris**　ハリス
⇨ L.G.Harris.

**Harris Teeter**　ハリスティーター
米国 North Carolina 州 Matthews に本部があるスーパーマーケットチェーン。North Carolina, South Carolina, Virginia, Georgia, Tennessee, Florida, Maryland, Delaware, District of Columbia で約200店舗を展開。1936年創業。Ruddick Corp. 傘下。

**Harris Tweed**　ハリスツイード
英国 Scotland 北部 Outer Hebrides 群島の Harris 島産の、手紡ぎ・手織り・手染めのツイード地。この一帯のツイードを統轄している Harris Tweed Authority の登録商標で、「Scotland 産の純バージンウールを群島内で製糸し、島民が手織りしたもの」と定義される。厚手だが軽い。1840年代からスコットランドで売られるようになった。

**Harrods**　ハロッズ
英国 London にあるヨーロッパ最大のデパート (Harrods Ltd), そのオリジナル商品のブランド。1849年に紅茶商人 Henry Charles Harrods が、小さな食料品店を買い取ったのが起源で、1861年に息子の Charles が、多ジャンルの商品を扱う店に変身させた。

**Hart**　ハート
米国の1955年創業のスキー用具メーカー Hart Ski Corp., その製品。

**Hartmann**　ハートマン
1877年創業の米国のバッグメーカー Hartmann Luggage Co., Inc. の略・通称、同社製の男性用旅行バッグ・スーツケース・トートバッグ類。素材は皮革またはナイロン製ツイードで、いずれも耐久性の高いもの。

**Hartmarx**　ハートマルクス
米国の大手衣料品メーカー Hartmarx Corp. (1911年創業)。Hartmarx がその紳士衣料品・礼服 (タキシードなど)・レインウェアのブランド。Barack Obama 米大統領の愛用服ブランド。小売り部門 Hartmarx Specialty Store, Inc. 系列の専門店で扱う婦人物の Country Miss がある。

**Hartnell**　ハートネル
⇨ Norman Hartnell.

**Har-Tru**　ハートゥルー
米国 Collins Co. 製のテニスコート表面塗装の粘土材。

**Hartz**　ハーツ
米国のペット用品メーカー The Hartz Mountain Corp. の略・通称。1926年米国に渡ったドイツ人 Max Stern が、友人でペット業者の Willie Odenwald から借金返済の代わりにもらった5,000羽のカナリアを米国で販売したのが始まり。1932年に鳥と鳥の餌の販売を開始、息子の Leonard Stern が1959年には熱帯魚や金魚関連用品、1960年中頃には犬と猫の関連用品まで商品を拡大し、合わせて1,500種以上のペット関連商品を扱う。

**Harvard**　ハーヴァード
英国 Rest Assured Ltd 製の脚輪つき

金属製ベッド(枠).脚部にバネが内蔵され,高さが調節できる. Harvard (bed)frame ともいう. マットレスや寝椅子もある.

**Harvest Day** ハーヴェストデイ
米国のもとあった Lucky Stores, Inc. (1931年創業) 製のコーラ・ルートビアー・ソーダなどの清涼飲料.

**Harvey Nichols** ハーヴェイニコルズ
英国の高級衣料品デパート. 1813年 Benjamin Harvey がリネン販売店を開いたのが始まり. Soprani, Krizia, Sonia Rykiel, Complice, Cacharel などのブランド品が購入できる.

**Harveys** ハービーズ
米国で Dana Harvey と Melanie Harvey 夫妻が 1997年創業したバッグメーカー,そのブランド. シートベルトバッグ・トートバッグ・ダイアパーバッグ・財布など.

**Harveys** ハーベイ(ズ), ハーヴェイ(ズ)
英国 Bristol にあった John Harvey & Sons Ltd が,原酒をスペインから輸入し,ボトル詰め・販売していたシェリー. アルコール分20%. Bristol Cream, Tico, Bristol Milk, Bristol Dry, Amontillado など16種類がある. Bristol Cream は,デザート用の,こくのあるやや甘口の酒で,英国ではシェリーでシェア No.1,商標登録は1886年. 同社で Bristol Milk を試飲したフランス人女性が,次に新製品を飲んで「さっきのが Milk なら,Cream といったところね」といったのが Bristol Cream の名称の起源. Victoria 女王以来英王室御用達.

**Harvey's** ハーベイズ
カナダのファーストフードレストランチェーン店. 1959年創業. 11種類のトッピングが選べるフレッシュグリルドバーガーが有名.

**Hasbro** ハスブロ(社) (~, Inc.)
米国最大手の玩具メーカー. ほとんどは東アジアで製造. 1926年創業. 傘下に米国最大のボードゲーム製造会社の Milton Bradley* がある.

**Hasselblad** ハッセルブラッド
スウェーデンの Victor Hasselblad AB (多角企業 Incentive AB の一部門) の略・通称,同社製の6×6判一眼レフシステムカメラ. 同社の前身は Victor Hasselblad の曾祖父 Fritz が設立した F. W. Hasselblad and Co. (1841年創業). NASA が Apollo 計画で使用したもの.

**Hathaway** ハサウェイ
米国製のワイシャツ・スポーツウェア. 1956年のワイシャツの広告 "The man in the Hathaway Shirt" のヘッドコピーで,黒い眼帯をした口ひげの男の写真は大評判となった. 現在は Windsong Allegiance Group がブランドを保有.

**Hatteras** ハトラス, ハッテラズ
米国のヨットメーカー (Brunswick Boat Group の一部門),同部門製の豪華で高価なエンジン付きヨット.

**Havana Club** ハバナクラブ, ハヴァナクラブ
キューバ産の代表的ラム(酒). 1994年から Habana Club International 製. 3年熟成後,脱色処理をした White, 5年熟成の Gold, 7年熟成の Extra の3種があり,いずれも 70 proof.

**Haviland** アビランド, アヴィランド
フランスのリモージュ (Limoges) 産磁器メーカー,そのブランド. New York の貿易商 David Haviland がフランスに渡り,1842年に Limoges に製磁工場を建設したのが始まり. シンボルマークは城.

**Haviland** ハビランド
米国 NECCO (New England Confectionery Co.) のチョコレート製品のブランド. Haviland Thin Mint (チョコレートでカバーしたミントキャンデー)や,チョコレートでカバーした干しブドウ・ピーナッツ・ノンパレイユ (nonpareil) など.

**Havahart** ハバハート

## Havoline

米国の Woodstream Corp. の野生生物管理製品 (caring control products) のブランド．動物撃退剤 (animal repellents)・動物生け捕りトラップなど．

**Havoline** ハボリン
米国 Texaco* のモーターオイルブランド．1904 年に導入され，当時の New York の Havemeyer Oil Co. の名前から．

**Hawaiian Holiday** ハワイアンホリデー
米国 Hawaiian Holiday Macadamia Nut Co. 製のマカデミアナッツ製品．

**Hawaiian Host** ハワイアンホスト
米国 Hawaiian Host Inc. 製の，マカデミアナッツ・ココナツなどを材料にした菓子やジャム・ジェリー・ハチミツ・ジュースなど．

**Hawaiian Punch** ハワイアンパンチ
米国 Dr Pepper Snapple Group, Inc. 製のミックスフルーツ味の飲料．果汁 10%．1.36 リットル缶入りおよび 64 オンス瓶入り．1944 年より製造．

**Hawaiian Sun** ハワイアンサン
米国 Hawaiian Sun Products, Inc. 製の食品・清涼飲料・ジュースなど．

**Hawaiian Tropic** ハワイアントロピック
米国 Tanning Research Laboratories, LLC 製の日焼け用または日焼け抑制用のローション・クリームなど．

**Hawes & Curtis** ホーズアンドカーチス
英国 London の Savile Row にあるテーラー (Hawes & Curtis Ltd)，その製品 (オーダーメードのスーツ・ジャケット・礼服・ワイシャツ・ネクタイ・ガウンなど)．同店は 1913 年創業．1946 年以来 Edinburgh 公の服が同店製．

**Hawkins** ホーキンズ
英国の靴メーカー G. T. Hawkins Ltd の略・通称，そのブランド (現在はエービーシー・マートが所有)．同社は 1850 年に George Thomas Hawkins が乗馬靴の製造所として創業．英国空軍士官・Buckingham 宮殿の衛兵・London 警視庁・英国の郵便配達人・Miami や Los Angeles の白バイ隊などの靴が同社製．

**Haynes** ヘインズ
米国 Wm. S. Haynes Co. (1888 年創業) の略・通称，同社製の管楽器 (フルート・ピッコロなど)．

**Hazel Whirl** ヘイゼルワール
英国の大手総合食品会社である Cadbury* 製のミルクチョコレートで，Cadbury Roses ブランドのミニチョコを組み合わせたものの中の 1 つ．

**HBO** HBO
米国の Home Box Office, Inc. (Time, Warner 傘下) が 1976 年以来行っている 24 時間放送のケーブルテレビ．全米最大の有料ケーブルテレビ．通信衛星を介して全米に配給する．

**Head** ヘッド
米国 Head N.V. の略・通称，そのスポーツウェア (スキー・テニス・ゴルフ用など)．

**Head and Shoulders** ヘッドアンドショルダーズ
米国 Procter & Gamble* 製のふけ予防 (anti-dandruff) シャンプー．全米で一番売れているシャンプー．1961 年発売．

**Health** ヘルス
米国 Southern Progress Corp. 刊行の女性の健康をあらゆる面から取り上げる月刊誌．創刊は 1981 年．

**Healthy Choice** ヘルシーチョイス
米国 ConAgra Foods, Inc. 製の冷凍調理済みディナー・デザート・スープ・パン．品数が豊富．

**Healthy Request** ヘルシーリクエスト
米国 Campbell's* 製の低脂肪・減塩のスープで，American Heart Association のお墨付き．種類も豊富．

**Hearos** ヒーロース, ヒーローズ
米国の DAP World, Inc. 製の耳栓．1992 年発売．睡眠・音楽・水泳・自動車

レース・学習・銃器用などが揃っている.

**Heartgard** ハートガード
犬のフィラリア症 (heartworm disease) 予防薬. "Easy to give. Protection to live." がうたい文句. 世界的な動物用医薬品メーカー Merial のブランド.

**Heath** ヒース
米国 L. S. Heath が 1928 年から製造していたが 1996 年から The Hershey Co. 製のチョコレートバー・チョコレート・トフィー (toffee)・アイスクリームバーなど.

**Heather Cream** ヘザークリーム
スコットランド産のモルトウイスキーにクリームを混合しヒースの花の風味を加えたリキュール. Lanarkshire 州にある R. Carmichael & Sons Ltd 製で, Inver House Distllers Ltd が販売. ストレート・オンザロック, またはコーヒー・紅茶に入れて飲む. 甘く美味. 34 proof.

**Heaven Hill** ヘヴンヒル
米国の Heaven Hill Distilleries, Inc. の略・通称, 同社製のバーボン. 5 年熟成. 同社は 1889 年創業, バーボン専業蒸留業者としては米国最大規模. 製品名は工場所在地の元地主の農夫の名に由来.

**Heaven Sent** ヘヴンセント
米国 Dana 製の女性用フレグランスなど. スプレーオーデコロン・体臭抑制剤・濃縮オーデコロン・バスパウダー・汗取りに用いるパウダー (dusting powder) がある.

**Heavy Metal** ヘヴィーメタル
米国 Heavy Metal Magazine 刊の, 大人向きの SF とファンタジーの漫画雑誌. フランスの *Metal Hurlant* の翻訳に, 米国のオリジナルを加えて 1977 年創刊.

**Hebrew National** ヘブルーナショナル
米国のもとは Hebrew National Kosher Sausage Factory, Inc. (現在は, ConAgra Foods, Inc.) の略・通称, 同社製のコーシャホットドッグ・100% ビーフソーセージその他の肉加工食品. Oscar Mayer* に次いでポピュラー.

**Hechter** エシュテル
⇨ Daniel Hechter.

**Hecker's, Heckers** ヘッカーズ
米国 The Uhlmann Co. 製の無漂白小麦粉 (unbleached white flour) 1843 年創業ブランド. 同社には Ceresota (1891 年創業ブランド) もある.

**Heckler & Koch** ヘックラーウント[アンド]コッホ
ドイツの銃器メーカー Heckler & Koch GmbH の略・通称, その商標. H & K とも略される.

**Hedex** ヘデックス
英国 GlaxoSmithKline Consumer Healthcare 製の鎮痛解熱薬の錠剤.

**Hedges & Butler** ヘッジスアンドバトラー
スコットランド Hedges & Butler Ltd の略・通称, 同社製のウイスキー. 5 年・8 年・12 年・15 年・21 年熟成の 5 種のブレンデッドウイスキーの他, ヴァッテッドモルトも 1 種ある. 同社は 1667 年創業の元ワイン商で, 国王 Charles 2 世の命によりウイスキー蒸留を始めた. 1837 年 Victoria 女王御用達.

**Hediard** エディアール
フランスのパリにある高級食料品店, 同店製の缶詰めのブランド. 特にスープ缶詰めが多く定評がある. 同店は 1854 年に Ferdinand Hediard が, 輸入品を主に扱う小さな食料品店として創業. パイナップルを初めてフランスに紹介した店として知られる.

**Hefty** ヘフティ
米国 Pactive Corp. 製のポリエチレン袋 (ゴミ袋など)・使い捨ての皿 (disposable plates) など. CinchSak (芝刈り後の草・落ち葉・大量の台所ごみなどの収納用. 袋の口を閉じるようになっ

# Heineken

ている)・Slide-Rite (袋の口が特別の
チャック式)その他多くのブランドが
ある.

**Heineken** ハイネケン
オランダ最大のビール会社 (Heineken
NV), 同社製のラガービール. 同社は
1873 年に Heineken's Bierbrouwerji
Maatschoppij N.V. として設立. 前
身の会社は Gerard A. Heineken が
1864 年に創業.

**Heinz** ハインツ
米国の大手食品メーカー H. J. Heinz
Co. の略・通称, 同社製の缶詰め・びん
詰め・香辛料・トマトケチャップ・スー
プ・ピクルス・ソース・冷凍食品・冷凍ポ
テト (Ore-Ida*)・ベビーフード・ペッ
トフードなど. 同社はドイツからの
移民の子 Henry John Heinz (1844–
1918) が, 前身の会社から, 1869 年に瓶
入り西洋ワサビ, 2 年後にピクルスを
売り出したのが始まり.

**Heirloom** エアールーム
家庭・業務用食器の大手メーカーであ
る米国の Oneida Ltd. (Silversmiths)
(1877 年創業) 製の, 銀器・しろめ器
(pewter).

**Helena Rubinstein** ヘレナルビ
ンスタイン
米国の化粧品メーカー (Helena Ru-
binstein, Inc.), 同社製の女性用化粧
品・ヘアケア用品など. ポーランドか
らの移民 Helena Rubinstein (1870–
1965) が創業. 1988 年に L'Oréal が買
収を発表し, 世界的に同社の所有と
なった. ロゴは H と R の合字.

**Helene Curtis** ヘレンカーティス
Unilever* 製のヘアケア用品・化粧品.

**Heller** エレール
フランス製のプラスティック製組み立
て模型キット, そのメーカー. 自国の
飛行機を中心に充実したラインアップ
を誇り, フランス機マニアに人気があ
る.

**Hellmann's** ヘルマン(ズ)
Unilever* 製のマヨネーズ・ドレッシ
ングなど.

**Helly-Hansen** ヘリーハンセン
ノルウェーのマリンウェア・レイン
ウェア・セイリングギア・肌着などの
メーカー, そのブランド. 同社は 1877
年創業.

**Hemorid** ヘモリッド
米国 Pfizer, Inc. 製の肛門周囲を清潔
にして痒み・痛み・不快感を緩和するた
めに使う痔の薬. 女性用で正確には
Hemorid for Women. クリーム・ロー
ション・座薬がある市販薬.

**Henckels** ヘンケル
ドイツのゾーリンゲンにある世界最大
の刃物メーカー J. A. Henckels Zwil-
lingswerk AG の略・通称, 同社製の刃
物類・カトラリー(ナイフ・フォーク類)
など. Johan Peter Henckels が, 1731
年に刃物業者組合に双子 (Zwilling) の
マークを商標登録したのが始まり.

**Henkel Harris** ヘンケルハリス
米国の家具メーカー, そのブランド.
1946 年 Carrol Henkel と Mary
Henkel 夫妻が友人の John Harris と
創業. "America's Finest Furniture"
とうたう.

**Hennessy** ヘネシー
フランス Ste. Jas. Hennessy & Co.
(Moët-Hennessy-Louis Vuitton (略
LVMH) 傘下) の略・通称, 同社製のコ
ニャック. アイルランド出身の英国
将校 Richard Hennessy が, フランス
で戦闘中に負傷し, 治療のため
Cognac 地方に留った結果, そこに定
住して 1765 年に創業. LVMH は,
1943 年創業のシャンパンメーカー
Moët et Chandon が, 1971 年にコ
ニャックの Hennessy と合併して
Moët-Hennessy となり, さらに 1987
年にバッグの Louis Vuitton* と統合
したもの.

**Hennessy** ヘネシー
米国 New York 市の Phillips Van
Heusen Corp. (1919 年創業) 製の紳
士服.

**Henninger** ヘニンガー
ドイツのフランクフルトの, もとは

Henninger-Bräu AG 製のビール．現在は同社が Radeberger の所有だがブランドはそのまま．Henninger Bier ともいう．創業者 Christian Henninger に由来．1869年より製造．

**Henri Bendel** ヘンリーベンデル
1895年創立の米国 New York 市五番街にある女性物の高級デパート．

**Henry Maxwell** ヘンリーマックスウェル
英国最古のビスポーク(オーダーメイド)靴店で，1750年創業．馬の拍車作りから出発し，その後乗馬用ブーツやドレス靴を製造．1823年 George IV から英王室御用達認定証を受ける．現在は Foster & Son 傘下．

**Henry McKenna** ヘンリーマケンナ
米国 Heaven Hill Distilleries, Inc. 製のストレートバーボン．80 proof．アイルランドからの移民 Henry McKenna が 1855年より製造．

**Henry Newbery** ヘンリーニューバリー(社)(~ & Co., Ltd.)
英国の，カーテンとその縁・房・組み紐などを専門とする室内装飾の店．1782年創業．製品の色調は淡いパステル調が主．

**Henry Poole** ヘンリープール
英国 London のテーラー Henry Poole & Co の略，同社製の紳士服．1806年に Henry Poole の父 James Poole がリンネル商を開いたのが始まり．Victoria 女王は仕着せ服商として御用達に認定し，それは今日まで受け継がれている．Charles de Gaulle は自分の軍服を全て同店に仕立てさせた．1974年より同店は既製服に進出した．

**Henry Weinhard's** ヘンリーワインハーズ
米国 Blitz-Weinhard Brewing 製のビール．同社は 1856年創業．ドイツからの移民で創業者 Henry Weinhard (1830-1904) の名前から．

**Herald Center** ヘラルドセンター
米国 New York 市 Herald Square にあるショッピングセンター．9階建てで，通称 Vertical Mall．1978年に倒産したデパート Korvette's* のビルを改装し，1984年に開設．Daffy's, DMV, Payless ShoeSource などの店が出店．

**Herbal Essences** ハーバルエッセンシーズ
米国 Clairol (Procter & Gamble* の一部門) 製のシャンプーやヘアスプレーなどのヘアケア商品，ボディーローション (body lotion) などのスキンケア商品．日本での名称は「ハーバルエッセンス」．

**Herbsaint** ハーブセイント
米国 Sazerac Co., Inc. 製のアニス (anise) の種のリキュール．

**Herend** ヘレンド
ハンガリーの高級磁器メーカー (Herend Porcelain Manufactory), そのブランド．Herend とは，1826年に同社が生まれた村の名．1839年より磁器の製造に専念．食器以外にも人形や花瓶なども手がけている．

**Herman Miller** ハーマンミラー
米国の家具メーカー (Herman Miller, Inc.), 同社製の家庭用・オフィス用の家具・間仕切り設備・収納壁など．同社は 1905年に Star Furniture Co. として創業，1923年に Herman Miller Furniture Co. と改められた．現在のマーク (H のデザイン化) は 1946年から．⇨ Action Office, Eames.

**Hermès** エルメス
フランスのバッグ・革小物・ベルト・靴・手袋・スカーフ・マフラー・ネクタイ・婦人服・リゾートウェア・馬具・アクセサリー・時計・銀製品・陶器・傘・香水・トランプ・バックギャモン・家庭用ルーレット・レターセットなど幅広いファッション商品のメーカー Hermès International, S. A. の略・通称，その店，そのブランド．初代社長 Tierry Hermès は馬具職人で，1837年の創業当時 Hermès 社は馬具工房であったため，バッグ類には鞍作りの伝統も生かされ

ており，またスカーフやネクタイの柄は馬や馬具をあしらったものが多い．トレードマークは四輪馬車とその前に立つ従者． ★ 1956 年に元 Hollywood 女優の Grace Kelly が Monaco 王妃として迎えられた当時，1956 年の雑誌 *Life* の表紙の写真で手にしていた同社製のハンドバッグが評判になり，以降そのタイプは Kelly Bag といわれるようになった．

## Hermesetas　エルメスタ

世界一の生産量をもつ人工甘味料メーカーであるスイスの Hermes Sweeteners Ltd. (1904 年創業) 製の低カロリー人工甘味料 (1932 年商標登録)．一粒が 12.5 mg のサッカリンナトリウムの結晶で，角砂糖 2 個分の甘さがあり，カロリーは 10 分の 1．清涼飲料にも用いられている．1954 年には Assugrin を市場に導入．

## Hermesetas Gold　エルメスタゴールド

スイスの Hermes Sweeteners Ltd. 製の低カロリー甘味料．aspartame を原料としており，1 粒は砂糖 4 g 分相当の甘さで 0.2 カロリー．

## Herno　ヘルノ

イタリアのミラノ郊外にあるコートメーカー，そのブランド．同社は 1948 年 Giuseppe Marenzi が創業．レインコートが主だが，その他の衣料品や服地も手がける．

## Herrera　ヘレラ

⇨ Carolina Herrera．

## Hershey's　ハーシー(ズ)

米国のチョコレート・菓子の大手メーカー The Hershey Co. (1894 年創業) 製のチョコレート製品各種のブランド．チョコレートバーや板チョコは一般に Hershey bar と呼ばれることが多い．チョコレートは米国では 1765 年に初めて市場化されたものの，一般大衆にはあまり縁の無い存在だったが，1893 年に世界的規模のキャラメル製造会社 Lancaster Caramel Co. の経営者 Milton Snavely Hershey が，Chicago での博覧会で展示されていたドイツ製の製造機に注目し，廉価で大量販売することを思い立ち，大成功を収めた．同社は 1900 年にキャラメルの事業を 100 万ドルで売却し，以降はチョコレートのみを製造するようになり，Hershey Chocolate Co. となった．

## Hertz　ハーツ

1918 年創業の米国 Hertz Corp. の略・通称・商標，同社系列のレンタカーチェーン店．レンタカー業界では後発の Avis* の台頭までは一社独占体制でしきっていた．世界 145 ヶ国の空港・都市に展開，8,100 ヵ所以上の営業所を持つ．トラック・建築用機器のリース・レンタルも行なっている．ロゴマークは黄色，Avis は赤．

## Hess　ヘス

米国 New York に本部を置き，石油や天然ガスの生産・販売などを行う Hess Corp. のガソリンスタンド(東海岸 16 州 1360 店舗)と併設のコンビニ Hess Express．1933 年 Leon Hess が創業．

## Heuer　ホイヤー

1860 年創業のスイスの時計メーカー TAG Heuer SA の略・通称，同社製のダイバー用・ラリー用など実用本意の腕時計，ファッション性のある薄型のスポーツウォッチ，およびスポーツ・カーレース計時用・科学実験用・医療用などのストップウォッチ[クロノグラフ]など．Tag とは techniques d'avant-garde の略．Heuer は創業者 Edouard Heuer の名．

## Hewlett-Packard　ヒューレットパッカード

⇨ HP

## hhgregg　エイチエイチグレッグ

米国 Indiana 州 Indianapolis に本部がある家電製品の小売りチェーン店 (hhgregg Inc.)．中西部と南東部 15 州に 171 店舗を展開．1955 年 Hennry Harold と Fansy Gregg が店頭での商売を始めたところから発展．

## Hi-C　ハイシー

米国 The Minute Maid Co. (The

Coca-Cola Co. の一部門) 製の果汁 10% 入りの飲料. Hi-C Blast, Hi-C Sour Blast もある. 1946 年 Niles Foster が考案.

**Hickey-Freeman** ヒッキーフリーマン
米国の紳士服メーカー (Hickey-Freeman Co.), そのブランド. 同社は 1899 年に, Jeremiah G. Hickey, Jackob L. Freeman, George A. Briar の 3 人が設立. ほとんどの工程が手縫いで, 品質・値段共に米国製スーツとしてはトップクラス. 2009 年インドの SKNL が買収.

**Hickory Farms** ヒッコリーファームズ
米国の食品ギフト用専門会社 Hickory Farms, その商品 (サマーソーセージとチーズの詰め合わせ・マスタードなど) のブランド, およびそれらを売る食品チェーン店. Richard Ransom が Ohio 州で 1951 年創業.

**Hicks** ヒックス
⇨ David Hicks.

**Hi-Cone Carrier** ハイコーンキャリヤー
米国 Hi-Cone (Illinois Tool Works, Inc. の一部門) 製の, 6 つの缶を一緒にまとめるポリエチレン薄片のマルチパック. デザインは技術者 Jules Poupitch. 米国内で半ダース以上買われる缶入り飲料の 95% が, 同製品でまとめられて店から持ち出されるといわれる.

**Hidden Valley Ranch** ヒドゥンヴァレーランチ
米国 The HV Food Products Co. 製のサラダドレッシング.

**Hide-A-Bed** ハイダベッド, ハイドアベッド
米国 Simmons Bedding Co. 製の, 座席マットレス部分を引き出して簡単にベッドに変換できるソファ (fold out sofa sleeper) の商品. 1945 年発売以来の人気商品. ⇨ Simmons.

**Hide-A-Key** ハイドアキー
米国 RocLok Hide-a-Key, Inc. 製の, 自然石に見える人造石の中をくり抜いてキーを隠しておくもの.

**Hi-Dri** ハイドライ
米国 Kimberly-Clark* 製のペーパータオル・ティッシュペーパー.

**Highland Park** ハイランドパーク
スコットランドの Orkney 島産のモルトウイスキー. 12 年・21 年熟成の 2 種. 1798 年創業の Highland Distillers Co plc 製. 同蒸留所はスコットランドの蒸留所中の最北端に位置する.

**Highland Queen** ハイランドクイーン
1893 年創業のスコットランド Macdonald & Muir Ltd (現在は The Highland Queen Scotch Whisky Co) 製のブレンデッドウイスキー. Mary, Queen of Scots (1542-67) にちなんだ命名. デンマーク・スウェーデン王室御用達.

**High Point** ハイポイント
米国 Procter & Gamble* 製のカフェイン抜きインスタントコーヒーだったが 1993 年製造中止. 1975 年発売で当時 Kraft* の Sanka に対抗して登場.

**High Society** ハイソサエティー
米国 New York 市の Drake Publisher, Inc. が刊行している男性月刊誌. 1976 年創刊. Pay Per View チャンネルを持つ.

**High Standard** ハイスタンダード
米国の銃器メーカー High Standard Manufacturing Corp. の略・通称, その商標. ショットガンが有名.

**High Times** ハイタイムズ
記事から広告まですべて麻薬に関するものばかりの米国の月刊誌. マリファナ合法化推進運動などのオピニオンリーダー. 1974 年 Tom Forcade が創刊, New York 市の Trance-High Corp. 刊.

**Hilditch & Key** ヒルディッチアンドキー
英国で 1899 年 Charles F. Hildritch

# Hi-Liter

と Graham Key が創業した Hilditch & Key Ltd のドレスシャツ・ナイトウェア・フォーマルウェアなどのブランド.

**Hi-Liter**　ハイライター
米国 Avery Dennison Corp. 製の水性マーカー. 必要な部分を目立たせるため (for highlighting) からの造語.

**Hille**　ヒル
英国 Hille Educational Products Ltd の略・通称, その製品の公共の場所に設置する各種のいす. 1962年デザイナー Robin Day によるポリプロピレン製のいす・ロンドンの地下鉄関連いす・劇場のいす, など.

**Hills Bros**　ヒルス(ブラス), ヒルズ
米国 Massimo Zanetti Beverage USA 製のドリップ用に挽いたブレンドコーヒー粉. 赤い缶に入ったものが特にポピュラー. もとの会社は1878年に Austin H. Hills と Rubens W. Hills の兄弟が創業. 1900年に「真空パック」を発売した. 豆のままのパックやインスタントコーヒーもある. 単に Hills とも呼ばれる.

**Hillshire Farm**　ヒルシャーファーム
米国 Hillshire Farm Co. (Sara Lee Corp. の一部門) 製の肉加工品 (ソーセージ・サラミなど).

**Hilti**　ヒルティ
リヒテンシュタイン公国 (Fürstentum Liechtenstein) Schaan 市に本社がある建設用工具 (ハンマードリル・アンカーなどの電動工具)・材料の製造会社 Hilti Corp. の略・通称. Martin Hilti が仲間と1941年に創業. 株式を上場していない. 世界120か国以上で展開.

**Hilton**　ヒルトン
米国 California 州の Hilton Hotels Corp. (1946年創業) 系列のホテルチェーン. Las Vegas の3つのカジノホテルの利益が大きい. ⇒ Hilton Worldwide.

**Hilton Worldwide**　ヒルトンワールドワイド
米国のホテル経営会社 (The Blackstone Group, L.P. の子会社). 世界約81か国に3,500のホテルを展開. Waldorf Astoria, Conrad, DoubleTree, Embassy Suites Hotels, など多くのホテルブランドを持つ.

**Hine**　ハイン
フランス産のコニャック. 英国生まれの Thomas Hine が創業. シンボルマークは牡鹿. 1962年より英王室御用達.

**Hinks, Wells**　ヒンク(アンド)ウェルズ(社) (~ & Co.)
英国のペン先メーカー. 19世紀に繁栄したが1940年代に倒産.

**Hiram Walker's Crystal Palace**　ハイラムウォーカー(ズ)クリスタルパレス
1858年創業のカナダの大手酒類メーカー Hiram Walker-Gooderham & Worts Ltd. 製のリキュール・ブランデー・シュナップス・ジン.

**Hires**　ハイアーズ
米国 Dr Pepper Snapple Group 製のルートビア. Hires Root Beer が正式な登録商標で, root beer という語はこの飲み物と共に生まれた. 薬剤師 Charles E. Hires, Sr. が Philadelphia で考案し, 1876年から製造. 当初はハーブティーとして Hires Herb Tea と呼んでいた.

**His Master's Voice**　ヒズマスターズボイス[ヴォイス]
英国 EMI・米国 RCA・日本のビクターなどのトレードマークとして使われた, 蓄音器 (Gramophone*) の前で耳を立てている犬の絵. モデルになった犬は Nipper (1884-95) という名の, ブルテリアの血が多く入った雑種で, 同犬の2番目の飼い主の画家 Francis John Barraud (1856-1924) が, 1889年にその絵を描き, 絵の題を 'His Master's Voice' とした. 1900年に Gramophone 米国本社の社長 Emile Berliner が米国・カナダで意匠登録を

した．レコードのラベルに最初に登場したのはカナダでは1900年，英国・ヨーロッパ・米国では1909年．英国では1910年に犬の絵とHis Master's Voiceの文字が初めて一体で登録された．その後会社も目まぐるしく買収で変遷し，商標権も1989–94年の間に消滅したものが多い．

**HIS69**　HISシックスティーナイン
米国 Surree House, Inc. が1970年代に刊行した男性同性愛ポルノのペーパーバックシリーズ．

**Hitchcock Butterfiled**　ヒッチコックバターフィールド
米国の各種の鏡のメーカー，そのブランド．飾り枠の付いた大型のもの．

**H. Lesser**　H. レッサー
英国 Londonの高級紳士服地メーカー H. Lesser & Sons Ltd の略・通称，そのブランド．同社は1920年創業．

**H. L. Tops**　H. L. トップス
米国 Happy Legs, Inc. 製のブラウス・トップ．

**HMV Group**　HMVグループ
世界展開をしている英国のCD, DVDなど音楽・映画・ゲームソフトおよび書籍販売チェーン店．英国を中心にカナダ，香港，シンガポール，日本などに多くの支店がある．

**Hobie Cat**　ホビーキャット
米国 Hobie Cat Co. 製のカヤック・ヨットなど．

**Hodder**　ホダー
英国の Hodder & Stoughton Ltd (Hachette Livre の子会社) 刊行のペーパーバックシリーズ．宗教に関するものを多く収めている．

**Hoel**　ホーエル
⇨ Steve Hoel.

**Hoffman's**　ホフマン(ズ)
米国 Churney Company, Inc. 製のチーズ，その他の食品．

**Hogue**　ホーグ
米国 Hogue, Inc. 製の銃のグリップなど．1968年 Guy Hogue が創業．

**Hohner**　ホーナー
ドイツの楽器メーカー (Hohner Musikinstrumente GmbH & Co. KG), そのブランド．同社は1857年創業．特にハーモニカでは伝統があり，その代表的存在．他にアコーディオン・電子オルガン・アンプなどを製造．

**Ho Hos**　ホゥホゥズ
米国 Hostess Brands, Inc. 製の円筒形のフロストした中にミルクを渦巻き状に詰めたケーキ．Caramel Ho Hos は2004年に導入された．

**Holgate Toys**　ホルゲートトイズ
米国のおもちゃメーカー，そのブランド．初期のデザイナーは Norman Rockwell の兄弟の Jarvis Rockwell であった．Cornelius Holgate が1789年創業．リンカーン記念堂型やワシントンタワー型の貯金箱，幼児用のいす，3連の汽車のセットなど木製品のおもちゃ．

**Holiday Inn**　ホリデイイン
米国 Tennessee州 Memphis で1952年に創業したホテルブランドで，現在は InterContinental Hotels Group 傘下．世界に1,300を超える営業店舗を持つ最大のホテルチェーン．系列のホテルの主な種類には，他に Holiday Inn Express, Holiday Inn Select, Holiday Inn SunSpree Resorts, Holiday Inn Garden Court (ヨーロッパと南アフリカで営業) がある．

**Holland & Sherry**　ホーランドアンドシェリー
英国の服地メーカー (Holland & Sherry Ltd), 同社製の高級紳士服地・コート布地．素材はウール・モヘア・テリレン (Terylen)・ウーステッドなど．またインテリア家具部門もある．同社は1834年に Anthony Holland が創業．

**Holland House**　ホーランドハウス
米国 Mizkan Americas, Inc. 製の料理ワイン・カクテルミックスなど．

**Hollofil**　ホロフィル
米国 E.I. du Pont de Nemours & Co., Inc. 製の Dacron* の一種の合成繊維．

## Holly Hobbie

**Holly Hobbie** ホリーホビー
米国製の縫いぐるみ人形 (rag doll).
1974 年 Knickerbocker Toys が売り出
して人気があったが，現在は American Greetings Corp., Inc. が扱うブラ
ンド．かつて 2006 年に Mattel* が全
く新しいシリーズを発売したこともあ
る．米国の作家・イラストレーター
Holly Hobby (1944 年生まれ) がもと
の物語の生みの親．

**Holmegaard** ホルムガード
デンマークの代表的な手作りガラス器
メーカー Holmegaard Glass Factory,
そのブランド．同社は 1825 年に，工
場の燃料となる泥炭が取れる Holmegaard 湿原に，その領主の伯爵の夫
人が設立．デンマーク王室御用達で，
ロゴに王冠マークを付すことを許され
ている．

**Holophane** ホロフェイン
米国 Holophane 製の各種照明器具・広
告照明など．創業は 1898 年．ギリシ
ア語 Holos ('whole, entire')＋Phanein ('to appear') から「完全に光り輝
いて見える」ほどの意味で使って社名
としたもの．

**Holsten** ホルステン
ドイツ Holsten Brauerei の略・通称，
同社製のビール．アルコール分 5.1%.
同社は 1879 年創業．

**Holton** ホルトン
米国の楽器メーカー(1898 年創業)，同
社製のトランペット・コルネット・フ
リューゲルホルン・トロンボーンなど．

**Hom** オム
フランス Hom S.A. 製の男性用下着．
同社は 1968 年に C. Belpaume が創
業．

**Home Defense MAX** ホーム
ディフェンスマックス
米国の The Scotts Co. LLC 製 Ortho
ブランドのネズミ駆除用のわなや害虫
駆除用のスプレーなど．

**Home Depot** ホームデポ
米国の建築資材販売会社 The Home
Depot, Inc. 1978 年, Bernie Marcus
と Arthur Blank が Georgia 州 Atlanta で創業．北米で 1,900 以上の店舗
を持つほか，プエルトリコ，カナダ，メ
キシコ，中国にも展開．系列の店は
EXPO Design Center.

**HoMedics** ホーメディックス
米国製のマッサージ器などのブラン
ド．(ロゴは o の文字の下に下線).

**Homelite** ホームライト
米国 Techtronic Industries Co. Ltd.
(TTI) 製の業務用チェーンソー専門
メーカー，そのブランド(ブロワァー・
発電機・芝刈機・トリマー[生け垣用・芝
生の縁用]・木材スプリッター・高圧
ウォッシャーなど)．1921 年創業時
Home Electric Lighting Co. 名であっ
たものを短縮して現在名になったも
の．

**Homer Laughlin China** ホー
マーラフリンチャイナ
米国の 5 色の陶磁の食器メーカー，そ
のブランド．同社は 1871 年創業．

**HoneyBaked Ham** ハニーベイク
トハム
米国 The HoneyBaked Ham Co. 製の
照り (glaze) の付いたハム．40 年前に
Harry J. Hoenselaar が Michigan 州で
創業し，現在は 400 店舗を抱える．

**Honeysuckle White** ハニー
サックルホワイト
米国の Cargill Meat Solutions Corp.
製の七面鳥の肉製品．1965 年から．
"The One Turkey That Can Feed A
Million People." がうたい文句．

**Hooters** フーターズ
米国 Florida 州 Clearwater で 1983 年
創業したレストランチェーン店．ウ
エートレスがオレンジ色のホットパン
ツにタンクトップで，セクシーなチア
ガール姿．ロゴマークはふくろうで，
その両目はオレンジ色の文字 HOOTERS の OO が被さったデザイン．全
米に 460 店舗以上，海外での 1 号店は
シンガポールで，世界 27 カ国で展開．
バーガー・チキンウィング・シーフー
ド・アルコールを提供する．

**Hoover**　フーバー, フーヴァー
　米国 The Hoover Co. の略・通称, 同社製の電気掃除機. 同社の前身の会社である W.H. Hoover Co. は, 馬と馬車の時代 (horse-and-buggy era) を背景に, 鞍・馬具・革製品などの製造販売をする会社で, William Henry Hoover (1849-1932) と, 息子の H.W. Hoover が経営していた. 1907 年, 同社に, 土地の発明マニアでありデパートの掃除夫をしていた James Murray Spangler が, 自分が考案した電気吸引式掃除機 (electric suction sweeper) を持ち込んだ. Hoover 親子はこれはものになると見て取り, Spangler に特許の申請を勧めた. 1908 年に特許が得られると, Hoover は特許権を買い取り, Spangler 考案のものに改良を加えた製品を製造して, 70 ドルで販売を始めることにし, 社名を Electric Suction Sweeper Co. (のちに Hoover Suction Sweeper Co. と改名) とした. 現在は Hoover の商標で床磨き機・シャンプー利用のカーペット洗い機・洗濯機・乾燥機・冷蔵庫・冷凍庫・電子レンジ・盗難警報機・その他台所電化製品も製造しているが, 今も電気掃除機が同社の主力商品で, 携帯用から大型の業務用まで多種多様な製品がある. なお, 1960-70 年代に人気があった 2 槽式電気洗濯機 Hoovermatic (Twin Tub) は, 使用する水道水を好みの温水に沸かし, 隣の槽ですすぎ・脱水ができる.

**Horlicks**　ホーリックス
　英国 GlaxoSmithKline* 製の, 麦芽粉乳あるいは麦芽粉乳から作られた飲み物, その粉末 (malted-milk powder). 主に乳幼児・病人用. 英国の薬剤師 James Horlick (1844-1921) が考案. 同氏は 1873 年に渡米して, 1883 年に同製品の特許を得, 米国で機械工をしていた弟 William (1846-1936) と組んで, 1885 年に Michigan 州で Horlicks Milk Co. を創立. 1890 年ごろ英国に戻り Horlicks Malted Milk Co. を創立, 1891 年に商標を登録した.

**Hormel**　ホーメル
　米国 Hormel Foods Corp. (1928 年創業) の略・通称, 同社製の食肉加工食品.

**Horn**　ホーン
　米国のカスタムナイフデザイナーで Loveless* の門下生であった Jess Horn の作品. 特に折り畳み式ナイフは天下一品で「ナイフ職人が欲しがるナイフ」といわれる. 素材は 154 CM 鋼, 刃の断面は V 字形, また峰側にも刃のついたものもある.

**Horn & Hardart**　ホーンアンドハーダート
　Horn & Hardart が経営していた New York 市のセルフサービス食堂 Automat* の通称. この種の店は 1902 年に同社が Philadelphia で開店させた. 翌年 New York 市にも登場, 一時は市内に 10 数ヶ所あった.

**Hornby**　ホーンビー
　英国 Hornby Hobbies Ltd の略・通称, 同社製の鉄道模型. Hornby trains ともいう. 同社は Frank Hornby が設立.

**Hornet**　ホーネット
　⇨ Schwinn.

**Hospices de Beaune**　ホスピスドボーヌ, ボーヌ慈善病院
　フランス東部 Côte-d'Or 県 Beaune 市にある慈善病院で, ワイン醸造所. Louis 11 世の徴税官 Nicolas Roland が創設. 多くの市民から寄進されたブドウ畑が Côte de Beaune 地区に散在し, 寄進者名で毎年 11 月の第 3 日曜日にワインの競売が行なわれるので有名.

**Hostess**　ホステス
　米国 Hostess Brands, Inc. 製のドーナツ・カップケーキなどのブランド. 1930 年代より製造. ⇨ Twinkies, Ding Dongs, Wonder.

**HotBot**　ホットボット
　米国 Wired 誌が 1996 年サービスで立ち上げた初期のインターネット検索エンジンだったが, 短期間で打ち切られた. 現在は他の検索エンジンのフロ

# Hotpoint

ントエンド.

**Hotpoint** ホットポイント
英国 The Hotpoint Electric Heating Co (イタリアの Indesit Co. 所有) の家庭電化製品. 北米で The General Electric Company (GE) が同名のブランドで製造販売しているが, 英国のものと関連はない.

**Hot Shot** ホットショット
米国の United Industries Spectrum Brands Div. 製の殺虫剤 (ゴキブリ・アリ用).

**Hot Spot** ホットスポット
米国 Seymour of Sycamore, Inc. 製の耐熱ペンキのスプレー. 1200°F (648.9°C) まで耐えるとされる.

**Hot Spot** ホットスポット
英国 Hydrachem Ltd 製のストーブ・暖炉の手入れ用品. ストーブ磨き剤・コールペイント (coal paint)・ストーブと暖炉ペイント・メタルポリッシュ, など.

**Hot Wheels** ホットホイールズ
米国 Mattel, Inc. 製のダイカスト (die-cast) のトイカーとアクセサリー.

**Hot-Z** ホット Z
米国 American Brand Golf International 製のゴルフバッグ. 1864年革製の馬の鞍を製作するなめし革工場を創業した Henry Hotze の姓のつづり替えのブランド名.

**Hourbigant** ウビガン
1775年創業のフランスの香水メーカー. Quelques Fleurs, Chantily, Lutèce などを作った.

**Hour Lavigne** ウールラヴィーニュ
フランスの複雑置時計メーカー, そのブランド. デザインは天文観測器 astrolabe をモチーフにしたもので, クオーツが組み込まれている.

**House & Garden** ハウスアンドガーデン
英国 The Condé Nast Publications, Inc. 刊行の月刊誌. インテリアデザインを中心に, 家・庭および生活環境全体をいかに快適にするかをテーマとする雑誌. 食事・旅などの記事もある. 1901年創刊. もともと米国で同社が創刊したものだが, 2007年12月号が米国版最終号となった.

**House Beautiful** ハウスビューティフル
米国 Hearst Corp. 刊行の, より良いマイホームを夢見る人のための雑誌. 1896年創刊. 誌名は Robert Stevenson の詩 'The House Beautiful' を取ったもので, 1925年までは誌名に The が付いていた.

**House of Almonds** ハウスオブアーモンズ
米国 House of Almonds 製のアーモンドやピスタチオなど.

**House of Fraser** ハウスオブフレイザー
英国とアイルランドで61店舗とオンラインショップを営業するデパートグループで, 衣類, 化粧品, 家庭用品を扱う. 1849年に Scotland の Glasgow で Arthur and Fraser として創業.

**House of Stuart** ハウスオブスチュアート
スコットランド House of Stuart Bonding Co Ltd 製のブレンデッドウイスキー.

**House of Windsor** ハウスオブウィンザー
米国 House of Windsor, Inc. 製の葉巻.

**Hovercraft** ホバークラフト, ホヴァークラフト
英国 Hovercraft Development Ltd 製のエアクッション利用の水陸両用艇. 1955年に英国の無線技術者 Christopher Cockerel が発見した原理を応用したもの. ★一般名詞では, 米国では ground effect machine (略 GEM), 英国では air cushion vehicle (略 ACV) と呼ばれる.

**Hovis** ホビス, ホーヴィス
英国 Premier Foods plc 製の, 全粒小麦を原料とした黒パン (パンの側面に

HOVISの名が浮き出し)など, 同社の前身の一つであるHovis Bread and Flour Co (1898年創業), およびその1918年からの変更社名Hovis Ltdの略・通称, 原料の小麦粉の銘柄. 1890年に命名コンテストが開かれ, Herbert Grimeが考えたラテン語homonis vis (人間の力)を凝縮してHovisとしたものが1位となり, 同年商標登録. 当初はロゴのOの上に波形符号(tilde)が付いていた.

**Hovis** ホビス, ホーヴィス
英国United Biscuits製の甘味の薄い全粒粉ビスケット (digestive biscuit). HOVISの刻印が大きく入っている.

**Howard Johnson's** ハワードジョンソン(ズ)
米国のレストラン・ホテルチェーン. 当初アイスクリームの店として28種の味を売物にしていた. もとの会社の創業者Howard Deering Johnsonの名から. ホテル部門はWydham Hotel Groupの一部門になり, 2009年現在でレストランはわずか3店舗のみ営業. ★1968年のSF映画「2001年宇宙の旅」(2001: Space Odyssey)で, 月面の宇宙港(宇宙船発着所)には, Howard Johnson'sのレストランとHilton Hotelが入っている設定になっている.

**Howard Miller** ハワードミラー
米国Howard Miller Clock Co.の略・通称, 同社製のグランドファーザー時計などの各種置き時計・美術品陳列戸棚 (curio cabinet) など. 1926年創業.

**Howell** ハウエル
⇒ Margaret Howell.

**Hoyle Products** ホイルプロダクツ(社) (~, Inc.)
米国のペン軸・鉛筆グリップ・Acu-Arcブランドの定規などのメーカー. 1958年James Hoyleが創業.

**HP** HP
英国HP Foods Ltdの略・通称, 同社製のソース. HPとも書く. 1875年にビネガー工場として創業. 1899年に, 創業者のEdwin Samson Mooreとその息子Eddieが, 金を貸していたFrederick G. Gartonの家に取り立てに行くと, 同氏はソースを製造中で, それを輸送する車には下院 (House of Parliament) の絵と 'Garton's H. P. Sauce' の文字が書かれていた. 親子は借金を帳消しにした上に150ポンドを支払って, そのソースの名前とレシピを譲り受けた. 英国で最もポピュラーなソースで, 英王室御用達. Lea & Perrinsブランドのウスターソースもある. 親会社はH. J. Heinz Co.

**HP** HP
米国のコンピューターやプリンターなどの製造・販売・サービスを手がけるHewlet-Packard Co.の略・通称. 世界有数のコンピューター関連メーカーでBill Hewlett (1913–2001) とDavid Packard (1912–96) により1939年創業.

**Hubba Bubba** ハババババ
米国Wm. Wrigley Jr. Co.製の風船ガム. 1975年発売. Bazooka*に次いでポピュラー. 第二次世界大戦中兵士たちの間で流行ったことばから. ⇒ Wrigley's.

**Hubbard** ハバード
英国Hubbard Ice Systems製の自動角氷製造機 (automatic ice machine). ⇒ Scotsman.

**Hubby Hubby** ハビーハビー
米国Ben & Jerry's*製のアイスクリームで, 同社の創業の地で本部があるVermont州が同性結婚を合法と認めたことを祝って, 同社のブランド商品Chubby Hubbyを2009年9月から1ヶ月間だけ名前を変えて発売したもの. "hubby" は 'husband' を意味する略式語. ⇒ Chubby Hubby.

**Hubert de Givenchy** ユベールドジヴァンシー
⇒ Givenchy.

**Hublot** ウブロ
スイスの時計メーカーHublot SA製のスポーツ腕時計. 1978年より開発

# Hudson's Bay

を始め1980年に市場化. hublotとはフランス語で「舷窓」(porthole)の意で, それを模したデザインと防水性とから名付けられた. 舷窓型のふたで文字盤を覆っているものと, それがないものの2種, およびダイバーズウォッチがある. ベルトは黒のゴム製. 年間12000個の限定生産で, 通し番号入り.

**Hudson's Bay** ハドソンベイ, ハドソンズベイ(社) (~Co.)
カナダ最大手のデパートチェーン経営会社, その店. 同社は1670年創業. 不動産売買・毛皮取り引きも行なっている.

**Huffingtonpost** ハフィントンポスト
米国New York市に本部を置き, 2005年Arianna Huffingtonなどが設立したニュースブログサイト. 論調はリベラル. 英国の*The Observer*が世界で最も強力なブログと評した. 米国インターネットプロバイダーAOLが2011年2月に買収.

**Huffy** ハフィー
米国最大手の自転車メーカー (Huffy Corp.), その製品の自転車とその部品. 同社は1892年創業. 同ブランドでは主に量販店で販売. 同ブランドで芝刈り機も市場化. 2006年に1億台目の自転車販売を達成.

**Huger** フガー
ドイツHuger Electronics GmbH (1945年創業) の略・通称, 同社製の気圧計.

**Huggies** ハギーズ
米国Kimberly-Clark*製の使い捨て紙おむつ (disposable diapers). 期間限定で, おむつだけでもおかしくないようにジーンズ柄のLittle Movers Jeans Diaperを2011年も発売. ★ 同社とProcter & Gamble* (製品名Pampers*, Luvs*など) は紙おむつ市場で激しいシェア争いを展開している.

**Hughes** ヒューズ
米国Hughes Helicopter, Inc. (1947年設立) の略・通称, 同社製のヘリコプター. 小型ヘリの500型 (米陸軍制式名称OH-6; 愛称はCayuse) は, 世界的なベストセラーで, たまご型の胴体が特徴. 同社は米陸軍の対地攻撃ヘリAH-64 Apacheも設計. 同社は1984年にMcDonnell Douglasに買収された.

**Hugo Boss** ヒューゴボス
ドイツ最大の紳士衣料品メーカー (Hugo Boss AG), そのブランド. 英国風のオーソドックスなデザインで, ビジネスマン向き. コート・フォーマルウェア・シャツ・ニットウェア・レジャーウェアも手がけている. 同社はHugo Ferdinand Boss (1885–1948) が1923年に設立.

**Hula Hoop** フラフープ
米国Wham-O Inc.製の, フラダンスのように腰を動かすことによって身体の周りで回転させるプラスチック製やゴム製の中空の輪. 直径1.2 mほど. 1958年に米国で大流行した.

**Hula Hoops** フラフープス
英国KP Snacks製のポテトチップス (crisps). BBQ, Cheese & Onionフレーバーがある. ⇒ KP Snacks.

**Humbrol** ハンブロール
英国製の, エナメル系塗料・接着剤・パテなど, そのメーカー (Hornby plcがブランド所有). 小さな缶に入った模型用塗料はポピュラー. 同社は1919年にHumber川沿いのHullで, 油製品 (oil products) メーカーThe Humber Oil Coとして創業. ⇒ Airfix, Heller.

**Humpty Dumpty** ハンプティーダンプティー
カナダのHumpty Dumpty Snack Foods Inc.の略・通称, そのスナック菓子. Old Dutch Snack Foods Ltd傘下.

**Humvee** ハンビー
米国AM General製の軍用の4WD車High Mobility Multipurpose

Wheeled Vehicle.

**H & K** H ウント[アンド] K
⇨ Heckler & Koch.

**100 Pipers** ハンドレッドパイパーズ
スコットランド産のブレンデッドウイスキー．Chivas Brothers Ltd 製．1745 年に Charles Edward 王子を支持し，王位奪回のためにイングランドと戦ったスコットランド軍の先頭に立った 100 人のバグパイパーにちなんだ命名．

**Hungry Jack** ハングリージャック
米国 The J. M. Smucker Co. 製の冷凍ビスケット生地・小麦粉・パンケーキミックス・マッシュポテト・シロップなど．

**Hungry Jack's** ハングリージャックス
オーストラリアの Hungry Jack's Pty Ltd の略・通称．単に HJ's とか Hungry's とも呼ぶ．Burger King Corp. のオーストラリアのファーストフードフランチャイズ店．全国に 300 店舗以上ある．1971 年創業．

**Hungry-Man** ハングリーマン
米国 Pinnacle Foods Group LLC の冠ブランド Swanson の冷凍TVディナー．

**Hunter Douglas** ハンターダグラス
米国製の窓用のブラインドのメーカー，そのブランド．用途に応じて Duette, Silhouette, Pirouette, Luminette, などの各種のブランドもある．

**Hunting World** ハンティングワールド
米国 New York 市にある高級かばん店，およびそのオリジナル商品のブランド．1965 年創業．特に，ナイロン 3 層からなり，表面がウレタンコーティングされた 'Battue Cloth' を素材とした，くすんだ緑色のバッグ類が有名で，耐久性・防水性・断熱性・柔軟性に優れる．探険家・狩猟家・写真家の Robert [Bob] M. Lee (1929– )が，1959 年に Lee Expeditions という探険・狩猟・野性動物などの調査・撮影・会社の企画・用品製作・狩猟競技会の主催を行なう会社を作り，自らの体験を生かしてバッグを設計し，ヨーロッパの工房に発注したのが始まり．革小物・アクセサリー類・パーカ・ネクタイも手がけている．トレードマークはイタリアのアーティスト Ugo Mochi による牙のないアフリカ象象．

**Hunt's** ハント，ハンツ
米国 ConAgra Foods, Inc. 製の加工食品(チリー料理用トマトソース・トマトケチャップ・プチトマトなど)．

**Huntsman** ハンツマン
英国 London の Savile Row にある英国の代表的な紳士服テイラー，H. Huntsman & Sons の略・通称，その製品．同店は 1790 年に H. Huntsman が乗馬服メーカーとして創業．1865 年に Edward 7 世 (当時の Prince of Wales) の服を手がけて以来，スペイン・オランダなどヨーロッパ各国の王室の御用達．店の規模は小さいが，技術は定評があり，値段もトップクラス．

**Hupmobile** ハップモービル
米国 Hupp Motor Car Co. 製の乗用車．同社は Louis Hupp と Robert Hupp の兄弟が 1908 年に創業．同車は 1941 年まで生産された．

**Hush Puppies** ハッシュパピー(ズ)
米国のカジュアルシューズメーカー Wolverine World Wide, Inc. の一部門，そのブランド．革が柔らかく軽いのが特徴．同社は 1883 年創業，Hush Puppies の名は，1961 年に商標登録された．たれ目のバセットハウンド犬がトレードマーク．

**Husqvarna** ハスクヴァーナ
スウェーデンの Husqvarna Motorcycles S.r.l. (BMW Motorrad の子会社) の略・通称，同社製のオートバイ．同社は 1689 年に王国軍隊の兵器工場として創立された Husqvarna の一部門で 1903 年創業．

**Hustler** ハスラー

米国 Larry Flint Publications 刊の男性月刊誌. 1974 年に Larry Flynt が刊行. 性器を露骨に写す女性ヌードに固執した編集方針で発行部数を伸ばし, 取り締まりに対しては幾度となく法廷闘争を行なった.

## Hutschenreuther　フッチェンロイター

ヨーロッパ有数の生産規模をもつドイツのバイエルン地方の陶磁器・ガラス器メーカー, そのブランド. 同社は 1814 年に Karl Magnus Hutschenreuther が創業. Meissen* の影響が強く, 19 世紀末に Meissen から「青いタマネギ模様」の使用権を買い, 現在も生産. ロココ調陶製人形も製造. 左向きのライオンがシンボルマーク.

## Hyatt　ハイアット

米国 Chicago に本部がある Hyatt Hotels Corp. のホテルチェーン. 1957 年に最初のホテルの営業を開始した. 中心となるホテルは Hyatt Regency という高級ホテルチェーンであるが, 1980 年以降は, 宿泊客の多様なニーズに対応するために, 大規模な会議などを開催できるビジネス客向けの Grand Hyatt や, 個人旅行者向けのやや小規模な Park Hyatt などのホテルチェーンの営業も開始した.

## Hyde　ハイド

米国 Hyde Manufacturing Co. の略・通称, 同社製の工具. 5-in-1 Tool と呼ばれるペンキ塗り作業補助工具が知られる. 塗料はがし刃 (scraper) を, パテはがし・塗料のばし・塗装ローラークリーナー・溝さらいの機能を果たすようにデザインしたもの.

## Hydra-Matic　ハイドラマティック

米国 General Motors Corp. 製の, 自動ギアシフト装置の付いた自動車用自動変速機. 動力をエンジンから駆動軸へ伝えるため, 流体継ぎ手 (fluid coupling) を利用する.

## Hydron　ハイドロン

ソフトコンタクトレンズの代表的メーカーである米国 Ocular Sciences Inc. 製のソフトコンタクトレンズ. ⇨ Zero-4.

## Hyundai　現代自動車, ヒュンダイ

韓国最大の自動車メーカー Hyundai Motor Co. の略・通称. 1967 年創業. 2009 年時点では世界第 4 位の自動車メーカー.

# I

### Iams アイムス
米国製のドッグ・フード, キャット・フード. 1946年に動物栄養学者のPaul Iams が創業. 現在は Procter & Gamble* のブランド. "Life's Better on Iams" とうたう.

### Ian Thomas イアントーマス
英国のデザイナー Ian Thomas (1929–93) のデザインした服. 特にフォーマルウェアが有名. Elizabeth 2世女王の服も数多く手がけている.

### Ibcol イブコール
英国の衛生用品メーカー Jeyes Group (John Jeyes が創業. 1896年から英王室御用達) 製の芳香消毒剤. もとのメーカー名 Ibbetson Co Ltd を略したもので, 同社の略・通称でもあった. 同社は1955年に Jeyes に吸収された. Bloo ブランドもある.

### IBM IBM
コンピューター関連サービス・製品を提供する米国 International Business Machines Corp. の略・通称, そのブランド. 同社は1911年創業. 現在のロゴのデザインは1956年から. ロゴをはじめ, コンピューターなどの製品のパッケージなどが青を基調色としていることからか, 同社は Big Blue のあだ名で呼ばれる. 2005年不採算部門のパソコンを中国の Lenovo Group Limited に売却した.

### I Can't Believe It's Not Butter! アイキャントビリーブイツノットバター!
Unilever* 製のバター代用品 (butter substitue). 米国へは1986年に (1991年には英国とカナダへ) 導入された. スプレッド・スプレー・スティック・スクイーズなどの製品形態がある.

### ICEE アイシー
米国 The ICEE Co. (California 州 Ontario に本部がある. J & J Snack Foods Corp. の子会社) 製のフローズン炭酸飲料. Cherry, Blue Raspberry, Cola のフレーバーがよく売れているという. 1950年代終わりごろ, Kansas 州 Coffeyville の Dairy Queen の店主 Omar Knedlik がソーダポップのびんをたまたまフリーザーに入れていたところ面白いものが出来たことから思いついたもの.

### ICI ICI(社)
⇒ Imperial Chemical Industries.

### Icy Point アイシーポイント
米国 Ocean Beauty Seafoods, Inc. (1910年創業) 製スモークサーモンの缶詰.

### Idahoan アイダホアン
米国 Idahoan Foods, LLC 製のインスタントマッシュポテト. 1960年より発売.

### Ideal Toy アイデアルトーイ(社)(〜Co.)
米国にあった玩具メーカー. Teddy Bear のぬいぐるみを世に出したロシアからの移民で, New York 州でキャンディーショップ(一説には玩具店)を開いていた Morris Michtom が1903年に創業. 同氏は1902年に, The Washington Star 紙に掲載された Theodore (Teddy) Roosevelt 大統領と子グマのイラスト (Clifford Berryman 画) を見て, 自分の店のウィンドウディスプレイとして子グマのぬいぐるみを作り, Teddy's Bear と書いて人目を引こうと試みた. するとそのぬいぐるみが欲しいという客が殺到したので, 同氏は手紙で大統領からあだ名を借用する許可を得て商品化したのち, 会社を設立した. 数度にわたって他社に買収された後に Mattel, Inc. に吸収された. ⇒ Reeves Internation-

**Idris** イドリス
英国 Britvic Soft Drinks Ltd 製のジンジャーエール(清涼飲料), そのメーカー. 1873 年に Idris & Co Ltd を創設した T. H. W. Idris の姓に由来. 同氏の本来の姓は Williams であったが, Wales の Idris Mountains に魅せられて改姓した. ★ Idris は Wales 伝説の巨人の名.

**IGA** IGA
1926 年に米国で生まれた日用雑貨・食料品店の連合体. そのブランド. Independent Grocers Alliance の頭文字. 現在は米国 Illinois 州に本部を置き, 世界中に 4000 以上の加盟店を持つ. スローガンは "Hometown Proud" である.

**Igloo** イグルー
米国 Igloo Products Corp. (1947 年創業) の略・通称, 同社製のプラスチック素材のクーラー・ウォータークーラー・保冷剤などのブランド. "More than Cool" とうたう. igloo は「氷雪の塊で造るイヌイットの家」のこと.

**IHOP (International House of Pancakes)** アイホップ(インターナショナルハウスオブパンケクス)
1958 年 California 州 Los Angeles 郊外に 1 号店がオープンした米国のファミリーレストランのチェーン店. パンケーキ, オムレツなどが有名. "Come hungry. Leave happy." とうたう.

**IKEA** イケア, アイキア
スウェーデンで生まれ世界中に店舗展開する家具メーカー Inter IKEA System B.V., そのブランド. 1943 年の創業者 Ingvar Kamprad と彼が育った農場 Elmtaryd, その農場が Agunnaryd という小さな村の近くにあったことからその頭文字をとって命名. 本部はオランダ Delft にある.

**Ilford Photo** イルフォードフォート
英国製の写真材料(フィルム・印画紙・現像薬など). Alfred Hugh Harman が 1879 年写真乾板製造会社として創業したのが始まり. 2004 年破産し, Harman Technology Ltd として再編された. スイスのインクジェット関連製品を製造する ILFORD Imaging Switzerland GmbH として分社化された.

**IMAX** アイマックス
カナダの IMAX Corp. (Montreal Expo 67 の終了後 1968 年設立)で開発された大画面映画・立体映画の撮影機; その上映システム. 商標.

**IMEC** イメック
イタリアの高級リゾートウェア・水着・ナイトウェア・ファンデーション(女性用下着)のメーカー, そのブランド. 同社は避暑地 Como 湖を訪れる人々のための注文服店として 1936 年に創業.

**Imitrex** イミトレックス
英国 GlaxoSmithKline* 製の抗偏頭痛薬 (antimigrane). 処方薬. 錠剤, 鼻腔スプレー, 注射薬がある.

**Imodium** イモディアム
一般名はロペラミド (loperamide) で, 下痢止め薬 (antidiarrheal) として使われる. 実際の商品名には 市販薬 Imodium A-D Liquid (米国 Ortho-McNeil 製)と処方薬 Imodium Capsules (米国 Janssen 製) などがある.

**Impala** インパラ
米国 General Motors Co. 製 Chevrolet ブランドの自動車. 1958 年から発売.

**Imperial** インペリアル
カナダ Hiram Walker-Gooderham & Warts Ltd. 製のブレンデッドウイスキー. 80 proof.

**Imperial Chemical Industries** インペリアルケミカルインダストリーズ(社) (~ plc)
英国に本社をもつ世界有数の総合化学会社. 1926 年に 4 つの化学工業会社が合併して出来た. 略・通称 ICI. 医薬品・石油化学製品・塗料・合成樹脂・繊維などを手がけた. 2008 年オランダの

AkzoNobelに買収され，事業が引き継がれた．

## Imperial Collection　インペリアルコレクション
ロシアLadoga Industrial Group OJSCがブランドを買収し2009年から製造する最高級ウオッカ．

## Imperiales　インペリアルズ
米国House of Windsor Renegade Holding, LLC製の葉巻．

## Imperial Leather　インペリアルレザー
英国PZ Cussons Plc製の石鹸・ハンドウォッシュ・シャワークリーム・シャワージェルなどのブランド．1938年より製造．

## Imperial Tobacco　インペリアルタバコ
1901年創業の英国のたばこメーカーImperial Tobacco Group plcの略・通称．Philip Morris International, British American Tobacco, Japan Tobaccoに次ぐ世界第4位のたばこ会社．Drumはファインカットたばこで，世界で一番よく売れているブランド．Rizlaは世界で一番よく売れているローリングペーパー．⇨ BAT Industries.

## Impulse　インパルス
英国でNo. 1の女性用ボディスプレーフラグランスと言われ，1972年Elida Gibbs Ltd.が発売したもの．現在はUnilever*ブランド．

## Inconel　インコネル
米国のニッケル超合金メーカーSpecial Metals Corp.の製品．高温・腐食に耐えるため，スペースシャトル・原子力産業・産業用タービンの部品・航空機のジェットエンジンなどに使われる．

## Indesit　インデシット
イタリアに本拠地を置く家電製品メーカーIndesit Co. SpA (1975年創業) の略・通称，同社製の冷蔵庫・オーブン・洗濯機など．"We work, you play."とうたう．

## Indian　インディアン
米国Indian Manufacturing Co.製のオートバイ．重厚なデザインでHarley-Davidson*と覇を競ったが，1953年に倒産．

## India Pale Ale　インディアペイルエール
英国Fuller, Smith & Turner P.L.C.製のビール．略IPA. 18世紀に，インドにいる兵士や高官向けに輸出するために開発されたビールEast India Pale Aleに由来する名称と思われる．⇨ Bass.

## Indicator　インディケーター
米国Procter & Gamble*製の歯ブラシのOral-B冠ブランドの一つ．

## Indocin　インドシン
米国Merck & Co., Inc.製の，関節炎などの消炎・鎮痛剤．一般名インドメタシン (indomethacin) を縮めて命名．

## Infinity　インフィニティ
米国製のホームオーディオ製品やカーオーディオ製品．1968年から．現在は米国Connecticut州に本拠地を置くHarman International Industries, Inc.のブランド．⇨ Harman-Kardon.

## Inflate-All　インフレートオール
米国Coleman Co., Inc.製のポータブルのエアコンプレッサー．空気マットレス (クイーンサイズのものでも3分) から自転車・自動車タイヤに至るまで便利に使用される．中国で製造している．

## Ingersoll　インガーソル
米国のもとはIngersoll Watch Co.製の腕時計．ブランドは英国のZeon Ltdが買収した．Robert IngersollとCharles Ingersoll兄弟が1892年に創業した腕時計のブランド．Dollar Watch, Yankee Watchなどで成功した．

## Inglenook　イングルヌック
米国California州Napa ValleyのRutherfordにあるInglenook Winery製のワイン．1879年創業．

### Ingles イングルズ
米国 North Carolina 州 Asheville に本部を置き, North Carolina, South Carolina, Georgia, Alabama, Virginia, Tennessee で約 200 店舗を展開するスーパーマーケットチェーン. 1963 年創業.

### Innovator イノヴェーター
スウェーデンの家具などのメーカー Innovator Design AB のブランド. 同社は 1970 年に Johan Huldt と Jan Dranger が創業.

### Innoxa イノクサ
フランス生まれの化粧品のブランド. 化粧品の安全基準に疑問をもった皮膚学者 Francois Debat が 1920 年に開発. 1925 年薬剤師 Albert Alberman がイギリスへ導入したスキンケア製品が認められた. "innocuous"(無害な)との連想から命名. ラテン語の慣用句 "primum non nocere" 英語では First Do No Harm (まず第一に害を与えるな) が基本方針. 現在は南アフリカで製造.

### In-N-Out Burger インアンアウトバーガー
米国のハンバーガーチェーン店. 1948 年 California 州 Baldwin Park でドライブスルー式ハンバーガースタンド (drive-thru hamburger stand) としてオープン.

### Inside Sports インサイドスポーツ
米国 New York 市の Newsweek, Inc. が 1979 年に創刊した, 人物解剖中心の総合スポーツ月刊誌. Time, Inc. の *Sports Illustrated* に対抗して作られたもの. 人気選手を選んだ 4 種類の表紙を作り, 販売地域に応じて配本していた. 1998 年廃刊.

### InSinkErator インシンカレーター
米国のディスポーザー (food waste disposer)(流し台に取り付け, 生ごみなどを処理して下水に流す機械) のメーカー. 1927 年創業の世界最大のメーカー. Evolution Series, Badger などのブランドがある.

### Instamatic インスタマチック
1963 年に米国 Eastman Kodak Co. が発売した小型フィルムカートリッジ式の固定焦点型カメラ. フィルムの装塡と撮影が非常に簡単で, フィルムは自動巻き上げ・二重露光防止機構付き. Instamatic X-15F が 1988 年まで製造されて終了した. ⇒ Kodak.

### Instant Breakfast Essentials インスタントブレックファストエッセンシャルズ
米国製の朝食代用粉末栄養補給食品. 牛乳に溶かして飲む粉末 (powder drink mix) または液体 (ready-to-drink bottle). もとは Carnation Co. (1899 年創業) 製. 1965 年発売. 現在同社は Nestlé のブランドで, Carnation 冠ブランド付き. "Good nutrition from the start" とうたう.

### Instant Lettering インスタントレタリング
英国 Letraset Ltd 製の乾式圧着転写文字 (dry transfer lettering). デザインされた文字がシートに印刷されており, 対象物に当ててこすると転写される. Letraset と呼ばれることも多い. 日本ではしばしば「インレタ」と略されて呼ばれる.

### Instant Protein インスタントプロティン
米国の Shaklee Corp. (1956 年 Dr. Forrest C. Shaklee が創業) 製の栄養補給食品 (nutritional products) の飲料粉末 (drink mix). 正確には Instant Protein Soy Mix. 1960 年市場化.

### InStyle インスタイル
米国 Time, Inc. 刊の, ファッション・美容・セレブリティスタイル・ショッピングなどを取り上げる雑誌で 1993 年 11 月創刊. 年間 13 号刊行. オンライン版 InStyle.com がある.

### Intel インテル
米国の半導体・マイクロプロセッサーメーカー Intel Corp. の略・通称. 世界最大の半導体チップのメーカーでも

ある．名前は integrated electronics（集積されたエレクトロニクス）の int＋el から．1968 年設立．

**Intellivision** インテリヴィジョン
米国 Mattel, Inc.（1948 年創業）製の家庭用テレビゲーム機．Atari Corp. の 2600* のライバル機．「ファミコン」以前のテレビゲーム流行時に，日本でも売られた．1991 年に製造終了．300 万台以上が売れた．⇨ Barbie, Mattel.

**Intensive Rescue** インテンシブレスキュー
米国製の保湿ローション・ハンドクリームなどのスキンケア用品．厳密には Vaseline Intensive Rescue で，Unilever* のブランド．

**InterContinental Hotels Group** インターコンチネンタルホテルズグループ
英国に本部がある世界最大のホテルグループ．世界 100 ヵ国に InterContinental, Crowne Plaza, Hotel Indio, Holiday Inn, Holiday Inn Express, Staybridge Suites, Candlewood Suites, などのブランドの 4,400 以上のホテル（640,000 室以上）を傘下に持つ．2003 年に設立．名前になっている InterContinental Hotels は，1988 年日本のセゾンコーポレーションが買収し，西友の子会社としたことがあって知られた．

**International Telephone & Telegraph** インターナショナルテレフォンアンドテレグラフ（社）（〜 Corp.）
ITT* の旧称．

**Interpublic Group** インターパブリックグループ（社）（The 〜 of Cos., Inc.）
米国 New York 市にある, Omnicom, WPP, Publicis と共に 4 大広告代理店の一つ．1930 年創業．世界 90 ヵ国以上で営業．

**Intourist** インツーリスト
ロシアの海外旅行代理店．ロシア語の inostrannyǐ turist（＝foreign tourist）の省略形である Inturist から．1929 年に設立．現在は持ち株会社 AFK Sistema の傘下．

**Intoximeter** イントキシメーター
米国 Missouri 州 St. Louis に本部がある Intoximeters, Inc. 製の, 吐気による酒酔い度測定機．1937 年創業者の Dr. Glenn C. Forester が開発・商標登録した．会社創業は 1945 年．

**Intron A** イントロン A
スイスの Biogen N.V.（1979 年創業）が開発し，米国の Schering-Plough* が販売している Alpha-2b 型インターフェロン．がん治療用・感冒予防薬．1986 年に米国 FDA（食品医薬品局）が認可．海外ではそれ以前より販売．

**Inver House** インヴァーハウス
スコットランドの Inver House Distillers Ltd（1964 年創業）の略・通称, 同社製のブレンデッドウイスキー Inver House Green Plaid.

**Inverness Cream** インヴァネスクリーム
スコットランドの Whyte & Mackay Distillers 製の 8 年熟成のブレンデッドウイスキー．

**iPad** アイパッド
米国の Apple Inc. が 2010 年 4 月に発売したタブレット型コンピューター．Web 閲覧や電子書籍を読んだりするのに便利なように設計された大きなタッチスクリーンが特徴．製造は台湾に本社がある Foxconn が行っている．商標．

**iPhone** アイフォン
米国の Apple Inc. 製のスマートフォン．2007 年発売．初期のうたい文句に "The Internet in Your Pocket." がある．商標．

**iPod** アイポッド
米国の Apple Inc. のハードディスク内蔵携帯 MP3 プレーヤー．2001 年 10 月に発売された．商標．

**Iressa** イレッサ
米国 AstraZeneca 製の肺がん治療の

ために処方して使われる抗腫瘍薬．一般名は gefitinib．フィルムコーティング錠 (film-coated tablet)．

**Irish Linen** アイリッシュリネン (～ Co)
英国のハンカチーフ・テーブルクロス・シーツなどを製造販売する Irish Linen Co の略・通称．1875 年創業．

**Irish Mist** アイリッシュミスト
アイリッシュウイスキーをベースに蜂蜜・薬草で味付けしたアイルランド TJ Carolan & Son Ltd 製のリキュール．1947 年から．

**Irish Spring** アイリッシュ・スプリング
米国 Colgate-Palmolive 製の入浴用体臭抑制石鹸 (deodorant soap)．液体 (body wash) と固形 (bar soap) がある．

**iRobot** アイロボット
米国で 1990 年に設立されたロボットの開発・販売会社で，米国でも数少ない株式公開会社．Massachusetts Institute of Technology の教授だった Rodney Brooks と当時の教え子二人が共同で設立．家庭用掃除ロボット Roomba，フロア掃除専用の Scooba，プール掃除用の Verro，排水溝掃除専用の Looji などがある．軍事用ロボットの開発・製造も行い，爆弾処理や偵察用の PackBot，警察でも使う偵察ロボット Negotiator，水中の調査・偵察用の無人潜水ロボットなどがある．

**Iron City** アイアンシティ
米国 Iron City Brewing Co. (1861 年創業) 製のラガービール．

**Irvine** アーバイン
米国 California 州 Orange County に本拠を置く不動産開発会社で，創業者は Donald Bren．同社が 1960 年代から開発した計画都市が Irvine で，115 平方キロの広さに，2010 年 1 月現在で人口は約 22 万人．

**Isaac Asimov's Science Fiction Magazine** アイザックアシモフズサイエンスフィクションマガジン
米国 New York 市の Bantam Doubleday Dell Publishing Group 刊の SF 専門誌．1977 年に季刊で創刊され，現在は年 10 冊のペース．1992 年に Penny Publications が出版することになり，Asimov's Science Fiction と誌名を改名．

**I Santi** イサンティ
イタリアのミラノにある革製バッグ・革小物・ベルトなどのメーカー，そのブランド．1947 年創業．ロゴは金で，全て小文字で引用符付きで書かれる．

**Isle of Arran** アイルオブアラン
スコットランド Arran 島にある Island Cheese Co 製のチーズ・ワイン・ビール・スピリッツ・ジャム・マスタード・オートムギ製ビスケット (oatcake) など．合成着色料・保存料は使用していない．

**Isle of Jura** アイルオブジュラ
スコットランド Jura 島産のシングルモルトウイスキー．Isle of Jura Distillery Co Ltd (1810 年創業) 製．

**Isle of Skye** アイルオブスカイ
1993 年創業のスコットランド Ian Macleod Distillers Ltd 製のブレンデッドウイスキー．

**Isolette** アイソレット
未熟児保育器 (infant incubator)．もとは米国の Air Shields, Inc. が 1949 年商標登録したものだが，現在はドイツ Dräger Medical AG & Co. KGaA の所有ブランドで Air-Shields の冠ブランド付き．isolation と名詞に付ける指小辞 -ette の合成による命名．

**Isomil** アイソミル
米国 Abbott Laboratories 製の Similac ブランドの，大豆を原料とした低アレルギー誘発性乳児用植物性調整乳 (soy protein formula)．濃縮液と粉乳，そのまま与えるボトル詰めがある．

**Isotoner** アイソトナー
米国 totes ISOTONER Corp. 製の手袋・スリッパ・傘・レインウェア (レインコート・ポンチョ・レインハット)・ゴム靴・夜間用 LED ハットのブランド．

**Izod**

もとは Aris Glove Co. 製．isometric +toning から命名．⇨ Aris Isotoner.

**Issa**　イッサ
ブラジル生まれのデザイナー Daniella Issa Helay が 2003 年に英国で創立したアパレルブランド Issa London のこと．プリントが施されたシルクジャージーのドレスが定番で，ターゲットは 30～40 代の女性．子供服ラインの「ベビー・イッサ」も 2011 年からスタート．英国の William 王子と婚約した Kate Middleton さんは婚約発表の当日 2010 年 11 月 16 日に, Issa ブランドのシンプルな青のワンピース姿で登場した．

**Ital Design**　イタルデザイン
⇨ Giugiaro.

**Italeri**　イタレリ
イタリアのプラモデルメーカー Italeri S.P.A., そのブランド．軍事関連の航空機・ヘリコプター・軍用車両・船艦・一般車・トラックなど．1960 年代初めに創業．

**Italo Colombo**　イタロコロンボ
イタリアの婦人靴メーカー，そのブランド．色・デザインが斬新．手作りによる少量生産で高価．同社は 1946 年, 父・祖父も靴職人だった Italo Colombo が 25 才で創業．靴と合わせたバッグも製造．

**Italvolanti**　イタルヴォランテ
イタリアの自動車用ステアリングホイール専門メーカー，そのブランド．ロゴは社名中の O がステアリングホイールにデザインされている．

**Itasca**　アイタスカ
米国の Winnebago Industries, Inc. (1958 年創業) 製のモーターホーム[移動住宅車]のブランド．

**Itch-X**　イッチ X
米国 B. F. Ascher & Co., Inc. 製の局所麻酔薬．鎮痛薬や痒み止めとして使われる市販薬で，スプレーやジェルがある．

**Ithaca**　イサカ
米国の銃器メーカー The Ithaca Gun Co. の略・通称, その商標．ショットガンが有名．もともと New York 州 Ithaca で 1880 年創業．現在は Ohio 州 Upper Sandusky に本部がある．

**Itsy Bitsy Spider**　イッツィビッツィスパイダー
米国 Rhode Island 州の玩具メーカー Hasbro, Inc. の傘下にある Milton Bradley Co. 製の Nursery Rhyme ゲーム．Itsy Bitsy Spider (小さなクモさん) はマザーグースの手遊び歌として有名．

**ITT**　ITT
米国 New York 市の ITT Corp. の略・通称．ITT は 旧社名 International Telephone & Telegraph の略．1920 年創業．米国に本拠を置く複合企業．"Engineered for life" とうたう．

**Ivory**　アイヴォリー, アイボリー
米国 Procter & Gamble* 製の石鹸・ボディーウォッシュ・ハンドクリーナー・食器洗い洗剤など．Ivory Snow ブランドの洗濯用洗剤もある. 1879 年に発売の bar soap は "The Soap So Pure It Floats!" とうたう．James N. Gamble が開発し, 当時は 1 個 10 セント．★ soap opera (ラジオ・テレビの昼メロドラマ) の soap は, Ivory などの石鹸の会社がスポンサーであることに由来．

**IWC**　イーヴェーツェー
1868 年に米国人技師 F. A. Jones (1841-1916) が創業したスイスの時計メーカー International Watch Co., 同社製の宝飾腕時計などのブランド．

**I.W. Harper**　I.W. ハーパー
米国製のストレートバーボン．1879 年より発売．ドイツからの移民で創業者の Isaac Wolfe Bernheim の名の頭文字と, 彼の友人でダービー馬の馬主だった Frank Harper の姓から命名．1940 年代のはやりの言い方 "It's always a pleasure." (毎度ありがとうございます) をあしらった広告で有名になった．

**Izod**　アイゾッド
米国製のカジュアルウェアの製造会

## IZZE

社, そのブランド. New York 市に本部を置くアパレルメーカー Phillips-Van Heusen Corp. のブランドの一つでもある.

**IZZE** イズィ

米国の IZZE Beverage Co. (PepsiCo, Inc. 傘下) 製のフルーツ味のスパークリングジュース. "You'll Love What's Inside" がうたい文句.

# J

**Jabez Cliff**　ジャベツクリッフ
英国の1793年創業の馬具メーカー(Jabez Cliff & Co Ltd). オリンピック馬術競技の英国代表のオフィシャルサプライヤー. 鞍と鐙(あぶみ)をつなぐ部分に使用される皮(stirrup leather)を利用したベルトが有名. ブランドはCliff-Barnsby.

**Jack Crain**　ジャッククレイン
⇨ Crain.

**Jack Daniel's**　ジャックダニエルズ
米国 Jack Daniel Distillery, Lem Motlow, Prop., Inc. (Brown-Forman Corp. 傘下) の略・通称, 同社製のテネシーウイスキー. 1875年創業.

**Jackie**　ジャッキー
英国 D. C. Thomson & Co Ltd が刊行していた10代の女の子向けの週刊漫画雑誌. 1964年創刊. 写真によるラブストーリー・音楽・ファッションなどの記事も扱う. 1993年廃刊.

**Jack in the Box**　ジャックインザボックス
米国 California 州 San Diego に本社がある Jack in the Box, Inc. 系列のハンバーガーチェーン店. 1951年に Robert O. Peterson が創業し, 1号店がオープン. 全米19州で約2,200店舗を展開. ⇨ Jumbo Jack.

**Jack LaLanne's Power Juicer**　ジャックラレーンズパワージューサー
米国 Trister Products Inc. 製の, "The Godfather of Fitness" と呼ばれる Jack LaLanne (1914-2011) の名前を冠したジューサー.

**Jack Purcell**　ジャックパーセル
米国の Converse, Inc. 製のスニーカー. James Dean がはいていたことで知られ, 今日でも人気がある. 1938年より市場化. 当時活躍していたカナダのバドミントンプレーヤー John Edward "Jack" Purcell (1903-91) の名を取ったもの. ⇨ Converse.

**Jackson**　ジャクソン
⇨ Betty Jackson.

**Jacksons**　ジャクソンズ
英国 London の Piccadilly にある Robert Jackson & Co Ltd (Twinings の所有) 製の紅茶 Jacksons of Piccadilly. 1815年 Robert Jackson が創業. 同社は Earl Grey ブレンドの元祖という.

**Jacob's**　ジェイコブ(ズ), ジャコブ(ズ)
英国 W & R Jacob's Ltd (William and Robert Jacob 兄弟が1851年に創業) 製のビスケット Jacob's Cream Cracker. 1885年発売. 現在はアイルランドでは Jacob Fruitfield Food Group, 英国では United Biscuits のブランド.

**Jacuzzi**　ジャクージ
米国の Jacuzzi Inc. の略・通称, 同社製の1968年発明の渦流風呂 (whirlpool bath) 設備など. 1915年に Jacuzzi の姓をもつイタリア系の7人の兄弟が創業. "Water That Moves You" とうたう. シャワー・洗面所製品・マットレスもある.

**Jaeger**　イエーガー
英国の The Jaeger Co Ltd の略・通称, 同社製のウール製ニットウェア類・バッグ・シューズ・ベルト・スカーフなど. ドイツ Stuttgart 大学の動物生理学教授 Gustav Jaeger (1832-1917) の「人間は動物の毛―主に羊毛―から作った服を着たらもっと健康になるだろう」という説を1880年に読んだもと会計士の Lewis Tomalin が, 教授の名を商号として使う許可を得て, 店の看板を "Dr. Jaeger's Sanitary Woolen

System Co Ltd" として, 1884 年 London に店を開いたのが起源.

## Jaeger-LeCoultre　ジャガールクルトル
スイスの時計メーカー (Richemont), 同社製の宝飾腕時計・月齢付き腕時計・置き時計 (Atmos* など) のブランド. 同社は 1833 年に Antoine le Coultre が創業. 世界で最も細く小さな白金製腕時計で, ワンタッチで文字盤を裏返して見えなくしてしまうことのできる腕時計もある. ★ 同社は Citroën*, Peugeot*, Renault* などのフランス車のメーター類も作っている. イタリア車 Ferrari も同社製計器を使用.

## Jaguar　ジャガー, ジャグアー
英国の乗用車メーカー (Jaguar Cars Ltd), 同社製の高級乗用車. Jag の愛称でも呼ばれる. バイクマニアの William Lyons (1901-85) がサイドカーを製造するために 1922 年に創った Swallow Sidecar Co. が起源.

## James Ashby　ジェームズアシュビー
英国製の香茶. 1850 年 James Ashby が Ashby Tea 社を創業. 現在は Keith Spicer Ltd (Javanti Group 傘下) のブランド.

## James Martin's　ジェームズマーチンズ
スコットランド James Martin & Co (Glenmorangie plc 傘下) 製のブレンデッドウイスキー. 1878 年創業. シンボルマークはツバメ.

## Jameson　ジェームソン
⇨ John Jameson.

## James Purdey　ジェームズパーディー
英国の銃器メーカー (James Purdey & Sons Ltd), 同社製のライフル銃など. 1814 年 James Purdey が創業.

## Jamieson's　ジャミーソンズ
スコットランドの Jamiesons Ltd 製の Shetland 羊毛によるニットウェアブランド. 1893 年 Robert Jamieson が創業.

## J & B　J アンド B
スコットランド産ブレンデッドウイスキー. J & B の J は, 1749 年に London で創業したイタリアからの移住者 Giacomo Justerini の姓の頭文字. B は, 1831 年からの経営協力者となった英国人 Alfred Brooks の姓の頭文字から. 現在は Diageo plc のブランド. ⇨ Royal Ages.

## J&M Davidson　J アンド M デイヴィッドソン
英国のバッグ・革製品・ニットなどのブランド. 1983 年 John and Monique Davidson により創業.

## Janneau　ジャノー
フランス Janneau Fils S.A. 製のアルマニャック(ブランデー). 同社は 1851 年 Pierre Etienne Janneau が創業.

## JanSports　ジャンスポーツ
米国のバックパックのブランド. 1967 年 Washington 州 Seattle で 3 人の友人たちで JanSport, Inc. (VF Corp. 傘下) を設立. 旅行用品・カレッジアパレルも販売.

## Jantzen　ジャンセン
米国の Jantzen Apparel, LLC の略・通称, 同社製の水着などのブランド. 赤い水着と水泳帽の女性の飛び込み姿がシンボルマーク. デンマーク生まれの移民 Carl C. Jantzen が, 同社の前身の織物会社 Portland Knitting Co. (1910 年創業) の共同経営者だった頃, ボート競技で冬季に着用するセーター用として伸縮性に富んだリブ編みを開発し, それが水着の素材に転用されて, 同社は水着メーカーとしての地位を築くことになった.

## Jarlsberg　ヤールスバーグ, ヤルルズベルグ
ノルウェー Jarlsberg 産の固いチーズ. 1956 年 Agricultural University of Norway の研究チームが開発した. 商標ではない. バターの香味があり, 大きな孔がいくつもあいているのが特徴. TINE SA 製.

## Jas-M.B.　ジャスエムビー

英国の手造りバッグのブランド．デザイナーはアフリカ生まれのインド系英国人 Jas Sehmbi. London に直営店 DOORS を 2004 年に開店.

**Jason** ジェイソン
米国 The Hain Celestial Group, Inc. 製の Jason Natural Products ブランドの化粧品・デンタル用品（歯磨き・マウスウォッシュ）・ヘアケア・日焼け止め. 1959 年から．ロゴは JĀSÖN.

**Jasper Conran** ジャスパーコンラン
英国のデザイナー Jasper Conran (1959- ) の作品，その店．2005 年 London の Mayfair の Sackville Street にフラッグショップをスタート.

**Jasper Ware** ジャスパーウェア
⇨ Wedgwood.

**Javelin** ジャヴェリン
米国の光学器械メーカー Javelin Electronics の略・通称，同社製の夜間スコープ・カメラ類など.

**Jaws of Life** ジョーズオブライフ
米国製の，大破した乗物などに閉じ込められた人を救出するためのこじあけ機．もとは Hurst Performance, Inc. が開発したものだったが，1984 年に Hale Products Inc. (INDEX Corp. の一部門) が同社を買収した．閉じ込められた人を jaws of death (瀕死の状態) から救出することから名づけられた.

**Jaycee** ジェイシー
英国の家具メーカー (Jaycee Furniture Co), そのブランド．Tudor 様式家具を再現したものなどのクラシック家具ブランド.

**Jaymar-Ruby** ジェイマールビー
米国 Jaymar-Ruby, Inc. (Hartmarx Corp. の一部門) の略・通称，同社製の紳士用スラックス (Sansabelt ブランド)・スポーツコートなど．1916 年創業, 2009 年閉鎖.

**Jays** ジェイズ
米国製のポテトチップス．1927 年発売．現在は Snyder's of Hanover Inc. 製.

**JBL** JBL
米国 JBL, Inc. (Harman International 傘下) の略・通称，同社製のスピーカー・PA システム，その関連製品. James Barrow Lansing (1902-1949) が 1946 年に設立.

**J. C. Penney** J. C. ペニー
米国の J. C. Penney Co., Inc. の略・通称，同社系列の大衆向きデパートチェーン店．全米に 1,100 店舗以上を展開．商標の場合は JCPenney と書く．1902 年に James Cash Penney (1875-1971) が開いた Golden Rule という名称の小さな店が起源．"Every Day Matters." とうたう．1960 年代以降カタログ通販で売り上げを伸ばし，1998 年よりネット通販を開始.

**J. Crew** J クルー
米国のファッションブランド．1983 年，男女のスポーツウェア，シューズ，アクセサリーなどのカタログ通信販売を開始．1989 年には New York 市に最初の店舗をオープン.

**Jean Bady** ジャンバディ
フランスの紳士靴メーカー，そのブランド．同社は 1899 年創業．デザインは 1900 年代のクラシックなスタイルを踏襲しており，作りもベーシックで高品質.

**Jean-Charles Brosseau** ジャンシャルルブロッソー
フランスのパリのデザイナー，そのブランド．1955 年ファッションハウス創業．婦人服にも進出, Ombre Rose (「バラ色の影」) (1981 年) という香水で有名.

**Jean-Charles de Castelbajac** ジャンシャルルドカステルバジャック
⇨ Castelbajac.

**Jean-Claude Jitrois** ジャンクロードジトロワ
フランスの服飾デザイナー Jean-Claude Jitrois (1944- ) のデザインした皮革製品．同氏はもと精神病理学研究者で，1976 年にモード界に転身.

**Jean Desprez** ジャンデプレ

## Jean d'Eve

フランスの調香師 Jean Desprez (1898–1973) の作品,同氏が創業したそのメーカー. 特に 1966 年発表の Bal à Versailles (「ベルサイユの舞踏会」の意) が有名. 1983 年には Sheherazade を出した. 男性用オードトワレ・香水の Versailles Pour Homme もある.

## Jean d'Eve　ジャンイヴ, ジャンデヴ

スイスの Le Phare Jean d'Eve SA (1968 年創業) 製の時計ブランド. 文字盤が扇形のユニークな製品がある. 世界的に販売店を展開.

## Jean Fillioux　ジャンフィユー

フランス Jean Fillioux 製のコニャック. 同社の高級ブランデーには CEP D'OR (黄金のぶどうの木) のマークが付けられているが, これはフランスの美食と観光の国際委員会が最も優れたブランデーと認定したしるし.

## Jean-Louis Scherrer　ジャンルイシェレル

フランスのデザイナー Jean-Louis Scherrer (1935– ) のデザインした婦人服 (既製服・注文服), パリの店. 30代–40代の成熟した女性のための服が主. 1955 年から C. Dior の店に勤め, Yves Saint-Laurent と共に働き, Louis Ferraud の店を経て, 1961 年に独立して, 翌年メゾンを開設, 初のコレクションを発表. 1965 年から既製服も手がけるようになった. 紳士服 (スーツ・フォーマルウェア・ネクタイなど) や香水も手がけた.

## Jean Muir　ジーンミュアー

英国のデザイナー Jean Muir (1928–95) デザインによる高級婦人既製服, それを売る直営ブティック. 特にレーヨンニットやシルクジャージを使用した鮮やかな色彩のドレスが有名だが, 彼女自身は通例ネービーブルーの服を着ていた. 1966 年 Jean Muir Ltd を夫の Harry Leuckert と設立したが, 2007 年閉鎖.

## Jean Naté　ジーンネイト

米国で 1935 年, 当時名の知れた Charles of Ritz から発売されたコロン・ボディーローション・ボディーウォッシュなど. 現在は Revlon の登録商標.

## Jeanne Lanvin　ジャンヌランバン [ランヴァン]

⇒ Lanvin.

## Jean Patou　ジャンパトー, ジャンパトゥー

フランスのデザイナー Jean Patou (1880–1936) およびその後継者のデザインした婦人服, それを売る店. 香水は 1925 年に発表された Amour Amour 以来手がけている. バッグも市場化. J. Patou の没後, 服飾デザインは Karl Lagerfeld* や Christian Lacroix* らが担当していたが, 1988 年に香水部門を除いては閉店した.

## Jean-Paul Gaultier　ジャンポールゴルティエ

フランスのデザイナー Jean-Paul Gaultier (1952– ) のブランド. 香水や舞台衣裳も手がける. 同氏は Pierre Cardin* や Jean Patou* の店で働いた後, 1976 年に独立して, 店を持った. 当初は婦人ものを手がけたが, 現在は紳士ものが主. 女性も共有できるユニセックスラインの GAULTIER 2 がある.

## Jeep　ジープ

米国の Chrysler Group LLC 製の 4 輪駆動車のブランド. ☆小文字で記されてジープ型の車一般を指すこともある.

## Jeff Banks　ジェフバンクス

英国 Wales 生まれのデザイナー Jeff Banks (1943– ), そのアパレルブランド. ビジネスマンをターゲットにして, ビジネスバッグも手がける.

## Jefferson Hotel, The　ザジェファーソンホテル

米国 Virginia 州 Richmond にある高級ホテル. Lewis Ginter が 1895 年に開業. 米国第 3 代大統領 Thomas Jefferson にちなんで命名.

## Jeffrey Banks　ジェフリーバンク

ス
米国 New York 市のデザイナー Jeffrey Banks (1953– ) の作品, そのメーカー (Jeffrey Banks Ltd.). 26 歳で Coty 賞を受賞しているが, 歴代最年少受賞者であった. 紳士服は 1981 年から手がけている. デザインは 1930 年代のものを規範としたトラディショナルなものだが, 色づかいが独特で, 紫・ピンク・オレンジなど従来紳士服であまり用いられなかった色を織り込んだものが得意.

**Jeld-Wen** ジェルドウェン
米国のドア・窓のメーカー Jeld-Wen (1960 年創業) 製の住宅用ドアなど. "Reliability for real life" とうたう.

**Jell-O** ジェロー
米国 Kraft* 製のゼラチンデザートなど. 1845 年に特許を取得した Peter Cooper 考案のものをもとに, New York の大工でせき止め薬や通じ薬の茶の製造者でもあった Pearle B. Wait が 1897 年に開発した. Jell-O というブランド名は妻の May Davis Wait が案出.

**Jelly Belly** ジェリーベリー
米国 Jelly Belly Candy Co. (1898 年創業) 製のゼリービーンズ. 1976 年に 8 種類の味で発売. R. Reagan 元大統領が同製品を大好物としていた. 年に 1 万 5,000 トンの生産量があるという.

**Jenn-Air** ジェンエアー
米国製のレンジ台・電子レンジ・作りつけオーブン・冷蔵庫・食器洗い機など. 1947 年 Louis J. Jenn が創業. 2006 年から Whirlpool* のブランド.

**Jenners** ジェナーズ
スコットランド Edinburgh にあるデパート. 1838 年に創業. 現在は House of Fraser* 傘下.

**Jergens** ジャーゲンス
米国 Kao Brands Co. 製のスキンケア用品(モイスチャライザー)・石鹸. Andrew Jergens が 1882 年 Jergens Soap Co. として創業したのが起源. "Put your best skin out there" とうたう.

**Jerry's Famous Deli** ジェリーズフェイマスデリ
米国の Jerry's Famous Deli, Inc., 同社が経営するレストラン. 1978 年 California 州で創業. 同社はデリカテッセン (delicatessen) も経営する.

**Jess Horn** ジェスホーン
⇒ Horn.

**J & F Martell** J と F マーテル
⇒ Martell.

**Jetta** ジェッタ
ドイツの自動車メーカー Volkswagen* 製の乗用車. 1979 年発売.

**Jeyes Fluid** ジェイズフルイド
英国 Jeyes Group Ltd 製の, 多用途消毒剤など. 1877 年に, 開発者 John Jeyes が特許取得. 英王室御用達.

**Jhane Barnes** ジェーンバーンズ
米国 New York 市の女性の紳士用既製服デザイナー Jhane Barnes (1954– ) の作品. 1980 年に, 最年少の 25 歳で Coty 賞受賞. インテリアデザインも手がける.

**Jhirmack** ジャーマック
米国 Alleghany Pharmacal Corp. 製の, シャンプー・ヘアスプレーなどのヘアケア商品. 1968 年から. Jheri Redding (1907–98) による.

**Jif** ジフ
米国製のピーナッツバター. 1958 年より発売. Jif は, jiffy, jiff (ほんの一瞬)からの造語で, 手軽さを強調した名. "Choosy moms choose Jif" とうたう. 現在は J. M. Smucker Co. のブランド.

**Jif** ジフ
Unilever* (Australia) 製のクリームクレンザー. 瞬時のうちに汚れを落とすというイメージで「瞬間」を表す英語の jiffy から. 1969 年にフランスで最初に発売された時の名前は Cif で, 国によって呼び名が異なる.

**Jiffy Bags** ジフィーバッグズ

# Jiffy Lube

英国 PH Flexible Packaging Ltd 製の, 中身の保護のために内装紙と外装紙の間に綿のような詰め物をした大型封筒〔郵送用紙袋〕. jiffy は瞬間を意味する口語で, 素早く, 簡単に詰められるということからの命名. 本の郵送などに用いられる Mailmiser ブランドの Jiffy Mailmiser Bags がある. 米国 New Jersey 州の Sealed Air Corp. は Jiffy Mailer ブランドの同種の商品を製造販売している.

**Jiffy Lube** ジフィールーブ
米国の Jiffy Lube International, Inc. (1979年創業) 系列のオイル交換なども行う自動車点検サービスセンター. 北米で 2,000 以上のセンターがある.

**Jiffy Pop** ジフィーポップ
米国 ConAgra Foods 製の, 家庭でポップコーンを簡単に作ることができる製品. 固形油とトウモロコシ粒がアルミホイルの密閉鍋型容器に入っている. 1958年より製造. Fred Mennen が考案.

**Jiffypots** ジフィーポッツ
ノルウェーの Me-Kox Industry Melvold & Koxvold (1943年創業. 現在は Jiffy International AS) 製の, ピート (peat) と木の繊維を素材とした植木鉢. 米国では Jiffy Products of America, Inc. が製造.

**Jim Beam** ジムビーム
米国 Kentucky 州の James B. Beam Distilling Co. 製のストレートバーボン. 1795年に Jacob Beam が創業. Jim は Jacob のひ孫で4代目経営者の James B. Beam の愛称. ⇨ Beam's Choice.

**Jimmy Choo** ジミーチュウ
マレーシア Penang 生まれの高級婦人靴デザイナー (1961- ), そのブランド. 1996年に英国で創業. 履きやすいハイヒール靴で有名. バッグやアクセサリーも取り扱う.

**Jimmy Dean** ジミーディーン
米国製のソーセージ・ベーコン・サンドイッチ・オムレツ・Jimmy D's ブランドのパンケーキグリドル・D-Lights ブランドのソーセージクロワッサンなど. カントリーミュージック歌手の Jimmy Dean (1928-2010) が 1969年 Jimmy Dean Sausage Co. を創業したのが起源. 現在は Sara Lee Inc. のブランド.

**Jimmy Hourihan** ジミーホーリハン (社) (~ **Ltd**)
アイルランドのコートメーカー. 手織り・厚手のウール地 Donegal Tweed を素材としたものが代表的な商品.

**Jibbitz** ジビッツ
米国で 2005年に創業した会社で, Crocs* サンダル靴の通気孔にはめる飾りのアタッチメント. 主婦の Sheri Schmelzer が粘土とラインストーン (rhinestone) で家族の Crocs の孔に飾り付けをしたところから生まれた主婦の起業だったが, 2006年に Crocs 社が1億ドルで買収.

**J. Keilwerth** J. カイルベルス
⇨ Keilwerth.

**J.M. Weston** J.M. ウェストン
フランスの高級靴店, そのブランド. 1891年リモージュで Edouard Blanchard が創業. 新しい Claridge ラインがある.

**Joan Vass** ジョーンヴァス
米国の女性ファッションデザイナー Joan Vass (1925-2011) によるニットウェアなど. 1977年から.

**Joc** ジョック
イタリア Barex Italiana (1967年創業) 製のシャンプーなどヘアケア製品のブランド.

**Jockey** ジョッキー
米国の Jockey International, Inc. の略・通称, 同社製の下着・スポーツウェア・パジャマ・靴下など. Samuel T. Cooper が 1876年創業.

**Joe Casely-Hayford** ジョーケイスリーヘイフォード
英国のデザイナー Joe Casely-Hayford (1956- ) のメンズコレクション・レディースコレクション.

### Joe's Stone Crab　ジョーズストーンクラブ
米国 Floroda 州 Miami にあるレストラン．Joe はこのレストランを始めたハンガリー生まれの Joseph Weiss から．喘息の転地療養のために New York から Miami に移ってきた彼が，1913 年 Miami Beach に小さな昼食スタンド (lunch stand) を開いたのが起源．stone crab (Menippe Mercenaria [Menippe はギリシャ語で force あるいは courage, Mercenaria はラテン語で something value の意味]) という米国南部の大西洋沿岸に産する大型のカニを出すようになったのは 1921 年から．

### Jogbra　ジョグブラ
米国 Champion Athleticwear (Harnessbrands Inc. の一部門) 製のジョギング時用のブラジャー．1977 年 Hinda Miller と Lisa Lindahl が初めてスポーツブラを開発．

### John Boyd　ジョンボイド
英国のスコットランド生まれの帽子デザイナー John Boyd (1925- ) のデザインした帽子，それを売る London の Walton Street にある店．★Diana 元皇太子妃 (ピンク色の三角帽子 (tricorn hat) が有名), Thatcher 元首相の帽子はしばしば同氏がデザインした．

### John Comfort　ジョンコンフォート
英国 John Comfort Ltd 製のネクタイブランド．1908 年創業．

### John Cooper　ジョンクーパー
英国 London の紳士服地メーカー John Cooper & Son (Woolens) Ltd の略・通称，そのブランド．同社は 1770 年創業．英国で最初に縞柄の毛織物を作った．現在は Holland & Sherry* と合併．

### John Deere　ジョンディア
⇨ Deere．

### John Galliano　ジョンガリアノ
英国 London のストリートファッションのデザイナー John Galliano (1960- ) の作品，その注文服店．1985 年ロンドンコレクションでデビュー．

### John Jameson　ジョンジェームソン
アイルランド Irish Distillers Ltd (フランスの Pernod Picard 傘下) 製のウイスキー．1780 年から．

### John Laing　ジョンレイン
1840 年創業の英国スコットランドの John Laing of Hawick Ltd 製の高級ニットウェア・マフラー・スカートなど．素材はカシミヤ・キャメル・ラムウール・コットン・シェトランド．同社は英国伝統のニットの町 Hawick で最も歴史のあるメーカー．

### John Lewis　ジョンルイス
英国の London に本部がある百貨店チェーン．1864 年 John Lewis が創業．32 店舗を展開．"Never Knowingly Undersold" がポリシー．

### John Lobb (Bootmaker)　ジョンロブ (ブーツメーカー)
英国の紳士靴店 (John Lobb Ltd), そのブランド．1866 年に John Lobb (1829-95) が創業．Charles 皇太子と Philip 殿下御用達．

### Johnnie Walker　ジョニーウォーカー
1820 年創業のスコットランド製のブレンデッドウイスキー．1908 年発売．創業者の愛称から命名．世界で一番売れているスコッチの Red Label (いわゆる「ジョニ赤」) と，より高級な 12 年熟成の Black Label (同「ジョニ黒」) とがある．現在は Diageo plc のブランド．

### John O. Butler　ジョン O. バトラー (社) (~ Co.)
⇨ Butler．

### John Player Special　ジョンプレーヤースペシャル
英国 Imperial Tobacco Group plc 製の紙巻きたばこのブランド．パッケージには JPS の頭文字が組み合わせてある．1971 年発売．1989 年 JPS

# John Smedley

American Blend (Red) が導入された.

**John Smedley** ジョンスメドレー
英国の紳士婦人物のニットウェアとアンダーウェアなどのメーカー (John Smedley Ltd), そのブランド. 1784年 John Smedley が創業.

**Johnson** ジョンソン
米国のカスタムナイフデザイナー Steve R. Johnson の作品. 同氏は Loveless* 門下生. 1975年から本格的に販売開始.

**Johnson** ジョンソン
米国製の船外モーター. 現在は BRP (Bombardier Recreational Products Inc.) のブランド. 1900年代初め Johnson 4兄弟が Johnson Bros. Motor Co. を創業した. その姓から.

**Johnson & Johnson** ジョンソンエンドジョンソン
米国 New Jersey 州を本拠地とする世界有数の医療機器・製薬・健康関連用品のメーカー, そのブランド. 1886年に Robert Wood Johnson, James Wood Johnson, Edward Mead Johnson の3兄弟が創業.

**Johnson Brothers** ジョンソンブラザーズ
英国製の硬質陶器 (semiporcelain). 1883年に Alfred Johnson と Frederick Johnson の兄弟が創業. 現在は Wedgwood* のブランド.

**Johnson's Prepared Wax** ジョンソンズ(プリペアード)ワックス
米国 S. C. Johnson & Son, Inc. の主力商品である床磨きワックス. 製法・成分は今日に至るまで秘密. 寄せ木張りの床を張る仕事をしていた Samuel Curtis Johnson が, 1886年から, その購入者に自分で調合したワックスを売ったのが起源で, 次第に床よりもワックスの商売のほうが収益が上がるようになった. 同社は床磨き以外にも様々なワックスを市場化したが, 時代の変化に対応するため, 1970年代初めからスポーツ用品・美容健康用品などに進出し, ダイエット食品では成功をおさめた. 英国社は, 1970年以来, 家具と床の磨き剤・洗剤・衛生用品などを納入する王室御用達商となっている.

**Johnsonville** ジョンソンヴィル
米国 Johnsonville Sausage LLC 製のソーセージで, 全米 No. 1 と言われる. Ralph F. Stayer, Alice B. Stayer 夫妻が 1945 年創業の小さな精肉店から始まった. 豚肉のソーセージ (bratwursts) は商品には brats と表記してある.

**Johnston & Murphy** ジョンストンアンドマーフィー
米国の (Genesco, Inc. 傘下) 製の靴・衣料品・カバン・革製品などのメーカー. 1850 年 William J. Dudley Shoe Co. として創業. Dudley の死後パートナーだった James Johnston が引き継ぎ, その後 William A. Murphy と組んで Johnston & Murphy を設立.

**Johnstons of Elgin** ジョンストンズオブエルギン
英国製の高級ニット製品, そのメーカー. Johnstons Cashmere とか単に Johnstons とも呼ばれる. 同社は 1797 年 Alexander Johnston が創業. カシミアのマフラーが有名.

**John Wanamaker** ジョンワナメイカー
米国 New York 市の Ladies' Mile (Broadway の 8 丁目)にあった大規模百貨店 (John Wanamaker Department Store). 1902 年に開店し, 一時は New York を代表するデパートであったが, やがて縮小し, 1990 年代後半にはその系列小売店は Macy's に吸収された.

**John Weitz** ジョンワイツ
ドイツ生まれで英国 Oxford 大を卒業した後, 米国へ渡って服飾デザイナーとなった John Weitz (1923-2002) の作品. 1974 年 Coty 賞受賞.

**Jokari** ジョカリ
米国で Texas 州の Jokari US, Inc. が

1940年代に発明・発売した，卓球ラケット状のものとボールを使って二人で遊ぶスポーツゲーム．ボールにはゴムひもがつながっており，ひもの反対側にはおもりが付いている．一人がボールを打つとゴムの働きではね返ってくるのでもう一人が打つ．ただし，同社は現在はこのゲーム用品の生産販売はしていない．

**Jolen** ジョレン
米国 Jolen Inc. 製の体毛脱色クリーム Jolen Creme Bleach. 1955年 John Kossak と Evelyn Kossak が創業．Jolen は2人の名前 John と Evelyn から．

**Jolly Green Giant** ジョリーグリーンジャイアント
⇨ Green Giant.

**Jolly Rancher** ジョリーランチャー
米国 The Hershey Co. 製のキャンディー．もとは Jolly Rancher Candy Co. (1949年創業) 製．社名は「温かく出迎える西部の会社」というイメージからで，創業時はアイスクリームとチョコレートも製造していた．

**Jolly Time** ジョリータイム
米国 American Pop Corn Co. (1914年 Cloid H. Smith が創業) 製の電子レンジで加熱して作るポップコーン (microwave popcorn)．"Oh Yum!" とうたう．

**Jolt** ジョルト
米国のもとは Jolt Co., Inc. 製のコーラ．1985年発売．ダイエットや反カフェインの風潮に抵抗を示した商品で，発売当時キャッチフレーズは "All the Sugar and Twice the Caffeine."

**Jordache** ジョーダッシュ
米国の Jordache Enterprises, Inc. の略・通称，同社製のジーンズ・ジャケットなどのブランド．Joe, Ralph, Avi Nakash の3兄弟が1978年に創業．1970年代終わりから1980年代初めにはデザイナージーンズが人気商品だった．ロゴマークはたてがみをなびかせる馬の横顔が使われている．

**José Cuervo** ホセクエルヴォ
メキシコ製のテキーラ．1795年から．

**José Pemartin** ホセペマルティン
スペイン製のシェリー(酒)．

**Joseph Ereuil** ジョゼフエロール
フランスのデザイナー Joseph Ereuil のデザインしたネクタイ・ベルトなど．

**Joseph Gillott's** ジョゼフジロット[ツ]
英国製のペン先．1831年に，それまでのペン先より少し長いタイプを開発して，現在のペン先の形を完成させた．創業者 Joseph Gillott (1799-1873) に由来する名．

**Joseph Perrier** ジョゼフペリエ
フランス Champagne 地方のシャンパン生産商社．1825年創業．Perrier 家が経営．Victoria 女王，Edward 7世などが愛用したシャンパンであるため，英国で広く知られている．blanc de blancs に定評がある．

**Jotter** ジョッター
1954年に米国の The Parker Pen Co. が発売した同社製初のボールペン．⇨ Parker.

**Jovan** ジョーバン
米国製の香水．1972年から．現在は米国の Coty Inc. (1904年 François Coty が創業) のブランド．

**Joy of Cooking** ジョイオブクッキング，料理の楽しみ (The ~)
米国の料理書．Irma S. Rombauer とその娘 Marion Rombauer Becker が執筆し，1931年に自費出版で3,000部を作ったものが初版．2006年に75周年記念版が刊行．

**J. Press** J. プレス
米国のトラディショナルスタイルのメンズウェア専門店，そのオリジナル商品．前身の会社は Jacobi Press が1860年に創業，1902年より現在名．

**J. P. Stevens** J. P. スティーヴンス
米国の大手繊維製品メーカーである New York 市の J. P. Stevens & Co., Inc. 製のカーテン・シーツ・タオルな

## J. Sainsbury

ど. 1988年WestPoint Homeに買収された. ⇨ Utica.

**J. Sainsbury** J. セインズベリー
⇨ Sainsbury's.

**Jubilee** ジュビリー
英国L. Robinson & Co (Gillingham) Ltd 製のストッキング止め (hose clip). 1921年に創業者のLumley Robinsonが考案.

**Judith Leiber** ジュディスリーバー
米国の高級ハンドバッグやアクセサリーの会社, New York, Las Vegas などにあるその店, 同社製のクラッチバッグなど. ハンガリーからの移民Judith Leiberが1963年に創業.

**Juicy Couture** ジューシークチュール
米国Los Angelesで1994年にPamela Skaist-LevyとGela Mash-Taylorの二人の女性が立ち上げたブランド・その店. 親会社はLiz Claiborne, Inc. 斬新なカットやプリントでファッション界の先端を行くデザインはハリウッドのセレブリティにも顧客が多いという. アクセサリー・香水, さらにはドッグウェアまである. New York 店は2010年11月末に同地を騒がせた南京虫 (bed bug) 騒ぎで一時閉店を余儀なくされ話題になった.

**Juicy Fruit** ジューシーフルーツ
米国Wrigley's* 製のチューインガム.

**Jujubes** ジュージュービーズ
米国Heide Candy Co. ブランド (1869年創業)のフルーツ味キャンディー. 赤・オレンジ・黄色・緑・紫などの鮮やかな色が特徴. Zizyphus (ナツメの実) からの造語. 現在HeideはFarley's & Sathers Candy Co., Inc. のブランド.

**Julian** ジュリアン
⇨ Alexander Julian.

**Jumbo Jack** ジャンボジャック
米国のファーストフード店Jack in the Box*で売られている大型ハンバーガー. 499キロカロリー.

**Jumeau** ジュモー
19世紀のフランスの人形作家Pierre FrançoisとÉmile Jumeauの工房で製造された人形. アンティークとして収集家に人気がある. 1888年の米国特許報には「1840年からBébé Jumeauの名が使用されている」とある. Jumeau dollとも呼ばれる.

**Junior Mints** ジュニアミンツ
米国製の, クリーム状ミントが中身になった小さいサイズのチョコレート. 1949年発売. 考案者J. O. Welchが *Junior Miss* というブロードウェーミュージカルを見て名付けた. 現在は米国Tootsie Roll Industries, Inc. (1896年創業) のブランドで, 中身がカラメルのJunior Caramelsなどの姉妹品もある.

**Justin** ジャスティン
米国のJustin Boot Co. (Berkshire Hathaway Co. 傘下) の略・通称, 同社製のウェスタンブーツ・ワークブーツなど. 1879年H. J. Justinが創業. ⇨ Nocona Boots.

**Juvenia** ジュベニア, ジュヴェニア
スイスの時計メーカーJuvenia Montres SA (1860年創業), 同社製の宝飾腕時計など. 多品種少量生産. 1910年代に薄いムーブメントを開発して話題となった.

**J.W. Dant** J.W. ダント
バーボンの製造法の一つ 'sour mash' を発明したと言われるJ. W. Dantの名を冠したストレートバーボン (1836年に蒸留所を創業). 現在は米国Heaven Hill Distillies, Inc. 製.

# K

**K** K
英国のもと K Shoes Ltd の略・通称, 同社製の靴. 同社は, 1842 年に Robert Miller が, Kendal という町で皮革の商売を始め, 弟の John と組んで Somervell Brothers の名で注文靴店に甲皮やなめし皮を納入するようになったのが起源. 靴底に Kendal の K の文字を刻印, 1875 年に商標登録, 製品は K Shoes として知られるようになった. 1995 年不況のため K Shoes Ltd は廃業, C. & J. Clark Ltd が引き継いだが 2003 年生産終了.

**Kadett** カデット
ドイツ Adam Opel GmbH 製の中小型乗用車. 生産は 1937-40, 1962-91 年の間. 後継車は Opel Astra. Kadett はドイツ語で「士官[幹部]候補生」または「見習い将校」の意(英語で cadet). ⇨ Opel, Moskvich.

**Kahlúa** カルーア
Pernod Richard S.A. 製のコーヒーリキュール. 原酒はメキシコ Kahlúa S.A. 製. バニラが隠し味. 53 proof. ストレート・カクテルの基酒・コーヒーに添加・ミルク割りなどで飲む. ⇨ Peter Heering.

**Kahn's** カーンズ
米国の食肉加工製品. 1883 年ドイツからの移民 Elias Kahn が創業. 現在は Sara Lee Corp. のブランド.

**Kaiser** カイザー
米国の自動車メーカー Kaiser-Frazer Corp. の略・通称, その車. 同社は 1953 年に Kaiser Motors と社名変更, 同年に Willys* を買収, 1954 年に乗用車市場から撤退し, Willys が作っていた Jeep* 型車を生産する会社となったが, 1955 年に倒産.

**Kalamazoo** カラマズー
英国の Kalamazoo Secure Solutions Ltd の略・通称, そのセキュリティー関連印刷製品. 1896 年創業, 小切手印刷・ID カード印刷・訪問客管理用記録簿や通行許可証などを制作.

**Kalashnikov** カラシュニコフ
旧ソ連製のサブマシンガン[軽機関銃] AK-47 の通称. 商標ではなく, 設計者名に由来.

**Kaleidoscope** カレイドスコープ
英国のカタログ通信・オンライン販売会社. 主に女性ファッション物やアクセサリーを扱う. Freemans Grattan Holdings (以前は Otto UK) (世界最大の通信販売会社 Otto GmbH が所有) が所有. 20 カ国以上で展開.

**Kamanta** カマンタ
イタリアの婦人用ダブルフェイス(2枚の生地を重ね合わせたもので裏地がない)のコート・ジャケット・ニットウェア, および婦人既製服のメーカー (Kamanta SpA), そのブランド. ロゴは全て大文字.

**Kamchatka** カムチャッカ
米国 Fortune Brands 製のウオツカ.

**Kamik Canada** カミックカナダ
カナダのモントリオールで 1898 年創業の Genfoot, Inc. 製のブーツとオーバーシューズ (overshoes). カエデの葉のマークが入っている.

**Kangol** カンゴール
英国 Kangol Headware (Europe) Ltd の略・通称, 同社製の帽子.

**Kanøn** カノン
米国 Palm Beach Beauté 製の男性用フレグランス. Kanøn Norwegian Wood ブランドのコロンが最新商品.

**Kaopectate** カオペクテイト
米国 Chattem, Inc. 製の下痢止め. 水薬・錠剤・キャプレット (Caplet*) などがある市販薬.

**Karamalz** カラマルツ

ドイツ Eichbaum GmbH & Co. KG 製の, アルコール分 0.5% 以下の, ビールに似た穀物原料の清涼飲料 (cereal beverage). 1955 年発売. これを知らない子供はいないと言われる. カラメル味とレモン味がある.

### Karan　キャラン
⇨ Donna Karan New York.

### Karastan　カラスタン
米国 Mohawk Industries, Inc. 製の, 広幅織りカーペットやラグ. ⇨ Fieldcrest.

### Karate　カラテ
米国 Zeneca Ag Products 製の殺虫剤.

### Karathane　キャラセイン, カラセン
米国 Dow AgroSciences Ltd. 製の, 野菜・果実・花のウドンコ病の治療やダニの駆除に用いる化学薬品 (fungicide). 散粉機・噴霧器に入れて使用.

### Karl Lagerfeld　カールラガーフェルド
フランスの婦人服デザイナー Karl (Otto) Lagerfeld (1933- ) の作品. ドイツ生まれでスウェーデンの酪農王の息子. 14 歳のときにパリの学校へ. 2 年後, ファッション界の名門 International Wool Fashion Office からベストコートデザイン賞を贈られた. このときドレス部門のトップが, Yves Saint Laurent* だった. Chanel, Fendi, Chloé* のデザイナー.

### Karl Seeger　カールセーガー
ドイツの Karl Seeger Lederwarenmanufaktur GmbH の革製ビジネスケース. Karl Seeger が 1889 年創業.

### Karmann-Ghia　カルマンギア
ドイツの Volkswagen* が 1961 年に市場化した乗用車. 正式には VW 1500 Karman Ghia Coupé. イタリアのデザイナーの Giacinto Ghia (1887-1944) が創立した工房で, 同氏の後継者 Mario Boana がデザインした.

### Karo　カロ
米国 ACH Food Cos., Inc. 製のとうもろこし原料のシロップ. 1902 年に The Corn Products Co. が売り出した. Karo はシロップの考案者が妻の Caroline の名から思い付いた, それ以前にあったブランド Kairomel にちなんだ, の 2 説がある.

### Karrimor　カリマー
英国 Karrimor Ltd 製で Sports Direct International plc が販売するデイパック・リュックサック・サイクリング用バッグ (cycle luggage)・ベビーキャリア (baby carrier) など. 1946 年創業.

### Kashi　カシ
米国 Kashi Co. 製のシリアル・ピザ・ワッフル・ピラフなど. 名前は, kashruth (ユダヤ教の食事戒律)＋Kushi (米国での菜食健康法 macrobiotics の提唱者, 久司道夫) から.

### Katharine Hamnett　キャサリンハムネット
英国のファッションデザイナー Katharine Hamnett (1947- ) の作品. 1980 年代初頭から, 洗いざらしの綿や, しわをよせた絹などの素材を用いたポップなものや政治的なメッセージをプリントした T シャツで, 一躍名を知られるようになった.

### Kava　カーヴァ
米国 Eagle Family Foods, Inc. 製のインスタントコーヒー. 酸性でなく中性なのが特徴.

### Kaymet　カイメット
英国のワゴン専門メーカー The Kaymet Co Ltd の略・通称. 同社製のアルミを素材としたシンプルなデザインのワゴン (trolley)・トレイ. 脚にはスチールが入っていて堅牢.

### Kayser　カイザー, ケイザー
米国 New York 市の Kayser-Roth Corp. (Golden Lady Co. 傘下) 製のランジェリー・ソックスなど.

### Kayser　カイザー, ケイザー
オーストラリア Pacific Brands Hosiery Group 製のストッキング.

### Kaywoodie　ケイウーディー
米国製の, ライター・パイプその他の喫煙具類. 1919 年 Kaufman Brothers & Bondy Co. が発売したのが始まり.

## KC Masterpiece　KC マスターピース
米国 HV Food Products Co. 製のバーベキューソース．また，KC Masterpiece Barbeque & Grill レストランが Kansas 州 Overland Park にある．

## Keds　ケッズ
米国のスポーツシューズメーカー The Keds Corp. (The Stride Rite Corp. の一部門) の略・通称，その製品であるスニーカー・スポーツシューズ・カジュアルシューズのブランド．同社は 1892 年に United States Rubber Co. として創業，Keds ブランドの第 1 号は，1916 年発売で，スニーカーの原点といわれる Champion Oxford で今日でも売られている．PRO-Keds というキャンバス地ハイトップのバスケットボールシューズが若者のスニーカーとして圧倒的な人気があり，1958 年以来のロングセラー．

## Keebler　キーブラー
米国 Keebler Co. (Kellogg's* 傘下) 製のクッキー・クラッカー・アイスクリームコーンなど．アニメの Keebler Elves が TV コマーシャルで人気を博した．

## KEF　KEF
英国 KEF Electronics の略・通称，同社製のスピーカー．1961 年スピーカー技術者 Raymond E. Cooke らが創業．Kent Engineering and Foundry という金属加工工場内のかまぼこ型仮設建物 (Nissen hut) で発足したところから KEF の名が付けられた．

## Keilwerth　カイルベルス
ドイツのサクソフォン各種およびその関連製品のメーカー，そのブランド．Julias Keilwerth が 1925 年に創業．

## Keiser　カイザー
米国 Keiser Corp. 製のフィットネス器械．1977 年の創業者 Randy Keiser と Dennis Keiser 兄弟の名前から．

## Kellogg's　ケロッグ
米国の朝食シリアル食品製造・販売会社 Kellogg Co. のブランド．1906 年 William Keith Kellogg (1860–1951) が創業．William の兄は，健康食品研究者で，療養所を経営していた John Harvey Kellogg 博士で，菜食主義を旨としていた同療養所では穀物のフレークを健康食品として用いていた．1894 年のある日，会議のため二日以上も実験の途中で放ったらかしにしておいたゆでた小麦粉の生地を，ローラーに通したところ，フレーク状のバラバラの固まりが出てきた，というのが，今日の各種フレークの起源．1894 年に特許を取得し，穀物フレークを事業化．

## Kelly Bag　ケリーバッグ
⇒ Hermès.

## Kelly Services　ケリーサーヴィスィズ(社)　(~, Inc.)
米国最大の人材派遣会社．1946 年 William R. Kelly が創業．最初は女性が主体であったため社名が Kelly Girl Service, Inc. になって従業員は Kelly girls と呼ばれていた．

## Kelty　ケルティー
米国 American Recreation Products, Inc. 製の登山・キャンプ用品．バックパック・フレームザックが人気．Asher "Dick" Kelty (1919–2004) が開発者．

## Kelvinator　ケルヴィネイター
英国製の冷蔵庫．この冷蔵庫開発のきっかけとなった 'open-cycle' 冷却法を 1852 年に発表した英国の物理学者 Lord Kelvin (1824–1907) にちなむ．オーストラリアでは 1932 年以来信頼のブランドで Electrolux Home Products 製．

## Kem　ケム
米国 The United States Playing Card Co. 製のトランプ．

## Kemper　ケンパー
米国のキャビネットメーカー Kemper Distinctive Cabinetry (MasterBrand Cabinets, Inc. の一部門) の略・通称，そのブランド．1926 年創業．

## Ken-L Ration　ケネルレーション

米国のもとは The Quaker Oats Co. 製のドッグフード．1995 年に H. J. Heinz Co. に売却された後に姿を消した．P. M. Chappel（第一次世界大戦中の米国政府や同盟国軍への軍馬の調達業者）が，1923 年に馬肉を使用したドッグフードの缶詰めを考案し，「人間の場合と同様に犬の健康維持のためにはバランスのとれた定量食（ration）が必要である」という考えから，Ken-L Ration (Ken-L は Kennel のもじり) と名付けた．

**Kenmore Elite** ケンモアエリート
米国 Sears Brands, LLC 製の台所や洗濯用電気・ガス器具のブランド．

**Kenner** ケナー
米国の玩具メーカー Kenner Parker Toys, Inc. の略・通称，そのブランド．買収先の Hasbro* が 2000 年に Cincinnati 本社工場などを閉鎖し Kenner の歴史が終わった．

**Kenneth Cole** ケネスコール
米国 New York の男女の衣服・靴・アクセサリーなどのメーカー Kenneth Cole Productions, Inc. の略・通称．Kenneth Cole が 1982 年に靴店として創業．

**Ken Scott** ケンスコット
米国 Indiana 州生まれで，イタリアのミラノ在住のデザイナー Ken Scott (1918–91) のデザインした婦人服・リゾートウェア・スカーフ・ニットウェア・バッグなど，ミラノにあるその店 (1950 年代末に開店)．鮮やかな多色のプリントの花柄のものが得意．

**Kensitas** ケンシタス
英国製の紙巻きたばこ Kensitas Club. キングサイズ 85 mm.

**Kent** ケント
米国 British American Tobacco plc. 製の，フィルター付き紙巻きたばこ．1952 年発売．米国でのフィルター付きたばこの製造会社 Lorillard Tobacco Co. の社長であった Herbert A. Kent にちなむ．マークは城．⇨ Golden Lights, Old Gold.

**Kent** ケント
英国のヘアブラシ・歯ブラシ・服ブラシ・風呂用ブラシ・爪ブラシ・髭そりブラシ・くしなどのメーカー G. B. Kent & Sons Ltd の略・通称，そのブランド．豚毛を使用．William Kent が 1777 年に，Mayfair でブラシ製造会社として創業．George 3 世 (1760–1820) 以来，9 代の君主にわたり英王室御用達．1820 年代までに歯ブラシも製造するようになり，George 3 世や William 4 世に王家紋章を入れた歯ブラシを納入した．

**Kent & Curwen** ケントアンドカーウェン
1880 年創業の英国の紳士もの衣料品メーカー (Kent & Curwen Ltd)，その製品のネクタイなどのブランド．クリケットの英国ナショナルチームのユニフォームも同社製．

**Kentucky Fried Chicken** ケンタッキーフライドチキン
米国 Kentucky Fried Chicken Corp. (KFC Corp.) 製の，鶏肉のから揚げを中心メニューとするファーストフードチェーン店，そのブランド．Colonel Harland Sanders (1890–1980) が事業化．同氏は 1930 年から彼所有のガソリンスタンドで顧客サービスの一環としてフライドチキンを作っており，その評価が高まると店の一角をそれを供するレストランにした．1935 年には州知事が州の料理界への貢献を認め，Colonel (大佐) の称号を与えた．65 歳の Sanders は 1955 年から，調味料と圧力鍋を抱えて全米の飲食店を回って，彼のフライドチキンを試食させ，「一個売れる毎に 4 セントの技術使用料」という条件で，フランチャイズ契約を取り交わした．1960 年代中ごろに彼は KFC の米国本社を 200 万ドルで手放し，カナダ支社を慈善事業に寄付した．

**Kentucky Gentleman** ケンタッキージェントルマン

# Kimball

米国製のストレートバーボンなど. Sazerac Co., Inc. のブランド.

**Kentucky Tavern** ケンタッキータヴァーン
米国製のストレートバーボン. Sazerac Co., Inc. のブランド.

**Kenwood** ケンウッド
英国 Kenwood Ltd 製の食品用ミキサー. 1947 年に Kenneth Wood と Roger Laurence が Woodlau Industries を設立し Turnover Toaster の製造を開始. Kenneth Wood の短縮.

**Kenworth** ケンワース
米国 Kenworth Truck Co. の略・通称, 同社製の, 重装備トラックやトラクターなど. 長距離用で, 大型トレーラーを引っぱる.

**Kep** ケップ
米国 Kep Co. (1949 年創業) の略・通称, 同社製の歯磨き. 練り歯磨き・歯磨き粉・歯の汚れ落とし用研磨液 (tooth stain remover) など多くの種類がある. たばこのやに取り用のもの (smoker's tooth powder [paste]) が人気商品. ロゴは全て小文字で, e の上に横線がある.

**Kessler** ケスラー
米国 Julius Kessler Co. 製のブレンデッドウイスキー. 80 proof. ⇨ Four Roses.

**Kevlar** ケブラー, ケヴラー
1965 年米国 DuPont が開発した合成繊維. ナイロンよりも軽く, 非常に強い. 激しい摩擦熱にも溶けることがない. これを網目状に織り上げ 13 層に重ね合わせたものが防弾服の素材. ゴルフウェア・レインコート・ベルトのほか, ラジアルタイヤの補強帯にも使われている. 類似の Twaron は日本の帝人で製造されている.

**Kewpie** キューピー
米国 Strombecker Corp. が製造していたセルロイド・プラスチック製の人形. よく太って背中に小さな翼のある赤んぼうの姿をした妖精で, 頭の先端の髪が尖っている. Rose O'Neil の絵を模したもの. Cupid からの造語. Kewpie doll ともいう.

**Key-Tainer** キーテイナー
米国 Buxton, Inc. が製造していた皮革製の鍵ケース. 商標権はすでに切れている.

**Kia-Ora** キアオラ
英国で The Coca-Cola Co. が製造するオレンジ味ほかの清涼飲料. ニュージーランドのマオリ族のあいさつ語で「ご健康を」(Good health!) を表わす. 1903 年オーストラリアで最初に作られ, 1917 年英国で発売.

**Kibbles 'n Bits** キブルズアンビッツ
米国 Del Monte Foods 製ドッグフードのブランド. 1981 年発売. 同社製ペットフードのブランドには, 9Lives\*, Cycle, Gravy Train, Nature's Recipe, Reward, Skippy もある.

**Kids Foot Locker** キッズフットロッカー
米国の子供用運動用品販売会社で, 米国本土・プエルトリコ・米領バージンアイランドに 301 店舗を展開.

**Kids "R" Us** キッザラス
米国 Toys "R" Us, Inc. が経営する子供服店. 1948 年開店以来世界 33 ヵ国で 700 店舗 (2009 年現在). 1996 年 Babies "R" Us が New York 州 Westbury で 1 号店を開店し全米 260 ヵ所に展開. ⇨ Toys "R" Us.

**Kilgour, French & Stanbury** キルガーフレンチアンドスタンベリー
英国 London の Savile Row, Dover St. にある紳士服注文店. 2003 年に Kilgour の店名に戻り, 2008 年に JMH Lifestyle に買収された. 同店は 1882 年創業.

**Kilner jar** キルナージャー
英国 Kilner Brothers, Ltd 製の食品保存用の広口びん. 自家製ジャムなどを入れる. 1930 年商標登録. この会社は 1937 年に倒産.

**Kimball** キンボール

## Kimberly-Clark

米国 Kimball International, Inc. の略・通称，その一部門 Kimball Electronics Group の略・通称，その自動車・医療・産業・セキュリティ関連製品．ピアノの代名詞であった Kimball も 1970 年代に製造を中止し，家具製造にシフトした．Kimball International, Inc. は，1949 年に家具メーカーとして創業．その後，木工会社を次々に買収し，製材・合板・木工・家具製造の一大グループとなり，また米国最大の鍵盤楽器製造メーカーともなった．家具部門では木製の事務用家具・複製家具や家庭向けテレビ・ステレオキャビネットなど．

### Kimberly-Clark　キンバリークラーク(社) (～ Corp.)

米国の一般消費者用紙製品の大手メーカー．1872 年創業．ティッシュペーパー (Kleenex* など)・生理用ナプキン (Kotex*, New Freedom* など) では全米第 1 位．紙おむつの Huggies* も有名．他に事務用紙・新聞用紙・印刷用紙・たばこ用紙なども手がけている．

### Kindle　キンドル

米国の Amazon.com が 2007 年に売り出した電子書籍端末 (e-book reader)．Amazon Kindle とも呼ぶ．文庫本サイズで重量は約 300 グラム，インターネットで書籍が購入でき，新聞を読んだり音楽を聴いたりすることもできる．2010 年 8 月に Kindle 3 を発売．商標．

### King　キング

米国 Conn-Selmer, Inc. の King ブランドの管楽器 (トランペット・コルネット・ホルン・トロンボーンなど)．楽器修理店主 Henderson White と交響楽団のトロンボーン独奏者 Thomas King が，1893 年にトロンボーンを共同開発したのが起源で命名した．

### King Edward　キングエドワード

米国 Swisher International, Inc. 製の葉巻．

### King George IV　キングジョージ 4 世

スコットランドの The Distillers Agency Ltd 製のブレンデッドウイスキー．

### King Kullen　キングカレン

米国 King Kullen Grocery Co., Inc. の略・通称，同社系列のスーパーマーケットチェーン店およびそこのオリジナル商品の食料品類のブランド．Long Island と New York 市近郊で 46 店舗展開．1930 年米国で最初にスーパーマーケットを開いた．

### King of Kings　キングオブキングズ

スコットランドの James Munro & Son Ltd 製の高級ブレンデッドウイスキー．

### King of Scots　キングオブスコッツ

スコットランドの Douglas Laing & Co Ltd (1950 年創業) 製のブレンデッドウイスキー．

### King Oscar　キングオスカー

ノルウェー King Oscar AS 製の魚介類缶詰め (オイルサーディン・アンチョビーなど)．トレードマークは 1902 年から採用されたもので，当時ノルウェーとスウェーデンを統治していた Oscar 2 世．

### Kingsbury　キングズベリー

米国 Miller Brewing Co. 製のノンアルコールビール．

### Kingsford　キングズフォード

米国 The Kingsford Products Co. の略・通称，同社製のバーベキュー用品．

### Kingsford's　キングズフォード[ズ]

米国 ACH Food Cos., Inc. 製のコーンスターチ．同社製のコーンスターチでも Argo ブランドは全米で，Kingsford's ブランドは California, Idaho の一部, Nevada, Utah で売られている．

### Kinlock Anderson　キンロックアンダーソン

英国の高級タータン生地およびその衣料品のメーカー (Kinlock Anderson Ltd)，そのブランド．1868 年創業．ス

ポラン (sporran; キルトの前に付ける皮袋)・キルトストッキング・Scotland産の宝石・婦人の夜会用飾り帯・Argyllのジャケット・婦人服なども販売. Elizabeth 2 世女王・Edinburgh 公・Charles 皇太子御用達.

### Kinney('s)　キニー(ズ)
米国 Kinney Shoe Corp. 製の靴, その小売りチェーン店. 大手総合小売りチェーン F. W. Woolworth Co. 傘下. カナダ・オーストラリアにも展開.

### Kinney Drugs　キニードラッグズ
米国 Vermont 州と New York 州北部・中部で 90 店舗以上を展開するドラッグストア・薬局チェーン. 1903 年 Burt Orrin Kinney が New York 州 St. Lawrence County の Gouverneur 村で創業.

### Kipling　キプリング
1987 年にベルギーで創業したカジュアルバッグブランド. 世界 60 カ国以上に展開している. 英国の作家 Rudyard Kipling の短編小説集 *The Jungle Book* に登場するモンキーがブランドのイメージシンボル.

### Kirbigrip　カービグリップ
英国 Laughton & Sons Ltd 製の髪止め (hair-grip). 最初の製造会社 Kirby, Beard & Co に由来. 1743 年創業. 1920 年代に短い髪が流行したため, ヘアピンにかわる板ばねの付いた髪止めとして開発され, 1926 年商標登録.

### Kiri　キリ
カナダ Breuvages Kiri, L.P. 製の, スパークリングアップルジュースなど. ヨーロッパで最も有名な清涼飲料.

### Kiri　キリ
フランス Fromageries Bel 製のクリームチーズスプレッド (spread). 子供に人気がありサンドイッチに最適.

### Kisses　キッシズ, キスセズ, キスチョコ
米国のチョコレートとキャンディーの大手メーカー The Hershey Co. 製の小粒タマネギ型チョコレート. 1907 年より発売. Hershey's Kisses ともいう. 銀紙に包んであり, Hershey と書かれた小紙片が付いている.

### KitchenAid　キッチンエイド, キチネイド
米国の家庭電化製品メーカー Whirlpool* の一部門の, KitchenAid, Inc., そのブランド. 特にミキサーが有名で, 1919 年より製造. アタッチメントによってパスタ作り器から缶切りにまで多様に変化する. 皿洗い機も有名.

### Kitchen Bouquet　キッチンブーケ
米国 The Clorox Co. 製のブラウニング・シーズニングソース (browning and seasoning sauce).

### Kitchen Kettle Plus Crockery　キッチンケトルプラスクロッカリー
米国 National Presto Industries, Inc. (1905 年創業) 製の, 湯わかしと調理用鍋を兼ねる陶磁器. ⇨ Presto.

### Kitchen Sliced　キッチンスライス(ト)
米国 Green Giant Co. (The Pillsbury Co. の一部門) 製の豆などの缶詰め. ⇨ Green Giant.

### Kit-Kat　キットカット
英国の大手菓子メーカーであった Rowntree Mackintosh Confectionery 製のチョコレートがけウエハース. 同社の代表的商品で, 英国で最も売れているチョコレート菓子. 1935 年の発売当初の名は Chocolate Crisp で, 1930 年代末に Kit-Kat となった. 現在は英国では Nestlé, 米国では The Hersey Co. がライセンス製造.

### Kittinger　キッティンガー
米国の家具メーカー Kittinger Furniture Co., そのブランド. 同社は複製家具では米国のトップメーカーで, デザインは植民地時代のもの. 1885 年に家具製造を始めた. 創業者の一人 George Colie の義理の息子 Irvin J. Kittinger が会社の経営をにぎり, その名を社名にした.

### Kiwi　キウイ
オーストラリア Kiwi Products 製の靴

磨きクリーム (shoe polish) (1984年から Sara Lee Corp. 所有). William Ramsay が 1906 年より市場化. 同氏の妻 Annie Elizabeth Meek がニュージーランド生まれだったので,同地に生息する無翼鳥(ニュージーランド人に対する愛称でもある)を商品名とし,缶のふたに無翼鳥の絵を描いた.

**Kix**　キックス
米国 General Mills* 製のシリアル. 1937 年発売.

**Klean Cut**　クリーンカット
英国の家庭園芸関連製品を販売する Klean Cut Garden Machinery Ltd (KleaningEquipment Western Ltd の一部門)の略・通称. 芝刈り機から草かき (rake) まで幅広く扱う.

**Kleencut**　クリーンカット
米国 Acme United Corp. (1867 年創業)製のはさみ. 1867 年創業の老舗で,使い捨ての金属製外科用器具と家庭用はさみ・定規では米国最大手.

**Kleenex**　クリーネックス, クリネックス
米国 Kimberly-Clark* 製のティッシュ. clean を Kimberly の頭文字に合わせ,つづり変えをし, ex を加えた名. もとの製品は,第一次大戦中の 1914 年に Kimberly が,脱脂綿の代用の外科治療用の吸収紙 Cellucotton として開発したもので,第一次大戦中に陸軍病院の外科で外傷用に用いられた. 戦後,膨大な量の余剰ストックとなっていた品を, 1924 年に,同社の子会社の International Cellucotton Products Co. が, コールドクリームふき取り用と称して Kleenex Kerchiefs の名で売り出した. 1929 年に, 1 枚を出すと次の 1 枚の先が出てくるというアイディア (Serv-a-Tissue または pop up feature と呼ばれる)を採り入れたのが効を奏し, 1930 年代にそれまで低迷していた売り上げが急上昇した. 1948 年よりポケットパックを市場化.

**KleenGuard**　クリーンガード
米国 Kimberly-Clark* 製の各種の安全作業用の防護服. 新製品では防音耳栓がある.

**Kleen Guard**　クリーンガード
米国 Alberto-Culver Co. (1955 年創業)製の家具つや出し剤 (furniture polish).

**Klein**　クライン
⇒ Anne Klein, Calvin Klein.

**Klement's**　クレメンツ
米国の Klement's Sausage Co. Inc. の略・通称,その製品のソーセージ・ハム・ターキー・ローストビーフ・ビーフスティックなど. John, George, Ron Klement の 3 兄弟が 1956 年に創業. バスケットボールの Milwaukee Bucks, 野球の Milwaukee Brewers (本拠地の試合でのマスコットレース Klement's Racing Sausages が名物)などのスポンサー.

**KLH**　KLH
米国 KLH Audio Systems の略・通称,同社製のオーディオ機器.

**Klondike**　クロンダイク
米国 Isaly Dairy Co. が 1970 年代までは Ohio 州と Pennsylvania 州だけで販売していたアイスクリームバー(四角で,棒は付いていない). 川の名から. William Isaly が Isaly Dairy Co. を 1900 年代に創業. 当初は Swiss ミルクチョコレートでコーティングする手作り. 1978 年に Florida で,次いで New York, New England で販売開始. 1982 年に Florida 州 Clearwater に新工場を建設し,以降は全米に "What would you do for a Klondike bar?" のキャッチフレーズで宣伝が始まり,全米のスーパーマーケット 92% で購入が可能になった. 1993 年に Unilever* が買収し, Good Humor-Breyers Ice Cream Co. の傘下に入った.

**Kmart**　K マート
総合小売り企業 Kmart Corp. (Sears Holdings Corp. 傘下)系列のディスカウントチェーン店. 1 号店は 1962 年 Michigan 州 Garden City で開店. 創業者 Sebastian S. Kresge の姓の頭文

**Kodak**

字から命名.

**Knickerbocker** ニッカーボッカー
米国の玩具メーカー Knickerbocker Toy Co., Inc. (Warner Communications, Inc. 傘下) の略・通称, そのブランド. 1922年に Leo L. White が, New York 市で小さな工場として創業, ぬいぐるみの熊は看板商品だった. 1980年代末に閉鎖. ⇨ Raggedy Ann.

**Knight Lite** ナイトライト (The ~)
米国 Knight Lite USA Inc. 製の使い捨て懐中電燈 (disposable flashlight).

**Knight's Castile** ナイツキャスタイル
オーストラリア Unilever* Australia 製の化粧石鹸. 1919年よりもとのメーカーである John Knight & Co. が製造していた. Castile というのは商標ではなく, スペインの Castile で最初に作られた白色またはまだら状の, オリーブ油とナトリウム塩から作られた石鹸の一般名称.

**Knockando** ノッカンドウ
スコットランド高地地方産のシングルモルトウイスキー 12年および 21年熟成. United Distillers & Vintners Ltd 製. ラベルには熟成開始年が明記されている. ゲール語で「小さな黒い丘」の意. ⇨ J & B.

**Knoll** ノール, ノル
ドイツ生まれの家具商の息子で米国に渡った Hans G. Knoll (1914-55) が, New York で 1937年に設立した家庭用・オフィス用の家具メーカー Knoll, Inc.

**Knopf** クノップ
米国 New York 市の出版社 Alfred A. Knopf, Inc. (Random House Inc. 系列) の略・通称. 都会的な作風の新進女性作家の小説を出版することで有名.

**Knorr** クノール
Unilever* が所有する食品などのブランド. 1838年に創業したドイツ人 Carl Heinrich Knorr の名前から.

**Knott's Berry Farm** ナッツベリーファーム
米国 Los Angeles 近郊にある大遊園地. 西部開拓時代の懐古的な雰囲気にあふれている.

**Knott's Berry Farm** ナッツベリーファーム
米国 Knott's Berry Farm* 製の食料品. 特にジャム類が有名. 創設者 Walter Knotts は米国のジャム王のひとり.

**Knox** ノックス
米国 Kraft* がライセンス生産し, NBTY, Inc. が商標権を持つ, 香料を加えていない料理用ゼラチン. 1889年 Charles B. Knox が開発.

**Knox** ノックス
米国 Resistol Hats 製の紳士物の帽子で, 現在は製造されていないが Levine Hat Co. がこの名前を使った帽子を販売している. もともとのメーカーは 1838年に Charles Knox が設立.

**KOA** KOA
米国 Montana 州に本部がある Kampgrounds of America, Inc. (1963年創立) の頭文字で, 同社が運営する全米各地にあるキャンプ場の名.

**Kodachrome** コダクローム
米国 Eastman Kodak Co. が開発した世界初のカラーリバーサルフィルムで, 35mm 映画用を 1915年, 翌年には紙製マウントを付けるアイディアを採り入れてスライド用を発売.

**Kodacolor** コダカラー
米国 Kodak* 製の, カラープリントを作るためのネガフィルム. 当初は 1928年に発表された映画用カラーフィルムに付けられた名.

**Kodak** コダック
米国 Eastman Kodak Co. の略・通称, 同社製の各種小型カメラ・その他の写真用品 (フィルム・印画紙・映写機・現像薬等) のブランド. 同社は, 銀行員の George Eastman (1854-1932) が, 乾板に感光液を均一に塗付して量産する装置の特許を取得した 1880年に誕生し, 乾版製造を開始したのが起源. 1884

# Kodamatic

年に史上初の感光乾板紙のロール(改良されて1889年に世界初の透明ロールフィルムとなったものの原型)を発表, 1888年に小型箱型カメラを開発した. Kodakの名はEastmanの造語で,「大好きな, 力強く鋭い文字であるKで始まりKで終わるあらゆる組み合せを考えた結果」で,「簡潔で活気があり, 誤記の恐れがなく, 具体的な意味がなく, 誰にでも発音しやすく, 覚えやすいものであること」を条件に創出したという. 1888年にカメラ・乾板・フィルムの名として商標登録.

## Kodamatic　コダマティック
米国Kodak*製のインスタントカメラ. ⇨ Polaroid Land Camera.

## Kodavision　コダヴィジョン
米国Kodak*製のビデオ機器.

## Kodiak　コディアック
カナダKodiak Group Holdings Co.の略・通称, 同社製の靴. 1910年創業.

## Kohler　コーラー
米国Kohler Co.製のバスルーム・トイレット関連製品. 1873年創業. TV・雑誌広告もユニーク. 同社があるWisconsin州では, 同社が1914年にbubbling valve式の公共の場の噴水式水飲み器を製作したことから, 一般に水飲み器をbubblerと呼ぶようになった.

## Kolynos　コリノス
英国製の練り歯磨きで1930-40年代に人気があった. 医師N. S. Jenkinsが1900年ごろに処方を考案. ギリシャ語の要素kolouo (「私は制限する・チェックする」) とnosos (「病気・疾病」) を合成して命名. ラテンアメリカではこのブランド名が残っているが, 買収したColgate-Palmolive Co.はSorriso (ポルトガル語で'smile') 名に変えて販売. J. D. Salinger, The Catcher in the Ryeに出てくる.

## Kool　クール
米国R. J. Reynolds Tobacco Co.製のフィルター付き紙巻きたばこ. 1933年に発売, 世界初のメンソール入りたばこ.

## Kool-Aid　クールエイド
米国Kraft*製の即席清涼飲料粉末 (instant soft drink mix). グレープ・レモンライム・ラズベリー等の種類がある. 粉末の入った袋の表には, 水差しに顔を描いたKool-Aid Manが描かれている.

## Koosa　クーザ
米国Coleco Industries, Inc.製の犬・猫・ライオンなどの人形. 1983-84年に全米で大ヒット. 人形Cabbage Patch Kids*のペットとして売り出され, 新生児人形のPreemieとともに, たちまち売り切れとなった.

## Korbel　コーベル
米国F. Korbel & Bros., Inc.の略・通称, 同社製のブランデー・シャンパン・ワイン.

## Korvette's　コーヴェッツ
米国New York市5番街のHerald Squareにあったディスカウントデパート. 厳密にはE. J. Korvette's. 1978年に倒産. ⇨ Herald Center.

## Koss　コス
米国Koss Corp.の略・通称, 同社製のオーディオヘッドホンなど.

## Kosset　コセット
英国Kosset Carpets Ltd製のカーペット.「手飼いの子羊」または「ペット」の意のcossetのつづり変え.

## Kosta Boda　コスタボダ
スウェーデンを代表するガラス器メーカー (Kosta Boda AB), そのブランド. 同社は1742年にBohemiaから同国に移住してきたガラス職人によって設立されたKosta社が, 1963年にBoda (1864年設立)・Johanfors (1876年設立)・Afors (1891年設立) の各ガラス工場と合併したもの. Kostaの名は, 同国国王Karl 12世のボディーガードを務めていた二人の将軍A. KoskullとB. Staelの姓の合成.

## Kotex　コーテックス
米国Kimberly-Clark*製の生理用ナプキン. cotton textureを縮めて命名

したもので,「短く,発音しやすく,記憶に残りやすく,説明しやすく,生理用品であることがあからさまでないこと」という観点で付けられた. 1920年発売.

**Kotler** コトレア
⇨ Maurice Kotler.

**Kouros** クーロス
フランス Yves Saint Laurent Parfums Corp. 製の男性用オードトワレ・シェービングフォーム・アフターシェーブローションなど. kouros はギリシャ語で「青年」の意.

**KP** KP
英国の South Yorkshire に本部があるポテトチップス・ピーナッツ製造会社 KP Snacks (1853 年創業. 1968 年に United Biscuits Ltd の一部門となる) の略・通称, 同社製のナッツとポテトチップス. KP は Kenyon Produce の頭文字.

**Krackel** クラッケル
米国のチョコレート・菓子の大手メーカーである The Hershey Co. 製の, さくさくした米粒の入ったチョコレートバー (crisped rice in milk chocolate). 1938 年発売.

**Kraft** クラフト
米国 Kraft Foods, Inc. の略・通称, 同社製のプロセスチーズ類・ドレッシング・マヨネーズ・ジャム・袋菓子・加工食品など. チーズでは業界最大手. 1903年に世界に先駆けてプロセスチーズを製造した創業者の James L. Kraft に由来. craft (技術)とドイツ語の Kraft (強さ)も暗示されている.

**KraftMaid** クラフトメイド
米国 KraftMaid Cabinetry LLC の略・通称, その製品の各種キャビネット.

**Krakus** クラクス
米国 Krakus Foods International が製造または輸入販売する Krakus Polish Hams. ポーランドの民話に登場する騎士の名から.

**Krazy Glue** クレージーグルー
米国 Borden, Inc. 製の瞬間強力接着剤. 正確には Instant Krazy Glue.

**Kreegar & Sons** クリーガーアンドサンズ
米国 New York 市に本店のあるアウトドア衣料専門店, そのオリジナル商品.

**Krementz** クレメンツ
米国の宝石装飾品メーカー (Krementz & Co.), そのブランド. 1866年創業.

**Kresto** クレスト
ドイツ Evonik Stockhausen GmbH 製のハンドクリーナー. 油などのしつこい汚れ落とし. また道具・機械パーツなどの掃除には Kresto Kwik Wipes がある.

**Kriek** クリーク
ベルギーの Vanhonsebrouck 製のサクランボを原料としたビール.

**Krispy Kreme Doughnuts** クリスピークリームドーナツ
米国 Krispy Kreme Doughnuts, Inc 系列のドーナツ販売チェーン店. 1937年創業. 英国, オーストラリア, 香港, 韓国, 日本や中東諸国にも多くのフランチャイズ店がある.

**Krizia** クリツィア
イタリアのデザイナー Mariuccia Mandelli (1933– ) のデザインによる既製服のブランド, ミラノにあるそのメーカー. 1954年創業. バッグ・アクセサリー・香水なども手がけている. 社名は Plato (プラトン)の「対話篇」に登場する哲学者の Krizias に由来. 美しい衣裳や宝石で女性を飾ることに喜びを感じ, 終生女性美を追求し続けた人物とされている. 香水 K de Krizia, Teatro Alla Scala, 男性用オードトワレ Krizia Uomo などがある.

**Kroger** クローガー
米国 The Kroger Co. (1883 年 Bernard Kroger が創業) 系列のスーパーマーケットチェーン店, その自社ブランド(食品など).

**Kromex** クロメックス
米国 Kromex 製の, 金属製盆類・フォ

ンデュ鍋・アイスペール・灰皿など．
1980年代に生産終了．

**Kronnenbourg**　クローネンブルグ
フランスAlsace地方Strasbourg（ドイツとの国境近く）のKronnenbourg Breweries (1664年創業) 製のビール．

**Krud Kutter**　クラッドカッター
米国の脱脂剤 (degreaser)・シミ取り洗剤 (stain remover) などのメーカーKrud Kutter, Inc., その洗剤のブランド．製品はすべて生物分解性 (biodegradable), つまり微生物によって無害な物質に分解しうるもので非毒性だという．

**Krug**　クリュグ
フランスのChampagne地方産のシャンパンの生産商社 (Krug et Cie). 1843年創業．1876年に英国で商標登録．生産品の70％が英国で消費される．Grande Cuvéeと呼ぶブランドの知名度が高い．

**Krunchers!**　クランチャーズ！
米国Jay Foods, Inc.製のポテトチップス．

**Kruschen**　クルシェン
ニュージーランドHealtheries製の緩下剤．正確にはKruschen Salts. 19世紀末にE. Griffiths Hughesが開発．

**Krylon**　クライロン
米国Krylon Div. (Sherwin-Williams Co.の一部門) の略・通称，同部門製の，青写真や絵に塗布して合成樹脂の保護膜とするコート液・スプレー塗料．

**Kryptonite**　クリプトナイト
米国Kryptonite Bike Lock Corp.の略・通称，同社製の自転車錠．同社社長Michael Stuart Zaneが1972年に開発．U字型の部分と棒状部とからなり，後者の端に錠がある．素材は硬質炭素鉄合金で，ハンマー・ボルトカッター・弓のこもものともせず，また表面をビニールでおおってあるので錆びず，自転車のクロームや塗装の表面がいたむこともない．固定された強固な金属柱（パーキングメーター・ガードレール・手すりなど）に自転車の車輪（およびフレーム）を止めて施錠する．Kryptoniteは，漫画のSupermanの超能力をおかす力のある金属の名．

**K-Swiss**　Kスイス
米国のスポーツシューズメーカー K-Swiss, Inc., そのブランド．青と赤のストライプのテニスシューズは人気商品．1966年創業．

**K2**　ケイトゥー，Kツー
米国のスキー用具などのスポーツ用品メーカー (K2, Inc.), そのブランド．

**Kuwahara**　クワハラ，桑原
日本の自転車メーカー桑原商会の略・ブランド．特にBMX用自転車が米国で人気があり．映画E.T.で主人公Elliot少年が乗っていたため，一層有名になった．

**Kwik Shop**　クウィックショップ
米国Kansas, Nebraska, Iowa州で124店舗を展開するコンビニエンスストアチェーン店．1960年創業．

**K-Y**　K-Y
米国Johnson & Johnson*製の，性交時の潤滑補助に多く用いられるゼリー．水溶性．避妊効果はない．K-Y Jellyと呼ばれることが多い．K-Yの由来は，Kentuckyで考案されたからという説と，潤滑剤の成分を表すという説があるが，確証はなく不明．★男性同性愛者が性行為に活用するため，K-Y cow boy, K-Y queenと呼ぶ．

**K-Y Silk E**　K-Yシルキー
米国Johnson & Johnson*製の女性の膣用モイスチャライザー (vaginal moisturizer). EはビタミンEを表す．K-Y Liquibeadsブランドもある．

# L

**Labatt** ラバット
カナダ Labatt Brewing Co. (1847 年 John Kinder Labatt が創業) の略・通称. 同社製のラガービール Labatt Blue が有名.

**La Choi** ラチョイ
米国 ConAgra Foods 製の米国風中国食品 (American Chinese food) の缶詰め・調理済み製品. Chicken Teriyaki, Chou Mein, Fortune Cookie, Soy Sauce など多彩.

**La Corona** ラコロナ
ホンジュラス Santa Rosa de Copán 製のクラシックキューバン葉巻たばこ.

**Lacoste** ラコステ
フランス製のテニスウェア・ポロシャツなど, そのメーカー. 他にカジュアルウェア・革小物・ベルトなど. フランスのテニス界で 1920 年代後半に活躍した René Lacoste (1904–96) が, 自らのプレー経験を生かして考案し, 英国のメーカーに発注したのが起こり. 引退後の 1933 年に同社を創業し, 同製品を市場化. ポロ競技用のジャージーシャツを参考に, ニット (鹿の子編み) で作った. 向かって右向きの緑色のワニのワンポイントで知られるが, これは Lacoste が現役時代に「ワニのように球に食いつき, 相手をねじふせる」ため, 'Le Crocodile' とあだ名されたところからだという.

**Lacrima Christi del Vesuvio** ラクリマクリスティデルヴェスヴィオ
イタリアの Vesuvius 火山の周辺で生産される原産地呼称ワイン. 赤・白がある. Lacrima Christi (キリストの涙) という美しい名を持つ.

**Lacroix** ラクロワ
⇨ Christian Lacroix.

**Lactaid** ラクテイド
米国 McNeil Nutritionals, LLC 製のミルクやアイスクリームなど. 牛乳を飲むとお腹をこわしやすいといった乳糖不耐症 (lactose intolerance) の人に適している. 消化を助けるサプリメントのキャプレット (Caplet*) や液体もある.

**Lactalis** ラクタリス
フランスに本社を置く酪農製品 (チーズ・バター) を製造販売する多国籍企業. 販売実績は世界 3 位, ヨーロッパで 2 位を占める. Besnier ファミリーが所有. ブランドには Sorrento, Société, Bridel, Président, Rachel's Organic, Valmont がある.

**Lada** ラダ
ロシアの AvtoVAZ 製の自動車の愛称. Lada とは「愛されている」または「親愛なる者」を意味する民衆語. 国内での正式名は Zhiguli で, これはその工場のある都市 Tolyetti (前 Stavropol) 近くの Volga 河畔の丘の名.

**Ladies' Home Journal** レディーズホームジャーナル (**The** ~)
米国 Meredith Corp. 刊行の中高級中年主婦向け雑誌. 1883 年に新聞記者 Cyrus H. K. Curtis が 26 歳で創刊した *Tribune & Farmer* 誌に同氏の妻 Louisa が書いたコラムが母体となり, 雑誌に成長したもの. 米国最初の 100 万部突破雑誌.

**Ladybird** レディーバード
英国 Ladybird Books Ltd 刊行の児童書. 1915 年商標登録. 1998 年 Penguin Books の小会社になるが, その後廃業.

**Ladybird** レディーバード
英国製の子供服, そのメーカー. 同社は Shop Direct Group の子会社.

**Lady Foot Locker** レイディフッ

## Lady Manhattan

トロッカー
米国の各種メーカーの女性用運動靴・アパレル製品の大手の小売店. 米国本土・Puerto Rico・米領 Virgin Islands・グアムに 415 店舗が展開.

**Lady Manhattan** レディーマンハッタン
米国 Manhattan Industries, Inc. 製の婦人服.

**Lady Pepperell** レディーペッパーレル
米国 West Point-Pepperell, Inc. (1955 年創業) 製の, 寝具と風呂用の繊維製品(シーツ・タオルなど).

**Lady's Choice** レディーズチョイス
米国 Church & Dwight Co., Inc. 製の, 固形またはジェル状の女性用の発汗・体臭抑制デオドラント (anti-perspirant and deodorant). これ自体の匂いがきつい.

**Lady Speed Stick** レイディスピードスティック
米国 Colgate-Palmolive Co. 製の女性用の発汗抑制デオドラント.

**L. A. Gear** LA ギア
米国 L. A. Gear 製のスニーカーとアパレル. 同社は1979年レディースのフィットネスシューズブランドとして Los Angeles で創業. 80 年代前半にエアロビクスが爆発的ブームとなってスニーカーにもファッション性が求められた. Michael Jackson を起用した「MJ シリーズ」を発表.

**Lagerfeld** ラガーフェルド
⇨ Karl Lagerfeld.

**Lagonda** ラゴンダ
英国製の乗用車, そのメーカー. オペラ歌手から自動車製造業者に転向した創業者 Wilbar Gunn (1859-1920) の故郷 Ohio 州の Lagond Creek にちなむ. 当初オート三輪を手がけ, 1907 年から四輪自動車に進出. 1947 年から Aston Martin の子会社. ⇨ Aston Martin.

**Lagostina** ラゴスティーナ
イタリアの鍋メーカー, 同社製の圧力鍋・無水鍋・その他の鍋類. 創業者 Massimo Lagostina にちなむ. 1901 年創業. ⇨ Pasta Robo.

**Lalique** ラリック, ラリーク
フランス製のガラス器・ガラス工芸品メーカー, その直営店(共に Cristal Lalique が正式名), その製品. アールヌーヴォーの宝石装身具細工師 René Lalique (1860-1945) が, 1900 年に香水 Coty* の瓶をデザインして以降, ガラス工芸に専念, 工場を創設し, 1905 年に直営店を開店, 透明部と不透明部(すりガラス)の絶妙なコントラストを持つ作品を次々と生み出した.

**Lambert & Butler** ランバートアンドバトラー
英国 Imperial Tobacco Group plc 製のフィルター付きキングサイズで低タールの紙巻きたばこ.

**Lamborghini** ランボルギーニ
イタリア製のスポーツカー, そのメーカー. 同社は技師で実業家の Ferruccio Lamborghini (1916-93) が, 1963 年にボローニャ近郊で創業. 1979 年に倒産したが, フランス系スイス人の実業家 Patric Mimram が再建. 設計主任はもと Maserati* に在籍した Giulio Alfieri. 車種は Miura, Countach, Jalpa など. 1998 年 Volkswagen Group の小会社 Audi* 傘下となった.

**Lambretta** ランブレッタ
イタリア Innocenti 製のスクーター. 1933 年にミラノで創業, 第二次大戦後 1947 年にミラノの Lambrate 地区に再建され, 同スクーターを発売した. Vespa* に次いでイタリアでポピュラー. 現在はインドの Scooters India Ltd が生産を継承している.

**Lambrusco** ランブルスコ
イタリア中部 Emilia-Romagna 州で生産される微発泡性赤ワイン.

**Lamisil** ラミシル
米国 Novartis 製の抗真菌薬 (antifungal). 錠剤は処方薬, クリームやスプレーなどは市販薬.

**Lamy** ラミー
　ドイツの筆記具メーカー，同社製の万年筆・ボールペン．1930年にJosef Lamyが創業．つや消しの黒とステンレスのヘアライン仕上げが特徴．

**Lancel** ランセル
　フランスのバッグ・小物などの店，そのブランド．素材は主にナイロンタフタ・ポリウレタン布で，機能化・カジュアル化・軽量化を図り，実用的なものが主．1876年に，Lancel夫妻がパリのOpera座近くに小さな喫煙具専門店として創業．20世紀初頭にライターをヒットさせた．1925年に400日巻き置き時計を発売．1926年からバッグを市場化．1960年頃，バッグ類の仕入れ先であったPlastique社に店の経営を委ねて以降，バッグ主体となり，薄茶色のナイロンタフタ製のMistralシリーズで注目された．同店では衣料品・インテリア用品・アクセサリー・時計・傘なども扱っている．ロゴは全て大文字．

**Lancers** ランサーズ
　ポルトガルJ. M. da Fonsecaワイナリー製の中程度の甘さの合うスパークリングワイン．

**Lancetti** ランチェッティ
　イタリアのデザイナーPino Lancetti (1928–2007) のデザインした衣料品．同氏はもと画家で，1963年に31歳でデビューし，その時発表した「ミリタリールック」で一躍有名になった．香水は，1976年発表．

**Lanchester** ランチェスター
　英国の自動車メーカー，そのブランド．1890年代末創業．自動車黎明期の名車を生み出したが，1955年Daimlerに吸収合併されて消滅．

**Lancia** ランチア
　イタリアの乗用車メーカーFiat*の一部門，同部門製の乗用車．1902年からFiat製の車で好成績を収めたレーサーVincenzo Lanciaに由来．lanciaはイタリア語で「槍」の意でもあり，この車のエンブレムは槍についた旗 (LANCIAの文字入り) を描いている．

**Lancôme** ランコム
　1935年Armand Petitjeanが設立したフランスL'Oreal Group所有の化粧品ブランド，特にスキンケア製品・香水・メーキャップなどで，高価．

**Landgräflich Hessisches Weingut** ラントグレーフリッヒ ヘッシシェブドウ園
　ドイツHessen (Hesse) 州Rheingau地域のJohannisberg村にある，Hessen公国の領主が所有したブドウ園．1958年より一般市場化，水準の高いワインを醸造．

**L & M** LアンドM
　米国Altria Group, Inc.製の紙巻きたばこ．1953年発売で，50年代の代表的なフィルター付きたばこ．L & Mは旧社名Liggett & Myers Tobacco Co., Inc.の略．⇨ Lucky Strike．

**Land O'Lakes** ランドオレイクス
　米国Land O'Lakes, Inc.の略・通称，同社製のバター・チーズ・卵など．社名はもとThe Minnesota Cooperative Creameries Associationで，1921年創業，地元の農家で作られたバターを集めて出荷する共同組合である．パッケージには(経緯は不明だが)米国先住民の少女が描かれている．

**Land-Rover** ランドローヴァー [ローバー]
　インドの自動車メーカーTata Motors傘下のJaguar Land Rover製の汎用四輪駆動乗用車．Jeep*に似ているが，より大型．1948年にもともとの英国のメーカーRover Co.によって製造された最初の同車は，農夫達がその土地(land)をどこまでもくまなく行く(rove)ことのできる，廉価で頑丈な乗り物を意図して設計された．

**Lands' End** ランズ・エンド
　米国アパレル通販業界の大手企業Lands' End, Inc.のウェアやバッグ．1963年Lands' End Yacht Stores, Inc.として創業しヨット・ボート関連器具をカタログで販売していた．

235

"lands' end"(地のはて)はこれから始まる航海と冒険を感じさせることばとしてヨットマンで創業者のGary Comerとヨット仲間が取り入れ,後にLand'sが正しい正書法だと気づいたがもはや訂正はきかなかったという.1993年に日本ランズエンド設立.

**Lane**　レイン
米国の家具メーカー Lane Furniture Industries, Inc. (Furniture Brands International, Inc.の所有)の略・通称,そのブランド. 杉製のチェストやリクライニングチェアは有名. 1912年創業.

**Lane Bryant**　レインブライアント
米国の婦人用衣料品チェーン店 Lane Bryant, Inc. 大きいサイズ (plus size) の婦人服の充実で知られ,その小売り最大手. Cacique ブランドもある.

**Lange**　ラング
フランス最大のスキー用品メーカーであるSkis Rossignol S.A.製のスキーブーツ. 同社は1957年に世界で初めてプラスチックブーツを作った. 開発者 Pop Lange の姓に由来.

**Lanier Clothes**　レイニアークローズ
米国 Oxford Industries, Inc. (1960年創業) 製の紳士用スーツ・コートなど.

**Lanson**　ランソン
フランス Champagne 地方産のシャンパンの生産商社. 1760年創業.

**Lanvin**　ランバン,ランヴァン
フランスのデザイナー Jeanne Lanvin (1867-1946) および彼女の後継者のデザインした婦人・紳士衣料品各種・革製バッグ・革小物・ベルト・靴・アクセサリー・時計・傘など,そのメーカー (Jeanne Lanvin S.A.), その直営店,ならびに関連の香水部門 (Lanvin Parfum) が作っている香水・化粧品などのブランド. 同社は J. Lanvin が1888年に婦人服と帽子の小さなメゾン Maison de Lanvin として創業. ネクタイの品揃いでは定評. 香水は,デザイナーがそのブランドで香水を出した最初で,1925年に My Sin, 1927年に Arpège (女優 Audrey Hepburn が使って評判). 他に Via Lanvin (1973年発表), Clair de Jour (オードトワレ)(1983年)など. 男性用香水としては Monsieur Lanvin (1961年発表)・Lanvin For Men (1979年). 婦人物のトレードマークの母子の絵は,仮装舞踏会での Jeanne と娘 Marie Blanche (1897-1958) の姿をデザインしたもの.

**La Perla**　ラペルラ
イタリア Dalmas SpA 製のファンデーションランジェリー・ナイトウェア・水着など. 総レースのボディーブリーファーを世界に先駆けて商品化.

**Laphroaig**　ラフロイグ
スコットランドの Islay 産の10年熟成のモルトウイスキー. 75 proof. Laphroaig Distillery 製.

**Lapidus**　ラピドス
⇨ Ted Lapidus.

**Lapponia**　ラポニア
フィンランド Marli 製の, Lapland 産の野生ツルコケモモ (lingonberry) を原料としたリキュール. アルコール分30%. 鮮やかな赤色で,甘ずっぱい.

**La Quinta**　ラキンタ
米国 LQ Management LLC (1968年創業) 系列のホテルチェーン. La Quinta Inns と La Quinta Inns & Suites がある. La Quinta はスペイン語で "the country place" の意味.

**Lario 1898**　ラリオ 1898
イタリアの靴メーカー,そのブランド. 社名が創業年の伝統あるメーカーだが,ファッション性に富んだ靴が多い.

**Lark**　ラーク
米国の Altria Group, Inc. (もと Phillip Morris Cos., Inc.) 製のチャコールフィルター付き紙巻きたばこ.
⇨ Philip Morris, Lucky Strike.

**Lark**　ラーク
米国 Samsonite Corp. 製の旅行用バッグ・スーツケース・スポーツバッグ・ビジネスバッグなど.

**Laroche** ラロッシュ
⇨ Guy Laroche.

**Larsen** ラーセン
フランス Larsen S.A. 製のコニャック. 同社の前身の会社は1880年創業で, 創始者は北欧出身. 同社のシンボルマークはバイキング船.

**Larusmiani** ラルスミアーニ
イタリアの衣料品(レインコート・ジャケット・スーツ・ベルトなど)のメーカー (Larusmiani SpA), そのブランド. 1920年代に Guglielmo Miani が創業, 24時間でレインコートを仕立てるシステムで名を上げた.

**La Salle** ラサール
米国 Cadillac Motor Car Div. (General Motors Co. の一部門) が, 1927年から製造した乗用車. Harley Earl がデザイン. 同車の1934年・35年型は, 米国車の派手なスタイリング(性能とは無関係で大衆受けを狙った過剰な装飾的デザイン)の原点といわれる. 1941年以降 La Salle 名の車は製造されていない. ⇨ General Motors.

**Laser** (5) レーザー(ファイブ)
英国 Westall Richardson Ltd (Sheffield) 製の包丁・調理用ナイフ. 刃に18度-19度の細くうねるギザギザが付いているのが特徴. 1840年代前半に創業, 月産300万丁を生産するヨーロッパ屈指の刃物メーカー.

**LaserJet** レーザージェット
米国 Hewlett-Packard* 製のコンピューター用のレーザープリンター.

**Lassale** ラサール
スイスの時計メーカー Jean Lassale の略・通称, その薄型の機械時計.

**Laug** ローグ
⇨ André Laug.

**Launder-Ometer** ランダロメーター
米国人 Hugh Christison が1928年に発明し, 翌年商標登録した, ランドリー用の洗濯効率試験機. 米国 SDL Atlas, Inc. が製造している.

**Laundromat** ランドロマット, ローンドロマット
米国 White Consolidated Industries, Inc. 製の, コインランドリー (launderette) で使用される電気洗濯機・ドライクリーニング機・乾燥機など. 硬貨投入セルフサービス式. もとは Pennsylvania 州の Westinghouse Electric Corp. 製で, 1943年に Westinghouse Electric & Manufacturing Co の社名で英国で商標登録.

**Launer** ローナー
英国の婦人向け高級バッグメーカー Launer London Ltd の略・通称, そのブランド. チェコスロバキア人の Frederick Launer が1930年代に創業.

**Laura Ashley** ローラアシュレイ
英国の生地と服飾のデザイナー Laura Ashley (1925-85) およびその息子たちがデザインした作品, そのメーカー Laura Ashley Ltd, その店. 1953年に Laura の夫 Bernard がシルクスクリーンで手作りのテキスタイルを作り始めたのが起源. パステルカラーの細かい花柄プリントが有名. インテリア用品(壁紙・カーテン・布張り椅子・クッション・電灯傘・タイル・ペンキなど)・香水・石鹸などもある. 英王室御用達.

**Laura Biagiotti** ラウラビアジョッティ
イタリアのデザイナー Laura Biagiotti (1943- ) がデザインした婦人既製服・カシミアニットウェア・ストッキング・アクセサリー・サングラス・バッグ類など, それを売るローマ, ミラノ, フィレンツェにあるブティック. 1981年には白い花だけで作った香水・オードトワレ Laura Biagiotti を発表.

**Laurel** ローレル
ドイツ Escada* 製の婦人服のブランド.

**Laurel** ローレル
ドイツ Laurel Klammern GmbH の略・通称, その世界で初めてのプラスチックのクリップ. 1952年創業. 1987年に10年間同じデザイン・機能および品質の商品に贈られる Busse

## Laurel-Leaf (Books)

Longlife Design Award を受賞.

**Laurel-Leaf (Books)** ローレルリーフ(ブックス)

米国 Dell Publishing Co., Inc. 刊行の Dell (Books)* シリーズ中の一系列で, その弟分的存在の青少年向きペーパーバックシリーズ.

**Lauren** ローレン
⇨ Polo Ralph Lauren.

**Lava** ラヴァ, ラバ

米国 WD-40 Co. 製の石鹼. 1893 年より発売. 火山性軽石 (volcanic pumice) を含んでいるため Lava (溶岩)の名を付けた. 包装も真紅で溶岩を思わせ, 山が描かれている. 液状石鹼 Lava Liquid は 1983 年発売で, 台所・浴室など用に適している.

**Lavenham** ラベンハム

英国 Lavenham Leisure Ltd は 1969 年にナイロンキルティングの馬の毛布 (horse blanket) を製作して始まった. その後ナイロンキルティングジャケット・ジョッパーパンツが馬愛好家に愛用された. キルティングバッグやウールヘリンボーンのダッフルコートも製作している.

**Laviola** ラヴィオラ

イタリアのミラノのデザイナー Claudio Laviola (1948– ) のデザインした衣料品, そのメーカー. 1976 年創業.

**Lavoris** ラヴォリス, ラボリス

米国 Charles Flora Consumer Products, LLC 製の口臭消し口腔内洗浄液 [洗口液] (mouthwash). 1903 年発売. 当初は歯科医にのみ販売されていたが, その効果が認められて好評を博したので, 一般市場向けに製造を開始し, ヒット商品となった. Lavoris という名は, ラテン語で「洗浄」(cleansing) を意味する lav と, 「口腔」(oral cavity) を意味する oris から作られたもの.
⇨ Vicks.

**Lawleys** ローレイズ

英国 London の陶磁器メーカー Royal Doulton* の直営店. 1908 年創業.

**Lawn-Boy** ローンボーイ

米国 Lawn-Boy (The Toro Co. の一部門) 製の電動園芸用具・芝刈り機など.

**Lawry's** ロウリー(ズ)

米国 Lawry's Foods, LLC の略・通称, 同社製の, 香辛料ミックス・香辛料味付け塩・タコソース・タコシェル・スプレッド・サラダドレッシングなど.

**Lay's** レイ(ズ)

米国 Frito-Lay* 製の, ジャガイモをスライスして揚げたポテトチップス. 開発者の Herman W. Lay は, 1920 年代から車のトランクにポテトチップを積んで南部を回って食料品店に売り込んでいた. H. W. Lay & Co. を設立, これが合併して現在の会社となった.

**Layton** レイトン

米国の Skyline Corp. 製の旅行用トレーラー.

**La-Z-Boy** レイジーボーイ

米国の 家具メーカー (La-Z-Boy Inc.), 同社製の椅子・オフィス用家具. La-Z は 'lazy' から. 1941 年創業. 布・革張りのリクライニングチェアでは米国最大手. ⇨ Reclina-Rockers.

**Lazy Cakes** レイジーケークス

米国 Tennessee 州 Memphis の Frontier Beverage Co., Inc. が 2011 年に商標権を取得した Lazy Cakes Relaxation Brownie のこと. このチョコレートケーキには, カノコソウ (valerian) の根から採ったエキスなどのほかにメラトニン (melatonin) を含み, 麻薬を使用した場合に似たけだるさと眠気を催す. 大人のためのものとして, コンビニ・タバコ屋・オンラインで入手できる. 子供は食べないようにと医者が警告をしているもの.

**LCS** LCS

米国 Claridge Products & Equipment, Inc. 製の, 水性マーカー用黒板 (chalkboards for liquid chalk markers), および乾くと消せる専用のマーカー (dry removal marker).

**L. Dorville** L. ドービル, ドーヴィル

フランス L. Doville Negociants (1819

年創業)の略・通称,同社製のブランデー. Napoléon の近衛隊長で秘蔵酒製造者の Louis Dorville にちなむ.

### Lea & Perrins (Worcester Sauce)　リーアンドペリンズ(ウスターソース)

英国 HP Foods Ltd (H. J. Heinz Co の一部門) 製のソース. 1870 年代に英国貴族で吉通の Marcas Sandies 卿が,インドの Bengal 州の総督の仕事を終えて,同地のソースの処方を持ち帰り,化学者の John W. Lea と William Perrins を訪ねて製造を依頼した. 卿が故郷の Worcester でしばしばこのソースを用いた料理でお客をもてなして評判になったので,二人の化学者は市販許可を得て商品化した.

### Lean Cuisine　リーンクイジーン

米国 Stouffer Foods 製の冷凍調製ダイエット食品として 1981 年に 10 品目で発売された. すべて 300 カロリー以下の "lean" (低カロリー) であるものとされた. 1973 年 Nestlé* が買収し,米国,カナダ,オーストラリアで販売, "From veggie to beef, chicken to shrimp, pasta to Panini, we've got you covered" と宣伝.

### Learjet　リアジェット

米国 Learjet (Bombardier Aerospace の子会社) 製のビジネスジェット機. 創業者 William P. Lear (1902–78) の名前から.

### Leatheroid　レザーロイド

米国製の,ゴムとサンダラック (sandarac) 樹脂で表面処理をした,化学処理紙を素材とした人工皮革,それでできたファイル入れ・財布など. American Finishing Co. が商標権を所有していたが 1992 年に切れた.

### Lec　レック

英国 Lec Refrigeration plc の略・通称,同社製の冷蔵庫・冷凍庫. 1942 年創業の Longford Engineering Co の頭文字. 2005 年 Glen Dimplex Ltd が買収した.

### Le Creuset　ルクルーゼ

フランス Paul Van Zuydam 所有の Le Creuset 製のほうろうびき鋳鉄鍋類. 1925 年に誕生.

### Lectric Shave　レクトリックシェーブ

米国 Combe Inc. 製の男性用の髭を剃る前に使うシェーブローション.

### Lee　リー

米国 Lee Jeans (世界最大級の衣料品メーカー V.F. Corp. 傘下) の略・通称,同社製のジーンズ・作業着など. ジーンズ地のジャケット[ジージャン]やオーバーオールに人気がある. 1911 年にオーバーオールで仕事着市場に参入. 1924 年に縮まないジーンズとして Riders を発売. ジーンズの前部にジッパーを採用したのは,1926 年発売の Riders が最初. 1959 年に当初カウボーイの正装用として折り目をつけて売り出された Westerner は,1960 年代にはホワイトジーンズの代名詞といわれた. ⇨ Wrangler.

### Lee Cooper　リークーパー

英国 Lee Cooper Group plc の略・通称,同社製のジーンズ.

### Lees　リーズ

米国 Mohawk Industries, Inc. (1878 年創業) 製のカーペット.

### Lee's Pigskin　リーズピッグスキン

米国 Lee's Pigskins Co. 製の(カリカリに焼いた)豚皮のおつまみ (pig rinds)・(ローストポークの)かりかりする上皮 (crackling) など.

### Leffe　レフェ

ベルギーの InBev Belgium 製のビール. Leffe 修道院で醸造. Dark, Bloud, Radieuse の 3 種がある.

### L'eggs　レッグス

米国 Harnesbrands Inc. 製のパンティーストッキング・ソックス. 社名は脚と卵のかけことば.

### Lego　レゴ

デンマーク Lego Group 製のプラスチック製組立てブロック玩具. 名称は 1930 年代から用いられており,も

とは大工 Ole Kirk Christiansen が作った木製玩具だった．デンマーク語の leg godt (play well; よく遊ぶ)に由来．今日売られているタイプのブロックは 1950 年代初頭から．ロゴはすべて大文字．

## LeGoût　ルグー
米国 Unilever Food Solutions のブランドの一つで，缶詰めスープ・スープの素・ゼラチン・プディング・パイの中身など．

## Leica　ライカ
ドイツ Ernst Leitz Gesellschaft 製のカメラ．35 ミリの連動距離計[レンジ]ファインダー式カメラが有名で，通例 Leica というとこれを指す．世界初の実用 35 ミリカメラ．レンズの名は Elmar．1913 年に試作され，1925 年に公表された．一眼レフカメラの隆盛により，1967 年に生産中止．Leica は Leitz と camera を合成した語で，英国での商標登録は 1930 年．

## Leisure　レジャー
英国 Leisure Sinks (AGA Rangemaster Group の一部門) 製の流し台．

## Leitz Trinovid　ライツトリノヴィッド
ドイツ Ernst Leitz Gesellschaft 製の双眼鏡．コンパクトで機動性・機能美にあふれる．

## Lejaby　レジャビー
フランスのファンデーション(女性用下着)メーカー (Warnaco Group, Inc. に買収)，その製品．パステルカラーの美しさで知られる．素材はナイロンまたは絹．

## Lejay-Cassis　ルジェカシス
フランスの Lejay-Lagoute 製の黒すぐりリキュール．アルコール分 20 度．同社は 1841 年創業．

## Le Méridien　(ル)メリディアン
米国 Starwood Hotels & Resorts Worldwide, Inc. 傘下の，世界 50 か国に 120 以上のホテルを展開するホテルブランド．もとは 1972 年に Air France が設立したもの．

## Lem Motlow　レムモトロウ
米国製のテネシーウイスキー．Jack Daniel's* の蒸留所で造られ，Tennessee 州でのみ販売されていた．1986 年以降醸造されていない．

## Lemon Hart　レモンハート
カナダの Mosaiq Inc. が輸入・販売しているジャマイカなどで造られるラム酒．80 proof．ワインや蒸留酒の商人で，西インド諸島から英国にラムを輸入した業者 Lemon Hart (1845 年没) にちなんだ名．1804 年に誕生．

## Lemsip　レムシップ
英国 Reckitt Benckisser* 製の，熱湯で溶いて飲むレモン味の粉末風邪薬．強力な Lemsip Max もある．

## Lenor　レナー，レノア
米国 Procter & Gamble* 製の生地防臭柔軟仕上げ剤 (fabric conditioner)．

## Lenovo　レノボ
中国のパーソナルコンピューター機器および周辺機器の製造・販売などをする Lenovo Group Ltd. の略・通称．1984 年創業．2005 年に IBM からパソコン部門を買収し，パソコンメーカーとしては世界第 3 位の市場占有率を持つようになった．IBM から引き継いだノートパソコンシリーズ ThinkPad* が主力商品．

## Lenox　レノックス
米国の磁器メーカー (Lenox Corp.)，その製品．1889 年に Walter Scot Lenox が Ceramic Art, Inc. として創業．1917 年に大統領 W. Wilson から White House 正餐用の食器の注文を受けて以来，F. Roosevelt, Truman, Reagan などの大統領から受注した．手塗りの花と金の縁どりを施した Autumn が代表的で，1919 年より製造されているロングセラー．

## LensCrafters　レンズクラフターズ
米国のメガネのフレームやレンズを製造販売する LensCrafters, Inc., その店．1983 年創業．

## Lens Plus　レンズプラス

米国 Advanced Medical Optics 製の
ソフトコンタクトレンズ洗浄液.

**Léonard (Fashion)** レオナール
(ファッション)
フランスの衣料品メーカー, そのブランド, それを売るパリにある直営ブティック. 同社は Jacque Léonard が 1958 年に創業, 前身の生地工房は 1943 年創業. 特に鮮やかな多色を使った花柄プリント地を用いた婦人用カジュアルウェア・スカーフ・水着・ネクタイが有名. 近年は衣料品以外にバッグ・革小物・陶磁器・眼鏡枠・腕時計・香水なども手がけている. ロゴは白抜きの大文字 LÉONARD で, O の中に Fashion とある.

**LePage's** レパージズ
米国 Henkel Canada Corp., Consumer Adhesives 製の糊・接着剤・セロハンテープなど.

**Les Copains** レコパン
イタリアの婦人・紳士用衣料品メーカー, そのブランド. 1957 年にニットの対独輸出会社として, デザイナーでもある Mario Bandiera が創業. 1965 年に婦人物ニットウェアのメーカーとなり, 1977 年からは紳士既製服・皮革衣料も手がけるようになった. Les Copains とはフランス語で「とても親しい友達仲間」の意で, 人気のあったフランスのラジオショー *Salut Les Copains* の名から.

**Leslie Fay** レスリーフェイ
米国 New York 市の The Leslie Fay Cos., Inc. (1984 年創業) の略・通称, 同社製の衣料品 (ドレス・スポーツウェアなど). ⇨ Head.

**Lesney** レズニー
英国の玩具・模型メーカー Lesney Products & Co Ltd の略・通称. 1947 年に Leslie Smith と Rodney Smith (姓の一致は偶然) が共同で創業. Matchbox* のブランドで, ダイカスト製ミニチュアカーを市場化, その後同ブランドでプラモデルに進出.

**Les Paul** レスポール
⇨ Gibson.

**LeSportsac** レスポートサック
米国 New York 市のバッグメーカー (LeSportsac, Inc.), 同社製のパラシュート用ナイロン生地でできたバッグ. 軽く, たたむと非常に小さくなる. 1974 年 Greenwich Village に 1 号店をオープン.

**Lestoil** レストイル
米国 The Clorox Co. 製の家庭用汎用液体クリーナー (cleaner).

**Les Tulipes** レチューリップ, レテュリペ
イタリア Zol 製の下着のブランド.

**Le Sueur** ルシュアー, ルソイアー
⇨ Sueur.

**Letraset** レトラセット
英国 Letraset Ltd の略・通称, 同社製の Instant Lettering* などのブランド, その通称. Letraset の名は, letterer set (印字機セット) のつづり変えと思われる. ⇨ Esselte.

**Lettera** レッテラ
⇨ Olivetti.

**Levi's** リーバイス, リヴァイス
米国 Levi Strauss & Co. 製のジーンズ. 1849 年の Gold Rush の時代に, 2 年前に 17 才でドイツから移住して衣料品や家庭雑貨の行商をしていた Levi Strauss (1902 年没) が, San Francisco に行き, 金鉱掘りの鉱夫が丈夫なズボンを必要としていたので, 馬車の幌に使う帆布でズボンを作って売り出したのが始まり (別の説によると, 金鉱目当てに旅をする貧乏な男たちが, 船の甲板などでテントにくるまって寝ているのを見て, テントの生地でズボンを作ればどこでもゴロ寝ができるだろうと思いついたという). 会社の設立は 1853 年. フランスから輸入されていた Serge de Nimes と呼ばれた厚手の綿生地を用いて量産されるようになり, それが縮まってデニム (denims) という語ができた. 製品はインディゴ (ガラガラ蛇が嫌う植物で藍色に染まる) で染められた. 縫製にオレン

色の糸を用いたのはこの時が最初で，以降ジーンズの常識となった．ポケットの端を馬具用の銅製のリベットで止めて強化するというアイディアは，1873年に特許取得(今日では前ポケット以外には用いられていない)．飛んでいるカモメを思わせるヒップポケットのステッチ(服飾史で最初の意匠登録)は1873年から．品質保証と仕様表示のための革パッチは1886年から．ベルト通しは1922年に加えられた．ジーンズと同素材のオーバーオールも製造しており，商標登録は1928年にその製品についてであった．1950年代にJames Dean, Marlon Brandoなどの人気スターがLevi'sをはいてスクリーンに登場し，青少年の間にブームをひきおこした．

### Lewis　ルイス
米国製の空冷式軽機関銃．Lewis machine gunともいう．弾倉(magazine)装着式で，ガスで作動する．地上戦闘で使用された他，1912年に機関銃としては初めて飛行機に搭載され，また艦艇にも装備された．発明者である米陸軍のIsaac Newton Lewis (1858–1931) 大佐の名前から．

### Lewis Red Devil Lye Drain Opener　ルイスレッドデビルライドレインオープナー
英国Reckitt Benckiser*製の排水管洗浄液．有害化学成分を含むため販売中止された．

### Lexan　レクサン
米国SABIC Innovative Plastics製の，硬くて割れにくいポリカーボネート(polycarbonate)樹脂．割れても破片が飛散しない窓ガラスの素材となる．

### Leyland　レイランド
⇨ British Leyland.

### Leyse　リーシー
米国の大手料理器具メーカーGeneral Housewares Corp. (1967年創業) のCookware Group製の料理器具．

### LG Electronics　LG電子(社)(～ Inc.)
韓国のエレクトロニクス大手メーカー．1959年設立．LGグループ．旧金星でブランド名はGoldStarだったが，96年にLGに変更．家電・AV機器が主力．米国のZenith Electronics Corp.の親会社．

### L.G. Harris　L.G.ハリス(社)(～ & Co Ltd)
英国の家庭用ブラシ・靴磨きブラシ・絵筆・塗装用具・ほうきなどの製造販売会社．ブランドはHarris．Leslie George Harrisが1928年に設立した小売り店が起源．1961年以来英王室御用達．

### Libbey　リビー
米国Libbey Inc.の，ガラス製造部門製のガラス製品(多様なコップ類・デカンタ・水差し・食品保存びんなど)．

### Libby's　リビー(ズ)
米国製の缶詰め(加工肉・野菜・フルーツなど)・調理済み食品・ジュースなど，そのメーカー．特にコンビーフ(corned beef)が有名で，同社は1868年にその製品化のため設立されたもの．コンビーフの缶が上が細くなっているのは同社のアイディアで1876年より(同社は，開缶の際，上部に孔を開けるといっそう中身が取り出しやすいといっている)．缶詰め肉部門はConAgraが買収，缶詰め野菜・フルーツ部門はSeneca Foods Corp.が買収した．

### Liberty　リバティー
レース製造業者の息子Arthur Lasenby Liberty (1843–1917) が1875年に創業した英国の会社 (Liberty plc), 同社が経営するLondonのRegent St.にある高級デパート (Liberty & Co.), 同店製のプリント布 (通称Liberty Print).

### Liberty Ale　リバティエール
米国San FranciscoのAnchor Brewing Co. (1896年創業) 醸造のエール．地ビール業者が教科書と考える名品．Paul Revere (1735–1818) が米国独立戦争が起きた時，夜を徹して馬をとば

し英国軍の進撃をいちはやく知らせたことの200年記念として1975年4月18日に発売.

**Liberty of London** リバティーオブロンドン
英国MWB Group Holdingsの子会社で, スカーフ・婦人服・紳士服・バッグ・文房具などの高級ブランド.

**Libman** リブマン
米国The Libman Co. 製の家庭用・業務用箒, モップ, ブラシ, ちりとりなどの清掃用具. 1896年William Libmanが創業. 1989年から宣伝用のキャラクターとして, 箒を持ち眼鏡をかけたMama Libmanが登場した.

**Library of Regency Romance** ライブラリーオブリージェンシーロマンス
Harlequin Romance* の成功に二匹目のドジョウを狙って, 米国のWarner Books (Warner Communications, Inc. の一部門) が刊行した恋愛小説のペーパーバックシリーズ.

**Librium** リブリウム
スイスF. Hoffmann-La Roche & Co. A.G. (1896年創業) で開発された不安緩解薬. 1960年に特許取得. アルコール離脱症状の治療などに使う. ストリートドラッグ (street drug) として乱用されることもある.

**LiceMD** ライスMD
米国Combe, Inc. (1949年Ivan D. Combeが創業) 製のシラミ治療剤. 殺虫剤は含まれていない. "Goodbye Lice. Goodbye Pesticides." とうたう.

**Liebfraumilch** リープフラウミルヒ
ドイツ産の白半甘口ワイン. この名は「聖母の乳」の意味.

**Liebig** リービッヒ
ドイツ製の牛肉エキス. 1847年に化学者Baron von Liebig (Justus von Liebig; 1803–73) が, 'extractum carnis' (extract of meat) として開発. ⇨ Oxo.

**Liederkranz** リーダークランツ
もとは米国Borden, Inc. (1857年創業) が製造していたが製造中止, 後に25年ぶりにDCI Cheese Co. が再生産を始めた柔らかいチーズ. カマンベールに似ているが, 香り・匂いが強い. ドイツ語で「詞華集・歌曲集 (garland [wreath] of songs)」および「(男性)合唱団」の意. ⇨ Borden.

**Life** ライフ
米国Quaker Oats* 製の子供向きシリアル. 1958年発売.

**Life** ライフ
米国New York市のTime, Inc. が刊行した写真中心のニュース週刊誌. Henry Luce (1898–1967) が1936年に創刊. 同名のビジュアル型雑誌が1883年から刊行されていたが, Luceは創刊に際してその名前を買い取った. 1972年に廃刊. 1978年から2000年まで月刊誌として復刊.

**Lifebuoy** ライフブイ
もとは英国Lever Brothers Ltdおよび米国Lever Brothers Co. が製造していた石鹸. 現在はキプロスでUnilever* が製造. 殺菌剤入りの家庭用石鹸は1894年より, 体臭抑制・制汗効果のある化粧石鹸Lifebuoy Health Soapは1933年より製造していた歴史がある. 現在は液状のものや殺菌専用のものなど各種. ⇨ Unilever.

**Lifecycle** ライフサイクル
米国Life Fitness, Inc. (1977年創業) 製の設置型のエクササイズ自転車.

**Life Savers** ライフセイヴァーズ
米国William Wrigley Jr. Co. (Mars, Inc. 傘下) 製の, 円形で中央に穴のあいた救命浮き輪 (lifesaver) 形のペパーミントキャンディー. 1913年に商標登録・市場化. 米国初のミントキャンディーで, 浮き輪型キャンディーのはしり. ⇨ Wrigley's.

**Life Stride** ライフストライド
米国Brown Shoe Co., Life Stride Division製の各種の靴.

**Lifestyler** ライフスタイラー
米国Sears, Roebuck and Co. 製のエ

# Lightdays

クササイズ用のトレッドミル (treadmill) と呼ばれるランニングマシーン.

**Lightdays** ライトデイズ
米国 Kimberly-Clark* 製の, 生理期間前後用の薄手のナプキン. 平面形で中央が少々くびれているので装着感が良いという. Kotex* ブランド商品の一つで, 厳密には Kotex Lightdays Comfort-Design Pantiliners.

**Light n' Lean** ライトンリーン
米国 Kraft* 製の乳製品.

**Liliana Rubechini** リリアナルベッキーニ
イタリアのデザイナー Liliana Rubechini がデザインしているナイトウェア・ファンデーション, フィレンツェにあるそのメーカー. 凝った刺繍やレースをあしらったぜいたくで高価なものが多い.

**Lillet** リレット, リレエ
フランス Lillet Frères 製の食前酒. 白ワインとブランデーが混ぜられたもの. Kina Lillet ともいう. カクテルの基酒ともなり, ベルモットなどと混ぜられる.

**Lil-lets** リレッツ, リルレッツ
英国 Lil-lets UK Ltd 製の生理用タンポン. applicator 付きがある. 南アフリカでも発売.

**Li-Lo** ライロー
英国製の空気ベッド・空気でふくらませるゴムまたはビニル製のエアマットレスなど. 'lie low' (「ベッドでうずくまる」「じっと浮かんでいる」) のつづりかえ. 1936 年に, 当時のメーカー P. B. Cow & Co. が商標登録. 現在 Li-Lo Australia がある.

**Lily of France** リリーオブフランス
米国 Lily of France, Inc. (Fruit of the Loom が 2007 年買収) 製のファンデーション・ランジェリー(女性用下着).

**Limonnaya** リモンヤ
ロシア製の, レモン風味でやや甘みのあるウオッカ. 70 proof.

**Lincoln** リンカーン
米国 Ford Motor Co. の一部門製の大型乗用車. 主要モデルは Continental, Mark II, Town Car の 3 種で, いずれも後輪駆動. ⇨ Lincoln Continental.

**Lincoln Continental** リンカーンコンチネンタル
米国 Ford Motor Co. の一部門製の大型乗用車. 1939 年より市場化し 2002 年まで生産. 社長 Henry Ford の息子 Edsel Ford (後に 2 代目の社長)が, 自分のためのカスタムカーとして会社に「ヨーロッパ大陸風の」デザインの車の制作を命じたものだが, 注文が殺到したため量産に踏み切った. その後何度もモデルチェンジ. ⇨ Ford, Edsel.

**Lincoln Logs** リンカーンログ(ズ)
米国 Playskool, Inc. (Hasbro, Inc. の一部門) 製の建築模型玩具 (construction toy). 丸太のミニチュアなどを組み立てて, 西部開拓時代の小屋や砦などを作る. 建築家 Frank Lloyd Wright の息子 John L. Wright が, 1916 年に, 当時の父親の仕事の現場だった東京の帝国ホテルの建築現場に職人たちが材木を運び込むのを見てヒントを得, Wisconsin 州に帰ってから苦心して設計し市場化したもの. ⇨ Hasbro.

**Lincrusta** リンクラスタ
英国 CWV Ltd 製の, 濃縮され着色された亜麻仁油 (linseed oil) で上塗りされ, 装飾図柄の浮き出し模様を型押しした厚手の壁紙. 天井にも使用. Linoleum* で特許を取った Frederick Walton が開発したもので, ラテン語の linum (flax;「亜麻」) と crusta (rind, bark;「外観, 樹皮」) を合成して命名. Lincrusta Walton ともいう.

**Linden** リンデン
米国 Alliance Time 製の目覚し時計・掛け時計・置き時計類. 同ブランドで温度・湿度・気圧計やオルゴールも製造.

**Lindsay** リンゼイ

米国 Bell-Carter Foods, Inc. 製のオリーブとその加工品(こま切れなど).

**Lindt** リンツ
スイス Lindt & Sprüngli AG. の略・通称, 同社製のチョコレート. 1845年に David Sprüngli-Schwarz と息子の Rudolf Sprüngli-Ammann が創業.

**Lindy** リンディ
米国 Lindy Pen Co. の略・通称, 同社製の筆記具. 特にボールペンは, インク量が多い速記用のものが人気. 他のボールペンと違ってペン先が長いので, 定規と併用するときに線が引きやすいのも特徴. ミニサイズ (9 cm) も便利.

**Linens 'n Things** リネンズンシングズ
米国 Linens 'n Things, Inc. の略. 家庭用布地・家庭用品・家庭用装飾品などのオンライン販売業者. 2008年までは米国とカナダで571店のチェーン店を構えていた.

**Linex** リネックス
デンマークの定規メーカー (Linex A/S), その商標. 一般的なものから専門家向けまで, 精度の高い500種以上がある. 1939年に合成樹脂ガラスで製造した定規は同社を有名にした.

**Linguaphone** リンガフォン
英国 Linguaphone Group 製の, テキストと関連している CD, MP3 ダウンロード, MP4 メディアプレーヤーを使用する語学教材システム. 約40ヶ国語のコースがある. 1901年に考案者である英語教師・翻訳家のロシア移民 Jacques Roston (1947年没) が設立.「舌」や「言語」を意味するラテン語の lingua と, 蓄音機の gramophone からとった「音」の意のギリシャ語の語幹をつなげたもの. 1966年以来, Edinburgh 公御用達.

**Linhof** リンホフ
ドイツのカメラメーカー, そのブランド. 1887年 Valentif Linhof が創業.

**Link Trainer** リンクトレーナー
米国 The Link Co. (L-3 Communications の一部門) 製の, 飛行機の実機と同じ計器と操作装置を持った地上練習機械.

**Linkwood** リンクウッド
スコットランド高地地方 John McEwan & Co Ltd 製の, 12年熟成のモルトウイスキー. 1821年の創業時に蒸留所近くにあった古い館の名に由来.

**Linoleum** リノリウム, リノリューム
米国 Armstrong World Industries, Inc. (1891年創業) 製の, 酸化亜麻仁油と樹脂とコルクの粉を混ぜたものでコーティングした亜麻のカンバス布素材の床材. ラテン語の linum (亜麻) と oleum (油) の合成による命名. 1860年と63年に英国人 Frederick Walton が特許を取った商標名であったが, 1878年に「この名は材料を説明しているだけだ」と判定されて登録から外され, 現在では一般名称. lino とも呼ばれる. ⇨ Armstrong.

**Linotype** ライノタイプ
米国製の, タイプライターのように操作し, 行単位で数行分を植鋳する植字鋳造機. 新聞などの植字に用いられた. line of type からの造語. 現在は生産されていない.

**Lint Snare** リントスネア
米国 O'Malley Valve Co. 製の, 洗濯機槽からの排水の排水口の詰まりを防ぐ濾過具(ネットなど).

**Linux** リナックス
パソコン用の Unix 互換の OS. フィンランドの Linus B. Torvalds が開発し, 1991年に公開.

**Lionel** ライオネル
米国 Lionel, LLC 製の鉄道模型.

**Lipiodol** リピオドール
英国製の, ケシの種子の油をヨウ素で処理することによって得られる約40%のヨウ素を含んだ液体. X線写真を撮影する際, 造影剤として体内に注入される. 1925年にパリの薬剤師 Laurent Lafay が英国で商標登録. 現

# Lipton's

在はフランスの Guerbet が製造.

**Lipton's** リプトン(ズ)
英国 Lipton Ltd 製 (Unilever* 所有) のセイロン産紅茶. 同社はスコットランド人の食品雑貨商人の息子 Thomas Johnstone Lipton (1850–1931) が 1871 年に設立. 1890 年にセイロンで大茶園を購入, 1902 年には米国に紅茶工場を建設した. 1895 年に王室御用達の勅許を受け, 1898 年には Lipton はナイトを叙せられ, Sir を付けて呼ばれるようになった. スウェーデン王室御用達. 米国 New Jersey 州には関連会社の Thomas J. Lipton, Inc. があり, 食品類(インスタントスープ粉末・Sunkist* のオレンジジュース・パスタ類・香辛料など)も製造販売. 同社は 1940 年代に Unilever* 傘下となった. 世界最大の紅茶供給会社である. 同社のティーバッグの登録商標は 'Flo-Thru' bag.

**Liquid** リキッド
米国 K-2, Inc. 製のスノーボードなど.

**Liquid Paper** リキッドペーパー
米国 Sanford L. P. (Newell Rubbermaid の一部門) 製の誤字修正液 (correction fluid).

**Liquid-Plumr** リキッドプラマー
米国 The Clorox Co. (1957 年創業) 製の排水管洗浄剤 (drain cleaner).

**Liquid Tide** リキッドタイド
⇨ Tide.

**Liquitex** リキテックス
米国 Liquitex (ColArt の子会社) 製の, 水性アクリル絵の具, その下地仕上げ剤・溶剤・混合剤など. 乾くと耐水性になり, 重ね塗りが可能. 1956 年より発売. liquid texture の短縮による命名.

**Lirelle** リレル
もとは英国 Courtaulds plc (1913 年創業)製のポリエステル繊維. 米国では New York 市の Courtaulds North America, Inc. が製造.

**Lisanza** リザンツァ, リサンザ
1921 年創業のイタリアの紳士用・婦人用の下着メーカー, そのブランド. シルクの高価な紳士用下着もある.

**Lismore** リズモア
スコットランドの William Lundie & Co Ltd (1904 年創業) 製の, 12 年熟成の高級ブレンデッドウイスキー.

**Listerine** リステリン
米国 Johnson & Johnson* 製の口腔洗浄液[洗口液]. 1860 年代から手術の際に消毒薬を使用することを提唱していた英国人の外科医 Sir Joseph Lister (1827–1921) の講演を聞いて感銘を受けた米国の医師 Joseph Lawrence 博士が, 薬学者 Jordan W. Lambert と共に 1879 年に開発. 歯科医向けに製造. 1914 年より一般向けに売り出された.

**Listermint** リスターミント
米国 Johnson & Johnson* 製の口臭抑制スプレー ('breath fresher' と称する)・うがい薬. 1976 年より発売. Listerine* の姉妹品.

**Lite** ライト
米国 Miller Brewing Co. 製のビール. 正確には Miller Lite. カロリーは普通のビールの 3 分の 1 の 1 缶 (335 ml) で 96 カロリー. アルコール分 4.2%. 1970 年代より発売. ⇨ Miller.

**Lite-Brite** ライトブライト
米国 Hasbro* 製の電飾おもちゃ. いろいろな色の半透明のプラスチックペグを黒地の紙の上に刺して絵や文字を描き, 裏から光を投射してその絵や文字を輝かす. 1967 年発売.

**Litrico** リトリコ
⇨ Angelo Litrico.

**Little Caesars** リトルシーザーズ
米国 Little Caesar Enterprise, Inc. 製のピザとそのチェーン店. 1959 年創業.

**Little Debbie** リトルデビー
米国 McKee Foods Corp. 製のデザートスナックのブランド. 創業者の孫娘 Debbie にちなむ. 箱には Little Debbie の名前と帽子をかぶった Debbie の顔の絵が描かれている.

**little passenger seats** リトル

パッセンジャーシーツ
商品名だが社名ともにすべて小文字表記．米国 little passenger seat, inc. 製のスポーツ汎用車 (SUV, sports-utility vehicle) 用の補助シート (auxiliary seats)．Russell Edmundson と妻の Dona が考案．

**Little Sizzlers**　リトルシズラー
米国 Hormel Foods Corp. 製のポークソーセージ．

**Little Swimmers**　リトルスイマーズ
米国 Kimberly-Clark* 製の幼児用使い捨て水泳パンツ (disposable swim-pants)．おむつのように尿漏れガード (leakguards protect) が付いているが，水に濡れても膨らんだりずれたりしないのが特徴．Huggies* の冠ブランド．

**Little Tikes**　リトルタイクス
米国 The Little Tikes Co. 製のプラスチック玩具・子供用遊具．

**Little Trees**　リトルツリーズ
米国 Car-Freshener Corp. 製のエアフレッシュナー．1950 年代 Julius "Jules" Sämann がカナダの松の森林でアロマオイルの研究をした経験から考案したことに始まる．

**Littmann**　リットマン
米国 3M* 製の聴診器 (stethoscope)．

**Living**　リビング
米国 Playtex Products, Inc. 製の家庭で使うゴム手袋．

**Livingston Cellars**　リビングストンセラーズ
米国 Livingston Cellars のワイン．ワイナリーは 1933 年に設立．

**Liz Claiborne**　リズクレイボーン
米国 New York 市の衣料品メーカー (Liz Claiborne, Inc.) (1981 年創業)，同社製のキャリアウーマン向けの衣料品 (スポーツウェア・ドレス・ジーンズなど)．社長でデザインのディレクターであった Elizabeth Claiborne Ortenberg (1929–2007) にちなむ．

**Lladró**　リヤドロ
スペインの Valencia にある陶磁器製置物のメーカー (Lladró Comercial S.A.)，その製品．人間や動物をデザインしたもので，色彩はパステル調でつやがある．同社は 1951 年，Juan, José, Vicent Lladró 3 兄弟が創業．

**L.L. Bean**　L.L. ビーン
米国の衣類・アウトドアライフ用品メーカー (L. L. Bean, Inc.)，同社製のアウトドア衣料品・靴・手袋・バッグ・ルームアクセサリーなどのブランド．特に 1913 年以来作られているハンティングブーツ ('Maine Hunting Shoes')，綿帆布地のトートバッグ ('Boat and Tote'；元来船に水や氷を運び込むための手提げ袋)，1947 年以来のハンティング用フィールドジャケットが人気商品．同社は Leon Leonwood Bean (1872–1967) が，小さな衣料品店として 1912 年に創業．

**Lloyd Footwear**　ロイドフットウェア
⇨ Lloyd's.

**Lloyd's**　ロイド, ロイズ
英国 Lloyd Footwear 製の靴．底が Dr. Martens* の 'Air Cushion Sole' というラバーソールのものが人気．

**Lloyd's**　ロイズ
米国 Lloyd's Electronics, Inc. の略・通称，同社製の電卓・音響製品・ラジオ・テレビなど．

**Lloyd's**　ロイズ
米国 Lloyd's Barbecue Co. (1978 年創業) 製のバーベキューソース付きの加工肉食品．"BBQ YOU CRAVE" がうたい文句．

**Loadometer**　ロードメーター
米国製の，荷物を積載した車がその上を通過するとその全体の重量が記録できるはかりの 1919 年からの商標．Loadometer Corp. がスイス Haenni Instruments の製品を米国で販売する．

**Loafer**　ローファー
米国 Nettleton Shoe Co. (1879 年創業) が 1933 年に商標権を獲得した，ヒールの幅が広く，甲皮がモカシン (moccasin) に似た，かかとの低い靴ひ

## Lobb

ものない革靴. 1966 年 Gucci が Gucci loafers を発表し,以後これが loafer として定着. ☆商標だが一般的名称であるかのごとく使われている.

**Lobb** ロブ
⇒ John Lobb.

**Lobb's** ロブス
イタリアミラノにある製靴会社 (Calzaturificio LOBB'S s.r.l.),そのブランド. ブリティッシュトラディショナルをベースに,イタリア的な味付けを加えたデザインで,イタリアの伝統的な革加工技術と手縫いを主とする縫製技術でまとめたもの.

**Lobo** ロボ
米国 Ford Motor Co. 製の F-シリーズ F-150 の 2 ドアと 4 ドアのピックアップトラック Ford Lobo のこと. 2009 年からは 12 代目. メキシコでは麻薬密売組織が,大量の武器の積載が可能だとして好んで犯罪に使うために,関係者と間違われるのを恐れて購入者が減少した.

**Loburg** ローブルグ
ベルギーの InBev Belgium 製のビール (pale lager). アルコール分 5.7%.

**L'occitane** ロクシタン
1976 年南フランスで創業. 世界 70 カ国に展開する,伝統的手法で植物性原料を中心としたスキンケア,ホームフレグランスのブランド.

**Lockheed** ロッキード(社) (〜 Corp.)
米国の航空機メーカー・大手軍需企業. 1932 年創業. 第二次大戦の P-38 Lightning・朝鮮戦争の P-80 Shooting Star 戦闘機・その練習機型 T-33・F-104 Starfighter マッハ 2 戦闘機・P-3 Orion 対潜哨戒機・U-2・SR-71・TR-1 偵察機・Tristar (L-1011) 旅客機・C-130 Hercules・C-5 Galaxy 輸送機などを設計・製造. 他にミサイル・宇宙機器・エレクトロニクス・米海軍向けの造船など.

**Locknit** ロックニット
米国製の,伝線防止のために両面編み[縄編み]にされた布地の古い商標. The American Cellulose & Chemical Manufacturing Co., Ltd. が商標登録. 1920 年代後半に商標権が切れた.

**Lodge** ロッジ
米国の鋳鉄製 (cast iron) の料理器具メーカー Lodge Manufacturing Co. の略・通称,そのブランド. 1896 年 Joseph Lodge が創業. ロゴは,LODGE の O の部分が黄色の目玉焼き 1 個がのっているフライパンで,柄が真上を向いている.

**Loestrin** ロエストリン
米国製の経口避妊薬. Warner Chilcott Co., LLC の登録商標.

**Loewe** ロエベ
スペインを代表する革製品専門店 (LVMH Moët Hennessy-Louis Vuitton S.A. 傘下),同店製革製バッグ・革小物・革製コート・ベルト・手袋・ブルゾン・ネクタイ・スカーフ・アクセサリーなどのブランド. 1846 年にドイツ人 Enrike Loewe Rosburg が創業. 1906 年よりスペイン王室御用達. 金具に至るまで自社生産. トレードマークは筆記体の L を線対照に 4 つ組み合わせたもの.

**Logan** ローガン
スコットランドの White Horse Distillers Ltd 製のブレンデッドウイスキー. 12 年熟成. 厳密には Logan De Luxe Scotch Whisky. ⇒ White Horse.

**Log Cabin** ログキャビン
米国 Pinnacle Foods Corp. 製の,サトウカエデ (sugar maple) 樹液とサトウキビの糖蜜をブレンドしたシロップ. 開発者 Patrick J. Towle が Abraham Lincoln を尊敬していたので Log Cabin と名付け,丸木小屋型の錫の缶(後にガラス瓶)に入れて 1887 年から売り出した.

**LoJack** ロージャック
米国 LoJack Corp. 製の盗難車を回収するための Stolen Vehicle Recovery

System. 無許可で車を動かそうとした場合に所有者に通報する Early Warning Recovery System と呼ばれるものや2輪車用のシステムもある.

**Lolobal**　ロロボール
Lolo Ball, Pogo Ball, Springball, Disc-O, Pogobal などとも呼ぶ. オランダ製の, 硬質合成樹脂の台座に大きなゴム製の球が取り付けられた運動・遊戯・競技用の道具. 使用者は台座上に立ち, 球を両脚間にはさんで腰を落とし, 球の弾力を利用してカンガルーのように飛んで進む. 1980年代中期に開発. Hasbro* が製造し1980年代半ばの人気商品で1990年代初めまで販売していた. 現在は他の数社から.

**Lomotil**　ローモーチル
米国 Pfizer, Inc. 製の下痢止め. 処方薬で錠剤と液体がある.

**London Badge & Button**　ロンドンバッジアンドボタン
英国 London の Bond St. にあるブレザー用のエンブレム[バッジ]やボタンの専業メーカー, そのブランド. カフスやタイピンも製造.

**London Fog**　ロンドンフォッグ
米国 Londontown Fog Industries, Inc. 製のレインコート. 防水仕上げのため du Pont 社製の撥水剤 Zepel を吹き付けてある. 1923年 Israel Myers が創業.

**London Towncars**　ロンドンタウンカーズ
米国 New York 市の大手のリムジン会社. Cadillac など高級車をハイヤーとして使用. 1959年創業.

**Lone Star**　ローンスター
米国 Lone Star Brewing Co. の略・通称, 同社製のビール. 星が一つ輝くラベルデザイン. 2000年に廃業. Pabst Brewing Co. が所有.

**Longchamp**　ロンシャン
フランスのバッグ・革小物メーカー Longchamp S.A.S. の略・通称, そのブランド. 疾走する競馬馬がシンボルマーク. ロゴは全て大文字. 同国の著名な競馬場の名にちなむ.

**Longhi**　ロンギ
イタリアのバッグ・革小物・ベルト・皮革衣料品などのメーカー, そのブランド. 1910年から馬具製造業をしていた父親について修業をした Bruno Longhi が1932年に創業. バッグはスポーティーなキャンバス素材のものから, 高級なオストリッチ製のものまで多種多様.

**Longines**　ロンジン
スイスの時計メーカー (Swatch* 所有), 同社製の宝飾時計・懐中時計[提時計]・複雑時計・スポーツ腕時計・クロノグラフなどのブランド.

**Long John**　ロングジョン
スコットランドの Long John International Ltd の略・通称, 同社製のブレンデッドウイスキー. 1825年より発売. 身長が193 cm あった創業者の John MacDonald のあだ名にちなむ.

**Long John Silver's Seafood Shoppes**　ロングジョンシルヴァーのシーフードショップ
米国 Long John Silver's, Inc. の大衆向けシーフードレストランチェーン店. Robert Louis Stevenson の小説 *Treasure Island* の人物から命名. 2002年 Yum! Brands, Inc. に買収された. 2011年1月 Yum! Brands は Long John Silver's の売却を発表.

**Long Life**　ロングライフ
英国 Carlsberg UK 製のラガービール. ⇒ Ind Coope.

**LongRanger**　ロングレンジャー
米国の航空機メーカー Bell Aerospace Corp. 製ヘリコプター 206L LongRanger のこと. パイロットを含めて7人乗り.

**Longs Drugs**　ロングズドラッグズ
米国 Longs Drug Stores Corp. のドラッグストアチェーン. 1938年に Joe Long と Tom Long の兄弟が創業. California, Hawaii, Washington, Nevada, Colorado, Oregon 州に470以上の店舗がある.

## Look

**Look** ルック
米国 University Microfilms International が刊行したニュース写真主体の雑誌. 新聞編集者の Gardner Cowls が 1937 年に創刊. 当初は月刊で, その後隔週刊になり, さらに週刊になった. 1971 年に休刊し, 79 年に隔週刊誌として Cowles Communications, Inc. が復刊したが, 半年で再休刊.

**Loop-Loc** ループロック
米国 Loop-Loc Ltd. 製の水泳用プールカバー (swimming pool cover). Bill Donation が 1957 年に最初のカバーを考案し, 1977 に同社を設立. 安全な強度があることを示すために, カバーの上に象 (名前は Bubbles the Elephant) が乗っている写真を掲載している. 系列会社の Baby-Loc Ltd. 製の製品 Baby-Loc は子どもがプールに落ちないようにする取り外し可能なフェンス.

**Lo/Ovral** ロウオヴラル
米国 Pfizer, Inc. 製の経口避妊薬の錠剤. 処方薬.

**Lopid** ローピッド
米国 Parke-Davis Division (Pfizer Inc. の一部門) 製の抗高脂血症薬.

**Lord & Taylor** ロードアンドテイラー
米国 New York 市 5 番街にある高級デパート, その自社ブランド. 1869 年に Broadway で, 乾物店 Lord & Taylor Dry Goods Store として創業. 特に中高年齢層向けの婦人物の衣料品が充実しており, アクセサリー・小物などもある.

**Lord Calvert** ロードカルヴァート
カナダ Calvert Distillers Co. 製のカナディアンウイスキー. 80 proof.

**Lord West** ロードウエスト
米国 Lord West Formal Wear 製のフォーマルウェア.

**Loré** ローレ
米国の高級ナイトウェアとファンデーション(下着)のメーカー, そのブランド. 1973 年より製造. 素材は絹のみを使用し, すべてバイヤスカット, デザインは 1930 年代調. 近年は男性用の絹の下着・パジャマ・ガウンなども手がけている. 創立者でデザイナーの女性 Loré Cowlfield はもと Hollywood のファッションキュメンタリーの監督で, 個人用・撮影用に彼女の作った品が用いられ, スター達の間で広まり評判となったため, 企業化. トレードマークは蚕の絵.

**L'Oréal** ロレアル
フランス最大手の化粧品・ヘアケア用品・ネイルケア用品などのメーカー (L'Oréal S.A.), そのブランド. 同社は 1907 年にパリに創業, 染毛剤のメーカーとして出発し, 世界最大のヘアケア用品メーカーとなった. 香料・口腔衛生用品・医薬品・トイレタリーも手がける.

**Lorenz** ロレンツ
1934 年創業のイタリアの時計メーカー, 同社製の腕時計のブランド. ハイテク感覚のシンプルなデザイン.

**Lorenzi** ロレンツィ
⇨ G. Lorenzi.

**Loris Azzaro** ロリスアザロ
イタリア生まれのフランスのデザイナー Loris Azzaro (1933–2003) がデザインしたパーティー用ロングドレスなど. そのプレタポルテを売るブティックの名は Azzaro Ville. 靴・スカーフなども扱う. 1975 年に香水 Azzaro, 1978 年に男性用オードトワレ Azzaro Pour Homme を発表した.

**Loro Piana** ロロピアーナ
イタリアの高級紳士服服地メーカー Loro Piana SpA, その製品のブランド. 同社は 1812 年創業. カシミア生地では定評がある. 既製服も販売.

**Lorus** ローラス
米国 Lorus Products 製であったが, 現在は Seiko Watch Corp. 製の腕時計・置時計.

**LoSalt** ローソールト
スコットランド Klinge Foods Ltd 製の食塩代用品 (salt substitute).

### Los Angeles (**Magazine**) ロサンジェルス(マガジン)
米国 California 州 Los Angeles の月刊シティーマガジン. 1961 年創刊. 映画・演劇・音楽・スポーツ・レストランなどの情報を満載. 同種雑誌中では群を抜いて広告が多く,豪華で明るく快活. Emmis Communications 刊.

### Los Wigwam Weavers ロスウィグワムウィーヴァーズ
1936 年に Phil Greinetz が米国 Colorado 州で設立したネクタイメーカー. 設立以来,羊毛やアルパカ製の手編みネクタイが主. 1989 年まで.

### Lotos ロートス
ドイツ Lotos Goldbrillen GmbH 製の眼鏡枠. 枠は金張りで,ダイヤがはめ込まれているものが主.

### Lotti ロッティ
⇨ Gianfranco Lotti.

### Lotto ロット
米国 New York 州州営の一種の宝くじ. 1 から 40 までの数字から任意に 6 つの数字を選んで賭ける. 1 ドル. 総売り上げの 40% が賞金に当てられる. 週 2 回抽選が行なわれるが,当選者がないと賞金は次回に繰り越されるので,賞金が積み重なって数百万ドルになることもしばしば. New York Numbers, The Empire Stakes とも呼ばれる.

### Lotto ロット
イタリアのスポーツ用品メーカー Lotto Sport Italia SpA (1973 年創業) の略・通称,同社製のスポーツ用品.

### Lotus ロータス
英国の自動車メーカー Lotus Cars Ltd の略・通称,同社製のスポーツカーおよびレーシングカーのブランド. 会社の設立者でレーサー・自動車デザイナーの Colin Chapman (1928-83) が考案した名.

### Lotus 1-2-3 ロータスワンツースリー
米国 Lotus Software (IBM に買収されるまでは Lotus Development Corp. 名) 製の,財務分析・データベース管理・グラフィック処理機能をまとめた事務用コンピューターソフトウェア. 単に 1-2-3 とも呼ばれる. 本来 IBM 機用だが,他社機種でも使用可能. Lotus 社が最初に市場に出したソフトで,ベストセラーとなった.

### Lou ルー
フランスの Lou Paris 製の一般向き価格の女性用下着のブランド. メーカーは 1946 年創業.

### Louis Eschenauer ルイエシェノール
フランス Gironde 県 Bordeaux 市のワイン販売会社. 英国を中心に知られる.

### Louis Féraud ルイフェロー
フランスのデザイナー Louis (Eduard) Féraud (1921-99) のデザインした婦人既製服,その直営ブティック. 同氏は 1956 年に婦人服オートクチュール界にデビュー.

### Louis M. Martini ルイス M. マーティーニ
米国 California 州 Napa 渓谷にあるワイン醸造場. St. Helena で 1922 年に創業. 同地産の Cabernet Sauvignon 種の赤ワイン・Pinot Noir 種の赤ワインの品質の高さを世界に知らしめたことが高く評価されている.

### Louis Quatorze ルイカトーズ
フランスの革製品メーカー Créations de Versailles 製の,カーフ製バッグ・ビジネスケース・革小物・ベルト・アクセサリー(カフス・タイピンなど)・ネクタイ・スカーフ・筆記具などのブランド. 1980 年に皮革職人 Paul Baratte が創業. 「ルイ 14 世」の意で,その時代のフランス工芸の粋を再現しようという気持ちをこめて命名された. トレードマークは筆記体の L と Q の優雅な組み合わせ文字. 現在は韓国企業がライセンス事業を展開.

### Louis Rich ルイスリッチ
米国 Kraft* 製の加工食品類(ハムなど)・七面鳥肉加工品. もとは Wiscon-

## Louis Roederer

sin 州の Louis Rich Co. 製.

**Louis Roederer** ルイロデレール
フランス製シャンパンのメーカー,そのブランド.同社の前身は 1776 年創業,1833 年から現社名.Crystal はロシア皇帝アレクサンドル 2 世の専用シャンパンとして 1876 年に始まった.

**Louisville Slugger** ルーイヴィルスラッガー
米国 Hillerich & Bradsby Co., Inc. 製の手作りバット.大リーグで最も多く使われている.素材は米国北部産のアメリカトネリコ (ash).1884 年に野球史上初の「注文製作」のバットを作ったのが起源.

**Louis Vuitton** ルイヴィトン[ビトン]
フランスの旅行カバン・バッグ・革小物などのメーカー,そのブランド,パリなどにある店.1854 年に Louis Vuitton (1821-91) が創業.貴族の衣裳箱の工房としてスタートし,今も旅行用トランクは軽さと堅牢さで定評がある.1858 年に,コーティングされた布を使ったトランクを発売.L と V の組み合わせ文字と 3 種の百合の花(想像上の花だともいわれる)のプリントは,1896 年に 2 代目の Georges Louis Vuitton がデザインした.木綿地に塩化ビニールをしみ込ませた生地 'Matière' は,1959 年に 3 代目 Gaston の次男 Claude Louis Vuitton が開発,4 代目の Henri がこれを使って各種ソフトバッグから小物類までを製品化した.1976 年に米国で,1980 年に英国で商標登録.1983 年より,耐久性の強い生地 Kevlar* を用いた Challenge シリーズを市場化,基調色はえび茶で LV の模様はない.現在は Louis Vuitton と Moët Hennessy が 1987 年に合併して誕生したコングロマリット(複合企業体) LVMH の中核ブランド.
★日本人で最初に同社製品を購入したのは,土佐藩士の後藤象二郎で 1883 年に欧州旅行をしたときのこと.

**Loveless** ラヴレス
米国のカスタムナイフデザイナー Robert W. Loveless (通称 Bob Loveless) の作品.1952 年より製造.女性のヌードがトレードマーク.

**Lowe** ロー
米国 Lowe Boats (Brunswick Boat Group) のアルミニウム製フィッシングボート.1971 年創業.

**Löwenbräu** レーベンブロイ,ローエンブロイ
ベルギーの Anheuser-Busch InBev 製のドラフトビール.吠えるライオンのラベル.アサヒビールが日本国内のライセンス生産.

**Lowe's** ローズ
米国で 1946 年創業し,カナダ・メキシコにも展開する家電・金物・建築資材ほかを扱うホームセンターチェーン."Let's Build Something Together." とうたう.

**Lowrey** ローリー
米国 Lowrey Organ Co. 製の電子オルガン・電子ピアノ・キーボードなど.

**Lubriderm** ルブリダーム
米国 Johnson & Johnson* 製のスキンローション.ワニの写真を使い "See you later, alligator." ("later" と "alligator" が韻を踏んだ別れの表現) とうたう広告が有名.「ワニのような荒れた肌にさよなら」といったところ.

**Luciano Barbera** ルチアーノバルベラ
イタリアのデザイナー Luciano Barbera のデザインした紳士既製服・カジュアルウェア・ポロシャツ・ネクタイ・ニットウェアなどのブランド.

**Luciano Soprani** ルチアーノソプラーニ
イタリアのデザイナー Luciano Soprani (1946-99) デザインの衣料品,ミラノにあるそのブティック(1984 年開店),そのメーカー(1986 年創業).

**Lucite** リューサイト,ルーサイト
米国 Lucite International (Mitsubishi Rayon Co., Ltd. の子会社) 製のメタクリル酸メチル (methyl methacry-

late). 透明アクリル樹脂の一種で, Plexiglas*, Perspex* と同様のもの. 硬くて傷がつきにくい. 飛行機の窓・照明器具・自動車のライト・カメラのレンズ・反射鏡・外科手術用具などにガラスの代用として用いられる. lucid (透明な) に -ite を合成した語.

**Lucky Charms** ラッキーチャームズ
米国 General Mills* 製のオート麦シリアル. マシュマロの形で人気. 箱には, アイルランド伝説で, 捕まえると宝のありかを教えるという, 緑色の衣装の小妖精レプレコン (leprechaun) のマスコット (Lucky the Leprechaun) が描かれている.

**Lucky Leaf** ラッキーリーフ
米国 Knouse Foods, Inc. 製の缶詰め. レモンパイやアップルパイの中身 (pie filling) にする調理済み果物など.

**Lucky Stores** ラッキーストアーズ
米国 California 州 Modesto に本社のある Lucky Stores, Inc. (1931年創業) 系列のスーパーマーケットチェーン店. 西部・中西部・南部を中心に出店.

**Lucky Strike** ラッキーストライク
米国 R. J. Reynolds Tobacco Co. 製の両切り紙巻きたばこ. ★Lucky Strike は Mickey Spillane の小説の主人公 Mike Hammer が愛用.

**Lucozade** ルコザーデ, ルコゼイド
英国 GlaxoSmithKline* 製の, ブドウ糖入り強壮炭酸飲料 (sparkling glucose drink と称する). 疲労時のカロリー補給に用いられる. 製品の主成分 glucose (ブドウ糖) と, lemonade (レモネード) などの果汁飲料を示す '-ade' を合成した語. 1930年代前半に Newcastle の小売り薬局 W. W. Owen & Son の薬剤師 William W. Hunter が, 娘の黄疸の治療のため, 多くのブドウ糖を含み, オレンジとレモンで香りを付けたソーダ水を考案したのが起源.

**Lufkin** ラフキン
米国 Cooper Industries, Inc. 製のものさし. Red End (厳密には Lufkin Red End Extension Ruler) という名の折り尺が有名. 同ブランドで錠 (lock) も市場化.

**Luger** ルガー, ルーガー
ドイツ帝国陸軍が 1908年に採用した拳銃. 採用年から, Parabellum P 08 の制式名で呼ばれた. 口径9ミリ (当初は 7.65 ミリ). 開発者の一人 Georg Leuger の姓がなまったもの.

**Lui** リュイ
フランスの Hachette Filipacchi Médias, S.A. が発行している男性誌. 1963年創刊. 写真・イラスト・記事など, いずれの点でも男性誌としては世界で第一級と評価される.

**Lulu Guiness** ルルギネス
1989年英国創業のファッションブランド, デザイナー. 女性向けの独創的で個性的なバッグや傘などを取り扱う. 店舗は英国, 米国, 日本に展開.

**Lumograph** ルモグラフ
⇒ Staedtler.

**Lunchables** ランチャブルズ
米国 Kraft Foods* 製の子供用ランチセット.

**Lurex** ルレックス
英国 The Lurex Co Ltd 製の, 合成樹脂繊維にアルミと透明フィルムの積層膜で被覆をしたもの. 衣服・家具用. 1945年に米国 Dobeckun Co. が開発し, 商標登録.

**Lurpak** ラーパック
デンマーク Mejeriforeninger (The Danish Dairy Board) 製のバター. スカンジナビアで家畜を呼び集めるのに使われている長く湾曲したらっぱ lure [lur] と pack の合成による命名と思われる.

**Lush** ラッシュ
英国 Lush Retail Ltd (1995年創業) 製のスキンケア・ヘアケア・ソープ・入浴剤. 世界各国で展開.

**Lustro-Ware** ラストロウェア
米国 Borden, Inc. のプラスチック部門の代表ブランドであったが生産中

**Luvs** ラヴズ, ラブズ
米国 Procter & Gamble* 製の紙おむつ. 1976 年発売.

**Lux** ラックス
Unilever* 製の石鹸・シャンプー・ヘアスプレーなど. 1924 年から.「光」の意のラテン語 lux からの造語で, また luxury を掛けている. CM ではハリウッド女優が起用されることが多い.

**Luxo** ラクソ
ノルウェー Luxo ASA 製の製図・精密機器組み立て・オフィス用の照明灯. 第二次大戦直前に J. Jacobson が, 英国の Anglepoise* の特許使用権を得て生産し, 大戦後米国に進出し, New York 州の Luxo Lamp Corp. (Jacobson Industries, Inc. の一部門) で製造した. 拡大鏡もある.

**Luxury** ラグジャリー
米国 American Italian Pasta Corp. 製のパスタ類.

**Lycoming** ライカミング
米国の, 軽飛行機用エンジンの設計・製造で世界最大のメーカー Lycoming Engines (Textron 所有), その製品.

**Lycra** ライクラ, リクラ
米国 E.I. du Pont de Nemours & Co., Inc. 製の, ポリウレタン繊維とその織物. ゴムのような伸縮性があり軽い. 水着・ファンデーション・スキーパンツなどの素材になる. 1958 年 (英国では翌年) 商標登録. ☆時に小文字でつづられる.

**Lyle & Scott** ライルアンドスコット
英国スコットランドのニットウェアメーカー (Lyle & Scott Ltd), 同社製のクラシックなデザインのカシミアセーター類. 特に鳥 (Birdie または Glen Eagle とよぶ) のマークのついたゴルフウェアが人気. 同社は 1874 年に William Lyle と Walter Scott が創業. Lyle-Scott とも呼ばれる. Edinburgh 公御用達.

**Lyle's Golden Syrup** ライルズゴールデンシロップ
英国 Tate & Lyle plc 製の糖蜜. 愛称は Goldie.

**Lynx** リンクス
米国のゴルフクラブメーカー (Lynx Golf, Inc.), 同社製のゴルフクラブ. 同社は 1971 年創業.

**Lyons Maid** リヨンズメイド
英国のもとは J. Lyons & Co Ltd 製のアイスクリーム. 現在は R&R Ice Cream UK Ltd が復活生産. もとの会社のアイスクリーム 'Pola Maid' の名と 'Lyons made' (リヨンズ製) を組み合わせて命名.

**Lysol** ライゾール, ライソール, リゾール
英国 Reckitt Benckiser* 製の家庭用消毒剤. トイレやバスルーム用のカビ除け・消毒・消臭・清掃剤として用いられる. クレゾール (cresol) と軟石鹸などとの混合物で, 茶色い油性の液体. 1884 年にドイツの Schulke & Mayer 社から製造販売されていた Liquor Cresolis Compositus の名を縮めて Lysol と命名し, 1891 年に商標登録. ギリシャ語の lusis「緩和する」と, 「油」の意の語尾 '-ol' から作られた名とする説もある.

**Lytegem** ライトジェム
米国の Lightolier, Inc. 製の小型電気スタンド. 1965 年発売. Tensor* の類似商品で, 球形の傘と立方体の台座というデザイン.

# M

**Maalox** マーロックス, メイロックス
　米国 Novartis Consumer Health, Inc. 製の制酸剤・カルシウム補給剤などとして使われる市販薬. ★Maalox moment は同製品の宣伝キャンペーンで作り出された言い方で「ストレスを感じるとき」の意味で米国の大学キャンパスで 1990 年代から使われ始めた.

**Ma Bell** マーベル, マベル
　1877-1984 年の間米国最大の電話電信網であった Bell System* とそれを運営する AT & T* に対する皮肉まじりのあだ名. 1947 年に同社に対するストライキが行なわれたときに一般的になった. フランス語の ma belle (私の麗しの女(ひと)) と「ベルかあさん」の意のかけことば.

**Macallan** マカラン (The ~)
　スコットランド高地地方 Macallan-Glenlivet plc (1824 年創業) 製のブレンデッドウイスキー. 8 年・10 年・12 年・18 年・25 年・30 年熟成のものなどがある.

**Macanudo** マカヌド
　ドミニカ共和国製の葉巻.

**Macbeth Prooflite** マクベスプルーフライト
　米国の A. I. Friedman, Inc. 製のスライドフィルム用卓上ライトボックス[ライトテーブル]. 内蔵の蛍光灯の色温度は室外光と同じ 5,000 ケルビンなので, フィルムの色調が正しく出る.

**Mace** メース
　米国 Mace Security International 製の, 催涙ガス用神経麻酔剤液. 正しくは Chemical Mace. 護身用の携帯ボンベ入りとして 1966 年商標登録. 軍隊・警察が暴徒を鎮圧[攻撃]するのにも多用される. 現在市販されているものはほとんどがトウガラシスプレー.

**Mace** メース
　英国とアイルランドで展開するコンビニチェーン店のブランド. アイルランドでは BWG Foods Ltd, 英国では Palmer and Harvey, 北アイルランドでは J&J Haslett が経営する.

**Mac Fisheries** マックフィッシャリーズ
　Unilever* 傘下の Mac Fisheries Ltd 系列の, 魚や生鮮食料品のチェーン店, その自社ブランド. 1919 年に Lord Leverhulme が, Lewis と Harris のスコットランド小島の開発の援助をするため, Bix と呼ばれるニシン工場を買い取り, 次いで捕獲した魚を売りさばくための約 300 の店を購入し, London に本社をおいたのが起源. 1979 年閉店.

**MacGregor** マグレガー
　米国 MacGregor Sporting Goods, Inc. (1897 年創業) の略・通称, 同社製のゴルフ用品・スポーツウェア, その他のスポーツ用品. Jack Nicklaus は同社のクラブを使って 1967 年にデビュー, その後同社を買い取り, 社長となった. 2009 年 Goldsmith International の傘下となる.

**Macintosh** マッキントッシュ
　米国 Apple Computer, Inc. 製のパーソナルコンピューター. Mac の愛称. 対 IBM 全面戦争の切り札として社運をかけた Macintosh のデビューに当たり, Apple 社は, 1984 年 1 月の Super Bowl のテレビ放映のスポンサーとなり, 1 億円をかけて制作した CM を, 放映費 1 億 5,000 万円で流して話題を呼んだ. 1998 年に iMac が発表され, そのデザインと操作性の良さが高く評価され, その後 Power Macintosh も発表. CPU は 2006 年

# Mack

から Intel の Core 2 などに切り替えられた. ⇨ Apple.

**Mack** マック
米国 Mack Trucks, Inc. (もと International Motor Co.) の略・通称, 同社製のトラクター・トラックなど. 創業者の名前に由来. トレードマークはブルドッグ. 現在 AB Volvo 傘下.

**Mackenzie** マッケンジー
1826 年創業のスコットランド P. Mackenzie & Co, Distillers Ltd 製で, Arthur Bell & Sons plc が販売しているブレンデッドウイスキー, 製造元の略・通称. 厳密には The Real Mackenzie. 一般品の他に, 8 年・12 年・20 年熟成の高級品がある.

**Mackintosh** マッキントッシュ
1823 年にマッキントッシュクロスを Charles Mackintosh (1766–1843) が発明して以来, 150 年以上も愛されつづけているゴム引きレインコート. その後キルティングジャケット・トレンチコートも加わった.

**Macleans** マックリーンズ
英国 GlaxoSmithKline* 製の練り歯磨き. ニュージーランド人の Alex C. Maclean に由来. 彼は, 米国移住後, 1919 年に英国で医薬品会社を設立し, 1927 年より練り歯磨きを製造. 現在の社名に至るまで合併をくり返した.

**Mack's** マックス
米国の McKeon Products, Inc. 製の耳栓・アイマスク (sleep mask) などのブランド. 1962 年から. Mack's は同社の最初の所有者の名前から.

**MAC Studio Fix** マックスタジオフィクス
カナダ Make-Up Art Cosmetics (一般に MAC Cosmetics で有名) 製の, パウダー・リキッドのファンデーション.

**Macy's** メーシー(ズ)
米国 New York 市 Broadway の Herald Square にある同市最大のデパートで Macy's, Inc. が所有. 1919 年に Rowland Hussey Macy が創業 (前身の店は 1858 年開店). '(アポストロフィー)は, 看板や広告のロゴでは, 注目をひく目的で ★ に代えられている. 既製服・婦人下着の品揃いは群を抜く. 国内で 800 店舗が展開している. Nordstrom*, Dillard's*, Bon-Ton と競う. New York 市内で毎年行われる Macy's Thanksgiving Day Parade は 1924 年以来の伝統がある.

**Mad** マッド
米国 DC Comics 刊行のパロディー漫画誌. 年 8 回刊行. 1953 年の創刊以後約 10 年の間に, 多彩な諷刺表現を案出, マンネリといわれながらも, 部数的には常時 150 万部を確保した時代もあった. 広告はとらない. シンボルキャラクターの Alfred E. Neuman 少年が毎号表紙を飾っている.

**Mad Dog** マッドドッグ
安価な酒精強化ワイン (fortified wine (通常はブランデーなどの蒸留酒を入れたもの)) の呼び名で, 正式には MD 20/20 というフルーツ風味のワイン. MD とは製造元である Mogen David Wineries のこと. Mango Lime, Orange Jubilee, Pacific Peach, Kiwi Lemon, Strawberry Rose, Tangerine Dream などの味がある.

**Mademoiselle** マドモワゼル
米国 The Condé Nast Publications, Inc. 刊の, 比較的教養のある女子学生・独身キャリアウーマン向けの実用記事とファッションの月刊誌. Truman Capote, William Faulkner などの有名作家の短編を掲載することで知られた. 1935 年創刊. 2001 年廃刊.

**Madras** マドラス
イタリアのベニス近郊にある製靴会社, そのブランド, その店. 1938 年創業. 生産量はイタリア最大. ミラノにある本店では靴の他に衣料品も販売. ロゴは全て小文字. トレードマークは地球に前肢をかけた有翼ライオン.

**Mae West** メイウエスト

空気を入れ膨らませて使うベスト型救命胴衣 (personal floating device, life-jacket). 1928年 Peter Markus (1885–1974) が発明し, 第二次世界大戦中に英米の空軍で使用していた. 米国の喜劇女優 Mae Jane West (1892–1980) の大きなバストの様子から.

**Magee** マジー, マギー
米国 Magee Industrial Enterprises, Inc. (もとは The Magee Carpet Co.) の略・通称, 同社製のカーペット.

**Maggi** マギー
スイス Nestlé* 製の小立方体の固形ブイヨン ('Maggi Bouillon Cube')・スープ・香辛料など. 固形ブイヨンは湯に溶かしてそのままスープとしたり, 料理の調味用に入れたりする.

**Magic** マジック
米国 Homax, Inc. 製の家具・調理台などのクリーナー(スプレー・布きん).

**Magic Chef** マジックシェフ
米国 Magic Chef, Inc. (2006年より Whirlpool* 傘下) の略・通称, 同社製のシステムキッチン・ガスレンジ・電子レンジ・食器洗い機・冷蔵庫・空調機など. 同社の前身の会社は1916年創業, 現在名は1960年からで, その前の名は American Stove Co.

**Magic Cube** マジックキューブ
⇒ Rubic's Cube.

**Magic Eye** マジックアイ
Allen B. DuMont が1937年に発明した米国製の, ラジオなどの同調指示管(ラジオの受信調整で電波が最も良く入ったとき点灯する表示灯)の古い商標. メーカー名不詳.

**Magic Marker** マジックマーカー
米国 Magic Marker Industries, Inc. の略・通称, 同社製の速乾性油性フェルトペン. 1953年に, Binney & Smith 社製のインク詰め替え式フェルトペン Feathermark に対抗して生み出されたもので, 名前が良かったことと使い切りだったことで人気を得て爆発的に売れ, フェルトペンの代名詞的存在となり, 一般語であるかのように用いられている. 1980年, 倒産.

**Magic Touch** マジックタッチ
米国 Wescosa, Inc. 製の, 紙を数える時などに指先に潤いを与える文具製品 ('fingertip moistener'). 現在はない.

**Maglite** マグライト
米国 Mag Instrument, Inc. 製の懐中電灯. 警察や軍隊などで使用している. 表面がアノダイズ加工された航空機用アルミ合金製. 耐衝撃性・耐水性に富み, 堅牢さでは定評があり, 「いざというときは棍棒としても使える」といわれるほど. 長さ15cmのもの (Mini Maglite) から49.5cm (単1電池6本が縦にはいる)のものまで各種ある. 広角からスポット光にまで調光可能. 創業者 Anthony Maglica がデザインし, 1983年より市場化. Maglica と light の合成とつづり変えによる命名.

**Magna** マグナ
東ヨーロッパで製造される紙巻きたばこで, R. J. Reynold's の製品.

**Magna Doodle** マグナドゥードゥル
米国 Ohio Art Co. 製の磁石と砂鉄を使った絵描きおもちゃ. 1998年までは Tyco* が製造販売していたが, そのほとんどの製造権は Fisher-Price, Inc. に売り渡されていた. 英国では Fisher-Price (Toys)* が独自の Doodle Pro というブランドで同様なおもちゃを Megatel LTD を通じて販売.

**Magnalite Professional** マグナライトプロフェッショナル
鋳鉄・アルミ・鋳物製調理器具の大手メーカーである米国 General Housewears Corp. (1967年創業) 製のフライパン・なべ類. 100年保証.

**Magnavox** マグナヴォックス
米国 Magnavox 製のラジオ・テレビ・ビデオ・音響機器. 1915年から.

**Magnepan** マグネパン
1971年創業の米国の平面型スピーカーシステムのメーカー (Magnepan,

Inc.), そのブランド. ついたて状のスピーカー.

**Magnetophon** マグネトフォン
ドイツ AEG 製のテープレコーダー. 合成樹脂製磁気テープを使ったテープレコーダーのはしり. 1935 年より製造. AEG は Allgemeine Elektrizitäts-Gesellschaft (General Electric Co. の意) の略. 1883 年創業.

**Magnum** マグナム
米国 Miller Brewing Co. (SABMiller 傘下) 製のモルトリカー (malt liquor; ビールに似た飲料).

**Maidenform** メイドゥンフォーム
米国 New York 市の Maidenform Brands, Inc. の略・通称, 同社製のファンデーション (下着)・ナイトウェア・スポーツウェア. Manhattan の注文服のブティック経営者 Ida Rosenthal が, 顧客にドレスの「おまけ」として提供していた手製のブラジャーが人気を呼んだので, 夫 William の発案で, 1922 年にブティックをたたみ, ブラジャーの専門メーカー Maidenform Brassier Co. をわずか 4,500 ドルの資金で始めたのが起源.

**Mail Boxes Etc.** メイルボクシーズエトセトラ
郵送・郵便・ビジネスサービス小売業 Mail Boxes Etc., Inc. 1980 年創業. 本拠地は米国 California 州 San Diego. 1980 年に Gerald Aul, Pat Senn, Robert Diaz の 3 人が U. S. Mail として設立した. 2001 年に UPS に買収され, 両者で The UPS Store ブランドのサービスを展開, 米国本土・Puerto Rico・米領 Virgin Islands で約 4,800 サービス拠点.

**Mailgram** メールグラム
米国 The Western Union Telegraph Co. が行なっている郵便電報サービス, それで送られるメッセージ. 手数料は無料. 同社に電話をかけて, 交換手に文言を伝えればよい. 数秒で先方の近くの郵便局に電送され, 通常の郵便のように配達される. 2006 年に廃止. しかし, International Telegram (または iTelegram) は同様のサービスを提供している.

**Maison Sichel** メゾンシシェル
フランス Gironde 県 Bordeaux 市の, 輸出専門のワイン商. 同地域の原産地統制呼称ワインと商標ワインを販売. アングロサクソン系の国々で知名度が高い.

**Majik Markets** マジックマーケッツ
米国 Munford, Inc. (1968 年創業) 系列のコンビニエンスストアチェーン店. Florida 州・Georgia 州を中心に展開. たばこ・健康器具・玩具なども扱い, また半数以上の店ではガソリンも売る.

**Maker's Mark** メーカーズマーク
米国 Maker's Mark Distillery, Inc. (もと The Star Hill Distilling Co.) の略・通称, 同社製のストレートバーボン. 豊潤な味で, 比較的飲みやすいバーボン. 90 proof. 同社は 1953 年創業, バーボンの蒸留所としては全米で最小. Fortune Brands 傘下.

**Makita** マキタ
電動工具や木工機械などを製造販売する日本の株式会社マキタ (Makita Corp.), その工具. 1915 年創業. 関連会社は日本国内 3 社, 海外は米国などに 33 社. 1970 年米国へ進出した (Makita Corp. of America). 世界 30 か国に 40 以上の海外子会社.

**Malibu** マリブ
フランス Pernod Ricard S. A. が所有する Barbados 産ラム酒をベースに, 天然のココナツフレーバーを混ぜた酒.

**Mallomars** マロマーズ
米国 Nabisco* 製の, マシュマロをチョコレートで包んだクッキー (chocolate-coated marshmallows). 同類の菓子が国によって異なる呼び名で製造されている. 英国では Tunnock's teacake が同類.

**Maltesers** モールティーザーズ, マルチーザーズ

米国 Mars, Inc. 製の, チョコレートボール. Maltese (マルタ島の)との関連よりも malt (モルト)また, melt (溶ける)にかけた命名と思われる. 最初の2文字と最後の2文字をつなげると Mars になる.

### Mandarina Duck　マンダリナダック
イタリアの布製バッグメーカー, そのブランド. カラフルで軽い.

### Mandarine Napoléon　マンダリンナポレオン
コニャックをベースにしたベルギー産のオレンジ(スペイン産の tangerine)リキュール. 80 proof. フランス Cognac 地方では, 同一の物が Mandarine Impérial の名で売られている.

### M & M's　MアンドM
米国 Mars, Inc. 製の小粒砂糖がけチョコレート (chocolate candies). プレーン (plain) とピーナッツ入りとがあり, 前者は1941年, 後者は1955年より製造. 前者は Mars 社の前身の会社 Mars Candy Co. (Franck C. Mars が創業)の英国支社 Mars Confections Ltd が開発した Ministrels (別の説によると英国 Rowntree Mackintosh 製の Smarties) という糖衣チョコレートにヒントを得たもので, 米軍兵士が K 号携帯糧食の箱に入れて持ち運べる菓子として開発. 我が国の「明治マーブルチョコレート」は M & M's を真似たものと思われる. キャッチフレーズは 'The milk chocolate melts in your mouth—not in your hand'. 色は緑・黄・橙・茶・こげ茶, 赤は1970年代中ごろに着色料「赤 No. 2」が政府によって禁止されるまではあったが, 安全で適切な着色料が出現するまでは作らない方針を採ってきた. 1986年に "Even More Colorful!" として赤を加えた. M & M とは, 1940年に New Jersey 州で同社を設立した Forrest E. Mars, Sr. と, 共同経営者で Hershey の社長の息子の Bruce Murries の姓の頭文字. 前身の会社の英国支社は1932年に Forrest Mars 自身が移住して設立, 同年商標登録. ⇒ Reese's.

### Manhattan　マンハッタン
米国 The Manhattan Shirt Co. (Manhattan Industries, Inc. の一部門)の略・通称, 同社製のワイシャツなど.

### Mannlicher (-Schoenauer)　マンリシャー(シェナウアー)
オーストリアのスポーツ銃器メーカー Steyr Mannlicher 製の銃.

### Manpower　マンパワー
世界最大の人材派遣会社である米国 Manpower, Inc. の略・通称, その商標. 1971年商標登録. 同社はもともと筆記具の大手メーカー The Parker Pen Co. の一部門であったが, 1986年に筆記具事業を英国の資本に売却し, 社名も改めた. ⇒ Parker.

### Mansion　マンション
英国 Reckitt Benckiser* 製の床と家具磨き. 1908年に, もとのメーカー Chiswick Soap Co が商標登録. 同社のもともとの製造工場地の近くに Chiswick House という邸宅 (mansion)があったところからヒントを得た名称といわれる. 現在はコロンビア, インド, パキスタン, スリランカでのみ販売.

### Manta　マンタ
ドイツ Opel* 製のスポーツカー. 米国では同社の親会社である米国 Michigan 州の General Motors Corp. の Buick Motor Div. が販売. 現在は生産されていない. manta はイトマキエイの意.

### Manuela Pollini　マニュエラポリーニ
イタリア製の紳士靴, そのメーカー. カジュアルシューズが主力. 経営者名に由来.

### Manuel Canovas　マニュエルカノヴァス
フランスのインテリアデザイナー Manuel Canovas が1963年に創業したインテリア用品店. 壁紙・カーテ

ン・マットなどを扱う．

**Manwich** マンウイッチ
米国 ConAgra Foods, Inc. 製のスロッピージョー (sloppy joe) 缶詰めソース．Hunt's からも出ている．

**Mappin & Webb** マッピンアンドウェブ, マッピンウェブ
英国銀食器製造会社 (Mappin & Webb Ltd), そのブランド．フランスの Christofle* と並び高級銀器の双璧をなす．同社は銀細工師の Jonathan Mappin が 1774 年に Sheffield で創業．1849 年に London に進出．1858 年に, 経営の協力者として商業資本家 George Webb が加わった．Victoria 女王時代以来英王室御用達．宝石・時計・ガラス製品もある．

**MapQuest** マップクエスト
米国のインターネット・メディアサービス会社 AOL, Inc. が提供する無料のウェブマッピング (web mapping) サービス．

**Mara** マーラ
⇨ Countess Mara．

**MaraNatha** マレーナーサ
米国製のアーモンドバター・ピーナッツバターなど．1982 年から．現在は The Hain Celestial Group, Inc. のブランド．

**Marantz** マランツ
米国のオーディオ・ヴィジュアル機器メーカー Marantz Co., Inc. (Maranz Japan 傘下) の略・通称, そのブランド．パワーアンプの P510M が高く評価されている．同社は 1954 年創業．1985 年よりビデオ市場にも参入．AV 機器は日本の Marantz から OEM 供給を受けている製品が多い．

**Marathon** マラソン
米国 Mars, Inc. 製のチョコレートバー．中身はピーナッツとヌガーとキャラメル．強さ・スタミナ・持久力 [保存性] を暗示し, また社名および同社ヒット商品の Mars* を連想させる．英国やアイルランドでは Marathon だが, 米国では Snickers 名で販売．

**Marcal** マーカル
米国製のトイレットペーパー・ペーパータオル・ナプキン・ティッシュペーパータオル．1950 年からリサイクルペーパーを使用している．"A Small, Easy Step to a Greener Earth" がうたい文句．

**Marchal** マーシャル
米国 Columbia Motor Corp. 製の自動車用灯火．トレードマークは黒猫とチェッカーフラッグ．現在はない．

**Marelli** マレリ
イタリアのミラノに本社がある紳士靴メーカー, そのブランド．1906 年に Giorgio Marelli が創業．手作りの少量生産のものと, 手縫いと機械縫いを併用したものとがある．婦人靴もある．

**Marezine** マージン, メアジン
米国製の乗物酔い止め・制吐剤．1992 年から The Himmel Group のブランド．英国では Marzine* の名で売られる．ラテン語の mare (海) と, 薬の主成分 piperazine の合成語．

**Margaret Howell** マーガレットハウエル
英国のデザイナー Margaret Howell (1946- ) のデザインした紳士・婦人服．彼女は 1972 年に紳士用シャツ・ブルゾンなどを市場化してデビュー, 1980 年に自身の店を開店．

**Margherita** マルゲーリータ
米国 Armour-Eckrich Meats LLC 製のイタリア味のペパロニ・サラミ．

**Mariacron** マリアクロン
ドイツ Mariacron 修道院製のブランデー．1894 年より製造．ドイツ国内で, ビール以外では最も売れている酒．76 proof でマイルドな味．

**Marie Brizard** マリーブリザール
フランス Marie Brizard Roget の略・通称, 同社製の各種リキュール．オレンジを丸ごと原料とした Orangero, 黒スグリの Cassis, イチゴの Fraise, 洋ナシの Pear William, ココナツの Coconut などがある．創業者の女性

にちなむ名.

**Marie Claire** マリクレール
フランス Groupe Marie Claire が刊行している女性月刊誌. ファッションが中心. 1937年週刊誌として創刊されたが第二次世界大戦中に休刊し, 1954年月刊誌として復刊. 英国版・米国版もある. 姉妹誌として住居の専門誌 *La Maison de Marie Claire* があり, 写真とそのレイアウトの美しさで知られる.

**Marie's** マリーズ
米国 Ventura Foods, LLC 製のサラダドレッシング.

**Marimekko** マリメッコ
フィンランド Marimekko Corp. 製の織物・壁紙店, そのブランド. Armi Ratia が創設. 「メアリーのかわいいドレス」の意.

**Mariner** マリナー
米国 Brunswick Corp. 製の船外モーター (outboard motor).

**Mario Borelli** マリオボレリ
イタリアのバッグ・革小物・革製家具・インテリア小物・靴などのメーカー, そのブランド. 素材は生後6ヵ月までのベビーカーフで, 染色はイタリア古来の草木染め.

**Mariout Wine** マリオウトワイン
エジプトのジャナクルスブドウ園 (Vignoble Gianaclus) で生産される赤ワイン. 別名 Omar Khayyam.

**Mario Valentino** マリオバレンチノ, マリオヴァレンティーノ
イタリアのデザイナー Mario Valentino (1927- ) のデザインブランド, そのメーカー, その店. 前身の靴工房は, 靴職人であった同氏の父が1908年に創業, 1951年に同氏が受け継いだ. トレードマークはMとVをデザイン化したもの.

**Marius Bernard** マリウスベルナール
フランス Marius Bernard 製のプロヴァンス料理の缶詰め. トマトをベースにしたスープなど. 同社は1959年に Marius Bernard が創業.

**Marius Morel** マリウスモレル, モレル
1880年創業のフランスのサングラス・眼鏡枠メーカー, その製品. Mの字と猫をデザインしたシンボルマーク, ロゴはすべて小文字.

**Mark Cross** マーククロス
米国 A. T. Cross Co. の略・通称, そのブランド. 筆記具・革小物・デスク用品・ブリーフケース・バッグ・旅行かばんなどがある. 米国のエグゼキュティヴのステータスシンボル的存在. London で馬具商をしていた Henry Cross が, 1845年に Boston で馬具店として創業. Mark Cross は彼の息子の名. ★ F. Scott Fitzgerald の作品 *Tender is the Night*(「夜はやさし」) の主人公は, 同社の4代目社長 Gerald Murphy がモデル.

**Mark IV** マークフォー
米国 House of Windsor 製の葉巻.

**Mark Levinson** マークレヴィンソン
米国 Mark Levinson Audio Systems Ltd. の略・通称, 同社製のオーディオ機器. Madrigal Audio Laboratories, Inc. が研究開発し生産. オーディオ研究家 Mark Levinson が1972年創業. 現在は Harman International Industries, Inc. のブランド.

**Märklin** メルクリン
ドイツの鉄道模型メーカー (Gebr. Märklin & Cie. GmbH), そのブランド. 同社は1859年に, 玩具の製造行商販売会社として創業, 1891年に玩具見本市に出品したゼンマイ仕かけの列車玩具が好評だったのに端を発して, 今日に至る.

**Marks** マークス
⇨ Marks and Sparks.

**Marks and Sparks** マークスアンドスパークス
英国の Marks and Spencer plc あるいは同社所有の店に対する口語名. 単に Marks ともいう. しばしば同社の

# Marks and Spencer

オリジナル商品である衣料品の限定詞として使われる. ⇨ Marks and Spencer.

## Marks and Spencer　マークスアンドスペンサー
英国中に支店のある大衆向きの食料品や衣料品を売るデパートチェーン店. Marks and Spencer plc 系列. 1884年に Leeds の屋外市場で, リトアニアからの移民 Michael Marks (1907年没) が開店した Marks' Penny Bazaar に, 1894年に Thomas Spencer (1905年没) が共同経営に加わって, Marks and Spencer となったのが起源. Marks & Sparks, M & S, St Michael など様々な愛称で呼ばれる. ⇨ St Michael.

## Marlboro　マールボロ, マルボロ
米国最大のたばこメーカー Philip Morris International 製のフィルター付き紙巻きたばこ. 同社は1847年に, London の Bond St. で, Philip Morris がたばこ店として創業. 1885年までに同氏は刻みたばこや Marlborough という名のフィルターのない紙巻きたばこを売っていた. 1924年に, このたばこは Marlbro と短くした名で, 女性向けのたばことして発売された. 当時は口紅の跡を隠すように吸い口の部分が赤く着色されており, Marlboro Beauty Tips と称していた. 1954年に男性をターゲットにして再発売するに当たり, flip-top 式のパッケージを採用, その後実在の素人のカウボーイを使った Marlboro Country という一連の広告が効を奏して急成長した (当初はカウボーイに限定されてはおらず, 遠洋漁業の漁師・運転手・パイロットなどと幅広く, 無骨な男性を使った). 1970年代末に, 米国で最も売れるたばことなった. ⇨ Philip Morris.

## Marley　マーリー
もとは英国 The Marley Tile Co の略・通称, 同社製の熱可塑性樹脂を素材としたタイル. Marley の名は, London から Canterbury に至る中世の 'Pilgrims' Way' (巡礼の道) の一部で Kent 州を通っている Marley Lane からとったもの. 現在は次の2社がこの商品名を使っている: (1) Marley Eternit Ltd (Exter Group S. A.): 屋根と外壁工事製品, (2) Marley Plumbing & Drainage (Aliaxis S. A.): 水道・排水工事製品.

## Marlin　マーリン
米国の銃器メーカー Marlin Firearms Co. の略・通称, その商標, そのショットガン・ライフル・リボルバーなど.

## Mar Lodge　マーロッジ
スコットランド Findlater Mackie Todd & Co Ltd 製の高級ヴァッテッドモルトウイスキー. 8年熟成. 86 proof.

## Marly's　マルリス
イタリアミラノ郊外にある婦人服メーカー (Marly's Confezioni SpA), そのブランド. 同社は1968年創業.

## Marmion　マーミオン
米国 Procter & Gamble* 製の工業用の顆粒状洗剤 (granules). Walter Scott の詩 'Marmion, A Tale of Flodden Field' からとった名. 1975年に製造中止.

## Marmite　マーマイト
英国製の, 新鮮な醸造用酵母から作られる調味料エキス (yeast extract). marmite は, 土鍋を意味するフランス語で, この製品のラベルには鍋の絵が描かれている. 現在は Unilever* 所有の商標. オーストラリアの Vegemite, Swiss Cenovis に似ている商品. デンマークではヴィタミンの含有が多いとの理由で2011年販売禁止とした.

## Maroilles　マロワユ
フランス Champagne 地方の Maroilles 村の Maroilles 僧院で造られているチーズ. 960年に初めて作られて以来の伝統. 強い臭いがあるため, vieux puant (old stinker) との異称がある. 外形は四角く, 厚みのある赤い皮 (rind) で覆われている.

## Marquis de Caussade　マルキド

コサード
フランス Marquis de Caussade S.A. 製のアルマニャック(ブランデー). 紫紺のモルフォ蝶がデザインされたユニークなボトル入り.「コサード侯爵」の意味で, アルマニャック地方に1242年から約700年続いた旧家の名から.

**Marquis de Montesquieu**　マルキドモンテスキュー
フランス Marquis de Montesquieu (Pernod Ricard S.A. 傘下)製のアルマニャック(ブランデー). ブドウの品種と, 保存の樽の材質が, 他メーカーのものと違うので, 一般のブランデーとは味が異なる.

**Marquis de Vibrac**　マルキドヴィブラック
フランス Henri Mounier 製のアルマニャック(ブランデー).

**Mars**　マース
米国 Mars, Inc. 製のチョコレートバー. ミルクチョコレートがけで, 中身はアーモンド・ヌガー・キャラメルなど. しばしば Mars bar [Bar] と呼ばれる. 創業者の Forrest E. Mars, Sr. の姓から. ⇨ M & M's.

**Marsala**　マルサラ
イタリアのシチリア島西部 Marsala 市で生産される原産地呼称ワイン. 酒精強化されているので, アルコール分は 15-18%.

**Marshall Fields**　マーシャルフィールズ
米国 Chicago にある大衆向きデパート(Marshall Fields & Co.)だったが 2005年 Macy's, Inc. が買収.

**Marshalls**　マーシャルズ
米国 The TJX Cos., Inc. が経営するデパートメントストアチェーン. 米国第2位のオフプライス衣料品店. 大型店は Marshalls Mega Store の名前で展開している. 姉妹会社は TJ Maxx.

**Marshmallow Fluff**　マシュマロフラフ
米国 Durkee-Mower, Inc. 製の, パンなどに塗って食べるタイプのマシュマロ. 1920年より発売. デザートのトッピングともされる. ★同製品を塗付した食パンと, Skippy* や Jif* などのピーナッツバターを塗った食パンを合わせてサンドイッチにするのは米国の子供の好物の一つ.

**Martell**　マーテル
フランス Martell & Co. 製のコニャック. 同社は, 英仏海峡の Jersey 島からフランスの Gironde 県に移住した Jean Martell が, 1715年に創業. 生産量・輸出量ではコニャックの第1位.

**Martex**　マーテックス
米国の家庭用繊維製品の大手メーカーである WestPoint Stevens, Inc. (1813年創業)製の, バス・トイレ用タオル類・ローブ・寝室用品(ベッド・シーツなど). ⇨ WestPoint Home.

**Martha Stewart Living**　マーサスチュアートリビング
米国 Time, Inc. 刊行の月刊誌・TV番組. Martha Stewart (1941- )が主宰. Martha Stewart Living Omnimedia, Inc. の旗艦ブランド.

**Martin**　マーチン, マーティン
米国 C. F. Martin Co., Inc. の略・通称, 同社製の, アコースティックギター・マンドリン・ウクレレおよびそれらの弦などの関連製品. 特にギターが有名で, D-45 が最高級品で名器とされている. 同社はドイツからの移民 C. F. Martin が 1833年に楽器店として創業.

**Martinelli's Gold Medal**　マーチネリ(ズ)[マーティネリ(ズ)]ゴールドメダル
米国の S. Martinelli & Co. (1868年創業)製の, リンゴ原料のジュース・発泡酒(cidar).

**Martini**　マルティーニ, マルチニ
イタリア Martini & Rossi I.V.L.A.S. の略・通称, 同社製のヴェルモット(vermouth). イタリア北部の農村に伝わっていたブレンド法を, 1830年代

## Martin Marietta

に Martini 家が企業化, 1879 年に Louigi Rossi が参画して社名が現在名となった.

**Martin Marietta** マーチンマリエッタ, マーティンマリエッタ(社) (~ Corp.)
米国の航空宇宙機器・アルミニウム・セメント・コンクリート用砕石・木材・印刷材料・化学工業製品のメーカー. 1961 年創業. 1995 年 Lockheed Corp. と合併し Lockheed Martin となった.

**Martinson** マーチンソン, マーティンソン
英国 Martin Sons & Co (1859 年創業) 製の紳士服用ウーステッド服地.

**Marvel** マーヴェル
英国 Premier Foods plc 製のダイエット用脱脂粉乳. カロリーは牛乳の2分の1.

**Marvel Mystery** マーヴェルミステリー
米国のもとは Marvel Oil Co., Inc. 製, 現在は Turtle Wax, Inc. のオイル. 1920 年代に Burt Pierce が, オイル・ガソリン添加剤として開発. 製法を尋ねられて "It's a mystery." と答えたところから付けた名. バルブの故障・エンジントラブルなどによいと自動車修理工が好む.

**Mary Jane** メアリージェーン
米国製の, くるぶしをバックルの一つ付いたひもで止めるか, または足首もしくは足の甲に革ひもを巻きつける, かかとが低く爪先の幅が広いローヒールのサンダル形の靴. 1921 年より製造されているロングセラー. 主に少女・幼女用. 素材はエナメル革など. Mary Jane は Richard Outcault 作の漫画 *Buster Brown* (1902 年) の Buster Brown の妹.

**Mary Jane** メアリージェーン
米国 NECCO (New England Confectionery Co.) 製のキャンディーバー. 蜂蜜とピーナツバターを混合して固めたもの. 1914 年より発売.

**Mary Kay** メアリーケイ
米国の化粧品メーカー (Mary Kay, Inc.), 同社製のスキンケア・ヘアケア用品・コロン・メーキャップ用品など

**Mary Kitchen** メアリーキッチン
米国 Hormel Foods Corp. 製の缶詰め・冷凍食品. 1949 年発売.

**Mary Quant** マリークワント, メアリークワント
英国の服飾デザイナー Mary Quant (1934– ) のデザインした衣料品. 1955 年に最初の店 Bazaar を開店. 1964 年に彼女が創作したミニスカートは一世を風靡し, 60 年代を代表するデザイナーとなった. 化粧品も手がけている. 現在 Mary Quant Ltd の株式を取得した Mary Quant Cosmetics Japan が全商品の権利を所有.

**Marzine** マージン
英国 GlaxoSmithKline* 製の乗り物酔い止め・制吐剤. 1954 年に商標登録.
⇒ Marezine.

**Maserati** マセラッティ, マセラティ
イタリアの乗用車メーカー (Maserati S.p.A.), その製品. 6 人のイタリア人の兄弟 Carlo, Bindo, Alfieri, Mario, Ettore, Ernesto Maserati の姓に由来. 現在は Fiat S.p.A. が所有する会社. トレードマークは海神 Poseidon の三つ叉槍 (trident).

**Mason & Hamlin** メイソンアンドハムリン
米国 Mason & Hamlin (Burgett, Inc. が 1996 年に買収) 製のピアノ. 1854 年創業の, 米国で最も古い歴史を持つピアノ製造会社の一つ.

**Masonite** メイソナイト
米国 Masonite Corp. の略・通称, 同社製の, 高圧の水蒸気を利用してどろどろに溶かされた木の繊維を固めた硬質繊維板紙 (hardboard). 片面を滑らかな仕上げにしており, 腐食や湿気に強く, 仕切り板・床材・壁材などに用いられる. 1924 年 William H. Mason が発明.

**Mason jar**　メイソンジャー
米国の家庭でびん詰めを作る際に用いられる広口びん．1858年にこのびんを考案して特許を取ったBrooklynのブリキ屋(一説にはガラス吹き工)John L. Masonに由来．それまでのパラフィンやコルクの栓でなくネジブタを採用した．特許は21年後に消え(その時点まではHero Fruit Jar Co.とConsolidated Fruit Jar Co.が独占的に製造)，現在は特定のメーカーの商標名ではなくなった．⇨ Ball.

**Massei**　マッセイ
⇨ Enrica Massei.

**Massengill**　マッセンギル，マッセンジル
英国GlaxoSmithKline*製の女性用膣洗浄用品(douche)．洗浄器・洗浄液・洗浄液用粉末・拭き取り用のミニサイズのタオルなど．主な市場は米国．

**Master**　マスター
米国Master Lock Co., LLC. (Fortune Brands, Inc.傘下)の略・通称，同社製の，多種多様な錠・ロック装置．同社は1921年に発明家で錠前師であったHarry Sorefが創業．1931年より市場化された南京錠Master Padlock No. 5が有名．

**MasterBrand**　マスターブランド
米国MasterBrand Cabinets, Inc. (Fortune Brands, Inc.傘下)の台所・浴室用キャビネット製造会社の略・通称．米国最古のキャビネットメーカーKemper (1926年創業)に始まる．Aristokraft, Diamond, KC, Schrock, Somersby, CCC, Georgetown, Maple Creek, HomeCrest, Decora, Kemper, Omega, Kitchen Craftなどの有名ブランド商品を抱える．

**Master Builder**　マスタービルダー
⇨ Tinkertoy.

**Masterbuilt**　マスタービルト
米国Masterbuilt Manufacturing, Inc. (1973年創業)製の七面鳥の肉用フライ鍋(fryer)・グリル(grill)・燻製器(smoker)など．

**MasterCard**　マスターカード
米国New York市に本部があるMasterCard Worldwideの略・通称，そのクレジットカード(もとはMaster-Chargeと呼ばれていた)．

**Mastercraft**　マスタークラフト
米国Mastercraft Pipes, Inc.製のパイプ．

**MasterCraft**　マスタークラフト
米国MasterCraft Boat Co.製のボート・スキーボート．⇨ Coleman.

**Master Mechanic**　マスターメカニック
米国Jore Corp.製の，手工具・電動工具とその附属品．同ブランドで商店用のウエット・ドライ両用の電気掃除機もある．

**Masterpiece**　マスターピース
米国HV Food Products Co.製のバーベキュー用ソース．開発者Dr. Rich Davisが1978年にKansas Cityで発売したところからKC Masterpieceと呼ばれる．マリネ液や調味料(seasoning)もある．

**Master Plumber**　マスタープラマー
米国BrassCraft Manufacturing Co.製の水道関連器具．蛇口・バスルームアクセサリーなど．カナダではMasco Canada Ltd.が扱う．

**Masters of the Universe**　マスターズオブザユニバース[ユニヴァース]
米国Mattel, Inc.製の，男児向けアクション人形，その乗り物・装備品などのブランド．⇨ Barbie, Mattel.

**Mastic**　マスティック
米国Ply Gem Siding GroupのMastic Home Exteriorsブランドのエクステリア製品．外壁(siding)や雨どい関連製品など．

**Matacil**　マタシル
果物や森林用の殺虫剤．一般名はaminocarb．ドイツのBayer*が所有する商標名．

## Matchbox

**Matchbox**　マッチボックス
英国の Lesney Products のダイカスト製ミニチュアカーのブランド．1953年発売．マッチ箱ぐらいの大きさの箱に入っているのが名前の由来．現在は米国 Mattel, Inc. が販売している．

**Match Light**　マッチライト
米国 Kingsford Products Co. 製のバーベキュー用ブリケット (charcoal briquets; 粉炭を固めて造った小さな煉瓦形の煉炭).

**Mateus**　マテウス
ポルトガル北部で同国最大のワインメーカー Sogrape 社が生産しているロゼと白のテーブルワイン．炭酸ガス吹き込みによって少しガスが含まれている．

**Mattel**　マテル
米国の玩具製造会社 Mattel, Inc. の略・通称，その商品の玩具・テレビゲームなどのブランド．同社は1948年創業．Barbie* や Masters of the Universe* がロングセラー．製品は主にアジアの子会社で製造．

**Matt Fothergill**　マットフォザーギル
英国のデザイナーMatt Fothergill (1966-　) によるレザーグッズ．1993年にワークショップを設立．世界中から取り寄せる革を使ってバッグ・革小物を製作．

**Matthew Norman**　マシューノーマン
スイスの時計メーカー (Matthew Norman SA)，同社製の置き時計．18-19世紀の貴族の旅行携帯用時計 (carriage clock) の伝統を継ぐ．

**Mauboussin**　モーブッサン
パリにある世界屈指の宝飾店，そのブランド．1827年創業．1907年より Vendôme 広場の一角に開店．

**Maud Frizon**　モードフリゾン
イタリアの靴デザイナー Maud Frizon (1941-　) のデザインした婦人靴．色・デザインが大胆で，牛革と蛇革，キャンバスとワニ革などの組み合わせで有名．

**Maurice Kotler**　モーリスコトレア
フランスのデザイナー Maurice Kotler のデザインした毛皮コート，およびそれを売るパリにある直営店．1929年創業．特にカナダと米国産のミンクを素材としたコートが有名．

**Maurice Renoma**　モーリスレノマ
⇨ Renoma.

**Mauser**　モーゼル，マウザー
ドイツの銃器メーカー，同社製のピストル・ライフル・機関銃など．ドイツの発明家 Peter Paul Mauser (1838-1914) とその兄 Wilhelm (1834-82) が開発．

**Maverick**　マヴェリック，マベリック
米国のウエスタンウェア(カウボーイなどの服)のメーカー (Maverick Fine Western Wear)，そのブランド．

**Max Factor**　マックスファクター
米国の化粧品メーカー (Max Factor & Co.)，同社製の，女性用および男性用の化粧品．1904年にポーランドから移住した Max Factor が，Missouri 州の St. Louis で行なわれた万国博覧会で，香水と舞台のメーキャップ用品の店を開き，5年後に同地で同社を設立した．演劇用化粧品製造では伝統がある．現在は同社を1991年に買収した Procter & Gamble* がブランド名を所有．⇨ Revlon.

**Maxim**　マキシム
日米合弁会社 AGF (Ajinomoto General Foods, Inc.) 製の，フリーズドライ製法によるインスタントコーヒー．1975年発売．

**Maxim**　マキシム(式速射機関銃)
米国出身の発明家 Sir Hiram S. Maxim (1840-1916) が，1883年に英国に帰化したのちに開発した機関銃．商標ではなく通称．

**Maximillian**　マキシミリアン

米国の Bloomingdales Maximillian Fur Salon の毛皮製品のブランド. サロンは New York の Bloomingdale's 百貨店にある. 1922年にポーランドで, Maximillian 姉弟が創業. 毛皮で Coty 賞を2回受賞した唯一のメーカー.

## Maxithins　マキシシンズ
米国の生理用品の大手メーカー Tambrands, Inc. (1936年創業) 製の, 薄手のやや長いサイズの生理用ナプキン. 中央に液体吸着剤が入っている. ⇨ Tampax.

## Maxwell House　マックスウェルハウス
米国 Kraft* 製のコーヒー・インスタントコーヒー. しばしば Maxwell と略される. 創業者 Joel Owsley Cheek は, もともと旅回りの食品雑貨セールスマンで, 特にコーヒーに興味を持っており, 理想のブレンドを求めて 1870 年代後半から研究開発を始めた. Maxwell House という名は, 彼が売り込んで自分がブレンドしたコーヒーを最初にお客に出した Nashville の高級ホテルの名. インスタントコーヒーは第二次大戦時に前線の兵士のための飲み物として研究され, 1949年に市場化された. 英国では Maxwell House の製品は 1944 年に Alfred Bird (⇨ Birds Eye) が製造し, インスタントコーヒーは 1954 年に発売 (これは粉末コーヒーで, 顆粒状のものは 1970 年).

## Mayacamas Vineyards　マヤカマスブドウ園
米国 California 州 Napa 渓谷にあるブドウ園. 1889年創業, 1941年に再編成して会社化. Chardonnay 種のブドウの白辛口, Cabernet Sauvignon 種の赤など高価格のワインを生産. 面積は 20 ha と大きくなく, 手造りワインとして評価が高い.

## Maybelline　メイベリン
米国 Maybelline New York (L'Oréal USA, Inc. 傘下) 製の化粧品. 特にアイメーキャップ用品が有名. 口紅は 'long wearing lipstick' とうたって, 簡単に色が落ちてしまうことがないので, 美しさも長く保てると宣伝する.

## Mayrose　メイローズ
米国 Armour-Eckrich Meats LLC. 製のデリカテッセン (ミート・ビーフアンドガーリックボローニャ (Beef and Garlic Bologna)・サラミ・ヘッドチーズ・ブラウンシュヴァイクソーセージ 《燻製レバーソーセージ》 (braunschweiger)・オリーブローフなどの各種のローフなど). 1930年代から中西部での伝統的食品. ストローハットに大きな八の字のひげで, 白いエプロン姿の肉屋 Marty Mayrose のキャラクターで知られる.

## Maytag　メイタッグ
米国 The Maytag Co. (Whirlpool* の一部門) の略・通称. 同社製のガスレンジ・電子レンジその他の家庭電気製品. 同社は 1925 年創業. その前身は 1893 年創業の The Maytag Washing Machine Co.

## Mazda　マズダ
Mazda の名は General Electric Co. が 1909 年に最初にその白熱電球に用いた. 正確には Shelby Electric Co. (後に GE に買収された) のタングステンフィラメント電球のために考案された名. Mazda は古代ゾロアスター教の光の神で, フルネームは Ahura Mazda, 文字通りの意味は「知恵の神」.

## Mazola　マゾーラ
米国 ACH Food Cos., Inc. 製の食用コーン油・オリーブ油・クッキングスプレー. 1911年発売.

## MBT　MBT
米国 H. G. Heinz Co. 製の Wylers 冠ブランドのブイヨン (broth).

## McCall's　マッコールズ
米国 McCall Corp. が刊行していた, 主に若い主婦向けの家庭実用誌. 米国の女性誌中で最も歴史があり, 1870年創刊. 2001 年に Rosie と名前を変えたが 2002 年に廃刊.

## McCallum's マッカラム(ズ)
スコットランド高地地方 Duncan and John McCallum Ltd 製のブレンデッドウイスキー．De Luxe と Perfection の2種がある．

## McCormick マコーミック
米国 McCormick & Co., Inc. (1915年創業)の略・通称，同社製のスパイス・塩・調味料・風味料・ドレッシング・マスタード・インスタントミックス食品・スープ[ルー，ソース]の素・人造ベーコン．Willoughby M. McCormick が1889年に始めた小さな作業場から出発した．

## McCoy's マッコイズ
英国 United Biscuits (1948年創業)製のポテトチップス (crisps)．Chedder & Onion フレーバーなど．1985年発売．

## MCD MCD
米国 Nat Sherman Co. (1930年創業)製のフィルター付き紙巻きたばこ．queen size と称する細くて長いたばこで，紙はこげ茶色．

## McDonald's マクドナルド
米国 McDonald's Corp. 系列のハンバーガーチェーン店，そのブランド．Maurice と Richard (愛称 Mac と Dick)の McDonald 兄弟が，California 州 Los Angeles 北東の San Bernardino に，1948年に開いたドライブインレストランがその起こり．当時の目玉商品はハンバーガーではなく，フライドポテト．その店は 'Multimixer' という機械を用いてミルクセーキ(のちの「マックシェイク」)を大量に売っていたが，1954年にその機械のセールスマン Ray A. Kroc (1984年没)がそこを訪れ，その簡素化・能率化されたファーストフード販売方式に感銘して，全国的にチェーン店化することを思い立った．Kroc は，兄弟と交渉し，総売上げの0.5%を支払う条件でフランチャイズ権を得，1955年に Illinois 州の Des Plaines に第1号店を開店，1961年には270万ドルで兄弟から一切の権利を買い取った(当時の店舗数は520)．世界最大のファーストフードレストランチェーン．テレビ CM に登場するピエロの名前は Ronald McDonald. シンボルマークである M を形取った2つのアーチは McDonald 兄弟が考え出したもの．⇒ Big Mac, Hamburger University.

## McDonnell マクドネル, マクダネル(社)
米国の航空機メーカー McDonnell Aircraft Co. の略・通称．同社は1939年創業，1943年以降米軍のジェット戦闘機の開発を手がけ，中でも F-4 Phantom II は戦後の西側戦闘機のベストセラー．また1940年代中ごろからロケット・誘導ミサイルの分野にも進出し，初期の宇宙カプセル Mercury や Gemini も製造した．1997年 Boeing に吸収され The Boeing Co. となった．

## McDougalls マクドーガルズ, マックドゥーガル(ズ)
英国 Premier Foods plc 製の小麦粉製品．1848年から．創業者兄弟の姓から．

## McEwan's マッキーワン(ズ)
スコットランド Scottish & Newcastle UK Ltd 製のラガービール．

## McGeorge マクジョージ
スコットランド J & D McGeorge Ltd の略・通称，同社製の高級セーター類・手袋・マフラーなど．素材はカシミヤ・ラムウール・シェトランド・コットン・キャメル・アルパカなど．特にシェトランドでは定評がある．同社は1881年に Robert McGeorge が，ウールの手袋のメーカーとして創業，20世紀に入って靴下・シルクのネクタイ・綿製品などを手がけて，一躍有名になった．セーター類は1948年から．社名の J & D は J.+D. あるいは J.D. とも書かれる．

## McGrath マクグラス
アイルランド Mackle Petfoods 製の缶詰めペットフード．Irish Stew, Med-

iterranean Chicken, Beef Casserole, Lamb Terrne など. McGrath はアイルランドの貴族 Lurgan 卿の飼い犬であった有名なグレイハウンド犬.

**McGregor** マグレガー
オランダ McGregor Fashion Group B. V. に 1993 年に買収された McGregor New York (1921 年男性用スポーツウェア製品のコーディネート会社として創業)のアパレル.

**McGuffey's Readers** マクガフィーズリーダーズ
米国の教科書. 正しくは *Eclectic Readers* といい, McGuffey は執筆者 William Homes McGuffey (1800–73) の姓. 内容はアルファベットの勉強から勤勉と蓄財による成功をうたった修身の教科書的なものまでが含まれており, 全 6 冊. 1836 年の創刊から 1920 年までに 1 億 2,000 万部が売れ, 米国の小学校で最も多く使われて多大な影響を与えた.

**McIntosh** マッキントッシュ
米国 McIntosh Laboratory, Inc. (1949 年創業) の略・通称, 同社製のステレオアンプやスピーカー. 1950 年代後半の MC-60 は 60 ワットの真空管式のモノラルアンプ(ステレオ再生のためには 2 台必要)で, 教会のオルガン・舞台の拡声・家庭用として高い評価を得た. 現在も新製品を出している.

**McLeod** マクラウド, マックロード
米国製の, 熊手 (rake) と鍬 (hoe) が一体となった園芸道具. 山火事の際にも使われる (fire service tools の 1 つ). McLeod tool ともいう.

**M.C.M.** M.C.M.
ドイツ Moderne Creation München の略・通称, 同社製のバッグ・旅行かばん・ゴルフバッグなどのブランド. 同社は 1976 年創業. M. C. M. の文字とエンブレムを地紋様とした塩化ビニール素材のものが主.

**McNeill's** マクニール(ズ)
英国 McNeill's Fine Foods & Rose Industries Ltd の略・通称, 同社製のジャム・マーマレードなど.

**McNaughton** マックノートン
米国 New York 市の婦人服メーカー McNaughton Apparel Group, Inc. の略・通称. Norton McNaughton, Jeri-Jo, Miss Erika などのブランドがある.

**McVitie's** マクヴィティー(ズ), マクビティー
スコットランドの United Biscuits (UK) Ltd (United Biscuits (Holdings) plc 傘下)の一部をなす McVitie & Price Ltd の略・通称, 同社製のビスケット・クラッカー類. Ginger Nuts, Digestives, Hobnobs, Boasters, Taxi などがある. 英王室御用達. ★ 同社は英王室のウエディングケーキの作り手.

**Mead** ミード
米国 MeadWestvaco Corp. 製のノート類・バインダー・情報カード・カードボックス・紙類・デスクマットなど. ノートでは '4 subjects six pockets notebook' と名付けられているものがポピュラー. 9.5in.×6in. (24.1 cm×15.2 cm) の大きさで, 30 枚づつ 4 セクションに分かれており, セクション間の 3 ヵ所の仕切りの厚紙には表裏にポケットが付いている. 表紙の厚紙の色はオレンジ・ブルー・グリーンなど.

**Meadow Gold** メドウゴールド
米国 Meadow Gold Dairies (Southern Foods Group が 1977 年買収) の乳製品部門製のバター・ミルク・アイスクリームなど.

**Meat Lover's** ミートラバーズ
米国 Pizza Hut* のピザ. Pepperoni Lover's, Cheese Lover's, Veggie Lover's などもある.

**Meaty Bone** ミーティボーン
米国 Del Monte* 製のドッグ用ビスケット・スナック.

**Meccano** メッカーノ, メカーノ
英国 Meccano Ltd 製の, ミニチュアの金属製土木建築物や建築機械その他の土木・工業製品の組み立て玩具キッ

ト(部品および工具のセット). 金属片をボルト・ナットなどを使って色々な形に組み立て,またシャフト・プーリーなどを組み込んで可動模型ともする. Frank Hornby により 1901 年に開発され,今も生産されているロングセラー. SPYKEE ミニロボットなどがある. 現在はほとんどはフランスで製造されている. 米国では Erector (Set) ブランド名.

## Medeco メデコ
米国 Medeco Security Locks, Inc. 製の Medeco High Security Locks. 同社は 1959 年に Mechanical Development Co. として Roy C. Spain が創業. その後頭文字を 2 つずつ並べて Medeco とした. 1970 年代初めには安全性を示すため,錠を破った者には 10,000 ドルの賞金を出すとしたが,完全に破った者はおらず,それ以後飛躍的に売れるようになった. D-Deadbolt, MortiseCylinder, Padlock, Embassy Lockset などの種類がある. 鍵を扱う専門店でないと購入できない. ドアの他に,公衆電話,自動販売機,ATM 機用などもある.

## Mederma メダーマ
傷跡や stretch marks と呼ばれる肥満・妊娠の場合に腹部などできる伸展線(妊娠線)を目立たなくするために使う,米国 Merz Pharmaceuticals, LLC. 製市販薬のジェル. "Leave your scar behind." とうたう.

## Media Flex メディアフレックス
米国 Media Flex Inc. の略・通称. 図書館用の書庫・家具類・文具類全般を扱う.

## MedicAlert メディックアラート
米国 MedicAlert Foundation (1956 年 Dr. Marion Collins が設立) が考案した医療認識ブレスレット・ペンダントで,認識票の裏面にはその人の個人識別番号・病状・投薬状況が彫り込まれている.

## Medici メディチ
英国 The Medici Society Ltd (1908 年創業) の略・通称,同社製の絵画グリーティングカード・絵葉書・絵画複製品.

## Medico メディコ
米国 Kaywoodie Yello-Bole Medico 製のパイプ・喫煙アクセサリー類.

## Medima メディマ
ドイツ製のアンゴラ毛素材の保温用下着・サポーター類・シルクコットン素材のランジェリー,そのメーカー. 1950 年より製造.

## Mega Bloks メガブロックス
米国 Mega Brands Inc. 製のブロック組み立ておもちゃ. 類似の Lego との間で商標権争いの裁判が行われたが,カナダの最高裁判所 (2005 年) や EU の Court of First Instance (2008 年) が Mega Bloks の継続製造販売を認めた.

## Megger メガー
英国 Megger Group Ltd の略・通称,同社製のメグオーム計 (megohmmeter; 絶縁抵抗計測装置の一種).

## Meggezones メゲゾーンズ
英国 Merck Sharp & Dohme Ltd 製ののどの痛み用のメントール (menthol) 錠剤 (pastille). 最初のメーカーは 1796 年創業の Meggeson & Co Ltd で,同社は 19 世紀より,せき・風邪用のドロップやシロップなどを製造.

## Meissen マイセン
ドイツ Meissen 市にある磁器メーカー,そのブランド,ベルリンにあるその店 (1969 年創業). 同社はヨーロッパで初めて磁器製造を行なった窯で,1710 年創業. 1739 年にデザインされた通称「青いタマネギ模様」(blue onion; 実際は桃の木と実(ざくろともいわれる)を主体に,芍薬と竹をあしらったもの)が,現代に引き継がれており,高い評価を得ている. 日本や中国の焼物の収集家であった Saxen (Saxony) の選帝侯 Augustus 1 世の庇護の元に誕生したため,東洋調のデザインのものも多い. 陶磁人形も 1731 年より製造.

## Melbourne Bitter メルボルンビター

オーストラリア CUB (Carlton & United Breweries) (Foster's Group の子会社) 製のビール. アルコール分 4.6%. レーベルの中央に青の下地に M 字.

**Melior** メリオール
1933 年創業のフランスの紅茶サーバーメーカー, その商品.

**Melitta** メリタ
ドイツ Melitta Unternehmensgruppe Bentz KG の略・通称, 同社製の, コーヒーフィルター紙・フィルターカップ・コーヒーメーカー・ガラス製ポット・コーヒー豆およびそれらの関連商品など. 米国では Melitta USA が扱う. フィルター紙は, 夫によりおいしいコーヒーをと願っていたドイツの一主婦 Melitta Bentz が, 1908 年に勉強中の息子が使っていた吸取り紙に着目して考案, 特許を取得. 1929 年に会社組織化, 1937 年にそれまでの円形から現在のカップ状へと改良され, 以後世界中に広まった. フィルター紙の材料には北欧産針葉樹から作るバージンパルプを使用, 弾力があって濡れても破れにくくムラや匂いがないのが特徴. 緑と赤のパッケージは非常にポピュラー. フィルターカップは, 無数に穴のあいた茶こしのようなものから, 5つ穴・3つ穴型などを経て, 1956 年に現在のものの基本形となる 1 つ穴型に至った. ガラス製ポットは, ショックに強く直火にかけられ, 紅茶などにも使用可能.

**Mellerio** メレリオ
フランスの宝飾品店, そのブランド. 厳密には Mellerio dits Meller. 1613 年創業. フランス, ヨーロッパ, ロシア, ラテンアメリカ, アジアの王室・皇室なども顧客であった. フレンチオープンテニス優勝杯やサッカーのゴールデンボールも制作した.

**Mellotron** メロトロン
1960 年代に開発されたアナログ再生式のサンプル音声再生楽器. 米国で作成された Chamberlin をもとにイギリスで Bradley 兄弟が制作. 英国のロックバンド King Crimson はメロトロンを効果的に演奏したことで知られる. 2009 年に iPhone/iPod touch 用のメロトロンシミュレーションの Manetron が登場した. Flute, 3 Violins, Cello の 3 音色.

**Mellow Virginia** メローヴァージニア
英国 Benson & Hedges (Japan Tobacco の子会社) 製のパイプたばこ.

**Mello Yello** メローイエロー
米国 The Coca-Cola Co. 製の清涼飲料. 1978 年発売. 甘さが適度で飲み口がさわやか.

**Melody Maker** メロディメーカー (The ~)
英国 IPC Magazines Ltd 刊行の, ジャズとポップミュージック専門の週刊誌. 1926 年創刊. 2000 年に *New Musical Express* 誌に統合吸収された.

**Meloids** メロイズ
英国 The Boots Co 製のトローチ剤 (pastille). 小さくて黒い錠剤なのでギリシャ語の melas (「黒」の意) から名付けられた. カナダでは Schering-Plough Healthcare 製.

**Melrose's** メルローズ
英国 Typhoo Tea Ltd (1986 年に Melrose's を買収) 製の紅茶. 1812 年 Andrew Melrose (1855 年没) が紅茶を売り物とする食料品店 Andrew Melrose & Co を, Edinburgh の中心街に開店させた. 1837 年に Victoria 女王の勅許を受けて以来, 英国王室御用達.

**Meltonian** メルトニアン
英国 Kiwi (Sara Lee Corp. 傘下) 製の, 靴の手入れ用品. 1921 年に Leicestershire の Melton Mowbray 地区にあったメーカー Meltonian 社が商標登録.

**Mendocino** メンドシノ
米国のビール会社 Mendocino Brewing Co. の略・通称. 1983 年創業. Red Tail, Eye of the Hawk, Blue

### Mennen メンネン
米国 Colgate-Palmolive Co. 製のブランドで, デオドラント・発汗抑制の Speed Stick が有名. 買収される前の会社は The Mennen Co. (1878年創業).

前項目には Heron, White Hawk, Black Hawk などのブランドがある.

### Men Only メンオンリー
英国 Paul Raymond 社刊行の男性誌 (soft-core pornographic magazine). 1935年創刊.

### Men's Wear メンズウェア
米国のメンズウェア業界の最新情報と動向を伝える業界誌. New York 市の Fairchild Publications 刊で, 年24回発行. 1910年代に創刊, その後廃刊になっていたが2010年 *Menswear* のタイトルで Fairchild Fashion Group から復刊. 年2回発行.

### Mentholatum メンソレータム
米国 The Mentholatum Co., Inc. の略・通称, 同社製の軟膏. 日本では1920年より発売. 1988年 Rohto Pharmaceutical Co., Ltd. (ロート製薬株式会社) が買収.

### Mentor メンター
Signet (Books)* で知られる米国 New York 市の NAL Books 刊行のノンフィクション中心のペーパーバックシリーズ.

### Mentor メンター
デンマーク Coloplast Group (Mentor Corp. を買収) 製のコンドーム型導尿カテーテル. 排尿障害や車椅子での排尿をサポートする.

### Mentos メントス
もとはオランダの Van Melle (現在は Perfetti Van Melle) 製のミント味のソフトキャンディーをハードキャンディーで包んだものに糖衣掛けしたキャンディー. ロゴは小文字で mentos. ペットボトル入りのダイエットコーラの中にこのメントス数粒を一度に投入すると急激に炭酸が気化し, 泡が一気に数メートルの高さまで吹き上がるが, これを Mentos eruption とか Coke geyser と呼ぶ. ⇨ Chupa Chups, Frisk.

### Mephisto メフィスト
フランスの Mephisto, Inc. 製のウォーキングシューズ. ドイツ, オーストリア, スイスが主要な市場だが, 日本, カナダ, 米国でも展開. 1965年創業.

### Mercedes メルセデス
1899年から Daimler* の名で乗用車を製造したドイツの Daimler (Daimler-Motoren-Gesellschaft) 製の乗用車. Daimler 社は, ドイツ人技師・発明家で自動車用エンジン開発者の Gottlieb Daimler (1834-1900) が1890年に創業. 1899年にオーストリアの実業家・外交官の Emil Jellinek が, カーレース出場のため Daimler 車を購入し, 彼の10歳の娘のクリスチャンネームをとって, Herr Mercedes (Mr. Mercedes) という変名でフランスの Tour de Nice にエントリーし, 優勝した. 翌年 Daimler 社は Mercedes を車名に採用し, Jellinek は米国・フランス・オーストリア・ベルギー・ハンガリーでの同車の独占販売権を獲得した. 1902年に Mercedes の名は, Daimler 社が商標登録. 1926年に同社は, 1883年創業の Benz* と合併し, Daimler-Benz AG となり, 翌年 Mercedes と Benz とに分けられていた2車種の車名は, Mercedes-Benz* に統一された. Mercedes は Merc という愛称でも呼ばれた.

### Mercedes-Benz メルセデスベンツ
ドイツ第1位の自動車メーカー Daimler-Benz AG 製の乗用車. 2000cc 級エンジンを積んだ190シリーズ, 3000cc の124シリーズ, 5600cc の S クラスの3シリーズがあり, いずれも世界で最も優秀かつ安全な4ドアセダンといわれ, ステイタスシンボル的存在となっている. 1958年にイタリア人 Bruno Sacco (1934- ) が1975年

から1999年までデザインを担当した.
☆ 米国ではMercedes-Benz車は, 単にMercedesと呼ばれることが多い. ⇨ Mercedes, Benz.

**Mercer**　マーサー
米国のスポーツカーメーカーWalter Automobile Co. のブランド. 同社は自動車黎明期に名車を生み出したが, 1925年に倒産.

**Merck**　メルク(社) (~ & Co., Inc.)
米国の世界屈指の医家向け医薬品メーカー. 降圧剤・心臓血管薬・抗炎症剤が主力. 1891年創業.

**MerCruiser**　マークルーザー
米国Mercury Marine (Brunswick Corp. (1907年創業)の一部門)製の船尾搭載エンジン. 船内設置型と船外装着型とがある. ⇨ Mercury.

**Mercurochrome**　マーキュロクローム
米国Becton, Dickinson & Co. (1906年創業)製の, 水に緑色がかった水銀誘導体を溶かして作る赤色の外用消毒剤・化膿防止・殺菌剤. 一般名はメルブロミン(merbromin). 1998年米国FDA (食品医薬品局)は水銀中毒(mercury poisoning)の恐れがあるとして販売を差し止めた. 同様に, 日本では「赤チン」の名で親しまれたが, 製造禁止になった.

**Mercury**　マーキュリー
米国Ford Motor Co.製の乗用車. 最近の生産車種はSable, Grand Marquis, Mariner, Mountaineerなど. 2010年2月同社はMercuryラインの閉鎖を発表した. ⇨ Ford, Lincoln.

**Mercury**　マーキュリー
米国Mercury Marine (Brunswick Corp. (1907年創業)の一部門)製の船外モーター. 船外モーター修理の仕事をしていたCarl Kiekhaeferが, 1947年までに同社を創業し, 競合商品の2倍のパワーを持つ10馬力の船外モーターMercury Lightningを売り出して以降, 米国の代表的な船外モーターメーカーにまで成長した.

**Merit**　メリット
米国最大のたばこメーカーAltria Group, Inc. (もとはPhilip Morris, Co., Inc.)製のフィルター付き低タールの紙巻きたばこ. 1975年発売. Merit Filter, 低タールのUltra Lights, 長いUltra Lights 100's, Merit Mentholなどがある. 使用されている巻き紙が極めて可燃性だと訴えられた. ⇨ Philip Morris.

**Merita**　メリタ
米国製のパン類. Hostess Brands, Inc. のブランド. 米南西部地域で販売.

**Merkel**　マーケル, メルケル
ドイツの銃器メーカーGebrüder Merkelの略・通称, その商標.

**Merle Norman**　マールノーマン
米国Merle Norman Cosmeticsが運営している化粧スタジオチェーン(Merle Norman Studio), およびそこで売られている化粧品・スキンケア用品などのブランド.

**Merona**　メロナ
米国の衣料品メーカー, 同社製の大衆向きスポーツウェア・寝室浴室用繊維製品・スポーツシューズ・カジュアルシューズ・靴下など. Oxford Industries, Inc. の一部門.

**Merrill Lynch**　メリルリンチ(社) (~ & Co., Inc.)
米国New York市に本社のある, 証券業界最大手のMerrill Lynch, Pierce, Fenner & Smith (略MLPF & S) (1973年創業)の持株会社. 2007年サブプライムショックで巨額の損失を計上し赤字となり, 経営危機に陥った. 2009年Bank of Americaに買収されその傘下に入った. トレードマークは牛.

**Merrydown**　メリーダウン
英国Merrydown PLC (SHS Group)の略・通称, 同社製のリンゴ酒(cider). 1946年にEast Sussex州のIan HowieとJack Wardが, Jackの車庫で製造を開始. MerrydownはJackの家の愛称.

## Merry Maids  メリーメイド
米国 Nebraska 州 Omaha で 1979 年 Dallen Peterson が設立したハウスクリーニングサービス会社. 1988 年 The ServiceMaster Co. が買収し, 全米 75 拠点で展開.

## Mervyn's  マーヴィンズ
米国西部に展開する大衆向き衣料品チェーン店 (Mervyns LLC). 2006 年には 10 州に 189 店舗を展開していたが, 2008 年倒産. オンラインショップを創業すると発表されたが未定.

## Metal Lumber  メタルランバー
米国製の, プレス加工・溶接して梁 (joist) や間柱 (studding) を作るための金属板. メーカー名不詳. Republic Storage Systems Co., Inc. が商標名を所有.

## Metamec  メタメック
英国の時計メーカー Metamec Ltd の略・通称・商標. metals と mechanics を合成して命名. 同社は G.B. Jerkins により 1923 年に, おそらく金属製機械部品のメーカーとして設立されたが, 時計製造は 1943 年から.

## Metamucil  メタムシル
米国 Procter & Gamble* 製の便秘改善用の食物繊維サプリメント. 1934 年誕生. 粉末のドリンクミックス・カプセル・ウエハース (wafer) がある.
⇨ Dramamine.

## Metaxa  メタクサ
ギリシア S. & E. & A. Metaxa S.A. の略・通称, 同社製のブランデー.

## Metbrew  メットブリュー
米国 Champale, Inc. 製のノンアルコールビール. 同社は Iroquois Brands Ltd. の子会社であったが 1986 年に売却された.

## Methedrine  メセドリン
米国の Burrows Wellcome Co. (1906 年創業)(現在は GlaxoSmithKline plc) 製のメタンフェタミン塩酸塩 (methamphetamine hydrochloride). 中枢神経興奮剤で, 一種の覚醒剤. methyl の頭の 4 文字と Benzedrine の後の 6 文字の合成語. 第二次大戦中にドイツで, 睡眠時間の極端に少ない前線の兵士たちの間で疲労に打ち勝つため広く使われた. 英国では 1939 年に The Wellcome Foundation Ltd が商標登録.

## Metol  メトール
米国製の, 白黒写真現像液基剤[主薬]の商品名. 1891 年に Alfred Bogisch と Julius Hauff が開発. 水溶性の白っぽい粉末. Kodak の Elon と同じもの. メーカー名不詳.

## Metrecal  メトレカル
米国 The Drackett Co. (Bristol-Myers Co. 傘下) 製の低カロリーの代用食. ダイエット用. 液状. 現在は製造されていない.

## Metro  メトロ
米国 InterMetro Industries Corp. (Emerson Electric Corp. の一部門) 製のステンレスワイヤー製の棚・カートなど. Louis Maslow が, Metropolitan Wire Goods Corp. の名で 1929 年に創業. 家庭用・商業用・医療用などがある.

## Metrocab  メトロキャブ
1986 年 12 月に英国 Metro-Cammel Weymman 社が売り出したタクシー用車. 買収をくり返され最近は Metrocab (UK) が製造していたが 2006 年中止.

## Metroliner  メトロライナー
全米鉄道旅客会社 (Amtrak*) の特急列車の愛称. New York-Washington, D.C. 間を走り, 全席予約制で最高時速は 125 mph. 食堂 ('Dinnets') や列車電話 ('Railfone') などの設備があった. 2006 年 10 月 27 日でサービス廃止. Acela Express (150 mph) が登場.

## Metro-North  メトロノース
米国 New York 市北部郊外と Manhattan を結ぶ通勤線 Metro-North Commuter Railroad の略・通称. MTA* が経営.

## Met-Rx  メットアーレックス
正式には MET-Rx. 米国製のボディ

ービルディングサプリメントのブランド．粉末・カプセル錠・固形のバー・液体などがある．"Shaping Every Body." とうたう．

**Metzeler** メッツェラー
ドイツのタイヤなどの自動車関連ゴム製品・ゴム製工業部品などのメーカー Metzeler Reifen GmbH の略・通称，そのブランド．トレードマークはアフリカ象．スクーターやバイク用タイヤが主．1863 年に Robert Friedrich Metzeler が，医薬・工業用および玩具・小間物・防水服などのゴム製品のメーカーを創業したのが起源．1986 年 1 月にイタリアの Pirelli* に買収された．

**Metzler** メッツラー
ドイツの眼鏡・サングラスのメーカー (現在は, Nigura Metzler Optics International GmbH), そのブランド．同社は 1830 年にパリで小さなフレーム工房として創業．

**Meukow** ミュコー
1862 年創業のフランス A.C. Meukow & Cie. の略・通称，同社製のコニャック．酸味の多いぶどうが原料．最高級品 V.R.X.O は "very rare extra old" の略．

**Meursault** ムルソー
フランス東部 Côte-d'Or 県の南，Meursault 村で生産される赤・白の原産地統制呼称ワイン．特に白ワインの知名度が高い．

**MG** MG
英国製のスポーツカー．William Morris (後の Nuffield 卿) が，彼の名を冠した車 Morris のディーラー (小売店) として始めた Morris Garage の頭文字．

**Micarta** ミカータ
米国 Norplex-Micarta 製の，紙や布に熱や圧力を加えて樹脂で固めた積層製品．薄板・細棒・管・その他の型押し品となる．

**Michelin** ミシュラン
フランスのタイヤメーカー (Compagnie Générale des Établissements Michelin), そのブランド．同社は 1863 年創業 (前身のゴム工場は 1932 年創業)．社名に Michelin の名が入ったのは, 1899 年に Michelin 兄弟が自転車用空気入りタイヤを実用化して以降．1894 年より自動車タイヤを手がけた．1949 年に世界で初めてラジアルタイヤを発売し (製品名 Michelin X), 今日はその専業メーカー．トレードマークはタイヤの擬人化で，愛称は Bibendum.

**Michelob** ミケロブ
米国 Anheuser-Busch, Inc. 製のビール．同社の大ヒット商品 Budweiser* の上にランクされる製品として開発されたもので，発売当時最上質のドイツ産ホップを使って「通向けの生ビール」として売り出されてヒット商品となった．下部がくびれた独特の形のボトル入りで, 当初は 12 オンス入りだったが, 一気に飲めるよう相似形で 7 オンス入りに変えられた．高級品として宣伝されたため，高額所得者・中年男性向きの商品というイメージがあった．

**Michter's** ミクターズ
米国 Michter's Jug House 製の 6 年熟成のストレートライウイスキー．厳密には Michter's Pot Still Sour Mash Straight Whiskey. 1753 年以来の文化財的蒸留所で製造．86 proof と 101 proof の 2 種．

**Mickey's** ミッキーズ
米国 Mickey's Brewing Co. (Miller-Coors LLC の一部門) 製のモルトリカー (malt liquor; ビールに似た飲料).

**Micro Machine** マイクロマシーン
米国 Lewis Galoob Toys, Inc. (1957 年創業) 製の，ミニチュアの車・ボート・航空機・戦車など．

**Microsoft** マイクロソフト(社)
米国のコンピューターソフトウェアの会社 Microsoft Corp. の略・通称．1975 年 Bill Gates (1955- ) により創

# Midas

立された. パソコン用の OS である Windows* は多くのパソコンに搭載.

**Midas** マイダス
米国で自動車整備サービスチェーン店の Midas, Inc. 同社は 1956 年 The Muffler Installation Dealers' Associated Service (M.I.D.A.S.) として創業し, マフラー交換を重点的に行っていた. King Midas の名と掛けて命名.

**MidNite** ミッドナイト
米国 Concepts in Health, Inc. 製の睡眠補助剤. 薬品成分は含まれていない.

**Midol** マイドール
米国 Bayer HealthCare LLC 製の鎮痛剤. 主に生理痛など月経時の諸症状に効く市販薬.

**Midori** ミドリ
日本のサントリー (Suntory) 製の, ハニーデューメロン風味の (honeydew-melon-flavored) リキュール. 46 proof. 主な市場は米国で, この商品のヒットに触発されて, 米国でもメロンリキュールが開発されるようになった.

**Midwest Living** ミッドウエストリビング
米国 Meredith Corp. が隔月に刊行する Midwest 地域を取り上げる雑誌で, 米国 Heartland 13 州で購読される.

**Míele** ミーレ
ドイツの Míele, Inc. 製の高級 (high-end) 家庭用・業務用電気製品. 同社は, 1899 年ドイツで Carl Míele と Reinhard Zinkann が始めた. 以来 "Forever Better" がモットー. ヨーロッパや米国以外にもカナダ, 南アフリカ, オーストラリア, 香港, 日本にも市場を拡大している.

**Mighty Wurlitzer** マイティワーリッツァー
ドイツ生まれの Rudolph Wurlitzer (1831–1914) が, 1856 年米国 Ohio 州に設立した The Rudolph Wurlitzer Co. 製の, 劇場や教会などで使用される大型で操作の複雑な電子オルガンの呼称. ジュークボックスを製造する現在の社名は Wurlitzer Jukebox Co.

**Mike and Ike** マイクアンドアイク
米国 Just Born, Inc. が 1940 年に発売開始したフルーツフレーバーのゼリービーン. 映画館やドライブインシアターで人気の商品. 同社から類似の Hot Tamales もある.

**Mila Schön** ミラショーン
イタリアのミラノのデザイナーで, ユーゴスラヴィアの Dalmatia (もとイタリア領) の貴族出身の女性 Mila Schön (1916–2008) のデザインした婦人服・紳士服・カジュアルウェア・スポーツシャツ・カラーシャツ・毛皮コート・ニットウェア・ネクタイ・皮革製品・アクセサリーなど, そのメーカー (Mila Schön alta moda pronta), およびミラノ, ローマ, フィレンツェにあるその直営店. 1958 年にミラノに注文服の店を開店. ロゴは全て小文字. マークは M を丸くデザインした下に ・ がある. 1981 年に香水 Mila Schön を発表.

**Milium** ミリアム
米国で 1950 年に The Vadium Corp. (後には Deering, Milliken & Co., Inc.) が商標登録 (すでに商標権は消滅) した繊維織物で綿・レーヨン・ナイロン・ポリエステルなどの混紡. 金属の溶液 (特にアルミニウム) を吹き付け, 寒気や熱を遮断する素材としてコートの裏地に使用されたがしわがより, 裂けやすいこともあり, 現在は主にカーテンの断熱裏地として使われる.

**Milka** ミルカ
英国 Kraft Foods UK 製のチョコレート. 1901 年発売. ヨーロッパで最も売れている板チョコ. 同社は 1826 年に Phillip Suchard が Suchard 社として創業.

**Milk-Bone** ミルクボーン
米国 Del Monte* 製のドッグ用ビスケット (dog biscuits). 1908 年に New York 州でパン屋を開いた F. H. Benett が, 肉・シリアル・ミネラル・牛

# Mimeograph

乳から作って骨の形に焼いた犬用ビスケットを, Milk-Bone と名付けて店の一角で販売したのが起源. 1917 年に店は会社組織化され, F. H. Bennett Biscuit Co. となった. 1931 年に National Biscuit Co. (Nabisco*) が同社を買収, 同社の製品のうちから Milk-Bone のみの生産を継続させた. 他社のドッグフードには見られない固さを持っていたので,「犬の歯をきれいにする」と評価された. 第二次大戦中, 米国陸軍と海兵隊の犬は Milk-Bone を支給された.

## Milk Duds ミルクダッズ
米国 Hershey's* 製のチョコレートがけキャラメルキャンディー. 1926 年 Chicago の F. Hoffman and Co. が真ん丸のチョコレートがけキャラメルキャンディーを作ろうとしたところ, 機械から出て来たのはふぞろいな形をしていたので duds (失敗作) と呼んだ.

## Milk of Magnesia ミルクオブマグネシア, マグネシア乳
⇨ Phillips' Milk of Magnesia.

## Milk Tray ミルクトレイ
英国の大手総合食品会社 Cadbury UK (Cadbury plc の子会社) 製のチョコレート. 金文字入りの深い紫色の箱に入っている. ⇨ Cadbury.

## Milky Way ミルキーウェイ
米国 Mars, Inc. 製のチョコレートバー. Frank C. Mars が開発し, 1923 年より製造. 気泡入りチョコレートクリームヌガーにキャラメルを被せ, 全体をミルクチョコレートで包んだもの. ⇨ M & M's.

## Miller ミラー
米国 MillerCoors LLC の略・通称, 同社製のビール. 合併前の Miller Brewing Co. は 1855 年に, ドイツからの移民で醸造技術者だった Peter Frederick Miller が創業したもので, Milwaukee 最大のビール会社. アルコール分は 4.6%. 姉妹品に低アルコール・低カロリータイプの (Miller) Lite*.

## Millipore ミリポア
米国 Millipore Corp. (1954 年創業) 製の, 分子レベルの半透過性合成樹脂膜. 水・空気・その他の流体から細菌をろ過したり, 外科手術で組織を治療したり保護したりするのに用いられる.

## Milo ミロ
Nestlé* 製のココア味の麦芽飲料粉末. 牛乳に溶かして飲む. ★ Milo は古代ギリシャの怪力運動家で大食漢の名. 1934 年発売.

## Milton ミルトン
英国 The Milton Pharmaceutical UK Ltd (1916 年創業) 製の消毒液 (sterilising fluid). 20 世紀初頭に開発. 詩人 Milton (1608-74) の名をとったものと思われる.

## Milton Bradley ミルトンブラッドレー
米国 Milton Bradley Co. (Hasbro, Inc. 傘下) 製の, ゲーム・教材・パズル・美術用品など. 同社は 1860 年に Game of Life* を考案した Milton Bradley (1836-1911) が 1864 年に創業, 今日米国最大のボードゲームメーカーとなっており, Hasbro* の中核.

## Miltonduff ミルトンダフ
スコットランド Miltonduff Distillery (Fortune Brands, Inc 傘下) 製の, 5 年および 12 年熟成のモルトウイスキー. ブレンデッドウイスキー Ballantine's* や Ambassador* の原酒. ⇨ Canadian Club.

## Milwaukee ミルウォーキー
米国 Milwaukee Electric Tool Corp. の略・通称, 同社製の電動工具. 電気ドリル Magnum Hole Shooter Drill や, 1949 年以来の看板商品である電気のこぎり Sawsall が有名.

## Mimeograph ミメオグラフ
米国 A.B. Dick Co. 製の, ステンシル印刷による文書複製機 (duplicating machine). Thomas Edison が 1889 年に製材業者の Albert B. Dick と共同で発明. 1948 年まで商標登録されていたが, 一般語となった. 現在は生産されていない. 「模倣する, まねる」

の意と,「書く」の意のギリシャ語に基づく.

**Mineral Ice** ミネラルアイス
腰痛・関節炎・挫傷・打撲傷・捻挫などによる筋肉や関節の痛みを和らげるために使われるジェル. 正確には Therapeutic Mineral Ice と呼ばれる米国 Bristol-Myers Squibb 製の市販薬.

**Mini** ミニ
英国 The Austin Motor Co Ltd (1906年創業)製の小型乗用車. 1959年にそれまでのカーデザイン概念を打ち破った車としてデビューし,その後の世界の小型車開発に計り知れない影響を与えた名車. 大人4人の快適な居住性を確保した室内を持ちながらも,外寸は最小限に押さえてあり,直径10インチの小さなタイヤ・水平対向エンジン(排気量 1000 cc)・前輪駆動・ゴム製のサスペンションなどの特徴をもつ. 同車は,トルコ生まれの Alec Issigonis (1906–88) がデザインし,Austin 社によって最初に作られ,その後次々と製造権が移った. 英国自動車史上最も成功した大衆車. 最後の Mini (赤の Cooper Sport) は 2000年10月4日に生産. 計 5,387,862 台が製造された. ⇒ Austin, Morris.

**Miniatures** ミニチュア(ズ)
米国 The Hershey Co. 製のチョコレート Hershey's* の小型サイズのものの詰め合わせ. 1939年より発売. ポピュラーな Hershey's のミルクチョコレート・ピーナツ入りの Mr. Goodbar*・ライス入りの Krackel*・若干苦みのある Special Dark* の4種, 計18個が一袋に入っている.

**Mini Babybel** ミニベイビーベル
1977年フランスで発売されて以来, 世界中で販売されているチーズ. 1個ずつワックスに包まれている.

**Mini Cooper** ミニクーパー
英国 The Austin Motor Co Ltd 製の小型乗用車. Mini* をベースとして, レーサーの John Cooper が, エンジンをパワーアップするなど, 大幅に手を加えたスポーティーカー. 改良版の Mini Cooper S もあり, 1963年から73年まで生産.

**Minimax** ミニマックス
ドイツ Minimax GmbH & Co. KG (1902年創業) 製の消火・消防器具類.

**Mini-Vac** ミニヴァク
米国 Simer Pump Co. 製の小型真空ポンプ. 家庭の地下室設備や庭園などで使用.

**Mini-Vac** ミニヴァク
米国 Mini-Vac, Inc. 製のコンピューター, ステレオその他の細部のごみを吸い取る小型で片手で持てる真空掃除機. 9ボルト乾電池で動く.

**Mink Difference** ミンクディファレンス
米国 The Gillette Co. 製の整髪料・ヘアスプレー.

**Minox** ミノックス
ドイツ Minox GmbH 製の, 16ミリフィルムを使う超小型精密カメラ, その構成部品・付属部品・フィルム. Walter Zapp (1905–2003) が 1936年発明. スパイカメラとして有名になった. 双眼鏡・スポッティングスコープ・モノキュラーもある.

**Minoxidil** ミノキシディル
米国 Upjohn Co. 製の養毛剤[毛髪再生薬]. 1988年に米国 FDA (食品医薬品局) が認可したものだが, 同社はそれまでに米国以外の45ヵ国で同薬を販売していた.

**Mint Crisps** ミントクリスプス
英国 Elizabeth Shaw Ltd (1881年創業) 製のチョコレート. 1937年発売.

**Minton** ミントン
英国の陶磁器メーカー (Minton Ltd), そのブランド. 陶器デザイナーの Thomas Minton (1765–1836) が 1793年に創業. 金彩を多く用いた装飾性の高いものが多い. 1953年の Elizabeth 2世女王の戴冠式には, 英国陶器業界を代表して, 同社のデザイナーによってデザインされた壺が献上された. 1990年代に廃業.

## Minute ミニット
米国の Riviana Foods, Inc.(1911年創業)製のインスタントライス製品. 1940年代初めに発売. "We can help." とうたう.

## Minute Maid ミニッツメイド
米国 The Minute Maid Co.(The Coca-Cola Co. 傘下)の冷凍濃縮オレンジジュース. ボール紙缶入り. 3倍の水を加えて飲む. 第二次世界大戦中に兵士の糧食用粉末オレンジジュースの開発を進めたが, 完成直後に終戦となったため, 製造法を改めて1946年より同製品を発売した. 冷凍濃縮ライムジュースやレモンジュースもあり, また清涼飲料 Minutes Maid Soda もある. 中央ヨーロッパでは Cappy, ドイツでは Fruitopia 名で売られている.

## Minute Tapioca ミニッツタピオカ
米国 Kraft*. 製の, 細かく挽いたタピオカ粉. 1894年に Boston の主婦 Susan Stavers が考案, Minute Tapioca Co. で製造. 米国人の好物のデザートであるタピオカプディングの材料. 独立戦争の勇士 Minutes Men にちなんだ名.

## Minwax ミンワックス
米国 Minwax Co.(Sherwin-Williams Co. の子会社)の略・通称, 同社製の床磨きワックス. 床材に合わせた色のワックスがある.

## Miracle-Ear ミラクルイアー
米国 Miracle-Ear, Inc.(M-E Manufacturing and Services Inc. 製)が販売する補聴器.

## Miracle-Gro ミラクルグロウ
米国 Scotts Miracle-Gro Co. 製の植物栄養剤 (plant food)(化学肥料)で, 園芸業界の有名ブランドの一つ.

## MiraLAX ミララックス
米国 Schering-Plough 製の緩下薬. 市販薬で "Restore your body's natural rhythm." とうたう.

## Mirella ミレラ
イタリアのミラノのミシンメーカー Necci 製のミシン. 彫刻家で工業デザイナーの Marcello Nizzoli (1887-1969) が1956年にデザイン. それまでのミシンの無骨さを排し, 曲線でまとめ上げた優美な外形は, デザイン史に残る傑作. ボディーはアルミダイカスト製.

## Mirro ミロ
米国 Procter & Gamble* の英国支社が1934年から市場化したクレンザー(台所用粉末洗剤). 磨くと皿が鏡 (mirror) のように光るというところからの命名. 1964年まで製造.

## Miser マイザー
米国 General Electric Co. 製の各種電球. 正確には Watt-Miser.

## Miss Clairol ミスクレイロール
⇨ Clairol.

## Missoni ミッソーニ
イタリアのミラノの衣料品メーカー (Missoni. S.p.A.), そのブランド, ミラノとローマにあるその直営店. 1948年の Wembley (London 郊外)オリンピックの 400 m ハードル選手であり, イタリア選手団のユニフォームをデザインした Ottavio Missoni (1921- ) が, 1953年に Rosita と結婚し, 夫人の祖父が経営するショールなどを作っていた小規模なニット工場 (1948年創業) を継いだのが起源. トレードマークは MISSONI の文字を楕円で囲ったもの. 香水 Missoni を1981年に発表.

## Miss Sixty ミスシックスティ
イタリアの Sixty Italy S.p.A. (Sixty Group S.p.A.) 製の女性用ジーンズカジュアルブランド.

## Mister Donut ミスタードーナッツ
ドーナッツショップチェーン店. 米国で1955年創業. 1990年 Dunkin' Donut の親会社 Allied-Lyons に買収され, このブランド名の店は米国では数店になった. 現在は主に日本, フィリピンなどのアジア地域と El Salva-

# Mister Softee

dor で展開.

**Mister Softee** ミスターソフティ
米国北部で展開するアイスクリームトラックでのソフトアイスクリーム販売チェーン. 1956 年 William and James Conway 兄弟が創業, 15 州に 350 のフランチャイズ業者と約 600 台のトラックを持つ.

**Mitin** ミチン, ミティン
スイスの Ciba-Geigy Ltd. (1859 年創業) 製の, じゅうたん・毛布・セーターなどの羊毛品の防虫加工剤. 特に人畜無害の Mitin FF. が知られる. 1938 年に英国で Mitin Mothproof の名で J. R. Geigy が商標登録.

**Miu Miu** ミュウミュウ
イタリアのファッションブランド PRADA が 1993 年に発表した姉妹ブランド. Miu Miu はデザイナー Miuccia Prada (1949– ) の子ども時代の愛称.

**MJB** MJB
米国 Massimo Zanetti Beverage USA が所有するブランドのコーヒー. もとの MJB 社は 1881 年創業. Max, Joseph, Bransten という創業者たちの頭文字に由来.

**Mobil** モービル
国際石油資本の ExxonMobile のオイルブランド. もとは石油製品メーカー Mobil Corp. (1882 年創業) の商標. 空飛ぶ赤いペガサス (Flying Red Horse) のマークが有名だが, 近年は Mobil の o だけを赤くしたロゴを主に用いている. 英国では 1954 年に潤滑油の名として商標登録.

**Mobylette** モビレット
フランス Motobécane 製の, 女性向けモペッド (moped; 原動機付き自転車の一種). 1949 年発売. 名称は社名と motorbike と小型であることを示す -lette の合成. ⇨ Motobécane.

**Model T** モデル T, T 型
⇨ Ford Model T.

**Modess** モデス
米国 Johnson & Johnson* 製の生理用ナプキン.

**Mod Podge** モッドポッジ
米国 Jan Wetstone が 1960 年代に開発した万能糊 (glue). "Modern Decoupage" からの命名. 紙・繊維・その他の物にも使える.

**Modric** モドリック
英国 Allgood plc 製のアルミニウム合金製のドアノブなどの建築金具, そのメーカー. 同社は 1965 年にイギリスとデンマークのデザイナーが設立. 実用本意のシンプルなデザイン.

**Moeck** モエック
ドイツ Moeck Musikinstrumente + Verlag 製の木管楽器.

**Moen (Faucet)** モーン(フォーセット[蛇口])
米国 Moen Inc. (Fortune Brands, Inc. 傘下) 製の混合水栓. 発明家 Al Moen が考案, 1941 年に特許取得. 1945 年に Ravenna Metal Products という小企業が製品化権を得て, 1946 年より市場化.

**Moët & Chandon** モエエシャンドン
フランス北東部の Champagne 地方にあるシャンパン生産会社, 同社製のシャンパン. Moët et Chandon ともつづる. 同社は 1743 年に Claude Moët が創業. ひ孫 Victor Moët と, 共同経営者の Pierre Gabriel Chandon の名から, 社名と酒名 Champagne Moët & Chandon が作られた. 同社は世界最大のシャンパン用ぶどう園と世界最大の地下酒倉をもち, 英米にも多く輸出されており, 生産量も世界一. Dom Pérignon*, White Star, Brut Impérial などがある. Brut Impérial の名は, 皇帝 Napoléon が同社のシャンパンを好んだことにちなんで付けられた. 1970 年にシャンパンメーカー Mercier を買収, 71 年にコニャックの Hennessy* と合併して社名は Moët-Hennessy となり, さらに同年香水メーカー Parfumes Christian Dior (⇨ Christian Dior) も買収した.

⇨ Louis Vuitton.
**Moët-Hennessy**　モエヘネシー
⇨ Moët & Chandon.
**Mohawk**　モホーク
米国カーペットの大手メーカー Mohawk Industries, Inc. (1878 年創業) の略・通称，同社製のカーペット・ラグ．セラミックタイル・フローリングなどのブランド．⇨ Lees.
**Moleskine**　モレスキン
樹脂処理した防水布表紙の携帯用ノート．開きやすく，ノートを束ねるゴムバンド・しおり・ポケットがついているなど実用性に富み，van Gogh などの芸術家・文人に愛用された．1986 年に生産が途絶えたが，1997 年イタリアの Moleskine 社 (旧社名 Modo and Modo) が復活させ，現在は同社の商標で革製も販売．
**Molmax**　モルマックス
1830 年代創業の英国の皮革製品メーカー，そのバッグ類．Rolls Royce の革シートと同一の素材を用いているという．
**Molson**　モルソン
カナダ Molson, Inc. (Molson Coors Brewing Co. の一部) の略・通称，同社製のビール．米国で人気が高い．創業者の John Molson は英国からの移民で，カナダに初めて鉄道を作った．Molson Canadian, Molson Export, Molson Golden など．
**Mon Cheri**　モンシェリ
イタリアのチョコレート会社 Ferrero S.p.A. のリキュール漬けチェリーが芯になったチョコレート．
**Monel (Metal)**　モネル(メタル)
米国 Special Metals Corp. (Precision Castparts Corp. が買収) 製の合金．ニッケル(約 67%)・銅(約 28%)・少量の鉄・マンガン等の金属からできる銀色の金属．鉱石から直接還元されて作られる．さびないため，特に弾丸を作ったり，食品を扱うものや宝飾品(指輪など)に使われる．
**Monet**　モネ
米国 New York 市に本拠をおくコスチュームジュエリー (costume jewelry) の製品．同社は 1929 年創業．部品は全て自社生産．2000 年に Liz Claiborne, Inc. 傘下となる．
**Mongol**　モンゴル(**The ～**)
⇨ Eberhard Faber.
**Monistat**　モニスタット
米国 McNEIL-PPC, Inc. 製のガンジダ膣炎 (yeast infection) 治療薬．外用塗布クリームなどがあり，"Heals your body. Soothes your mind." とうたう．
**Monkey Brand**　モンキーブランド
英国のもと Lever Brothers* 製の台所用研磨石鹸．1899 年に，当時の社長 William H. Lever が，米国 Pennsylvania 州 Philadelphia の Benjamin Brooke & Co. の石鹸工場を買収してこの製品を得た．初期の広告や外箱には石鹸で磨かれたフライパンを持った猿が描かれている．
**Monkhouse**　マンクハウス
英国 J. Bibby Agriculture Ltd 製の飼料 (feed compound).
**Monnet**　モネ
1838 年創業のフランス J.G. Monnet & Co. の略・通称，同社製のコニャック．V.S.O.P., Josephine Extra などがあり，軽い風味が特徴．1951 年よりスウェーデン王室御用達．
**Monogram**　モノグラム
米国のもと Monogram Models, Inc. 製のプラスチック製組み立て模型キット (hobby kit)．飛行機が主力．同社は次々と所有会社が代わり，2007 年 Hobbico, Inc. が買収．
**Monopol**　モノポール
ドイツ製の，シックで古風なデザインの台所用品(栓抜きなど)，そのメーカー．同社は 1879 年創業で Marburg にある．
**Monopoly**　モノポリー
米国 Parker Brothers (Hasbro, Inc. の子会社) 製の，不動産取り引きを模した卓上ゲーム．すごろくのようにさいころを振って，盤上の各区画を進ん

で行き，土地・家などの不動産を売買し独占しようと争う．大恐慌で失業していたセールスマン(暖房装置の設計技師との説もある) Charles B. Darrow が，1933 年に考案．Parker Brothers (, Inc.) は 1935 年のクリスマスに全国的に発売，年が明けた 1936 年の 1 月から全米で爆発的に売れ始めた．アメリカンドリームをゲーム化したといえるこのゲームは，以後ロングセラー．考案者 Darrow 自身を億万長者にし，世界各国に輸出または各国の言語に訳されて現地生産され，今日までに総計 1 億セット以上が売れたものと推測されている．米国版では盤上の区画名は New Jersey 州の Atlantic City にある実在の土地とほぼ同一，英国版 (John Waddington Ltd. が 1936 年より発売)では，London に設定が変えられているが，基本的なルールは同じ．その後も新しい版が考案され The World Edition も出た．

## Monotype　モノタイプ
米国製の自動鋳造植字印刷装置．文選用キーボードと活字鋳造機が一組になっている．一つ一つ (mono) の文字を活字 (type) とするところからの命名．キーを打つとロール紙に鑽孔が行われ，その鑽孔に従って，行末処理 (justification) された活字列が鋳造される．1893 年に当時のメーカーであった Washington, D.C. の Lanston Monotype Machine が，Chicago の World Columbian Exposition で展示した．

## Monsieur Carven　ムッシューカルヴァン
フランスのデザイナー Carven* のデザインした紳士服・バッグ・革小物・傘・香水・化粧品など．ロゴは全て小文字．

## Montana　モンタナ
⇨ Claude Montana.

## Mont Blanc　モンブラン
ドイツの筆記具メーカー Montblanc International GmbH の略・通称．同社製の万年筆・ボールペン・シャープペンシルなど．同社は 1907 年に Hamburg で，Simplo Filler Pen Co. の社名で創業，当時はキャップと胴軸のみを生産しており，ペン先は米国から輸入していた．1919 年に，ドイツ海軍将校 Ernst Roysler が，技術の統轄責任者として入社し，機械化を進め，ペン先の自社生産も始めた．一貫生産で万年筆を作るようになった 1934 年に，ヨーロッパの最高峰 Mont Blanc にあやかって社名を変更．キャップ頭の白い星は，万年雪をデザイン化したもの．Masterpiece, Classic, Noblesse, S-line という 4 つのシリーズがあり，特に，軸の太い Masterpiece No. 149 万年筆が最高級品で，1924 年に発売されて以来今日まで不滅の評価を得ている．ペン先を型取った美しく実用的で安定の良い瓶に入ったインクも市場化している．同社は現在スイスの Compagnie Financière Richemont S.A. 傘下．Montegrappa ブランド，Cartier ブランドのペンの部品も製造．

## Monte Alban　モンテアルバン
メキシコ産で，米国 Barton Brands Ltd. が販売している蒸留酒 (mesal). 80 proof.

## Montesquieu　モンテスキュー
⇨ Marquis de Montesquieu.

## Montezuma　モンテスマ
メキシコ産で，米国 Barton Brands Ltd. が販売しているテキーラ．80 proof.

## Montgomery Ward　モンゴメリーワード
米国 Chicago に本店のあるデパート，およびその姉妹店のチェーン店を経営する総合小売り業者であったが 2001 年閉店．2004 年にオンラインのみの小売業として再出発し，2008 年 Colony Brands, Inc. に所有権が移った．

## Montrachet　モンラッシェ
フランスの東部 Côte-d'Or 県で生産される Burgogne (Burgundy) 産特級格付けの白辛ロワイン．17 人の所有

者がもつ 8ha 弱のブドウ畑から収穫されるブドウから造られる.

**Moog**　モーグ
米国 Moog Music 製のシンセサイザー(電子音合成鍵盤楽器).　Moog 博士の発明により, 1964 年に発表.　同種製品の先駆で, 以後年々改良されている.

**MoonPie**　ムーンパイ
米国 Chatanooga Bakery, Inc. (1902 年創業) 製の 2 枚のグラハムクラッカー (graham cracker) の間にマシュマロを挟んでチョコレート・バニラ・ストロベリー・バナナなどいろいろなフレーバーにディップしたペーストリー.　伝統的なものは直径 3 インチもあるが, その半分のミニもある.

**Moosehead**　ムースヘッド
カナダ Moosehead Breweries Ltd. (1867 年創業) の略・通称, 同社製のビール.　米国で人気が高い.　同社は弱小メーカーだったが, 米国国境に近いという地の利と, トナカイのユニークなキャラクターを大学新聞やラジオ広告を通じて広め, 6 年という短期間に, Heineken\* が 50 年かかって達成した全米 50 州への浸透を成し遂げた.

**Mop & Glo**　モップアンドグロウ
英国 Reckitt Benckiser\* 製のモップ用床磨き液.

**Morabito**　モラビト
フランス屈指のバッグ店 (Morabito Paris), そのブランド.　1912 年からワニ革バッグを手がけ, 特に仔ワニ革(ベベクロコ)バッグではヨーロッパ一の定評がある.　創業者は Jean Baptist Morabito.　世界初の公式通販サイトを日本の Zeel が 2009 年に始めた.

**Mordaunt Short**　モーダンショート
英国のスピーカーメーカー (Mordaunt Short Ltd), そのブランド.　同社は 1967 年に元 Tannoy\* の社員であった Norman Mordaunt と Rodney Short が創業.

**More**　モア
米国 RJR Nabisco, Inc. が 1975 年に発売を開始したフィルター付き紙巻きたばこ.　赤箱と緑箱(メンソール)があり, 共に 120 mm とたばこでは最も長いサイズで, 細身で褐色のスマートなもの.　女性をターゲットとした.　現在は J. T. International が EU で製造販売.　⇨ Camel.

**Moreschi**　モレスキー
イタリアのミラノ近郊の靴の町 Vigevano にあるイタリア最大の高級紳士靴メーカー, そのブランド.　1946 年に退役軍人の Mario Moreschi (1904–57) が, 実用靴メーカー Mores 社として同地で創業.　同社は同氏の急死とともに 1962 年に閉鎖されたが, 1963 年に息子 Gianbeppe (1934–　) が再興, 社名を家名と同じく Moreschi とし, 手作りにより高級紳士靴を生産.　革製メンズバッグ・ビジネスケース・革小物・ベルト・皮革衣料なども製造.　トレードマークは靴を背中合わせに立てて M をデザインしたもの.

**Morgan**　モーガン
英国のスポーツカー製造会社 Morgan Motor Co の略・通称, その製品.　古風なスタイルのオープンカーで, 1930 年以来ほとんどモデルチェンジをしていない.

**Morgan**　モーガン
米国 Morgan Yacht Corp. (1962 年 Charley Morgan が創業) の略・通称, 同社製のヨット.　1984 年に Catalina Yachts 傘下となる.

**Morgan (Crucible)**　モーガン(クルーシブル)
英国 The Morgan Crucible Co plc の略・通称, 同社製の工業用素材(炭素・セラミックなど)・器具・部品・化学製品・エレクトロニクス製品など.　1856 年に 5 人の兄弟が設立.　炉の中で非鉄金属を溶かすのに用いる大型の対熱陶器製のるつぼ (crucible) では定評がある.

**Morris**　モーリス
英国の小型乗用車メーカー Morris

Motors (Ltd) の略・通称, その製品. 同社は William Morris (後の Nuffield 卿)が創立. 1952 年閉鎖. ブランド名は 1984 年まで使われた. 製品では, Morris Minor (1948 年に登場し, その後 20 年ほど生産された)・Morris Mini (1959 年登場; 1980 年まで生産され続けた; Morris Mini Minor ともいう)・Morris 1100 (1962 年) が有名で, いずれもトルコ生まれの Alec Issigonis (1906-88) がデザインした. ⇨ MG, Mini.

## Morrison's Cafeteria　モリソンズカフェテリア
米国 Morrison, Inc. (1954 年創業) 系列の大衆食堂[カフェテリア]チェーン店. 最盛期には中部・東南部 13 州に 151 店舗展開していたが 1996 年 Piccadilly Cafeterias に売却され, 名前も消えた.

## Morrow　モロー
米国 Jarden Corp. 製のスノーボードと付属品のバインダー・ブーツ・ヘルメット.

## Morse　モース
米国の靴の製造・卸売り・小売りを行なう会社 Morse Shoe, Inc. (1961 年創業) の略・通称, 同社製の靴, その直営店. 創業者名に由来.

## Mortlach　モートラッホ
スコットランド高地地方産の, 12 年熟成のモルトウイスキー. Mortlach とはゲール語で「摺鉢形の谷 (bowl shaped valley)」の意で, 蒸留所 (Mortlach Distillery) の所在地の地形.

## Morton　モートン
米国 Morton Salt, Inc. (現在はドイツの K+S の子会社) の略・通称, 同社製の塩. Morton Salt ともいう. 家庭用食卓塩・食品業用・工業用・化学用・農業・酪農業用・高速道路凍結防止用などの製品があり, 塩では全米でシェア第 1 位. 創業者は Joy Morton. 1912 年に世界に先がけて, 振り出し口の付いた紙容器に入れた食卓塩を作りヒットさせた. 青い容器に描かれた図柄は, こうもり傘をさした少女 ('Morton Girl' と呼ばれる)で, 塩のパッケージを小脇に抱えているが, その口が開いたまま後に傾いており, 塩がこぼれ落ちている絵で, 1914 年より採用. 時代のファッションに呼応して新しい服と髪型に変えられた.

## Moseltaler　モーゼルターラー
ドイツ Rheinland-Pfalz (Rhineland-Palatinate) 州, Mosel 川流域のワイン生産地域で, 生産者団体が共同銘柄として定めた商標名.

## Moshi Monsters　モシモンスターズ
英国 London で 2003 年設立のゲーム開発会社 Mind Candy 社が 7-12 歳向けに製作したソーシャルネットワーキング型のオンラインゲーム. ユーザーは自分のお気に入りの Monster を選ぶ. 毎日送られてくるパズルを解くと, Monster をハッピーにさせることができる. また, オーナーは, ペットをくすぐる, ゲームをする, ショッピングをする, ペットに部屋を作ってやる, ペットをドレスアップするなどして, 自分のペットと交流できる. この怪物仮想空間のアバター画像をモチーフにした 48 種類の縫いぐるみも発売.

## Moskovskaya　モスコフスカヤ
ロシア産の辛口ウオッカ. 80 proof.

## Moskvich　モスクヴィッチ
ドイツ Opel* 社の Kadett* をコピーして, ロシアで 1947 年から量産された乗用車.「モスクワ人」の意.

## Mosrite　モズライト
米国製のエレキギター. The Ventures が使用して有名になった. 1952 年に同ギターを制作した Semie Moseley と制作後援者 Raymond L. Boatright の姓を組み合わせて命名.

## Mossberg　モスバーグ
米国の銃器メーカー O.F. Mossberg & Sons, Inc. の略・通称, その商標.

## Moss Bros　モスブロス
紳士服, 特に夜会服や礼服の販売と貸

し出しをする英国の会社 (Moss Bros Group PLC). 多数の支店を持つ. 1851年創業. Moss Brothers の略.

**Motel 6**　モーテルシックス
1962年 California 州 Santa Barbara に William Becker と Paul Greene が創業したモーテル. Accor Hotels 傘下で, 米国とカナダに 1,000か所以上で営業. ペット同伴可.

**Mother's Pride**　マザーズプライド
英国 British Bakeries (Premier Foods plc の一部門) 製のパン. 1958年からスコットランドで製造販売されている.

**Mother's Pride**　マザーズプライド
米国 Shawnee Milling Co. 製の小麦粉 (wheat flour). 1958年商標登録.

**Mother Vineyard (Scuppernong)**　マザーヴィニヤード(スカッパーノン)
米国 Mother Vineyard Wine Co. 製のデザート用ワイン.

**Motobécane**　モトベカーヌ
フランスのモペット (moped; 原動機付き自転車の一種) のメーカー, その製品.「オートバイ」と「自転車」を意味するフランス語の口語 moto と bécane の合成. 同社は Motoconfort の名で1920年代に創業, 1930年に他社が合併した際に現在名となり, モペッドと自転車の当時世界最大のメーカーとなった. 1981年倒産し, ヤマハに買い取られ1984年に MBK になった. ⇨ Mobylette.

**Moto Guzzi**　モトグッチ
イタリアのオートバイメーカー, 同社製のロードスポーツ型オートバイ. 同社は1921年に Carlo Guzzi が創業. V型ツインエンジン・シャフトドライブ・真っ赤な車体が特徴. トレードマークは 'flying eagle'. 親会社は Piaggio & Co. SpA.

**Motorola**　モトローラ
米国電子産業の最先端企業 Motorola, Inc. (1928年創業) の略・通称, そのブランド. 半導体・双方向無線機器が主力. 他に兵器部品からラジオ・テレビ・自動車電話などの家電製品まで手広く生産.

**Mott's**　モッツ
米国 Mott's, Inc. (1842年 Samuel R. Mott が創業) 製のアップルベースのジュース・ソース.

**Moulin Touchais**　ムーラントゥーシェ
フランス Loire 川中流の Angers 市の南, Anjou Blanc の原産地統制呼称ワイン. Chenin Blanc 種の貴腐ブドウによる甘口白ワインで, アンズ様の香りと味わい.

**Moulton**　モールトン
⇨ Alex Moulton.

**Mounds**　マウンズ
米国 Peter Paul Co. が1929年から製造していたが, 現在は The Hershey Co. 製のチョコレートバー. 中身はココナツフレーク, 外側のチョコはビター. Almond Joy の姉妹品.

**Mountain Dew**　マウンテンデュー
米国 PepsiCo, Inc. 製の清涼飲料. 最近は Mtn Dew とも表記.

**Mountain House**　マウンテンハウス
米国 Oregon Freeze Dry, Inc. (1963年創業) 製の, キャンプ食・非常食用のフリーズドライ[冷凍乾燥]食品.

**Mount Gay**　マウントゲイ
バルバドス Mount Gay Distilleries Ltd. (Rémy Cointreau の子会社) 産の, サトウキビを原料としたラム酒. 琥珀色. 80 proof.

**Moussy**　ムーシー
スイス Feldschlösschen 製のノンアルコールビール. 各種のフレーバーがあり, サウジアラビアなど中東で最もよく売れている.

**Moutonne**　ムートンヌ
フランス Long-Depaquit が販売する Chablis 産特級格付け白ワイン. 特級畑 Vaudésir と Les Preuses の二つの

畑産のブドウが混和されて造られる.

**Movado** モベード, モヴェイド
スイスの高級腕時計メーカー Movado Group の略・通称, そのブランド. 本部は米国 New Jersey 州 Paramus.

**Move Free Advanced** ムーブフリーアドバンスト
米国 Schiff Nutrition Group, Inc. 製の, 関節炎を解消し, 関節の動きを円滑にするためのサプリメント.

**Movietone** ムービートーン, ムーヴィートーン
1927 年に開発され, 開発会社の米国 New York 市の Fox-Case Corp. が, 1928 年に英国で商標登録した映画のサウンドトラック方式, この方式で作られた映画フィルム.

**Moviola** ムービオラ, ムーヴィオラ
米国 J & R Film Co. 製の, ムーヴィーオラ (movieola) の一種. フィルム編集に使用される映写機で, フィルム走行のスピードと向きを自由に変えて内蔵の小型スクリーン上で見ることができる. 1924 年 Iwan Serrurier が発明.

**Moxon** モクソン
英国の高級紳士服地メーカー Moxon Huddersfield Ltd の略・通称, そのブランド. 同社は 1887 年創業.

**MPAA** MPAA, 米国映画協会
米国の Motion Picture Association of America の略. ハリウッドの大手 6 社の映画製作会社が加盟. 映画観客制限記号表示方式 (film rating system) の責任団体. Hollywood にある常設委員会 Rating Board が委員の多数決によって評定を行なう.

**Mr. & Mrs. T** ミスターアンドミセス T
米国 Mr. & Mrs. T Products (Dr Pepper Snapple Group, Inc. の一部門) の略・通称, 同社製の缶入りトマトソース ('Bloody Mary Mix').

**Mr. Boston** ミスターボストン
米国 Mr. Boston Distiller 製のウオッカ.

**Mr. Bubble** ミスターバブル
米国 The Village Co. 製の子供用バブルバス剤. 1961 年発売.

**Mr. Clean** ミスタークリーン
米国 Procter & Gamble* 製の多目的洗剤 (all-purpose cleaner). 1958 年発売. 同名のクレンザーは 1985 年発売. 英国では Flash 名.

**Mr. Coffee** ミスターコーヒー
米国 Jarden Corp. の子会社 Mr. Coffee 製のコーヒーメーカー. Edward Able と Erwin Schulze が発明し, 1972 年に発売.

**Mr. Goodbar** ミスターグッドバー
米国 Hershey's* 製のピーナツ入りチョコレートバー. 1925 年発売.

**Mr. Kipling** ミスターキッピリング
英国 Premier Foods plc 製のケーキ・パイ・焼き菓子各種. 1960 年代後半より発売. Mr. Kipling は手作り風の伝統的なケーキを焼く熟練したパン焼き職人の名として設定されたが, 実在の人物ではない.

**Mr. Muscle** ミスターマッスル
米国 S. C. Johnson & Son, Inc. 製の台所や浴室などで使うクリーナー. オーブンの掃除に歓迎されている.

**Mr. Peanut** ミスターピーナッツ
⇨ Planters.

**Mr Pibb** ミスターピブ
米国 The Coca-Cola Co. 製の清涼飲料. 1972 年発売. 現在は Pibb Xtra 名. 米国とマリアナ諸島で販売.

**Mr. Potato Head** ミスターポテトヘッド
米国 Hasbro* 製のプラスチックやフェルトで作った, ポテトに鼻・耳・髪・髭・メガネなどの部品を付けて顔を作り上げるおもちゃ. 1952 年発売. George Lerner が 1949 年に発明. テレビで宣伝された最初のおもちゃ.

**Mrs. Baird's** ミセスベアーズ
米国の製パン会社. 1908 年 Ninnie L. Baird により創業. メキシコの Grupo Bimbo の傘下.

**Mrs Bridges** ミセスブリッジ(ズ)
スコットランド Mackays Ltd 製の, 昔

ながらの製法のジャム・マーマレード類．合成保存料・着色料は使用しない．英国のテレビドラマ *Upstair & Downstair* 中の料理番の女性の名にちなむ．

**Mrs. Dash**　ミセスダッシュ
米国 Alberto Culver Co. (1961 年創業) 製の代用塩・ステーキソース・コーティングミックス (coating mix) など．

**Mrs. Fields**　ミセスフィールズ
米国 Mrs. Fields Gift, Inc. 製のクッキー．1977 年 California 州 Palo Alto で若い母親の Debbi Fields (1956– ) が開いた小さなクッキー店が始まり．全米に 390 か所，世界に 80 か所のフランチャイズ店舗がある．

**Mr. Sketch**　ミスタースケッチ
米国 Sanford L. P. (1985 年創業) 製の香りつきの水性マーカー．同社は米国の筆記具のトップメーカー．

**Mrs. Paul's**　ミセスポール(ズ)
米国 Pinnacle Foods Corp. 製の冷凍魚介類・野菜加工品．白身魚などの冷凍フライが主力．⇨ Swanson.

**Mrs. Smith's**　ミセススミス
米国 The Schwan Food Co. が 2003 年に買収した Mrs. Smith's Pies (また，Mrs. Smith's Bakery) 製のフローズンパイ．

**MR-12 Rover**　MR-12 ローバー
イタリアの器材メーカー Mares 製のスキューバーダイビング用レギュレーター．

**Ms.**　ミズ
米国 Feminist Majority Foundation 刊行の女性向け季刊誌．ウーマンリブのオピニオンリーダーとして完全な男女平等を要求して 1972 年に登場したが，時代の変化とともに，より現実的にキャリアウーマン対象の総合誌に変わった．

**MS-DOS**　MS-DOS, エムエスドス
米国 Microsoft* 製のディスクオペレーティングシステム (DOS)．Micro Soft Disc Operating System の略．i8088 [i8086] を CPU とする 16 ビットパソコン用で，Windows* が出現するまでその種の OS の主流的存在だった．IBM や NEC のパソコンに採用されていた．

**MTA**　MTA
米国 New York 州の機関 Metropolitan Transportation Authority の略・通称．市と周辺の 12 の county と Connecticut 州南西部の 2 つの county の公共交通機関 (地下鉄など) を経営．

**MTV**　MTV
米国 New York 市のロック音楽専門のケーブルテレビ放送．Music Television の略．Warner Communications, Inc. と American Express Co. の両社が出資して設立した Warner-Amex Satellite Entertainment Co. が開局．現在は MTV Networks の所有．

**Mucinex**　ムチネックス
米国 Reckitt Benckiser, Inc. 製の去痰薬・充血緩和剤・鎮咳薬などとして使用される市販薬．"Mucinex in. Mucus out." とうたう．

**Mu-Cron**　ミュークロン
スイス Novartis International AG 製の鼻の充血緩和剤．mucus (粘液) と，chronic (慢性の) の合成語．また Otrivine Mu-Cron．1959 年商標登録．

**Mueller's**　ミューラー(ズ)
米国 American Italian Pasta Co. 製のパスタ類 (スパゲッティー・マカロニなど)．1893 年ドイツからの移民 Christian F. Mueller が工場を開いて発展した会社 C. F. Mueller Co. のブランド．

**Müeslix**　ミューズリックス
米国 Kellogg's* 製の乾燥ミューズリー (muesli) のシリアル．チリと南米では Kellness Müslix の名前で販売.

**Mugler**　ミュグレー
⇨ Thierry Mugler.

**Muir**　ミュアー
⇨ Jean Muir.

**Mulberry**　マルベリー
英国製のカジュアルバッグ・軽量旅行かばん・ベルト・革小物・靴・傘・既製服・

サングラス・万年筆などのメーカー (Mulberry Co), そのブランド, その店. 同社は1971年に Roger Saul (1950- ) が21歳で創業した新しい会社で, 英国の伝統的なカントリー生活の雰囲気を持ちながらも, 今日的な若いファッション感覚があるといわれ, 短期間のうちに英国の皮革製品の大手企業に成長した. 1976年ごろから国際的に知名度が上がった. mulberry とは「桑の木」の意で, トレードマークはその図案化.

**Mullen Tester** マレンテスター
米国製の, 紙の破れ強度を計る機械の古い商標. Standard International Corp. が商標を所有していたが2009年で切れた.

**Multifilter** マルチフィルター
米国のたばこメーカー Philip Morris International 製の, 低タール・低ニコチンが売り物のフィルター付き紙巻きたばこ. ⇒ Philip Morris.

**Multi-Max 1** マルチマックスワン
米国 KAL (1932年創業で現在は Nutraceutical Corp. のブランド)製のビタミン B 群を補強した総合ビタミン薬 (multivitamin).

**Multiplan** マルチプラン
米国 Microsoft* 製の, コンピューター用作表ソフトウェア. 1982年発売, 数年で100万枚を越す大ヒット商品となった.

**Mum** マム
米国 Procter & Gamble* 製の, デオドラント. 1888年米国 Philadelphia で開発された.

**Mumetal** ミューメタル
英国 The Telegraph Construction and Maintenance Co Ltd 製の, 重さの約75-78% のニッケル・4-6% の銅・1.5-2% のクロミウムを含む鉄の合金. 高い透磁性と, 弱い磁場での低い履歴現象損失という性質があるので, 変圧磁芯と磁気シールドの素材となる. 伝統的に透磁性をさす語として使われているμと, metal の合成による命名.

1924年商標登録. 海底電話ケーブルやテープレコーダーのヘッドにも使用.

**Munchos** マンチョズ
米国 Frito-Lay* 製のポテトチップス. 通常のポテトチップスよりも薄い.

**Munsingwear** マンシングウェア
米国の衣料品メーカー Munsingwear, Inc. の略・通称, 同社製の下着・スポーツウェア. 同社は1886年創業. 1955年よりゴルフウェア(ポロシャツなど)を市場化.

**Murder Ink** マーダーインク
米国 New York 市の西87丁目にあるミステリー専門の書店. 2006年閉店.

**Murine** ミューリン
米国 Prestige Brands, Inc. 製の目薬 (eye drops). 1890年代後半から売られているロングセラー. 発売当初の主成分 muriate of berberine の短縮. 点耳薬 (ear drop) もある.

**Murphy** マーフィー
米国 Colgate-Palmolive Co. 製の木材用のオイルソープで, ドアや床や家具などの掃除に使う.

**Murray** マレー, マーレー
米国 Briggs & Stratton Corp. (1908年創業)製の動力付き芝刈り機.

**Murray Sugar Free** マレーシュガーフリー
米国 Kellogg NA Co. 製の砂糖を含まないクッキー. 1940年 John L. Murray とその息子が Murray Biscuit Co. を創業したのが起源. "You'll never know they're Sugar Free." がうたい文句.

**Muscadet de Sèvre et Maine** ミュスカデドセーヴルエメーヌ
フランスの Loire 川河口の Nantes 市を中心に Muscadet 種のブドウによって造られる白辛口ワイン.

**Musk** ムスク
米国 Coty US LLC 製の男性用・女性用香水 Jōvan Musk.

**Mustang** マスタング, ムスタング
米国 Ford Motor Co. 製の, 4人乗りの

乗用車. 1964年より発売. 基本型は比較的廉価で, それを豊富なオプションパーツでデラックス化させることができる点と, フード部が長いスポーティーな外形とで人気を得, 発売日に6万5千台以上が契約され, 100日で10万台という大ヒットとなった. ★ 米国映画 *Bullitt* (1968年) で Steve McQueen が演じる主人公が乗る車は Mustang 390GT.

**Muzak** ミューザック
米国の Muzak Holdings LLC の, 環境音楽システム, その送受信用の機械など. レストラン・会社・工場・病院の待合室・スーパーマーケット・銀行・クラブ・パブなどの公共の場所に, 録音された背景音楽 (BGM (background music)) を有線または FM 無線で流す. 契約して料金を払う方式になっている. 英国では1938年, 米国では1954年に商標登録. music に, 当時知名度の最も高かった商標の Kodak を合成して命名された.

**My Buddy** マイバディ
米国 Hasbro* 製の人形. 就学前男子児童向き. 1985年から1990年代直前まで製造, その後は Playskool Inc. が引き継いだ.

**Myers's (Rum)** マイヤーズ(ラム)
英国の Diageo plc 製のジャマイカラム酒. 80 proof. 1879年より製造.

**Mylanta** マイランタ
米国 Johnson & Johnson-Merck Consumer Pharmaceuticals Co. 製の制酸剤 (antacid). 胸やけに効く市販薬. 子供用もある.

**Mylar** マイラー
米国 E. I. du Pont de Nemours & Co., Inc. 製の, エチレングリコールとテレフタル酸を縮合させたポリエステル. 高い強度と耐熱性を持つ. 薄い膜の形で用いられ, 食品の包装・耐熱シート・テープレコーダーのテープ・写真用フィルム・電気絶縁体などに加工され広く使われる. 1954年に英国で商標登録.

**My Little Pony** マイリトルポニー
米国 Hasbro* 製のゲーム・パズル・カードなど.

**Myoplex** マイオプレックス
米国 EAS (Abbott Laboratories の一部門) 製の栄養補給サプリメント. 冷水などで溶かして作る粉末の他, そのまま飲めるタイプや固形のバーもある.

**Myspace** マイスペース
2003年 Tom Anderson を中心に設立された米国のソーシャルネットワーキングサービス. 音楽やエンターテインメントを中心とする. 2005年 Rupert Murdoch の News Corp. が Myspace の一部株式を持つ親会社を取得.

**My-T-Fine** マイティーファイン
米国 The Jel Sert Co. 製のデザート用の即席プディング粉. チョコレート味のものが代表的. 1945年より発売, 即席でないタイプは1918年より発売していた. ⇒ Nabisco.

# N

**Nabisco** ナビスコ
米国 Nabisco (Kraft* の子会社)製のクッキー・スナック類のブランド.1971 年まで使用していた社名 National Biscuit Co., Inc. (1898 年創業)の頭文字をつなげたもので, 1901 年商標登録. 同社製品の左肩には, 赤い三角形の地に白でキ型十字と楕円に Nabisco の文字の入ったマーク入り.

**Naim** ネイム
英国のオーディオ製品メーカー Naim Audio Ltd (1973 年創業) の略・通称, そのブランド.

**Nair** ネア
米国 Church & Dwight Co., Inc. (1846 年創業) 製の脱毛剤 (hair remover). むだ毛を取り除くためのローション・クリームなど. うたい文句は "The Less That You Wear, the More You Need Nair!" など.

**Nalley** ナリー
米国 Nalley's Fine Foods 製の加工食品類 (マヨネーズ・ドレッシング・タルタルソース・チリやシチューの缶詰めなど). 1918 年 Marcus Nalley が Washington 州 Tacoma で創業し, 米北西部地域で営業していた. 現在は Pinnacle Foods Group LLC のブランド.

**Nanette Lepore** ナネットレポー
米国のアパレルブランド. Nanette Lepore (1972- ) が創業. 1998 年にニューヨークコレクションにデビュー.

**Naot** ナオト
イスラエルの靴・サンダルメーカー. ワークブーツを作る小さなキブツ工場として 1942 年に始まり, 製品の 80% は米国 (Yaleet Inc. が販売元)・カナダ・ドイツ・オーストラリアで販売. 内底は圧縮コルクの粉を柔らかい海綿状のスエードで包んであるため衝撃吸収力があり, 健康志向でデザインもよい. ヘブライ語で "oasis" の意味.

**Nap Pals** ナップパル
米国 Playskool, Inc. 製の子供の昼寝用マット.

**Nasaline** ナサリン
スウェーデン ENTpro AB 製の生理食塩水の鼻腔洗浄キット. 花粉症にも使われる. 米国市場へは米国 Camexco, Inc. が扱う.

**Nash** ナッシュ
米国 Nash Motors Co. の略・通称, 同社製の乗用車. 同社はもと General Motors の社長 Charles W. Nash が 1910 年に Rambler の会社を買い取って創業, 最初の Nash 車は 1918 年に登場. Nash 社は 1937 年に Kelvinator Corp. に吸収され, Nash はその一部門として Nash 名の車を市場化していたが, 1957 年型を最後に生産が打ち切られた. 同ブランドでトラックも製造. ⇨ AMC.

**Nasonex** ネイソネックス
米国 Schering Corp. (Merck* の子会社) 製の, 花粉, ペット, 埃などに対する鼻アレルギー用スプレー式点鼻薬 (nasal spray). "Fewer sneezes. Fewer worries." とうたう.

**Nastro Azzurro** ナストロアズーロ
イタリア Birra Peroni 製のビール. 1963 年発売. イタリア語で blue ribbon の意.

**Natalins RX** ナタリンス RX
米国 Bristol-Myers Squibb 製の妊産婦用ビタミン・ミネラル補給剤. ⇨ Bristol-Myers Squibb.

**Nathan's Famous** ネイザンズフェイマス
米国 New York 市の, Nathan's

Famous, Inc. 系列のホットドッグ専門チェーン店. Nathan Handwerker と妻の Ida が Coney Island にある店を 1916 年開店, New York のホットドッグ店としては最も有名. Times Square その他にも出店. 1890 年代に屋台地主 Charles Feltman が, リゾート地の Coney Island で, 一つ 10 セントで売り始めたのが, ホットドッグの始まりといわれるが, その店で働いていたポーランドからの移民 Nathan Handwerker に, 客の 2 人の貧乏なボードビリアンが「君自身のお店を持って, 5 セントで売ってこの店に対抗しては?」と提案したのが起源. 調理法は未だに Nathan の妻 Ida がやっていた通りといわれ, 羊の腸の皮に詰められた 100% ビーフのソーセージをグリルして(ボイルしてはいない)供されている. ★ セクシー女優 'It Girl' として, 1920 年代後半に一世を風靡した Clara Bow は, 家計を助けるために 1920 年代初頭に短期間, Nathan's の店でアルバイトをしていたが, 美人コンテストに優勝して映画界からスカウトされ, やめてしまった (Nathan's の常連の芸能エージェントが引き抜いたともいわれる).

**National**　ナショナル
米国 Kimball International, Inc. 製のオフィス用家具. 1950 年より製造. 木製のオフィス用家具では米国屈指の存在. ⇨ Kimball.

**National**　ナショナル
米国 Missouri 州 Clayton に本部があるレンタカー会社 National Car Rental. Alamo Rent a Car や Enterprise Rent A Car を所有する Enterprise Holdings の所有. 1947 年創業.

**National Enquirer**　ナショナルインクワイヤラー
米国 American Media, Inc. 刊の週刊のタブロイド紙. 1926 年創刊. 徹底した俗物性・ゴシップ精神・ギャグ感覚にあふれ, 古今東西の有名人(および無名人)の珍談奇談が満載されている. スーパーマーケットを通して読者にわたるため supermarket tabloid と呼ばれる. 発行部数は約 80 万部.

**National Geographic**　ナショナルジオグラフィック
地理学知識の普及を目的とした非営利的な米国の科学教育団体 National Geographic Society (本部は Washington, D.C.) の会報で, 市販もする月刊誌. 以前は *National Geographic Magazine* といった. 同団体の発足と同じく 1888 年創刊. 創刊 100 年後に発行部数 1000 万部を突破した. 世界中の珍しい自然や風俗・動物などを, 写真を中心に紹介する. 1910 年 11 月号よりカラー化.

**National Lampoon**　ナショナルランプーン
米国の学生・社会人向けパロディー月刊誌. 1970 年創刊, National Lampoon Communications, Inc. 刊. 比較的あかぬけした誌面作りと反骨精神にあふれたギャグが売り物. 1970 年代半ばには 100 万部近く発行されたが, 1980 年代に入ってから販売不振となり, 1998 年廃刊.

**National Review**　ナショナルレヴュー
米国 New York 市の National Review, Inc. 刊の隔週刊総合誌で, 右翼的政治評論が中心. 1955 年創刊. 現在はオンライン版の NRC (National Review Online) が毎日更新され, 100 万回アクセスされるほどの人気である.

**Nationwide**　ネイションワイド
英国の世界最大の住宅金融組合 Nationwide Building Society. 1884 年設立. 預金と住宅ローンの分野を始めとするほとんどの銀行業務で銀行と競合している.

**NatraTaste**　ネイトラテイスト
米国 Stadt Holdings Corp. 製の人工甘味料. Natra Taste Blue や Natra Taste Gold がある. 他社による同種の商品名 Equal* (あるいは Splenda*)

を含んだうたい文句は "Same Sweetener as Equal [または Splenda] at a Sweeter Price".

**Nat Sherman**　ナットシャーマン
⇨ MCD.

**Natural Furs**　ナチュラルファーズ
カナダの毛皮製品メーカー Natural Furs International Inc. (1947 年創業) の略・通称, そのブランド. 補修・クリーニング・保管のサービスや古い製品のリメークも扱う.

**Natural Instincts**　ナチュラルインスティンクツ
米国 Procter & Gamble* のパーソナルケア部門 Clairol* 製のヘアカラー. アンモニアを含まない製品.

**Naturalizer**　ナチュラライザー
米国の靴メーカー Brown Shoe Co., Inc. (1878 年創業) 製の婦人靴, およびそれを売る小売りチェーン店. このブランドは 1927 年から発売.

**Natural Light**　ナチュラルライト
米国 Anheuser-Busch Cos., Inc. 製の低カロリーのライトビール. 1977 年より発売. ⇨ Budweiser.

**Nature**　ネイチャー
英国 Nature Publishing Group 刊行の科学誌. 週刊. 1869 年創刊.

**Nature's Plus**　ネイチャーズプラス
米国 Natural Organics, Inc. (Gerald Kessler が 1972 年創業) 製のビタミン剤・ミネラル剤などのブランド. "The Energy Supplements" とうたう.

**Nature Valley**　ネイチャーヴァレー
米国 General Mills* 製のグラノーラバー (granola bar). 1975 年発売. 保存料・添加物を使っていない高蛋白スタミナ食品として, 運動選手や発育期の子供に最適とされ, 人気がある.

**Naugahyde**　ノーガハイド
米国 The Naugahyde Co. (Uniroyal Engineered Products LLC の一部門) 製の, ソファーなどの家具やスーツケースの外張りに用いる人工皮革. ビニールやゴムで表面加工した布で, 皮革に似せたシボ (grain) の仕上げがしてある. 初めて製品が製造された Connecticut 州のゴム製造で有名な町 Naugatuck と, hide (「獣の皮」) の合成による命名. 同社のマスコットキャラクターでもある Nauga (架空の生物) の皮を使っていると宣伝する.

**Nautilus**　ノーチラス
米国の健康・フィットネス器械を製造・販売する Nautilus, Inc. (1986 年に Bowflex of America, Inc. の社名で創業), またそのブランド. 現在の同社ブランドには Bowflex, Schwinn Fitness, Universal がある.

**Nautor's Swan**　ナウターズスワン
フィンランド Oy Nautor AB 製のヨットのブランド. 同社は Pekka Koskenkylä が 1966 年に創業.

**Navy Cut**　ネイヴィーカット
⇨ Player's Navy Cut.

**Nazareno Gabrielli**　ナザレノガブリエリ
イタリアの皮革製品のメーカー, そのブランド, その店. 1907 年に Nazareno Gabrielli (1869–1943) が, 革表紙製本の小さな工房として創業, その後皮革事務用品や宝石箱・ソファーなどを手がけるようになった. 1929 年に Savoia 王家の専用列車内の革装飾を担当. バッグの製造は, 1968 年から.

**NCR**　NCR
米国の経営情報処理システム・キャッシュレジスター・加算機・コンピューター・OA 機器・銀行の ATM などのメーカー (NCR Corp.), そのブランド. 同社は 1884 年創業. NCR は National Cash Register の略. 初代社長 John Henry Patterson は, もと Miami の運河の通行料金徴収係で, 副業として石炭の仕入れをやっていたが, 店員が店の金に手を付けるのに業を煮やし, キャッシュレジスターを買い込み, その製品の将来性に着目し, そのメーカーを買い取って社長になっ

た.

**Neaverson** ニーヴァーサン
英国 A. Neaverson & Sons Ltd. 製の犬舎・庭の物置小屋 (garden shed)・猫舎 (cattery)・ガレージなどのメーカー.

**Necci** ネッキ
イタリアのミラノのミシン製造会社 (Alpian Italia SpA の一部門), そのブランド. 最初のミシンは 1919 年発売. 1959 年には Sophia Loren が広告モデルになった.

**Necco** ネッコ
米国の菓子製造会社 New England Confectionery Co. の頭文字を取って作った社名(1901 年創業). Necco Wafers は創業時からのブランド. Sweethearts Conversation Hearts (バレンタインデー時期に発売されるハート型キャンディー), Clark Bar (ミルクチョコレートピーナッツバターバー), Haviland Thin Mints などがある.

**Neiman Marcus** ニーマンマーカス
米国 The Neiman Marcus Group が運営するデパートチェーン. 1907 年 Texas 州 Dallas で創業. 'Harrods of the Wild West' の異名をもつ. 共同創業者の Herbert Marcus と, その妹の夫 Abraham Lincoln Neiman の姓に由来.

**Nelsons (of Aintree)** ネルソンズ(オブエイントリー)
英国 Nelsons of Aintree Ltd の略・通称, 同社製のジャムとマーマレード. 1920 年代から製造. 10 年熟成の Tomatin ウイスキー入りのオレンジマーマレードが高い評価を得ていた. 同社は 2001 年 Premier Foods が買収した.

**Nembutal** ネンブタール
または Nembutal Sodium. 米国 Abbott Laboratories 製の催眠・鎮痛薬. ストリートドラッグ (street drug) として乱用される. Marilyn Monroe の死因はこの薬のカプセルの服用過多. 錠剤は 1960 年代には "Yellow Submarine" と呼ばれた. ★ この薬を指す俗語には nembie, nebbie, nemmie, neb がある.

**Neosporin** ネオスポリン
米国 Johnson & Johnson* 製の抗生物質の軟膏. 皮膚・眼の炎症の治療などに使われる. 傷口からの感染予防のほか, ドライリップスに使う Neosporin Lip Health, スプレーの Neo To Go! もある. 抗バクテリア剤の polymyxin B sulfate, neomycin sulfate, bacitracin zinc を含む調合剤.

**Neo-Synephrine** ネオシネフリン
米国 Bayer HealthCare LLC 製の鼻充血除去のための鼻腔スプレー (nasal spray). 市販薬.

**Ne Plus Ultra** ネプラスウルトラ, ヌプリュユルトラ
スコットランド John Dewar & Sons Ltd 製の, 12 年熟成のブレンデッドウイスキー. フランス語で「これ以上のものはない」の意. ⇨ Dewar's.

**Nerds** ナーズ
米国 Willy Wonka Candy Co. のブランドで製造販売されるキャンディ. 小粒で, 形は不ぞろい, いろいろなフレーバーがある. 1983 年 Kevin Ruby Deering が開発した. 別々になった 2 種類のフレーバーのものが 1 箱にパックされた 2-flavor pack が受けている.

**Nerf** ナーフ
米国 Hasbro* 製のシューティングトイで, 弾は安全なスポンジ製ソフト弾. 1969 年に開発したのはもとの会社 Parker Brothers のゲーム開発者 Reyn Guyer. ロゴは NERF.

**Nescafé** ネスカフェ
スイス Nestlé* 製のインスタントコーヒー. 1938 年に発売された世界最初のインスタントコーヒー. Nestlé と, フランス語のコーヒー 'café' の合成による命名.

**Nest-Kart** ネストカート
米国 Folding Carrier Corp. 製のスーパーマーケット用ショッピングカート. 現在の形態のものは 1947 年に登

場．★ショッピングカートは1936年にSylvan N. Goldmanが考案し，翌年より彼の会社が量産を始めた．

**Nestlé** ネスレ(社)
スイスの食品メーカー Nestlé S.A. の略・通称，そのブランド．1866年に Henri Nestlé が Anglo-Swiss Condensed Milk Co. として設立．"Good Food, Good Life" とうたう．

**Nettuno** ネッツーノ
イタリアの靴メーカー，そのブランド．同社は1946年創業．Nettuno とはギリシャ神話の海神 Neptune の意で，同社のマークはその三つ又槍．

**Neuhaus** ノイハウス
ベルギー Neuhaus N.V. (1857年 Jean Neuhaus が創業) の略・通称，同社製の高級チョコレート．ベルギー王室御用達．

**Neuragen** ニューラゲン
カナダの Origin BioMed, Inc. (2001年創業) 製の100%植物性オイルの外用鎮痛剤．帯状ヘルペスや糖尿病性の手足の痛みなどがある場合，患部に塗ってマッサージする．風呂に数滴入れて使用することもできる．"Nerve Pain Relief Night and Day" とうたう．Walgreens* や Rite Aid* のようなドラッグストアで処方箋なしで購入可能．

**Neutrogena** ニュートロジーナ
米国の Neutrogena Corp. (1962年創業) の略・通称，同社製のスキンケア・ヘアケア化粧品・浴用剤など．

**New American Library** ニューアメリカンライブラリー
New York 市に本部がある出版社．1948年創業．Penguin Group 傘下．Plume, ROC, Signet, Orynx, Obsidian などの出版社 (imprints) を持つ．

**New Amsterdam** ニューアムステルダム
米国 New York 市の New Amsterdam Brewing Co. の略・通称，同社製のビール．黒ビールにやや近いビール．

**New & Lingwood** ニューアンドリングウッド
英国のシャツ・靴などの販売をする総合紳士洋品店，その製品．Eton 校の学生向きに Elizabeth New と Samuel Lingwood が1865年に開店．

**New Balance** ニューバランス
米国 New Balance Athletic Shoe, Inc. 製のスポーツシューズなど．1906年土踏まずの部分の緩衝材 (arch support) を作る会社として創業した．

**New Freedom** ニューフリーダム
米国の1970年代の Kimberly-Clark* 製の生理用ナプキン．Funnel-Dot と称するくぼみが多数プレスされていた．キャッチフレーズは 'The dots say nice and dry'.

**Newman's Own** ニューマンズオウン
米国の俳優の Paul Newman (1925–2008) と作家 A. E. Hotchner (1920– ) が1982年に設立した，Newman's Own, Inc. 製のサラダドレッシング・マリネード・サルサソース・ワイン・ステーキソース・ポップコーンなど．同氏の顔の絵がラベルに大きく描かれている．利益はすべてチャリティー事業へ寄付．

**New Musical Express** ニューミュージカルエクスプレス (**The** ～)
英国のロック専門の週刊誌．IPC Media (Time Inc. 傘下) 刊．1952年創刊．ポップミュージックの定期刊行物の中では最大級の発行部数を誇る．略 NME.

**Newport** ニューポート
米国 Lorillard Tobacco Co. 製のフィルター付きメントール紙巻きたばこ．1957年発売．2005年の調査では，アフリカンアメリカンが購入したたばこの49.5%がこの銘柄であった．⇨ Camel.

**New Republic** ニューリパブリック (**The** ～)
米国 Washington, D.C. で刊行されている，進歩的知識人の意見を代表するといわれる月2回刊行される評論誌

(editorial magazine). 1914年創刊. 政治評論が中心だが, 文学・演劇・映画などの批評も充実している. 発行部数は約5万部. 略 TNR.

**New Scientist** ニューサイエンティスト (The ～)
最先端の科学・技術に関する情報や解説記事を載せた英国の週刊誌. Reed Business Information Ltd 刊. 1956年に創刊.

**News Corporation** ニュースコーポレーション(社) (The ～ Ltd.)
オーストラリア出身で1985年に米国市民権を得た Rupert Murdoch (1931- ) の経営する, 新聞・雑誌などの買収・所有を行なう世界的な複合メディア企業 (media conglomerate). 英・米・オーストラリアなどに80以上のメディア機関を擁し, オーストラリア唯一の全国紙 The Australian, London の The Times, New York の New York Post, The Brooklyn Paper, Bronx Time-Reporter, The Wall Street Journal などの新聞のほか, 映画会社 Twentieth Century Fox Film, 出版社 HarperCollins, テレビネットワーク Fox Broadcasting Co. などを所有.

**New Statesman** ニューステイツマン (The ～)
英国 London に本部がある左翼系の政治・文学の週刊誌. 1913年創刊.

**Newsweek** ニューズウィーク
米国 New York 市の Newsweek, Inc. が発行している, 政治・経済の報道を中心とする週刊誌. 1933年創刊. 1937年までの誌名は News-Week だった. Time に比べるとリベラルで, 文章も凝りすぎたところがなく平易・簡明. 発行部数約200万部. Washington Post 紙の傘下にあったが, 経営難のため2010年実業家 Sidney Harman に売却された.

**New Trail** ニュートレイル
米国で1980年代に当時の Hershey Chocolate U.S.A. が製造していたグラノラバー (granola bar). ピーナッツバター・チョコレート・蜂蜜グラハム・ニッキ味のものなどがあったが, 1984年にチョコレートチップ・アップル・ピーナッツバターチョコレートチップの味の3種が加わり一層人気が出た.

**New York** ニューヨーク
米国 New York 市の週刊シティーマガジン. New York Media LLC 刊. ニューヨーク生活情報誌. 映画・テレビ番組・劇場・レストランの情報欄が豊富. 1968年創刊.

**New York Amsterdam News** ニューヨークアムステルダムニュース
米国 New York で発行している, 黒人による黒人のためのタブロイド版週刊新聞. かつては Adam Clayton Powell や Malcolm X などもコラムを執筆した. 1909年 James Henry Anderson が創刊. ウェブサイトも開設.

**New Yorker** ニューヨーカー (The ～)
米国 Condé Nast Publications が刊行している, 都会的で洗練された雑誌. 年47回発行. 100万部を超える発行部数がある. 1925年2月に名物編集長 Harold Wallace Ross (1892-1951) が創刊, 創刊号から一貫して表紙は絵を使い, 本文には広告以外は写真を使わない. 短編・美術批評・漫画などは高い評価を受け, 数々の作家・漫画家・ジャーナリストを世に送り出した.

**Niagara** ナイアガラ
米国製の洗濯用スプレー糊 (spray starch). 原料はトウモロコシ. 現在は Phoenix Brands LLC のブランド.

**Nice'n Easy** ナイスンイージー
米国 P & G-Clairol, Inc. 製のヘアカラー. ロゴはすべて小文字.

**Nice n Easy** ナイスンイージー
米国 Alumin-Nu Corp. 製の家屋・モービルホーム用クリーナー. アルミニウムやビニール壁板にも安全. ほかに, 蚊の発生を防ぐために水に入れる液や, 池・湖の水質を浄化して藻

の発生をおさえる液, 噴水を浄化する液などもある.

**Nickelodeon**　ニコロデオン
米国の幼児および児童向け番組専門のケーブルテレビチャンネル. 通常 Nick と略される. MTV Networks の運営. 1979 年開設, 7 年間に 2600 万人の視聴者を獲得し, 1986 年 7 月からは 24 時間放送になった.

**Nicolai**　ニコライ
米国 Sazerac Co., Inc. 製のウオツカ.

**Nicorette**　ニコレット
米国の GlaxoSmithKline Consumer Healthcare, L.P. 製の禁煙補助剤 (smoking cessation aid). ガムとトローチがある.

**Nido**　ニド
スイス Nestlé* 製の粉ミルク. 1944 年から発売. 1998 年 Borden, Inc. から買い取った粉ミルクブランド KLIM に取って代わられた市場もある.

**Nielsen**　ニールセン(社)
世界的なマーケティング・広告リサーチ会社である米国の The Nielsen Co. の略・通称. 1923 年創立. テレビの視聴率調査 Nielsen Media Research やマーケティング情報の Nielsen Consumer で知られる.

**Nike**　ナイキ
米国のスポーツシューズ・スポーツウェアなどのメーカー (Nike, Inc.), その靴. 本社は Oregon 州, 工場は Maine 州にある. もと Oregon 大学の 1 マイル競走選手 Phil Knight と, 同大学のトラック競技のコーチで, 米国製のランニングシューズは重すぎて不格好だという主張を長年持っていた Bill Bowerman が, 1962 年に創業. 当初彼らは, 500 ドルずつを出しあって 300 足の日本製品(オニツカのタイガー)を買い込んで, 西部諸州でそれを売った. 1972 年にマラソンのオリンピック予選が Oregon 州 Eugene で行なわれた際, 同社はランナーを説得して同社の開発した製品をはいてもらった. その結果「トップでゴールインした 7 人のうち 4 人までが」Nike の靴をはいていた, という広告をすることができた(その広告は, 1 着-3 着のランナーが西ドイツ(当時)の Adidas* の靴をはいていたことにはふれていなかった). 1970 年代にはジョギングが米国でブームになったが, 同社の靴は 1972 年に市場化されると, 瞬く間に同種製品のトップブランドとなった. 靴側面にデザインされた三日月形のシンボルマークの 'Swoosh' は, ギリシャ神話の勝利の女神 Nike の翼を表わしている. 今日, 靴の大半はアジアのメーカーで下請け生産されている. ランニング用・テニス用などのスポーツウェアやレジャーウェアも手がけている.

**Nikita**　ニキータ
ドイツ Doornkaat AG 製の, 小麦を原料としたウオツカ. Nikita はロシアでポピュラーな名前.

**Nikoban**　ニコバン
かつての英国 Beecham Group plc 製の喫煙抑制ドロップ (smoking detergent). 主成分は lobeline sulfate で, チェリーまたはミントの味付けがなされている. 現在は生産されていない. nicotine と ban の合成による命名.

**Nilla**　ニラ
米国 Nabisco* 製の丸い形のウエハースクッキー (wafer cookies). 牛乳と一緒に食べるスナック菓子として好まれる. 1968 年に商標登録. 名前はその味の vanilla から.

**Nilodor**　ニロドール
米国のペットによる臭気コントロール・カーペットケア製品メーカー Nilodor, Inc. (1985 年創業)の略・通称, そのペット用デオドラントシャンプー・エアフレッシュナーや部屋に散布する除臭剤・除菌クリーナーなど. 米国では Lysol* に次いでポピュラー.

**Nilosol**　ニロゾール
米国 Nilodor* 製の除臭剤・除菌クリーナー.

**Nina Ricci** ニナリッチ
フランスの高級衣料品や香水などのブランド. 1932年, イタリア Torino (Turin) 生まれの女性 Nina Ricci (1883-1970) と息子 Robert が創業.

**9Lives** ナインライヴズ
米国 Del Monte* 製のキャットフード. "Finicky About Nutrition" とうたう. パッケージやテレビコマーシャルに登場する猫は Morris the Cat. ★英米では「猫は九つの命をもつ(なかなか死なない・しぶとくて執念深い・殺すとたたる)」と言われる.

**Nine West** ナインウエスト
米国 The Jones Group Inc. (1970年 Sidney Kimmel が W.R. Grace & Co. の Jones Apparel Division として創業したのが始まり)製の婦人靴・ハンドバッグ・スポーツウェアなど多くの製品のブランド. 1978年 New York 市の 9 West 57th Street で設立した所からの命名. 同社には Jones New York, Anne Klein, Kasper, Easy Spirit, Gloria Vanderbilt, Bandolino, l.e.i などのブランドがある.

**Nino Cerruti** ニーノセルッティ
⇨ Cerruti 1881.

**Nissen** ニッセン
デンマークの木製食器メーカー Richard Nissen A/S の略・通称, そのブランド. 同社は 1890年創業. ワインラックも製造. 1991年 BODUM (1944年 Peter Bodum が創業した家庭用品メーカー)が買収した.

**Nivea** ニベア, ニヴェア
ドイツの Beiersdorf AG (1882年創業) が 1911年に開発したスキンクリームなどのスキンケア用品. 名前はラテン語の niveus (「雪のような」(snowy)の意)の女性形 nivea から.

**Noblet** ノブレット
1750年創業のフランス G. Leblanc Cie 製のクラリネットなど. 1750年から. 米国では Wisconsin 州の G. Leblanc Inc. が販売.

**Noblot** ノーブロット
米国 Sanford L.P. (もとのメーカー Eberhard Faber を 1994年に買収した)製のインク鉛筆 Sanford Noblot Ink Pencil 705 を指す. 書いたときは鉛筆の文字で, 数か月から1年経つと青インクの筆跡に変化し, 消しゴムでは消えなくなる. 1本でインク1びん分に相当する筆記距離があることがうたい文句で, "A bottle of ink in a pencil." がキャッチフレーズ.

**No-Cal** ノーカル
米国 New York 州で 1952年ロシアからの移民の Hyman Kirsch と息子 Morris が開発し発売したダイエット飲料. もともとのメーカーは No-Cal Corp. Coca Cola Co. と Pepsico との競争でシェアを失い市場から消えた. 2005年に, INOV8 Beverage Co. LLC が4種類のフレーバーで復活させた. ⇨ Canada Dry.

**Nocona Boots** ノコナブーツ
米国のウェスタンブーツのメーカー, そのブランド. 特にカウボーイブーツが有名. 同社は, Enid Justin が父親の製造技術を守って Nocona Boot Co. を 1925年に Texas 州 Nocona で創業して始まった. 1981年 Justin Industries (Justin Boot Co. の親会社)と合併. ⇨ Justin.

**Nodor** ノードー, ノドア
英国製のダーツ用品メーカー, そのブランド. 1932年から. "First and Still the Finest" とうたう.

**No Gray** ノーグレイ
米国 DevelopPlus, Inc. 製のヘアカラーに混ぜて使用する添加剤. ヘアカラーの色を保ち, 白髪を目立たないようにする. "Just add to your haircolor" とうたう.

**Noilly Prat** ノイリープラット
フランス Bacardi & Co. Ltd. 製のヴェルモット. Louis Noilly が 1813年に開発.

**Nokia** ノキア
フィンランドの通信機器メーカー Nokia Corp. の略・通称およびその製

品．携帯電話端末の売り上げは世界有数の会社．1865年 Fredrik Idestam (1838-1916) により製紙会社として創業．社名は社の製紙工場がフィンランドの Pirkanmaa 県にある Nokia という町の近くにあったことに由来する．商標．

**Nomad** ノーマッド
米国の Skyline Corp. (1951年創業)製の旅行用ハウストレーラー．Nomad と Nomad Ultra-Lite がある．

**Nomex** ノーメックス
米国製の，飛行服や消防士の耐火服の素材となる布地．DuPont* の登録商標．

**None Such** ノンサッチ，ナンサッチ
米国製のミンスミート (mincemeat)．ミンスパイ・マフィン・クッキーなどを作るのに使われる．1885年発売．Borden の登録商標で，現在は Eagle Family Foods, Inc. 製．

**NoNonsense** ノーナンセンス
米国のかつての Sheaffer Eaton Div. (Textron, Inc. の一部門) 製の1980年代の，安価な太軸ボールペンとペン．

**Norandex** ノーランデクス
米国で1946年創業の建築資材供給会社 Norandex Building Materials Distribution, Inc. の略・通称．"Bringing Your Dreams Home" とうたう．

**Nordica** ノルディカ
イタリアのスキー靴などのメーカー Nordica S.p.A. (1939年創業)，そのブランド．

**Nordic Ware** ノルディックウェア
米国の台所用品メーカー，そのブランド．耐熱皿 (bakeware)・料理用具 (cookware)・台所用品 (kitchenware)・電子レンジ用品・アウトドア用料理器具など．1946年創業．電子レンジ料理器具の草分けで，Micro-Go-Round (レンジ内で自動的に回る回転皿 (automated food rotator)) が有名．米国では3軒に1軒の家が同社製品を使用していると言われる．

**Nordstrom** ノードストローム
米国の百貨店チェーン．1901年に Washington 州 Seattle 市に小さな靴の専門店として John W. Nordstrom と Carl F. Wallin が創業．季節遅れの在庫処分品をセルフサービス方式で売る Nordstrom Rack [在庫処分品の靴が 'racks' (陳列棚)に並べられたことから]という店舗もある．初期の Nordstrom の社員たちは自分たちのことを "shoe dogs" と呼んでいたという．今日の社員たちは Nordie という愛称 [<Nordstrom + -ie] で呼ばれることを気に入っているという．

**Norelco** ノレルコ
米国製の電気かみそり (Norelco Tripleheader など)などのブランドで，現在は Philips Norelco 製．Norelco は，*Nor*th American Philips *El*ectrical *Co*mpany を短縮したもの．コーヒーメーカー (Norelco 10 など)・テープレコーダーなどが知られる．

**Norma Kamali** ノーマカマリ
米国の服飾デザイナー Norma Kamali (1945- ) の作品のアパレルブランド．1971年，パラシュートの素材を用いたパラシュートクロージングを発表．1975年，寝具の中綿を用いて肉厚で軽いスリーピングバッグコートを発表．ファッションにスウェット素材を用いたため「スウェットの女王」とも呼ばれる．

**Norman Hartnell** ノーマンハートネル
英国のデザイナー Sir Norman (Bishop) Hartnell (1901-79) および彼の後継者のデザインした高級婦人服，そのブランド，その London の Savile Row 店．1935年より英王室御用達で，1953年にはエリザベス女王戴冠式用の衣裳をデザイン．1977年にナイトの称号を受けた．

**Northern Hardwoods Frames** ノーザーンハードウッズフレームズ
米国の木製フレームメーカー．1980年からステンドグラス用の U 字型フ

### North Face  ノースフェース (The ~)
米国製のアウトドア用品. 1968年創業. 現在は VF Corp. のブランド. North Face とはアイガー (Eiger) の北壁のこと.

### Northrop  ノースロップ(社)(~ Corp.)
米国の航空機メーカー. 1939年にもと Lockheed 社専属の航空機設計者 John Knudsen Northrop (1895–1981) が, 副社長兼主任設計者となって設立. 1960年代以降, T-38 超音速練習機とその軽戦闘機型の F-5 シリーズをヒットさせ, また最新鋭の米海軍用戦闘/攻撃機である F/A-18 の原型の YF-17 の設計も手がけた. F/A-18 の量産は主に McDonnell Douglas* が担当しており, Northrop は 40% 分の下請けを行なっている. J. K. Northrop は, 彼の設計した 2 種の翼胴一体機 (flying-wing) が空軍に採用されなかったのを悲観して 1952 年に引退した. しかし同社が設計を手がけ, 極秘扱いされてきた米空軍の次期戦略爆撃機で, レーダーに映りにくいステルス (stealth) 機である B-2 は, 1988 年 11 月に突然公表されたが, 一種の翼胴一体機で, Northrop の夢が 40 年近くを経てようやく実を結んだものといえる. 1994 年に Grumman Corp. (1930 年創業)と合併した.

### North Star  ノーススター
スイス Lausanne に本拠を置く Bata Brands SA (1894 年創業)製のカジュアルシューズ. 同社は世界五大陸で 5,000 店舗を展開.

### North Star  ノーススター
英国 Cornwall の The Wool Co. 製の毛布.

### Norton  ノートン
英国 Norton Motorcycles Ltd 製のオートバイ. 1898 年 James Lansdowne Norton が創業. Commando のシリーズが有名. Triumph* や BSA* と並び, 英国を代表するバイクだったが, 日本製オートバイなどに押されて, 1977 年に生産中止となった.

### Norton Internet Security  ノートンインターネットセキュリティ
米国の Symantec Corp. 製のインターネットセキュリティ保護のためのソフトウェアを含む製品. パッケージ販売とダウンロード販売の 2 通りある. 商標.

### Norvic  ノーヴィック
英国 Norvik Shoe Co Ltd 製の子供靴のブランド. 1846 年から. ラテン語の Norvicensis ('of Norwich' の意) を縮めて命名.

### Norwich  ノーウィッチ
米国 Chattem Consumer Products 製の鎮痛薬 (Norwich Aspirin). 市販薬. 1907 年より製造されている.

### No.7  ナンバーセブン[セヴン]
英国製の化粧品. 英国でポピュラーな Boots (UK Ltd) という薬局チェーン店の自社ブランド商品. ⇨ Boots.

### Novachord  ノヴァコード
米国 Hammond Organ Co. 製の, やや小型の電子オルガン (spinet) に似た電子鍵盤楽器. オルガン・ピアノ・弦楽器・木管楽器に近い様々な音や, これらを組み合わせた音を出すことができた. 1939–1942 年の間製造された. ⇨ Hammond Organ.

### Now  ナウ
米国の RJR Nabisco, Inc. 製の, 超低タールのフィルター付き紙巻きたばこ. 1970 年代末に発売. 長さ 100 mm のものもある. ⇨ Camel.

### Noxzema  ノグゼマ
米国 Alberto-Culver 製の洗顔に使う消毒用スキンクレンザー・スキンクリーム・ローションなど. にきび治療にも効果がある. Baltimore の薬局の主人 George Evary Banting が 1914 年に日焼け治療クリームとして完成. 会社組織化は 1917 年. 客の一人が「このクリームが私の eczema (湿疹) を knock out してくれた」といったと

## NSU

ころから 'Knocks eczema' を縮めて商品名とした.

**NSU** NSU
ドイツの自動車メーカー NSU Motorenwerke AG の略・通称. 同社製の乗用車. 同社は 1873 年に Stuttgart 南方の都市 Neckarsulm でミシンのメーカーとして創業, NSU はその地名の略. 1906 年から製造された最初の NSU 製の車である Pipe は, ベルギー車のライセンス生産品. その後自社設計のものに加え, Fiat* などの外国車のライセンス生産も行なった. 同社は 1965 年に Volkswagen* に買収され, 現在はその傘下の Audi* の一部となっている.

**Nu Gauze** ニューガーゼ
米国 Johnson & Johnson Consumer Products, Inc. 製のガーゼ (sponge). 傷口の洗浄や包帯などのために使用する.

**Nuk** ヌーク
米国 Gerber Products Co. 製のおしゃぶり (pacifier). ただのおしゃぶりではなく, "orthodontic pacifier" で, 赤ん坊の舌, 口蓋 (palate), 顎の自然な発達を助けるという. ⇒ Gerber.

**Nulon** ニューロン
英国 Keyline Brands Ltd 製のハンドクリームなどのブランド.

**Nupercainal** ニューパーカイナル
米国 Novartis Consumer Health 製の局部麻酔薬として使われる市販薬の軟膏.

**Nuprin** ニュープリン
米国 Bristol-Myers Co. 製の鎮痛薬・抗関節炎薬・解熱薬・非ステロイド系抗炎症薬として使われる市販薬. 錠剤とカプレット (caplet) がある. 1986 年に, McNeil Lab, Inc. 製の Extra-Strength Tylenol よりも Nuprin のほうが優れているというテレビコマーシャルを流したため, 両社の法廷での争いがあった.

**Nurse Mates** ナースメイツ
米国 Söfft Shoe Co. 製のナースシューズ・ソックス・時計・バッグなど. Sears の通信販売網でも売られておりポピュラー.

**Nu-Salt** ニューソルト
米国 Cumberland Packing Co. 製の料理に使う食塩代用品 (salt substitute). ナトリウムが含まれていない.

**NuSal-T** ニューソルティー
米国 DVM Pharmaceuticals 製の犬猫用のシャンプー.

**Nu Skin** ニュースキン
米国 Nu Skin Enterprises, Inc. の略・通称. 同社は日用品・化粧品・栄養補助食品の開発製造・販売, およびインターネット関連事業を行っている企業. スキンケア・ヘアケア・ボディーケア製品. 直流電気を使った肌の老化を防ぐための ageLOC 製品が知られている.

**NuTone** ニュートン
米国 Nutone Inc. 製のレンジフード・天井扉・セントラルバキュームシステム・ドアチャイム・作り付けアイロン台・メディシンキャビネット・ホームシアター・インターコムシステム・排気システム (換気扇など) など.

**Nutradiet** ニュートラダイエット
米国 S & W Fine Foods, Inc. 製の低カロリーの人工甘味料 (sweetener).

**NutraSweet** ニュートラスウィート
米国 The NutraSweet Co. 製のアスパルテーム (aspartame). 人工低カロリー甘味料の一種. もと, Illinois 州の G. D. Searle & Co. の化学者 James M. Schlatter が発見した. 同社は 1985 年に Monsanto Co. に買収された.

**Nuutäjarvi** ヌータヤルヴィ
フィンランド Nuutäjarvi 村にあるガラス工場, そのブランド. 1793 年創業で, 1988 年イッタラ (iitala) と合併. 現在はビンテージとしての人気がある.

**Nuvan Prostrips** ニューヴァンプロストリップス

300

米国 Amvac Chemical Corp. 製の殺虫剤ブランド.

**NYC New York Color** NYC ニューヨークカラー
米国 Coty USA LLC 製の化粧品. ロゴマークの N Y C の N は青色, Y は黄色, C は紫色.

**Nylex** ナイレックス
オーストラリアの雨水貯蔵タンク (rainwater tank) のメーカー, そのブランド. 消防用水のための大型タンクから家庭用の貯水タンクまである.

**Nylex** ナイレックス
英国 Progress Vulfix Ltd 製のシェービングブラシ・ベビーボトルクリーニングブラシなど. 同社は 1954 年からマン島 (the Isle of Man) に拠点を置いている.

**Nymphemburg** ニュンフェンブルク
ドイツ München の陶磁器メーカー, そのブランド. 1747 年に Bayern (Bavaria) 王国の王窯として創業.

# O

**O, The Oprah Magazine** オー，ザオプラマガジーン
米国のテレビホスト・女優・プロデューサー・社会奉仕家の Oprah Winfrey と Hearst Corp. が創った月刊誌. 創刊号は 2000 年に発行し, 発行部数は約 250 万部. しばしば O の略称で呼ばれる.

**Oakland** オークランド
米国の乗用車メーカー Oakland Motorcar Co. の略・通称, 同社製の車. 1907 年発売. 1931 年生産終了. ⇨ Pontiac.

**Oakley** オークリー
米国の Oakley, Inc. の略・通称, 同社製のサングラス・衣料品・時計など.

**Oasis** オアシス
米国 Smithers-Oasis Co. 製の, 生け花で切り花を刺したりするのに用いる軟らかい透水性のブリックなど (floral products). 1954 年 V. L Smithers が吸水スポンジを開発して創業.

**Oat Bran** オートブラン
米国 The Quaker Oats Co. 製の燕麦 (カラスムギ) 素材のシリアル. 高繊維・低脂肪. 同種のもので Kellogg's* は Gracklin' Oat Bran を発売している.

**O.B.** O.B.
米国 Personal Products Co. (McNeil-PPC, Inc. 傘下) 製の生理用タンポン. 1940 年代にドイツの女性産婦人科医 Dr. Judith Esser Mittag が開発. 商品名は小文字で書かれる. ドイツ語の 'ohne binde' ('without a pad' ナプキン不要) の頭文字. "mighty. small." とうたう.

**O'Brien** オブライエン
米国製の水上スキー用品・ウェイクボード (wakeboard) などのブランド. 創業者 Herb O'Brien の名前から. ⇨ Coleman.

**Observer** オブザーヴァー (The ～)
英国 Guardian Media Group が刊行している日曜版新聞. 記事の質の高さ, 信頼性で定評がある. 1791 年創刊.

**Ocean Pacific** オーシャンパシフィック
米国の Ocean Pacific Apparel Corp. の略・通称, その主にサーフィン関連アパレル・スイムウェア・フットウェア・アクセサリーのブランド. OP の略称も使われる. もっぱら Walmart* で販売されている. 1972 年創業.

**Ocean Spray** オーシャンスプレー
米国 Massachusetts 州に本部を置くクランベリーとグレープフルーツ栽培農家の共同組合 Ocean Spray Cranberries, Inc. の略・通称, そのクランベリソース・フルーツジュース・乾燥クランベリーのブランド. 同組合は 1930 年に 3 人のクランベリー栽培者が設立し, 現在は Massachusetts, Wisconsin, New Jersey, Oregon, Washington, Florida とカナダの British Columbia などに 750 人の組合員を抱え, 年商は 10 億ドルを超える. 初めてジュースブレンド・ジュースボックス・甘みを付けた乾燥クランベリ (ブランド名 Craisins) などを市場に出したことで知られる.

**O-Cedar** オーシーダー
米国 Freudenberg Household Products 製のほうき・モップ・スポンジ・ブラジなどのブランド. 1906 年ワックス・磨き剤 (polish) メーカーとして創業. ヒマラヤスギ (cedar) の葉の油を使っているところから命名. "O-Cedar Makes Your Life Easier!" がスローガン.

**OCS America** OCS アメリカ(社)

(~, Inc.)
国際宅配便サービスネットワーク. 1957年日本で創業. 主要オフィスはNew York, London, 東京にある. 朝日, 毎日, 読売, 日経の各新聞社の支援を得て, 外国送りの新聞の一手取扱機関として東京に設立した. OCSはoverseas courier serviceの略.

**O'Darby**　オダービー
アイルランド産の, チョコレート風味を加えたアイリッシュウイスキーをベースにしたクリームリキュール. 厳密にはO'Darby Irish Cream.

**Odeon**　オデオン(座)
英国のOdeon & UCI Cinemas Group系列の映画館. 同社は, 当初はOdeon Cinematograph Holdings Ltdという名前で, 1928年にOscar Deutchが創立, 最初の系列映画館もBirminghamでこの年にオープンした. ギリシャ語のoideion (劇場) および彼の頭文字からの造語. この映画館の多くにはCosta Coffeeのアウトレット, Ben & Jerry'sアイスクリームのキオスク, とBar Areaがある.

**Odeon Theatre**　オデオン劇場
1782年にフランスのパリで設立された劇場. フランス語名はThéâtre de l'Odéon. 音楽競技会用にギリシャのアテネ(Athenes)に建てられた原型の劇場の記念碑用地に建設.

**Odo-Ro-No, Odorono**　オドローノー
もとは米国Chesebrough-Pond's, Inc.のCosmetics Div.製の体臭および発汗抑制剤 (deodorant & antiperspirant). Odoronoとも書かれる. 液状. 1914年より発売. 'Odor? Oh no!' (「体臭?やだぁ!」) のつづり変え. もともとは手術中にかく自らの汗に悩む外科医のために考案された. ⇨ Pond's.

**Oerlikon**　エリコン
スイスの産業機器の製造や薄膜コーティングを手がける企業グループOC Oerlikon Corp. AGの略・通称. 1906年設立. また, かつて兵器メーカーとして製造したエリコン対空軽高射砲 (35ミリ2連装高射機関砲など) の略・通称. 同砲は艦艇にも搭載される. 第二次大戦中から使用されている.

**Off!**　オフ!
米国のS. C. Johnson & Son, Inc.製の防虫剤 (insect repellent) などのブランド.

**Offermann**　オファーマン
1842年創業のドイツの革製バッグなどの製造会社Offermann GmbH, そのブランド. トレードマークは丸に牛の頭.

**Officine Panerai**　オフィチーネパネライ
⇨ Panerai.

**Ogilvie**　オグルヴィー
女性が家庭でもパーマをかけた髪型に仕上げることができる米国製のヘアケア製品. Ascendia Brandsが破産したため, 2008年パーソナルケア製品製造会社Helen of Troy Ltd.が販売権と商標を取得した. "Salon Styles Foam No-Drip Conditioning Perm" などとうたう製品.

**Oh Henry!**　オーヘンリー!
米国Nestlé USA製のミルクチョコレートとピーナッツなどをからめたキャンディーバー. 1920年発売. 短編作家のO. Henry (1862-1910) とは無関係. 創業者George Williamsonの経営する菓子店にやってきてはキャンディー製造の女の子たちと仲良くなっていた青年Henryが, その女の子たちから "Oh Henry, will you do this?" と言ってよく手伝いを頼まれていたことから, という. カナダではHershey Canada, Inc.が販売.

**Ohio Match**　オハイオマッチ(社)
(~ Co.)
米国Ohio州のマッチ製造会社. 1896年創業. 1987年閉鎖. Ohio Blue Tip名の台所用の木製マッチが有名. 日に3億本を製造していた. 注文による企業の広告入りのブックマッチ

# Ohrbach's

(Private Label Bookmatches)・企業名や商品名を入れていない一般的な広告 (generic ad) を入れたブックマッチ (Generic Ad Bookmatches) も製造した．現在はコレクターもの．

**Ohrbach's**　オーバック(ス)
米国 New York 市にかつてあった衣類・アクセサリー中心の高級デパート (Ohrbach's, Inc.)．1987 年閉店．

**OK Sauce**　OK ソース
英国のかつての Reckitt & Colman plc 製の調味料 (condiment) のブラウンソース．

**Olay**　オレイ
米国製のスキンケア用化粧品など．もとは Oil of Olay Beauty Fluid という名前の化粧オイルとして誕生．2000 年から Olay となった．Procter & Gamble* のブランド．

**Old Bushmills**　オールドブッシュミルズ
アイルランドの The Old Bushmills Distillery Co Ltd の略・通称，同社製のウイスキー．同社は 1608 年創業．Bushmills は蒸留所所在地である北アイルランドの街の名．

**Old Canada**　オールドカナダ
カナダ McGuinness Distillers Ltd. 製のウイスキー．80 proof．6 年熟成．

**Old Charter**　オールドチャーター
米国 Kentucky 州の Old Charter Distillery Co. 製のストレートバーボン．同社は 1874 年創業．

**Old Court**　オールドコート
スコットランド製のブレンデッドウイスキー．名称はスコットランド王が居城としていた Palace of Linlithgow の別名．King James 1 世が，Edinburgh に居城を変更したためにそう呼ばれた．同城は 1424 年に火事で失われたが，1425 年に同王の命令で再建され，現存する．

**Old Crow**　オールドクロウ
米国 Fortune Brands, Inc. 製のストレートバーボン．80 proof．創業者はスコットランドからの移民 James Crow．1835 年に発売．

**Old Dutch**　オールドダッチ
米国で 1905 年発売のクレンザー．現在はカナダ Lavo, Inc. 製の多用途クリーナー・漂白剤・洗濯用洗剤などのブランド．

**Old El Paso**　オールドエルパソ
米国 General Mills* 製のメキシコ料理素材のブランド．1938 年から．

**Old England**　オールドイングランド
フランスのパリにある英国トラディッショナルスタイルの衣料品の店，そのブランド．同店は 1867 年創業．

**Old English**　オールドイングリッシュ
英国 Reckitt Benckiser* 製の，木製家具用の保護・つや出しオイル・スプレー・ワイプなど．

**Olde Thompson**　オールドトンプソン
米国 Olde Thompson, Inc. (1944 年 George S. Thompson が創業) 製のスパイスとスパイス入れ容器・スパイスミルなどの関連商品．

**Old Farmer's Almanac**　オールドファーマーズオールマナック (The ~)
米国 Yankee Publishing, Inc. 刊の農事暦．1792 年 Massachusetts 州の Robert B. Thomas によって創刊されて以来，米国において最も長期にわたって途切れなく出版され，年間ベストセラーを続けている．内容は翌年の太陽と月の食相などの天文資料・天候予測を始めとして，日常生活に役に立つ種々雑多な情報など．

**Old Fashioned Hamburgers**　オールドファッションドハンバーガーズ
米国のハンバーガーチェーン店 Wendy's* で売られている Wendy's Old Fashioned Hamburgers の略・通称．

**Oldfield**　オールドフィールド
⇒ Bruce Oldfield．

**Old Fitzgerald** オールドフィッツジェラルド
米国 Kentucky 州の Old Fitzgerald Distillery, Inc. の略・通称，同社製のバーボン．同社は John E. Fitzgerald が 1870 年に創業．上級品に 8 年熟成の '1849' および 12 年熟成の 'Very Very Old Fitzgerald' がある．

**Old Forester** オールドフォレスター
米国 Kentucky 州の Brown-Forman Corp. 製のストレートバーボン．1870 年発売．86 proof.

**Old Gold** オールドゴールド
米国 British American Tobacco plc 製の両切り紙巻きたばこ．1926 年発売．特に 1930 年代に人気があった．濃い金色のたばこ葉が栽培される Virginia 南部の古くからあるたばこベルト地帯の名にちなむ．パッケージには金貨が描かれている． ⇨ Kent.

**Old Grand-Dad** オールドグランダッド
米国 Kentucky 州の Old Grand-Dad Distillary が製造し，James B. Beam Distilling Co. が販売しているストレートバーボン，製造元の略・通称．

**Old Holborn** オールドホルボーン
英国 Richard Lloyd & Sons 製の手巻きたばこ (rolling tobacco).

**Old Jamaica** オールドジャマイカ
ジャマイカの Desnoes & Geddes Ltd (1918 年創業) 製のジンジャービール．

**Old Jamaica** オールドジャマイカ
英国 Cadbury Pty Ltd 製のラム酒 (1%) とレーズン入り (17%) のダークチョコレート．

**Old Joe** オールドジョー
⇨ Camel.

**Old London** オールドロンドン
米国のスナック菓子メーカー Naomi's Food Co. のブランド．1897 年体型を気にしていたオペラ歌手 Nellie Melba のためにカリカリに焼いたトースト菓子を作り，それを Melba Toast と呼んだのが起源．

**Old Milwaukee** オールドミルウォーキー
米国 Pabst Brewing Co. 製のラガービール．1890 年に初めて醸造発売．1955 年に再導入．Light や Non-Alcoholic もある． ⇨ Schlitz.

**Old Monk** オールドモンク, オールドマンク
1913 年創業のフランスのマスタード専業メーカー，そのブランド．

**Old Monk** オールドモンク, オールドマンク
インドの Mohan Meakin Brewery 製のダークラム酒．

**Old Moore's Almanack** オールドムーアズオールマナック
英国の暦．重要な出来事を予言するといわれている．物理学者・天文学者の Francis Moore (1657-1715) が 1697 年に出版した天気予報を掲載した同名の暦の名に由来．同暦は同氏が製造した丸薬のイメージ広告の役目があった．

**Old Navy** オールドネイヴィー
米国の Gap* が所有する衣類ブランド，それを販売するチェーン店．San Francisco の Mission Bay に本部があり，1994 年に創業．

**Old Overholt** オールドオーヴァーホルト
米国 A. Overholt & Co. 製のストレートウイスキー．1810 年ドイツ移民の孫 Abraham Overholt が Pennsylvania 州で創業．現在は Beam Global Spirits & Wine, Inc. で醸造．

**Old Parr** オールドパー
スコットランド Macdonald Greenlees Ltd 製のブレンデッドウイスキー．商品名は，152 歳という長寿ゆえに，Charles 1 世のはからいで Westminster 寺院に葬られた農夫 Thomas Parr (1483-1635) にちなむ．Rubens の描いた T. Parr の肖像を元にしたラベルの付いた Old Parr 30 は 2008 年に登場した新商品．

**Old Scotia** オールドスコシア

# Oldsmobile

1832年創業のスコットランド Glen Scotia Distillery (現在は Loch Lomond Distillery Co Ltd が買収) 製のピュアグレーンウイスキー. 15年熟成.

**Oldsmobile** オールズモビル
米国 Michigan 州の Oldsmobile Div. (General Motors Corp. の一部門) 製の乗用車. 同部門の前身は, Ransom Eli Olds が 1897 年に設立した会社 Olds Motor Vehicle Co. で, 同社は 1901 年に米国最初の小型車を量産車として市場化, 世界初のベストセラーカーとした. Olds は 1904 年から 1924 年にかけて, Reo Motor Car Co. の社長で (Reo は彼のイニシャル R.E.O から), 同社は Oldsmobile を生産したが, 後に GM に吸収された. Oldsmobile 車はしばしば Olds と略して呼ばれる.

**Old Smuggler** オールドスマグラー
スコットランド James & George Stodart Ltd 製のブレンデッドウイスキー. 1835 年より正式に製造されることとなったが, 実際にはそれ以前から高い税金を逃れるため密造されていた. smuggler は密造者の意. 2006 年イタリアに本部がある David Campari-Milano S.p.A. が買収した.

**Old Spice** オールドスパイス
米国の男性用の制汗剤・体臭抑制剤・ボディーウォッシュ・香水など. 現在は Procter & Gamble* 製. 開拓時代の貿易用帆船がシンボルマークで, 船名は Grand Turk とされている.

**Old St. Andrews** オールドセントアンドルーズ
スコットランド産で, London の Old St. Andrews Ltd が販売しているブレンデッドウイスキー. ゴルフボール型のびん詰めのため, ゴルフイベントの賞品として使われる.

**Old Style** オールドスタイル
米国 Pabst Brewing Co. (もとは G. Heileman Brewing Co. (1918 年創業)) 製のビール.

**Old Thompson** オールドトンプソン
米国 Barton Brands 製のアメリカンウイスキー. 1904 年 James Thompson, Francis P. Thompson 兄弟が経営していた Glenmore Distillery Co. が発売したのが始まり.

**Old Town** オールドタウン
米国 Old Town Canoe Co. (1898 年創業) の略・通称, 同社製のカヌー・カヤック. 現在は Johnson Outdoors, Inc. のブランド.

**Old Vienna** オールドヴィエナ
⇨ Carling.

**Old Weller 107** オールドウェラー 107
米国 Kentucky 州の Buffalo Trace Distillery 製のバーボン. バーボンウイスキー醸造のパイオニア William Larue Weller (1825–99) にちなんで命名. 107 proof.

**Olé** オーレ
メキシコで蒸留され, New Orleans の Olé Products Co. がボトリングしているテキーラ.

**Olean** オリーン
米国 Procter & Gamble* 製の低カロリーの代用脂肪 (olestra) のブランド名. スナック菓子に使用される. 同社の研究員 F. Mattson と R. Volpenhein が 1968 年に偶然に発見したもの. スナック菓子の Lay's Light, Pringles Light に使われている.

**Oleg Cassini** オレッグカッシーニ
フランス生まれの米国のデザイナー Oleg Cassini (1913–2006) の作品. 同氏はロシア人の両親からパリで生まれ, 1936 年に渡米. 1939 年より Hollywood で映画の衣裳を担当. 1950 年に New York で Oleg Cassini 社を設立. 1961 年より Jacqueline Kennedy (後の Onasis 夫人) の衣裳を数多くデザインした.

**Olga** オルガ
米国製のブラジャー・パンティのブラ

ンド. 1939年ポーランドから戦争避難民 Olga Erteszek (1916-89) が創業. 現在は Warnaco Group, Inc. のブランド.

**Olin** オーリン
米国 Olin Corp. 製のスキー用具. 同社は Bill Everett が 1969年創業. K2 Corp. (K2 Sports) が買収した.

**Olive Garden** オリーブガーデン
米国のイタリア料理のレストランチェーン店. 1982年創業. Florida 州 Orlando に本部があり, Darden Restaurants, Inc. の子会社. 730店舗を展開. もとは General Mills* が設立したもの.

**Olivetti** オリベッティ, オリヴェッティ
イタリアのコンピューター・プリンター・オフィスオートメーション機器メーカー Olivetti S.p.A. の略・通称, 同社製品のブランド. 同社は 1908年に Camillo Olivetti (1868-1943) が創業, 息子の Adriano (1901-60) が発展させた. 英国では 1949年に商標登録. 同社製のイタリア最初のタイプライター M1 は 1911年発売. 1932年には世界初のポータブル型の MP1 を市場化. 1935年には Studio 42 が登場, これは画家 Xanti Schawinski と, 建築家の Figini と Pollini によってデザインされ, その後 40年間, タイプライター形状の基本形となった. 1948年には美しい曲面のボディーをもつ Lexicon 80 をデザインしている. 1950年の Lettera 22 は工業デザイナー・建築家の Marcello Nizzoli のデザインで, 以後 Lettera はシリーズ化された. 1970年代に, 従来のタイプライターの需要の落ち込みから, 同社は負債をかかえることになったが, その後電子タイプライター・ワードプロセッサー・コンピューターなどの OA 機器では, ヨーロッパ市場でシェア No.1 の地位を確立した. しかし, 1997年コンピューター事業から撤退し, 2003年 Telecom Italia の傘下となった.

**Olmeca** オルメカ
メキシコのテキーラ. フランスの企業グループ Pernod Ricard Group のブランド. Olmeca とは, Mexico 最古の文明の名で, ラベルにはその遺物から模写した人頭図が描かれている.

**Olympia** オリンピア
米国 Washington 州の Olympia に醸造所があった Olympia Brewing Co. (1983年 Pabst Brewing Co. に買収された) 製のビール. 同社は 1896年に Leopold F. Schmidt が創業した. キャッチフレーズは "It's the Water". ラベルに描かれている滝は, 水源上流の Tumwater Falls.

**Olympic** オリンピック
米国 PPG Industries (1883年創業) 製の塗料や着色剤のブランド.

**Omas** オマス
イタリアの万年筆とインクのメーカー (1925年 Armando Simoni が創業), そのブランド. Omas は Officina Meccanica Armando Simoni (アルマンドシモーニ工房) の頭文字.

**Omega** オメガ
スイスの時計メーカー, 同社製の腕時計のブランド. 1848年に Luis Brandt が創業し, ムーブメントを製造し始めた. 1999年 'co-axial escapement' を搭載した腕時計を発表. 1969年に月面を踏んだ宇宙飛行士 Niel Armstrong がはめていた Speedmaster (NASA は 1965年から同時計を採用している) や, 素潜り 101m の記録を持つ Jack Mayor がはめていた Seamaster (120m 防水) など, プロ仕様の堅牢なものが多い. 宝飾時計も手がけ, 英王室御用達のファッションデザイナー Andrew Grima が 1970年にデザインしたコレクションも有名. 1932年の Los Angeles 以来, オリンピック・冬季オリンピックの公式時計にもしばしば採用された. Omega の名は 1894年に発表した時計のムーブメントの名前として登場し, 1903年に社名となったもの. ギリシャ語アル

## Omega

ファベットの最終文字で,「究極の時計」という意味で用いられた. 現在は The Swatch Group Ltd. のブランド.

**Omega** オメガ
ドイツの Adam Opel AG 製の乗用車. ドイツではステイタスシンボル的な車の一つ. ⇨ Opel.

**OMG** オーエムジー
英国 Ultimo ブランドのブラジャーの一つ. ⇨ Ultimo

**Omni** オムニ
米国 Michigan 州の Dodge Car & Truck Div. (Chrysler Corp. の一部門)製の, 同社製で最も小型な乗用車. 1978年1月より発売. 前輪駆動, 5ドア. 4気筒, 2200cc のエンジンは Volkswagen* から輸入. 1990年生産中止.

**Omni, OMNI** オムニ
米国 Omni Publications International Ltd. が 1978–95 年の間(インターネット版は 1998 年まで)刊行した科学的未来学中心のヴィジュアル月刊誌.

**Omni** オムニ
米国, カナダ, メキシコに 50 店舗(約 17,000 室)展開するホテルチェーン Omni Hotels. Texas 州 Irving に本部がある.

**Omo** オモ
Unilever* 製の洗濯用洗剤. 液体, タブレット, カプセルがある. "Dirt is good!" とうたい, 子供は泥だらけになって遊ぶべきだと宣伝する. 1954 年より発売.

**One A Day** ワンアデイ
米国の Bayer HealthCare LLC 製の総合ビタミン剤. 成人用から子供用まで種類が豊富. 商品名のとおり, 1日1回1錠を食事と一緒に服用する.

**Oneida** オニーダ, オウナイダ, オナイダ
米国の食器類の大手メーカー Oneida Ltd. (1880 年創業) の略・通称, 同社製の, ステンレス製ナイフ・フォーク類・調理用具・皿類・鍋・やかんなど. ⇨ Community.

**Onesies** ワンジーズ
米国 Gerber Childwear 製の乳児用ボディースーツ (bodysuit) のブランド.

**OneStep** ワンステップ
米国 Polaroid* 製のボックス式ポラロイドカメラ.

**One Step Ahead** ワンステップアヘッド
米国のベビー用品メーカー, その製品. 1989 年創業.

**One Touch** ワンタッチ
米国 American International Industries 製の電気分解療法 (hair removal electrolysis) による除毛セット. 電池を使い, ポータブル.

**Ong** オン
⇨ Benny Ong.

**Ongo** オンゴー
The New York Times Co., Gannett Co., Inc. (*USA TODAY* 紙), The Washington Post Co. の 3 社から 1,200 万ドルの出資で 2010 年 9 月に設立されたシリコンバレーの新興企業 Ongo, Inc. (California 州 Cupertino) が運営する米主要 3 紙の記事の有料配信サイト. 月額 $6.99. このサイトで有料配信されるニュースのほとんどは各新聞社のサイトで無料で提供されるのと同じだが, 自動的にまとめて配信されることの利点を強調している.

**Onofri** オノフリー
⇨ Tristano Onofri.

**Onoto** オノト
英国のかつての Thomas De La Rue & Co 製の万年筆のブランド. 同社は 1916 年にモロッコの会社として創業, その後トランプなどのゲーム用品の製造で知られるようになり, 1881 年より万年筆の開発を始め, 1897 年に Pelican という名の万年筆(ドイツの Pelican* とは無関係)を売り出した. 1905 年より Onoto を発売. 1910 年代に London の宝飾店 Asprey* と提携して作った金・銀・七宝などで装飾をした工芸品的な Onoto は, コレクター垂涎の的となっている. 同社の

万年筆部門は，1958年に閉鎖された．このペンの愛好家たちが1999年に設立したThe Onoto Pen Co Ltdは，英国の企業家James Boddyが買収した．1937年の古典的なペンOnoto Magnaに基づいて2004年新ブランドCentenary Penが製造された．

**OnYums**　オンヤムズ
米国Rudolph Foods Co., Inc.製の豚の皮揚げ (pork rinds).

**Oops!**　ウープス！
米国Homax Products, Inc.製のペンキ・シミ落とし (paint and spot remover) に使う液体，スプレーなどのブランド．

**OP**　OP
英国O.P. Chocolate Ltd (1938年Oscar Peschekが創業) の略・通称，同社製のチョコレートウエハースなどの菓子類．

**OP Anderson**　OPアンダーソン
スウェーデンV & S (Vin & Sprit) AB製の，香草入りのアクアヴィット (aquavit). 80 proof. 同国産同種酒中で最も多く輸出されている．

**Opel**　オペル
ドイツの乗用車メーカーAdam Opel AGの略・通称，その製品．同社は1862年に技師のAdam Opelが，ミシンの製造会社として創業．その後自転車・冷蔵庫・コンプレッサーの生産を手がけて車に至り，1898年に初めて車にその名が付けられた．同社は1929年に，米国のGeneral Motors Corp.の100％出資の子会社となり，Opel車は米国ではMichigan州のBuick Motor Div. (General Motors Corp.の一部門) が販売. ⇨ Moskvich.

**Open Pit**　オープンピット
米国Pinnacle Foods, Inc.製のバーベキューソース (BBQ sauce). 1953年発売．2006年から容器をプラスチック製ボトルに替えた．

**OPI**　OPI
米国製のネイルラッカー (nail lacquer) [マニキュア] などネイル用品のメーカーOPI Products, Inc.の略・通称，そのブランド．1981年創業．ロゴはO・P・I．

**Opium**　オピウム
フランスYves Saint Laurent製の香水・化粧品．Jean AmicとJean-Louis Sieuzac of Roureが調香して1977年に発売．オリエンタルの名香と呼ばれる．

**Optacon**　オプタコン
英国製の視覚障害者用読書装置．文字からの光のパターンを読み取るスキャナーに対応して振動する何本もの細棒の列の上に指を置き，指先で振動を感知するようにしたもの．optical-to-tactile converterを縮めて造語．スタンフォード大学電気工学の教授のJohn Linvillが1966年に特許を取った．新しく弱視者用にパソコンと接続してスクリーンに拡大文字が現われるシンガポールのTelesensory製のものがある．

**Optima**　オプティマ
米国Optima Batteries, Inc.製のバッテリー．自動車・プレジャーボート・カーオーディオ・農機・産業用機械・電動カート・EV（電気自動車）などの電源として高い評価を得ている．もとはスイスのOptima Batteries AB社の製品で，2000年に米国のJohnson Control, Inc.が買収した．スパイラルセルの技術（他のメーカー同様のバッテリーと比較して約2倍の電極表面積があり，大電流放電特性（高率放電時）と寿命特性面ですぐれているという．

**Optima**　オプティマ
米国Bausch and Lomb, Inc. (1853年New York州Rochesterで小さな眼鏡屋として創業) 製のコンタクトレンズ．

**Optrex**　オプトレックス
英国製の目薬．もとはフランスで視力の弱かったM. Rosengartによって1928年に開発．現在はReckitt Benckiser*のブランド．

**Ora Feder**　オーラフィーダー

# Orajel

米国 New York で Ora Feder (2003 年没) が 1978 年に開いたデザイナーランジェリーとナイトウェアの専門店. 素材は絹が主.

## Orajel　オラジェル
米国 Church & Dwight Co., Inc. 製の乳歯が生えるときのむずかり (teething pain)・歯痛・口唇のただれなどに効果のある市販薬.

## Oral-B　オーラル B
米国製の歯ブラシ・電動歯ブラシなど. 現在は Procter & Gamble* のブランド.

## Orange Julius　オレンジジュリアス
米国のフルーツジュース・スムージー・ホットドッグなどを供するファーストフードチェーン店 Orange Julius of America の略・通称, 同社系列店. 1926 年 Julius Feed が Los Angeles で創業 (Dairy Queen* 傘下). オレンジを背にした赤い悪魔がシンボルマーク. ホットドッグ・ハンバーガーも売っている.

## Orangina　オランジーナ, オレンジーナ
フランス Orangina Schweppes France 製のオレンジ味の炭酸飲料. フランスでは Coca Cola を凌ぐ人気がある. フランス人の Leon Beton が 1935 年にアルジェリアで発売. 戦後フランス本土で人気が出た. 2000 年からほとんどの国で日本のサントリーの傘下だが, 米国では 2006 年から Dr Pepper Snapple Group 傘下.

## Orbit　オービット
米国 The Wrigley Co. 製のチューイングガム. シュガーフリー (sugar-free). 第二次大戦中に, 米国兵士に支給された糧食には, 同社の Spearmint* や Juicy Fruit などのガムが入っており, その生産量のほとんどが軍に納入されたため, 国内市場では質の劣るガム Orbit を 1944 年に出すこととなった. 戦後は生産されていなかったが, 1976 年にドイツ, スイス, オランダで再登場. 2001 年米国でも再発売された. ⇨ Wrigley's.

## Orchids　オーキッズ
米国製の家庭用紙製品 (トイレットペーパー・紙ナプキンなど) のメーカー Orchids Paper Products Co. の略・通称, その製品ブランド.

## Oreck　オーレック
米国 Oreck Direct LLC. (1963 年 David Oreck が創業) 製のアプライト型電気掃除機・空気清浄機・スチームモップ・フロアマシーン・清掃用の各種クリーナー・小型家電製品 (コードレススピードアイロン・フロアスウィーパー・車の車内小型掃除機・衣類の毛玉シェーバー (fabric shaver)) など. 当初はホテル業界用に軽くて強力な掃除機を提供するために開発され, 現在も世界 5 万軒のホテルで使用されているという. 主工場は Tennessee 州 Cookeville にある.

## Oregon　オレゴン
米国 Oregon Fruit Products Co. (1935 年創業) の略・通称, 同社製の果物の缶詰め.

## Ore-Ida　オレアイダ
米国製のじゃがいも・たまねぎを素材とした冷凍食品. 1952 年から. 現在は H.J. Heinz Co., L.P. のブランド. Oregon と Idaho の最初の 3 文字から.

## Orencia　オレンシア
米国 Bristol-Myers Squibb 製のリウマチ性関節炎 (rheumatoid arthritis) 治療薬. "Oh, yes I can!" とうたう.

## Oreo　オレオ
米国 Nabisco Div. (Kraft* 傘下) 製の, チョコレートビスケット 2 枚に甘くて白いバニラクリームをはさんだ菓子 (sandwich cookie). 1912 年より製造. キャッチフレーズは "Oreo—Milk's Favorite Cookie" で, ミルクを飲みながら食べるのがぴったりだと宣伝する. これまでに 50 億個近くが製造されており, 世界一売れているクッキーといわれる. Oreo はギリシャ語で丘の意の Oros に由来, 初期には山形の

ビスケットだったことからの命名といわれるが，最初のラベルに薄緑の下地に金色(フランス語で or)で渦巻模様と社名が描かれていたからとする説もある． ⇨ Hydrox.

**Original Plastic Dot**　オリジナルプラスチックドット (The ～)
米国 Boss Manufacturing Co. 製の作業用手袋[軍手]．掌・親指・人指し指に小さなプラスチックの点状突起が多く付いていて，滑り止めとしている．

**Original Ranch**　オリジナルランチ
米国 The HV Food Products Co. 製のサラダドレッシング．同社には，また冠ブランド Hidden Valley の Original Ranch サラダキットや，Hidden Valley ブランドや Ranch ブランドのサラダキットなどもある．ハーブとスパイス入り．1954 年, California 州 Santa Barbara で Hidden Valley Ranch を開いた家族から生まれたもの．

**Origins**　オリジンズ
米国で 1990 年 Leonard Lauder (Estee Lauder の息子) が設立した化粧品ブランド．2007 年にオーガニック系のスキンケア製品の発売に乗り出した．ロゴマークは 2 本の樹木に "Powered by Nature. Proven by Science." の文句が入っている．

**Orlane**　オルラーヌ
フランスの化粧品・スキンケア用品メーカー，そのブランド．同社は 1946 年創業．

**Orlon**　オーロン
米国 E.I. du Pont de Nemours & Co., Inc. (1915 年創業) の Textile Fibers Dept. 製の世界最初のポリアクリロニトル繊維．Fiber A の名で開発された製品に，1948 年命名．1950 年商品化，同年商標登録，英国での登録は 1952 年．織物やニットウェア用の柔らかくて暖かいより糸ができ，その糸または布も Orlon と呼ばれる．汗を吸い取り，湿気を素速く放出し，柔らかく軽く丈夫で，日光・雨・酸に耐える．スポーツウェア・アウトドアウェア・ニットウェア・ヨットなどの帆・天幕・カーテンなどに用いられる．

**Orrefors**　オレフォース
スウェーデンの高級ガラス器メーカー (Orrefors Glasbruk)，そのブランド．同店は 1898 年創業．前身の鉄製品の工場は 1726 年創業．Orranäsa Lake とスウェーデン語 fors ('river') から．

**Ortofon**　オルトフォン
デンマークのレコードプレーヤー用カートリッジなどのメーカー Ortofon A/S, その製品．同社は 1918 年創業．

**Orville Redenbacher's**　オーヴィリーデンバッカーズ
ConAgra Foods, Inc. のポップコーン．電子レンジで簡単に作ることができるもの (microwave popcorn) が人気商品．SmartPop! や Gourmet ブランドもある．トウモロコシの新種 Snowflake を開発した米国の農学者 (1907-95) の名前から．

**Orvis**　オーヴィス
米国フライフィッシング・ハンティング・スポーツ用品メーカー (The Orvis Co., Inc.)，そのブランド．同社は 1856 年 Charles F. Orvis が創業．

**Os-Cal**　オスカル
英国 GlaxoSmithKline* 製のカルシウム補給剤．

**Oscar de la Renta**　オスカーデラレンタ
米国のデザイナー Oscar de la Renta (1932- ) のデザインした紳士・婦人既製服・子供服．レースや刺繍を多く用いた上品でぜいたくなイブニングドレスで知られる．ドミニカ共和国生まれ．Coty 賞 (1967 年), Womenswear Designer of the Year (2007 年)などを受賞．靴下・靴・生活雑貨・香水なども手がけ，ライセンスを得た会社多数から市場化されている．1977 年香水 OSCAR を発売．

**Oscar Mayer**　オスカーメイヤー
米国 Oscar Mayer (現在は Kraft* 所

有)の肉加工品(ハム・ソーセージ・サラミ・ベーコン類).特にホットドッグに用いられるウインナーソーセージが人気があり1883年より製造.創業者Oscar F. Mayerにちなむ.ウインナーやボローニャ(bologna)のCMソングは米国で有名.パンに載ったソーセージの形をした宣伝用自動車Wienermobile (1936年登場)もよく知られている.

## Oshkosh オシュコシュ
米国Wisconsin州Oshkosh市のOshkosh Corp. (1917年創業)の略・通称,その軍用トラック・空港用車両のブランド.

## OshKosh B'gosh オシュコシュビーゴッシュ
米国の衣料品メーカー (OshKosh B'gosh, Inc.),同社製の子供服.同社は1895年に従業員10人でGrove Manufacturing Co.の名でオーバーオールメーカーとして創業,現在はCarter's, Inc.のブランド.Oshkoshは地名,B'goshは"By gosh!"から.

## Oshman's オシュマンズ
米国Texas州Houstonに本部があるOshman's Sporting Goods, Inc. (1970年創業)の略・通称,同社系列のスポーツ用品・スポーツウェア専門小売りチェーン店.日本ではイトーヨーカ堂と業務提携しオシュマンズ・ジャパンが1985年に1号店を開店. ⇨ Abercrombie & Fitch.

## Oskar オスカー
オーストラリアのSunbeam Corp Ltd製のフードプロセッサーのブランド.

## Osteo Bi-Flex オステオバイフレックス
米国Rexall Sundown, Inc.製の軟骨を再生したり関節の動きを滑らかにしたりするためのサプリメント.

## Oster オスター
米国製の小型電気器具(ミキサー・ジューサー・コーヒーメーカー・トースターなど).現在はJarden Consumer SolutionsのブランドLLL.創業者JohnOsterの名前から. ⇨ Osterizer.

## Osterizer オステライザー
米国Oster Manufacturing (1960年にSunbeam Corp.に買収された)製のミキサー(blender).重量感と強力なモーターで知られる.

## Otard オタール
フランスCognac Otard S.A.製のコニャック(Bacardi Ltd.所有).同社は1795年にJean Antoine Otard男爵が創業.

## Otis オーチス
エレベーターやエスカレーターなどを製造・販売する米国のOtis Elevator Co.,そのブランド.1853年Elisha Graves Otis (1811-61)が創業.

## Ottavia Missoni オッタヴィアミッソーニ
⇨ Missoni.

## Ottino オッティーノ
イタリアの革製バッグメーカーOttino Srl,そのブランド.1830年にFirenzeで創業.

## Oust アウスト
米国のS. C. Johnson & Son, Inc.製の,室内の表面や空気を消毒するためのスプレー(surface disinfectant & air sanitizer).有害な細菌やウイルスを99.9%以上消滅させるという.oustは「追い出す,駆逐する」という意味.

## Outdoor Life アウトドアライフ
米国のBonnier Corp.刊行の,狩猟・釣り・キャンプなどのアウトドアの雑誌で,1898年創刊.

## Outer Banks アウターバンクス
米国製のポロシャツなど.現在はHanesbrands, Inc.のブランド.

## Ovaltine オヴァルティン,オバルチン
英国ではWander AG. (R. Twining & Co Ltdの子会社),米国ではNestlé製の粉末麦芽飲料.コップ一杯の牛乳に小匙4-5杯を入れて溶かすのが標準量で,寝る前などに飲む.健康飲料として欧米では非常にポピュラー.チョコレート味のものと原料(ミルク・

卵・大麦・モルト(麦芽エキス))の味のままのものとの2種があり, ビタミン・ミネラル・たんぱく質・炭水化物・脂肪などが含まれている. スイスの学者 George Wander が中心となり, 息子の学者 Albert Wander らと19世紀末に研究に着手, 病人のための栄養剤として1904年に開発, 翌年米国へ輸出. A. Wander が1906年に英国で栄養食品として商標登録. 第一次大戦では野戦病院などで兵士の戰鬪疲労回復剤として使われた. 当初の名前は Ovomaltine で, これはラテン語の「卵から」の意の 'ovum' と 'malt' (麦芽)および接尾辞 '-ine' の合成. しかし, 英国での登録しやすさを狙って, 短く Ovaltine とされた.

**Ovation** オヴェイション, オベーション
米国 The Ovation Guitar Co. 製のエレクトリック・アコースティックギターなどのブランド. 1966年から.

**Ove Glove** (ジ)オブグラブ(**The** ~)
米国の Joseph Enterprises 製の "hot surface handler" と呼ばれる手袋型の鍋つかみ. Nomex と Kevlar を素材に使っている. "Hot Pans, Cool Hands." とうたう. ⇨ Kevlar, Nomex.

**Overnight Success** オーバーナイトサクセス, オーヴァーナイトサクセス
米国 Elizabeth Arden, Inc. 製の肌の手入れ用のクリーム (skin renewal serum).

**Oxford** オックスフォード
米国の Pendaflex (Connecticut 州 Stamford にあるオフィス用品専門の Esselte Corp. の子会社) 製のインデックスカードボックス・インデックスカード・ポケットフォルダー・レポートカバーなどのブランド. ⇨ Pendaflex

**OxiClean** オキシクリーン
米国 Church & Dwight Co., Inc. 製のシミ取り用洗濯洗剤. "Get the Tough Stains Out the First Time!" とうたう.

**Oxo** オクソ
英国 Premier Foods plc 製の固形ブイヨン (bouillon cube; stock cube)・ハーブとスパイス・乾燥グレービー・イースト抽出物などの食品群. 1847年にドイツの化学者 Baron Justus von Liebig によって初めて作られた 'extractum carnis' (extract of meat) を模倣・発展させたもの. カナダでは Knorr, 南アフリカでは Mars, Inc が製造販売. ⇨ Liebig.

**OXO** オクソー
米国 OXO 社 (Helen of Troy 傘下) の各種多様な便利キッチンツール. 1990年 Sam Farber が創業した. 同社のブランドには, Good Grips, Steel, Candela, Tot などがある.

**Oxy** オクシー
米国に本部がある石油・天然ガスの採掘, 製造をする Occidental Petroleum Corp. (1920年創業) の略・通称.

**Oxy** オキシー
米国の The Mentholatum Co. 製のスキンケア用品. にきびなどの痤瘡 (acne) 治療用のソープ・ローションなど.

**OxyContin** オキシコンチン
米国 Purdue Pharma L. P. 製の麻薬性鎮痛薬. 歌手 Michael Jackson (1958–2009) が死亡した際に名前があがった薬品名の一つ. スラングでは小文字で oxy とも書く. 通り名 (street name) は kicker, OC, Oxy, Ox, Blue, Oxycotton, Hillbilly Heroin など.

**Oxydol** オキシドール
米国 CR Brands 製の洗濯用洗剤. 1914年より市場化. 繊維を漂白してきれいにする酸化漂白剤 (oxidising bleach), または泡の出る薬品である過酸化水素 Oxydol にちなんだ命名と思われる.

**Ozium** オウジアム
米国製の室内に浮遊するバクテリアを減らしたり消臭したりするのに使う消

毒剤 (air sanitizer) スプレー.
**Ozwald Boateng**　オズワルドボーテング
英国のデザイナー Ozwald Boateng (1967- ) のメンズコレクション. Givenchy の初代クリエイティブディレクターであった.

# P

**Pablum**　パブラム
米国のもと Mead Johnson & Co. 製の, 乳幼児用シリアル. 小麦に, その胚芽・イースト・アルファルファ葉粉・牛骨粉を添加し, ビタミン D 補給のためカナダの小児科医たちが開発. 1932年商標登録(英国では 1941 年). 現在は生産されていない. 商標は H. J. Heinz Co. が 2005 年に獲得.

**Pabst**　パブスト
米国 Pabst Brewing Co. の略・通称, 同社製のビールの総称・通称. 創業者 Frederick Pabst は, 1862 年に Best Brewing Co. (1844 年創業) に婿入りし, 1889 年から社名に自分の名を冠した. 1906 年商標登録. ⇨ Hamm's.

**Pabst Blue Ribbon**　パブストブルーリボン
米国 Pabst* 製のビール. 同ビールは, Best Brewing Co. が Select の名で作っていたもので, 1882 年に青い絹のリボンを結びつけ, 1899 年から改名. 1916 年に, それまでの ボトル口にコルク栓を詰め, 針金で止める方式 から, 王冠式に改め, リボンのコストと手間を避けるため印刷に変更した.

**Pace**　ペース
米国 Campbell Soup Co. 製のサルサ (salsa)・ピカンテ (picante) ソースなどのブランド. 1947 年 David Pace が創業.

**Pacific Trail**　パシフィックトレイル
米国 Washington 州 Seattle のアウトドアライフ用衣料品専門店 Pacific Trail, Inc. の略・通称, そのブランド. 1945 年創業.

**Paciugo**　パチューゴ
米国 Dallas 市に本部を置くイタリアンアイスクリーム (gelato)・コーヒー店 (caffe), そのチェーン店. イタリアのトリノ出身の Ugo Ginatta 一家が 2000 年に Dallas で開店. 2006 年 Mexico City へも進出した.

**Packard**　パッカード
米国 Packard Corp. の略・通称, 同社製の高級乗用車. 1899 年創業, 1954 年に Studebaker* と合併し, Studebaker-Packard Corp. となった (Packard Div. of Studebaker Corp. とも書かれた). 同車は 1956 年型を最後に生産終了, 同社は 1958 年倒産.

**Pac(-)Man**　パックマン
1980 年より製造され, 1982 年に米国で大流行した日本のテレビゲーム機製造会社ナムコ製のテレビゲーム. 迷路の中でモンスターを避けながら, パクパクと口を動かす Pac Man に「えさ」を食べさせ続けて前進させる. 米国では大手娯楽機器会社である Bally Manufacturing Corp. が商標権を得て, T シャツやレコードなどのキャラクター商品約 400 種が作られた.

**Paco Rabanne**　パコラバンヌ
スペイン生まれのフランスのデザイナー Paco Rabanne (1934– ) のデザインした衣料品・アクセサリー・バッグ・靴・香水・オードトワレなど. スペイン内戦のためフランスに移住した同氏は, パリの美術学校で建築学を学んだ後, 1965 年にプラスチック製のドレスでモード界に衝撃的なデビューをした. 1966 年に自分の店を開店. 現代オートクチュール界でとりわけ前衛的なデザイナーといわれ, プラスチック・アルミ箔・金属などを素材とした極めて独創的で派手な作品が多い. ロゴは paco rabanne と小文字で記す.

**Pacquin**　パキン
米国 Leeming-Pacquin Div. (Pfizer, Inc. の一部門) 製のハンドクリーム・スキンクリーム. 商標は 2006 年まで

は Pfizer, Inc. が所有していたが，Johnson & Johnson* に売却．その後製造されていない．

**Paddy** パディー
アイルランドの Cork Distilleries Co (Irish Distillers Group plc 内の一社) 製のアイリッシュウイスキー．社交好きな販売員 Paddy Flaherty にちなむ．1925 年商標登録．☆ 時に小文字でアイリッシュウイスキー一般を指す語でもある．

**Paddy Hopkirk** パディホッカーク
英国 Mont Blanc Industri UK Ltd 製のカーアクセサリー (roof bar, roof rack など)．もとラリードライバー Paddy HopKirk (1933– ) の名前にちなむ．

**Paderborner Pilsner** パダーボーナーピルスナー
ドイツ Paderborner Brauerei Haus Cramer (Warsteiner) 製のビール．アルコール分 4.8%．1852 年から．

**Pagani Huayra** パガーニウアイラ
イタリアのスポーツ車メーカー Pagani Automobile S.p.A. 製の，メルセデス・ベンツ AMG 部門製造の 6 リットルツインターボの 12 気筒エンジンを搭載した 700 馬力のスポーツカー．1999 年発売の Pagani Zonda の後継車．米国進出のための安全基準・排出基準を満たすために設計された．古代アンデスの風神 Huayra-tata にちなんで命名．価格は約 110 万ドル．

**Paladin** パラディン
英国 HarperCollins 刊行のペーパーバック．通常のサイズより大きい．

**Palazzi** パラッツィ
⇨ Carlo Palazzi.

**Palitoy** パリトーイ
もとは英国 Palitoy Co 製の玩具類．創業者 A. E. Pallet に由来．この名称を商標登録する申請は，1934 年ごろ最初に出されたが，Pali という地名があり，そこで作られた人形と誤解を受けるとの理由で難航し，結局 1939 年ごろまで登録の許可が下りなかった．1984 年同社が廃業したため製造と権利は米国の Hasbro* が受け継いだ．

**Pall Mall** ペルメル，ポールモール
英国の大手たばこメーカー British American Tobacco plc 製のフィルター付き紙巻きたばこ．もともとのメーカーは Butler-Butler 社で，トルコ産のたばことして売られていたが，同社は 1907 年に The American Tobacco Co. に吸収された．1916 年までにトルコ葉たばことしては 1 位の売り上げとなった．1924 年に標準サイズ化．1939 年に 15 mm 増やして世界で初めての king-size のたばことなった．⇨ Lucky Strike.

**Palm Beach** パームビーチ
米国 Palm Beach Co. 製の紳士服．

**Palm Beach** パームビーチ
米国 Palm Beach Co., Inc. 製の，軽いモヘアおよび綿織物の古い商標．夏の衣服に用いられる．Palm Beach Cloth ともいう．

**Palmolive** パルモリヴ
米国 Colgate-Palmolive Co. 製の食器洗い用液体洗剤・シェービングフォーム・シャンプー・石鹸・化粧品．石鹸製造業者 B. J. Johnson が，1898 年に Milwaukee で初めて作った石鹸の原料の，やし (palm) 油とオリーブ油 (olive oil) に由来．⇨ Colgate.

**Pam** パム
米国 ConAgra Foods, Inc. 製のクッキングスプレー．これを使うと，料理する食べ物がフライパンに焼きつかなくなるので，油をひく必要がなく，ダイエットをしている人には好都合という．塩分・コレステロールも含まれていない．オリーブオイル・バターや，ケーキ作り用，焼肉用などがある．

**Pampers** パンパース
米国 Procter & Gamble* 製の使い捨て紙おむつ (disposable diapers)．1961 年発売．1976 年には米国の半分の赤ん坊が Pampers をはくようになったといわれた．

**Pamprin** パンプリン
米国 Chattem, Inc. (1879 年 Chattanooga Medicine Co. として創業)製の生理痛緩和剤.

**Panadol** パナドール
英国 GlaxoSmithKline* 製の解熱鎮痛剤. 85 か国以上で販売. インドでは Crocin, コロンビアでは Dolex 名.

**Panaflex** パナフレックス
米国 Panavision, Inc. 製の 35 ミリ映画撮影用カメラ. 同社創業者 Robert Gottschalk がデザイン. スタジオ用にも持ち運び用にもできる. 1973 年に第 1 号機が作られて以降, 世界中の映画製作者に使われているが, どんな値段でも売られることはなく, 同社より貸し出しされるのみ.

**Panama** パナマ
インドのムンバイの GTC Industries Ltd 製のフィルターつきの紙巻きたばこのシリーズ.

**Panavision** パナビジョン, パナヴィジョン
米国 Panavision, Inc. 製の歪像レンズの一種, それを用いた大型スクリーンの映画, その上映方式・装置. 1955 年には製造されていた. 英国では 1967 年に Panavision, Inc. が映画・撮影用品・歪像レンズの商標として登録. pan(orama) ＋ a ＋ vision の合成による命名. ⇨ Cinema Scope, Panaflex.

**Pan (Books)** パン(ブックス)
1944 年創業の英国の Pan Books Ltd 刊行のペーパーバックシリーズ. 現在は Macmillan Publishers の一部門. 1947 年創刊. ミステリーが中心で, Ian Flemming 作の 007 シリーズ, Dick Francis, Authur Conan Doyle らの作品を刊行した. Allan Bott が, パン (Pan) の神の絵を見て, Pan Books にしようと考えた.

**Pan-Cake** パンケーキ, パンケイク
米国 Max Factor* 製の固型おしろいの一種. フェイスパウダーとファンデーションが一体となったもので, 水で湿らせたスポンジで顔に付ける. ⇨ Max Factor.

**Pancardi (& B)** パンカルディ(エ B)
イタリアのボローニャの婦人服(リゾートウェアなど)・ネクタイなどのメーカー, そのブランド. 1947 年に紳士シャツ専門メーカーとして創業. 婦人服は幾何学柄・抽象柄・花柄などで躍動的なデザインのものが多い. ネクタイの素材は絹または絹と麻の混紡で, 緻密な柄で鮮やかな色彩のプリントものが主. Pancardi は創業者 Bruno Pancardi の姓, B は創業者と義兄弟の Arnoldo Boschi の姓の頭文字.

**P & R** P アンド R
スペインに本拠を置く Ebro Foods, SA 製のパスタ(マカロニなど).

**Panera Bread** パネラブレッド
米国の大手ベーカリーカフェチェーン店. 電話やオンラインを通じたベーグルなどの注文配達サービスもある.

**Panerai** パネライ
イタリア Officine Panerai Marketing e Communicazioni Srl 製の高級腕時計ブランド. 1930 年代にイタリア海軍特殊潜水部隊のための軍事用ダイバーウオッチ Radiomir や Luminor を開発, 1990 年代から一般向けに市販を始めた. 軍用プロスペックと, クッション型ラージケースが特徴. 正確にはオフィチーネパネライ (Officine Panerai).

**Panorama** パノラマ
イタリアのニュース週刊誌で, 保守系. イタリア最大の出版社 Arnoldo Mondadori Editore 刊. 1939 年創刊で, 30 万部以上の発行部数.

**Pantene** パンテーン
世界有数の医薬品メーカーであるスイスの F. Hoffmann-La Roche & Co. A. G. (1896 年創業)が開発したが, 現在は Procter & Gamble* が所有するヘアケア用品のブランド. ⇨ Vicks.

**Pantera** パンテーラ
⇨ DeTomaso Pantera.

**Panther** パンサー

## Pantherella

もとは英国 Granada Publishing, Ltd 刊行のペーパーバックシリーズ．1940年創刊．HaperCollins に買収された．

## Pantherella　パンセレラ

英国製の紳士用靴下，そのメーカー (Pantherella Ltd)．同社は 1937年 Louis Goldschmidt が創業．オーソドックスで上品なデザインで，細いゲージを使用しているため軽い．社名に合わせた小さな黒豹がトレードマーク．米国 New York 市に Pantherella USA, Inc. がある．

## Pantone　パントン，パントーン

米国 Pantone, Inc. 製の，デザイン用色見本帳．マーカー (marker)・オーバーレイ (overlay)・着色紙・印刷用および製品用カラーガイドブックなどの色彩材料を，全て番号を付けた色彩で体系化・統一化し，デザインの様々な表現に使えるようにしたもの．番号によって，色彩上の憶測やあいまいさをなくし，最初に色をデザインした人の考えが最終工程に至るまで行きわたることを狙っている．

## Pan Yan　パンヤン

英国 Premier Foods が 2002年製造中止するまで売られていたスパイシーでアップルベースのピクルス．それ以前は London に本社のあった食料品会社 Maconochie Brothers 社が製造．この名は 1907年社内での命名コンテストの結果選ばれた．

## Paolo Gucci　パオログッチ

イタリアの革製バッグメーカー，そのブランド．同社は Gucci* 家の一員 Paolo が独立して起こしたもの．

## Papa John's　パパジョンズ

米国 Kentucky 州 Louisville に本部があるピザのチェーン店 Papa John's International, Inc. の略・通称．1984年に John Schnatter が Indiana 州 Jeffersonville で 1号店を開店して創業，現在は米国 50州と世界 29か国に 3,500店舗を展開．"Better Ingredients. Better Pizza." が創業以来のうたい文句．

## Paper Mate　ペーパーメイト

米国 Paper Mate Products, Inc. (Sanford L.P. の一部門) の略・通称，その製品のペン・使い捨てボールペン・鉛筆・マーカーその他の文房具．トレードマークのハート 2個を縦に並べたマーク (double hearts) は，1951年から使用されている．⇨ Eraser Mate.

## Pappagallo　パッパガッロ

米国 New Jersey 州の Stone Harbor のビーチリゾート Seven Mile Island にある衣料品・アクセサリー店．

## Papucci　パプッチ

⇨ Fabio Papucci.

## Papworth　パップワース

英国の革製ビジネスケースのメーカー Papworth Industries の略・通称，そのブランド．象皮のアタッシュケース・旅行かばんは高価．英王室御用達．

## Parabellum　パラベラム

ドイツ Mauser および D.W.M. 製の連射装弾機構つきピストル・機関銃・航空機[艦艇]搭載機銃など．ラテン語の句 "Si vis pacem, para bellum." (If you want peace, prepare war.) から．1904年の文献に見られる．⇨ Mauser.

## Parafilm　パラフィルム

米国 Pechinery Plastic Packaging Co. 製の熱可塑性樹脂の一種．耐水・防水シートとして用いられる他，ブーツ・靴の素材や絶縁テープともなる．1934年商標登録．英国では 1952年に Lindsay & Williams Ltd が登録．

## Paragon　パラゴン

英国の陶磁器メーカー (Paragon China Co Ltd)，その商品．同社は 1899年に Herbert James Aynsley と William Illingworth が設立した紅茶セットメーカーの Star China Co. が前身で，1903年発売の Paragon という名の朝食・デザートセットがヒットしたため，社名が改められた．1933年，George 5世の時代以来，英王室御用達．Royal Doulton* グループの一員

であったが 1960 年代に廃業.

**Parazone** パラゾーン

英国 Jayes Group (買収される前は Parazone Co) 製の家庭用漂白剤. 命名は 'par ozone' から.

**Parcheesi** パーチージ

米国 Hasbro* 製の卓上ゲーム. 米国三大ボードゲームの一つで, 十字状に配列されたます目を使う一種のすごろく. 1894 年に商標登録され, 今も作られているロングセラー. 英国では Ludo ブランド. ★原語 (pacisi) では 25 の意で, さいころの代用であった 6 つのコヤス貝の殻を投げたときの最高の目が 25 であったところから.

**Parducci Wine Cellars** パードゥッチワインセラーズ

米国 California 州 Mendocino 郡 Ukiah のワイン会社. 1933 年創業. Mendocino 地区の力強い赤ワインの製造販売者として定評がある.

**Parkay** パーケイ

米国 ConAgra Foods, Inc. 製のマーガリン. 1940 年から.

**Parker** パーカー

米国の万年筆メーカー The Parker Pen Co. の略・通称, 同社製の万年筆・ボールペン. 電信技術学校の教師 George S. Parker (1937 年没) が, 1888 年に副業として John Holland Gold Pen Co. の万年筆を小売りしたのが起こり. 1903 年よりヨーロッパに輸出を開始. 商標登録は 1906 年で, 「この名を 10 年間使用してきた」としている. 英国での登録は 1914 年. 1923 年に, それまでの万年筆に加え, シャープペンシルを追加して再登録. 1939 年から開発され, 1941 年に売り出された創立 51 周年を記念した型の Parker 51 は, 当時には珍しく細身で流線形のデザイン. 素材には防食性[耐アルカリ性]の強い Lucite が用いられた. 同製品は, 世界のデザインコンテストで種々の賞を獲得し, 現代の万年筆デザインの古典となり, また戦後の一時期の万年筆市場を一手に支配した. 1963 年に 75 周年を記念して発売された格子模様の Parker Treasure 75 Sterling Silver もよく知られている.

**Parker Brothers** パーカーブラザーズ

米国のゲームメーカー, そのブランド. Monopoly, Waterworks*, Body Boggle*, Sorry!, Aggravation などが有名.

**Parker-Knoll** パーカーノール[ノル]

英国の家具メーカー (Parker Knoll plc), 同社製の椅子・背付き長椅子 (settee) など. 1930 年にドイツ人の家具製造者 William Knoll (Hans G. Knoll のいとこ; ⇒ Knoll) が, 彼の考案した板ばね利用の椅子 (spring chair) を生産してくれる英国の業者を求めて渡英, 英国の家具メーカー Frederick Parker & Sons 社の Tom Parker が, 偶然そのサンプルを見かけて Knoll と契約したのが始まり.

**Parkray** パークレイ

英国 Parkray Ltd の略・通称, 同社製の暖房器. Park という名の対流式放熱器 (convector) を 1953 年に発売した Park Foundry (Belper) Ltd の名と, 親会社 Radiation Ltd Group の名を組み合わせて命名したもので, ray (光線, 熱線) にもかけている.

**Parkway Bakery & Tavern** パークウェイベーカリーアンドタバーン

米国 Louisiana 州 New Orleans 市の名物ファーストフードレストラン. ハリケーン Katrina 襲来時に水面下に埋没したがいち早く再開し, 5 年目の節目に Obama 大統領一家が来店して注目を浴びた. サンドイッチ po'boy など.

**Parliament** パーラメント

米国最大のたばこメーカー Philip Morris, Co., Inc. 製の紙巻きたばこ. チャコールフィルター付き. 1931 年発売. 米国最初のフィルターたばこ. 当時のフィルターは円筒に厚紙の吸い

### Parmigiano-Reggiano

口が付き, 中に綿が詰まっているもの. より軽い Lights や, 長い 100's もある. ⇒ Philip Morris.

### Parmigiano-Reggiano　パルミジアノレジアノ

北イタリアの Lombardia 地方のいくつかの農村で造られる硬質チーズ. パルメザンチーズ (Parmesan Cheese) の最高級品. 900 年以上も作られ続け, その名称は, この地域で厳重な管理のもとに造られたチーズにだけ与えられる公式名.

### Parowax　パロワックス

1909年に Standard Oil Co. (もと Standard Oil of Ohio; 略 Sohio; 1870年創業) が商標登録したパラフィン蠟 (paraffin wax). 洗濯物に入れて洗うと生地も痛めず, 白くなると宣伝され主婦の味方とされた.

### Partagas　パルタガス

キューバ (Cuba) の Havana にある Flor de Tabacos de Partagas 工場製の葉巻. Habanos SA が扱う. 商標登録されたのは 1908 年だが, 1862 年の文献にその名が見られ, 英国では 1878年に Bances and Co. の Juan Antonio Bances が意匠登録をしている.

### Party Pieces　パーティピーシズ

英国 Berkshire 州 Reading にあるパーティグッズ・パーティ用ケーキ・玩具などのオンラインビジネスを営むファミリービジネス. 3 人の子を育てた Carole Middleton が 1987 年に創業. 娘の Kate (Catherine Elizabeth) Middleton が William 王子と結婚することになったため有名になった.

### Party Pizza　パーティピッツァ

米国 General Mills* 製の Totino's ブランドの調理済みピザ. オーブンで焼く.

### Passat　パサート

ドイツの自動車メーカー Volkswagen* 製の中型乗用車. ドイツ語で「貿易風」の意. 1973 年から. 米国でかつて Dasher* の名称で販売された.

### Passport (Scotch)　パスポート (スコッチ)

スコットランド産のブレンデッドウイスキー. 1968 年より William Longmore & Co Ltd が製造.

### Pasta Robo　パスタロボ

イタリア Lagostina* 製のパスタ (スパゲティ・マカロニなど) 料理専門の深鍋. 1975 年より発売. パスタをゆでる・湯を切る・ソースを混ぜるという働きをこなす. 中鍋として水切り鍋 (colander) がついている.

### Patagonia　パタゴニア

米国 Patagonia, Inc. の略・通称, 同社製のアウトドア用衣料. 1972 年創業.

### Patek Philippe　パテックフィリップ

スイスの宝飾品と時計の店, その宝飾品・宝飾腕時計・懐中時計[提時計]・複雑時計・永久カレンダーおよび月齢付き時計・エナメル七宝の装飾置き時計などのブランド. ルリ色の文字盤のものが人気. クォーツは使わず全て機械式. 手作りのため年産 1 万-1 万 2 千個という少量生産で, 高価. 同社は 1839 年創業, 1841 年に竜頭巻き時計を世界で最初に作った.

### Path, PATH　パース

米国の Port Authority of New York and New Jersey が運営する高速旅客輸送路線 (rapid transit) Port Authority Trans-Hudson の略・通称 (New Jersey 州と New York 市 Manhattan 間の通勤列車線). Hudson 川の下をトンネルで通り抜ける.

### Pathmark　パスマーク

米国 New Jersey 州の Montvale に本部があるスーパーマーケットチェーン店. 2007 年 The Great Atlantic & Pacific Tea Co. に買収された. 薬品も扱う店も多い. New Jersey 州を中心に New York, Pennsylvania, Connecticut 州などに展開. いくつかの店舗で Sav-A-Center 名が付加されている.

### Patou　パトー, パトゥー

⇒ Jean Patou.

**Patrick** パトリック
フランスのスポーツ靴メーカー (Patrick S.A.) (2008年から Cortina-Group の一部), その商品(スニーカー・サッカーシューズなど).

**Patrick Cudahy** パトリックカダヒー
米国 Patrick Cudahy, Inc. の略・通称, 同社製の肉の缶詰め・ベーコン・ソーセージ・ハムなどの肉加工品. 1874年 Patrick Cudahy が創業.

**Patum Peperium** ペイタムペパリアム, パツムペペリウム
英国 Elsenham Quality Foods Ltd 製の, こしょう風味をつけたアンチョビーのペースト (savoury paste). 1907年に Patum Peperium The Gentleman's Relish (紳士のオードブル)の名で, 缶詰めの味付け細切り肉の名として商標登録. トーストやクラッカーに塗ると美味で, 朝食に供される. ⇨ Gentleman's Relish.

**Paul & Joe** ポールアンドジョウ
フランスのアパレルブランド. パリ生まれの Sophie Albou (1967- ) が 1995年二人の息子の名にちなんで創業したメンズコレクションに始まり, レディースコレクション, 化粧品 Paul & Joe Beaute ブランド (2002年), キッズウェアコレクションブランド Little Paul & Joe (2005年) を展開. ジュエリー・靴もある.

**Paulaner** パウラナー
ドイツ Paulaner Brauerei GmbH & Co. KG (Brau Holding International AG 所有) の略・通称, 同社製のビール. Original Münchner Hell, Premium Pils, 黒ビールの Salvator* などがある.

**Paul Buhré** ポールビューレ
スイスの時計メーカー, 同社製の宝飾腕時計・装飾置き時計・掛け時計などのブランド. 1815年に Carl Buhré がロシアの St. Petersburg で小さな時計店として創業. 息子 Paul Buhré が受け継ぐ. ロシア皇帝 Nicolai 1世の御用達となり, その家紋 Imperial Eagle をマークとして使用することを許された.

**Paul Masson** ポールマッソン
米国 California 州 Monterey の Paul Masson Vineyards (Browne Vintners Co. 傘下) の略・通称, 同社製のワイン・シャンパン・ブランデー. 1852年に Paul Masson (1940年没) が創業.

**Paul Smith** ポールスミス
英国のデザイナー Paul Smith (1946- ) のデザインによる衣料品, それを売るブティック. 1979年 London の Covent Garden に最初のブティックを開店. 1987年からパリコレクションに参加. 伝統と前衛を調和させた遊びのあるデザインが特徴で, 色彩が豊か. 1984年日本にも出店.

**Paul Stuart** ポールスチュアート
米国 New York 市の Madison Ave. にあるビジネスマン向け「クラシックコンテンポラリースタイル」の紳士服店, そのブランド. 1938年に Ralph Ostrove が創業. 同氏の長男 (2004年没) の名前である Paul Stuart Ostrove の名を付けた. 特に手縫い・天然素材の背広の品揃いで知られる. シャツ・ネクタイ・サスペンダーの評価も高く, 靴やアクセサリーもある.

**Pavoni** パボーニ, パヴォーニ
イタリアのミラノにあるプロ用の大型エスプレッソコーヒー機のメーカー (La Pavoni S.p.A.), そのブランド. 同社は1905年創業.

**Paxo** パクソ
英国 Premier Foods plc 製の丸焼きチキン用の詰め物. 主原料は小麦粉. フランス語の Paqués (イースター) またはラテン語の pax (平和) と関連があると考えられているが不明.

**Paxolin** パクソリン
英国 The Micanite & Insulators Co Ltd 製の絶縁材. 紙にフェノールとホルムアルデヒドからなるニスをしみ込ませたもの. 1918年商標登録, 米国では1958年登録.

## Paxton & Whitfled パックストンアンドホイットフレッド(社) (~, Ltd)
英国のチーズ輸入販売店. 1797 年創業. 英王室御用達. ビスケット・紅茶・ジャム・蜂蜜・ハムなども扱う.

## PayDay ペイデイ
米国 Hershey's* 製のピーナッツキャラメルキャンディーバー. 1932 年に F. A. Martoccio Marconi Co. で売り出されて以来いくつかの会社の手を経た歴史がある.

## Payless ShoeSource ペイレスシューソース
米国の靴類のディスカウント会社, その店. 1956 年創業. 紐の代わりにベルクロを付けた Pro Sprints ブランドのディスカウントスニーカーを 1980 年代に売り出して全米に知られた. Collective Brands, Inc. の子会社.

## Payloader ペイローダー
米国 Frank G. Hough Co. が 1955 年に市場化したパワーシャベルトラクター. 同社はその後 Illinois 州の International Harvester Co. 傘下となり Hough ブランドで製造していたが, Dresser Industries が買収した後製造中止となった. その後 Komatsu Dresser Co. となったが Payloader の商標権は切れた.

## PBS PBS
米国の Public Broadcasting Service (公共放送網)の略. L.B. Johnson 政権時代に生まれたネットワークで, 公共性の強い教育番組を CM なしで放送.

## PDQ PDQ
米国 Continental Cosmetic Co., Inc. 製のペットのみだしなみを整えるための各種製品. pretty damn quick の頭文字から.

## PDQ PDQ
米国 PDQ Food Stores, Inc. の略・通称. 1948 年 Sam Jacobsen が創業したコンビニエンスストアチェーン店. Minnesota, Wisconsin, California 各州で 46 店舗を展開し, ガソリンスタンドと併設. 100% 従業員所有の会社.

## Peacock ピーコック
⇨ Penguin (Books).

## Pearl Drops パールドロップス
米国 Church & Dwight Co., Inc. 製の液状歯磨き剤 (tooth polish)・ホワイトニング練り歯磨き.

## Pears ペアーズ
英国 Elida Gibbs Ltd 製の, 天然素材を原料とした透き通った琥珀色の洗顔石鹸. もとのメーカーは A & F Pears Ltd で, 同社は 1789 年に Andrew Pears が美容院として創業. Victoria 女王以来英王室御用達. 同社は 1914 年に Elida Gibbs Ltd に吸収された.

## Pebble Beach ペブルビーチ
米国 Pebble Beach Co. 製のゴルフ用品. 同社は 1919 年に電信機とモールス信号の発明者 Samuel Finley Breese Morse の同名の縁者が創業.

## Pecan ペカン
米国 Pecan Deluxe Candy Co. の略・通称, そのブランド. 同社はアイスクリームに添加する種々のフレーバーのキャンディーを製造. 1950 年にキャンディー製造を始め, コーティングしたアイスクリームワッフルコーン・キャンディークランチ (candy crunches)・ファッジチップス (fudge chips)・トフィー (toffees)・ペストリーチップス (pastry chips)・リボン形キャンディー (ribbons) など種類が多い. バターキャンディーにピーナッツを加えたものの商品名は Nut Krisps. ⇨ Peppermint Stick.

## PediaCare ピディアケア
小児用の充血緩和剤・抗ヒスタミン薬・咳止めなどとして使用される米国 Prestige Brands, Inc. 製の市販薬. 1984 年から.

## Pedialyte ペディアライト
米国 Abbott Laboratories 製の電解質補給剤. 子供が下痢・嘔吐の時に水分補給のために使用する市販薬. 家庭雑誌の広告では "IT'S 2 AM. Do you

know where your Pedialyte is?" と宣伝する. 1966年から.

**PediaSure** ピーディアシュア
米国 Abbott Laboratories 製のタンパク質, ビタミン, ミネラルなどを補う子供用の栄養補給物 (nutritional supplement). バニラ, チョコレート, ストロベリー, バナナなどの味がある. 1988年から. ⇨ Abbott.

**Peek Freans** ピークフリーンズ
英国 United Biscuits がブランド名を所有しているビスケットだが, 英国ではすでに製造中止. 米国とカナダでは Kraft* 製.

**Peerless** ピアレス
英国の高級傘メーカー Peerless Umbrellas Ltd 製の傘. 米国には Peerless Umbrella Co., Inc. がある. いずれも創業は古い.

**Pegasus** ペガサス
米国 Mobil* 製のエンジンオイル.

**Peg-Board** ペッグボード
米国 Masonite Corp. (1984年より USG Corp. 傘下) 製の孔あきハードボード (perforated hardboard panel), そこに物をかけるための金具 (fixture). 木くぎ (peg) を孔に差し込んで, 形を作って遊んだり, ゲームの数取りに使ったりもできる.

**Pelican** ペリカン
ドイツの筆記具・画材・消しゴム・インク・タイプリボン・オフィス用品などのメーカー, そのブランド. 1832年にドイツで Karl Holnemann が, 絵の具とインクの小さなメーカーとして創業. 1878年より, Wagner 家の家紋のペリカンをマークおよび商標にした. 万年筆は 1895年から製造を始め, 1929年に画期的な回転ピストン式インク吸入方式とカートリッジ式インク交換方式を登場させた.

**Pelican** ペリカン
⇨ Onoto.

**Pelican (Books)** ペリカン(ブックス)
英国 Pearson plc 刊行の教養書のペーパーバックシリーズ. もと Penguin Books Ltd. が 1937年から刊行. 1990年に刊行中止. 科学・政治・経済・歴史・芸術などを扱う. Penguin (Books)* への読者の投書が, しばしば Pelican と誤って書かれていたということから, その名を採用したという. 商標登録は 1957年. トレードマークは右向きのペリカン.

**Pellon** ペロン
米国 Pellon Consumer Group, LLC の略・通称, 同社製の不織芯地 (non-woven interfacings). 1930年代ドイツの研究者 Carl Nottebohm が開発. スペイン語 pelas (髪) と nylon の lon の混交から米国で命名.

**Penbritin** ペンブリティン
英国 Beecham Group plc が発見し, 1961年から発売した半合成のペニシリン剤. 一般名はアンピシリン (ampicillin). ⇨ Beecham Group.

**Pendaflex** ペンダフレックス
米国 New York 州の Esselte Corp. の略・通称, 同社製の吊り下げ式書類ばさみ (hanging file folder). 1942年特許取得. 2000年に持ち運び自由な Mobile File を発売.

**Pendle & Rivett** ペンドルアンドリヴェット
⇨ Fintex.

**Pendleton** ペンドルトン
米国最大のウール製品メーカー Pendleton Woolen Mills の略・通称, 同社製の, 100% バージンウール素材のカッターシャツ・毛布・カジュアルウェア (Pendleton Sportswear という) など. 1909年創業.

**Penguin (Books)** ペンギン(ブックス)
英国 The Penguin Publishing Co (Pearson plc 傘下) が刊行しているペーパーバックシリーズ. Pearson 傘下となる以前の社名は Longman Penguin Ltd, および Longman Group Ltd. Longman 系列になる以前の社名は Penguin Books Ltd (1966年まで),

および The Penguin Publishing Co Ltd (1972年まで). 1935年に Allen Lane が創刊, 商標登録は1939年で, 事実上, ペーパーバックの元祖的存在. Penguin の名は, 創業者の秘書の提案. 同社は Penguin に続いて, Pelican, Puffin, Ptarmigan, Peregrine, Peacock など, P で始まる鳥の名のペーパーバックシリーズを出した.

**Pen-gun** ペンガン
米国 Penguin Associates, Inc. 製の, 小型円筒形の金色のアルミでおおったステンレススチール製の催涙ガス発射用・高速道路事故発火信号用ガスボンベ. 1965年に商標登録.

**Penhaligon's** ペンハリゴンズ
英国の紳士用香水・オードトワレ・整髪料・アフターシェーブ・ソープ・バスオイル・シェービングセットなどのメーカー (Penhaligons Ltd), そのブランド. Victoria 朝後期の1870年に William Henry Penhaligon が床屋として London の Jermyn St. に開店, その後常連客のために手作りで化粧水・ポマード・フレグランスなどを調合するようになったのが始まり.

**Peninsular and Oriental Steam Navigation** ペニンシュラーアンドオリエンタルスティームナヴィゲーション[スチームナビゲーション] (The ～ Co)
英国最大の海運・物流サービス会社. 略・通称 P&O. 1837年創業. 2006年 DP World が買収.

**Penn** ペン
米国 Penn, Inc. 製のテニス用品. 同社は1910年にテニスボールの製造を開始, テニスボール・ラケットボールの製造で歴史がある.

**Pennzoil** ペンゾイル
米国の各種オイル・潤滑剤などの石油製品・天然ガス・硫黄などを生産する企業 (Pennzoil Co.) (Royal Dutch Shell の子会社), 同社製のモーターオイルなどのブランド. 同社は1898年創業. Pennsylvania 州産の原油に添加剤を加えたものであるところからの名.

**Penrose** ペンローズ
米国 GoodMark Foods, Inc. 製のスナック塩漬けソーセージ (pickled sausage). 現在は ConAgra Foods, Inc. のブランド. この冠ブランドで, Firecracker, Tijuana Mama, Big Mama がある.

**Penthouse** ペントハウス
米国 New York 市生まれの Bob Guccione が, Playboy に対抗して1965年に London で創刊し, 69年に米国に進出した月刊のメンズマガジン. FriendFinder Networks 刊. 発行部数では Playboy を抜き, 同種雑誌中で世界一. ヌードは Hustler* などに比べるとややおとなしく, Playboy に次いで美しいといわれる.

**People** ピープル
あらゆるジャンルの有名人を取り上げる米国 Time, Inc. 刊行の週刊誌. 1973年創刊後, 短期間で200万部の売り上げ記録を達成した. ゴシップやスキャンダルはない.

**People** ピープル (The ～)
英国 Trinity Mirror Group 刊の日曜日のみ刊行のタブロイド紙. 1881年創刊.

**People's Supermarket** ピープルズスーパーマーケット (The ～)
英国の食品販売協同組合で, 安価で良質の食品を地域社会へ供給するために London の Bloomsbury で2010年設立. 会員組合員は約1,000人. Arthur Dawson Potts が "for the people by the people" のコンセプトで設立した, わかちあう未来型ビジネスとして注目されている. 会員は10％引きで商品を購入できるが, 年会費25ポンドを支払い, 毎月4時間無報酬で, 黄色いTシャツを着て店で働く. このビジネスタイプは New York 市 Brooklyn でその2年前に成功していたもの.

**Pepcid** ペプシッド
米国 Johnson & Johnson*・Merck

Consumer Pharmaceuticals Co. 製の胃酸を抑える潰瘍治療薬. H(histamine)-2 blocker と呼ばれるもの.

### Pepe　ペペ
英国 Pepe Jeans London (1973年創業), その店とジーンズ・靴のブランド.

### Pepe Lopez　ペペロペス
メキシコ産のテキーラ. 80 proof. 米国では Kentucky 州の Brown-Forman Corp. (1870年創業) が販売.

### Pepe's　ペペズ
米国 Pepe's, Inc. が Chicago と Indiana 州北西部で展開するメキシカンフードレストラン.

### Pepe's　ペペズ
米国 Rudolph Foods Co., Inc. 製のチチャロン (chicharron)(豚の皮の空揚げ)・スナック.

### Pepper Fog　ペッパーフォッグ
米国製の, 散布すると濃い霧状になり, それを吸うとのどや鼻が痛くなる暴徒鎮圧用ペッパーガス (pepper gas) の商標. メーカー名不詳. ドイツ Hoernecke Chemie 製で Pepper-Fog がある.

### Pepperidge Farm　ペパリッジファーム
米国 Pepperidge Farm, Inc. の略・通称, 同社製のパン・冷凍パイ生地・冷凍ケーキ・クッキーなど. 1937年に主婦 Margaret Rudkin が, アレルギーに悩む息子のために, 自然食の材料と石臼で碾いた全粒小麦粉で作ったパン (whole wheat bread) を焼いて食べさせたのが起源で, その後彼女は専業主婦からパン工場経営者へと変身を遂げて行った. 1955年にクッキー類の生産を始め, 1950年代後半には冷凍したパン生地とパイ生地を発売.

### Peppermint Stick　ペパーミントスティック
米国 Pierre's Ice Cream Co. 製のペパーミントキャンディーケーン (candy cane) を使ったアイスクリーム. ⇨ Pecan.

### Pepsi(-Cola)　ペプシ(コーラ)
米国 Pepsi-Cola Co. (PepsiCo, Inc. の一部門) 製の清涼飲料. 1898年に dyspepsia (消化不良) をなおす cola というところから North Carolina 州のドラッグストアの経営者 Caleb D. Bradham によって名付けられたもので, 正式な商標登録は1903年. 略称の Pepsi は1916年に,「1911年より使用している」として登録. 英国では Pepsi-Cola Ltd が1953年に Pepsi-Cola を商標登録, 1960年に Pepsi を登録した. ★ *Playboy* 誌を創刊した Hugh Hefner や歌手 Elvis Presley の大好物飲料.

### Pepsodent　ペプソデント
米国 Church & Dwight Co., Inc. 製の歯磨き用製品 (練り歯磨き・歯ブラシなど). peppermint と soda と dentifrice の合成による名と思われる. チューブは Raymond Loewy がデザイン. インド, インドネシア, チリ, フィンランドほか数か国では現在も Unilever* の名で販売されている.

### Pepto-Bismol　ペプトビズモル
米国 Procter & Gamble* 製の鮮やかなピンク色の下痢止め・制吐薬などとして使われる市販薬 (水薬・錠剤・キャプレット). もとのメーカーは The Norwich Pharmaceuticals Co. 1901年より発売. 当時は幼児の下痢治療薬として Bismosal: Mixture Cholera Infantum の名で売られていた. ⇨ Chloraseptic.

### Perbunan　パービュナン
ドイツの Lanxess AG (Bayer Group から2005年分離独立) 製のニトリルゴム (nitrile rubber). 合成ゴムのはしりの一つで, 当初の名称は Buna-N (N は窒素 (nitrogen) の元素記号). 英国では1938年, 米国では1959年に商標登録.

### Percogesic　パーコジェシック
米国 Prestige Brands, Inc. 製の市販薬で, 鎮痛薬・抗ヒスタミン薬・解熱薬・睡眠補助薬として使われる.

### Perdue　パーデュー

米国 Perdue Farms Inc. の略・通称. 同社製の, オーブンで丸のままで焼く鶏肉("Perdue Oven-Stuffer Roaster")チキンブレスト・ターキーブレストなど. 1920年創業.

## Peregrine ペレグリン
⇨ Penguin (Books).

## Perennial (Library) ペレニアル (ライブラリー)
米国 Harper & Row Publishers, Inc. (1962年創業)(現在は HarperCollins)が1964年から刊行のペーパーバックシリーズ.

## Perfecto Garcia パーフェクトガルシア
米国 House of Windsor, Inc. 製の葉巻.

## Pérgone ペルゴーネ
イタリア産の, ブランデー漬け柑橘類各種を原料としたリキュール. 1888年より製造. メーカー名不詳.

## Perkins Restaurant パーキンズレストラン
米国 Perkins Restaurant & Bakery (1958年創業)系列のレストランチェーン店. Perkins & Marie Callender's, Inc. が経営し, 米国34州とカナダでフランチャイズ店を含め約500店舗を展開. 全店舗の半数は Minnesota, Pennsylvania, Ohio, Florida, Wisconsin 各州にある. 店内にベーカリーをもつ. 年中無休で, 24時間営業.

## Perlon パーロン
ドイツ Perlon-Warenzeichenverband Eigetragener Verein 製の合成繊維, その糸. nylon 6 と同一で, nylon 66 に近い. caprolactam の重合によって作られる重合体 Igamide (ドイツでの商標)の繊維. 1938年ドイツ人化学者 Paul Schlack が発明. 英米で1958年に商標登録. 女性用下着・登山用ロープなど幅広い用途がある.

## Permalize パーマライズ
米国 Pratt & Lambert, Inc. (1849年創業) 製の塗料.

## Permutit パーミュティット
ドイツの J. D. Riedel Aktiengesellschaft 製のイオン交換装置, その中身の人工沸石 (zeolite) であるアルミ珪酸塩 (aluminosilicates). 水の軟水化・純化[清浄化]などにフィルターとして使用. 糖蜜・サッカリン液の純化や, アルコールのアドレナリン除去などにも用いられる. ラテン語の permutare (交換する)と -ite の合成による命名. 英国では, 1910年に, 米国では1913年に商標登録.

## Pernod ペルノ
フランス Pernod Ricard S.A. の略・通称, 同社製のハーブリキュール. 食前酒として用いられる. 51 proof. 色は薄い黄緑で, アニスとカンゾウ (licorice) の風味がある.

## Pernod Ricard ペルノリカール (社) (~ S.A.)
ヨーロッパ最大の酒類メーカーであるフランスの会社. 非アルコール飲料でも同国では大手. ⇨ Pernod, Ricard.

## Perrier ペリエ
南フランス Vergèze の「ペリエの泉」(Source Perrier) から採れる発泡性天然ミネラルウォーターの瓶詰め. 英国では1907年に輸入業者の St. John Harmsworth が商標登録. 米国では Connecticut 州の The Perrier Group of America が販売.

## Perrier-Jouët ペリエジュエ
フランス Champagne 地方のシャンパン生産商社 Perrier-Jouët of Epernay の略・通称. 同社は1811年創業. Champagne-Mumm 社と共同経営.

## Perris ペリス
⇨ Bernard Perris.

## Perry Ellis ペリーエリス
米国のデザイナー Perry Ellis (1940–86) および彼の後継者のデザインした作品のブランド, New York 市 7th Ave. にあるそのブティック. ブランドは Perry Ellis International が所有・運営. 同店はスポーツウェア・探検服

の品揃いでも知られる.

**Persil** パーシル
英国 Unilever UK Ltd 製の粉石鹸・洗濯用洗剤. 現在は英国とフランスのみでの商標. フランス語でパセリ (parsley) の意だが, 主成分の perborate (過ホウ酸塩) と silicate (珪酸塩) の各々の最初の3字を合わせたものと考えられる. フランス人 Ronchetti が 1907 年に発明・命名. ドイツでは大手化学品メーカー Henkel AG & Co. KGaA (1876 年創業) が同年に発売.

**Personal Pan Pizza** パーソナルパンピッツァ
米国 Pizza Hut* のピザ. 6 インチの大きさ.

**Perspex** パースペックス
英国 ICI (Imperial Chemical Industries plc) (オランダ Akzo Nobel N.V. の子会社) 製の, 透明なアクリル性熱可塑性合成樹脂. 板・棒・管・鋳造物・原料粉末として売られる. メタクリル酸メチル (methyl methacrylate) の樹脂ガラスで, 丈夫で弾力性があり, ガラスよりはるかに軽く, 極めて割れにくい. 航空機の風防ガラス・自動車のウインドー・窓ガラス・レンズなどに使用. ラテン語の perspicere (透けて見える) の変化形 perspexi からの造語. ドイツで Röhm & Haas Aktiengesellschaft が開発, 1935 年に Plexiglas および Plexiglass の名で英国で商標登録 (米国では翌年登録).

**Per Spook** ペルスプーク
ノルウェー生まれのフランスのデザイナー Per Spook (1939– ) のデザインした婦人既製服, そのメーカー, それを売るパリにある直営ブティック. 同氏は 1962 年から Christian Dior*, Yves Saint Laurent* のブティックで修業をし, 1977 年デビュー.

**Pert Plus** パートプラス
米国 Innovative Brands, LLC 製のシャンプーとクリームリンス [コンディショナー]. 1979 年発売.

**Pertsovka** ペルツォフカ
赤トウガラシで風味付けしたロシア産のウオッカ. 70 proof.

**Pet** ペット
米国 Pet Dairy (Dean Foods Co. の一部門) の略・通称, 同部門製の乳製品 (コンデンスミルクなど).

**Peterbilt** ピータービルト
米国 Peterbilt Motors Co. (Paccar, Inc. の一部門) の略・通称, 同社製の大型トラック・トラクターなど. 1939 年創業.

**Peter Dawson** ピータードーソン
スコットランド Peter Dawson Ltd の略・通称, 同社製のブレンデッドウイスキー. 一般品の Special と 12 年熟成の Dawson De Luxe とがある. 味はマイルド. 同社は 1882 年創業.

**Peter Heering** ピーターヒーリング
デンマーク Peter F. Heering A/S の略・通称, 同社製のサクランボリキュール. ヨーロッパでは Cherry Heering で通っている. 48 proof.

**Peter Knight** ピーターナイト
英国の, 調理器具・照明具・敷物・家具などの家庭用品のデパート. インテリアデザイナー Peter Knight が 1960 年に開いた Peter Knight (Esher) Ltd と, その後に開いた Peter Knight (Beaconsfield) Ltd, Peter Knight (East Molesley) Ltd (主に調理器具を扱う) がある. 1963 年より英国女王御用達.

**Peter Pan** ピーターパン
米国 ConAgra Foods, Inc. 製のピーナッツバター. 1928 年発売.

**Peterson's** ピーターソン (ズ)
米国 Kapp & Peterson's Ltd. 製のパイプ. パイプ内部にジュースを溜め込むスペースを設けた (ピーターソン・システム) ものを 1890 年に特許を受け発売.

**Peter Storm** ピーターストーム
英国の衣料品メーカー (Peter Storm Ltd), 同社のアウトドアウェア・スポーツウェア・セーターなど. 1956 年

創業．ヨットウェアの専門メーカーとして知られ，1975年より市場化．特に防水・防寒性能に優れたヨットパーカー (Ocean Jacket 名)が有名．

### Peter Stuyvesant　ピータースタイヴェサント
英国 Imperial Tobacco Group plc 製の紙巻きたばこ．

### Pete's Wicked Ale　ピーツウィッケドエール
米国 Pete's Brewing Co. 製のブラウンエール．1986年 Pete Slosberg が創業．

### Pet-Ritz　ペットリッツ
米国 Pillsbury Co. 製のパイ皮 (pie crust shell)．

### Pet Sitters　ペットシッターズ(社) (~, Inc.)
米国 New York 市の，ペットの世話代行会社．1982年 Janet McCann が設立．家に泊まり込んだり，定期的に訪問したりする．シッターは身元保証人付きで，ペットと所有者に保険が付く．

### Peugeot　プジョー
フランス第2位の自動車メーカー Automobiles Peugeot (持ち株会社 Peugeot S.A. (略 PSA) 傘下) の略・通称，その製品．同社は1896年創業の名門．1976年に旧 Peugeot S.A. は Citroën S.A. と合併した．1983年に Pininfarina* がデザインした小型 FF 車 '205' は，Renault 5 や Golf に対抗して生み出されたもので，ヨーロッパでベストセラーとなった．
⇨ Chrysler, Citroën, Sunbeam.

### Pez　ペッツ
オーストリア Pez International AG 製の，取り出し口の頭の部分に種々のキャラクターを使った，小型容器 (dispenser) 入りの小粒キャンディー．ハッカ (peppermint) を意味するドイツ語 Pfefferminze から．

### Pfeiffer　ファイファー
米国 T. Marzetti Co. (Lancaster Colony Corp. 傘下) 製のサラダドレッシング．もともとは New York 州 Buffalo の Marine Grille レストランで使われていたレシピで，レストラン主 Samuel Pfeiffer が Pfeiffer's Foods, Inc. で製造していた．米国東海岸のスーパーで24種類が買える．

### PG Tips　PG ティップス
英国 Brooke Bond Group plc (旧名 Brooke Bond Oxo) 製の紅茶．1940年代当初は Digestive Tea の名で売られていたが，第二次大戦中に食糧庁が医学的効用をうたうのを止めるよう通達したため，Brooke Bond Oxo は Pre-Gestee (食べ物を消化する前に飲むもの) と変更した．しかしこれは発音しにくい語で，食料品店員や，セールスマンたちは，P.G. と縮めて呼んだ．同社はこれに，特徴のある風味を出す紅茶の葉芽 (tips) を示すために，'Tips' を加え，1956年からこの名で売り出した．⇨ Brooke Bond.

### P. H. Design　ピーエイチデザイン
英国 Peter Hutchinson が1991年に創業したダウンジャケットのブランド．

### Philadelphia　フィラデルフィア
米国 Kraft* 製のクリームチーズ．愛称の Philly も登録商標．同ブランドでサラダドレッシングも市場化している．Philadelphia が高品質の食品の産地だと教えられていたことからこの地名が入ったもの．

### Philadelphia　フィラデルフィア
米国 Philadelphia Carpet Co. (Shaw Industries, Inc. 傘下) の略・通称，同社製のカーペット．⇨ Magee.

### Philco　フィルコ
米国 Philips Electronics North American Corp. 製のオーディオ・ビデオ機器，その関連製品．

### Philip Morris　フィリップモリス
米国最大のたばこメーカーである Philip Morris USA, Inc. (Altria Group, Inc.) 製の紙巻きたばこ．同社の前身は1847年に，London の Bond St. で，Philip Morris がたばこ店として開店，1856年にロシア調のたば

こを英国で初めて作った．1902年にNew Yorkに支店ができ，同店は1919年に米国人株主の所有となった．Philip Morrisは1933年発売．発売当時，同社の販売主任と広告代理店の社長が，New Yorker Hotelのロビーで Philip Morrisの名をボーイに呼ばせるよう頼んだことが大いに宣伝になった．⇨ Marlboro.

## Philippe Salvet　フィリップサルヴェ
フランスのデザイナー Philippe Salvetのデザインした婦人服，そのメーカー．同社はリゾート地 Côte d'Azurに本拠があり，綿や麻素材のリゾートウェアでは定評がある．

## Philippe Venet　フィリップヴネ
フランスのデザイナー Philippe Venet (1929– )のデザインした婦人服，その店．特にコートが評価が高い．同氏は，1951年から Schiaparelli*, Givenchy* のメゾンで働いた後，1962年に独立して店をもった．1970年に紳士服に進出．

## Philips　フィリップス
ヨーロッパ最大・世界屈指の電気・電子機器メーカーであるオランダの Koninklije Philips Electronics N. V. (Royal Philips Electronics Inc.)の略・通称，そのブランド．1891年に技術者 Gerald Philipsと，その父で銀行家の Frederick Philipsが，白熱電球製造会社として創業．今日では照明器具・音響映像機器・家庭電化製品・電子部品材料・医療機器・産業機器・通信情報システムなどを手がけており，世界60数か国に系列会社を持っている．特に回転刃式電気かみそり Philishave (1939年開発で2006年まで)と，世界で最初に作ったコーヒーメーカーでは定評がある．1965年にカセットテープとそのデッキを開発，特許を公開して国際統一規格を作るという偉業を成し遂げたことでも知られる．今日普及しているビデオディスクプレーヤー・CDプレーヤーの方式を開発したのも同社である．

## Philip Treacy　フィリップトレーシー
1967年アイルランド生まれの帽子デザイナーが自分の名を冠した帽子ブランド．Umbro* ともコラボレートした．2011年4月の William王子のロイヤルウェディングで，王子のいとこ Princess Beatriceの頭上に大きくリボン風の彫刻がそびえる奇抜な帽子をデザインし，これは後に王女から慈善のために競売に出され13万ドルで落札されて話題となった．

## Phillippe　フィリップ
米国の婦人用ハンドバッグメーカー Phillippe of Californiaのブランド．同社は Alberto-Culver Co.に買収された．

## Phillips　フィリップス
修飾的に用いられて，十字[プラス]ねじの頭(Phillips Recessed Head)，そのねじ回し (Phillips Recess Screwdriver)の商標．発明者である米国人ビジネスマン Henry F. Phillips (1890–1958)にちなむ．Phillips Screw Co.がある．商標登録は1938年．⇨ Pozidriv.

## Phillips' Laxcaps　フィリップスラックスキャップス
米国 Bayer Consumer Care製の緩下薬．

## Phillips' Milk of Magnesia　フィリップスミルクオブマグネシア，フィリップスのマグネシア乳
米国 Bayer Consumer Care製の Phillips ブランドの制酸・緩下薬．水酸化マグネシウムが主成分の白い懸濁液．1873年より米国 Connecticut州の薬品販売業者 Charles Henry Phillipsが開発し，彼の会社 Charles H. Phillips Co.が販売していたもの．商標登録は1880年．

## Phillips Screw　フィリップススクリュー
⇨ Phillips.

## Phillips 66　フィリップス66

米国 ConocoPhillips Co. (1917年創業の Phillips と 1875年創業の Conoco が 2002年合併)製のガソリン. Phillips 社は Frank Phillips, L. E. Phillips 兄弟が創業.

**Philosophy** フィロソフィー
米国 Philosophy, Inc. 製の化粧品. 1996年 Cristina Carlino が創業.

**Phish Food** フィッシュフード
米国 Ben & Jerry's* 製のアイスクリーム. マシュマロ, キャラメル, 魚の形をしたファッジが入っている.

**pHisoderm** ファイゾダーム
米国 The Mentholatum Co.,Inc. 製の, クレンザー・モイスチャライザーなど, 皮膚の pH バランスを整えるためのスキンケア用品. p は必ず小文字で書く.

**Phonevision** フォーンヴィジョン
米国 Zenith Radio Corp. (現在の Zenith Electronics Corp.) が開発した, 見る都度払いの (pay-as-you-view) テレビシステム. Phonovision とも呼んだ.

**Phonofilm** フォノフィルム
米国の発明家 Lee De Forest の発明した初期のサウンドトラックの商標.

**Phonograph** フォノグラフ
1877年に米国の Edison が発明した世界初の蓄音機. ⇨ Gramophone.

**Phosfon** フォスフォン
米国 Plantabbs Corp. 製の有機燐化合物. 菊などの植物の高さを低く抑える[生長を止める]のに用いられる. 1960年に商標登録した際は Phosfon-D といい, 後に Phosfon で再登録.

**Photo-Fit** フォトフィット
英国で 1970年に開発されたモンタージュ写真作成法, それで作られた写真. メーカー名不詳. 英国の John Waddington of Kirkstall Ltd が 1973年に商標登録していた.

**Photomaton** フォトマトン
米国製の, 街角に設置される自動写真連続撮影ボックス(いわゆる「三分間写真」の類), それで撮った写真. 25 セント硬貨を入れるとストロボ撮影が行なわれ, 何枚つづりかの写真が出て来る. New York 市に 1926年に登場. 開発者は Anatol Joseph.

**Photon** フォトン
米国製の写真植字機 (photographic type-composing machine). 1944年, フランス人技術者 Higonnet と Moyroud がその原型を発明. The Graphic Arts Foundation of Cambridge が 1949年から Photon の名で発展させた.

**Photostat** フォトスタット
米国 Commercial Camera Co. が製造していたグラフや絵などを写真複写してオフセット印刷する機械, 同機でとった複写(後者の意味ではしばしば小文字). 原画のネガティブの状態に紙に印刷される. 1911年に同社が英国で商標登録. その後 Kodak Ltd. や New York 州の Itek Graphic Products が製造して, 第二次大戦後まで用いられていた.

**Photronic** フォトロニック
米国 Weston Electronical Instrument Corp. 製の光電池 (photovoltaic cell). 1931年商標登録. photo と electronic の合成による命名.

**Phurnacite** ファーナサイト
英国 Coal Products Ltd 製の無煙炭. 煉炭 (briquettes) を比較的低い温度で炭化させることによって作られる. ルームヒーター・ボイラー・クッカーなどに用いられる.

**Physicians Formula** フィジシャンズフォーミュラ
米国 Physicians Formula Holdings, Inc. の略・通称. 低アレルギー誘発性化粧品 (hypoallergic corrective cosmetics). アレルギー専門医の Frank Crandall が, 妻の過敏な肌のために 1937年に作ったのが始まり.

**Phytin** ファイティン, フィチン
1904年にスイスの Society of Chemical Industries が米国で商標登録した, フィチン (phytin) を含む強壮剤.

1903年からインポテンツの治療などに用いられた.

**Piaget**　ピアジェ
スイスの時計メーカー,同社製の宝飾腕時計・宝飾アクセサリーのブランド,その店. 同社は1874年にGeorge E. Piagetが創業, Georgeの孫の代に自社ブランドの製作に踏み切った. 一貫して手作りで,全パーツを自社生産しているスイスで唯一のメーカー. クォーツによらない機械式.

**Piaggio**　ピアッジオ, ピアジオ
⇨ Vespa.

**Pianocorder**　ピアノコーダー
米国Marantz Co., Inc. (1954年創業) のPianocorder Div. 製の,ピアノ演奏の記録・再生システム. カセットテープに入れたデジタル信号に基く自動演奏を可能にする.

**Pianola**　ピアノラ
米国Aeolian Pianos, Inc. 製の自動演奏ピアノ(player piano). 1897年に米国の技師Edwin S. Voteyが特許取得. 元来は,鍵盤の前に取り付けられて鍵を押す仕組みの装置であったが,後にピアノの内部に設置されるようになった. ☆しばしば自動ピアノの一般的名称として使われ,小文字で綴られる.

**Piccadilly**　ピカデリー
1977年Clever Boys Co. で生まれたジーンズのブランド.

**Pickering**　ピカリング
米国Pickering & Co., Inc. の略・通称,同社製の高級ステレオ装備機器(カートリッジなど).

**Pick-Me-Up**　ピックミーアプ
米国の花の宅配を世界で展開するFTD Group, Inc. の商品の一つであるブーケ.

**Picon**　ピコン
フランスPicon et Cie の略・通称,同社製の食前酒用のビターズ. 厳密にはAmer Piconといい,フランス語のamer (bitter) と社名の合成. ワインとブランデーを基酒とし,キニーネ・オレンジ皮・各種の薬草を加えたもの.

**Picone**　ピッコーネ
イタリアのローマのStudio Picone 製の婦人用カジュアルウェア・Tシャツなど, それを売るローマにあるブティック. トレードマークは太陽で,目が神父になっており,その神父をデザインしたTシャツが多い. デザイナーは社長のGiuseppe Picone (1926- ).

**PicturePhone**　ピクチャーフォン
米国PicturePhone, Inc. の略・通称. 1993年ビデオ会議用製品・アクセサリーのために創業.

**Pieces**　ピーシズ
米国Hersey's* 製のマーブルチョコ型のキャンディーで, Reese's ブランドが1978年に初めて発売され,現在はYork, Almond Joy, Special Dark Piecesの種類がある.

**Piels**　ピールズ
もともとは米国New York市Brooklynで醸造されていた地場ビール. Piel Bros., Inc. はPabst Brewing Co. に買収された.

**Piero Dimitri**　ピエロディミトリ
イタリア生まれの米国のデザイナーPiero Dimitri (1933- ) の作品. 同氏は12才でテーラーに見習いとして務め,その後渡米して1968年にNew York市で注文服店を開いた. 1972年より既製服に進出.

**Piero Guidi**　ピエログイディ
イタリアの革製バッグデザイナーPiero Guidi の作品. カジュアルバッグが主. 革をキルティング風にデザインしたものが代表的.

**Pierre Balmain**　ピエールバルマン
フランスのデザイナーPierre (Alexandre) Balmain (1914-82) が1945年に開店したメゾン,その系列の店, 彼およびその協力者であり後継者となったErick Moltensen らがデザインした衣料品,そのメーカー. Balmainは,服地卸し売り業者の息子として生まれ,パリ美術学校で建築学を学び, 1934年

## Pierre Cardin

から服飾デザインの世界に入った. 1977年に Légion d'honneur 勲章を受章. アクセサリー・筆記具および香水・オードトワレのシリーズ Ivoire de Balmain (バルマンの象牙)なども手がけている. トレードマークはPとbを組み合わせて四角で囲ったもの.

## Pierre Cardin　ピエールカルダン

フランスのデザイナー Pierre Cardin (1922- )のデザインした衣料品, その他の種々のファッション商品・家庭用品など, パリにあるその店. 同氏はヴェネツィア近郊で生まれ, 1945年から Schiaparelli* の店に入り, 1946年より Christian Dior* の婦人服のメゾンに勤め, 1947年には Jean Cocteau の映画 La Belle et la Bête (「美女と野獣」)の衣裳デザインを担当して注目を浴びた. 1953年に独立. 1959年に, フランスオートクチュール組合のメンバーとして初めて婦人用プレタポルテ(既製服)を発表して, デパートでの販売などを始め, 大衆化への口火を切った(紳士用既製服は翌年). 1968年より, 衣料品全般のみならず, 生活環境のあらゆる分野のデザインを手がけるようになり, 国際的なブランドでデザインの使用権を認めるライセンスビジネスを確立した最初のデザイナーとなった. 署名をロゴタイプとした点でも先駆的なデザイナー.

## Pierre Frey　ピエールフレイ

1935年に Pierre Frey が創業したフランスの布地メーカー, そのブランド.

## Pifco　ピフコ

英国の電気毛布・ヒーター・照明器具・扇風機などのメーカー Pifco Ltd (現在は Russell Hobbs Ltd 傘下), そのブランド. 旧社名 Provincial Incandescent Fittings Co., Ltd. の頭文字からの命名. 同社は1900年創業で, 当初はガス利用の暖炉を製造していた.

## Piggly Wiggly　ピグリーウィグリー

米国最大級の食品卸売り業者である Piggly Wiggly, LLC (1916年 Tennessee州 Memphis で創業)系列のスーパーマーケットチェーン店. 中西部・南部を中心に600店舗以上展開.

## Pillow Soft　ピローソフト

米国 McKeon Products, Inc. のシリコン製耳栓で, 医者が推奨する売上No. 1の製品という.

## Pillsbury　ピルズベリー

米国 General Mills* 製のケーキミックス・小麦粉・冷凍ビスケット生地・冷凍パン生地など. キャラクターのパン生地粉打ち少年 ("Pillsbury Dough Boy") の人形は Poppin' Fresh と呼ばれる.

## Pilot　パイロット

米国・カナダの Pilot Travel Centers の略・通称. Pilot Flying J LLC. が経営する州間高速自動車道でのトラックドライバーのための休憩所・売店・給油所などを備えたトラベルセンターチェーン店. 1958年 Virginia 州でサービスを開始した.

## Pilsner Urquell　ピルスナーウルクェル

チェコ製の, 同国の代表的なビール. アルコール分4.4%. 1842年から.

## Pimm's　ピムズ

英国のフルーツカップ (fruit cup) で, 柑橘系フルーツとハーブの風味が爽やかなジンをベースとしたリキュール. 1823年 James Pimm (1798–1866) が最初に作ったもので, Diageo plc 製. Pimm's No. 1 Cup のブランドが有名.

## Pinch　ピンチ

⇒Dimple.

## Pine Action　パインアクション

英国の Reckitt Benckiser* 製の Lysol ブランドのクリーナー・消臭剤. 正確には Lysol Professional Pine Action Cleaner. 硬い非多孔性 (nonporous) の表面のブドウ球菌 (staph) やシュードモナス(菌)などの有害菌を殺し, 悪臭を予防する. パインオイルのよい匂いがある.

## Pine Bros.　パインブラズ

もと米国の Pine Bros., Inc. 製の風邪

のときになめるドロップ. 1980 年代に盛んであったが製造中止. 1994 年に商標権が切れているが, IVC Industries, Inc. が復活させた.

**Pine-Sol** パインソール
米国 The Clorox Co. 製の洗剤. Harry A. Cole が 1929 年パインオイルを使って開発.

**Pinga Pontal** ピンガポンタル
ブラジル Piratininga Agro Industrial Ltda. 製の, サトウキビ原料の蒸留酒. 86 proof.

**Ping-Pong** ピンポン
米国 Parker Brothers (Hasbro の一部門) 製の卓球用品. 商標権は 1957 年に消滅, 現在は同社では Ping-Pong は生産していない.

**Pininfarina** ピニンファリーナ
イタリアのトリノの車体製造とカーデザインの工房 (Pininfarina S.p.A.). Battista Farina (1893–1966) が, 1920 年に自動車製造について学ぶために米国を旅行したあと, 1930 年に生まれ故郷で設立した車体製造店. 1961 年に Pininfarina と名付けたもの. Pinin とは Battista のあだ名. Austin*, Ferrari*, Peugeot* などの乗用車を多く手がけている.

**Pink Pearl** ピンクパール
⇒ Eberhard Faber.

**Pink's** ピンクス
米国 Los Angeles 市の Melrose and LaBrea の角で営業するホットドッグスタンドで, 65 年間同じ場所で営業する人気店. 駐車案内人がいるが, 駐車料は無料. Pink's Famous Chili Dogs を愛した映画スターやミュージシャンが多い. Paul Pink が 1939 年に開店し, 当時は大きな車輪のついた手押し車のスタンド.

**Pinnacle (Books)** ピナクル (ブックス)
米国 Pinnacle Books (Kensington Publishing Corp. 傘下) が刊行しているペーパーバックシリーズ.

**Pino Lancetti** ピノランチェッティ
⇒ Lancetti.

**Pinspotter** ピンスポッター
正確には AMF Pinspotter. 米国 AMF Bowling Worldwide, Inc. が商標権を所有し, 1946 年に導入したボウリング場の機械. レーンのピンを自動的にセットし, 倒れたピンを取り除き, ボールをプレーヤーに返す.

**Pinto** ピント
米国 Ford* 製の大衆向け乗用車. 現在は製造されていない.

**Pinwinnie** ピンウィニー
スコットランド Inver House Distillers Ltd 製の, 12 年熟成のブレンデッドウイスキー. 厳密には Pinwinnie Royale Scotch Whisky.

**Piper** パイパー
米国の軽飛行機メーカーである Piper Aircraft, Inc. (Florida 州の Lear Siegler, Inc. 傘下) の略・通称, その商標. William Thomas Piper (1880–1970) が 1937 年に創立. 第二次大戦後は 1954 年に発売したビジネス用双発機 Apache を皮切りに, スポーツ機・農業機・ビジネス機などあらゆる分野の軽飛行機を設計・製造, Cessna* と共に米国のみならず世界の小型軽飛行機界のリーダー的存在.

**Piranha** ピラニア
米国 Black & Decker Corp. 製の電動工具(電動鋸とその刃).

**Pirate's Booty** パイレーツブーティ
米国 Robert's American Gourmet Food 製のライスベースのスナック.

**Pirelli** ピレリ
イタリア唯一のタイヤメーカー (Pirelli & C.S.p.A.), そのブランド. 1872 年に小規模なゴム工場として創業以来, Pirelli 家が所有しており, 私企業としてはイタリア最大. 1899 年より自動車用タイヤの生産を始めた. ヨーロッパの自動車メーカーの多くにタイヤを供給. 1879 年より手がけた送電用電線・通信用ケーブルでも大手

で，売り上げではタイヤと肩を並べている．

### Pisanti　ピサンティ
フランスの既製服メーカー，そのブランド，およびそれを売る直営店．同社は1959年に Jacque Pisanti が創業．キャリアウーマン向けでシンプルで機能的なデザイン．★日本人デザイナー高田賢三は，修業時代に同社のデザイン部門にいた．

### Pitney Bowes　ピツニーボウズ
米国 Pitney Bowes, Inc. 製の，オフィスでの郵便発送業務を自動化できる郵便料金計器，インサーター，アドレスプリンター．1902年 Arthur Pitney がダブルロック式の手動の郵便スタンプ機を発明したところから始まった．

### Pixy Stix　ピクシースティックス
もとは米国 Missouri 州 St. Louis の Sunline 社が1952年から製造していたドリンクミックス．現在は Nestlé* が Sunline 社のブランドを残して製造しているものの一つで，スティック状の袋に入った粉末キャンディー．

### Piz Buin　ピズビュイン
スイス Cilag GmbH International, Division Greiter 製の日焼けまたは日焼け抑制用の化粧品．同社が初めて Sun Protection Factor (SPF) を導入した．

### Pizza Hut　ピザハット
米国の，ピザを中心メニューとするレストランチェーン店 (Pizza Hut, Inc.)．Yum! Brands, Inc. 傘下．1958年 Kansas 州 Wichita で開店したのが始まり．

### PizzaQuick　ピザクイック
米国 Ragu Foods, Inc. 製のピザソース (pizza sauce)．⇨ Ragú.

### Pizza Rolls　ピッツァロールズ
米国 General Mills* 製の Totino's ブランドのパイ皮の小袋に入ったピザの詰め物．オーブンで焼く．

### Pizzeria　ピッツェリア
米国 Ore-Ida Foods, Inc. (H. J. Heinz Co. 傘下) 製の冷凍ピザ．厳密には La Pizzeria．現在は製造されていない．

### Plansifter　プランシフター
米国製の，何段かになった振動ふるいの古い商標．製粉所で粒子の細かさによる分類を行なうために用いる．メーカー名不詳．

### Planters　プランターズ
米国 Kraft* の Planters Div. の略・通称，同部門製のナッツ製品．特に，油を使わずに煎ったドライローストの，瓶入りのピーナッツが，子供にも大人にも人気のある商品で，1910年ごろより製造．同社はイタリアからの移民 Amedeo Obici が Mario Peruzzi と組んで1906年に Planters Peanut Co. として創業．同社製品のトレードマーク Mr. Peanut は，1916年14歳の少年 Antonio Gentile の考え出した擬人化した落花生に，デザイナーがシルクハット・モノクル・ステッキを描き加えたもの．

### Plaskolite　プラスコライト
米国 Plaskolite, Inc. の略・通称，各種のアクリルシート製品．

### Plasticine　プラスティシン
英国 Flair Leisure Products plc 製の塑像用紙粘土．比較的長期間可塑性を保つ．1897年に William Harbutt が Harbutt's Plasticine 社を創立して，製造を始めた．plastic (「合成樹脂のプラスティック」の意ではなく，「塑像」(moulding) の意) に，「～の性質の」の意と「準化学的物質」の意を表わす接尾辞 -ine を付けて命名．★The Beatles の "Lucy in the Sky with Diamonds" という曲に 'plasticine porters' というフレーズが出てくる．

### Platignum　プラチナ(ム)
英国 Platignum Pen Co 製の万年筆．ペン先にプラチナ (platinum) が含まれていることを示した名．1919年創業．

### Platinum Card　プラチナカード
1984年から米国 American Express Co. が発行した富裕階層向けクレジットカード．⇨ American Express,

Gold Card.

**Plax** プラックス
米国 Pfizer Inc. 製の歯垢予防洗口液 (anti-plaque dental rinse).

**Playbill** プレイビル
米国 New York 市の Broadway の劇場入場者に無料配布されるプログラム．月刊．第 1 号は 1884 年, 新シリーズは 1982 年から刊行．★類似のもので他にオフブロードウェイ劇場で配られる Showbill, クラシック音楽の Carnegie Hall などで配られる Stagebill, ポピュラー音楽の Rockbill などがあり，いずれも月刊．

**Playboy** プレイボーイ
米国 Playboy Enterprises, Inc. 刊行の月刊メンズマガジン．1953 年 Hugh Marston Hefner (1926- ) が創刊．美しいヌード写真と質の高い記事 ('Playboy Interview' など) で知られる．ヌードのモデルは Playmate (of the month) と呼ばれ, その第 1 号 (当時は Sweatheart of the month と呼ばれた) は Marilyn Monroe だった．毎年読者投票によって Playmate of the Year が選出される．トレードマークは蝶ネクタイをした大ウサギ ('Big Bunny' と呼ばれる)．雑誌出版の他に, 有線テレビ ('Playboy TV')・Playboy Online・Playboy Radio なども運営．

**Playboy Club** プレイボーイクラブ
男性雑誌 Playboy* の会社が経営するナイトクラブ．Bunny と呼ばれる容姿の美しいウエイトレスが飲食物を運ぶ．1960 年代に特に栄え，本拠地の New York 市の店など 22 店あったが，1986 年 6 月に全て閉鎖または売却された．Las Vegas に新しく 2006 年に開店した．

**Playcraft** プレークラフト
米国 Kraus Craft, Inc. の Playcraft Systems ブランドの子供用家具類・遊具・遊び場設計サービスなど．

**Play-Doh** プレイドゥー, プレイドー
米国 Hasbro* 製のおもちゃの粘土とその型や加工具など．1956 年発売．

**Player's** プレイヤーズ
英国 John Player & Sons (Imperial Tobacco Group の一部門) 製の紙巻きたばこ各種のブランド．1885 年にパイプたばこの名として商標登録．
⇒ Player's Navy Cut, John Player Special.

**Player's** プレイヤーズ
米国 Philip Morris USA, Inc. (Altria Group, Inc. の子会社) 製の紙巻きたばこ．フィルター付きで，キングサイズと 100 mm のものとがある．⇒ Philip Morris.

**Player's Navy Cut** プレイヤーズネイヴィーカット
英国 John Player & Sons (Imperial Tobacco Group の一部門) 製のパイプたばこ・紙巻きたばこ．パックには水兵 (帽子に HERO と書かれているので, Hero と呼ばれる) と 2 隻の船が描かれており, 1883 年に意匠登録．1888 年に水兵は, 救命浮き輪の中に描かれるようになり, 1892 年に再登録．パックは, 1962 年に浮き輪の外側の背景となっていた海が削られ, ロゴ主体のものになった．⇒ John Player Special.

**Player's Navy Cut** プレイヤーズネイヴィーカット
米国 Philip Morris USA, Inc. 製の紙巻きたばこ．⇒ Philip Morris.

**Playmobil** プレイモビル
ドイツ Brandstätter Group 製の軟質プラスチック製人形とその小道具・大道具類．就学前児童向き．1973 年市場化．

**Playskool** プレイスクール
米国 Playskool, Inc. (Hasbro, Inc. の子会社) の略・通称, 同社製のおもちゃ・パズルなど．就学前児童向き．玩具の他に, ベビー用品・乳幼児向け衣料も同ブランドで市場化．

**Playtex** プレイテックス

## Playtex
米国 Playtex Products, Inc. の略・通称, 同社製のタンポン. Soft-contour と称する花弁状に開く丸い先端をもつ軟質プラスチック製のアプリケーター ('Gentle Glide') 付き.

## Playtex　プレイテックス
米国 Harnesbrands, Inc. 製のブラジャー.

## Pledge　プレッジ
米国 S. C. Johnson & Son, Inc. 製の家具磨き (furniture polish).

## Plenty　プレンティー
⇨ Bounty.

## Plessey　プレッシー
英国にあるヨーロッパ有数の通信機器・電子機器メーカー (The Plessey Co., plc), そのブランド. 1917年創業. 1989年に General Electric Co. plc と Siemens AG に買収され閉鎖.

## Plessey　プレッシー
英国 Plessey Semiconductors Ltd の略・通称, そのイメージングセンサー・高性能アンプリファイアーなどの電子機器など.

## Plexiglas　プレキシグラス
米国 Rohm & Haas Co. (1917年創業) 製の透明合成樹脂. 1936年に「前年より使用」として商標登録. Perspex* の別名. ギリシャ語 plexis (percussion; 衝撃) と glass の合成語, または plastic flexible glass の短縮.

## Pliofilm　プライオフィルム
米国 The Goodyear Tire & Rubber Co. 製の, 透明な耐水性の膜. 曲げたり折ったりでき, 加熱によって接合できる (heatsealable). ベンジンで溶いた天然ゴムに塩化水素ガスを注入して製造される塩酸ゴム (rubber hydrochloride) の一種を素材とするもので, 種々の厚さに作ることができ, 食品・薬品・機械部品・衣料品その他の包装・防水用として広く用いられる. ⇨ Goodyear.

## Plumb　プラム
もとは米国 Fayette R. Plumb Co. 現在は Cooper Hand Tools, Inc. 製の工具 (斧・ハンマーなど).

## Plyglass　プライグラス
英国のガラスメーカー (Pilkington Plyglass plc), 同社製のビルの窓用の積層ガラス. 1949年商標登録. 当初は同社のガラス製品全般の名称で, 1960年に積層ガラスの名として再登録. 二枚(以上)のガラスが, 乾燥した空気, またはグラスファイバーのような半透明の物質が入った密閉空間をはさんでいる.

## Plymouth　プリマス
もと米国 Chrysler-Plymouth Div. (Chrysler Corp. の一部門) 製の乗用車. 1929年の発売当時は, Ford* や Chevrolet* に比べマイナーだったが, 3年後に "Look at All Three!" (3車とも見て下さい) という大胆なヘッドコピーで出した新聞広告が注目を集め, 急激にシェアを拡大した. 2001年 DaimlerChrysler は生産中止とした. ⇨ Chrysler.

## Plymouth　プリマス
米国 Plymouth Rubber Co., Inc. の略・通称, 同社製の産業用ゴム製テープ・シート, ビニール製テープ・フィルム, 輪ゴム (rubber bands)・耐水シート (waterproof sheeting) など. カラー輪ゴムや道路上の目印に使うテープはポピュラー.

## PM　PM
1940年に米国 New York で創刊されたタブロイド版日刊紙. 広告を一切載せず, また記事も主観的に書くことで知られ, ジャーナリズムの実験として注目されたが, 経営的には失敗し, 1948年 *New York Star* と改題して広告も載せるようにしたが, 翌年廃刊.

## Pocket (Books)　ポケット(ブックス)
米国 Pocket Books (もと Pocket Books, Inc. で, その後 Simon & Schuster, Inc. の一部門となった)刊行のペーパーバックシリーズ. 米国での同種出版物のはしりで, 1939年創刊. 当時の価格は1部25セント. ト

# Polly-O

レードマークは P の字にワラビー(小カンガルー)を重ねたデザイン.

**Poise** ポイズ
米国 Kimberly-Clark* 製の女性の軽度尿漏れ (LBL: Light Bladder Leakage) 用のナプキンタイプの尿ケア専用品. 長さ, 形, 吸収度 (absorbency) に応じて種類がある.

**Poison** プワゾン
フランス Christian Dior* 製の香水. 紫水晶の色を模した丸いびんに入っている.

**Polacolor** ポラカラー
米国 Polaroid* 製のインスタントカメラ Polaroid Land Camera* 用のカラーフィルム. 現像・焼付け剤が塗付された特殊なもので, 露光から一分以内でポジのカラープリントが得られる.

**Poland Spring** ポーランドスプリング
米国 Nestlé Waters North America, Inc. 製の天然水.

**Polaroid** ポラロイド
米国のカメラ・写真撮影機器などのメーカー Polaroid Corp. の略・通称, そのブランド, および同社製の偏光膜 (ライト・眼鏡・自動車の窓などでぎらつきを減らすために用いられる), インスタントカメラ[拡散転写式写真処理カメラ] (Polaroid Land Camera*) とそのフィルム (Polacolor*), およびそのプリント (Polaroid print) などの通称. 2008年にインスタントプリンター PoGo を発売. 同社は 1937 年に Edwin Herbert Land (1909-91) が創業. Polaroid の名は, 偏光板 (polarizer) とフィルム (celluloid) の合成語.

**Polaroid Land Camera** ポラロイドランドカメラ
米国 Polaroid* が 1948 年から市販したインスタントカメラ[拡散転写式写真処理カメラ]. 専用のフィルムで写すと, 露光後 1 分以内でポジのプリントが得られる. Polaroid Camera, また単に Polaroid とも呼ばれる. 1943 年に Edwin H. Land が 3 歳の娘の写真を撮った際, 彼女が早く見たいとせがんだことがきっかけで, 翌年に発明され, 1947 年に公表された. 最初に売り出された型の名は Polaroid Model 95 で, むらのあるセピア色の写真が撮れ, 価格は 90 ドル. 1950 年までに, むらのない白黒写真が撮れるように改良され, 1960 年までには露出の自動セットや 15 秒で写真ができるシステムが生まれた. 1965 年までにカラーフィルム Polacolar* が市場化. 後にカメラは改良されてヒット商品 SX-70* となった.

**Polavision** ポラヴィジョン
米国 Polaroid* 製のインスタント映画フィルムシステム. 露光したあとのフィルムがカートリッジ内で自動的に現像される.

**Polignac** ポリニャック
フランス Prince Hubert de Polignac の略・通称, 同社製のコニャック.

**Polk Audio** ポークオーディオ
米国のスピーカーメーカー (Polk Audio, Inc.), そのブランド. 同社は 1972 年にスピーカー設計者 Matthew Polk ら 4 人が創業. 高級機から大衆向き機種・自動車用まで幅広い製品を手がける.

**Pollenex** ポレネックス
米国 Conair* 製のシャワーヘッド・シャワーマット・シャワーシート・シャワーラジオ.

**Pollini** ポリーニ
1956 年創業のイタリアの靴メーカー (Pollini S.p.A.) (Aeffe S.p.A. 傘下), そのブランド. 靴とコーディネートするバッグも製造. 素材はポリ塩化ビニルなど. シンボルマークは月桂樹の葉で囲まれた P. 三兄弟と妹が運営しており, Pollini は彼らの姓. デザインはオーソドックスで上品.

**Polly-O** ポリーオー
米国 Pollio Italian Cheese Co. (Kraft* 傘下) 製のイタリアンチーズ. 1899 年 Giuseppe Pollio が創業.

# Polo

**Polo** ポロ
1862年創業の英国の大手菓子メーカー Rowntree's 製の, 小さいドーナツ形のペパーミントキャンディー. 同社は1988年 Nestlé* に買収された.

**Polo** ポロ
米国のデザイナー Ralph Lauren がデザインした革製品(バッグなど). New York 市の Polo Ralph Lauren Corp. が製造.

**Polo** ポロ
⇨ Polo Ralph Lauren.

**Polo** ポロ
ドイツ Volkswagen* 製の小型乗用車. 1975年から.

**Polo Ralph Lauren** ポロラルフローレン
米国のデザイナー Ralph Lauren (1939– ) がデザインした衣料品・アクセサリー・香水・寝具・タオル・家庭用品などを製造する Polo Ralph Lauren Corp. の略・通称, そのブランド. 同氏は1967年にネクタイ製造会社 Beau Brummel に入社, Polo ブランドを開設し, 米国で最初にワイドタイを作って一躍名を売った. 翌年には同ブランドでシャツやジャケットも市場化. 同年 Polo Fashions, Inc. を設立, 同ブランドは同社のものとなった.
★ R. Lauren は1974年の映画 *The Great Gatsby* (「華麗なるギャツビー」)の衣裳を担当して, 人気が急上昇した.

**Pol Roger** ポルロジェ
フランス Pol Roger & Co. の略・通称, 同社 製のシャンパン. 1889年に同社が英国で商標登録.

**Polycell** ポリセル
英国 Polycell Products Ltd の略・通称, 同社製の室内補修材の原料. 1953年商標登録. 製品の原料であるセルロース (cellulose) の連鎖に由来. これを素材として用いた製品に Polycleus (はけの剥離剤)・Polyfilla (穴を埋めるパテ)・Polyfix (陶器タイル接着剤)などがある.

**Poly Choke** ポリーチョーク
米国 Poly Choke (Nitram, LLC 所有) 製の, 散弾銃の銃口につける閉塞部 (choke) 調整装置. 銃身の閉塞部調整絞りの代わりとなる.

**Polyfil** ポリーフィル
インド Shri Bhawani Textiles 製の合成繊維 (synthetic fiber). カーシート, オイルフィルター, エアフィルターなど多くの製品に使われている.

**Poly-Lite** ポリーライト
米国 The Coleman Co., Inc. 製のピクニック用クーラー・水筒.

**Polyon** ポリオン
米国 Pursell Industries of Sylacauga 製の肥料.

**Poma** ポマ
フランス Pomagalski S.A. 製の, スキーリフト・ケーブル輸送法全般 (ケーブルカー・ゴンドラ・チェアリフト). 米国の子会社は Leitner-Poma of America, Inc. Poma Lift [lift], Poma-lift ともいう. 発明者のフランス人 Jean Pomagalski にちなむ.

**Pomagne** ポメイン
英国 H.P. Bulmer 製の発泡りんご酒. フランス語の pommes「りんご」と champagne「シャンパン」との組み合わせにより命名. 1906年 Cider De Luxe の名で売り出され, 1916年に現在の名に改めた.

**Pomellato** ポメラート
イタリアのミラノ郊外にある宝飾店, そのオリジナル商品のブランド. 1948年創立.

**Pommard** ポマール
フランスの東部 Côte-d'Or 県の Côte de Beaune 地区 Pommard 村で生産される原産地名の赤ワイン. 欧米で人気がある.

**Pommery & Greno** ポメリーエグレノ
1836年創業のフランス Champagne 地方のシャンパン生産商社. 同社は1874年に, それまで甘口しかなかったシャンパンに, 初めて辛口を登場させ

た. ⇨ Danone.

**Pompeian** ポンペイアン
米国 Pompeian, Inc. の略・通称, 同社製のオリーブオイル・オリーブ・ビネガーなど. 1906年創業.

**Pond's** ポンズ
Unilever* 製のスキンケア用品・タルカムパウダーなど. 特にコールドクリームが有名.

**Pong** ポン
⇨ Atari.

**Pontiac** ポンティアック
米国 Pontiac Motor Div. (General Motors Corp. の一部門) の略・通称, 同部門製の大衆向き乗用車. 2010年に製造中止. 同部門の前身は, 1907年に設立された Oakland Motorcar Co. で, 同社は1926年より Pontiac 名の車を製造, 1932年に Pontiac Co. となり, のちに GM に吸収されたもの. Pontiac とは, Michigan 州の都市の名で, 1818年に Detroit で設立された馬車メーカー Pontiac Co. にちなむ. 同車のシンボルマークは頭に羽根飾りを付けたインディアンの横顔. ⇨ Fiero.

**Pont l'Évêque** ポンレヴェック
フランス Normandy 地方の町 Pont l'Évêque 産の, 強い臭いと独特の濃厚な風味の全乳製チーズ. 表面が黄茶色のカビのついた皮 (crust) で覆われており, 熟成時に編んだ麦わらに載せられているため, 格子模様が付いている. 商標ではない. Brie*, Roquefort*, Camembert* と並ぶフランス産の名品. かつては Angelot と呼ばれていた.

**Pony** ポニー
米国 Pony International の略・通称, 同社製のスポーツシューズ. 1972年創業.

**Popov** ポポフ
米国 Heublein, Inc. 製のウオッカ.

**Pop Secret** ポップシークレット
米国 Diamond Foods, Inc. 製の, 家庭用電子レンジで作ることのできるポップコーン ('microwave popcorn'). ナチュラル・バター・塩無添加の3種. 企業秘密の方法によって, はじけそこないのコーンを少なくしているということを暗示した商品名.

**Popsicle** ポップシークル, ポプシクル
Unilever* 製の, フルーツ味のアイスキャンディー (fruit-flavored ice). 北 California に住んでいた Frank Epperson が, 少年時代の1905年に, ソーダ水を作る粉末を棒で混ぜて水に溶かしたまま外に一晩置き忘れ, それが記録的な低温のため凍っていた, という出来事が, 1923年の特許取得と製品化 (当時は Epsicle といった) のルーツという. 1930年代の不況期に2人の子供が分けて食べられるよう2本のスティックの付いた Twin Popsicle を出し, 今日までこの形が継続されている.

**Pop-Tarts** ポップターツ
米国 Kellogg's* 製の, トースターで温めて食べるペストリー (toaster pastries). 形は四角く, 中にジャムやチョコレートが入っている. 1960年代発売.

**Popy Moreni** ポピーモレニ
イタリア生まれのフランスのデザイナー Popy Moreni (1947- ) のデザインした衣料品・家庭用品・家具・カーペット・香水など. 1976年にパリにブティックを開店.

**Porsche** ポルシェ
質量ともに世界一のスポーツカーメーカーであるドイツの Porsche Automobil Holding SE の略・通称, その製品. 同社はもと Daimler-Benz 社のレーシングカーの設計技師 Ferdinand Porsche 博士 (1875-1951) が, 1931年に創業. しかし博士は1933年に A. Hitler の庇護のもとに Volkswagen* や戦車などの軍用車両の設計に携わることになったため, Porsche 社が正常に動き出したのは, 第二次大戦後. 博士の息子 Ferry Porsche 博士 (1909-98) が, 同社を運営することになり,

# Porsche Design

1949年に第1弾のスポーツカー Porsche 356 を登場させた．356 の名はデザインのシリーズ番号から来ている．同車は F. Porsche の指導のもとに，Volkswagen の Beetle* の車体デザインを担当した Erwin Komenda がデザインに係わったため，Beetle を空気力学的に洗練させて平べったくしたような外形で，部品の多くも Beetle のものを流用した．1963 年には，356 の改良版である 911（社内呼称は 901 であったが，商標登録上の理由で 911 として市場化）がデビュー，同車は今日まで改良されながら生産が続けられている不朽の名車で，様々なバリエーションがある．以降同社は，924・944・928・959 に至るまで，常に時代の一歩先を行く高性能の高速スポーツカーを生み出している．

## Porsche Design　ポルシェデザイン
スポーツカーメーカー Porsche* 社の創設者 Ferdinand Porsche の孫である Ferdinand Alexander Porsche (1935- ) が主宰するデザイン工房，そのブランド．現在の Porsche Design Group を形成した5社の1つ．⇒ Carerra.

## PortaJane　ポータジェーン
米国 PortaJane, Inc. 製の女性専用の移動式仮設トイレ．色はピンク．

## Porta-John　ポータジョン
米国 Porta-John Industries, Inc. 製の移動式仮設トイレ．

## Portakabin　ポータキャビン
英国 Portakabin Ltd (Shepherd Group 傘下) 製の，プレハブ式の移動可能建物，その建材部品．1963 年商標登録．porta(ble) と kabin (cabin の変形) の混成語．

## Portapad　ポータパッド
米国 Estes Industries 製の，固形燃料を使用する模型のロケット (Estes Model Rockets) 発射台 (launch pad)．⇒ Estes.

## Porta Potti　ポータポッティ
米国 Thetford Corp. (1963 年創業) 製のアウトドア生活用持ち運び式便器．通例上下2つに分かれるようになっていて，上部はふた・便座・便器・水タンク，下部は取外しのできる汚水溜．同社はアウトドア用便器の専門メーカーで，世界でもトップクラス．

## Porter-Cable　ポーターケーブル
米国 Porter-Cable (Black & Decker Corp. の子会社) の電動工具．電動仕上げやすり Porter-Cable 330 SpeedBloc Sander が代表的商品で，プロの酷使に耐える耐久性をもつ．

## Porthault　ポルトー
フランスの家庭用繊維製品のメーカー，その商品（シーツ・テーブルクロス・エジプト綿素材のバスローブ・ガウン・タオルなど），その店．正しくは D. Porthault で，1918 年に同店を創業した Daniel Porthault の名から．

## Port Royal Export　ポートロイヤルエクスポート
ホンジュラスのビール会社 Cerveceria Hondurena, S.A. / BevCo Ltd. 製ビール．4.8度．

## Portugal　ポーチュガル
⇒ 4711.

## Possum　ポッサム
英国 Possum Ltd 製の，身体障害者が家具調度品・機械・タイプライター・電話その他の器具を動かせるようにするための，様々な電気装置．口で吸ったり吹いたりすると回転式スイッチの作動でいくつもの操作ができるものなどがある．1961 年商標登録．

## PostalAnnex+　ポスタルアネックスプラス
1985 年に Jack Lentz が設立した米国第3位の郵便サービス会社．本部は California 州 San Diego.

## Post-it　ポストイット
米国 3M* 製の低粘着性付箋紙．下地の紙を傷めず何回も貼ったりはがしたりすることが可能なのが特徴．1970 年 Arthur Fry (1931- ) が同僚の Spencer Silver (1941- ) と共に発明

した．

**Post Toasties**　ポストトースティーズ
米国 Post Foods, LLC 製のコーンフレーク．Charles William Post が市場に出した最初のシリアルで，1904 年に，彼の会社 Postum Cereal Co., Ltd. より発売．当初 Elijah's Manna と名付けられたが，監督派教会の抗議や英国政府による商標登録不許可のため変更された．1908 年に商標登録．⇨ General Foods International, Postum．

**Postum**　ポスタム
米国 Kraft* 製の穀物飲料(紅茶やコーヒーを好まない人にも飲める穀物原料の睡眠前の飲み物)．開発者 Charles William Post (1854–1914) が自分の姓に，接尾辞として 'um' を加えた名で，ラテン語風にしたものと思われる．Post は重病からの回復期に Kellogg 博士の療養所 (⇨ Kellogg's) におり，そこで飲んでいた Minute Brew という名の穀物飲料の販売促進の仕事をさせてくれと Kellogg's* に申し出たが断られたので，独自に 1894 年に類似品を開発して Postum と名付けた．そして Kellogg's と同じ Michigan 州の Battle Creek で，Postum Cereal Co., Ltd. を創設し，1895 年に商標登録をした．2007 年に製造中止．
⇨ General Foods International．

**Posturepedic**　ポスチュアペディック
米国 Sealy Corp. 製のマットレス．くつろいだ状態で寝た身体を適切に支えるように設計されたといい，posture (姿勢) と orthopedic (整形外科) を合成して命名．1952 年に商標登録．

**Potato Buds**　ポテトバッズ
米国 General Mills* の Betty Crocker ブランドの乾燥粉末ポテト．

**Poulan**　プーラン
スウェーデンの Husqvarna AB 製のチェーンソー (chain saw)．同社はスウェーデンの AB Electrolux に吸収合併された．

**Poulsen Skone**　ポールセンスコーン
英国 London の靴店 Poulsen Skone & Co. Ltd の略・通称，同店製の靴．同店は 1890 年創業．客の職種・歩き方の癖・体格に合わせて革の靴底を削って調整してくれることで知られる．現在は New & Lingwood 傘下．

**Pounce**　パウンス
米国 Del Monte* 製の猫用のトリーツ (treats). "Let's Play!" とうたう．

**Pound Puppies**　パウンドパピーズ
1980 年代半ばから終わりまでのヒット商品であった米国の Tonka Toys U.S.A. (Tonka Corp. の一部門であったが，Tonka Corp. は 1991 年に Hasbro, Inc. に買収) 製の動物のぬいぐるみ (動く犬・猫など)．TV アニメ番組にもなった．製造中止だが Pound Puppies, Inc. が商標権を保有．

**Powell**　パウエル
米国 Massachusetts 州の管楽器メーカー Verne Q. Powell Flutes, Inc. の略・通称，同社製のフルートやピッコロ．職人 Verne Q. Powell による手作り．1915 年より製造．フルートは世界でトップクラス．

**Powerade**　パワーエイド
Coca-Cola* 製のスポーツドリンク．1988 年発売．対抗製品は PepsiCo, Inc. 製の Gatorade．2008 年末の統計では Powerade が 21.7%，Gatorade が 77.2% の市場占有率であった．

**Powerbase**　パワーベース
米国 Coleman Co., Inc. 製のポータブル発電機．

**PowerBilt**　パワービルト
米国 PowerBilt Golf (Hillerich & Bradsby Co., Inc. の一部門) 製のゴルフクラブ．同社はもと木工店で，野球用バットのメーカーとして名声を得，20 世紀初頭からゴルフクラブを作り始めた．⇨ Louisville Slugger．

**Powermate**　パワーメイト
米国 Coleman Co., Inc. 製のセラミッ

ク暖房用ヒーター.

**Powermatic**　パワーマティック
米国 WMH Tool Group, Inc. 製の電動釘打ち機 (staple gun). 現在は生産されていない.

**Powermatic**　パワーマティック
米国 WMH Tool Group, Inc. 製の木工機械と帯鋸 (band saw).

**Power-Matic**　パワーマティック
米国 The Crosman Corp. 製の, 炭酸ガス利用の空気銃.

**Power Painters**　パワーペインターズ
米国 Wagner Spray Tech 製のペンキスプレー器. 電動ローラーの Power Rollers もある.

**Power Pal**　パワーパル
米国 Campbell-Hausfeld 製の, 家庭用持ち運び式空気圧縮機 (portable air compressor).

**Powers**　パワー(ズ)
アイルランドの Irish Distillers (フランス Pernod-Ricard S.A. の子会社) 製のウイスキー. 日本では「ジョンパワー」ともいう.

**Powerworks**　パワーワークス
米国 The Coleman Co., Inc. 製のホットタブやスパに湯をくみ上げるポンプ.

**Pozidriv**　ポジドライヴ
プラスねじとそのねじ回し. positive drive (正のねじ溝; 溝が＋型をしているところから) に由来すると思われる. 特許は米国 Phillips Screw Co. が所有. 英国 GKN plc は改良型の Supadriv を製造. ⇨ Phillips.

**Prada**　プラダ
イタリアのミラノにある革製バッグメーカー Fratelli Prada の略・通称, そのブランド. Mario Prada が 1913 年に創業. 素材はカーフなど. ナイロン製で金色の鎖の付いた中級品が 1985 年に New York などで大流行した. 衣料品や靴なども手がけている.
★ Lauren Weisberger のベストセラー小説 The Devil Wears Prada (「プラダを着た悪魔」, 2003) は 2006 年映画化され大ヒット.

**Pratesi**　プラテージ
イタリアのミラノにある高級リネンシーツとタオル類の店. 寝室着・バスローブ・ベビー服なども手がけている. 1906 年創業.

**Pratt & Lambert**　プラットアンドランバート(社) (~, Inc.)
米国の塗料・化学コーティング剤・接着剤の大手メーカー. 1849 年創業. 1980 年に市場に出た Accolade ブランドのペンキが有名.

**Preemie**　プリーミー
⇨ Koosa.

**Preen**　プリーン
米国の Lebanon Seaboard Corp. (1947 年創業) 製の除草剤 (weed preventer). "Preen Works, So You Don't Have To." とうたう.

**Prego**　プレゴ
米国 Campbell Soup Co. 製のスパゲッティソース各種のブランド. 1981 年より全米で販売. ⇨ Campbell's.

**Prell**　プレル
米国 Ultimark Products, LLC 製のシャンプーとヘアコンディショナー. もとは Procter & Gamble* から製造販売されていた.

**Premesyn PMS**　プレメシン PMS
米国 Chattem, Inc. (1879 年 Chattanooga Medicine Co. として創業) 製の生理前不快症侯群 (premenstrual syndrome) の緩和剤.

**Premium**　プレミアム
米国 RJR Nabisco, Inc. 製の塩味クラッカー (Premium Saltine Crackers). 1900 年代より発売.

**Prentif**　プレンティフ
英国 Lamberts (Dalton) Ltd 製の子宮頸キャップ (cervical cap). 米国市場から 2005 年撤退.

**Preparation H**　プリパレーション H
米国 Pfizer Consumer Healthcare 製

の痔疾 (hemorrhoids) 治療用市販薬．
軟膏・クリーム・座薬・ジェルなど．

**Prescription Diet** プレスクリプションダイエット
米国 Hill's Pet Nutrition, Inc. 製の猫と犬のためのダイエットフード．

**Prescriptives** プレスクリプティブズ
米国 Prescriptives, Inc. 製の薬用スキンケア商品・化粧品．現在はオンライン販売のみ．PX のマークがある．

**President** プレジデント
スコットランド Macdonald Greenlees Ltd 製のブレンデッドウイスキー．味はやや辛口で重厚．厳密には President Special Reserve De Luxe Scotch Whisky．

**Prestige** プレスティジ
英国 Meyer Group Ltd 製の，家庭用の包丁・調理器具．世界最大手の一つ．

**Presto** プレスト
米国 National Presto Industries, Inc. (1905 年創業) の略・通称，同社製の，家庭用電気器具 (コーヒーメーカー・ベーコンクッカー・グリドル・ナイフシャープナー・料理用タイマー・ピザオーブンなど)・圧力なべ・ポップコーン製造機・靴磨き機など．

**Presto** プレスト
英国の食品スーパーマーケットチェーン店．Safeway plc に買収され 1998 年に廃業．

**Presto!** プレスト！
米国のスーパーマーケットチェーン Publix Supermarkets, Inc. が所有・運営している ATM ネットワーク．Florida, Alabama, Georgia, South Carolina, Tennessee 各州内の系列店舗に 1,000 台以上が設置されている．

**Pret A Manger** プレタマンジェ
英国 London の City of Westminster に本部がある持ち帰りのサンドイッチチェーン店．一般には Pret と呼ばれる．1986 年大学での友人であった Sinclair Beecham, Julian Metcalfe (後にすしカフェの Itsu を創業) が London で立ち上げた．店名は，フランス語 *prêt à manger* ('ready to eat') からの命名．New York, Chicago, Washington, D.C., Hong Kong に出店している．英国の投資会社 Bridgepoint Capital が所有．

**Pretty Girl** プリティガール
米国 Pretty Girl, Inc. の略・通称．New York の Brooklyn に本店があり，1985 年に創業したジュニア・女性向けのアパレル製造・販売店で，急成長をしている人気店．

**Price** プライス
⇒ Antony Price.

**Price Chopper** プライスチョッパー
米国 New York 州 Schenectady に本部があるスーパーマーケットチェーン，そのブランド商品．1933 年創業．119 店舗が展開．Golub Corp. 傘下．

**Price Pfister** プライスフィスター
米国 Stanley Black & Decker, Inc. 製のキッチンとバスの水回り器具．蛇口・シャワーヘッド・バス用のアクセサリー．

**Price's** プライス(ズ)
英国 Price's Patent Candles, Ltd (1830 年創業) 製のろうそく．

**Prilosec OTC** プリロセック OTC
米国の Procter & Gamble* 製のプロトンポンプ阻害薬 (proton pump inhibitor)．"acid reducer" と呼ばれるように，胃酸の分泌を抑えて胸焼けを治療するための市販薬．

**Primacord** プライマコード
米国 Dyno Nobel 製の，布や合成樹脂の被覆の中に，高性能火薬の芯を入れた導火線．1937 年商標登録．primer と cord の混成語．

**Primadora** プリマドーラ (**La** ~)
ホンジュラスで作られる手作りの葉巻．

**Primo** プリモ
米国 Hawaii 州 Honolulu の Primo Brewing & Malting Co. 製のビール．1897 年より製造し，一旦は製造中止に

## Primus

なっていたが 2007 年復活.

### Primus　プライマス, プリムス
スウェーデン Primus AB 製の石油ストーブ・携帯用石油コンロ. 1910 年にスウェーデンの Aktiebolaget B. A. Hjorth & Co. が英米で商標登録. 最初の実用的な芯なし石油ストーブで, 手動ポンプで圧力をかけて気化した石油を燃やす. 同原理でパラフィン(など)を燃やすランプもある. 1880 年代にスウェーデンの労働者 F. W. Lindgvist が発明. 1889 年に B. A. Hjorth が工具・技術店を始め, 同製品の販売権を得た. 1893 年に英国の会社員 Soeren Condrup が, 英国における同製品の販売権を得, その後 Bahco Tools を設立し, 英国内でライセンス生産するようになった. Bahco は B. A. Hjorth の頭文字と, Condrup 名の最初の 2 文字とする説もあるが, B. A. Hjorth & Co. の短縮と思われる. ☆広義には同種の圧力ストーブ (pressure stove) 一般にも用いられる. ⇨ Bahco.

### Prince　プリンス
米国 Prince Sports, Inc. 製のテニスラケット. グラファイトやボロン素材のラージサイズラケット(デカラケ)の開発で知られる. デカラケは 1976 年に同社が最初に市場化したもので, レギュラーの 3.5 倍のスウィートスポットをもつ. ロゴでは, i の点が, ボールが飛んでいるデザインになっている.

### Prince Albert　プリンスアルバート
米国の RJR Nabisco, Inc. 製の手巻き用・パイプ用のたばこ葉. 1907 年より発売. 1987 年からは John Middleton, Inc. が所有. ブリキの密閉容器に入れられた初めての製品で, それまでの布製バッグより葉に適度な湿り気を長く与え続けることができた(当初は価格を 5 セントにおさえるため布製バッグ入り). ⇨ Camel.

### Prince d'Armagnac　プランスダルマニャック
フランス Grands Armagnac Elusates 製のアルマニャック(ブランデー). Golden Century は 70 年熟成.

### Prince Matchabelli　プリンスマチャベリ
もとロシア貴族の George Matchabelli (1935 年没) が革命後米国に亡命して Connecticut 州に創った香水店 (当初は骨董品店) (Prince Matchabelli, Inc.), そのブランド. Matchabelli 家の紋章の上部にある王冠を模した香水びんに入っている. 現在は米国 Parfums de Coeur が所有. ⇨ Pond's.

### Princess　プリンセス
1959 年米国 Bell System が導入した, ベッドで使うのに便利で, ライトアップダイヤル付きの小型電話機. デザイナー Henry Dreyfuss (1904-72) がデザインした.

### Princess of Power　プリンセスオブパワー
米国 Mattel, Inc. (1948 年創業) 製の, 人形・ままごと用のミニチュアの紅茶セットなど. 1985 年発売. ⇨ Barbie, Mattel.

### Princess 1300　プリンセス 1300
1960-70 年代に生産された英国 Vanden Plas* 製の乗用車. 内装とボディ以外は British Leyland* 製. 内装が豪華で, 手作りの工程が多く, 生産数が少なかったため, マニアに珍重された.

### Pringle　プリングル
スコットランドの, 世界でも最大規模を誇るニットウェアメーカー Pringle of Scotland Ltd の略・通称, そのブランド. 同社は 1815 年に Robert Pringle が靴下のメーカーとして創業, その後下着を加え, さらに 1920 年代後半よりニットウェア類の製造を始めた. カシミア・ラムウール・シェットランドウールなど最上質の天然素材のみを使用. デザインはオーソドックスかつシンプル. 輸出貢献度が評価され Queen's Award を 3 度受賞. 英

王室御用達.

**Pringles** プリングルズ
米国 Procter & Gamble* 製のポテトチップス. 1968 年発売. 名前は Cincinnati の電話帳から拾い出したもので, 音の響きが良いので採用して使ったもの.

**Pritikin** プリティキン
米国 Pritikin Longevity Center＋Spa 製の缶詰スープ・ビネガー・調味料など. The Pritikin Program を作った栄養学者・長寿研究者 Nathan Pritikin (1915-85) の研究結果で開発された食品.

**Private Collection** プライベートコレクション
米国 Estee Lauder, Inc. 製の香水. 正確には Private Collection Tuberose Gardenia, Private Collection Amber Ylang Ylang など.

**Prochownick** プロコヴニック
イタリアのミラノの手縫いネクタイ専業メーカー (Prochownick srl), そのブランド. 1880 年ポーランドからの移住者 Herman Prochownick が創業.

**Procion** プロシオン
英国 Imperial Chemical Industries plc 製の, 1, 3, 5 - トリアジン (triazine) を素材とした染料・色素各種. 商標登録は切れた.

**Procter & Gamble** プロクターアンドギャンブル(社) (**The ～ Co.**)
米国 Ohio 州にある石鹸・洗剤を中心とする家庭用品の大手メーカー. 1837 年創業. 固形石鹸の Ivory, Camay, 洗剤の Cheer, シャンプーの Head and Shoulders, 紙おむつの Pampers, 練り歯磨きの Crest, 食用油の Crisco, ピーナツバターの Jif などが有名. 1985 年秋に Richardson Vicks, Inc. を買収し, 同社ののどの薬 Vicks* なども加わった. トレードマークは月と星で, かって同社の製品を輸送する船荷の木枠に, 船着き場の人夫たちが十字の印を描き入れていたのが変化して星のマークができ, のちにその星が 13 個 (米国 13 州を象徴) になり, さらに三日月の顔と合体された. 同社は 1930 年に英国に進出し, 石鹸会社を買収, 1960 年代に英王室御用達となった. 英国社は Procter & Gamble UK & Ireland.

**Proctor Silex** プロクターサイレックス
米国 NACCO Industries, Inc. 製の小型家電製品. 合併前の Proctor & Schwartz Electric Co. と Silex Co. (コーヒーメーカーとアイロンの製造会社) の名前から. サンドィッチメーカーや炊飯器 (rice cooker) もある.

**Product 19** プロダクトナインティーン
米国 Kellogg's* 製のシリアル. 軽く甘みがついたコーン・大麦・小麦・ライスでできたフレーク. 1967 年発売. 赤い箱の中央に白字で数字 19 がデザインされている.

**Pro-Form** プロフォーム
米国 ICON Health & Fitness 製のエクササイズ器具. トレッドミル (treadmill)・エクササイズバイク・楕円サイクル運動で, 膝や腰への負担をかけずに下半身や心肺機能を高めるトレーニングができるエリプティカルマシーン (elliptical machine)・腹筋強化器具など.

**Progress** プログレス
米国 Progress Lighting 製の照明器具. 5,000 種を越える製品をもつ.

**Pro-Hide** プロハイド
米国 New York 州の Pratt & Lambert, Inc. (1849 年創業) 製の塗料.

**Pro-Keds** プロケッズ
⇒ Keds.

**Promise** プロミス
Unilever* 製のトランス脂肪ゼロのマーガリン. 心臓病の不安のある人によいという.

**Pronamel** プロナメル
米国製の歯牙酸蝕症 (acid erosion) を予防するための歯磨き.

**Pronto** プロント

## Pronto

米国 Polaroid* 製のカメラ．現在は製造されていない．

**Pronto**　プロント
米国 Del 製のシラミ駆除用シャンプー，スプレーなど．

**PROPApH**　プロパペーハー
米国 Del 製の外皮用剤 (dermatologic)．にきび (acne) に効果があるクリーム，ローション，パッドなど．

**Protar**　プロター
イタリアのプラスチック製組み立て模型キットのメーカー，そのブランド．オートバイ (9分の1) と自動車 (12分の1) が専門で，パーツ数が多く精密．

**Protex**　プロテックス
米国 Colgate-Palmolive Co. 製の抗菌石鹸．

**Proto**　プロト
米国 Stanley Black & Decker, Inc. 製の，自動車・機械整備用工具類(レンチ・スパナなど)．

**Prowalker**　プロウォーカー
米国 The Rockport Co. LLC 製の靴．

**Proxabrush**　プロクサブラッシュ
米国 John O. Butler Co. 製の，柄の先にモール状の小ブラシを取り付けた歯間ブラシ (interdental brush)．

**Prozac**　プロザック
抗鬱薬 (antidepressant)・選択的セロトニン再取り込み阻害薬 (selective serotonin reuptake inhibitor, SSRI) として使われる米国 Eli Lilly/Dista 製処方薬．1週間に1度服用するだけでよい Prozac Weekly もある．

**Psycho Bunny**　サイコバニー
米国で 2006 年に Ralph Lauren のネクタイのチーフデザイナーであった Robert Godley がビジネスパートナー Robert Goldman と一緒に設立したユニークな髑髏のウサギがトレードマークのブランド．ネクタイ・ポロシャツ・ボーダーTシャツなど．

**Ptarmigan**　ターミガン
⇨ Penguin (Books)．

**Publisher's Weekly**　パブリッシャーズウィークリー
米国 PWxyz, LLC. が発行している業界誌的書評週刊誌．出版社・書店・その他の出版業関係者が主な対象．書評は速報性が強く，内容紹介・ちょうちん持ち記事はなく，短いが的を射ている．1872 年創刊．

**Publix**　パブリックス
米国 Florida 州 Lakeland に本部を置くスーパーマーケットチェーン Publix Super Markets, Inc. の略・通称．1930 年創業．Florida, Georgia, South Carolina, Tennessee, Alabama 州で 1000 店舗を越え，従業員も 146,000 人を抱える．同店舗で営業する Publix Pharmacy もよく知られる．

**Pucci**　プッチ
⇨ Emillio Pucci．

**Puck**　パック
デンマーク Manor Dairy 製のチーズ・クリームチーズスプレッド．

**Puffin**　パフィン
英国 Penguin (Books)* 刊行の児童向きのペーパーバックシリーズ．Puffin Series ともいう．1947 年に出版物だけでなく文房具も含む商標として登録．トレードマークはツノメドリ (puffin)．

**Puffs**　パフス
米国 Procter & Gamble* 製の化粧紙 (facial tissue)．1960 年発売．

**Puiforcat**　ピュイフォルカ
フランスの代表的な銀食器・カトラリー(ナイフ・フォーク類)の店，その製品．1820 年に Louis Victor Puiforcat が創業．同氏の父は，Louis 15 世の時代から王室御用達の狩猟用火縄銃の銃床象嵌細工師だった．

**Pull-Ups**　プルアップス
米国 Kimberly-Clark* 製の子供の用便のしつけのためのトレーニングパンツ．

**Pulsar**　パルサー
米国 Seiko Watch Corp. of America の一部門，そのブランド．世界初のクォーツデジタル．1971 年に商標登録，市場化．

**Puma** プーマ
ドイツのスポーツシューズおよびスポーツウェアのメーカー (Puma AG Rudolf Dassler Sport), そのブランド. ⇨ Adidas.

**Puma** プーマ
ドイツ Solingen の刃物メーカー Puma-Werk 社の製品(ナイフ・斧など). 同社は 1769 年創業.

**Punch** パンチ
英国 Punch Publications Ltd が刊行していた (1841 年–1992 年), ユーモアと風刺が売り物の, 漫画入り週刊誌. 文学や劇の批評は質が高いことで定評がある. 1996 年から同名で復刊されていたが 2002 年に刊行中止.

**Pup-Peroni** パプペロニ
米国 Del Monte* 製の犬用おやつ. "Dogs Just Know" とうたう.

**Puppy Chow** パピーチャウ
米国 Nestlé Purina PetCare Co. 製の仔犬用ドッグフード.

**Pur** パー
米国 Procter & Gamble* 製の水道の蛇口に装着する浄水装置 (filtration systems).

**Purdey** パーディー
英国の銃器店 James Purdey & Sons Ltd の略・通称, 同社製の小火器 (ショットガン・ライフル銃など), その部品・銃弾. James Purdey (1816–68) が設立. Victoria 女王以来, Charles 皇太子まで英王室御用達. 同店では, 狩猟時用の衣料品・アクセサリー・椅子・銃カバー・標的・射撃競技記録帳などあらゆる関連製品も揃えている.

**Purdey's** パーデイズ
英国 Orchid Drinks Ltd 製のソフトドリンクで, 英国・アイルランド・オーストリア・ベルギーで売られている.

**Purebrush** ピュアブラシ
米国 Murdock Laboratories, Inc. 製の抗菌性菌ブラシ清浄器 (antibacterial toothbrush purifier).

**Purell** ピュレル
米国 Johnson & Johnson Consumer Products Co. 製の手の消毒剤ハンドサニタイザー (hand sanitizer).

**Pure Premium** ピュアプレミアム
米国 Tropicana Products, Inc. (PepsiCo, Inc. の子会社) 製のオレンジジュース.

**Pure Silk** ピュアシルク
米国 Perio, Inc. 製の女性用シェーブクリーム. Raspberry Mist, Melon Splash, Peaches & Cream, Coconut & Oat Flour の 4 種類の女性好みのフォーミュラがある. ⇨ Barbasol.

**Purex** ピューレックス
米国 The Dial Corp. 製の洗濯洗剤・柔軟剤 (液体とシート).

**Purina** ピューリナ
米国 Nestlé Purina PetCare Co. 製のペットフード・飼料.

**Puss'n Boots** プッスンブーツ
米国 The Quaker Oats Co. 製のキャットフード. その後 Del Monte に売却されたが販売不振で製造中止. 1932 年に Los Angeles で Sam Hornstein が商品化したもので, 材料は魚肉. シャルル・ペロー (Charles Perrault) の「長靴をはいた猫」(Le Chat Botté) からその名をとった.

**P. W. Minor** P. W. マイナー
米国 P. W. Minor and Son, Inc. 製の靴で, Sears で販売されている人気商品. 1868 年 Peter Wycoff Minor と弟の Abrahm Vorhees が品質のよい足にぴったりする靴の製造の必要性を感じて Minor Brothers Boots and Shoes を創業したのが始まり.

**Pyrex** パイレックス
米国 New York 州 Corning にある大手のガラス製品・セラミックのメーカー Corning Inc. 製の耐熱ガラス, それでできた容器や調理用具 (皿・鍋など). 米国の家庭で非常にポピュラー. 建築用のガラスブロックも製造. 1915 年にガラス製のオーブン用耐熱焼き皿の商品名として, Pyrex の名を考え出した. 焼き皿のシリーズの第 1 作がパイ皿だったので, pie に同社の

他の商品名の語末に使われていた X を合成したもの．「熱」・「火」の意の造語要素 pyr- ともかけているのではないかともいわれる．商標登録は 1916 年で，翌年英国でも登録．英国では 1921 年より生産された．今日のものと同質の直火にかけられる Pyrex が登場したのは 1936 年で，会社が現在名になったのも同年．

**Pyroceram**　パイロセラム
米国 New York 州の Corning Inc. 製の超耐熱性セラミック物質，またその製品の陶器鍋・コーヒーポットなど．オーブン・電子レンジ・空炊き使用が可能で，極端な温度変化や急激な熱変化にも耐え，また保温性も優れている．1958 年に商標登録．★ 米国の宇宙ロケットの先端コーンの材料ともなった．⇨ Pyrex, Steuben.

**Pyroil**　パイロイル
米国 Valvoline (Ashland, Inc. の一部門) 製の自動車用の化学製品．ブレーキパーツクリーナーやパワーステアリング液など．

**Pyrotenax**　パイロテナックス
英国 BICC Pyrotenax Ltd の略・通称，同社製の，丈夫で耐熱性がある，銅製の外皮とマグネシウム製の絶縁物質で包まれた銅線．

# Q

**Qantas**　カンタス
オーストラリアを代表する航空会社 (flag carrier) の Qantas Airways Ltd の略・通称．Qantas は，1920 年の Queensland 州での設立時の名称 Queensland and Northern Territory Aerial Services の頭文字語．ニックネームは The Flying Kangaroo．本部は New South Wales 州 Sydney にあり，主要ハブ空港は Sydney Airport．航空サービスリサーチ会社 Skytrax によると，同社は 4 つ星航空会社．2010 年には世界で 7 番目のベストエアライン．世界 14 か国にある就航都市は 21 か所．

**QE2**　QE ツー
⇨ Argyll.

**Qiana**　キアナ
米国 E.I. du Pont de Nemours & Co., Inc. 製の，洗濯がしやすく，しわに強い合成繊維．1968 年商標登録．化学的にはナイロンに近い．"Fiber X" の名で 20 年かけて開発された．1970 年代にディスコに行く時に着る Qiana disco shirt が人気だった．コンピューターでランダムに文字を組み合わせて作った名．

**Q-tips**　Q チップス, Q ティップス
米国製の綿棒 (cotton swabs)．1923 年にポーランド生まれの Leo Gerstenzang が，赤ん坊を入浴させていた妻がつまようじの先に綿を巻きつけて使っているのを見て，機械生産を思いついた．当初は Baby Gays という商標名で，1926 年に Q-Tips Baby Gays となり，やがて Q-Tips だけになった．現在は Unilever* のブランド．⇨ Pond's.

**Quaalude**　クエールード
米国 William H. Rorer, Inc. (Maalox* の製造で知られていた) 製の非バルビツール系睡眠薬・鎮静剤．一般名はメタクアロン (methaqualone)．1965 年より製造，翌年登録．英国では 1968 年に登録．麻薬の一種として用いられることが多く，常用癖をもたらすと考えられ，70 年代に催淫剤として米国で流行した．

**Quad**　クォード
英国の音響機器メーカー Quad Electroacoustics Ltd の略・通称，その製品のスピーカー・アンプ・チューナーなどの hi-fi 機器ブランド．社名・商品名ともにすべて大文字で QUAD とも書かれる．1936 年に Peter Walker が Acoustic Manufacturing Co. の名で創業．現在は IAG Group Ltd 傘下．Reference, Performance, Classic の各シリーズがある．

**Quaker**　クエーカー
米国 Quaker Oats* 製のホットシリアル類・シリアル類・スナックバー類・ライススナック類・ひきわり (grits)・ブレックファーストクッキー・グラノラバイツ (granola bites)・オートミール・パンケーキミックスなどのブランド．

**Quaker Oats**　クエーカーオーツ
米国 Chicago に本部を置く食品メーカーの The Quaker Oats Co. の略・通称，同社製のオートミール．クェーカー教徒が多くいた Ohio 州 Akron に 1850 年 Ferdinand Schumacher が German Mills Cereal Co. を設立．1877 年 Quaker Oats を商標登録．1882 年にシリアルの最初の雑誌広告を出した．1915 年に最初の円筒型パッケージを導入．Quaker Quick Oats (1922 年), Life ブランドシリアル (1961 年), Quaker Instant Oatmeal (1966 年), グラノーラバー (granola bar) の Quaker Chewy ブランド (1981

**Quaker State**

年)など,さらに 2008 年には多種穀物を含む (multigrain) ホットシリアル Simple Harvest を発売した.同社は 2001 年から PepsiCo, Inc. 傘下.

**Quaker State**　クエーカーステート

米国 Pennzoil-Quaker State Co. 製のモーターオイルなどのブランド.1859 年から.同社は 2002 年 Royal Dutch/Shell Group に買収され SOPUS (Shell Oil Products US) となった.

**Quality Inn**　クォリティイン

米国のホテルチェーン.1939 年創業.現在は Choice Hotels International, Inc. のブランド.

**Quality Perforating**　クォリティパーフォレーティング

米国 Pennsylvania 州 Carbondale にある,金属板その他にさまざまな模様の打ち抜き孔を工作する特殊技能を持つメーカー Quality Perforating, Inc. のこと.打ち抜き孔製品は,産業用・装飾用など(例えば,音響スピーカーの打ち抜き孔のある前面や家庭用品などで見かけるもの,など).

**Quant**　クワント
⇨ Mary Quant.

**Quantum**　クワンタム

米国 Zotos International, Inc. (1929 年創業) (1988 年に資生堂の傘下) 製のヘアケア用品(シャンプー・コンディショナー・ヘアパーマキット (hair perm kit)).

**Quarter Pounder**　クオーターパウンダー

米国 McDonald's\* 製の大型ハンバーガー.4 分の 1 ポンドの 100% ビーフハンバーグ入り.420 キロカロリー.1971 年より発売.

**Quasar**　クエーザー

米国の,もとは Motorola, Inc. が 1967 年にカラーテレビに使ったブランド名で "Quasar by Motorola" として売られていた.現在は Panasonic Corp. of North America の登録商標.

**Qube**　キューブ

米国 New York 市の Warner Cable Corp. 製の,視聴者参加ができるように送受信機能をもつ有線テレビ (viewer-participation cable TV system).

**Queen Elizabeth**　クイーンエリザベス

スコットランド産のブレンデッドウイスキー.Queen Elizabeth II の 60 歳誕生を祝ったもの.Bell's の冠ブランドが付いている.Blair Atholl Distillery 製で,Arthur Bell & Sons plc (1895 年創業)が販売.

**Questar**　クエスター

米国 Questar Corp. (1950 年創業)の略・通称,同社製の天体望遠鏡・顕微鏡などのブランド.

**Quick**　クイック

米国 Texas 州 Dallas-Fort Worth 地域で無料で配布されるタブロイド判の週刊新聞.20～40 ページ.Dallas Area Rapid Transit 鉄道駅などで入手できる.この地域での音楽・映画・食事などのエンターテイメント・ライフスタイル記事を掲載.2003 年創刊.オンライン版でも読むことができる.

**Quick**　クイック

オランダのスポーツ用品メーカー,そのブランド.1905 年の創業で運動靴の製造を始め,1928 年のアムステルダムでのオリンピックのオフィシャルランニングシューズを提供した.サッカーシューズで有名になった.業績悪化で 1992 年に生産中止.2001 年に製造を再開し,スニーカーとレトロ調のアパレルに重点を置く.オランダ Alkmaar のサッカークラブチーム AK (Alkmaar Zaanstreek) のチームウェアを提供している.

**Quilted Northern**　キルティッドノーザン

米国 Georgia-Pacific Consumer Products 製のトイレットペーパー.なかでも Ultra Plush という製品は 3 枚重ね (3-Ply) で触り心地がよいので

## Quo Vadis

"Luxury you can see and feel." とうたう.

### Quink　クインク
米国 The Parker Pen Co. 製の万年筆・ボールペン用のインク・リフィル(交換用インク)(1931年発売)・シャープペンシル用の替芯など. 紙に書いたときインクがすばやく乾くことから "quick and ink" を組み合わせた混成語による命名. ⇨ Parker.

### Quinta　キンタ
米国 Texas 州の La Quinta Motor Inns, Inc. (1978年創業) 系列の, 大衆料金の自動車利用の商用客向きホテルチェーン. La Quinta Inn ともいう. ビジネスホテルのようなもので, 観光・団体・家族での利用は少ない. ホテルの半数近くが Texas 州にある.

### Quiznos　クイズノス
米国 Colorado 州 Denver に本部があるファーストフードレストランフランチャイズ. トーストしたサブマリンサンドイッチ (submarine sandwich; sub) を提供する国内2番目に大きなチェーンで, 4,000店舗以上を展開(1番は Subway). カナダには約300店舗, 中米, 英国, アイルランド, 中東その他でも100店舗近くを展開.

### Quoddy　クオディー
米国 Maine 州 Perry の Quoddy Inc. (1909年 Harry Smith Shorey が創業) の略・通称, 同社製のモカシン靴. すべて注文による手作り. 北米先住民 Passamaquoddy の名から.

### Quonset (hut)　クオンセット(ハット)
金属波板製のかまぼこ型プレハブ建築. 骨組みはスチールトラスのボルト締めで, 屋根内部には木の繊維の断熱剤が張ってある. 兵舎・住宅・倉庫用. 英国の Nissen hut の改良版. 最初の(1941年)建設地であった Rhode Island 州 Quonset Point の海軍航空基地 Quonset Naval Base にちなんだ.

### Quo Vadis　クオバディス
1952年フランスで医師 F. G. Beltrami が開発した, 1週間を見開き1ページで管理できる Editions Quo Vadis 社製の手帳ブランド. ルーブル美術館で1962年開催の「芸術と産業」博覧会で「20世紀の偉大な製品」の一つに認定されるなど数々の賞を受賞. 1966年から海外生産と輸出が始まり, 1994年日本に子会社を設立するなど世界60か国に展開. ブランド名はポーランドのノーベル文学賞作家 Henryk Sienkiewicz の同名の小説に由来. "quo vadis ?" はラテン語で「(主よ) あなたはどこへいらっしゃるのですか」の意味.

# R

**Rabbit**　ラビット
ドイツ Volkswagen* 製の小型乗用車 Golf* の米国内での名称．デザイン・性能は優れているが，GTI はともかくセダンは，米国ではさほど人気を得られなかった．⇨ Jetta．

**Racasan**　ラカサン
ニュージーランド Kiwicare Corp. Ltd 製のトイレ洗浄剤 (chemical toilet fluid)・アリ，ハエその他の害虫駆除剤・除草剤・ネズミ，ポッサム駆除器・シミ (silverfish) 駆除剤．

**Rada Cutlery**　レイダカットラリー
米国のキッチンナイフなど食事用器具 (cutlery) メーカー Rada Mfg. Co. のブランド．同社は 1948 年創業．おおむね 15 ドル以下の手に入りやすい品物が多い．

**Radarange**　レーダーレンジ
米国 Raytheon Corp. 製の電子レンジ．1954 年，世界初の製品を発売．家庭用は同社の傘下の Amana が 1967 年に発売．

**RadEye**　ラドアイ
米国 Thermo Scientific (Thermo Fisher Scientific, Inc. の一部門) 製の携帯用放射線量測定機器．2011 年の東日本大震災で発生した福島第一原子力発電所事故後に需要が大幅に増加した．

**Radio Flyer**　ラジオフライヤー
米国で 1917 年創業の子供が乗って遊べるワゴンのメーカー，そのブランド．イタリア出身の Antoni Pasin が赤い色のワゴンを作って始めた．種類がいろいろあり，1 輪の手押し車もある．

**RadioShack**　ラジオシャック
米国の消費者向け電子機器小売り業者 RadioShack Corp. (1921 年創業) の略・通称，その系列下の約 4,700 店のチェーン店，その自社ブランド．コンピューター・AV 機器・電話機などがある．

**Radisson**　ラディソン
世界 73 か国で展開する米国のホテル．1909 年 Minnesota 州 Minneapolis で最初のホテルが開業し，17 世紀のフランスの探検家 Pierre-Esprit Radisson にちなんで命名．1962 年に Curt Carlson (1914-99) に買収され，現在もその会社 Carlson が所有．

**Rado**　ラドー
スイスの時計メーカー Rado Uhren AG (1917 年創業)，同社製の腕時計のブランド．1957 年から Rado のブランドで販売．

**Radox**　ラドックス
英国 Sara Lee Household & Body Care UK Ltd 製の入浴剤・シャワー用ジェルなど．1957 年より製造．Radox は 1920 年代に 'radiated oxygen' (放出酸素) 足湯用として，市場に登場した．Unilever* が 2009 年にブランドを買収．

**Rael Brook**　ラエルブルック
英国 Rael Brook (Group) Ltd 製の男性用ドレスシャツなど．最初の会社所有者の一人 Harry Rael-Brook に由来．

**Raggedy Ann**　ラゲディーアン
米国製の，古風で素朴な女の子の縫いぐるみ人形．頭髪は太い毛糸でできた赤毛．大きさは 12 インチ・18 インチ・35 インチの 3 種．Teddy Bear と並んで米国では最もポピュラーな縫いぐるみ．親しい友達の男の子という設定の人形 Raggedy Andy もある．赤ん坊が持って遊べるように作られたものは Bedtime Raggedy Ann と Andy (15.5 インチ大) と呼ばれ，洗濯機で洗って乾燥機で乾かすことができる．1900 年代の初めに，新聞の挿し絵

画家 Johnny Gruelle (1880–1938) の娘 Mercella が, 屋根裏から古ぼけて目や鼻や口がなくなってしまった縫いぐるみ人形 (rag) を見つけて, 父親の所へ持ってきた. 父は, 大きく笑った顔を描き入れ, 鼻は赤く三角のものを描き, 目にはキラキラ光る靴ボタンを付けた. この人形を題材に, 父はいろいろな物語を作っては娘に聞かせた. 身体が弱かった娘が14歳で亡くなると, 父は娘に語って聞かせた話を本にまとめ, 1918年に *Raggedy Ann Stories* の名で出版, クリスマスには Marshall Field のデパートのショーウィンドーに, 出版を記念したディスプレイとして人形が登場した. 本はたちまち大成功を収め, 1920年代には, Raggedy Ann 風の, 母親や娘向きの衣服・ヘアスタイルが流行した. 時代により Hasbro, Inc. などいろいろな会社が製造していた.

**Ragú**　ラグー
米国製のパスタソースなど. ブランドは1937年に導入. 現在は Unilever* のブランド. ⇨ PizzaQuick.

**Raid**　レイド
米国 S. C. Johnson & Son, Inc. 製の家庭用殺虫剤. "Raid Kills Bugs Dead" がうたい文句. 1956年発売.

**Rainbo**　レインボー
米国 Sara Lee Corp, のベーカリーブランド. 国内に Rainbo Bakery Outlet Store がある. 2010年メキシコ最大の食品会社で米国と中央アメリカでの大手ベーカリー Grupo Bimbo に売却の契約をしたと公表.

**Rainbow Brite**　レインボーブライト
米国 Hallmark Cards, Inc. が1983年に導入したアニメキャラクター. 人形も作られた. 現在は Alexander Doll Co., Inc. (1923年創業)の Madam Alexander Rainbow Brite 人形がある.

**Rain Dance**　レインダンス
米国 Cyclo Industries, Inc. 製の自動車洗車液 (car wash)・ワックス.

**Rainier**　レイニアー, レイニエ
米国 Rainier Brewing Co. (1884–1999年の間操業) の略・通称, 同社製のビール. 同社の旧社名は Seattle Brewing & Malting Co. 同州一の高峰 Mt. Rainier からの清水を利用した. 1999年に Pabst Brewing Co. に売却され, 醸造所も閉鎖された.

**RainSoft**　レインソフト
米国 Aquion Water Treatment Products の軟水器・空気清浄機のメーカー RainSoft 部門, そのブランド. 1953年から.

**Raisin Bran**　レーズンブラン
米国製のシリアル. Kellogg's* の Raisin Bran, General Mills* の Total Raisin Bran, Kraft* の Post Raisin Bran がある.

**Raisinets**　レーズネッツ
米国の Blumenthal Chocolate Co. が1927年に売り出した, チョコレートでレーズンをコーティングした菓子で, 1984年に Nestlé がブランドを同社から買い取り製造をしている. 同種のもので英国では Paynes Poppets (Fox's Confectionary 製) がある.

**Raleigh**　ラーレー, ローリー
英国の自転車メーカー Raleigh Bicycle Co. の略・通称, そのロードバイクなどのブランド. 同社は1887年英国 Nottingham の Raleigh St. で創業したことにちなむ. ⇨ Huffy.

**Ramada**　ラマダ
米国の Wyndham Worldwide Corp. が所有するホテルチェーン Ramada Worldwide, Inc. の略・通称. "You do your thing. Leave the rest to us." とうたう.

**Ramón Allones**　ラモンアロネス
葉巻のブランド. 一つはキューバの Habanos S.A. 製. 1845年 Ramón Allones と Antonio Allones 兄弟が創業. もう一つはホンジュラスの General Cigar Co. 製.

**Randall**　ランドール

## Rand McNally

米国のカスタムナイフメーカー Randall Made Knives の略・通称, そのナイフ. W. D. Randall の作品. 同氏は Loveless* と共にナイフ作りの巨匠といわれる. 1938年から製造.

**Rand McNally** ランドマクナリー
米国の地球儀と地図・道路地図帳 (road atlas) などのメーカー, そのブランド. 1856年創業. 創業者 William Rand と, その後加わった Andrew McNally の名から.

**Range Rover** レンジローバー, レインジローヴァー
英国 Land Rover (インド Tata Motors Ltd 傘下) 製の, 四輪駆動乗用車. 1970年より製造.

**Rapidograph** ラピッドグラフ
ドイツ Rotring 製の製図用インクペン. 1953年に開発された. 同社は 1992年米国 Newell Rubbermaid の子会社となった.

**Rave** レイヴ
Unilever* の Suave ブランドのヘアスプレー.

**Rawlings** ロウリングズ
米国 Missouri 州の Rawlings Sporting Goods Co., Inc. (Jarden Corp. 傘下) 製のスポーツ用品 (野球・バスケットボール・アメリカンフットボール・サッカーなど) のメーカー, そのブランド. 1887年 George Rawlings と Alfred Rawlings 兄弟が創業. 大リーグの球は 1977年より同社製. ⇨ Spalding.

**Rawlplug** ロウルプラグ
英国 Rawlplug, Ltd (Koelner S.A. 傘下) 製の, 固めた繊維またはプラスチック製の細い円柱形の詰めもの. 石でできた壁などに孔を開けてこれを挿入し, ねじや釘を支えるために用いる. 20世紀初めに考案され, 1912年に商標登録. John Joseph Rawlings の姓に由来.

**Ray-Ban** レイバン
もとは米国 Bausch & Lomb, Inc. 製のサングラス. Ray-Ban とは「光 (ray) を遮断する (ban)」の意. 1930年に米陸軍航空隊のパイロット用として採用されたサングラス (レンズは濃緑・ティアドロップ (ナス) 型) を 1937年から市販化する際にこの名が付けられた. 1999年イタリア Luxottica Group S.p.A. にブランドを売却した. ⇨ Bausch & Lomb.

**Rayburn** レイバーン
英国製の調理用ガスレンジ (cooker) など. 当初のメーカー Allied Iron Founders の専務取締役 W. T. Wren が同氏の米国の友人 Rayburn 氏の名を借用して命名したもので, ray, burn をかけことばにしている. 現在は Aga Rangemaster Group plc のブランド. ⇨ Aga.

**Raymond Weil** レイモンドウエイル[ウィル]
スイスの時計メーカー, 同社製の腕時計・宝飾時計のブランド. 同社は 1976年に Raymond Weil が創業.

**Raynaud** レイノー
1849年創業のフランス Limoges の陶磁器メーカー (Raynaud & Cie.), その製品.

**Rayne** レイン
英国の婦人靴店 H & M Rayne Ltd の略・通称, そのブランド. シンプルで機能的な中にもファッション性や気品がある. 1889年に Henry Rayne と Mary Rayne 夫妻が, 舞台俳優用の靴のメーカーとして創業. 英王室御用達.

**Rayovac** レイオウヴァック
米国のアルカリ電池・懐中電灯などのメーカー (Rayovac Corp.), そのブランド. 1906年創業. 現在は Spectrum Brands, Inc. のブランド. 1988年までは Ray-O-Vac であった.

**RCA** RCA
米国 New York 市に本部がある RCA Corp. の略・通称, そのエレクトロニクスブランド. 同社は GE と Marconi Wireless Telegraph Co. of America の資本で, 1919年に Radio Corp. of America (アメリカラジオ会社) の名で

創業．1920年代初めに全米をラジオ一色にして始まった．1926年に，GE, Westinghouse, RCAの出資で，系列のラジオ局 National Broadcasting Co. (NBC) を設立．1929年に，蓄音機メーカーの Victor Talking Machine Co. の株をもっていた2つの銀行のうちの1つが RCA に提携を提案し，RCA Victor が誕生した．同時に Victor およびその前身の Gramophone* で使われていた His Master's Voice* のマークは，RCA Victor のマークとなった．1969年に社名を RCA Corp. に変更．RCA Corp. の傘下には，家庭電気製品メーカー RCA Consumer Electronics, レコード会社の RCA Records (同社のレコードのレーベルも RCA) があった．1984年 CED ビデオディスクの失敗で経営が悪化し，1986年 GE に買収・吸収された．1987年に家電部門は Thomson SA に，子会社の RCA Records, Inc. はドイツの Bertelsmann AG に売却された．RCA の商標はフランスの Technicolor SA が所有．⇨ BMG, EMI.

## RC Cola　RC コーラ
米国の Cott Beverages Inc. の一部門である Royal Crown Cola International 製のソフトドリンク (RC は Royal Crown の頭文字)．Georgia州 Columbus の薬剤師 Caludе A. Hatcher が1905年に開発した飲み物．米国内では Dr Pepper Snapple Group が製造販売．

## Reach　リーチ
米国 Tuft 歯科大学で開発され，Johnson & Johnson Dental Care Co. (現在は Johnson & Johnson Healthcare Products Division of McNEIL-PPC, Inc. 傘下) によって1977年に発売された歯ブラシ．虫歯になりやすい奥歯の裏側にも届きやすく，歯垢を効果的に除去できるように，柄に角度をつけ，植毛部を小さくした．同ブランドのフロス (dental floss) もある．

"Oral Care to Clean Hard to Reach Places" とうたう．

## Reader's Digest　リーダーズダイジェスト
米国 The Reader's Digest Associations, Inc. が刊行する月刊総合ファミリー誌．発行部数は700万部以上．長老派教会の牧師の息子 DeWitt Wallace とその妻 Lila Bell が，1922年に創刊．内容は保守的でアメリカ至上主義を貫く．世界の100か国以上で35か国語で出版されている．

## Ready to Bake!　レディトゥーベーク!
米国 General Mills* 製の Pillsbury ブランドの家庭で焼き上げるための冷凍クッキー．

## ReaLemon　リアレモン
米国 Dr Pepper Snapple Group 製の濃縮レモンジュース．1934年発売．⇨ ReaLime.

## ReaLime　リアライム
米国 Dr Pepper Snapple Group 製の濃縮ライムジュース．ReaLemon の後発ブランド．⇨ ReaLemon.

## Realtor　リアルター
米国 Chicago に本部を置く全米リアルター協会 (The National Association of Realtors) に属する不動産仲介人．1947年に，Realtor, Realtors の形でその業務を指すものとして商標登録．

## Recaro　レカロ
ドイツ RECARO GmbH & Co. KG 製の自動車用シート・ボート用シート・スタジアムシート・チャイルドシート・ベビーカー・オフィス用シートなどのブランド．1906年創業．

## Recioto di Soave　レチョートディソアーヴェ
イタリア北東部 Veneto 州の古都 Verona の東にある Soave 村産の特殊なワイン．ローマ時代から伝わる製法で造られ，ワイン法にも規定されている．

## Reckitt Benckiser　レキットベン

**キーザー**
英国の消費財 (consumer goods) 会社 Reckitt Benckiser Group plc. 同社は，世界最大の家庭用品メーカーであり，ヘルスケア・パーソナル製品の大手メーカー．英国の Reckitt & Colman とオランダの Benckiser NV が 1999 年に合併して誕生．それぞれの会社の創業者が Isaac Reckitt, J. A. Benckiser．世界で最も売れている消毒剤 Dettol, のどの痛み治療薬 Strepsils, 脱毛剤 Veet, 世界で 2 番目によく売れているエアフレッシュナー Air Wick, コンドーム Durex, 洗剤 Cillit Bang などがよく知られる．

**Reclina-Rockers**　リクライナロッカーズ
布・革張りのリクライニングチェアでは米国最大の家具メーカー La-Z-Boy, Inc. (1941 年創業) 製のリクライニングチェア．1960 年代より同社の主力商品．⇨ La-Z-Boy

**Recycler**　リサイクラー
米国 The Toro Co. 製の手押しの芝刈り機．

**Redbook**　レッドブック
米国 Hearst Corp. 刊の女性月刊誌．1903 年創刊．発行部数は約 220 万部．"Seven Sisters" と呼ばれる主婦対象雑誌 (*Better Homes and Gardens*, *Good Housekeeping*, *Family Circle*, *Ladies' Home Journal*, *Woman's Day*, *McCall's* (2002 年廃刊)) の 1 つ．

**Red Bull**　レッドブル
オーストリア Red Bull GmbH が製造販売するエネルギードリンク．もともとはタイのエネルギードリンク Krating Daeng．

**Red-Cote**　レッドコート
米国 G-U-M ブランド (Sunstar Americas, Inc.) の歯垢発見用の鮮紅色の着色錠剤・液 (disclosants).

**Reddi-wip**　レディーウィップ
米国 ConAgra Foods, Inc. が製造しているスプレー缶入りのホイップクリーム．1948 年発売．発明家 Aaron S. "Bunny" Lapin (1914–99) が発明．ready whip のつづり変え．

**Red End**　レッドエンド
⇨ Lufkin.

**Redhook**　レッドフック
米国のビール醸造所 Redhook Ale Brewery, そのブランド．1981 年創業．

**Red Hots**　レッドホッツ
米国 Ferrara Pan Candy Co. (1908 年創業) 製のシナモン味の小粒のハードキャンディー．1930 年代初めごろに発売開始．

**Redken**　レッドケン, レドケン
米国 Redken Laboratories (フランス L'Oréal S.A. 傘下) (1960 年創業) の略・通称，同社製のヘアケア用品．創業者である米国の女優 Paula Kent と，彼女のヘアドレッサー Jheri Redding の姓から一部を組み合わせて命名．1993 年 Redken 5th Avenue NYC として本部を構えた．

**Red Lobster**　レッドロブスター
米国・カナダ・日本で展開するシーフードレストランチェーン店 (Florida 州で 1968 年創業．1995 年から Darden Restaurants, Inc. 傘下). Red Lobster Inn ともいう．

**Redpack**　レッドパック
米国 Red Gold, Inc. (1942 年創業) 製のトマト, その加工食品のブランド．

**Red Rooster**　レッドルースター
カナダ Cott Corp. 製のエネルギードリンク．同様のドリンク Red Bull に対抗して製造されたもの．英国では Wm Morrison Supermarkets plc 系列のスーパーマーケットで販売される．

**RedSeal**　レッドシール
米国の塗料・コーティング剤の大手メーカー Pratt & Lambert, Inc. (1849 年創業) のセラミック仕上げの壁面塗料 RedSeal Porcelain 製品．

**Red Seal**　レッドシール
米国 The U.S. Smokeless Tobacco Co. 製のスモークレスたばこ．同社には Copenhagen, Skoal, Husky などのブランドもある．

**Red Stripe**　レッドストライプ
The Great Jamaican Beer と呼ばれるジャマイカのビール．Desnoes & Geddes Ltd 製．最初に作られたのは1928年．

**Redux**　リダックス
米国 Hexe 製のエポキシ系接着剤．もとは1940年代に英国 Duxford にあった Aero Research Ltd で開発されたもので，*Research at Duxford* の頭の文字を取って命名．

**Red Wing**　レッドウィング
米国の Red Wing Shoe Co., Inc. の略・通称，同社製のワークブーツ・ワークシューズなど．同社は1905年に Minnesota 州 Red Wing で創業．"Built to Fit. Built to Last." とうたう．

**Reebok**　リーボック
英国で1895年創業の J. W. Foster & Sons に始まり，米国の Reebok International Ltd. (Adidas 傘下) の Lancashire 地方にあるスポーツシューズ・スポーツウェアなどのブランド．1895年に英国で靴職人 J. W. Foster が，自分のためにスパイクシューズを作ったのが評判となり創業．"Reethink. Reesport. Reejoy. Reebok" とうたう．

**Reese's**　リーシズ，リーセス，リーシーズ
米国 Hershey's\* 製の，ピーナッツバターをミルクチョコレートで包んだキャンディー．丸形カップへの流し込み形であるので，'peanut butter cups' と呼んでいる．Harry Burnett Reese (1879–1956) が創業した H. B. Reese Candy Co. が1920年代より製造．⇨ Reese's Pieces.

**Reese's Pieces**　リーシズピーシズ，リーセスピーシズ
米国 Hershey's\* 製のピーナッツバター味の黄色・オレンジ・ブラウンの3色のマーブルキャンディー．★ 映画 *E.T.* で，主人公の Eliot 少年が E.T. をおびき出すためにまくシーンがあったため，人気が急上昇した．⇨ M & M's.

**Reeves International**　リーヴズインターナショナル(社) (~, Inc.)
米国の玩具メーカー．1946年 Werner Fleischmann が創業．Breyer Animal Creations 部門が製造する Breyer ブランドの馬や農場モデルが有名．ほかに Geomag, Tolo, AquaPlay, Enchantments, The Big Dag, makedo などのブランドがある．

**Regal**　リーガル
米国の鍋類などの調理器具メーカー Regal Ware, Inc. の略・通称．1917年創業．鍋の表面は SilverStone\* 加工でこげつかない．

**Regenerist**　レジェネリスト
米国製のアンチエイジング用スキンケア製品．"Love the skin you're in." とうたう．Procter & Gamble\* のブランド Olay の製品．

**REI**　REI, レイ
米国 Recreational Equipment, Inc. の略・通称，同社製のアウトドア用品・衣類．1938年創業．

**Reid & Taylor**　リードアンドテイラー
スコットランドの紳士服地メーカー，そのブランド．同社は1837年 Alexander Reid と Joseph Taylor が創業．最高級の細番手ウーステッドと，チンチラ・アーミン・セーブルなどの獣毛またはカシミヤのブレンドが特色．英王室御用達．

**Reiss**　リース
英国で David Reiss (1943– ) が経営するファッションブランドで，米国・アイルランド・アラブ首長国連邦・中国・マレーシアにも出店．London の本部・旗艦店の建築も有名．米国でも人気が高い．英国 William 王子との婚約の公式写真で Kate Middleton さんが着用した Nannette と言う名前のドレスが写真発表後に売り切れていたが，米国で1,000着だけ販売することがニュースになった．

**Relief**　レリーフ
米国 DVM Pharmaceuticals, Inc. 製

の犬や猫などペット用のシャンプー・リンスなど．

**Remifemin** レミフェミン
米国 Enzymatic Therapy, Inc. 製の更年期を迎えた女性のためのハーブサプリメント (herbal supplement) の錠剤など．愛用者が "I'm a Remifeminist." と言っている．

**Remington** レミントン
米国 Remington Arms Co., Inc. の略・通称，同社製の小火器（ショットガン・ライフル・ピストルなど）とその付属品．1816 年 New York の鉄砲かじ Eliphalet Remington (1793–1861) が創業．商標登録は 1906 年．

**Remington** レミントン
米国のかつての Remington Rand Office Machines 製のタイプライター．

**Remington** レミントン
米国 Remington Products, Inc. (Spectrum Brands, Inc. 傘下) の略・通称，同社製の電気かみそりなど．同社は Eliphalet Remington が 1927 年に創業．旧社名は Remington Electric Shaver．1937 年に世界で最初に電気かみそりを市場化した．★ 1983 年に，Space Shuttle 内でも使用された．

**Rémy Martin** レミーマルタン
フランス Rémy Cointreau (1991 年創業) 製のコニャック．合併前の Rémy Martin 社は 1724 年創業．V.S.O.P. 以上の高級品しか造らない．シンボルマークはケンタウロス (centaur)．

**Renato Balestra** レナートバレストラ
イタリアのデザイナー Renato Balestra (1924– ) のデザインした衣料品（既製服・注文服）・ネクタイ・靴・バッグ類・ベルトなどのブランド．

**Renault** ルノー
フランスの自動車メーカー Renault S.A. 製の小型・中型乗用車．同社は 1898 年に Louis Renault が兄弟と共に，Société Renault Fréres として設立したのが始まり．

**Renewal by Anderson** リニューアルバイアンダーソン
米国の住宅改築用の窓などのメーカー，そのブランド．1903 年に Hans Anderson が創業した Anderson Corp. の一部門として 1995 年に創業．

**Rennie** レニー
ドイツの Bayer AG 製の胃腸薬．英国で 1930 年代に John Rennie が開発した．

**Renoma** レノマ
フランスデザイナーの Maurice Renoma (1940– ) のデザインしたファッション商品のブランド，そのブティック．バッグ類・腕時計・財布・靴・ベルト・アクセサリーなど多様な商品を手がけている．同氏の父親はポーランドのワルシャワの洋服屋だったが，1942 年にパリに移住し，注文紳士服店を開業．1968 年に婦人服に進出し，さらに衣料品にとどまらずファッション商品全般を手がけるようになった．

**Rentokil** レントキル
英国の害虫駆除・清掃などのサービスを行う Rentokil Initial plc の略・通称，その登録商標．キクイムシ・乾腐病駆除剤，そのメーカー (Rentokil Ltd)．同社は 1924 年創業．世界 40 か国以上に展開．London の Imperial 大学の昆虫学者 Harold Maxwell-Lefroy が 1920 年代に，当時 Westminster 宮殿の大ホールに繁殖していたチャタテムシ駆除のため開発．ギリシャ語の entomon (虫) と kill を合成して，Entokill Fluids と命名しようとしたが，すでに類似の名前があったので，R が加えられた．

**renu** レニュー
米国 Bausch & Lomb, Inc. (1853 年創業) 製の，消毒液などのコンタクトレンズケア製品．

**Re-Nutriv** リーニュートリィブ
米国 Estée Lauder, Inc. 製のスキンクリーム．1985 年，世界から成分を集め，当時の化粧品科学の最先端のテクノロジーを注ぎ込んで生み出したとい

**Renuzit** リナジット
米国製の室内清浄剤 (air freshner) など. 現在はドイツの Henkel (1876年創業) のブランド.

**Replogle** リプローグル, リプルーグル
米国 Replogle Globes, Inc. の略・通称, 同社製の地球儀. 1930年創業.

**Reprodux** リプロダックス
英国の家具メーカー Bevan Funnell Ltd 製の, Victoria 朝デザインを再現した家具. 同社は1945年創業.

**Rescue Rooter** レスキュールーター
米国の冷暖房・屋内の空気洗浄・水道工事・排水下水設備清掃などのサービスを行う American Residential Services L.L.C. (本部は Tennessee 州 Memphis) の, 水道工事・排水下水設備の整備や清掃を専門に行う部門のブランド. 19州に営業拠点がある.

**Resident Evil** レジデントイーブル
日本の株式会社カプコン (CAPCOM Co., Ltd.) 製のテレビゲームシリーズ「バイオハザード」の欧米でのブランド名. 難易度の高い物が好まれて, いくつかの変更が施されている.

**Resistol** レジストル
米国 Resistol Hats (1927年創業) の略・通称, 同社製のカウボーイハットなど. "resist all weather" (どんな気候にも耐える) からの命名.

**Resolve** リゾルブ
英国 Reckitt Benckiser* 製のカーペットクリーナー (carpet cleaner)・洗濯用しみ取り洗剤 (stain remover). カナダと米国で販売される.

**Retin-A** レチン A, レティン A
米国 Ortho Dermatologics 製のクリームとジェルのニキビ治療薬.

**Revelation** リヴェレイション
英国 Antler 製のバッグ・トランク・キャスター付スーツケース. Antler と Bramble & Brown ブランドもある.

**Revell** レベル, レヴェル
米国 Revell, Inc. (1943年創業) (あるいは, ドイツの子会社 Revell GmbH & Co. KG) 製のプラスチック製組み立て模型キット・模型機関車など.

**Revere** リヴィア
米国 Revere Ware Corp. (Corning Consumer Products Co. の子会社) 製の, 銅・アルミ・ステンレス製の調理用具 (なべ・やかん・フライパン類など). 同社は1801年に, もと愛国運動家の銀細工師 Paul Revere が創業した銅の圧延工場が起源.

**Revillon** レヴィヨン, レビオン
フランスの毛皮製品メーカー, そのブランド. 1723年にフランス王室御用達専門の毛皮商として設立されたが, 前身は16世紀半ばに国王の指示で生まれた会社で, 北米から大山猫などの毛皮を持ち帰ることを任務としていた. 2006年毛皮・アパレルブランドは Yves Salomon が買収. ほかに化粧品・香水・アイウェアもある.

**Revlon** レブロン, レヴロン
米国の大手化粧品メーカー Revlon, Inc. の略・通称, その化粧品・香水・パーソナルケア製品など. 1932年に Charles Revson と Joseph Revson 兄弟らが創業. 'l' は, パートナーの Charles Lachman の姓の頭文字を挿入したもの.

**Revo** レヴォ
米国製のサングラス. 人工衛星用の NASA の技術をもとに1985年に開発したレンズが使われている. ロゴは REVO と書かれている. "Polarize Your Life" とうたう. 現在はイタリア Luxottica Group S.p.A. のブランド.

**Reynolds Wrap** レイノルズラップ
米国 Reynolds Foil, Inc. 製のアルミホイル・フリーザーペーパー.

**Rheingold** ラインゴールド
米国 Schmidt & Sons, Inc. 製のビールで, 1950–60年の間販売. 1883年に

# Rhodes Bake-N-Serv

生まれた New York ビール．広告に登場する Miss Rheingold で有名であった．1998 年 The Rheingold Brewing Co. がブランドを復活させ，Drinks Americas, Inc. が再導入予定．

## Rhodes Bake-N-Serv　ローズベークンサーヴ
米国 Rhodes International, Inc. 製の冷凍パン・ピザ生地．創業者 Herbert C. Rhodes (1896–1980) の名前から．

## Ribena　ライビーナ
英国 GlaxoSmithKline* 製のクロフサスグリ (black currant) の果汁を使った飲料．名称はクロフサスグリの学名 *Ribes nigrum* に由来．1930 年代の終りに Somerset の H. W. Carter & Co Ltd が開発．同社は 1955 年に Beecham が買収．ビタミンC 含有量が多いため，第二次大戦中は妊産婦・赤ん坊・子供に無料で配られた．ラズベリー・リンゴ・オレンジ・いちごなどの果汁を使ったものもある．

## Ricard　リカール
フランスの Pernod Ricard の略・通称，同社製の辛口パスティス (dry pastis; アニスの果実 (aniseed) で風味を付けたワインで食前酒とする)．氷と水で割って飲む．⇨ Pernod Ricard．

## Rice-a-Roni　ライスアロニ
米国 Golden Grain Co. 製の米とパスタなどの即席食品．1958 年発売．Roni は macaroni の後半を取ったもの．同社の製品には Pasta Roni (1995 年に Noodle Roni から改名) もある．

## Rice Dream　ライスドリーム
米国 The Hain Celestial Group, Inc. (Colorado 州 Boulder) 製のノンデアリー (non-dairy) フローズンデザートのブランド．

## Rice Krispies　ライスクリスピー(ズ)
米国 Kellogg's* 製の米を原料としたシリアル．Clayton Rindisbacher が考案し，1927 年から製造開始．焼いて膨らませた米 (crisped rice) で，表面には無数の穴ができているので，これにミルクをかけるとよく吸収して膨れ上がるところとそうでないところがあるため，小さなプチンプチンという音 "Snap! Crackle! Pop!" がする．広告のアニメには Snap! と Grap! と Pop! の3人のキャラクターが登場する．オーストラリアとニュージーランドでは Rice Bubbles の名前で販売．姉妹品として，砂糖でコートした Frosted Krispies, ココアを混ぜたシロップでコートした Cocoa Krispies, コーンシロップを混ぜて角棒状に固めた Rice Krispies Treats がある．

## Riceland　ライスランド
米国 Arkansas 州の米作農家の協同組合 Riceland Foods, Inc. (1921 年創業) の略・通称，同社製の米・大豆・小麦や，その加工品．

## Richard Ginori　リチャードジノリ
イタリアの代表的な陶磁器メーカー (Richard-Ginori 1735 S. p. A), そのブランド．同社の前身の磁器窯は，Carlo Ginori 侯爵により 1735 年に創業されたもので，イタリアで初めて硬質磁器を生み出した．1896 年に Milano の陶器会社 Julio Richard と合併して，Richard-Ginori となった．1965 年には陶器会社 Ceramica di Laveno を吸収．Richard Ginori Asia Pacific Co., Ltd. (東京) がある．

## Richard's Wild Irish Rose　リチャーズワイルドアイリッシュローズ
米国 Centerra Wine Co. 製のデザートワイン．1954 年発売．

## Rich Art　リッチアート
米国 Rich Art Color Co., Inc. の略・通称，同社製のテンペラ (tempera)．ポスター用塗料として人気がある．

## Richel　リッチェル
スペインのネクタイメーカー，その商品．同社は 1948 年創業．革小物・スカーフ・バッグ・ベルトなども製造．

## Rich 'n Chewy　リッチンチューイー
米国 Frito-Lay North America, Inc. 製のチョコレートチップクッキー．

Grandma's ブランドのクッキーの1つ.

**Ride** ライド
米国 Ride, Inc. 製のスノーボード・ブーツ・バインディング・ウエアなどのブランド. 同社は1992年Washington州Redmondで創業で, この分野での大手の1つ.

**Riders** ライダーズ
⇨ Lee.

**Ridgid** リジッド
米国 The Ridge Tool Co. (Emerson Electric Co. 傘下) 製の工具類. 1923年創業. "We Build Reputations" とうたう.

**Ridgways** リッジウェイ(ズ)
英国 Ridgways (Typhoo Tea Ltd 傘下) 製の紅茶. 同社は1836年に紅茶商人 Thomas Ridgway が創業. Victoria女王の70歳の誕生日に紅茶をブレンドして献上し, 王室御用達の勅許を受け Her Majesty's Blend (HMB tea ともいう) として売られている.
⇨ Golden Syrup.

**Riedel** リーデル
オーストリアのワイングラスメーカー, その製品. 同社は1756年創業. 初代は Johann Riedel.

**Right Guard** ライトガード
米国製の制汗および体臭抑制剤. スプレー・ジェルなどがある. 1960年より発売. 現在はドイツ Henkel (1876年創業) のブランド.

**Ring Dings** リングディングズ
米国 Drake's (Hostess Brands, Inc. 傘下) 製の, フロステッドクリーム入りの, 色も味も濃いチョコレートケーキ (Devil's food cake) のブランド.

**Ringling Bros. and Barnum & Bailey** リングリングブラザーズアンドバーナムアンドベイリー
米国で1907年創業のサーカス団. Ringling Brothers Circus が Barnum & Bailey Circus を1907年に買収したが, 1919年に最終的にひとつになるまでは別々に興行していた. "The Greatest Show on Earth" とうたう. 1968–97年の間, Ringling スタイルの道化師 (clown) 養成のための Ringling Brothers Barnum & Bailey Clown College を保有していた.

**Rise** ライズ
米国 Rise International Group LLC 製のシェービングクリーム. 1949年発売.

**Rit** リット
米国 Phoenix Brands LLC 製の家庭用染料. 1910年代に創業した際, 創業を財政的に支援し副社長に就任した友人 Louis L. Rittenhouse に敬意を表しその姓から命名. 1917年に使いはじめたスローガンは "Never Say 'Dye'... Say Rit!" であった.

**Ritalin** リタリン
スイス Novartis AG 製の中枢神経系刺激薬 (CNS stimulant). 注意欠陥多動性障害 (ADHD) や睡眠発作 (narcolepsy) の治療に使われる. ストリートドラッグ (street drug) として乱用されることもある. 他に Ritalin LA と Ritalin SR がある.

**Rite Aid** ライトエイド
米国の Pennsylvania 州 East Pennsboro Township に本部があるドラッグストアチェーン. 全米31州とコロンビア特別区に計4,800近い店舗を展開し, 東海岸では最大, 全米第3位. 1968年から現在名で営業している.

**Ritmo** リツモ
⇨ Strada.

**Ritratti** リトラッティ
イタリアのミラノの Delmar S.p.A. 社製のランジェリーのブランド. ritratti はイタリア語で美しい「肖像」の意.

**Ritz** リッツ
米国 Nabisco* 製のクラッカー. 1934年より発売. 米国以外では Kraft Foods, Inc のブランド.

**Ritz** リッツ
米国 RJR Nabisco, Inc. が1985年に売り出した, キャリアウーマンなどを

ターゲットにしたたばこ.

**Ritz-Carlton** (ザ)リッツカールトン(The ～)
米国の高級ホテルチェーン. Mariott International のブランドの1つで, 世界23か国に展開. The Ritz-Carlton Central Park は1917年にオープンした. 伝説的なホテル経営者 César Ritz (1850-1918) が経営していた Hôtel Ritz Paris と London にあった Carlton Hotel にまで遡る.

**Rival** ライバル, ライヴァル
米国 Sunbeam Products, Inc. (Jarden Corp. 傘下) 製の家庭用電気調理器具 (kitchen appliances). "Comfort Cooking At Its Best" とうたう.

**Riverside** リバーサイド, リヴァーサイド
米国 Arkansas 州の家具メーカー (Riverside Furniture Corp. (Arkansas Best Corp. 系列)) の略・通称, 同社製の家具・オフィス家具.

**Rizla** リズラ
英国 Imperial Tobacco Group LLC 製のたばこ用の薄い紙. 1796年にフランス人 Pierre de Lacroix が初めて製造. 'rice paper' はこれを元に開発された. 「米」にあたるフランス語の riz と Lacroix の最初の2文字の合成による命名. 商標名は Rizla + (+はフランス語で croix で, Lacroix の名が表現される).

**Roach Motel** ローチモーテル
米国 Homax Group の殺虫剤 Black Flag ブランドの "Motel" シリーズの1つでゴキブリ退治用. 紙製の箱の中へゴキブリを誘いこむもの. ほかに, Fly Motel, Yellow Jacket Motel がある.

**Roberta di Camerino** ロベルタディカメリーノ
イタリア製バッグなどのブランド. 1945年に Juliana Camerino (1920-2010) が革製ハンドバッグメーカーとして創業. Roberta とは, 彼女が少女時代に感動した1935年公開の映画の題名.

**Robert Godley** ロバートゴッドレイ
英国の Robert Godley がデザインするネクタイのブランド, その製作会社. 同氏が Robert Goldman と2006年に創立したアパレルブランドの Psycho Bunny がよく知られる. ⇨ Psycho Bunny.

**Robert Hunter** ロバートハンター
米国 Robert Hunter Winery (1973年 Bob Hunter が42エーカーの Hunter Farms ブドウ園で始めた) 製のワイン. Brut de Noirs (シャンパン), ワインには Chardonnay, Pinot Noir, Cabernet Sauvignon など.

**Robert Mondavi Winery** ロバートモンダヴィ醸造所
米国 California 州 Napa 渓谷 Oakville のワイン醸造所. 1966年に Robert Mondavi が創業. 400ヘクタールのブドウ園を所有.

**Roberto** ロベルト
イタリアのレザーバッグ工房, そのブランド. 1981年から革職人 Roberto Conticini が一人でデザイン・裁断・縫製まで行う. 受注後生産.

**Roberto Capucci** ロベルトカプッチ
イタリアのローマのデザイナー Roberto Capucci (1930- ) のデザインした婦人注文服など.

**Roberto Cavalli** ロベルトカヴァリ
イタリアのデザイナー Roberto Cavalli (1940- ) の作品. プリント技術を試みてTシャツを作り収入を得た. その後, 革にプリントする画期的な技術で特許を取得. この技術はテキスタイル業界で活用されている. 1990年代には, ユーズド感を出すために, 砂を用いたサンドブラスト加工を施したジーンズを発表して注目を浴びた. 革新的なデザインが常に注目されている.

**Robertshaw** ロバートショウ

米国 Robertshaw Industrial Products (英国 Invensys plc 傘下) 製の家庭用・工業用サーモスタットのブランド. Frederick Robertshaw が初めて湯わかし用サーモスタットを発明したことに始まる.

**Robert Stock**　ロバートストック
米国のデザイナー Robert Stock (1946– ) がデザインした紳士服 (フォーマルウェアなど). 同氏は 21 才でスラックス専門メーカーの社長になり, 2 年後同社を売却し, Ralph Lauren と組んで Chaps* ブランドを発足させた.

**Robin Hood**　ロビンフッド
カナダの Smucker Foods of Canada Corp. 製の小麦粉・ミックス粉など. 1909 年発売.

**Robitussin**　ロビタシン
米国 Pfizer, Inc. 製の去痰薬・鎮咳薬・うっ血除去薬などとして使われる市販薬. 多くの種類がある.

**Robot Coupe**　ロボットクープ
フランス生まれで米国 Robot Coupe USA, Inc. 製のフードプロセッサー. 同社は "The inventor & world leader in food processors." とうたう. ⇒ Cuisinart.

**RoC**　ロック
米国 Johnson & Johnson Consumer Cos., Inc. 製のスキンケア製品のブランド. 皮膚科医たちによる開発が行われたフランスの薬局名 Roge Cavailles を短縮して命名. 1957 年誕生. "We Keep Our Promises" がうたい文句.

**Rochas**　ロシャス
フランスのデザイナー Marcel Rochas (1902–55) が作った香水などのブランド. 1925 年から.

**Rockport**　ロックポート
米国の靴のメーカー The Rockport Co. (Adidas 傘下) の略・通称, そのブランド, その販売店 (世界 66 か国で展開).

**Rocky**　ロッキー
米国 Rocky Boot/Rock Brands, Inc. 製のブーツやアパレル製品のブランド. 1932 年創業. カジュアルなものだけでなく, 警察官やレスキュー隊員など専門職が使用するものもある.

**Rocky Road**　ロッキーロード
米国 California 州 Hayward にある Annabelle Candy Co., Inc. 製のキャンディバー. マシュマロにカシューナッツを載せ, チョコレートコーティングがされている. ブランドの冠は Annabelle's. 同社は, ロシアからの移民 Sam Altshuler が 1950 年に創業. 現在も手作り. 同社のそのほかのブランドには, Abba-Zaba, Big Hunk, U-NO, Look がある.

**Roco**　ロコ
オーストリアの鉄道模型メーカー Roco のブランド. HO スケール (87 分の 1) で, 同クラスでは他の追随を許さない精密さとラインアップの充実で知られる.

**Rodenstock**　ローデンストック
ドイツの眼鏡・レンズ・フレームのメーカー, そのブランド. 1877 年 Josef Rodenstock が創業.

**Rodo**　ロド
イタリアのフィレンツェのバッグメーカー, そのブランド.

**Rogaine**　ロゲイン
米国 McNEIL-PPC, Inc. 製の抗脱毛剤 (antialopecia agent). 1988 年発売. 1996 年に女性用も発売され, "There's hope. There's help. There's Rogaine." とうたう.

**Roger & Gallet**　ロジェガレ
フランスの香水・化粧品・石鹸などのブランド.

**Rogers**　ロジャース
英国 Rogers International Ltd 製の hi-fi 製品・プラズマテレビなど. 同社は 1947 年に Jim Rogers が創業.

**Rohypnol**　ロヒプノール
スイス Hoffman-La Roche 製の鎮静薬・催眠薬. 米国での製造販売は禁止だが, 密輸されてストリートドラッグ

(street drug)として使われている。服用すると「屋根にでも上がったような恍惚状態」になるため "roofies" とも呼ばれる。また "the date rape drug" とも呼ばれ、学生がこの薬を使った犯罪の被害者にならないように呼びかけるパンフレットを配布する大学もある。

**Rolaids**　ロレイズ
米国 McNEIL-PPC, Inc. 製のトローチ型の制酸剤 (antacid)。★ 1970年代のテレビコマーシャル "How do you spell relief? R-O-L-A-I-D-S." というスローガンが有名。

**Rold Gold**　ロールドゴールド
米国 Frito-Lay North America, Inc. 製のプレッツェル。1917年から。材料、味、サイズなどでいくつかの種類がある。

**Rolex**　ロレックス
スイスの腕時計メーカー Rolex S.A. の略・通称、および同社が製造販売する腕時計のブランド。Hans Wilsdorf (1881-1960) が London で創業、1907年にスイスに事務所を開設。roll (回転する) に -ex をつけて命名。

**Rolfing**　ロルフィング
重力に対して身体を整えて統合するという発想に基づくボディーワーク。開発者 Dr. Ida P. Rolf (1896-1979) の名前から。米国 Rolf Institute of Structural Integration の登録商標。

**Rollei**　ローライ
ドイツ製のデジタルカメラ・ビデオレコーダーなど。1920年から。Rollei という語は、ファルム巻き上げ式カメラ Rolleidoskop に最初に付けられたもので、「巻き上げ」の意。現在は RCP-Technik GmbH & Co. KG (2007年創業) のブランド。

**Rollerblade**　ローラーブレード
米国の、インラインスケート (inline skate) (車輪が縦一列に並んだローラースケート) のメーカー Rollerblade, Inc. (1981年創業)、そのブランド。イタリア Tecnica Group S.p.A. の一部門である Nordica が商標権を持っている。

**Rolling Rock**　ローリングロック
米国 Anheuser-Busch Cos., Inc. 製のビール。1939年から。

**Rolling Stone**　ローリングストーン
米国 Wenner Media LLC 刊行の音楽・政治・大衆文化などを扱う隔週刊の雑誌。1967年に創刊。60年代末から70年代前半にかけて、ロックを体制批判の武器としてとらえ、ドラッグを人間開放の手段とみなした記事で人気があった。発行部数は約140万部。

**Rolls-Royce**　ロールスロイス
英国の高級乗用車のメーカー Rolls-Royce Motor Cars の略・通称、そのブランド。ドイツの BMW が 1998年に英国で設立した。1904年から乗用車の製造を始めた1906年創業の Rolls-Royce Limited は Charles Rolls (1877-1910) と Henry Royce (1863-1933) が設立し、1914年からは航空機エンジンの製造会社でもあったが、後に複雑な経緯を経て、航空機エンジンなどを製造販売する Rolls-Royce plc と、乗用車を製造販売する Rolls-Royce Motor Cars に分離独立した。⇒ Bentley, Daimler, Silver Ghost.

**Rolodex**　ローロデックス
米国製の回転式卓上カードファイル (rotary card index file) などのブランド。1958年より作られているロングセラー商品。1954年に Arnold Neustadter, Hildaur Neilson の2人によって開発された。rolling と index を組み合わせて命名した混成語。

**Romanée-Conti**　ロマネコンティ
フランス東部 Côte-d'Or 県 Côte de Nuits 地区の Vosne-Romanée 村にある特級格付け畑産の最高級赤ワイン。Conti 公の所有となって Romanée Conti を名乗るようになった。畑は1.8ヘクタール。

**Romanoff**　ロマノフ
米国 T. Marzetti Co. (Lancaster

Colony Corp. の一部門) 製の缶詰めキャビア.

**Romeo y Juliet**　ロミオイジュリエット
キューバ Havanos SA 製の葉巻. ドミニカ共和国の Altadis SA 製もある.

**Romeo Gigli**　ロメオジリ
イタリアのミラノのデザイナー Romeo Gigli (1949– ) のデザインした婦人・紳士用衣料品. 1983 年にミラノでコレクションを発表.「色の魔術師」と呼ばれた. 2004 年コレクション活動中止.

**Romika**　ロミカ
ドイツの靴メーカー Romika Shoes GmbH の略・通称, そのブランド. ゴム長靴メーカーとして 1922 年創業. 創業者の Hans Rollman, Karl Michael, Karl Kaufmann の姓の頭を組み合わせて命名. 2005 年から Josef Seibel Group 傘下.

**Ronart**　ロナート
英国 Ronart Co 製のスポーツカーのブランド. 1984 年から製造. Ronart W152 が知られる.

**Ronco**　ロンコ
米国製のスパゲッティ・マカロニなど. 現在は AIPC (American Italian Pasta Co.) のブランド.

**Ronrico**　ロンリコ
プエルトリコ Ronrico Rum Co. の略・通称, 同社製のラム酒. 同社は 1860 年創業. 無色 (80 proof) と金色 (151 proof) の 2 種がある. スペイン語で rum rich の意.

**Ronson**　ロンソン
米国製のライター. 現在は Zippo Manufacturing Co. のブランド. 同社は 1886 年に Lois V. Aronson が創業した The Art Metal Works 社に起源がある. 1926 年にオートマチック (ワンタッチ着火)の quick action lighter 'Banjo', 1958 年にはガスライター時代の火つけ役となった 'Premium' を発売. ★ James Bond の愛用のライターは Ronson.

**Roomba**　ルンバ
米国 iRobot 社製の円盤型の掃除ロボット (cleaning robot). 家庭用ロボットのヒット商品で, 2010 年時点で世界で 500 万台は売れたという. 地雷除去ロボットの技術が土台になって開発された. デザインや機能を削ぎ落として価格を抑え, テレビショッピングで販売を伸ばした.

**Rooney**　ルーニー
英国のシェービングブラシ専門メーカー R. A. Rooney & Sons Ltd の略・通称, そのブランド. インド産の猪毛など自然素材を使用. 17 世紀末より製造.

**Rooster**　ルースター
米国 The U. S. Smokeless Tobacco Co. 製のスモークレスたばこ. ミントとウィンターグリーン味.

**Roper**　ローパー
米国 Roper Home Appliances (1874 年創業) (1989 年 Whirlpool Corp. 傘下) 製の洗濯機・乾燥機・レンジのブランド.

**Roquefort**　ロックフォール
南フランス Aveyron 地区の小村 Roquefort 産のブルーチーズ(青かび入り山羊乳チーズ).

**Rörstrand**　ロールストランド
スウェーデン製の磁器のブランド. 1726 年に王室御用製陶所として開窯. 現在はフィンランド Fiskars Corp. (1649 年創業) のブランド.

**Rosco's House of Chicken N Waffles**　ロスコーズハウスオブチキンアンワッフルズ
米国 California 州 Hollywood に本拠を置くソウルフードのレストランチェーン. 1975 年 Herb Hudson が創業. Los Angeles 市内に 5 店舗を展開.

**Rosenberg & Lenhart**　ローゼンバーグウントレンハート
ドイツの毛皮製品メーカー, そのブランド.

**Rosenthal**　ローゼンタール

ドイツの陶磁器メーカー Rosenthal GmbH の略・通称, そのブランド. 1879 年に Philipp Rosenthal が創業. 1891 年より陶磁器工場が操業開始. 20 世紀初頭, アールヌーヴォー (Art Nouveau) の洗練された型を市場に出して, 頭角を現した. ガラス器 (1957 年より)・家具 (1960 年より)・ナイフ・フォーク類 (1962 年より)・工業用セラミックなども製造.

**Rose's**　ローゼズ, ローズ
米国 Dr Pepper Snapple Group 製のライムジュース. スコットランドのビジネスマン Lauchlan Rose が 1867 年に製法特許を取得してスコットランドで製造を始めたもの.

**Ross**　ロス
米国 California 州 Pleasanton に本部を置く Ross Stores, Inc. が Ross Dress for Less の店名で展開するディスカウント (off-price) 衣料小売りチェーン店の略・通称. 米国で T. J. Maxx*, Marshalls* に次いで 3 番目の大手. 国内 27 州と Guam で 2011 年当初で 988 店舗を展開. New England, Alaska, および中西部のほとんどでは営業していない. 1957 年 Adari Baer が創業.

**Rossetti**　ロセッティ
イタリアの靴メーカー Fratelli Rossetti S.p.A. (1953 年創業) の紳士靴・婦人靴. ローファー・スニーカー, バッグもある.

**Rossignol**　ロシニョール
フランスのスキー・スノーボード・アパレルメーカー Skis Rossignol SAS の略・通称, そのブランド. 同社は 1907 年に Carpenter Abel Rossignol が創業. 1959 年に世界で初めて競技用メタルスキーを作った.

**Rotavator**　ロータヴェイター
英国製の回転刃式耕耘機 (地面を掘り起こしたり耕したりするための回転する刃[円板]のついた農業機械). rotatory と cultivator の合成による命名. この名は回文 (どちらから読んでも同じ) になっている. 英国では Howard Machinery plc が 1950 年に商標登録.

**Rothmans**　ロスマンズ
英国の大手たばこメーカー Rothmans International plc 製のフィルター付き紙巻きたばこ. 同社は 1998 年 British American Tobacco に買収された.

**Roto-Rooter**　ロトルーター
米国の排水管などのクリーニングを行う Roto-Rooter Group, Inc. の略・通称, 同社製の, 排水管などの詰まりを通すためのスプリング入りスチール製ケーブルなど. 1935 年に発明者 Samuel Blanc の妻が命名, 同年同社が創業. "Call Roto-Rooter, that's the name, and away go troubles down the drain." のコマーシャルソングが有名.

**Rotring**　ロットリング
ドイツ製の製図器具. Wilhelm Riepe が米国旅行中に, 祖型である管状先端式万年筆のアイディアを思いついたのが起源. 帰国後, その製品化のために, Rotring-Werke Riepe KG を 1928 年に創業, 現在は Newell Rubbermaid のブランド.

**Roughneck**　ラフネック
米国 Rubbermaid* 製の洗いおけ (dishpan)・バケツ・たらい (tub)・貯蔵箱 (storage box)・ふた付きゴミ箱 (trash can)・物置き (storage shed) などのブランド.

**Rougié**　ルージエ
フランスのフォアグラメーカー (1875 年創業), その製品. 缶入り・びん入り・プラスチック容器入りや, 冷凍製品もある. 工場のある Périgord 地方はフォアグラ・トリュフの産地として有名. トレードマークはガチョウの横顔.

**Round the Clock**　ラウンドザクロック
米国 Danskin, Inc. 製のストッキング類. 1945 年から発売されているブランド. ⇨ Danskin.

**Roundup**　ラウンドアップ
米国に本部がある多国籍企業 Mon-

# Royal Doulton

santo 製の除草剤 (herbicide). この除草剤に耐性を持つ遺伝子組み換え作物は Roundup Ready と呼ばれる.

**Rowenta** ロヴェンタ
ドイツの家庭電気製品メーカー Rowenta Werke GmbH, そのブランド. 前身の会社の創立者名 Robert Weintraud から 1884 年に造語.

**Rowntree's** ラウントリーズ
英国のもと大手菓子メーカー Rowntree Mackintosh Confectionery 製のフルーツガム・ドロップ (pastille). ジェリー菓子など (1881 年から). 現在は Nestlé UK Ltd のブランド.

**Rox** ロックス
ドイツのアルミ製ケースなどのメーカー Rox Hamann GmbH の略・通称, そのブランド. 同社は 1890 年 Josef Hamann が創業.

**Royal** ローヤル
米国 The Jel Sert Co. (1926 年創業) 製のゼラチン・プディングの素など.

**Royal Albert** ロイヤルアルバート
英国製の陶磁器. 1896 年に Thomas Wild が創業, Prince Albert の誕生にちなんで工場を Albert と名付けた. 同社は Royal Doulton* ブランド.

**Royal Brierley** ロイヤルブライアリー
英国製のガラス器. 1919 年に George 5 世により英王室御用達に指定. 以後 Royal の名が冠されている. 現在は Darlington Crystal (Torrington) Ltd のブランド.

**Royal Club** ロイヤルクラブ
オランダ Vrumona (Heineken 傘下) 製のビターレモン清涼飲料. ⇨ Heineken.

**Royal Copenhagen** ロイヤルコペンハーゲン
デンマークの陶磁器メーカー Royal Copenhagen A/S のブランド. 1775 年に国王 Christian 7 世と, ドイツから嫁いできた王妃 Juliane Marie の援助のもとに, 御用達専門の製陶所として創立, 1779 年に国王所有の「王立デンマーク磁器製造所」(Royal Danish Porcelain Manufactory) となった. シンボルマークは王冠と 3 本の青い波線で, 王室とデンマークを囲む主要三海峡を表わしたもので, 王妃自身の提案による. 1868 年に民営化. 食器の他に置物・花瓶・陶製アクセサリーなども手がけている. 同社は Royal Scandinavia が所有.

**Royal Crown (Cola)** ロイヤルクラウン (コーラ)
⇨ RC Cola.

**Royal Crown Derby** ロイヤルクラウンダービー
英国の磁器メーカー The Royal Crown Derby Porcelain Co, そのブランド. 1748 年に英国中部の町 Derby で創業. 日本の伊万里焼きの影響を色濃く受けた Japan が特に有名で, そのオリジナルデザインは 1775 年ごろに描かれたもの. 1775 年に George 3 世により王室御用達となって, Crown の名と王冠形のマークを使用することを許され, 1890 年には Victoria 女王より御用達の勅許と Royal の名を冠することを許された.

**Royal Delft** ロイヤルデルフト
オランダ Porceleyne Fles (1653 年開窯) 製の陶磁器. 1903 年に王室から窯業者として唯一 Royal の名を冠することを許された. 素焼きの上に白い錫釉 (しゃくゆう) をかけ, 手描き彩画で絵付けをし紺色の模様を付ける.

**Royal Doulton** ロイヤルドルトン
英国最大の陶磁器のメーカー The Royal Doulton Co, そのブランド. 1815 年に 22 歳で John Doulton が他の 2 人の仲間と創業. 2 代目の Henry Doulton が 1887 年に Victoria 女王より窯業関係者としては初めてナイトに叙せられ, 1901 年に Edward 7 世により, 会社および製品に Royal を冠する勅許を受けた. 今日まで英王室御用達. 同社は現在 Minton, Royal Crown Derby, Royal Albert を傘下に置く世界最大の陶磁器メーカー.

## Royal Household ロイヤルハウスホールド
スコットランド James Buchanan & Co Ltd (1879 年創業) 製の高級ブレンデッドウイスキー．名前は「王室」の意味で，かつて英王室専用だったことから．

## Royal Salute ロイヤルサルート
スコットランド Chivas Brothers 製の高級ブレンデッドウイスキー．1953 年に Elizabeth 2 世の戴冠を記念して発売されたもので，その際に「21 発の王礼砲」(royal salute of 21 guns) が撃たれたのにちなみ，21 年熟成の原酒をブレンドした．

## Royal Worcester ロイヤルウースター
1751 年に John Wall 博士が West Midlands の Worcester で創業した英国の陶磁器メーカー，その陶磁器類・馬・鳥・人物などの置物のブランド．現在は英国の Portmeirion Group PLC (2009 年にブランドを買収し製造を継続) 製．⇨ Spode.

## Roy Rogers ロイロジャース
米国 Maryland 州 Frederick に本部があり，米国北東部で展開するファーストフードレストランチェーン．Virginia 州 Falls Church に Marriott Corp. が 1968 年に創業した．2002 年に Plamondon Cos. が商標を買い取った．メニューは，ハンバーガー・ローストビーフサンドイッチ・フライドチキン・フレンチフライ．対象顧客は大人．

## Rubbermaid ラバーメイド
米国の家庭用品メーカー (1933 年創業)，その家庭用品のブランド (ゴムまたはプラスチック製の，家庭雑貨 (くずかご・バケツ・水切りかご・浴室用マット・庭園用品など) および業務用・産業用製品 (食器・事務用品など))．現在は Newell Rubbermaid Inc. 傘下．

## Ruberoid ラバロイド, リューバロイド
英国 Ruberoid Building Products Ltd 製の，屋根ぶき材など．

## Rubic's Cube ルービックキューブ
ハンガリーのグラフィックデザイナー・建築学者・彫刻家の Erno Rubic (1945- ) が考案した六面体パズル．1975 年に特許を取得．英国ではメーカーの The Ideal Toy Corp. は当初 Magic Cube と名付け，のちに Rubic's Cube と改名した．米国では CBS Toys が製造, Magic Cube, Rubic's Cube のどちらの名でも呼ばれた．

## Rudolph Foods ルードルフフーズ
米国の Ohio 州 Lima に本部があるポークリンド (pork rinds) とクラックリン (cracklins) のメーカー Rudolph Foods Co., Inc. の略・通称．1955 年 John Rudolph が創業．Pepe's, Lee's, Grandpa John's, Southern Recipe, Rudy's, Smithfield Farms, Churros, Chicharinas などのブランド製品を持つ．

## Rudy's ルーディーズ
米国の Texas 州 Leon Springs で 1989 年に創業したバーベキューレストラン Rudy's Country Store and Bar-B-Q の略・通称．Texas, Oklahoma, New Mexico, Colorado 州で 30 近い店舗を展開．

## Rudy's ルーディーズ
米国 Rudolph Foods Co., Inc. 製のポークリンド (pork rinds)・クラックリン (cracklins)．

## Ruffles ラフルズ
米国 Frito-Lay* 製の波型 (crinkle-cut) のポテトチップスのブランド．同社は 1958 年にこのブランドを買い取った．10 種類のフレーバーがある．

## Rufflette ラッフレット
英国 Rufflette Ltd の略・通称, 同社製のブラインドなど．little ruffle (ruffle は「ひだ飾り」) の意．

## Ruger ルーガー
米国の銃器メーカー Sturm, Ruger & Co., Inc. (1949 年創業) の略・通称, そ

の製品(ピストル・リボルバー・ライフル・ショットガンなど).

**Ruinart** リュイナール
フランス製のシャンパン. 1729年 Dom Thierry Ruinart が創業.

**R & B** Rウントβ
ドイツのメーカー Robbe & Berkling GmbH & Co KG (1874年創業)の略・通称, 同社製の銀製フォーク・ナイフ・スプーン類.

**Runner's World** ランナーズワールド
米国 Rodale Press 刊行のランニング専門月刊誌. 1966年創刊.

**Russell & Bromley** ラッセルアンドブロムリー
英国 Kent 州 Bromley に本店がある靴・バッグのファッションチェーン. 英国とスコットランドに43店舗を構える. 靴店主 Albion Russell と, その営業に当たった George Frederick Bromley の二人の名前で創業したのが1870年代. 現在は Bromley 一族の経営. William 王子と婚約者 Kate Middleton さんが出会った Scotland の St. Andrew's University を訪問した際に, Kate さんが履いていたブランドであったため評判になった.

**Russell Athletic** ラッセルアスレティック
米国 Russell Corp. (1902年創業) 製のスポーツ用品のブランド. "Proven on the Fields of Play" とうたう. 同社製のアウトドア用品のブランドは Russell Outdoors.

**Russell Hobbs** ラッセルホッブズ
米国 Russel Hobbs, Inc. (旧名は Salton, Inc.) の略・通称. Florida に本部がある家庭用電化製品製造会社で, George Foreman Grill と Russell Hobbs ブランドが有名. 1947年ポーランドからのユダヤ系移民 Lou Salton が創設した. ⇒ Salton.

**Rust-Oleum** ラストオリアム
米国 Rust-Oleum Corp. (船長の Robert Fergusson が1921年創業) (RPM International, Inc. の子会社) 製のさび止めペンキ・コーティング. "Stopping rust is just the start." とうたう.

**R. V. Gallieni** R. V. ガリエニ
1889年創業のイタリアのネクタイとカラーシャツのメーカー, そのブランド. ロゴは R と V のピリオドに四つ葉のクローバーをあしらっている.

**Ryan** ライアン
米国 Missouri, Oklahoma, Kansas 州で展開している芝生・樹木管理会社 Ryan Lawn & Tree の略・通称. 1987年 Larry Ryan が創業.

**Ryder** ライダー
米国 Florida 州 Miami に本部を置き, 車両管理サービス(トラックのリース・レンタル, 中古トラック販売), 在庫・物流合理化サービス, 専属契約運送 (dedicated contract carriage) (荷主企業による自家輸送の代行)を行う Ryder System, Inc. の略・通称.

**Ry-Krisp** ライクリスプ
米国 Bremner Food Group (Ralcorp Holdings の子会社) 製の, ライ麦粉で作ったクリスプブレッド (crispbread) (薄いカリカリのビスケット).

**Ryvita** ライヴィタ
英国 The Jordans & Ryvita Co Ltd 製のライ麦を原料としたクリスプブレッド (crispbread)・クラッカーブレッドなどのブランド. スウェーデンの乾燥パンを英国に最初に輸入した Campbell-Garrett が1925年に創業し, パンの名として商標登録し, 1967年に乾燥パンとビスケットの名として再登録. 「ライ麦」の rye と, ラテン語で「生命」の意の vita との合成による命名.

# S

**Saab**　サーブ
　スウェーデン最大の航空機・自動車メーカー Saab-Scania AB の Saab 部門，その製品．Saab とは，前身である 1937 年に創立された Svenska Aeroplan Aktiebolaget（スウェーデン航空機会社）の頭文字．同社は銀行家 Marcus Wallenberg によって設立された多くの会社の一つ．第二次大戦末期に戦闘機生産の先が見えたので，工場の設備の一部を乗用車の生産に振り向けることを即決した．1947 年よりその第 1 作の Saab 92 の開発が始められ，テクニカルイラストレーターとして同社に採用された Sixten Sasson (1912–69) が車体デザインに起用されて，1950 年に市場化された．1979 年から 80 年以降に発売した 900 シリーズ以降，Saab 車は「安全性が高く，故障発生率が低く，快適な車内空間をもつ車」として世界的に評価されるようになり，売り上げが急速に伸びた．同社は同国初の科学衛星 Viking を始めとする宇宙開発機器・防衛機器・各種バルブなども手がけている．2010 年自動車部門は Spyker Cars に売却された．⇨ Scania.

**Saatchi & Saatchi**　サーチアンドサーチ
　英国最大の広告・コンサルタント会社．2000 年パリにある Publics Groupe S.A. に買収された．

**Sackville & Jones**　サックビルアンドジョーンズ
　英国のメンズアクセサリーコレクション店．1991 年創業．カフリンクス・ニットタイ・帽子・スカーフなど．

**SA8**　エスエイエイト
　米国 Amway* 製のアレルギーテスト済みの洗濯洗剤．

**Safeguard**　セーフガード
　米国 Procter & Gamble* 製の抗菌石鹸．1963 年発売．

**Safeway**　セーフウェイ，セイフウェイ
　米国 California 州に本社のある Safeway, Inc. (1926 年創業) 系列のスーパーマーケットチェーン店．米国とカナダで約 1,700 店舗を展開．1915 年に Idaho 州で開店した店が起源．食料品の自社ブランド Safeway も持つ．

**Sahara**　サハラ
　米国 Bimbo Bakeries USA 製の Thomas' 冠ブランドのピタパン．1980 年代から販売．

**Sainsbury's**　セインズベリー(ズ)
　英国 London の Stanford St. に本店がある主に食品を扱うスーパーマーケット (Sainsbury's Supermarkets Ltd)．J. Sainsbury ともいう．同店を経営する J. Sainsbury plc は 1922 年設立だが，1869 年に牛乳販売業者 John James Sainsbury (1844–1928) とその妻が，London に開いた店がその起源．ほとんど全英にわたって支店があり，化粧品・衣料品を扱う店もある．

**Saint James**　セントジェームス
　1889 年創業のフランス Tricot Saint James の略・通称，同社製のバスクシャツ（ボーダー柄（横縞）の長そで T シャツ）など．同製品は，1950 年ごろから作られており，フランス海軍にも納入されている．★ Saint James は Normandy 地方の町で，百年戦争の折に英国軍が占領して命名．

**Saint Laurent**　サンローラン
　⇨ Yves Saint Laurent.

**Saint-Louis**　サンルイ
　フランスのガラス器メーカー Saint-Louis Cristallier の略・通称，そのブランド．16 世紀以来のガラス工房に，1767 年に Louis 15 世が勅許によって

## Sako　サコ
フィンランドの銃器メーカー Oy Sako Ab. (Sako Ltd.) の略・通称, その商標. ライフルなど.

## Saks Fifth Avenue　サックスフィフスアヴェニュー
米国 New York 市5番街にある, 伝統と格式を誇る全米でもトップクラスの高級デパート. Rockefeller Center の一角を占める. 1924年創業. シックな外観で規模はさほど大きくなく, 主に上質なファッション商品を扱い, センスの良さでは定評がある.

## Salad Crispins　サラダクリスピンズ
米国 The HV Food Products Co. 製の Hidden Valley 冠ブランドの味付きクルトン (crouton).

## SaladShooter　サラダシューター
米国 National Presto Industries, Inc. 製の電動スライサー・シュレッダー.

## Salem　セーラム
米国第2位の紙巻きたばこメーカーである R.J. Reynolds Tobacco Co. 製の紙巻きたばこ. 1956年発売で, 世界初のフィルター付きメンソール入りたばこ. Salem は North Carolina 州の町の名. ⇨ Camel.

## Salko　サルコ
オーストリアにある同国最大のロングコートのメーカー, そのブランド. 1945年創業. 素材はアルパカを25%混紡したウールを容積を3分の1に縮絨した後, 天然のアザミで起毛させるという「ローデン地」を主に用いており, 保温性・断熱性・撥水性・耐久性に優れ, 軽い.

## Sally Hansen　サリーハンセン
米国製の化粧品. 特にネイルケア製品が有名. 1950年代に創業した女性の名前にちなむ. 現在は Coty, Inc. (1904年創業)のブランド.

## Salter　ソールター, サルター
英国 Salter Housewares Ltd の略・通称, 同社製の家庭用重量計(バススケール・キッチンスケール)・タイマーなど. 同社はこれらの製造をする会社として英国第1位. 1760年ごろ英国 Bilston で誕生, 買収合併を経て現在は HoMedics Group Ltd 傘下. 英国・米国・カナダに拠点がある.

## Saltford Pottery　ソールトフォードポッタリー
英国の手作りの陶製の豚・羊などのメーカー. 豚は貯金箱 (piggy bank) になっているものが人気がある.

## Salton　ソールトン, サルトン
米国 Salton, Inc. 製の家庭用調理器具. ヨーグルト[アイスクリーム・ピーナッツバター]の製造器・トースター・コーヒーメーカー・電熱式料理保温トレーなど. 2009年合併などにより Russell Hobbs, Inc. に社名変更.

## Salt Sense　ソルトセンス
米国 Cargill, Inc. 製の Diamond Crystal 冠ブランドの塩.

## Salvator　サルヴァトール
ドイツ Paulaner Brauerei GmbH & Co. KG 製の黒ビール. アルコール分7.51%, エキス分12–19% という濃厚タイプ. 18世紀後期の St. Francis of Paula の修道僧が作り始めたもの.

## Salvatore Ferragamo　サルヴァトーレ[サルバトーレ]フェラガモ
イタリアの婦人靴デザイナー Salvatore Ferragamo (1898–1960) と彼の後継者(長女ら)のデザインした靴, そのメーカー (Salvatore Ferragamo SpA), フィレンツェ, ローマ にあるその店. S. Ferragamo は, 14歳で6人の職人を雇って靴工房をもち, その後渡米して Hollywood で靴工房を開くと, 多くの女優が注文に訪れた. 1918年に靴店を開店. 1938年にイタリアに帰り, フィレンツェで同店を創業. 同店は13世紀に造られた宮殿を改装したも

の. 1965年に紳士靴にも進出. 以降, 靴のみならず, 革製バッグ・革小物・婦人紳士既製服・ニットウェア・ネクタイ・ベルト・陶器なども手がけている.

**Salvet**　サルヴェ
⇒ Philippe Salvet.

**Samalens**　サマラン, サマランス
フランス Samalens (1882年創業) 製のアルマニャック(ブランデー).

**Sambuca (di Galliano)**　サンブーカ(ディガリアーノ)
イタリア Galliano International 製の, ニワトコ・カンゾウ・アニゼットなどのエキスを原料とした薬草リキュール. カクテルの基酒とされる. 84 proof. 細長く背の高いボトル入り.

**Samos**　サモス
ギリシア産の, 原産地 Samos 名称の甘味のある白ワイン. Muscat 種のブドウを用いており, Muscat of Samos とも呼ばれる. 産地名であり, 商標ではない. ★Samos はフェニキア語の最高地という意味.

**Sam's Club**　サムズクラブ
米国の Wal-Mart Stores, Inc. が経営する1983年設立の会員制小売ウェアハウスクラブ (warehouse club).

**Samsonite**　サムソナイト
米国 Samsonite Corp. 製の, スーツケース・ビジネスケース・その他の旅行用かばん. 同社は1910年創業. 1941年に Samsonite を登録商標とした. Samson は旧約聖書に登場する大力無双の男で, かばんの堅牢さを表わして命名. ABS 樹脂製のアタッシェケース Classic Attache を市場に出した直後, 007映画 *From Russia with Love* に多額の広告費を投じて登場させて知名度を高め, 爆発的に業績を上げた.

**Samsung Electronics**　サムスン電子, 三星電子
1969年創業された韓国の家電・電子製品メーカー. Samsung Group の一部門だが世界最大級の電気メーカーの一つ. 特に液晶テレビ, 液晶パネル, 半導体などの売り上げは世界でもトップクラス.

**Samuel Adams**　サミュエルアダムズ
米国 Boston Beer Co. 製のビール. 政治家 Samuel Adams (1722–1803) (米国第2代大統領 John Adams の従兄) にちなむ. 種類も豊富で, Boston Lager, Boston Ale, Honey Porter, Scotch Ale, CreamStout, Golden Pilsner, Triple Bock などがある.

**Sanatogen**　サナトジェン
英国 Sanatogen (もと Genatosan Ltd) 製の強壮ワイン (tonic wine). 1939年商標登録.

**Sanatogen**　サナトジェン
ドイツ Bayer* 製のビタミン剤.

**Sandeman**　サンデマン
ポルトガル製のシェリー酒・ポートワイン・ブランデーなど. トレードマークは黒マントの男. 1913年に英国の Edward 7世の御用達になる. 1790年 George Sandeman が創業. 現在は Sogrape Vinhos, S.A. のブランド.

**Sanders**　サンダース
英国で1873年に William Sanders, Thomas Sanders 兄弟が創業した靴メーカー Sanders and Sanders Ltd のブランド.

**Sanderson**　サンダーソン
英国 Arthur Sanderson and Sons, Ltd の略・通称, 同社製の花柄プリント生地・壁紙 (wallcovering) などのブランド. 英王室御用達. 1860年に, フランスから壁紙を輸入する業者として創業, 1879年より自社生産, 1930年に Messrs Jeffrey & Co. を買収. 壁紙デザイナー William Morris が創業した Morris & Co. Wallpapers と取引があり, 1940年に同社が倒産すると, その版木は Sanderson 社の所有となり, 今日でもそれで大きな利益を上げてい

**S & H**　S アンド H
米国 The Sperry & Hutchinson Co. の略・通称, 同社が発行していた商品スタンプ (trading stamp). 切手に似

た緑色のシールで，通称は Green Stamp．商品を購入すると額に応じた枚数がもらえ，小冊子に貼り込んでいくと，1,200枚でそれが一杯になった時点で，賞品がもらえる仕組み．1930年代から1980年代後半まで続いた．

**S & W**　S アンド W
⇨ Smith & Wesson．

**S & W**　S アンド W
米国 S & W Fine Foods, Inc. (2001年より Del Monte* 傘下) の略・通称，同社製の野菜や果物の缶詰め．同社は1896年 Samuel Sussman, Gustav Wormser, Samuel Wormser が創業．

**Sandy Mac**　サンディーマック
⇨ Sandy Macdonald．

**Sandy Macdonald**　サンディーマクドナルド
スコットランド Macdonald, Greenlees, Ltd 製のブレンデッドウイスキー．Sandy Mac ともいう．同社創業 (1840年) 以来売られているもので，Old Parr の廉価版．創業者 Alexander Macdonald のあだ名にちなむ．

**Sanforized**　サンフォライズド
米国 Sanforized Co. (Cluett, Peabody & Co. の一部門) の略・通称，同社が開発した，綿・リネン・レーヨンその他の織物に施す防縮加工．衣服にする前に布に圧力をかけるこの防縮加工をすると，多くて1%の縮み率となる．1928年にこれを開発した Sanford Lockwood Cluett (1874-1968) に由来する名称．米国で1930年，英国では1939年に商標登録．⇨ Arrow．

**San Giorgio**　サンジョルジョ
米国 New World Pasta 製の，スパゲッティ・マカロニなどのパスタおよびヌードル類．主な販路は東部の New York 市から中西部 Indiana, および南部 Atlanta まで．⇨ Skinner．

**Sanibin**　サニビン
英国 KCM (Catering Equipment) Ltd 製の生理用ナプキン廃棄用容器．sanitary bin の短縮．

**Sani-Flush**　サニフラッシュ
米国 Reckitt Benckiser* 製の便器洗浄剤 (toilet bowl cleaner)．環境や健康に及ぼす影響への懸念から，現在は製造されていない．

**Sanka**　サンカ
米国 Maxwell House (Kraft* 傘下) 製の，97% カフェインを除去した (decaffeinated) コーヒー．フランスで販売することが決まった際，開発者 Ludwig Roselius は sans caffeine (without caffeine) を縮めて Sanka と命名．1923年に米国で紅茶とコーヒーおよびその粉末・濃縮液の名として商標登録．1933年に New York に設立された Sanka Coffee Corp. がコーヒーの名として再登録．現在は Kraft Foods Global Brands LLC が商標を所有．

**San Miguel**　サンミゲル
フィリピン San Miguel Corp. 製のビール．アルコール分5%．Dark Beer もある．

**Santa Fe**　サンタフェ
米国 Santa Fe Cigar Co. 製の葉巻．

**Santa Fe Railway**　サンタフェレイルウェイ
米国の Burlington Northern and Santa Fe Railway 社の名前の一部．現在 BNSF Railway 名．Texas 州 Fort Worth に本拠を置く貨物輸送の鉄道会社．全米27州とカナダの一部で運行．

**Sara Lee**　サラリー
米国 Sara Lee Food & Beverage (冷凍食品・飲料などの大手メーカーである Sara Lee Corp. (1939年創業)傘下) の略・通称，同社製の加工冷凍食品のチーズ・(サンドイッチ用)ターキーミート・スイーツ(パイ・チーズケーキ・パウンドケーキなど)，パンなど．特に冷凍ケーキは安価で美味といわれ人気がある．1949年に第1弾の Sara Lee Original Cream Cheese Cake (これは冷凍ものではない)を大ヒットさせ，以降コーヒーケーキ・パウンドケーキなどを発売した．Sara Lee は創業者

# Saran

Charles W. Lubin の幼い娘の名から取られた。アルミホイルの焼き皿を初めて容器として採用し，工場での製造・店での販売・消費者による加熱を，一つの容器で済ませることを可能にした。近年，シナモン・ナッツ・レーズン・チョコレート・アップル・ストロベリーなどの各種の詰め物の入ったクロワッサンも好評。

## Saran　サラン
米国第2位の総合化学会社である The Dow Chemical Co. 製の，高温時に可塑性を持つポリ塩化ビニール，特にそのラップ材 (Saran Wrap* という)。1940年商標登録，英国では1958年にラップ材として登録。

## Saranac Black and Tan　サラナックブラックアンドタン
米国 Matt Brewing Co. (1888年創業) 製のビール。ステーキや栄養たっぷりの (hearty) シチューやスープに合うビールとして1993年5月に発売された。Saranac ブランドには Saranac Pale Ale, Saranac Black Forest などがある。Saranac は，このビールが醸造される地域に住む北米先住民族の言語イロコイ語で星団 (cluster of stars) の意味。

## Saran Wrap　サランラップ
米国 S.C. Johnson & Son, Inc. 製の合成樹脂ラップ (plastic wrap)。⇒ Saran.

## Saratoga　サラトガ
米国 Philip Morris, Co., Inc. 製の長いサイズの紙巻きたばこ。⇒ Philip Morris.

## Sarcar　サーカー
スイスの手作り腕時計メーカー Sarcar Tramex, 同社製のコインウォッチ・宝飾時計などのブランド。

## Sardi's　サーディー(ズ)
米国 New York 市 Broadway の劇場街の中ほどにあるレストラン。演劇・ミュージカル関係者のたまり場。しばしば公演開始を祝うパーティの会場とされる。

## Sarille　サリル
英国 Courtaulds plc (1913年創業) 製の合成繊維。rayon と viscose 系の2種。衣類や毛布などに使われる。

## Sarli　サルリ
イタリアのデザイナー Fausto Sarli (1927-2010) のデザインした婦人服・ニットウェア・ネクタイ・コートなど，ナポリ(本店)およびローマにあるそのブティック。同氏はもと舞台衣裳家で，1954年にデザイナーコンテストで1位になりファッション界にデビュー。1956年に初めてコレクションを発表。作品はシンプルでエレガント。

## Sasson　サッソーン
フランスの衣料品メーカー，同社の米国でのブランドを持つ Wal-Mart Stores, Inc. 製のジーンズ。同ブランドで紳士・婦人服・子供服・スポーツウェア・旅行かばん・バッグなども市場化。ジーンズは，身体にぴったりフィットするタイプで，米国におけるその種のジーンズの流行の火付け役。

## Satin　サテン
米国 Lorillard, Inc. 製のフィルター付き紙巻きたばこ。女性向きで低タール。

## Saturday Evening Post　サタデーイヴニングポスト (The ~)
米国 Indiana 州の The Saturday Evening Post, Inc. 刊行の総合誌。年9回発行(もと週刊)。米国で最も古い歴史をもつ雑誌で，あらゆる意味で古き良きアメリカのなごりをとどめている。1821年より刊行。Norman Rockwell の描いた表紙で有名になった。

## Saucony　サッカニー
米国 Saucony, Inc. 製のスポーツシューズ(エアロビクス用またはジョギング用など)・ランニングウェアなど。★ 1969年に，初めて月面着陸をした宇宙飛行士がはいていた靴は同社製。英語読みではソーコニー。

## Sausalito Sling　ソーサリートスリング

米国 White Rock Products Corp. 製のワインベースの清涼飲料．ジンジャーエールと風船ガムを混ぜたような味．現在は製造されていない．同社は現在は White Rock ブランドのセルツァーなどの飲料, Soux City ブランドのソフトドリンク, Olde Brooklyn ブランドのソーダ水を製造．

**Sauza** サウサ
メキシコ Tequila Sauza S.A. de C.V. の略・通称, 同社製のテキーラ. Tequila Sauza ともいう. 80 proof. 同社は 1875 年創業で, テキーラメーカーでは最大. 無色の Tequila Sauza Silver, 金色の Sauza Extra など.

**Savage** サヴェージ, サベージ
米国 Massachusetts 州の銃器メーカー Savage Arms Co. の略・通称, その銃. 同社は 1894 年に Arthur Savage が New York 州で創業. シンボルマークはインディアン戦士の横顔.

**Savers** セイヴァーズ
英国の健康グッズ・薬・化粧品・家庭用品・香水など幅広い商品を扱うディスカウントチェーン Savers Health & Beauty plc の略・通称, その店舗. 1988 年 Savers Drugstores (香港の A. S. Watson 傘下) として創業し, 世界で 230 店舗を展開.

**Savers** セイヴァーズ
米国 Washington 州 Bellevue に本店がある中古品ディスカウントチェーン Savers, Inc. (1954 年 Salvage Management Corp. として設立) の略・通称. 米国 20 州・カナダ・オーストラリアに 200 以上の店舗を展開し, Value Village (ケベックでは Village des Valeurs) の名で展開.

**Savex** サヴェックス
米国 Kenwick, Inc. 製のリップケア製品(リップクリーム)・ハンドクリーム・フットクリーム.

**Savlon** サヴロン, サブロン
英国 Novartis Consumer Health UK Ltd 製の, 消毒薬とベビーケア製品(石鹸など). また Johnson & Johnson* 製の抗菌クリームのブランド名.

**Savoy (Hotel)** サヴォイ(ホテル), サボイ(ホテル) **(The ~)**
英国 London の Strand 通りにある豪華なホテル. 高級レストランがある. ホテル所在地付近には, Savoy という名の通りが多いが, いずれも 13 世紀に Peter of Savoy のために建てられた宮殿の名にちなむ.

**Sawzall** ソーズオール
米国 Milwaukee Electric Tool Corp. (Techtronic Industries Co. Ltd. (TTI) の子会社) 製の電動往復鋸 (resiprocating saw). 同社は 1924 年 A. F. Siebert が創業.

**Saxa** サクサ
英国 Premier Foods plc 製の塩で, 市場で 33% 占有. 1907 年より使用されている商品名. 岩塩との関連で, ラテン語の「岩」の複数形 Saxa を採用.

**Saxon** サクソン
米国 Saxon Paint & Home Care Centers の略・通称, 同社製の家庭用ペンキのブランド. Covercoat, Eclipse などがある.

**Saxone** サクソン
英国 Style Barratt Shoes Ltd 製の靴. Barratt Priceless Ltd が販売.

**Sazerac** サゼラック
米国 Sazerac Co., Inc. の略・通称, 同社製の低アルコールの清涼飲料. アブサン・砂糖・ビター・バーボンを混ぜ, レモンの皮を添えたカクテル Sazerac に似せた味.

**Scabal** スキャバル
ベルギーのブリュッセルに本社があり London に窓口のある Scabal 社製の紳士服地. 本社は 1938 年に繊維貿易商のユダヤ人 Otto Hertz (1904 年生まれ) が, ナチスの迫害を避けてドイツからベルギーに移住して創業. 今日ヨーロッパ最大の服地商で, 服地の他に絹のネクタイ・ニットウェア・ワイシャツおよびその注文仕立て用の生地・スポーツシャツ・革小物・ベルト類なども手がけている. トレードマー

クはスカラベ(scarab; 古代エジプトで神聖視されたコガネムシ).

**Scalecide** スケールサイド
米国製の, ダニ(mite)用の殺虫剤の古い商標. Miller Chemical & Fertilizer Corp. が1906年に商標登録し, その後も更新されている.

**Scalex** スケーレックス
英国 Minimodels 社によって1950年ごろ発売された自動車の模型のシリーズの名. 特定の縮尺がなかったため(つまり scale x)こう名付けられた.

**Scalextric** スケーレックストリック
英国 Hornby plc 製の電動レーシングカー模型, それを走行させるシステム. 1957年発売. Scalex* と electric を合成して命名.

**Scandale** スキャンダル
1933年創業のフランスのファンデーション(女性用下着)メーカー Rien 社のブランド. 派手な色彩のものやセクシーなものがある.

**Scania** スカニア
スウェーデン最大手の自動車・航空機メーカー Saab-Scania AB の Scania 部門, その製品の商用車(トラック・バスなど). Scania とはスウェーデン最南端の地域名で, 同地の村に, 英国の自転車メーカー Humber 社が, 1890年代に建設した小さな工場 Swedish Humber AB が, その起源. 19世紀末に親会社から独立し, Maskinfabrics AB Scania と名乗って, 自転車以外にも掃除機・製紙機械・歯車・オートバイなどの製造を始め, 1901年からは自動車も製造するようになった. その後 Saab* と合併して今日に至る. トラックの製造は1902年からで, 特に重量物運搬用の大型車両では, 世界でもトップクラス.

**Scapa** スキャパ
ベルギーの, ニットウェアを中心とする衣料品のブランド, そのメーカー(Scapa Belgium). 1967年創業. ロゴには 'Scapa of Scotland' とある.

**Scenicruiser** シーニクルーザー
米国 Greyhound Lines, Inc. のために GMC が製造した長距離観光バスの一種で1954年から1970年代まで使われた. 2階建て部分が展望窓になっているのが特徴. 長さ40フィート. 工業デザイナー Raymond Loewy がデザインし, 1954年実用化. 商標登録は1959年. ⇨ Greyhound.

**Schaefer** シェーファー
米国 The F. & M. Schaefer Brewing Co. (Pabst Brewing Co. 傘下)製のビール. Schaefer 社は, Frederick and Maximillian Schaefer が1842年に創業. 大規模なビール生産のパイオニアであった.

**Scharzhofberger** シャルツホーフベルガー
ドイツ Rheinland-Pfalz (Rhineland-Palatinate) 州の Mosel-Saar-Ruwer 地域内の Saar 地区にある同名の原産地名称のブドウ畑. 27ha の面積があり, 品質の高いワインを産出.

**Schenley O.F.C.** シェンレー O.F.C.
カナダ Canadian Schenley Distilleries Ltd. 製のカナディアンウイスキー. 8年熟成, 86.8 proof. O.F.C. は Old French Canadian の頭文字.

**Schenley (Reserve)** シェンレー (リザーヴ)
米国 New York 市の Schenley Distillers, Inc. 製の, ストレートバーボン 35% とライトウイスキー 65% のブレンデッドウイスキー. 80 proof.

**Schering-Plough** シェリングプラウ(社) (~ Corp.)
米国の医家向け医薬品・一般薬・化粧品・家庭用消費商品の大手メーカー. 1971年に医薬品メーカー Schering Corp. (U.S.A.) と Plough Corp. が合併したもの. 現在は Merck & Co., Inc. と合併し一つの会社となった. 日本では, 同社の製品では Coppertone*, マスカラ・口紅・アイシャドー等のメイクアップ化粧品の Maybel-

line* が広く知られている. ⇨ Dr. Scholl's.

**Scherrer** シェレル
⇨ Jean-Louis Scherrer.

**Schiaparelli** スキャパレリ
イタリア出身のフランスのデザイナー Elsa Schiaparelli (1890-1973) と彼女の後継者のデザインによる衣料品・ネクタイ・スカーフなど, パリの Vendôme 広場にあるそのブティック(1935 年開店). shocking pink という色を作ったことで知られる. ペルーインディアンや北アフリカのデザインを採り入れたり, ジッパーを採用した(1935 年)最初のデザイナーともなった.

**Schiatti** スキャッティ
イタリアのニットウェア・男物カジュアルウェア・革製ブルゾン・スポーツシャツなどのメーカー, そのブランド. 1946 年に Chino Schiatti が創業. 天然素材のみ使用. 革は鹿革が主.

**Schick** シック
米国 Wilkinson Sword (Energizer Holdings, Inc. の子会社) 製の安全かみそり・ひげそりクリームなど. オーストリアからの移民で米陸軍退役大佐の Jacob Schick が, 片刃かみそりを 1915 年に発明したことが起源. 米国・オーストラリア・アジア・ロシア以外では同一製品が Wilkinson Sword 名で販売されている.

**Schick** シック
米国 Schick, Inc. の略・通称, 同社製の電気かみそりなど. 前項と同じく, J. Schick が考案し, 1923 年に特許取得, 資金繰りなどに苦労した結果, 1931 年発売. 1949 年に Sunbeam* が発売した電気かみそりのヒットに対抗して翌年市場化した小型の電気かみそりは, 総数 600 万個と爆発的にヒットした.

**Schiff** シフ
米国 Schiff Nutrition Group, Inc. 製のサプリメント各種.

**Schilke** シルキー
米国 Schilke Music Products, Inc. の略・通称, 同社製のトランペット・コルネット・フリューゲルホルン (flügelhorn) など. 特にトランペットが評価が高く, 手作りで生産量が少なく, 値段も業界で最も高価. トランペッターだった創業者 Renold O. Schilke の姓に由来.

**Schillerweine** シラーヴァイン
ドイツ Baden-Württemberg 州の Württemberg 地域で生産されるロゼワインの一種. 商標ではない. 赤橙色で, 白ブドウと黒ブドウからの果汁を混和して発酵させたもの.

**Schilz** シルツ
フランスの革製バッグメーカー, そのブランド. 同社はウィーンで 1780 年代に鞍具商として創業.

**Schlichte Steinhäger** シュリヒテシュタインヘーガー
1863 年創業のドイツ H.W. Schlichte 製の, ビャクシンの実 (juniper berry) と大麦を各々蒸留させたものをブレンドした, 一種のジン.

**Schlitz** シュリッツ
米国 Pabst Brewing Co. 製のビール. もと Wisconsin 州 Milwaukee 市の Joseph Schlitz Brewing Co. (Stroh Brewing Co. 傘下) 製. 1970 年代に Budweiser* に抜かれるまでは, 生産量では全米一. キャッチフレーズに "The Beer That Made Milwaukee Famous" があった.

**Schloss Johannisberg** シュロスヨハニスベルク
ドイツ Hessen (Hesse) 州 Rheingau 地域の Johannisberg 村にある城でワイン醸造所. 871 年にブドウ栽培を始めた草分け. 1100 年に Maintz の Benedict 会によって修道院が建てられ, 発展. ⇨ Spätlese.

**Schloss Reinhartshausen** シュロスラインハルツハウゼン
ドイツ Hessen (Hesse) 州の Rheingau 地域の Erbach 村にある城でワイン醸造所. 66ha のブドウ畑を所有し, 多くの銘醸畑をもつ.

**Schloss Vollrads** シュロスフォ

# Schmidt

ルラーツ
ドイツ Hessen (Hesse) 州 Rheingau 地域の Winkel 村にある城でワイン醸造場. Matuschka-Greiffenclau 伯爵の所有で, 佳品のワインを生産. 畑は 46ha 余り.

**Schmidt** シュミット
米国のもとは G. Heileman Brewing Co., Inc., 現在は Pabst Brewing Co. 製のビール.

**Schön** ショーン
⇨ Mila Schön.

**Schott** ショット
米国の革ジャケットとピーコート (peacoat) の専門メーカー Schott Bros., Inc. の略・通称. そのブランドは Schott N.Y.C.. 1913 年 Irving and Jack Schott 兄弟が創業.

**Schramsberg Vineyard** シュラムスバーグブドウ園
米国 California 州 Napa 渓谷の Calistoga で, Jacob Schram が 1862 年に創業したブドウ園. カリフォルニアシャンパン (瓶内発酵) の生産者として知名度が高い.

**Schumi** シュミー
英国 Heinz Andreas Schumi Ltd の略・通称, 同社製のヘアケア製品. London でヘアーサロンを経営する英国人ヘアデザイナー Heinz Andreas Schumi にちなむ.

**Schwan's** シュワンズ
米国 Schwan's Home Service, Inc. の略・通称. 1952 年 Marvin Schwan が創業. オンライングローサリーストアで, 350 種以上のレストラン提供レベルの食品のチョイスを準備し, 注文を受けて配達 (品物によっては UPS も使う) を行う.

**Schwan-Stabilo** スワンスタビロ
ドイツの鉛筆・マーカーなどメーカー (Schwanhäusser Industrie Holding GmbH & Co. KG / The Schwan-Stabilo Co.), そのブランド. 同社は 1855 年に Georg Großberger と Hermann Kurz が創業した鉛筆工場 Großberger & Kurz を, Gustav Schwanhäusser (白鳥の家の意) が 1865 年に買い取り, 白鳥をシンボルマークとして会社を始めたのが起源. 1927 年以降, 化粧鉛筆 (眉墨など) も作っており, Revlon, Elizabeth Arden, Christian Dior, 資生堂の製品が同社製. 1971 年に世界初の蛍光マーカー Stabilo Boss を開発, 大ヒットさせた.

**Schweppes** シュウェップス
トニックウォーター・ジンジャーエール・ビターレモン水・ライムアンドアップル・オレンジアンドパッション・グレープフルーツジュースなど. 英国・アイルランド・ブラジルなどでは The Coca-Cola Co. 製, 米国では Dr Pepper Snapple Group Inc. 製. ドイツ出身でスイスのジュネーヴで宝石商を営んでいた Jacob Schweppe (1740–1821) が, 1773 年 (一説には 1780 年) から趣味で人工ミネラルウォーターを作り始め, 1783 年に会社を興した. 1792 年に事業を発展させるために London に移住, 工場を建設. 1837 年 Schweppes Ltd と社名変更, 同年 Victoria 女王が御用達に認定し, 以降代々の君主が御用達としている. ⇨ Cadbury.

**Schwinn** シュウィン
米国最大の自転車メーカー Schwinn (Dorel Industries, Inc. の一部門), 同社製の自転車. 1895 年 Ignaz Schwinn と Adolph Arnold が創業. 第一次大戦後, 子供を主な販売対象とする方針を打ち出して成功. 特に曲線的フレームが特徴の Hornet や Cruiser という製品が知られているが, 近年はマウンテンバイクなどにも人気がある.

**Scientific American** サイエンティフィックアメリカン
米国 Nature Publishing Group 刊行の月刊科学雑誌. 前身は, 発明家・靴職人・バイオリン弾きの Rufus M. Porter が個人編集した, 4 ページの週刊新聞.

創刊年は 1845 年で, 米国の科学誌では最も古い歴史を持つ.

**Scirocco** シロッコ
ドイツ Volkswagen* 製の乗用車. sirocco とはサハラからシチリア島を経てイタリア南部に吹く暖かい風のイタリア語(もともとはアラビア語).

**Scoop'n Bag** スクープンバッグ
米国 Luke's All Natural Pet Food 製のペットの糞をすくい取って袋に入れる道具. 立ったまま作業できる長い柄で, 袋は普通のゴミ袋を利用. 正確には Scoop'n Bag Pooper Scooper.

**Scoop'n Clip** スクープンクリップ
米国 RSVP International, Inc. 製の, 粉末コーヒーの袋から必要な量のコーヒーをすくい出す計量スプーンだが, その柄はその後で袋の出し口を留めるクリップの機能が付いたもの.

**Scope** スコープ
米国 Procter & Gamble* 製の口腔清浄剤[洗口液] (mouthwash). 鮮やかな緑色の液で, 薄めてうがいをすると口臭が抑制される. 1966 年発売.

**Scotch** スコッチ
米国 3M* 製の, セロハン (cellophane) またはセルロースアセテート (cellulose acetate) などの合成樹脂フィルムを素材とした透明または半透明の粘着テープ. Scotch tape とも呼ばれる. 1930 年には世界初のセロハンテープを作り(それまでの素材は紙), Scotch の商品名を初めて用いた. 商標登録は 1945 年.

**Scotchgard** スコッチガード
米国 3M* 製の, 布・皮革などの防水・防汚・防油加工剤. 有機フッ素化合物の一種で, スプレー缶に入っている. 1956 年商標登録.

**Scotch House** スコッチハウス
スコットランド Glasgow の仕立屋であった Gardener 兄弟が, 1839 年に London に開店させた, スコットランド製タータンチェックの生地とその製品の専門店 (The Scotch House Ltd), そのブランド. 380 種のタータンチェックの生地の他に, それを素材としたシャツ・マフラー・ネクタイ・帽子などの各種衣料品から, じゅうたんも扱っている.

**Scotchlite** スコッチライト
米国 3M* 製の, 微小なレンズ状のガラスの層を持った光反射板シート. 高速道路の反射式標識板や危険の多い夜間に屋外で働く作業員のユニフォームなどに用いられる. 1941 年に「1939 年より使用」として商標登録. 英国では 1970 年に登録.

**Scotch Root Destroyer** スコッチルートデストロイヤー
米国 Scotch Corp. (1968 年創業) 製の, 下水溝に伸びた木の根を枯らす薬品. この結晶剤を水洗便所の便器や直接下水溝に入れて溶かして流すと, 下水溝にまで伸びた木の根に吸収されてそれを枯らすことができる.

**Scotch tape** スコッチテープ
⇨ Scotch.

**Scotia Royale** スコシアロイヤル
スコットランド Gibson Scotch Whisky Distilleries Ltd 製の高級スコッチウイスキー. 12 年熟成.

**Scots Grey** スコッツグレイ
スコットランド Grey Rogers & Co., Ltd 製のブレンデッドウイスキー. Scots Grey とは, Waterloo の戦いで Napoléon 軍を破ったスコットランド竜騎兵連隊の別名で, 兵の乗った葦毛の馬の呼び名.

**Scotsman** スコッツマン
英国 Scotsman Ice Systems 製の自動角氷製造機 (automatic ice machine).
⇨ Hubbard.

**Scott** スコット
米国 Kimberly-Clark* が製造している各種の衛生用紙製品(トイレットペーパー・ペーパータオル・ウェットティッシュなど). 1879 年 Clarence and E. Irvin Scott 兄弟が Scott Paper Co. を創業したのが起源.

**Scotties** スコッティーズ
米国 Irving Tissue, Inc. (1988 年創業)

## Scotti Giovanni

が製造・販売している顔用ティッシュペーパー (facial tissue).

**Scotti Giovanni** スコッチジョバンニ, スコッティジョヴァンニ
イタリアの時計・復古調家具メーカー, 同社製の振子式大型床置き時計や木製家具のブランド. 同社は1957年創業, 特に象嵌細工では定評がある.

**Scrabble** スクラブル
米国・カナダでは Hasbro* 製, それ以外では Mattel, Inc. 製の, 単語を組み合わせるゲーム. 一つずつ文字の書いてある計100個 (うち2個は無地でどの文字としても使える) の牌を使って, 縦15×横15のますのあるゲーム板の上で, 2人ないし4人で, クロスワードパズルのような形に単語を作り合い, 組み合わせに使ったアルファベットの点数の和で得点を競う. 1950年に, 「1948年からこの名を使用している」として商標登録.

**Screwpull** スクリュープル
米国 Hallen Co. 製のコルク栓抜き. 現在は VZ Corp. が商標権を所有. またフランス Le Creuset Ltd. も製造販売.

**Scripto** スクリプト(ウ)
米国 Scripto-Tokai の略・通称, 同社製の安価な使いきりライター・着火用ライター・ポータブルブタンガスレンジなど.

**Scrum Buds** スクラムバッズ
米国 Amway* 製の研磨スポンジ. 高品質のステンレススチールが素材.

**Scubaphone** スキューバフォン
カナダ Orcatron Communications Ltd. 製の, 潜水者用の水中無線機 (underwater-radio). 到達距離は1.2キロ・深度差80mまでという. 1980年代中期に開発.

**Scubapro** スキューバプロ
米国 Johnson Outdoors, Inc. 製のスキューバダイビング用品.

**Sea & Ski** シーアンドスキー
米国 Radiant Technologies, Inc. 製の日焼け促進オイルとローション. もともとのメーカーは Pennsylvania 州の Sea & Ski Corp.

**Seagers** シーガーズ
英国 Seager Evans & Co., Ltd 製のジン. 厳密には Seagers London Dry Gin. 同社は1805年創業, 1956年以降, 米国の Schenley 社傘下となる. 1970年社名は Long John International Ltd. となった.

**Seagram's Extra Dry** シーグラムエクストラドライ
カナダの The Seagram Co., Ltd. 製のジン. 80 proof. 1939年発売.

**Seagram's 7 Crown** シーグラムセヴンクラウン
英国の Diageo plc が Seagram 名で製造するブレンデッドウイスキー.

**Seagram's V.O.** シーグラム V.O.
カナダの The Seagram Co., Ltd. 製のカナディアンウイスキー. 86.8 proof. 6年熟成. 1917年に10年熟成品として登場.

**Sealtest** シールテスト
カナダ Natrel 製の乳製品 (カッテージチーズ・サワークリーム・アイスクリーム ('Sealtest Heavenly Hash Ice Cream')・ジュースなど).

**Sealy** シーリー
米国 The Ohio Mattress Co. (もと The Ohio-Sealy Mattress Mfg. Co.) 製のベッド. アーリーアメリカン調のデザインのものなどがある. もとのメーカーは Illinois 州の Sealy, Inc. (Sealy Mattress Co., Inc.) で, 同社は19世紀末の創業, 1986-87年に The Ohio Mattress Co. に買収された. ⇒ Posturepedic.

**Sealy Posturepedic** シーリーポスチュアペディック
⇒ Posturepedic.

**Sears** シアーズ
⇒ Sears-Roebuck.

**Sears-Roebuck** シアーズローバック
世界最大の小売り業者である米国 Sears, Roebuck & Co. (2004年から

Sears Holding Corp. の一部門) の略・通称, そのブランド, その小売りチェーン店. 単に Sears と呼ばれることもある. 自社ブランド名およびロゴは Sears. 同社は, Minnesota 州 Redwood の駅長 Richard Warren Sears が 1880 年代に創業した時計会社 R.W. Sears Watch Co. が母体. 1887 年に A. Roebuck を社員として雇ったのが現社名の起源. その後同社は, 時計や宝飾品の通信販売をするようになり, 1896 年以来のカタログ販売は同社の売り上げで大きなウエイトを占めている. 1987 年から QVC Network で, いわゆるテレビショッピングを始めた.

**Season-All**　シーズンオール
米国 Morton* 製の香辛料入りの塩. 2008 年に McCormick & Co. から獲得したブランド.

**Seattle Chocolates**　シアトルチョコレーツ
米国 Seattle Chocolate Co. 製のチョコレート.

**Seb**　セブ
フランスの大手調理器具メーカー (Seb S.A.), 同社製の圧力鍋 (pressure cooker)・フライパン・ソースパンなど. 圧力なべの生産台数は世界一. 同社は 1953 年から圧力鍋を手がけている.

**Sebago**　セバーゴ
米国 Maine 州の Sebago, Inc. (1946 年創業) 製の靴. 特に Docksides (商標) というデッキシューズや, ビーフロール (beef roll) 型のローファーが有名. Sebago とは同州の湖の名.

**Sebamed**　セバメッド
ドイツ原産で, 英国の薬品・化粧品メーカー Sebapharma GmbH & Co. KG 製のボディーウォッシュ・スキンケア品・フットケア品など. 人体表皮と同じく pH 5.5 のため肌にやさしい.

**Sebastiani Vineyard**　セバスティアーニブドウ園
米国 California 州 Sonoma に, J. Sebastiani が 1904 年に始めたブドウ園.

California ワインの大衆化に果たした役割は大きい.

**Seccotine**　セッコティン, セコチン
英国 Royal Sovereign Graphics (もと Royal Sovereign Pencil Co) 製の, にかわ原料の強力液体接着剤. 19 世紀後半にドイツで, アイルランド人 John Stevenson が特許取得. 最初のメーカーは 1878 年設立の北アイルランドの McCaw, Stevenson & Orr で, 1894 年に商標登録. 後に English Royal Sovereign Group に権利が移った.

**Seconal**　セコナール
もと米国 Eli Lilly & Co. (1876 年創業) 製の鎮静剤・催眠剤. 一般名は secobarbital. 1935 年 (英国では 1938 年) 商標登録. 現在の名称は Seconal Sodium (米国 Marathon Pharmaceuticals, LLC 製). ストリートドラッグ (street drug) として乱用されることもある.

**Secret**　シークレット
米国 Procter & Gamble* 製の体臭および発汗抑制剤. ロールオン (roll-on) 式. 1956 年発売.

**Securicor**　セキュリコー
英国の警備保障システム, その会社 Group 4 Securicor の略・通称. 現在の社名は G4S plc. 1901 年創立. security (安全) と corps (軍団) との合成と思われる.

**Seeing Eye**　シーイングアイ
米国 New Jersey 州 Morristown の非営利団体 Seeing Eye, Inc. の訓練所, その盲導犬 (guide dog).

**See's**　シーズ
米国 See's Candy Shops, Inc. の略・通称, 同社製のキャンディー・チョコレートなど. 創業者の Mary See にちなむ. 1921 年 Los Angeles で開店.

**Segway**　セグウェイ
米国 Segway, Inc. 製の自動姿勢制御機能を備えた立ち乗り式二輪電動スクーター. 商標. Dean Kamen (1951-　) が開発し, 2002 年生産開始. 1 台 5,000 ドルで販売.

## Seitz

**Seitz** ザイツ
ドイツ Seitz-Filter-Werke Filtrationssysteme 製の, 石綿繊維を圧縮して円盤状にしたフィルター, およびそれを用いた濾過装置. 元来は 1925 年より以前にドイツで開発されたもので, 開発者である Seitz 氏の名をとって, 1944 年に英国で商標登録.

**Selectasine** セレクタシン
米国 Selectasine System, Inc. の略・通称, 同社製の, 各色に対して一枚ずつのシルクスクリーンを用いる色刷り法. 1918 年商標登録. 考案者は Edward A. Owens.

**Selectric** セレクトリック
米国 IBM* 製の電動タイプライター. 1961 年市場化. 従来の印字バーの代わりに, 取り替え可能な球体に 88 の文字があり, その差し替えで, タイプの字体とポイントの大きさを簡単に変えることができる.

**Self** セルフ
米国 The Condé Nast Publications, Inc. が刊行している, 自分自身の心と体を健全に保とうと努める若い女性向きの月刊誌. 1979 年創刊.

**Selfridges** セルフリッジス
英国 London のデパート. 英国第 2 の規模 (第 1 位は Harrods*). 1909 年に米国人実業家 H. Gordon Selfridge (1947 年没) が創業. 食料品の充実ぶりで知られる.

**Sellotape** セロテープ
英国製のセロハン素材の粘着テープ, そのメーカー. 1949 年に Adhesive Tapes Ltd が商標登録 (一説には 1937 年発売). 現在はドイツ Henkel AG & Co. KGaA の Henkel UK & Ireland の傘下.

**Selmer** セルマー
フランス Selmer (Paris) および米国 Selmer/Ludwig Corp. (Selmer U. S. A.) 製の木管金管楽器. トランペット・フルート・サクソフォン・クラリネット・バスーン・オーボエ・イングリッシュホルンおよびそれらの付属品はフランス, オーボエ・ファゴット・ブラスバンド用の楽器は米国で製造.

**Selsun** セルサン
⇨ Selsun Blue.

**Selsun Blue** セルサンブルー
米国 Chattem, Inc. (パリに本拠を置く製薬・バイオテクノロジー企業 Sanofi S. A. が所有) 製の, ふけ取りシャンプー.

**Seltmann** セルトマン
1910 年創業のドイツの陶器メーカー, そのブランド.

**Sempé** サンペ
フランス H. A. Sempé 製のアルマニャック (ブランデー).

**Sen-Sen** センセン
米国 F. & F. Foods 製の口中香錠 (ミンツの一種). 製品表面のホイル (もと紙) には "Sen-Sen confection / breath taking refreshment" と書かれている. チューインガムメーカーの T. B. Dunn Co. の管理職 Kerschner が製法を考案. 1911 年にチューインガムおよび口中香錠の名として, 「1894 年よりこの名を使用」として商標登録. レストラン・たばこ屋・ドラッグストア・田舎の雑貨屋のレジ横などに置かれて売られており, 酒やタバコの臭い消しとしてポピュラー.

**Sensodyne** センソダイン
米国 Block Drug Co. (2001 年廃業) が開発し, 現在は GlaxoSmithKline* 製の, 歯茎が過敏な人用の歯磨き.

**Sensormatic (System)** センサーマチック (システム)
米国 Sensormatic Electronics Corp. (1968 年創業) (現在は Tyco Fire & Security) 製の電子式監視警報システム (electronic surveillance and alarm systems). 小売り店で万引き・盗難を防止するための電子発信タグとその感応設備. ⇨ Alligator tag.

**Sensurround** センサラウンド
米国で開発された映画上映音響の特殊効果技術. フィルムの録音帯 [サウンドトラック] に記録されて再生される

耳に聞こえないほどの低周波の音や空気振動に観客が囲まれたようになり，身体に振動を感じさせることによって地震などの疑似体験を可能にする．1976年にCalifornia州のMCA Systems, Inc.が商標登録．

**Sentry** セントリー
米国 John D. Brush Co., Inc.(商号は Sentry Group)製の耐火金庫 (fire-resistant safe)．1930年創業．

**Sephora** セフォラ
フランスの Dominique Mandonnaud が1993年に設立した化粧品会社，その化粧品．聖書にあるモーゼの妻 Zipporah とギリシア語 sephos ('pretty')を合成して命名．フランス国内でも有数の香水・化粧品チェーン店を展開するほか，世界13カ国でも展開．米国内だけでも250以上の店舗と，JCPenny店内に200店舗がある．

**Serengeti** セレンゲッティ
米国 Bushnell Outdoor Products (1948年 David P. Bushnell が創業)製のサングラス．

**Sergeant's** サージェンツ
米国 Sergeant's Pet Care Products, Inc.(1868年創業)製のペットケア用品のブランド．ノミ取り首輪がある．

**Sergio Lub** サージオラブ，セルジオラブ
米国 North Carolina 州で1969年から製造されているコッパー・ブラス・シルバー製の手作りブレスレットなどのジュエリーメーカー，そのブランド．

**Sergio Soldano** セルジオソルダーノ
イタリアのデザイナー Sergio Soldano (1936– )のデザインした毛皮製品・バッグ・ビジネスケース・革小物・ネクタイその他の衣料品．同氏のモード界へのデビューは1960年代．毛皮はカラフルでポップなものが主で，1デザイン最大6点の限定生産．

**Sergio Valente** セルジオヴァレンテ
米国 Sergio Valente Jeans (Englishtown Sportswear, Ltd. の一部門，その後 Seattle Pacific Industries, Inc. が買収)製のジーンズ．デザイナーの Sergio Valente がデザインしたもので，いわゆるデザイナーズジーンズの一つ．同ブランドでスポーツウェアもある．

**Sermeq** セルメク
デンマーク産のウオッカ．Greenland の氷を利用して造っている．Eskimo 語で「氷河」(glacier)の意．

**Servador Table Smoker** サーヴェイダーテーブルスモーカー
⇨ Smokador.

**ServiceMaster** サービスマスター
米国 The ServiceMaster Co. の略・通称．同社は，1924年マイナーリーグの選手であった Marion E. Wade が始めた防虫 (moth-proofing)会社から出発．害虫駆除・芝生管理・メイドサービス・シロアリ駆除・カーペットクリーニング・災害復旧などの多くのサービスを提供する．

**Servin Saver** サービンセイバー
米国 Frigidaire* 製の冷蔵庫で食べ物を新鮮に保存するための気密容器．正確には Rubbermaid Servin Saver.

**Servis** サービス，サーヴィス
英国の家庭用電化製品メーカー Servis UK Ltd の略・通称，そのブランド．

**Seth Thomas** セストーマス
米国製の掛け時計・柱時計・メトロノームなど．Seth Thomas (1785–1859) は米国の時計技師であった．

**Setrakian** セトラキアン
米国 California 州の Robert Setrakian Vineyards 製のブランデーとワイン．

**7 Crown** セヴンクラウン
⇨ Seagram's 7 Crown.

**7-Eleven** セブンイレブン，セヴンイレヴン
米国 Texas 州 The Southland Corp. (1961年創業)系列として生まれたコンビニエンスストアチェーン店．元

# Seven Seas

来朝7時から夜11時まで営業することから名前が付けられたが,現在は24時間営業.現在は日本のSeven & I Holdings Co., Ltd. が所有.世界18か国で38,000店を超える世界最大のコンビニエンスストアチェーン.

**Seven Seas** セヴンシーズ
米国 Kraft Foodservice (Kraft Foods North America, Inc. の一部門) 製のサラダドレッシング.

**Seventeen** セヴンティーン
17歳前後の女の子を対象にした米国 Hearst Corp. (1887年 William Randolph Hearst が創業) 刊の月刊誌.1944年創刊.内容はファッション・美容・スポーツ・旅行・食べ物・恋愛 (セックスはない) など明るく健全.

**7UP** セブンアップ, セヴンアップ
米国内では Dr Pepper Snapple Group Inc., それ以外では PepsiCo, Inc. 製の清涼飲料.無色でカフェインを含まない.C.L. Grigg が, 1920年にその祖型となったオレンジ飲料 Howdy を開発し, それを改良してレモンライム味とした.1928年に米国で, 1953年に英国で商標登録.Diet 7UP, Cherry 7UP などもある.

**Sevin** セヴィン
米国 Bayer CropScience US 製の広範囲用殺虫剤.一般名は carbaryl. 毒性が強く, 肌に着くと炎症を起こし, 体内に入ると吐き気・痙攣・下痢・呼吸困難などの症状を引き起こす.

**Sèvres** セーブル, セーヴル
フランスの国立陶磁器メーカー Manufacture Nationale de Sèvres の略・通称, そのブランド.1738年に開窯され, 1753年に王立窯となった窯が, Louis 15世の愛妾 Pompadour 夫人の提案で1756年に Sèvres に移転したもので, 1759年よりフランス王立製陶所となった.⇨ Cristal de Sèvres.

**Shakespeare** シェイクスピア
英国の釣り用具一式を扱う会社, そのブランド.

**Shake Weight** シェイクウエイト
米国 FitnessIQ が開発・販売するダンベルに似た運動器具.1日6分間上下に軽く振るだけで内蔵されたバネが慣性によって動き, 腕, 胸, 腹のインナーマッスルを鍛える.1.14キロの重量で, もともとは女性用に開発され 2009年に発売された.

**Shakey's** シェーキーズ
米国 Shakey's USA, Inc. 系列のピザハウスチェーン店.米国では約60店舗で, Pizza Hut* に水を開けられている.世界各地に約400店舗.スパイスをきかせた, 揚げたポテトも美味.創業者のひとり Sherwood Johnson のあだ名 Shakey から.1954年創業.

**Shaklee** シャクリー
米国 Shaklee Corp. (1956年 Dr. Forrest C. Shaklee が創業) 製のスキンケア・ヘアケア用品・栄養補給食品など.⇨ Slim Plan Gold.

**Shamask** シャマスク
オランダ生まれの米国の服飾デザイナー Ronaldus Shamask (1945- ) の作品.1978年 New York 市 Madison Ave. にデザインスタジオ・小売店を開く.1981年 Coty Fashion Award 受賞.

**Shark** シャーク
米国 Euro-Pro Operating LLC 製のスチームクリーナー・電気掃除機など.

**Sharpie** シャーピー
米国 Sanford Corp. (1985年創業) 製のマーカー.1964年発売."Uncap what's inside" とうたう.同社は米国のマーカーのトップメーカー.洗濯物用に Rub-A-Dub Laundry Marker がある.Walt Disney World のオフィシャルマーカー.

**Shasta** シャスタ
米国 Shasta Beverages, Inc. の略・通称, 同社製のソフトドリンク・ルートビアなど.Dr. Shasta, Moon Mist, Diet Root Beer, Sangria など種類が多い.National Beverage Corp. の子会社.

**Shaw** ショー

米国 New York 市の Shaw Creations, Inc. の略・通称, 同社製の傘・ステッキ.

**Shaw** ショー
英国 William Shaw and Co は 1866 年創業の打楽器製造会社. Chops ブランドのばち (sticks) は米国産ヒッコリーを使って作る.

**She** シー
英国 National Magazine Co Ltd が刊行している B 4 版のヴィジュアル型女性総合娯楽月刊誌. 1955 年創刊.

**Sheaffer** シェーファー
米国 Sheaffer Pen (BIC USA, Inc. の一部門) の略・通称, そのブランド. 同社は 1907 年に Iowa 州の宝石商 Walter A. Sheaffer が, レバー (てこ) 吸入式万年筆を発明して創業. 工場は今も Iowa 州の Fort Madison にある. クリップ上部の白い小丸 (White Dot と称する) がシンボルで, 所有者の生涯における無料修理を保証して 1920 年に発売した Life Time ペンにつけられて以来のもの. 1921 年には繰り出し式シャープペンシルを発売. ⇨ Targa.

**She Beads** シービーズ
米国で 1993 年, Sandy Reuve が Michael Jordan との出会いでヒントを得て創業したビーズアクセサリーとその製造会社.

**Shedd's Spread Country Crock** シェッズスプレッドカントリークロック
Unilever* 製のベジタブルオイルスプレッド.

**Sheer Energy** シアエナジー
米国 L'eggs Products, Inc. (Harnesbrands, Inc. の一部門) 製のパンティーストッキング (pantyhose). ⇨ L'eggs.

**Sheetrock** シートロック
米国最大の石膏メーカーである USG Corp. (旧名 United States Gypsum Co.) 製の, 二枚の丈夫な重い厚紙の間に石膏の芯材を入れた形になった石膏ボード建材.

**Sheffield Cellars** シェフィールドセラーズ
米国 Gallo Sheffield Cellars 製のワイン・シェリー酒.

**Shell** シェル
世界第 2 位の国際石油グループ Royal Dutch Shell plc の略・通称, そのブランド. ホタテ貝に Shell の文字の入ったマークは 1904 年より使用しているものだが, 近年は文字の入っていないホタテ貝にデザインが変わっている.

**Sheplers** シェプラーズ
Sheplers, Inc. 製のウェスタンスタイルの衣服・ブーツ・アクセサリー・馬具など. Texas 州にあるその専門店は同種店では世界一の規模.

**Sheraton** シェラトン
米国 Sheraton Hotels & Resorts (Starwood Hotels & Resorts Worldwide, Inc. 傘下) のホテルとモーテルのチェーン.

**Sherwin-Williams** シャーウィンウイリアムズ
米国 The Sherwin-Williams Co. の略・通称, 同社製のペンキ・ニス・下地剤などのブランド, それを売る小売りチェーン店. 時に Sherwin と略される. 1880 年に調合ペンキを世界で初めて市場化. 同社はその製品のヒットで急成長を遂げ, 今日の do-it-yourself 市場を作り出す火付け役になった. ポピュラーなロールオン式塗装具[ペイントローラー]は, 同社の発明品で, Roller Koater と呼ばれる. 今日同社はスーパーマーケット・ディスカウントストア・一般の小売り店などにもペンキ類を卸している.

**Shine-All** シャインオール, シャイノール
米国 Hillyard, Inc. (1907 年創業) 製の万能クリーナー.

**Shloer** シュロアー
英国 Shloer (Merrydown PLC の一部門) 製スパークリングジュースドリンク.

**Shoe Goo** シューグー

米国 Eclectic Products, Inc. 製のゴム底靴の修理に用いる溶剤入りゴム剤. チューブ入り. 1972年から.

**Shoney's** ショーニーズ
米国 Shoney's, Inc. (1968年創業) 系列のファミリーレストランチェーン店. 南部を中心に展開. 1947年に1号店をオープンした創業者 Alex Schoenbaum のニックネーム Shoney から.

**Shopko** ショプコ
米国 Shopko Stores Operating Co., LLC (1962年創業) 系列のディスカウントストアチェーン.

**ShopRite** ショップライト
米国のスーパーマーケットのコープ (co-op) チェーン. 米北東部 (New Jersey, New York, Connecticut, Delaware, Maryland, Pennsylvania) で展開. 親会社は Wakefern Food Corp. Price Plus Club Card (無料) を発行, カード所有者はディスカウント価格で購入できる.

**Shopsmith** ショップスミス
米国 Shopsmith, Inc. 製の木材加工用電動工具類. 多機能電動工具 Mark V, Mark 7 が主力商品. 1953年から.

**Shop-Vac** ショップバック[ヴァック]
米国 Shop-Vac Corp. の略・通称, 同社製の, 乾湿両方のごみ集塵用掃除機 (wet/dry vacuum cleaner). 屋内外で使用できる. 1953年から.

**Shower Mate** シャワーメイト
米国 Genesis Water Filtration Products, Inc. 製のシャワーヘッドで, 取り付けヘッド内にココナツ殻製のカーボンなどが組み込まれていて, 水道水をろ過し, 有害化学物質を除去しながら, 水量も40%節約できるようなシャワー水を出すもの.

**ShowerMate** シャワーメイト
米国 The Rain Room (Extremely Large Plumbing Co. の子会社) 製のシャワーヘッド.

**Shredded Wheat** シュレッデッドウィート
米国 Post Foods, LLC 製の, 小麦を細かく砕いたシリアル. 1892年に, 弁護士で発明マニアの Henry D. Perky (1843-1906) が開発したもので, 世界最初のシリアル. 英国では Cereal Partners Worldwide S.A. 製.

**Shure** シュアー
米国 Shure, Inc. の略・通称, 同社製のカートリッジ・マイクロフォン・ステレオミキサー・サラウンドプロセッサー・CDプレーヤーなど. 1925年にラジオ部品会社 Shure Radio Co. として S. N. Shure が創業. 1928年に弟の S. J. Shure が経営に参加し, Shure Brothers Co. となり, 後に現社名に.

**Sicomet** シコメット
ドイツ Henkel AG & Co. KGaA 製の工業用瞬間接着剤. 金属・プラスチック・エラストマー (elastomer) (天然ゴム・合成ゴム) などとの接着に使用.

**Siemens** シーメンス
ドイツ最大・世界第2位の総合電気器具メーカー, そのブランド. 1847年に Ernst Werner (von) Siemens が J.G. Halske と共に, 電信用品メーカー Telegraphen-buanstalt-Siemens & Halske として創業.

**Sierra** シエラ
1982年に Ford of Europe, Inc. が市場化した乗用車. 大ヒット作 Cortina の後継車を狙ったもの. 車体デザインはカーデザイナーの Uwe Bahnsen (1930- ) が行なった.

**Sierra Designs** シエラデザインズ
米国のアウトドアライフ用品専門店, およびそのオリジナル商品のブランド. バックパック・テント・マウンテンパーカ (特に1968年から製造されている '60/40 Parka' (綿58%, ナイロン42%混紡の布を使用) という製品) が人気商品. 1965年創業.

**Sig** シグ
ドイツ SIG Sauer GmbH が製造販売する拳銃・ライフル.

**Signal** シグナル

Unilever* 製の, 練り歯磨きと口臭抑制うがい薬 [口腔清浄剤] ('oral rinse' と称する).

**Signet** (**Books**) シグネット(ブックス)
米国 New York 市の The New American Library (of World Literature), Inc. 刊行のペーパーバックシリーズ. William Faulkner, George Orwell, D. H. Lawrence などの作品の刊行権を得た. トレードマークは O の中に S をデザインしたもの.

**Signoricci 2** シニョリッチセカンド
フランス Nina Ricci* 製の男性用化粧品・ヘアケア用品など.

**Sikkens** シッケンズ
オランダ Akzo Nobel N.V. 製の塗料ブランド(自動車補修塗料・建築用塗料). これを開発したオランダの小さな町のペンキ屋の名前から.

**Sikorsky** シコルスキー
米国のヘリコプターメーカー (Sikorsky Aircraft Corp.), その製品. 同社は, ロシア生まれだが, ロシア革命後パリを経て 1919 年に米国に渡った航空機設計家の Igor I. Sikorsky (1889–1972) が, Sikorsky Aero-Engineering Corp. として 1923 年に設立. 同氏は当初は双発の水陸両用機の設計で名をあげたが, 1930 年後半以降はヘリコプターの開発に専念し, 1940 年代後半から 1950 年代前半にかけて S-55・S-58 の両機をヒットさせ, ヘリコプターが実用的・商業的に有用であることを世界に知らしめた.

**Silastic** シラスティック
米国 Dow Corning Corp. (Corning Glass Works 系列) 製のシリコンゴム. 1947 年に「1945 年よりこの名を使用」として登録. 英国では 1965 年に商標登録. silicon と elastic の合成語.

**Silence HP** サイレンス HP
米国 Brilliant Products 製のヘアドライアー. 使用電力・使用時の音を抑えたエコロジー製品. 本体もリサイクルされたプラスチック製.

**Silex** サイレックス
米国 Procter-Silex Co. (現在は Hamilton Beach Brands, Inc. 傘下) 製の, サイレックスガラス (silex glass; シリカ (silica) や粉末トリポリなどの珪酸含有物入りのガラス) 製の真空式コーヒー沸かし[サイフォン]. 米国では 1914 年に, 英国では 1934 年に, もとのメーカー米国の The Silex Co. が商標登録.

**Silhouette** シルエット
オーストリアの眼鏡フレームメーカー, その製品. フレームにファッション性を採り入れた先駆的存在.

**Silhouette** シルエット
カナダ McGuiness Distillers Ltd. 製のウオッカ.

**Silhouette Books** シルエットブックス
米国 New York 市の Silhouette Books (Simon & Schuster, Inc. 系列) 刊行のペーパーバックシリーズ. ⇨ Silhouette Romance, Pocket (Books).

**Silhouette Romance** シルエットロマンス
Harlequin Romance* のヒットに対抗して米国 New York 市の Silhouette Books (Simon & Schuster, Inc. の一部門) が刊行した恋愛小説のシリーズ. 姉妹版として *Silhouette Desire, Silhouette Inspirations* などのシリーズもある. ⇨ Pocket (Books).

**Silk Cut** シルクカット
英国第 2 位のたばこメーカー Gallaher Group 製の, フィルター付きキングサイズの低タール紙巻きたばこ. 一般品と, より軽い Silk Cut Extra の 2 種がある.

**Silkience** シルキエンス
米国 The Gillette Co. 製のヘアケア用品 (シャンプー・コンディショナー・ヘアスプレーなど). ⇨ Gillette.

**Silk Reflections** シルクリフレクションズ
米国 Hanesbrands, Inc. 製の女性用靴

下・パンティーストッキング.

### Silly Putty　シリーパテ
米国 Crayola LLC 製の, 合成ゴム粘土. General Electric の技師 James Wright が, 第二次大戦中に政府の依頼で安い合成ゴムを開発しようとしたが, 粘着質のゴムまがいの不定形物しかできなかった. 戦後, 玩具業者 P. Hodgson が, その不定形ゴムの玩具としての将来性を見て, GE からそれを買い取り, 卵形の容器に入れて売り出し, 1940 年代末から 1950–60 年代にヒット商品とし, 今も売られている.

### Silver Crystal　シルヴァークリスタル
⇨ Swarovski.

### Silver Ghost　シルヴァーゴースト
英国 Rolls-Royce* 製の乗用車. 1907 年より 19 年間製造. 当初はボディーがアルミニウムの光沢仕上げで, 外装の金属部品には全て銀メッキがほどこされていたところからの命名.

### Silver Service　シルヴァーサーヴィス
米国の Amtrak* が運営する New York—Tampa—Miami 間の東海岸鉄道路線. 経由駅によって Silver Star, Silver Meteor の 2 路線がある.

### SilverStone　シルヴァーストーン, シルバーストーン
米国の総合化学メーカー E.I. du Pont de Nemours & Co., Inc. (1915 年創業) が開発し 1976 年に世に出した, 3 層フッ素樹脂による金属表面こげつき防止加工 (nonstick surface). フライパンやアイロン・電子レンジ内部などの表面加工に用いられている.

### Silvikrin　シルヴィクリン
英国 Procter & Gamble UK 製の整髪料およびシャンプー. 1960 年発売.

### Simca　シムカ
フランスの自動車メーカー, その製品. Société Industrielle de Mécanique et Carrosserie Automobile (自動車製造機械工業協会) の頭文字. 同社はイタリア人 Henri-Theodore Pigozzi によ り, Fiat* のフランスにおける販売活動を拡張するために, 1934 年に設立された. 自社設計の車 Aronde の生産は 1951 年から. 同社が PSA Peugeot Citroën の手に渡ってから Talbot ブランドと入れ替えられ終焉.

### Similac　シミラック
米国 Abbott Laboratories 製の乳児用調整乳 (infant formula). Similac の名前が登場したのは 1927 年. 病院でも使用される.

### Simi Winery　シミ醸造所
米国 California 州 Sonoma 渓谷の Healdsburg で 1876 年に創立された醸造所. 禁酒法廃止後から Zinfandel 種の赤ワインの倉として有名. 1960 年代にはいって, フランスの Moët-Hennessy と提携後, Alexander 渓谷にも進出し, Merlot や Pinot Noir などを用いたフルーティーなワインを生産している.

### Simmerstat　シマースタット
英国 Sun-Vic Controls Ltd 製の, サーモスタットを利用した温度調節器. ホットプレートや電気調理器のグリルまたはそれに類する加熱器具の温度を調節する. 1938 年商標登録.

### Simmons　シモンズ
米国のベッドメーカー (Simmons Bedding Co.), 同社製のベッドなど. 同社は鉄道・電信会社などの経営者で, Wisconsin 州 Kenosha の市長でもあった Zalmon G. Simmons が, 1870 年に Simmons Co. として創業. 当初同社は電信機用の木製絶縁材を製造する小さな工場であった. 手巻きのベッドスプリングで特許を取ってのち, ベッドを中心とする家具に関係し始め, 1925 年から本格的に売り出したスプリング構造のベッド Beautyrest* のヒットで, 一躍世界的に名が知られるようになった. 1970 年代にマットレス Maxipedic を発売. また, ガチョウの綿毛 (goose down) を利用したマットレスの Le Duvet, ウォーターベッドの快適さを実現させた Beauty-

rest Flotation System, Contour-Flex 名のベッドスプリング機構なども知られる. ⇨ Hide-A-Bed.

**Simone Pérèle**　シモーヌペレール
フランスの女性用下着デザイナー Simone Pérèle の作品. 一般向け価格の品が多く, フランスではポピュラー.

**Simoniz**　サイモニッツ
米国 Simoniz USA, Inc. の略・通称, 同社製の自動車ワックス.

**Simpkins**　シンプキンズ
英国の菓子メーカー (Simpkins Ltd), そのブランド. 伝統的製法による After Dinner Mints などがある.

**Simple Green**　シンプルグリーン
米国 Sunshine Makers, Inc. 製の多用途洗剤 (all-purpose cleaner) など.

**Simply Orange**　シンプリーオレンジ
米国の Simply Orange Juice Co. 製のオレンジジュース. 2001 年発売. Simply Apple, Simply Grapefruit, Simply Lemonade, Simply Limeade も同社製. 濃縮果汁は使わず "Honestly Simple" がうたい文句.

**Sinclair**　シンクレア
米国 Sinclair Oil Corp. の略・通称, 同社製のガソリン. ロゴには緑色の恐竜のシルエット. 1916 年創業.

**Sindy**　シンディー
英国 Pedigree Dolls & Toys 製の人形. 1963 年発売. 人名 Cindy のつづり変え.

**Singer**　シンガー
米国 The Singer Sewing Co. (SVP Worldwide の子会社) の略・通称, 同社製のミシン. 機械工 Isaac Merrit Singer (1810–75) が 1850 年に, ミシンの初期の発明者の一人の認可のもとにミシンを制作していた Orson Phelps の店を偶然訪れ, その改良点を指摘したところ, Phelps は Singer に開発を依頼した. 1851 年に Phelps の店の施設を利用して, I. M. Singer & Co. が発足し, 改良型ミシンの量産を開始し, 社名は何度か改名された.

**Singer**　シンガー
英国の自動車メーカー Singer Motor Co の略・通称, その製品. George Singer が 1876 年に設立した自転車メーカー Singer Cycle Co が, 1903 年に自動車メーカーとなり, 社名変更. その後同社は Rootes Group に吸収された. 1970 年廃業.

**Single**　シングル
米国のハンバーガーチェーン店 Wendy's* で売られている大型ハンバーガー.

**SingleStick**　シングルスティック
米国 SingleStick, Inc. 製の 1 本ずつのプラスチック容器入りのメンソールたばこ. コンビニで 75 セント～1 ドルで売られ, Oregon, Washington 両州での販売が大きかったが, 2010 年製造が禁止された. 同社は Arizona 州で 1993 年創業.

**Sinn**　ジン
ドイツ製の腕時計 (パイロット用のクロノグラフなど) のメーカー, そのブランド. 同社は 1961 年に Helmut Sinn が航空計器メーカーとして創業.

**Sinutab**　サイニュータブ, シヌタブ
米国 McNeil Consumer Healthcare 製の充血緩和剤・鎮痛薬として使われる市販薬. 1958 年発売.

**Siporex**　シポレックス
スウェーデンの Internationella Siporex Aktiebolaget の略・通称, 同社製の, セメント・コンクリート製の建材用製品. 1938 年にスレート・れんが・ブロック・柱・杭・はり・タイル・パイプ・といなどの名として, 英国で商標登録.

**Sirdar**　サーダー
英国製の各種繊維, その製品のニットウェア, そのメーカー (Sirdar plc). Sirdar ～ の名でウール・ウールと合成繊維の混紡・合成繊維・綿などの数多くの繊維を製品化している.

**Sir Walter Raleigh**　サーウォルターローリー
米国 Brown & Williamson Tobacco Corp. 製の, パイプたばこと喫煙具.

## Sisley

**Sisley** シスリー，シスレー
フランス Sisley 製のスキンケア製品・化粧品・香水など．phytocosmetology (植物美容学)の研究に基づき，植物から抽出したエキスの効果を応用するもの．フランス皮膚医学協会推薦．ロゴは全て小文字．1976 年創業．

**Sizzler** シズラー
米国 California 州で Del's Sizzler Family Steak House として 1958 年に創業．現在はオーストラリアの Pacific Equity Partners が所有．半セルフサービスのファミリーレストランチェーン店．

**Skechers USA** スケッチャーズ USA
米国の靴製造販売メーカー Skechers USA, Inc. とその製品．カナダ・英国・アイルランドのほかヨーロッパに子会社，中国・香港・マレーシア・タイにジョイントベンチャーがある．

**Skee-Ball** スキーボール
米国 Cadaco, Inc. (Rapid Mounting & Finishing Co. の一部門) 製のゲームセンターで遊べる室内ゲーム．ゆるく傾斜した長い木の溝の終点が，上方にカーブしており，そこに固いゴムのボールを転がすと，ボールがジャンプして同心円の一つに転がり込む．スキーのジャンプを模したもので，小さい円に入るほど高得点が得られる．

**Skeeter** スキーター
米国 Skeeter Boats, Inc. 製の釣り用ボート．バス (bass; すずきの一種) を釣る際などに用いる．⇨ Coleman.

**Ski** スキー
ノルウェー Frydenlunds Bryggeri 製のビール．輸出専用で，中身・ボトル共に同社の国内向け商品 Frydenlund と同じで，ラベルだけが異なる．

**Ski-doo** スキードゥー
カナダの Bombardier Recreational Products, Inc. 製のスノーモービル．Joseph-Armand Bombardier が 1957 年に考案．英国では 1969 年商標登録．最初は犬ぞり (dogsled) の代わりになるものとして Ski-Dog と命名するはずだったが，ペンキ屋のつづり誤りから現在名になったという．

**Skil** スキル
ドイツ Robert Bosch GmbH 製の電動工具 (power tools).

**Skilsaw** スキルソー
ドイツ Robert Bosch GmbH 製の小型回転のこぎり・糸のこぎり．

**Skin Bracer** スキンブレイサー
米国 Colgate-Palmolive Co. 製の男性用アフターシェーブローション．

**Skinner** スキナー
米国 New World Pasta 製のマカロニとスパゲッティ．Lloyd M. Skinner が 1911 年に創立した Skinner Macaroni Co. で製造したのが始まり．⇨ San Giorgio.

**Skinny Dippers** スキニーディッパーズ
米国 Integrated Beverage Group, Ltd. 製の凍らせて食べるデザート．レモン・タンジェリン味などがある．

**Skippy** スキッピー
Unilever* 製のピーナッツバター．もと Texas の Best Foods 製で，1923 年に Rosefield Packing Corp. が開発．ピーナッツを完全にすりつぶした Creamy と，砕いた粒が入っている Super Chunk などがある．⇨ Welch's.

**Skippy** スキッピー
米国 Del Monte* 製のドッグフードのブランド．

**S. Klein** S. クライン
米国 New York 市の Union Square にあった大衆向けのデパート．1975 年閉店．★言語学者 W. Labov が New York 市で言語調査をした際に使った New York 市内のデパートの一つであったことでも有名．

**Skoal** スコール
米国 U.S. Smokeless Tobacco Co. の一部門 Skoal Tobacco 製の嗅ぎたばこ (snuff)．Copenhagen* と並び，同種商品のベストセラー．1934 年発売．

## Škoda　スコーダ
チェコのオートバイ・自動車のメーカー (Škoda Auto), その製品. 同社のもとの名は Škoda Works. Volkswagen Group 傘下. 1869年に技師 Emil Škoda が機械工学会社として設立. 第二次大戦中, 軍用機器, 特に大砲のメーカーとして有名になった.

## Skol　スコール
英国 Skol International Ltd 製のラガービール. ブラジルではベルギーの InBev (AnheuserBusch InBev の子会社)が製造販売し, 人気のビール.

## Skol　スコール
カナダ Barton Brands Ltd. 製のウオッカ. skol はデンマーク語 Skal (bowl, cup の意)に由来する語. ⇨ Hiram Walker's Crystal Palace, Canadian Club.

## Skor　スコー
米国 The Hershey Co. 製の, ミルクチョコで包んだバタートフィーバー (butter toffee bar). 1981年発売.

## Skrip　スクリップ
米国 Sheaffer* 製の万年筆用補充インク. 2002年同社はインク製造を Slovenia に移転し, インクびんにもその国名が入っている.

## SK-II　SK-II
米国 Procter & Gamble* 製の化粧水. 日本酒の酒造所で働く杜氏の手がなめらかでみずみずしいことから開発された (イーストの発酵過程から抽出された成分が肌にうるおいを与える).

## Sky Bar　スカイバー
米国 Necco (New England Confectionery Co.) 製のチョコレート. 各山の中にはキャラメル・バニラクリーム・ピーナッツ・ファッジが入っている. 1930年より発売.

## Sky Kennel　スカイケネル
米国 Petmate 製のペットの犬を入れて航空機内に積み込んで移動できるキャリアー. Airline Transportation Association が認可している.

## SkyMall　スカイモール
米国 Arizona 州 Phoenix に本部がある航空機の機内カタログ誌 SkyMall の発行と, そこに掲載される商品およびオンラインカタログでの商品販売会社 SkyMall, Inc. の略・通称. 同社は The Greenspun Corp. と Spire Capital との共同出資会社.

## Skype　スカイプ
ルクセンブルグで2003年に設立されたインターネット通信大手 Skype Technologies S.A. の略・通称, その提供サービス. ネットを使って利用者同士が無料で通信できるほか, 一般の電話にも低料金でかけられるのが特徴. 世界に6億6,300万人を超える利用者がいるが, 無料利用者が多いため経営が厳しく, 他企業による買収が繰り返されている. 名前は Sky peer-to-peer から.

## Skyship 600　スカイシップ600
もとは英国 Airship Industries Ltd (略 AI) が設計し, 現在は Airship Management Services と Skycruise Switzerland AG が所有運行する小型飛行船. 全長66 m・高さ22 m・乗客数12人. ドイツのスポーツカー Porsche* のエンジン2基を備え, 最大速度は時速105 km. 中身は水素ではなくヘリウムガスで安全. 広告・テレビ局の空撮・遊覧飛行・航空写真による探査などに使える省エネ・無公害の乗り物.

## Skysweeper　スカイスウィーパー
1950年代初めに米陸軍・空軍に配備された米国製の75 mm 自動高射砲[対空機関砲]の商品名. 砲の脇にレーダーとコンピューターが付いており, 目標を探知して砲の狙いを定める.

## Skytrain　スカイトレイン
英国の Laker Airways が1977年から始めた London—New York 間の航空便. 先着順に客を乗せ, 協定料金の3分の1の超安値で評判だったが, 1980年に頓挫した.

## Skyway　スカイウェイ
米国 Skyway Luggage Co. の略・通称, そのブランド. 同社は1910年にその

## Skyy

母体 (Seattle Luggage Co.) をリトアニアからの移民 A.J. Kotkins が設立. やがて Bill Boeing が航空会社を設立したので空の旅用のスーツケースの製造を思い付いたもの.

**Skyy** スカイ
米国 San Francisco の Skyy Spirits LLC 製のウオッカ. 1992 年発売. 40 proof. コバルトブルーの瓶入り.

**Slaintheva** スランジーヴァ
スコットランド Alexander Dunn & Co (Whisky Blenders) Ltd 製の, 12 年熟成のブレンデッドウイスキー.

**Slazenger** スラゼンジャー
英国のスポーツ用品メーカー Dunlop Slazenger International Ltd の略・通称, そのブランド. 1888 年創業. テニス・ゴルフ・サッカー・ホッケー・クリケット用品などを製造しているが, 特にテニス用品では伝統があり, 英国でのシェアは No. 1. Wimbledon でも 1902 年以来, 同社製のテニスボールが公認球としてよく用いられる. 創業者である Albert と Ralph の Slazenger 兄弟に由来.

**Sleepeezee** スリーピージー
英国のベッド・マットレス・ベッド用品メーカー (Sleepeezee Ltd), そのブランド. 'sleep easy' (安眠する) のつづり変え. 1920 年代後半に, 日中はソファーとなり, かつ引き出しの付いた革命的なベッドとしてヒットした.

**Sleeperette** スリーパレット
旅客機用リクライニングシートの一種. 背もたれを倒すと睡眠に最適であるとするところからの命名. 1950 年に New York 州の Pan American Airways, Inc. が商標登録.

**Sleepinal** スリーピナル
米国 Blairex Laboratories, Inc. (1976 年創業) 製の抗ヒスタミン薬. 睡眠薬としても使われる市販薬.

**Sleep Number** スリープナンバー
米国 Select Comfort Corp. 製のベッド・マットレス・枕・ブランケット・ベッドシーツなど.

**SleepRight** スリープライト
米国 Splintek, Inc. 製の歯ぎしり (teeth grinding) 防止用装具. 同社は, 鼾をかかないようにするため横向きに寝るのに使う枕 (side sleeping pillow), 鼻での呼吸をしやすくする装具 (nasal breathe aid) なども製造.

**Slenderella** スレンダレラ, スレンデレラ
米国のジャム類の大手メーカー The J. M. Smucker Co. (1921 年創業) が 1958 年に発売した, 低カロリーのフルーツスプレッド.

**Slenderella** スレンダレラ, スレンデレラ
英国 Slenderella Lingerie 製のランジェリー・ナイトウェア.

**Slice** スライス
米国 PepsiCo, Inc. 製のフルーツ味 (orange, diet orange, grape, strawberry, peach) のソフトドリンク. 1984 年発売. 2009 年時点では Wal-Mart 店でのみ入手できた.

**Slim-Fast!** スリムファスト!
Unilever* 製ダイエット用スナックバー・ミールバー・シェークミックス.

**Slim Jim** スリムジム
米国 ConAgra Foods, Inc. 製のスナック肉 (ミートスティック・ビーフジャーキー). 米国で人気が高い. ⇨ Penrose.

**Slim-Line** スリムライン
米国 Thompson Medical Co., Inc. 製の食欲抑制ガム. すでに製造されていない.

**Slim Line** スリムライン
米国 Tyson Foods, Inc. 製の冷凍調理済チキンミート.

**Slim Plan Gold** スリムプランゴールド
米国 Shaklee Corp. (1956 年創業) 製の, 脂肪を自然な形で燃焼させながらエネルギーを保持させるダイエット用飲料粉末. 間食の欲求を抑える.

**Slinky** スリンキー
米国 Poof-Slinky, Inc. 製のバネ状の

おもちゃ．1943年 Richard James が発明，1945年発売．日本では「トムボーイ」として知られた(現在「レインボースプリング」と呼ばれるものもある)．扁平断面の69フィートの金属線を88巻きしたもので，そのバネは階段を「とんぼ返りしながら歩いて下りる」ことができる．今も作られているロングセラー．

**Slip 'N Slide**　スリップンスライド
米国 Wham-O, Inc. (1948年創業) 製のおもちゃ．庭で水を流しその上を滑って遊ぶ．1961年発売．

**Slix Australia**　スリックスオーストラリア
オーストラリアの水着メーカー．男性用の膝までの長さのものは Nixs と呼んでいる．

**Sloan's**　スローンズ
米国 Lee Pharmaceuticals (1971年創業) 製の関節炎や疲労からの痛みのある筋肉に塗る鎮痛用塗布剤 (liniment)．外箱には発明者 Earl Sawyer Sloan (1848-1923) の写真と，Child-Resistant Cap と For Hand Pain Relief の文字がある．

**Slumberland**　スランバーランド
英国の，ベッド・マットレス・枕のメーカー，そのブランド．1919年創業．現在はスウェーデンに本拠地のある Hilding Anders 傘下．

**Slurpee**　スラーピー
米国 7-Eleven, Inc. 製のフローズン飲料．1966年販売開始．

**SMA**　SMA
米国 Wyeth Nutrition (Pfizer, Inc. の一部門) 製の，育児用調整乳 (infant formula)．1921年発売．世界初の調整乳．SMA は Synthetic Milk Adapted の頭文字．1962年に市場化された改良型の SMA S-26 になって，蛋白質の成分比率が母乳と同様になった．

**Smacks**　スマックス
米国 Kellogg's* 製のシリアル．名前は Sugar Smacks (1953年発売時)，Honey Smacks (1980年代) なども生まれた．Dig'em Frog がキャラクター．

**Smalto**　スマルト
⇨ Francesco Smalto.

**SmartBear Software**　スマートベアソフトウェア
米国のコンピューターソフトウェア開発者のためのツール製造会社．2003年創業．

**Smarties**　スマーティーズ
スイスの大手菓子メーカー Nestlé* 製の，ピーナツにチョコレートがけをし，糖衣・多色を付けた菓子．⇨ M & M's.

**Smarties**　スマーティーズ
米国 Ce De Candy, Inc. 製のフルーツフレーバーのキャンディー．1949年から発売．

**SmartLease**　スマートリース
英国の Mike Fortune が1999年創業した各種自動車のリース会社．

**Smart Meter**　スマートメーター
スイスに本拠を置く Landis+Gyr AG 製の通信機能や他の機器の管理機能を持った電力量計．近距離無線機能 (100メートル程度まで) が組み込まれ，エアコン・照明・セキュリティ機器などが接続・利用できる．電力会社は，電力メーターを通してネットワークによって管理し，電力の需要動向も把握できる．日本の東芝が買収するニュースが2011年5月に出て，一躍注目を浴びた．

**Smart Ones**　スマートワンズ
米国 Weight Watchers International, Inc. 製のダイエット用各種食品．

**Smart Start**　スマートスタート
米国 Kellogg's* 製のシリアル．

**Smarty Bear**　スマーティーベア
米国 California 州の Lewis Galoob Toys, Inc. (1957年創業，1999年廃業．Hasbro* が買収) 製の，茶色のフラシ天 (plush) でできたクマのぬいぐるみ．エレクトロニクス利用で，16種の語句をしゃべり，言葉に合わせて顔の表情が変わる．1980年代の人気商品で現

## Smash

**Smash** スマッシュ
もとは英国の Cadbury-Schweppes plc, 現在は Premier Foods plc 製の, インスタントマッシュポテト粉末. もとの社名の Schweppes の S に, マッシュポテトの mash を付け, smash hit のように「素晴らしい・大当りの」の意味の口語の smash にかけたものと思われる.

**Smead** スミード
米国 The Smead Manufacturing Co., Inc. (1906 年 Charles Smead が創業) の略・通称, 同社製の書類整理用アコーディオンファイルなど. Tuff ブランドもある.

**Smirnoff** スミノフ, スミルノフ, スマーノフ
米国 The Pierre Smirnoff Co. 製のウオツカ. 米国内ではウオツカとしては最も売れており, 蒸留酒では Bacardi* のラム酒に次いで 2 位. 80 proof (赤ラベル) と 100 proof (青ラベル) のものがあり, 米国では主にカクテルを作るために用いられる. 冷やしてストレートで飲むのにより適した高級品 Smirnoff de Czar (1980 年より発売; 82.6 proof) もある. Pierre Smirnoff が帝政ロシア時代の Moscow で 1818 年に創立した会社で造り始めたもので, ロシア皇室御用達 (1886–1917). 1953 年の終戦以降, カクテルの流行と共に, Smirnoff は着実に売り上げを伸ばしていった. 米国での商標登録は 1948 年で「1914 年より使用」としている. 英国では 1959 年に W & A Gilbey Ltd が登録.

**Smith** スミス
⇨ Paul Smith.

**Smith & Watson** スミスアンドワトソン
米国 New York 市の複製家具メーカー (Smith & Watson, Inc.), そのブランド. 1907 年 London Furniture Shop in New York として創業.

**Smith & Wesson** スミスアンドウェッソン
米国の銃器メーカー, その製品. 共同設立者の Horace Smith (1808–93) と Daniel B. Wesson (1825–1906) にちなむ. リボルバー (revolver; 輪胴式拳銃) では大手メーカーの一つ. 1857 年からその名が使用されていたが, 商標登録は 1893 年. 英国では同社が 1928 年に登録. S & W と略される.

**Smith Brothers Cough Drops** スミスブラザーズコフドロプス
米国では非常にポピュラーなせき止めドロップ. スコットランドから New York 州に移住した大工兼レストラン店長兼キャンディー屋であった James Smith (1866 年没) が作り始め, 息子たち (William と Andrew の兄弟) が継いで製造した. 1964 年に Smith 家は Warner-Lambert Co. に販売を売却し, 同社傘下の American Chicle Co. が製造したが, その後 1977 年には Illinois 州 Chicago の F. & F. Foods, Inc. が製造権を得て今日に至っている. Schmitt Brothers や Smythe Sisters といった名前の類似品が出回ったこともある. ⇨ Listerine.

**Smith-Corona** スミスコロナ
米国 Smith-Corona Corp. の略・通称, 同社製のタイプライター. L. C. Smith とその弟が 1886 年より製造, ヒット商品となった. 1903 年に L. C. Smith & Brothers Typewriter Co. として会社組織化. 1926 年にポータブルタイプライター会社 Corona Typewriter と合併. 1955 年に最初の電動式タイプ, 57 年には電動のポータブル型を市場化した.

**Smithfield** スミスフィールド
米国 Virginia 州 Smithfield で 1936 年創業の Smithfield Foods, Inc. の略・通称, 同社製のハムなどのブランド.

**Smith Kendon** スミスケンドン
英国 Smith Kendon Ltd の略・通称, 同社製の缶入りキャンディー. Mixed Fruit, Citrus, Wild Berry, Barley Sugar の 4 種類があり, Travel Sweets

と呼ぶ．ゼリーに York Fruits ブランドがありクリスマスの人気商品．

**Smith's**　スミスズ
⇨ W. H. Smith.

**Smiths Group**　スミスグループ（～plc）
英国の航空・宇宙・防衛・船舶用の機器・部品・医療機器・産業機器のメーカー．1851年創業．

**Smokador**　スモーカドー
もと米国 Smokador Products Co. の略・通称，同社製の灰皿．1934年にデザインされて市場化され，1958年に再び売り出され，1974年まで製造されていた，美しいデザインの円筒状灰皿 Servador Table Smoker が知られる．

**Smoke Craft**　スモーククラフト
米国 Smoke Craft, Inc. 製の，ビーフジャーキー・細身のサラミソーセージ．北米産ヒッコリー材でいぶす．

**Smokehouse**　スモークハウス
米国 Blue Diamond Growers 製のアーモンド．

**Smucker's**　スマッカー（ズ）
米国の大手ジャムメーカーである The J. M. Smucker Co. (1921年創業) 製のジャム・シロップ・ゼリー・ピーナッツバター・アイスクリームのトッピングなど．

**Smylon**　スマイロン
米国 The Smylon Co. 製の，ヤニなどの歯の汚れを取る消しゴムのようなもの (dental eraser と称する)．ロケット形の容器に入っている．Hollywood のメーキャップ師 Bud Westmore が考案．1986年に商標権抹消．

**Smythson**　スマイソン
英国 London の Bond St. にある高級文房具専門店 Frank Smythson Ltd の通称．1887年創業．オリジナル商品として，文房具類・デスク用品・日記帳・住所録・革製バッグ・小物などがある．

**Snack Mate**　スナックメイト
米国 RJR Nabisco, Inc. がかつて製造していたプロセスチーズスプレッド．

**Snack Pack**　スナックパック
米国 ConAgra Foods, Inc. 製のプディング．

**SnackWell's**　スナックウェルズ
米国 Nabisco* 製のクッキー．カナダではこのブランドでポテトチップスとクラッカーがある．

**Snap-Cut**　スナップカット
米国 Gilmour Manufacturing Co. 製の剪定用はさみ・のこぎり．

**Snap-on**　スナップオン
米国 Snap-on Inc. (1920年 Snap-on Wrench Co. として創業) の略・通称，同社製の機械部品整備用手工具 (スパナ・ドライバー・レンチ・ドリル・ハンマーなど)．同種商品では米国最大手．精度・素材・使用感ともに最高水準で，永久保証制をとっている．

**Snickers**　スニッカーズ
米国 Mars, Inc. 製の，ミルクチョコレートバー．中身はピーナッツバターのヌガーとキャラメルがけピーナッツ．Frank C. Mars が考案．米国で最も売れているチョコバー．

**Sno Balls**　スノーボールズ
米国 Hostess Brands, Inc. 製の，ピンク色をしたまんじゅう形のスポンジケーキ．中にココア味スポンジケーキとクリームが入っている．1947年より製造．

**Snoboy**　スノーボーイ
米国 Washington 州 Seattle の Amerifresh, Inc. 製の果物・生鮮野菜・冷凍野菜．もとは Pacific Fruit & Produce Co. が1925年に商標にした名前．

**Sno-Cat**　スノーキャット
米国 Tucker Sno-Cat Corp. 製の，4つの幅広いキャタピラの付いた雪上トラクター(牽引車)．

**Sno-Kone**　スノーコーン
米国 Gold Medal Products Co. 製のかき氷製造機とシロップなど一式．

**Snuggle**　スナグル
米国 Sun Products, Inc. 製の，洗濯後の繊維柔軟仕上げ剤液．多くの国で

**Soap Opera Digest**

異なった商品名 (Huggie, Kuschenweich, Minosin, Cajoline など) で市場化されており, 日本リーバでは「ファーファ」としている. クマのぬいぐるみが容器や広告に用いられているのは世界共通.

**Soap Opera Digest** ソープオペラダイジェスト
米国 Source Interlink Media 刊行のソープオペラ専門の週刊誌. 主婦向けの昼の連続テレビドラマのストーリー紹介を中心に, スターの話題や読者の投書を加えたもの. 1975 年創刊.

**Soarfly** ソアーフライ
英国 Milton Keynes Co 製の, 敵状観測 [写真偵察・赤外線探知] や攻撃 [目標への突入自爆] に使用される無線操縦式の無人機. 1986 年 6 月公開. 長さ約 1 m. 推力はリチウム電池駆動のモーター. 収集した情報は電波で友軍に送られる.

**Sobranie** ソブレイニー, ソブラニー
英国 Gallaher Ltd (日本の Japan Tobacco の子会社) 製のパイプたばこと, その葉を紙巻きたばこにしたもの. 1923 年に紙巻きたばこの名として Isaiah Redstone が登録. 同年 The Balkan Sobranie の名も登録, 今日でもその名で呼ばれることもある.

**Sodiaal** ソディアール
フランス最大の乳製品製造販売の酪農共同組合 Sodiaal Union の略・通称. 1964 年に 3 地域の共同組合が Sodima 社を設立, 2007 年に現在の組織になった. 1965 年にナショナルブランドの Yoplait* の製造販売を開始した.

**SofLens** ソフレンズ
米国 Bausch & Lomb* 製のソフトコンタクトレンズ. 乱視 (astigmatism) 用.

**Soft & Dri** ソフトアンドドライ
米国 The Dial Corp. (Henkel AG & Co. KGaA の子会社) 製の制汗剤.

**Softasilk** ソフタシルク
米国 The J.M. Smucker Co. 製の, Pillsbury 冠ブランドのケーキ用などの小麦粉.

**SoftColors** ソフトカラーズ
米国 Ciba Vision Corp. (Norvatis International AG 傘下) 製の色つきソフトコンタクトレンズ. 緑・青・水色・琥珀色の 4 種があり, 目を好みの色に変えることができる.

**Softcon** ソフトコン
米国 Ciba Vision Corp. 製のソフトコンタクトレンズ.

**Softly** ソフトリー
オーストラリアの Pental Pty Ltd 製のウール製品専用の洗濯洗剤. オーストラリアの CSIRO (Commonwealth Scientific and Industrial Research Organization) (1926 年設立. 羊に群れるクロバエ防虫剤 Aerogard の開発もした) の Tom Pressley が, 細菌の巣食うウールの毛布が高温水で洗濯すると縮むという難点を克服するため 1960 年代に開発した. Pental 社は, 1885 年以来 Sunlight Soap を発売している会社.

**Soft Scrub** ソフトスクラブ
米国 The Dial Corp. (Henkel AG & Co. KGaA の子会社) 製の液状クレンザー.

**Softsoap** ソフトソープ
米国 Colgate-Palmolive Co. 製の液体のハンドソープ・ボディーウォッシュ. この種の液体石鹸は 1865 年に New York の William Shepphard が発明し特許を取ったもの.

**Sohio** ソゥハイオ
米国 Standard Oil of Ohio のこと. 1911 年創業, 1987 年 British Petroleum に吸収され抹消会社となった.

**SoHo** ソーホー
米国 SoHo Lab 製のスニーカー各種.

**Sola** ソーラ
米国 Carl Zeiss Vision, Inc. 製の眼鏡のプラスチックレンズ.

**Solarcaine** ソーラーケイン
米国 Schering-Plough 製のスキンケア製品・傷の救急用のスプレー. アロ

## S.O.S

エエキスが入っていて，日焼けや傷に効く．

**Soldano** ソルダーノ
⇨ Sergio Soldano.

**Solignum** ソリグナム
英国製の，木用の防腐剤・金属保護仕上げ剤，そのメーカー（Tor Coatings Groups 傘下）．1894 年市場化．

**Solo** ソロ
米国 Sokol & Co. 製の，ケーキやペストリーの中に詰めるジャムなど．1895 年 John A. Sokol が創業．

**Solo** ソロ
米国 Procter & Gamble* 製の洗濯用液体洗剤．1979 年発売したが現在は Bold 2in1 ブランドに吸収されてこのブランドはなくなった．

**Soloflex** ソロフレックス
米国 Soloflex, Inc. 製の，ボディービルディング運動をするための台のメーカー，その台．組み立て式で 24 通りの運動ができる．

**Somastic** ソマスティック
米国 Standard Oil Co. of California が商標登録していた，石油パイプラインのコーティングに用いる，アスファルトを原料とした物質．1996 年に商標権が切れた．

**Somat** ソマット
ドイツ Henkel AG & Co. KGaA 製の食器用洗剤．主に自動食器洗い機用．

**Something Diff'rent** サムシングディフレント
かつて米国 The Pillsbury Co. が製造していた，家庭で製氷皿に入れ，冷凍庫で凍らせるだけでできるケーキの素．玄麦パン殻にレモンクリームプディングが載った形になる．

**Something Special** サムシングスペシャル
スコットランド Hill Thomson & Co Ltd 製のブレンデッドウイスキー．1793 年創業．英王室御用達．現在は Seagram Distillers plc 傘下．

**Sominex** ソミネックス
英国 GlaxoSmithKline* 製の睡眠薬・抗ヒスタミン薬として使われる市販薬．錠剤・キャプレット（Caplet*）がある．主な市場は米国．

**Soneryl** ソネリル
フランスで開発されたブトバルビトーン（butobarbitone）に対する商品名．鎮静剤・催眠薬錠剤．1923 年に米国で，「前年より使用している」としてパリの Etablissements Poulenc Frères が登録．

**Sonia Rykiel** ソニアリキエル
フランスのデザイナー Sonia Rykiel （1930– ）のデザインした婦人既製服，それを売るパリにある 3 軒の直営ブティック．1951 年にブティック経営者と結婚して，2 度目の妊娠の時，自分の着たい妊婦服がなかったのでトリコット地で自らデザインしたものを作ったのが，きっかけ．1963 年にセーターのデザインを始めた．同年離婚．1968 年に最初のブティックを開店．ニットウェアを中心としており，女性の身体の線を美しく見せる柔らかく軽い素材（アンゴラ・モヘアなど）のスーツでは定評がある．子供服（1984 年から）・アクセサリーも手がけている．香水 7$^e$ Sens を 1979 年に発表．ロゴは全て大文字．

**Sonifier** ソニファイアー
米国 Branson Instruments, Inc. の，超音波処理用機器（sonicator）の一種．細胞・ウイルスなどに超音波を照射して分解する．1960 年より使用され，1961 年（英国では 1965 年）に商標登録．

**Soprani Uomo** ソプラーニウオモ
イタリアのデザイナー Luciano Soprani* の紳士物のブランド．

**Sorbo** ソーボ
英国製のゴム製スポンジ（sponge rubber），そのメーカー．1917 年商標登録．メーカー名は元来 Leeson Sponge and Rubber Co Ltd といい，1919 年に Sorbo Rubber-Sponge Products Ltd と改名，その後現在名に縮められた．

**S.O.S** S.O.S

米国 The Clorox Co. 製の, 鍋・食器・オーブン用の石鹸付きスチールウールたわし (steel wool scouring pad). 1917 年に San Francisco で, アルミ製調理器具の販売員 Irwin Cox が顧客へのおまけとして考案し, 当初は手作りしていたが, その後企業化. 命名者は Cox 夫人で,「世界的に救助を求める信号であり, "私達のお鍋を助けて"(Save Our Saucepans) の頭文字でもあるから」という.

### Sotheby's　サザビー
英国最古の, 骨董品・美術品の競り取り引き業者 (auctioneer). London の Bond St. などにある. 希少価値のある書物 (初版本など)・文献なども対象. 1774 年に, 書籍販売業者 Samuel Baker が創業. 社名はその甥で, 共同創業者の John Sotheby に由来.

### Souleiado　ソウレイアード
フランス Province 地方の捺染プリント布地の名門, その布およびそれを素材としたコットン製バッグのブランド. 色鮮やかな多色で, ペルシャの更紗風の柄のものが知られる.

### Soundesign　サウンデザイン
米国 Soundesign Corp. の略・通称, 同社製のラジオ・テレビ・オーディオ・ビデオアクセサリーなど.

### Sounds　サウンズ
英国 Spotlight Publications, Inc. 刊行のポップミュージック専門週刊誌. 1970 年から 91 年まで刊行.

### Soup At Hand　スープアットハンド
米国 Campbell Soup Co. 製のカップ入りインスタントスープ. 電子レンジで作る. "The perfect between-meal meal." とうたう.

### Soup Starter　スープスターター
米国 Swift-Eckrich (Beatrice Cos., Inc. 傘下) 製の即席スープで 1980 年代の人気商品.

### Source　ソース (The ~)
米国 Source TeleComputing Corp. が 1979–89 年間に提供していたオンライン情報検索サービス. CompuServe* に買収された.

### Southern Comfort　サザーンカムフォート, サザンコンフォート
米国 Brown-Forman Corp. 製のリキュール. バーボンがベースだが, バーボンの味よりも, 桃と柑橘類の味が勝っている. 南部ではウイスキー代わりとしても飲まれるが, 甘口なのでカクテルの基酒に適している.

### Southern Motion　サザンモーション
米国の Mississippi 州で 1996 年創業のリクライニングチェア・ソファ・ラブシートのメーカー.

### Southern Recipe　サザンレシピ
米国 Rudolph Foods, Inc. 製のポークリンド (pork rind)・クラックリン (cracklin).

### South Pacific　サウスパシフィック
パプアニューギニア (Papua New Guinea) の South Pacific Brewery 製のビール. アルコール分 5%.

### Southworth　サウスワース
米国 Southworth Co. の略・通称, 同社製のレジュメペーパー (résumé paper)・レーザープリンター用紙・カード類など.

### Space Pen　スペースペン
米国 Fisher Space Pen Co. 製のボールペン. リフィル (芯) の後部に, 高圧窒素ガスが 6 気圧で密封してあるため, 逆さにしても, 無重量状態でも, 水中でも書ける. 1968 年に Apollo 7 号に持ち込まれて以降, NASA の宇宙飛行士が使用. ⇨Fisher.

### Spackle　スパックル
米国 The Muralo Co. 製の, 粉末石膏・珪石粉でできた粉末. 水でペースト状に練り, ペンキを塗ったり壁紙を貼ったりする前の下地の壁や天井のひび・穴を埋めるための目止め剤やパテとして用いる.

### SpaghettiOs　スパゲティオーズ
米国で売られていた Campbell's* 製

のパスタ.

**Spaldeen** スポルディーン
米国 Spalding* 製のゴムボール. New York 市の Harlem や Bronx の路上で, 黒人やヒスパニックの子供たちが遊ぶ野球に似たゲーム (stickball) に使用される. 野球の道具が高くて買えないため, バットはほうきの棒を用いる. 同ゲームは 1930 年代から 60 年代にかけて盛んだった.

**Spalding** スポルディング
米国 Spalding (Russel Corp. の一部門) 製のスポーツ用品・スポーツウェア・スポーツシューズ・バッグなど. 同社は, 大リーグ投手から転業した Albert Goodwill Spalding (1850–1915) が, 弟の James Walter Spalding と共同で, 1876 年に A. G. Spalding & Brother (のちに A. G. Spalding Sporting Goods Co.) として創業. 大リーグ (National League は 1877 年設立, American League は 1901 年設立) の公認球は, 1977 年まで唯一同社が創業年以来製造していた (同年にこの独占契約は廃止され, 以後は Rawlings* の球が用いられている). 1880 年代に米国最初のテニスボール・アメリカンフットボール, 1894 年には米国最初のゴルフクラブ, のちにゴルフボールを生み出した. ゴルフクラブでは 1969 年より発売の Top Flite シリーズ (日本での愛称は「赤トップ」や「黒トップ」など) が評価が高い.

**Spam** スパム
米国 George A. Hormel & Co. (1928 年創業) 製の豚肉を主原料とするランチョンミートの缶詰め. 1937 年に商標登録. 同社はそれ以前から豚の肩肉の缶詰めを Spiced Ham の名で市場化していたが, 同製品の発売に際しての命名コンテストの結果, 同社の副社長の弟の俳優の案で, spiced ham を縮めた Spam が採用された. "Break The Monotony" がうたい文句.

**Spandau** スパンダウ
ドイツ製の, 第一次大戦時に使用された機関銃, および第二次大戦時の MG 34・MG42 などの機関銃. 商標ではなく通称.

**Spandex** スパンデックス
主としてポリウレタンから成る合成エラストマー繊維 (elastomeric fiber) から造られる織物. expands のアナグラムによる命名.

**Spansule** スパンシュール, スパンスル
米国 SmithKline Beckman Corp. (現在の GlaxoSmithKline*) 製の, 小さな薬品粒の入った徐放性 (sustained-release) カプセル. 薬品粒はそれぞれ異なる時間に溶け, 投与期間中一定して体内に成分が浸出するようになっている. time span と capsule を合成して命名.

**Spanx** スパンクス
米国 Spanx, Inc. 製の靴下・ランジェリー・アパレル・水着 (男性用も) など. 同社は Sara Blakery が創業.

**Spar** スパー
オランダ発祥の食料品チェーンストア. 1932 年にハーグで卸売り業者 A. J.M. Van Well が発足させた. トレードマークは樅の木 (オランダ名 spar).

**SparkNotes** スパークノーツ
米国 SparkNotes, LLC 製の大学生のための学習各分野の学習ガイド.

**Spartan Stores** スパルタンストアーズ
米国 Michigan 州 Grand Rapids に本拠地を置く食料品・ドラッグストア小売業や卸売業者. Michigan 州と Ohio 州でスーパーマーケット・ドラッグストアを展開する. また Michigan, Ohio, Indiana の 3 州にある 330 以上の食料品店に商品を供給している. 同社は 1918 年に Grand Rapids Wholesale Grocery Co. として創業, 1957 年に現在の社名に変更.

**Spartus** スパータス
米国 Spartus Corp. の略・通称, 同社製の, 掛け時計・タイマー・時計つきラジオ. すでにアンティーク物.

# Spaten

**Spaten** シュパーテン
ドイツ Spaten-Franziskaner-Bräu GmbH (1397年創業) 製のビールのブランド.

**Spätlese** シュペートレーゼ
ドイツ産の白ワイン. 通常の収穫時に故意に摘み残しておき, 1-2週間後にとったブドウで造る.

**S.P.Dresden** S.P. ドレスデン
ドイツのドレスデン郊外にある磁器メーカー, そのブランド. 1872年創業, 第二次大戦後国営化. 同国ではマイセンに次ぐ名門だが, 規模はさほど大きくない. ロココ調の優雅なキャンドルスタンドなどの装飾磁器や陶磁人形も有名.

**Speakman** スピークマン
米国のシャワーヘッドなどのメーカー (Speakman Co.), そのブランド. 1869年創業.

**Spearmint** スペアミント
世界最大のチューインガムメーカーである米国 Wrigley's* 製の, スペアミント味のチューインガム. 1893年より市場化されているロングセラー. 商標登録は Wrigley's Spearmint の形で行なわれており, spearmint はオランダハッカ (Menta spicata) を示す一般語. 同製品のパッケージデザインは, 同社創業者が自ら描いたもので, ミントの葉の芽をあしらっている. ⇨ Orbit.

**Special Dark** スペシャルダーク
米国 Hershey's* 製のチョコレートバー. 1971年発売.

**Special K** スペシャル K
米国のシリアルの最大手メーカー Kellogg's* 製の低カロリーのシリアル食品. 砂糖なしでスキムミルクをかけて食べれば, ダイエット食として最適と宣伝している. 1955年発売.

**Spectator** スペクテイター (The ~)
英国 The Spectator (1828) Ltd 刊行の, 政治と文化に関する記事を掲載する週刊誌. 1828年の同社創業時に創刊. 誌名は, 以前出版されていた雑誌の名前を受け継いだ.

**Speedaire** スピーダイア, スピーデア
米国 Dayton Electric Manufacturing Co. 製のエアーコンプレッサーとその附属品.

**Speed Graphic** スピードグラフィック
米国 Graflex, Inc. 製の大型蛇腹式カメラ. 第二次大戦では KE-12 の制式名称で米陸軍通信隊が採用. 35 mm 一眼レフに地位を奪われるまで, 新聞記者などの取材用カメラとしてもポピュラーだった. 日本では通称「スピグラ」. 現在は生産されていない. ⇨ Century Graphic.

**Speedo** スピードゥ
英国の水着メーカー Speedo International Ltd の略・通称, そのブランド. 1914年創業. 1928年レーサーバック (racerback) デザインの女性用水着を初めて生産. 2008年の北京オリンピック前, LZR Racer を着用した水泳選手が次々と新記録を出して話題になった. 日本ではスピードと呼ぶ.

**Speedster** スピードスター
ドイツのスポーツカー Porsche 356 を 1950年代に米国市場向けにオープンカーとしたものの愛称. ⇨ Porsche.

**Speed Stick** スピードスティック
米国 Colgate-Palmolive Co. 製の発汗および体臭抑制剤. 固型. これを冠ブランドとした, 衣服に黄色いシミができるのを防止する Stainguard もある.

**Speedwriting** スピードライティング
米国で開発された記号のかわりにアルファベットを用いる速記法の商標. 単語は音声の通りに書かれる. 例: you は u, are は r, eye は i と書く.

**Speidel** スパイデル
米国 Speidel 製の時計バンドなど. 1904年 Frederick Speidel が創業.

**SpellBound** スペルバウンド

米国 Estée Lauder 製の女性用香水.

**Spell-Write**　スペルライト
米国 Mead Westvaco Corp. 製のノートの一種. 上部がスパイラル綴じになっている. 米国の学生が, 講義を速記的にメモするのに多く用いている. 罫幅が日本のレポート用紙や大学ノートより太い. 15.2×22.8 cm.

**Spencer Hart**　スペンサーハート
英国のデザイナー Nick Hart (1963-) が 2002 年に設立した高級紳士服ブランド. 着丈はやや長めで, ラペルが細い. ブランド名は息子の名前.

**Spenco**　スペンコ
米国 Spenco Medical Corp. 製のスポーツ医療製品. Spenco Aerobic Exercise & Research Center で開発されたもの. 靴の敷皮 (insole)・土踏まずの部分が盛り上がって足を支える敷皮であるアーチサポート (arch supports)・足の皮膚の保護テープ (skin guard tape)・かかとクッション (heel cushion) など. 2nd Skin (セカンドスキン) はマメや擦過傷の保護用.

**Spendor**　スペンドール
英国のスピーカーメーカー, そのブランド. ロゴは全て小文字. もと BBC のモニタースピーカー設計者 Spencer Hughes と, 夫人の Dorothy と息子とが, 1969 年に家内工業的に始めた会社. 社名・ブランドは夫婦の名の合成.

**Sperry Top Sider**　スペリートップサイダー
米国 Sperry Top-Sider, Inc. (Collective Brands, Inc. の子会社) 製のデッキシューズなど. 創業者のヨットマン Paul Sperry に由来. 1935 年より製造. モカシンに似た形状で, 素材はオイルドレザー, 靴底には滑り止めのための細かい波形の溝 (もと特許) がある.

**Spey Royal**　スペイロイヤル
スコットランド高地地方 Glen Spey Distillery 製のブレンデッドウイスキー. 1857 年より製造. 米国向け輸出用の上級品の 8 年熟成のものもある. 蒸留所近くの川で, 同酒の水源の, Spey 川にちなむ.

**Sphere**　スフィアー
英国の Little, Brown Book Group 刊行のペーパーバックシリーズ. 地球儀がトレードマーク.

**Spic and Span**　スピックアンドスパン
米国製の家庭用多用途洗剤 (all-purpose cleaner). キャッチフレーズに "It isn't just clean, it's Spic and Span!" があった. 1926 年発売. 現在は Prestige Brands, Inc. のブランド.

**Spice Islands**　スパイスアイランズ
米国 ACH Food Cos., Inc. (Associated British Foods plc の米国の子会社) 製のスパイス類. パスタ料理に使うミックス製品が充実.

**Spiegel**　シュピーゲル (**Der 〜**)
ドイツ Spiegel-Verlag 刊行のニュース週刊誌. 1947 年創刊.

**Spiegel**　スピーゲル
米国第 3 位のカタログによる通信販売会社 (Spiegel, Inc.), そのブランド. 1865 年創業, カタログ販売は 1905 年から. 競合する Sears* や J. C. Penney* に圧倒されて, 1970 年代には業績不振に陥ったが, 70 年代末からは, 低額商品を好む大衆よりも, 高級品志向の客層を重視する方向に転換して, ブランド品の衣料品や家具をスピーディーに配達する会社というイメージを作り上げ, 見事に復活した.

**Spink**　スピンク
英国の勲章やメダルの製造販売会社 Spink & Son Ltd の略・通称, そのブランド. Victoria 女王以来英王室御用達.

**Spirella**　スピレラ
英国製のコルセットの製造会社, そのブランド. コルセットの芯材に, らせん状 (spiral) にしたワイヤーを使っていたところから命名. 1989 年に廃業.

**Spirella**　スピレラ
1958 年スイスに設立された浴室用品

# Spirito

(シャワーカーテン・ハンドシャワー・カーテンロッドなど)の製造会社. フランスとドイツに子会社がある.

**Spirito** スピリト
イタリアのニットウェアメーカー Icap 社のブランド. デザインは Giorgio Armani*.

**Spirograph** スピログラフ, スパイログラフ
米国 Hasbro* 製の, 簡単に渦巻き模様のデザイン画を作ることができる玩具. 1966 年より発売.

**Splash 'n Go!** スプラッシュンゴー!
米国 Kimberly-Clark* 製の Kleenex ブランドの手や顔を拭くためのワイプ (hand & face wipes).

**Splenda** スプレンダ
英国 Tate & Lyle plc 製のノンカロリーの砂糖代用品.

**Spode** スポード
英国の磁器・せっ器のメーカー, そのブランド. 1770 年に Josiah Spode (1733–97) が創業. 二代目の時代の 1800 年に, 英国独特の磁器の一種 fine bone china, 1805 年にはせっ器を開発した. 1806 年に George 4 世から王室御用達の命を受けた. 2006 年 Royal Worcester に吸収合併された.

**Spontex** スポンテックス
英国 Mapa Spontex UK Ltd 製の家屋内の清掃用品用具各種(布巾・スポンジ・たわし・モップなど). 1978 年創業.

**Spoon Size** スプーンサイズ
米国 Post Foods, LLC 製の細かい刻み目が入った小麦のシリアル.

**Spork** スポーク
米国 Van Brode Milling Co., Inc. が 1970 年に商標登録したスプーン (spoon) とフォーク (fork) (時にナイフも)が一体になった, 子供用または身障者用のプラスチック製カトラリー. スプーンの柄の後端がフォークになったものや, 折り畳み式で各々が出せるようになったものなどがある. 同社は数年後に商標放棄. 英国では 1975 年 Plastico Ltd が商標登録したが, 他社の手に移った.

**Sporting News** スポーティングニュース
米国の週刊プロスポーツ大衆誌 (American City Business Journals, Inc. 所有). 1886 年創刊. タブロイド版の新聞形式で 60 ページ. 野球の記事では大リーグからマイナーリーグまですべての試合結果・球団と選手個人の成績が 1.5 ミリ角の数字でびっしりと記録されている.

**Sportsac** スポーツサック
⇒ LeSportsac.

**Sports Afield** スポーツアフィールド
米国 Field Sports Publishing 刊行のアウトドアライフ専門誌. 1887 年創刊.

**Sports Illustrated** スポーツイラストレーテッド
米国 Time, Inc. 発行の総合プロスポーツ週刊誌. 同種雑誌中では世界一の売り上げで, 300 万部以上. 1954 年創刊.

**Sportshape** スポーツシェイプ
米国 Champion Athleticwear (Hanesbrands, Inc. の一部) 製のブラジャー.

**Sportster** スポーツスター
米国 Coleman* 製のキャンプ用料理ストーブ.

**Spot Shot** スポットショット
米国 WD-40 Co., Inc. 製のカーペット用シミ取り洗剤 (carpet stain remover).

**SpraCoupe** スプラクーペ
米国 AGCO Corp. 製の自動制御の穀物畑の農薬・肥料などの散布機.

**Spray 'n Wash** スプレインウォッシュ
英国 Reckitt Benckiser* 製のシミ取り用洗濯洗剤 (stain remover).

**Spring** スプリング
スイス製の銅製の鍋, そのメーカー (Spring Switzerland GmbH). 同社は 1946 年創業.

**Springbank** スプリングバンク

スコットランド Cambeltown 産のモルトウイスキー．英国内では 12 年熟成のものしか売られていないが，日本への輸出に重点を置き，8 年・10 年・12 年・17 年・28 年・30 年熟成の品を輸出．

**Springs Mills**　スプリングズミルズ
米国の生地・カーテン・寝室浴室用繊維製品・工業用ファイバーグラス製品などの大手メーカー Springs Industries, Inc.(現在は Springs Global, Inc.) の製品の通称．同社はもと Springs Mills, Inc. といい，1895 年創業．

**Sprite**　スプライト
米国 The Coca-Cola Co. (1919 年創業) 製の清涼飲料．1961 年発売．天然香料でレモンとライムの味が付けてある．人工甘味料 Nutra Sweet を用いた Diet Sprite もある．

**Sprite (MK I)**　スプライト(マークワン)
英国 Austin Healey 社が 1958 年–61 年に製造した 2 人乗りオープン型スポーツカー．ヘッドライトが特徴的で，俗に「カニ目」(英国では frog eyes) と呼ばれる．

**Spry**　スプライ
オランダ Margarine Unie で製造が始まり，今日 Unilever* が市場化している植物性ショートニング (料理用脂肪)．⇨ Echo.

**Squirt**　スクワート
米国 Dr Pepper Snapple Group Inc. 製のソフトドリンク．1938 年発売．カフェインなしの柑橘フレーバー．

**SR**　SR
Unilever* の Mentadent 冠ブランドの歯みがき．成分の Sodium Ricinoleate (ナトリウムリシノール酸塩) の頭文字．1955 年発売．英国でテレビ CM で宣伝された最初の商品．

**Stabilo Boss**　スタビロボス
⇨ Schwan-Stabilo.

**Stadium Boot**　スタジアムブーツ
米国製の，羊毛で内張りをした，くるぶし丈の防寒ブーツの古い商標．婦人や子供用．メーカー名不詳．

**Staedtler**　ステッドラー
ドイツ Staedtler Mars GmbH & Co. KG の略・通称．同社製の鉛筆・色鉛筆・芯ホルダー・クレヨン・ボールペン・マーカー・定規類・テンプレート・字消し・製図用具・製図ペン・自動製図機用筆記具など．1835 年に Johann Sebastian Staedtler が，J. S. Staedtler の社名で創業．シンボルマークは，1894 年に擬人化された右向きの三日月が登録されたが，1900 年から Mars (軍神) の左向きの横顔が用いられるようになり，幾度か改訂され，現在のデザインは 1973 年から．

**Sta-Green**　ステイグリーン
米国 Spectrum Brands, Inc. 製の芝生と家庭菜園用化学肥料・腐葉土・マルチング (mulch) など．害虫駆除・除草剤などを調合したものもある．

**Stainmaster**　ステインマスター
米国 INVISTA (Koch Industries, Inc. の子会社) 製の汚れに強いカーペット．

**StairMaster**　ステアマスター
米国 StairMaster (Nautilus, Inc. のブランド) 製の階段の昇降運動ができるように階段が 1～3 段付いたエクササイズ器具．1983 年から．

**Stampos**　スタンポス
米国 Oregon 州にあった Stampos Rubber Stamp Products の略・通称，同社製の，子供のおもちゃのゴム印．漫画がデザインされたものや，アルファベットが押せるものなどがある．セルフインク式のものもある．1980 年代のおもちゃ．

**Standard**　スタンダード
もと英国 Standard Motor Co の略・通称，同社製の自動車．「信頼するに足りる水準 (standard) に達していると認められた部品のみで組み立てられた車」というところからの名．同社は，技師 Reginald Walter Maudslay が 1903 年に創業．最後の Standard 車は 1963 年に製造された．

**Standard Oil**　スタンダードオイル

## Stanford California Champagne

(オハイオ)(社) (~ Co. (Ohio))
米国の石油会社．1870年創業．旧社名は Standard Oil of Ohio. 略・通称は Sohio で，Sohio は同社製の石油製品のブランドでもある．同社は1987年に The British Petroleum Co., plc に買収された．⇨ BP.

### Stanford California Champagne　スタンフォードカリフォルニアシャンパン
米国 California 州 Alameda 郡の，Rudolf Weibel によって創設されたブドウ園を Leland Stanford が買収し，Stanford の商標でカリフォルニアシャンパン(瓶内第2次発酵)を売り出したもので，高品質で知られている．

### Stanley　スタンレー
米国 Stanley Black & Decker 製の工具類．1843年に Frederick Stanley が，Stanley Bolt Manufactory を New England に設立したのが起源．2010年 Black & Decker 社と合併．ネジ一本で種々の刃先を着脱できる万能小刀 No. 199 は，1936年以来今日まで作られ続けている息の長い人気商品．

### Stanley　スタンレー
米国 Aladdin Industries, Inc. (2002年 Pacific Market International が買収) 製の鉄製魔法瓶．William Stanley が1913年にデザインし，1915年に Stanley Insulating Co. より市場化．米国で初めての，そして1960年代初めまでただ1つの魔法瓶だった．外筒・内筒共に鉄製なので，ガラスを使ったものと違って労働者の仕事場での酷使にも耐え得るものとして愛されている．4,000フィート上空の飛行機からの落下テストにも耐えた．⇨ Aladdin.

### Stanley　スタンレー
米国 Stanley Home Products, Inc. (Stanhome, Inc. (1931年創業) の一部門) 製の，家庭雑貨(家具用・床用のワックス・ほうき・モップなど)・インスタント食品(パイフィリングなど)・化粧品など．

### Stanley Blacker　スタンリーブラッカー
米国のデザイナー Stanley Blacker (1921–2000) がデザインし，New York 市の Stanley Blacker, Inc. (1955年創業) が製造している紳士物のカジュアルウェア．スポーツジャケットとスラックスが中心．

### Stan Smith　スタンスミス
ドイツの Adidas* 製のスニーカー．発売当時人気のあったテニスプレーヤー名に由来．

### Staples　ステープルズ
米国 Staples, Inc. の略・通称．同社は1986年 Thomas G. Stemberg 創業の世界最大のオフィス用品販売会社．世界26カ国に2,000以上の店舗を展開し，文房具・事務機器・販売促進商品 (promotional products)・オフィス家具類の販売・技術ビジネスサービス提供を店舗とオンラインで行う．

### Sta-Prest　スタプレスト
米国 Levi Strauss & Co. 製のジーンズとジャケット．

### Star　スター
米国 Borges USA Inc. (スペインの Borges Group 傘下) 製のオリーブオイル・ワインビネガーなど．旧社名は A. Giurlani & Bro., Inc.

### Starbucks　スターバックス
米国 Washington 州 Seattle の Starbucks Corp., 同社製のコーヒーなど．1971年 Seattle の Pike Place Market に1号店がオープン．1996年には日本にも出店．2011年1月，インドの財閥 Tata Group 傘下の Tata Coffee, Ltd と提携し，参入していなかった大市場の一つであった同国での出店とインド産コーヒーの世界的な販売に向けて踏み出した．

### Starburst　スターバースト
米国 Wrigley's* (Mars, Inc. の子会社) 製の立方形 (cuboid) フルーツ味ソフトタフィー (soft taffy) キャラメル (fruits chews). もともとは Mars, Inc. が1960年に Opal Fruits 名で売り出したもの．

**Star di Artiori**　スター(ディ)アルティオリ
イタリアのミラノ近郊の紳士靴メーカー，そのブランド．1940年の創業当時は大衆品を作っていたが，社長が Vito Artiori になって以降，社長自らのデザインによる高級靴製造に転換．

**Starka**　スタルカ
果物の葉・ブランデーで風味付けし，ワインの樽に入れて寝かせた，ロシア産のウオッカ．86 proof, 琥珀色．starka とは「年代物」という意味で，このため Old Vodka の別名がある．

**StarKist**　スターキスト
米国 StarKist Co. (2008年韓国の Dongwon Industries の傘下）の略・通称，同社製のマグロ肉(tuna) の缶詰め．トレードマークの漫画キャラクターのマグロの名は Charlie．

**Starlog**　スターログ
米国 New York 市の Starlog Group, Inc. 刊行の SF 映画情報専門月刊誌．1976年創刊．最終号は2009年4月．SFX (特撮技術)の解剖と，SF スター・監督へのインタビューが中心．

**Starter**　スターター
米国 Starter 製のジャケット．プロチームやカレッジチームのロゴ入りのもので，1990年代に人気があった．

**Sta-Tab**　ステイタブ
米国 Reynolds Aluminum が1975年に実用化した，缶入りジュース・缶ビールの開け口の一種．開いた部分がリングと共にベロ状に取れるプルトップ型と違い，開いた部分が缶内に曲がり込み，リングも缶からは引きはがされることがない(stay-on-tab). Daniel F. Cudzik がデザインした．

**State Express 555**　ステートエクスプレススリーファイヴズ
⇨ 555

**Static Guard**　スタティックガード
米国 Alberto-Culver Co. (1955年創業) 製の，衣類用静電気帯電防止スプレー．1978年から．⇨ Alberto.

**Stauffer's Animal Crackers**　ストーファーズアニマルクラッカーズ
米国 D.F. Stauffer Biscuit Co. (明治製菓の一部門) 製のアニマルクラッカー．

**Stayfree**　ステイフリー
米国 McNeil-PPC, Inc. 製の生理用ナプキン．

**St. Bruno**　セントブルーノ
英国 Imperial Tobacco Group 製のたばこ．もとは Thomas Ogden が1896年から販売．

**S.T. Dupont**　S.T. デュポン
フランスのライター・筆記具・革小物・ベルト・腕時計・サングラス・眼鏡枠などのメーカー，そのブランド．天然漆塗りのライターや筆記具が有名．

**Steak-umm**　ステイカム
米国 Quaker Maid Meats 製の薄く切って冷凍した肉．ホームメイドのフィラデルフィアスタイルのチーズステーキを作る際に使われる．

**Steam Beer**　スチームビア
米国 San Francisco の Anchor Brewing Co. (1896年創業) 製のビール．

**Steamfast**　スチームファースト
米国 Steamfast 製のスチームクリーナー．"powerful. natural. intelligent." とうたう．

**Stearns**　スターンズ
米国 The Coleman Co., Inc. 製のライフジャケット・ウォータースポーツ装備品など．

**Stechkin**　ステッチキン
旧ソ連製の自動または半自動連射拳銃．商標ではなく通称で，設計者の Igor Yakovlevich Stechkin に由来．口径9ミリ．1916年より製造．旧ソ連での通称は APS．

**Stedman**　ステッドマン
米国の衣料品メーカー (Stedman Corp.)，そのスポーツウェア・下着．Hanes (HanesBrands, Inc. の子会社) に吸収され，Stedman by Hanes と呼ばれる．

**Steinberger**　スタインバーガー
米国 Steinberger Sound Corp.

## Steinberger

(Gibson* 傘下)の略・通称,同社製のエレキベースギター・エレキギター.前衛的なデザインでヘッドがなく,本体は強化プラスチック製. 1979年にデザインされ, 1981年より市場化.

## Steinberger　シュタインベルガー

ドイツ Hessen (Hesse) 州 Rheingau 地域の原産地名のブドウ畑名. 同名の白ワインが国立管理醸造場によって生産されている. 天候に恵まれれば貴腐果ブドウによるワインも生産される. 商標ではない.

## Steinhäger　シュタインヘーガー

ドイツ Westphalia の街 Steinhagen 産の, ビャクシンの実 (juniperberry) から造る蒸留酒. 商標ではない. ドイツではごくポピュラー.

## Steinlager　スタインラガー

ニュージーランドの New Zealand Breweries Ltd 製のビール. アルコール分5%.

## Steinway　スタインウェイ, スタンウェイ

米国 Steinway & Sons の略・通称, 同社製のピアノ. ドイツの家具職人 Heinrich Engelhardt Steinweg (1797-1871) が, 1836年に余暇を利用して自宅の台所で製作したのが起源. その後1850年に政変を逃れて一家で米国 New York 州に移住し, 後に自分の名を英語流に変えて Henry E. Steinway とし, 1853年に Manhattan 下町のロフトでピアノ製作所 Steinway & Sons を開設した.

## Steinwein　シュタインヴァイン

ドイツの Bayern (Bavaria) 州 Würtzburg 市内の Stein 呼称のブドウ畑から生産される辛口の白ワイン. Franken ワインの代表格で, Bocksbeutel と呼ばれる特注のボトルに入れられて売られる. 商標ではない.

## Stella Artois　ステラアルトワ

ベルギー Brasseries Artois 製のビール. アルコール分5.2%. 1366年より.

## Stella D'Oro　ステラドロ

米国 Lance, Inc. の略・通称, 同社製のクッキー・ビスケットなど.

## Stellite　ステライト

米国製の, 75-90%のコバルトと10-25%のクロミウムの合金. 微量の他の金属(炭素・タングステン・モリブデンなど)を含む. 刃物や食卓用のナイフ・フォーク類・他の金属表面の摩滅防止や医療器具などに使われる. Elwood P. Haynes (1857-1925) が発明し, Deloro Stellite Holdings Corp. が商標登録している.

## Stelton　ステルトン

デンマークのステンレス製テーブルウェアメーカー, その商品 (コルク栓抜き・アイスペール・トング・灰皿・ジャグなど). ロゴはすべて小文字.

## Sten　ステン

英国製のサブマシンガン. 口径9 mm. Sten Mark 1-6 がある. Sten Mark 1 は1941年中ごろに, アフリカ戦線でイタリア軍と戦う英国陸軍に支給するために開発された. その開発に尽力した Major (のちに Colonel) Shephard (Birmingham Small Arms Co. のディレクター) と, 主任設計者の Turpin 氏の頭文字の S と T に, その製造所である Royal Small Arms Factory の所在地名 Enfield の最初の2文字を合わせて命名.

## Stentofon　ステントフォン

米国の警備用や非常用の通信システム機器メーカー Stento USA 製の機器. 同社は2002年に Zenitel USA と社名を変更した.

## Stephane Kélian　ステファンケリアン

フランスの靴デザイナー Stephane Kélian (1942- ) のデザインした靴, 同氏およびその兄 Georgio と Gerard の経営するそのメーカー, イタリアのフィレンツェにあるそのブティック. 同社は1960年創業で, 当初は紳士靴専門. ロゴは全て小文字. 2000年 Royer Group が買収した.

## Stephen Jones　スティーヴン

ジョーンズ
英国の帽子デザイナー Stephen Jones (1957- )の作品. 1980年に自身のアトリエを設立.

**Stephens Brothers** スティーブンズブラザーズ
英国 London のワイシャツ店 (〜 Ltd), そのブランド. 1919年創業. 1938年に George 6 世にソックスを納入する御用達商となり, 今日チャールズ皇太子のソックス御用達となっているが, 同社のソックスは一般に売られてはいない.

**Steradent** ステラデント
英国 Reckitt Benckiser* 製の入歯洗浄剤. sterilize (殺菌する)と denture (入歯)の合成. 1934年商標登録.

**Stergene** スタージーン
英国製の, 菌の繁殖を抑制する静菌剤入りの合成洗剤. 1948年発売. 2001年から Lornamead UK Ltd (1978年創業) のブランド.

**Sterling** スターリング
英国の銃器メーカー Sterling Armament Co Ltd (1988年倒産) の略・通称, 同社製のサブマシンガン, その部品. オプション部品により口径の変更が可能. 1958年には製造されていたが, 商標登録は 1975年.

**Sterling** スターリング
英国 Gallaher Group (Japan Tobacco の子会社) 製のフィルター付き紙巻きたばこ. キャッチフレーズに "It's Only A Cigarette Like Porsche Is Only A Car." があった.

**Sterling Drug** スターリングドラッグ(社) (〜, Inc.)
米国 New York 市に本社をもつ医療用医薬品・市販の一般用医薬品の大手メーカー. 1901年に鎮痛剤 Neuralgine を販売する Neuralgyline Co. として創業. 1917年に Sterling Remedy Co. を買収して, Sterling Products と社名を変更. 1918年に The Bayer Co. を買い取り, Aspirin* を得た. 1944年抹消会社となり Bayer AG に買収された.

**Stern** シュテルン
1948年創刊の, ドイツの総合グラフ週刊誌. Gruner + Jahr GmbH und Co. 刊.

**Sterno** スターノ, ステルノ
米国 Candle Corp. of America (Blyth, Inc. の子会社) 製の缶入り固形アルコール燃料 (canned heat), それを用いた組み立て式小型こんろ. 米軍が戦場で野戦食を温めるため兵士に支給する. また一般のキャンプストーブ用. もともとのメーカーは Sterno, Inc.

**Stetson** ステットソン
もと米国 John B. Stetson Co. の略・通称, 同社製の紳士用帽子. カウボーイハット[テンガロンハット]とフェドラハット (fedora hat; 帯つき中折れ帽) では定評がある. New Jersey 州の帽子屋の息子 John Batterson Stetson (1830–1906) が, 1850年代末に Missouri 州から Colorado 州に向かう旅の途中で, アライグマの毛からフェルト状のカウボーイハットの原型を作り上げたのが起源. 1906年に「この名を10年使用している」として商標登録. 1970年に生産中止. 現在は Texas 州 Garland で Hatco, Inc. が製造. ★ 同社は映画 Raiders of The Lost Ark で, 主演の Harrison Ford がかぶっていたフェドラハットと同形のものを, 'Indiana Jones' hat として 1980年代初期に売り出した.

**Steuben** スチューベン(グラス)
米国 New York 州 Corning にある Steuben Glass (Works) (Corning Glass Works 傘下であったが, 2008年に Schottenstein Stores Corp. に買却された) の略・通称, 同社製のガラス器 (コップ・灰皿・花びんなど)・装身具・置物など. 同社は 1903年創業. 吸収・閉鎖を経て 1933年再発足. 以来製造されている彫刻を施した装飾用クリスタル製品では定評がある. 商標登録は 1919年で, 「1904年よりこの名を使用」としている. 米国を代表するガラ

ス器メーカー.

**Steve Hoel**　スティーヴホーエル
米国カスタムナイフデザイナー Steve Hoel の作品. 柄が Coke の瓶のようにくびれているのが特徴.

**Stevengraph**　スティーヴングラフ
英国 Thomas Stevens (Coventry) Ltd Stevengraph Works 製の, 絹地に織り込んだ多色の絵. 同社はリボン業者 Thomas Stevens (1828–88) が創業. 1879 年以前から作られていたが, 商標登録は 1928 年で, 当時は綿のししゅうのラベル.

**Steve's**　スティーヴ(ス)
米国 Steve's Homemade Ice Cream の略・通称, 同社製のアイスクリーム. 商品名も, 厳密には社名と同じ. 1972 年より発売. グルメ志向の高級品で, 天然材料のみを使用, 合成添加物は一切使っていない. ロゴはアポストロフィーにアイスクリームののったコーンをあしらっている.

**Stevia Extract in the Raw**　ステビアエクストラクトインザロウ
米国の Cumberland Packing Corp. 製の天然甘味料. "Get Raw." とうたう. Sugar in the Raw も同社製.

**Stewart**　スチュワート, ステュアート
米国の映画用スクリーンのメーカー Stewart Filmscreen Corp. の略・通称, その製品. 1947 年 Roy C. Stewart とその 2 人の息子たちが創業.

**Stillson**　スティルソン
米国のパイプレンチの発明者で特許を取得した Daniel C. Stillson にちなんだ, 開き幅の調整が可能な L 字型のあごがついたレンチ. 管など, 円形のものを回すのに用いる. Stillson wrench と呼ばれる.

**Stilton**　スティルトン, スチルトン
英国産のブルーチーズ (青カビ入り山羊乳チーズ). 英国を代表するチーズで, 特に陶製ポット入りは美味. フランスの Roquefort\* と並んでブルーチーズの最高峰とされる. Wymondham の Mrs. Paulet が創出したとする説が 1790 年刊行の文献に記されているが, Leicestershire の Little Dalby の Mrs. Orton, または 1800 年に Rutland の 5 番目の Duchess を務めた Mrs. Stilton が創出者とする説もある. 最初に売られたのは 1790 年代で, Huntingtonshire (現在は Cambridgeshire) の町 Stilton の馬車旅行者用の宿 Bell Inn で, Mrs. Paulet の親戚 Cooper Thornhill によるものといわれる. ただし, 1736 年の文献にも Stilton の名が見られ, それ以前から作られていたと考えられる. Stilton の名は, 同種のチーズ一般に使用されていたが, 1969 年に The Stilton Cheesemakers Association によって商標登録された. 同組合は Leicestershire を中心に, Derbyshire, Nottinghamshire の業者が構成しており, 加盟者が製造し, 同組合によって定められた基準の条件を満たしたものにのみ, Stilton の名の使用が許される.

**Stim-U-Dent**　スティムデント, スティミュデント
米国 Johnson & Johnson Dental Care Co. (Johnson & Johnson\* 傘下) 製の, 歯間部の歯垢を取り除くための木製へら状歯間清掃具 (plaque remover). 歯の表面をこすったり, 歯茎を摩擦したりもする. 柔らかい bass (シナノキ) 材を使用. もと Michigan 州の Stim-U-Dent, Inc. 製.

**Sting Ray**　スティングレイ
米国 Chevrolet Motor Div. 製の乗用車 Corvette\* の愛称.

**St Ivel**　セントアイヴェル
英国 St Ivel Ltd (大手酪農食品持ち株会社 Unigate plc (のちに Uniq plc) の食品部門) の略・通称, 同社製の乳製品 (牛乳・チーズ・クリームなど). St Ivel は, 前身のチーズ製造会社 Aplain & Barrett の社長の Barrett が, 広告手段として案出したキャラクターで, 同社の所在地の Somerset 州の Yeovil 近くを流れる Yeo 川のほとりに住んで

いたと言い伝えられる聖人という設定であった (Ivel とは古英語で「川」の意). ブランドのほとんどは 2000 年代初期に Dairy Crest (1981 年創業) に買収された.

**St. Ives**　セイントアイヴス
米国 Alberto-Culver Co. 製のシャンプー・コンディショナー・ローション.

**St. James**　サンジャーム
西インド諸島 Martinique 島産のラム酒. 80 proof. Rhum St. James ともいう.

**St. James's**　セントジェームス(ズ)
スコットランド Berry Brothers & Rudd Ltd 製の高級ブレンデッドウイスキー. 会社設立地に近いロンドンの王宮にちなむ.

**St. Joseph**　セントジョセフ
St. Joseph Health Products, LLC (ILEX Consumer Products Group の一部門) 製のアスピリン錠. かつては小児用アスピリンとして有名だった. 同社が 2011 年に McNEIL Consumer Healthcare, Inc. から獲得したブランド.

**St Michael**　セントマイケル, 聖ミカエル
英国の大衆向きデパートチェーン店 Marks & Spencer* の自社ブランド (衣料品・家庭用布地・靴・食料品・日用品など). 1928 年商標登録.

**St. Moritz**　サンモリッツ
英国 British American Tobacco Ltd 製のメンソール入り紙巻きたばこ. キングサイズより少し長い. オランダ王室御用達. ⇨ Camel.

**Stock**　ストック
英国 Stock Spirits Group Ltd の略・通称, 同社製の, ブランデー・リキュール・ベルモットなど. 本部はルクセンブルク.

**Stock**　ストック
⇨ Robert Stock.

**Stokely's Finest**　ストークリーズファイネスト
米国 Stokely USA, Inc. 製の缶詰め野菜.

**Stolichnaya**　ストリチナヤ
ロシア産でキプロス S.P.I Spirits Ltd. 製ウオッカの一種. ロシア語で「首都」(capital)・「大都会」(metropolis) の意.

**Stolovaya**　ストロワヤ
ロシア製のウオッカ. オレンジとレモン香を添加. 80 proof. ロシア語で食卓 (table) の意.

**Stonyfield Farm**　ストウニーフィールドファーム
米国 Stonyfield Farm 製のヨーグルト. 1983 年 New Hampshire 州 Wilton で小さな有機農業を教える学校を作り, その運営資金にヨーグルトを製造販売したのが起源.

**Stop'nGo**　ストップンゴー
米国 Ohio 州 Medina で 1963 年に 1 号店を開店した家族経営のコンビニエンスストア. 近郊で 10 店舗を営業.

**Stop-N-Go**　ストップンゴー
米国 Wisconsin 州 Madison に本部があり Wisconsin 南部と Illinois 州北部で展開するコンビニエンスストア・ガソリンスタンドのチェーン店. 一部にはクイックサービスレストランを併設し, Milios Subs, Blimpie Subs, Subway Subs, Picadilly Pizza, Hot Stuff Pizza などが提供される.

**Storm King**　ストームキング
米国 The Brewer Co. 製の, 屋根の雨漏りを補修するためのプラスチックセメント (合成樹脂パテ).

**Stouffer's**　ストウファー(ズ)
米国 Stouffer Foods (Nestlé* 傘下) 製の冷凍食品. 米国で非常にポピュラーな冷凍食品の一つ. ラザニアやピザなどもある. Abraham and Mahala Stouffer が 1922 年 Ohio 州で小さなコーヒーショップを開いたのが起源.

**Stove Top**　ストーヴトップ
米国 Kraft* 製の, 丸焼きチキンに詰める即席粉末詰め物など.

**STP**　STP

# Strada

米国 Clorox Co. 製のガソリン・モーターオイルの品質改良添加剤・潤滑油・不凍液・カーケア用品. Missouri 州 St. Joseph のビジネスマンが 1954 年に開発し, STP (Scientifically Treated Petroleum の頭文字)と名付けたのが起源.

## Strada　ストラーダ
イタリア Fiat Group Automobiles S.p.A. 製の乗用車の一車種の英米での名 Fiat Strada. Strada は「道路」(street) の意のイタリア語. Fiat Ritmo (「リズム」の意のイタリア語) は 1978–88 年の間生産. ⇨ Fiat.

## Strand Book Store　ストランド古書店
米国 New York 市の Broadway と 12 丁目 (East Village) の角にある New York 最大の古書店. 1927 年創業. 在庫 200 万冊といい, "18 Miles of Books" が店のキャッチフレーズ.

## Stratego　ストラテゴ
米国 Hasbro* 製のゲーム.

## Stratford　ストラトフォード
米国 Stratford Co. の略・通称, 同社製の布張り家具.

## Strathconon　ストラスコノン
スコットランド James Buchanan & Co Ltd 製の高級ヴァッテッドモルトウイスキー. 12 年熟成.

## Strathmore　ストラスモア
米国 Mohawk Corp. 製の紙製品. 良質紙を使用したスケッチブックはポピュラー. もとは Strathmore Paper Co. であったが買収された.

## Stratocaster　ストラトキャスター
⇨ Fender.

## Stratolounger　ストラトラウンジャー
米国 Stratford Co. 製のリクライニングチェア. 現在は Caye Upholstery, LLC が 2002 年に買収し製造.

## Stratovision　ストラトヴィジョン
英国で開発された, 高度 3 万フィートで低速で旋回する航空機に, 地上局から電波を送り, それから再送波することにより, ラジオやテレビの番組を広い地域に放送するシステム, その受送信装置の商標. 1946 年に商標登録. stratosphere と television の合成による命名. 現在ではテレビ放送としては無用になった.

## Stratton　ストラットン
英国の Stratton (of London) 製の, 婦人用コンパクト・ハンドバッグ・アクセサリー・小型鏡・紳士用タイクリップ・カフスボタン・ライター・革小物など.

## Strawberry Shortcake　ストロベリーショートケーキ
米国 American Greetings Corp., Inc. 製の人形.

## Straw Hat　ストローハット (**The ~**)
米国の 1959 年創業の Straw Hat Restaurants, Inc. 系列の, ピザを中心メニューとするレストランチェーン店. 新しいコンセプトの Straw Hat Grill を 2008 年 California 州 Fermont で開店した.

## Street Cars　ストリートカーズ
米国の製靴会社 Streetcar Comfort Footwear, そのブランド.

## Stresstabs　ストレスタブズ
米国 Pfizer, Inc. 製の鉄分入りビタミン剤.

## Stride　ストライド
米国 Kraft* 製のガム. Riduculously Long Lasting Gum と呼ぶ.

## Stride Rite　ストライドライト
米国最大の子供用高級靴メーカー Stride Rite Corp. (1919 年創業) の略・通称, 同社製の子供靴. 6 ヵ月—12 歳用. 同社は大人用の作業用・アウトドア用の靴やブーツも製造. 現在は Collective Brands, Inc. 傘下.

## Stridex　ストライデックス
米国 Stridex 製のにきび治療に有効な薬用パッド.

## StriVectin　ストリベクチン
米国製のスキンケア用品のブランド. しわや "stretch marks" と呼ばれる伸展線 (妊娠線) を修復するために使用

**Stroh's**　ストロー(ズ)
　米国 (The) Stroh Brewery (Co.) 製のビール．1775 年に Johanes Stroh が，ドイツの Kirn で醸造業を始め，1850 年に Bernhard Stroh が米国に移住，以降世襲で会社を経営している．現在は Pabst Brewing Co. がこのブランドを製造．

**Stryker**　ストライカー
　整形外科，外科，脳外科，耳鼻科，口腔外科，形成外科，泌尿器科などの診療科目で使用される医療機器の米国のメーカー Stryker Corp. の略・通称，その電動鋸．米国の整形外科医 Homer H. Stryker (1894–1980) にちなむ．1941 年創業．

**Studebaker**　スチュードベイカー
　米国乗用車メーカー The Studebaker Corp. の略・通称，その車．1939 年・1947 年の Studebaker Champion がヒット作．同社は 1954 年に Packard* と合併し，Studebaker-Packard Corp. となり，Studebaker 車は Studebaker Div. 製造となったが，その後製造が打ち切られた．

**Sturtevant**　スターテヴァント
　英国の産業用のモービル真空掃除機のもとのメーカー Sturtevant Engineering Co Ltd のブランド．同社は 1912 年よりタービン付きの掃除機を市場化 (本格的な量産は 1921 年から)．現在は Clyde Materials Handling Ltd. が製造．

**Stuyvesant**　スタイヴェサント
　米国 The American Tobacco Co. (American Brands, Inc. の一部門) 製のフィルター付きの紙巻きたばこ．正確には Peter Stuyvesant．キングサイズより少し長い．オーストラリア，ニュージランド，ギリシアでポピュラー．

**Styrofoam**　スタイロフォーム
　米国 The Dow Chemical Co. (1947 年創業) 製の発泡スチロールの一種．使い捨てコップなどの成型に用いられる．1950 年商標登録．

**Styron**　スタイロン
　米国 Stylon LLC 製の，プラスチック・ラテックス・合成ゴム．

**Suave**　スワーヴ
　Unilever* 製のヘアケア製品(シャンプーなど)など．

**Suavitel**　スアビテル
　米国 Colgate-Palmolive Co. 製の洗濯機用の衣類柔軟剤．

**Subbuteo**　サブブテオ
　米国 Hasbro* 製の卓上サッカーゲーム台．1947 年にゲーム開発者の Peter Adolph は，鷹の一種チゴハヤブサとのかけ言葉で The Hobby と名付けたかったのだが，商標登録が認可されなかったので，この鳥の学名 Falco subbuteo から取って名付けた．

**Suboxone**　サボクソン
　米国の Reckitt Benckiser Pharmaceuticals Inc. 製のアヘン依存症 (opiate addiction) の治療に使用される鎮痛剤．依存性が高く，ストリートドラッグとして "bupes" (主成分の 1 つ buprenorphine から) という名前で売買される危険もある．

**Subway**　サブウェー
　米国の Doctor's Associates, Inc. 経営のレストランチェーンで，サブマリンサンドイッチ (sub)・サラダ・ピザなどを売る．Connecticut 州 Bridgeport で Fred Dew Luca と Peter Buck が 1965 年創業．国内外で 2010 年には 33,749 店舗が営業し，McDonald's* を追い越し，もっとも急成長したフランチャイズ店の 1 つ．ヨーロッパのフランチャイズ総括オフィスはオランダの Amsterdam にある．Wal-Mart 店内や軍事基地内などでも営業．

**Sub-Zero**　サブゼロ
　米国 Sub-Zero, Inc. 製の家庭用高級冷蔵庫・冷凍庫．ビルトイン (built-in) 式が有名．

**Sucaryl**　スーカリル
　米国 Abbott Laboratories の Ross Products Division 製の人工甘味料．

カロリーのない白い結晶質のカルシウムまたはナトリウムの塩. ダイエット用.

**Success** サクセス
米国 Riviana Foods, Inc. 製の米. 1977 年発売.

**Suchard** スシャール
ドイツ Kraft Foods Schweiz AG 製のスイスチョコレート.

**Sucrets** スークレッツ
米国 Insight Pharmaceuticals Inc. 製の薬用のどあめ.

**Sudafed** スーダフェッド
米国 McNeil Consumer Healthcare, Inc. 製の充血緩和剤などとして使用される市販薬. 一般名は pseudoephedrine.

**Sue Bee** スービー
米国 Sioux Honey Association, Coop. 製の蜂蜜・蜜ろう (beeswax).

**Sue Stedman** スーステッドマン
英国 Sue Stedman Ltd 製のビジネスウェア・ワークウェア.

**Sueur** シュアー, ソイアー
米国 Green Giant Co. (General Mills* の子会社) 製の加工食品類(缶入りモヤシ (early peas) など). 正しくは Le Sueur. ⇨ Green Giant.

**Sugar Babies** シュガーベービーズ
米国 Tootsie Roll Industries, Inc. 製のひと口サイズのミルクキャラメル.

**Sugar Daddy** シュガーダディー
米国 Tootsie Roll Industries, Inc. 製のミルクキャラメルの棒アメ (lollipop).

**Sugar Frosted Flakes** シュガーフロステッドフレークス
⇨ Frosted Flakes.

**SugarTwin** シュガーツイン
米国 Alberto-Culver Co. (1955 年創業) 製の人工甘味料. ⇨ Alberto.

**Sulfamylon** サルファマイロン, スルファマイロン
米国 UDL Laboratories, Inc. 製の抗菌性熱傷治療剤. 一般名は酢酸マフェニド (mafenide acetate). 1968 年より発売.

**Sun** サン (The ~)
英国 London の News International Ltd 発行の日刊大衆紙. 1964 年創刊. センセーショナルな記事やヌードなどの写真が多い. 1984 年には *The Daily Mirror* を抜いて英国最大の発行部数の新聞となった.

**Sunbeam** サンビーム
英国 Sunbeam Motor Car Co の略・通称, 同社が 1901 年から生産した乗用車. それ以前には自転車のブランドであった.

**Sunbeam** サンビーム
米国 Sunbeam Products, Inc. 製の家庭用小型電気器具など, 同社の略・通称. 同社は小型家電製品製造会社として 1897 年に創業. トースターが有名で, 20030 は, 1949 年の発売. トースターの Rolls Royce とも呼ばれた. ⇨ Oster.

**SunChips** サンチップス
米国 Frito-Lay* 製の全粒スナック菓子.

**Sun Country Cooler** サンカントリークーラー
米国 Canandaigua Wine Co., Inc. (1945 年創業) 製の, ワインクーラー (ワインをベースにした低アルコールの清涼飲料). 1980 年代にポピュラーだったもの. 同社は Centerra Wine Co. と改名している.

**Sun Crystals** サンクリスタルズ
米国 McNeil Nutritionals, LLC 製の天然甘味料. "all-natural sweetener" だとうたう.

**Sundown** サンダウン
米国 Johnson & Johnson* 製の日焼け防止剤. 非常に高い紫外線防止効果をもち, 耐水性がある. 1975 年に Ortho 社が医家向けの日焼け防止剤として発売. 1978 年には一般市場で全国発売.

**Sun-Drop** サンドロップ
米国 Dr Pepper Snapple Group Inc.

## SuperCalc 4

製の清涼飲料. もともとのメーカー Sun-Drop Div. (Crush International, Inc. の一部門) が 1928 年に発売. ⇨ Crush.

**Sunfish**　サンフィッシュ
米国 Alcort Sailboats, Inc. 製の, 帆が1本で2人用の席がある小型ヨット. 1952 年に開発.

**Sun-In**　サンイン
米国 Chattem, Inc. 製の毛髪脱色剤スプレー (hair lighter). 髪を明るい色に仕上げる. ロゴは全て小文字. ⇨ Selsun Blue.

**Sunkist**　サンキスト
米国 Sunkist Growers, Inc. 製の, 果実 (レモン・オレンジ・グレープフルーツなど) およびそのジュースなど. 'kissed by the sun' の綴り変えによる命名.

**Sunlight**　サンライト
もと英国 Lever Brothers (現在は Unilever*) 製の石鹸. 1885 年より製造. 商標登録された最初の石鹸. それまで, 石鹸は, 長い棒状のものが1個ずつ切られて売られていたが, あらかじめカットして刻印を押し, 耐油性の紙で包み, 箱に入れて売り出すということを初めて行なった.

**Sun-Maid**　サンメイド
米国 Sun-Maid Growers of California 製の干しぶどう. 収穫したぶどうのかごを手にして, 輝く太陽を背に微笑む娘 ("the Sun-Maid Raisin girl") が箱絵になっており, 商標は maid と made のかけことば.

**Sunny Brook**　サニーブルック
米国 National Distillers Products (National Distillers & Chemical Corp. 傘下) 製のバーボン. 6年熟成. もともとのメーカーは The Old Sunny Brook Distillery Co. で, 1891 年より製造.

**Sunoco**　サノコ
米国石油・石油化学製品会社 Sunoco, Inc. 製のガソリンなど, それを売るガソリンスタンド. 旧社名 Sun Oil Co. を縮めた名. 菱形と矢の地に文字を入れたマークは 1894 年以来. ガソリンスタンドは 1920 年に営業開始.

**Sunset**　サンセット
米国 Sunset Publishing Corp. (Time Warner の子会社 Southern Progress Corp. の一部門) が刊行している, 太平洋岸の生活のガイドブックたる月刊誌. 1898 年創刊.

**SunSetter**　サンセッター
米国 SunSetter Products 製のウッドデッキや窓用の格納式日よけ (retractable awnings).

**Sunshine**　サンシャイン
もと米国 Sunshine Biscuits, Inc. の略・通称, 同社製のバニラウエハース・ビスケットなど. 同社は Keebler Co. が 1996 年に買収し, さらに Keebler は Kellogg's* に 2001 年に買収され, Sunshine ブランド名のみ Kellogg の Cheez-It* の冠ブランドとして残った.

**Sun Soy**　サンソイ
米国 White Wave, Inc. (Dean Foods Corp. の一部門) 製の豆乳 (soymilk). Creamy Original, Vanilla, Chocolate の3種類の味がある.

**Supadriv**　スーパドライヴ
⇨ Pozidriv.

**SuperAmerica**　スーパーアメリカ
米国 Speedway SuperAmerica LLC の略・通称, そのガソリンスタンドとコンビニエンスストアを併設するチェーン店. 中西部と南部で 1,500 店舗以上を展開. Marathon Petroleum Co. の子会社.

**Super Ball**　スーパーボール
米国 Wham-O, Inc. 製の弾力性の強いおもちゃのボール. Norman H. Stingley が 1965 年に発明した.

**SuperCalc 4**　スーパーカルク 4
世界最大の半導体メーカーである米国 Texas Instruments, Inc. 製のコンピューターソフトで, 作表プログラム. SORCIM Corp. が開発. Lotus 1-2-3* などとデータのやりとりができた.

## Superga

**Superga** スペルガ
1911年創業のイタリアのスニーカーブランド．1925年にゴム底にコットンキャンバスを圧着してくっつける製法で作った靴が大ヒットした．米国ではR.G. Barry Corp.の扱い．

**Super Glue** スーパーグルー
米国Super Glue Corp.製の瞬間接着剤．商品にはこの接着剤を使って乗用車を吊り上げている絵が描かれている．他社製で同名の製品もある．

**Superkings** スーパーキングズ
英国Imperial Tobacco Group plc製のたばこ．100 mm．英国とアイルランドで販売．

**SuperMoist** スーパーモイスト
米国General Mills*が所有するBetty Crockerブランドのケーキ．

**Super Quink** スーパークインク
米国The Parker Pen Co.製の万年筆用インク．⇨ Quink, Parker.

**Super Rocket** スーパーロケット
英国BSA*が1955年に市場化した2気筒・排気量650ccのオートバイ．登場当時，最も美しいオートバイと絶賛された．発達型で750ccのRocket 3もある．日本製品などに圧迫され，同社は1970年代初頭に倒産した．

**Superscope** スーパースコープ
米国Marantz Co., Inc.製のテープレコーダー・ステレオ関連製品．もとものメーカーはSuperscope, Inc.現在は製造されていない．

**Super 60** スーパー60
米国Remington*製のシェイバー．1953年に発売され，デザインの良さで評判になったもの．

**Super Slip** スーパースリップ
米国Equate Petrochemical Co.製のミント味のデンタルフロス(dental floss)．きしむ歯と歯の間でもよく通る．

**Super Soaker** スーパーソーカー
米国Hasbro*製のおもちゃの強力水鉄砲．

**Supersuede** スーパースウェード
米国Fab Industries Corp.(1966年創業)製のトリアセテート素材のスウェード調のニット用繊維．

**SuperValu** スーパーヴァリュー
米国第3位の食品卸売会社であるMinnesota州Eden PrairieのSuperValu, Inc.(1926年創業)の略・通称，そのブランド．

**Sure** シュア
米国Idelle Labs, Ltd.製の発汗および体臭抑制剤．固型(ロールオン(roll-on)式)・スプレー．

**SureFire** シュアファイアー
米国SureFire, LLC製の懐中電灯・ヘルメットライト・銃器用サイレンサーなど．

**Sure-Lites** シュアライツ
米国Cooper Industries, Inc.製の緊急時用の照明器具や暗闇での案内照明標識．

**Surf** サーフ
Unilever*製の液体・粉末洗剤．冷水に適する．1952年発売．

**Susan Bennis Warren Edwards** スーザンベニスウォーレンエドワーズ
米国New York市のファッショナブルな婦人靴の店．「Manhattanで一番贅沢な靴とブーツ」と宣伝されている．全商品がS. BennisとW. Edwardsのオリジナルデザインによるもので，製造はイタリアの職人に依頼．

**Sustagen** サスタジェン
米国Nestlé*製の栄養補助食品(nutritional specialty)．オーストラリア，ニュージーランド市場に出されている．

**Suze** スーズ，シューズ
フランスDistellerie de la Suzeの略・通称，同社製の，リンドウ(gentian)を原料にした黄色い食前酒．1950年には売られていたが，英国での商標登録は1961年．

**Swaine Adeney Brigg** スウェインアドニーブリッグ，スウェインアンドアドニー

London の Piccadilly 街にある馬具・傘・男性洋品(手袋・革小物・靴・タイなど)・ピクニックバスケット・ビジネスケース類・猟銃などの店. 1750 年に James Ross が, 乗馬・馬車用の鞭の専門店として創業. George 3 世により鞭の製造者として御用達の認可を受けて以降, 英王室御用達.

**Swan**　スワン
スウェーデンの Swedish Match* 製の, 伝統的な箱入り実用マッチ. ⇨ Swan Vestas.

**Swan Lager**　スワンラガー
オーストラリア Swan Brewery 製のビール. アルコール分 5.2%. マークは黒鳥(black swan).

**Swans Down**　スワンズダウン
米国 Reily Foods Co. 製のケーキ用小麦粉(ミックス). 1894 年から.

**Swanson**　スワンソン
米国 Campbell's* 製の冷凍ディナー・冷凍フライドチキンなど. 同社は 'TV Dinner' (アルミホイル皿に何種かのおかずの冷凍食品が入っていて温めるだけで食べられるもの)の創始メーカーで, 同種商品では米国で最もポピュラー. 考案者の一人 Gilbert C. Swanson に由来する名.

**Swan Vestas**　スワンヴェスタス
スウェーデンの Swedish Match* 製のマッチ. 英国の Bryant & May を吸収合併し, ブランド名 Bryant & May はそのまま残った.

**Swarovski**　スワロフスキー
オーストリアに本社がある, クリスタルガラス製のインテリア小物・アクセサリーとその素材製品などのメーカー Swarovski AG の略・通称, そのブランド. 同社は 1895 年に Daniel Swarovski Sr. が創業. 製品は full-lead crystal (酸化鉛含有率 30 % 以上)を素材とし, 精巧なカット・高い透明度・カット面が生み出す光のスペクトルの美しさで高く評価されている. インテリア小物の Silver Crystal が人気.

**Swatch**　スウォッチ
スイスのクオーツ式腕時計のメーカー(Swatch SA), その製品. 1985 年より市場化. 斬新でカラフルなデザインの新製品を矢継ぎばやに出すので有名. ケース・ベルトの素材は合成樹脂が主で軽く安価.

**Swedish Match**　スウィーディッシュマッチ[スウェーデンマッチ](社)(〜 **AB**)
スウェーデンにある世界最大のマッチ製造会社. 売り上げ比率では床材部門のほうが上で, 同分野では世界第 2 位, 天然木床材では第 1 位.

**SweeTARTS**　スウィーターツ
米国 Willy Wonka Candy Co. 製の, 錠剤型のブドウ糖キャンディー. ピリッとする (tangy) 味のキャンディー. 1963 年から発売.

**Sweetbay**　スウィートベイ
米国 Florida 州で営業するスーパーマーケットチェーン. 1 号店は 2004 年に開店, すでに 100 店舗以上が展開しいる. ベルギーの Delhaize Group 傘下.

**Sweetex**　スウィーテックス
英国 Crookes Healthcare Ltd 社製の合成甘味料. 1955 年発売.

**Sweetmeadow**　スウィートメドウ
ニュージーランド養蜂業者協同組合製の蜂蜜. 蜜源は同国の北島に群生するホワイトクローバー花. 合成保存料・着色料・漂白剤は一切含まれていない.

**Sweet'N Low**　スウィートンロウ
米国 Sugar Foods Corp., 英国では Dietary Foods Ltd 製のダイエット用砂糖代用甘味料 (sugar substitute). ピンク色の 3.6 × 5.7 cm の紙袋に 1 グラムが入っており, 甘さは小匙 2 杯分で, カロリーは約 3 カロリーしかない.

**Sweet Secrets**　スウィートシークレッツ
米国 Lewis Galoob Toys, Inc. (1957 年創業) 製の, 可愛い人形や動物の形をした文具類・化粧品類・ままごと道

## Swensen's

具・アクセサリーなど．2007年に Play Along Toys が再リリース．

**Swensen's**　スウェンセン(ズ)
米国 Swensen's のアイスクリーム専門チェーン店，そのブランド．現在同社はカナダの International Franchise Corp. が所有．

**Swiffer**　スウィファー
米国 Procter & Gamble* 製の床用の掃除用具．使い捨てのできる (disposable) 乾燥したクロス (cloth) とそれを取り付ける sweeper と呼ばれる柄の部分から成る．ウェットタイプの Swiffer Wet もある．

**Swift**　スウィフト
米国 JBS USA (もとは Swift & Co.) 製のビーフ・ポーク．Swift Premium ブランドがある．

**Swing**　スウィング
スコットランド John Walker & Sons Ltd 製のブレンデッドウイスキー．Celebrity ともいう．輸出専用だったが, 1982 年から英本国でも販売．

**Swingline**　スウィングライン
米国の Swingline (ACCO Brands Corp. の一部門) 製のステープラー (stapler), その針 (staple)．米国一の生産量．同社は 1950 年代に電動ステープラーを登場させた．

**Swiss**　スイス
米国製のアイスティー・グリーンティーなどのブランド．1 ガロン入り・0.5 ガロン入り・1 パイント入りボトルがある．

**Swoosh**　スウーシュ
⇨ Nike.

**SX-70**　SX-70
米国 Polaroid* 製の, 折り畳み可能なインスタントカメラ．厳密には Polaroid SX-70 Land Camera．1972 年発売で, 同社が 1947 年に Polaroid インスタントカメラの第 1 作を発表して以来, 最も売れた商品．⇨ Polaroid Land Camera.

**Sylphon**　シルフォン
米国 The Fulton Sylphon Co. 製の, 蛇腹状の金属製のふいごとそれを使う装置各種．1906 年にボイラー・かまど・ストーブに用いる熱調節機の名として米国で商標登録．1933 年に英国で蒸気ボイラーの部品のバルブ・熱水と冷水の弁 (damper) の名として登録．

**Sylvania**　シルバニア, シルヴァニア
米国 Osram Sylvania Inc. (親会社はドイツの Osram GmbH) 製の照明器具のブランド．一般用の多種の電燈・自動車用および写真用のライト・その他の照明設備など．

**Symantec**　シマンテック
米国最大のコンピューター用セキュリティーソフトウェアメーカー Symantec Corp. の略・通称．1982 年創業．Norton Internet Security* が主力製品．

**Syms**　シムズ
米国のブランド品衣類のオフプライスチェーン Syms Corp. の略・通称, その店．1959 年 Sy Syms が創業し, "An Educated Consumer Is Our Best Customer" がうたい文句．主に北東部 13 州に 33 店舗を展開．

# T

**Tab** タブ
米国 Coca-Cola* 製の砂糖の入っていない低カロリー清涼飲料.1963年発売.赤缶と,砂糖もカフェインも入っていない白缶とがあり,共に1缶で1カロリー以下.1982年同社から Diet Coke* が発売されたことにより売り上げは急激に落ちた.

**Tabasco** タバスコ
米国 Louisiana 州 Avery 島にある McIlhenny Co.(1868年 New Orleans の銀行家であった Edmond Avery McIlhenny が創業)製の,ピリッと辛い赤トウガラシソース.メキシコ産の赤トウガラシ (Capsicum annum) の実に,岩塩を加え,オークの樽で3年間寝かせ,蒸留酢 (vinegar) に漬けたもの.Tabasco Pepper Sauce ともいう.主にスパゲッティーやピザに調味料としてかけるほか,魚・肉料理の調味にも用いられる.メキシコ南東部の州名[川名]にちなんで命名.

**Tabloid** タブロイド
英国製の,薬品としての化学物質を圧縮成型した錠剤一般の商品名.tablet と -oid を合成した語.1884年に Burrows, Wellcome & Co が商標登録.1904年に米国でも登録.☆一般語化して,小文字で,「錠剤」一般の意でも用いられる.☆現在では,通例「小さいサイズの新聞(普通30×40cm)」を指して,小文字で用いられるが(日本でも「タブロイド版」という),ほとんどの英国大衆紙 (popular paper) がこのサイズなので,「大衆紙」の意で用いられることも多い.

**Tabu** タブー
フランスの調香師 Jean Carles (1892–1966) が創作した1932年から発売の香水.米国 Dana Classic Fragrances (もともとはスペインで1932年設立) 製.同社は English Leather*, Forbidden, Heaven Scent* など多くのブランドを持つ.米国では New York 市の Dana Perfumes Corp. が販売.

**Taco Bell** タコベル
米国の Taco Bell Corp. 系列の,タコス (taco) を中心メニューとするファーストフードレストランチェーン店."Think Outside the Bun" のスローガンは有名.1962年に Glen Bell が1号店を California 州 Downey でオープン.Yum! Brands, Inc. 傘下の3大ファーストフードレストラン(他の2つは Kentucky Fried Chicken* と Pizza Hut*)の一つ.★タコスとは,トルティーヤ (tortilla; トウモロコシ原料の薄焼)に,チリ味を付けた挽き肉や野菜などをはさんだメキシコ料理.

**Taco Bueno** タコブエノ
米国 Texas 州 Farmers Branch に本部があるテックスメックス (Tex-Mex) スタイルのメキシコ料理(タコス・ブリートそのほか)のファーストフードレストランチェーン.1967年 Bill Waugh が創業し,Texas 州 Abilene に1号店を出した.169店舗を展開.

**Tag Heuer** タグホイヤー
⇒ Heuer.

**Taittinger** テタンジェ
フランス Champagne 地方のシャンパン生産商社 Champagne Taittinger.前身は1734年創業で1932年から現社名.地下倉の一部には8世紀に造られたものがある.Comtes de Champagne と呼ばれる blanc de blancs の高品質シャンパンを中心に知られ,英米・イタリアで知名度が高い.

**Take 5** テイクファイヴ
米国の Hershey's* 製のキャンディーバーで,製品の包み紙には "pretzels,

## Talisker

caramel, peanuts, peanut butter, milk chocolate" の含有物名が書いてある. 2004年発売. カナダでは Max 5 の名前.

### Talisker　タリスカー
スコットランド Skye 島唯一の蒸留所 Talisker Distillery (1830年創業) の略・通称, 同社製の モルトウイスキー.

### Tally-Ho　タリーホー
米国の The United States Playing Card Co. 製のトランプ. マジシャンがよく使用する. ⇨ Bicycle.

### Talon　タロン
米国製のジッパー[チャック]. もとは Talon Zipper (1893年創業) の製品であった. 現在は Talon International, Inc. のブランド. Talon zipper とも呼ばれる. 米国のジッパーのベストセラー. ジッパーのアイディアは 1893年に Chicago の機械技師で発明家の W. L. Judson が clasp locker (clasp locker or unlocker for shoes) の名で特許を取得. この改良品を市場化していた会社に, スウェーデン生まれの電気技師 Gideon Sunderback が入社してさらに改良を加え, 現代のジッパーの先駆 Plako slide fastener を作り上げ, 1913年に特許を取得した. Hookless Fastener Co. から, 1914年に Hookless 2 の名で売り出した. 同製品は 1928年に命名コンテストの結果 Talon となった. ⇨ Zipper.

### Tampax　タンパックス
米国 Procter & Gamble* 製の生理用タンポン. tampon と (vaginal) packs の合成による命名説がある. もとは Tampax, Inc. (1936年創業, 後に Tampaxbrands, Inc. と改名) が発売したが, 1997年に Procter & Gamble がブランドを買収した.

### Tane　タネ
1952年創業のメキシコの銀食器・燭台・オブジェクトアート・食事用器具などのメーカー, そのブランド. 素材はスターリングシルバー(純度92.5%). メキシコの政府要人が外国への贈物によく用いる. 1942年1号店を Mexico City で開店したが, 当時はレザーバッグの製造販売をしていて, ブランド名はフランス語 tannerie (なめし革工場) から.

### Tanino Crisci　タニノクリスチー
イタリアの靴メーカー, そのブランド. 素材はカンガルーまたはミニカーフ・ベビーカーフが主で, 手縫いのため少量生産 (日産120足ペース) で高価. 乗馬用ブーツや靴の手作り店としてミラノで生まれた (1876年). 日本にも直営店がある. デザインがシンプルでシルエットが美しい婦人物のブーツでは定評がある. ロゴは全て大文字.

### Tank Watch　タンクウォッチ
フランス Cartier* 製の腕時計. Louis Cartier が1917年に第一次世界大戦でフランスを援護した米軍の戦車 (tank) に敬意を表してデザインし, 以降継続して作られているロングセラー. Tank Française, Tank Solo, Tank Américaine などがある.

### Tanner Krolle　タナークロール
英国の革製高級バッグなどのメーカー, そのブランド. 同社は1856年創業. 昔ながらの方法・デザイン・素材で手作りしており, 高価. Jackie Onassis や Diana 元妃も顧客だった.

### Tannoy　タンノイ
英国 Tannoy Ltd の略・通称, 同社製のスピーカー・PA システム. 1926年創業. 当初, スピーカーの装置の中心は, タンタル (tantalum) という希金属元素と鉛合金 (lead alloy) を使った整流器であり, 商品化にあたりこの2つの語を組み合わせて Tannoy という名を作った. ☆ 英国では知名度の高さから, 小文字で書いてほとんど一般語になった.

### Tanqueray　タンカレー
英国製のジン. 1830年 Charles Tanqueray が創業. 現在は Diageo plc のブランド. 米国では Charles Tanqueray & Co. が輸入販売. ボトルの形は18世紀の London の消火栓

を模したもの.

**T. Anthony** T. アンソニー, アンソニー
米国 New York の高級かばん専門店 T. Anthony Ltd., その自社ブランド. 1946年 Theodore Anthony が創業.

**Taplows** タプローズ
スコットランド Taplows Ltd 製のブレンデッドウイスキー. 同社は樽詰めのウィスキーで知られる. 1760年より製造. 創業者 Tobias Taplow に由来.

**Tappan** タッパン
米国にあった The Tappan Stove Co. (1881年創業) の略・通称, そのブランド. 特にオーブンとレンジが一体になった製品 Tappan 400 が有名で, 1958年より市場化されヒット商品となった. Tappan は創業者 W.J. Tappan の姓. Tappan 社はその後 1979年スウェーデンの Electrolux* に吸収された.

**Tareyton** タレイトン
米国 R.J. Reynolds Tobacco Co. 製の紙巻きたばこ. 1913年に Tareyton Toff の名で New York 市の Falk Tobacco Co. より発売. 特に 1920年代に人気があった. 1950年代に The American Tobacco Co. の所有となり, 1960年代に商品名を Tareyton に短縮. "Us Tareyton smokers would rather fight than switch." の 1960年代半ばのスローガンが有名だった.

**Targa** タルガ
米国の Sheaffer Pen (BIC USA, Inc. の一部門) 製の, 万年筆とボールペン. 1976-98年の間製造. 万年筆はペン先と首軸が一体に成形されているのが特徴 (「インサートペン」という). ⇨ Sheaffer.

**Target** ターゲット
米国の Target Corp. が経営するディスカウントストアチェーン. Walmart* に次いで米国第4位で, 全米に 1,700を超える店舗を展開. カナダにも進出. 1962年に1号店がオープン. 前身は Dayton Dry Goods Co. (1902年 George Draper Dayton が創業). ロゴマークは赤と白の射撃の標的 (bull's-eye). 大リーグ Minnesota Twins の球場は Target Field という.

**Tarmac** タルマック, ターマック, タールマク
英国製の, 道路や滑走路の舗装用のアスファルト凝固剤 (tarmacadam), そのほかのアスファルト製品・骨材 (aggregate)・石灰・セメントなどのメーカー Tarmac Ltd の略・通称. 鉱滓・タール (tar)・クレオソートを混合したもの.「砕石を敷いた上にタールを撒きローラーで固める道路舗装法」である tarmacadam は, 1880年代初期から用いられていたが, Nottingham 州の測量者 E. Purnell Hooley が, 1901年に改良した素材を考案して特許を得, 1903年に Tar Macadam (Purnell Hooley's Patent) Syndicate Ltd を設立, 同年 tar macadam を縮めて Tarmac として商標登録した. Tarmac は舗装材としてポピュラーになり, 小文字で表記される. the tarmac は口語で「飛行場, 滑走路」の意.「…を Tarmac で [tarmacadam で] 舗装する」の意で, 他動詞としても小文字で使われる ★ tarmacadam という語は, スコットランド人牧師で 1827年以降英国の道路の公的な測量を行ない, 砕石による道路を広めた John Loudon McAdam (1756-1836) にちなんだもの.

**Taser** テイザー
米国 Taser International, Inc. 製の, スタンガン. 電気ショックを与えて相手を一時的に動けなくする. 1993年創業. 警察官・警備員・軍人が使うものから一般用まである. Thomas A. Swift's Electric Rifle の頭文字から. 開発者 John H."Jack" Cover の愛読書のタイトルが Victor Appleton, *Tom Swift and His Electric Rifle* (1911) であった.

**Tastee-Freez** テイスティーフ

## Taster's Choice

リーズ
米国 California 州 Newport Beach に本部がある アイスクリーム・ソフトクリーム・サンデーなどのほかに, ハンバーガーやホットドッグなども提供するファーストフードレストランチェーン. 1950 年創業.

**Taster's Choice** テイスターズチョイス
Nestlé* 製のインスタントコーヒーブランド Nescafé 製品の一つ. カフェインを 97% 除いたもので, フリーズドライ製法で作られ, そのはしり. 1966 年より発売.

**Tastykake** テイスティケーキ
米国 Tasty Baking Co. 製のケーキ. 同社は 1914 年パン職人 Philip J. Baur と卵セールスマン Herbert T. Morris が創業. 新鮮な卵の使用にこだわった. Kimpets (モイストケーキ)・Kandy Kake・Kreamies などの名前の各種のケーキやパイなど.

**Tat** タット
米国の Walco-Linck Co. 製の殺虫剤スプレー. ゴキブリ用の箱型のわな (roach trap) もある.

**Tata Motors** タタモーターズ
1945 年創業のインド最大の自動車メーカー Tata Motors Ltd. Mumbai に本社を置き, 従業員は約 5 万人. Jaguar, Land Rover, TDCV, Hispano Carrocera を傘下に持つ. 創業時は機関車の部品の製造会社.

**Tata Steel Europe** タタスチールヨーロッパ
⇨ British Steel.

**Tateossian** タテオシアン
英国の Robert Tateossian がデザインするカフリンクス・腕時計・ドレスシャツ・男性と女性用アクセサリー. 金融業界からファッション界へ転身した人物. カフリンクスの中に時計のムーブメントを入れて, シャツのカフをまくらずに時間を見られるようにしたり, 温度計のカフリンクス, ルーレットを楽しめるカフリンクス, 世界のマーケットの中で, どのマーケットで売り買いするべきかを占うカフリンクスなどユニークなものがある.

**Tater Tots** テイタートッツ
米国 Ore-Ida (1952 年創業, H.J. Heinz Co. の子会社) 製の小さな円筒型のハッシュブラウンズ (hash browns) のブランド. 1954 年から発売.

**Tavel** タヴェル
フランス南部の Gard 県, Rhône 川流域の原産地統制呼称指定ローヌワインの産地, そのワイン. 1936 年から.

**Tavern on the Green** タバーンオンザグリーン
米国 New York 市の Central Park で 1934–2009 年 (破産) まで営業していたレストラン. その後は同市がビジターズセンターを開設しているが, 最近いくつかの屋台が並ぶようになり新しい名所となった. Folgers コーヒーの宣伝に使われたり, ブロードウェーショーの開演の夜の祝宴の場となったりで, 著名なレストランだった.

**Tavist** タビスト
米国 Novartis Consumer Health, Inc. 製の抗ヒスタミン薬. アレルギー性鼻炎・蕁麻疹に対して使われる市販薬. 正確には Tavist Allergy や Tavist ND.

**Taylor & Lodge** テイラーアンドロッジ
英国 West Yorkshire の Huddersfield にある紳士服地メーカー (Taylor & Lodge Ltd), 同社製の服地. 同社は 1883 年創業. "Finest English Cloth" とうたう.

**TaylorMade** テイラーメイド
米国製のゴルフ用品. 1979 年から. 現在は Adidas* 傘下.

**Taystee** テイスティー
米国 The Earthgrains Co. 所有の包装食パン. 同社には自社ブランド EarthGrains の食パンもある.

**TCB** TCB
米国 Alberto Culver Co. 製のシャン

# TelePrompTer

プー・コンディショナーなどのヘアケア用品のブランド．ロゴはすべて小文字で tcb．⇨ Alberto．

**Teacher's**　ティーチャーズ
スコットランド Wm. Teacher & Sons Ltd 製のブレンデッドウイスキー (Teacher's Highland Cream Blended Scotch Whisky)．同社は 1830 年に William Teacher (1876 年没) が創業．

**Team**　ティーム
米国 Nabisco* 製のシリアル．1963–90 年代初めまで製造販売された．

**Teasmade**　ティーズメイド
英国 Swan Products Ltd 製の目覚まし時計と一体型の自動紅茶沸かし機．時間を設定しておくと自動的にスイッチが入って湯が沸き，紅茶ができあがる．"Tea's made."（「お茶がはいったわよ」）からの造語．

**Technicolor**　テクニカラー
3 色転染法による天然色映画撮影現像処理技術，その映画上映方式で Technicolor Motion Picture Corp. (Technicolor Inc. の一部門) が開発し 1929 年商標登録．3 色の色が別々に，しかし同時に記録され，1 本の陽画に合成して転写される．同社の社長・筆頭株主で開発者の一人であった Herbert T. Kalmes が，Massachusetts Institute of Technology (通称 MIT) の出身だったための命名といわれる．同社は 1915 年創業，1917 年に同技術の特許を取得，同年に最初の 2 色 Technicolor 映画 The Gulf Between を製作．最初の 3 色 Technicolor 映画は，1932 年製作の Walt Disney の短編アニメーション Flowers and Trees で，この方法は 3 年後の Becky Sharp で初めて長編映画に使用された．

**Technos**　テクノス
1900 年創業 (当時の時計工房は M. Gunzinger-Hug) のスイスの時計メーカー，同社製の腕時計のブランド．1924 年から生産を始めた．「技術・工芸」を意味するギリシア語 tekhnē からの造語．

**Techron**　テクロン
米国 Chevron Products Co. 製のガソリン添加剤．Chevron*, Texaco*, Caltex などのガソリンスタンドで利用できる．

**Teddy Bear**　テディーベア
⇨ Ideal Toy．

**Ted Lapidus**　テッドラピドス
フランスの服飾デザイナー Ted (Edmond) Lapidus (1929–2008) の作品，そのメーカー，その店．1951 年にブランドを立ち上げた．1960 年代にはサファリジャケットを流行させ，ユニセックスの服を多く手がけた．店ではベルト・靴・傘なども扱っている．香水 Création も発売．

**Teel**　ティール
米国 Dayton Electric Manufacturing Co. が製造し，W. W. Grainger, Inc. が販売しているポンプ．

**Tefal**　ティファール
フランスの Groupe SEB 傘下の調理器具・台所用品・家電メーカー．1956 年創業．TEFlon と ALuminium の混成語．電気ケトルやスチームアイロンなどが有名．

**Teflon**　テフロン
米国の E. I. du Pont de Nemours & Co., Inc. (1915 年創業) 製の，フッ素樹脂のこげつき防止表面加工被膜 (nonstick coating)・絶縁材料・摩擦防止剤．成分の polytetrafluoroethylene を略して命名．1938 年に偶然開発され，1945 年 (英国では 1954 年) 商標登録，商品化は 1948 年．丈夫で耐熱性に優れた合成樹脂として開発されたが，1950 年代半ばにフランスで，フライパンのこげつき防止仕上げ材とされ，そのフライパンは 1960 年末から米国で販売されヒット商品になった．

**TelePrompTer**　テレプロンプター
米国製の，テレビの演説草稿や台詞を映し出す機械の商標．ベルト状の紙が巻かれて動き，出演者にテレビ放送

## Teletype

用に用意された原稿を一行ずつ大きな文字で出していく装置. 1950 年代に最初に開発した TelePromTer Co. のブランド.

**Teletype**　テレタイプ
米国の Teletype Corp. が製造していたタイプライターに似た電信印刷機 (teleprinter). 一方の機械でタイプして信号を送ると, もう一方が遠隔地で受信して文字を自動的に打ち出す. 米国では 1925 年に Illinois 州の Morkrum-Kleinschmidt Corp. が商標登録. 英国では 1922 年に London の中央電報局で使用されているが, 登録は 1952 年.

**Teletypesetter**　テレタイプセッター
米国の Teletypesetter Corp. が製造していた電送植字装置. 送り手が送信するべき文字を同機のキーボードでタイプすると, 信号が紙テープにパンチ孔を開けるので, 送信装置にかけて電話回線を利用して離れたところの別の同機に信号を送ると, 自動的に文選・活字鋳造・植字が行なわれる. 1928 年には市場化されていたが, 商標登録は 1931 年(英国では 1953 年). TTS と略される.

**Telstar**　テルスター
米国 AT & T* が 1962 年 7 月に 1 号目を打ち上げた一連の商業用通信衛星. 同名でテレビ・電話・データ通信用の一連の静止衛星も後に打ち上げられた. 2004 年に Telstar 18, 2005 年に Telstar 8 が Sea Launch (2009 年倒産) によって打ち上げられた.

**Tena**　テーナ
スウェーデンの SCA Hygiene Products AB 製の排尿ケア製品 (数種のタイプがある介護用おむつ・洗浄用シート・ペーパータオル・ビブ (使い切りエプロン) などのブランド.

**Tender Harvest**　テンダーハーベスト
米国 Gerber* 製のオーガニックベビーフード.

**Ten High**　テンハイ
米国 Barton Brands, Ltd. 製のケンタッキーストレートバーボン. 2009 年からはブレンドウイスキーも製造.

**Tenson**　テンソン
スウェーデンで創業したアウトドア・スキーウェアのメーカー (オランダの Unlimited Sports Group B.V. 傘下), そのブランド.

**Tensor**　テンサー
米国の Tensor Corp の略・通称, 同社製の小型電気スタンド. 自動車の駐車灯に使う小電球を用い, トランスを介して 12 ボルトの電気を供給する, いわゆる high-intensity lamp のはしり. 伸縮自在で自由な角度にできる軸により, 照明の位置を自在に変えることができ, 光が一方向に集中するような傘が付いている. 1960 年に売り出され, ヒット商品となった.

**Terrapin**　テラピン
英国 Terrapin Ltd の略・通称, 同社製の, プレハブ建築物の一種. 通例一階建てで, 仮設家屋向き. 1949 年に製造販売者の Harry Collett Bolt が商標登録. 1962 年に Terrapin Minihouses の名でメーカーの Terrapin Ltd が再登録.

**Terra Plana**　テラプラナ
英国製のシンプルなサンダルで, 1 枚のソール, 親指と隣の指で挟むだけで歩く. ドーピー (dopie) と呼ばれる. 同社はそのほかにスニーカー・ブーツなどを Vivobarefoot と Worn Again のブランドで製造. 機能性とエコフレンドリー原料使用で知られる. 1989 年創業.

**Terry's Chocolate Orange**　テリー(ズ)チョコレートオレンジ
英国 Kraft Foods UK 製のオレンジの形をしたオレンジ風味のチョコレート. もとのメーカーの創業当時 (1767 年) の協力者で薬剤師 Joseph Terry にちなんで命名.

**Tervis**　タービス
米国で 1946 年にエンジニアの Frank

Cotter と G. Howlett Davis が考案した二重壁の構造の断熱効果のあるタンブラーのメーカー (Tervis Tumbler Co.)，そのブランド．熱い飲み物を入れた際の保温，冷たい飲み物を入れた際の状態保持に有効で，また頑丈．考案者の姓の語尾を組み合わせてブランド名とした．1967年に買収された後会社組織になった．Florida 州 North Venice で製造されている．

### Terylene テリレン
英国 Imperial Chemical Industries plc (ICI) が 1939–41 年の間に開発したポリエチレンテレフタル酸塩 (polyethylene terephthalate)，それを加工したポリエステル繊維，そのより糸，その布．米国の Dacron* の英国での商品名．しわになりにくく，色あせもしにくい．シャツ・ドレス・スーツ等の素材とされる．

### TESCO テスコ
英国に本拠を置く Tesco plc (1919 年創業) 系列の食品・家庭用品・玩具などのスーパーマーケットチェーン店．アジア・ヨーロッパ・米国などの世界 14 か国に展開している．チェーンの設立当初に紅茶を供給していた T. E. Stockwell の頭文字に，創業者の Sir John Cohen (通称 Jack Cohen) (1898–1979) の姓の 2 字を付加してできた名称．

### Tesla Motors テスラモーターズ (社) (~, Inc.)
米国の電気自動車のベンチャー企業．2003 年シリコンバレーのエンジニアたちが California 州 Palo Alto で創業．物理学者で発明家の Nicola Tesla (1856–1943) にちなむ．

### Testors テスターズ
米国の The Testor Corp. (RPM International, Inc. 傘下) 製の塗料とエアブラシ (Color Artz ブランド)・接着剤・プラモデルなど．同社は 1929 年 Nils F. Testor が創業．

### Tetley Tea テトレーティー，テトリー紅茶
Joseph Tetley と Edward Tetley の兄弟が 1837 年に英国で創業した紅茶のブランド．インドの Tata Tea (Tata Group 傘下) の一部門．

### Tetra テトラ
ドイツ Tetra Werke (Co.) の略・通称，同社製の，ペット魚・カメ・カエル・サンショウウオ・イモリの飼料品．1955 年科学者 Dr. Ulrich Baensch がドイツで創業．現在は米国の Spectrum Brands, Inc. 傘下．

### Tetra Brik テトラブリック
スウェーデンに本拠を置く Tetra Pak International SA 製の，液体食品用の直方体の紙容器．1963 年スウェーデンで発売開始．日本が最大の市場で，ジュース・牛乳・豆乳・日本酒・ヨーグルトなどの容器として，自動販売機などでよく見られる．米国では瓶・缶に代わる第三の容器として，1981 年から流行し出した．何層ものポリエチレンとフォイルと紙とから成り，漏れがなく，気密性が完璧で，防腐剤の添加なしに，また，少ない殺菌時間で，中身の長期保存を可能にする．生産コストが安いのも利点．⇨ Tetra Pak.

### Tetra Pak テトラパック
スウェーデンに本拠を置く Tetra Pak International の略・通称，同社製の牛乳その他の飲料の容器として用いる四面体 (三角錐) の耐水性蝋紙製容器．1943 年から開発研究に着手，1951 年 Ruben Rausing が設立した．⇨ Tetra Brik.

### Teva テバ
米国製のサンダル・シューズなど．1984 年に Grand Canyon のリバーガイド (river guide) がスポーツサンダルを作ったのが起源．現在は Deckers Outdoor Corp. (1973 年創業) のブランド．

### Texaco テキサコ
Chevron* に合併吸収されるまで独立した会社であった米国 Texaco, Inc. (1901 年創業) の略・通称，そのブランド．トレードマークに星をあしらっ

423

## Texas Brand Boots

ているのは Texas 州旗の Lone Star から．同社は Getty* の買収をめぐる Pennzoil* との訴訟に破れ，1987 年 4 月，「連邦破産法」の適用を申請し，事実上倒産した．Chevron が開発した Techron* (ガソリン添加剤)と共に販売される ("Texaco with Techron")．米国・ラテンアメリカ・西アフリカで強力なブランドが，ガソリンスタンド・コンビニの Chevron Texaco Inc. である．

### Texas Brand Boots　テキサスブランドブーツ
米国 Tennessee 州の Texas Boots Co. (Ohio 州の The United States Shoe Corp. の一部門) 製のカウボーイブーツ．

### Texas Instruments　テキサスインストルメンツ(社) (～, Inc.)
米国 Texas 州に本社のある，Intel*, Samsung*, 東芝に次いで世界第 4 位の半導体開発メーカー．1947 年 (前身は 1930 年) 創業．電卓 (TI-89 シリーズなど)・コンピューター・教育機器なども手がける．

### Texas Select　テキサスセレクト
米国 San Antonio Beverage Co. 製のノンアルコールビール．アルコール分は 0.5% 未満．

### T.G.I. Friday's　TGI フライデーズ
米国 Texas 州 Carrollton に本社のある TGI Friday's Inc. (1965 年 Alan Stillman が創業) 系列のレストランチェーン店．'Thank Goodness It's Friday' を詰めて命名．1965 年 New York 市 5 番街と 63 丁目の角に 1 号店がオープンし，世界 51 か国に 100 店舗以上を展開．Carlson Cos. 傘下．

### Thames and Hudson　テームズアンドハドソン
英国の美術・建築・デザイン・ビジュアルカルチャー関係のイラスト入り書籍の出版社．しばしば T & H と略称．London と New York で 1949 年に Walter Neurath が同時にオフィスを開設．大西洋の両辺の読者をターゲットとしたので，それを反映する名称とし，マークも向い合った二頭のイルカ．

### Thank Goodness It Fits　サンクグッドゥネスイットフィッツ
米国 Playtex* 製の，バストの小さな女性向きのブラジャー．

### TheraFlu　セラフル
米国 Novartis Consumer Health, Inc. 製の充血緩和剤．咳止め・抗ヒスタミン薬・鎮痛薬・解熱薬などとして使われる市販薬．

### Thermador　サーメイダー
米国の Thermador (BSH Home Appliances Corp. の一部門．1916 年 William E. Cranston が創業) 製の電気オーブン・電子レンジ・冷蔵庫・食器洗い機など．1946 年発売の作り付け (built-in) 式電気オーブンはヒット商品となった．

### Thermalite　サーマライト
英国製の断熱性に優れた多孔性のコンクリート素材の建築用ブロック，そのメーカー (Thermalite Ltd)．1949 年商標登録．

### ThermaSol　サーマソル
米国製のスチームシャワーシステム．1958 年 David Altman が創業．キャラクターは，眼鏡をかけ，ネクタイをしめたバスタオル姿の男性 Sol．ロゴマークは ThermaSol の S の字が 3 個つながったデザイン．

### Thermo-Fax　サーモファックス
米国 3M* 製の，赤外線照射により書類や写真を感熱紙に複写する方法，およびこの方法で作られたコピーを用いるオーバーヘッドプロジェクター．thermo- と facsimile の合成による命名．1953 年に商標登録．英国では 1956 年に Thermo-fax として登録．

### Thermo-King　サーモキング
米国の Aladdin Industries, Inc. 製の，高さ 10 インチの魔法瓶 (vacuum bottles)・ランチボックス (lunch kits)．1963 年に，同社が King-Seeley Thermos Co. の Thermos* に対抗してこ

の名称を使用し、裁判の結果使用が認められた。現在はヴィンテージもの.

**Thermo King** サーモキング
米国の、車載・コンテナ用の冷凍冷蔵装置のメーカー Thermo-King Corp. の略・通称、そのブランド。主力商品は、トラックや海上コンテナの冷凍冷蔵装置、バス用の空調機器。1938年創業。シンボルマークは、王冠の中に黒い文字 T と青い文字 K を重ねたデザイン.

**Thermo-Lock** サーモロック
米国の窓・ドアの製造会社 Thermo-lock Manufacturing LLC のブランド。特にビニールフレームの窓・テラスドア (patio door) を製造し、注文製造の収まりがよく、エネルギー効率の良いものとされる.

**Thermopane** サーモペイン
米国 Trinova Corp. 製の、窓やドアに使われる二重断熱ガラス (insulating glass)。同社の旧社名は Libbey-Owens-Ford Co. で1916年創業。1940年にこのガラスの商標を登録した.

**Thermos** サーモス
米国 Thermos Ltd. の略・通称、同社製の魔法瓶。Thermos flask ともいう。1892年スコットランドの物理学者・化学者 Sir James Dewer が発明。ドイツの Thermos GmbH が1904年に商品として発売。米国では1907年に特許を取得。英国の Thermos UK は、1907年に商標権を The American Thermos Bottle Co., Thermos Ltd (英国), Canadian Thermos Bottle Co. Ltd. に売却した.

**Thierry Mugler** ティエリーミュグレー
フランスのデザイナー・カメラマン Thierry Mugler (1948– ) の作品、そのメーカー。香水・化粧品・アクセサリーなど。ファッションブランドは衰退し1990年代以降は生き残れなかったが、アウトドアウェアブランドの Lafuma とコラボレートしてスキーウェアコレクションをスタートした (2008年).

**Thighmaster** サイマスター
米国製の、内もも・ヒップのシェイプアップ用の運動器具。百万長者 Joshua Reynold (R. J. Reynolds Tobacco Co. の創業者 R. J. Reynolds の遺産相続人) が売り出した、曲げた2本の管の中央部分にヒンジ (hinge) が付いていて、これを内またに挟んで両脚の開脚・閉鎖運動をするもの(腕の二頭筋 (biceps) の場合にも応用できる)。1990年代に女優の Suzanne Somers をインフォマーシャル (infomercial) のモデルとして起用して一躍人気商品となった.

**ThinkPad** シンクパッド
1992年米国の IBM* が開発したノート型パソコン。2005年 IBM のパソコン部門を中国の Lenovo が買収し、現在は Lenovo が開発および販売を手がけている.

**Thinsulate** シンサレート
米国 3M* (1902年創業) 製の高機能中綿素材。thin と insulate からの合成による命名。1960年代に開発を進め、1978年から販売を開始し、スキーウェア市場に導入.

**31** サーティーワン
⇨ Baskin-Robbins.

**Thomas'** トーマス
米国製のイングリッシュマフィン・ベーグルなど。Samuel Bath Thomas (1855–1919) が創業。現在は Bimbo Bakeries USA のブランド.

**Thomas & Thomas** トーマスアンドトーマス
米国の Thomas & Thomas Rodmakers, Inc. の略・通称、同社製の釣り竿など。特にフライロッドは同種商品の最高峰といわれる。1968年 Thomas Dorsey と Thomas Maxwell が創業.

**Thomas Bros.** トーマスブラザーズ
地図作成者 (cartographer) の George Coupland Thomas とその兄弟たちに

# Thomas Lighting

よって1915年設立，現在はRand McNally* (1856年創業) の子会社となっている米国のThomas Bros. Maps社，同社製の地図など．*Thomas Guide*シリーズが有名．

**Thomas Lighting** トーマスライティング
米国製の住宅用照明器具のブランド．前身の会社 (1919年創業) を1948年に買収したグループを率いたのがLee B. Thomas．現在はオランダのPhilips (Koniklijke Philips Electronics N.V.) グループ傘下．

**Thomas Nelson** トーマスネルソン (社) (〜, Inc.)
米国の聖書などの出版社．1798年Thomas Nelson (1780–1861) が英国で創業．550種以上の聖書を出版．

**Thomasville** トーマスヴィル
米国の家具メーカー．創業は1904年で，創業時の会社 (Thomasville Chair Co.) があったNorth Carolina州の地名を取ったもの．

**Thom McAn** トムマッキャン
米国New Jersey州Mahwahに本部があるFootstar, Inc.製の靴のブランド．1922年から．当時人気のあったスコットランドのプロゴルファーTomas McCannのつづり変え．Kmart*とWalmart*で販売されている．

**555** スリーファイヴズ
英国のたばこメーカー British American Tobacco plc製の紙巻きたばこ．正しくは'State Express 555'．1895年発売．20か国以上で販売されているが，中国・台湾・コロンビア・ベトナムで人気がある．⇨ BAT Industries.

**3-in-One** スリーインワン
米国製の潤滑・汚れ落とし・さび防止に使う多目的オイル．モーターオイルもある．現在はWD-40 Co.のブランド．

**3M** スリーエム
米国Minnesota州に本部を置く3M Co.の略・通称，そのブランドで，3Mとは以前の社名Minnesota Mining & Manufacturing Co.の頭文字の3つのMから来ている．1902年創業の世界的化学・電気素材メーカー．

**3 Musketeers** スリーマスケッティアーズ
米国Mars*製のキャンディーバー．1932年より製造．当初チョコレート・ストロベリー・バニラの味の3本のバーが入っていたところからの命名．Alexandre Dumas (1802–70) の小説 *The Three Musketeers* (*Les Trois Mousquetaires*) (1844年刊) にちなむ．"A Lighter Way to Enjoy Chocolate" とうたう．⇨ M & M's

**Thunderbird** サンダーバード
米国Michigan州のFord*製の乗用車．愛称はT-bird [T'bird]．1935年以来同社のスタイリング部のチーフを務めていたEugine Turenne Gregorie (1908–2002) がデザイン．1954年にChevrolet*社のCorvette* (1952年デビュー) への対抗車種として，2座席型で登場，米国最初のパーソナルカーといえる．パワーステアリング付きのオートマティック車で，エンジンはV8．2005年11代目で製造終了．★ ロックグループThe Beach Boysが"Fun, Fun, Fun"の歌詞にThunderbirdを登場させた．

**Thunderbird** サンダーバード
米国のE. & J. Gallo Wineryが1957年に導入したアルコール度が高く安価なワイン．

**Thunderbird** サンダーバード
米国Nevada州Paradiseで1948–92年の間営業したカジノ・ホテル The Thunderbird Hotelの略・通称．歌手Judy GarlandのLas Vegas最後の舞台 (1965年) のホテル．

**ThyroSafe** サイロセーフ
スウェーデンRecipharm AB (1995年創業) 製のヨウ化カリウム (potassium iodide) の内服薬錠剤．米国史上最悪と言われた原子力発電所事故を起こしたスリーマイル島原発を抱えるPenn-

sylvania 州 Middletown 市では万が一の事故の場合市民に無料配布できるよう備えてあるもの．FDA（米食品医薬品局）が認可した市販薬．類似の薬剤には，Iostat, Pima, SSKI, Thyroblock, ThyroShield, Life Extension, Yodefan, Natural Balance No-Rad などのブランドがある．

**Tia Maria**　ティアマリア
ジャマイカコーヒー豆を使って作られるジャマイカ製のコーヒーリキュール．イタリア Illva Saronno S.p.A. が所有．1950 年代に Dr. Kenneth Leigh Evans が製造販売を決めた．1980 年代に英国のロックスター David Bowie の妻 Iman が TV コマーシャルに登場して一躍有名になった．スペイン語で Aunt Mary の意．

**Tic Tac**　チクタク, ティックタック
イタリア Ferrero S.p.A.（1946 年創業）製のミンツ．ヨーロッパ・米国・オーストラリア・中国などで広く売られている．米国では 1969 年から発売．一つ一つは小さいまゆ玉型．

**Tide**　タイド
米国の Procter & Gamble* 製の洗濯用洗剤など．1946 年発売．"If it's got to be clean, it's got to be Tide." や "Tide's in, dirt's out." などのスローガンがあった．1984 年からは液体洗濯洗剤の Tide Liquid も発売された．

**Tidy Cats**　タイディキャッツ
米国 Nestlé Purina PetCare Co. 製の猫のトイレ用の砂など．"Keep Your Home Smelling Like Home" とうたう．

**Tiffany**　ティファニー
New York 5 番街にある米国一の高級アクセサリー店（Tiffany & Co.），そのブランド．貴金属アクセサリーの他に，ボールペン・万年筆・カッター・ブックマーカー・鉛筆削り・裁縫セット（以上いずれも素材はスターリングシルバー）・トランプ・レターセット・システム手帳・ガラス製品・銀食器・時計・革小物なども手がけている．1837 年に Charles Lewis Tiffany (1812-1902) が，父親から借りた 1000 ドルを資本に，John B. Young と共同で，Union Square に文房具店として創業．ロゴは全て大文字で T が大きめに書かれている．★ Truman Capote の小説で 1961 年に映画になった *Breakfast at Tiffany's* は，主演の Audrey Hepburn が，店のショーウインドーをのぞき込みながらフランスパンをかじり紙コップのコーヒーを飲む冒頭のシーンで知られるが，この題名だけを聞きかじった人は Tiffany をレストランと勘違いした．

**Tiffin**　ティフィン
ドイツ Anton Riemerschmid Ltd. 製の紅茶リキュール．Tiffin Ten Liqueur とも呼ばれる．同社は 1835 年創業．原料は Himalaya の高原産の Darjiling で，アルコール分は 24 度．

**Tiger**　タイガー
シンガポール最大のビール会社 Asia Pacific Breweries Ltd（1931 年創業）製のビール．1932 年発売．

**Tiger Balm**　タイガーバーム, 虎標萬金油
シンガポールの Haw Par Healthcare Ltd 製の万能軟膏．オイル・スプレー・クリーム・ローションもある．蚊よけ (mosquito repellent) スプレーもある．同製品を考案・市場化して巨万の富を築いた胡文虎は，大金を投じて香港に別荘 Tiger Balm Garden を造った．極彩色の動物・仏像・怪物などの彫刻が有名で，観光の名所．

**Tilex**　タイレックス
米国 The Clorox Co.（1913 年創業）製の浴室やトイレ用洗剤．石鹸垢・水垢・カビ取りなどに使う．"A visible clean for your whole bathroom." とうたう．⇨ Clorox.

**Tillamook**　ティラムック
米国 Oregon 州 Tillamook 郡の酪農協同組合 Tillamook County Creamery Association（1909 年設立）製のチーズ・ヨーグルト・サワークリームな

# Tilley

どのブランド.

**Tilley** ティリー
英国 Tilley International plc の略・通称, 同社製のストームランプ (storm lamp). 手動ポンプで空気圧を加えて気化した燃料を火口に供給する (pressure lamp). 1813年 John Tilley が発明. 1949年商標登録.

**Tilt-A-Whirl** ティルトアワール
米国のアミューズメントパーク遊具製作の Sellner Manufacturing (Herbert Sellner が1926年創業) 製の遊園地の乗り物. 勝手気ままに回転する3〜4人乗りの箱が7台設置された大きな円形台座がぐるぐる回転するタイプの乗り物 (日本製のコーヒーカップのような乗り物).

**Timberland** ティンバーランド
米国 The Timberland Co. (1952年創業) の略・通称, 同社製のハイキング用ブーツ・シューズ・アウトドア用品・衣料など.

**Timbuck 2** ティムバックトゥー
米国 San Francisco の, 耐久性と防水性に富むショルダーバッグのメーカーおよびそのブランド. 自分自身が bike messenger を仕事にしていた Rob Honeycut が1989年に創業. キャンバス地のバッグはその機能性とストリートファッション的な要素が人気の秘密. ブランド名は西アフリカのマリ共和国の都市 Timbuktu とインディ系のロックバンド Timbuck3 に由来する商標.

**Time** タイム
米国 New York 市の Time, Inc. 刊行の政治・経済の報道を中心とする世界最大の週刊誌. 発行部数は約340万部 (2008年). 1923年創刊. 内容は基本的には保守的で, 文体が凝っている. 雑誌名は大文字で TIME. ヨーロッパ版は Time Europe (London で発行), アジア版は Time Asia (香港で発行), Time South Pacific 版は Sydney で発行.

**Time Out** タイムアウト
英国 London に本拠を置く世界各都市の都市情報週刊誌 (listings magazine). Time Out Group Ltd 刊. もともとは London の情報誌で1968年創刊.

**Time system** タイムシステム
デンマークに本社がある Time/system International, GmbH 製のシステム手帳など. 1981年から. 米国には Time/system USA, Inc. がある.

**Timex** タイメックス
米国 Connecticut 州 Middlebury に本社がある Timex Group USA, Inc. の略・通称, 同社製の大衆向き価格の腕時計. 米国で最も売れている. 同社の前身の会社は1854年創業の Waterberry Clock Co. で, 置き時計・懐中時計のメーカー. 1916年より腕時計を生産. Timex の名前が最初に使われたのは1945年で, time に, 技術的進歩を印象づけようと x を付けて命名.

**Timotei** ティモテ
Unilever* 製のシャンプーとコンディショナーなど. 1970年代にスウェーデンで開発され, 1983年から英国などで販売. timotei とは北欧産のハーブ.

**Timothy Everest** ティモシーエベレスト
英国のテーラー Timothy Everest (1961- ) の紳士服ブランド. 顧客に Tom Cruise, David Beckham, Mick Jagger などがいることでも知られる.

**Tinactin** ティナクティン
米国 Schering-Plough HealthCare Products, Inc. 製の抗真菌薬 (antifungal). 男性の股間のかゆみ (jock itch) または水虫の治療用の外用剤で, パウダースプレーとクリーム状の2種. 一般名は tolnaftate.

**Tingley** ティングレー
米国の Tingley Rubber Corp. の略・通称, 同社製のゴム製オーバーシューズ・ブーツや防護衣類など. 1896年 Charles O. Tingley が創業.

**Tinkertoy** ティンカートイ
米国製の, 棒や円盤型の部品を使って

自由な形に組み立てられるおもちゃ(construction toy). 1914年から. 現在はHasbro*のブランドで, Tinkertoy Plastic と Tinkertoy Classic (木製)とそれらのパーツを製造. 元来, 部品は木製で, カンバ材が用いられたが, 近年は色とりどりのプラスチック部品も多く採り入れられている. 代表的なものに, プラスチック棒と木の円盤を使う Master Builder がある. Illinois 州の墓石作りの石工の Charles H. Pajeau が, 子供が棒切れ・鉛筆・糸巻などで遊んでいるのをみてヒントを得て考案した.

**Tintometer** ティントメーター
英国 The Tintometer Ltd (1885年 Joseph Loviband が創業) の略・通称, 同社製の冠ブランド Loviband の液体・固体の色彩計 (colorimeter). 1967年に商標登録. Loviband は, 醸造したビールの品質を確保するために考案した.

**Tio Pepe** ティオペペ
スペインの Gonzalez, Byass S.A. (1835年創業) 製の辛口シェリー. 創業者 Manuel María González Angel が叔父の José Angel de la Pena にちなんで命名. tio はスペイン語で"uncle"の意味. Pepe は José の愛称. 社名の Byass は 1855年にビジネスパートナーに加わった Robert Blake Byass の名から.

**Tiparillo** ティパリロ
米国 Swisher International Group, Inc. 製の小型葉巻. 1962年プラスチックチップの付いたものを General Cigar Holdings, Inc. が導入.

**Tipp-Ex** ティペックス
ドイツ Tipp-Ex GmbH & Co. KG (1959年創業) 製の誤字修正液 (correction fluid). ヨーロッパでポピュラー. 1997年フランスの Société Bic が買収. ★ tippex で「修正液で修正する」という英語の動詞用法も生まれた.

**Tip Top** ティップトップ
ニュージーランド Fonterra Brands (Tip Top) Ltd 製のアイスクリームブランド. 1936年から.

**Tiptree** ティップツリー
英国 Wilkin & Sons Ltd 製のジャム・マーマレード・はちみつなど. 1885年より製造. 同社は英王室御用達のジャム・マーマレード専門メーカー. 合成保存料・着色料は使用していない.

**Tissot** ティソ
1853年 Charles-Felicien Tissot と息子の Charles-Emile Tissot が創業したスイスの時計メーカー, 同社製の腕時計のブランド. スポーツウォッチが主. 懐中時計も生産. 現在は The Swatch Group Ltd. 傘下.

**Titleist** タイトリスト
米国製のゴルフ用品. 特にゴルフボールが有名. 1932年から. 現在は Acushet Co. のブランド.

**Tizer** タイザー
英国 A.G. Barr plc 製の赤色のソフトドリンク. 1924年発売. Fred Pickup が考案し Pickup's Appetizer として知られた. オリジナルは人工着色料や人工香料を使っていない. 2007年オリジナルに基づいた新しいレシピで再導入. 同社には KA (スパークリングソフトドリンク), Orangina, Rockstar (スポーツ・エネルギードリンク), Barr's (炭酸飲料), D'N'B (黒色の, dandelion と burdock のエキス入り) などがある. appetizer (食欲促進用食前飲料) の短縮と思われる.

**T. J. Maxx** T. J. マックス
米国 Massachusetts 州 Flamingham に本部がある TJX Cos. 所有の衣料品デパートメントストアのチェーンで, 900店舗以上を展開. TJ's とか TJ と略称されることもある. 英国・アイルランド・ドイツ・ポーランドでは T. K. Maxx 名で展開.

**T.M. Dowell** T.M. ドーウェル
[ドーエル]
⇒ Dowell.

**T-Mobile** T-モバイル
ドイツに本社がある移動体通信サービ

ス提供会社 T-Mobile International の略・通称. ドイツテレコム・アーゲー (Deutsche Telekom AG) の子会社で, ヨーロッパ・米国でサービスを提供.

**Toastmaster** トーストマスター
米国のもとは Toastmaster, Inc. 製のトースター. 1938 年に市場化されヒット商品となったもの (IB 12 型) が, その後のトースターの一般的な形を決めたといわれるが, その原型は 1926 年から市場化されており, 世界初のポップアップ式の (パンが上から出る) トースター. 現在は The Middleby Corp. のブランドで, オーブン・レンジ・サンドイッチグリルなどがある.

**Toblerone** トブラローネ
スイス Kraft Foods Schweiz AG 製のチョコレート. 1908 年発売. もとのメーカーの名 Tobler に「大きい」を意味するイタリア語の語尾 '-one' をつけたもの. その名前と, 独特な三角形の形状の由来については諸説がある.

**Tofutti** トーフッティー, トフティー
米国の Tofutti Brands, Inc. 製の, 大豆を原料としたアイスクリーム風デザート. 1981 年 David Mintz が創業. 同氏は敬虔な正統派ユダヤ教徒の料理店経営者で, コーシャ料理 (ユダヤ教の食事上の制約—肉と乳製品を一緒に出すことを禁じている—に違反しない料理) のメニューとして同製品を作り出した.

**TofuXpress** トーフエクスプレス
米国で Marie Kraft が考案・創業した, 特製のプラスチック製の箱に豆腐を入れバネの付いた押し蓋で圧力を加え, 豆腐の水分を押し出す容器 (日本の卓上漬け物器に似ている) の製造メーカー, その製品. 豆腐使用のメニューを増やすために考案された. 豆腐以外にも, 細かく切ったホウレンソウやナス, 缶詰め食品などを使って水分を抜くためにも使う.

**Tokaji** トカイ
ハンガリー北東部の白ワイン生産地, その甘口のワイン. Hárslevelü 種と Furmint 種のブドウが用いられる.

**Toko** トコ
スイス製のスキー板用ワックス. 1916 年に Jacob Tobler が Tobler & Co. として創業. 当初は材木の防腐剤のメーカーで, 1933 年よりスキーワックスの製造に着手し, 社名を Toko AG に変更. 現在は Mammut Sports Group AG のブランド.

**Toll House** トールハウス
米国の Nestlé USA 製の料理用チョコレート粒など. Toll House Inn の経営者兼料理人の Ruth Wakefield が, 1930 年のある日植民地風のバタークッキー (Butter Drop Do という Colonial cookie) の材料の中に, チョコレートバーの Nestlé Semi-Sweet Chocolate を刻んで入れたら溶け込むだろうと思って入れたのが起源. Toll House Inn は 1708 年に建てられた料金徴収所を, 1930 年代に Wakefield 夫妻が買い取り, 宿屋兼レストランに改装したもの.

**Tomatin** トマーチン
スコットランド高地地方 The Tomatin Distillery Co Ltd (1897 年創業) の略・通称, 同社製のモルトウイスキー.

**Tombstone Pizza** トゥームストーンピザ
米国製の冷凍ピザ. "The Tombstone Tap" という名前のバーで出されていた 1962 年から. "What do you want on your Tombstone?" が有名なスローガン. 現在は Nestlé USA のブランド.

**Tommy Hilfiger** トミーヒルフィガー
米国でデザイナー Tommy Hilfiger (1951- ) が 1984 年創立したアパレルブランド. 2006 年に Elite Co., Ltd. とサブライセンス契約をしてレディースバッグと財布を始めとする革小物ラインを展開. 2010 年パリのシャンゼリゼ (Champs Élysées) に最大の旗艦店をオープン. 2010 年 Phillips-Van

Heusen Corp. に買収された.

**Tone**　トーン
米国の Henkel Corp. (1876年創業) 傘下の Dial Corp. 製の石鹸やボディーローションなど.

**Tonetic**　トネティック
米国の Pratt & Lambert, Inc. (1849年創業) 製の塗料など. 現在は The Sherwin-Williams Co. 傘下.

**Tonka**　トンカ
米国の Tonka Corp. 製のトラックなど様々な種類の車の玩具. トラック(Tonka Truck) が代表的商品で, 玩具としては厚めの鉄板をプレス加工して製造されており, 堅牢性では世界一といわれる. 1991年 Hasbro, Inc. が買収し, そのブランドになった. 1947年に農耕機具メーカーが, 製品の切れ端の鉄板を使って試作したのが始まり. Tonka は1947年創業当時の工場近くの小さな湖の名で, 北米先住民のスー族語で「偉大な」の意.

**Tony Lama**　トニーラマ
米国の代表的なウエスタンブーツメーカー, その製品. Tony Lama (1887-1974) が1911年に創業. 現在は Justin Brands, Inc. のブランド.

**Tony's**　トニー(ズ)
米国製の冷凍ピザ. 1960年代に創業した Dick Barlow が義兄弟 Greg "Tony" Pagilia にちなんで命名. 現在は Schwan's Consumer Brands, Inc. のブランド.

**Tooheys**　トゥーイーズ
オーストラリアの Toohey 製のビール. 1869年 John & James Toohey 兄弟が創業.

**Tootsie Pops**　トッツィーポップス
米国 Tootsie Roll Industries, Inc. 製の棒付きキャンディー (suckers, lollipop). 1930年代 Brandon Perry が考案したもの. 姉妹品として, キャンディーの Tootsie Pop Drops もある. ★ 1970年代の人気テレビ番組 *Kojack* で主人公の部長刑事の好物が Tootsie Pops.

**Tootsie Roll(s)**　トッツィーロール(ズ)
米国の Tootsie Roll Industries, Inc. の略・通称, 同社製のキャンディー. オーストリアから New York 州に移住した Leo Hirshfield が, 故郷での製造法に基づき1896年に考案して以来, 今も売られているロングセラー. 同氏が娘の Clara を Tootsie の愛称で呼んでいたことから命名. ★ Frank Sinatra は, これが手近なところにない場合は舞台に出ようとしないといわれるほどのファンであった.

**Top Brass**　トップブラス
米国の Revlon* 製の整髪用クリームなど.

**Topol**　トーポル
米国の Nicene Brands, LLC 製の練り歯磨き. タバコ・コーヒー・紅茶・ワインによるしみに効果があり "antistain expert" とチューブに書かれている.

**Top-Sider**　トップサイダー
⇒ Sperry Top Sider.

**Tormore**　トーモア
スコットランド高地地方 Tormore Distillery 製のシングルモルトウイスキー.

**Toro**　トロウ, トロ
米国の The Toro Co. (1914年創業) の略・通称, 同社製の芝刈り機 (power mower)・除雪機 (snowblower) など.

**Torrente**　トラント
フランスのデザイナーで Ted Lapidus* の妹である Rose Torrente-Mett が1968年創業したオートクチュールのブランド. 香水・プレタポルテも展開. 1988年パリのシャンゼリゼ (Champs Élysées) に旗艦店をオープン.

**Torres**　トーレス
スペインカタルーニャ(カタロニア)地方産の赤・白・ロゼのワイン. 1870年から.

**Tostitos**　トスティートス
米国 Frito-Lay* 製のトルティーヤチップとディップ. 1979年から発売.

直径1$\frac{1}{3}$インチ．あっさりした塩味のコーンチップ．

**Total**　トータル
米国の General Mills* 製のシリアル．原料は100％小麦(wheat)．1961年発売．Total Raisin Bran, Total Cranberry Crunch, Total Whole Grain, Total Cinnamon Crunch, Total Blueberry Pomegranate などがある．

**Tott's**　トッツ
米国 California 州 Modesto の Ernest & Julia Gallo Winery 製のスパークリングワイン．

**Toys "R" Us**　トイザラス
米国 New Jersey 州 Wayne に本部がある Toys "R" Us, Inc. (1948年創業) 系列の，玩具の小売りチェーン店．国内に Babies "R" Us を含めて886店，国外33か国に520店，フランチャイズ店200店など約1600店舗を展開．New York 市5番街の FAO Schwarz の経営権を2009年に取得した．トレードマークとしては，'R' は鏡文字で書かれるが，これは創業者のCharles P. Lazarus が人の注意を引きつけるために考え出したもので，文字のRが反転しているのは，子供が書く鏡文字から思い付いたもの．R＝are と読む．

**Traditional Weatherwear**　トラディッショナルウェザーウェア
英国の Mackintosh* (ゴム引きコートで有名)の旧社名をブランド名にしたもの．キルティングコート・キルティングジャケットなど．

**Trafalgar**　トラファルガー
米国 New York 市の高級バッグ・革小物などのメーカー (The Trafalgar Co.)，そのブランド．1975年 Connecticut 州で創業．米国内ではステータスシンボル的にとらえられており，その品質とデザインは高く評価されている．2003年 Randa Accessories 傘下となる．

**Transformers**　トランスフォーマー(ズ)
日本の玩具製造会社タカラが製造した変身ロボット玩具．1984年に米国・カナダで爆発的売れ行きを示した．米国では Hasbro* が販売．このロボットが登場する米国映画 *Transformers* (2007) は大ヒットした．

**Trapper Keeper**　トラッパーキーパー
米国 MeadWestvaco Corp. 製のルーズリーフバインダー．1970年代から90年代の間学生に人気の文房具であった．2007年にはカバー留めはVelcro* の代わりにマグネットになり，仕組みも新たになった．⇒ Mead.

**Travelodge**　トラヴェロッジ
英国の安く宿泊できるホテル (budget hotel) チェーン．1985年創業．英国・アイルランド・スペインで計380軒 (約2,600室以上)のホテルがある．北米では Travelodge Hotels, Inc. (Wyndham Hotel Group 傘下)の経営．マスコットの Sleepy Bear でよく知られる．Travelodge Canada がカナダで展開．

**Travolator**　トラヴォレーター
米国の Otis Elevator Co. (1853年創業) 製の，駅・空港・ショッピングセンター等用に設計された動く歩道．1955年に開発，1958年に英国で，翌年米国で商標登録．travel と escalator の合成による命名．

**Traxcavator**　トラクスカヴェーター
米国の Caterpillar Inc. (もと Caterpillar Tractor Co.) 製の，無限軌道[キャタピラ付き]の掘削機の一種．track または tractor と excavator の合成により命名．1940年に米国で土木機械全般の名として商標登録．1952年製造終了．⇒ Caterpillar.

**Trebor**　トレボー
もとは英国の菓子メーカー (Trebor Ltd)，同社製のミンツ (Extra Strong Mints)．1907年に菓子会社を設立した4人の若者のうちの一人 Robert Robertson のRobert の逆つづり．

2009 年 Cadbury UK が再び製造を始めた.

**Triaminic** トライアミニック
子供用咳止め・充血緩和剤・抗ヒスタミン薬・解熱薬などとして使用される米国 Novartis Consumer Health, Inc. 製の市販薬. 1956 年から. シロップのほかに舌の上ですぐに溶ける Thin Strips などがある.

**Tricker's** トリッカーズ
英国で Joseph Tricker が 1829 年に創業した R. E. Tricker Ltd 製の靴. カーフの甲革及びオークのタン皮でなめした靴底で, 最高級の素材を使う.

**Trident** トライデント
米国 Cadbury Adams USA LLC ブランドのシュガーレスガム. 1964 年発売. 新商品 Trident Layers は 2 枚のストロベリー味の板でシトラス (citrus) を挟んだ "gumwich".

**Triple Pet** トリプルペット
米国 Benedent Corp. 製のペット犬用歯ブラシ. ブラシが 3 本組み合わさった特異な形状をしている.

**Triplex** トリプレックス
英国 Pikington Automotive (Pikington Group Ltd) 製の, 自動車の窓などに用いられる, 積層状の非破散性 (unsplinterable) の強化ガラス. 元来は 1909 年にパリで作られた 2 枚のガラスの間にセルロイドを含有した軟質ガラスがはさまれているガラスの名. もとは Triplex Safety Glass Co, Ltd (1923 年創業) の製品. triplex はラテン語の「三重の, 三層の」であるが, 同社はマークとして XXX を使っていた.

**Triscuit** トリスケット
米国 Nabisco* 製のクラッカー. 1906 年から. 「2 度 (bis) 焼かれた」という語源の biscuit をもじって「3 度 (tris) 焼かれた」クラッカーから.

**Tristano Onofri** トリスターノオノフリー
1942 年にイタリアに生まれ, ミラノやフィレンツェでファッションや皮革工学を学び, 1967 年にドイツに移住したデザイナー Tristano Onofri がデザインしたバッグ・旅行かばん・ビジネスケース・小物 (札入れなど)・靴・コロンなどのブランド.

**Triumph** トライアンフ
英国製のオートバイ. 1902 年から製造. 現在は Triumph Motorcycles Ltd 製. "Go Your Own Way" とうたう.

**Triumph** トライアンフ, トリンプ
英国 Triumph International, Inc の略・通称, 同社製の女性用下着. 1886 年創業. パリの Arc de Triomphe (凱旋門) からの着想で命名.

**Triumph** トライアンフ
米国 New York 市の Lorillard, Inc. 製のフィルター付きキングサイズ紙巻き低タールたばこ. "Taste a Triumph. Surprising satisfaction at only 3mg tar." と宣伝している.

**Trix** トリックス
米国 General Mills* 製の, フルーツ味で甘味を付けたトウモロコシシリアル. 1954 年から発売. Trix Rabbit と呼ばれるウサギのキャラクターが有名.

**Trojan** トロージャン
米国 Church & Dwight Co., Inc. 製のコンドーム. 1927 年から. 1920 年 Young's Rubber が製造販売し, 後に Carter-Wallace, Inc. (1937 年創業) が製造していたが, 2001 年現在の会社に買収された. 米国 No.1. 30 種近い種類がある.

**Tronolane** トロノレーン
米国の Lee Pharmaceutical Co. 製の痔の痛み止め. クリームおよび座薬.

**Tropical Blend** トロピカルブレンド
米国 Merck Sharp & Dohme Corp. の Coppertone 冠ブランドの日焼け用オイル. 厳密には Tropical Blend Dark Tanning Oil.

**Tropicana** トロピカーナ
米国製のシトラス (citrus) のジュー

## TruBond

ス．1947年から．現在はPepsiCo, Inc.のブランド．

**TruBond** トゥルーボンド
米国のITW Devcon製の各種接着剤．

**True** トゥルー
米国のLorillard, Inc.(1760年創業)製のフィルター付き低タール紙巻きたばこ． ⇨ Kent.

**TrueNorth** トゥルーノース
米国DeMet's Candy Co.製のナッツスナック．保存料などは使わず"100% Natural"とうたう．同社は1898年チョコレート菓子製造会社として創業．このほかに，Turtles, Flips, Treasures, Stixxのブランド製品がある．

**True Temper** トゥルーテンパー
米国Ames True Temper Co. (1999年創業)製の園芸作業用のシャベルなどのブランド．もとのTrue Temper Hardware Co.は1808年創業で，1999年にAmes Co.と合併し現社名となった．

**True Value** トゥルーヴァリュー
米国Chicagoに本部がある，金物業界が共同仕入れを行なう協同組合True Value Co.の略・通称．1948年設立のCotter & Co.が前身．個人経営の独立した金物専門店がメンバーとなり，グループに出資して組合員となりメンバーズ・フィーを支払う．組合は，メンバーに対して，メーカー等からの商品一括仕入，全国規模での広告宣伝，経営・マーケティング等のサービスを提供する．DIY住宅建材・資材，大工道具・工具，日用品・ガーデン用品など6万点の商品を扱う．約5,000店がメンバー．同様な組織にACE Hardware Corp. (1924年Chicagoで設立). 塗料商品製造・卸売も行う．自動車用品も販売．国内に約4,400店，国外に約200店のAce店舗を展開している．

**TruGreen** トゥルーグリーン
米国Tennessee州Memphisに本部がある芝生・樹木管理や造園の米国最大の会社TruGreen Cos. LLC (1973年創業)の略・通称．国内とカナダに200を超える支店がある．"Go greener"とうたう．

**Trussardi** トラサルディ
イタリアのアパレルブランド．Dante Trussardiが1911年に創業した革手袋専門メーカーを，孫のNichola (1942–99)が引き継いで自社でなめし・染色工場を作り，レディースコレクション・メンズコレクション・バッグの分野など事業の多面化を実現した．ミラノに直営店がある．特別な技法で王室御用達の手袋を生産する．ソウルオリンピックでイタリア選手団の公式ユニホームをデザイン(1988年)．トレードマークはグレイハウンド犬と盾を組み合わせたもの．

**Tsingtao** チンタオ，青島
中国Tingtao Brewery (1903年創業)製のビール．

**Tuaca** トゥアカ，ツアカ
イタリア生まれの，バニラとシトラスを主にした薬草リキュール．70 proof．米国Tuaca Liquer Co. (Brown-Forman Corp.のブランド)製．

**Tuborg** ツボルグ
デンマークのビール，その醸造会社(1873年創業)．現在はCarlsberg Groupのブランド．⇨ Carlsberg.

**Tucks** タックス
米国McNeil-PPC, Inc.製の痔疾治療の軟膏(hemorrhoidal ointment)・座薬・痒み止めパッド(medicated pad), Take Alongブランドのタオレット(towelette)など．

**Tullamore Dew** タラモアデュー
アイルランド製のブレンデッドウイスキー．ロゴはdが小文字．1829年Michael MolloyがTullamore Distilleryを創業．Tullamoreとは，アイルランド中部の町の名．1887年ゼネラルマネージャーになったDaniel E. Williamがその頭文字を取ってDewと付加した．トレードマークは2頭の犬．

**Tully's Coffee** タリーズコーヒー
米国のコーヒーチェーン店．1992年Washington州Seattleで創業．全米に約100店舗を展開．売り上げはStarbucks*に次いで全米第2位．

**Tums** タムズ
米国GlaxoSmithKline US製の制酸剤・カルシウム補給剤として使われる市販薬．初期の広告では "Tums for the Tummy" が使われ，現在は "Nothing works faster than TUMS" とうたう．口に含みなめて溶かして服用する．フルーツ味．

**Tuna Helper** ツナヘルパー
米国Genral Mills*のBetty Crockerブランドのパック入りディナーミックス．パスタとソースが入っている．Helperシリーズには，Hamburger Helper, Chicken Helper, Asian Helperがある．

**Tupperware** タッパーウェア
米国で開発されたプラスチック製の食品密封保存容器．Tupperware Brands Corp.製．米国の化学者でDuPont*社のポリエチレン技術研究員であったEarl S. Tupper (1907-83) が1945年に開発．有名な販売方式「ホームパーティー」で直接販売され，最初に開かれたのは1948年．同方式は，セールスウーマン[マン]が，主婦たちを集めて製品の宣伝と販売を行なうもの．

**Tura** ツーラ，トゥーラ
イタリアの家具メーカー，そのブランド．同社は1939年にイタリアの家具職人Aldo Turaが創業．

**Turf Builder** ターフビルダー
米国The Scotts Miracle-Gro Co.製の芝生の種・芝生用肥料・芝生手入れ用品．Scottsの冠ブランド付き．

**Turnbull & Asser** ターンブルアンドアッサー
英国LondonのJermyn Streetにある英国を代表するカラーシャツの注文仕立て専門店 (Turnbull & Asser Ltd), およびそのブランド．同店は1885年にReginald TurnbullとErnest Asserが，狩猟服の仕立て屋として創業．1909年に注文シャツ専門店となった．1960年代に，チェックやストライプのシャツやタートルネックシャツを世界で初めて作り，また同年代に幅広ネクタイを流行させた．スーツ・ジャケット・ニットウェア・ガウン・パジャマ・ボクサーショーツ・マフラー・ネクタイ・カフス・タイピンなども手がけている．1980年より英王室御用達．米国New York市とCalifornia州Beverly Hillsに店舗を持つ．

**Turtles** タートルズ
米国DeMet's Candy Co. (1898年創業．Brynwood Partners傘下) 製のキャンディー．チョコレート・ソフトキャラメル・炒ったペカンからできている．

**Turtle Wax** タートルワックス
米国のTurtle Wax, Inc.製のカーワックスなど．創業者Benjamin Hirschが，たまたま車で通りかかったTurtle Creekという場所で，カメのかたい甲羅とワックスの耐久性を結びつけて命名したといわれる．

**Tussionex** タシオネックス
米国New York州のPennwalt Prescription Products (Pennwalt Corp. (1850年創業) の一部門) 製の咳止め (antitussive)．咳止め剤のhydrocodone bitartrateと抗ヒスタミン剤phenyltoloxamine citrateの調合薬．

**Tussy** タッシー
米国Playtex*製の体臭抑制剤・制汗剤．

**TV Guide** TVガイド
米国で刊行の，週刊のテレビ番組表に番組解説やルポ・セレブリティとのインタビュー・ゴシップ・クロスワードパズルなどが付いている週刊雑誌．発行部数200万部以上．1953年創刊．OpenGate Capitolが所有．

**Tweezerman** トウィーザーマン
米国に本拠を置くピンセット・爪切りばさみなどのメーカーTweezerman

International, LLC の略・通称, そのブランド. "The Beauty Tool Experts" とうたう. 1980 年創業. 現在は Zwilling J.A. Henckels AG 傘下.

**Twinings** トワイニング(ズ)
英国 R. Twining & Co Ltd 製の紅茶. 同社は 1837 年に Victoria 女王即位の際に紅茶を献上し, 以来英国王室御用達. Thomas Twining が 1706 年に前身のコーヒーハウス, 1717 年に紅茶専門店を開いたのが起源.

**Twinkies** ツウィンキーズ, トウィンキーズ
米国 Hostess* 製の箱入りのクリーム詰め小型スポンジケーキ. 冠ブランドは Hostess. Continental Baking Co. で働いていたパン職人 James Alexander Dewar (1897–1985) が考案し, 1930 年より製造. 名称は同氏が商用で旅行中に Twinkle-Toe Shoe Co. という靴の看板を見て思いついたもの.

**Twinkle** トウィンクル
米国 S.C. Johnson & Son, Inc. 製の, ステンレス用の磨き剤. 真鍮・銅用の製品もある.

**Twizzlers** ツウィズラーズ, トウィズラーズ
米国の Hershey's* 傘下にある, Y & S Candies, Inc. (1845 年創業) 製の, リコリス (licorice; 甘草) 風味のねじり棒状キャンディー (twists). "The Twist You Can't Resist" とうたう. 1998 年 1,200 フィート (重さ 100 ポンド) の世界最長のリコリスを作って Guiness World Record に登録された.

**Twyford** トゥワイフォード
英国の Twyford Bathrooms (1849 年 Thomas Twyford と息子の Thomas William Twyford が創業) 製のバスルーム・トイレ用衛生陶器 (sanitary ware).

**Tyco** タイコ
米国の, 玩具と模型の製造会社 Tyco Toys, Inc. の略・通称, そのブランド. 同社は 1930 年代後半に創業. 1997 年から Mattel* 傘下.

**Tylenol** タイレノール
米国の McNeil Consumer Healthcare 製の鎮痛薬・解熱薬として使われる市販薬. 有効成分はアセトアミノフェン (acetaminophen) (N-acetyl-p-aminophenol) を縮めて命名. 1955 年より市販. 1982 年, 米国中西部 (Chicago など) で, 同カプセル製品に何者かが青酸カリを混入するという事件が起き, 数名の死亡者が出たことが契機で, 以後市販薬の安全包装が義務づけられることになった.

**Typhoo** タイフー
英国に本拠を置く Typhoo Tea Ltd 製の紅茶. 1903 年創業. Birmingham の食料雑貨商 John Sumner が 1863 年に中国語「大夫」(doctor) から命名・販売. ロゴは Ty・phoo.

**Tyrozets** タイロゼッツ, チロゼッツ
英国 McNeil Products Ltd 製の薬用ドロップ (lozenge). 商品の成分である抗生物質チロトリシン (tyrothricin) と局所麻酔薬ベンゾカイン (benzocaine) を合わせて命名. 1949 年発売.

**Tyson** タイソン
米国の Tyson Foods, Inc. (1935 年 John Tyson が創業) の略・通称, 同社製の, 鶏肉・牛肉・豚肉製品.

**Tyvek** タイベック
米国 DuPont* 製の防水透湿性にすぐれた不織布シート. 強靭で耐久性もある. 1955 年 DuPont の研究者 Jim White が発見. 1965 年に商標登録.

# U

**Ugly Stik**　アグリースティック
米国 Pure Fishing, Inc. 製の釣り竿・ロッド・リールなど.

**U-Haul**　ユーホール
米国 U-Haul International, Inc. (Amerco, Inc. 傘下) によるトレーラー・トラックなどのレンタルシステム. 1945 年創立. 全米に営業所があるので, 借りた所まで返しに行く必要はない.

**Uhu**　ユーフー, ウーフー
ドイツ UHU 製で, 英国 Beecham Group 向けに UHU のアイルランド工場でも生産されている接着剤. 1935 年からの商標. 1994 年 同社は Bolton Group の子会社になった.
☆ Uhu とはドイツ語でワシミミズクの意.

**UHU**　UHU
ドイツ UHU GmbH 製の万能糊. Der Alleskleber ("the all-sticker") とチューブに書かれている.

**UHU Stic**　ユーフースティック
ドイツ UHU ブランドの口紅型の糊 (glue stick). ⇨ UHU.

**UK Coal**　英国石炭(会社)
1974 年設立された英国最大の石炭採掘会社 UK Coal plc の略・通称.

**Ultimate**　アルティメイト
英国 BP* の Amoco 冠ブランドのガソリン.

**Ultimo**　アルティモウ
英国 Glasgow の Michelle Mone (1971- ) が創るデザイナーランジェリー. 胸の谷間を強調できる OMG Plunge Bra, OMG Extreme Cleavage Bra などを, 2 カップ分は大きな胸になると宣伝して話題を呼んだ. OMG は "Oh, my god" の頭文字.

**Ultra Brite**　ウルトラブライト
米国 Colgate-Palmolive Co. (1806 年創業) 製のチューブ入り練り歯磨き. 1968 年発売. "Ultra Brite gives your mouth sex appeal." のスローガンが有名だった. ブランド名は Ultra brite (商標登録は ULTRA BRITE で申請され, 初期の製品はすべて小文字で ultra brite であった) だが, Ultra Brite とか Ultrabrite と書かれることが多い.

**Ultrafax**　ウルトラファックス
米国製の, 走査・電送・再生にテレビ技術を使う高速度ファクシミリ電送法の古い商標. 商標は Radio Corporation of America が 1949 年から所有していたが 1992 年に切れた.

**Ultra Color**　ウルトラカラー
米国 Avon Products, Inc. 製の口紅.

**Ultra Luxury**　ウルトラグジュアリー
米国 Avon* 製のブローライナー (browliner).

**Ultra Sheen**　ウルトラシーン
米国 Johnson Products Co. 製のヘアケア製品.

**Ultra Silencer**　ウルトラサイレンサー
スウェーデン Electrolux* 製の電気掃除機で, 音が一般の電気掃除機の 4 分の 1 の静かさだという.

**Ultrasuade**　ウルトラスウェード
米国 Toray International American, Inc. が 1971 年に商標登録した, スウェードに似た洗濯のきく合成繊維不織布. 衣料品やソファーの外皮となる. 60% のポリエステルと 40% の非繊維ポリウレタンから成る. 日本でのブランドはエクセーヌ(東レ).

**Ultra Swim**　ウルトラスイム
米国 Chattem, Inc. (American Cyanamid Co. 傘下) 製の, 海水中で泳いだ後に使用すると, 髪が塩分に冒される

437

ことを防ぐというシャンプー・コンディショナー・スキンケア用石鹸など.

**Ultreo** ウルトゥレオ
米国の Ultreo, Inc.(2003年創業)製の超音波歯ブラシ. "smile more" とうたう.

**Ulysse Nardin** ユリスナルダン
1846年創業のスイスの腕時計メーカー, その製品. クォーツによらない機械式. 航海用や太陽と月の変化の分かるものなどがある. ロゴには錨が描かれている.

**Umberto Ginocchietti** ウンベルトジノケッティ[ジノキエッティ]
イタリアのデザイナー Umberto Ginocchietti (1940- )のデザインした婦人物ニットウェア・カジュアルウェア, そのメーカー. 1978年創業.

**Umberto Zanobetti** ウンベルトザノベッティ
⇨ Zanobetti.

**Umbro** アンブロ
英国 Umbro International Ltd (1920年代創業)の略・通称, 同社製のスポーツウェア. Umbro とは Humphreys brothers の略で, 創業者の兄弟 Harold と Wallance Humphreys から. Nike, Inc. の傘下にあり, サッカーのイングランド代表チームなどのユニフォームを提供している.

**Uncle Ben's** アンクルベン(ズ)
米国 Uncle Ben's, Inc. (Mars* の子会社)の略・通称, 同社製の米. 正確には加工米でパーボイルドライス (parboiled rice)と呼ばれるもの.

**Uncrustables** アンクラスタブルズ
米国 The J. M. Smucker Co. (1897年 Jerome Monroe Smucker が創業)製のピーナッツバターとジャムなどをはさんだサンドイッチ. 保存しておいた冷凍庫から出しておけばランチタイムまでには解凍して食べることができる. ⇨ Smucker's.

**Underalls** アンダーロールズ
米国 Hanes* 製のオールインワン型女性下着.

**Underberg** ウンダーベルグ
ドイツ Underberg K.G. の略・通称, 同社製の薬草酒. アルコール 44 proof. 数十種の薬草・スパイスのエキス入りで, 非常に苦い. 1846年より製造.

**Underwood** アンダーウッド
米国 B & G Foods, Inc. 製の缶詰めのミートスプレッド. 加工肉はスパイスがきいており, サンドイッチの具としてポピュラー.

**Uneeda (Biscuit)** ユニーダ(ビスケット)
米国のかつての RJR Nabisco, Inc. 製のソーダクラッカー. 広告代理店 N. W. Ayer & Son が提案した候補商品名の一つ Uneeda Cracker を, 1898年に Nabisco* の会長となった Adolphus Green が, Uneeda Biscuit に変えて商標登録した. 八角形にしたのも同氏のアイディア. 同社が Kraft Foods, Inc. 傘下になって製造中止. その防湿性パッケージの宣伝のため, N. W. Ayer 社のコピーライター Joseph Geisinger の 5 才の甥を写真撮影用のモデルにし, 雨帽・レインコート・長靴姿で商品を持たせた. この写真は Uneeda Biscuit Boy と呼ばれ, 知名度の高い CM キャラクターとなった.

**Ungaro** ウンガロ
⇨ Emanuel Ungaro.

**Unicorn** ユニコーン
英国 Unicorn Group の通称, 同社製の高級ダーツ用品. 競合するブランドは Winnaw と Nodor*.

**Unigate** ユニゲイト
英国の大手酪農食品持株会社 (Unigate plc), その製品の食料品. 同社は 1959年に United Dairies Ltd と Cow and Gate Ltd が合併したもの. 2000年に現在名の Uniq plc と改名. 牛乳・チーズ部門は 2000年に Dairy Crest へ売却. 2009年に冷蔵魚部門を The Seafood Co. へ売却. ⇨ St Ivel.

**Unilever** ユニリーバ, ユニリー

ヴァー(社)
英国とオランダに本社を置く食品・日用品メーカー．マーガリン・料理用油脂・アイスクリーム・冷凍食品などの各種食品，石鹸・洗剤・トイレタリー製品・化学薬品・香料・飼料などを製造．同社は1927年に設立されたオランダのマーガリン製造会社 Margarine Unie と，英国の石鹸会社 Lever Brothers が，1930年に合併したもの． ⇨ Brooke Bond, Echo, Lipton's.

**Union Carbide**　ユニオンカーバイド(社)(~ **Corp.**)
米国の大手総合化学工業会社．1917年創業．化学製品・プラスチック・工業用ガス・炭素製品などを製造・販売．

**Union Leader**　ユニオンリーダー
米国 Lorillard 製のパイプたばこ．1970年代初めまで人気があった．

**Union Pacific**　ユニオンパシフィック
米国 The Union Pacific Railroad の略・通称．Nebraska 州 Omaha に本部がある米国最大の鉄道会社．1862年創業．Chicago と New Orleans を結ぶ線以西に展開．

**Uniroyal**　ユニロイヤル
米国 Uniroyal, Inc. (1892年創業)製のタイヤ．1990年にフランスのタイヤメーカー Michelin に買収された．1961年に発売した Tiger Paw ブランドタイヤが有名で，現在も使われているブランド名． ⇨ BFGoodrich.

**Unisom**　ユニソム
米国 Chattem, Inc. 製の睡眠薬 (sleep aid)．1979年発売．

**United Artists**　ユナイテッドアーティスツ
米国の映画スタジオ．2006年 Tom Cruise とプロダクションパートナーの Paula Wagner, Metro-Goldwyn-Mayer Studios, Inc. の協力で設立された．もとの UA は1919年設立．

**United Van Lines**　ユナイテッドバンラインズ
米国最大の引っ越し荷物運送会社．姉妹会社の UniGroup Worldwide UTS は海外への運送も行う．

**Univac**　ユニヴァック
米国 Information Systems Group 製のコンピューター．UNIVAC とも書く．Universal Automatic Computer System の略．

**Universal**　ウニベルサル, ウニヴェルサル
イタリアのボローニャ郊外の靴メーカー，その商品．1964年創業．モザイク模様やテープ線などを入れた斬新なデザインと美しい色彩が特徴で細目でエレガント，装飾も小さくて上品．

**Universal**　ユニバアサル, ユニヴァーサル
1894年に Numa Emile Descombes と Ulysee George Perret が創業したスイスの時計メーカー (Universal S.A.)，同社製の腕時計・クロノグラフなどのブランド．Universal Genève ともいう．ロゴはすべて大文字，マークは U のデザイン化．

**UNIX**　ユニックス
1969年に米国 AT & T* の Bell Laboratories が開発したコンピューターソフトで，ミニコン・マイコン用のマルチユーザー・マルチタスク対応のオペレーティングシステム (OS)．ミニコン上でのソフトウェア開発用に多く用いられている．1983年発表の System V から広まった．

**Uno**　ウーノ, ウノ
イタリア Fiat Group Automobiles S.p.A. がかつて製造していた小型乗用車．1982年登場．1980年代後半のイタリアの同クラス車のベストセラーだった． ⇨ Fiat.

**Uno A Erre**　ウノアエレ
イタリアのフィレンツェ近郊にある，同国の代表的な金・銀製アクセサリーのメーカー (1926年創業)，そのブランド．イタリア語で「宝飾業者の登録第1号」の意．

**Uomo di Borsalino**　ウオモディボルサリーノ

イタリアの紳士用帽子メーカー Borsalino* のブランド名.

**Upmann** アップマン
キューバのハバナにある H. Upmann and Co. 製の葉巻. 英国で 1878 年に H. Upmann の名で商標登録. 1912 年に米国で登録.

**UREI** UREI, ユーレイ
米国 Harman International Industries, Inc. 製のスピーカー・オーディオ製品. ⇨ Harman-Kardon.

**Urgos** ウルゴス
1920 年創業のドイツの時計メーカー, 同社製のホール床置き大型振子時計・掛け時計などのブランド. ケースはシュバルツバルト産の木を使用. トレードマークはライオン.

**US Weekly** アスウィークリー
有名人のゴシップが中心の米国の週刊誌. Time, Inc. の *People* * に対抗して, The New York Times が 1977 年に創刊したが, Wenner Media LLC が 1986 年に買収した. 発行部数は約 185 万部.

**USA Rail Pass** USA レイルパス
米国の鉄道 Amtrak* の, 45 日間有効の外国人向けの周遊券. 途中下車は無制限で, コーチクラスが利用可能. 全米の路線が利用できるものと, 地域別のものとがある. 切符ではないので乗車には切符購入と予約が必要. 利用できる座席数には制限がある.

**Usher's Green Stripe** アッシャーズグリーンストライプ
スコットランド産のブレンデッドウイスキー. Andrew Usher & Co 製で, J. & G. Stewart Ltd が販売. Andrew Usher は 19 世紀半ばに, モルト(麦芽)とグレーン(穀類)の両ウイスキーを混ぜてブレンデッドウイスキーを造ることを考案したウイスキー商.

**Usinger's** ユージンガー
米国 Fred Usinger, Inc. 製のフランクフルトソーセージ. ドイツからの移民 Fred Usinger が 1880 年に Milwaukee 州で創業. "America's Finest Sausage" とうたう.

**U.S. News & World Report** U.S. ニュースアンドワールドレポート
米国 U.S. News & World Report, L.P. が刊行している政財界のニュースを中心にした月刊誌. 保守色が強い. 1933 年創刊. 発行部数は約 127 万部. 2010 年 12 月号で定期購読者への提供を終了し, 以後はオンライン版. ただし, 新聞・雑誌の売店 (newsstand) で入手できる.

**U.S. Optics** U.S. オプティクス
米国のサングラスメーカー, そのブランド. 雑誌広告による通信販売が主.

**Usquaebach** ウシュクベー
スコットランド産のブレンデッドウイスキー. ゲール語で「生命の水」の意. 15 年熟成・Reserve など. Pennsylvania 州に本社のある米国系企業の TwelveStone Flagons Ltd. 製.

**U.S. Steel** U.S. スチール
米国最大の鉄鋼会社. 1901 年創業. The United States Steel Corp. の略で, 通称 U. S. Steel. あだ名は Big Steel. 石油・ガスも手がけている.

**Utica** ユーティカ
米国の大手繊維製品メーカー WestPoint Home* 製の, シーツ・枕・毛布・ベッドカバー・タオルなど.

**Uzi** ウージー
イスラエル製のサブマシンガン. 同国陸軍の小佐 Uziel-Gal がデザインしたところから命名. 口径 9 mm. 1950 年より製造されている.

# V

**Vaccari** バッカリー, ヴァッカリ
イタリア北部のモデナのメーカー, その革(クロコダイルやアリゲーター)やバックル製品.

**Vacheron Constantin** ヴァシュロンコンスタンタン, ヴァシュロンコンスタンティン
スイスのジュネーヴにある, 現存するうちでは世界最古の歴史を持つ時計メーカー, 同社製の宝飾腕時計・永久カレンダー腕時計・ポケットウォッチ・スケルトンウォッチなど. 1755年にJean Mark Vacheronが創業. ロゴはすべて大文字で, 中央にシンボルマークのマルタ十字がある.

**Vaco** ベイコウ, ヴァコ
米国 Vaco Products Co. (1986年から Klein Tools, Inc. が所有)の略・通称, 同社製の道具類. ねじまわしの Vaco Bull Driver や Vaco Plastic-Handle Screwdriver などがある.

**Vacreator** ヴァクリエーター
米国製の, 真空操作により搾乳の脂肪分を低温殺菌する機械の古い商品名. メーカー名不詳. ☆同機を用いた作業は vacreation と呼ばれる.

**Vacutainer** ヴァキュテイナー
1906年創業の米国の医療用・診断用器具メーカー BD (Becton, Dickinson and Co.) 製の採血用機器. Joseph Kleiner が開発.

**Vagisil** バジシル, ヴァジシル
米国 Combe, Inc. 製の, 女性の股間のかゆみを緩和するための薬用クリーム・ワイプ・デオドラントパウダーなど.

**Valderma** ヴァルダーマ
英国 William Ransom & Son plc 製の, 抗菌石鹼およびクリーム. ラテン語の valeo (to be strong [healthy] の意)と, ギリシア語の derma (皮膚)の合成で, 1940年に Dae Health Laboratories により商標登録.

**Valditevere** ヴァルディテヴェレ
イタリアの衣料品メーカー, そのブランド, そのブティック. 上流婦人3人の趣味が高じて, フィレンツェで会社組織化された. 1952年の創業当初は, トスカーナ地方の農婦の手織りの布によるショールやスカートを仕入れることを業務としていた. 現在は, 鮮やかなプリント地を主とする婦人用リゾートウェアやイブニングドレス, プリント地のバッグ・ベルト, 紳士用衣料品などを製品化している.

**Valentine** バレンタイン, ヴァレンタイン
⇨ Olivetti.

**Valentino Garavani** ヴァレンティノガラヴァーニ, バレンチノガラバーニ
イタリアのローマのデザイナー Valentino Garavani (1932- )のデザインした婦人・紳士物の衣料品・毛皮・革製バッグ・革小物・ベルト・ネクタイ・アクセサリー・婦人靴・香水・ライター・インテリア用品など. ローマ, フィレンツェ, ミラノなどにあるその店の名称は Valentino (v は小文字で書くこともある).

**Valextra** バレクストラ, ヴァレクストラ
イタリアのミラノなどにある同国の代表的なバッグの店, その製品(革製バッグ・ビジネスケース・革小物・ベルト・皮革製事務用品など)のブランド. 1937年に, 元ハンドバッグセールスマンの Giovanni Fontana が創業. 社名はイタリア語の valigia (かばん)と extra の合成. 東京銀座に出店.

**Valium** ヴァリウム
世界有数の医薬品メーカーであるスイ

ス F. Hoffmann-La Roche Ltd. (米国では Roche Laboratories (Hoffmann-La Roche の一部門))製の抗不安薬・鎮静剤・筋弛緩剤・抗痙攣薬. 一般名はジアゼパム (diazepam). 経口または注射で投与する. 1961年商標登録.

**Valmeline** ヴァルメライン, バルメライン
ドイツのコート・スポーツウェア・カジュアルウェアのメーカー, そのブランド. 1837年創業で, もとは帆布やリンネルを製造. トレードマークは太い V の下に小文字で valmeline と記す. すでにヴィンテージもの.

**Valor** ヴェイラー
英国 Valor Heating Ltd 製の石油利用の暖房器 (oil heater). 同社の前身は, 1897年設立の自転車メーカーで, 商標とマークもその会社から引き継がれた. もともとは1890年に石油貯蔵用コンテナに対して付けられた名だった.

**Valpeda** ヴァルピーダ
英国 William Ransom & Son plc 製の足用の殺菌クリーム (antiseptic foot cream). Valderma* の4年後に Dae Health Laboratories が商標登録したもので, Valderma の前半に「足」を意味するラテン語 pedis の変化形 peda を付加したもの.

**Val Sain Lambert** ヴァルサンランベール
ベルギーのクリスタルガラス器メーカー, そのブランド. 同社は1825年にオランダ国王 William 1世の命により同名の修道院に設立された. ロゴはすべて小文字.

**Valspar** ヴァルスパー
米国の大手塗料メーカー The Valspar Corp. の略・通称, 同社製のペンキ. 1806年創業.

**Van Camp's** ヴァンキャンプス
米国 ConAgra Foods, Inc. 製の, 豆やウインナーなどを素材とした缶詰め. ポークビーンズ (pork and beans)・メキシコ風チリ味付けマメ・New Orleans 風インゲンマメ (kidney beans) 料理・ベークドビーンズ・豆とウインナーの煮込み (Beanee Weenee) などがある. 1861年 Gilbert Van Camp とその妻が食料品店を開いたのが起源. ⇨ Gatorade.

**Van Cleef & Arpels** ヴァンクリーフ(エ)アーペル
フランス屈指の宝飾品店, 同店製の腕時計・宝飾品などのブランド. 創業者である宝石商 Arpels 家の3兄弟 (Julian, Louis, Charles) と, その義兄 Alfred Van Cleef に由来する名. 同店は1906年に Vendôme 広場の一角に開店以来, 超高級注文宝飾品の製作を行なってきた. 時計の発売は1949年から.

**Van de Kamp's** ヴァンデキャンプス
もと米国 Van de Kamp's Frozen Foods の略・通称, 同社製の冷凍食品 (冷凍した白身魚の切り身など). 2004年 Pinnacle Foods Group LLC. に買収されそのブランドの一つとなった.

**Vanden Plas** ヴァンデンプラス, バンデンプラス
英国の乗用車メーカー (Vanden Plas (England) Ltd), その製品. 1880年代以来ベルギーで馬車を製造 (その後車体も製造) していた Guillaume Vanden Plas に由来. ⇨ Princess 1300.

**Vanderbilt** ヴァンダービルト
⇨ Gloria Vanderbilt.

**Van der Hum** ヴァンデルフム
南アフリカ産のオレンジリキュール. naartjie 種という特産のミカンで造ったもの. Van der Hum とは 'What's his name?' の意で, 名前の忘れられた同酒の創作者をたたえて付けられた.

**Vanessa** ヴァネッサ, バネッサ
イタリアの婦人既製服メーカー, その製品. 主にミセス向け.

**Van Heusen** ヴァンヒューゼン, バンホイゼン
1919年創業の米国 New York 市の

# Varityper

Phillips Van-Heusen Corp. 製のドレスシャツ.

**Van Houten**　バンホーテン, ヴァンホーテン
オランダのココア・チョコレートドリンクメーカー, そのブランド. ココアパウダー製造法を1828年に発明したオランダ人 Coenraad Johannes van Houten (1801–87) が1815年に創業した会社. 2000年に, カカオ豆の調達から店頭に並ぶ製品まで一貫した生産を行い, ココア製品・チョコレート製品を供給している多国籍企業 Barry Callebaut AG (本部はスイスのチューリッヒ)に買収された.

**Vaniqa**　ヴァニカ
女性の顔のむだ毛 (unwanted facial hair, UFH) の成長を遅らせるクリーム. 処方薬. 米国 SkinMedica, Inc. 製.

**Vanish**　ヴァニッシュ
米国 S.C. Johnson & Son, Inc. 製の便器クリーナー.

**Vanish**　ヴァニッシュ
英国 Reckitt Benckiser UK Ltd 製の衣類・カーペット用洗剤. 1983年発売の染み抜き.

**Vanitory**　ヴァニトリー
米国製の浴室据え付け用の大型洗面化粧台. vanity と lavatory の合成語. 1951年 (英国では1958年)に商標登録. メーカー名不詳.

**Vanity Fair**　ヴァニティーフェア
米国 New York 市の Vanity Fair Brands, LP の略・通称, 同社製のファンデーション・ランジェリー・ナイトウェアなど. 1913年より製造.

**Vanity Fair**　ヴァニティーフェア
米国 Condé Nast Publications, Inc. 刊行の, 文化とファッションを扱う総合雑誌. 1985年に編集長が変わって誌面の刷新が行なわれ, それまでの低迷状態から急浮上した. ⇨ Vogue.

**Vanity Fair**　ヴァニティーフェア
米国 Georgia-Pacific Consumer Products 製の紙製の使い捨てナプキン・皿・ボール・テーブルカバー.

**van Laack**　ファンラーク
ドイツのワイシャツ・ブラウスのメーカー (van Laack GmbH) (1881年創業), そのブランド.

**Vanquish**　ヴァンキッシュ
米国 Bayer Consumer Care (Bayer HealthCare の一部門)製の鎮痛剤・解熱剤として使われる市販薬.

**Vantage**　ヴァンテージ, バンテージ
米国 R.J. Reynolds Tobacco Co. 製の紙巻きたばこ. 1970年代末に発売. 蛇の目マークのパッケージ. ⇨ Camel.

**VapoRub**　ヴェポラッブ
⇨ Vick's VapoRub.

**Variac**　ヴァリアック
米国 General Radio Co. 製 (1934年から2002年まで)の, 検査や測定用の自動変圧器. 出力のボルト数が調整できる. 鉄の芯のまわりに電線を層状に一巻きした簡単な構造. variable と a.c. (alternating current; 交流) の合成による命名と思われる. 1933年 (英国では1938年)に商標登録. 現在は ISE, Inc. がブランドを所有し販売.

**Variety**　ヴァラエティー, バラエティー
米国 Reed Business Information (Reed Elsevier PLC/NV の一部門) が発行している, 週刊の芸能業界誌. 映画業界を中心にテレビ・ラジオ・舞台演劇・レコード業界をカバーし, 主に興行者向け. 現在どんな映画がヒット中かという興行成績と, 新作映画の製作発表記事が多い. 1905年創刊.

**Varityper**　ヴァリタイパー, バリタイパー
米国 Varityper Div. (Addressograph Multigraph Corp. の一部門)の略・通称, 同部門製のタイプライター・タイプライター式植字機. Vari Typer, Vari-typer ともつづる. 一般のタイプライターに似ているが, 活字の書体・大きさを変えることができるのが特徴. 同社は現在はプリンターを製

443

# Varsity

造している.

**Varsity** ヴァーシティー (The ~)
米国 Georgia 州 Atlanta などにある大規模のドライブイン式ファーストフードレストラン. 1928年開店. Jimmy Carter, George H.W. Bush, Bill Clinton が在任中に訪れたことでも有名.

**Vaseline** ワセリン, ヴァセリン
Unilever* 製の, 石油から作られるゼリー状のもの. petrolatum の商品名. 切り傷・火傷治療用の軟膏, さび止めや潤滑油としても用いられる. 1859年に灯油販売業者の Robert Augustus Chesebrough が, Pennsylvania 州で油田のポンプの棒の周りにできる無色の石油かす (rod wax と呼ばれていた) が, 作業員の傷の治療に用いられていることにヒントを得て開発, 1870年までに量産体制を整え, 1880年に事業を法人組織化し, Chesebrough Manufacturing Co. を創業 (1987年 Unilever に買収).

**Vaseline Intensive Rescue** ワセリンインテンシブレスキュー, ヴァセリンインテンシヴレスキュー
⇒ Intensive Rescue.

**Vassarette** ヴァサレット
米国 Vanity Fair Brands, LP 所有のファンデーション (女性用下着)・ナイトウェア・ローブなど. もともとは Vassar-Swiss Underwear Co. のブランドであったもの.

**VAT 69** ヴァット69
スコットランド William Sanderson & Son, Ltd (1863年創業) 製のブレンデッドウイスキー. 1882年より販売. 一般品のほかに, Gold と Reserve という2種の高級品がある.

**Vaughan** ヴォーン
米国 Vaughan & Bushnell Manufacturing Co. の略・通称, 同社製の工具類. 1869年 Alexander Vaughan が創業以来, "Made in the USA" が誇り.

**Vauxhall** ヴォクソール, ボクソール
英国の自動車メーカー Vauxhall Motors Ltd の略・通称, その製品. 前身の会社は, 1857年に南 London の Vauxhall 地域で Alexander Wilson が創業した Vauxhall Ironworks で, 船舶搭載用小型エンジンのメーカーであったが, 1890年に製造したガソリンエンジンの, 車への転用が考えられ, 1903年に最初の Vauxhall 名の車が登場した. 今日では, Astra, Belmont, Carlton, Cavalier, Chevette, Nova, Senator などの車種を製造している. 社章と車のエンブレムは griffin (半身がワシで半身がライオンの架空動物).

**Veet** ヴィート
英国 Reckitt Benckiser* 製の除毛クリーム.「即座に」(quickly) を意味するフランス語の vite に由来するが, veto (拒否) ─不必要な毛への「ノー」─ をも含意. クリーム (mousses や gels) とワックスの2タイプがある.

**Veganin** ベジャニン, ヴェジャニン
英国 Chefaro UK Ltd 製の, カフェイン (caffeine)・パラセタモール (paracetamol)・燐酸コデイン (codein phosphate) を調合した鎮痛錠剤.

**Vege-Burger** ヴェジバーガー, ベジバーガー
米国 Kellogg's* の Worthington & Loma Linda ブランドの缶入り小麦プロテインクランブルで, バーガーのパテやタコスの具に使う.

**Vegemite** ヴェジマイト, ベジマイト
オーストラリア Kraft 製のサンドイッチスプレッド. 同国では非常にポピュラーで同国の国民食ともいえる. 麦芽酵母のエキスが主体の野菜抽出物で作られる. 見た目にはチョコレートペースト, 味は味噌の溜りといった感じのもの. 同国の子供たちは物心ついたころからその味に親しむ. 1923年にメルボルンの食品製造業者 Fred Walker が商品化.

**Veggie Wash** ベジーウォッシュ
米国 Beaumont Products, Inc. 製の野

菜や果物に付着したワックス・土・農薬を洗い落とすための洗剤．アルコール・漂白剤は含まれていない．台所の調理台やまな板の洗浄にも使用できる．

**V 8** V8
米国の Ford* が，1932 年に製造を開始した乗用車用エンジン．8 気筒．乗用車 Ford Model T* に続いた同社のヒット商品．

**V 8** V エイト，V はち
米国 Campbell's* 製の野菜ジュース．オリジナルはトマト・セロリ・ニンジンなど 8 種類の野菜を混合したもので，一般のトマトジュースより若干甘味とこくがある．1948 年に同社の製品群に加わった．

**Velamints** ヴェラミンツ
米国 Ragold, Inc. 製の砂糖の入っていないブレスミント (breath mint)．1977 年の発売と同時に大ヒットした現象は "Vela Rush of the '70s" と呼ばれた．

**Velcro** ヴェルクロ，ベルクロ
オランダ Velcro Industries N.V. の略・通称，同社製の織地の，ジッパーやボタンの代用とされる一種のファスナー（いわゆる「マジックテープ」）．緻密に編まれたナイロンなどの細い帯 2 種から成り，一方の表面の多数の輪に，もう一方の表面の多数の鈎がひっかかる仕組み．英国では Velcro Industries B.V.，米国では Velcro USA, Inc. が製造．1960 年に英国で商標登録．

**Vellux** ヴェラックス
米国 WestPoint Home* 製の毛布．

**Velon** ヴェロン
米国 Firestone Plastics Co. (Firestone Tire & Rubber Co. の一部門) 製の，石油と塩水から作られる合成繊維．厚地のカーテン・ソファーの外皮・布・靴・作業着の素材となる．

**Velox** ヴェロックス
米国 Eastman Kodak Co. 製の白黒写真用印画紙．写真製版用の線画凸版に用いられる．「速い」(swift) の意のラテン語から命名．人工光線下で現像でき，処理能率がそれまでの商品に比べて向上した．

**Velveeta** ヴェルヴィータ
米国 Kraft* 製のプロセスチーズ．もともと Velveeta Cheese Co. 製時代にはスイスチーズだったが，Kraft 社が同社を買収後，1928 年に新製品として発売開始した．

**Vemcolite Task Light** ヴェムコライトタスクライト
米国 Vemco Drafting Products Corp. が 1985 年に市場化したハイテク風デザインのフレキシブルライト (gooseneck lamp)．机・テーブルなどに基部が留められ，自由に曲がる管の先に電灯がつく．

**Venet** ヴネ
⇒ Philippe Venet.

**Vent-Axia** ヴェンタクシア，ベントアクシア
英国製の換気装置・その制御装置・付属部品，それらのメーカー (Vent-Axia Group Ltd)．同社は首振り式でない扇風機を Axia Fans の名で製造していたが，1936 年に Vent-Axia に変更した．

**Ventura** ヴェンチュラ
ニュージーランド Dold Industries Ltd 製のモーターサイクル用アクセサリー．荷物を積むバイクパック・ストームカバー・バックパックなど．

**Venturi** ヴェントゥーリ，ベンチュリ
⇒ Gian Marco Venturi.

**Vera Wang** ヴェラウォン
米国のファッションデザイナー Vera Ellen Wang (1949- ) が 1990 年に創立したブライダルブランド．2009 年 New York 市 SoHo に「白いボックスシアター」コンセプトの直営店オープン．

**Verband Deutscher Prädikatsweingüter** フェアバントドイッチャープレディカーツヴァイン

**ギューター**
ドイツのブドウ栽培醸造が行なわれる11地域の良質ワイン生産者による原産地付き称号上級ワインの競売組織. 略 V.D.P.

**Verbano** ヴェルバノ, ベルバノ
イタリアの靴メーカー Calzaturificio Verbano の略・通称, その製品. 1880年にミラノ近郊で創業. 今日世界に広まっている袋縫いモカシンタイプの靴は, 同社が創業直後に開発したもので, 特許を所有. 今日でも同社は同製品では定評がある.

**Verbatim** ヴァーバティム
米国で発行される英語研究の機関誌で, 各号30ページ余りのもの. 米国人辞書編集者 Laurence Urdang により執筆・発行されている. 季刊. 「逐語的な」の意.

**Verel** ヴェレル
米国 Eastman Chemical Div. (Eastman Kodak Co. の一部門) 製の, 羊毛に似たアクリル繊維. 現在は製造されていない.

**Veronal** ヴェロナール
米国製のバルビタール (barbital) の最初の商品名. 1903年から1950年代半ばまで販売された鎮静・催眠剤. 開発者のドイツ人が同品を売り込みに行ったイタリアの町 Verona にちなむ.

**Verri Uomo** ヴェリウオモ
1972年創業のイタリアミラノにあるメンズショップ.

**Versace** ヴェルサーチ
イタリアミラノのデザイナー Gianni Versace (1946-97) のデザインした衣料品・靴など, そのメーカー (1978年創業), 直営店. 1997年に射殺された後は妹の Donatella Versace が引き継いだ.

**Versene** ヴァーシーン
米国 Dow Chemical* 製のエチレンジアミンテトラ酢酸 (ethylenediamine tetra-acetic acid) または同様のキレート (chelate) 試薬を含む製剤. 白い粉末. 硬水軟化剤として, また鉛毒の治療に用いられる. 1944年商標登録.

**Very lights** ヴェリーライト, ベリー式信号光
米国の海軍補給部隊の士官で発明家の Edward W. Very (1852-1910) が発明した信号用照明弾. 夜間, 特に海上で使用され, ピストル型の発射機 Very pistol で発射される.

**Vespa** ベスパ, ヴェスパ
イタリア Piaggio & C. SpA 製のスクーターのブランド. 世界のスクーターの代表的存在. 1884年 Rinaldo Piaggio が創業.

**Vestron Video** ベストロンビデオ, ヴェストロンヴィデオ
米国 Vestron, Inc. (1985年創業) の子会社で家庭用ビデオソフトを1990年代半ばまで製作していた.

**Veuve Clicquot** ヴーヴクリコ
Veuve Clicquot Ponsardin 製のシャンパン. Veuve Clicquot とはフランス語で「クリコ未亡人」という意味. 1772年 Philippe Clicquot が Clicquot の商標名でワインハウスを設立したのが始まり. Philippe の息子 François Clicquot と結婚した Barbe Nicole Ponsardin (Madame Cliquot) は, François が27歳で亡くなって未亡人となり, 夫の事業を継ぎ, 1810年に社名を Veuve Clicquot Ponsardin とした.

**Vgo** ヴィーゴー
米国のベンチャー企業 Vgo Communications, Inc. が2010年11月に発売したテレプレゼンスロボット (telepresence robot) (または代理ロボット (robot surrogate) とも呼ぶ). 身長1.2 m, 体重8kg で, 上部の画面に操作者の顔が映っている. 離れた場所からインターネットを通じ, 車輪のついたロボットの進行方向と速度を調節する. 何かにぶつかると, 操作画面に漫画の吹き出しのように Bump という文字が現れる. ⇨ GP.

**Viactiv** ヴァイアクティブ
米国 McNeil Nutritionals LLC 製のカ

ルシウムサプリメント.

**Viagra** バイアグラ
米国 Pfizer, Inc. 製の,男性の勃起不全 (erectile dysfunction, ED) 治療用の処方薬. 1998 年発売. 商標.

**Vibram** ビブラム, ヴィブラム
イタリア製の登山靴などの靴底材として使うラバーソール (rubber sole), そのメーカー (Vibram S.p.A.). 遭難事故で登山仲間を失ったことがきっかけで 1937 年に創業した Vitale Bramani の姓名の一部を組み合わせて命名.

**Vibramycin** ヴァイブラマイシン, ビブラマイシン
米国 Pfizer Laboratories 製のテトラシクリン (tetracycline) 系の抗生物質.

**Vicara** ヴァイカラ
米国 Virginia-Carolina Chemical Corp. 製の羊毛に似た合成繊維. トウモロコシからとれる蛋白質の一つゼイン (zein) から作られる.

**Vicara** ヴァイカラ
米国 Berven Carpets Corp. 製の, 前項の繊維を織ったカーペット. 現在は製造されていない.

**Viceroy** ヴァイスロイ, バイスロイ
米国 Brown & Williamson Tobacco Corp. 製の, キングサイズの紙巻きたばこ. Parliament* に次ぎ, 米国で 2 番目のフィルター付きたばこ.

**Vickers** ヴィッカーズ, ビッカース(社) (~ plc)
英国の事務機器・印刷機材・兵器 (航空機・機関銃・戦車など)・乗用車 (Rolls Royce*) のメーカー, そのブランド. 1999 年 Rolls-Royce plc に買収され会社は抹消. ⇨ Maxim.

**Vicks** ヴィックス
米国 Procter & Gamble* 製のせき止めドロップ (cough drop). 1931 年発売. 小さなおむすび形で, チェリーとメンソールのフレーバーがある. 同製品はもと Vicks Health Care (Richardson-Vicks, Inc. の一部門) 製であったが, 同社は 1985 年に現在の会社に吸収された.

**Vick's VapoRub** ヴィックスヴェポラッブ
米国 Procter & Gamble* 製の風邪治療用の胸部塗付式吸入薬軟膏. North Carolina 州の薬局の主人 Lunsford Richardson (1919 年没) が 1890 年代に, ワセリンとメンソールを主原料として開発した. ⇨ Vicks.

**Vicky Vaughn** ヴィッキーヴォーン
米国 R. & M. Kaufmann 製の, 安価な子供用ドレス・花嫁用ガウンなど. 1970 年代の人気商品.

**Victor** ビクター, ヴィクター
⇨ RCA, Victorola.

**Victor Edelstein** ヴィクターエーデルシュタイン
英国の服飾デザイナー Victor Edelstein (1946– ) の作品, その注文服店. 宝石のような色合いで上品な色気のあるイブニングドレスが得意.

**Victoria Bitter** ヴィクトリアビター
オーストラリア CUB (Carlton & United Beverages) (Foster's Group の子会社) 製のビール. アルコール分 4.9%.

**Victoria's Secret** ヴィクトリアズシークレット
米国のランジェリー・ナイトウェアのメーカー, そのブランド, およびその専門店チェーン. 同社は Limited Brands, Inc. 傘下.

**Victorinox** ビクトリノックス, ヴィクトリノックス
スイスの Victorinox 製のナイフ・包丁類. 同社は 1884 年創業. 特に折り畳み式の多機能ポケットナイフでは定評があり, 1897 年に創業者の Charles Elsner (1918 年没) が作った 2 本のスプリングで 6 枚のブレードを支えるものがその原型. 枠の色は赤がポピュラーだが黒もあり, 楯地に十字のマーク入り. ⇨ Wenger.

**Victorola** ビクトロラ, ヴィクトロラ

## Victory V
米国製の蓄音器の一種. Victor Talking Machine Co. が1906年より製造. マホガニー製のキャビネットに入れ, 家具調にした点が斬新で, 人気を呼んだ. ⇨ Gramophone, RCA.

## Victory V  ヴィクトリーV
英国 Ernest Jackson & Co Ltd 製のトローチ (lozenge). スコットランド人の医師 Edward Smith が19世紀半ばに開発. せきや風邪を和らげるばかりでなく, 胃の不調も抑える.

## Vidal Sassoon  ヴィダルサスーン
米国のヘアケア製品メーカー (Vidal Sassoon, Inc.), 同社製のシャンプー・コンディショナー・ヘアスタイリング剤, その他のヘアケア商品. 同社は Richardson-Vicks, Inc. 傘下であったが, 1985年に親会社自体が Procter & Gamble* に買収された. ⇨ Vicks.

## Vidal Sassoon  ヴィダルサスーン
米国 Helen of Troy Corp. (1968年創業) 製のヘアドライヤー・ホットカーラー・ヘアセッターなど.

## Viennaline  ヴェンナライン
オーストリア Optyl 製の眼鏡フレーム. すでにヴィンテージもの.

## View-Master  ビューマスター, ヴューマスター
米国 View-Master Ideal Group, Inc. (もと GAF Corp. の Consumer Photo Div.) 製の, 立体映像が見られる小型スライドビューアー (View-Master 3 D Viewer), そのリール. レバーの操作で7種の画面が出る. 1960年代初めまでが, この器械の全盛期だった.

## Viking  ヴァイキング
米国の高級厨房設備の製造販売会社 Viking Range Corp. の略・通称, そのブランド. 1984年に Fred Carl, Jr. が設立し, レンジ製造販売から始まった.

## Vileda  ヴィレダ
ドイツ Freudnberg Household Products (FHP) 製のモップ・ほうき・ブラシ・布巾・スポンジ・手袋など.

## Villa Banfi  ヴィラバンフィ
イタリアのワイン生産者兼ワイン商. 同国各地にブドウ園を所有して, 生産を行なうとともに, 買入れ瓶詰めもして, 米国を中心に輸出.

## Village Voice  ヴィレッジヴォイス, ビレッジボイス (The ～)
米国 Village Voice Media が刊行している, New York 市の週刊タウン誌. 1955年創刊. 映画・演劇・音楽・美術・テレビ・レストランの情報が中心だが, 書評・映画評も充実, 不動産広告も人気がある.

## Villeroy & Boch  ヴィレロイウントボッホ
ドイツの磁器窯 (Villeroy & Boch KG), そのブランド. 1767年に開かれた Villeroy 家の窯に, 1836年に Boch 家の窯が, 合併したもの. 現代的な図柄のものが主で, 手頃な値段.

## Vim  ヴィム, ビム
もと英国 Lever Brothers 製の粉末洗剤. 1894年商標登録. 現在はパリに本部がある Spotless Group SAS がブランドを所有し, 液体洗剤もある.

## Vimovo  ヴィモヴォ
米国 AstraZeneca LP 製の関節炎治療薬.

## Vimto  ヴィント, ビムト
英国 Nichols plc 製の紫色の炭酸飲料. 最初の名称は Vimtonic, つまり「活力」(vim) を与える「強壮飲料」(tonic) であったが短縮された. 1912年商標登録.

## Vincent Bach  ヴィンセントバック
⇨ Bach.

## Vin de paille  ヴァンドパイユ
フランス東部の Jura, Savoie 地域で生産されるワインの名称で, 原産地が指定されている. 商標ではない.

## Vino Casata  ヴィノカサタ
⇨ Canandaigua.

## Vino Nobile di Montepulciano  ヴィノノビレディモンテプルチアーノ
イタリア中部 Toscana (Tuscany) 州南部の Montepulciano 村で生産される保証付き原産地統制呼称の赤ワイ

ン．普通は3年，riservaは4年熟成．

**Vinprom**　ヴィンプロム
ブルガリアのワイン輸出公団．1947年設立．ワイン生産の近代的技術の導入や品質管理を行ない，輸出ワインの質の向上をはかっている．

**Vintage**　ヴィンテージ，ビンテージ
カナダCott Corp.製のソーダ水・トニックウォーター．

**Vintage (Books)**　ヴィンテージ(ブックス)，ビンテージ(ブックス)
米国Random House, Inc.の一部門が刊行しているペーパーバックシリーズ．

**Vinylite**　ヴァイニライト，ビニライト
米国Union Carbide Corp. (1917年創業)製の熱可塑性合成樹脂数種．レコードの原料・接着剤・成形物とされる．1929年にNew York州のCarbide & Carbon Chemicals Corp.が英米で商標登録．

**Vinyon**　ヴィニオン，ビニオン
かつて米国で3つの会社が製造した，塩化ビニルおよびその他のビニル化合物の共重合体の合成繊維数種 (polyvinyl chloride fibers)．メーカー名不詳．

**Virgin**　バージン，ヴァージン
英国のレコードレーベル，そのメーカーVirgin Recordsの略・通称．同社は1970年に世界初のロックミュージック専門の割引販売のメールオーダーレコード会社として発足した．1992年にThon EMIへ売却．米国では2007年にCapitol Recordsと合併しCapitol Music Groupになった．

**Virgin Galactic**　ヴァージンギャラクティック
米国Virgin Groupの宇宙ツアー会社 (2004年設立)で，New Mexico州に本部を置く．弾道飛行で，大気圏と宇宙のおおよその境界とされる地上100 kmを若干超える高さまで到達することになっている．料金は20万ドルから．宇宙船VSS Enterpriseが2010年10月10日に単独飛行に成功し，45,000フィートの高度で11分間自由滑空飛行をした．

**Virginia Dare**　ヴァージニアデアー
米国Virginia Dare Extract Co., Inc.の略・通称，同社製のフレーバー・エキスなど．1835年創業．

**Virginia Dare**　ヴァージニアデアー
⇨ Canandaigua.

**Virginia Slims**　ヴァージニアスリム(ズ)
米国最大のたばこメーカーであるPhilip Morris USAおよびPhilip Morris Internationalのフィルター付き紙巻きたばこ．女性用．味はレギュラーとメンソール入りとがあり，いずれも低タール．⇨ Philip Morris.

**Virol**　ヴァイロール，ヴィロール
英国Optrex製の麦芽強壮食品．1899年にBovril Ltdが実験的に生産．需要が高まるにつれ，1900年代初頭に同製品生産のための独立会社Virol Ltdが設立された．同社は1971年にCavenham Foodsに吸収され，1977年にJenks Brothers of High Wycombeに売り渡され，2年後にOptrexに転売された．

**Visa**　ビザ，ヴィザ
米国のクレジットカードの国際ブランド運営企業Visa, Inc., これを利用する金融機関が発行するクレジットカード．国際組織であり，世界最大級のものの一つ．⇨ Barkleycard.

**Viscardi**　ヴィスカルディ
イタリアの毛皮製品のメーカー，そのブランド．同社は1908年にトリノでGiuseppe Viscardiが創業．デザイナーはAlberto Lattuada．ショールーム・デザイン工房はミラノにあり，縫製はNew Yorkで行なわれている．

**Vise-grip**　ヴァイスグリップ，バイスグリップ
米国Irwin Industrial Tools製のレンチ・プライヤー・クランプ．

**Visine**　バイシン

米国 Johnson & Johnson* 製の目薬.

**Visking** ヴィスキング
米国 The Visking Corp. の略・通称,同社製の継ぎ目のないセルロース製の薄い管状物質. 人工透析用の膜およびソーセージ皮 (sausage casing) として用いる. 1931年に英国で, 1941年に米国で, いずれもソーセージ皮として商標登録.

**VistaVision** ビスタビジョン, ヴィスタヴィジョン
米国 Paramount Pictures Corp. (Gulf + Western, Inc. 傘下) が開発したワイドスクリーンの映画撮影法・映写法, そのフィルム・カメラなど. 1955年商標登録. Vistavision ともつづる.

**Vitaglass** ヴァイタグラス
英国製の, 紫外線の大部分を通すガラス. 1925年に化学者の Francis Everard Lamplough が商標登録. ラテン語で「生命」の意.

**Vitabath** ヴァイタバス
カナダ Rich Brands, LLC 製のバス・シャワー用ジェル, 石鹸, ハンドクリームなどスキンケア用品. "Luxury in a Bottle" とうたう.

**VitaBath** ヴァイタバス
米国 Vita International (DM Industries, Ltd. の一部門) 製の治療用浴槽など. 1974年創業.

**Vita-Cal** ビタカル, ヴィタカル, ヴァイタカル
カタログ販売を行なう米国 Foster and Smith, Inc. (1983年に3人の獣医師 Rory Foster と Race Foster 兄弟と Marty Smith が創業) 製の犬・猫・フェレット用栄養補給剤.

**Vita Craft** ビタクラフト, ヴィタクラフト
1939年創業の米国の鍋類メーカー (Vita Craft Corp.), そのブランド. 3種のアルミをステンレスではさんだ5層構造になっているので熱伝導・保温性に優れており, また鍋本体と蓋との密着性が良いので無水調理が可能.

米国内では生涯保証制 (日本では10年) を採っている.

**Vitalis** バイタリス, ヴァイタリス
かつて米国 Bristol-Myers Squibb* から発売された男性用整髪料. 現在は Procter & Gamble* から "Life for Hair" とうたう. シャンプーもある. ★ 1962年にライオン歯磨き (現ライオン) から提携販売されヒット商品となった.

**Vita-Lite** ヴァイタライト
米国の電球専門メーカー Duro-Test Corp. 製の蛍光灯・電気スタンド・拡大鏡付きキャスタースタンドなど.

**Vitallium** ビタリウム, ヴァイタリウム
米国製の, コバルト・クローム・モリブデンの合金. 磨耗しにくく, さびにくく, 熱に強い. プラチナ色. 虫歯充填・義歯や義肢部品, および奉職具 (prostheses)・注型製法による工業部品に加工される. 1935年に「前年より使用」として商標登録.

**Vitaphone** ヴァイタフォン
米国で開発され, かつて用いられた, 有声映画の録音方法, またこの方法で作られた有声映画, その音響再生装置. ことばや音楽・効果音がレコードに録音され, フィルムの映写に同調させて再生が行なわれる. The Vitaphone Corp. の商標権は1992年に消滅.

**Vitbe** ヴィットビー
英国 Allied Mills 製の無漂白小麦粉パン. vitamin B を縮めたもの.

**Viton** ヴァイトン
米国 E. I. du Pont de Nemours & Co., (1915年創業) 製の合成ゴムの一種. 酸・アルカリ・燃料油, および非常に高温の炭化水素溶液などの腐食作用に耐性がある.

**Vitrolite** ヴィトロライト
英国 Pilkington Brothers Ltd 製の乳白色ガラス (opaline). 厚手で均等質の不透明な建築用のガラスで, 風雨にさらされる建物外面の装飾的仕上げに使われる. 1939年に商標登録.

**Vittel** ヴィッテル, ビッテル
Nestlé 製のフランスの天然ミネラルウォーター. 良性のバクテリアを含有するため加熱殺菌していないにもかかわらず変質しない. カルシウム・マグネシウムなどを含む. 1856 年に発見された Vosges 県の街 Vittel の近くにある泉から湧き出ている.

**Vittorio Giudice** ヴィットリオ ジュディチェ
イタリアのミラノに工房をもつ婦人既製服・カジュアルウェア・ブラウスのメーカー, そのブランド. 1971 年創業.

**Viva** ビバ, ヴィヴァ
1973 年に *Penthouse** の編集長 Bob Guccione (1930–2010) が創刊した米国の女性誌. *Playgirl* に対抗し男性ヌードを掲載したが, 1976 年春以降その種の写真を掲載しなくなったところ売り上げが落ちた. 1980 年廃刊.

**Vivienne Westwood** ヴィヴィアンウエストウッド
英国 London のストリートファッションのデザイナー Vivienne Westwood (1941– ) の作品. 1960 年代末に開いた King's Road の店で, 前衛的・SM 的なデザインの, 革やゴムを素材とした服を売って若者の人気を得, 1970 年代にはパンクロックグループ The Sex Pistols の衣裳を担当, 80 年代初期にはパイレーツ (海賊) ルックを生み出した.

**Vivitar** ヴァイヴィタール
米国 Vivitar Corp. 製のカメラ・写真用品. このブランド名は 2008 年から Sakar International, Inc. の製品に使われている.

**Viyella** ヴァイエラ, ビエラ
英国 Viyella (2009 年 Austin Reed Group が買収) 製の綾織布. ウール 55% に綿 45% の混紡. フランネル状で, 柔らかくて軽い. Viyella flannel ともいう. パジャマ・ジャンパー・厚手のシャツなどの素材. 紳士用は Viyella House (1893 年発売), 婦人用は Viyella Club という. ⇨ Clydella.

**Viyella House** ヴァイエラハウス, ビエラハウス
⇨ Viyella.

**Vlasic** ヴラシック
米国 Pinnacle Foods Group LLC 製の瓶詰めピクルス. 1942 年発売以来米国でもっとも人気のあるピクルス.

**VOA** VOA
Voice of America の略. 米国務省が, 政府の政策を世界各国に伝えるため行なっている海外向け短波放送. 1942 年から.

**VO5** VO ファイヴ
米国 Alberto-Culver Co. 製のヘアケア製品 (整髪料・シャンプーなど) のブランド. 1955 年発売.

**Vogue** ヴォーグ
米国 The Condé Nast Publications, Inc. 刊行の, 30 代から 40 代の上流の女性を対象とする月刊ファッション雑誌. オートクチュールの紹介を中心に, 化粧・アクセサリー・インテリアデザインなども扱っている. 1892 年に, パーティーのスケジュールや上流社会の動向などを記事にした週刊新聞として創刊. 英国 (1916 年より)・フランス (1920 年より)・イタリア・オーストラリア・スペイン・ドイツ版もある.

**Vogue** ヴォーグ
アイルランドの Dublin で, Bob Banks と Ron King が 1989 年創業した浴室ユニットとその関連一式を製造する Vogue Bathrooms の略・通称, そのブランド. 英国にも販売拠点がある.

**Voicewriter** ヴォイスライター
米国 McGraw-Edison Co. 製の録音盤式録音器. 旧型の機構を 4 分の 1 にまで縮小. 1953 年より市場化, ヒット商品になり, 60 年代末までのロングセラーとなった.

**Voiello** ヴォイエロ
⇨ Giugiaro.

**Voit** ヴォイト
米国 The Voit Corp. 製のスポーツ用

品.

**Volkswagen** フォルクスワーゲン
ドイツの自動車メーカー (Volkswagen AG; 略 VW), 同社製の車. Volkswagen とは「国民大衆の車」の意. 1933 年に, オーストリア生まれのカーデザイナー Ferdinand Porsche (1875-1951) が運輸大臣に宛てた提案に, Adolf Hitler が注目したのが起源. 1937 年創業. ⇨ Beetle, Golf, Passat, Polo, Porsche.

**Vollrath** ボルラス, ヴォルラス
米国 The Vollrath Co., LLC の略・通称, 同社製のステンレス素材の調理器具など. 1874 年 Jacob Johann Vollrath が創業.

**Volvic** ボルヴィック
フランス Groupe Danone 製のミネラルウォーター. 水源の発見は 1927 年.

**Volvo** ボルボ
スウェーデンの自動車メーカー A B Volvo (1927 年創業) の略・通称, その車. 1999 年米国の Ford* の傘下に入ったが, 2010 年中国の吉利汽車 (Geely Automobile) を傘下にもつ Zheijiang Geely Holding Group に買収された.

**Von Huene** フォンヒューネ
米国 Von Huene Workshop, Inc. 製のリコーダー. 世界でもトップクラスの製品といわれる. 1960 年 Friedrich and Ingeborg von Huene が創業.

**Vono** ヴォノ
英国製のベッド・ベッド用品, そのメーカー (Vono (UK) Ltd). 1920 年に創業した Vaughan 家に由来するものと思われる.

**Vosene** ヴォジーン
英国 Vosene Ltd 製の薬用シャンプーやヘアートニック. 魚の販売人が Lancashire で 1946 年に売り出したのが起源.

**Vouvray** ヴーヴレ
フランス Loire 川中流, Cher 川との合流点近くの右岸にある Vouvray 呼称原産地統制ワインの産地. Chenin Blanc 種のブドウを用いた白ワイン (辛口・半辛口・半甘口), 発泡ワイン, 弱発泡ワインを産する.

**Vuitton** ヴィトン, ビトン
⇨ Louis Vuitton.

**Vulcanized Fiber** ヴァルカナイズドファイバー
米国製の, 酸または塩化亜鉛で処理した紙を圧縮して造る, 丈夫で固い物質. メーカー名不詳.

**VW** VW
ドイツ Volkswagen* 社の略. マークは, V と W が縦に配列され, 円で囲まれている.

**Vycor** ヴァイコー
米国の大手のガラス製品・セラミックのメーカー Corning Glass Works 製の, 96% の二酸化炭素から成る非多孔質ガラス (nonporous glass). 熱や化学薬品に強い耐性がある. 実験室や工業用の器具, 料理やパン焼き用の皿に用いられる.

**Vymura** ヴァイミューラ
英国 Vymura plc 製のビニール製の壁紙.

**Vynide** ヴァイナイド, ビニード
英国 Imperial Chemical Industries plc (略 ICI; 1926 年創業) 製の合成皮革. ソファーの外皮・衣類などに革の代用品として用いる. 1943 年商標登録.

# W

**Wagoneer** ワゴニア
1963年米国製のピックアップトラック．Jeep Gladiators をベースに作られて市場に出た．当時は Kaiser Jeep Corp. が製造．1984年 Jeep Grand Wagoneer の名称になり，AMC* (American Motors Corp.) が合併吸収された Chrysler* から製造発売され，1991年終了．この間，モデル・搭載エンジン・ミッションなど様々に変わった．

**W. A. Goold** W. A. グールド
英国 W. A. Goold (Holdings) Ltd の略・通称，同社製の革小物のブランド．1877年から．

**Wahl** ウォール
米国 Wahl Clipper Corp. 製の業務用バリカン・ハンドヘルドマッサージ器・ペット用バリカンなど．

**Waldenbooks** ウォルデンブックス
米国 Walden Book Co., Inc. (Borders Group 傘下) 所有のショッピングモール内で展開する書籍販売店チェーン．Michigan 州 Ann Arbor に本部があり，1933年 Lawrence Hoyt が Connecticut 州で貸本屋を開業したのが始まり．全米で約150店舗．

**Walgreens** ウォルグリーンズ
米国 Illinois 州 Deerfield に本部がある最大のドラッグストアチェーン Walgreen Co. の通称．全米50州，Washington, D.C. と Puerto Rico に約7,600店舗を展開．提供するサービスによって多くの子会社を運営．1901年 Chicago で Charles R. Walgreen, Sr. が創業．Walgreens ブランドのアイスクリームもある．

**Walkers** ウォーカーズ
英国のスナック菓子，特にポテトチップス (英国ではクリスプス (crisps)) のメーカー，そのブランド．現在は Frito-Lay* が所有．主に英国とアイルランドで製造．1880年代に Henry Walker が創業．

**Walker's DeLuxe** ウォーカーズデラックス
カナダの Hiram Walker-Gooderham & Warts Ltd. 製のバーボン．8年熟成．⇨ Canadian Club.

**Walkman** ウォークマン
日本の Sony 製のヘッドフォンで聴く携帯用ステレオカセットテーププレーヤー (personal stereo)．1979年発売，1981年に英国で，1983年に米国で商標登録．当初米国では Sound About, 英国では Stow Away の名で売られたが，次第に Walkman の名が海外でも一般化したため，それに統一された．カセットテープシリーズのほかに，Hi-MD/MD Walkman, CD Walkman, メモリータイプ (現在は主流の MP3) などがある．★複数形は Walkmans, Walkmen の両方が使われる．

**Walk-Over** ウォークオーヴァー
米国の Walk Over Shoes (H.H. Brown Shoe Co. 傘下) 製の男性用カジュアルシューズ．1758年 George E. Keith が創業し，"Handmade in the U.S.A. since 1758" とうたう．創業以来 "Made to a Standard, Not a Price" がモットー．

**Wallabee** ワラビー
⇨ Clarks (Shoes).

**Wallaby Books** ワラビーブックス
米国 New York 市の Pocket Books* 刊行のペーパーバックシリーズ．

**Wallpaper\*** ウォールペーパー
英国 IPC Media 刊の旅行・デザイン・エンターテイメント・ファッション・メ

# Wall Street Journal

ディアを取り上げる月刊誌で, 1996年カナダ人ジャーナリスト Tyler Brûlé とオーストラリア人ジャーナリスト Alexander Geringer がロンドンで創業, 翌年 Time Warner に売却した. 旅行ガイドブックも刊行. 書名に*が付く.

## Wall Street Journal ウォールストリートジャーナル (The ～)
米国の Dow Jones & Co., Inc. が発行している経済専門新聞. 1889年創刊. 数少ない全国紙 (national paper) として広く読まれており, 発行部数200万部以上といわれる.

## Walmart ウォルマート
米国の Wal-Mart Stores, Inc. (1962年創業) 系列のディスカウントチェーン店. 創業者 Sam Walton が1962年に小さなディスカウントストアを開店したのが始まり. 海外にも多くの系列店を持ち, 日本の西友もその傘下. ロゴマークは WAL-MART (1981–92年), WAL★MART (1992–2008年) と変遷. "Low prices. Every day. On everything." とうたう. 出店を恐れる業界から「A Wal-Mart is coming!」が合言葉になった.

## Waltham ウォルサム
スイスの時計メーカー Waltham International SA, 同社製の腕時計・懐中時計のブランド. 同社は1850年に米国人 Aaron L. Dennison ら3人が Massachusetts 州の Roxbury で American Watch Co. (のちに Waltham Watch Co.) として創業し1854年 Waltham に移り, 1954年にスイスへ移転した. ★1860年 (万延元年) に米大統領 J. Buchanan が, 幕府の遣米使節に託して孝明天皇に特注の Waltham の懐中時計を贈った.

## Walther ワルサー, ヴァルター
1886年創業のドイツの銃器メーカー Carl Walther GmbH の略・通称, その商標. 創業者 Carl William Freund Walther (1858–1915) の名前から.

## W&H Gidden W アンド H ギデン
英国の1806年 William Gidden と Henry Gidden が創業した馬具メーカーが起源. 靴・ブリーフケース・財布などの革小物. 1999年 Schnieder Boots に買収された.

## Wankel (engine) ワンケル (型ロータリー) エンジン, バンケルエンジン
ドイツの Felix Wankel (1902–88) が1925年から研究し, 1950年に完成・公表した自動車またはオートバイ用のエンジン. 日本ではマツダ株式会社が, 1961年同社と技術提携し, ロータリーエンジンの試作1号機を同年完成させた. まゆ型のエンジンケースの中におむすび型のローターが回転しているのが特徴.

## Warerite ウェアライト
英国 Perstorp-Warerite Ltd 製の, 壁や家具などの外装用のプラスチック化粧積層板.

## Waring ワーリング
米国 Waring Division (Conair* の一部門) の略・通称, 同部門製の家庭用電化製品. 特にフードプロセッサー [食品ミキサー] 'Waring Blender' を指す. 'Pennsylvanians' のバンドリーダーの Fred Waring が好物のカクテルを作るために好都合なので, 製品化と販売に資金を提供したものだといわれる. 1937年に市場化. ⇨ Oster.

## Warner ワーナー (社) (～ & Sons Ltd)
英国の, 高級生地と壁紙の製造販売会社. 1870年に Benjamin Warner が絹織物業として創業. 1886年以来, 英王室御用達で, 戴冠式用の絹・ベルベット・金糸織物などを織った.

## Warner Books ワーナーブックス
米国の Warner Books, Inc. 刊行のペーパーバックシリーズ. 同社は1970年に Paperback Library を吸収し Grand Central Publishing となった.

## Warner Books ワーナーブックス
英国 Warner Books Pty Ltd の略・通

## Warner Bros. ワーナーブラザーズ
米国 California 州の Warner Bros. Records, Inc. (Warner Music Group 傘下) のレコードレーベル.

## Warner's ワーナー(ズ)
米国の The Warnaco Group, Inc. (1874年創業) 製のブラジャー・パンティー. 最初にブラジャーを作ったのは1904年. "under every great woman" とうたう.

## Wasa ヴァーサ
スウェーデンのクリスプブレッド (crispbread) を製造する世界最大の製パン会社 Wasabröd (1919年創業. イタリアの Barilla Group 傘下) のブランド. Karl Edvard Lundström が創業. ブランド名はヴァーサ王朝の祖グスタフ1世 (Gustav Eriksson Vasa) をイメージして命名したもの.

## Washington Forge ワシントンフォージ
米国の Washington Forge, Inc. (The Hyde Group の一部門) の略・通称, 同社製のナイフ・包丁・フォーク類・調理用具・ステンレス製食器など.

## Washington Post ワシントンポスト (The ~)
米国 Washington, D.C. にある The Washington Post Co. が発行している日刊新聞. 1877年創刊. Washington を中心に読まれており, 部数では USA Today, Wall Street Journal, New York Times, Los Angeles Times に次いで全米第5位. Watergate 事件で Richard Nixon 大統領を辞任に追い込んだ新聞としても有名. 数多くの Pulitzer Prize を獲得した. ⇨ Newsweek.

## Washington Square Press ワシントンスクエアプレス
米国 Atria Books (Simon and Schuster のインプリント) 刊行のインプリントペーパーバックシリーズ.

## Wash'n Dry ウォッシュンドライ
米国 Clorox* 製の使い捨ての抗菌性小型濡れタオル (towelette). エタノール (ethanol) 入り.

## Waste King ウェイストキング
米国 Anaheim Manufacturing Co. 製のディスポーザー (disposer). 1946年から Waste King 社が発売していたが, 1994年に現社に買収された. シンボルマークは王冠を模した赤いマーク. 自動皿洗い機も製造. 同社には, Whirlways, Sinkmaster のブランドもある. ライバルブランドは InSinkErator.

## Water Babies ウォーターベイベーズ
米国 Merck & Co., Inc. 製の Coppertone* 冠ブランドのサンスクリーンローション.

## Waterford Cream ウォーターフォードクリーム
アイルランドの Irish Distillers International Ltd 製の, 蒸留酒をベースにチョコレートで味付けし, バニラ・アーモンドを隠し味としたクリームリキュール.

## Waterford Crystal ウォーターフォードクリスタル
1783年にアイルランドの Waterford で生まれたクリスタルガラス器のブランド. もとの会社は Waterford Glass Group plc. George と William の Penrose 兄弟が1783年に創業. 現在はまったく別の, オーストラリアの WWRD Australia Pty Ltd が製造している. マークはタツノオトシゴ. ⇨ Wedgwood.

## Waterman ウォーターマン
米国人 Lewis Edson Waterman (1837–1901) が1884年に創業した万年筆のブランド. 同氏は生命保険の勧誘員だったが, お客に契約書にサインさせようとして取り出したペンのインクがボタ落ちしたために解約されたことで, 発奮して研究した結果, 毛管現

象を利用して実用的な万年筆の第1号を1883年に作り出した．特許取得はその翌年で，同時にWatermanが創業．米国本社は経営不振から生産停止になり，1954年からは生産は全てフランス Waterman S.A. (Newell Rubbermaid Inc. 傘下) から．現在本社はパリにあり，ヨーロッパ最大級の万年筆メーカーとなっている．

**Waterpik** ウォーターピック
米国の Water Pik, Inc. 製の，断続ジェット水流式の口腔洗浄器 (歯茎をマッサージし歯間を清掃する働きをする) シャワーヘッド．ロゴは小文字 waterpik で，i の点が泡のように3個縦に描かれている．

**Water Plug** ウォータープラグ
米国 Concrete Sealants, Inc. 製の，建造物基礎構造物・プール・排水設備などの水漏れの修理や，地下埋蔵物のケーブルやパイプを固定するために使われる緑色の接着材料．

**Waterplug** ウォータープラグ
英国 Degussa Construction Chemicals (UK) 製の Thoro 冠ブランドのモルタルで，コンクリート・石造構造物の水漏れに使うモルタル．また，アラブ首長国連邦 (UAE) の BASF Construction Chemicals UAE LLC からは，同様な用途に使われる同じブランド名の速乾性の水硬セメント (hydraulic cements) がある．

**WaterRunner** ウォーターランナー
Yamaha Motor Co., Ltd. (ヤマハ発動機株式会社) 製の水上オートバイ (personal water craft)．同様なものには，Jet Ski (Kawasaki Heavy Industries, Ltd. (川崎重工業株式会社) 製), Sea-Doo XP (カナダの Bombardier Recreational Products 製) ブランドがある．

**Waterworks** ウォーターワークス, 水道管ゲーム
米国で1972年に開発されたカードゲーム．Parker Brothers (1883年創業のおもちゃ・ゲームのメーカー, そのブランド．Hasbro* 傘下) ブランドの一つ．蛇口カードから排水口カードまで, いかに早く正確にパイプをつなげるかを競う．

**Wattie's** ワッティーズ
ニュージーランド製の冷凍食品・缶詰め食品・ベビーフードなどのメーカー, そのブランド．1934年 Jim Wattie (1966年ナイトに叙される) と友人の Harold Carr が創業．1992年 H.J. Heinz Co. が買収し, Heinz Wattie's Ltd となった．

**Waverley** ウェイヴァーリー
英国 Macniven and Cameron 製のペン先．Sir Walter Scott の小説 Waverley の名を取ったもの．同社は Macniven と Cameron が1770年に Edinburgh で創業．Waverley は, 同社が製造した3つのペン先のうちの最初のもので, 1863年発売．1964年 Birmingham 工場を閉鎖して終了．

**Wayfarer** ウェイファーラー
イタリアに本部を置く Ray-Ban* 製のサングラス．1952年より市場化されたが, 1980年代に復活的流行をした．べっ甲や樹脂製の太い枠が特徴．

**W. Britain** W ブリテン
William Britain, あるいは単に Britains とも呼ぶ．W. Britain, Ltd は1893年創業 (2005年 First Gear, Inc が買収)．英国の軟質プラスチック製の兵士と戦場関連場面 (米国南北戦争メディカルシリーズでは負傷兵救助中の兵士, など) の精密な縮尺模型玩具．縮尺32分の1で塗装仕上げ．米国独立戦争, ナポレオン戦争, 米国南北戦争, 第一次世界大戦, 第二次世界大戦などの時代の兵士が再現されている．

**WD-40** WD フォーティ
米国 WD-40 Co. 製の防錆潤滑剤 (lubrication) で, 金属面に付着した水分を置換する (water displacement) 現象を応用したもの．1953年 Rocket Chemical Co. で40回目の実験の末に開発され, その回数を表す数字と

# Wedgwood

water-displacement の頭文字から命名. 創業者で科学者の Norman B. Larsen (1923-70) はこの製品の製造販売に特化し, 社名を改めた.

**Wear-Dated** ウェアデイテッド
米国 Georgia 州 Calhoun に本社を構える世界最大のフローリング製造会社 Mohawk* 製のナイロンカーペット. 同社は Mohawk Carpet Mills (1878 年創業) が始まり.

**WearEver** ウェアエヴァー
米国 WearEver (Groupe SEB 傘下) 製の鍋・フライパンなどの調理用具のブランド. 1903 年から.

**Weatherby** ウェザービー
米国の銃器メーカー Weatherby, Inc. の略・通称, 同社製のライフル・ショットガン・銃弾など. 1940 年代中頃 Roy Weatherby が創業.

**Weathermaker** ウェザーメーカー
米国 American Weathermakers, Inc. (1949 創業) 製のエアコン・暖房炉 (furnace) (Ruud ブランド)・温水器 (Bradford White ブランド)・加湿器・暖房ボイラーなど.

**Weather Shields** ウェザーシールズ
米国のドア・窓の製造会社. Edward "Lee" Shield が 1953 年にガレージを作業場にアルミニウム製の窓やドアを作ったのが始まりで, 1955 年に弟の David Shield と Weather Shield Aluminum Products, Inc. を創業. LifeGuard, ProShield などのブランドがある.

**Weather Tamer** ウェザーテーマー
米国 Amerex Group (1946 年 New York で創業) 製のアウトウェア.

**Weber** ウェーバー
米国 Illinois 州の Weber-Stephen Products Co. (1893 年創業) の略・通称, 同社製のバーベキュー用のグリル. 米国では庭でこの種のグリルを用いて豆炭を使って網焼きをするのは一種の伝統. 1952 年頃に, Weber Brothers Metal Works の従業員であった George A. Stephen Sr. が, 自分で使うために通気孔のついたふたのあるグリルを作ったところ, 近所の人々の間で好評だったので商品化したのが起源. 現在は, ガス・炭・電気で焼くタイプがある. 1951 年以来市場化されている Kettle Grill と名付けられた大型の球形で三脚付きのものが人気.

**Webley** ウェブリー
英国 Webley & Scott Ltd (1790 年創業) 製の, 様々なリボルバー (revolver) などの小火器およびそれらの弾薬. 1887 年から製造されていたが, 商標登録は英国では 1920 年, 米国では 1923 年. 38 口径 Webley Mk IV は 1932-78 年の間製造された. 現在はスイスに本部を置き社名は Webley & Scott AG.

**Wechsler** ウェクスラー
Wechsler Adult Intelligence Scale (ウェクスラー成人知能検査) (略称 WAIS) のこと. オリジナルは, ルーマニア生まれの米国の心理学者 David "Wex" Wechsler (1896-1981) が 1955 年に作成. 第 4 版の WAIS-IV は 2008 年 Pearson plc から出版された.

**Wedgewood** ウェッジウッド
米国 James Graham Mfg. Co. (1882 年創業) 製の料理用レンジ. かつて O'Keefe & Merritt, Gaffers & Sattler と共に, 米国のレンジの三羽烏の存在であった. メーカーは Western Holly に買収され, レンジは数年間 Wedgewood Holly の名で生産されたが, 1970 年代の初めまでには生産は中止となった.

**Wedgwood** ウェッジウッド
英国最大の窯である陶磁器メーカー (正確には Josiah Wedgwood and Sons), 同社製の陶磁器・陶製アクセサリーなどのブランド. 同社は 1759 年に「英国陶工の父」といわれる Josiah Wedgwood (1730-95) が創業. 1765 年に Charlotte 王妃から, クリーム色

の陶器の注文を受け,同年に女王御用陶工の承認および同陶器を Queen's Ware と呼ぶ許しを得た. 2代目の Josiah Jr. の時代 (1812–22) に, 主原料の 50% 以上の牛骨灰と陶土を原料にした英国独特の陶磁器 fine bone china の製造に成功して以降,社は一層発展した. 1987 年に Waterford Crystal と合併, 2009 年に KPS Capital に買収され WWRD (Wedgwood Waterford Royal Doulton) の一部門となった.

**Weebles** ウィーブルズ
米国の Playschool Inc. (1901 年創業) (Hasbro* の子会社) 製の, 卵形をした起き上がり小法師 (roly-poly) のような人形. Sesame Street の登場キャラクターを形取ったものが人気になった. 1971 年に導入. 2004 年に Weebleville シリーズ, 2006 年に Storybook World シリーズが再導入された. 対象年齢 2–6 才. キャッチフレーズは "Weebles wobble but they don't fall down". ⇨ Hasbro.

**Weebok** ウィーボック
米国 Reebox International Ltd. 製の子供用ファッションフットウェアのブランド.

**Weed Eater** ウィードイーター
スウェーデンの Stockholm に本部を置くチェーンソー・芝刈り機メーカー Husqvarna Ab 製の芝生を刈り込むストリマー (strimmer; string trimmer). モノフィラメントライン (monofilament line) でできたコードをモーターで回転させて除草する用具.

**Weedwacker** ウィードワッカー
米国 Craftsman (Sears Brands, LLC 所有ブランド) の除草機. Sears* や Kmart* で販売されている.

**Weejuns** ウィージャンズ
米国 G.H.Bass & Co. (1876 年創業. Phillips-Van Heusen Corp. 傘下) が世界に初めて導入したローファー (靴ひものない靴)のブランド. Norway で生まれたことから Norwegians (ノルウェー人[複数形])から命名. 1960 年代に学生間で甲の部分に 1 セントコインを挟むことが流行して, penny loafer とか coin loafer と呼ばれた. ⇨ Bass.

**Weetabix** ウィータビックス
英国のシリアルメーカー Weetabix Ltd (1932 年創業) の略・通称, その製品. もとは 1920 年代に Bennison Osborne がオーストラリアで開発したもの. 全粒小麦を砕いたものをコロッケ形に固めてある.

**Wehlener Sonnenuhr** ヴェーレーナゾンネンウーア
ドイツ Rheinland-Pfalz (Rhineland-Palatinate) 州 Mosel-Saar-Ruwer 地域の Mosel 川中流にある Wehlen 村の Sonnenuhr を呼称するブドウ畑. 佳品の白ワインを生産することで知られる.

**Weight Watchers** ウエイトウォッチャーズ
米国の Weight Watchers International, Inc. (1963 年 Jean Nidetch が創業) の略・通称, 同社製のダイエット食品・フィットネスプログラムなど. 低カロリー・低脂肪のデザートなど. 雑誌 *Weight Watchers* も刊行 (年 6 回).

**Weiman** ワイマン
米国 Weiman Products, LLC 製のステンレス・皮・ガラス・木製家具ほか用の洗剤・ワイプなど. 1941 年から. "Experience the Good Feeling of Clean" がうたい文句.

**Weinbrenner** ウェインブレナー
米国で 1982 年 Wisconsin 州 Milwaukee で創業したワークブーツメーカー Weinbrenner Shoe Co. の略・通称, そのブランド. 滑りにくい (slip resisting) Roofer ブーツは通例モンキーブーツと呼ばれる.

**Weingut Dr. Bürklin-Wolf** ヴァイングートドクタービュルクリンヴォルフ
ドイツ Rheinland-Pfalz (Rhineland-

Palatinate) 州 Rheinpfalz 地域の Wachenheim 村の, 同国有数の醸造家. 400 年に及ぶ歴史がある. Wachenheim 村・Forst 村・Deidesheim 村に, 佳品を生産する畑を所有し, Riesling 種のブドウのワインを中心に白ワインと発泡ワイン (Sekt) を生産している.

## Weingut Reichsrat von Buhl
ヴァイングートライヒスラートフォンブール
ドイツ Rheinland-Pfalz (Rhineland-Palatinate) 州 Rheinpfalz 地域の Deidesheim 村の, 同国有数の醸造家. 1849 年以来, 同一家系で生産が行なわれ, Forst 村・Deidesheim 村を中心に 96ha に及ぶブドウ畑を所有し, 有数の白ワインを生産している.

## Weis ワイス
米国 Pennsylvania 州 Sunbury に本部を置くスーパーマーケットチェーン Weis Markets, Inc. の略・通称. 1912 年創業. Pennsylvania, New York, New Jersey, West Virginia, Maryland 州で展開. 同社はペット用品 Superpetz チェーン店も経営する.

## Welch's ウェルチ(ズ)
米国の Welch Foods, Inc. (National Grape Cooperative Association, Inc. 傘下, フルーツフレーバージュースは Dr Pepper Snapple Group 傘下) 製のグレープジュース・グレープゼリー・グレープジャムなど. 同社は 1869 年に医師・歯科医の Thomas Bramwell Welch (1825-1903) 博士が創業. ジュースは 1893 年に広域販売, ゼリーは 1923 年に開発された. ゼリーはそのままあるいはパンにつけて食べる. ★2 枚のパンに各々ピーナッツバター(特に Skippy* の)とグレープゼリー(特に Welch の)をまんべんなく塗り付けて合わせたサンドイッチ (peanut butter and jelly; 略して pb & j と呼ばれる) は, 米国の子供が好んで食べるもの.

## Wellbutrin ウェルビュートリン
米国 GlaxoSmithKline* 製の抗鬱薬. 注意欠陥多動性障害 (ADHD) 治療薬としても使われる.

## Wellcraft ウェルクラフト
米国の Wellcraft Marine Corp. (1955 年創業) の略・通称, 同社製のモーターボート.

## Weller ウェラー
米国の Cooper Tools (Cooper Industries plc の一部門) 製のはんだごて (soldering tools) など.

## WellnessMat ウェルネスマット
米国製のポリウレタン製の台所などで使うフロアマットのメーカー, そのブランド. 長時間台所で立ち仕事をしても疲れないという. 同社は ABC 放送が選んだ 'Made in America' の 100 社のうちの 1 つ.

## Wen ウェン
米国の Wen Products, Inc. (1951 年創業) の略・通称, 同社製の電動工具.

## Wendy's ウェンディーズ
米国の Wendy's International, Inc. (1969 年創業) 系列のハンバーガーを中心とするファーストフードレストランチェーン店. 店およびハンバーガーの正式名称は Wendy's Old Fashioned Hamburgers. ★McDonald's* の Big Mac* や, Burger King* の Whopper* に対抗して売り出した Single* のテレビ CM 中のキャッチフレーズ "Where's the Beef?" (「お肉はどこ?」; 他店の品はパンばかり大きくて中身の肉が小さいという批判) は有名 (1984 年放映). ★1984 年の大統領戦前哨戦のテレビ討論で, W. F. Mondale 前副大統領が, 対抗馬の G. Hart 上院議員に「君の新しいアイディアとやらは外見ばかりで中身がない」という批判をした際, "Where's the Beef?" を用いて話題になった.

## Wenger ウェンガー
スイスのアーミーナイフメーカー (Wenger SA (1893 年創業)), そのブランド. Victorinox* と双壁をなす. 1939 年より登場. 同社は現在はナイ

フ・腕時計・ブーツ・旅行用品・キャンプ用品なども製造.

**Wesson** ウェッソン
米国製の調理用油(cooking oil). 1899年 David Wesson が開発. 現在は ConAgra Foods, Inc. のブランド.

**West Bend** ウエストベンド
米国の West Bend Housewares, LLC (Focus Products Group, LLC 傘下)製の家庭用電気調理器具. Wisconsin 州 West Bend で 1911 年創業.

**Westclox** ウエストクロックス
米国製の目覚まし時計・掛け時計類. もともとの Westclox 社は 1884 年創業. 現在は NYL Holding LLC が所有するブランド.

**Westcott** ウエストコット
米国製の, 学校・オフィス・家庭用の定規・はさみ. 1872 年創業ブランド. 現在は Acme United Corp. のブランド. 定規では米国最大手.

**Western Digital** ウエスタンデジタル
米国 California 州 Irvine で 1970 年設立の世界最大手のハードディスク駆動装置(HDD)メーカー Western Digital Corp. の略・通称. 略称 WD.

**Westerner** ウエスターナー
⇨ Lee.

**Western Union** ウエスタンユニオン
米国最大の電報会社であった The Western Union Telegraph Co. およびその持ち株会社 The Western Union Corp. の略・通称. 同社は 1851 年創業. 略 WU. 同社の看板はデザイン化した WU の文字. 電報は電話に押され, 同社は Candy Gram, Dolly Gram などの各種のユニークなサービスを行なって低迷化を防いだ. 2007 年サービスを停止し, 現在は個人間の国際送金・為替・貿易などの各種事業を行なっている.

**Westinghouse** ウエスチングハウス
米国の原子力会社で, Pennsylvania 州 Butler 郡 Cranberry Township に本部があり, 日本の東芝が主要な持ち株企業. 1999 年までは総合電機メーカーとして GE* のライバルであった. Westinghouse のブランド (液晶テレビなど) は Westinghouse Electric Corp. (1886 年創業) が管理している.

**WestPoint Home** ウエストポイントホーム
米国最大の寝具・浴用タオルなどのメーカー (WestPoint Stevens, Inc.) のブランド. 同社は 1813 年創業. ほかにも Martex*, Utica*, Lady Pepperell*, Stevens, Vellux* などのブランドを持つ. 子会社 Alamac はニットのスポーツウェア繊維メーカー.

**Wet Ones** ウェットワンズ
米国製のウェットティッシュ. Playtex* のブランド.

**Whaler** ホエーラー
正確には Boston Whaler. 米国の Boston Whaler, Inc. 製のモーターボート. Richard T. Fisher が創業し, 1958 年に不沈構造と安定性を誇る. ほとんどはフィッシングやクルージング用に購入されているが, 1983 年より, 軍事用・警察用・災害救助用などの業務用のボートの製造も始めた.

**Whatchamacallit** ワッチャマコーリット
米国 Hershey's* 製のピーナッツ風味のキャンディーバー. 1978 年発売. "what you may call it" (何とかいうもの) をその発音に従って 1 語に綴ったもの.

**Whatman** ワットマン
英国 Whatman plc の略・通称, 同社製の, 筆記用紙・画用紙・フィルター紙など. 1740 年 James Whatman が創業. 世界主要国にオフィス・製造工場がある. GE Healthcare Bio-Sciences Corp. 傘下.

**Wheaties** ホウィーティーズ, ウィーティーズ
米国の General Mills* 製のシリアル. 小麦のフレークで, ふすまもいっしょ

にひいてある．wheat (小麦) に親愛を表わす接尾辞 ie を付けて命名．Washburn Crosby Co. が開発したもので，1924 年より発売．ロサンゼルスオリンピック体操競技のゴールドメダリスト Mary Lou Retton など多くのスポーツ選手を外箱に印刷して宣伝広告とした．かつて使われた "Wheaties—The Breakfast of Champions" のキャッチフレーズが有名．

## Wheat Thins　ホイートシンズ
米国 Nabisco* 製の焼き菓子のスナッククラッカー．女優・歌手 Sandy Duncan (1946– ) を起用した 1980 年代終りごろから放映された TV コマーシャルで人気が出た．

## Which?　ウィッチ？
英国 Which? Ltd (もとは Consumer's Association) の略・通称，そこから刊行される消費者のための商品情報誌．月刊．1957 年創刊．企業・政府とのつながりは一切ない非営利団体 (charity) で，厳密なテストを重ねた上でキャンペーンを行い，記事作りをしている．テストに使用する商品は店頭購入する．

## Whirlpool　ワールプール
米国の大手家電メーカーである Michigan 州 Benton Charter Township に本部がある Whirlpool Corp. (1911 年創業) の略・通称，同社製の各種家庭電化製品．特に洗濯機が有名で，社名もそれに由来する．

## Whiskas　ホイスカス
米国 Mars* 製のキャットフード．肉片状で缶入りのものや，ビスケットがある．Pedigree Pet Foods が 1936 年発売した当時は Kal Kan の名前であった．"Eight out of ten owners say that their cat prefers it." の TV コマーシャルのことばが有名になった．

## Whistler　ホイッスラー
米国 The Whistler Group, Inc. (1971 年創業) 製の，速度違反取り締まり用レーダー電波の探知器 (radar detector) など．

## White Castle　ホワイトキャッスル
米国の，ハンバーガーを中心メニューとするファーストフードレストランチェーン店．Ohio 州 Columbus に本社がある White Castle Management Co. 系列．最初の店は 1921 年 Kansas 州 Wichita で開店，ハンバーガーのチェーン店としては最も歴史がある．当時はハンバーガー 1 個 5 セント．早くむらなく焼けるようにバーガーには 5 個の穴があいている．White は "purity" を，Castle は "strength, stability and performance" を表わすものとして命名．

## White Cloud　ホワイトクラウド
カナダの Kruger Products Ltd. 製のトイレットペーパー．1958 年より発売．米国内では Walmart* でのみ販売される．

## White Giant　ホワイトジャイアント
ドイツ Henkel AG & Co. KGaA 製の洗剤．インドの子会社が 1994 年インドに導入．ドイツでは Mr. White ブランド．

## White Heather　ホワイトヘザー
スコットランド White Heather Distillers Ltd の略・通称，同社製のブレンデッドウイスキー．同社は 1845 年創業．

## White Horse　ホワイトホース
スコットランド産のブレンデッドウイスキー．当初は別の名前で売られていたが，1890 年に同酒を最初に供していた Edinburgh の有名な宿屋 White Horse Cellar Inn の名をとって変更．

## Whitehouse Cox　ホワイトハウスコックス
英国 1860 年創業の高級馬具製造メーカー (Whitehouse Cox & Co Ltd) として，乗馬用の鞍や手綱などの高品質な馬具を製造．自動車の普及で馬具の需要が減ると，軍需用のベルト・ガンケースを製造．その後ペット用首輪，カフスボタン入れなどの小物のレ

ザーグッズ，かばん類など殆どが乗馬用の鞍に多く使用されていたブライドルレザーで製作した．メッシュベルトも有名．

**White Label**　ホワイトラベル
スコットランド John Dewar & Sons, Ltd 製のブレンデッドウイスキー．White Label は 1920 年ごろより製造，世界で初めて樽詰め販売をやめ，ボトル詰めにされたウイスキー．そのボトルに白いラベルが貼られていたことから，この名で呼ばれるようになった．米国では White Label は非常に人気があるが，その名が人種差別につながるとして問題視されたため，1969 年以降 Dewar's が冠ブランドとして入った．⇨ Dewar's．

**White Owl**　ホワイトアウル
米国製の葉巻．1887 年から．もともとのメーカー Straiton & Storm の経営者 Frederic Storm 氏が葉巻たばこの名を思案していたときに，家の窓に白いフクロウ (snowy owl) が飛んできたためという逸話がある．白いフクロウは同社のトレードマークになっておりその名は Whity (シロちゃん)．

**White Rain**　ホワイトレイン
米国 Sun Products Corp. 製のシャンプー・コンディショナー・ヘアスプレー・ジェル・ムースなどのヘアケア用品．

**White Rose**　ホワイトローズ
米国 New York 市最大の食品卸し業者 (White Rose, Inc. 1886 年 Joseph と Sigel Seeman 兄弟が創業)．乾物・冷凍食品・乳製品などを扱う．

**White Stag**　ホワイトスタッグ
米国の Walmart* 製のカジュアルウェア・アクセサリー．ロゴマークは，走る鹿．

**White-Westinghouse**　ホワイトウェスティングハウス
米国製の家庭電化製品製造会社，そのブランド．同社は 1917 年 Westinghouse Electric Co. として創業，1975 年 White Consolidated Industries に買収され White-Westinghouse が誕生．1986 年にスウェーデン最大の家電メーカーである Electrolux* に買収されライセンス生産されている．(電気・ガス)レンジ・皿洗い機・冷蔵庫・(電気・ガス)衣類乾燥機など．

**Whitman's**　ホイットマンズ
米国の Whitman's Candies, Inc. の略・通称，同社製のチョコレート．1842 年 Stephen F. Whitman が創業．チョコレートでは黄色いパッケージの各種一口サイズのものが入った Sampler や，ハート型のパッケージの Heart Box が知られ，女性への贈り物に最適と宣伝された．

**Whole Foods**　ホールフーズ
米国 Texas 州 Austin に本拠を置くスーパーマーケットチェーン Whole Foods Market, Inc. の略・通称．1980 年に自然食品を扱う従業員 19 人の店として開店し，現在は全米 38 州とコロンビア特別区に 284 店舗，カナダに 6 店舗，英国に 5 店舗を展開．

**Whopper**　ワッパー
米国のハンバーガーチェーン店 Burger King* (と，オーストラリアのフランチャイズ店 Hungry Jack's) で売られている大型ハンバーガー．1957 年から発売．

**WH Smith**　WH スミス
英国 London で 1792 年に Henry Walton Smith が創業した鉄道・空港・病院などでの書籍・新聞販売の小売り大手業者 WH Smith plc (または Smith's と略称) のチェーン店で，事業を継いだ息子の William Henry Smith の名前から．

**Whyte & Mackay**　ホワイトアンドマッカイ
スコットランド Whyte & Mackay Ltd 製のブレンデッドウイスキー．1844 年からの共同経営者の 2 人の名 James Whyte と Charles Mackay に由来．トレードマークは前肢を上げた 2 頭の横向きライオン (Double Lions) で，Whyte 家の紋章からとられたも

の.

**Wickes** ウィックス
英国の,家の改造や日曜大工用品を扱う,英国人が大好きなDIYストア.国内に約200店舗を展開.米国のWickes Corp.と英国の建築業者Sankeysとのジョイントベンチャーで生まれた.

**Wickes Lumber** ウィックスランバー
米国のWickes, Inc. (1971年創業)系列の木材・建材・内装材などの小売りチェーン店.

**Wiedemann** ヴィーデマン
米国Pittsburgh Brewing Co.製のボヘミア風ビール(Bohemian beer).

**Wiffle** ウィッフル
米国のThe Wiffle Ball, Inc.の略・通称,同社製のプラスチック製のボール.球の半分に8つの縦長の孔があけられており,手首をひねらなくとも,球をどのように握って投げるかで,カーブ・ストレート・スライダーなどが自由に投げ分けられる.しばしばWiffle Ballと呼ばれる.商標登録は1966年.1910年代から使われるようになった野球俗語のwhiff(空振り三振させる)から名付けられた.

**Wigwam** ウィグワム
米国Wisconsin州のWigwam Mills, Inc. (1905年創業)の略・通称,同社製のソックス.アウトドア用・スポーツ用・健康用などがある.

**Wilbur** ウィルバー
米国製のチョコレート.1865年Henry Oscar WilburとSamuel Croftが創業.Hershey's*のKisses*によく似た小片チョコレートのWilbur Budsが有名.こちらが先行商品で,1894年から発売(Kissesは1907年発売).現在はCargill, Inc.のブランド.

**Wildlife** ワイルドライフ
米国の野生動物保護団体The National Wildlife Federation (本部はWashington, D.C.)刊行の,野生動物研究を扱う月刊科学誌.正確にはNational Wildlife. 1962年から.

**Wild Turkey** ワイルドターキー
米国Kentucky州のAustin, Nichols Distilling Co. (Campari Group傘下)製の,ストレートバーボン.8年熟成,101 proof. 1855年より販売.バーボンとしては高級な部類.野生の七面鳥を象ったセラミックボトル入りもある.

**Wild Turkey Liqueur** ワイルドターキーリキュール
米国のAustin, Nichols & Co., Inc.製のバーボンをベースにしたリキュール.蜂蜜・柑橘類・スパイスが加えてあるのが特徴.⇨ Wild Turkey.

**Wilkinson** ウィルキンソン
英国Wilkinson Sword Ltdの略・通称,同社製の刀剣・刃物類.1772年創業のLondonの鉄砲鍛冶Henry Nockの店に徒弟として勤めたJames Wilkinsonが,1805年にその店を受け継ぎ,店の名前をWilkinson & Sonとしたのが起源.その後,銃の生産は止め,Victoria女王の時代以降,英王室御用達の刀剣商となった.1898年からカミソリの製造に特化し,Pall Mall安全カミソリを出した.使い切りカミソリもある.Hydro, Quattro, Xtreme, Xtraなどのブランドがある.

**Wilkinson Sword** ウィルキンソンソード
英国Wilson Sword Ltd製の芝生・庭園用具.この部門はフィンランドのFiskarsが所有.

**William Lawson's** ウィリアムローソン(ズ)
スコットランドWilliam Lawson Distillers Ltd製のブレンデッドウイスキー.1849年発売.

**Williams-Sonoma** ウィリアムズソノマ
米国の調理器具メーカーWilliams-Sonoma, Inc. (1956年創業)の略・通称,そのブランド.家具を扱う系列の会社はWilliams-Sonoma Home.

**Wilson** ウィルソン

# Wilsonart

米国 Illinois 州の Wilson Sporting Goods Co. (1913 年創業. 現在はフィンランドの Amer Sports Oyj 傘下) の略・通称, 同社製のスポーツ用品. 特に野球用グローブ・テニスラケット・テニスボール・ゴルフクラブが人気商品. 同社は米国最初のゴルフ用具専門メーカーとして, 1914 年に創業, 当時人気絶頂だった 28 代大統領 W. Wilson の名をとって社名・商標とした.

## Wilsonart　ウィルソナート

米国のメラミン化粧板(ラミネート)を製造する Wilsonart International, Inc. (1956 年創業) の略・通称, そのブランド. 同ブランドで産業用のスプレー・ブラシ・ローラーで塗布できる接着剤も製造.

## Wilson Jones　ウィルソンジョーンズ

米国の事務用品メーカー ACCO Brands Corp. 製のバインダー・ファイルなどのブランド.

## Wilton　ウィルトン

英国のカーペット・ラグ製造会社 The Wilton Carpet Factory Ltd の略・通称. 同社の工場の最初の部分は 1655 年に建てられた.

## Wimpy　ウィンピー

英国に本部がある Wimpy International の略・通称, 同社製のハンバーガー, およびそれを売る英国・南アフリカなどに展開するファーストフードチェーン店 (Wimpy Bar [bar] とも呼ばれた). Bender ハンバーガー (実際はフランクフルトソーセージ)で知られる. 1935 年に米国 Illinois 州 Chicago の Wimpy Grills, Inc. が, サンドイッチや焼いた肉の名として商標登録. Wimpy の名は漫画 *Popeye* の中のしょっちゅうハンバーガーを手にしている登場人物の J. Wellington Wimpy からとられたものだが, wimpy という語は漫画の影響で, 1930 年代中ごろよりハンバーガーを意味する俗語となっていた. 英国では 1954 年に米国人 Edward Vale Gold が商標登録し, 米国以外での独占販売権をもっていた J. Lyons が同年に第 1 号店を開店. その後英国内で Wimpy bar が多数作られ, 英国人の食習慣に変化を与えたともいわれる.

## Winalot　ウィナロット

英国製のドッグフードなど. 当初は競争用のグレーハウンド専用のおやつとして作られたビスケット. レースで多く勝つ (win a lot) ようにと 1927 年に命名された. 現在は Nestlé Purina PetCare Co. のブランド.

## Wincarnis　ウィンカーニス

英国 Ian Macleod Distillers Ltd 製の強壮 [トニック] スピリッツ (tonic wine). ジャマイカやシンガポール・マレーシア・ペルシャ湾岸地域でポピュラー. 1887 年に William Coleman が開発し, Liebig's Extract of Meat and Malt Wine の名で, 彼の薬局 Coleman & Co., Ltd で売られた. 第一次大戦後, Coleman が経営権を他人に譲ったとき, wine と, ラテン語の「新鮮な」に当たる caro, carnis との合成語 Wincarnis となった.

## Winchell's　ウィンチェルズ

米国 California 州 City of Industry に本社をもち, 西海岸に展開する大手のドーナツなどの販売チェーン店 Winchell's Donut House の略・通称, 同店販売の種々のドーナツなどのブランド. 1948 年 Verne H. Winchell が California 州 Temple City で 1 号店をオープン. "Home of the Warm 'n Fresh Donut" とうたう.

## Winchester　ウィンチェスター

米国製のライフル銃・銃弾など. Oliver F. Winchester (1810–80) が創業, 1866 年に最初の型 Model 66 が売り出された. Winchester Repeating Arms Co. は 2006 年倒産し, 現在は Herstal Group の 2 社がライセンス製造.

## Windex　ウィンデックス

米国 S.C. Johnson & Son, Inc. 製の窓ガラス洗浄液. 1933 年 Henry R.

# Wisk

Drackett が開発し発売.

**Windolene**　ウィンドリーン
英国 Reckitt Benckiser* 製の窓ガラスクリーナー. 1922 年に商標登録. wind と, "clean" を連想させる "lene" を組み合わせて命名.

**Windows**　ウィンドウズ
米国 Microsoft* 製のパソコン用 OS. 正式名称は Microsoft Windows. 商標.

**Wind Song**　ウィンドソング
米国 Connecticut 州の香水店 Prince Matchábelli* 製のコロン.

**Wings**　ウィングス
米国製のバッグ. 現在は Hartmann (1877 年創業) のブランド.

**Winn-Dixie**　ウィンディキシー
米国 Florida 州 Jacksonville に本部を置くスーパーマーケットチェーン, そのブランド. 1925 年創業. Florida, Alabama, Louisiana, Georgia, Mississippi 州で 485 店舗を展開.

**Winnebago**　ウィネベーゴ
レジャー用車の大手メーカーである米国の Winnebago Industries, Inc. (1958 年創業) の略・通称, 同社製のモーターホームなど. 姉妹ブランドに Itasca* がある. ★ Winnebago は Wisconsin 州東部に住むネイティヴアメリカン Sioux 族の一種族.

**Win Schuler's**　ウィンシュラーズ
米国の Win Schuler Foods, Inc. の略・通称, 同社製のチーズスプレッド・スナックチップス. Winston Schuler が経営するレストランのメニューで "Bar Scheeze" と呼ばれる料理が起源.

**Winsor & Newton**　ウィンザー(アンド)ニュートン
英国の画材店, そのオリジナル商品のブランド. 特にカラーインクや水彩絵の具が評価が高い. キャンバスや筆も製造. 同店は 1832 年に William Winsor と Henry Newton が創業. "The World's Finest Artists' Materials" とうたう.

**Winston**　ウィンストン
米国 R.J. Reynolds Tobacco Co. 製の紙巻きたばこ. 1954 年発売で, 同社初のフィルター付きたばこ. "Winston tastes good like a cigarette should." のキャッチフレーズは有名. ⇨ Camel.

**Winterfresh**　ウインターフレッシュ
米国 Wrigley's* 製のチューインガム. 1994 年発売で, "Icy Cool Breath That Lasts" とうたい, ティーンエージャーの人気トップ商品. この製品のコマーシャルを自作する Winterfresh Network を提供して評判になった.

**Wisdom**　ウィズダム
英国 Wisdom Oral Care Ltd 製のオーラルケア製品 (歯ブラシ・マウスウォッシュなど). 1780 年 William Addis が創業. 米国では Wisdom USA がある.

**Wise**　ワイズ
米国の Wise Foods, Inc. の略・通称, 同社製のポテトチップス・ポップコーン・プレッツェルなど. ポテトチップスは 1921 年より製造. キャッチフレーズは 'Still Made the Original Natural Way' で, 合成保存料は一切使用されていない. 創業者 Earl V. Wise, Sr. に由来する名. フクロウの目がデザインされている.

**Wish-Bone**　ウィッシュボーン
米国製のサラダドレッシング. 現在は Unilever* ブランド. 1945 年にレストランを開店した Phillip Sollomi が, 店で出す得意料理がチキンを使ったものだったことから, その店を "Wish-Bone" (鳥の叉骨) と命名し, その店のドレッシングが好評だったのが起源.

**Wisk**　ウィスク
米国 The Sun Products Corp. 製の強力液体中性洗濯用洗剤. 1956 年発売. 1968 年 "Ring Around the Collar" (ワイシャツの襟周りの汚れ) に効果があるとうたったコマーシャルキャンペー

# Wispa

ンが注目された．2010年 "Stain Spectrum Technology" 製品を再導入．

**Wispa** ウィスパ
英国の Cadbury UK 製のチョコレートバー．1981年発売．

**Witch Hazel** ウィッチヘーゼル
米国 Dickinson Brands, Inc. 製の，アメリカマンサク (witch hazel) の樹皮を煮て採るエキス．切り傷を洗浄して収斂させたり，打ち身・すり傷などの皮膚の炎症を鎮め痛みを和らげたりするためのローション (astringent)．

**Wite-Out** ワイトアウト
米国 BIC Corp. 製の修正液 (correction fluid)．製品の発想は1966年だといい，George Kloosterhouse と Edwin Johanknecht は1971年に Wite-Out Products, Inc. を創業して製造発売したが，当時のものは水溶性．1974年米国で特許・商標登録され，1992年 BIC Corp. に買収された．

**Wittnauer** ウィットナウアー
米国製の時計．Albert Wittnauer が創業．現在は Bulova* ブランド．

**WMF** WMF
1853年創業のドイツの調理器具・卓上食器類のメーカー (WMF AG)，その商品．18-10 ステンレスを素材とした製品が多く，その素材を家庭用品に採用したのは同社が世界で最初．

**Wolf** ウルフ
米国の家電メーカー Wolf Appliance Co. の各種の家電調理製品のブランド．2000年に Sub-Zero, Inc. に吸収合併された．

**Wolf** ウルフ
米国 ConAgra Foods, Inc. 製のチリ (chili) の缶詰め．オリジナルのレシピは1895年 Texas の農場の料理人と Lyman T. Davis が開発し，1920年代に評判となり缶詰め製品にした．Davis が飼っていたペットのウルフ Kaiser Bill を商標にし，後に Wolf Brand となった．

**Wolf Bros.** ウルフブラザーズ
米国の Wolf Bros. Cigars (Renegade Tobacco Co. の一部門) 製の葉巻．

**Wolfschmidt** ウルフシュミット
米国 Jim Beam Brands Co. 製の，穀物を原料としたウオッカ．80 proof・100 proof の2種．

**Wolseley** ウルズリー，ウーズレー
英国のかつての乗用車メーカー Wolseley Engineering Co の略・通称，その車．オーストラリアの Wolseley Sheep Shearing Machine Co で働いていた Herbert Austin が，1893年に母国の英国に帰り，そのころ創業した Wolseley Engineering Co に参画して自動車のデザインを始め，1900年に初代 Wolseley を完成させ，同車は丈夫なファミリーカーとして名声を得た．

**Wolsey** ウルジー
英国の衣料品メーカー (Wolsey Ltd)．1755年ニットの靴下製造会社として創業．工場近くの Leicester Abbey に埋葬された枢機卿 Thomas Wolsey (1475?-1530) にちなむ．

**Wolverine** ウルヴァリン
米国の Wolverine World Wide, Inc. (1883年創業) の略・通称，同社製のトレッキング用またはタウンウォーキング用のブーツ・アウトドアシューズ・ワークシューズ・衣類．1914年 1000 Mile Boot という，鉄道・高層建築・ハイウェー建設従事者用の頑丈なブーツを発売した．⇨ Hush Puppies.

**Woman's Day** ウーマンズデー
米国の Hachette Filipacchi Media U.S., Inc. 刊の，主に若い主婦向けの家庭実用誌．1928年創刊．婦人雑誌中2位の発行部数 (380万部)．当初は A & P* グローサリーストアで売られていた．年17回刊行．"Seven Sisters" と呼ばれた雑誌の1つ．

**Woman's Own** ウーマンズオウン
英国の女性週刊誌．IPC Media 刊．1932年創刊．セレブリティのゴシップ・実話・ファッション・美容・ショッピング・食事・旅行など多方面の内容．

## Woolworth's

**Woman's Weekly**　ウーマンズウィークリー
英国 IPC Media 刊行の, 熟年女性向けヴィジュアル型週刊誌. 1937 年創刊. ファッション情報が主で, 恋愛ものの短編・連載の小説・家庭生活の実用的なアドバイス・通俗的記事も載っている.

**Wonder**　ワンダー
米国の Hostess Brands, Inc. 製の食パン・ハンバーガー用の丸パン (bun) など. 米国で最もポピュラーな白い食パン. もともとのメーカー名は Indianapolis の Taggert Baking Co. で, 1 ポンドの Mary Maid という名の食パンをヒットさせたあと, 1 ポンド半の Wonder を 1918 年から製造した. 包装紙には気球をイメージした白地に赤・青・黄の円が多数描かれているが, これは Indianapolis Speedway で行なわれていた International Balloon Race で空に浮かんだ気球群にヒントを得たデザインで, Wonder の名とともに同社副社長の Elmer Clein の着想による. ⇨ Hostess.

**Wonder Ball**　ワンダーボール
米国 Frankford Candy & Chocolate Co. (1947 年 Sam Himmelstein が創業) 製のキャンディー. もとは Nestlé Magic Ball と呼ばれていた別の会社製のもの. 球形のキャンディーを薄くミルクチョコレートでコーティングしたもの.

**Wonderbra**　ワンダーブラ
1968 年にカナダで生まれたプッシュアップブラ (push-up bra) のブランド. Canadian Lady Corset Co. (後に Canadella Inc. と社名変更) の創業者 Moses (Moe) Nadler がすでに 1939 年商標権を取得していたが, 1961 年に発売したプッシュアップブラ Model 1300 (Wonderbra と同様なもの) が人気となり, 1970 年代にはカナダでは主力ブランドになった. 英国は Gossard (Courtaulds Textiles 傘下) がライセンス製造していたものが 1991 年になってセンセーションを起こした. 米国マーケットへは 1994 年新しいデザインで再導入された. Hanes* 製.

**Wonderknit**　ワンダーニット
米国 New York 市の Anvil Knitwear, Inc. 製のアパレルブランド.

**Wondra**　ワンドラ
米国の Procter & Gamble* 製の手とボディー用のローション. 1977 年発売.

**Wondra**　ワンドラ
米国 General Mills* の Betty Crocker ブランド製の, 冠ブランド Gold Medal のとろみソース用のインスタント粉 (instantized flour). 1963 年発売.

**Woodbury**　ウッドベリー
米国 California 州 Santa Cruz の Woodbury Winery, Inc. の略・通称, 同所製の酒精強化ワインおよびブランデー.

**Woodbury**　ウッドベリー
米国 New York 州 Chautauqua 郡 (米国第 3 位のブドウ産地) の醸造場 Woodbury Vineyards の略・通称, そのテーブルワイン. ワイナリーは 1979 年創業.

**Woods of Windsor**　ウッズオブウィンザー
英国製の浴用ローションやジェル・石鹸・ハンドクリーム・香水など. 同社は 1770 年に薬物商として創業.

**Woolite**　ウーライト
英国 Reckitt Benckiser* 製の洗濯用洗剤のブランド. デリケートな衣料・おしゃれ着洗いによいという.

**Woolrich**　ウールリッチ
米国の衣料品メーカー (Woolrich, Inc.), その製品のアウトドア用ウェアなど. 同社は 1830 年 John Rich が創業.

**Woolworth's**　ウールワース
米国の "five-and-dime store" の元祖の一つであった F.W. Woolworth Co. (単に Woolworth とか, ときには Woolsworth とも呼ばれた). 1879 年 Frank Winfield Woolworth が創業.

# Woolworths

1997年閉鎖し,スポーツ用品に特化したFoot Locker Inc.となった.

**Woolworths** ウールワース
オーストラリアの小売業者Woolworths Ltd (1924年創業)の略・通称.オーストラリアとニュージーランドに展開するスーパーマーケットチェーン店.

**Word** ワード
米国Microsoft* 製パソコン用ワープロソフト.正式名称はMicrosoft Word.商標.

**Working Woman** ワーキングウーマン
オーストラリアWomen's Network Australia Pty Ltd刊の予約購読制雑誌.年4回刊.ビジネスウーマン対象.

**Workmate** ワークメイト
米国Black & Decker* 製の折りたたんで運べる工作台(workbench).折りたたんで店やガレージの壁に掛けて収納できる.

**World's Finest** ワールズファイネスト
米国Illinois州ChicagoのWorld's Finest Chocolate, Inc.の略・通称,同社製のチョコレート製品.同社は1949年創業.米国での商標登録は1956年.

**Worth** ウォルト
フランス製の香水.ファッションデザイナーCharles Frederick Worth (1825–95)の名から.同氏はパリの高級衣装店組合(略称サンディカ(Syndicate))を1868年に設立した人物.

**WPP** WPP
英国最大の広告代理店WPP plc (1971年創業)の略・通称.世界100か国以上に2,400以上のオフィスを持つ.

**Wrangler** ラングラー
米国製のジーンズなど.同社は1947年創業.ジーンズではLevi's*, Lee* と並び,三大ブランドの一つ.1986年に世界最大級の衣料品メーカーで,Leeを生産しているV.F. Corp.に買収された.

**Wranglers** ラングラーズ
米国のHormel* (1891年George A. Hormelが創業)製の,燻製加工されたホットドッグ用フランクフルトソーセージ.

**Wrigley's** リグレー(ズ)
米国のWilliam Wrigley Jr. Co. (1891年創業.現在はMars, Inc.傘下)製のチューインガム.Wrigley's Spearmint (1893年発売)が有名.創業者はWilliam Wrigley Jr. (1861–1932).同社のチューインガムブランドにはJuicy Fruit, Big Red, Freedent, Hubba Bubbaなど多くある. ⇨ Life Savers.

**Write Bros.** ライトブラ(ザー)ズ
米国のPaper Mate Products, Inc. 製のボールペン. ⇨ Paper Mate.

**Wurlitzer** ワーリッツァー,ウルリッツァー
米国の楽器メーカーThe Wurlitzer Co.の略・通称,同社製の自動ピアノ・電子ピアノ・電子オルガン・ジュークボックス・スピーカー・自動販売機など.同社は1890年にOhio州でRudolf Wurlitzer Co.として創業.1980年代にBaldwin Piano Co.に買収され閉鎖.

**Wyborowa** ヴィボロヴァ
ポーランド産の,ライ麦を原料としたウオッカ.1823年から.80 proof・100 proofの2種.ラベルの表示はWodka Wyborowa.

**Wyler's** ワイラー(ズ)
米国製のインスタントブイヨン(キューブ[立方体]状・顆粒状のスープ(broth).1931年スイス生まれのSilvain S. Wylerとその妻が創業.現在はH. J. Heinz Co. 製.

# X

**X-acto**　エクザクト
米国 Elmer's Products, Inc. が所有するブランドの一つで，ホビー工作ナイフ (hobby knife)・薄刃のこぎり (razor saw) などの工具類．工作用ナイフとしては英米で最もポピュラーで，柄に取り付けて用いるさまざまな形状の刃がある．このほか，鉛筆削り・トリマー・ステープラー・パンチ・クリップ・暖房用ヒーター・扇風機もある．ロゴは X-ACTO と大文字．

**Xanax XR**　ザナックス XR
米国 Pfizer, Inc. 製の抗不安薬．XR は剤形が徐放性 (extended-release) であることを表わす略語．通常の Xanax に比べて薬剤の溶解に時間差があり，薬効がより長く持続する．

**Xbox**　エックスボックス
米国 Microsoft* 製の家庭用ゲーム機．2001 年米国内で発売．日本の Sony の PlayStation 2 や任天堂の GameCube に対抗して開発された．2002 年には Xbox Live というオンライン上で世界中のゲーム愛好家と対戦できるサービスを開始．2005 年には Sony の PlayStation 3 や任天堂の Wii に対抗する Xbox360 を発売．商標．

**Xenical**　ゼニカル
米国 Genetech, Inc. (Roche Group) 製の抗肥満薬 (anti-obesity agent)．摂取した脂肪の吸収を抑える処方薬．肥満度を表わす BMI (体格指数) が 27 以上の人に適している．

**Xerography**　ゼログラフィー
米国で開発された，乾式複写印刷方式の一つ．Chester Carlson が 1938 年に発明し，1942 年に特許を取った．☆同種のもの一般を示して小文字で用いられることもある．⇨ Xerox．

**Xerox**　ゼロックス
電子乾式複写機の世界最大手メーカーである米国 Xerox Corp. の略・通称，同社製の複写機，その複写方式，その関連製品のブランド．原理は 1937 年に Chester Carlson が発明．1945 年に，写真用品メーカーの The Haloid Co. (1906 年創業) が，この複写法に着目し，1948 年に特許の独占使用権を得た．同年その乾式複写方式を示す Xerography という語が，「乾燥」の意のギリシャ語 xeros と「写真」の photography とに基づいて造られた．1952 年に Haloid 社が英国で商標登録をし，翌年米国で「1949 年より使用」として登録を行なった．1960 年に最初の実用乾式複写機 914 型が市場化されたが，この数字は 9 × 14 インチの用紙サイズにちなむ．同年 Haloid 社は Xerox Corp. と社名変更．

**Xylonite**　ザイロナイト
英国製の硝酸セルロース [セルロイド] シート (cellulose nitrate sheet)，そのメーカーの略・通称．セルロースが樹木の主要な構成物質であるところから，「木」に当たるギリシャ語 xylon からその名称が取られた．

# Y

**Yago** ヤーゴ
スペイン Santyago Vinicola, S.A. 製のサングリア酒 (sangria). ワインにオレンジ・レモン・シロップ等を加えたもの. 同社は 1870 年創業. sangria の生産は 1964 年以降だが, 輸出量は単一銘柄としては最も多い. 14 proof.

**Yahoo!** ヤフー!
米国のインターネット関連サービスを行なう企業で, インターネット検索エンジンをはじめとしたポータルサイトの運営が主力事業. スタンフォード大学の Jerry Chih-Yuan Yang と David Filo によって 1994 年ウェブディレクトリとして始められた. 商標.

**Yahtzee** ヤーツィー
米国 Milton Bradley Co. (Hasbro* 傘下) 製のダイスゲーム. ヨット上でのゲームとして 1954 年に考案され, 1956 年商標登録. "Yacht game" から Yahtzee になったといわれる.

**Yale** エール(錠)
米国製のシリンダー錠(とその鍵). Yale Lock [lock] ともいう. 錠前職人 Linus Yale, Jr. (1821–68) が発明, 1861 年・65 年に特許を取得(原型の「留め金-翻転子錠」は 1848 年, その発展型 ("Yale Infallible Bank Lock") は 1851 年に特許). 英国での商標登録は 1885 年で, 米国での登録は 1907 年, いずれも The Yale & Towne Mfg. Co. の社名で行なっている. 1978 年に, 鍵などの建築金物類を担当する部門は, Scovill, Inc. に売却されたが, 間もなく英国のガス・電気器具会社 Valor plc に売却され, その一部門は Yale Security, Inc. となった.

**Yami** ヤミー
米国 Auburn Dairy Products, Inc. 製のヨーグルト. 1924 年 James Rice が創業.

**Y & S** Y アンド S
米国 Y & S Candies, Inc. の略・通称, 同社製の, 甘草 (licorice) 風味のキャンディー類のブランド. Nibs (1923 年発売), Twizzlers*, Goodies など. 同社は 1845 年に創業, 1977 年に Hershey Foods Corp. の傘下となった. Y & S は, Young と Smylie という二人の創業者の名前から.

**Yankee** ヤンキー
米国 Yankee Publishing Inc. 刊行の, New England 地方の文芸・文化と生活情報の月刊誌. 1935 年創刊. 頑固なまでに同地方の地方色を守り, 写真よりもイラストを多用するなど, 古さ・野暮くささを逆手にとって, 地域的エリート意識を盛り上げている.

**Yardley** ヤードレー
英国で 1770 年に生まれたオードトワレ・ボディースプレー・石鹸などのブランド Yardley of London の略・通称. 現在は英国に本拠地を置く Lornamead Group (1978 年創業) のブランド. 米国・ドイツ・ドバイ・インドにも展開.

**Yard-Man** ヤードマン
米国 Yard-Man (MTD Products, Inc. の一部門) 製の芝刈り機・雪かき機 (snow thrower)・刈り込み機 (trimmer)・落ち葉寄せ機 (blower) など.

**yellow cab** イエローキャブ
車体が黄色に塗られている米国 New York 市のタクシーの通称. 商標ではないが, しばしば Checker cab* と混同して用いられる. 2011 年 5 月に日産自動車が新型車両 (NV 200 ミニバン) 納入契約を受注して話題になった.

**Yellow Cab** イエローキャブ

全米各地やカナダ・オーストラリアなどに存在するタクシー会社 Yellow Cab Co. 所属の車体を黄色に塗られたタクシー. 1915年に John D. Hertz (1879-1961) が創業した米国 Chicago が最初といわれる. ⇨ Hertz.

**Yellowstone**　イエローストーン
もとは米国 J.B. Dant Distillery, 後に Glenmore Distilleries Co. (1943年創業) 製のバーボン. 同社は1836年より自家蒸留を行なっていたが, Yellowstone が国立公園に指定された1872年に, その名をとった. 現在は Luxco, Inc. がボトリングし, 発売.

**Yes To**　イエストゥー
米国 Yes To Ltd. 製のスキンケア・ヘアケア製品のブランド. 有機野菜・果物と死海のミネラル成分を使用. Yes To Carrots, Yes To Cucumbers, Yes To Tomatoes, Yes To Blueberries などがある. 2006年から.

**Y-Front**　Yフロント
米国 Jockey International, Inc. (1876年創業) 製のブリーフ・ズボン下 (long johns)・女性用タンクトップのブランド.

**Yodels**　ヨーデル(ズ)
米国 Drake Bakeries, Inc. (Hostess* の一部門) 製の, ミニチョコロールケーキのまわりをチョコで覆った菓子. 大人にも人気がある.

**Yoo-hoo**　ユーフー
米国 Dr Pepper* 製のチョコレート飲料など. Chocolate Yoo-hoo, Strawberry Yoo-hoo, Dyna-Mocha Yoo-hoo, Yoo-hoo Lite がある. 実際の商品には yoo-hoo と小文字で書かれている. 現在は Cadbury Schweppes plc のブランド.

**Yoplait**　ヨープレイト
米国 Yoplait USA, Inc. (General Mills* の一部門) の略・通称, 同社製のヨーグルトとカッテージチーズ. ブランドを所有するのはフランスの投資会社 PAI Partners と酪農協同組合 Sodiaal*.

**York**　ヨーク
米国 Hershey's* 製のペパーミントパティ (peppermint pattie). 1920年代創業でアイスクリームコーン (ice cream cone) などを製造していた Pennsylvania 州の York Cone Co. が1940年に製造・販売して始まった. 現在は Hershey Foods Corp. が製造.

**York Creek**　ヨーククリーク
米国 York Creek Vineyards 製のワイン. California 州 St. Helena の西方の山間地に広がるブドウ園から生まれる.

**Yorkie**　ヨーキー
英国の大手菓子メーカー Rowntree Mackintosh Confectionery 製のチョコレートバー. 1976年発売. 同社が York にあるところから命名. 1988年同社は Nestlé* に買収された.

**Young's**　ヤング(ズ)
英国 Young's Seafoods Ltd (1805年 Elizabeth Young が創業) の略・通称, 同社製のオーブン利用の即席シーフード料理.

**Youth Code**　ユースコード
フランス L'Oréal Paris 製のスキンケア製品.

**Youth-Dew**　ユースデュー
米国 Estée Lauder* 製の1953年に発売されヒットした女性用オーデコロン. 現在同ブランドでバスオイル・香水・発汗体臭抑制剤などがある.

**YouTube**　ユーチューブ
2005年に Steve Chen, Chad Hurley, Jawed Karim の3人によって米国で創設されたビデオ画像などの動画投稿サイト. 自由な検索やコメントのできる構造を持つ. 日本も含め世界中から投稿され, アニメキャラなど漢字や仮名文字のキーワードもあるが, テレビや映画の録画を勝手に投稿し削除される著作権侵害の例も多い. 2006年 Google Inc. の傘下に入った. 商標.

**Yo-Yo**　ヨーヨー
米国のもと Donald F. Duncan, Inc. 製の玩具. 1929年から Louis Marx &

## Yuban

Co. が製造していたが，その3年前から Chicago の Donald F. Duncan が米国に紹介して以来，隠れたブームとなっていた．英国へは1932年より導入．★ヨーヨーはもともとフィリピンのジャングルの狩人が，獣の肢にからめる武器として用いていたもので，16世紀から記録がある．現地語で 'come-come'（おいでおいで）という意味．

### Yuban　ユーバン

米国 Yuban Coffee Co. 製のブレンドコーヒー．コーヒー商 John Arbuckle が，クリスマスの季節に友人を招いて Yuletide banquet と名付けたパーティーを開き，特別にブレンドしたコーヒーでもてなしたのにちなんで，それを縮めた名といわれたが，真相はコーヒー豆の袋に 'Arbuckle Brothers New York' の略である 'A B N Y' という文字が記されていたので，商標名を決める際にそれを並べ変え，U の字を補って作ったもの．

### Yukon Jack　ユーコンジャック

米国 Heublein, Inc. 製の，カナディアンウイスキーをベースにして柑橘類・薬草を加えたリキュール "Black Sheep of Canadian Liquors" と宣伝される．

### Yves Deflandre　イヴドフランドル

フランスのデザイナー Yves Deflandre のデザインした婦人既製服，そのブティック．比較的おとなしいデザインのものが主．

### Yves Saint Laurent　イヴサンローラン

アルジェリア生まれのフランスのデザイナー Yves (Henri Donat Mathieu) Saint Laurent (1936–2008) のデザインした衣料品，および香水メーカーが彼の名前の使用権を得て作っている香水・スキンケア用品・化粧品など．同氏はアルジェリアで法律家の子として生まれ，1954年に17歳で国際羊毛事務局主催のコンクールに送ったデザインが Givenchy に認められ，その後 Dior の弟子となり，Dior 急死後21歳でそのメゾンのデザイナーとなった．1958年に最初のコレクションで 'trapeze line'（「A ライン」）の婦人服を発表して絶賛された．紳士物には1980年代から力を入れ出し，フォーマルウェア・ニットウェア・カラーシャツなども手がけており，またアクセサリー・ハンドバッグ・革小物・靴・ベルトなども市場化している．米国を始め，世界各地でライセンス生産されている品も多い．

# Z

**Zafira** ザフィーラ
ドイツの自動車メーカー Adam Opel AG 製の 7 人乗りミニバン．1999 年登場．⇨ Opel

**Zagnut** ザグナット
米国で 1886 年創業の D.L. Clark Co. (後の Clark Bar America) が製造したキャンディーバー (candy bar) で，同社のヒット商品．1930 年発売開始．現在は The Hershey Co. 製．

**Zamboni** ザンボニ
米国 Frank J. Zamboni & Co., Inc. (1949 年創業) 製の，屋内アイススケートリンクの氷の表面を滑らかに調整する整氷機．最初にこの名が用いられたのは 1962 年だが，商標登録は 1965 年 (英国では 1968 年)．Zamboni Canada, Zamboni Europe も展開．

**Zam-Buk** ザムブック
英国 Rose & Co 製の消毒用軟膏．傷・火傷・虫さされなどに手軽に使われる．

**Zandra Rhodes** ザンドラローズ
英国の前衛的ファッションデザイナー Zandra Rhodes (1940- ) の作品，そのブティック．靴は Pentland Industries plc が市場化．ロックバンド Queen の Freddie Mercury の衣装デザインが有名．

**Zanobetti** ザノベッティ
イタリアの侯爵 Umberto Zanobetti が創業した紳士衣料品店，そのブランド，そのメーカー．同氏は 1870-80 年代より趣味で仕立てを始めた．元イタリア王室御用達で，王家の紋章をあしらうことを許された唯一の衣料品会社．歴代のイタリア大統領も顧客．

**Zantac** ザンタック
英国で 1981 年に発売されて以来，多くの国で使われている胸やけ・消化不良治療薬のブランド．米国では GlaxoSmithKline* 製の処方薬と，"Beat That Heartburn Heat." と宣伝する Boehringer Ingelheim Pharmaceuticals, Inc. 製の市販薬がある．Z-+antacid の合成で命名．

**Zanussi** ザヌシ
イタリアの大手家電メーカー，そのブランド．製品の 70% は白もの (white goods; 大型家電製品) で Zoppas, Rex, Castor などの名の製品群がある．ヨーロッパの四大家電メーカーの一つであり，1984 年にスウェーデン最大の家電メーカーの Electrolux* に買収された．

**ZapMail** ザップメイル
米国の宅配便会社 FedEx* が，1984 年から行なった通信衛星を利用した電子送信サービス (electronic express service)．配達まで 2 時間以内．最初の 20 ページ分までは 25 ドル，それを越す 1 ページに付き 1 ドルずつ追加料金を加算するものであった．1986 年赤字のため廃止．

**Zatarain's** ザタレインズ
米国製のライスミックス製品．1889 年 Emile A. Zatarain, Sr. が創業．2003 年から McCormick* のブランド．

**Zebra (Books)** ゼブラ(ブックス)
米国の Kensington Publishing Corp. 刊行のペーパーバックシリーズ．

**Zebrite** ゼブライト
米国 Zebra Pen Co. 製の蛍光ペン (highlighter).

**Zegna** ゼニア
⇨ Ermenegildo Zegna.

**Zeiss** ツァイス
ドイツの医学用光学機器・顕微鏡・精密測定機・双眼鏡・カメラ用レンズ・眼鏡枠などのメーカー (Carl Zeiss Stiftung (財団) が経営する企業グループ)，そのブランド．同社は 1846 年に Jena 大学の専属工学器械技師 Carl Zeiss

(1816-88)が,顕微鏡を作るために工房を設立したのが始まり.カメラ用レンズでは世界的に定評があり,わが国で主流の解像力最優先のレンズとは性格を異にし,コントラストを重視した設計で,色調や露出アンダー部の再現に独特の味がある.

**Zelan** ジーラン
米国最大の総合化学メーカーであるE. I. du Pont de Nemours & Co., 製の,織物用の撥水・防汚仕上げ剤.

**Zenith** ゼニス
1865年創業のスイスの時計メーカー,同社製の腕時計.「天体の頂点」を意味するZenithのブランド名は1911年から.1999年LVMHグループ傘下に入った.⇨ Moët & Chandon.

**Zenith** ゼニス
米国 Zenith Electronics Corp. の略・通称,同社製のテレビ・ラジオ・レコードプレーヤー・ビデオデッキ・CATV機器・卓上型コンピューターなど.1948年にZenith Radio Corp. として創業.1999年Zenithは倒産と同時に韓国のLG Electronics* の小会社となる.

**Zephyr** ゼファー
米国 Lincoln-Mercury Div. (Ford Motor Co.の一部門) 製の乗用車で,Mercuryの一車種.1935年からLincolnの一車種として市場化.1950年よりBritish Fordでも製造販売.現在は製造されていない.

**Zephyr** ゼファー(号),そよ風(号)
米国で1934年に開発された高速機関車.Pennsylvania州PhiladelphiaのEdward G. Budd 社がChicago Burlington Quincy Railroad 向けに製造.流線形のスタイル・ディーゼル機関・ステンレス外装はいずれも米国初だった.

**Zephyr** ゼファー(号),そよ風(号)
米国 Amtrak* の長距離列車名.Chicago-Emeryville (California) 間を走る California Zephyr 号や Chicago-New Orleans 間の Illinois Zephyr 号がある.

**Zero-4** ゼロフォー
米国 Ocular Sciences Inc. (2004年CooperVisionに買収される) 製のソフトコンタクトレンズ.薄型・終日装着用.1985年認可.

**Zero Halliburton** ゼロハリバートン
米国 Zero Halliburton, Inc. 製の高級アルミ合金製スーツケース・アタッシュケースなどのブランド.1938年Erle P. Halliburton (1892-1957) が創業.1969年アポロ11号が採取した「月の石」を持ち帰る際のハードケースとして用いられた.現在はポリカーボネート製ケース・ナイロン製バッグ・革製小物・腕時計もある.2006年エース株式会社が商標・販売権を買収.

**Zeroll Ice Cream Scoop** ゼロールアイスクリームスクープ
米国 The Zeroll Co. 製のアイスクリームスクープ.発明者のSherman Kellyが1935年創業.他のアイスクリームスクープと違って外形上動く部分がなく,へら内部に解凍液 (defrosting liquid) が封入してあるため,使用者の手の温度でへらと接するアイスクリーム面がはがれやすくなる.

**Zest** ゼスト
米国 Procter & Gamble* 製の石鹸各種.1952年発売.2011年High Ridge Brands Co. がこのブランドを取得.

**Zig Zag** ジグザグ
もとはフランスで生まれたが,米国ではNational Tobacco, ヨーロッパではRepublic Technologiesが販売するたばこの巻紙 (cigarette papers).

**Zilli** ジリー
フランスの紳士物の毛皮・皮革衣料・革小物・ベルト・革製ビジネスケース・コートなどのメーカー,そのブランド.同社は1965年創業.

**Zima** ジーマ
米国で1993-2008年の間 Coors Brew-

ing Co. が製造していた麦芽をベースにした天然風味で無色透明のアルコール性飲料．ビン入りで1本の内容量は12オンス，アルコール分4.6％．醸造過程はビールと同じだが，その後でビールに特有の色，風味，泡，後味を濾過して取り除く．Zima はロシア語で"winter" あるいは "cold" を意味する．日本ではモルソン・クアーズ・ジャパン株式会社が現在も販売するが，原産国はベトナム．アルコール分は4.5％．

**Zimmer Golden Spirit** ジマーゴールデンスピリット
米国 Zimmer Motor Cars Corp. (1982年創業の Zimmer Corp. の一部門)製の，手作りの高級乗用車．同社はその分野では米国最大手で，他に高級スポーツカー Quick Silver も製造．

**Ziploc** ジップロック
米国 The Dow Chemical Co. (1947年創業)製のポリエチレン袋．zip-lock式(指ではさんで上部を閉じることができる)．1968年試験発売．現在はS. C. Johnson & Son, Inc. (1886年創業)のブランド．うたい文句は "Get more out of it !".

**Zipper** ジッパー
米国 BFGoodrich Co. 製の，ファスナーをつけたゴム製防寒防水ブーツ．1925(23年?)年に商標登録．Hookless 2 という名のファスナーを用いたもので，同種商品のはしり(当時は編み上げ靴が一般的だった)．この製品のヒットが Hookless 2 を一躍有名商品とした．Zipper の名はファスナーを上げ下げするときの音から付けられた．その後，ファスナーは他の製品にも広く使われるようになり，Zipper という名称はファスナーそのものをさすようになり，普通名詞化した．BFGoodrich 社は法廷にその名称の保護を求めたが，結局 Zipper Boots という形のみで保護されることとなった．⇨ BFGoodrich, Talon.

**Zippo** ジッポー
米国 Zippo Manufacturing Co. の略・通称，同社製のライター(など)．1932年に石油採掘会社 Blaisdell Oil Co. (1922年創業)の共同社主 George Grant Blaisdell が，安価なオーストラリア製のライターを米国に輸入販売する権利を得た．これを改良し(サイズ変更・蓋のヒンジ止め化・灯芯の周囲に風よけを追加)，同時期の発明品であり Blaisdell の友人が経営していた Talon* 社の製品である zipper (ファスナー)にヒントを得て，着火音とかけて，Zippo と名付け，1934年に(英国では1938年)商標登録，1937年に特許取得，市場化．

**Zithromax** ジスロマックス
抗感染薬 (anti-infective)．子供の場合，中耳炎・肺炎・敗血症咽頭炎・扁桃炎などに効く．大人の場合，呼吸器系疾患や性感染症などにも効く．一般名はアジスロマイシン (azithromycin)．米国 Pfizer, Inc. 製の処方薬．

**Zodiac** ゾーディアック
米国 Ford* 製の乗用車．1950年より British Ford でも製造販売．現在は生産されていない．

**Zodiac USA** ゾーディアック USA
米国 Encore Shoe Corp. 製の靴．カラフルな子山羊の皮などを使用したカジュアルシューズ．現在は Brown Shoe Co., Inc. のブランド．

**Zoku** ゾク
米国 Zoku, LLC 製のアイスキャンディーメーカー．あらかじめフリーザーで冷やしておいた The Quick Pop Maker に，スティックを差し込んで冷やしたジュースなどを入れると，7分ほどでアイスキャンディー (pop)ができる．製品自体には電源不要．

**Zone** ゾーン
米国 The ZonePerfect Nutrition Co. 製のダイエット食品・飲料・サプリメントなど．

**Zoomar** ズーマー
米国 Zoomar, Inc. 製の，カメラ用・テレビカメラ用のズームレンズ．Zoomar lens とも呼ばれ，また

## Zooth

Zoomar Varifocal ともいうが, 商標登録は 1947 年に Zoomar で行なわれている. 現在は製造されていない.

**Zooth** ズース
米国 Procter & Gamble* 製の 2 歳から 8 歳までの子供用の歯ブラシ・電動歯ブラシ・歯磨き. Barbie, Hello Kitty, Spider-Man, Disney などのキャラクターものもある. ロゴ文字は大文字でカラフル.

**Zostrix** ゾストリックス
米国 Health Care Products 製の関節炎や糖尿病患者の足の痛みを和らげるためのクリーム.

**Zout** ザウト
米国製のシミ取り用洗濯洗剤. ドイツに本拠地を置く Henkel AG & Co. KGaA のブランド.

**Zovirax** ゾヴィラックス, ゾビラックス
米国 GlaxoSmithKline* 製の抗ヘルペスウイルス剤. 1981 年発売. カプセル・錠剤・クリーム・経口懸濁液がある. 一般名はアシクロビル (acyclovir).

**Zubes** ズーブス, ジューブス
英国 Roberts Laboratories 製の咳止めドロップ. 第二次大戦の少し以前に市場化され, 様々な会社を経て, 1971 年に同社の製品となった. 1991 年から英国 Ernest Jackson & Co Ltd (1817 年創業) のブランド.

**Zubrovka** ズブロフカ
ロシア産のウオツカ. ⇨ Zubrowka.

**Zubrowka** ズブロフカ
ポーランド製のウオツカ. zubrowka (カヤ(茅)の一種で zubra というヨーロッパ野牛が好んで食べる牧草)で風味付けがしてあり, ボトル中にその葉が漬け込んである.

**Zud** ザッド
米国 Reckitt Benckiser* 製の家庭用クレンザー. シャワードア・浴槽・タイル・流し台などのさび・しみ取りに使う粉末・クリーム剤.

**Zwilling** ツヴィリング
ドイツの Zwilling J.A. Henckels* AG 社 (J. A. Henckels International) の商標. 包丁・はさみ・鼻毛クリッパー・ネイルクリッパー・魚の目・角質削り・料理用具・卓上食器類など. Zwilling は「双子」の意で, トレードマークは赤い双子.

**Zyban** ザイバン
米国 GlaxoSmithKline* 製の処方薬の錠剤で, 喫煙抑止剤 (smoking deterrent). 禁煙サポートプログラムに参加してこの薬を使う人の 3 分の 1 以上が, 少なくとも 1 か月で禁煙に成功するという. 一般名塩酸ブプロピオン (bupropion hydrochloride).

**Zyliss** チリス
1952 年創業のスイスのアイディア調理器具メーカー (Zyliss AG), そのブランド. 台所用雑貨(缶切り・ふた開け器・野菜切り器)など. 米国では Zyliss USA が販売.

# 和 英 検 索

　以下の3表——「和英表」・「英字語表」・「数字語表」——は，本辞書の見出しを和英辞典的に検索するための手がかりである．

## 和 英 表

**1** 本辞書の訳語に相当するカタカナ(若干の漢字などの表記も含む)を50音順に配列し，該当する見出し語を記した．

**2** 配列の原則は以下の通り．濁音・半濁音は，その清音の次に置くものとした．拗音(ャ・ュ・ョ)・促音(ッ)は直音と同等に扱い，その直音の次に置くものとした．撥音(ン)は50音の最後の音とした．長音がある場合は，長音符号(ー)を取り去った形で配列し，その部分に長音のない語の次に置くものとした．

**3** カタカナ読みに英字が含まれる場合の配列は，下表の読み方に従う．

| | | | | | | | |
|---|---|---|---|---|---|---|---|
| A | エイ | H | エイチ | O | オウ | V | ヴィー |
| B | ビー | I | アイ | P | ピー | W | ダブリュー |
| C | シー | J | ジェイ | Q | キュー | X | エックス |
| D | ディー | K | ケイ | R | アール | Y | ワイ |
| E | イー | L | エル | S | エス | Z | ズィー |
| F | エフ | M | エム | T | ティー | | |
| G | ジー | N | エヌ | U | ユー | | |

**4** デザイナー名とその製品は，本辞書では凡例の1.13の方針で見出しを立てているので，和英表で姓を見ると，姓名が記され，その項の参照を促している場合が多い．

**5** (⇨ ……) を付記したものは，⇨ で示された見出しが親見出し(主記述のある見出し)になっていることを表わす．

## 英字語表

**1** 略語など，見出し語の英字をそのまま「カタカナ表記に相当するもの」としている項目は，「英字語表」としてまとめた．

**2** 英字語表は，最初に「英字1字+カタカナ」で始まる語を列挙し，次に「英字2字+カタカナあるいは英字3字以上」で始まる語を挙げた．各々のブロックの中では，アルファベット順に配列してある．

## 数字語表

**1** 数字で始まる，あるいは数字を含む項目を，最初に来る数字によって，表にした．

**2** この表は，「本辞書では，⇨ で示した読み方の語順で収録してある」ということを示すためのものである．

**3** (⇨ ……) を付記したものは，⇨ で示された見出しが親見出し(主記述のある見出し)になっていることを表わす．

# 和英表

## ア

アイアンシティ Iron City
アイヴォリー, アイボリー Ivory
アイキャントビリーブイツノットバター I Can't Believe It's Not Butter!
アイグナー Aigner
アイザックアシモフズサイエンスフィクションマガジン Isaac Asimov's Science Fiction Magazine
アイシー ICEE
アイシーポイント Icy Point
アイゾッド Izod
アイソトナー Isotoner
アイソミル Isomil
アイソレット Isolette
アイタスカ Itasca
アイダホアン Idahoan
アイデアルトーイ(社) Ideal Toy
アイパッド iPad
アイフォン iPhone
アイポッド iPod
アイホップ IHOP
アイマックス IMAX
アイムス Iams
アイリッシュミスト Irish Mist
アイリッシュリネン Irish Linen
アイリッシュ・スプリング Irish Spring
アイルオブアラン Isle of Arran
アイルオブジュラ Isle of Jura
アイルオブスカイ Isle of Skye
アイロボット iRobot
アヴァート Avert
アヴァンティ Avanti
アヴィーノ Aveeno
アーウィンパール Erwin Pearl
アヴェント Avent
アウガルテン Augarten
アウスト Oust
アウターバンクス Outer Banks
アウディ Audi
アウトドアライフ Outdoor Life
アウトビアンキ Y10 Autobianchi Y 10
アウロラ Aurora
アーガ Aga
アガー Agar
アーガイル Argyll
アーガス Argus
アガタパリ AGATHA PARIS
アキュヴュー Acuvue
アキュテスト Acuu Test
アキュトリム Acutrim
アキュトロン Accutron
アキュラ Acura
アクアヴェルヴァ[ベルバ] Aqua Velva
アクアスキュータム Aquascutum
アクアスタット Aquastat
アクアダッグ Aquadag
アクアディセルヴァ Aqua di Selva
アクアネット Aqua Net
アクアビー Aquabee
アクアフォー Aquaphor
アクアフレッシュ Aquafresh
アクアラング Aqua-Lung
アクシュネット Acushnet
アクションオフィス Action Office
アクションパッカー ActionPacker
アグスタ Agusta
アクースタット Acoustat
アクスミンスター Axminster
アークティック Arctic
アクティフェッド Actifed
アークテリクス Arc'teryx

# 和英表

アクト **Act**
アグファ **Agfa**
アクマク **Ak-Mak**
アクメ **Acme**
アグリー **Agree**
アグリースティック **Ugly Stik**
アクリラン **Acrilan**
アーゴ **Argo**
アコースティックリサーチ **Acoustic Research**
アゴラル **Agoral**
アーコル **Ercol**
アザイザ **Aziza**
アーサープライス(オブイングランド) **Arthur Price (of England)**
アーサーブレット **Arthur Brett**
アザロ **Azzaro**
アジプレン **Adiprene**
アシュビーズ **Ashbys**
アシュレイ **Ashley**
アシュレイ(ズ) **Ashley's**
アージロール S.S. **Argyrol S.S.**
アスウィークリー **US Weekly**
アスキット **Askit**
アスクリプチン **Ascriptin**
アースグレインズ **EarthGrains**
アスコット **Ascot**
アスコナ **Ascona**
アスタウンディング(サイエンスフィクション) **Astounding (Science Fiction)**
アスターロイド **Astorloid**
アストラファイアキャット **Astra Firecat**
アストラ(バン[ヴァン]) **Astra (Van)**
アストロシート **Astroseat**
アストロターフ **Astro Turf**
アストロノーツナイフ, 宇宙飛行士用ナイフ **Astronaut's Knife**
アストンマーチン **Aston Martin**
アスパークリーム **Aspercreme**
アスピリン **Aspirin**
アスプレイ **Asprey**
アスプロ **Aspro**
アースリケア **ArthriCare**
アスリーツフット **Athlete's Foot**

アゼディンアライア **Azzedine Alaïa**
アーダス **Ardath**
アタグランス **At-a-Glance**
アダムス **Adams**
アタリ **Atari**
アーチボールド **Archibald**
アッシャーズグリーンストライプ **Usher's Green Stripe**
アットウッド **Attwood**
アップマン **Upmann**
アップル **Apple**
アップルジャックス **Apple Jacks**
アップルタイザー **Appletiser**
アップルトン **Appleton**
アディオ **Adio**
アディス **Addis**
アディダス **Adidas**
アディロンダック **Adirondack**
アテストーニ, テストーニ **A. Testoni**
アデュロール **Adurol**
アテンズ **Attends**
アーデンテ **Ardente**
アドヴァタイジングエイジ **Advertising Age**
アドヴィル, アドビル **Advil**
アドヴェント 400 **Advent 400**
アトキンス **Atkins**
アトキンソン(ズ) **Atkinsons**
アトコ **Atco**
アトコスト **Atcost**
アドバンテージ **Advantage**
アドビ **Adobe**
アドビアクロバット **Adobe Acrobat**
アトミック **Atomic**
アトミックファイヤーボール **Atomic Fireball**
アドミラル **Admiral**
アドミラルティーメタル **Admiralty Metal**
アトモス **Atmos**
アトーラ **Atora**
アトラ **Atra**
アトラス **Atlas**
アトラスト **At·Last**
アトランティックマンスリー **Atlantic Monthly**

# 和英表

アトランティックレコーズ　Atlantic Records
アドリューズエフィス　A. de Luze et Fils
アドルフス　Adolph's
アナイスアナイス　Anaïs Anaïs
アナシン　Anacin
アナスイ　ANNA SUI
アナディン　Anadin
アナプロックス　Anaprox
アナログ　Analog
アニエスベー　Agnès b.
アニオナ　Agnona
アニーズ　Annie's
アニマルクラッカーズ　Animal Crackers
アニン(社)　Annin
アーネル　Arnel
アーノラズロ　Erno Laszlo
アーノルド　Arnold
アーノルドウィギンズ　Arnold Wiggins
アーノルドパーマー　Arnold Palmer
アーバイン　Irvine
アバークロンビーアンドフィッチ　Abercrombie & Fitch
アバノ　Abano
アピエゾン　Apiezon
アビエーター, エイヴィエイター　Aviator
アビーナショナル　Abbey National
アビランド, アヴィランド　Haviland
アビルージュ　Habit Rouge
アービー(ズ)　Arby's
アープ　Arp
アプソルート(ウオッカ)　Absolut (Vodka)
アフタ　Afta
アフターエイト　After Eight
アフターシックス　After Sx
アフターソーツ　AfterThouhgts
アフターダーク　After Dark
アフリカー　Africar
アプリカ　Aprica
アフリン　Afrin
アブロ, アヴロ　Avro

アーペーセー　A.P.C.
アベラワー　Aberlour
アボカ, アヴォカ　Avoca
アポジーリボンスピーカーシステム　Apogee Ribbon Speaker System
アボット　Abbott
アボットチョイス　Abbot's Choice
アーボライト　Arborite
アポリナリス　Apollinaris
アポロソユーズ　Apollo Soyuz
アボン, アヴォン　Avon
アーマー　Armour
アーマーエクリッチ　Armour-Eckrich
アーマオール　Armor All
アーマースター　Armour Star
アマゾンドットコム　Amazon.com
アマナ　Amana
アーマライト　ArmaLite
アマリー　Amalie
アマレットディサロンノ　Amaretto di Saronno
アーミーギア　Army Gear
アミジェン　Amigen
アミタル, アミトール　Amytal
アミティー　Amity
アミデント　Amm-i-dent
アーミトロン　Armitron
アミルカール　Amilcar
アームアンドハンマー　Arm & Hammer
アムウェイ　Amway
アームコ　Armco
アムステルダムニュース　Amsterdam News
アムステルライト　Amstel Light
アームストロング　Armstrong
アームストロング　Armstrong
アムトラック　Amtrak
アメリカン　American
アメリカンアパレル　American Apparel
アメリカンエキスプレス(カード)　American Express
アメリカンオートモビルアソシエーション, アメリカ自動車協会　American Automobile Association

# 和英表

アメリカンカスタム **American Custom**
アメリカングリーティングズ **American Greetings**
アメリカンスタンダード **AmericanStandard**
アメリカンストアーズ(社) **American Stores**
アメリカンツーリスター **American Tourister**
アメリカンビューティー **American Beauty**
アメリカンモダン **American Modern**
アメリカンロック **American Lock**
アメリカン・アパレル **American Apparel**
アメリクルーザー **Americruiser**
アメリパス **Ameripass**
アモコ **Amoco**
アーモンドジョイ **Almond Joy**
アーモンドロカ **Almond Roca**
アライア **Alaïa**
アラジン, アラディン **Aladdin**
アラジン, アラディン **Aladdin**
アラック **Arrack**
アラビア **Arabia**
アラベラポーラン[ポーレン] **Arabella Pollen**
アラマック **Alamac**
アラミス **Aramis**
アララット **Ararat**
アラルダイト **Araldite**
アランアンドダヴィッドソン **Allan & Davidson**
アランダム **Alundum**
アランフラッサー **Alan Flusser**
アランペイン **Alan Paine**
アランミクリ **Alain Mikli**
アリアンスペース **Arianespace**
アーリーウインターズ **Early Winters**
アリエール **Ariel**
アリゲータータッグ **Alligator tag**
アリスアイソトナー(グラヴズ) **Aris Isotoner (Gloves)**
アリストクラット **Aristocrat**
アリストクラット **Aristocrat**
アリストック **Aristoc**
アリセプト **Aricept**
アリゾナ **Arizona**
アーリータイムズ **Early Times**
アーリッド **Arrid**
アリーブ **Aleve**
アリンソン **Allinson**
アリ D. ノーマン **Ari D. Norman**
アルヴィス **Alvis**
アルカセルツァー **Alka-Seltzer**
アルキャン **Alcan**
アールグレイ **Earl Grey**
アールシャイブ **Earl Scheib**
アルソンス **Alsons**
アルツーナ, アルトゥーナ **Arutuna**
アルティメイト **Ultimate**
アルティモウ **Ultimo**
アルテック **Altec**
アルテックランシング **Altec Lansing**
アルトイズ **Altoids**
アルドツーラ **Aldo Tura**
アルドメット **Aldomet**
アルニス **Arnys**
アルパイン **Alpine**
アルパイン **Alpine**
アルバータスプリングス **Alberta Springs**
アルバータプレミアム **Alberta Premium**
アルバート **Alberto**
アルバートサーストン **Albert Thurston**
アルバートサンズ **Albertsons**
アルバートニポン **Albert Nipon**
アルバトロスブックス **Albatross Books**
アルバリーン **Alberene**
アルピナ **Alpina**
アルピーヌ **Alpine**
アルファケリ **Alpha-Keri**
アルファスッド **Alfasud**
アルファビッツ **Alpha-Bits**
アルファラヴァル **Alfa-Laval**
アルファロメオ **Alfa Romeo**

481

# 和英表

アルフレックス **Arflex**
アルフレッドサージェント **Alfred Sergent**
アルフレッドダンヒル **Alfred Dunhill**
アルフレッドフィアンダカ **Alfred Fiandaca**
アルペン **Alpen**
アルポ **Alpo**
アルボリーン **Albolene**
アルマー **Al Mar**
アルマセニスタ **Almacenista**
アルマーニ **Armani**
アルメイ **Almay**
アルモニア **Armonia**
アレキサンダース, アレグザンダーズ **Alexander's**
アレキサンダー ジュリアン **Alexander Julian**
アレキサンダー ニコレット **Alexander Nicolette**
アレキサンダー マックイーン **Alexander McQueen**
アレクサンドラドマルコフ **Alexandra de Markoff**
アレグロ **Allegro**
アレックスモールトン **Alex Moulton**
アレッシィ **Alessi**
アレレスト, アラレスト **Allerest**
アレンエドモンド[ズ] **Allen-Edmonds**
アレンスクリュー **Allen screw**
アレンレンチ **Allen wrench**
アロー **Arrow**
アンヴァレリーアッシュ **Anne Velerie Hash**
アンカー **Anchor**
アンカースティーム **Anchor Steam**
アンクライン **Anne Klein**
アンクラスタブルズ **Uncrustables**
アングルドーザー **Angledozer**
アンクルベン(ズ) **Uncle Ben's**
アングルポイズ **Anglepoise**
アンゴスチュラオールドオーク **Angostura Old Oak**
アンゴスチュラビターズ **Angostura Bitters**
アンサーツー **Answer 2**
アンジェロリトリコ **Angelo Litrico**
アンジェロタルラッツィ **Angelo Tarlazzi**
アンシュッツ **Anschutz**
アンセスター **Ancestor**
アンソニー **Anthony**
アンソン **Anson**
アンダーウッド **Underwood**
アンダーソンアンドシェパード **Anderson & Sheppard**
アンタビュース **Antabuse**
アンダーロールズ **Underalls**
アンツーカー **En-Tout-Cas**
アンツーラン **Anturane**
アンディアモ **Andiamo**
アンティクエリー, アンチコリー, アンティクォリー **Antiquary**
アンティノーリ **Antinori**
アンテウス **Antaeus**
アンデカー **Andeker**
アンデス **Andes**
アーントジャマイマ **Aunt Jemima**
アントニオとクレオパトラ **Antonio y Cleopatra**
アントニープライス **Antony Price**
アントネラ **Antonella**
アントファーム **Ant Farm**
アンドリューズ **Andrews**
アンドリューグリマ **Andrew Grima**
アンドレア **Andrea**
アンドレアフィステル **Andrea Pfister**
アンドレクレージュ **André Courrèges**
アンドレコラン **André Collin**
アンドレックス **Andrex**
アンドレローグ **André Laug**
アンドロイド **Android**
アントロン **Antron**
アンバサダー **Ambassador**
アンパッド, アムパッド **Ampad**
アンビ **Ambi**
アンフォーラ **Amphora**
アンブッシュ **Ambush**

和英表

アンプリダイン Amplidyne
アンプリファイ Amplify
アンプレックス Amplex
アンフレンチ Anne French
アンブロ Umbro
アンブローシア Ambrosia
アンペックス Ampex
アンホイザーブッシュ(社) Anheuser-Busch

イ

イアレックス Earex
イアントーマス Ian Thomas
イヴ Eve
イーヴェーツェー IWC
イーヴォスティック, エヴォスチック Evo-Stik
イヴサンローラン Yves Saint Laurent
イヴドフランドル Yves Deflandre
イエーガー Jaeger
イエストゥー Yes To
イエローキャブ yellow cab
イエローキャブ Yellow Cab
イエローストーン Yellowstone
イークォール, イコール Equal
イーグル Eagle
イグルー Igloo
イーグルカラー Eagle Color
イーグルブランド Eagle Brand
イーグルレアー Eagle Rare
イケア, アイキア IKEA
イサカ Ithaca
イサンティ I Santi
イージーオフ Easy-Off
イージーパス E-ZPass
イージーベイク E-Z-Bake
イージーベークオーブン Easy-Bake Oven
イージーマック Easy Mac
イズィ IZZE
イースタンカウンティーズ Eastern Counties
イースタンマウンテンスポーツ Eastern Mountain Sports
イーストマンコダック(社) Eastman Kodak
イーストランド Eastland
イーセンアーレン, イーサンアレン Ethan Allen
イタルヴォランテ Italvolanti
イタルデザイン Ital Design
イタレリ Italeri
イタロコロンボ Italo Colombo
イッサ Issa
イッチ X Itch-X
イッツィビッツィスパイダー Itsy Bitsy Spider
イーデンヴェイル, エデンヴェール Eden Vale
イートゥンパーク Eat'n Park
イドリス Idris
イーノウ Eno
イノヴェーター Innovator
イノクサ Innoxa
イブコール Ibcol
イミトレックス Imitrex
イームス, イームズ Eames
イメック IMEC
イモディアム Imodium
イーラ Era
イルフォードフォート Ilford Photo
イレーザーメイト Eraser Mate
イレッサ Iressa
インアンアウトバーガー In-N-Out Burger
インヴァネスクリーム Inverness Cream
インヴァーハウス Inver House
インガーソル Ingersoll
イングランズグローリー England's Glory
イングリッシュオーヴァルズ English Ovals
イングリッシュレザー English Leather
イングルズ Ingles
イングルヌック Inglenook
インコネル Inconel
インサイドスポーツ Inside Sports
インシンカレーター InSinkErator
インスタイル InStyle

483

# 和英表

インスタマチック **Instamatic**
インスタントブレックファストエッセンシャルズ **Instant Breakfast Essentials**
インスタントプロティン **Instant Protein**
インスタントレタリング **Instant Lettering**
インターコンチネンタルホテルズグループ **InterContinental Hotels Group**
インターナショナルテレフォンアンドテレグラフ(社) **International Telephone & Telegraph**
インターパブリックグループ(社) **Interpublic Group**
インツーリスト **Intourist**
インディアペイルエール **India Pale Ale**
インディアン **Indian**
インディケーター **Indicator**
インデシット **Indesit**
インテリヴィジョン **Intellivision**
インテル **Intel**
インテンシブレスキュー **Intensive Rescue**
イントキシメーター **Intoximeter**
インドシン **Indocin**
イントロン A **Intron A**
インパラ **Impala**
インパルス **Impulse**
インフィニティ **Infinity**
インフレートオール **Inflate-All**
インペリアル **Imperial**
インペリアルケミカルインダストリーズ(社) **Imperial Chemical Industries**
インペリアルコレクション **Imperial Collection**
インペリアルズ **Imperiales**
インペリアルタバコ **Imperial Tobacco**
インペリアルレザー **Imperial Leather**

## ウ

ヴァイアクティブ **Viactiv**
ヴァイヴィタール **Vivitar**
ヴァイエラハウス, ビエラハウス **Viyella House**
ヴァイエラ, ビエラ **Viyella**
ヴァイカラ **Vicara**
ヴァイキング **Viking**
ヴァイコー **Vycor**
ヴァイスグリップ, バイスグリップ **Vise-grip**
ヴァイスロイ, バイスロイ **Viceroy**
ヴァイタバス **Vitabath**
ヴァイタバス **VitaBath**
ヴァイタフォン **Vitaphone**
ヴァイタライト **Vita-Lite**
ヴァイタグラス **Vitaglass**
ヴァイトン **Viton**
ヴァイナイド, ビニード **Vynide**
ヴァイニライト, ビニライト **Vinylite**
ヴァイブラマイシン, ビブラマイシン **Vibramycin**
ヴァイミューラ **Vymura**
ヴァイロール, ヴィロール **Virol**
ヴァイングートドクタービュルクリンヴォルフ **Weingut Dr. Bürklin-Wolf**
ヴァイングートライヒスラートフォンブール **Weingut Reichsrat von Buhl**
ヴァキュテイナー **Vacutainer**
ヴァクリエーター **Vacreator**
ヴァーサ **Wasa**
ヴァサレット **Vassarette**
ヴァーシティー **Varsity**
ヴァージニアスリム(ズ) **Virginia Slims**
ヴァージニアデアー **Virginia Dare**
ヴァシュロンコンスタンタン, ヴァシュロンコンスタンティン **Vacheron Constantin**
ヴァーシーン **Versene**
ヴァージンギャラクティック **Virgin Galactic**
ヴァット 69 **VAT 69**

和 英 表

ヴァニカ **Vaniqa**
ヴァニッシュ **Vanish**
ヴァニティーフェア **Vanity Fair**
ヴァニトリー **Vanitory**
ヴァネッサ, バネッサ **Vanessa**
ヴァーバティム **Verbatim**
ヴァラエティー, バラエティー **Variety**
ヴァリアック **Variac**
ヴァリウム **Valium**
ヴァリタイパー, バリタイパー **Varityper**
ヴァルカナイズドファイバー **Vulcanized Fiber**
ヴァルサンランベール **Val Sain Lambert**
ヴァルスパー **Valspar**
ヴァルダーマ **Valderma**
ヴァルディテヴェレ **Valdi-Tevere**
ヴァルピーダ **Valpeda**
ヴァルメライン, バルメライン **Valmeline**
ヴァレンティノガラヴァーニ, バレンチノガラバーニ **Valentino Garavani**
ヴァンキッシュ **Vanquish**
ヴァンキャンプス **Van Camp's**
ヴァンクリーフ(エ)アーペル **Van Cleef & Arpels**
ヴァンダービルト **Vanderbilt**
ヴァンデキャンプス **Van de Kamp's**
ヴァンテージ, バンテージ **Vantage**
ヴァンデルフム **Van der Hum**
ヴァンデンプラス, バンデンプラス **Vanden Plas**
ヴァンドパイユ **Vin de paille**
ヴァンヒューゼン, バンホイゼン **Van Heusen**
ヴィヴィアンウエストウッド **Vivienne Westwood**
ヴィクターエーデルシュタイン **Victor Edelstein**
ヴィクトリアズシークレット **Victoria's Secret**
ヴィクトリアビター **Victoria Bitter**
ヴィクトリー V **Victory V**
ウィグワム **Wigwam**

ヴィーゴー **Vgo**
ウィージャンズ **Weejuns**
ヴィスカルディ **Viscardi**
ヴィスキング **Visking**
ウィスク **Wisk**
ウィズダム **Wisdom**
ウィスパ **Wispa**
ウィータビックス **Weetabix**
ヴィダルサスーン **Vidal Sassoon**
ヴィッカーズ, ビッカース(社) **Vickers**
ヴィッキーヴォーン **Vicky Vaughn**
ウィックス **Wickes**
ヴィックス **Vicks**
ヴィックスヴェポラップ **Vick's VapoRub**
ウィックスランバー **Wickes Lumber**
ウィッシュボーン **Wish-Bone**
ウィッチ **Which?**
ウィッチヘーゼル **Witch Hazel**
ヴィッテル, ビッテル **Vittel**
ウィットナウアー **Wittnauer**
ヴィットビー **Vitbe**
ヴィットリオジュディチェ **Vittorio Giudice**
ウィッフル **Wiffle**
ヴィーデマン **Wiedemann**
ヴィート **Veet**
ウィードイーター **Weed Eater**
ヴィトロライト **Vitrolite**
ウィードワッカー **Weedwacker**
ヴィトン, ビトン **Vuitton**
ウィナロット **Winalot**
ヴィニオン, ビニオン **Vinyon**
ウィネベーゴ **Winnebago**
ヴィノカサタ **Vino Casata**
ヴィノノビレディモンテプルチアーノ **Vino Nobile di Montepulciano**
ウィーブルズ **Weebles**
ウィーボック **Weebok**
ヴィボロヴァ **Wyborowa**
ヴィム, ビム **Vim**
ヴィモヴォ **Vimovo**
ヴィラバンフィ **Villa Banfi**
ウィリアムズソノマ **Williams-Sonoma**

485

# 和 英 表

ウィリアムローソン(ズ) **William Lawson's**
ウィルキンソン **Wilkinson**
ウィルキンソンソード **Wilkinson Sword**
ウィルソナート **Wilsonart**
ウィルソン **Wilson**
ウィルソンジョーンズ **Wilson Jones**
ウィルトン **Wilton**
ウィルバー **Wilbur**
ヴィレダ **Vileda**
ヴィレッジヴォイス, ビレッジボイス **Village Voice**
ヴィレロイウントボッホ **Villeroy & Boch**
ウィンカーニス **Wincarnis**
ウイングス **Wings**
ウィンザー(アンド)ニュートン **Winsor & Newton**
ウィンシュラーズ **Win Schuler's**
ウィンストン **Winston**
ヴィンセントバック **Vincent Bach**
ウインターフレッシュ **Winterfresh**
ウィンチェスター **Winchester**
ウィンチェルズ **Winchell's**
ウィンディキシー **Winn-Dixie**
ヴィンテージ, ビンテージ **Vintage**
ヴィンテージ(ブックス), ビンテージ(ブックス) **Vintage (Books)**
ウィンデックス **Windex**
ウィンドウズ **Windows**
ウィンドソング **Wind Song**
ウィンドリーン **Windolene**
ヴィント, ビムト **Vimto**
ウィンピー **Wimpy**
ヴィンプロム **Vinprom**
ヴーヴクリコ **Veuve Clicquot**
ヴーヴレ **Vouvray**
ウェアデイテッド **Wear-Dated**
ウェアライト **Warerite**
ウェアエヴァー **WearEver**
ウェイヴァーリー **Waverley**
ウェイストキング **Waste King**
ウエイトウォッチャーズ **Weight Watchers**
ウェイファーラー **Wayfarer**

ヴェイラー **Valor**
ウェインブレナー **Weinbrenner**
ウェクスラー **Wechsler**
ウェザーシールズ **Weather Shields**
ウェザーテーマー **Weather Tamer**
ウェザービー **Weatherby**
ウェザーメーカー **Weathermaker**
ヴェジバーガー, ベジバーガー **Vege-Burger**
ヴェジマイト, ベジマイト **Vegemite**
ウエスターナー **Westerner**
ウエスタンデジタル **Western Digital**
ウエスタンユニオン **Western Union**
ウエスチングハウス **Westinghouse**
ウエストクロックス **Westclox**
ウエストコット **Westcott**
ウエストベンド **West Bend**
ウエストポイントホーム **WestPoint Home**
ウェッジウッド **Wedgewood**
ウェッジウッド **Wedgwood**
ウェッソン **Wesson**
ウェットワンズ **Wet Ones**
ウェーバー **Weber**
ウェブリー **Webley**
ヴェポラッブ **VapoRub**
ヴェムコライトタスクライト **Vemcolite Task Light**
ウェラー **Weller**
ヴェラウォン **Vera Wang**
ヴェラックス **Vellux**
ヴェラミンツ **Velamints**
ヴェリウオモ **Verri Uomo**
ヴェリーライト, ベリー式信号光 **Very lights**
ヴェルヴィータ **Velveeta**
ウェルクラフト **Wellcraft**
ヴェルクロ, ベルクロ **Velcro**
ヴェルサーチ **Versace**
ウェルチ(ズ) **Welch's**
ウェルネスマット **WellnessMat**
ヴェルバノ, ベルバノ **Verbano**
ウェルビュートリン **Wellbutrin**
ヴェーレーナゾンネンウーア **Wehlener Sonnenuhr**

## 和英表

ヴェレル **Verel**
ヴェロックス **Velox**
ヴェロナール **Veronal**
ヴェロン **Velon**
ウェン **Wen**
ウェンガー **Wenger**
ヴェンタクシア, ベントアクシア **Vent-Axia**
ヴェンチュラ **Ventura**
ウェンディーズ **Wendy's**
ヴェントゥーリ, ベンチュリ **Venturi**
ヴェンナライン **Viennaline**
ヴォイエロ **Voiello**
ヴォイスライター **Voicewriter**
ヴォイト **Voit**
ウォーカーズ **Walkers**
ウォーカーズデラックス **Walker's DeLuxe**
ヴォーグ **Vogue**
ウォークオーヴァー **Walk-Over**
ヴォクソール, ボクソール **Vauxhall**
ウォークマン **Walkman**
ヴォジーン **Vosene**
ウォーターピック **Waterpik**
ウォーターフォードクリスタル **Waterford Crystal**
ウォーターフォードクリーム **Waterford Cream**
ウォータープラグ **Water Plug**
ウォータープラグ **Waterplug**
ウォーターベイベーズ **Water Babies**
ウォーターマン **Waterman**
ウォーターランナー **WaterRunner**
ウォーターワークス, 水道管ゲーム **Waterworks**
ウォッシュンドライ **Wash'n Dry**
ヴォノ **Vono**
ウオモディボルサリーノ **Uomo di Borsalino**
ウォール **Wahl**
ウォルグリーンズ **Walgreens**
ウォルサム **Waltham**
ウォールストリートジャーナル **Wall Street Journal**
ウォルデンブックス **Waldenbooks**
ウォルト **Worth**
ウォールペーパー **Wallpaper***
ウォルマート **Walmart**
ヴォーン **Vaughan**
ウージー **Uzi**
ウシュクベー **Usquaebach**
ウッドオブウィンザー **Woods of Windsor**
ウッドベリー **Woodbury**
ウニベルサル, ウニヴェルサル **Universal**
ヴネ **Venet**
ウノアエレ **Uno A Erre**
ウーノ, ウノ **Uno**
ウビガン **Hourbigant**
ウープス！ **Oops!**
ウブロ **Hublot**
ウーマンズウィークリー **Woman's Weekly**
ウーマンズオウン **Woman's Own**
ウーマンズデー **Woman's Day**
ウーライト **Woolite**
ヴラシック **Vlasic**
ウルヴァリン **Wolverine**
ウルゴス **Urgos**
ウルジー **Wolsey**
ウルズリー, ウーズレー **Wolseley**
ウルトゥレオ **Ultreo**
ウルトラカラー **Ultra Color**
ウルトラサイレンサー **Ultra Silencer**
ウルトラシーン **Ultra Sheen**
ウルトラスイム **Ultra Swim**
ウルトラスウェード **Ultrasuade**
ウルトラファックス **Ultrafax**
ウルトラブライト **Ultra Brite**
ウルトララクジュアリー **Ultra Luxury**
ウルフ **Wolf**
ウルフシュミット **Wolfschmidt**
ウルフブラザーズ **Wolf Bros.**
ウールラヴィーニュ **Hour Lavigne**
ウールリッチ **Woolrich**
ウールワース **Woolworth's**
ウールワース **Woolworths**
ウンガロ **Ungaro**
ウンダーベルグ **Underberg**

# 和英表

ウンベルトザノベッティ **Umberto Zanobetti**
ウンベルトジノケッティ[ジノキエッティ] **Umberto Ginocchietti**

## エ

エアー **Ayr**
エアーウィック **Air Wick**
エアークッションソール **Air Cushion Sole**
エアストリーム **Airstream**
エアテックス **Aertex**
エアデント **Airdent**
エアトレイン **AirTrain**
エアフィックス **Airfix**
エアフォーム **Airfoam**
エアフォン **Airfone**
エアフロー **Airflow**
エアボーンフレイト(社) **Airborne Freight**
エアリファイアー **Aerifier**
エアールーム **Heirloom**
エアロ **Aero**
エアロソールズ **Aerosoles.**
エアロビー **Aerobie**
エイヴィア **Avia**
エイヴィエンス **Aviance**
エイヴィス, エイビス **Avis**
エイヴォン(ブックス) **Avon (Books)**
英国石炭(会社) **UK Coal**
エイク(ズ)メタル **Aich('s) metal**
エイジディファイニング **Age Defying**
エイジーン **Agene**
エイチエイチグレッグ **hhgregg**
エイティーンアワー **18 Hour**
エイナソール **Anusol**
エイプアグラム **Ape-A-Gram**
エイボライト **Abolite**
エイボン, エイヴォン **Avon**
エイミス **Amies**
エイム **Aim**
エインズレー **Aynsley**
エヴァーグリーン(ブックス) **Evergreen (Books)**
エヴァーシャープ **Eversharp**
エヴァーフレッシュ **Everfresh**
エヴァーラスト **Everlast**
エヴァーレディー, エバレディー **Eveready**
エヴァーレディー, エバレディー **Ever Ready**
エヴァンウィリアムズ **Evan Williams**
エヴァンピッコーネ **Evan-Picone**
エヴリマン叢書 **Everyman's Library**
エーヴリー, アヴェリー **Avery**
エーオーセプト **AOSEPT**
エオリアン **Aeolian**
エキサイド **Exide**
エキセドリン **Excedrin**
エキファックス(社) **Equifax**
エクイプト **Equipto**
エクザクト **X-acto**
エクササイクル **Exercycle**
エクザルトライド **Exaltolide**
エクショー, エクスショー **Exshaw**
エクスプレスメール **Express Mail**
エクスプレッソ **Expresso**
エクスプローラーワン **Explorer 1**
エクスポ **Expo**
エクスラクス **Ex-Lax**
エクセル **Excel**
エクゾセ **Exocet**
エクソンモービル **Exxon Mobil**
エクタグラフィック **Ektagraphic**
エクタクローム **Ektachrome**
エクトラ **Ektra**
エクリッチ **Eckrich**
エグリビカヴェール **Egri Bikavér**
エクリプス MV **Eclipse MV**
エクレクティックリーダーズ **Eclectic Readers**
エコー **Echo**
エコトリン **Ecotrin**
エコノミスト **Economist**
エコノライン **Econoline**
エージャックス **Ajax**
エシュテル **Hechter**
エース **Ace**
エスエイエイト **SA8**
エスカーダ **Escada**

## 和英表

エスキモーパイ **Eskimo Pie**
エスクワイア **Esquire**
エスコート **Escort**
エスティローダー **Estée Lauder**
エステス **Estes**
エストウィング **Estwing**
エストロン **Estron**
エースブックス **Ace Books**
エズモンド **Esmond**
エズラブルックス **Ezra Brooks**
エスレル **Ethrel**
エセ **Esse**
エセルテ **Esselte**
エゼル, エドセル **Edsel**
エソテリカ **Esotérica**
エタム, イータム **Etam**
エッカード **Eckerd**
エックスボックス **Xbox**
エッグランズベスト **Eggland's Best**
エッコ **Ekco**
エッゴ **Eggo**
エッシー **ESCI**
エッセンシャルズ **Essentials**
エッセンス **Essence**
エッソ **Esso**
エッチアスケッチ **Etch a Sketch**
エディアール **Hediard**
エディーバウアー **Eddie Bauer**
エテルナ **Eterna**
エーデルワイス **Edelweiss**
エドウィン **Edwin**
エドソークローネン **Edsor Kronen**
エトニック **Etonic**
エトロ **Etro**
エドワードグリーン **Edward Green**
エナージャイザー **Energizer**
エニー **Enny**
エバーハードファーバー **Eberhard Faber**
エビアン **Evian**
エーピートゥエンティフォー **AP-24**
エビンルード, エヴィンルード **Evinrude**
エフェクサー **Effexor**
エベル **Ebel**
エボニー **Ebony**
エマージェンシーブラ **Emergency Bra**
エマーソン **Emerson**
エマニュエルウンガロ **Emanuel Ungaro**
エミリオプッチ **Emilio Pucci**
エミリーポストのエチケット **Emily Post's Etiquette**
エメッツ **Emmets**
エメリーワールドワイド **Emery Worldwide**
エメンタール **Emmental**
エモンズ **Emmons**
エラーズウェア **Elers ware**
エラストプラスト **Elastoplast**
エラスミック(スプリーム) **Erasmic (Supreme)**
エラリークイーンズミステリーマガジン **Ellery Queen's Mystery Magazine**
エリオフィオルッチ **Elio Fiorucci**
エリコン **Oerlikon**
エリザベスアーデン **Elizabeth Arden**
エリザベスパーカー **Elizabeth Parker**
エリス **Ellis**
エル **ELLE**
エルキューイ **Ercuis**
エルコ **Erco**
エルゴラピードプラス **Ergorapido Plus**
エルサスキャパレリ **Elsa Schiaparelli**
エルサン **Elsan**
エルシー **Elsie**
エルジン **Elgin**
エルダーホステル **Elderhostel**
エルトレルズ **El Trelles**
エルポヨロコ **El Pollo Loco**
エルマー(ズ) **Elmer's**
エルメス **Hermès**
エルメスタ **Hermesetas**
エルメスタゴールド **Hermesetas Gold**
エルメネジルドゼニア **Ermenegildo Zegna**

# 和英表

エール(錠) Yale
エレウノ Erreuno
エレガンス Elégance
エレクター(セット) Erector (Set)
エレクトラグライド Electra Glide
エレクトラレコーズ Elektra Records
エレクトロボイス[ヴォイス] Electro-Voice
エレクトロラックス Electrolux
エレッセ Ellesse
エレメンタリースペリングブック Elementary Spelling Book
エレール Heller
エロール Ereuil
エンケア Encare
エンジェルソフト Angel Soft
エンジェルフレーク Angel Flake
エンシェントエイジ Ancient Age
エンシュア Ensure
エンソライト Ensolite
エンダスト Endust
エンターテインメントウィークリー Entertainment Weekly
エンテンマンズ Entenmann's
エンパイアダイナー Empire Diner
エンバシー Embassy
エンピリン Empirin
エンファミル Enfamil
エンペラー Emperor
エンリカマッセイ Enrica Massei
エンリココーヴェリ Enrico Coveri

## オ

オアシス Oasis
オヴァルティン, オバルチン Ovaltine
オーヴィス Orvis
オーヴィルリーデンバッカーズ Orville Redenbacher's
オヴェイション, オベーション Ovation
オウジアム Ozium
オーエムジー OMG
オーガスタ Augusta
オキシー Oxy
オキシクリーン OxiClean
オキシコンチン OxyContin
オキシドール Oxydol
オーキッズ Orchids
オクシー Oxy
オクソ Oxo
オクソー OXO
オークランド Oakland
オークリー Oakley
オグルヴィー Ogilvie
オー, ザオプラマガジーン O, The Oprah Magazine
オーシー Aussie
オージェ Augier
オーシーダー O-Cedar
オジャール Aujard
オーシャンスプレー Ocean Spray
オーシャンパシフィック Ocean Pacific
オシュコシュ Oshkosh
オシュコシュビーゴッシュ OshKosh B'gosh
オシュマンズ Oshman's
オスカー Oskar
オスカーデラレンタ Oscar de la Renta
オスカーメイヤー Oscar Mayer
オスカル Os-Cal
オスター Oster
オースチン, オースティン Austin
オースティンリード Austin Reed
オステオバイフレックス Osteo Bi-Flex
オステライザー Osterizer
オズワルドボーテング Ozwald Boateng
オーソバージュ Eau Sauvage
オダービー O'Darby
オタール Otard
オーチス Otis
オックスフォード Oxford
オッタヴィアミッソーニ Ottavia Missoni
オッティーノ Ottino
オデオン劇場 Odeon Theatre
オデオン(座) Odeon
オーデマピゲ Audemars Piguet
オートキュー Autocue

490

和英表

オートジャイロ　Autogiro
オートハープ　Autoharp
オートブラン　Oat Bran
オートマット　Auto-Mat
オドローノー　Odo-Ro-No, Odorono
オニーダ, オウナイダ, オナイダ　Oneida
オノト　Onoto
オノフリー　Onofri
オハイオマッチ(社)　Ohio Match
オーバック(ス)　Ohrbach's
オーバド, オウバード　Aubade
オーバーナイトサクセス, オーヴァーナイトサクセス　Overnight Success
オーバーン　Auburn
オピウム　Opium
オービット　Orbit
オフ!　Off!
オファーマン　Offermann
オフィチーネパネライ　Officine Paneari
オブグラブ　Ove Glove
オブザーヴァー　Observer
オプタコン　Optacon
オプティマ　Optima
オプトレックス　Optrex
オブライエン　O'Brien
オープンピット　Open Pit
オペル　Opel
オーヘントッシャン　Auchentoushan
オーヘンリー!　Oh Henry!
オマス　Omas
オム　Hom
オムニ　Omni
オムニ　Omni, OMNI
オメガ　Omega
オモ　Omo
オラジェル　Orajel
オーラフィーダー　Ora Feder
オーラル B　Oral-B
オランジーナ, オレンジーナ　Orangina
オリジナルプラスチックドット　Original Plastic Dot
オリジナルランチ　Original Ranch
オリジンズ　Origins

オリーブガーデン　Olive Garden
オリベッティ, オリヴェッティ　Olivetti
オリーン　Olean
オーリン　Olin
オリンピア　Olympia
オリンピック　Olympic
オール　All
オールアメリカン　All American
オールウェイズ　Always
オルガ　Olga
オールキット　Alkit
オールクラッド　All-Clad
オールスター　All-Star
オールスター　All Star
オールズモビル　Oldsmobile
オルディス(ランプ)　Aldis (lamp)
オールデン　Alden
オールドイングランド　Old England
オールドイングリッシュ　Old English
オールドヴィエンナ　Old Vienna
オールドウェラー 107　Old Weller 107
オールドエルパソ　Old El Paso
オールドオーヴァーホルト　Old Overholt
オールドカナダ　Old Canada
オールドグランダッド　Old Grand-Dad
オールドクロウ　Old Crow
オールドコート　Old Court
オールドゴールド　Old Gold
オールドジャマイカ　Old Jamaica
オールドジョー　Old Joe
オールドスコシア　Old Scotia
オールドスタイル　Old Style
オールドスパイス　Old Spice
オールドスマグラー　Old Smuggler
オールドセントアンドルーズ　Old St. Andrews
オールドタウン　Old Town
オールドダッチ　Old Dutch
オールドチャーター　Old Charter
オールドトンプソン　Olde Thompson
オールドトンプソン　Old Thompson
オールドネイヴィー　Old Navy

# 和英表

オールドパー　**Old Parr**
オールドファッションドハンバーガーズ　**Old Fashioned Hamburgers**
オールドファーマーズオールマナック　**Old Farmer's Almanac**
オールドフィッツジェラルド　**Old Fitzgerald**
オールドフィールド　**Oldfield**
オールドフォレスター　**Old Forester**
オルトフォン　**Ortofon**
オールドブッシュミルズ　**Old Bushmills**
オールドホルボーン　**Old Holborn**
オールドミルウォーキー　**Old Milwaukee**
オールドムーアズオールマナック　**Old Moore's Almanack**
オールドモンク, オールドマンク　**Old Monk**
オールドロンドン　**Old London**
オールブラン　**All-Bran**
オルメカ　**Olmeca**
オルラーヌ　**Orlane**
オーレ　**Olé**
オレアイダ　**Ore-Ida**
オレイ　**Olay**
オレオ　**Oreo**
オーレオマイシン　**Aureomycin**
オレゴン　**Oregon**
オーレック　**Oreck**
オレッグカッシーニ　**Oleg Cassini**
オレフォース　**Orrefors**
オレンシア　**Orencia**
オレンジジュリアス　**Orange Julius**
オーロラ　**Aurora**
オーロン　**Orlon**
オン　**Ong**
オンゴー　**Ongo**
オンヤムズ　**OnYums**
オー: ザオプラマガジーン　**O: The Oprah Magazine**

## カ

ガイ　**Guy**
カイザー　**Kaiser**
カイザー　**Keiser**
カイザー, ケイザー　**Kayser**
ガイズマン　**Guidesman**
ガイネロトリミン　**Gyne-Lotrimin**
カイメット　**Kaymet**
カイルベルス　**Keilwerth**
カーヴァ　**Kava**
カーヴァー, カーバー　**Carver**
カウガム　**Cow Gum**
カウンセラー　**Counselor**
カウンタック　**Countach**
カウントチョキュラ　**Count Chocula**
ガエタノブリオーニ　**Gaetano Brioni**
カオペクテイト　**Kaopectate**
カクテル　**Cocktail**
ガーゴイルズ　**Gargoyles**
カサブランカ　**CasaBlanca**
カサブランカレコード　**Casablanca Records**
カサボニタ　**Casa Bonita**
カザール　**Cazal**
カシ　**Kashi**
カジバ　**Cagiva**
カジュアルコーナー　**Casual Corner**
カスケード　**Cascade**
カスタニョン　**Castagnon**
カスティーリョ　**Castillo**
カステルバジャック　**Castelbajac**
カストロール　**Castrol**
カストロ(コンヴァーティブル[コンバーチブル])　**Castro (Convertible)**
ガーズマン　**Guardsman**
ガス X　**Gas-X**
カーター　**Carter**
ガーダジル　**Gardasil**
カーターズ　**Carter's**
ガタートッパー　**Gutter Topper**
カチーク　**Cacique**
カッサンドレ, カサンドル　**Cassandre**
カッシーナ　**Cassina**
カッター　**Cutter**
カットライト　**Cut-Rite**
カップアスープ　**Cup-a-Soup**
カティーサーク　**Cutty Sark**
カデット　**Kadett**
カードゥー, カーデュ　**Cardhu**
カトス　**Catto's**

# 和英表

カートホイールブックス　**Cartwheel Books**
ガナイト　**Gunite**
カナダドライ　**Canada Dry**
カナディアンクラブ　**Canadian Club**
カナディアンミスト　**Canadian Mist**
カナンダイガ, カナンデイグア　**Canandaigua**
カーネーション　**Carnation**
ガネックス, ギャネックス　**Gannex**
カノン　**Kanøn**
ガーバー　**Gerber**
カバーガール, カヴァーガール　**CoverGirl, COVERGIRL**
カバレロ　**Caballero**
カービグリップ　**Kirbigrip**
カブ　**Cub**
カブス　**Cubs**
カプッチ　**Capucci**
カプリ　**Capri**
ガーベージペイルキッズ, ゴミバケツ野郎　**Garbage Pail Kids**
カーベーション　**Curvation**
カベルネソーヴィニョン　**Cabernet Sauvignon**
カボシャール　**Cabochard**
カポテン　**Capoten**
カーボフラックス　**Carbofrax**
カーボランダム　**Carborundum**
カーボリニアム　**Carbolineum**
カーボロイ　**Carboloy**
カーボワックス　**Carbowax**
カマロ　**Camaro**
カマンタ　**Kamanta**
カマンベール　**Camembert**
カミックカナダ　**Kamik Canada**
カミュ　**Camus**
カミラス　**Camillus**
ガム　**GUM**
カムコーダー　**Camcorder**
カムチャッカ　**Kamchatka**
カムラ　**CAMRA**
カメオ　**Cameo**
ガラヴァーニ　**Garavani**
カラヴォ　**Calavo**
カラガン　**Callaghan**
カラシュニコフ　**Kalashnikov**
カラスタン　**Karastan**
カラテ　**Karate**
カラーテックス　**Colortex**
カラーテックス　**Color-Tex**
ガラード　**Garrard**
カラパス　**Carapace**
カラーフォームズ　**Colorforms**
カラマズー　**Kalamazoo**
カラマルツ　**Karamalz**
カラミア　**Cara Mia**
カランダッシュ　**Caran d'Ache**
カランド　**Carando**
ガリアノ　**Galliano**
ガリエニ　**Gallieni**
カリオカ　**Carioca**
カリガン　**Culligan**
カリタ　**Carita**
カリフォルニアクーラー　**California Cooler**
カリフォルニアサーフ　**California Surf Co**
カリマー　**Karrimor**
カーリング　**Carling**
カーリーQ　**Curly Q**
カルーア　**Kahlúa**
カルイレイズ　**Col-Erase**
カルヴァートエクストラ　**Calvert Extra**
カルヴァン　**Carven**
カルヴァンクライン, カルバンクライン　**Calvin Klein**
カルヴィンクーラー　**Calvin Cooler**
カルヴェ(社)　**Calvet**
カルゴン　**Calgon**
ガルシアイヴェガ　**Garcia y Vega**
カールズジュニア　**Carl's Jr.**
カールスバーグ　**Carlsberg**
カールセーガー　**Karl Seeger**
カルーセル, カラセル　**Carousel**
カルタワインエステーツ　**Charta Wine Estates**
カルダン　**Cardin**
カールツァイス　**Carl Zeiss**
カルティエ　**Cartier**
カルデコート, コールドコート　**Calde-**

493

# 和 英 表

cort
カルデシーン **Caldesene**
ガルデン(ズ) **Gulden's**
カルトドール **Carte D'Or**
カルトブランシュ **Carte Blanche**
カルトレート **Caltrate**
カールトン **Carlton**
ガルニエ **Garnier**
ガルバーニ **Galbani**
カールハンセン & サン **Carl Hansen & Son**
ガルフ **Gulf**
カルファロン(クックウェア) **Calphalon (Cookware)**
ガルフスター **Gulfstar**
カルマンギア **Karmann-Ghia**
カルマンリンクス **Calman Links**
カルメルワイナリー **Carmel Winery**
カールラガーフェルド **Karl Lagerfeld**
カルロヴィッツ **Carlowitz**
カルロスファルチ **Carlos Falchi**
カルロスプリモ, カルロスⅠ世 **Carlos I**
カルロパラッツィ **Carlo Palazzi**
カレイドスコープ **Kaleidoscope**
カレーシュ **Calèche**
カレラ **Carrera**
カレラ GT **Carrera GT**
カロ **Karo**
ガロー(ワイナリー) **Gallo (Winery)**
ガンク **Gunk**
カンゴール **Kangol**
カーンズ **Kahn's**
カンダ **Canda**
カンタス **Qantas**
カンタスマーラ, コンテスマーラ **Countess Mara**
ガンチア **Gancia**
カントリーカジュアルズ **Country Casuals**
カントリークラブ **Country Club**
カントリーモーニング **Country Morning**
カントリーライフ **Country Life**
カントン **Canton**

カンパニョーロ **Campagnolo**
カンパニーレ **Campanile**
カンバーランド **Cumberland**
カンパリ **Campari**
ガンプション **Gumption**
カンペール **Campar**
カー(ズ) **Carr's**

## キ

キアオラ **Kia-Ora**
キアナ **Qiana**
キアンティ, キャンティ **Chianti**
ギヴアショウ **Give-A-Show**
キウイ **Kiwi**
ギーヴスアンドホークス **Gieves and Hawkes**
キックス **Kix**
キッザラス **Kids "R" Us**
キッシズ, キスセズ, キスチョコ **Kisses**
キッズフットロッカー **Kids Foot Locker**
キッチンエイド, キチネイド **Kitchen-Aid**
キッチンケトルプラスクロッカリー **Kitchen Kettle Plus Crockery**
キッチンスライス(ト) **Kitchen Sliced**
キッチンブーケ **Kitchen Bouquet**
キッティンガー **Kittinger**
キットカット **Kit-Kat**
キーテイナー **Key-Tainer**
キニードラッグズ **Kinney Drugs**
キニー(ズ) **Kinney('s)**
ギネス **Guinness**
ギブソン **Gibson**
キーブラー **Keebler**
キプリング **Kipling**
キブルズアンビッツ **Kibbles 'n Bits**
キャヴァリエ **Cavalier**
ギャヴィスコン **Gaviscon**
キャヴェンディッシュアンドハーヴェイ **Cavendish & Harvey**
キャサリンハムネット **Katharine Hamnett**
キャシャレル **Cacharel**

## 和英表

キャジュミアブーケイ **Cashmere Bouquet**
キャズウェルマッシー **Caswell-Massey**
キャスキッドソン **Cath Kidston**
キャスルトン **Castleton**
キャソロン, カソロン **Casoron**
キャタピラ **Caterpillar**
キャッスルベリーニッツ(社) **Castleberry Knits**
キャット **Cat**
キャットチャウ **Cat Chow**
ギャップ **Gap**
キャディー **Caddie**
キャデッツ **Cadets**
キャデラック **Cadillac**
キャドバリー **Cadbury**
キャノン **Cannon**
ギャバジン **Gabardine**
キャビンクラフツ **Cabin Crafts**
キャプスタン **Capstan**
キャプテンズテーブル **Captain's Table**
キャプテンモーガン **Captain Morgan**
キャプテンD(ズ) **Captain D's**
キャプレット **Caplet**
キャプンクランチ **Cap'n Crunch**
キャベツ畑人形, キャベッジパッチキッズ **Cabbage Patch Kids**
キャベラズ **Cabela's**
キャメイ **Camay**
キャメル **Camel**
キャメロットブックス **Camelot Books**
ギャラクシー **Galaxie**
キャラセイン, カラセン **Karathane**
ギャラニマルズ **Garanimals**
キャラン **Karan**
キャリエッジコート **Carriage Court**
キャリュメット, カルメット **Calumet**
ギャロテックス **Gallotex**
キャロラインチャールズ **Caroline Charles**
キャロリーナヘレラ **Carolina Herrera**
キャロル(アンドカンパニー) **Carroll (and Company)**
キャロン **Caron**
キャンディーグラム **Candygram**
キャンディランド **Candy Land**
キャンティーン **Canteen**
キャンディー(ズ) **Candie's**
キャンドルライト(ロマンス) **Candlelight (Romance)**
キャンプ **Camp**
キャンフォフェニーク **Campho-Phenique**
キャンプファイア **Campfire**
キャンベル(ズ) **Campbell's**
キュアアド **Curad**
キュアマスター **Curemaster**
キュアー 81 **Cure 81**
キュイズネールロッズ, クウィズネア棒 **Cuisenaire Rods**
キューティクラ **Cuticura**
キューテックス **Cutex**
キューピー **Kewpie**
キューブ **Qube**
キュープリノール **Cuprinol**
ギュンター, グンター **Günther**
ギラデリー(チョコレート) **Ghirardelli (Chocolate)**
ギラロッシュ **Guy Laroche**
キリ **Kiri**
キルガーフレンチアンドスタンベリー **Kilgour, French & Stanbury**
ギルソナイト **Gilsonite**
キルティッドノーザン **Quilted Northern**
ギルデンケルシュ **Gilden Kölsch**
ギルド **Guild**
キルナージャー **Kilner jar**
ギルビーズジン **Gilbey's Gin**
ギンガー **Gingher**
キング **King**
キングエドワード **King Edward**
キングオスカー **King Oscar**
キングオブキングズ **King of Kings**
キングオブスコッツ **King of Scots**
キングカレン **King Kullen**
キングジョージ4世 **King George IV**

495

# 和英表

キングズフォード **Kingsford**
キングズフォード[ズ] **Kingsford's**
キングズベリー **Kingsbury**
ギンス **Gins**
キンタ **Quinta**
キンドル **Kindle**
キンバリークラーク(社) **Kimberly-Clark**
ギンベル(ズ) **Gimbel's**
キンボール **Kimball**
キンロックアンダーソン **Kinlock Anderson**

## ク

クアーズ **Coors**
クイジナート **Cuisinart**
クイズノス **Quiznos**
クイック **Quick**
クイーンエリザベス **Queen Elizabeth**
クインク **Quink**
クウィックショップ **Kwik Shop**
クエーカー **Quaker**
クエーカーオーツ **Quaker Oats**
クエーカーステート **Quaker State**
クエーザー **Quasar**
クエスター **Questar**
クエスタレイ **Cuesta-Rey**
クエルヴォ **Cuervo**
クエールード **Quaalude**
クオーターパウンダー **Quarter Pounder**
クオディー **Quoddy**
クォード **Quad**
クオバディス **Quo Vadis**
クォリティイン **Quality Inn**
クォリティパーフォレーティング **Quality Perforating**
クオンセット(ハット) **Quonset (hut)**
グーグー **Goo Goo**
グーグークラスター **Goo Goo Cluster**
グーグル **Google**
グーゴーン **Goo Gone**
クーザ **Koosa**
クシェール **Cushelle**
グーズベカセ **Gueze Becasse**
クッキーン **Cookeen**
クッキングッド **Cookin' Good**
クッシュマン **Cushman**
グッチ **Gucci**
グッディー **Goody**
グッドアンドプレンティ **Good & Plenty**
グッドイヤー **Goodyear**
グッドウィル **Goodwill**
グッドナイツ **GoodNites**
グッドニュース **Good News!**
グッドハウスキーピング **Good Housekeeping**
グッドヒュー **Goodhew**
グッドヒューモア **Good Humor**
グッドブレス **Good Breath**
グッドマンズ **Goodman's**
(ザ)グッドライフレシピ **Goodlife Recipe, The**
クノップ **Knopf**
クノール **Knorr**
グーバーズ **Goobers**
グム **GUM**
グライオキサイド **Gly-Oxide**
クライスラー **Chrysler**
クライデラ **Clydella**
クライロン **Krylon**
クライン **Klein**
グラヴァティー **Gravati**
グラヴィトロン **Gravitron**
クラヴェネット **Cravenette**
クラウセン **Claussen**
クラウチアンドフィッツジェラルド **Crouch & Fitzgerald**
クラウディオラヴィオラ **Claudio Laviola**
クラウドスター **Cloud Star**
クラウンローヤル **Crown Royal**
クラガンモーア **Cragganmore**
クラーク **Clark**
クラクス **Krakus**
クラークス(シューズ) **Clarks (Shoes)**
グラクソスミスクライン **Glaxo-SmithKline**
クラシコ **Classico**

# 和英表

クラシックダーク　Classic Dark
グラジュエイツ　Graduates
グラスダーマ　Glass Dharma
グラスプラス　Glass Plus
グラスメイツ　Glass Mates
クラッカージャック　Cracker Jack
クラッカーバレル　Cracker Barrel
クラッケル　Krackel
クラッシュ　Crush
グラッド　Glad
クラッドカッター　Krud Kutter
クラドス　Crados
グラニーグース　Granny Goose
クラバッツオブロンドン　Cravats of London
クラビネット　Cruvinet
クラブ　Club
クラフツマン　Craftsman
クラブツリーアンドエヴェリン　Crabtree & Evelyn
クラフティント　Craftint
クラフト　Kraft
クラフトマティック　Craftmatic
クラフトメイド　KraftMaid
グラフトン(ブックス)　Grafton (Books)
グラマー　Glamour
グラマン(社)　Grumman
グラミスキャッスル　Glamis Castle
クラメイトウ　Clamato
グラモフォン　Gramophone
グララブ　GraLab
クラランス　Clarins
クラリティン　Claritin
クーラレイター　Coolerator
クランアップル, クラナップル　Cranapple
グランダッドバレルプルーフ　Grand-Dad Barrel Proof
クランチー　Crunchie
クランチャーズ!　Krunchers!
クランチンマンチ　Crunch'n Munch
グランツ　Grant's
グランディー(ズ)　Grandy's
グランドエンペラー, グランエンペルール　Grand Empereur
グランドスラム　Grand Slam
グランドラウンド　Ground Round
グランパジョンズ　Grandpa John's
グランパ(ズ)　Grandpa's
クランマグレガー　Clan MacGregor
グランマルニエ　Grand Marnier
グランマ(ズ)　Grandma's
グランマズ　Grandma's
グランムートン　Grand Mouton
クリアアイズ　Clear Eyes
クリアチャンネルアウトドア　Clear Channel Outdoor
クリアブルーイージー　Clearblue Easy
クリーガーアンドサンズ　Kreegar & Sons
クリーク　Kriek
クリケッティーア　Cricketeer
クリケット　Cricket
クリスクラフト　Chris-Craft
クリスコ　Crisco
クリスコオイル　Crisco Oil
クリスタル　Crystal
クリスタルガイザー　Crystal Geyser
クリスタルドセーヴル　Cristal de Sèvres
クリスタルパレス　Crystal Palace
クリスタルホワイト　Crystal White
クリスタルライト　Christal Light
クリスタルライト　Crystal Light
クリスタルラリック　Christal Lalique
クリスタロース　Crystallose
クリスチャンオジャール　Christian Aujard
クリスチャンディオール　Christian Dior
クリスチャンブラザース　Christian Brothers
クリスチャンラクロワ　Christian Lacroix
クリスチャンルブタン　Christian Louboutin
クリスティー　Christy
クリスティーズ(社)　Christie's
クリスティー(ズ)　Christies
クリステンセン　Christensen

497

# 和 英 表

クリストバルバレンシアガ **Cristobal Balenciaga**
クリストファーストリート **Christopher Street**
クリストフウィドマン **Christoph Widmann**
クリストフル **Christofle**
クリスパーズ **Crispers**
クリスパーズ! **Crispers!**
クリスピークリームドーナツ **Krispy Kreme Doughnuts**
クリスピックス **Crispix**
クリツィア **Krizia**
グリッドノートブック **Grid Notebook**
クリッパー **Clipper**
クリニーク **Clinique**
クリーネックス, クリネックス **Kleenex**
クリーブオブロンドン **Cleeve of London**
クリフスノーツ **Cliffs Notes**
クリプトナイト **Kryptonite**
グリマ **Grima**
グリーム **Gleem**
クリームオブホウィート **Cream of Wheat**
クリームシクル **Creamsicle**
クリーメッツ **Creametts**
グリュイエール **Gruyère**
クリュグ **Krug**
クリーンイージー **Clean-Ezy**
グリンウェッド **Glynwed**
クリーンカット **Klean Cut**
クリーンカット **Kleencut**
クリーンガード **KleenGuard**
クリーンガード **Kleen Guard**
クリングフリー **Cling Free**
グリーンサム **Green Thumb**
グリーンサム **GreenThumb**
グリーンジャイアント **Green Giant**
グリーンシールド **Green Shield**
グリーンスタンプ **Green Stamp**
クリーンツーオー **Clean²O**
グリーントイズ **Green Toys**
グリーンバッカス **Green Bacchus**

クリンプリン **Crimplene**
グリーンルースター **Green Rooster**
クール **Kool**
クールエイド **Kool-Aid**
クルエックス **Cruex**
グルコヴァンス **Glucovance**
グルコファージ **Glucophage**
クルーザー **Cruiser**
クルーザン **Cruzan**
クルシェン **Kruschen**
クルーズマスター **Cruismaster**
クルーゼ **Creuset**
クールテル **Courtelle**
グールド **Goold**
クルボアジェ **Courvoisier**
クールホイップ **Cool Whip**
グルーポン **Groupon**
グルームアンドクリーン **Groom & Clean**
グルメ **Gourmet**
グレ **Grès**
クレアラシル **Clearasil**
グレイヴァ **Glayva**
クレイヴンA **Craven A**
グレイグース **Grey Goose**
クレイジンズ **Craisinz**
グレイ(ズ) **Gray's**
グレイドール **Gradall**
グレイハウンド **Greyhound**
グレイビーマスター **Gravymaster**
グレイフランネル **Grey Flannel**
クレイモア **Claymore**
クレイヨーラ, クレオラ, クレイオウラ **Crayola**
グレイライン **Gray Line**
クレイロール **Clairol**
クレイワン **Cray-1**
クレイン **Crain**
グレインベルト **Grain Belt**
グレゴリー **Gregory**
クレージーグルー **Krazy Glue**
クレージュ **Courrèges**
グレース **Grace**
クレスト **Crest**
クレスト **Kresto**
クレストグライド **Crest Glide**

# 和英表

クレセント　Crescent
クレセントボード　Crescent Board
クレダ　Creda
グレッチ　Gretsch
クレデデュク　Clés des Ducs
グレード　Glade
グレートスタッフ　Great Stuff
グレートビギニングズ　Great Beginnings
グレートラッシュ　Great Lash
グレニーグルズ　Gleneagles
グレニーズ　Glenny's
グレープナッツ　Grape-Nuts
クレマン　Clement
クレメンツ　Klement's
クレメンツ　Krementz
クレモーラ　Cremora
クレーン　Crane
グレンエスク, グレネスク　Glenesk
グレングラント　Glen Grant
グレンスタッグ　Glen Stag
グレンソン　Grenson
グレンターナー　Glen Turner
グレンデヴェロン　Glen Deveron
グレンドロナック　Glendronach
グレンファークラス　Glenfarclas
グレンフィディック　Glenfiddich
グレンフェル　Grenfell
グレンマック　Glenmac
グレンマレイ　Glen Moray
グレンモア　Glenmore
グレンモーレンジ　Glenmorangie
グレンリヴェット　Glenlivet
グレンロイヤル　Glenroyal
クロアーゼ　Croizet
グロイ　Gloy
グロウ　Gro
グローヴァーオール　Gloverall
グローヴプレス(社)　Grove Press
クロエ　Chloé
クローガー　Kroger
クロケットアンドジョーンズ　Crockett & Jones
グロコート　Glo-Coat
クロス　Cross
クーロス　Kouros
クローズアップ　Close-Up
クロスアンドブラックウェル　Crosse & Blackwell
クロスマン　Crosman
クロスリー　Crosley
グロック　Glock
クロックス　Crocs
クロックポット　Crock-Pot
クロドヴージョ　Clos de Vougeot
クロードテライユ　Claude Terrail
クロードモンタナ　Claude Montana
クローネンブルグ　Kronnenbourg
グローバルエクスプレスギャランティード　Global Express Guaranteed
クロフォード[ズ]　Crawfords
グローブトロッター　Globe-Trotter
クロペイ　Clopay
クロマチック, クロマティック　Chromatic
クロムウェル　Cromwell
クロメックス　Kromex
グローメッシュ　Glomesh
クロラセプティック　Chloraseptic
グロリアヴァンダービルト　Gloria Vanderbilt
グロリアヴァンダービルト　Gloria Vanderbilt
グロリアヴァンダービルト(グラッセ)　Gloria Vanderbilt (Glacée)
グロールシュ　Grolsch
クロレッツ　Clorets
クロロックス　Clorox
クロンダイク　Klondike
クロンビー　Crombie
クワハラ, 桑原　Kuwahara
グワルトニー　Gwaltney
クワンタム　Quantum
クワント　Quant

## ケ

ケアフリー　Carefree
ケアベアーズ　Care Bears
ケアリデックス, カリデックス　Caridex
ケイウーディー　Kaywoodie
ゲイコミュニティーニューズ　Gay

# 和英表

Community News
ゲイシャ Geisha
ケイスネス Caithness
ゲイツ Gates
ケイトゥー, Kツー K2
ケイラー Calor
ケイリーズ Caleys
ゲイン Gain
ゲインズ Gaines
ケーグルズ Cagle's
ゲス Guess
ゲステットナー Gestetner
ゲステル Gerstel
ケスラー Kessler
ケースXX Case XX
ゲータレード Gatorade
ケッズ Keds
ゲッツェン Getzen
ゲッティー Getty
ケップ Kep
ケナー Kenner
ケネスコール Kenneth Cole
ケネルレーション Ken-L Ration
ゲバリア Gevalia
ケブラー, ケヴラー Kevlar
ケーブルカークロジャーズ Cable Car Clothiers
ゲマインハート Gemeinhardt
ケミカルメース Chemical Mace
ケム Kem
ケメックス Chemex
ゲラルディーニ Gherardini
ゲラン Guerlain
ケリーサーヴィスィズ(社) Kelly Services
ケリーバッグ Kelly Bag
ケルヴィネイター Kelvinator
ケルティー Kelty
ゲール(ズ) Gale's
ケレス Caress
ケロッグ Kellogg's
ケンウッド Kenwood
ケンシタス Kensitas
ケンスコット Ken Scott
ケンタッキージェントルマン Kentucky Gentleman
ケンタッキータヴァーン Kentucky Tavern
ケンタッキーフライドチキン Kentucky Fried Chicken
ケント Kent
ケントアンドカーウェン Kent & Curwen
ケンパー Kemper
ケンブリッジ Cambridge
ケンモアエリート Kenmore Elite
ケンワース Kenworth

## コ

ゴアテックス Gore-Tex
コアントロー Cointreau
コーヴェッツ Korvette's
コーヴェリ Coveri
コカコーラ Coca-Cola
コカコーラクラシック Coca-Cola Classic
コーギー Corgi
コーギートイズ Corgi Toys
コーギー(ブックス) Corgi (Books)
コーク Coke
コケッティ Coquette
ココアクリスピーズ Cocoa Krispies
ココアパフス Cocoa Puffs
コサック Cossack
コス Koss
コスコ Cosco
コスタボダ Kosta Boda
コースト Coast
コズビー Cosby
コスモポリタン Cosmopolitan
コスモリン, コズモリン Cosmoline
コースレット Corselette
コセット Kosset
コタイレノール CoTylenol
コダヴィジョン Kodavision
コダカラー Kodacolor
コダクローム Kodachrome
ゴダーズ Goddard's
コダック Kodak
コダマティック Kodamatic
ゴーダ(チーズ) Gouda (cheese)
コーチ Coach

# 和英表

コーチメン **Coachmen**
コックス **Cox**
コックスムーア **Coxmoore**
コックバーン(ズ) **Cockburn's**
ゴット **Gott**
コティー **Coty**
コディアック **Kodiak**
ゴーティエ **Gautier**
コーディス **Codis**
コーティゾン 5, コルチゾン 5 **Cortizone-5**
ゴディバ **Godiva**
コーテックス **Kotex**
コーデュラ **Cordura**
コード **Cord**
コードテックス **Cordtex**
コートドール **Côte d'Or**
コートランド **Cortland**
コトレア **Kotler**
ゴートンズ **Gorton's**
ゴードンズジン **Gordon's Gin**
ゴードン(ズ)ウオッカ **Gordon's Vodka**
コナ **Cona**
コニー **Connie**
コーニングウェア **CorningWare**
コーネット **Cornetto**
コパトーン **Coppertone**
ゴーハム **Gorham**
コパン **Copains**
コピーデックス **Copydex**
コーヒーメイト **Coffee-mate**
ゴーファースト **Go Fast**
コーファム **Corfam**
コブラ **Cobra**
ゴーフルーティ **Go Fruity**
コーベル **Korbel**
コペンハーゲン **Copenhagen**
ゴーボット **Gobot**
コマー **Commer**
コマンダリア **Commandaria**
コミット **Commit**
コミュニティー **Community**
コムサット, 通信衛星会社, 米国商業通信衛星会社 **Comsat, COMSAT**
コムトレックス **Comtrex**

コメット **Comet**
ゴヤ **Goya**
コーラー **Kohler**
ゴライアス **Goliath**
コーライト **Coalite**
コラール **Coral**
コリー **Cory**
コリノス **Kolynos**
コリブリ **Colibri**
ゴリラグルー **Gorilla Glue**
コルゲート **Colgate**
ゴルゴンゾーラ **Gorgonzola**
ゴルティエ **Gaultier**
ゴールデングラハムズ **Golden Grahams**
ゴールデングリドル **Golden Griddle**
ゴールデングレイン **Golden Grain**
ゴールデンディプト **Golden Dipt**
ゴールデンブックス **Golden Books**
ゴールデンライツ **Golden Lights**
ゴールデンワンダー **Golden Wonder**
コルト **Colt**
ゴールド **Gold**
ゴールドカード **Gold Card**
ゴールドシールブドウ園(社) **Gold Seal Vineyards**
ゴールドシュレーガー **Goldshläger**
ゴールドスター **Goldstar**
コールドスポット **Coldspot**
ゴールドピーク **Gold Peak**
ゴールドファイバー **Gold Fibre**
ゴールドファイル **Goldpfeil**
ゴールドフィッシュ **Goldfish**
ゴールドフレーク **Gold Flake**
ゴールドボンド **Gold Bond**
ゴールドメダル **Gold Medal**
コールドレックス **Coldrex**
コルトン **Corton**
コルトンシャルルマーニュ **Corton-Charlemagne**
コルドンルージュ **Cordon Rouge**
コルト 45 **Colt 45**
コルナゴ **Colnago**
コルネット **Cornetto**
コールハーン **Cole-Haan, Cole Haan**
ゴルフ **Golf**

# 和英表

コルベット, コーヴェット **Corvette**
コールポート **Coalport**
コールマン **Coleman**
コルマン(ズ) **Colman's**
コルム **Corum**
ゴーレイ **Gor-Ray**
コレクトール **Correctol**
コーレース **Colace**
コレール **Corelle**
コレル(リヴィングウェア) **Corelle (Livingware)**
コロナ **Corona**
コロナビール **Corona beer**
コロニーハウス **Colony House**
コロネットブックス **Coronet Books**
ゴロワーズ **Gauloises**
コロンビア **Columbia**
コロンビアジャーナリズムレヴュー **Columbia Journalism Review**
コロンビアレコード **Columbia Records**
コロンビア(スポーツウェア) **Columbia (Sportswear)**
コーン **Conn**
コンヴァーテッド **Converted**
コンエア **Conair**
コンエド **Con Ed**
コンカラー, コンケラー **Conqueror**
コンクリン **Conklin**
コングレス **Congress**
コンクロビーアムモールドコントロール **Concrobium Mold Control**
コングロリューム **Congloleum**
コンコード **Concord**
コンサーヴ **Conserv**
コンサル **Consul**
ゴンザレスビアス **Gonzalez Byass**
コンシューマーリポーツ **Consumer Reports**
コンシュレート **Consulate**
コンズ **CONS**
コンスタントコメント **Constant Comment**
コンセプトロール **Conceptrol**
コンソート **Consort**
コンタック **Contac**

コンチネンタル **Continental**
コンツアー **Contour**
コンテ **Conté**
コンティローヤル **Conti-Royale**
コンテス **Comtesse**
コンデュレット **Condulet**
コンドア, コンドル **Condor**
コンパクトディスク **Compact Disc**
コンバース, コンヴァース **Converse**
コンバット **Combat**
コンピュサーブ **CompuServe**
コンフォートイン **Comfort Inn**
コンプトメーター **Comptometer**
コンプリーチェ **Complice**
コンプリート **Complete**
コーンフレークス **Corn Flakes**
コンポーズ **Compoz**
コーンポップス **Corn Pops**
コンラン **Conran**
コンランショップ **Conran Shop**
コンレール **ConRail**

## サ

サイエンティフィックアメリカン **Scientific American**
サイクロン **Cyclone**
サイクロン(フェンス) **Cyclone (Fence[fence])**
サイコバニー **Psycho Bunny**
ザイツ **Seitz**
サイドラックス **Cydrax**
サイニュータブ, シヌタブ **Sinutab**
ザイバン **Zyban**
サイベックス **Cybex**
サイベックス **Cybex**
サイマスター **Thighmaster**
サイマロン, シマロン **Cymalon**
サイモニッツ **Simoniz**
サイラート **Cylert**
サイレックス **Silex**
サイレンス HP **Silence HP**
サイロセーフ **ThyroSafe**
ザイロナイト **Xylonite**
サーヴィット **Cer-Vit**
サーヴェイダーテーブルスモーカー **Servador Table Smoker**

# 和英表

サヴェージ, サベージ **Savage**
サヴェックス **Savex**
サヴォイ(ホテル), サボイ(ホテル) **Savoy (Hotel)**
サーウォルターローリー **Sir Walter Raleigh**
サウサ **Sauza**
サウスパシフィック **South Pacific**
サウスワース **Southworth**
ザウト **Zout**
サヴロン, サブロン **Savlon**
サウンズ **Sounds**
サウンデザイン **Soundesign**
サーカー **Sarcar**
(ザ)グッドライフレシピ **Goodlife Recipe, The**
サーキットシティー **Circuit City**
サーキュロン **Circulon**
サクサ **Saxa**
サクセス **Success**
サクソン **Saxon**
サクソン **Saxone**
ザグナット **Zagnut**
サークル K **Circle K**
(ザ)グレンリヴェット **Glenlivet**
サコ **Sako**
サザビー **Sotheby's**
サザーンカムフォート, サザンコンフォート **Southern Comfort**
サザンモーション **Southern Motion**
サザンレシピ **Southern Recipe**
ザジェファーソンホテル **Jefferson Hotel, The**
サージェンツ **Sergeant's**
サージオラブ, セルジオラブ **Sergio Lub**
サスタジェン **Sustagen**
サゼラック **Sazerac**
サーダー **Sirdar**
サタデーイヴニングポスト **Saturday Evening Post**
ザタレインズ **Zatarain's**
サーチアンドサーチ **Saatchi & Saatchi**
サーツ **Certs**
サッカニー **Saucony**
サックスフィフスアヴェニュー **Saks Fifth Avenue**
サックビルアンドジョーンズ **Sackville & Jones**
サッソーン **Sasson**
ザッド **Zud**
ザップメイル **ZapMail**
サーティーワン **31**
サーディー(ズ) **Sardi's**
サテン **Satin**
ザナックス XR **Xanax XR**
サナトジェン **Sanatogen**
サナトジェン **Sanatogen**
サニビン **Sanibin**
サニフラッシュ **Sani-Flush**
サニーブルック **Sunny Brook**
ザヌシ **Zanussi**
サノコ **Sunoco**
ザノベッティ **Zanobetti**
サハラ **Sahara**
サーバリックス **Cervarix**
サービスマスター **ServiceMaster**
サービス, サーヴィス **Servis**
サービンセイバー **Servin Saver**
サーフ **Surf**
サーブ **Saab**
ザフィーラ **Zafira**
サブウェー **Subway**
サブゼロ **Sub-Zero**
サブブテオ **Subbuteo**
サボクソン **Suboxone**
ザボディショップ **Body Shop**
サーマソル **ThermaSol**
サーマライト **Thermalite**
サマラン, サマランス **Samalens**
サミュエルアダムズ **Samuel Adams**
サムシングスペシャル **Something Special**
サムシングディフレント **Something Diff'rent**
サムズクラブ **Sam's Club**
サムスン電子, 三星電子 **Samsung Electronics**
サムソナイト **Samsonite**
ザムブック **Zam-Buk**
サーメイダー **Thermador**

# 和 英 表

サーモキング　**Thermo-King**
サモス　**Samos**
サーモス　**Thermos**
サーモファックス　**Thermo-Fax**
サーモペイン　**Thermopane**
サーモロック　**Thermo-Lock**
サラダクリスピンズ　**Salad Crispins**
サラトガ　**Saratoga**
サラドシューター　**SaladShooter**
サラナックブラックアンドタン　**Saranac Black and Tan**
サラリー　**Sara Lee**
サラン　**Saran**
サランラップ　**Saran Wrap**
ザリッツカールトン　**Ritz-Carlton**
サリーハンセン　**Sally Hansen**
サリル　**Sarille**
サルヴァトール　**Salvator**
サルヴァトーレ[サルバトーレ]フェラガモ　**Salvatore Ferragamo**
サルヴェ　**Salvet**
サルコ　**Salko**
サルファマイロン, スルファマイロン　**Sulfamylon**
サルリ　**Sarli**
サン　**Sun**
サンイン　**Sun-In**
サンカ　**Sanka**
サンカントリークーラー　**Sun Country Cooler**
サンキスト　**Sunkist**
サンクグッドゥネスイットフィッツ　**Thank Goodness it Fits**
サンクリスタルズ　**Sun Crystals**
サンシャイン　**Sunshine**
サンジャーム　**St. James**
サンジョルジョ　**San Giorgio**
サンセッター　**SunSetter**
サンセット　**Sunset**
サンソイ　**Sun Soy**
サンダウン　**Sundown**
サンダース　**Sanders**
サンダーソン　**Sanderson**
ザンタック　**Zantac**
サンダーバード　**Thunderbird**
サンタフェ　**Santa Fe**
サンタフェレイルウェイ　**Santa Fe Railway**
サンチップス　**SunChips**
サンディーマクドナルド　**Sandy Macdonald**
サンディーマック　**Sandy Mac**
サンデマン　**Sandeman**
ザンドラローズ　**Zandra Rhodes**
サンドロップ　**Sun-Drop**
サンビーム　**Sunbeam**
サンフィッシュ　**Sunfish**
サンフォライズド　**Sanforized**
サンブーカ(ディガリアーノ)　**Sambuca (di Galliano)**
サンペ　**Sempé**
ザンボニ　**Zamboni**
サンミゲル　**San Miguel**
サンメイド　**Sun-Maid**
サンモリッツ　**St. Moritz**
サンライト　**Sunlight**
サンルイ　**Saint-Louis**
サンローラン　**Saint Laurent**

## シ

シー　**She**
ジー　**Gee**
シアエナジー　**Sheer Energy**
シアーズ　**Sears**
シアーズローバック　**Sears-Roebuck**
シアトルチョコレーツ　**Seattle Chocolates**
シーアンドスキー　**Sea & Ski**
シーイングアイ　**Seeing Eye**
シーヴァースリーガル, シバスリーガル　**Chivas Regal**
ジウジアーロ　**Giugiaro**
シェイクウエイト　**Shake Weight**
シェイクスピア　**Shakespeare**
ジェイコブ(ズ), ジャコブ(ズ)　**Jacob's**
ジェイシー　**Jaycee**
ジェイズ　**Jays**
ジェイズフルイド　**Jeyes Fluid**
ジェイソン　**Jason**
ジェイマールビー　**Jaymar-Ruby**
シェヴァリエモンラッシェ　**Chevalier Montrachet**

和 英 表

シェヴィーツー Chevy II
シェヴロン Chevron
ジェオックス Geox
シェーキーズ Shakey's
ジェスホーン Jess Horn
シェックス, チェックス Chex
シェッズスプレッドカントリークロック Shedd's Spread Country Crock
ジェッタ Jetta
(ジー)エッティンガー G. Ettinger
ジェナーズ Jenners
ジェニー Genny
ジェネラック Generac
シェーファー Schaefer
シェーファー Sheaffer
シェフィールドセラーズ Sheffield Cellars
シェフスブレンド Chef's Blend
ジェフバンクス Jeff Banks
シェフボイアーディー Chef Boy-ar-dee
シェプラーズ Sheplers
ジェフリーパーカー Geoffrey Parker
ジェフリーバンクス Jeffrey Banks
ジェフリービーン Geoffrey Beene
ジェミネス Geminesse
ジェームズアシュビー James Ashby
ジェームズパーディー James Purdey
ジェームズマーチンズ James Martin's
ジェームソン Jameson
シエラ Sierra
シエラデザインズ Sierra Designs
シェラトン Sheraton
ジェラモーダ Geramoda
ジェラルドジェンタ Gérald Genta
ジェリー Gerry
ジェリーコスビー Gerry Cosby
ジェリーズフェイマスデリ Jerry's Famous Deli
ジェリーベリー Jelly Belly
シェリーマルニエ, チェリーマルニエ Cherry Marnier
シェリーロシェ Cherry Rocher
シェリングプラウ(社) Schering-Plough
シェル Shell
ジェルグロス Gel-Gloss
ジェルドウェン Jeld-Wen
シェレル Scherrer
ジェロー Jell-O
ジェンエアー Jenn-Air
ジェントルマンズレリッシュ, 紳士のオードブル Gentleman's Relish
ジェーンバーンズ Jhane Barnes
シェンレー O.F.C. Schenley O.F.C.
シェンレー(リザーヴ) Schenley (Reserve)
ジオディメーター Geodimeter
ジオデシックドーム, 測地線ドーム Geodesic Dome
(ジ)オブグラブ Ove Glove
シカゴカトラリー Chicago Cutlery
シーガーズ Seagers
シグ Sig
ジグザグ Zig Zag
シグナル Signal
シグネット(ブックス) Signet (Books)
シーグラムエクストラドライ Seagram's Extra Dry
シーグラムセヴンクラウン Seagram's 7 Crown
シーグラム V.O. Seagram's V.O.
シークレット Secret
シーケーワン CK One
シコメット Sicomet
シコルスキー Sikorsky
シーズ See's
Cスパン C-Span
シズラー Sizzler
シスリー, シスレー Sisley
ジスロマックス Zithromax
シーズンオール Season-All
ジタン Gitanes
シック Schick
シッケンズ Sikkens
ジッツォ Gitzo
ジッパー Zipper
ジップロック Ziploc
ジッポー Zippo
シティーコープ Citicorp

505

## 和 英 表

シトラスヒル **Citrus Hill**
シトラスマジック **Citrus Magic**
シトルセル **Citrucel**
シトロエン **Citroën**
シートロック **Sheetrock**
シナモントーストクランチ **Cinnamon Toast Crunch**
シーニクルーザー **Scenicruiser**
シニョリッチセカンド **Signoricci 2**
シネマスコープ **CinemaScope**
シネマックス **Cinemax**
シネラマ **Cinerama**
ジノケッティ, ジノキエッティ **Ginocchietti**
ジーノフェルッチ **Gino Ferruzzi**
ジノリ **Ginori**
シーパコール **Cēpacol**
ジバンシイ, ジヴァンシー **Givenchy**
シピー **Chipie**
ジーピー **GP**
シビエ **Cibie**
シービーズ **She Beads**
ジビッツ **Jibbitz**
シフ **Schiff**
ジフ **Jif**
ジープ **Jeep**
ジフィーバッグズ **Jiffy Bags**
ジフィーポッツ **Jiffypots**
ジフィーポップ **Jiffy Pop**
ジフィールーブ **Jiffy Lube**
シフォン **Chiffon**
シポレックス **Siporex**
シボレー, シヴォレー **Chevrolet**
ジーマ **Zima**
ジマーゴールデンスピリット **Zimmer Golden Spirit**
シマースタット **Simmerstat**
シマンテック **Symantec**
ジミーチュウ **Jimmy Choo**
ジミーディーン **Jimmy Dean**
ジミーホーリハン(社) **Jimmy Hourihan**
シミラック **Similac**
シミ醸造所 **Simi Winery**
シムカ **Simca**
シムズ **Syms**
ジムビーム **Jim Beam**
シメイ **Chimay**
シーメンス **Siemens**
シモーヌペレール **Simone Pérèle**
シモンズ **Simmons**
ジャイアント **Giant**
ジャイアントイーグル **Giant Eagle**
ジャイロパイロット **Gyropilot**
ジャイロフラックスゲート **Gyro Flux Gate**
シャインオール, シャイノール **Shine-All**
シャーウィンウイリアムズ **Sherwin-Williams**
ジャヴェリン **Javelin**
ジャガールクルトル **Jaeger-LeCoultre**
ジャガー, ジャグアー **Jaguar**
シャーク **Shark**
ジャクージ **Jacuzzi**
ジャクソン **Jackson**
ジャクソンズ **Jacksons**
シャクリー **Shaklee**
ジャーゲンス **Jergens**
ジャスエムビー **Jas- M. B.**
シャスタ **Shasta**
ジャスティン **Justin**
ジャスパーウェア **Jasper Ware**
ジャスパーコンラン **Jasper Conran**
ジャッキー **Jackie**
ジャックインザボックス **Jack in the Box**
ジャッククレイン **Jack Crain**
ジャックダニエルズ **Jack Daniel's**
ジャックパーセル **Jack Purcell**
ジャックラレーンズパワージューサー **Jack LaLanne's Power Juicer**
シャトーディケム **Château d'Yquem**
シャトーペトリュス **Château Pétrus**
シャトーマルゴー **Château Margaux**
シャトームートンロートシルド **Château Mouton-Rothschild**
シャトーラトゥール **Château Latour**
シャトーラフィットロートシルド **Château Lafite-Rothschild**
シャネル **Chanel**

# 和英表

ジャノー **Janneau**
シャーピー **Sharpie**
シャブリ **Chablis**
シャベツクリッフ **Jabez Cliff**
シャボー **Chabot**
シャーボンネルウォーカー **Charbonnel Walker**
シャマスク **Shamask**
ジャーマック **Jhirmack**
ジャーマン(ズ) **German's**
シャーミン, チャーミン **Charmin**
ジャーモリーン **Germolene**
シャルヴェ **Charvet**
シャルツホーフベルガー **Scharzhofberger**
シャルムーズ **Charmeuse**
シャルルジョルダン **Charles Jourdan**
シャロンブドウ園 **Chalone Vineyard**
シャワーメイト **Shower Mate**
シャワーメイト **ShowerMate**
ジャンイヴ, ジャンデヴ **Jean d'Eve**
ジャンクロードジトロワ **Jean-Claude Jitrois**
ジャンシャルルドカステルバジャック **Jean-Charles de Castelbajac**
ジャンシャルルブロッソー **Jean-Charles Brosseau**
ジャンスポーツ **JanSports**
ジャンセン **Jantzen**
シャンティリーシルバー **Chantilly Silver**
ジャンデプレ **Jean Desprez**
シャンテル **Chantelle**
ジャンニヴェルサーチ **Gianni Versace**
ジャンヌランバン[ランヴァン] **Jeanne Lanvin**
ジャンバディ **Jean Bady**
ジャンパトー, ジャンパトゥー **Jean Patou**
ジャンフィユー **Jean Fillioux**
ジャンフランコフェレ **Gianfranco Ferre**
ジャンフランコルッフィーニ **Gianfranco Ruffini**
ジャンフランコロッティ **Gianfranco Lotti**
シャンペール **Champale**
シャンベルタン **Chambertin**
ジャンボジャック **Jumbo Jack**
ジャンポールゴルティエ **Jean-Paul Gaultier**
ジャンマリアブチェラッティ **Gianmaria Buccellati**
ジャンマルコベンチューリ **Gian Marco Venturi**
ジャンルイシェレル **Jean-Louis Scherrer**
シュア **Sure**
シュアー **Shure**
シュアー, ソイアー **Sueur**
シュアファイアー **SureFire**
シュアライツ **Sure-Lites**
シュウィン **Schwinn**
シュウェップス **Schweppes**
シュガーダディー **Sugar Daddy**
シュガーツイン **SugarTwin**
シュガーフロステッドフレークス **Sugar Frosted Flakes**
シュガーベービーズ **Sugar Babies**
シューグー **Shoe Goo**
ジューシークチュール **Juicy Couture**
ジューシーフルーツ **Juicy Fruit**
ジュージュービーズ **Jujubes**
シュタインヴァイン **Steinwein**
シュタインヘーガー **Steinhäger**
シュタインベルガー **Steinberger**
ジュディスリーバー **Judith Leiber**
シュテルン **Stern**
ジュニアミンツ **Junior Mints**
シュパーテン **Spaten**
シュピーゲル **Spiegel**
ジュビリー **Jubilee**
シュペートレーゼ **Spätlese**
ジュベニア, ジュヴェニア **Juvenia**
シュミー **Schumi**
シュミット **Schmidt**
ジュモー **Jumeau**
シュラムスバーグブドウ園 **Schramsberg Vineyard**
ジュリアン **Julian**

# 和 英 表

ジュリエッタ(スプリント) **Giulietta (Sprint)**
シュリッツ **Schlitz**
シュリヒテシュタインヘーガー **Schlichte Steinhäger**
シュレッデッドウィート **Shredded Wheat**
シュロアー **Shloer**
シュロスフォルラーツ **Schloss Vollrads**
シュロスヨハニスベルク **Schloss Johannisberg**
シュロスラインハルツハウゼン **Schloss Reinhartshausen**
シュワンズ **Schwan's**
ショー **Shaw**
ジョイオブクッキング, 料理の楽しみ **Joy of Cooking**
ジョカリ **Jokari**
ジョグブラ **Jogbra**
ジョーケイスリーヘイフォード **Joe Casely-Hayford**
ジョージアブーツ **Georgia Boot**
ジョージアン **Georgian**
ジョージクレバリー **George Cleverly**
ジョージジェンセン **Georg Jensen**
ジョージディッケル **George Dickel**
ジョーズオブライフ **Jaws of Life**
ジョーズストーンクラブ **Joe's Stone Crab**
ジョーゼット **Georgette**
ジョゼフエロール **Joseph Ereuil**
ジョゼフジロット[ツ] **Joseph Gillott's**
ジョゼフペリエ **Joseph Perrier**
ジョーダッシュ **Jordache**
ジョッキー **Jockey**
ジョック **Joc**
ジョッター **Jotter**
ショット **Schott**
ショップスミス **Shopsmith**
ショップバック[ヴァック] **Shop-Vac**
ショップライト **ShopRite**
ジョニーウォーカー **Johnnie Walker**
ショーニーズ **Shoney's**
ショパール **Chopard**
ジョーバン **Jovan**
ショプコ **Shopko**
ショーメ **Chaumet**
ジョリーグリーンジャイアント **Jolly Green Giant**
ジョリータイム **Jolly Time**
ジョリーランチャー **Jolly Rancher**
ジョルジオアルマーニ **Giorgio Armani**
ジョルジュボワイエ **Georges Boyer**
ジョルジュレッシュ **Georges Rech**
ジョルト **Jolt**
ジョレン **Jolen**
ショーン **Schön**
ジョーンヴァス **Joan Vass**
ジョンガリアノ **John Galliano**
ジョンクーパー **John Cooper**
ジョンコンフォート **John Comfort**
ジョンジェームソン **John Jameson**
ジョンストンアンドマーフィー **Johnston & Murphy**
ジョンストンズオブエルギン **Johnstons of Elgin**
ジョンスメドレー **John Smedley**
ジョンソン **Johnson**
ジョンソンヴィル **Johnsonville**
ジョンソンエンドジョンソン **Johnson & Johnson**
ジョンソンズ(プリペアード)ワックス **Johnson's Prepared Wax**
ジョンソンブラザーズ **Johnson Brothers**
ジョンディア **John Deere**
ジョンプレーヤースペシャル **John Player Special**
ションベール **Chombert**
ジョンボイド **John Boyd**
ジョンルイス **John Lewis**
ジョンレイン **John Laing**
ジョンロブ(ブーツメーカー) **John Lobb (Bootmaker)**
ジョンワイツ **John Weitz**
ジョンワナメイカー **John Wanamaker**

# 和英表

ジョン O. バトラー(社)　John O. Butler
シラーヴァイン　Schillerweine
シーラス　Cirrus
シラスティック　Silastic
ジラールペルゴ　Girard-Perregaux
ジーラン　Zelan
シーリー　Sealy
ジリー　Zilli
シリーパテ　Silly Putty
シーリーポスチュアペディック　Sealy Posturepedic
シルヴァークリスタル　Silver Crystal
シルヴァーゴースト　Silver Ghost
シルヴァーサーヴィス　Silver Service
シルヴァーストーン, シルバーストーン　SilverStone
シルヴィクリン　Silvikrin
シルエット　Silhouette
シルエットブックス　Silhouette Books
シルエットロマンス　Silhouette Romance
シルキー　Schilke
シルキエンス　Silkience
シルクカット　Silk Cut
シルクドゥソレイユ　Cirque du Soleil
シルクリフレクションズ　Silk Reflections
シルツ　Schilz
シールテスト　Sealtest
シルバニア, シルヴァニア　Sylvania
シルフォン　Sylphon
ジレット　Gillette
シロッコ　Scirocco
ジン　Sinn
人生ゲーム　Game of Life
シンガー　Singer
シンクパッド　ThinkPad
シングル　Single
シングルスティック　SingleStick
シンクレア　Sinclair
シンサレート　Thinsulate
シンチサック　Cinch Sak
シンディー　Sindy
ジーンネイト　Jean Naté
シンバルタ　Cymbalta
シンプキンズ　Simpkins
シンプリーオレンジ　Simply Orange
シンプルグリーン　Simple Green
ジーンミュアー　Jean Muir

## ス

スアビテル　Suavitel
スイス　Swiss
スウィーターツ　SweeTARTS
スウィーディッシュマッチ[スウェーデンマッチ](社)　Swedish Match
スウィーテックス　Sweetex
スウィートシークレッツ　Sweet Secrets
スウィートベイ　Sweetbay
スウィートメドウ　Sweetmeadow
スウィートンロウ　Sweet'N Low
スウィファー　Swiffer
スウィフト　Swift
スウィング　Swing
スウィングライン　Swingline
スウェインアドニーブリッグ, スウェインアンドアドニー　Swaine Adeney Brigg
スウェンセン(ズ)　Swensen's
スウォッチ　Swatch
スーシュ　Swoosh
スカイ　Skyy
スカイウェイ　Skyway
スカイケネル　Sky Kennel
スカイシップ 600　Skyship 600
スカイスウィーパー　Skysweeper
スカイトレイン　Skytrain
スカイバー　Sky Bar
スカイプ　Skype
スカイモール　SkyMall
スカニア　Scania
スーカリル　Sucaryl
スキー　Ski
スキーター　Skeeter
スキッピー　Skippy
スキッピー　Skippy
スキードゥー　Ski-doo
スキナー　Skinner

509

## 和 英 表

スキニーディッパーズ **Skinny Dippers**
スキーボール **Skee-Ball**
スキャッティ **Schiatti**
スキャパ **Scapa**
スキャバル **Scabal**
スキャパレリ **Schiaparelli**
スキャンダル **Scandale**
スキューバフォン **Scubaphone**
スキューバプロ **Scubapro**
スキル **Skil**
スキルソー **Skilsaw**
スキンブレイサー **Skin Bracer**
スクープンクリップ **Scoop'n Clip**
スクープンバッグ **Scoop'n Bag**
スクラブル **Scrabble**
スクラムバッズ **Scrum Buds**
スクリップ **Skrip**
スクリプト(ウ) **Scripto**
スクリュープル **Screwpull**
スークレッツ **Sucrets**
スクワート **Squirt**
スケッチャーズ USA **Skechers USA**
スケールサイド **Scalecide**
スケーレックス **Scalex**
スケーレックストリック **Scalextric**
スコー **Skor**
スコシアロイヤル **Scotia Royale**
スコーダ **Škoda**
スコッチ **Scotch**
スコッチガード **Scotchgard**
スコッチジョバンニ, スコッティジョヴァンニ **Scotti Giovanni**
スコッチテープ **Scotch tape**
スコッチハウス **Scotch House**
スコッチライト **Scotchlite**
スコッチルートデストロイヤー **Scotch Root Destroyer**
スコッツグレイ **Scots Grey**
スコッツマン **Scotsman**
スコッティーズ **Scotties**
スコット **Scott**
スコープ **Scope**
スコール **Skoal**
スコール **Skol**
スーザンベニスウォーレンエドワーズ **Susan Bennis Warren Edwards**
スシャール **Suchard**
ズース **Zooth**
ースステッドマン **Sue Stedman**
スーズ, シューズ **Suze**
スター **Star**
スタイヴェサント **Stuyvesant**
スタイロフォーム **Styrofoam**
スタイロン **Styron**
スタインウェイ, スタンウェイ **Steinway**
スタインバーガー **Steinberger**
スタインラガー **Steinlager**
スターキスト **StarKist**
スタジアムブーツ **Stadium Boot**
スタージーン **Stergene**
スターター **Starter**
スター(ディ)アルティオリ **Star di Artiori**
スタティックガード **Static Guard**
スターテヴァント **Sturtevant**
スターノ, ステルノ **Sterno**
スターバースト **Starburst**
スターバックス **Starbucks**
スタビロボス **Stabilo Boss**
スーダフェッド **Sudafed**
スタプレスト **Sta-Prest**
スターリング **Sterling**
スターリングドラッグ(社) **Sterling Drug**
スタルカ **Starka**
スターログ **Starlog**
スターンズ **Stearns**
スタンスミス **Stan Smith**
スタンダード **Standard**
スタンダードオイル(オハイオ)(社) **Standard Oil**
スタンフォードカリフォルニアシャンパン **Stanford California Champagne**
スタンポス **Stampos**
スタンリーブラッカー **Stanley Blacker**
スタンレー **Stanley**
スター(ディ)アルティオリ **Star di Artiori**

510

# 和英表

スチームビア **Steam Beer**
スチームファースト **Steamfast**
スチュードベイカー **Studebaker**
スチューベン(グラス) **Steuben**
スチュワート, ステュアート **Stewart**
ステアマスター **StairMaster**
スティーヴホーエル **Steve Hoel**
スティーヴングラフ **Stevengraph**
スティーヴンジョーンズ **Stephen Jones**
スティーヴ(ス) **Steve's**
ステイカム **Steak-umm**
ステイグリーン **Sta-Green**
ステイタブ **Sta-Tab**
ステイフリー **Stayfree**
スティーブンズブラザーズ **Stephens Brothers**
スティムデント, スティミュデント **Stim-U-Dent**
スティルソン **Stillson**
スティルトン, スチルトン **Stilton**
スティングレイ **Sting Ray**
ステインマスター **Stainmaster**
ステッチキン **Stechkin**
ステットソン **Stetson**
ステッドマン **Stedman**
ステッドラー **Staedtler**
ステートエクスプレススリーファイヴズ **State Express 555**
ステビアエクストラクトインザロウ **Stevia Extract in the Raw**
ステファンケリアン **Stephane Kélian**
ステープルズ **Staples**
ステラアルトワ **Stella Artois**
ステライト **Stellite**
ステラデント **Steradent**
ステラドロ **Stella D'Oro**
ステルトン **Stelton**
ステン **Sten**
ステントフォン **Stentofon**
ストーヴトップ **Stove Top**
ストウニーフィールドファーム **Stonyfield Farm**
ストウファー(ズ) **Stouffer's**
ストークリーズファイネスト **Stokely's Finest**
ストック **Stock**
ストップンゴー **Stop'nGo**
ストップンゴー **Stop-N-Go**
ストーファーズアニマルクラッカーズ **Stauffer's Animal Crackers**
ストームキング **Storm King**
ストライカー **Stryker**
ストライデックス **Stridex**
ストライド **Stride**
ストライドライト **Stride Rite**
ストラスコノン **Strathconon**
ストラスモア **Strathmore**
ストラーダ **Strada**
ストラットン **Stratton**
ストラテゴ **Stratego**
ストラトヴィジョン **Stratovision**
ストラトキャスター **Stratocaster**
ストラトフォード **Stratford**
ストラトラウンジャー **Strato-lounger**
ストランド古書店 **Strand Book Store**
ストリチナヤ **Stolichnaya**
ストリートカーズ **Street Cars**
ストリベクチン **StriVectin**
ストレスタブズ **Stresstabs**
ストローハット **Straw Hat**
ストロベリーショートケーキ **Strawberry Shortcake**
ストロワヤ **Stolovaya**
ストロー(ズ) **Stroh's**
スナグル **Snuggle**
スナックウェルズ **SnackWell's**
スナックパック **Snack Pack**
スナックメイト **Snack Mate**
スナップオン **Snap-on**
スナップカット **Snap-Cut**
スニッカーズ **Snickers**
スノーキャット **Sno-Cat**
スノーコーン **Sno-Kone**
スノーボーイ **Snoboy**
スノーボールズ **Sno Balls**
スパー **Spar**
スーパーアメリカ **SuperAmerica**
スパイスアイランズ **Spice Islands**

511

# 和 英 表

スパイデル **Speidel**
スーパーヴァリュー **SuperValu**
スーパーカルク 4 **SuperCalc 4**
スーパーキングズ **Superkings**
スーパークインク **Super Quink**
スパークノーツ **SparkNotes**
スーパーグルー **Super Glue**
スパゲティオーズ **SpaghettiOs**
スーパー 60 **Super 60**
スーパースウェード **Supersuede**
スーパースコープ **Superscope**
スーパースリップ **Super Slip**
スーパーソーカー **Super Soaker**
スパータス **Spartus**
スパックル **Spackle**
スーパドライヴ **Supadriv**
スーパーボール **Super Ball**
スパム **Spam**
スーパーモイスト **SuperMoist**
スパルタンストアーズ **Spartan Stores**
スーパーロケット **Super Rocket**
スパンクス **Spanx**
スパンシュール, スパンスル **Spansule**
スパンダウ **Spandau**
スパンデックス **Spandex**
スービー **Sue Bee**
スピークマン **Speakman**
スピーゲル **Spiegel**
スピーダイア, スピーデア **Speedaire**
スピックアンドスパン **Spic and Span**
スピードゥ **Speedo**
スピードグラフィック **Speed Graphic**
スピードスター **Speedster**
スピードスティック **Speed Stick**
スピードライティング **Speedwriting**
スピリト **Spirito**
スピレラ **Spirella**
スピレラ **Spirella**
スピログラフ, スパイログラフ **Spirograph**
スピンク **Spink**
スープアットハンド **Soup At Hand**
スフィアー **Sphere**
スープスターター **Soup Starter**
ズーブス, ジューブス **Zubes**
スプライ **Spry**
スプライト **Sprite**
スプライト(マークワン) **Sprite (MK I)**
スプラクーペ **SpraCoupe**
スプラッシュンゴー! **Splash 'n Go!**
スプリング **Spring**
スプリングズミルズ **Springs Mills**
スプリングバンク **Springbank**
スプレインウォッシュ **Spray 'n Wash**
スプレンダ **Splenda**
ズブロフカ **Zubrovka**
ズブロフカ **Zubrowka**
スプーンサイズ **Spoon Size**
スペアミント **Spearmint**
スペイロイヤル **Spey Royal**
スペクテイター **Spectator**
スペシャルダーク **Special Dark**
スペシャル K **Special K**
スペースペン **Space Pen**
スペリートップサイダー **Sperry Top Sider**
スペルガ **Superga**
スペルバウンド **SpellBound**
スペルライト **Spell-Write**
スペンコ **Spenco**
スペンサーハート **Spencer Hart**
スペンドール **Spendor**
スポーク **Spork**
スポーツアフィールド **Sports Afield**
スポーツイラストレーテッド **Sports Illustrated**
スポーツサック **Sportsac**
スポーツシェイプ **Sportshape**
スポーツスター **Sportster**
スポットショット **Spot Shot**
スポーティングニュース **Sporting News**
スポード **Spode**
スポルディーン **Spaldeen**
スポルディング **Spalding**
スポンテックス **Spontex**

和英表

ズーマー Zoomar
スマイソン Smythson
スマイロン Smylon
スマッカー(ズ) Smucker's
スマックス Smacks
スマッシュ Smash
スマーティーズ Smarties
スマーティーベア Smarty Bear
スマートスタート Smart Start
スマートベアソフトウェア Smart-Bear Software
スマートメーター Smart Meter
スマートリース SmartLease
スマートワンズ Smart Ones
スマルト Smalto
スミス Smith
スミスアンドウェッソン Smith & Wesson
スミスアンドワトソン Smith & Watson
スミスグループ Smiths Group
スミスケンドン Smith Kendon
スミスコロナ Smith-Corona
スミスズ Smith's
スミスフィールド Smithfield
スミスブラザーズコフドロップス Smith Brothers Cough Drops
スミード Smead
スミノフ, スミルノフ, スマーノフ Smirnoff
スモーカドー Smokador
スモーククラフト Smoke Craft
スモークハウス Smokehouse
スライス Slice
スラゼンジャー Slazenger
スラーピー Slurpee
スランジーヴァ Slaintheva
スランバーランド Slumberland
スリーインワン 3-in-One
スリーエム 3M
スリックスオーストラリア Slix Australia
スリップンスライド Slip 'N Slide
スリーパレット Sleeperette
スリーピージー Sleepeezee
スリーピナル Sleepinal
スリーファイヴズ 555
スリープナンバー Sleep Number
スリープライト SleepRight
スリーマスケッティアーズ 3 Musketeers
スリムジム Slim Jim
スリムファスト! Slim-Fast!
スリムプランゴールド Slim Plan Gold
スリムライン Slim-Line
スリンキー Slinky
スレンダレラ, スレンデレラ Slenderella
スローンズ Sloan's
スワーヴ Suave
スワロフスキー Swarovski
スワン Swan
スワンヴェスタス Swan Vestas
スワンズダウン Swans Down
スワンスタビロ Schwan-Stabilo
スワンソン Swanson
スワンラガー Swan Lager

セ

セイヴァーズ Savers
セインズベリー(ズ) Sainsbury's
セイントアイヴス St. Ives
セヴィン Sevin
セヴンクラウン 7 Crown
セヴンシーズ Seven Seas
セヴンティーン Seventeen
セキュリコー Securicor
セグウェイ Segway
セコナール Seconal
セサラーニ Cesarani
セシルジー Cecil Gee
ゼスト Zest
セストーマス Seth Thomas
セスナ Cessna
セダークレスト Cedar Crest
セタフィル Cetaphil
セッコティン, セコチン Seccotine
セトラキアン Setrakian
ゼニア Zegna
ゼニカル Xenical
ゼニス Zenith

513

# 和 英 表

ゼネラルエレクトリック(社)　General Electric
ゼネラルタイヤ　General Tire
ゼネラルヌートリションセンター　General Nutrition Center
ゼネラルフーズインターナショナル　General Foods International
ゼネラルミルズ　General Mills
ゼネラルモーターズ　General Motors
セバーゴ　Sebago
セバスティアーニブドウ園　Sebastiani Vineyard
セバメッド　Sebamed
セブ　Seb
ゼファー　Zephyr
ゼファー(号), そよ風(号)　Zephyr
セーフウェイ, セイフウェイ　Safeway
セフォラ　Sephora
セーフガード　Safeguard
ゼブライト　Zebrite
ゼブラ(ブックス)　Zebra (Books)
セーブル, セーヴル　Sèvres
セブンアップ, セヴンアップ　7UP
セブンイレブン, セヴンイレヴン　7-Eleven
セラニーズ　Celanese
セラフル　TheraFlu
セーラム　Salem
セリーヌ　Celine
セルコットン　Cellucotton
セルサン　Selsun
セルサンブルー　Selsun Blue
セルジオヴァレンテ　Sergio Valente
セルジオソルダーノ　Sergio Soldano
セルッティ 1881, チェルッティ 1881　Cerruti 1881
セルトマン　Seltmann
セルフ　Self
セルフリッジス　Selfridges
セルマー　Selmer
セルメク　Sermeq
セルロイド　Celluloid
セレクタシン　Selectasine
セレクトリック　Selectric
セレスチャルシーズニングス　Celestial Seasonings
セレステ　Celeste
セレソタ　Ceresota
セレッション　Celestion
セレブリティー　Celebrity
セレブレックス　Celebrex
セレボス　Cerebos
セレンゲッティ　Serengeti
ゼログラフィー　Xerography
ゼロックス　Xerox
セロテックス　Celotex
セロテープ　Sellotape
ゼロハリバートン　Zero Halliburton
セロファン　Cellophane
ゼロフォー　Zero-4
ゼロールアイスクリームスクープ　Zeroll Ice Cream Scoop
センサーマチック(システム)　Sensormatic (System)
センサラウンド　Sensurround
センセン　Sen-Sen
センソダイン　Sensodyne
センチュリーグラフィック(報道カメラ)　Century Graphic (Press Camera)
センチュリー 21　Century 21
セントー　Centaur
セントアイヴェル　St Ivel
セントジェームス　Saint James
セントジェームス(ズ)　St. James's
セントジョセフ　St. Joseph
セントブルーノ　St. Bruno
セントマイケル, 聖ミカエル　St Michael
セントラム　Centrum
セントリー　Sentry

## ソ

ソアーフライ　Soarfly
ゾヴィラックス, ゾビラックス　Zovirax
ソゥハイオ　Sohio
ソウレイアード　Souleiado
ゾク　Zoku
ソーサリートスリング　Sausalito Sling
ソース　Source

和 英 表

ソーズオール　**Sawzall**
ゾストリックス　**Zostrix**
ゾーディアック　**Zodiac**
ゾーディアック USA　**Zodiac USA**
ソディアール　**Sodiaal**
ソニアリキエル　**Sonia Rykiel**
ソニファイアー　**Sonifier**
ソネリル　**Soneryl**
ソープオペラダイジェスト　**Soap Opera Digest**
ソフタシルク　**Softasilk**
ソフトアンドドライ　**Soft & Dri**
ソフトカラーズ　**SoftColors**
ソフトコン　**Softcon**
ソフトスクラブ　**Soft Scrub**
ソフトソープ　**Softsoap**
ソフトリー　**Softly**
ソプラーニウォモ　**Soprani Uomo**
ソブレイニー, ソブラニー　**Sobranie**
ソフレンズ　**SofLens**
ソーホー　**SoHo**
ソーボ　**Sorbo**
ソマスティック　**Somastic**
ソマット　**Somat**
ソミネックス　**Sominex**
ソーラ　**Sola**
ソーラーケイン　**Solarcaine**
ソリグナム　**Solignum**
ソルダーノ　**Soldano**
ソールター, サルター　**Salter**
ソルトセンス　**Salt Sense**
ソールトフォードポッタリー　**Saltford Pottery**
ソールトン, サルトン　**Salton**
ソロ　**Solo**
ソロフレックス　**Soloflex**
ゾーン　**Zone**

## タ

ダイアパリーン, ダイアパレン　**Diaparene**
ダイアモンド　**Diamond**
ダイアル　**Dial**
ダイアルアティーチャー　**Dial-A-Teacher**
ダイエットコーク　**Diet Coke**
ダイエットライト　**Diet Rite**
タイガー　**Tiger**
タイガーバーム, 虎標萬金油　**Tiger Balm**
タイコ　**Tyco**
タイザー　**Tizer**
ダイジェル　**Di-Gel**
タイソン　**Tyson**
ダイソン　**Dyson**
タイディキャッツ　**Tidy Cats**
タイド　**Tide**
タイトリスト　**Titleist**
ダイナースクラブ(インターナショナル)　**Diners Club (International)**
ダイナミンツ　**Dynamints**
タイフー　**Typhoo**
タイベック　**Tyvek**
タイム　**Time**
タイムアウト　**Time Out**
タイムシステム　**Time system**
ダイムラー　**Daimler**
ダイムラー　**Daimler**
ダイムラーベンツ(社)　**Daimler-Benz**
タイメックス　**Timex**
ダイモ　**Dymo**
タイレックス　**Tilex**
タイレノール　**Tylenol**
タイロゼッツ, チロゼッツ　**Tyrozets**
ダヴ, ダブ　**Dove**
ダヴィドフ　**Davidoff**
タヴェル　**Tavel**
ダウケミカル(社)　**Dow Chemical**
ダウコーニング　**Dow Corning**
ダウジョーンズアベレージ, ダウ平均株価　**Dow Jones Average**
ダウジョーンズニューズリトリーヴァル　**Dow Jones News/Retrieval**
ダウニイ　**Downy**
ダウメタル　**Dow metal**
ダーキー　**Durkee**
ダクシーン　**Duxeen**
タグホイヤー　**Tag Heuer**
ダグラス(社)　**Douglas**
ダクロン　**Dacron**
ターゲット　**Target**
タコブエノ　**Taco Bueno**

515

# 和英表

タコベル　**Taco Bell**
ダサニ, ダサーニ　**Dasani**
タシオネックス　**Tussionex**
ダストオフ　**Dust-Off**
ダストバスター　**DustBuster**
タタスチールヨーロッパ　**Tata Steel Europe**
タタモーターズ　**Tata Motors**
タックス　**Tucks**
ダックス　**Daks**
ダックス　**Dux**
ダックスター　**Duckster**
タッシー　**Tussy**
ダッジ　**Dodge**
ダッシャー　**Dasher**
ダッシュ　**Dash**
ダッツ, ダッズ　**Dad's**
タット　**Tat**
タッパーウェア　**Tupperware**
タッパン　**Tappan**
タテオシアン　**Tateossian**
タートルズ　**Turtles**
タートルワックス　**Turtle Wax**
ダナ　**Dana**
ダナー　**Danner**
ダナキャランニューヨーク　**Donna Karan New York**
タナークロール　**Tanner Krolle**
ダナブルー　**Danablu**
ダニー　**Danny**
ダニエルエシュテル　**Daniel Hechter**
タニノクリスチー　**Tanino Crisci**
ダニマルズ　**Danimals**
ダニーロ　**Danilo**
タネ　**Tane**
ダノン　**Danone**
タバスコ　**Tabasco**
タバーンオンザグリーン　**Tavern on the Green**
ターピス　**Tervis**
タビスト　**Tavist**
タブ　**Tab**
タブー　**Tabu**
ダブ　**Dab**
ダフタン[ダフタウン]グレンリヴェット　**Dufftown-Glenlivet**

ターフビルダー　**Turf Builder**
ダブリューアンドエイチギデン　**W&H Gidden**
ダブル H ブーツ　**Double-H Boots**
ダブルクロスティック　**Double-Crostic**
ダブルセンチュリー　**Double Century**
ダブルデイ　**Doubleday**
ダブルデッカー　**Double Decker**
ダブルバブル　**Dubble Bubble**
ダブル Q　**Double Q**
タブロイド　**Tabloid**
タプローズ　**Taplows**
ダーマレスト　**Dermarest**
ターミガン　**Ptarmigan**
タムズ　**Tums**
タラモアデュー　**Tullamore Dew**
ダリゴールド　**Darigold**
タリスカー　**Talisker**
タリーズコーヒー　**Tully's Coffee**
タリーホー　**Tally-Ho**
タルガ　**Targa**
ダルティモン　**Dartimon**
タルマック, ターマック, タールマク　**Tarmac**
タレイトン　**Tareyton**
タロン　**Talon**
ダンエアー　**Dan-Air**
タンカレー　**Tanqueray**
ダンカンハインズ　**Duncan Hines**
ダンキンドーナツ　**Dunkin' Donuts**
タンクウォッチ　**Tank Watch**
ダンジョンズアンドドラゴンズ　**Dungeons & Dragons**
ダンスキン　**Danskin**
ダンスク　**Dansk**
ダンディー　**Dundee**
ダンニマック　**Dannimac**
タンノイ　**Tannoy**
タンパックス　**Tampax**
ダンハム　**Dunham**
ダンヒル　**Dunhill**
ダンフィーズ　**Dunphy's**
ダンプスター　**Dumpster**
ターンブルアンドアッサー　**Turnbull & Asser**

# 和英表

ダンロップ　**Dunlop**

## チ

チアー　**Cheer**
チアペット　**Chia Pet**
チェイスアンドサンボーンコーヒー　**Chase & Sanborn Coffee**
チェスターバリー　**Chester Barrie**
チェスターフィールド　**Chesterfield**
チェースマンハッタン(銀行)　**Chase Manhattan**
チェダレラ　**Chedarella**
チェッカーキャブ　**Checker cab**
チェッカーズ　**Chequers**
チェックアップ　**Check-up**
チェッセピューミニ　**Ciesse Piumini**
チェリーガルシア　**Cherry Garcia**
チェリーコーク　**Cherry Coke**
チェリーブロッサム　**Cherry Blossom**
チェルシー　**Chelsea**
チェレーザ　**Ceresa**
チェレスキン　**Chereskin**
チェロキー　**Cherokee**
チキータ　**Chiquita**
チキンオブザシー　**Chicken of the Sea**
チクタク, ティックタック　**Tic Tac**
チクレッツ　**Chiclets**
チコ　**Chicco**
チシタリア　**Cisitalia**
チーズイット　**Cheez-It**
チーズウィズ　**Cheese Whiz**
チーズドゥードルズ　**Cheez Doodles**
チチ(ズ)　**Chi-Chi's**
チックチェック　**Chik Chek**
チップウイッチ　**Chipwich**
チップスアホイ　**Chips Ahoy**
チップツー　**Chip 2**
チッペンデールズ　**Chippendales**
チートス　**Cheetos**
チーニー　**Cheaney**
チネリ　**Cinelli**
チバ　**Ciba**
チペワ, チッパワ　**Chippewa**
チャイナグラフ　**Chinagraph**
チャウ　**Chow**
チャーチアンドドワイト(社)　**Church & Dwight**
チャーチズイングリッシュシューズ　**Church's English Shoes**
チャーチズチキン　**Church's Chicken**
チャーチ(ズ)　**Church's**
チャッキット　**Chuckit!**
チャックテイラー(オールスター)　**Chuck Taylor (All Star)**
チャックイーチーズィズ　**Chuck E. Cheese's**
チャックルズ　**Chuckles**
チャッブ　**Chubb**
チャップス　**Chaps**
チャップスティック　**ChapStick**
チャッペット　**Chap-et**
チャドヴァレイ, チャドバレー　**Chad Valley**
チャビーハビー　**Chubby Hubby**
チャーミングチャーリー　**Charming Charlie**
チャム　**Chum**
チャーリー　**Charlie**
チャールズ　**Charles**
チャールズオブザリッツ　**Charles of the Ritz**
チャールズクルーグワイナリー　**Charles Krug Winery**
チャールストンチュー　**Charleston Chew**
チャールズファリス(社)　**Charles Farris**
チャンキー　**Chunky**
チャンキーマンキー　**Chunky Monkey**
チャンネルロック　**Channellock**
チャンピオン　**Champion**
チャンピオンオックスフォード　**Champion Oxford**
チューボップス　**Chu-Bops**
チュパチャップス, チャパチャップス, チュパチュップス　**Chupa Chups**
チョイス　**Choice**
チョコタコ　**Choco Taco**
チョコベイク　**Choco-Bake**

517

# 和英表

チョコホット ChocoHot
チョッパー Chopper
チーリオズ, チアリアズ Cheerios
チリス Zyliss
チンザノ Cinzano
チンタオ, 青島 Tsingtao

## ツ

ツァイス Zeiss
ツウィズラーズ, トウィズラーズ Twizzlers
ツヴィリング Zwilling
ツウィンキーズ, トウィンキーズ Twinkies
ツナヘルパー Tuna Helper
ツボルグ Tuborg
ツーラ, トゥーラ Tura

## テ

デアリーミルク Dairy Milk
ディアドルフ Deardorff
ティアマリア Tia Maria
ディーア(社) Deere
デイヴィス, デービス Davis
デイヴィッズ, デービッド David's
デイヴィッドヒックス, デービッドヒックス David Hicks
ディヴォーズイーグル Devoe's Eagle
ティエリーミュグレー Thierry Mugler
ティオペペ Tio Pepe
ディオール Dior
ディキシーカップ Dixie Cup
ディキシークリスタルズ Dixie Crystals
ディキシー, ディクシー Dixie
デイキル DayQuil
ディクソン Dixon
ディクタフォン Dictaphone
ディクトグラフ Dictograph
テイクファイヴ Take 5
デイグロウ, デイグロー DayGlo
ディーグアンドスキナー Dege & Skinner
ディゲル Digel
ディーコ Deeko
ディーコン d-Con
テイザー Taser
デイジー Daisy
ディージー Dee Zee
ディジトロン Digitron
デイズイン Days Inn
ディスカヴァー Discover
ディスカバーカード Discover Card
ディスコズ Discos
テイスターズチョイス Taster's Choice
テイスティー Taystee
テイスティケーキ Tastykake
テイスティーフリーズ Tastee-Freez
ディーズドライブイン Dee's Drive-In
ディストン Disston
ディスプリン Disprin
ディスポーズオール Dispoz-All
ティーズメイド Teasmade
ディースリーオー d30
ディーゼル DIESEL
ティソ Tissot
テイタートッツ Tater Tots
ディチェコ De Cecco
ティーチャーズ Teacher's
ディット Ditto
ティップツリー Tiptree
ティップトップ Tip Top
ディディエアーロン Di-dier Aaron
ディディエラマルト Didier Lamarthe
デイテル Datel
ディート DEET
ディーナーインダストリーズ(社) Diener Industries
ティナクティン Tinactin
ディナスター Dynastar
ティパリロ Tiparillo
ディーバ, ディーヴァ Diva
ティファニー Tiffany
ティファール Tefal
ティフィン Tiffin
ディープフリーズ Deepfreeze
ティペックス Tipp-Ex

## 和英表

ティーム **Team**
ティムバックトゥー **Timbuck 2**
ディメンション **Dimension**
ティモシーエベレスト **Timothy Everest**
ティモテ **Timotei**
テイラーアンドロッジ **Taylor & Lodge**
ディラーズ **Dillard's**
ティラマック **Tillamook**
テイラーメイド **TaylorMade**
デイランナー **Day Runner**
ティリー **Tilley**
デイリー, ザデイリー **Daily**
デイリークイーン, デアリークイーン **Dairy Queen**
デイリーニューズレコード **Daily News Record**
ティール **Teel**
ティルトアワール **Tilt-A-Whirl**
ディルロイド **Dilroyd**
ディーンアンドデルーカ **Dean & DeLuca**
ティンカートイ **Tinkertoy**
ディンキー(トーイズ) **Dinky Toys**
ティングレー **Tingley**
デインズアンドハザウェイ **Daines & Hathaway**
ディンティームーア **Dinty Moore**
ティントメーター **Tintometer**
ディンドンズ **Ding Dongs**
ティンバーランド **Timberland**
ディンプル **Dimple**
ディンプレックス **Dimplex**
ディーン(ズ) **Dean's**
デヴィルドッグズ **Devil Dogs**
デカトロン **Dekatron**
テキサコ **Texaco**
テキサスインストルメンツ(社) **Texas Instruments**
テキサスセレクト **Texas Select**
テキサスブランドブーツ **Texas Brand Boots**
デキセドリン **Dexedrine**
デクアディン **Dequadin**
デクサトリム **Dexatrim**
デクシオン, デキション **Dexion**
デクスター **Dexter**
デクストリモルトース **Dextri-Maltose**
テクニカラー **Technicolor**
テクノス **Technos**
テクロン **Techron**
デコット **Decot**
デザートブーツ **Desert Boots**
デシティン, デシチン **Desitin**
テスコ **TESCO**
テスターズ **Testors**
デスモンドアンドダフ **Desmond & Duff**
テスラモーターズ(社) **Tesla Motors (, Inc.)**
デセネックス **Desenex**
デソート **De Soto**
データホン, データフォン **Dataphone**
テタンジェ **Taittinger**
デッカ **Decca**
テッドラピドス **Ted Lapidus**
テディーベア **Teddy Bear**
デトマソパンテーラ **DeTomaso Pantera**
テトラ **Tetra**
テトラパック **Tetra Pak**
テトラブリック **Tetra Brik**
デトール **Dettol**
テトレーティー, テトリー紅茶 **Tetley Tea**
テーナ **Tena**
デニーズ **Denny's**
テバ **Teva**
デハヴィランド **de Havilland**
デビアス **De Beers**
デピエトリ **De Pietri**
テフロン **Teflon**
デペンド **Depend**
デミタス **Demi-Tasse**
デミング(ズ) **Deming's**
デムコート **Dem-Kote**
テームズアンドハドソン **Thames and Hudson**
デメロール **Demerol**

## 和英表

デュヴェティン　Duvetyn
デュオフォールド　Duofold
デューゼンバーグ　Duesenberg
デュプレックス　Duplex
デュボネ　Dubonnet
デュポン　DuPont
デュモリエール　du Maurier
デューモント　DuMont
デュラセル　Duracell
デューラックス　Dulux
デュラビーム　Durabeam
デュリロン, ジュリロン　Duriron
デュレックス　Durex
デュロテスト　Duro-Test
デュワーズ　Dewar's
テラピン　Terrapin
テラプラナ　Terra Plana
デラマン　Delamain
デーラーラウニー　Daler-Rowney
デリクリエーションズ　Deli·Creations
テリレン　Terylene
テリー(ズ)チョコレートオレンジ　Terry's Chocolate Orange
デルガ　Dell'Ga
デルジー　Delsey
デルシム　Delsym
テルスター　Telstar
デルバ, デルヴァ　Delva
デルフィールド　Delfield
デルフェン　Delfen
デルフト　Delft
デルボー, デルヴォー　Delvaux
デルモニコ(ズ)　Delmonico's
デルモンテ　Del Monte
デル(ブックス)　Dell (Books)
テレタイプ　Teletype
テレタイプセッター　Teletypesetter
テレプロンプター　TelePrompTer
デローザ　De Rosa
デロンギ　De'Longhi
テンサー　Tensor
テンソン　Tenson
テンダーハーベスト　Tender Harvest
デンツ　Dents
デンティーン　Dentyne

テンハイ　Ten High
デンマン　Denman

### ト

トイザラス　Toys "R" Us
トゥアカ, ツアカ　Tuaca
トゥィーザーマン　Tweezerman
トゥーイーズ　Tooheys
トゥィンクル　Twinkle
ドゥエインリード　Duane Reade
ドーウェル, ドーエル　Dowell
ドゥカティ　Ducati
ドゥシャン　Duchamp
ドゥーニーアンドバーク　Dooney & Bourke
ドゥニムニエ　Denis Mounie
トゥームストーンピザ　Tombstone Pizza
トゥルー　True
トゥルーグリーン　TruGreen
トゥルーテンパー　True Temper
トゥルーノース　TrueNorth
トゥルーボンド　TruBond
トゥワイフォード　Twyford
ドウ(ブックス)　Daw (Books)
トカイ　Tokaji
ドギードゥーリー　Doggie Dooley
ドキュイペール, デカイパー　DeKuyper
ドクターウエスト　Dr. West's
ドクターグラボー　Dr. Grabow
ドクターショール(ズ)　Dr Scholl's
ドクターズ　Doctor's
ドクターティールズ　Dr. Teal's
ドクターブラウンズセルレイ　Dr. Brown's Cel-Ray
ドクターフレッシュ　Dr. Fresh
ドクターベスト　Dr. Best
ドクターペッパー　Dr Pepper
ドクターマーチン　Dr. Martin
ドクターマーチン(ズ)　Dr.Ph. Martin's
ドクターマーテン(ズ), ドクターマーチン　Dr Martens
ドクターワット　Dr. Watt
トコ　Toko

520

# 和英表

ドスエキス　Dos Equis
トスティートス　Tostitos
トーストマスター　Toastmaster
トータル　Total
ドッカーズ　Dockers
ドックサイズ　Docksides
ドッグチャウ　Dog Chow
ドッジー　Dozzzy
ドッジェム　Dodg'em
トッツ　Tott's
トッツィーポップス　Tootsie Pops
トッツィーロール(ズ)　Tootsie Roll(s)
トップサイダー　Top-Sider
トップブラス　Top Brass
ドナシー　Donnachie
ドナルドデイヴィス[デービス]　Donald Davies
トニーラマ　Tony Lama
トニー(ズ)　Tony's
ドネー　Donnay
トネティック　Tonetic
トーフエクスプレス　TofuXpress
ドフォ　DOFO
トーフッティー, トフティー　Tofutti
トブラローネ　Toblerone
ドフランドル　Deflandre
ドブロ　Dobro
ドボラックキーボード, ドヴォラックキーボード　Dvorak Keyboard
トーポル　Topol
トーマス　Thomas'
トーマスアンドトーマス　Thomas & Thomas
トーマスヴィル　Thomasville
トーマスネルソン(社)　Thomas Nelson
トーマスライティング　Thomas Lighting
トーマスブラザーズ　Thomas Bros.
トマーチン　Tomatin
ドミニクフランス　Dominique France
ドミノ　Domino
ドミノ(ピザ), ドミノズ　Domino's
トミーヒルフィガー　Tommy Hilfiger
ドーム　Daum
トムマッキャン　Thom McAn
ドメストス　Domestos
ドメーヌドシュヴァリエ　Domaine de Chevalier
ドメーネンヴァイングートシュロスシェーンボルン　Domänenweingut Schloss Schönborn
ドーメル　Dormeuil
トーモア　Tormore
ドーモービル　Dormobile
ドライアイス　Dry Ice
トライアミニック　Triaminic
トライアンフ　Triumph
トライアンフ, トリンプ　Triumph
ドライガス　Drygas
ドライタンネン　3-Tannen
トライデント　Trident
ドライヤーズ　Dreyer's
トラヴェロッジ　Travelodge
トラヴォレーター　Travolator
トラクスカヴェーター　Traxcavator
ドラコーン　Dracone
トラサルディ　Trussardi
トラッパーキーパー　Trapper Keeper
トラディッショナルウェザーウェア　Traditional Weatherwear
ドラノ　Drano
トラファルガー　Trafalgar
ドラマミン　Dramamine
ドラムスティック　Drumstick
ドーラル　Doral
ドラロン　Dralon
トランスフォーマー(ズ)　Transformers
トラント　Torrente
ドランビュイ, ドランブイ　Drambuie
ドリアンニーデルハウザー　Dorian Niederhauser
トリスケット　Triscuit
トリスターノオノフリー　Tristano Onofri
ドリスタン　Dristan
ドリス ヴァン ノッテン　Dries Van Noten
トリッカーズ　Tricker's
トリックス　Trix

## 和英表

ドリックスオラール, ドリクソラル **Drixoral**
ドリトス **Doritos**
トリプルペット **Triple Pet**
トリプレックス **Triplex**
ドリームフィールズ **Dreamfields**
ドリームホイップ **Dream Whip**
ドリューズ **De Luze**
ドリーン **Drene**
ドリンクマスター **DrinkMaster**
ドール **Dole**
ドルシス **Dolcis**
ドルチェアンドガッバーナ **Dolce & Gabbana**
トルーテンパー **True Temper**
ドルトムンダーエクスポート **Dortmunder Export**
トールハウス **Toll House**
ドルビー **Dolby**
ドルモア **Drumohr**
ドルンカート **Dornkaat**
ドレイクス **Drakes**
ドレインイーズ **Drain Eze**
ドレインキング **Drain King**
ドレクセル **Drexel**
トーレス **Torres**
ドレスデンクリスタル **Dresden Kristall**
ドレフト **Dreft**
トレボー **Trebor**
ドレメル **Dremel**
トロウ, トロ **Toro**
ドロシーグレイ **Dorothy Gray**
ドロシーパーキンズ **Dorothy Perkins**
トロージャン **Trojan**
トロノレーン **Tronolane**
トロピカーナ **Tropicana**
トロピカルブレンド **Tropical Blend**
ドロフィン **Dolophine**
ドロマイト **Dolomite**
ドロミテ **Dolomite**
トワイニング(ズ) **Twinings**
トーン **Tone**
ドーン **Dawn**
トンカ **Tonka**
ドンケ **Domke**
ドントーマス **Don Tomas**
ドン Q **Don Q**
ドンペリニョン **Don Pérignon**

### ナ

ナイアガラ **Niagara**
ナイキ **Nike**
ナイスンイージー **Nice'n Easy**
ナイスンイージー **Nice n Easy**
ナイツキャスタイル **Knight's Castile**
ナイトライト **Knight Lite**
ナイレックス **Nylex**
ナインウエスト **Nine West**
ナインライヴズ **9Lives**
ナウ **Now**
ナウターズスワン **Nautor's Swan**
ナオト **Naot**
ナサリン **Nasaline**
ナザレノガブリエリ **Nazareno Gabrielli**
ナショナル **National**
ナショナルインクワイヤラー **National Enquirer**
ナショナルジオグラフィック **National Geographic**
ナショナルランプーン **National Lampoon**
ナショナルレヴュー **National Review**
ナーズ **Nerds**
ナストロアズーロ **Nastro Azzurro**
ナースメイツ **Nurse Mates**
ナタリンス RX **Natalins RX**
ナチュラライザー **Naturalizer**
ナチュラルインスティンクツ **Natural Instincts**
ナチュラルファーズ **Natural Furs**
ナチュラルライト **Natural Light**
ナッシュ **Nash**
ナッツベリーファーム **Knott's Berry Farm**
ナットシャーマン **Nat Sherman**
ナップパル **Nap Pals**
ナネットレポー **Nanette Lepore**

和英表

ナビスコ **Nabisco**
ナーフ **Nerf**
ナリー **Nalley**
ナンバーセブン[セヴン] **No.7**

## ニ

ニーヴァーサン **Neaverson**
ニキータ **Nikita**
ニコバン **Nikoban**
ニコライ **Nicolai**
ニコレット **Nicorette**
ニコロデオン **Nickelodeon**
ニッカーボッカー **Knickerbocker**
ニッセン **Nissen**
ニド **Nido**
ニナリッチ **Nina Ricci**
ニーノセルッティ **Nino Cerruti**
ニベア, ニヴェア **Nivea**
ニーマンマーカス **Neiman Marcus**
ニューアムステルダム **New Amsterdam**
ニューアメリカンライブラリー **New American Library**
ニューアンドリングウッド **New & Lingwood**
ニューヴァンプロストリップス **Nuvan Prostrips**
ニューガーゼ **Nu Gauze**
ニューサイエンティスト **New Scientist**
ニューズウィーク **Newsweek**
ニュースキン **Nu Skin**
ニュースコーポレーション(社) **News Corporation**
ニューステイツマン **New Statesman**
ニューソルティー **NuSal-T**
ニューソルト **Nu-Salt**
ニュートラスウィート **NutraSweet**
ニュートラダイエット **Nutradiet**
ニュートレイル **New Trail**
ニュートロジーナ **Neutrogena**
ニュートン **NuTone**
ニューパーカイナル **Nupercainal**
ニューバランス **New Balance**
ニューフリーダム **New Freedom**
ニュープリン **Nuprin**
ニューポート **Newport**
ニューマンズオウン **Newman's Own**
ニューミュージカルエクスプレス **New Musical Express**
ニューヨーカー **New Yorker**
ニューヨーク **New York**
ニューヨークアムステルダムニュース **New York Amsterdam News**
ニューラゲン **Neuragen**
ニューリパブリック **New Republic**
ニューロン **Nulon**
ニュンフェンブルク **Nymphemburg**
ニラ **Nilla**
ニールセン(社) **Nielsen**
ニロゾール **Nilosol**
ニロドール **Nilodor**

## ヌ

ヌーク **Nuk**
ヌータヤルヴィ **Nuutäjarvi**

## ネ

ネア **Nair**
ネイヴィーカット **Navy Cut**
ネイザンズフェイマス **Nathan's Famous**
ネイションワイド **Nationwide**
ネイソネックス **Nasonex**
ネイチャー **Nature**
ネイチャーヴァレー **Nature Valley**
ネイチャーズプラス **Nature's Plus**
ネイトラテイスト **NatraTaste**
ネイム **Naim**
ネオシネフリン **Neo-Synephrine**
ネオスポリン **Neosporin**
ネスカフェ **Nescafé**
ネストカート **Nest-Kart**
ネスレ(社) **Nestlé**
ネッキ **Necci**
ネッコ **Necco**
ネッツーノ **Nettuno**
ネプラスウルトラ, ヌプリュユルトラ **Ne Plus Ultra**
ネルソンズ(オブエイントリー) **Nel-**

# 和英表

sons (of Aintree)
ネンブタール　**Nembutal**

## ノ

ノイハウス　**Neuhaus**
ノイリープラット　**Noilly Prat**
ノヴァコード　**Novachord**
ノーヴィック　**Norvic**
ノーウィッチ　**Norwich**
ノーガハイド　**Naugahyde**
ノーカル　**No-Cal**
ノキア　**Nokia**
ノグゼマ　**Noxzema**
ノーグレイ　**No Gray**
ノコナブーツ　**Nocona Boots**
ノーザーンハードウッズフレームズ　**Northern Hardwoods Frames**
ノーススター　**North Star**
ノースフェース　**North Face**
ノースロップ(社)　**Northrop**
ノーチラス　**Nautilus**
ノッカンドウ　**Knockando**
ノックス　**Knox**
ノードストローム　**Nordstrom**
ノートン　**Norton**
ノートンインターネットセキュリティ　**Norton Internet Security**
ノードー, ノドア　**Nodor**
ノーナンセンス　**NoNonsense**
ノブレット　**Noblet**
ノーブロット　**Noblot**
ノーマカマリ　**Norma Kamali**
ノーマッド　**Nomad**
ノーマンハートネル　**Norman Hartnell**
ノーメックス　**Nomex**
ノーランデクス　**Norandex**
ノルディカ　**Nordica**
ノルディックウェア　**Nordic Ware**
ノール, ノル　**Knoll**
ノレルコ　**Norelco**
ノンサッチ, ナンサッチ　**None Such**

## ハ

パー　**Pur**
バイアグラ　**Viagra**
ハイアーズ　**Hires**
ハイアール　**Haier**
ハイアット　**Hyatt**
バイエル(社)　**Bayer**
バイオストラース　**Bio-Strath**
ハイカラテ　**Hai Karate**
ハイコーンキャリヤー　**Hi-Cone Carrier**
ハイシー　**Hi-C**
バイシクル　**Bicycle**
バイシン　**Visine**
ハイスタンダード　**High Standard**
ハイソサエティー　**High Society**
バイソドル　**Bisodol**
ハイタイムズ　**High Times**
ハイダベッド, ハイドアベッド　**Hide-A-Bed**
バイタリス, ヴァイタリス　**Vitalis**
ハイド　**Hyde**
バイト　**BYTE**
ハイドアキー　**Hide-A-Key**
ハイドライ　**Hi-Dri**
ハイドラマティック　**Hydra-Matic**
ハイドロン　**Hydron**
ハイネケン　**Heineken**
パイパー　**Piper**
バイフォード　**Byford**
ハイポイント　**High Point**
ハイライター　**Hi-Liter**
ハイラムウォーカー(ズ)クリスタルパレス　**Hiram Walker's Crystal Palace**
ハイランドクイーン　**Highland Queen**
ハイランドパーク　**Highland Park**
バイルビーンズ　**Bile Beans**
パイレックス　**Pyrex**
パイレーツブーティ　**Pirate's Booty**
パイロイル　**Pyroil**
バイロウ, バイロー　**Biro**
パイロセラム　**Pyroceram**
パイロット　**Pilot**
パイロテナックス　**Pyrotenax**
ハイン　**Hine**
パインアクション　**Pine Action**
パインソール　**Pine-Sol**

# 和英表

ハインツ **Heinz**
パインブラズ **Pine Bros.**
ハーヴァード **Harvard**
ハーヴェイニコルズ **Harvey Nichols**
ハーヴェストデイ **Harvest Day**
ハウエル **Howell**
パウエル **Powell**
ハウスアンドガーデン **House & Garden**
ハウスオブアーモンズ **House of Almonds**
ハウスオブウィンザー **House of Windsor**
ハウスオブスチュアート **House of Stuart**
ハウスオブフレイザー **House of Fraser**
ハウスビューティフル **House Beautiful**
パウラナー **Paulaner**
バウンス **Bounce**
パウンス **Pounce**
バウンティ **Bounty**
パウンドパピーズ **Pound Puppies**
パオログッチ **Paolo Gucci**
ハガー **Haggar**
バーカー **Barker**
パーカー **Parker**
バーガーキング **Burger King**
バガジェリー **Bagagerie**
パガーニウアイラ **Pagani Huayra**
パーカーノール[ノル] **Parker-Knoll**
パーカーブラザーズ **Parker Brothers**
バカラ **Baccarat**
バーカラウンジャー **Barcalounger**
バカルディ **Bacardi**
ハギーズ **Huggies**
パキン **Pacquin**
パーキンズレストラン **Perkins Restaurant**
パークウェイベーカリーアンドタバーン **Parkway Bakery & Tavern**
バークス **Barq's**
バクスター(ズ) **Baxters**
ハグストロム **Hagstrom**

パクソ **Paxo**
パクソリン **Paxolin**
バクタ **Bukta**
バクチン **Bactine**
バーグドーフグッドマン **Bergdorf Goodman**
ハグネル **Hagner**
バークレイ **Barclay**
パークレイ **Parkray**
バークレーカード **Barclaycard**
バークレー(ブックス) **Berkley (Books)**
パーケイ **Parkay**
ハケット **Hackett**
ハーゲンダッツ **Häagen-Dazs**
バーコ **Bahco**
パーコジェシック **Percogesic**
パコラバンヌ **Paco Rabanne**
バーコ, バルコ **Barco**
バザー **Bazaar**
パサート **Passat**
ハサウェイ **Hathaway**
バジェット **Budget**
バジェットグルメ **Budget Gourmet**
バジシル, ヴァジシル **Vagisil**
パシフィックトレイル **Pacific Trail**
バジャー, バッジャー **Badger**
パーシル **Persil**
バジルドンボンド **Basildon Bond**
バジーレ **Basile**
バージン, ヴァージン **Virgin**
ハーシー(ズ) **Hershey's**
バース, バス **Bass**
バーズ **Birds**
バーズ, バード **Bird's**
パース **Path, PATH**
バーズアイ **Birds Eye**
バズーカ **Bazooka**
バスキンロビンズ **Baskin-Robbins**
ハスクヴァーナ **Husqvarna**
バスターブラウン **Buster Brown**
パスタロボ **Pasta Robo**
ハスブロ(社) **Hasbro**
パースペックス **Perspex**
パスポート(スコッチ) **Passport (Scotch)**

525

# 和 英 表

パスマーク　**Pathmark**
ハスラー　**Hustler**
バセット　**Bassett**
パーソナルパンピッツァ　**Personal Pan Pizza**
バータ　**Bata**
バタヴィアアラック　**Batavia Arrack**
パタゴニア　**Patagonia**
バターバッズ　**Butter Buds**
バターフィンガー　**Butterfinger**
パダーボーナーピルスナー　**Paderborner Pilsner**
バターボール　**Butterball**
パーチージ　**Parcheesi**
パチューゴ　**Paciugo**
バチュラーズ, バチェラーズ　**Bachelors**
ハーツ　**Hartz**
ハーツ　**Hertz**
パッカード　**Packard**
ハッカープショール　**Hacker-Pschorr**
バッカリー, ヴァッカリ　**Vaccari**
バッキー　**Bucky**
ハッキーサック　**Hacky Sack**
バック　**Bach**
バック　**Buck**
バック　**Puck**
バックオーズ　**Bac-Os**
パックストンアンドホイットフレッド (社)　**Paxton & Whitfled**
バックパッカー　**Backpacker**
バックホーン　**Buckhorn**
パックマン　**Pac(-)Man**
ハッシュパピー(ズ)　**Hush Puppies**
ハッセルブラッド　**Hasselblad**
パッパガッロ　**Pappagallo**
バーツビーズ　**Burt's Bees**
ハッピーデイズ　**Happy Days**
ハッピーミール　**Happy Meal**
ハップモービル　**Hupmobile**
パップワース　**Papworth**
ハーディー　**Hardy**
ハーディー(ズ)　**Hardee's**
パディー　**Paddy**
パーディー　**Purdey**
ハーディーエイミス　**Hardy Amies**

パーデイズ　**Purdey's**
バティストーニ　**Battistoni**
バディッグ　**Buddig**
パーティピーシズ　**Party Pieces**
パーティピッツァ　**Party Pizza**
パディホッカーク　**Paddy Hopkirk**
ハーディー(ズ)　**Hardee's**
バデダス　**Badedas**
パテックフィリップ　**Patek Philippe**
パーデュー　**Perdue**
ハート　**Hart**
バート　**BART**
ハードウィック　**Hardwick**
ハートマルクス　**Hartmarx**
パードゥッチワインセラーズ　**Parducci Wine Cellars**
ハートゥルー　**Har-Tru**
ハートガード　**Heartgard**
ハードキャンデー　**Hard Candy**
ハドソンベイ, ハドソンズベイ(社)　**Hudson's Bay**
ハートネル　**Hartnell**
パートプラス　**Pert Plus**
ハートマン　**Hartmann**
バトラー　**Butler**
バドライト　**Bud Light**
ハトラス, ハッテラズ　**Hatteras**
パトリック　**Patrick**
パトリックカダヒー　**Patrick Cudahy**
バートルズアンドジェイムス　**Bartles & Jaymes**
ハードロックカフェ　**Hard Rock Cafe**
バドワイザー　**Budweiser**
バートン　**Burton**
バートンズフーズ　**Burton's Foods**
パトー, パトゥー　**Patou**
パナドール　**Panadol**
バナナリパブリック　**Banana Republic**
パナビジョン, パナヴィジョン　**Panavision**
ハナフォード　**Hannaford**
パナフレックス　**Panaflex**
パナマ　**Panama**
バーナムズアニマルズ　**Barnum's Animals**

# 和英表

ハニーサックルホワイト **Honeysuckle White**
バーニーズニューヨーク **Barneys New York**
ハニーベイクトハム **HoneyBaked Ham**
パネライ **Panerai**
パネラブレッド **Panera Bread**
ハノーヴァー **Hanover**
パノラマ **Panorama**
パパジョンズ **Papa John's**
ハーパーズ **Harper's**
ハーパーズバザー **Harper's Bazaar**
バーバソル **Barbasol**
ハバード **Hubbard**
ハバナクラブ, ハヴァナクラブ **Havana Club**
ハバハート **Havahart**
ハバババ **Hubba Bubba**
バーバリー **Burberry**
ハーバルエッセンシーズ **Herbal Essences**
ババンクール **Barbancourt**
バービー **Barbie**
バーピー **Burpee**
ハービーズ **Harveys**
ハビタット **Habitat**
パピーチャウ **Puppy Chow**
ハーピック **Harpic**
ハビーハビー **Hubby Hubby**
ハビヒト **Habicht**
パービュナン **Perbunan**
ハビランド **Haviland**
ハープ **Harp**
バーブア **Barbour**
バファリン **Bufferin**
ハフィー **Huffy**
バーフィールド **Burfield**
パフィン **Puffin**
ハフィントンポスト **Huffingtonpost**
パーフェクトガルシア **Perfecto Garcia**
パフス **Puffs**
パブスト **Pabst**
パブストブルーリボン **Pabst Blue Ribbon**
ハーブセイント **Herbsaint**
パプッチ **Papucci**
パプペロニ **Pup-Peroni**
パブラム **Pablum**
バブリシャス **Bubblicious**
パブリックス **Publix**
パブリッシャーズウィークリー **Publisher's Weekly**
バブルアップ **Bubble Up**
バブルヤム **Bubble Yum**
ハーベイズ **Harveys**
ハーベイ(ズ), ハーヴェイ(ズ) **Harvey's**
バーベキューペイント **Bar-B-Q Paint**
バベットワッサーマン **Babette Wasserman**
バボ **Bab-O**
パボーニ, パヴォーニ **Pavoni**
ハボリン **Havoline**
バーマオイル **Burmah Oil**
バーマシェーブ[シェーヴ] **Burma-Shave**
パーマライズ **Permalize**
ハーマンカードン **Harman Kardon**
ハーマンミラー **Herman Miller**
パーミュティット **Permutit**
ハミルトン **Hamilton**
ハミルトンビーチ **Hamilton Beach**
パム **Pam**
ハムネット **Hamnett**
パームビーチ **Palm Beach**
ハムリーズ **Hamleys**
ハム(ズ) **Hamm's**
ハモンドオルガン **Hammond organ**
バラクータ **Baracuta**
パラゴン **Paragon**
パラゾーン **Parazone**
パラッツィ **Palazzi**
パラディン **Paladin**
パラフィルム **Parafilm**
パラベラム **Parabellum**
パーラメント **Parliament**
バランタイン(ズ) **Ballantine's**
バランタインブックス **Ballantine Books**
バリ **Bali**

# 和英表

バリー　**Bally**
バリー　**Barrie**
バリゴ　**Barigo**
ハリス　**Harris**
ハリスツイード　**Harris Tweed**
ハリスティーター　**Harris Teeter**
パリトーイ　**Palitoy**
ハリボー　**Haribo**
バリラ　**Barilla**
バリリト　**Barrilito**
ハリントンアンドリチャードソン　**Harrington and Richardson**
バルヴェニー　**Balvenie**
パルサー　**Pulsar**
バルサムウール　**Balsam-Wool**
ハルシオン　**Halcion**
パルタガス　**Partagas**
バルドリーノノヴェロ　**Bardolino Novello**
パールドロップス　**Pearl Drops**
バルネオール　**Balneol**
バルバレスコ　**Barbaresco**
バルベラ　**Barbera**
ハルマ　**Halma**
バルマン　**Balmain**
パルミジアノレジアノ　**Parmigiano-Reggiano**
パルモリヴ　**Palmolive**
バーレイ　**Berlei**
ハーレクインロマンス　**Harlequin Romance**
バレクストラ, ヴァレクストラ　**Valextra**
バレストラ　**Balestra**
ハーレーダビッドソン[ダヴィッドソン]　**Harley-Davidson**
バレンシアガ　**Balenciaga**
バレンタイン, ヴァレンタイン　**Valentine**
バロウズイングリッシュウオツカ　**Burrough's English Vodka**
ハロッズ　**Harrods**
バローロ　**Barolo**
パロワックス　**Parowax**
パーロン　**Perlon**
ハワイアンサン　**Hawaiian Sun**
ハワイアントロピック　**Hawaiian Tropic**
ハワイアンパンチ　**Hawaiian Punch**
ハワイアンホスト　**Hawaiian Host**
ハワイアンホリデー　**Hawaiian Holiday**
パワーエイド　**Powerade**
ハワードジョンソン(ズ)　**Howard Johnson's**
ハワードミラー　**Howard Miller**
パワーパル　**Power Pal**
パワービルト　**PowerBilt**
パワーペインターズ　**Power Painters**
パワーベース　**Powerbase**
パワーマティック　**Powermatic**
パワーマティック　**Power-Matic**
パワーメイト　**Powermate**
パワーワークス　**Powerworks**
パワー(ズ)　**Powers**
バン　**Ban**
バーンヴィタ　**Bournvita**
バーンヴィル　**Bournville**
パンカルディ(エ B)　**Pancardi (& B)**
ハンキーバニスター　**Hankey Bannister**
バングアンドオルフセン　**Bang & Olufsen**
バンクス　**Banks**
ハングリージャック　**Hungry Jack**
ハングリージャックス　**Hungry Jack's**
ハングリーマン　**Hungry-Man**
パンケーキ, パンケイク　**Pan-Cake**
バンケット　**Banquet**
バンケットブラウンアンドサーヴ　**Banquet Brown 'N Serve**
パンサー　**Panther**
バーンズ　**Barnes**
バーンズアンドノーブル　**Barnes & Noble**
ハンスハンセン　**Hans Hansen**
パンセレラ　**Pantherella**
ハンターダグラス　**Hunter Douglas**
バンタムブックス　**Bantam Books**
パンチ　**Punch**
ハンツマン　**Huntsman**

# 和英表

ハンディーアンディー　**Handy Andy**
ハンディーアンディーズ　**Handy Andies**
ハンディートーキー　**Handie-Talkie**
ハンディワイプス　**Handi Wipes**
ハンティングワールド　**Hunting World**
パンテーラ　**Pantera**
パンテーン　**Pantene**
ハント, ハンツ　**Hunt's**
バンドエイド　**Band-Aid**
ハンドセイバー　**HandSaver**
バンドソレイユ　**Bain de Soleil**
ハンドレッドパイパーズ　**100 Pipers**
パントン, パントーン　**Pantone**
ハンネンアルト　**Hannen Alt**
ハンバーガーヘルパー　**Hamburger Helper**
バンバーガー(ズ)　**Bamberger's**
ハンバーガー大学　**Hamburger University**
パンパース　**Pampers**
ハンビー　**Humvee**
ハンプティーダンプティー　**Humpty Dumpty**
ハンプトンイン　**Hampton Inn**
パンプリン　**Pamprin**
バンブルビー　**Bumble Bee**
ハンブロール　**Humbrol**
バンホーテン, ヴァンホーテン　**Van Houten**
ハンマシャーシュレマー　**Hammacher Schlemmer**
パンヤン　**Pan Yan**
ハンロ　**Hanro**
パン(ブックス)　**Pan (Books)**

## ヒ

ビー　**Bee**
ピアジェ　**Piaget**
ピアジョッティ　**Biagiotti**
ピアッジオ, ピアジオ　**Piaggio**
ピアナッツ　**Beer Nuts**
ピアノコーダー　**Pianocorder**
ピアノラ　**Pianola**
ピアレス　**Peerless**

ビアワークリステンセン, ビワークリステンセン　**Birger Christensen**
ビーヴァーボード　**Beaverboard**
ピーエイチデザイン　**P. H. Design**
ピエールカルダン　**Pierre Cardin**
ピエールバルマン　**Pierre Balmain**
ピエールフレイ　**Pierre Frey**
ピエロギウディ　**Piero Guidi**
ピエロディミトリ　**Piero Dimitri**
ピカデリー　**Piccadilly**
ピカリング　**Pickering**
ビキニベア　**Bikini Bare**
ピクシースティックス　**Pixy Stix**
ビクター, ヴィクター　**Victor**
ピクチャーフォン　**PicturePhone**
ビクトリノックス, ヴィクトリノックス　**Victorinox**
ビクトロラ, ヴィクトロラ　**Victorola**
ピークフリーンズ　**Peek Freans**
ピグリーウィグリー　**Piggly Wiggly**
ピーコック　**Peacock**
ピコン　**Picon**
ピザクイック　**PizzaQuick**
ピザハット　**Pizza Hut**
ピサンティ　**Pisanti**
ビザ, ヴィザ　**Visa**
ピーシズ　**Pieces**
ビジネスウィーク　**Business Week**
ビージャム　**Bejam**
ヒース　**Heath**
ビズ　**Biz**
ビスキー　**Bisquit**
ビスクイック　**Bisquick**
ビスタビジョン, ヴィスタヴィジョン　**VistaVision**
ビスト　**Bisto**
ピズビュイン　**Piz Buin**
ビスマグ　**Bismag**
ヒズマスターズボイス[ヴォイス]　**His Master's Voice**
ビタカル, ヴィタカル, ヴァイタカル　**Vitacal**
ビタクラフト, ヴィタクラフト　**Vita Craft**
ピータースタイヴェサント　**Peter Stuyvesant**

# 和英表

ピーターストーム **Peter Storm**
ピーターソン(ズ) **Peterson's**
ピータードーソン **Peter Dawson**
ピーターナイト **Peter Knight**
ピーターパン **Peter Pan**
ピーターヒーリング **Peter Heering**
ピータービルト **Peterbilt**
ビターミンツ **Bittermints**
ビタリウム, ヴァイタリウム **Vitallium**
ビーチクラフト **Beechcraft**
ビーチナット **Beech-Nut**
ビーチャムグループ **Beecham Group**
ピーツウィッケドエール **Pete's Wicked Ale**
ヒッキーフリーマン **Hickey-Freeman**
ビック **BiC**
ビッグガルプ **Big Gulp**
ヒックス **Hicks**
ビッグスチール **Big Steel**
ビッグバード **Big Bird**
ビッグファイブ **Big Five**
ビッグブルー **Big Blue**
ビッグボーイ **Big Boy**
ビッグマック **Big Mac**
ピックミーアップ **Pick-Me-Up**
ビッグヤンク **Big Yank**
ビッグリトルブック **Big Little Book**
ビッグレッド **Big Red**
ビッグ G **Big G**
ピッコーネ **Picone**
ヒッコリーファームズ **Hickory Farms**
ビッセル **Bissell**
ヒッチコックバターフィールド **Hitchcock Butterfield**
ピッツァロールズ **Pizza Rolls**
ピッツェリア **Pizzeria**
ビットオハニー **Bit-O-Honey**
ピツニーボウズ **Pitney Bowes**
ピディアケア **PediaCare**
ピーディアシュア **PediaSure**
ビーティーグループ **BT Group**
ヒドゥンヴァレーランチ **Hidden Valley Ranch**

ビートル **Beetle**
ビナカ **Binaca**
ピナクル(ブックス) **Pinnacle (Books)**
ビーニーベイビーズ **Beanie Babies**
ピニンファリーナ **Pininfarina**
ビネカ **Bineca**
ビーノ **Beano**
ピノランチェッティ **Pino Lancetti**
ビバ **Biba**
ビバ, ヴィヴァ **Viva**
ビーピー **BP**
ビーフイーター **Beefeater**
ビフェラ **Bifera**
ピフコ **Pifco**
ビーフステーキチャーリー(ズ) **Beefsteak Charlie's**
ビブラム, ヴィブラム **Vibram**
ピープル **People**
ピープルズスーパーマーケット **People's Supermarket**
ビブロス **Byblos**
ビーマン(ズ) **Beeman's**
ピムズ **Pimm's**
ビームズチョイス **Beam's Choice**
ビーム, ベーム **Boehm**
ピュアシルク **Pure Silk**
ピュアブラシ **Purebrush**
ピュアプレミアム **Pure Premium**
ビュイック **Buick**
ピュイフォルカ **Puiforcat**
ヒューゴボス **Hugo Boss**
ヒューズ **Hughes**
ビュースパー **BuSpar**
ビューティーレスト **Beautyrest**
ビューマスター, ヴューマスター **View-Master**
ピューリナ **Purina**
ピューレックス **Purex**
ヒューレットパッカード **Hewlet-Packard**
ピュレル **Purell**
ヒュンダイ **Hyundai**
ピラニア **Piranha**
ヒル **Hille**
ビルアンバーグ **Bill Amberg**

# 和英表

ビルカイザーマン　Bill Kaiserman
ヒルシャーファーム　Hillshire Farm
ピールズ　Piels
ピルスナーウルクェル　Pilsner Urquell
ピルズベリー　Pillsbury
ヒルス(ブラス), ヒルズ　Hills Bros
ビルタイス　Bill Tice
ヒルティ　Hilti
ヒルディッチアンドキー　Hilditch & Key
ヒルトン　Hilton
ヒルトンワールドワイド　Hilton Worldwide
ビルブラス　Bill Blass
ビルボード　Billboard
ピレリ　Pirelli
ビーロー　Be-Ro
ヒーロース, ヒーローズ　Hearos
ピローソフト　Pillow Soft
ビーン　Beene
ピンウィニー　Pinwinnie
ピンガポンタル　Pinga Pontal
ビングオーグレンダール　Bing & Grøndahl
ピンクス　Pink's
ピンクパール　Pink Pearl
ヒンクス(アンド)ウェルズ(社)　Hinks, Wells
ピンスポッター　Pinspotter
ビンタン　Bintang
ピンチ　Pinch
ピント　Pinto
ピンポン　Ping-Pong

## フ

ファ　Fa
ファイアストーン　Firestone
ファイアバード　Firebird
ファイヴアライヴ　Five Alive
ファイブビロウ　Five Below
ファイゾダーム　pHisoderm
ファイティン, フィチン　Phytin
ファイナルタッチ　Final Touch
ファイナルネット　Final Net
ファイナンシャルタイムズ　Financial Times
ファイバーオール　Fiberall
ファイバーグラス　Fiberglas
ファイバープラス　FiberPlus
ファイバーワン　Fiber One
ファイファー　Pfeiffer
ファイフス　Fyffes
ファイロファックス　Filofax
ファヴリール　Favrile
ファクト　Fact
ファクトプラス　Fact Plus
ファースキンズ　Furskins
ファーストアラート　First Alert
ファーストソーラー　First Solar
ファーストレスポンス　First Response
ファズバスター　Fuzzbuster
ファゾメーター　Fathometer
ファッジ　Fudge
ファッジクル　Fudgsicle
ファッションシール　Fashion Seal
ファッションバグ　Fashion Bug
ファーナサイト　Phurnacite
ファニーファーマー　Fannie Farmer
ファニヤンズ　Funyuns
ファーバーウェア　Farberware
ファーバーカステル　Faber-Castell
ファビオパプッチ　Fabio Papucci
ファブ　Fab
ファーファイター　Fur Fighter
ファブリコイド　Fabrikoid
ファブリーズ　Febreze
ファブロン　Fablon
ファミリア　Familia
ファミリーウィークリー　Family Weekly
ファミリーサークル　Family Circle
ファラー　Farah
ファリス　Farris
ファルコン　Falcon
ファルマー　Falmer
ファーレイズラスクス　Farley's Rusks
ファーレンハイト　Fahrenheit
ファローラ　Farola
ファンタ　Fanta

# 和 英 表

ファンタスティック Fantastick
ファンチャー Fancher
ファントム Fantom
ファンパック Fun Pak
ファンラーク van Laack
フィアット Fiat
フィアンダカ Fiandaca
フィエスタ Fiesta
フィエロ Fiero
フィオラヴァンティ Fioravanti
フィオルッチ Fiorucci
フィクソデント Fixodent
フィージーウォーター Fiji Water
フィジシャンズフォーミュラ Physicians Formula
フィッグニュートンズ Fig Newtons
フィッシャー Fisher
フィッシャープライス(トーイズ) Fisher-Price (Toys)
フィッシャーマンズフレンド Fisherman's Friend
フィッシュフード Phish Food
フィットアンドトリム Fit & Trim
フィットボール FitBALL
ブイトーニ Buitoni
フィーナ Fina
フィーナミント Feen-a-mint
フィニッシュ Finish
フィネス Finesse
フィフスアヴェニュー 5th Avenue
フィフスアヴェニューショコラティア 5th Avenue Chocolatiere
フィフティーセブン(ヴァラエティーズ) 57 (Varieties)
フィモウ Fimo
フィラ Fila
フィラデルフィア Philadelphia
フィーリックス Felix
フィリップ Phillippe
フィリップヴネ Philippe Venet
フィリップサルヴェ Philippe Salvet
フィリップス Philips
フィリップス Phillips
フィリップススクリュー Phillips Screw
フィリップスミルクオブマグネシア, フィリップスのマグネシア乳 Phillips' Milk of Magnesia
フィリップスラックスキャップス Phillips' Laxcaps
フィリップス66 Phillips 66
フィリップトレーシー Philip Treacy
フィリップモリス Philip Morris
フィリッポベリオ Filippo Berio
フィルコ Philco
フィルソン Filson
フィールド Field
フィールドアンドストリーム Field & Stream
フィールドオブドリームズ Field of Dreams
フィールドクレスト Fieldcrest
フィルムコメント Film Comment
フィレオフィッシュ Filet-O-Fish
フィロソフィー Philosophy
フィンガーフーズ Finger Foods
フィンダス Findus
フィンテックス Fintex
フィンドレーター(ズ) Findlater's
フィンランディア Finlandia
フェアバントドイッチャープレディカーツヴァインギューター Verband Deutscher Prädikatsweingüter
フェアモント Fairmont
フェアレーン Fairlane
フェイヴァー Favor
フェイゴ Faygo
フェイスブック Facebook
フェイバー Favor
フェイバージュ, ファベルジュ Fabergé
フェイマスエイマス Famous Amos
フェイマスグラウス Famous Grouse
フェザーマーク Feathermark
フェダーズ Fedders
フェッツァー Fetzer
フェデックス FedEx
フェデラルエクスプレス Federal Express
フェードメーター, フェイドオメーター Fade-Ometer
ブエナヴィスタカルネロスワイナリー

# 和英表

Buena Vista Carneros Winery
フェニック Fenwick
フェムフレッシュ Femfresh
フェラガモ Ferragamo
フェララ Ferrara
フェラーリ Ferrari
フェリペ2世 Felipe II
フェルディーン Feldene
フェルネブランカ Fernet-Branca
フェレ Ferre
フェレロロシェ Ferrero Rocher
フェロー Feraud
フェローズ Fellowes
フェロド Ferodo
フェンダー Fender
フェンディ Fendi
フェ(ッ)ラーリ Ferrari
フォアローゼズ Four Roses
フォイルズ(書店) Foyles
フォーエバートゥエンティーワン Forever 21
フォーカス Focus
フォーガル Fogal
フォション Fauchon
フォスターグラント Foster Grant
フォスターズラガー Foster's Lager
フォスフォン Phosfon
フォーセットクレスト(ブック) Fawcett Crest (Book)
フォーセット(ブックス) Fawcett (Books)
フォーセーフティー 4safety
フォーセブンイレブン, フォーセヴンイレヴン, 4711 4711
フォーチュン Fortune
フォックス Fox
フォックスアンブレラズ Fox Umbrellas
フォックスナップ Fox Knapp
フォックスニュース Fox News
フォックスブラザース Fox Brothers
フォックスポリスロック Fox Police Lock
フォックス(ズ), フォックセズ Fox's
フォッシル Fossil
フォーデントラックス Foden Trucks

フォード Ford
フォトスタット Photostat
フォートナムアンドメーソン, フォートナムメイソン Fortnum & Mason
フォトフィット Photo-Fit
フォトマット Fotomat
フォトマトン Photomaton
フォードモデルT Ford Model T
フォトロニック Photronic
フォトン Photon
フォノグラフ Phonograph
フォノフィルム Phonofilm
フォーブズ Forbes
フォーミイ Foamy
フォーミカ, フォーマイカ Formica
フォーミュラ409 Formula 409
フォリフォリ Folli Follie
フォルクスワーゲン Volkswagen
フォルジャー(ズ) Folgers
フォールズシティー Falls City
フォルタ Forta
フォレイ, フォリー Foley
フォーロコ Four Loko
フォーンヴィジョン Phonevision
フォンタナディトレビア Fontana di Trebbia
フォンヒューネ Von Huene
フガー Huger
ブギーボード Boogie Board
ブギー(ボード) Boogie (Board)
ブシュロン Boucheron
プジョー Peugeot
ブース, ブースス Booth's
フーターズ Hooters
ブタゾリジン Butazolidin
ブーツ Boots
ブッシュ Busch
ブッシュ Bush
ブッシュネル Bushnell
ブッシュミルズ Bushmills
プッスンブーツ Puss'n Boots
プッチ Pucci
フッチェンロイター Hutschenreuther
フットイーザー Foot-Eazer
フットジョイ FootJoy

533

## 和 英 表

フットロッカー Foot Locker
ブーティ Buti
フードライオン Food Lion
ブードルズ Boodles
フーバー, フーヴァー Hoover
プーマ Puma
フューチャー Future
フューチャーショップ Future Shop
フラー Fuller
フライ Frye
ブライアントアンドメイ Bryant & May
プライオフィルム Pliofilm
プライグラス Plyglass
フライシュマン(ズ)イースト Fleischmann's Yeast
プライス Price
プライスチョッパー Price Chopper
プライスフィスター Price Pfister
プライス(ズ) Price's
フライダディー FryDaddy
フライデンルンド Frydenlund
ブライトアンドアーリー Bright & Early
ブライトリング Breitling
フライフィッシャーマン Fly Fisherman
プライベートコレクション Private Collection
フライベービー Fry Baby
フライホファーズ Freihofer's
プライマコード Primacord
プライマス, プリムス Primus
フライモ Flymo
フライングペイスティーズ Flying Pasties
フラヴィヴィスマノ Flavi Vismano
ブラウゼ Brause
ブラウン Braun
ブラウンズ Browns
ブラウンベリー Brownberry
ブラークス Brach's
ブラーゴ Bburago
ブラス Blass
プラスコライト Plaskolite
プラスティシン Plasticine

ブラスト Blast
プラダ Prada
プラチナカード Platinum Card
プラチナ(ム) Platignum
ブラッカー Blacker
ブラックアンドデッカー Black & Decker
ブラックアンドホワイト Black & White
ブラックヴェルヴェット, ブラックベルベット Black Velvet
ブラックキャット Black Cat
ブラックシープ Black Sheep
プラックス Plax
ブラックフラッグ Black Flag
ブラックベリー BlackBerry
ブラックホーク Black Hawk
ブラックホースエール Black Horse Ale
ブラックラベル Black Label
フラッサー Flusser
ブラッシュンリーフ Brush 'n Leaf
ブラッソ Brasso
ブラッツ Blatz
プラットアンドランバート(社) Pratt & Lambert
フラッドガード Flood Guard
ブラットナーフォン Blattnerphone
ブラッドリー Bradley
プラテージ Pratesi
ブラデナム Bradenham
フラテリプラダ Fratelli Prada
ブラナム Brannam
ブラニガンズ Brannigans
フラパン Frapin
フラフープ Hula Hoop
フラフープス Hula Hoops
フラペチーノ Frappuccino
プラム Plumb
ブラームズマウント Brahms Mount
ブラーラビット Brer Rabbit
プーラン Poulan
フランカフォンヴンスター Franca von Wunster
フランキ Franchi
フランクスマイソン Frank Smyth-

和 英 表

son
フランクリーフェミニン **Frankly Feminine**
ブランケットドリムー **Blanquette de Limoux**
フランコアメリカン **Franco-American**
フランコプジ **Franco Pugi**
フランジェリコ **Frangelico**
プランシフター **Plansifter**
ブランズウィック **Brunswick**
プランスダルマニャック **Prince d'Armagnac**
ブランストン **Branston**
フランセスコリナルディ **Francesco Rinaldi**
フランソワヴィヨン **François Villon**
フランソワマロ **François Marot**
プランターズ **Planters**
フランチェスコスマルト **Francesco Smalto**
ブランバッズ **Bran Buds**
ブランパン **Blancpain**
ブリー **Brie**
ブリオーニ **Brioni**
フリコ **Frico**
ブリーザライザー **Breathalyzer**
ブリジット **Brigitte**
フリジデア **Frigidaire**
ブリス **Bliss**
フリスキーズ **Friskies**
フリスク **Frisk**
ブリストルマイヤーズスクイブ(社) **Bristol-Myers Squibb**
フリスビー **Frisbee**
ブリーズライト **Breathe Right**
ブリタ **Brita**
ブリタックス **Britax**
ブリッグ **Brigg**
フリッジフレッシュ **Fridge Fresh**
フリット **Flit**
フリップトップ **Flip-Top**
プリティガール **Pretty Girl**
プリティキン **Pritikin**
ブリティッシュガス **British Gas**
ブリティッシュスチール[スティール](社), 英国鉄鋼(公社) **British Steel**
ブリティッシュテレコミュニケーションズ(社) **British Telecommunications**
ブリティッシュノヴァ **British Nova**
ブリティッシュホームストアーズ **British Home Stores**
ブリティッシュレイランド **British Leyland**
フリーデント **Freedent**
ブリトイル **Britoil**
ブリトヴィック **Britvic**
フリトス **Fritos**
フリートペインレリーフ **Fleet Pain-Relief**
フリードマン **Freedman**
フリトレー(社) (North America, Inc.) **Frito-Lay**
プリパレーション H **Preparation H**
プリマス **Plymouth**
プリマドーラ **Primadora**
プリーミー **Preemie**
プリモ **Primo**
ブリュートナー **Blüthner**
ブリルクリーム **Brylcreem**
ブリロ **Brillo**
プリロセック OTC **Prilosec OTC**
プリーン **Preen**
プリングル **Pringle**
プリングルズ **Pringles**
プリンス **Prince**
プリンスアルバート **Prince Albert**
プリンスマチャベリ **Prince Matchabelli**
プリンセス **Princess**
プリンセスオブパワー **Princess of Power**
プリンセス 1300 **Princess 1300**
フリント **Flint**
フリントストーンズ **Flintstones**
ブリントンズ **Brintons**
ブルー **Bloo**
ブルー **Blue**
プルアップス **Pull-Ups**
ブルイクラディック, ブルアホラディッヒ **Bruichladdich**

535

# 和英表

フルオン Fluon
ブルガリ Bulgari
ブルークロスアンドブルーシールドアソシエーション Blue Cross and Blue Shield Association
ブルーサークル Blue Circle
ブルサン Boursin
ブルースオールドフィールド Bruce Oldfield
ブルーダイヤモンド Blue Diamond
ブルータスジーンズ Brutus Jeans
フルーツオブザルーム Fruit of the Loom
ブルックス Brooks
ブルックスブラザーズ Brooks Brothers
ブルックボンド Brooke Bond
ブルックリン Brooklyn
フルーツループス Froot Loops
フルーツロールアップス Fruit Roll-Ups
フルーツンファイバー Fruit 'n Fibre
ブルート Brut
ブルーノマリ Bruno Magli
ブルーバンド Blue Band
ブルーフレーム Blue Flame
ブルーボンネット Blue Bonnet
ブルマーズ Bulmers
ブルーミングデール(ズ) Bloomingdale's
ブルームバーグビジネスウィーク Bloomberg Businessweek
ブルームフィールド Bloomfield
ブルームーン Blue Moon
フルラ Furla
フレアー Flair
ブレア Blair
フレイク Flake
プレイスクール Playskool
ブレイズデル Blaisdell
ブレイディー Brady
プレイテックス Playtex
プレイドゥー, プレイドー Play-Doh
プレイビル Playbill
フレイベントス Fray Bentos
プレイボーイ Playboy
プレイボーイクラブ Playboy Club
プレイモビル Playmobil
プレイヤーズ Player's
プレイヤーズネイヴィーカット Player's Navy Cut
ブレイヤーズ, ブライヤーズ Breyers
ブレイル Breil
フレーヴァーツリー Flavor Tree
プレキシグラス Plexiglas
フレキシブルフライヤー Flexible Flyer
ブレクストン Brexton
ブレークストーンズ Breakstone's
プレークラフト Playcraft
ブレゲ Breguet
プレゴ Prego
プレジデント President
ブレスオパイン Breath O'Pine
フレスカ Fresca
プレスクリプションダイエット Prescription Diet
プレスクリプティブズ Prescriptives
プレスティジ Prestige
プレスト Presto
プレスト! Presto!
プレタマンジェ Pret A Manger
プレッシー Plessey
プレッジ Pledge
フレッシュステップ Fresh Step
フレッシュラッシュ Fresh Lash
フレッシュンアップ Freshen-Up
フレッドフロッグ Freddo Frog
フレッドペリー Fred Perry
フレデリックスオブハリウッド Frederick's of Hollywood
ブレーマー Braemar
プレミアム Premium
フレームグロー Flame-Glo
フレームグロー Flameglow
プレメシン PMS Premesyn PMS
プレル Prell
フレンチ(ズ) French's
プレンティー Plenty
プレンティフ Prentif
ブレンドテック Blendtec
フレンドリーズ Friendly's

# 和英表

ブロイヒル **Broyhill**
ブローヴァ, ブローバ **Bulova**
プロウォーカー **Prowalker**
プロクサブラッシュ **Proxabrush**
ブロクソデント **Broxodent**
プロクターアンドギャンブル(社) **Procter & Gamble**
プロクターサイレックス **Proctor Silex**
プログレス **Progress**
プロケッズ **Pro-Keds**
プロコヴニック **Prochownick**
プロザック **Prozac**
プロシオン **Procion**
フローシャイム **Florsheim**
フロスティー **Frostie**
フロスティー **Frosty**
フロスティーズ **Frosties**
フロステッドフレークス **Frosted Flakes**
フロステッドミニウィーツ **Frosted Mini-Wheats**
フロストアンドティップ **Frost & Tip**
フローズフルーツ **Frozfruit**
フロースルー **Flo-Thru**
プロター **Protar**
プロダクトナインティーン **Product 19**
プロテックス **Protex**
プロト **Proto**
ブロードウッド **Broadwood**
プロナメル **Pronamel**
ブローニー **Brawny**
ブローニー **Brownie**
ブローニング, ブラウニング **Browning**
プロハイド **Pro-Hide**
プロパペーハー **PROPApH**
プロフォーム **Pro-Form**
プロミス **Promise**
ブロモセルツァー **Bromo(-)Seltzer**
フローラ **Flora**
フローラダニカ **Flora Danica**
ブロラック **Brolac**
フローリス **Floris**
フロリダズナチュラル **Florida's Natural**
ブロンケイド **Bronkaid**
プロント **Pronto**
フロントライン **Frontline**
フロン(ガス), フレオン **Freon**
プワゾン **Poison**

## ヘ

ベアーエレガンス **Bare Elegance**
ヘアオフ **Hair Off**
ペアーズ **Pears**
ヘアスネア **Hair-snare**
ベイカーズ **Baker's**
ヘイグ **Haig**
ベイコウ, ヴァコ **Vaco**
ベイズ **Bays**
ヘイゼルワール **Hazel Whirl**
ペイタムペパリアム, パツムペペリウム **Patum Peperium**
ペイデイ **PayDay**
ベイブ **Babe**
ベイリーズ **Baileys**
ペイレスシューソース **Payless ShoeSource**
ヘイレックス **Halex**
ペイローダー **Payloader**
ヘインズ **Hanes**
ヘインズ **Haynes**
ヘインズアライヴ **Hanes Alive**
ヘイン, ハイン **Hain**
ベヴァンファネル **Bevan Funnel**
ヘヴィーメタル **Heavy Metal**
ヘヴンセント **Heaven Sent**
ヘヴンヒル **Heaven Hill**
ペガサス **Pegasus**
ベーカーズジョイ **Baker's Joy**
ペカン **Pecan**
ベグスコットランド **Begg Scotland**
ベークライト **Bakelite**
ベーグルバイツ **Bagel Bites**
ヘザークリーム **Heather Cream**
ベジーウォッシュ **Veggie Wash**
ベジャニン, ヴェジャニン **Veganin**
ヘス **Hess**
ペース **Pace**
ベスウィック **Beswick**

# 和英表

ベストウェスタン **Best Western**
ベストバイ **Best Buy**
ベストフーズ **Best Foods**
ベストロンビデオ, ヴェストロンヴィデオ **Vestron Video**
ベスパ, ヴェスパ **Vespa**
ベーゼンドルファー **Bösendorfer**
ベータ **Beta**
ベータウテンシリ **Beta Utensili**
ベタセル **BetaCell**
ベータダイン **Betadine**
ベターホームズアンドガーデンズニュークックブック **Better Homes & Gardens New Cook Book**
ベータマックス **Betamax**
ヘッカーズ **Hecker's, Heckers**
ベックス **Beck's**
ペッグボード **Peg-Board**
ヘックラーウント[アンド]コッホ **Heckler & Koch**
ヘッジスアンドバトラー **Hedges & Butler**
ペッツ **Pez**
ベッティーナ **Bettina**
ヘッド **Head**
ペット **Pet**
ヘッドアンドショルダーズ **Head and Shoulders**
ペットシッターズ(社) **Pet Sitters**
ペットリッツ **Pet-Ritz**
ペッパーフォッグ **Pepper Fog**
ベツレヘムスティール(社) **Bethlehem Steel**
ペディアライト **Pedialyte**
ベティークロッカー **Betty Crocker**
ベティージャクソン **Betty Jackson**
ヘデックス **Hedex**
ベナドリル **Benadryl**
ベニーオン **Benny Ong**
ベニリン **Benylin**
ヘニンガー **Henninger**
ペニンシュラーアンドオリエンタルスティームナヴィゲーション[スチームナビゲーション] **Peninsular and Oriental Steam Navigation**
ヘネシー **Hennessy**
ベネッリ **Benelli**
ベネディクティン(D.O.M.) **Bénédictine (D.O.M.)**
ベネトン **Benetton**
ベネフィット **BeneFit**
ベネミッド **Benemid**
ベノア **Benoist**
ペパーミントスティック **Peppermint Stick**
ペーパーメイト **Paper Mate**
ペパリッジファーム **Pepperidge Farm**
ベビーシャム **Babycham**
ベヒシュタイン **Bechstein**
ベビーマジック **Baby Magic**
ベビールース **Baby Ruth**
ペプシッド **Pepcid**
ペプシ(コーラ) **Pepsi(-Cola)**
ペプソデント **Pepsodent**
ヘフティ **Hefty**
ペプトビズモル **Pepto-Bismol**
ヘブルーナショナル **Hebrew National**
ペブルビーチ **Pebble Beach**
ペペ **Pepe**
ペペズ **Pepe's**
ペペロペス **Pepe Lopez**
ヘモリッド **Hemorid**
ヘラルドセンター **Herald Center**
ペリエ **Perrier**
ペリエジュエ **Perrier-Jouët**
ペリーエリス **Perry Ellis**
ベリオ **Berio**
ペリカン **Pelican**
ペリカン(ブックス) **Pelican (Books)**
ベリーク **Belleek**
ペリス **Perris**
ヘリーハンセン **Helly-Hansen**
ベリンジャー/ロスヘルマノスブドウ園 **Beringer/Los Hermanos Vineyards**
ベル **Bell**
ベルヴェスト **Belvest**
ペルゴーネ **Pérgone**
ベルシステム **Bell System**
ヘルシーチョイス **Healthy Choice**

538

和英表

ヘルシーリクエスト　**Healthy Request**
ヘルス　**Health**
ベルスタッフ　**Belstaff**
ペルスプーク　**Per Spook**
ペルツォフカ　**Pertsovka**
ベルトーリ　**Bertolli**
ベルナルド　**Bernardaud**
ベルナールペリス　**Bernard Perris**
ヘルノ　**Herno**
ペルノ　**Pernod**
ペルノリカール(社)　**Pernod Ricard**
ヘルマン(ズ)　**Hellmann's**
ペルメル, ポールモール　**Pall Mall**
ベル(ズ)　**Bell's**
ペレグリン　**Peregrine**
ベレッタ　**Beretta**
ヘレナルビンスタイン　**Helena Rubinstein**
ペレニアル(ライブラリー)　**Perennial (Library)**
ヘレラ　**Herrera**
ヘレンカーティス　**Helene Curtis**
ヘレンド　**Herend**
ベロール　**Berol**
ペロン　**Pellon**
ペン　**Penn**
ベンアンドジェリーズ　**Ben & Jerry's**
ペンガン　**Pen-gun**
ペンギン(ブックス)　**Penguin (Books)**
ベンゲイ　**Ben-Gay**
ヘンケル　**Henckels**
ヘンケルハリス　**Henkel Harris**
ベンザマイシン　**Benzamycin**
ベンジ　**Benge**
ベンジャミンムーア　**Benjamin Moore**
ベンセイヤーズ　**Ben Sayers**
ペンゾイル　**Pennzoil**
ベンソンアンドヘッジズ　**Benson & Hedges**
ペンダフレックス　**Pendaflex**
ベンダルーズ　**Bendaroos**
ベンチマーク　**Benchmark**
ベンツ　**Benz**
ベンディックス　**Bendicks**

ベンディックス　**Bendix**
ペントハウス　**Penthouse**
ペンドルアンドリヴェット　**Pendle & Rivett**
ペンドルトン　**Pendleton**
ベントレー, ベントリー　**Bentley**
ペンハリゴンズ　**Penhaligon's**
ペンブリティン　**Penbritin**
ベンホーガン　**Ben Hogan**
ヘンマーリ　**Hämmerli**
ヘンリーニューバリー(社)　**Henry Newbery**
ヘンリープール　**Henry Poole**
ヘンリーベンデル　**Henri Bendel**
ヘンリーマケンナ　**Henry McKenna**
ヘンリーマックスウェル　**Henry Maxwell**
ヘンリーワインハーズ　**Henry Weinhard's**
ペンローズ　**Penrose**

ホ

ポイズ　**Poise**
ホイスカス　**Whiskas**
ホイッスラー　**Whistler**
ホイットマンズ　**Whitman's**
ボイド　**Boyd**
ホイートシンズ　**Wheat Thins**
ホイヤー　**Heuer**
ホイルプロダクツ(社)　**Hoyle Products**
ボーイング(社)　**Boeing**
ホウィーティーズ, ウィーティーズ　**Wheaties**
ボウベルハウエル, ボウベルアンドハウエル　**Böwe Bell & Howell**
ホゥホゥズ　**Ho Hos**
ボウマンズウオツカ　**Bowman's Vodka**
ボヴリル　**Bovril**
ホエーラー　**Whaler**
ホーエル　**Hoel**
ボーカムリフ　**Borkum Riff**
ホーキンズ　**Hawkins**
ホーグ　**Hogue**
ポークオーディオ　**Polk Audio**

# 和英表

ポケット(ブックス) **Pocket (Books)**
ポジドライヴ **Pozidriv**
ボージャングルス **Bojangles'**
ボシュロム **Bausch & Lomb**
ボス **Boss**
ボーズ **Bose**
ホーズアンドカーチス **Hawes & Curtis**
ポスタム **Postum**
ポスタルアネックスプラス **PostalAnnex+**
ポスチュアペディック **Posturepedic**
ボスティック **Bostik**
ホステス **Hostess**
ポストイット **Post-it**
ポストトースティーズ **Post Toasties**
ボストニアン **Bostonian**
ボストン **Boston**
ボストンアコースティックス **Boston Acoustics**
ボストングローブ **Boston Globe**
ホスピスドボーヌ, ボーヌ慈善病院 **Hospices de Beaune**
ホセクエルヴォ **José Cuervo**
ホセペマルティン **José Pemartin**
ホダー **Hodder**
ポータキャビン **Portakabin**
ポーターケーブル **Porter-Cable**
ポータジェーン **PortaJane**
ポータジョン **Porta-John**
ボーダーズ **Borders**
ポータパッド **Portapad**
ポータポッティ **Porta Potti**
ポーチュガル **Portugal**
ポッサム **Possum**
ボッシュ **Bosch**
ボッテガヴェネタ **Bottega Veneta**
ホットショット **Hot Shot**
ホットスポット **Hot Spot**
ホットホイールズ **Hot Wheels**
ホットポイント **Hotpoint**
ホットボット **HotBot**
ホット Z **Hot-Z**
ボッピー **Boppy**
ポップシークル, ポプシクル **Popsicle**
ポップシークレット **Pop Secret**
ポップターツ **Pop-Tarts**
ボディショップ **Body Shop**
ボディボグル **Body Boggle**
ポテトバッズ **Potato Buds**
ボーデン **Borden**
ボトックス **Botox**
ボドリーヘッド **Bodley Head**
ポートロイヤルエクスポート **Port Royal Export**
ホーナー **Hohner**
ボナイン **Bonine**
ボナペティ **Bon Appétit**
ボナンザ **Bonanza**
ポニー **Pony**
ホーネット **Hornet**
ホバークラフト, ホヴァークラフト **Hovercraft**
ホビーキャット **Hobie Cat**
ホビス, ホーヴィス **Hovis**
ボービス, ボウヴィス **Bovis**
ポピーモレニ **Popy Moreni**
ボブエヴァンズ **Bob Evans**
ホフマン(ズ) **Hoffman's**
ポポフ **Popov**
ポマ **Poma**
ホーマーラフリンチャイナ **Homer Laughlin China**
ポマール **Pommard**
ホームディフェンスマックス **Home Defense MAX**
ホームデポ **Home Depot**
ボームメルシー **Baume & Mercier**
ホームライト **Homelite**
ポメイン **Pomagne**
ホーメディックス **HoMedics**
ポメラート **Pomellato**
ポメリーエグレノ **Pommery & Greno**
ホーメル **Hormel**
ボーラ **Bolla**
ポラヴィジョン **Polavision**
ポラカラー **Polacolor**
ボラゾン **Borazon**
ポラロイド **Polaroid**
ポラロイドランドカメラ **Polaroid Land Camera**

## 和 英 表

ホーランドアンドシェリー　**Holland & Sherry**
ポーランドスプリング　**Poland Spring**
ホーランドハウス　**Holland House**
ポリーオー　**Polly-O**
ポリオン　**Polyon**
ポリセル　**Polycell**
ポリーチョーク　**Poly Choke**
ホーリックス　**Horlicks**
ホリデイイン　**Holiday Inn**
ポリーニ　**Pollini**
ポリニャック　**Polignac**
ポリーフィル　**Polyfil**
ホリーホビー　**Holly Hobbie**
ボーリューブドウ園　**Beaulieu Vineyard**
ポリーライト　**Poly-Lite**
ホール　**Hall**
ボール　**Ball**
ポールアンドジョウ　**Paul & Joe**
ボルヴィック　**Volvic**
ボルゲーゼ　**Borghese**
ホルゲートトイズ　**Holgate Toys**
ボルサリーノ　**Borsalino**
ポルシェ　**Porsche**
ポルシェデザイン　**Porsche Design**
ホールズ　**Halls**
ボルス　**Bols**
ポールスチュアート　**Paul Stuart**
ホルステン　**Holsten**
ホルストン, ホーストン　**Halston**
ポールスミス　**Paul Smith**
ポールセンスコーン　**Poulsen Skone**
ボルゾイ　**Borzoi**
ポルトー　**Porthault**
ボールドウィン　**Baldwin**
ホルトン　**Holton**
ボールパーク　**Ball Park**
ポールビューレ　**Paul Buhré**
ボルボ　**Volvo**
ホールフーズ　**Whole Foods**
ボルボネーゼ　**Borbonese**
ホールマーク　**Hallmark**
ポールマッソン　**Paul Masson**
ホルムガード　**Holmegaard**
ボルラス, ヴォルラス　**Vollrath**
ポルロジェ　**Pol Roger**
ボレックス　**Bolex**
ポレネックス　**Pollenex**
ポロ　**Polo**
ホロフィル　**Hollofil**
ホロフェイン　**Holophane**
ポロラルフローレン　**Polo Ralph Lauren**
ホワイトアウル　**White Owl**
ホワイトアンドマッカイ　**Whyte & Mackay**
ホワイトウェスティングハウス　**White-Westinghouse**
ホワイトキャッスル　**White Castle**
ホワイトクラウド　**White Cloud**
ホワイトジャイアント　**White Giant**
ホワイトスタッグ　**White Stag**
ホワイトハウスコックス　**Whitehouse Cox**
ホワイトヘザー　**White Heather**
ホワイトホース　**White Horse**
ホワイトラベル　**White Label**
ホワイトレイン　**White Rain**
ホワイトローズ　**White Rose**
ホーン　**Horn**
ポン　**Pong**
ボンアミ, ボナミ　**Bon Ami**
ホーンアンドハーダート　**Horn & Hardart**
ボンウィットテラー　**Bonwit Teller**
ボンジェラ　**Bonjela**
ポンズ　**Pond's**
ポンティアック　**Pontiac**
ボンドストリート　**Bond Street**
ボンネビル　**Bonneville**
ボンネベル　**Bonne Bell**
ホーンビー　**Hornby**
ポンペイアン　**Pompeian**
ボンベイサファイア　**Bombay Sapphire**
ポンレヴェック　**Pont l'Évêque**

マ

マイオプレックス　**Myoplex**
マイクアンドアイク　**Mike and Ike**

# 和英表

マイクロソフト(社) Microsoft
マイクロマシーン Micro Machine
マイザー Miser
マイスペース Myspace
マイセン Meissen
マイダス Midas
マイティーファイン My-T-Fine
マイティワーリッツァー Mighty Wurlitzer
マイドール Midol
マイバディ My Buddy
マイヤーズ(ラム) Myers's (Rum)
マイラー Mylar
マイランタ Mylanta
マイリトルポニー My Little Pony
マーヴィンズ Mervyn's
マヴェリック, マベリック Maverick
マーヴェル Marvel
マーヴェルミステリー Marvel Mystery
マウンズ Mounds
マウンテンデュー Mountain Dew
マウンテンハウス Mountain House
マウントゲイ Mount Gay
マカヌド Macanudo
マカラン Macallan
マーカル Marcal
マーガレットハウエル Margaret Howell
マギー Maggi
マキシシンズ Maxithins
マキシミリアン Maximillian
マキシム Maxim
マキシム(式速射機関銃) Maxim
マキタ Makita
マーキュリー Mercury
マーキュロクローム Mercurochrome
マクヴィティー(ズ), マクビティー McVitie's
マクガフィーズリーダーズ McGuffey's Readers
マクグラス McGrath
マーククロス Mark Cross
マクジョージ McGeorge
マークス Marks
マークスアンドスパークス Marks and Sparks
マークスアンドスペンサー Marks and Spencer
マクドーガルズ, マックドゥーガル(ズ) McDougalls
マクドナルド McDonald's
マクドネル, マクダネル(社) McDonnell
マグナ Magna
マグナヴォックス Magnavox
マグナドゥードゥル Magna Doodle
マグナム Magnum
マグナライトプロフェッショナル Magnalite Professional
マクニール(ズ) McNeill's
マグネトフォン Magnetophon
マグネパン Magnepan
マークフォー Mark IV
マクベスプルーフライト Macbeth Prooflite
マグライト Maglite
マクラウド, マックロード McLeod
マークルーザー MerCruiser
マークレヴィンソン Mark Levinson
マグレガー MacGregor
マグレガー McGregor
マーケル, メルケル Merkel
マコーミック McCormick
マーサー Mercer
マザーヴィニヤード(スカッパーノン) Mother Vineyard (Scuppernong)
マーサスチュアートリビング Martha Stewart Living
マザーズプライド Mother's Pride
マジック Magic
マジックアイ Magic Eye
マジックキューブ Magic Cube
マジックシェフ Magic Chef
マジックタッチ Magic Touch
マジックマーカー Magic Marker
マジックマーケッツ Majik Markets
マーシャル Marchal
マーシャルズ Marshalls
マーシャルフィールズ Marshall Fields

# 和英表

| | |
|---|---|
| マシューノーマン | Matthew Norman |
| マシュマロフラフ | Marshmallow Fluff |
| マージン | Marzine |
| マージン, メアジン | Marezine |
| マジー, マギー | Magee |
| マース | Mars |
| マスター | Master |
| マズダ | Mazda |
| マスターカード | MasterCard |
| マスタークラフト | Mastercraft |
| マスタークラフト | MasterCraft |
| マスターズオブザユニバース[ユニヴァース] | Masters of the Universe |
| マスターピース | Masterpiece |
| マスタービルダー | Master Builder |
| マスタービルト | Masterbuilt |
| マスタープラマー | Master Plumber |
| マスターブランド | MasterBrand |
| マスターメカニック | Master Mechanic |
| マスタング, ムスタング | Mustang |
| マスティック | Mastic |
| マセラッティ, マセラティ | Maserati |
| マゾーラ | Mazola |
| マーダーインク | Murder Ink |
| マタシル | Matacil |
| マーチネリ(ズ)[マーティネリ(ズ)]ゴールドメダル | Martinelli's Gold Medal |
| マーチンソン, マーティンソン | Martinson |
| マーチンマリエッタ, マーティンマリエッタ(社) | Martin Marietta |
| マーチン, マーティン | Martin |
| マッカラム(ズ) | McCallum's |
| マッキーワン(ズ) | McEwan's |
| マッキントッシュ | Macintosh |
| マッキントッシュ | Mackintosh |
| マッキントッシュ | McIntosh |
| マック | Mack |
| マックス | Mack's |
| マックスウェルハウス | Maxwell House |
| マックスタジオフィクス | MAC Studio Fix |
| マックスファクター | Max Factor |
| マックノートン | McNaughton |
| マックフィッシャリーズ | Mac Fisheries |
| マックリーンズ | Macleans |
| マッケンジー | Mackenzie |
| マッコイズ | McCoy's |
| マッコールズ | McCall's |
| マッセイ | Massei |
| マッセンギル, マッセンジル | Massengill |
| マッチボックス | Matchbox |
| マッチライト | Match Light |
| マッド | Mad |
| マッドドッグ | Mad Dog |
| マットファザーギル | Matt Fothergill |
| マッピンアンドウェブ, マッピンウェブ | Mappin & Webb |
| マップクエスト | MapQuest |
| マテウス | Mateus |
| マーテックス | Martex |
| マーテル | Martell |
| マテル | Mattel |
| マドモワゼル | Mademoiselle |
| マドラス | Madras |
| マニュエラポリーニ | Manuela Pollini |
| マニュエルカノヴァス | Manuel Canovas |
| マーフィー | Murphy |
| マーベル, マベル | Ma Bell |
| マーマイト | Marmite |
| マーミオン | Marmion |
| マム | Mum |
| マヤカマスブドウ園 | Mayacamas Vineyards |
| マーラ | Mara |
| マラソン | Marathon |
| マランツ | Marantz |
| マーリー | Marley |
| マリアクロン | Mariacron |
| マリウスベルナール | Marius Bernard |
| マリウスモレル、モレル | Marius Morel |
| マリオウトワイン | Mariout Wine |
| マリオバレンチノ, マリオヴァレンティーノ | Mario Valentino |

543

# 和英表

マリオボレリ　**Mario Borelli**
マリクレール　**Marie Claire**
マリークワント, メアリークワント　**Mary Quant**
マリーズ　**Marie's**
マリナー　**Mariner**
マリブ　**Malibu**
マリーブリザール　**Marie Brizard**
マリメッコ　**Marimekko**
マーリン　**Marlin**
マルキドヴィブラック　**Marquis de Vibrac**
マルキドコサード　**Marquis de Caussade**
マルキドモンテスキュー　**Marquis de Montesquieu**
マルゲーリータ　**Margherita**
マルサラ　**Marsala**
マルチフィルター　**Multifilter**
マルチプラン　**Multiplan**
マルチマックスワン　**Multi-Max 1**
マルティーニ, マルチニ　**Martini**
マールノーマン　**Merle Norman**
マルベリー　**Mulberry**
マールボロ, マルボロ　**Marlboro**
マルリス　**Marly's**
マレー, マーレー　**Murray**
マレーシュガーフリー　**Murray Sugar Free**
マレーナーサ　**MaraNatha**
マレリ　**Marelli**
マレンテスター　**Mullen Tester**
マーロックス, メイロックス　**Maalox**
マーロッジ　**Mar Lodge**
マロマーズ　**Mallomars**
マロワイユ　**Maroilles**
マンウイッチ　**Manwich**
マンクハウス　**Monkhouse**
マンション　**Mansion**
マンシングウェア　**Munsingwear**
マンタ　**Manta**
マンダリナダック　**Mandarina Duck**
マンダリンナポレオン　**Mandarine Napoléon**
マンチョズ　**Munchos**
マンハッタン　**Manhattan**

マンパワー　**Manpower**
マンリシャー(シェナウアー)　**Mannlicher (-Schoenauer)**

## ミ

ミカータ　**Micarta**
ミクターズ　**Michter's**
ミケロブ　**Michelob**
ミシュラン　**Michelin**
ミズ　**Ms.**
ミスクレイロール　**Miss Clairol**
ミスシックスティ　**Miss Sixty**
ミスターアンドミセス T　**Mr. & Mrs. T**
ミスターキップリング　**Mr. Kipling**
ミスターグッドバー　**Mr. Goodbar**
ミスタークリーン　**Mr. Clean**
ミスターコーヒー　**Mr. Coffee**
ミスタースケッチ　**Mr. Sketch**
ミスターソフティ　**Mister Softee**
ミスタードーナッツ　**Mister Donut**
ミスターバブル　**Mr. Bubble**
ミスターピーナッツ　**Mr. Peanut**
ミスターピブ　**Mr Pibb**
ミスターボストン　**Mr. Boston**
ミスターポテトヘッド　**Mr. Potato Head**
ミスターマッスル　**Mr. Muscle**
ミズラス　**Ms. Russ**
ミセススミス　**Mrs. Smith's**
ミセスダッシュ　**Mrs. Dash**
ミセスフィールズ　**Mrs. Fields**
ミセスブリッジ(ズ)　**Mrs Bridges**
ミセスベアーズ　**Mrs. Baird's**
ミセスポール(ズ)　**Mrs. Paul's**
ミチン, ミティン　**Mitin**
ミッキーズ　**Mickey's**
ミッソーニ　**Missoni**
ミッドウエストリビング　**Midwest Living**
ミッドナイト　**MidNite**
ミーティボーン　**Meaty Bone**
ミード　**Mead**
ミートラバーズ　**Meat Lover's**
ミドリ　**Midori**
ミニ　**Mini**

# 和英表

ミニヴァク　**Mini-Vac**
ミニクーパー　**Mini Cooper**
ミニチュア(ズ)　**Miniatures**
ミニッツタピオカ　**Minute Tapioca**
ミニッツメイド　**Minute Maid**
ミニット　**Minute**
ミニベイビーベル　**Mini Babybel**
ミニマックス　**Minimax**
ミネラルアイス　**Mineral Ice**
ミノキシディル　**Minoxidil**
ミノックス　**Minox**
ミメオグラフ　**Mimeograph**
ミュアー　**Muir**
ミュウミュウ　**Miu Miu**
ミュグレー　**Mugler**
ミュークロン　**Mu-Cron**
ミュコー　**Meukow**
ミューザック　**Muzak**
ミュスカデドセーヴルエメーヌ　**Muscadet de Sèvre et Maine**
ミューズリックス　**Müeslix**
ミューメタル　**Mumetal**
ミューラー(ズ)　**Mueller's**
ミューリン　**Murine**
ミラー　**Miller**
ミラクルイアー　**Miracle-Ear**
ミラクルグロウ　**Miracle-Gro**
ミラショーン　**Mila Schön**
ミララックス　**MiraLAX**
ミリアム　**Milium**
ミリポア　**Millipore**
ミルウォーキー　**Milwaukee**
ミルカ　**Milka**
ミルキーウェイ　**Milky Way**
ミルクオブマグネシア, マグネシア乳　**Milk of Magnesia**
ミルクダッズ　**Milk Duds**
ミルクトレイ　**Milk Tray**
ミルクボーン　**Milk-Bone**
ミルトン　**Milton**
ミルトンダフ　**Miltonduff**
ミルトンブラッドレー　**Milton Bradley**
ミーレ　**Míele**
ミレラ　**Mirella**
ミロ　**Milo**
ミロ　**Mirro**
ミンクディファレンス　**Mink Difference**
ミントクリスプス　**Mint Crisps**
ミントン　**Minton**
ミンワックス　**Minwax**

## ム

ムーシー　**Moussy**
ムスク　**Musk**
ムースヘッド　**Moosehead**
ムチネックス　**Mucinex**
ムッシューカルヴァン　**Monsieur Carven**
ムートンヌ　**Moutonne**
ムービオラ, ムーヴィオラ　**Moviola**
ムービートーン, ムーヴィートーン　**Movietone**
ムーブフリーアドバンスト　**Move Free Advanced**
ムーラントゥーシェ　**Moulin Touchais**
ムルソー　**Meursault**
ムーンパイ　**MoonPie**

## メ

メアリーキッチン　**Mary Kitchen**
メアリーケイ　**Mary Kay**
メアリージェーン　**Mary Jane**
メイウエスト　**Mae West**
メイソナイト　**Masonite**
メイソンアンドハムリン　**Mason & Hamlin**
メイソンジャー　**Mason jar**
メイタッグ　**Maytag**
メイドゥンフォーム　**Maidenform**
メイベリン　**Maybelline**
メイルボクシーズエトセトラ　**Mail Boxes Etc.**
メイローズ　**Mayrose**
メガー　**Megger**
メーカーズマーク　**Maker's Mark**
メガブロックス　**Mega Bloks**
メゲゾーンズ　**Meggezones**
メーシー(ズ)　**Macy's**
メース　**Mace**

545

# 和英表

メセドリン　Methedrine
メゾンシシェル　Maison Sichel
メタクサ　Metaxa
メダーマ　Mederma
メタムシル　Metamucil
メタメック　Metamec
メタルランバー　Metal Lumber
メッカーノ, メカーノ　Meccano
メッツェラー　Metzeler
メッツラー　Metzler
メットアーレックス　Met-Rx
メットブリュー　Metbrew
メディアフレックス　Media Flex
メディコ　Medico
メディチ　Medici
メディックアラート　MedicAlert
メディマ　Medima
メデコ　Medeco
メドウゴールド　Meadow Gold
メトール　Metol
メトレカル　Metrecal
メトロ　Metro
メトロキャブ　Metrocab
メトロノース　Metro-North
メトロライナー　Metroliner
メフィスト　Mephisto
メリオール　Melior
メリタ　Melitta
メリタ　Merita
メリーダウン　Merrydown
メリット　Merit
メリディアン　Le Meridien
メリーメイド　Merry Maids
メリルリンチ(社)　Merrill Lynch
メールグラム　Mailgram
メルクリン　Märklin
メルク(社)　Merck
メルセデス　Mercedes
メルセデスベンツ　Mercedes-Benz
メルトニアン　Meltonian
メルボルンビター　Melbourne Bitter
メルローズ　Melrose's
メレリオ　Mellerio
メローイエロー　Mello Yello
メロイズ　Meloids
メローヴァージニア　Mellow Virginia
メロディメーカー　Melody Maker
メロトロン　Mellotron
メロナ　Merona
メンオンリー　Men Only
メンズウェア　Men's Wear
メンソレータム　Mentholatum
メンター　Mentor
メンドシノ　Mendocino
メントス　Mentos
メンネン　Mennen

## モ

モア　More
モエエシャンドン　Moët & Chandon
モエック　Moeck
モエヘネシー　Moët-Hennessy
モーガン　Morgan
モーガン(クルーシブル)　Morgan (Crucible)
モーグ　Moog
モクソン　Moxon
モシモンスターズ　Moshi Monsters
モース　Morse
モスクヴィッチ　Moskvich
モスコフスカヤ　Moskovskaya
モスバーグ　Mossberg
モスブロス　Moss Bros
モズライト　Mosrite
モーゼルターラー　Moseltaler
モーゼル, マウザー　Mauser
モーダンショート　Mordaunt Short
モッツ　Mott's
モッドポッジ　Mod Podge
モップアンドグロウ　Mop & Glo
モデス　Modess
モーテルシックス　Motel 6
モデル T, T型　Model T
モトグッチ　Moto Guzzi
モードフリゾン　Maud Frizon
モトベカーヌ　Motobécane
モートラッホ　Mortlach
モドリック　Modric
モトローラ　Motorola
モートン　Morton
モニスタット　Monistat

# 和英表

モネ **Monet**
モネ **Monnet**
モネル(メタル) **Monel** (**Metal**)
モノグラム **Monogram**
モノタイプ **Monotype**
モノポリー **Monopoly**
モノポール **Monopol**
モービル **Mobil**
モビレット **Mobylette**
モーブッサン **Mauboussin**
モベード, モヴェイド **Movado**
モホーク **Mohawk**
モラビト **Morabito**
モーリス **Morris**
モーリスコトレア **Maurice Kotler**
モーリスレノマ **Maurice Renoma**
モリソンズカフェテリア **Morrison's Cafeteria**
モルソン **Molson**
モールティーザーズ, マルチーザーズ **Maltesers**
モールトン **Moulton**
モルマックス **Molmax**
モレスキー **Moreschi**
モレスキン **Moleskine**
モロー **Morrow**
モンキーブランド **Monkey Brand**
モンゴメリーワード **Montgomery Ward**
モンゴル **Mongol**
モンシェリ **Mon Cheri**
モンタナ **Montana**
モンテアルバン **Monte Alban**
モンテスキュー **Montesquieu**
モンテスマ **Montezuma**
モンブラン **Mont Blanc**
モンラッシェ **Montrachet**
モーン(フォーセット[蛇口]) **Moen** (**Faucet**)

## ヤ

ヤーゴ **Yago**
ヤーツィー **Yahtzee**
ヤードマン **Yard-Man**
ヤードレー **Yardley**
ヤフー! **Yahoo!**
ヤミー **Yami**
ヤールスバーグ, ヤルズベルグ **Jarlsberg**
ヤンキー **Yankee**
ヤング(ズ) **Young's**

## ユ

ユーカヌバ **Eukanuba**
ユークリル **Eucryl**
ユーコンジャック **Yukon Jack**
ユーサリン **Eucerin**
ユーシモール **Euthymol**
ユージンガー **Usinger's**
ユースコード **Youth Code**
ユースデュー **Youth-Dew**
ユーチューブ **YouTube**
ユーティカ **Utica**
ユナイテッドアーティスツ **United Artists**
ユナイテッドバンラインズ **United Van Lines**
ユニヴァック **Univac**
ユニオンカーバイド(社) **Union Carbide**
ユニオンパシフィック **Union Pacific**
ユニオンリーダー **Union Leader**
ユニゲイト **Unigate**
ユニコーン **Unicorn**
ユニソム **Unisom**
ユニーダ(ビスケット) **Uneeda** (**Biscuit**)
ユニックス **UNIX**
ユニバアサル, ユニヴァーサル **Universal**
ユニリーバ, ユニリーヴァー(社) **Unilever**
ユニロイヤル **Uniroyal**
ユーバン **Yuban**
ユーフー **Yoo-hoo**
ユーフースティック **Uhu Stic**
ユーフー, ウーフー **Uhu**
ユベール ド ジヴァンシー **Hubert de Givenchy**
ユーホール **U-Haul**
ユーモベイト **Eumovate**
ユリーカ, エウレカ, ユーレカ **Eureka**

547

# 和英表

ユリスナルダン **Ulysse Nardin**

## ヨ

ヨーキー **Yorkie**
ヨーク **York**
ヨーククリーク **York Creek**
ヨーデル(ズ) **Yodels**
ヨープレイト **Yoplait**
ヨーヨー **Yo-Yo**

## ラ

ライアン **Ryan**
ライバル, ライヴァル **Rival**
ライヴィタ **Ryvita**
ライオネル **Lionel**
ライカ **Leica**
ライカミング **Lycoming**
ライクラ, リクラ **Lycra**
ライクリスプ **Ry-Krisp**
ライズ **Rise**
ライスアロニ **Rice-a-Roni**
ライスクリスピー(ズ) **Rice Krispies**
ライスドリーム **Rice Dream**
ライスランド **Riceland**
ライス MD **LiceMD**
ライゾール, ライソール, リゾール **Lysol**
ライダー **Ryder**
ライダーズ **Riders**
ライツトリノヴィッド **Leitz Trinovid**
ライト **Lite**
ライド **Ride**
ライトエイド **Rite Aid**
ライトガード **Right Guard**
ライトジェム **Lytegem**
ライトデイズ **Lightdays**
ライトブライト **Lite-Brite**
ライトブラ(ザー)ズ **Write Bros.**
ライトンリーン **Light n' Lean**
ライノタイプ **Linotype**
ライビーナ **Ribena**
ライフ **Life**
ライフサイクル **Lifecycle**
ライフスタイラー **Lifestyler**
ライフストライド **Life Stride**
ライフセイヴァーズ **Life Savers**
ライフブイ **Lifebuoy**
ライブラリーオブリージェンシーロマンス **Library of Regency Romance**
ライルアンドスコット **Lyle & Scott**
ライルズゴールデンシロップ **Lyle's Golden Syrup**
ライロー **Li-Lo**
ラインゴールド **Rheingold**
ラヴァ, ラバ **Lava**
ラヴィオラ **Laviola**
ラヴォリス, ラボリス **Lavoris**
ラヴズ, ラブズ **Luvs**
ラウラビアジョッティ **Laura Biagiotti**
ラヴレス **Loveless**
ラウンドアップ **Roundup**
ラウンドザクロック **Round the Clock**
ラウントリーズ **Rowntree's**
ラエルブルック **Rael Brook**
ラカサン **Racasan**
ラガーフェルド **Lagerfeld**
ラキンタ **La Quinta**
ラーク **Lark**
ラグー **Ragú**
ラグジャリー **Luxury**
ラクソ **Luxo**
ラクタリス **Lactalis**
ラクテイド **Lactaid**
ラクリマクリスティデルヴェスヴィオ **Lacrima Christi del Vesuvio**
ラクロワ **Lacroix**
ラゲディーアン **Raggedy Ann**
ラコステ **Lacoste**
ラゴスティーナ **Lagostina**
ラコロナ **La Corona**
ラゴンダ **Lagonda**
ラサール **La Salle**
ラサール **Lassale**
ラジオシャック **RadioShack**
ラジオフライヤー **Radio Flyer**
ラストオリアム **Rust-Oleum**
ラストロウェア **Lustro-Ware**
ラーセン **Larsen**
ラダ **Lada**
ラチョイ **La Choi**

# 和英表

ラッキーストアーズ **Lucky Stores**
ラッキーストライク **Lucky Strike**
ラッキーチャームズ **Lucky Charms**
ラッキーリーフ **Lucky Leaf**
ラックス **Lux**
ラッシュ **Lush**
ラッセルアスレティック **Russell Athletic**
ラッセルアンドブロムリー **Russell & Bromley**
ラッセルホッブズ **Russell Hobbs**
ラッフレット **Rufflette**
ラディソン **Radisson**
ラドー **Rado**
ラドアイ **RadEye**
ラドックス **Radox**
ラーパック **Lurpak**
ラバット **Labatt**
ラバーメイド **Rubbermaid**
ラバロイド, リューバロイド **Ruberoid**
ラビット **Rabbit**
ラピッドグラフ **Rapidograph**
ラピドス **Lapidus**
ラフキン **Lufkin**
ラフネック **Roughneck**
ラフルズ **Ruffles**
ラフロイグ **Laphroaig**
ラペルラ **La Perla**
ラベンハム **Lavenham**
ラポニア **Lapponia**
ラマダ **Ramada**
ラミー **Lamy**
ラミシル **Lamisil**
ラモンアロネス **Ramón Allones**
ラリオ 1898 **Lario 1898**
ラリック, ラリーク **Lalique**
ラルスミアーニ **Larusmiani**
ラーレー, ローリー **Raleigh**
ラロッシュ **Laroche**
ラング **Lange**
ラングラー **Wrangler**
ラングラーズ **Wranglers**
ランコム **Lancôme**
ランサーズ **Lancers**
ランズエンド **Lands' End**
ランセル **Lancel**
ランソン **Lanson**
ランダロメーター **Launder-Ometer**
ランチア **Lancia**
ランチェスター **Lanchester**
ランチェッティ **Lancetti**
ランチャブルズ **Lunchables**
ランドオレイクス **Land O'Lakes**
ラントグレーフリッヒヘッシシェブドウ園 **Landgräflich Hessisches Weingut**
ランドマクナリー **Rand McNally**
ランドール **Randall**
ランドローヴァー[ローバー] **Land-Rover**
ランドロマット, ローンドロマット **Laundromat**
ランナーズワールド **Runner's World**
ランバートアンドバトラー **Lambert & Butler**
ランバン, ランヴァン **Lanvin**
ランブルスコ **Lambrusco**
ランブレッタ **Lambretta**
ランボルギーニ **Lamborghini**

## リ

リー **Lee**
リアジェット **Learjet**
リアライム **ReaLime**
リアルター **Realtor**
リアレモン **ReaLemon**
リーアンドペリンズ(ウスターソース) **Lea & Perrins (Worcester Sauce)**
リヴィア **Revere**
リヴェレイション **Revelation**
リーヴズインターナショナル(社) **Reeves International**
リカール **Ricard**
リーガル **Regal**
リキッド **Liquid**
リキッドタイド **Liquid Tide**
リキッドプラマー **Liquid-Plumr**
リキッドペーパー **Liquid Paper**
リキテックス **Liquitex**
リークーパー **Lee Cooper**
リクライナロッカーズ **Reclina-**

549

## 和 英 表

Rockers
リグレー(ズ) Wrigley's
リサイクラー Recycler
リザンツァ, リサンザ Lisanza
リーシー Leyse
リーシズピーシズ, リーセスピーシズ Reese's Pieces
リーシズ, リーセス, リーシーズ Reese's
リジッド Ridgid
リース Reiss
リーズ Lees
リズクレイボーン Liz Claiborne
リスターミント Listermint
リステリン Listerine
リーズピッグスキン Lee's Pigskin
リズモア Lismore
リズラ Rizla
リゾルブ Resolve
リーダークランツ Liederkranz
リーダーズダイジェスト Reader's Digest
リダックス Redux
リタリン Ritalin
リーチ Reach
リチャーズワイルドアイリッシュローズ Richard's Wild Irish Rose
リチャードジノリ Richard Ginori
リッジウェイ(ズ) Ridgways
リッチアート Rich Art
リッチェル Richel
リッチンチューイー Rich'n Chewy
リッツ Ritz
リッツカールトン Ritz-Carlton
リット Rit
リットマン Littmann
リツモ Ritmo
リーデル Riedel
リードアンドテイラー Reid & Taylor
リトラッティ Ritratti
リトリコ Litrico
リトルシーザーズ Little Caesars
リトルシズラー Little Sizzlers
リトルスイマーズ Little Swimmers
リトルタイクス Little Tikes
リトルツリーズ Little Trees
リトルデビー Little Debbie
リトルパッセンジャーシーツ little passenger seats
リナジット Renuzit
リニューアルバイアンダーソン Renewal by Anderson
リーニュートリブ Re-Nutriv
リネックス Linex
リネンズンシングズ Linens 'n Things
リノリウム, リノリューム Linoleum
リーバイス, リヴァイス Levi's
リバーサイド, リヴァーサイド Riverside
リバティー Liberty
リバティエール Liberty Ale
リバティーオブロンドン Liberty of London
リビー Libbey
リピオドール Lipiodol
リービッヒ Liebig
リビング Living
リビングストンセラーズ Livingston Cellars
リビー(ズ) Libby's
リプトン(ズ) Lipton's
リープフラウミルヒ Liebfraumilch
リブマン Libman
リブリウム Librium
リプローグル, リプルーグル Replogle
リプロダックス Reprodux
リーボック Reebok
リモンナヤ Limonnaya
リヤドロ Lladró
リュイ Lui
リュイナール Ruinart
リューサイト, ルーサイト Lucite
リヨンズメイド Lyons Maid
リリアナルベッキーニ Liliana Rubechini
リリーオブフランス Lily of France
リレッツ, リルレッツ Lil-lets
リレット, リレエ Lillet
リレル Lirelle
リンガフォン Linguaphone
リンカーン Lincoln

## 和英表

リンカーンコンチネンタル **Lincoln Continental**
リンカーンログ(ズ) **Lincoln Logs**
リーンクイジーン **Lean Cuisine**
リンクウッド **Linkwood**
リンクス **Lynx**
リングディングズ **Ring Dings**
リンクトレーナー **Link Trainer**
リンクラスタ **Lincrusta**
リングリングブラザーズアンドバーナムアンドベイリー **Ringling Bros. and Barnum & Bailey**
リンゼイ **Lindsay**
リンツ **Lindt**
リンディ **Lindy**
リンデン **Linden**
リントスネア **Lint Snare**
リンホフ **Linhof**

### ル

ルー **Lou**
ルイヴィトン[ビトン] **Louis Vuitton**
ルーイヴィルスラッガー **Louisville Slugger**
ルイエシェノール **Louis Eschenauer**
ルイカトーズ **Louis Quatorze**
ルイス **Lewis**
ルイスリッチ **Louis Rich**
ルイスレッドデビルライドレインオープナー **Lewis Red Devil Lye Drain Opener**
ルイス M. マーティーニ **Louis M. Martini**
ルイフェロー **Louis Féraud**
ルイロデレール **Louis Roederer**
ルーガー **Ruger**
ルガー, ルーガー **Luger**
ルグー **LeGoût**
ルクルーゼ **Le Creuset**
ルコザーデ, ルコゼイド **Lucozade**
ルージエ **Rougié**
ルジェカシス **Lejay-Cassis**
ルシュアー, ルソイアー **Le Sueur**
ルースター **Rooster**
ルチアーノソプラーニ **Luciano Soprani**
ルチアーノバルベラ **Luciano Barbera**
ルック **Look**
ルーディーズ **Rudy's**
ルードルフフーズ **Rudolph Foods**
ルーニー **Rooney**
ルノー **Renault**
ルービックキューブ **Rubic's Cube**
ルブリダーム **Lubriderm**
ループロック **Loop-Loc**
(ル)メリディアン **Le Méridien**
ルモグラフ **Lumograph**
ルルギネス **Lulu Guiness**
ルレックス **Lurex**
ルンバ **Roomba**

### レ

レイヴ **Rave**
レイオウヴァック **Rayovac**
レイジーケークス **Lazy Cakes**
レイジーボーイ **La-Z-Boy**
レイダカットラリー **Rada Cutlery**
レイディスピードスティック **Lady Speed Stick**
レイディフットロッカー **Lady Foot Locker**
レイド **Raid**
レイトン **Layton**
レイニアークローズ **Lanier Clothes**
レイニアー, レイニエ **Rainier**
レイノー **Raynaud**
レイノルズラップ **Reynolds Wrap**
レイバン **Ray-Ban**
レイバーン **Rayburn**
レイモンドウエイル[ウィル] **Raymond Weil**
レイランド **Leyland**
レイン **Lane**
レイン **Rayne**
レインソフト **RainSoft**
レインダンス **Rain Dance**
レインブライアント **Lane Bryant**
レインボー **Rainbo**
レインボーブライト **Rainbow Brite**
レイ(ズ) **Lay's**
レヴィヨン, レビオン **Revillon**

# 和 英 表

レヴォ　Revo
レオナール(ファッション)　Léonard (Fashion)
レカロ　Recaro
レキットベンキーザー　Reckitt Benckiser
レクサン　Lexan
レクトリックシェーブ　Lectric Shave
レゴ　Lego
レコパン　Les Copains
レーザージェット　LaserJet
レザーロイド　Leatheroid
レーザー(ファイブ)　Laser (5)
レジェネリスト　Regenerist
レジストル　Resistol
レジデントイーブル　Resident Evil
レジャー　Leisure
レジャビー　Lejaby
レスキュールーター　Rescue Rooter
レストイル　Lestoil
レズニー　Lesney
レーズネッツ　Raisinets
レスポートサック　LeSportsac
レスポール　Les Paul
レスリーフェイ　Leslie Fay
レーズンブラン　Raisin Bran
レーダーレンジ　Radarange
レチューリップ, レテュリペ　Les Tulipes
レチョートディソアーヴェ　Recioto di Soave
レチン A, レティン A　Retin-A
レック　Lec
レッグス　L'eggs
レッテラ　Lettera
レッドウィング　Red Wing
レッドエンド　Red End
レッドケン, レドケン　Redken
レッドコート　Red-Cote
レッドシール　RedSeal
レッドシール　Red Seal
レッドストライプ　Red Stripe
レッドパック　Redpack
レッドフック　Redhook
レッドブック　Redbook
レッドブル　Red Bull

レッドホッツ　Red Hots
レッドルースター　Red Rooster
レッドロブスター　Red Lobster
レディーウィップ　Reddi-wip
レディーズチョイス　Lady's Choice
レディーズホームジャーナル　Ladies' Home Journal
レディトゥーベーク!　Ready to Bake!
レディーバード　Ladybird
レディーペッパーレル　Lady Pepperell
レディーマンハッタン　Lady Manhattan
レトラセット　Letraset
レナートバレストラ　Renato Balestra
レナー, レノア　Lenor
レニー　Rennie
レニュー　renu
レノックス　Lenox
レノボ　Lenovo
レノマ　Renoma
レパージズ　LePage's
レフェ　Leffe
レブロン, レヴロン　Revlon
レベル, レヴェル　Revell
レーベンブロイ, ローエンブロイ　Löwenbräu
レミフェミン　Remifemin
レミーマルタン　Rémy Martin
レミントン　Remington
レムシップ　Lemsip
レムモトロウ　Lem Motlow
レモンハート　Lemon Hart
レリーフ　Relief
レンジローバー, レインジローヴァー　Range Rover
レンズクラフターズ　LensCrafters
レンズプラス　Lens Plus
レントキル　Rentokil

## ロ

ロー　Lowe
ロイズ　Lloyd's
ロイドフットウェア　Lloyd Footwear
ロイド, ロイズ　Lloyd's

# 和英表

| | |
|---|---|
| ロイヤルアルバート | Royal Albert |
| ロイヤルウースター | Royal Worcester |
| ロイヤルクラウンダービー | Royal Crown Derby |
| ロイヤルクラウン(コーラ) | Royal Crown (Cola) |
| ロイヤルクラブ | Royal Club |
| ロイヤルコペンハーゲン | Royal Copenhagen |
| ロイヤルサルート | Royal Salute |
| ロイヤルデルフト | Royal Delft |
| ロイヤルドルトン | Royal Doulton |
| ロイヤルハウスホールド | Royal Household |
| ロイヤルブライアリー | Royal Brierley |
| ロイロジャース | Roy Rogers |
| ロヴェンタ | Rowenta |
| ロウオヴラル | Lo/Ovral |
| ロウリングズ | Rawlings |
| ロウリー(ズ) | Lawry's |
| ロウルプラグ | Rawlplug |
| ロエストリン | Loestrin |
| ロエベ | Loewe |
| ローガン | Logan |
| ローグ | Laug |
| ログキャビン | Log Cabin |
| ロクシタン | L'Occitane |
| ロゲイン | Rogaine |
| ロコ | Roco |
| ロサンジェルス(マガジン) | Los Angeles (Magazine) |
| ロジェガレ | Roger & Gallet |
| ロシニョール | Rossignol |
| ロシャス | Rochas |
| ロージャース | Rogers |
| ロージャック | LoJack |
| ロス | Ross |
| ローズ | Lowe's |
| ロスウィグワムウィーヴァーズ | Los Wigwam Weavers |
| ロスコーズハウスオブチキンアンワッフルズ | Rosco's House of Chicken N Waffles |
| ローズベークンサーヴ | Rhodes Bake-N-Serv |
| ロスマンズ | Rothmans |
| ローゼズ, ローズ | Rose's |
| ロセッティ | Rossetti |
| ローゼンタール | Rosenthal |
| ローゼンバーグウントレンハート | Rosenberg & Lenhart |
| ローソールト | LoSalt |
| ロータヴェイター | Rotavator |
| ロータス | Lotus |
| ロータスワンツースリー | Lotus 1-2-3 |
| ローチモーテル | Roach Motel |
| ロッキー | Rocky |
| ロッキード(社) | Lockheed |
| ロッキーロード | Rocky Road |
| ロック | RoC |
| ロックス | Rox |
| ロックニット | Locknit |
| ロックフォール | Roquefort |
| ロックポート | Rockport |
| ロッジ | Lodge |
| ロッティ | Lotti |
| ロット | Lotto |
| ロットリング | Rotring |
| ローデンストック | Rodenstock |
| ロド | Rodo |
| ロードアンドテイラー | Lord & Taylor |
| ロードウエスト | Lord West |
| ロードカルヴァート | Lord Calvert |
| ロートス | Lotos |
| ロードメーター | Loadometer |
| ロトルーター | Roto-Rooter |
| ローナー | Launer |
| ロナート | Ronart |
| ローパー | Roper |
| ロバートゴッドレイ | Robert Godley |
| ロバートショウ | Robertshaw |
| ロバートストック | Robert Stock |
| ロバートハンター | Robert Hunter |
| ロバートモンダヴィ醸造所 | Robert Mondavi Winery |
| ロビタシン | Robitussin |
| ロービッド | Lopid |
| ロヒプノール | Rohypnol |
| ロビンフッド | Robin Hood |
| ロブ | Lobb |

# 和英表

ローファー **Loafer**
ロブス **Lobb's**
ローブルグ **Loburg**
ロベルタディカメリーノ **Roberta di Camerino**
ロベルト **Roberto**
ロベルトカヴァリ **Roberto Cavalli**
ロベルトカプッチ **Roberto Capucci**
ロボ **Lobo**
ロボットクープ **Robot Coupe**
ロマネコンティ **Romanée-Conti**
ロマノフ **Romanoff**
ロミオイジュリエット **Romeo y Juliet**
ロミカ **Romika**
ロメオジリ **Romeo Gigli**
ローモーチル **Lomotil**
ローヤル **Royal**
ローラアシュレイ **Laura Ashley**
ローライ **Rollei**
ローラス **Lorus**
ローラーブレード **Rollerblade**
ローリー **Lowrey**
ロリスアザロ **Loris Azzaro**
ローリングストーン **Rolling Stone**
ローリングロック **Rolling Rock**
ロールストランド **Rörstrand**
ロールスロイス **Rolls-Royce**
ロールドゴールド **Rold Gold**
ロルフィング **Rolfing**
ロレ **Loré**
ロレアル **L'Oréal**
ローレイズ **Lawleys**
ロレイズ **Rolaids**
ロレックス **Rolex**
ローレル **Laurel**
ローレルリーフ(ブックス) **Laurel-Leaf (Books)**
ローレン **Lauren**
ロレンツ **Lorenz**
ロレンツィ **Lorenzi**
ローロデックス **Rolodex**
ロロピアーナ **Loro Piana**
ロロボール **Lolobal**
ロンギ **Longhi**
ロングジョン **Long John**
ロングジョンシルヴァーのシーフードショップ **Long John Silver's Seafood Shoppes**
ロングズドラッグズ **Longs Drugs**
ロングライフ **Long Life**
ロングレンジャー **LongRanger**
ロンコ **Ronco**
ロンシャン **Longchamp**
ロンジン **Longines**
ローンスター **Lone Star**
ロンソン **Ronson**
ロンドンタウンカーズ **London Towncars**
ロンドンバッジアンドボタン **London Badge & Button**
ロンドンフォッグ **London Fog**
ローンボーイ **Lawn-Boy**
ロンリコ **Ronrico**

## ワ

ワイス **Weis**
ワイズ **Wise**
ワイトアウト **Wite-Out**
ワイマン **Weiman**
ワイラー(ズ) **Wyler's**
ワイルドターキー **Wild Turkey**
ワイルドターキーリキュール **Wild Turkey Liqueur**
ワイルドライフ **Wildlife**
ワーキングウーマン **Working Woman**
ワークメイト **Workmate**
ワゴニア **Wagoneer**
ワシントンスクエアプレス **Washington Square Press**
ワシントンフォージ **Washington Forge**
ワシントンポスト **Washington Post**
ワセリンインテンシブレスキュー, ヴァセリンインテンシヴレスキュー **Vaseline Intensive Rescue**
ワセリン, ヴァセリン **Vaseline**
ワッチャマコーリット **Whatchamacallit**
ワッティーズ **Wattie's**
ワットマン **Whatman**

# 和 英 表

ワッパー　**Whopper**
ワード　**Word**
ワーナー(社)　**Warner**
ワーナー(ズ)　**Warner's**
ワーナーブックス　**Warner Books**
ワーナーブラザーズ　**Warner Bros.**
ワラビー　**Wallabee**
ワラビーブックス　**Wallaby Books**
ワーリッツァー, ウルリッツァー　**Wurlitzer**
ワーリング　**Waring**
ワルサー, ヴァルター　**Walther**
ワールズファイネスト　**World's Finest**
ワールプール　**Whirlpool**
ワンアデイ　**One A Day**
ワンケル(型ロータリー)エンジン, バンケルエンジン　**Wankel (engine)**
ワンジーズ　**Onesies**
ワンステップ　**OneStep**
ワンステップアヘッド　**One Step Ahead**
ワンダー　**Wonder**
ワンタッチ　**One Touch**
ワンダーニット　**Wonderknit**
ワンダーブラ　**Wonderbra**
ワンダーボール　**Wonder Ball**
ワンドラ　**Wondra**

# 英字語表

## A

AアンドM **A & M**
AアンドP **A & P**
AアンドS **A & S**
AアンドW **A & W**
A. サルカ **A. Sulka**
Aワン **A-1, A 1**
AAA **AAA** (⇨ **American Automobile Association**)
ABC **ABC**
A. C. バング **A. C. Bang**
ADS **ADS**
AJW **AJW**
AMC **AMC**
AMF **AMF**
API **API**
ATT **AT & T**

## B

B. アルトマン **B. Altman**
BアンドBイタリア **B & B Italia**
BアンドM **B & M**
BアンドW **B & W**
B. ダルトン **B. Dalton**
BASF **BASF**
BATインダストリーズ **BAT Industries**
BFグッドリッチ **BF Goodrich**
BL **BL** (⇨ **British Leyland**)
BMG **BMG**
BMW **BMW**
BSA **BSA**
BVD **BVD**

## C

CアンドA **C & A**
CアンドC **C & C**
C. ベヒシュタイン **C. Bechstein** (⇨ **Bechstein**)
C. C. フィルソン **C. C. Filson** (⇨ **Filson**)
C. D. ピーコック **C. D. Peacock**
C. F. マーティン **C. F. Martin** (⇨ **Martin**)
C. H. ブラナム **C. H. Brannam**
CNタワー **CN Tower**
CNN **CNN**
C. P. カンパニー **C. P. Company**
C. R. ギブソン **C. R. Gibson**
CRC **CRC**
Cスパン **C-Span**

## D

DAF **DAF**
DFV **DFV**
DHLエクスプレス **DHL** (**Express**)
DJNR **DJN/R** (⇨ **Dow Jones News/Retrieval**)
DKNY **DKNY**
DKW **DKW**
DR **DR**

## E

EアンドJガロウワイナリー **E & J Gallo Winery**
EMI **EMI**
EPI **EPI**
E.P.T. **E.P.T.**
ERF **ERF**
ESPN **ESPN**

## F

F. A. O. シュワルツ **F. A. O. Schwarz**
FDS **FDS**

556

# 英字語表

FTD **FTD**

## G

G. ヴィスコンティディモドローネ **G. Visconti di Modrone**
G ナイン **G 9** (⇨ **Baracuta**)
G プラン **G Plan**
G. ロレンツィ **G. Lorenzi**
G ワン **G-1**
GI ジョー **GI Joe**
GM **GM** (⇨ **General Motors**)
GMC **GMC**
G. P. アンド J. ベイカー **G. P. & J. Baker**
GQ **GQ**
GUM **GUM**

## H

H アンド M **H & M**
H ウント[アンド]K **H & K** (⇨ **Heckler & Koch**)
H. レッサー **H. Lesser**
HAG **HAG**
HBO **HBO**
HIS シックスティーナイン **HIS69**
H. L. トップス **H. L. Tops**
HMV グループ **HMV Group**
HP **HP**

## I

IBM **IBM**
ICI **ICI** (⇨ **Imperial Chemical Industries**)
IGA **IGA**
ITT **ITT**
I. W. ハーパー **I. W. Harper**
IWC **IWC** (⇨ **International**)

## J

J アンド M デイヴィッドソン **J &M Davidson**
J アンド B **J & B**
J エ F マーテル **J & F Martell** (⇨ **Martell**)
J. カイルベルス **J. Keilwerth** (⇨ **Keilwerth**)
J. セインズベリー **J. Sainsbury** (⇨ **Sains-bury's**)
J. プレス **J. Press**
JBL **JBL**
J. C. ペニー **J. C. Penney**
J. P. スティーヴンス **J. P. Stevens**
J. M. ウェストン **J. M. Weston**
J. W. ダント **J. W. Dant**

## K

K **K**
K スイス **K-Swiss**
K ツー **K2**
K マート **K mart**
KEF **KEF**
KLH **KLH**
KOA **KOA**
KP **KP**
K-Y **K-Y**
K-Y シルキー **K-Y Silk E**

## L

L アンド M **L & M**
L. ドービル **L. Dorville**
LA ギア **L. A. Gear**
LCS **LCS**
LG 電子(社) **LG Electronics**
L. G. ハリス **L. G. Harris**
L. L. ビーン **L. L. Bean**

## M

M アンド M **M & M's**
MBT **MBT**
MCD **MCD**
M.C.M. **M.C.M.**
MG **MG**
MJB **MJB**
MPAA **MPAA**
MR-12 ローバー **MR-12 Rover**
MS-DOS **MS-DOS**
MTA **MTA**
MTV **MTV**

## N

NCR **NCR**
NSU **NSU**

# 英字語表

NYC ニューヨークカラー **NYC New York Color**

## O

O.B. **O.B.**
OCS アメリカ **OCS America**
OK ソース **OK Sauce**
OP **OP**
OP アンダーソン **OP Anderson**
OPI **OPI**

## P

P アンド R **P & R**
PBS **PBS**
PDQ **PDQ**
PG ティップス **PG Tips**
PM **PM**
P. W. マイナー **P. W. Minor**

## Q

Q チップス[ティップス] **Q-tips**
QE ツー **QE2** (⇨ **Argyll**)

## R

R ウントB **R & B**
RCA **RCA**
RC コーラ **RC Cola**
REI, レイ **REI**
RFP **RFP**
R. V. ガリエニ **R. V. Gallieni**

## S

S アンド H **S & H**
S アンド W **S & W**
S. クライン **S. Klein**
SK-II **SK-II**
SMA **SMA**
S.O.S **S.O.S**
S. P. ドレスデン **S. P. Dresden**
SR **SR**
S. T. デュポン **S. T. Dupont**
STP **STP**

SX-70 **SX-70**

## T

T. アンソニー **T. Anthony**
T 型フォード **Ford Model T**
T-モバイル **T-Mobile**
TCB **TCB**
TGI フライデーズ **T.G.I. Friday's**
T. J. マックス **T. J. Maxx**
T. M. ドーウェル[ドーエル] **T. M. Dowell** (⇨ **Dowell**)
TV ガイド **TV Guide**

## U

UHU **UHU**
UREI **UREI**
U. S. オプティクス **U. S. Optics**
U. S. スチール **U. S. Steel** (⇨ **USX**)
U.S. ニュースアンドワールドレポート **U.S. News & World Report**
USA レイルパス **USA Rail Pass**

## V

V エイト[はち] **V8**
VO ファイヴ **VO5**
VOA **VOA**
VW **VW**

## W

W ブリテン **W. Britain**
W. A. グールド **W. A. Goold**
WD フォーティ **WD-40**
W アンド H ギデン **W & H Gidden**
WH スミス **WH Smith**
WMF **WMF**
WPP **WPP**

## Y

Y アンド S **Y & S**
Y フロント **Y-Front**

# 数字語表

## 1

A. 1. ⇨ a one
Cerruti 1881 ⇨ cerruti eighteen eighty-one
Cray-1 ⇨ cray one
Explorer 1 ⇨ explorer one
G-1 ⇨ g one
100 Pipers ⇨ hundred pipers
Lario 1898 ⇨ lario eighteen ninety-eight
Lotus 1-2-3 ⇨ lotus one two three
MR-12 Rover ⇨ mr twelve rover
Old Weller 107 ⇨ old weller one oh seven
Princess 1300 ⇨ princess thirteen hundred

## 2

Answer 2 ⇨ answer two
AP 24 ⇨ ap twenty-four
Chevy II ⇨ chevy two
Forever 21 ⇨ forever twenty-one
K 2 ⇨ k two
QE 2 ⇨ qe two
Signoricci 2 ⇨ signoricci second
SK-II ⇨ sk two

## 3

3-in-One ⇨ three in one
3 M ⇨ three m
3 Musketeers ⇨ three musketeers
31 ⇨ thirty-one (⇨ Baskin-Robbins)

## 4

Advent 400 ⇨ advent four hundred
Colt 45 ⇨ colt forty-five
Formula 409 ⇨ formula four oh nine
4safety ⇨ four safety
4711 ⇨ four seven eleven
SuperCalc 4 ⇨ super calc four
Zero-4 ⇨ zero four

## 5

Cortizone-5 ⇨ cortizone five
5th Avenue ⇨ fifth avenue
5th Avenue Chocolatiere ⇨ fifth avenue chocolatiere
57 (Varieties) ⇨ fifty-seven varieties
Laser (5) ⇨ laser five
State Express 555 ⇨ state express three fives (⇨ three fives)
Take 5 ⇨ take five
555 ⇨ three fives
VO5 ⇨ vo five (⇨ Alberto)

## 6

HIS69 ⇨ his sixty-nine
Motel 6 ⇨ motel six
Phillips 66 ⇨ phillips sixty-six
Skyship 600 ⇨ skyship six hundred
Super 60 ⇨ super sixty
VAT 69 ⇨ vat sixty-nine

## 7

7 Crown ⇨ seven crown (⇨ seagram's seven crown)
7-Eleven ⇨ seven eleven
7Up ⇨ seven up
No. 7 ⇨ number seven
Seagram's 7 Crown ⇨ seagram's seven crown
Signoricci 2 ⇨ signoricci second
SX-70 ⇨ sx seventy

## 数字語表

### 8

Cure 81 ⇨ cure eighty-one
SA 8 ⇨ sa eight
V 8 ⇨ v eight

### 9

9Lives ⇨ nine lives
Product 19 ⇨ product nineteen

〈編著者紹介〉

**山田 政美**(やまだ まさよし)
1937年生まれ．米国カンザス州立カンザス大学院修了．島根大学名誉教授，島根県立大学名誉教授．専門: 英語学・社会言語学．
主な著書『英語語法あ・ら・かると』(文建書房，1973)，『現代アメリカ語法—フィールドノート—』(研究社出版，1982)，『アメリカ英語の最新情報』(研究社出版，1986)，『アメリカ英語文化の背景』(研究社出版，1991)，『現代アメリカ英語を追って』(こびあん書房，1993)．
主な辞書『現代アメリカ名詞辞典』(共著)(荒竹出版，1983)，『英語スラング辞典』(訳編著)(研究社出版，1989)，『英和商品名辞典』(編著)(研究社，1990)，『現代英米語用法事典』(共著)(研究社，1995)，『英和メディカル用語辞典』(共著)(講談社インターナショナル，2000)，『医療英語がおもしろい—最新 Medspeak の世界—』(共著)(医歯薬出版，2006)．

**田中 芳文**(たなか よしふみ)
1961年生まれ．岡山大学大学院教育学研究科修士課程修了．島根県立大学短期大学部出雲キャンパス教授．専門: 英語学・社会言語学．
主な訳書『アメリカ新人研修医の挑戦　最高で最低で最悪の12ヵ月』(西村書店，2004)，『看護師(ナース)がいなくなる?』(西村書店，2005)，『アメリカ精神科 ER 緊急救命室の患者たち』(新興医学出版社，2007)，『外科研修医(レジデント)　熱き混沌(カオス)』(医歯薬出版，2008)，『ドクターヘリ　救命飛行(フライト)』(医歯薬出版，2009)．
主な辞書『英和メディカル用語辞典』(共著)(講談社インターナショナル，2000)，『医療英語がおもしろい—最新 Medspeak の世界—』(共著)(医歯薬出版，2006)．

KENKYUSHA
ENGLISH-JAPANESE DICTIONARY OF BRAND NAMES

英和ブランド名辞典

2011年8月31日　初版発行

**KENKYUSHA**

| | |
|---|---|
| 編著者 | 山田政美・田中芳文 |
| 発行者 | 関戸雅男 |
| 発行所 | 株式会社 研究社 |
| | 〒102-8152　東京都千代田区富士見2-11-3 |
| | 電話　編集 03(3288)7711 |
| | 　　　営業 03(3288)7777 |
| | 振替　00150-9-26710 |
| | http://www.kenkyusha.co.jp |
| 印刷所 | 研究社印刷株式会社 |

ISBN 978-4-7674-1179-8 C0582　　Printed in Japan
装丁　亀井昌彦